Théodule Rey-Mermet / ALFONS VON LIGUORI

THÉODULE REY-MERMET

Alfons von Liguori

Der Heilige der Aufklärung

(1696 – 1787)

HERDER
WIEN · FREIBURG · BASEL

Aus dem Französischen übertragen
von Elisabeth Darlap

Das Foto auf S. 3 zeigt den hl. Alfons v. Liguori als Kirchenlehrer

Originalausgabe:
© Nouvelle Cité, Paris

© Herder & Co., Wien 1987
Alle Rechte vorbehalten / Printed in Austria
Satz und Druck: Plöchl-Druck Freistadt
Umschlaggestaltung: Herbert Schiefer
Bestellnummer: ISBN 3-210-24.861-3

INHALT

Geleitwort

Der heilige Alfons von Liguori (1696–1787) ist ein Gigant. Ein Gigant der Geschichte der Spiritualität und der Geschichte überhaupt. Und doch könnte ihn unsere Zeit leicht vergessen, würde nicht ein provozierendes und umfassendes Buch wie dieses ihn uns im rechten Augenblick wieder ins Gedächtnis rufen.

Hier einige Zahlen, überzeugend, erstaunlich: Die *Moraltheologie* des Begründers der Redemptoristen erreichte neun Auflagen zu seinen Lebzeiten und dreiundsiebzig nach seinem Tod, und die Kurzfassung seines Werkes, *Homo Apostolicus*, liegt vom 18. Jahrhundert bis heute in einhundertachtzehn Auflagen vor. *Die Besuchungen des allerheiligsten Altarsakramentes* sind 2017 mal erschienen, *Die Herrlichkeiten Mariens* mehr als tausendmal, *Übungen der Liebe zu Jesus Christus* 535 mal, die *Vorbereitung zum Tode* 319 mal. In der Zahl seiner Ausgaben schlägt der hl. Alfons Shakespeare bei weitem: ersterer hat etwa 20.000 Ausgaben in mehr als 70 Sprachen erreicht, letzterer 10.602 Ausgaben (1961), allerdings in 77 Sprachen. Diese zahlenmäßige Auflistung zeigt uns die Größe eines religiösen und kulturellen Phänomens, das in der Geschichtsschreibung nicht immer den ihm angemessenen Platz gefunden hat.

Dieser Mann hatte ein außergewöhnliches Schicksal. Als Sohn eines neapolitanischen Adeligen und Militärs geboren, wird der hochbegabte Schüler, der sich für Musik, Malerei, Zeichnen und Architektur interessiert, schon mit sechzehn Jahren Rechtsanwalt. Neapel bewundert diesen brillanten jungen Mann, den Giovanni Battista Vico kennt und schätzt, und der mit den größten Geistern der Stadt verkehrt. Mit Überraschung erlebt sie, wie er gegen den Willen seines autoritären Vaters Priester wird, und sieht mit Erstaunen, wie er schon bald darauf in den Vierteln der Ärmsten den Analphabeten in Aufsehen erregenden Abendpredigten, deren Methode ihn schließlich überleben wird, das Evangelium verkündet. Eines Tages endlich flieht er auf dem Rücken eines Esels aus Neapel, fest entschlossen, sein Leben den Missionen in den verlassensten Landstrichen zu widmen. Er findet Anhänger, die Keimzelle der Redemptoristen. Aber im Königreich Neapel des 18. Jahrhunderts ist es nicht leicht, eine neue religiöse Kongregation zu gründen. Es gibt in diesem armen und schlecht verwalteten Land schon zu viele Welt- und Ordenspriester und zu viele Klöster. Nicht ohne Grund will die Regierung jede weitere Zunahme der unveräußerlichen Güter (sog. Güter der toten Hand) und fiskalischer Ausnahmesituationen vermeiden. Alfons verlangt für sein Institut zwar nichts weiter als Armut, aber die Autoritäten wenden ein, man könne für die Zukunft nichts garantieren, und auch die anfänglich frömmsten Kongregationen seien schließlich lau geworden und hätten Reichtümer erworben. Gegen seinen Willen ist Alfons öfter, als ihm lieb ist, gezwungen, nach Neapel zurückzukehren, muß wieder Rechtsanwalt werden und seine gefährdete Gründung verteidigen. Schlecht oder gar nicht rasiert, in einer geflickten Soutane, aber für einen Heiligen gehalten, diskutiert er unablässig mit den Ministern, die ihn respektieren, ihm aber doch nicht immer nachgeben.

Wenn nur der Widerstand der neapolitanischen Regierung zu überwinden wäre! Die Schaffung der Redemptoristenkongregation wird ein halbes Jahrhundert hindurch zum Kreuz ihres Gründers. Feindschaft und Mißtrauen im Klerus, Versagen einiger seiner Anhänger, die den Rhythmus eines zu harten Lebens nicht durchstehen und von Hunger und Kälte besiegt werden, zwischenmenschliche Schwierigkeiten, sowie Differenzen zwischen Papst und König Beider Sizilien: alle diese Faktoren haben sich gegen Alfons verschworen und hätten jeden anderen als ihn zur Verzweiflung gebracht. Zwei tragische Paradoxe kennzeichnen die letzten fünfunddreißig Jahre seines Lebens. Obwohl er sich geschworen hatte, niemals Bischof zu werden, mußte er dieses Amt auf ausdrücklichen Befehl Roms, wohin der Ruf seiner Heiligkeit gedrungen war, doch übernehmen. Er hatte eine Kongregation von Missionaren gegründet. Als es ihm schließlich gelungen war, das Bischofsamt aus Gesundheitsgründen zurückzulegen, hoffte er, seine Tage friedlich im Kreis seiner „Söhne" beschließen zu können. Bei seinem Tod war er aber nur noch eine Randfigur und mit seinen neapolitanischen Mitbrüdern von dem Orden ausgeschlossen, den er selbst gegründet hatte. Der Konflikt zwischen Pius VI. und dem König Beider Sizilien hatte zu diesem ungewöhnlichen und schmerzlichen Ergebnis geführt: Rom anerkannte nur noch die Redemptoristen des Kirchenstaates unter Ausschluß jener, die weiter im Süden ihre Arbeit fortsetzten.

Es ist gewiß nicht leicht, ein Heiliger zu sein, und es ist auch nicht leicht, mit einer glänzenden Gesellschaft zu brechen, dem Willen des Vaters entgegenzuhandeln und sich auf entscheidende Diskussionen mit Kirche und Staat einzulassen; vor allem aber ist es nicht leicht, gegen sich selbst anzukämpfen. Denn Alfonso war von Natur aus aufbrausend und autoritär. Durch Fasten, Kasteiungen, Arbeit und wenig Schlaf gelang es ihm aber, sich zu beherrschen, und so sah man ihn meist mit einem „Engelsgesicht ... sanft, fröhlich und freundlich".

Sich selbst gegenüber war Alfons äußerst streng (außerdem hatte er gelobt, seine Zeit nie zu vergeuden). Seine geistliche Botschaft dagegen war von Vertrauen, Hoffnung und Mäßigung geprägt. Er kannte die Abgründe des Skrupels, aber er war bestrebt, sie anderen zu ersparen. Er selbst kasteite sich bis zum Exzeß – das muß auch gesagt werden –, riet aber seinen „Söhnen" und den ihm anvertrauten Seelen ab, seinem Beispiel zu folgen. Er war kein „Rigorist", obwohl gewisse Legenden ihn als solchen schilderten. Im Gegenteil, in der Geschichte erscheint er als derjenige, der, wie P. Rey-Mermet in einem treffenden Bild sagt, die Ölpest des Rigorismus innerhalb der katholischen Kirche zurückgedrängt hat – und dies ist zweifellos sein schönster Ruhmestitel. Er wandte sich gegen den bis zu dieser Zeit vorherrschenden Augustinismus und den Jansenismus, der nur eine von dessen historischen Ausdrucksformen war. Harnack schreibt in einer eindringlichen kurzen Darstellung: „Seliggesprochen (1816), heiliggesprochen (1839), Kirchenlehrer (1871), ist Liguori die genaue Antithese Luthers, er hat im römischen Katholizismus den Platz des hl. Augustinus eingenommen ... Zwar bleibt er weit hinter den Extremen der Probabilisten des 17. Jahrhunderts zurück, aber er akzeptierte ihr System voll und ganz, und es gelang ihm in einer großen Anzahl von Fragen – bis hin zur Scheidung, zum Meineid, zum Mord (und ich möchte hinzufügen: zur Gotteslästerung) –, schwere in läßliche Sünden umzuwandeln. Im 19. Jahrhundert stand kein Pascal gegen ihn auf; die Autorität Liguoris, dieses neuen Augustinus, wuchs im Gegenteil von Jahr zu Jahr." Der hl. Alfons war ein Gegner des „Probabiliorismus" oder „Tutiorismus", der in jedem Gewissenskonflikt die moralisch „wahrscheinlichste", „sicherste" und damit härteste Haltung verlangt, war aber zu seiner dem Sünder viel weiter entgegenkommenden Lehre nicht ohne Mühe gelangt. Ich war selbst lange Zeit ein eifriger Anhänger des „Probabiliorismus". Die Werke der Jesuiten waren es, die zu seiner Entwicklung beitrugen, und als die Gesellschaft Jesu von den Bourbonen unterdrückt und von Rom aufgehoben wurde, galt er in gewissen Kreisen sogar als „verkappter Jesuit", und seine *Moraltheologie* wurde in Spanien und Portugal verboten.

Der Gründer der Redemptoristen war zu einem der großen Gegner der von Arnauld propagierten „Verzögerung der Absolution" und der „Verweigerung der Kommunion" geworden. Hinsichtlich der Ehe brachte er den Mut auf, gegen die gesamte augustinische Tradition zu behaupten, daß die Zeugung von Nachkommenschaft nicht ihr erstes Ziel sei. Auf allgemeinerer Ebene schrieb er für einen Priester jener Zeit erstaunliche Sätze: „Dem Menschen darf nichts unter schwerer Sünde auferlegt werden, wenn es nicht einen hinreichend evidenten Grund dafür gibt." „Angesichts der Anfälligkeit der menschlichen Natur trifft es nicht zu, daß für die Seelen der steilste Weg immer auch der sicherste ist."

Die Entwicklung des hl. Alfons erklärt sich aus seiner Erfahrung als Missionar und Beichtvater der Landbevölkerung. Ein Vergleich zwischen ihm und dem hl. Vinzenz von Paul drängt sich dem Historiker geradezu auf, denn bei der Lektüre von P. Rey-Mermet's mitreißender Biographie sieht man sich mit einer Zeitverschiebung von hundert Jahren in Süditalien der Atmosphäre und den entscheidenden Rhythmen der katholischen Reform im Frankreich des vorangegangenen Jahrhunderts konfrontiert. Diese beiden Männer hatten die gleichen Einsichten, haben die gleiche Wirklichkeit entdeckt und sich für die gleichen Lösungen entschieden. Sie kamen zu der Auffassung, daß die Landbevölkerung und vor allem jene der entlegensten Gebiete, „unterchristianisiert" war. Ihr wollten sie sich widmen und verboten deshalb ihren Anhängern, in den großen Städten zu predigen. Kein Ort, und sei er auch noch so klein, sollte vernachlässigt werden. Ihre Predigt sollte schlicht und ungekünstelt sein. Der Katechismus war ihnen wichtiger als alle Beredsamkeit. Sie wollten einfach mit dem Einfachen sein: daher ihr Erfolg beim Volk.

Doch war Alfons — und das hebt ihn von seinem großen Vorgänger ab — auch Musiker. In seiner Jugend war er ein eifriger Besucher der Oratorianer Neapels gewesen, bei denen die von Philipp Neri ausgehende Musiktradition bewahrt und weiterentwickelt wurde. So erklärt sich die Qualität der fünfzig *Canzoncine*, die er komponierte, und in denen der rächende Gott bei weitem nicht so häufig aufscheint wie in den französischen Kantaten der gleichen Zeit. Diese *Canzoncine* sind in das kulturelle Erbe Italiens eingegangen, und kein geringerer als Verdi sagte 1890 über das *Tu scendi dalle stelle* (Du steigst vom Himmel herab), daß „Weihnachten ohne dieses Hirtenlied des hl. Alfons nicht Weihnachten wäre". Die Melodie dieses Liedes begegnet uns heute noch in einem bekannten französischen Lied: „L'arbre aux sabots" (Holzschuhbaum), ihr Komponist aber ist den meisten unbekannt. Die gewollte, aber auch ursprüngliche Schlichtheit seines Ausdrucks schließlich ließ diesen großen Neapolitaner zu einem der Schöpfer der modernen italienischen Sprache werden. Denn vor ihm schrieb man in gebildeten Kreisen Italiens ein gewähltes Toskanisch, während das Volk die verschiedenen Dialekte seiner jeweiligen Provinz sprach. Wie Luther eine für alle zugängliche deutsche Sprache schaffen wollte, so sprach und schrieb der hl. Alfons ein schlichtes und unmittelbares Italienisch, das vom Norden des Landes bis zum Süden „genießbar" war.

All dies — und vieles andere — erfahren wir, wenn wir uns von P. Rey-Mermet, einem Menschen und Autor von erstaunlicher Jugendlichkeit, leiten lassen. Der Leser wird von der Leichtigkeit des Stils und dem kraftvollen Rhythmus des Werks überrascht sein. Diese sachkundige Biographie wirbt mit Freude für ihren Gegenstand. Sie ist von innen heraus beseelt, sie ist engagierte Geschichte, geschrieben von einem Redemptoristen, der seine eigene Berufung durch die des Gründers erlebt. Der Schüler liebt und bewundert seinen Lehrer. Gibt es eine bessere Art, das rechte Verständnis für ihn zu erwecken?

Jean DELUMEAU
Professor am *Collège de France*

Einleitung

Zu Beginn unseres Jahrhunderts konnte man in dem damals gerade neu erschienenen Band des *Dictionnaire de Théologie Catholique,* der Alfons behandelt, über A. Berthe's Buch *Saint Alphonse de Liguori* lesen: „Unserer Meinung nach ist dies die definitive Lebensbeschreibung dieses Kirchenlehrers." Vierzig Jahre später sagte G. Cacciatore, ein großer Kenner Alfons' von Liguori, in einer Rede, die sich mit seiner Spiritualität befaßte: „Alfons wartet noch immer auf seinen Biographen." Möglicherweise gelangt ein unbefangener Leser bei der Lektüre dieser vorliegenden Seiten zu dem wohlwollenden Urteil: „Das ist der definitive Biograph des hl. Alfons." Doch bin ich überzeugt, daß noch vor Ablauf von vierzig Jahren neue Arbeiten erscheinen werden, die andere Entdeckungen veröffentlichen, andere Fragestellungen berücksichtigen und anderen Empfindungen Genüge tun. Gar mancher wird dieses Buch schließen und sagen: „Alfons von Liguori wartet immer noch auf seinen Biographen."

Mit Recht. Denn Geschichte wird nie ein für allemal geschrieben. Zum einen, weil die Fragestellungen wechseln, zum andern, weil — ganz anders, als man zunächst annehmen möchte — eine Epoche oder Persönlichkeit erst mit zunehmender Entfernung deutlicher aus der Dunkelheit hervortritt.

So wurden in den letzten fünfzig Jahren zahlreiche Untersuchungen über Alfons von Liguori, sein ökonomisches und religiöses Umfeld und sein Familien- und Berufsleben durchgeführt. Napoleon hat einmal gesagt, die Erziehung eines Kindes beginne bereits zwanzig Jahre vor seiner Geburt, nämlich mit der Erziehung seiner Mutter. Eine tiefgründige Einsicht: die modernen Psychologen sagen, ein Kind sei mit vier Jahren „geprägt" und spätestens mit neun Jahren „überprüft und korrigiert". Vom englischen Dichter Alfred Tennyson stammt die Aussage: „Das Kind ist der Vater des Mannes." Eine Biographie hat sich heute also auch mit Milieu und Bildung zu befassen. Dies war für Alfons von grundauf erst zu leisten.

Da Alfons vor 250 Jahren die Kongregation der Redemptoristen gegründet hat, neigen seine Söhne außerdem dazu, sein eigentliches Leben erst 1732 in Scala beginnen zu lassen. Aber ist es nicht gerade der umgekehrte Weg, der uns die Ursache für seine Gründung begreifen und uns verstehen läßt, warum er zum Gründer wurde und was ihn zum Gründer machte? Der Rechtsanwalt und Diözesanpriester Alfons v. L. interessiert uns genauso wie der Bischof.

„Der Heilige der Aufklärung", das war Liguori in chronologischer Sicht. Setzt man jedoch „Aufklärung" mit der Feindschaft z. B. Voltaires gegen das Christentum gleich, so war er das genaue Gegenteil. Aufklärung aber ist nicht nur das Eigentum der kleinen Kohorte der Gegner Christi. Sie ist in erster Linie und zunächst Entfaltung der Vernunft, der Erfahrung, der Freiheit und der Person, ist Erweiterung des Erkenntnisbereichs. Es gibt ein christliches Europa der Aufklärung, dessen Anfänge in den Jahren 1660—1680 liegen, und hier ist Alfons eine bedeutende Figur, umso mehr als er zum einen eine tiefe Verwurzelung in der

Tradition bewahrt, und zum anderen nicht nur einer verschwindend kleinen Elite, sondern der breiten Masse der ganzen Kirche Klarheit und Eifer bringt.

„Als Lehrer der vernünftigen Mitte nahm sein Einfluß auf die Herzen ständig zu ... dieser Einfluß hat von einem Volk zum anderen, von einer Regionalkirche zur anderen, von einer Diözese zur anderen und von einem Beichtstuhl zum anderen übergegriffen: Alfons' Geist und die Herzensgüte seiner seelsorglichen Liebe sind überall eingedrungen, haben in allen katholischen Ländern gesiegt und herrschen heute unangefochten in der gesamten Kirche Gottes."

Henry Manning, der spätere Kardinal, schrieb diese Worte im Jahr 1864. Wir sind uns all dessen nicht mehr bewußt, so wie wir auch nicht mehr darüber reflektieren, welche Luft wir atmen. Aber lädt uns die gegenwärtige „Erneuerung" nicht zu einer Kontaktnahme mit dem „Lehrer" des Gebets ein?

Von ganzem Herzen danke ich
— Professor Jean Delumeau, Collège de France, der freundlicherweise das Geleitwort zu diesem Werk verfaßt und mir vor allem wertvolle Begegnungen vermittelt hat;
— den Patres François Bourdeau, Francesco Chiovaro und Pierre Kernilis, die mir in all den Jahren dieser Arbeit aus ihren jeweiligen Fachgebieten in großzügiger Weise eine ebenso liebenswürdige wie notwendige Hilfe boten;
— schließlich den Mitgliedern unseres historischen Instituts in Rom — den Patres Giuseppe Orlandi, André Sampers und Louis Vereecke — bis 1982 Vorstand des Instituts —, die mir mit großem Einsatz an Zeit und Liebenswürdigkeit die Richtung wiesen, das Manuskript lasen und mit dankenswerter Genauigkeit korrigierten.

Mit mir sind ihnen auch Alfons von Liguori und alle seine Söhne zu Dank verpflichtet.

Paris, 17. Februar 1982   Th. Rey-Mermet, C.Ss.R.

Erster Teil

„VORNEHM, JUNG UND REICH"

(1696–1723)

Ein Vornehmer fragte Jesus:
„Guter Meister, was muß ich
tun, um das ewige Leben zu
gewinnen?" ...
Der Jüngling war sehr reich.
(Lk 18,18 und Mt 19,22)

1.   1696 im Königreich Neapel

Der Biograph mag die althergebrachte Verlesung des Martyrologiums am Weihnachtsmorgen oder die Ankündigung des Beginns des öffentlichen Wirkens Johannes des Täufers nach dem Lukas-Evangelium vor Augen gehabt haben, als er schrieb:

„Im Jahre des Heils 1696, am 27. September, dem Tag, der den glorreichen Märtyrern Kosmas und Damian geweiht ist, wurde zur dreizehnten Stunde in einem Wohnsitz seiner Familie zu Marianella, einem neapolitanischen Marktflekken, Alfons von Liguori geboren. In jener Zeit leitete Seine Eminenz Kardinal Cantelmi die Kirche von Neapel, saß Innozenz XII. auf dem päpstlichen Stuhl und regierte Leopold August, der erste dieses Namens unter den römischen Kaisern, segensreich das Heilige Römische Reich deutscher Nation und dieses Königreich. Nach Neapel gebracht, wurde Alfons am 29. desselben Monats, einem Samstag, unter dem Schutz des Erzengels Michael in der Pfarrei Santa Maria delle Vergini aus der Gnade wiedergeboren ... Man stellte den Neugeborenen insbesondere unter den Schutz der Allerheiligsten Jungfrau, damit sie ihm in allen Nöten als Fürsprecherin und Mutter beistehen möge; daher erhielt er die Vornamen Alfons Maria. Dies war die Geburt des Alfons von Liguori."

Mit diesen Worten führt Antonio Maria Tannoia in seinen dreibändigen „Memoiren" jenen Mann ein, von dem Ludwig von Pastor in seiner monumentalen „Geschichte der Päpste" geschrieben hat, er sei „in diesem gottlosen 18. Jahrhundert die edelste und beeindruckendste Gestalt[1].“*

Das 18. Jahrhundert! Es scheint uns in weiter Ferne zu liegen. Fern … wie die Konzerte von Vivaldi und die Fugen von Bach; fern wie Mozart und seine Zauberflöte; fern wie Voltaire und Rousseau, Goethe und Schiller; fern wie die Herkunft der amerikanischen Unabhängigkeit … Fern! Nein, nah: nah wie unsere eigenen Wurzeln.

Als Alfons zur Welt kommt, haben sich die Europäer bereits den fernen Osten, Nord- und Südamerika und die afrikanischen Küsten zugänglich gemacht; ihre multinationalen Gesellschaften haben hier seit langem ihre Kontore errichtet; die jungen Hauptstädte wie New York, Quebec, Boston oder Rio sind schon hundert Jahre alt oder noch älter. Alfons' Mutter kann bereits, genau wie wir heute, ihren amerikanischen Kaffee mit Zucker aus den Antillen süßen und Diamanten tragen, die in afrikanisches oder brasilianisches Gold gefaßt sind. Rechenmaschine, Thermometer, Barometer, Uhr, Mikroskop und Teleskop und auch die Dampfmaschine haben nicht auf unseren kleinen Mann gewartet. Das erstarrte und abstrakte Denken der Antike wird als totes Gedankengut abgestreift; die neue Wissenschaft, der moderne Geist, die moderne Philosophie entfalten sich. Es kommt wieder Leben und Bewegung in den Menschen, nachdem er zweitausend Jahre lang einer Marionette gleich in einer vorgeblich ewigen und unveränderlichen Natur erstarrt war: er bewegt sich, niest und schickt sich an, zu gehen. Anders als gestern läßt er sich nun vom beschleunigten Lauf der Geschichte formen. E pur si muove: Galileo Galileis († 1642) Richter konnten nicht verhindern, daß der Mensch sich auf eine neue Epoche zubewegt. Eine „profane“, d. h. erwachsen gewordene Sicht der Welt, der Techniken und der Politik lädt ihn schließlich ein, das Ruder selbst in die Hand zu nehmen und das Schiff, das ihn ins Morgen trägt, in eigener Verantwortung zu lenken.

Das 18. Jahrhundert: fern? Wir leben noch heute vom Aufbruch dieses sogenannten „Jahrhunderts der Aufklärung“. Die unvermeidbaren Kämpfe, die es zwischen einer vergangenen Welt – dem Ancien Régime – und einer neuen Welt entfacht hat, sind auch heute noch nicht erloschen. Ihre Ausstrahlung fand noch im II. Vatikanischen Konzil ihren Niederschlag und ist auch in der nachkonziliaren Zeit durchaus noch spürbar.

Einer der Giganten dieser Epochenwende, „der Größte in der Kirche des 18. Jahrhunderts“, da er dem Ruf der Menschen und dem Anruf Jesu Christi am bereitwilligsten folgte, und der im Sinne der Heiligkeit „Revolutionärste“ der christlichen Moral und Frömmigkeit, da er eine neue Beziehung zwischen Gesetz und Freiheit schuf, war eben jener Alfons von Liguori, „der im Jahre des Heils 1696 geboren wurde, als Innozenz XII. auf dem päpstlichen Stuhl saß und Leopold I. segensreich über das Heilige Römische Reich deutscher Nation und das Königreich Neapel herrschte.“

Das Heilige Römische Reich deutscher Nation und das Königreich Neapel tauchen natürlich nicht mehr in unseren täglichen Nachrichten auf. Und doch sollten wir sie nicht gleich in die Zeit der Pharaonen zurückverlegen. Das Heilige

---

* Siehe die Anmerkungen am Ende des Buches auf Seite 661 ff.

Römische Reich deutscher Nation, das in einem gewissen Sinn im Kaiserreich Österreich weiterlebte, erlosch so gesehen immerhin erst 1918, und das Königreich Neapel, 1861 in das Königreich Italien eingegliedert, fand erst 1946 sein Ende ... Ihrer beider Geschichte, gestern in europäischem und italienischem Maßstab gelebt, ist die gleiche, die sich heute über die ganze Erde erstreckt. Es ist die unsere.

Das Aktionsfeld unserer heutigen Geschichte ist die ganze Welt: zwei „Supermächte", die sich gegenseitig überwachen, dazu als dritte das erwachende China; vier oder fünf sogenannte „Großmächte", die auf diese Rolle Anspruch erheben — und daneben etwa 170 mehr oder weniger autonome Staaten. So sieht das politische Feld heute aus, auf dem man sich um das „Weltgleichgewicht" für unsere Erde bemüht.

Noch liegt aber die Zeit nicht weit zurück, da der Wirkungskreis unserer Geschichte hundertmal kleiner war. Damals umfaßte er kaum unseren alten Kontinent. Und doch vollzog sich auf diesem begrenzten Gebiet das gleiche Drama: „das europäische Gleichgewicht" sollte durch Gewalt erhalten bleiben. Drei „Großmächte", die Herrscher Frankreichs, Spaniens und Österreichs, teilten sich diese Aufgabe. Es waren die Herrscher und nicht ihre Völker, die diesen Kampf führten, denn damals lebte man noch in der Ära der Fürsten. Aus vorgeblich göttlichem Recht beanspruchten einige königliche Familien den Besitz von Ländern und Menschen: sie entrissen oder verkauften einander gegenseitig Königreiche und Fürstentümer, Herzogtümer und Republiken, wie die Bauern einen Fleck Wiese oder ihr Vieh verkaufen oder einander streitig machen. Es war nicht anders als das, was heute auf weltweiter Ebene vor unseren Augen geschieht: damals ging es genau wie heute in erster Linie um eine Konkurrenz in der „Kolonialisierung" der Kleinen durch die Großen.

In Italien reichte diese kolonisatorische Besitznahme weit zurück: sie war unlösbar mit seiner ganzen Geschichte verbunden. Dieses bis in die vielfältige Skala seiner Steine in allen Farben schillernde Land der Sonne und des *dolce vita*, diese in die blauesten Meere der Welt eingebettete Halbinsel mit ihren 8.000 km langen paradiesischen Stränden, dieses Kleinod Europas hatte schon immer eine unwiderstehliche Faszination ausgeübt. Etrusker, Griechen und Kelten vor Christus; Karthager, Völker jeglicher Herkunft (Kimbern, Hunnen, Ungarn, Teutonen) und die Langobarden vor Karl dem Großen; später Germanen, Normannen, Sarazenen, Slawen und Franzosen haben dieses Eden mit seiner großartigen Kultur, seiner hochentwickelten Technik, mit der Vielzahl seiner florierenden Häfen, denen alle Reichtümer Afrikas, des Ostens und des Westens offenstanden, begehrt. In immer wieder neuen Wellen haben sie es überrannt, besetzt und gebrandschatzt, nicht ohne dabei auch Ablagerungen ihrer eigenen Kulturen und Bruchstücke ihrer jeweiligen Gesetze zu hinterlassen. Magister Alfons von Liguori wird es dereinst selbst erfahren!

Im Inneren des Landes selbst zeigte der wechselseitige Appetit der Städte und Herrscher nicht minder scharfe Zähne. Der Ehrgeiz jedes einzelnen von ihnen und die Begehrlichkeit, von der sie alle besessen waren, hatten dieses Land für lange Zeit in etwa fünfzig in fortwährender Rivalität lebende Staaten aufgeteilt. Die Konflikte der italienischen Fürsten untereinander und ihr Ruf nach fremder Hilfe lieferten das so verlockende Italien seit dem 15. Jahrhundert der frechen

Habgier der Häuser Anjou, Valois, Aragon und Habsburg aus. Die Großen mehrten ihren Besitz, indem sie nach bestem Dschungelgesetz die Kleinen auffraßen, und so war die Zahl dieser Staaten in der Mitte des 15. Jahrhunderts bereits auf zwanzig, und Ende des 17. Jahrhunderts auf nur noch zehn gesunken. Die innere Geschichte des modernen Italien ist also ebenso komplex wie die eines ganzen Kontinents, um nicht zu sagen der Welt, durch all die großen Erschütterungen hindurch auf dem Weg zu ihrer Einigung.

„Im Jahr des Heils 1696" teilten sich also zehn Staaten in die Halbinsel: fünf „kleine" und vier „große", von denen sich der Kirchenstaat wie eine Schärpe über die Halbinsel legte; den Süden beherrschte ein — zumindest den Ausmaßen nach — „Supergroßer": das Königreich von Neapel, das auch das Königreich Beider Sizilien genannt wurde, beherbergte damals ein Viertel aller Bewohner Italiens: drei Millionen und dreihunderttausend. Durch den Niedergang Konstantinopels im 15. Jahrhundert besaß es nun die nach London und Paris bevölkerungsreichste Hauptstadt: 214.000 Seelen, das sind fast zweimal so viel, wie damals in Rom lebten; und diese Zahl wird sich bis zum Tod Alfons' mit 442.000 Einwohnern verdoppelt haben[2].

Ein laufender Stiefel, der einen Ball anstößt, dem die Luft ausgegangen ist: dieses sportliche Bild evoziert die Landkarte des einstigen Königreichs Neapel. Mit ihren beiden Teilen — dem kontinentalen und dem insularen —, mit ihrer zerrissenen Bodenbeschaffenheit, ihren beiden Hauptstädten — Neapel und Palermo —, ihren beiden heiligen Monstren — dem Vesuv und dem Ätna —, haben die Beiden Sizilien schon immer eine gefährliche und zur Eroberung einladende Anziehungskraft ausgeübt. 500 Jahre vor Christus erbauten die Athener hier eine neue Stadt („Neapolis") in der Bucht, die die im Osten gelegene Alte Stadt („Palaiopolis"), das antike Parthenope, fortsetzte, das vor urdenklichen Zeiten von den Griechen von Cumae gegründet worden war.

Von den Griechen liebevoll gehegt, mit blühenden Kolonien besiedelt und wirksam gegen Pirateneinfälle geschützt, erreichte das parthenopäische Land schon vor mehr als zweitausend Jahren eine erstaunliche Bevölkerungsdichte. In den vereinigten Beiden Sizilien lebten etwa fünfzehn Millionen Menschen in Glück und Zufriedenheit.

Doch wurde dieser bezaubernde Mezzogiorno stärker als der Norden des Landes von Römern und Barbaren, Lombarden und Normannen, von den Kaisern des Ostens und des Westens, den machthungrigen Päpsten und den Meeres- und Strandpiraten geplündert. Ihnen folgten schließlich die europäischen Herrscherhäuser der Hohenstaufen, Anjou, Aragon und zuletzt bis 1700 die spanischen Habsburger.

Karl V. (1500—1558), durch den Vater österreichischer Habsburger und Sohn einer Königin von Kastilien, später Erbe von Aragon, brachte damit alle Karten des westlichen Spiels um Europa und Amerika an sich: er war gleichzeitig Karl I. von Spanien, Karl IV. von Neapel, Karl V. von Deutschland und Kaiser des Heiligen Römischen Reiches deutscher Nation. Interessant für uns ist an diesem Karl V., daß er am Ursprung jener „internationalen" Entwicklung steht, die Magister Alfons von Liguori dereinst zum Bruder der *lazzaroni* in den Armenvierteln von Neapel werden läßt.

Als Karl V. 1556 nach vierzigjähriger Herrschaft abdankt, teilt er seine Staaten in zwei Teile: Deutschland und das Reich überläßt er seinem Bruder Ferdinand I. (1503–1564); Spanien, Mailand, die Beiden Sizilien, die Niederlande und das spanische Amerika erhält sein Sohn Philipp II. (1527–1598). Im Jahre der Thronbesteigung dieses letzteren (1556) soll ein von Heinrich II. von Frankreich und Papst Paul IV. gemeinsam geführter Schlag versuchen, den Spanier aus Italien zu vertreiben; doch führte der unglückliche Ausgang dieses Unternehmens in Saint-Quentin (1557) und der Vertrag von Chateau-Cambresis (1559) zu einer weiteren Festigung der spanischen Herrschaft im Königreich Neapel und in Mailand, die 150 Jahre währte. 150 Jahre relativer – die Armeen töten und brandschatzen andernorts –, aber demütigender und drückender Ruhe. Von dieser Zeit an galt das Sprichwort: „Die Spanier knabbern in Sizilien, essen in Neapel und fressen in der Lombardei."

Dieses historische Sprichwort unterstreicht den wirtschaftlichen Gegensatz, der sich seit dem 15. Jahrhundert zwischen dem Norden und dem Süden der Halbinsel immer stärker herausbildete. Im Norden fruchtbarer Ackerboden in einem gemäßigten Klima, eine blühende Tuchindustrie (Leinen, Seidenwaren, Barchent), vollbeschäftigte Schiffswerften, mächtige und weitausgreifende Handelsgesellschaften, Bankiers, die durch ihre genialen Transaktionen Europa finanziell beherrschen, schon damals demokratische Regierungsformen, in denen das Volk nicht mehr nur lebendiges Vieh ist, das den Boden bearbeitet oder Waffendienst leistet. Im Süden dagegen sind 87 % des Bodens Gebirgs- und Hügellandschaft. Das restliche bebaubare Land wird abwechselnd vom Regen verwüstet und von Trockenheit ausgedörrt. Die Kulturen werden häufig von Stürmen gepeitscht. Fortwährende Kriege haben die kleinen Felder Jahrhundert um Jahrhundert verwüstet; die Küsten sind entvölkert, da sie in den mondlosen Nächten vom Meer her einfallenden barbarischen Horden schutzlos ausgeliefert sind. Ein allmächtiger Feudalismus hat die Bauern zu erdrückender Leibeigenschaft erniedrigt; statt dringende Bodenreformen durchzuführen, gab er das Land den Sümpfen preis, die Malaria und Tod brachten. Daher schmiegen sich die Ortschaften an die Flanken der Gebirge oder sitzen auf ihren Höhen, um nicht der ungesunden Luft der Niederungen ausgesetzt zu sein, aber auch aus Angst vor Überfällen und Raubzügen. Noch im ausgehenden 18. Jahrhundert konnte G. M. Galanti schreiben: „Die besten Ländereien Kampaniens ertrinken in Sümpfen. Daher sind ihre Städte entvölkert, mit Ausnahme Neapels, dessen unnatürliche Vollblütigkeit das beständige Geschwür ist, in dem sich das Elend eines ganzen Königreiches sammelt[3]."

Dieses Elend entspringt nicht der Faulheit, sondern der durch die Situation des Landes bedingten Arbeitslosigkeit des Landarbeiters. Man nennt ihn *bracciante*, weil seine Arme sein einziges Kapital sind. Den Taglöhnern des Evangeliums gleich, versammeln sich die *braccianti* im Morgengrauen auf dem Dorfplatz in der Hoffnung, daß ein Verwalter sie zu Saisonarbeiten oder zumindest für diesen einen Tag anwirbt. Tag um Tag zurückgewiesen, treibt der Hunger sie schließlich mit den Ihren nach Neapel. Es gibt kaum einen Bettler, der nicht damit rechnen könnte, sein Essen und Trinken zu bekommen; sie aber in ihren Dörfern können nicht darauf zählen. Daher wurde seit dem 17. Jahrhundert die Siedlungsdichte in der Hauptstadt so groß, daß infolge des inneren Drucks die Straßen immer enger zusamenrückten, öffentliche Parkanlagen und Gärten verschwanden, die Häuser in die Höhe wuchsen und Dächer zu Terrassen wurden, die Zugang zu Luft und Sonne boten, bis man auch diese mit zusätzlichen Hütten verbaute.

Nein, das neapolitanische Volk bedurfte wahrlich keiner fremden Mäuler, um seine Oliven zu „knabbern" und seinen Hartweizen, seinen Mais und seine Orangen zu „essen".

Von 1504 bis 1713 lastet also nun, nach so vielen anderen, das spanische Joch über 200 Jahre lang auf dem neapolitanischen Volk. Es wird von Madrid streng regiert. Militärisch ist es von den spanischen Truppen besetzt, geistlich, und zwar vor allem in Palermo, wird es von den Waffen der allmächtigen Inquisition bedroht. Eine politisch-wirtschaftlich-religiöse Kolonisation also.

So jedenfalls empfanden es die denkenden Köpfe beider Seiten. Beim Konklave von 1605 hatte Spanien die Wahl des Kardinals Cäsar Baronius zum Papst verhindert, weil Philipp III. es dem Verfasser der *Annales ecclesiastici* verübelte, daß er die Regierung Philipps II. über Sizilien als Usurpation bezeichnet hat. War dieser Angriff des heiligen Geschichtsschreibers aus Neapel, den Benedikt XIV. zum „venerabilis" erklärte, in Spanien so schlecht aufgenommen worden, so zweifellos deshalb, weil er ins Schwarze getroffen hatte.

Denn das spanische Herrscherhaus ließ seine italienischen Besitzungen wahrlich zur Ader: es forderte Soldaten für seine Kriege und Dukaten zur Finanzierung des Prunks am Madrider Hof. So kam es schließlich im Jahr 1647 zu zwei Aufständen, die ihren Ausgang vom kleinen Volk nahmen. Von einer für die Armen unerträglichen Steuerbehörde bedrängt, erhob es sich in Palermo und unter der Führung des jungen Fischers Masaniello auch in Neapel[4].

80 Jahre nach Masaniellos gewaltsamem Tod bewegt eine Gärung anderer Art das kleine Volk des Mercato-Viertels und jener Gegend, die später zur Piazza Masaniello werden sollte. Alfons von Liguori wird ihr Herz und ihr Zentrum sein. In der hitzigen Zeit Masaniellos jedoch befehligte ein anderer Alfons von Liguori, sein Urgroßvater (1615–1666), ein Kürassierregiment der ... spanischen Armee; vielleicht ließ gerade er auf Befehl des spanischen Vizekönigs die Aufrührer ohne Gewissensbisse angreifen[5]. Ein Verräter also? Nein. Ein wackerer Cavaliere. Die Situation des Dienstes für eine ausländische Macht ist so alt wie die Geschichte selbst. Sie wurde von allen Neapolitanern gemeinhin als unausweichliches Schicksal mehr gelebt denn reflektiert. Es galt, sich darein zu schikken, um den besten Nutzen daraus zu ziehen. So ist Alfons' Vater 1696 Marinefüsilier auf der *Capitana*, dem Admiralsschiff des Militärgeschwaders, das dem Befehl des spanischen Königs unterstand. Von 1717 bis 1734 – der Wind hat sich inzwischen gedreht (wir werden später darauf zurückkommen) – ist er Höherer Offizier in der Marine des österreichischen Erzherzogs Karl VI. von Habsburg (1685–1740), des späteren Kaisers des Heiligen Römischen Reiches deutscher Nation: „*Capitano delle galere Austriache*", wie einer der ersten italienischen Biographen seines Sohnes unbeschwert schreibt[6].

Aber nehmen wir nichts vorweg. 1696 ist Karl von Habsburg erst elf Jahre alt. Noch regiert sein Vater Leopold I. (1640–1705) über Deutschland und Österreich, Böhmen und Ungarn und ist Träger der Kaiserkrone Karls des Großen. Ein unwirklicher Anspruch, dessen geschichtsträchtige, aber jeder Macht bare Krone als diejenige angesehen wird, die aus göttlichem Recht zum politischen Wohlergehen des christlichen Abendlandes im allgemeinen und des Königreichs Neapel im besonderen die Herrschaft ausübt. In Wirklichkeit ist in dieser von Tannoia so eindrucksvoll geschilderten erhabenen, aber wertlosen Aura der kränkliche Karl II. (1661–1700) König von Spanien und Neapel; er regiert von Madrid aus Neapel und Palermo in spanischer Sprache und spanischer Manier und läßt sich im Lande von spanischen Vizekönigen vertreten. Der Vizekönig von Neapel heißt zu dieser Zeit Luis de Lacerda, Herzog von Medina Coeli.

Das also ist der politisch-ökonomische Kontext der Stadt und des Landes, die 1696 jenen Mann in dieser Welt willkommen heißen, der später „der heiligste Neapolitaner und der neapolitanischste Heilige" genannt wird.

2. „Herzöge nicht, aber Cavalieri"

Die Bomben, welche die Altäre und Gewölbe der Kirche Santa Maria dei Vergini in Schutt und Asche legten, haben glücklicherweise das Taufbecken und die Archive verschont. In der Sakristei bringt uns der Küster den elften Band der Taufregister wie eine Reliquie herbei; sorgsam löst er ihn aus seiner Schutzhülle, und schon öffnet sich das Register von selbst auf Seite 127. Ganz oben links kennzeichnet ein Malteserkreuz den letzten Taufakt im September 1696. Eine wahrhaft seltsame Urkunde: rechts, links darunter wurden Ränder und Zwischenräume mit nachträglichen Eintragungen gefüllt, die aus offensichtlich verschiedenen Federn stammen. Ehe- oder Weiheeintragungen? Nein. Diese Nachträge betreffen nicht die späteren sakramentalen Stadien im Leben dieses Täuflings, sondern vielmehr die Stufen seines posthumen Ruhmes und Ansehens in der Kirche. Wir lesen: „Seliggesprochen im September 1816", „Heiliggesprochen am 26. Mai 1839", „Zum Kirchenlehrer erklärt am 23. März 1871". Wäre noch Platz, so hätte eine vierte Hand mit noch jüngerer Tinte oder sogar mit Kugelschreiber hinzugefügt: „Zum Patron der Beichtväter und Moraltheologen ernannt am 26. April 1950".

Und hier der Text der Taufurkunde selbst, der von diesen rühmlichen Erläuterungen eingerahmt wird:

„Am 29. September 1696, einem Samstag, wurde Alfonso Maria Antonio Giovanni Francesco Cosmo Damiano Michel Angelo Gasparo von Liguori, Sohn der Ehegatten Don Giuseppe von Liguori und Donna Caterina Anna Cavalieri von mir, Pfarrer Giuseppe del Mastro, getauft; er wurde (über das Taufbecken) gehalten von Gratia Porpora; er ist am 27. desselben Monats in der 13. Stunde geboren."

Wie auf der gesamten Halbinsel, so wurden auch in Neapel damals die Tage und Stunden ausgehend vom Abendangelus, der eine halbe Stunde nach Sonnenuntergang geläutet wurde, bestimmt. In der zweiten Septemberhälfte entsprach 13 Uhr daher etwa 7 Uhr morgens bei uns, also jener Stunde, in der die benachbarte Kirche von Marianella, sowie alle Glockentürme Neapels die Klänge des Morgenangelus in die Welt hinausschickten.

Wenn die Eltern ihren Sohn Alfonso Antonio Giovanni Francesco Gasparo nannten, so wollten sie damit in ihrem Erstgeborenen die Erinnerung an seine

Vorfahren väterlicherseits und ganz besonders an seinen Großvater und Urgroßvater, die beide Alfons hießen, wachhalten. Dem Brauch der Zeit folgend, fügten
sie noch die Namen jener Heiligen hinzu, deren Fest am Tage seiner Geburt und
dem seiner Wiedergeburt aus der Gnade begangen wurde: Kosmas und Damian,
sowie den des Hl. Erzengels Michael. Schließlich und endlich wollten sie — wie
konnte es auch anders sein —, daß die Patronin aller Samstage des Jahres an diesem Taufsamstag und in diesem soeben erblühten Leben in besonderer Weise
gegenwärtig sei; in diesem Leben, in dem sie später einen so breiten und stets
wachsenden Raum einnehmen sollte: dieses Kind wird einst als Bischof nicht
mehr mit Alfons von Liguori unterschreiben, sondern einfach mit Alfons Maria.

Alfons. Das Ehepaar Liguori-Cavalieri kannte die ursprüngliche Bedeutung
dieses schönen Wortes nicht. Das lateinische und französische „ph", das ihm in
früherer Schreibweise einen griechischen Anstrich verlieh, ist nichts weiter als ein
durch Gewohnheit sanktionierter Schreibfehler. In Wirklichkeit leitet sich Alfons
aus zwei germanischen Wurzeln ab: *adal*, Mann edler Herkunft, und *funs*, zum
Kampf bereit[1]. Nie wurde ein Vorname mit größerem Recht getragen. Vornehm
von Geburt, gewiß, aber noch weit mehr: ein Ritter Christi, gerüstet und kampfbereit für die Schlachten Gottes . . .

So weit allerdings dachten die Liguoris damals noch nicht. Was waren wohl
die Träume der glücklichen Mutter? Sie bleiben das Geheimnis ihrer Gebete. Was
den Vater betrifft, so gedachte er für den Knaben das zweifache Vorrecht auszuschöpfen, das diesem in die Wiege gelegt war: nämlich dem adeligen Stand
anzugehören und der Älteste seiner Geschwister zu sein. Dieses doppelte Glück
der Geburt brachte Titel, Macht, Reichtum, Müßiggang und die Garantie einer
glänzenden Heirat mit sich. Er, Don Giuseppe, würde schon darüber wachen,
daß dieses Kind, das seinen Namen trug, das dereinst das gesamte elterliche Erbe
— Landbesitz und Paläste — übernehmen und seinen Stammbaum weiterführen
sollte, zum strahlendsten Edelmann des Königreichs heranwachsen würde.

Er war gebildet genug, um zu wissen, daß der Name, den er ihm weitergab,
möglicherweise aus dem Orient kam: vom griechischen *liguros*, erlaucht . . .
Gewiß, das mußte der Ursprung sein, und dieser Sohn würde den Beweis dafür
liefern! . . . Er war übrigens einer der ältesten Familiennamen Süditaliens. Neapel
hatte schon Liguoris, ehe es noch Könige besaß.

Ohne auch nur einen einzigen der tausend Adelstitel innezuhaben, die im
Königreich um den besten Klang rivalisierten — man stelle sich nur vor: 119 Fürsten, 156 Herzöge, 173 Marquese, 42 Grafen und 445 Barone —, Titel, die sich
durch das Spiel von Verbindungen, Erbschaften, Käufen, Machenschaften und
königlichen Gunstbezeigungen auf mehr als 5.000 sogenannte Patrizierfamilien
verteilten oder häuften, waren die Liguoris authentische „neapolitanische Cavalieri". Seit Jahrhunderten schon hatte sich ihr Geschlecht im Dienste der parthenopäischen Stadt, beim Militär, im Richterstand, in der hohen Verwaltung
und in der Kirche ausgezeichnet. Es war stolz auf jenen Marco von Liguori, der
unter der Regierung Tankreds von Lecce (1190—1194) Gouverneur von Neapel
war. Spätestens seit dem 15. Jahrhundert gehörte es der *„nobilità di seggio"* an,
d. h. Liguoris „saßen" in der *„piazza"* von Portanova, einer der Gemeindeverwal-
tungen der sechs Stadtbezirke, die sich auf der Basis des Erbrechts in die Regierung der Stadt teilten[3].

Diese Institution der *piazze*, der „Plätze", geht auf die antike Tradition der griechischen Städte zurück: Während das Volk seiner Arbeit nachging, trafen sich die Notabeln in ihrer freien Zeit auf der Agora, um Neuigkeiten auszutauschen, sich zu beraten und Entscheidungen zu treffen. Lange vor der Feudalherrschaft versammelten sich auf den „Plätzen" Neapels also jene, die aufgrund ihres Reichtums oder ihrer hohen Stellung einfach nicht auf ihrer Hände Arbeit angewiesen waren: die Freien, die „Adeligen", die „mit Waffen und Pferden lebten". Diese *nobiltà di piazza* verhandelte und entschied souverän über die Interessen der Stadt. Natürlich waren diese Versammlungen schon vor undenkbarer Zeit vom öffentlichen „Platz" in einen nahegelegenen Palazzo übersiedelt, wo sie ihre „Sitzung hielten", wo sie tagten. So waren „piazza" und „seggio" zu Synonymen geworden, die diese erblichen hohen Ratskollegien bezeichneten.

Zu groß, um noch überschaubar zu sein, war das Neapel von damals in sechs Stadtbezirke unterteilt: fünf davon — Capona, Montagna, Nido, Porto und Portanova — waren in der Hand des Adels, der sechste — Popolo — unterstand den Vertretern des Volkes.

Karl von Anjou (1227—1285), der Bruder Ludwigs IX., des Heiligen, wollte sich mit dieser *nobiltà di piazza* ein sicheres und starkes Instrument seiner königlichen Macht schaffen. Daher erhob er diese Notabeln in den Rang von Cavalieri und gewährte ihnen verschiedene Vorrechte. Am höchsten schätzten sie das Privileg, 60% der von ihnen auf alle Waren, die auf dem Land- oder Seeweg in die Hauptstadt kamen, erhobenen Zölle unter sich aufteilen zu dürfen. Seit jener Zeit waren die „Sitze" von Neapel im ganzen Königreich sehr begehrt. Und um das damit verbundene Ansehen, die Macht und die Einkünfte nicht zu schmälern, nahmen sich die Familien, die sie innehatten, auch das Recht, Anwärter zuzulassen oder vielmehr abzuweisen. In den Jahren um 1500 einigten sich die *piazze* auf eine öffentliche Verfügung, nach der nur jene Adeligen in die Räte aufgenommen werden sollten, „die ihren vollen Adel des Namens und des Wappens in ununterbrochener Reihenfolge nachweisen können". Das bedeutet, daß die vornehmsten Familien und die hohen königlichen Offiziere sich nachdrücklich um einen *sedile* in einer *piazza* bemühten. Philipp II. (1527—1598) machte die schmale Pforte noch enger: es bedurfte fortan der einstimmigen Billigung nicht nur der Titulare, sondern auch des Königs persönlich[4].

Nun, die Liguoris mußten nicht mit Ellbögen und Beziehungen arbeiten, um einen Sitz im Rat von Portanova zu erlangen: sie saßen hier zweifelsohne bereits mindestens hundert Jahre vor Philipp II., wahrscheinlich schon vor Karl von Anjou, und höchstwahrscheinlich seit der Zeit des Gouverneurs Marco von Liguori im ausgehenden 12. Jahrhundert. Sie gehörten also nicht zu jenen durch Handel oder Rechtskniffe reich gewordenen „Emporkömmlingen des Wappenbuchs", denen der König Adelsprädikate verkaufte, um damit seine Kriege zu finanzieren; zu jenen *Nobili di privilegio* (Privilegienadel) also, von denen der Uradel spöttisch sagte: „Herzöge schon, aber keine Cavalieri". Von den Liguoris galt vielmehr: „Herzöge nicht, aber Cavalieri". Ende September 1710 wird Don Alfons von Liguori, neapolitanischer Cavaliere, mit Vollendung seines vierzehnten Lebensjahres im Rat von Portanova den Platz einnehmen, den schon Generationen seiner Vorfahren innehatten; er wird neben seinem Vater Don Giuseppe sitzen, der zu jener Zeit *Capitano a guerra*, Kommandant der Zivilgarde, ist[5].

Denn die Liguoris geben sich nicht, wie die meisten der neapolitanischen Aristokraten jener Zeit, dem pompösen und verderblichen Müßiggang hin. Sie sind ehrgeizig, vielleicht auch habgierig: *Dat Justinianus honores* „das Gesetzbuch verschafft Zugang zu Ehren" … und der Prozeß zu Geld! Onkel und Vettern sind aktiv im Gerichtssaal und in der Magistratur[6]. Oder aber sie sind Abenteurer und Kämpfernaturen: Don Giuseppes Vorfahren väterlicherseits haben seit drei Generationen als Militärs Karriere gemacht. Sein Urgroßvater, Don Antonio, war Militärgouverneur der Inselfestung Nisida, eines vorgeschobenen Verteidigungspunktes zwischen den beiden Buchten von Neapel. Sein Großvater Don Alfonso tauschte das Gesetzbuch gegen den Degen; als Kommandant eines Kürassierregiments erregte sein Mut die Aufmerksamkeit des kriegerischen Philipp IV. (1605–1665). Sein Vater schließlich, Don Domenico, war ebenfalls Offizier; er stand an der Spitze einer neapolitanischen Marineinfanterieeinheit in der spanischen Armada, die 1667 an den portugiesischen Küsten kriegerische Aktionen durchführte. Seine Dienste waren so hervorragend, daß er nach seiner Rückkehr seitens Madrid mit einer monatlichen Rente von 50 Escudos ausgestattet wurde. Das war mehr, als es zur Gründung eines Hausstandes bedurfte. So heiratete er 1668 Donna Andreana Mastrillo, eine Witwe aus Nola, deren Tochter Eleonora er adoptierte[7].

Ihr ältester Sohn Giuseppe wird am 5. Februar 1670 daher in der Familie seiner Mutter zu Nola geboren[8]. Er hat Soldatenblut in den Adern und den Kopf voll von Armadas. Mit sechs Jahren verliert er seine Mutter und wächst in Neapel auf im Kreise seines wiedervermählten Vaters und einer Stiefmutter, einer großen Schwester, die nicht die seine ist, und zweier jüngerer Schwestern, Geronima und Hippolita (auch Porzia genannt), die ihre Puppen seinen Träumen von Feldzügen und Kreuzfahrten vorziehen. Möglicherweise um ihm einen eigenen Freiraum zu ermöglichen, vermacht Don Domenico dem Fünfzehnjährigen im Jahre 1685 das bloße Eigentum aller seiner Güter unter dem Vorbehalt eines lebenslangen Nießrechts, mit Ausnahme seiner Sommerresidenz in Marianella, die er ihm sofort zur Verfügung stellt. Er selbst residiert zweifelsohne in einem Palazzo am Westrand der Via Toledo[9].

Marianella, ein Name, der uns an die Allerheiligste Jungfrau als Kind denken läßt. Marianella, ein Trabantendorf mit 700 Einwohnern im Norden der Hauptstadt: ein Spaziergang von 8 Kilometern durch Gärten und Wäldchen über den Capodimonte hinaus. Hinter dem Chor der Kirche eine weite Umfriedung, Gärten, Obsthaine und Wälder. Hier sitzen die Liguoris seit 200 Jahren. Während sich Großvater Don Alfonso mit seinen Kürassieren im Dienste Philipps IV. schlug, hatte sein Bruder und Miteigentümer Don Ercole in den Jahren um 1660 anstelle eines kleinen Pavillons die weiträumige Villa gebaut, in der nun der junge Giuseppe wohnen wird: zwei Stockwerke — eine „zwanzig-Zimmer-Wohnung" — über dem Erdgeschoß, in dem das Hausgesinde untergebracht ist und die sog. *bassi* (ebenerdige Räume), die vermietet werden. Giuseppe hat seine Freude daran, dieses erste „Zuhause" zu verschönern und es durch Ankauf von Ländereien und Häusern zu vergrößern. Vorerst kommt er aber nur her, um hier seine einsamen Urlaube zu verbringen[10].

Denn noch als Knabe verläßt er sein Heim, das schon nicht mehr ganz das seine ist, um zum Militär zu gehen und zur See zu fahren. Sein Vater, der wahr-

22

scheinlich mit dem königlichen Geschwader in Kontakt geblieben war, half ihm möglicherweise, ebenfalls dort einzutreten: durch die kleine Pforte. Giuseppe beginnt ganz unten, als einfacher *aventurero* auf der *Capitana*. Nichts von einem „Abenteurer", noch weniger von einem Söldner; der *aventurero* erhält nicht den geringsten Sold, er muß im Gegenteil für seinen eigenen Unterhalt aufkommen! Der Dreiruderer (Trireme) hat Platz für 400 Sträflinge an den Rudern und für 105 Offiziere und Soldaten, nicht einen mehr. Dem *aventurero* steht mit seiner Person und seinen Dukaten kein anderes Vorrecht zu, als sich in die Reihe derer einzugliedern, die auf den Tod oder die Demission eines der 105 Militärs warten. Dann konnte er auf einen ranghöheren Posten aufsteigen, der ihm Sold, Kochgeschirr und Zwieback sicherte: und die Hoffnung auf Tressen ...

Unser junger Cavaliere dient also auf diese Weise ein oder zwei Jahre lang in der Marineinfantrie. Er ist Füsilier und Artillerist, Lehrjunge in der Werkstatt und Hilfsuntersteuermann, Signalgeber und mit der Tiefenlotung befaßt, Navigator nach dem Kompaß und nach den Sternen. So lange und so gut, bis sein Vater im Juli 1692 aus Madrid ein königliches Dekret erhält, das ihn ermächtigt, seine monatliche Militärrente von 50 Escudos auf Giuseppe zu übertragen. Der *aventurero* Liguori erhält damit den Rang eines *entretenido* (diese Ausdrücke sind spanisch: vergessen wir nicht, daß auch die Armee spanisch ist) und tritt in den Staatsdienst ein. Jetzt ist er Soldat, und zwar ein gut bezahlter Soldat: ein Galeerenkommandant verdient 55 Escudos im Monat. Fünfzehn Jahre dient er nun in der Marineinfanterie auf der *Capitana* und erklimmt — die genauen Zeitabstände sind uns nicht bekannt — die Stufen der Militärhierarchie[11].

Fünfzehn Jahre, ruhig und ungetrübt wie das Meer an schönen Tagen, obwohl zur gleichen Zeit zu Land und zu Wasser der spanische Erbfolgekrieg tobte.

Man muß sich dabei nicht vorstellen, Don Giuseppe habe entlang der asiatischen oder marokkanischen Küsten gegen Wind und Wellen gekämpft. Die neapolitanische Kriegsflotte besaß nur sieben Triremen[12], einige Leichtschiffe für schnelle Manöver und natürlich Tartanas (kleinere Schiffe) zum Transport der Verpflegung. Don Giuseppes Aufgabe? Er hatte die Piraten abzuschrecken, die es auf die tyrrhenischen Küsten abgesehen hatten, mußte die Häfen beschützen, Seetransporte — Truppen oder Waren — um den Fuß des „Stiefels", von der Adria in den Golf von Gaeta, begleiten, die Sicherheit diplomatischer Konvois zwischen Barcelona und Neapel gewährleisten und mitunter auch königliche Reisen eskortieren.

Don Giuseppe war also zwar oft unterwegs, aber selten sehr weit oder sehr lange von Neapel weg. Diese fünfzehn ruhigen Jahre, in denen er sowohl auf dem Meer als auch in der Stadt zuhause ist, werden auch zu den Jahren seiner familiären Verankerung. Am 15. Mai 1695 vermählt sich der junge Offizier in der Kathedrale von Neapel mit der um zehn Monate jüngeren Donna Anna Caterina Cavalieri. Er selbst ist 25 Jahre alt[13].

Donna Anna ist eine glänzende Partie. Sie wurde am 24. November 1670 als fünftes Kind Don Federico Cavalieris, eines der ersten Magistratsbeamten im Königreich, und Donna Elena von Avenias, die der ursprünglich spanischen Familie der Marquese von Avenia entstammte, geboren.

Eine Dynastie hervorragender Juristen, diese Avenia-Gizzio, sofern sie nicht

Kirchenmänner sind. Ein Großonkel Elenas, der Oratorianer Gizzio († 1698), ist für seinen Eifer und seine Beredsamkeit bekannt[14]. Er verbringt die letzten Jahre seines Lebens, das ganz der christlichen Erziehung der jungen neapolitanischen Adeligen gewidmet war, im Oratorium der Söhne des hl. Philipp Neri. Ein junger entfernter Vetter Elenas, Pietro Marco Gizzio, ist bereits Kanonikus der Kathedrale und Offizial der Diözese. Alfons wird ihn, dem Brauch der Zeit folgend, liebevoll seinen „Onkel" nennen.

Die Cavalieris gehören zum Typus der Patrizierfamilie jener Zeit schlechthin, deren Lebenspole das Erstgeburtsrecht und die Religion sind. Annas Vater Don Federico hat somit den elterlichen Erbteil, den Stammbaum und den Namen der Cavalieri inne. Er ist ein bedeutender Jurist und Präsident der Real Camera della Sommaria (1688) – die zugleich Rechnungshof und Finanzministerium und mit der Verwaltung des Vermögens der Krone beauftragt ist: Güter, Flotte, Arsenale, Lehen, Steuern, Zölle, usw. Ihr oblag es, einschlägige Vergehen zu beurteilen und Streitfälle zu schlichten. Don Federico wird 1696, genau zu dem Zeitpunkt, da er Alfons' Großvater wird, in den Sacro Real Consiglio di Santa Chiara, den höchsten Appellationsgerichtshof, berufen, der wie der König persönlich über der Sommaria und der Vicaria (dem Staatsgerichtshof für Straf- und Zivilrecht) steht. Ein wirklicher Erstgeborener, dieser Federico! Während er nun zu solch hohem Rang aufsteigt, sind seine drei jüngeren Brüder aus der Konkurrenz und dem Erbe ausgeschieden: mit oder ohne Berufung kommt der eine in das Kloster der Olivetaner, der andere zu den Unbeschuhten Karmeliten und der dritte zu den Cölestinern. Keiner dieser Orden gehört damals in Neapel zu jenen, die sich durch Strebsamkeit und Armut auszeichnen[15].

Don Federico Cavalieris hervorragende Stellung ist zweifellos auch das Ergebnis eines Mutes, der durch das Unglück Nahrung und Richtung erhalten hatte. Nach nur elfjähriger Ehe stirbt seine Frau im Alter von 28 Jahren, nachdem sie ihrem sechsten Kind Francesco das Leben geschenkt hat; ein Leben, das nur einige Stunden währte. Unsere Anna Maria Caterina blieb mit ihren jetzt drei Jahren also das jüngste Kind einer Familie, die ihre Seele und ihr Herz verloren hatte. Der Vater behielt sie zusammen mit dem elfjährigen Emilio und dem siebenjährigen Giuseppe bei sich und gab die beiden „großen" Schwestern, die neunjährige Teresa und die sechsjährige Cäcilia in das Pensionat des Klosters San Francesco delle Cappuccine Riformate, das sich in der Salita Pontecorvo (heute Nr. 44) befindet. Er bleibt für den Rest seines Lebens allein, hart geworden in seinem Schmerz, seiner Arbeit, seinem Glauben. Der spätere Bischof von Nardo, Mgr. Sanfelice, schildert ihn als einen „Minister von vollkommener Redlichkeit, einen leidenschaftlichen Verfechter der Gerechtigkeit, eine starke Seele ohne jede Furcht vor dem Urteil der Welt, ein Vorbild in jedem Lebensbereich, erfüllt von der heiligen Furcht Gottes[16]."

Aber die Familienväter jener Zeit erwarteten für die getreue Erfüllung ihrer „religiösen Pflichten" von Gott auch eine entsprechende Gegenleistung. Der Herr möge es sich nur ja nicht einfallen lassen, über ihre Erstgeborenen nach seinem eigenen Willen zu verfügen! Sein Emilio Giacomo, der am 24. Juli 1663 als erstes Kind seiner Verbindung mit Elena von Avenia geboren wurde, ist also in die für ihn bestimmte Laufbahn eingetreten, zunächst in die Universität mit der Aussicht, einmal das unteilbare Erbe und die Verantwortung des Namens und

Ansehens zu übernehmen. Emilio war ganz der Sohn seines Vaters: wie dieser ist auch er von gutem Schlage; und er nahm sich die Freiheit, wie Gott seine eigenen Vorstellungen zu haben. Als er mit 20 Jahren sein Rechtsstudium abgeschlossen hatte, kehrte er den gebieterischen Traditionen den Rücken und trat, ohne seinen Vater zu informieren oder ihn auch nur noch einmal wiederzusehen, in das Noviziat der Väter der Pii Operai, der „Frommen Arbeiter" ein, die sich mit der Mission der kleinen Leute befaßten. Der Sturm im Palazzo Cavalieri war gewaltig. Um seinen Sohn von diesem „sinnlosen" Vorhaben abzubringen, ging Präsident Federico sogar so weit, beim kirchlichen Gericht einen kanonischen Prozeß gegen ihn anzustrengen. 60 Jahre später erzählt der hl. Alfons, der ähnliche Kämpfe zu bestehen hatte, diesen Vorfall in seinen *Ratschlägen zur geistlichen Berufung*, ohne allerdings zu erwähnen, daß es sich dabei um seinen Onkel handelte.

Der Präsident verlor seinen Prozeß. Emilio dagegen errang dadurch die Aufmerksamkeit und Wertschätzung des Erzbischofs Kardinal Antonio Pignatelli. Dieser weihte den 24jährigen mit einer Altersdispens zum Presbyter und ernannte ihn schon bald zum Examinator der jungen Priester und zum Mitverantwortlichen für den Klerus (wir würden heute sagen zum „Bischofsvikar").

1691 bestieg Antonio Pignatelli unter dem Namen Innozenz XII. den päpstlichen Thron. Sein Nachfolger in Neapel wurde Kardinal Ciacomo Cantelmo Stuart, ein Vetter Jakobs II. von England, dessen Intoleranz durch seine diplomatischen Missionen in der Schweiz, in Polen und in Deutschland keineswegs gemildert, sondern vielmehr noch verschärft worden war. So führte er unverzüglich die bischöfliche Inquisition wieder ein[17]. Zum Promotor des Glaubens bestimmte er Pater Cavalieri. Als Jurist der Ausbildung und dem Geiste nach und als Mann des Gesetzes und der Strenge hatte sich Emilio außerdem wegen seiner Klugheit und Geschicklichkeit *in qualsivoglia maneggio* (in jeder Hinsicht) bereits die Wertschätzung seiner Mitbrüder und der Diözese erworben und war mit 28 Jahren bereits Berater und später Finanzrichter an diesem gefürchteten Gericht. Die Inquisition war aber schon immer das schwarze Schaf Neapels gewesen. Dazu kamen die Schärfe eines zu jungen Eifers und Inquisitionsmethoden, die mehr von der Schlange als von der Taube inspiriert waren, so daß schon der geringste Anstoß genügt hätte, um alle „piazze" der Stadt, einschließlich jener des Volkes, gegen ihn und seinen Vorgesetzten aufzubringen. Bei der Versammlung der *Città* im Gericht von San Lorenzo planten ihre sechs Abgeordneten, die Abreise des Kardinals und seines „Häschers" zu fordern. Nicht mehr und nicht weniger! Doch begnügten sie sich schließlich mit einem Verbannungsdekret gegen Pater Cavalieri. Der Verbannte brach also nach Rom auf, wo die „Frommen Arbeiter" gerade (1689) in der Kirche von Santa Balbina ein Missionszentrum gegründet hatten. Auf dem Aventin fand er als Oberen seinen gleichaltrigen Mitbruder Pater Tommaso Falcoia (1663–1743) vor, einen Mann, der später schwer auf unserem Alfons und dessen Werk lasten wird.

Rom, das bedeutete einen persönlichen Protektor auf Petri Stuhl. Um Emilio zu verteidigen, der ihn liebte und schätzte, wollte ihn Innozenz XII., ungeachtet aller kirchenrechtlichen Bestimmungen, mit 29 Jahren zum Bischof von Fondi ernennen. Eine winzige und arme Diözese – 10.000 Seelen, 1.000 Dukaten Jahresrente –, aber es war die einzige, die zu diesem Zeitpunkt vakant und nicht allzuweit von Neapel entfernt war. Cavalieri warf sich dem Hl. Vater zu Füßen und verzichtete demütig auf die Mitra. „Es sei", sprach der Papst, „aber Ihr sollt fortan mit mir im Apostolischen Palast wohnen." Nach einem Jahr dieses goldenen Exils berief Innozenz XII. seinen jungen Freund auf den begehrten Sitz von Troia – 28.000 Seelen, 9.000 Dukaten. Emilios Demut mußte dem Gehorsam weichen. Am 2. Mai 1694 wurde er zum Bischof geweiht, ein Jahr vor der Hochzeit seiner jüngeren Schwester. Im Alter von 30 Jahren. Seine Gegner sind verärgert; natürlich behaupten böse Zungen, er habe den Ring der armen Kirche von Fondi nur zurückgewiesen, um seine Hand für eine Braut freizuhalten, die eine größere Mitgift bot[18]. Aber das ändert nichts daran, daß Don Giuseppe von Liguori mit Recht stolz darauf ist, seinerseits die Schwester eines bedeutenden Bischofs, zweifelsohne des jüngsten der Christenheit, zu heiraten.

Was Präsident Cavalieri betrifft, so kann er sich nun die Hände reiben über das, was zunächst seinen Zorn erregt hatte. Umso mehr, als sein zweiter Sohn, auch er ein Giuseppe, zugunsten dessen der junge Bischof auf sein Erstgeburtsrecht verzichtet hat, Anlaß zu den schönsten Hoffnungen gibt. Er wird Justizminister, dann Kriegsminister, Rat am Sacro Real Consiglio di Santa Chiara, Gouverneur von Capua ... Müssen wir noch hinzufügen, daß einer seiner Söhne bei den Dominikanern und zwei Töchter bei den Schwestern von der Heimsuchung eintreten[19]?

Donna Annas zwei Schwestern sind bei den „Cappuccinelle" aufgewachsen. Teresa wurde krank; sie kehrte nach Hause zurück, um hier gepflegt zu werden ... in der Blüte ihrer 20 Jahre starb sie an der Schwindsucht. Cäcilia legt unter dem Namen Schwester Maria Francesca Teresa vom hl. Herzen Jesu das feierliche Gelübde „für beide" ab. Sie wird später zu wiederholten Malen zur Äbtissin gewählt.

Bleibt noch die kleine Anna Caterina. Nachdem sie bis zu ihrem 14. Lebensjahr beim Vater aufgewachsen war, kam auch sie im Dezember 1684 in das Pensionat der „Cappuccinelle", wo sie schon seit zehn Jahren von ihren Schwestern erwartet wurde. Zweifellos blieb sie dort weitere zehn Jahre bis zu ihrer Heirat[20].

Die jungen Patriziertöchter heirateten gewöhnlich direkt aus dem Kloster heraus. Die heutige Reihenfolge: „man trifft sich" – „gefällt sich" – „geht miteinander" – „liebt sich" – „verständigt die Eltern" – „heiratet", war damals unbekannt, unmöglich. Die Eltern waren es, die „ihre" Wahl trafen, und zwar oft schon von langer Hand. Aus Familiengründen: Besitz, ein Lehen, ein Titel, ein Name. Die beiden „Betroffenen" brauchten nur noch das vom Konzil von Trient vorgeschriebene „du willst – ich will" auszusprechen. Liebe war also keine Vorbedingung zur Ehe. Sie konnte aber ihre erste Frucht sein, was keine Seltenheit war. Doch hüllte sie sich damals in Zurückhaltung und Verschwiegenheit. Wir wissen zwar, daß Donna Anna Don Giuseppe 5.000 Dukaten Mitgift einbrachte[21], das Kapital an Gefühlen aber, das die beiden in jenem Frühling 1965, der sie für fünfzig Jahre und sechs Monate vereinigte, zusammenlegten, bleibt uns vollkommen unbekannt.

26

3. Wiegen und Lebensläufe

Um 1700 duckte sich Neapel innerhalb seiner Festungsmauern noch ängstlich unter den Schutz des Kastells San Elmo. Mit seinen damals 220.000 Einwohnern erstickte es fast in seinen Schutzwällen, wie eine Matrone im Korsett einer feinen Dame. Es bedurfte erst der Ankunft der Österreicher und der nachdrücklichen Forderung einer gesundheitlich aufs höchste gefährdeten Bevölkerung, um dem Vizekönig Graf Daun 1717 endlich die Erlaubnis abzuringen, auch außerhalb der Mauern bauen zu dürfen. Mit der Schleifung der Mauern begann man allerdings erst 1740.

Es war ein Glück, daß Vizekönig Pedro von Toledo Mitte des 16. Jahrhunderts trotz gegenteiliger Befehle aus Madrid die Entstehung großer Stadtviertel *extra muros* geduldet hatte. So konnte sich außerhalb der Porta San Gennaro am Fuße grünender Hänge, die zum Capodimonte hin aufstiegen, der Borgo dei Vergini entwickeln[1].

In diesem relativ neuen Viertel, luftig und von den aus den Bergen kommenden Wassern umspült, hatten Giuseppe und Anna von Liguori kurz nach ihrer Vermählung ein Heim gefunden. Hier war die junge Frau während der langen Perioden der Abwesenheit ihres Gatten nicht weit vom Vater entfernt, und der junge Offizier mußte nur die Via Toledo hinuntergehen, um zum Militärhafen und seiner Admiralstrireme, der *Capitana*, zu gelangen. Hier und nicht in seinem Geburtshaus in Marianella, wuchs also der junge Alfons bis zu seinem elften Lebensjahr auf.

Hatte die Familie eine der drei Wohnungen des Palazzo Scordovillo, Ecke Via dei Vergini — Supportico Lopez (heute Nr. 38) gemietet? Die Tatsache, daß sie ihn 1717 kauften, berechtigt zu dieser Frage. Wahrscheinlicher ist jedoch, daß sie — wie es die mündliche Überlieferung bei der Familie Liguori di Presiccio noch heute will[2] — einige hundert Meter weiter bei Domenico von Liguori (1674–1752), einem Vetter zweiten Grades, Wohnung nahm, dessen geräumiges Haus noch in der heutigen Via S. Maria Antesaecula Nr. 2 steht. Jedenfalls steht fest, daß sie vom Zeitpunkt ihrer Eheschließung bis 1707 — für sie das Jahrzehnt der Geburten — der Pfarrei S. Maria dei Vergini angehörten. Wir haben dafür als unwiderlegbares Zeugnis den elften und zwölften Taufbuchmatrikel dieser Pfarrei: der Taufurkunde des Alfons Maria vom 29. September 1696 folgen nämlich noch sieben Geschwister.

Das Ehepaar Liguori-Cavalieri bekam innerhalb von zehn Jahren acht Kinder: vier Knaben und vier Mädchen.

Wir haben schon gesehen, daß der Älteste, Alfons Maria, bei Tagesanbruch des 27. Septembers 1696 in Marianella geboren wurde.

Am 5. November 1698 erhält er mit Antonio einen munteren Gefährten, der zweifellos mit ihm gemeinsam aufwächst. Unter dem Namen Benedetto Maria wird Antonio am 21. März 1716 in dem sehr reichen neapolitanischen Kloster SS. Severino e Sossio der Benediktiner der Kongregation von Monte Cassino die ewigen Gelübde ablegen, wird mit 33 Jahren Novizenmeister und im Alter von 40 Jahren nach Tannoias Aussage als „Märtyrer der Buße und Entsagung" sterben.

Die Geschichte freilich berichtet, daß dieser Konvent damals in Müßiggang und Laxheit versank[3].

Am 25. Februar 1700 wurden die Zwillinge Barbara und Maddalena geboren. Das Taufbuch erwähnt, daß Maddalena, die als zweite geboren und somit nach überkommener Auffassung als erste empfangen wurde, auch als erste die Taufe erhielt. Vielleicht fürchtete man aber auch um ihr Leben. Sie verschwindet nämlich sogleich wieder aus der Familiengeschichte der Liguoris. Mit Ausnahme ihres Namens, der — Gegenwart eines entflohenen Engels? — als erster dem Namen Anna Marias angefügt wird, die 1702 als nächstes Mädchen nach ihr geboren wird. Barbara dagegen wurde mit neun Jahren bei den Franziskanerinnen von San Girolamo (oder Geronimo) in das Pensionat und damit auch in die Klausur gegeben; mit fünfzehn Jahren nimmt sie unter dem Namen Schwester Maria Luisa den Habit.

Gaetano, am 4. September 1701 geboren, wächst wie seine beiden älteren Brüder zuhause auf. Glückliche Knaben! Er wird durch väterlichen Entschluß zum Diözesanpriester bestimmt: Don Giuseppe erhält für den 14jährigen von seinem Freund, dem Herzog von Gravina-Orsini, ein Kirchenbenefizium, das diesem Fürsten untersteht. Doch für das Priesteramt selbst entscheidet sich der junge Mann erst zwölf Jahre später. 1730 geweiht, führt er bis zu seinem Tod im Jahr 1784 „im väterlichen Haus ein Eremitendasein" (Tannoia); seine seelsorgliche Aufgabe bestand in der Betreuung der Kapelle des Domschatzes von San Gennaro. Die Silberbüste, die hier seit 1840 neben den anderen heiligen Patronen Neapels steht, ist jedoch die seines Bruders Alfons.

Am 28. November 1702 kommt Anna Maria Maddalena, Anella genannt, zur Welt. Sie wird noch vor ihrer Schwester Barbara im Kloster von San Girolamo in die Klausur gegeben. Da sie noch nicht einmal fünf Jahre alt ist, und Kinder nicht vor Erlangung des Vernunftalters in ein Kloster gegeben werden durften, geruhte Clemens XI. in einem päpstlichen Breve an Kardinal Pignatelli die Altersdispens zu erteilen. Nach zehn Jahren Internat wird auch sie als Fünfzehnjährige zum Noviziat zugelassen und legt als Schwester Marianna neben Schwester Maria Luisa ihre Gelübde ab. Ihr Leben ist eine einzige lange Krankheit des Leibes und des Geistes. Von Skrupeln gequält, sucht sie Hilfe bei ihren Beichtvätern aus dem Jesuitenorden und auch bei ihrem Bruder, der eines Tages zu ihr sagt: „Du wirst als Verrückte sterben." Und so kommt es auch. Sie braucht Tag und Nacht Bewachung[4].

Ein Kind nach dem anderen wird geboren, doch gleicht kein Schicksal dem anderen. Theresa Maria, am 12. Dezember 1704 geboren, bleibt bei der Mutter, bis sie 1720 mit sechzehn Jahren den Herzog Domenico del Balzo, Baron von Presenzano, heiratet. Jetzt hatten die Eltern einen Sohn, der den Namen, den Stammbaum und den Familienbesitz weiterführte, und eine Tochter, die man mit einem adeligen Erben verheiraten konnte, darin lagen der Erfolg, wie ihn sich die Familien damals wünschten, und das soziale Gleichgewicht des Adels jener Zeit.

Die Geburt des Nesthäkchens Ercole am 30. November 1706 mag daher die Eltern beunruhigt haben. Wird er sich vom Krieg, von Prozessen, vom Handel, von einem Kirchenbenefizium oder von der Tafel eines Klosters ernähren? Alfons löste dieses Problem, indem er ihm seinen Platz überließ[5].

Wir stehen heute verständnislos vor dieser Verteilung der Karten für das Leben durch den *pater familias*. Gott der Allmächtige selbst maßt sich nicht diese unglaublichen Rechte an! Aber das waren eben die Bräuche jener Zeit und die sozio-ökonomischen Imperative des Ancien Régime.

Wie wir schon bei Emilio Cavalieri gesehen haben, war die „Nachfolge" durch ein zweifaches Erhaltungsprinzip geregelt: die Fortführung des Hauses und die Bewahrung des Familienbesitzes (Lehen, Güter und Gebäude). Daraus folgte das Majorat oder Ältestenrecht zugunsten des Erstgeborenen. Die überzähligen Knaben hatten die Wahl zwischen dem Degen, der Robe, dem Staatsdienst, der Tonsur oder der Kutte. Die Mädchen hatten ein Anrecht auf ihren „Pflichtteil", d. h. auf ihren Unterhalt, solange sie zuhause lebten, und auf eine Mitgift oder Rente, sobald sie heirateten oder ins Kloster eintraten. Das Konzil von Trient hatte erklärt, es sei unter Strafe des Kirchenbanns davon auszugehen, daß „die Jungfräulichkeit vollkommener und glücklicher sei als die Ehe"; die Klosterlösung war also zweifelsohne „die bessere" zum Ruhme Gottes und zum Glück der Frauen! Daher hatten einige große Familien „ihr" Kloster, um darin ihre Töchter unterzubringen. Natürlich sorgsam abgeschirmt von allen Bewerbern! Es drohte jedem die Exkommunikation, der es gewagt hätte, ohne Erlaubnis des Bischofs durch das Gitter nicht nur mit einer Nonne, sondern auch schon mit einem einfachen Zögling zu sprechen!

Wahrhaftig, welche Bedeutung konnte für die noch nicht einmal fünfjährige Annella ihr Ansuchen an Papst Clemens XI. haben, in dem sie „ihr glühendes Verlangen ausdrückte, im Kloster der Franziskannerinnen von S. Girolamo aufgenommen zu werden, um dort ihre Ehre zu bewahren und sich geistlich und sittlich formen zu lassen"? Oder auch jenes, nach sechs- oder siebenjährigem Klosterleben von Barbara 1715 mit fünfzehn Jahren und von Anna Maria 1718 mit sechzehn Jahren unterzeichnete Ansuchen, dort die ewige Profeß abzulegen, in dem bestätigt wird, daß sie „von niemandem bestimmt, bedroht oder gezwungen wurden"? In Wirklichkeit handelte es sich hierbei um Standardformulierungen, die von allen „aus freiem Willen gewählt" wurden, damit keiner von den Exkommunikationsvorbehalten des Konzils von Trient betroffen werden konnte.

Im übrigen war diese Plage der gesteuerten „Berufungen" nicht auf Neapel beschränkt; sie betraf den ganzen Westen und gehörte zum System des Ancien Régime. Das Konzil von Trient kämpfte nicht gegen Windmühlen, wenn es jeden, ob König oder Kardinal, gleichermaßen exkommunizierte, der junge Mädchen oder Witwen zwang, in ein Kloster einzutreten oder dort die Gelübde abzulegen. Dieser autoritäre gesellschaftliche Druck auf die Einzelschicksale lieferte dem kritischen Schrifttum eine Goldader, die außerhalb Italiens weidlich ausgebeutet wurde. *Die Nonne* von Diderot z. B. ist Französin und eine boshafte Karikatur dieser Praxis. In seiner *Histoire du Catholicisme en France* (Geschichte des Katholizismus in Frankreich) dämpft André Latreille zwar die Darstellungen der Romanschriftsteller, räumt aber ein, daß es nicht an Beweisen fehle, wenn sie „die Klöster angefüllt mit erzwungenen Berufungen, mit Nachgeborenen, die den Ältesten geopfert, mit Töchtern, die wider ihren Willen einem der Natur entgegenstehenden Zölibat geweiht wurden", schildern. Um 1700 gab es in Frankreich 250.000 Kleriker im Verhältnis zu 20 Millionen Einwohnern, also zehnmal zu viel.

Nicht in einem neapolitanischen Roman, sondern in einer berühmten Predigt

Über die Berufung empört sich der sanfte Masillon: „Eine große Familie kann nicht alle ihre Kinder in der Welt unterbringen ... — Meine Brüder, um Eure Güter nicht teilen zu müssen, opfert Ihr Eure Kinder! ... Die unglücklichen Nachgeborenen werden der Größe eines Erstgeborenen geopfert ... Barbarische und unmenschliche Eltern finden nichts dabei, alle ihre anderen Kinder zu opfern, um einem einzigen von ihnen einen Aufstieg über den Rang seiner Ahnen zu ermöglichen: sie entreißen Kinder der Welt, deren Berufung nur aus der Autorität eines anderen gespeist wird; sie führen unglückliche Opfer zum Altar, die sich dort eher der Habsucht ihres Vaters als der Größe Gottes, der dort verehrt wird, aufopfern ... So bestimmen Unklugheit, Geburtsrecht, Habsucht und menschliche Belange das Geschick fast aller Menschen; das ist die Ursache so häufiger Unzufriedenheit in allen Ständen, so vieler Klagen in den Ehen, so häufigen Widerwillens im priesterlichen Dienst und so mancher Empörung, Langeweile und Bitterkeit in den Klöstern."

Zweifellos wären diese Vorwürfe für das gesamte katholische Europa angebracht.

Die Gedankenlosigkeit der Eltern, der unbedingte Gehorsam der Kinder, die Macht der Gewohnheit, der gesellschaftliche Druck, die wirtschaftliche Notwendigkeit, in der die einzige wahre Macht aller Regierungen liegt, und auch „irgendein Teufel, der sie dazu antreibt", ließen sie diese Vorgangsweise mit ihrem Gewissen vereinbaren.

Die wirtschaftliche Notwendigkeit! ... Gar mancher Geschichtsschreiber stöhnt über die topographische Ausdehnung des kirchlichen Neapel jener Zeit: ein an sich schon zu enges Areal, das zum großen Teil von Konventen, Klöstern, Kirchen, „Konservatorien" für Mädchen und Knaben, Fürsorge- und Altersheimen mit ihren weitläufigen Meiereien bedeckt ist und die ärmere Bevölkerung dazu verurteilt, sich in Elendsquartieren zusammenzudrängen und diese bis zum Himmel aufzutürmen. Vielleicht müssen wir in diesen mit reichen Gütern ausgestatteten Gründungen die unbewußte tätige Reue einer bedauernswerten Gesellschaft sehen, die sich auf diese Weiser innerlich freikaufte und für die Internierung dieser „Zwangsklaustrierten" dadurch Vergebung zu erlangen suchte, daß sie ihnen dieses Leben entsprechend schöner gestaltete? Leider! Von 37 Frauenklöstern und 104 Männerkonventen erregten drei Viertel wegen ihres Müßiggganges, ihres Luxus' und ihrer Liebe zum Geld Anstoß[6].

Um zur Familie Liguori zurückzukommen: sie ist in diesem Punkt nicht schlechter oder besser als alle anderen. Wir müssen sogar feststellen, daß in ihren „väterlichen" Berufungen wirtschaftliche Erwägungen eine peinliche Rolle spielen.

1715 tritt Antonio bei den Benediktinern ein und läßt sich für den Rest seines Lebens an ihrer Tafel nieder. Im selben Jahr wird Gaetano, der mit vierzehn Jahren zum Priesterstand bestimmt wurde, in ein Kirchenbenefizium eingesetzt. Vermittels der Klerikertonsur hat er also am Familientisch einen Platz, der durch eine einträgliche Sinekure finanziert wird. Im selben Jahr 1715 aber ist Don Giuseppe nicht imstande, für seine Tochter Barbara die 1.500 Dukaten aufzubringen, derer sie bedarf, um bei den Franziskanerinnen von San Girolamo das Gelübde der Armut abzulegen. Für diese Ausstattung werden also 1.000 Dukaten von einer Gönnerin, Schwester Benedetta Maria de Angelis, und 500 von den Vorstehern einer Bruderschaft zur Unterstützung in Armut Geratener[7] vorgestreckt. Aufgabe dieser 1614 gegründeten und von „Cavalieri" geleiteten Bruderschaft war es unter anderem, adelige Fräulein auszustatten, die aufgrund ihrer Armut nicht in einen Orden eintreten konnten, um „sich Jesus Christus zu vermählen"[8].

Sind die Liguoris so verarmt? Oder stecken sie um 1715 in einem finanziellen Tief? Gehen wir der Sache nach.

Zahlreiche Notariatsakten zeigen uns im Gegenteil, daß sie sich in den Jahren um 1715 in einem gesicherten wirtschaftlichen Wachstum befanden. Die 7.000 Dukaten des mütterlichen Erbguts dürften mehr als 400 Dukaten jährlich erbringen. Eine arme Familie mit vier Kindern mußte damals mit zehnmal weniger, nämlich mit vier Dukaten im Monat auskommen! Don Giuseppe hat außerdem ein beträchtliches Erbe übernommen, das ihm Abt Francesco Mastrillo, ein Vetter seiner Mutter, hinterlassen hat. Als Oberstleutnant und Kommandant der *Capitana* bezieht er seine 55 Dukaten monatlich. Auf diesen Titel hin ist er außerdem Mitglied des Obersten Marinerats, der in jenem Jahr 1715 gegründet wurde, um den Bau von vier Galeeren zur Verstärkung des königlichen Geschwaders zu garantieren; ein gut bezahlter Posten. Aber auch sonst steht dieser Seemann mit beiden Beinen auf der Erde! Er verleiht beträchtliche Summen, steckt Kapital in Unternehmungen verschiedenster Art (Salz, Tabak, Seide, Öl, Eis zu Kühlzwecken, Eisen und Mehl). 1714 gründet und leitet er selbst ein Holzunternehmen auf den Pontischen Inseln (im Golf von Gaeta), um der königlichen Marine Konstruktionsbohlen und Kohlenstaub zur Herstellung von Pulver zu liefern. Er investiert auch in Steinbetrieben: ab Februar 1715 — wie es der Zufall will, genau in jenem Monat, da er keinen Carolino hat, um Barbara die Mitgift auszuzahlen — sichert sich Kommandant von Liguori durch bedeutende Zahlungen an Don Giuseppe Scordovillo hypothekarische Ansprüche auf dessen Palazzo am Supportico Lopez und kauft diesen schließlich durch Urkunde vom 30. November 1717. Ebenfalls 1717 erwirbt er in Marianella das Haus Cardovino und die dazugehörigen fünf Hektar Grund[9].

Man kann nicht überall zugleich zahlen!

Und, zugegeben, Don Giuseppe hängt am Geld! Beim Tod seines Vaters Don Domenico im Jahre 1728 mußte erst ein Rechtsanwalt eingeschaltet werden, damit er den Restbetrag der Mitgift auszahlte, die seinen beiden Halbschwestern Geronima von Migliore (zwar schon verstorben, doch hatte sie zwei Kinder) und Ippolita del Balzo noch zustanden[10]. Seine beiden Töchter bei den Franziskanerinnen, die Schwestern Marianna und Maria Aloisia, mußten ihn gerichtlich belangen, um ihm ihren „Pflichtanteil" zu entreißen[11].

War diese Haltung eine Reaktion auf seine Armut als *aventurero*? War es die Härte eines mutterlos in einem ausschließlich männlichen Milieu aufgewachsenen Halbwaisen? Dieser stählerne Kapitän ist hart nicht nur in seinem Beruf, sondern auch dort, wo es um Gewinn geht. Und er ist ambitioniert. Denn: Adel verpflichtet!

Es kostete Geld, in Neapel dem Adel anzugehören. Paläste, Prunk, Feste, Theater, Personal, Parasiten...: wer seinem Stand entsprechend leben wollte, dem rannen die Dukaten wie Wasser durch die Finger. Umso mehr, als der vorrangigste Luxus dieser Söhne der Sonne und des Glücks gemeinhin das *dolce far niente* war. Der Adel arbeitete nicht und verachtete die Kaufleute.

Mildernde Umstände gab es genug. Man schätzt, daß von sechs Neapolitanern nur einer arbeitete[12], während die übrigen fünf in Bewegung waren, liefen, sprachen und gestikulierten, um nichts zu tun! Ihre Entschuldigung ist sprichwörtlich geworden: Neapel ist ein Stück Himmel, das auf die Erde gefallen ist — *un pezzo di cielo caduto in terra* —, und bekanntlich wird der Himmel mit einem Ort der ewigen Ruhe verwechselt. Geblendet wird Goethe einst schreiben:

„Neapel ist ein Paradies, jedermann lebt in einer Art von trunkner Selbstvergessenheit. Mir geht es ebenso, ich erkenne mich selbst kaum, ich scheine mir ein ganz anderer Mensch. Gestern dacht' ich: entweder warst du sonst toll oder du bist es jetzt…"

„Wenn man in Rom gern studieren mag, so will man hier nur leben; man vergißt sich und die Welt und für mich ist es eine wunderliche Empfindung, nur mit genießenden Menschen umzugehen."

Der Dichter sah nur das Licht. In einem neueren Buch (1970) zeigt der Historiker G. Spini, „ein guter Kenner der Zeit", auch die Schatten auf:

„Der italienische Adel nahm sich immer mehr das spanische Beispiel zum Vorbild: der pomphafte Müßiggang des spanischen Adels, seine Verachtung für jede schöpferische Tätigkeit, seine Manie, Aufsehen zu erregen, seine sinnlose Leidenschaft für die Etikette, die peinlich genaue Bedachtnahme auf den Vorrang, das Ehrgefühl und die Duelle charakterisieren ihn als genauso unsympathisch… Während Adel und Klerus durch Privilegien und klangvolle Titel zufrieden und fügsam gehalten wurden, siechte das Volk, immer wieder von Krankheiten und Epidemien betroffen, im Elend dahin[13]."

Wie bereits erwähnt, gehören die Familien Liguori und Cavalieri zu jener Elite, die den pompösen Müßiggang ablehnt. Doch will ihr Ehrgeiz höher hinaus. Don Giuseppe vergißt nie, daß sein Schwiegervater einer der höchsten Beamten des Sacro Real Consiglio, und sein Schwager Staatsrat und Kriegsminister ist, daß sein Vorfahre Marco Gouverneur von Neapel war, daß sein Sohn Alfons… was sein wird? Ja! Sein Sohn, sein Erstgeborener…, seine Liebe (denn dieser nach außen hin harte Mann ist im Grunde seines Herzens zärtlich, er ist begeisterter Musikliebhaber), sein Stolz!… Dieser grenzenlose Stolz… „Ihr sollt nie davon sprechen, aber stets daran denken!"

Jedenfalls sitzen die *cavalieri* nicht mehr zu Pferde.

Leute von Stand fahren in der Karosse aus, angeführt und gefolgt von livrierten Läufern, die des Nachts Fackeln tragen. Du Paty schreibt in seinen *Lettres sur l'Italie* (Briefe über Italien): „15.000 Neapolitaner haben ihren Arbeitsplatz vor einer Karosse, 15.000 weitere dahinter". Aber sie liefen nicht umsonst; und die Livreen kosteten mehr als eine Mönchskutte!

Außerdem waren nicht nur diese Fackelträger zu unterhalten. „Die Adelsfamilien haben eine Vielzahl von Domestiken: Sekretäre, Haushofmeister, Kapläne, Pagen, Kammerdiener, Lakaien, *volanti* (Boten), Kutscher, Stallmeister und Pferdeknechte. In der Hauptstadt ist die Haltung eines Lakaien allgemein üblich: er hebt das Ansehen. Sein Gehalt ist sehr gering, und so betrügt er, um leben zu können, seinen Herrn, wo immer es geht[14]!"

Seine Stellung als höherer Offizier in der Kriegsmarine erleichtert Don Giuseppe die Rekrutierung eines eigenständigen, zahlreichen, billigen und leicht verfügbaren Dienstpersonals: türkische oder Berber-Sklaven, die in Kontrollunternehmen gegen Piraten gefangen genommen worden sind. Jeder seiner Söhne hatte einen eigenen Kammerdiener und ging nur in Begleitung eines Lakaien in die Stadt[15].

Doch wir wollen nichts vorwegnehmen. Alfons und Antonio können noch kaum laufen, als sie die Schwelle ins 18. Jahrhundert überschreiten. Das Unglück wollte es, daß dieser Übergang von einer historischen Erschütterung geprägt wurde, die den Adel jäh aus seinem Dornröschenschlaf riß.

Am Samstag, dem 20. November 1700, meldet eine Sonderstafette der Botschaft von Rom dem Vizekönig den Tod Karls II. in Madrid. Der stets kränkliche Herrscher hinterläßt keine Nachkommen: mit ihm erlischt die Dynastie Habsburg in Spanien. Doch seine beiden Schwestern, Maria-Theresia und Margareta-Theresia, sind mit Ludwig XIV. bzw. Kaiser Leopold I. vermählt. Was folgt daraus? Der gleiche Kurier meldet in Neapel, daß der Verstorbene testamentarisch seinen Nachfolger an der Spitze der 23 Königreiche oder souveränen Fürstentümer, die der Spanischen Krone zugehören, bestimmt habe: Es ist nicht einer seiner Neffen aus dem Haus Österreich, sondern sein Großneffe Philipp von Bourbon, Herzog von Anjou, ein Enkel Ludwigs XIV. Am 6. Januar 1701 wird Philipp V. (1683–1746) zum katholischen König proklamiert; am 19. Februar zieht er feierlich in Madrid ein.

Damit wurde er auch König von Neapel, Palermo und zwanzig weiteren „Hauptstädten". Der amtierende Vizekönig von Neapel, der prunkliebende Luis de Lacerda, Herzog von Medina Coeli, macht keinerlei Schwierigkeiten, ihn anzuerkennen und auszurufen. Er ist ein guter Spanier, und Neapel bleibt weiterhin bei Spanien. Sein Platz ist nicht schlecht, also behält er ihn. Habsburg oder die Bourbonen, was liegt schon daran!

Dem Volk — „der König ist tot, es lebe der König!" — ist eine Inthronisation immer willkommen; es läßt sich freudig auf Volksfesten bewirten und sammelt begierig die Münzen auf, die von den Beamten bei der Kavalkade mit vollen Händen auf das schwarze Pflaster geworfen werden.

Doch hinter den Fassaden und dem Schweigen des Adels gärt die Verschwörung. Die ganze Bitterkeit, die gegen die Angio, das Haus Anjou, noch immer empfunden wird, steigt beim bloßen Nennen des Namens dieses Herzogs von „Anjou" wieder auf. Außerdem hatte Neapel gehofft, nun endlich es selbst sein zu können, eine Hauptstadt und nicht nur Hauptort einer Provinz, mit einem eigenen König, der in der Stadt residiert, und einem Hof, an dem man sich „königlich" geben und amüsieren konnte.

Da wird bekannt, daß Kaiser Leopold I. die Kronen seines verstorbenen Schwagers für Habsburg fordert. Der Adel erhält Manifeste, in denen der Kaiser ihn auffordert, dem Haus Österreich die Treue zu bewahren. Philipp von Bourbon stellt er seinen zweiten Sohn, Erzherzog Karl, entgegen. Damit bricht zwischen den beiden Schwagern in Versailles und Wien der Spanische Erbfolgekrieg aus: dreizehn blutige Jahre für Spanien, Deutschland und Norditalien (1701–1714). Im Süden konspiriert der Adel mit dem Kaiser: er soll ihnen Karl als landeseigenen König geben, dann werden sie ihm helfen, die Spanier samt ihrem Vizekönig ins Meer zu werfen. Eine Handvoll Verschwörer schreitet am 19. September 1701, dem Fest des hl. Januarius, zur Tat. Doch der Heilige zieht sich in seine Neutralität zurück. Das Volk ebenso. Den Aufständischen bleibt nur noch, sich in den Klöstern von Santa Chiara und San Sebastiano und den umliegenden Straßen zu verschanzen. Am 23. September greift sie der Herzog von Popoli, ein Bruder des Erzbischofs, an der Spitze einer Gruppe von Adeligen und der spanischen Garnison an. So erlischt nach drei Tagen vergeblichen Kampfes und Aufruhrs die Fackel des Aufstands im Blut einiger Köpfe, die von Luis de Lacerda ans Beil geliefert werden[16].

Die Liguoris behielten den Kopf auf ihren Schultern. Don Giuseppe befand sich an jenem 19. September glücklicherweise auf See, genauer: im Hafen von Nizza. Hinter der „ganz mit Vergoldung und Flaggen bedeckten" *Capitana* war das königliche Geschwader am 15. August zur Route Nizza-Barcelona-Neapel aufgebrochen. Es war nach Nizza gekommen, um hier die junge Königin Maria-Louise von Savoyen einzuholen, die Spanien und Philipp V. versprochen war. Die Königin wurde nach Barcelona geleitet, und von dort sollte das Geschwader auf seinem Rückweg ein Infanterieregiment zur Verstärkung der spanischen Garnison des Castel Nuovo mitbringen. Die Galeeren waren erst wieder am 28. Dezember in Neapel[17].

Eine starke Besatzungstruppe, ein neuer und strenger Vizekönig, der Herzog von Escalona, das genügt nicht, um das Herz der Neapolitaner zu gewinnen. So beschließt Philipp V., es selbst zu versuchen. Am 5. April 1702 überläßt er Spanien der Obhut der Königin — einer dreizehnjährigen Regentin — und nimmt, begleitet von acht französischen Schiffen, Kurs auf Neapel. Am Ostersonntag, dem 16. April, erscheint das königliche Geschwader vor Baia. Ganz Neapel eilt an die Küste. Der junge, neunzehnjährige König geht vor dem Palazzo an Land. Von 300 Kirchen ertönt Glockengeläut; Kanonenschüsse donnern von allen Schlössern und Schiffen. Don Giuseppe hält auf der *Capitana* seine Stellung.

Der feierliche Einzug wird auf den 20. Mai vertagt. Eskortiert von drei Kardinälen und den Granden des Königreichs mit ihrem Gefolge, zieht der gekrönte Herrscher durch eine ängstlich zuwartende Stadt: sie hat seit Karl V. ihren König nicht mehr gesehen. Die neapolitanischen Cavalieri erwarten ihn an ihren jeweiligen Amtssitzen. Don Giuseppe steht mit seinem Vater Don Domenico und seinem Cousin Don Francesco von Liguori, dem Fürsten von Presiccio, im Seggio di Portanova bereit: Girlanden, Blumen, Salutschüsse, Musik, Reden. Der königliche Zug entfernt sich wieder. Die Amtsträger von Portanova bilden die Ehrengarde für den König: Don Francesco und Don Carlo Capuano halten die Zügel des königlichen Pferdes; Don Giuseppe trägt mit drei anderen Cavalieri den Baldachin[18].

Philipp V. hält sich nicht lange im parthenopäischen Paradies auf. Mehr als den Vesuv fürchtet er diese Stadt mit dem österreichischen Herzen. Er bricht nach Mailand auf, in seinen Krieg...[19]

Don Giuseppe von Liguori aber ist der geborene Politiker. Er ahnt, daß sich der Himmel Neapels verändern wird. Was wird die Zukunft seiner Familie bringen, die ihn im Vorort dei Vergini erwartet?

4. „Was soll aus diesem Kinde werden?" (1696-1708)

Farbenprächtig, von Lärm und den verschiedenartigsten Gerüchen erfüllt, ist die neapolitanische Straße des *settecento* (1700–1800) eine Stätte fröhlichen Lebens, in der nach Aussagen der Historiker fünf klar voneinander geschiedene Stände aufeinandertreffen, ohne sich je zu vermengen: ein prunkliebender und untätiger Adel, ein gut besoldeter Klerus, die Mittelschicht schmarotzender Bürger, das kleine Volk der Kaufleute aus den Läden und den *bassi* der Patrizierhäuser und schließlich die gewaltige Plebs der ungefähr 30.000 Stadtstreicher, der *lazzaroni* (auch *banchieri* genannt, weil sie auf öffentlichen Bänken schlafen, sofern nicht der Winter sie auf die Treppenabsätze der Aufgänge in den Häusern treibt)[1].

Noch nicht erwähnt wurde eine sechste „Welt", nämlich die der — orientalischen oder maurischen — schwarzen Sklaven, die zusammen mit den Pferden die Arbeitstiere in den großen Hafenstädten waren.

Dies wird greifbar deutlich im folgenden offiziellen Text, der 1768, also vor kaum mehr als 200 Jahren, von einem Bevollmächtigten des Königs von Frankreich verfaßt wurde:

„Die Mehrzahl der Sklaven in Nantes ist zu nichts nutze und sogar gefährlich. Auf öffentlichen Plätzen und an den Toren sieht man fast nur Neger, die sich zusammenrotten und ihre Unverschämtheit so weit treiben, die Bürger nicht nur tagsüber, sondern auch nachts zu beleidigen[2]."

Tatsache ist, daß das 18. Jahrhundert wie keine andere Epoche der Neuzeit die Sklaverei betreibt. Spanien und Portugal liegen für den Handel mit Schwarzen geographisch am günstigsten. So überläßt der Katholische König Philipp V. im Jahr 1701 — Alfons ist gerade fünf Jahre alt — der französischen Gesellschaft von Guinea für die Dauer von zehn Jahren das Monopol dieses Handels für Spanisch-Amerika und entreißt damit „dem demokratischen Holland und dem puritanischen England beträchtliche Gewinne[3]."

Das „Ebenholz" war vor allem für die Kolonialwirtschaft nötig. Doch ließ Spanien auch seine italienischen Besitzungen davon profitieren: in erster Linie seine Galeeren, deren jede 400 kräftige Ruderer „verbrauchte". So wurden die Schwarzen Seite an Seite mit zur Zwangsarbeit Verurteilten und vor allem mit den Gefangenen aus dem jahrhundertelangen, nie erloschenen Krieg zwischen Christen und Mohammedanern in Ketten gelegt. Von nordafrikanischen Piraten auf See oder an den Küsten entführte christliche Gefangene jeder Nationalität schmachteten zu Zehntausenden in den Bagnos (Zuchthäusern) Marokkos, Algeriens, Tunis', Ägyptens und der Türkei. Umgekehrt befinden sich unter den Galeerensklaven und dem Dienstpersonal der reichen Patrizier zahlreiche „Türken", d. h. Moslems, die bei der Aufbringung von Piratenschiffen aus der Türkei oder Nordafrika gefangen worden waren. So berichtet der Apostolische Nuntius in Neapel in seinem Tagblatt vom 7. August 1725 von der „Rückkehr von vier neapolitanischen Galeeren mit einer Ladung Sklaven an Bord, die auf vier Korsarenschiffen gefangen worden waren[4]."

In einer Stadt, in der es ungefähr 2.000 Sklaven gab, war es also nichts Außergewöhnliches, wenn Don Giuseppe von Liguori „viele Sklaven zur Erledigung der verschiedenen Dienstleistungen in seinem Haus besaß." Tannoia, der es von Alfons' Brüdern weiß, betont, daß „es für ihn dank seiner Stellung als Galee-renoffizier leichter war, sie sich zu beschaffen"; in großer Zahl, wohlgemerkt, und sehr billig[5].

Seit dem 16. Jahrhundert hatten sich die Erzbischöfe von Neapel um die Betreuung und Bekehrung der Sklaven bemüht. Sie hatten in der Stadt eine „Kon-gregation der Katechumenen" gegründet, die die Sklaven unterrichten und, sofern möglich, auf die Taufe vorbereiten sollte. Für die Galeerensträflinge ernannten sie Katecheten; in der Nähe der Mole war ihnen die Kirche S. Maria del Rimedio für die Zeit ihres Hafenaufenthalts zugewiesen. Aber was konnten sie schon verstehen? Sie brauchten Monate, um von ihren Wärtern und Gefährten in Ketten die paar Wörter neapolitanisch zu lernen, die sie dann schließlich ausspre-chen konnten. Und welche Wörter, *mamma mia*!

Doch da waren die Jesuiten.

Erfolgreich und ihrer Zeit vorauseilend, gründen Brüder des Franz Xaver zu Beginn des 17. Jahrhunderts eine Sklavenbruderschaft, um an der Evangelisie-rung, d. h. der Bekehrung der Sklaven zu arbeiten; gleichzeitig unterhalten sie eine Akademie für Sprachen, an der sie selbst Arabisch, Türkisch und die ver-schiedenen Dialekte dieser Gefangenen lernen. Darüberhinaus gelingt es ihnen dank ihres Einflusses auf die höheren Gesellschaftsschichten, den Granden ihre Pflichten des Glaubens und der Liebe den Sklaven gegenüber ins Gewissen zu rufen. Die erfreuliche Ernte bleibt nicht aus: in ihrer *Casa dei Catecumeni*, in der die Sklaven für einige Tage bleiben können, werden jährlich etwa zwanzig von ihnen auf die Taufe vorbereitet[6].

1676 wird ein junger Jesuit, Francesco de Geronimo (1642–1716), für die „Mis-sion von Neapel" bestimmt. Er ist ein Heiliger, durchdrungen von den Feuer-träumen Franz Xavers: Indien, Japan, das Martyrium... Schon viermal hat er ein schriftliches Ansuchen an den Pater General gerichtet. P. Olivas Bescheid aber ist: „Ihr Japan wird Neapel sein". Er denkt an das Neapel der Plätze und Straßen-kreuzungen, wo der junge Priester im Zuge der „Mission" jeden Sonntag im Freien predigen soll. Francesco aber entdeckt die *lazzaroni*, die Dirnen und, eines Tages im Jahr 1677, auch die Galeerensträflinge. Schon bald wird er zu einer ver-trauten Erscheinung im Binnenhafen und nach und nach auch zum Freund der Sträflinge und Sklaven. Ihr einziger Freund. Diese an ihre Bank geketteten Män-ner, die für die Soldaten nur „Ungeziefer" und für die Stockmeister nur nackte gelbe, braune oder schwarze, schweißglänzende und ihren Stöcken und Peit-schen dargebotene Rücken sind, diese „Verdammten" werden für ihn zu Gesich-tern, Namen, Brüdern und Kindern. Die Galeerensträflinge begrüßen ihn mit Freudenrufen: „Pater Francesco! Unser Vater ist da!" Selbst für die „Türken" ist er, wenn auch noch nicht das Evangelium, so doch schon fast der Koran: „Pater Francesco hat es gesagt!"

So gelingt es dem Generalkapitän der Galeeren auf dringende Bitten schließ-lich, vom Rektor in Gesù Nuovo die offizielle Ernennung des Paters zum Seelsor-ger der Ruderer im ganzen Geschwader zu erreichen. Als Francesco 1685 „auf die Galeeren geschickt" wird, ist er außer sich vor Freude. Fortan ist jedesmal, sobald die Militärschiffe im Hafen vor Anker gehen, das Admiralsschiff, die *Capitana*, sein Hauptquartier, und die Galeerensträflinge sind seine Pfarrgemeinde. Bis zu seinem Tod im Jahr 1716. Dreißig Jahre lang.

Mit einer „Mission" im strengen Sinn des Wortes eröffnet er in der Fastenzeit 1685 seine Seelsorge: Die Zeit, in der die Armada auf der Reede liegt, nützt P. Geronimo einige intensive Wochen lang zu Predigten, Gebet und Begegnungen. Er selbst hat die *Capitana* übernommen, seine Mitbrüder betreuen die anderen Schiffe. Den krönenden Abschluß des Ganzen bildet eine mit Blumen, Musik, Gesängen und ... Kanonendonner verschönte Prozession nach S. Maria del Rimedio mit anschließender hl. Messe und der Osterkommunion von etwa 300 christlichen Sträflingen. Von dieser Zeit an organisiert der Pater die Fastenzeit der Galeerensträflinge jedes Jahr in der gleichen Weise.

„300 Sträflinge", das bedeutet, daß die 2.500 anderen Sträflinge des Geschwaders moslemische Sklaven waren. Hier wird das Japan des Missionars sein, hier das Herz seines Herzens. Vier dieser „Türken" wurden am Ende jener Mission von 1685 getauft, die ersten Früchte einer nunmehr jährlichen, der Wüste mühevoll abgerungenen Ernte[7].

Diese offizielle Betreuung der Galeerensträflinge durch diesen heiligen Jesuiten beginnt — welch bemerkenswertes Zusammentreffen der Daten und Menschen! — in den ersten Monaten des Jahres 1685; im gleichen Jahr, in dem, wie wir uns erinnern, der junge Cavaliere Giuseppe von Liguori mit der Begeisterung seiner fünfzehn Jahre als *aventurero* das Deck der *Capitana* betritt. 23 Jahre lang bleibt das Admiralsschiff nun sein schwimmendes Heim; und als ihn Österreich 1708 zum Kommandanten der *Padrona* ernennt, entzieht er sich der „Pfarrei" des Gottesmannes und der unwiderstehlichen Ausstrahlung seiner feinfühligen Liebe nicht. Im Gegenteil, die gemeinsamen Bereiche, die ihrer beider Verantwortung anvertraut waren, mußten sie einander noch näher bringen, denn schon bald übernahm der Pater neben dem angeketteten Volk auf den schwimmenden Decks auch die Betreuung der Arbeiter des Arsenals und des Hafens, sowie des ganzen Hafenviertels[8].

Ein interessantes Detail: in den Jahren 1685–1695, als der junge Aspirant noch nichts anderes als Beschießungen und Navigation im Kopf hatte, lernte der Missionar zwei bemerkenswerte Töchter des Präsidenten Cavalieri kennen: die junge Professin Maria Francesca Teresa vom Herzen Jesu (Cäcilia) und, unter den Zöglingen, ihre kleine Schwester Anna Caterina. Die Kommunität der Cappuccinelle gehörte nämlich zu jenen, die seinen Eifer zum Nutzen ihrer Schülerinnen auch für Einkehrtage einsetzten.

Er ist also ein Freund, ein Vertrauter des Hauses, er ist „der Pater", der an jenem Herbsttag 1696 den Palazzo der Liguoris betritt. Die Sklaven sehen ihn wohl zuerst und riefen einander freudig zu: „Pater Francesco ist da! Unser Pater!"

Heute aber kommt er aus bedeutendem Anlaß: das erste „freudige Ereignis" bei Cavaliere von Liguori.

Im beginnenden Mittelalter logierte der Cavaliere noch im gleichen Raum mit seinem Pferd. Vom 17. bis zum 18. Jahrhundert drängte sich das niedere Volk der *bassi* gemeinsam mit seinem Kleinvieh in der einzigen Wohnküche zusammen, während sich die Elite in den geräumigen und zahlreichen Zimmern der oberen Stockwerke verlor. Das Schlafzimmer aber behielt auch nach seiner Abtrennung öffentlichen Charakter. Das Bett war das Prunkmöbel der Reichen. Man empfing Besuche im Bett, musizierte im Bett; von hier aus gab man dem Personal seine Anweisungen[10]. War nicht bekannt, daß das Schlafzimmer der Königin der schönste Raum im Schloß von Versailles war und daß die Könige und Königinnen von Frankreich und Spanien Gesandte und Minister im Bett empfingen?

Folgendes also schreibt der Jesuit Julien Bach, ein gewissenhafter Geschichtsschreiber, über Francesco de Geronimo: „1696 wurde ein Kind geboren, das später zu einem Großen der Kirche werden sollte und dessen Wiege ehrenvoll in der Geschichte des hl. Francesco de Geronimo aufscheint. Seit undenkbarer Zeit war in den Adelsfamilien des Königreichs Neapel eine sehr rührende Zeremonie üblich. Drei Tage nach der Geburt eines Kindes fand ein großer Empfang statt. Die Mutter lag in einem Paradebett, umgeben von Ehrendamen und all ihren Bediensteten in Livrée. Die Herren wurden nacheinander vorgelassen, um ihre Glückwünsche auszusprechen, und gingen, nachdem sie ihre Aufwartung gemacht hatten, in den angrenzenden Korridor oder einen Salon zu den anderen Freunden des Hauses, die dieselbe Pflicht erfüllt hatten. Die christlichen Familien, ob arm oder reich, wünschten aber auch den Besuch eines heiligen Mannes in der Vorstellung, daß dieser den Segen Gottes auf das Kind herabrufe."

Der Heilige trat also ein. Entbot seine Glückwünsche. An der Wiege des Kindes sammelte er sich. Segnete es. Dann nahm er den kleinen Alfons auf den Arm und wandte sich zur Mutter mit den Worten: „Dieses Kind wird alt, sehr alt werden; es wird nicht vor seinem neunzigsten Lebensjahr sterben. Es wird Bischof werden und große Dinge für Gott vollbringen."

Nachdem die erste Betroffenheit gewichen war, muß sich wohl eine Stille der Verkündigung über das Haus, die Lippen, die Augen gelegt haben. Eine Stille, die einen plötzlich den Atem anhalten, und auf der Treppe den Schritt stocken läßt.

Donna Anna nahm diese Worte auf; sie erwog sie immer wieder in ihrem Herzen, ihr ganzes Leben lang. Und nicht nur sie. Zweifellos ist dieses Zeugnis durch sie, auf jeden Fall aber durch eine lebendige und vielfache Überlieferung in Familie und Öffentlichkeit auf uns gekommen[11].

Sind der alte Mann und das Kind einander später, in den zwanzig Jahren, die sie beide in der Nähe Don Giuseppes lebten, noch oft begegnet? Die Geschichte, die nur mit den Dokumenten voranschreitet, muß zusehen, wie die Phantasie weiterläuft und die Dichtung fliegt . . . und kann mit erstauntem Lächeln feststellen, daß Papst Gregor XVI. ein Jahrhundert später beide am 26. Mai zur Ehre der Altäre erheben wird.

Aus der Prophezeiung des hl. Francesco de Geronimo schöpfte Anna Cavalieri zweifellos ein lebendigeres und vielleicht auch etwas ängstlicheres Bewußtsein ihrer schönen Verantwortung als Erzieherin. Doch hätten auch ihr Glaube allein und ihre eigene Erziehung durchaus genügt. Wenn wir uns vergegenwärtigen, daß sie zehn Jahre ihrer Jugend bei den engagierten Cappuccinelle Riformate de la Salita Pontecorvo verbracht hat, müssen wir Tannoia glauben, wenn er schreibt: „Jeder in Neapel kennt die seltenen Qualitäten dieser großen Dame. Eine Frau des Gebets, mild gegen die Armen, hart gegen sich selbst. Sie hatte die Bußübungen des Klosters beibehalten: Fasten, Büßerhemd und Geißelungen. Man durfte sie nicht in Theatern oder beim Damenkränzchen suchen. Sie blieb zuhause, Gott und ihrem Innenleben zugewandt. Hier widmete sie sich häufig der Betreuung ihrer Kinder und ihren Pflichten als Gattin[12]." Getreu der klösterlichen Begeisterung, in der sie großgeworden war, „verrichtete sie wie eine Ordensfrau das tägliche Stundengebet[13]."

Dies hätte eine Flucht aus ihren mütterlichen Pflichten sein können, doch fand sie hier ganz im Gegenteil gerade jene lebendigen Quellen, aus denen sie ihre Kinder nährte:

„Die erste Erziehung des kleinen Alfons wurde nicht, wie dies so oft beim Adel der Fall ist, dem Dienstpersonal überlassen. Seine eigene Mutter befaßte sich voll und ausschließlich damit. Wohlbewandert in ihren Pflichten, übernahm Donna Anna sie zur Gänze. Sie überließ es keinem andern, diesen Sohn seine Christenpflichten zu lehren, nicht weniger übrigens als auch alle seine Geschwister. Folgendes habe ich von seinem Bruder Don Gaetano erfahren: jeden Morgen lag der heiligen Frau daran, ihre Kinder zu segnen und sie anzuhalten, Gott ihre frommen Empfindungen darzubringen; jeden Abend scharte sie ihre Kleinen um sich, um sie in den Anfangsgründen des christlichen Glaubens zu unterweisen, sie betete mit ihnen den Rosenkranz und einige Gebete zu Ehren der Heiligen; sie achtete darauf, daß sie nicht mit anderen Kindern ihres Alters zusammenkamen; damit die Gnade das Böse verhindern möge und ihre Kinder schon früh die Sünde hassen lernten, führte sie sie jede Woche in die Kirche der Oratorianer, damit sie dort bei ihrem eigenen Beichtvater, P. Tommaso Pagano, der mit ihnen verwandt war, die Beichte ablegten[14]."

Dieser entfernte Vetter war ein Jahr älter als das Ehepaar Liguori. Er war kaum über 30 und war doch schon berühmt als Theologieprofessor und mehr noch als Gottesmann. „Heilig und erfahren", er besaß die beiden Fähigkeiten, die Teresa von Avila von einem Seelenführer verlangt.

„Führer"? Sagen wir lieber „Berater": ein von dem- oder derjenigen, die er führt, gewählter Berater, der seine Autorität einzig und allein aus der freien Wahl der Person ableitet, die sich führen lassen will. Wie man seinen Guide Michelin oder seinen Führer in der Seilschaft frei wählt, weil man Vertrauen zu ihm hat; dann aber folgt und gehorcht man ihm auch, weil man den richtigen Weg gehen will.

Tommaso Pagano (1669–1755) gehörte der Kongregation des „Oratoriums" an. Sie war 150 Jahre vorher um den hl. Philipp Neri (1515–1595) bei der Kirche S. Girolamo della Carità in Rom entstanden. 1586 hatte sich das „Oratorium des Hl. Hieronymus" in Neapel gegenüber dem *Duomo*, d. h. der Kathedrale der Stadt, am Schnittpunkt der Via Tribunali und der Via Duomo niedergelassen[15], und die Söhne des hl. Philipp waren unter ihrem römischen Namen „Girolamini" (Hieronymianer) in der ganzen Stadt bekannt.

Im allgemeinen Reichtum und Überfluß, in dem die Mehrzahl der neapolitanischen Konvente und Klöster erstarrt war, gehörten die Oratorianer zu jenem Dutzend junger oder reformierter Orden, die mit glühender Hingabe in Gebet, Armut, Strenge und Eifer lebten. Nur wirkliche und großmütige Berufungen schlossen sich ihnen an, und ihr Noviziat führte zu einer strengen Auslese. Ist es Zufall? Sie alle waren aktive Orden. Ihre Mitglieder hatten sich die Sorge um die anderen zur vordringlichsten Aufgabe gemacht und fanden in diesem „horizontalen Eifer" den Sinn und die Kraft für ihren vertikalen Aufstieg zu Gott. Oder, anders ausgedrückt, die Betrachtung des „Brennenden Dornbusches" entließ sie selbst entflammt zu ihren Brüdern. An ihrer Spitze finden wir, zusammen mit unseren Oratorianern oder Girolamini, die Frommen Arbeiter, die Lazaristen, die Kapuziner und die alkantarischen Franziskaner, deren Provinzial in Neapel damals Giovanni Giuseppe della Croce (1654–1734) war, „den ich gut gekannt habe", wie Alfons später schreibt[16], und der an jenem 26. Mai 1839 zusammen mit ihm und Francesco de Geronimo zur Ehre der Altäre erhoben wurde[17].

Kirche und Konvent der Girolamini waren eines der sechs großen, in ihren Eigenschaften ganz unterschiedlichen Zentren des geistlichen Lebens, die sich untereinander die Stadt aufteilten. Jedes hatte seine eigenen Bruderschaften der Handwerker, Kaufleute, jungen Adeligen, Doktoren, usw. Wie die Jesuiten in Gesu Nuovo, die Frommen Arbeiter in S. Giorgio Maggiore oder die Theatiner bei den Santi Apostoli[18], so wirkten auch die Oratorianer durch einen sehr eigenständigen Geist, durch typische Methoden in der noch jungen und lebendigen Tradition ihres Gründers.

Obwohl die Familie Cavalieri im Stadtviertel der SS. Apostoli, nur wenige Schritte von den Theatinern entfernt, wohnte, gehörte sie doch der geistigen und leiblichen Familie der Oratorianer an. Donna Annas Großonkel Pater Francesco Gizzio war hier vor kurzem gestorben (1698). Seine wortgewaltigen Predigten hatten die Massen angezogen. 28 Jahre lang hatte er das *Oratorio di San Giuseppe* der jungen Adeligen geleitet. Nach guter Oratorianerart hatte er ihre Zusammenkünfte durch aktives Theaterspiel belebt, und so hinterließ der begabte Mann Dramen und andere religiöse Schriften, die in der Literaturgeschichte nicht vergessen sind[19].

In den Jahren um 1700 erhält er in Tommaso Pagano, auch er ein Verwandter Anna Cavalieris, einen würdigen Nachfolger. P. Pagano ist eine der jungen Säulen des Werkes. Vierzig Jahre lang hat er die verschiedensten Ämter inne. Besonderes Kennzeichen: das Herz eines Sohnes, das für die Allerseligste Jungfrau und für Philipp Neri schlägt[20]. Diesen Führer also hat Donna Anna für sich und ihre Kinder gewählt.

„Diese Wahl P. Paganos", so schreibt der Oratorianer Kardinal Capecelatro, „ist eine erste Gnade des Geheimnisses der göttlichen Vorsehung, die Alfons vorbereitet. P. Pagano genoß in ganz Neapel hohes Ansehen. Er war ein sehr frommer und äußerst liebenswürdiger Mensch, der den Geist des hl. Philipp Neri ausstrahlte. Darüberhinaus war er auch sehr gelehrt. Die Chroniken berichten, daß er sich niemals Ruhe gönnte und jede freie Stunde, die ihm die Aufgaben seiner Kongregation ließen, dem Studium widmete. Da er fast dreißig Jahre lang Alfons' Beichtvater war, kann man sich vorstellen, daß er ihm neben der Frömmigkeit auch jene große Liebe zum Studium vermittelte, die wir an ihm immer wieder erleben und die der Kirche so viele Früchte der Weisheit und Liebe erbrachte[21]."

Am 25. Dezember 1703 schreibt der Apostolische Nuntius in Neapel an den Staatssekretär des Heiligen Stuhls: „Unsere Stadt hat mit dem Tod des Rates Federico Cavalieri einen schweren Verlust erlitten. Er galt als ein Minister von großer Integrität und Kompetenz[22]."

Alfons ist sieben Jahre alt. Zum erstenmal begegnet ihm der Tod. An einem Weihnachtstag...

Seine Mutter widmet sich nun ihren Kindern noch intensiver.

„Die mütterliche Fürsorge Donna Annas nahm mit den Jahren noch zu. Was Alfons bei diesen hervorragenden Oratorianern und vor allem bei seinem Beichtvater Pater Pagano lernte, war ihr noch nicht genug; sie gab ihm selbst praktische Unterweisungen in der Art des Betens und in den Pflichten, die den christlichen Cavaliere auszeichnen. Sie erweckte in ihm den Abscheu vor dem großen Übel der Sünde, sprach ihm von der Hölle, die sie verdiene, und vom Schmerz, den die geringste Verfehlung dem Herzen Jesu zufüge. All dies beeindruckte Alfons[23]."

Man kann sich mit Recht fragen, ob diese Eindrücke die Psyche dieses besonders sensiblen Kindes nicht zu sehr belastet haben, und die Eindringlichkeit, mit der ihm Todsünde und Hölle vor Augen geführt wurden, nicht eine Wunde hinterließ, die ihm sein ganzes Leben lang einen schweren und geheimen Tribut inneren Leidens abverlangte. Doch hören wir die wunderbare Gegenstimme: „Vor allem aber bemühte sich Donna Anna, ihre Kinder mit einer glühenden Liebe zu Jesus Christus und einem kindlichen Vertrauen zur Allerseligsten Jungfrau Maria zu durchdringen[24]." Zwei Züge, die — weit tiefgreifender als das Feuer der Hölle — Alfons' Spiritualität und Priesteramt für sein ganzes Leben geprägt haben. Als das Kind alt geworden war, sagte es: „Alles, was ich in meiner Kindheit an Gutem und daß ich nichts Böses tat, verdanke ich meiner Mutter[25]."

Liebe macht blind, und die Zeit verklärt die Erinnerungen, aber wir wissen, daß die tiefgreifenden Berufungen oft in der Kindheit erblühen. Mit Tannoia können wir also der betagten Mama glauben, wenn sie uns von diesem Kind berichtet, es sei von einer spontanen Aufgeschlossenheit für Gott erfüllt, sei ernst und fromm gewesen und habe gerne kleine Altäre errichtet und die Festtage der Heiligen seiner Kapelle getreulich begangen. Und weiter. „Er hatte ein aufnahmebereites Herz, einen rechtschaffenen Geist; wahrhaft ein guter Boden, um Gott einzupflanzen. Vor allem aber liebte das Kind das Gebet, und jedermann konnte seine Beharrlichkeit in den Frömmigkeitsübungen bewundern. Wenn die Stunde für irgendeine Andacht mit seiner Mutter gekommen war, so mußte sie ihn nicht erst rufen; und nie hätte er die persönlichen Übungen unterlassen, die er sich selbst festgesetzt hatte[26]."

Das Erziehungssystem jener Zeit war folgendes: die Eltern bezogen ihre kleinen Kinder in ihre Frömmigkeitsübungen ein, behandelten sie also im Grunde als kleine Erwachsene: sie wurden zur Messe, zum Stundengebet und zu den Predigten mitgenommen; man ließ sie auch an der eigenen Heiligenverehrung teilnehmen. Das konnte dazu führen, daß das Kind alledem selbst Freude abgewann. Es konnte aber auch einen gewissen Formalismus oder gar Ablehnung, Auflehnung und Verweigerung bewirken. Welche dieser Möglichkeiten dann schließlich eintrat, hing zweifellos mehr von einer gewissen Glaubwürdigkeit im Leben der Erzieher als von der freien Entscheidung des Kindes ab.

Bei Alfons fällt uns ein außergewöhnlicher Zug auf, der viel über den Einfluß der Mutter und die Treue des Sohnes aussagt. Sein ganzes Leben lang, als Student, Rechtsanwalt, Missionar, Bischof und bis hinein in die Altersschwäche seiner neunzig Jahre benutzt er täglich das sorgsam gehütete Büchlein, in das seine Mutter in seiner frühesten Kindheit, als er noch kaum ein paar Worte stammeln konnte, die Morgen- und Abendgebete für ihn geschrieben hatte. Als er Augenlicht und Gedächtnis verloren hatte, rief der Greis seinem getreuen Vorleser und Sekretär Bruder Francesco Romito zu: „Nimm das Büchlein und lies mir die gewohnten Gebete vor." Die Gebete seiner Kindheit. Die Gebete, die ihn die Mutter gelehrt hatte[27].

Aber auch der Vater war von ganzem Herzen Christ, ja sogar fromm. Die Familie Liguori gehörte zu jener Elite, die weder vom sittlichen Verfall ihrer Zeit noch von dem gerade entstehenden Skeptizismus angekränkelt war. Sie waren loyale Cavalieri Gottes. Ein „Onkel" Don Giuseppes – Domenico (auch er) von Liguori, ein Vetter entfernten Grades – wurde Bischof von Lucera, dem Troia benachbarten Bischofssitz. Don Giuseppe selbst stand zwischen zwei Feuern, denn sobald er den Bannkreis seiner Gattin zuhause verließ, gelangte er unverzüglich in den des Paters Geronimo in der Marine.

Zu Land „besucht Don Giuseppe, ein vorbildlicher Mensch und ein Christ von Kopf bis Fuß, die Kirchen und empfängt die Sakramente". Er macht seine jährlichen Exerzitien bei den Jesuiten – und wer zieht ihn dorthin, wenn nicht Francesco de Geronimo? – oder bei seinen Nachbarn, den Lazaristen.

Auf See befindet er sich wiederum in christlicher Umgebung: Abgesehen vom Admirals- und Vizeadmiralsschiff, der *Capitana* und der *Padrona*, wurden die Galeeren wie Kirchen getauft. *Santa Barbara* (die Patronin des Pulvers und Feuers), *San Gennaro, San Giuseppe, San Carlo, San Michele* und später, als man zu Österreich übergeht und der Kaiser sein neapolitanisches Geschwader erweitert, natürlich *San Leopoldo*[28]. Als Don Giuseppe 1708 Schiffskommandant wird, gleicht seine Kabine der Zelle eines Mönchs: die Wände sind mit Heiligenbildern behängt, und seine Gesellschaft sind vier etwa fünfzig Zentimeter hohe bemalte Holzstatuen des Schmerzensmannes: Jesus im Todeskampf, Jesus bei der Geißelung, der dornengekrönte Ecce Homo und Jesus, der das Kreuz trägt. Sie werden heute von den Redemptoristen von Ciorani sorgsam aufbewahrt. In seinen alten Tagen gesteht er: „Diese Verehrung des leidenden Christus hat mir viele Gnaden bewirkt. Große Gnaden. Sie hat mich aus den Händen der Türken befreit[29]."

Doch gehört Don Giuseppe als Berufsmilitär und -seemann, der oft auf monatelangen Expeditionen unterwegs ist, mehr seinen Männern als seinen Kindern. „Vater war meist auf seinen Kreuzfahrten", sagt Alfons später. „Er konnte unsere Erziehung nicht in dem Maße überwachen, wie er es gewünscht hätte. So mußte sich meine Mutter ganz allein darum kümmern[30]."

Vielleicht doch nicht „ganz". Denn im Winter liegt das Geschwader im Dock von Baia. Die Sommer- und Herbstmonate bringen außerdem einen abgestuften Urlaub für alle Beamten, angefangen vom Vizekönig bis hin zu den Galeerenruderern, sofern nicht der „Türke" in den Küstengewässern jagt[31]. Das Ehepaar Liguori kann in dieser Zeit mit seiner fröhlichen Kinderschar für einige Wochen in das Paradies von Marianella ziehen[32] und dort den „Onkel" und Nachbarn Nicola von Liguori (Bruder des künftigen Bischofs von Lucera) und vielleicht auch dessen Schwester, die junge „Tante" Antonia – Donna Antonia Salerno –, eine von allen bewunderte Malerin treffen.

Der stolze Kapitän kann also seine Tressen vergessen, seine Stimme dämpfen und mit seinen Kindern spielen. Aber kann er denn überhaupt spielen? Kann er überhaupt lachen? ... Der Seewolf zieht seine Krallen ein und streift sein rauhes Wesen ab; er kehrt zu seinem Cembalo und seinen Pinseln zurück – seine Liebe gehört der Musik und der Malerei –; aber kann er seine Zärtlichkeit auch nach außen hin zeigen? ... Er ist als Halbwaise, als Fremder bei einer Stiefmutter aufgewachsen, hat schon früh das Haus verlassen, um Soldat unter Soldaten, und bald Offizier für Untergebene, Kapitän für Galeerensträflinge zu werden; ein

Seemann, der Tag und Nacht gegen Wind und Wellen, gelegentlich auch gegen Korsaren und vielleicht auch feindliche Kampfeinheiten bestehen muß. In dieser Kriegs- und Marinewelt zeigt er sich als ein Mann der Autorität und Verantwortung, arbeitsam und ehrgeizig, hart sich selbst und stählern den anderen gegenüber, beherrschend und ungeduldig, ein Vulkan mit jähen und heftigen Zornesausbrüchen. Dieser Neapolitaner hat die Lava des Vesuv in seinen Adern. Daher ist er in seinem Beruf auch sehr erfolgreich; er ist gefürchtet und, wie wir bald sehen werden, bis in die Umgebung des Vizekönigs sehr geschätzt[33].

Dieser Teufelskerl, dieser große Herr, muß zwangsläufig auf seine Kinder einen stark prägenden Einfluß haben, auch wenn er zehnmal häufiger auf seiner Galeere ist als zuhause. Er ist immer gegenwärtig und flößt den Seinen auch aus der Ferne Respekt ein. Vor allem seinem Erstgeborenen, auf den sich so viele ehrgeizige Träume konzentrieren.

Dreiunddreißig Jahre lang lebt Alfons zwischen diesem Mann aus Stahl und dieser samtweichen Frau.

Ein Zug, der sehr viel später seiner Verschwiegenheit entschlüpfte, spricht Bände: schon seit frühester Jugend ließ ihn der Vater einmal pro Woche auf dem Fußboden schlafen, um ihn an eine gewisse Härte zu gewöhnen, für den Fall, daß er sich für die Militärlaufbahn entschließen sollte[34].

Noch aber war es zu früh, ihn die Hölle der Galeeren schauen zu lassen: die struppigen und hageren Köpfe der Rudermänner, die inmitten des eigenen Kots angeketteten Füße, die Peitschenhiebe, die auf ihre Rücken niedersausten, ihre Schreie, ihre Flüche; diesen Kloakengestank, an dem man eine Sträflingsgaleere schon aus einer Entfernung von zwei Meilen erkannte, und gegen den sich die Offiziere nur dadurch schützen konnten, daß sie sich die Nasenlöcher mit starkem Tabak verstopften. Doch nahm Don Giuseppe ihn und seine Brüder gewiß manchmal auf einem Ausflugssegelschiff mit, auf dem sie entlang der Küsten oder bis zu den nahen Inseln Capri und Ischia fuhren. Vielleicht durfte er sich auch an einem funkelnden Sommerabend an den Rudern einer Feluke, eines kleinen Ruderschiffes, erproben? Aber die Dokumente haben, gleich dem Meer, diese Spuren nicht bewahrt.

Es wäre jedenfalls falsch, uns dieses Kind vorzustellen, wie es Folterqualen erleidet, nachts auf dem kalten Steinboden schläft und tagsüber in endlosen Gebeten auf den Knien liegt. Alfons zeigt sein ganzes Leben lang zu viel frohe Lebenskraft, als daß wir ihn nicht als den fröhlichen Anführer seiner Geschwisterschar, deren Ältester er war, sehen dürften. Die nüchternen Archive der Heiligenviten wissen wenig von den Spielen der Kinder und dem munteren Treiben der Heiligen im Grünen. Aber wenn die Mauern, Treppen und Gärten sprechen könnten, dann würden sie im Borgo dei Vergini und in Marianella widerhallen von den Rufen, dem Lachen und dem wilden Umhertollen Alfons' und seiner Truppe, von ihren Liedern und ihren Tänzen um ein wie toll spielendes Cembalo. Wir können sicher sein, daß die Liguori-Kinder umso weniger „auf einer Galeere" schmachten, je öfter der Vater auf der seinen weilt.

Dazu kommen für Alfons und bald auch schon für seine Brüder die schönen Sonntage des *Oratorio di San Giuseppe* bei den Oratorianern.

Mit der ersten Hl. Kommunion, die am 26. September 1705 stattfand[35], kennzeichnet Alfons' Eintritt in die Bruderschaft der Jungen Adeligen den Wendepunkt seiner neun Jahre. Dieses *Oratorio di San Giuseppe* war zehn Jahre lang der Schmelztiegel seiner Jünglingsjahre. Bis zum 15. August 1715.

Gewiß war der Großonkel Pater Francesco Gizzio, der ihm lange Zeit als hervorragender Oberer vorstand, die Ursache, daß die Knaben seiner Familie mütterlicherseits — Cavalieri, Gizzio, Avenia — dort über dreißig Jahre hinweg miteinander verbunden waren.

Alfons wird am 7. März 1706 als „Novize" aufgenommen. Vorzeitig, aufgrund seiner erstaunlichen Reife. Seine nicht so frühreifen Brüder Antonio und Gaetano folgen ihm mit vierzehn und zwölf Jahren im September 1712 und finden als „Novizenmeister" … den damals sechzehnjährigen Don Alfons von Liguori vor[36]!

„Jeden Sonntagmorgen kam er zur Versammlung!" berichtet Tannoia. Er nahm „begierig" die Unterweisungen auf, beichtete bei „seinem Pater Pagano", nahm am Hl. Meßopfer teil, empfing die hl. Kommunion und dehnte seine Danksagung aus, „kniend, mit einem Seeleneifer, der jeden bewegte, der ihn ansah[37]." Die jungen „Mitbrüder" trafen sich wieder am Nachmittag zur Vesper, der nach bester Tradition Philipp Neris das „Oratorium" folgte.

Philipp Neri hatte seinem Werk und seinen Söhnen seine eigene Persönlichkeit hinterlassen, die in allen ihren Fasern mitgeteilte Liebe und Freiheit, Bescheidenheit und Schlichtheit, Gebet, Lobpreis und Freude war. Für ihn bestand das Kennzeichen Gottes in einer strahlenden Heiterkeit. Mehr als nur ein berühmter Refrain, war sein „Allegramente!" die unwiderstehliche Waffe seines Apostolats. Durch sie riß er in seiner lachenden und singenden Schar die Menschen mit sich zu Gott. Vor allem die Jugend. „Philipps Zimmer war ein Paradies!" berichtet einer seiner Schüler.

Aber er liebte seine Kinder zu sehr, als daß er ihnen am Nachmittag die Sonne versagt und sie in ein Zimmer eingesperrt hätte. Er führte seine Schar unter eine Eiche auf dem Janiculus oder auf dem Monte Celio mit seiner wunderbaren Aussicht; schließlich mietete er sogar einen Weinberg auf der Anhöhe von San Onofrio, von wo aus man den schönsten Blick auf Rom genießen konnte. Die sehr große Gruppe verbrachte mit den Übungen des Oratoriums hier den Nachmittag und Abend: Gespräche mit dem Heiligen, religiöse Lektüre, Predigten im kleinen Kreis durch verschiedene „Prediger", immer wieder unterbrochen von Gebeten, Liedern, szenischen Darstellungen, Lobpreisungen, spielerisch dargebotene Geschichte — hier begann sein Lieblingsschüler Cesare Baronius (1538—1607) seine *Annales ecclesiastici* (Kirchengeschichte) vorzutragen — und auch, zu gegebener Zeit, Belustigungen[38]. Diese enge Verflechtung von Berichten und Liedern führte zur Entstehung einer Art religiöser Kantate, die die Bezeichnung „Oratorium" erhielt.

Das Oratorium Neapels war noch zu Lebzeiten Philipps gegründet worden. Es war damals die einzige Zweigniederlassung des römischen Oratoriums. Alles an ihm war unverfälschter Neri. Die neapolitanischen Oratorianer hatten also auf halber Höhe von Capodimonte die Villa di Miradois gemietet: „ein großes Haus, Zisternen, ein Garten, Pergolas und eine Galerie mit Marmorstatuen". Dazu neun Hektar Boden mit kleinen Wäldchen und Orangen- und Zitronenhainen. Dieser Besitz wurde später vom Fürsten De la Riccia gekauft und nach ihm benannt. Vorläufig aber ist es noch die „Villa filippina". Von Ostern bis Pfingsten begehen hier die jungen Adeligen der Bruderschaft vom Hl. Joseph in einer mannigfaltigen Aufeinanderfolge, die an eine musikalische Suite denken läßt, das geistliche Fest des Oratoriums Philipp Neris. Im Sommer und Herbst suchen sie sich weiter oben eine schattige Laube oder einen Platz im Gras[39].

Nachdem in der riesigen und herrlichen Kirche der Oratorianer die Vesper gesungen ist, stürmt die lärmende Schar die Via Duomo hinauf, vorbei am Borgo dei Vergini, wenige Schritte vom Palazzo der Liguori entfernt, erklimmt die große Treppe der Salita Miradois — oder die parallel gelegene der heutigen Salita della Riccia —, um schließlich nach einer Viertelstunde das Portal der „Villa filippina" zu erreichen. Zehn Frühlinge lang besucht Alfons Sonntag für Sonntag mit seinen Kameraden, die ihm in Gebet und Spiel verbunden sind, diesen Park von Miradois und verbringt diese Stunden im Bannkreis der intensiven und fröhlichen Ausstrahlung der Oratorianer. Vor ihm breitet sich jenes herrliche Panorama aus, das zu den schönsten der parthenopäischen Küste gehört: zu seinen Füßen liegt wie ein bunter Teppich die Stadt, etwas weiter entfernt die beiden Buchten des sonnendurchfluteten Golfs, in dessen Spiegelungen hunderte von Seglern tanzen, die sich im Hafen zusammendrängen oder ins offene Meer hinausgleiten; bisweilen bewegt sich ein schneller Dreiruderer, der wie ein riesiger Tausendfüßler mit seinen Flossen das Wasser peitscht, auf den fernen Horizont zu („Vielleicht Papas Galeere", denkt Alfons); gegen Abend funkelt ein tiefroter Glanz auf den Wassern, als stiegen die Korallenwälder aus den Tiefen der Bucht auf und ließen Meer und Himmel von blutroten und goldenen Reflexen widerstrahlen. Im Hintergrund zur Linken Capri gleich einem grünmarmornen Eckzahn und die Felsen von Sorrent, die jäh in die Fluten abfallen; ganz links und allzunah der gefürchtete Vesuv im vollen Strahl des Abendlichtes, von der im Meer versinkenden Sonne allmählich in sanftes Rosa getaucht. „Neapel sehen und sterben", vor allem von der Terrasse von Capodimonte aus!

Aber ein anderer, innerer Glanz hat sich hier schon seit langem unter der Sonne des Geistes und des erzieherischen Charismas Philipp Neris immer schöner und strahlender entwickelt. In Miradois wurde dies überraschend offenbar.

Eines Nachmittags im Frühjahr 1707 oder 1708 — „Alfons war etwa zwölf Jahre alt", schreibt Tannoia — war nach langem gemeinsamem Gespräch und Gebet die Zeit der Entspannung gekommen. Eine Gruppe beschließt, mit den Orangen, die in den Alleen von den Bäumen gefallen waren, Boccia zu spielen.

— Alfons, spiel mit uns!

— Ich kenne das Spiel nicht.

— Natürlich kennst du es. Oder du lernst es. Also, nimm diese Orangen!

Sie geben nicht nach. Sie drücken sie ihm in die Hand. Schließlich spielt Alfons doch mit ...

War es Zufall oder Geschicklichkeit, jedenfalls gewinnt er Runde um Runde, dreißigmal nacheinander! Verblüffung bei den Mitspielern. Eifersucht des einen oder anderen wegen der paar Münzen, die den Besitzer wechseln. Einer der Ältesten, genau der, der ihn gezwungen hatte, mitzuspielen, gerät in einen unüberlegten Zorn:

— Und du behauptest, dieses Spiel nicht zu kennen! Außer sich vor Wut stößt er ein obszönes Wort hervor. Alfons wird rot, er entgegnet:

— Mußt du wegen einiger Münzen Gott beleidigen? Hier hast du dein Geld wieder! Er wirft die Münzen auf den Boden, wendet sich ab und verschwindet in der Dichte des Wäldchens …

Die Zeit verstreicht. Es wird Abend, Zeit heimzukehren … Keiner hat Alfons mehr gesehen … Der Pater Präfekt wird unruhig. Sie rufen nach ihm. Kein Echo … Sie suchen ihn; sie durchkämmen den großen Park … Endlich entdeckt ihn eine Gruppe, wie er vor einem Marienbild kniet. Er trug es also stets bei sich und hatte es nun in den Zweigen eines Lorbeer- oder Buchsbaumstammes befestigt. Er ist so sehr in sein Gebet versunken, so taub der wahrnehmbaren Welt gegenüber, daß es eine Weile dauert, bis ihn der Lärm um ihn herum aus seiner Entrückung reißt.

Wir können uns die Wirkung auf die jungen Cavalieri vorstellen. Der Dummkopf, der ihn in niedrigster Weise verletzt hat, kann es sich nicht verzeihen: „Was habe ich getan?", murmelt er, „ich habe einem Heiligen ein Leid zugefügt!"

Alfons aber hütete sich, diesen Vorfall seiner Mutter zu erzählen, und seine Brüder nehmen noch nicht an den Veranstaltungen des Oratoriums teil. Tannoia erfuhr es also nicht von diesen, sondern von einem Zeugen, dem Cavaliere Antonio Villani, der es eines Tages den Patres in Ciorani erzählte. Und er fügte hinzu: „Was Ihr nicht wußtet, ist, daß er schon in seiner Jugend ein Heiliger war[40]."

5. „Mit wacher Intelligenz und mit allen seinen Kräften" (1703—1708)

„Der Unterzeichnete, Don Domenico Buonaccia, in dieser Stadt Neapel amtlich diplomierter Professor der Grammatik, der Humaniora und der Poetik, bestätigt nach bestem Wissen und Gewissen, daß Don Alfons von Liguori sich unter seiner Anleitung mit wacher Intelligenz und mit allen seinen Kräften den schönen Wissenschaften gewidmet hat[1]."

Wir haben hier gewissermaßen das „Reifezeugnis" eines noch nicht einmal zwölfjährigen Abiturienten, eines Wunderkindes vor uns.

Sonntags erlebte Alfons, wie wir gesehen haben, zwar bei den Oratorianern in der Bruderschaft der Jungen Adeligen vom ersten Morgengrauen bis zum Einbruch der Nacht *allegramente* die wohlausgewogenen Variationen einer Sonntagssymphonie für den Herrn, aber darauf folgte unweigerlich die Woche, und das war, zweihundert Jahre vor der 5-Tage-Woche eine andere Musik, sechs volle Schöpfungstage hindurch.

Zur gleichen Zeit, als Alfons die ersten Zähne verlor, legte er also auch das Spielzeug seiner ersten Kindheit ab: Zweifellos hatte auch er, wie so viele andere, mit Holzpferd, Windmühle, Trommel und kleinen bemalten Holzfiguren gespielt. An ihre Stelle traten nun Bücher und Federkasten.

Sieben Jahre. In diesem Alter wurden die Söhne der Adeligen aus der Obhut der Frauen genommen, um, wie Montaigne nicht ganz zutreffend sagt, in die Kollegien, „jene wahren Kerker einer gefangenen Jugend", gesperrt zu werden. Während ihre vorzeitig ins Kloster geschickten Töchter hinter ihren Gittern Lesen und Schreiben, einen Hauch von Grammatik und eine Prise Kochen, Sticken und

Künste des gesellschaftlichen Umgangs erlernten, vertrauten die neapolitanischen Adeligen und Bürger ihre Söhne den Jesuiten, die als vorzügliche Erzieher galten, an. Ihre Kollegs „durchlöcherten" im wahrsten Sinne des Wortes die päpstlichen Staaten und das Königreich Neapel. Allein in der Hauptstadt gab es fünf, wovon eines dem Adel vorbehalten war, und Sizilien zählte nicht weniger als neunundzwanzig.

Die jungen Cavalieri der wohlhabenden oder versnobten Familien jedoch wurden häufig zuhause unterrichtet; ihre Lehrer, meist Kleriker, kamen entweder von außerhalb oder wohnten ganz im Haus. Diese Art des Unterrichts bedeutete aber in den meisten Fällen sowohl für den Lehrer als auch für seinen Schüler ein Absinken in Faulheit und Unkultur, Spiel und Frivolität[2]. Alfons weiß sechzig Jahre später, nachdem er das Leben, wie es nun einmal ist, lange genug beobachtet hat, nicht viel Gutes über diese Privatlehrer zu sagen:

„Sie mögen jung oder alt sein, beobachtet sie mit wachsamem Auge!"

— Aber er gibt meiner Tochter Lesestunden und er ist ein heiliger Mann.

— Kommt mir nicht mit Lesen! und heiligem Mann ... Die Heiligen sind im Paradies, die irdischen „Heiligen" aber sind aus Fleisch und Blut: die Gelegenheit macht sie zu Teufeln[3]!

Doch kann der greise Bischof diese Anklage nur mit einer umso höheren Wertschätzung für die Ausnahmen, die die Regel bestätigen, vorbringen. Zu diesen Ausnahmen gehörte sein eigener Lehrer, Don Domenico.

Denn Alfons' Eltern waren sich einig, daß ihr Sohn im Haus unterrichtet werden sollte. So lief er ihrer Auffassung nach nicht in Gefahr, von schlechten Kameraden verdorben zu werden, und, so mag der Vater sich gedacht haben, bleibt nahe genug, um ihn nötigenfalls zur Arbeit anzutreiben. Tatsächlich kann der außergewöhnlich rasche Fortgang seiner Studien in uns den Gedanken aufkommen lassen, daß man die Frühreife des jungen Schülers ausnutzte, um ihn schon vor der Zeit zu den Büchern zu zwingen und ihn später einige Studienabschnitte überspringen zu lassen.

Man suchte also für ihn unter hunderten einen Hauslehrer aus, der „gelehrt und von untadeligem Verhalten, ein Mann Gottes" sein sollte. Die Wahl fiel auf Don Domenico Buonaccia, einen kalabrischen Priester, „diplomierter Professor der Grammatik, Humaniora und Poetik, anerkannt in der Stadt Neapel"[4].

Hauslehrer wohnten damals im Palazzo der jeweiligen Familie, zelebrierten wochentags in der Hauskapelle, aßen am Tisch des Hauses und erhielten einige Dukaten für eine Bildung, die diese häufig gar nicht wert war[5]. Don Buonaccia aber gewann mehr als nur Dukaten: die Wertschätzung und Freundschaft der Liguoris. 1715 gehört er noch immer zum Haus[6]. Demnach sind auch Antonio, Gaetano und Ercole durch seine Hände gegangen. So findet Alfons noch als Student und dann als junger Rechtsanwalt in der Familie einen wertvollen Priester und Gottesmann zum Gedankenaustausch vor. Gleichsam einen geistlichen Lehrer, zusätzlich zu Pater Pagano[7].

Das Programm dieser humanistischen Ausbildung, die zum Bakkalaureat (Reifeprüfung) und an die Schwelle der Universität führt, ist uns durch die *Ratio studiorum* der Jesuiten bekannt, die überall, in Paris, Messina, Rom, Goa und Neapel die gleiche ist. Pater Tannoia legt sie uns mit beachtenswerter Genauigkeit dar und fügt noch einige Einzelheiten hinzu, die unsere Aufmerksamkeit erregen:

Grammatik, Literatur und Geschichte, lateinische und italienische Poetik, Französisch, Mathematik, Philosophie, Geographie, Kosmographie, Malerei, Architektur, Musik. Er vergißt das Spanische, „das für jeden einigermaßen einflußreichen Neapolitaner unerläßlich ist[8]". Denn Spanisch ist die Sprache des Vizekönigs und des Staates und damit für einen Juristen doppelt notwendig, wenn er die offiziellen Dekrete verstehen, diskutieren und anwenden will. Auch die Fechtkunst, für einen Edelmann jener Zeit genau so wichtig wie sein Degen, für einen Bischof allerdings von nur geringer Bedeutung, bleibt unerwähnt[9].

Natürlich war es nicht der würdige Buonaccia, der alle diese Fächer, vom Griechischen bis zum Cembalo, vom Pinsel bis zum Florett unterrichtete. „Unter den Besten ausgesuchte Lehrer" kamen ins Haus, um Alfons in ihren jeweiligen Spezialgebieten Privatstunden zu erteilen. Sie alle stellten bei ihrem Schüler „einen erlesenen Geist, scharfe Intelligenz, rasche Auffassungsgabe, gepaart mit hervorragendem Gedächtnis und ein gelehriges und wißbegieriges Naturell" fest. Vor allem „seine täglichen Fortschritte in den Humaniora" erfreuten seinen Hauslehrer und die Eltern[10].

Der gesamte Unterricht jener Zeit basierte auf dem Humanismus der Renaissance. Er war nur auf gesellschaftliche Eliten ausgerichtet und folglich praktisch orientiert. Man mußte keine Ingenieure und noch weniger Techniker ausbilden. Die Hände des Adeligen waren nicht für „niedrige" Arbeiten geschaffen. Man bereitete Richter, Verwaltungsbeamte, Rechtsanwälte, Ärzte, Priester, Professoren und viele, viele Schönredner auf ihre Aufgabe vor. Das Studium mußte ihnen also vor allem die perfekte Beherrschung und das ganze Feld der Sprache vermitteln, denn die Sprache ist Instrument und Maß aller Denkvorgänge. Diese Meisterschaft suchte man nicht in den lebenden Sprachen, die damals großteils noch mitten in ihrer Entwicklung begriffen waren und erst im Laufe des *Settecento* eine gewisse Fixierung erfuhren. Man griff vielmehr auf Griechisch und Latein zurück, jene Muttersprache der europäischen Kultur, die in ihrer Vollkommenheit, genauer gesagt, in der „klassischen Vollkommenheit" miteinander wetteiferten. Das Griechisch des perikleischen Jahrhunderts und das augusteische Latein waren das nie wieder erreichte goldene Zeitalter der formalen Sprachvollkommenheit. Das Ansehen dieser toten Sprachen und ihrer unsterblichen Schriftsteller gewann seinen Glanz gerade aus der Tatsache, daß sie bereits in ihre Ewigkeit eingegangen waren: nichts ist unveränderlicher als die Toten, und es ist leichter, Modelle nachzubilden, die sich nicht mehr verändern. Hinzu kommt, daß diese beiden alten Sprachen für den Neapolitaner, der, ehe er Italiener wurde, zunächst griechisch und dann lateinisch sprach, im Grunde „Muttersprachen" sind.

Die schönen Wissenschaften — Grammatik, später Humaniora — bedeuten also für Alfons und für Pleiaden von Schülern vor ihm[11] die vollkommene Aneignung nicht des Italienischen und noch weniger des Neapolitanischen, sondern des Griechischen und vor allem des Lateinischen. Latein bleibt die Modellsprache in Denkweise und Form: das erstrebte Ideal wäre, Dantes Toskanisch in das Latein Ciceros zu formen mit der Vorstellungskraft und Musikalität Vergils und Horaz'. Latein ist außerdem auch Unterrichtssprache: wenn Alfons' Lehrer ihn in Mathematik, Geographie, Kosmographie und später auch in den Rechtswissenschaften unterwiesen, so geschah dies alles in der Sprache und Diktion Ciceros. Antonio Genovesi (1713–1769), der 1754 in Neapel den ersten europäischen Lehrstuhl für politische Ökonomie innehatte, lehrte in italienischer Sprache und provozierte damit einen Skandal[12]. Alfons veröffentlichte neben seinen aszetischen und dogmatischen Werken, die in einem lebendigen und schöpferischen Italienisch verfaßt sind, das auch heute noch gesprochen wird, etwa 9.000 Seiten über die Moraltheologie in einem lebhaften, geschmeidigen und nicht uneleganten Latein.

Die Bedeutung, die das Buch seit dem 16. Jahrhundert erlangt hatte, brachte für die Pädagogik einschneidende Veränderungen. Die Ausgaben der großen griechischen und lateinischen Schriftsteller waren nun, von den Jesuiten ausgewählt und gereinigt, allgemein zugänglich. Der Lehrer überließ dem Schüler die Ehre und das Erstaunen, den griechischen oder lateinischen Text selbst zu lesen (die griechische Lektüre wurde oft durch eine lateinische Übersetzung, die dem Text gegenübersteht, unterstützt). Er selbst bot nur eine „Vor-Lektüre“, die je nach Bedarf grammatikalische, die Betonung betreffende, literarische oder philosophische Fragen herausgriff: er führte den Schüler bis an die Schwelle des göttlichen Reichs der Schönheit oder des Denkens, ließ ihn aber allein in die Materie eindringen. So besitzen wir eine kleine, 216 Seiten starke Ausgabe der *Quinti Horatii Flacci opera denuo emendata*, die höchstwahrscheinlich 1702 (das Datum ist schlecht lesbar) in Venedig bei Nicola Pezzana gedruckt wurde und den energischen und jungen Namenszug des Eigentümers trägt: Alfonzo Liguoro (sic). Die archaische Schreibweise ist charakteristisch für die Kindheit des Heiligen[13]. Da die *Ars poetica* und die *Oden* von Horaz in den Humaniora „gelesen“ wurden, muß er damals zehn oder elf Jahre alt gewesen sein.

Er mußte zunächst das Programm durchlaufen, das den vier Jahren der Grammatik entsprach, mit Cicero und Vergil, Ovid und Cäsar, um nur die lateinischen Autoren zu nennen. Gab ihm Don Buonaccia die *Nouvelles méthodes pour apprendre la langue latine* (1644) *et la grecque* (1655) (Neue Methoden zum Erlernen der lateinischen und griechischen Sprache) von Claude Lancelot (1615–1695) in die Hand? War die berühmte *Grammaire de Port Royal* (Grammatik von Port Royal) (1660) von Arnault-Lancelot Grundlage seines Studiums? Sie waren damals in Neapel sehr beliebt[14]. Doch hatten die Jesuiten schon hundert Jahre früher weniger trockene und lebendigere Methoden entwickelt und entsprechende Handbücher verfaßt[15]. Ihre Ausgaben waren in den Buchhandlungen der Via S. Biagio dei Librai gewiß in großer Zahl vorrätig.

Die Pforten zum Lateinischen wurden natürlich mit Phädrus und seinen *Fabulae* überschritten, die zwei Jahre darauf mit Äsop in griechischer Sprache wiederkehrten: der *Isopetto*. Eine dieser Fabeln, die ihn damals genau so wie uns heute entzücken mußten, kehrt in Alfons' Worten immer wieder und scheint auch in seinen Ratschlägen für die Eltern auf:

„Kinder sind wie Affen: sie ahmen nach, was sie bei ihren Eltern sehen:

> „Mutter Krebs zur Tochter einst sprach:
> Was gehst du so krumm, kannst du's nicht grad?
> Darauf die Tochter, den Vater im Blick:
> Wie soll ich vorwärts, wenn er geht zurück[16]?“

Man ließ Phädrus bald hinter sich, um zu Vergil, Ovid und den großen Vorbildern der antiken Dichtung zu gelangen. Wir dürfen nicht vergessen, daß das Ziel des literarischen Studiums die Vollkommenheit in der Beredsamkeit war. Daher die große Bedeutung, die man den Rhythmen und dem rednerischen Wohlklang beimaß. Eine Mode. Nicht besser als die anderen auch. Und äußerst langlebig! Wer einen Redner nach der Qualität seines Denkens und seiner Überzeugungskraft beurteilen wollte, wer nicht in erster Linie die Musikalität einer Rede, den Rhythmus der Perioden, die Kadenz der Schlußsätze würdigte, der war ein „Barbar"! Der gewandte Redner von morgen durfte sich also nicht damit zufriedengeben, Cicero und Demosthenes nur zu lesen und pathetisch zu deklamieren. Aus den Dichtern gewann er den Reichtum seines Wortschatzes, den Glanz und die Vielfalt der Bilder, die Akzentuierung und Harmonie der Begriffe, das einschmeichelnde Aufeinandertreffen von Worten, „die sich lieben" und einander assoziieren. So lernte man also die berühmten Gedichte auswendig, man rezitierte sie, um sie „anmutig vorzutragen", d. h. in dem Bestreben nach Vollkommenheit in Tonfall, Stimmlage, Aussprache und Gestik. Man bewahrte sie im Gedächtnis und ahmte sie nach: der Versbau war unerläßlich, um Maß und Musikalität des Satzes zu erlernen. Denn man kennt nur das wirklich, was man aufs Neue erfindet[17].

Die Dichtung wird also völlig in den Dienst der Beredsamkeit gestellt. Die Humaniora münden in die Rhetorik. Alfons aber scheint Rhetorik nicht studiert zu haben. Pier Luigi Rispoli (1834), der schon zu weit von den Quellen entfernt ist und außerdem vieles aus seiner eigenen Zeit einbringt, erwähnt die Rhetorik nicht[18]. Giattini-Marsella (1819) spricht zwar von der Beredsamkeit[19], doch waren ja, wie wir wissen, alle literarischen Studien auf die Beredsamkeit ausgerichtet. Wir müssen uns also auf Tannoia, den frühen und gewissenhaften Zeugen, verlassen: er übergeht die Rhetorik mit Schweigen. Im übrigen begann Alfons sein Studium an der rechtswissenschaftlichen Fakultät bereits mit zwölf (!) Jahren, und das war nur möglich, wenn man ihm einige Studienabschnitte erlassen hatte.

Warum aber ausgerechnet die Rhetorik — für einen künftigen Rechtsanwalt?

Seit 1660 begannen sich die Auffassungen Descartes', Antoine Arnaulds, Lockes und schon bald auch die des Abbé Fleury über die Nutzlosigkeit der klassischen Rhetorik durchzusetzen. Klare und eindeutige Ideen sollten an die Stelle emphatischer und gewundener Darlegungen treten; der majestätischen Breite der ciceronischen Periode zogen die „Modernen" allmählich einen lebhaften und knappen Stil vor, der Abhängigkeit vom Gedächtnis und der langweiligen Rezitation eines „vollkommenen" Textes die schneidende Schärfe einer treffenden Improvisation. Zur Verknüpfung von Gedankengängen fordert man nun den inneren Zusammenhang einer Entwicklung, die man einst in der komplizierten Verschränkung von Koordinations- und Subordinationspartikeln suchte. Man will lieber gehört werden und überzeugen als von den Snobs bewundert und für alle langweilig sein und sei es auch im vorzüglichsten Latein. Diderot macht sich lustig über diese „Kunst des Redens, die der Kunst des Denkens vorausgeht, und die Kunst schön zu reden, noch ehe man weiß worüber".[20]

Alfons wird, durch seine Liebe zum Volk motiviert, als erster Italiener diesen Weg gehen, ähnlich wie Fénélon in Frankreich. Er überläßt die langen, sich in gewundenen Präpositionalkonstruktionen dahinschlängelnden Sätze anderer, die unfähig sind zu flüssigen Wendungen, und drückt sich in einem knappen, klaren und lebendigen Stil aus. Seine unmittelbaren Vorläufer dagegen, die Segneri, Scupoli, sein Mitbruder und Freund Sarnelli und nach ihm sogar der große Genovesi bauen endlose und massive Satzperioden auf, die wie Zementblöcke nebeneinanderstehen; schon nach drei Seiten ist der Leser von ihrem Gewicht erdrückt, während Liguoris kurze und lebendige Sätze nur so dahineilen und einander voranzutreiben scheinen. Ganz gegen seine Zeit, in der Schriftsteller nur von Schriftstellern gelesen werden konnten, schafft er eine italienische Volkssprache, die jedem verständlich ist, der lesen kann, und die nach getaner Arbeit Licht in die Strohhütten der kleinen Leute bringt.

Die schönen Wissenschaften waren Don Domenico Buonaccias Spezialgebiet. Andere Lehrer, und zweifellos auch gelegentlich die Konversation der „Gesellschaft", führten Alfons in den Gebrauch der lebenden Sprachen ein. Kastilianisch natürlich: er war spanischer Untertan. Warum aber Französisch? Mit der Gründung der *Académie française* im Jahr 1635 hatte eine moderne Sprache ihre Bestätigung gefunden, die zu ihrer Reife gelangt und entschlossen war, jegliches Minderwertigkeitsgefühl dem Griechischen und Lateinischen gegenüber abzulegen. Den entscheidenden Anstoß zu dieser Selbstsicherheit der „Unsterblichen" (der Mitglieder der Académie) hatten die literarischen Meisterwerke des „Grand Siècle" gegeben. Das Französische wurde damals von allen gebildeten Gesellschaftsschichten gesprochen. Es wurde zur Weltsprache und löste im Lauf des 18. Jahrhunderts das Lateinische als Diplomatensprache bis an die Grenzen Asiens ab. Es war die Umgangssprache der europäischen Höfe einschließlich des russischen, und natürlich – das war das mindeste – der besseren Gesellschaft[21]. Wie Johannes vom Kreuz, Teresa von Avila, Alvarez de Paz, Alfonso Rodriquez ihm durch sein Spanisch zugänglich waren, so ermöglichte ihm sein Französisch, die Meister jenseits der Alpen – Franz von Sales, Jean Crasset, J. B. Saint-Jure, François Nepveu – in den Originalausgaben zu lesen und zu zitieren; vor allem aber ermöglichte es den besten Teil seiner dogmatischen Auseinandersetzung mit Voltaire, Rousseau, Diderot und Bayle: „Ich werde eine kleine Schrift gegen die Deisten in Druck geben", schreibt er seinem Verleger; „sie hat mich sechs Monate gekostet; ich habe dazu zahlreiche französische und italienische Bücher durchgearbeitet[22]."

Philosophie ist die Anstrengung der ihren eigenen Kräften überlassenen menschlichen Vernunft, sich die Gesamtheit ihrer physischen und psychischen Erfahrung zu erklären. Die Theologie als kohärente Auslegung der Offenbarung in einer vorgegebenen Kultur ist anderer, göttlicher Ordnung. Sie unterscheidet sich von ersterer wie das Tagebuch eines Liebespaares von einer Abhandlung über die höfische Liebe. Vergessen wir das nicht.

Man hat von der *philosophia perennis* gesprochen. Ein Ausdruck, der besagen will, daß der Mensch sich seit jeher und bis an das Ende aller Zeiten die gleichen Fragen gestellt hat, stellt und stellen wird. Doch hat niemand das Recht zu sagen: „Aristoteles und Thomas von Aquin haben für euch gedacht. Übernehmt hier ihre Lösungen." Jedes Jahrhundert und jede Kultur versucht mit mehr oder weniger Glück, eigene Antworten zu geben. Jedes dieser Denksysteme kann, sofern es nicht Verneinung Gottes (Atheismus), des Geistes (Materialismus) oder der materiellen Welt (Idealismus) ist, zum Instrument werden, auf dem die Theologie spielt. Die göttliche Offenbarung gründet nie auf der Abdankung des Denkens.

So ist es vielleicht gar nicht so wichtig zu wissen, ob Alfons von Liguori Thomist oder Cartesianer war. Vor dem 18. Jahrhundert war niemand das eine oder das andere.

Wir wissen, daß Alfons sein „Philosophie-Studium" mit zwölf Jahren beendet hatte, daß er dann von seinem zwölften bis sechzehnten Jahr an der Universität vier Jahre Recht, und ausschließlich Recht, studierte und später drei Jahre Theologie im Großen Seminar von Neapel unter der Ägide des Thomas von Aquin.

Welche „Philosophie" vermittelte der Lehrer dem Knaben?

„Don Carminiello Rocco, dieser gelehrte Priester",[24] war sicher cartesianisch orientiert wie das ganze aufgeklärte Neapel dieser Zeit: Universität, Rechtsanwälte, Privatakademien, literarische Salons und Bibliothekszirkel[25].

Im Taumel der Revolution der Wissenschaften vollzieht das beginnende *Settecento* einen totalen Bruch mit der Tradition einer statischen, abstrakten und „metaphysischen" Philosophie. Es sucht die Wahrheit in wissenschaftlichen Regeln und mathematischer Strenge. Was wäre daran auszusetzen?

Vor allem, da die Scholastik ihr Gesicht verloren hatte: Ihre von Molière mit Recht aufs Korn genommene Verbalakrobatik, ihre großen abstrakten Worte, die oft nichts anderes als eine Veräußerlichung engstirniger Ideen waren, hatten sie unglaubwürdig werden lassen in einer Welt, in der Galilei, Pascal, Gassendi, Huygens, Malebranche, Leibniz und Newton die moderne Mathematik, Physik, Dynamik und Astronomie schufen. Die Jongleure des Syllogismus mußten das Feld räumen zugunsten der Beobachter und Denker der Wirklichkeit. Ihre Philosophie war eine Reflexion über die Erfahrung, eine „natürliche Philosophie". War sie nicht gerade in dieser Sicht auch die Erbin eines Aristoteles?

Zu diesen neuen Denkern gehörte Pascal, der Platons Tiefe in nichts nachstand, René Descartes (1596–1650), Mathematiker und Physiker, der die Maieutik des Sokrates wieder entdeckte. Er war es, der dieser einmaligen Entwicklung der Wissenschaften die neue Philosophie gab, die sie zu einer Einheit verschmelzen lassen sollte!

Alfons ist also mit seiner ganzen Umgebung, mit seiner ganzen Zeit (ausschließlich der Seminare) Cartesianer. Und er wäre, es sei hier ausgesprochen, gewiß nicht er selbst – dieser kühne Neuerer – geworden, hätte er nicht von Descartes, diesem Sokrates der modernen Maieutik, gelernt, wie man seine Gedanken zur Welt bringt und „seine Vernunft anleitet, die Wahrheit zu suchen":

– Nur das für wahr halten, was evident ist, und nicht das, was auf der Behauptung einer Autorität beruht.

– Stets vom Einfachsten ausgehen und vom Einfachen zum Komplexen voranschreiten.

– Bei den Wahrheiten so lange verweilen, als nötig ist, um sie intuitiv zu erfassen, d. h. eine globale und zugleich unmittelbare Sicht zu erlangen, bevor man weiterschreitet.

– Die Fragen vereinfachen und sie in kleinstmögliche Teile auflösen.

Dies ist Descartes' „Methode", wie sie in seinen „Regeln zur Leitung des Geistes" (*Regulae ad directionem ingenii*) ausgeführt ist. Hier schöpft Pater von Liguori jene Klarheit, Schlichtheit und Überzeugungskraft, die ihn zum mit Abstand meistgelesenen Autor seiner Zeit werden ließen, und jene Freiheit des Denkens gegenüber überkommenen Meinungen, die ihn zum revolutionären Lehrer der Moral macht: „Die Alten haben gesagt, ich aber sage euch..."

Spuren dieser cartesianischen Lehre (die gesamte Natur wirkt mathematisch nach einem mechanischen Modell; Unterscheidung in zwei Substanzen: die ausgedehnte Materie und der denkende Geist) sind in allen seinen apologetischen Werken zu finden[26]. So wenn er etwa 1767 schreibt: „Sind die Tiere nun bloße Maschinen oder nicht? Ich weiß es nicht, und Voltaire weiß auch nicht mehr als ich[27]!" Doch hat dies auch sein Gutes: durch seinen Cartesianismus kann Alfons die Intellektuellen seiner Zeit verstehen, kann in ihrem geistigen Milieu mit ihnen sprechen und in ihrem Bereich die Klinge mit ihnen kreuzen. Was die meisten Priester nicht können. Doch ist er kein bedingungsloser Anhänger des großen René: er setzt sich auch für „den Philosophen Newton", jenen Anti-Descartes und dessen „Experimentalphilosophie" ein — möglicherweise unter dem Einfluß G. B. Vicos (1668–1744)[28].

„Experimentalphilosophie": unter diesem großen Schirm lassen sich alle Wissenschaften zusammenfassen, die heute getrennt sind, damals aber noch gemeinsam in dem weitläufigen Haus der „Philosophie" lebten.

1698 erschien bei Jean-Baptiste Coignard in Paris die *Institutio philosophica ad faciliorem veterum et recentiorum philosophorum lectionem comparata* in vier Bänden, die uns in zweiter „erweiterter" Auflage von 1700 und dritter, „revidierter und erweiterter" Auflage von 1711 vorliegt. Ihr Autor war Edmont Pourchot (1651–1734) „aus Sens, emeritierter Professor der Philosophie, Lizenziat in zivilem und kanonischem Recht und ehemaliger Rektor der Universität von Paris", ein waschechter Cartesianer, der allerdings, wie der Titel unumwunden zugibt, nach allen Seiten hin offen bleibt.

Dieser natürlich lateinisch abgefaßte und mit erläuternden Kupferstichen illustrierte Grundriß wurde von Pater Liguori und seinen Gefährten so hoch geschätzt, daß 1749 das erste Generalkapitel der Redemptoristen in seinem Dekret Nr. 46 Pourchot als Handbuch der Philosophie für die Studenten der Kongregation vorschreibt[29]. Eine offizielle und bezeichnende Festlegung, die nur sanktionierte, was bereits üblich war: 1746 gab Alfons zwischen zwei Missionen seinen in Deliceto versammelten Seminaristen „Philosophie"-Stunden und fertigte dazu — als ausgebildeter Zeichner — eine Vergrößerung von Stich 16 an, der die Armillarsphäre des ptolemäischen Systems darstellt. (Sie wird heute in Rom sorgsam aufbewahrt). Doch wäre es falsch, ihn von daher als rückschrittlich zu bezeichnen! Pourchot erläutert zunächst diese „relative" Sicht, die auch Einstein nicht verwirft. Sodann legt er, ausgehend vom vordergründigen Anschein, das ptolemäische System dar und gelangt zu dem Schluß, daß es unhaltbar sei, weil es der Physik und der Astronomie widerspreche. Zum kopernikanischen System schließlich gibt er folgende köstliche Stellungnahme:

„Das System von Kopernikus oder Descartes kann als Hypothese vertreten werden, da es in voller Übereinstimmung mit Physik und Astronomie steht. Dafür wurde der Beweis erbracht, und alle Einwände haben sich als nicht stichhaltig erwiesen (was er im einzelnen aufzeigt).

Es kann also als Hypothese verteidigt, darf aber nicht als verpflichtende These vorgeschrieben werden ..., weil sie dem Wortsinn der Schrift entgegenzustehen scheint, wenngleich auch Katholiken, und nicht die geringsten, das Gegenteil annehmen ...

Bleibt die Tatsache, daß Galilei, weil er diese Meinung vertrat, 1616 unter dem Pontifikat Pauls V. von den Kardinälen der Inquisition, und 1633 unter jenem Urbans VIII. verurteilt wurde ... Man kann also diese These nicht mit den Worten verteidigen: ,so ist es'; die Hypothese geht vielmehr von feststehenden Tatsachen aus und zieht ihre Schlüsse daraus, unter Verzicht auf die Behauptung: ,so ist es'[30]."

Das Heilige Offizium stellte den Glauben wahrhaftig auf eine harte Probe! Aber es schärfte den kasuistischen Scharfsinn und ließ den Humor erblühen.

Das alles konnte Don Alfons nicht erschrecken. Am 15. Juli 1757 — er war damals 61 Jahre alt — schrieb er an den Superior seines Großen Seminars folgendes scharfe Postscriptum: „Wie ich höre, wird Pourchot kritisiert. Ich möchte nicht, daß er in Verruf gebracht wird. Dieses Werk ist allgemein anerkannt, und ausgerechnet wir erlauben uns, es zu kritisieren? Wenn schon jemand den Drang danach verspürt, dann mag er es innerlich, im *forum internum* tun; ich wünsche, daß man mir gehorcht ... Gelobt seien Jesus, Maria, Joseph und Teresa[31]!"

Diese *Institutio philosophica*[32] wird also durch eine mehr als entschlossene Wahl des Gründers zum Handbuch des Philosophiestudiums für die jungen Redemptoristen der ersten fünfzig Jahre. Ist es verwegen, wenn wir annehmen, daß Don Rocco 1707/08 seinem jungen Schüler die damals in Südeuropa sehr verbreitete[33] Ausgabe von 1700 als Lehrbuch vorlegte und ihn sie schätzen lehrte? Schauen wir kurz hinein:

Band I enthält: Logik, Ontologie, Metaphysik (Gott, Engel, menschlicher Geist). Band II: Geometrie und den ersten Teil der Physik oder Wissenschaft von der Natur (nichtsinnliche und sinnliche Körper). Band III: Zweiter und dritter Teil der Physik (Kosmographie, Meteorologie, allgemeine physikalische Anatomie und Physiologie). Band IV: Moral und Bürgerkunde. Das also sind die „Siebenlinge", mit denen die Philosophie des *Settecento* schwanger war.

Pourchot räumt der Geistesgeschichte viel Platz ein, steht aber auf dem Boden eines ungetrübten affirmativen Cartesianismus.

Bedrohte er deshalb den christlichen Glauben? Bestand seine „Methode" nicht vielmehr darin, den Apfelkorb — pardon! die Gesamtheit der überkommenen Ideen — umzustoßen, die Früchte einzeln zu prüfen und nur die zu übernehmen, die tatsächlich fehlerlos sind? Das ist das eigentliche Prinzip des freien Denkens! ...

Als Mathematiker beging Descartes den Fehler, alles *a priori* ableiten zu wollen. Sein Mißtrauen aller Erfahrung gegenüber machte aus seiner mechanisierten Theorie einen Roman. „Ich erfinde keine Hypothesen", erwidert ihm Newton: „Ich beobachte." Seine Ablehnung des Autoritätsbeweises hätte auch Descartes zur Ablehnung des Glaubens führen müssen. Denn Geschichte wie Offenbarung werden durch das Zeugnis erkannt.

Er aber trennt diese beiden Ebenen und beschränkt seine „Methode" auf die „natürliche" Philosophie. Die Wahrheiten des katholischen Glaubens sind und bleiben „die ersten in seinem Glauben". Für ihn wie für Pascal, Galilei oder Malebranche haben die in den beiden Testamenten geoffenbarten Wahrheiten den gleichen Wert wie sein „ich denke" oder die sichersten Erfahrungen. Er lebt und stirbt als praktizierender Katholik. Als er kurz vor der Entdeckung des Prinzips der analytischen Geometrie stand, gelobte er, zum Heiligtum von Loreto nach Italien zu pilgern, wenn er an sein Ziel gelangen sollte; daß er diese Wallfahrt dann auch tatsächlich unternahm, dürfen wir nicht nur als diplomatischen Akt zur Entwaffnung der Inquisition sehen. Für die Praxis hatte er beschlossen, sich „an die Religion seiner Amme" zu halten; für die Theorie: „Ich habe vom Unendlichen nur gesprochen, um mich ihm zu unterwerfen".[34]

Auch der „Experimentalphilosoph" Alfons von Liguori stirbt als verstockter Cartesianer. Als Theologe und Moraltheologe dagegen ist er ein glühender Anhänger des Thomas von Aquin. Und zwar sowohl als Glaubender als auch als Philosoph.

Zunächst aber muß er sich noch der Universität stellen!

Alfons von Liguori wird im kommenden September (1708) zwölf Jahre alt.

6. Entscheidende Stunden für Neapel (1707–1711)

Glückliche Zeiten, in denen ein Kind in einem kriegführenden Land noch unbehelligt von Sirenen und Bombardements studieren konnte! Habsburg und Bourbon lieferten einander seit 1701 erbitterte Kämpfe um die Kronen des verstorbenen Karl II. von Spanien[1].

Zweimal war es Kaiser Leopold I. und seinen Verbündeten gelungen, Philipp V. aus Madrid zu vertreiben, und schon glaubten sie, Erzherzog Karl von Österreich dort auf den Thron setzen zu können. Sie hatten ihn bereits in Barcelona eingesetzt, und von hier aus versuchte er, wenn schon nicht über alle spanischen Länder, so doch über Katalonien zu herrschen. 1705 aber versetzte der Tod den fünfundsechzigjährigen Kaiser in den Ruhestand. Sein ältester Sohn Joseph I. trat seine Nachfolge im Reich und auch im Kampf gegen die Bourbonen an. Ein Kampf, aus dem er siegreich hervorzugehen schien: Die Franco-Spanier erleiden einen Rückschlag nach dem anderen, während Prinz Eugen von Savoyen in der Lombardei vorrückt. Im Juni 1707 ist der Augenblick gekommen, um Neapel zu „pflücken". Joseph I. schickt „5.000 Infanteristen und 3.000 deutsche Kavalleristen unter dem Oberbefehl des Grafen von Daun".[2]

Angesichts dieser Bedrohung will der neapolitanische Vizekönig Philipps V., der Herzog von Escalona, nun dieselben Neapolitaner gegen die Eindringlinge mobilisieren, die er seit sechs Jahren mit seinen Kriegssteuern ausbeutet. So sind es also nicht mehr als eine Handvoll Soldaten, die da gen Norden „in den Krieg ziehen": und auch dieses Häuflein schmilzt wie ein Schneeball zusammen, noch bevor es auf die Deutschen stößt. Jetzt versucht Escalona, den Sacro Real Consiglio, dann den Adel der Seggi und schließlich das Volk des Mercato zum Widerstand zu bewegen. Genauso gut hätte er versuchen können, das Meer anzuzünden. Keiner rührt sich vom Fleck. Nun eilt er zu Pferd durch die *fedelissima Napoli* und ruft zu den Waffen. Gleichgültig und mit verhaltenem Spott beobachtet man ihn, wie er durch die Lande reitet. Die Kaiserlichen ziehen am 3. Juli in Capua ein. Am 7. unternimmt der Vizekönig einen letzten Versuch bei den Piazze, beim Consiglio. Die einen wie der andere weigern sich, irgendetwas zu unternehmen. So muß er sich eilends einschiffen, um sich in der Festung von Gaeta zu verschanzen[3]. Die Hauptstadt schickt Botschafter aus, die der deutschen Vorhut wie Befreiern die Schlüssel der Stadt anbieten. Ihr Kommandant ist Graf Georg Adam von Martinitz, den der Kaiser bereits zum Vizekönig von Neapel ernannt hat. In den Abendstunden dieses 7. Juli 1707 findet der triumphale Einzug der kaiserlichen Truppen statt. General von Daun nimmt im Namen Erzherzog Karls offiziell Besitz vom Königreich. „In grimmiger Freude stürzt das Volk die Reiterstatue Philipps V., schlägt sie in Stücke und wirft sie ins Meer. Wenige Tage später ergeben sich die drei Stadtkastelle, und die Garnison von Castel Nuovo tritt mit Offizieren und Soldaten, Spaniern und Neapolitanern in den Dienst des neuen Königs, ohne ob dieser Treulosigkeit zu erröten[4]."

Treulosigkeit der *Fedelissima*? Nein! Es ging hier nicht um das Vaterland. 1702 hatte Neapel Philipp von Anjou „gezwungen zugelächelt"; es hatte ihn nicht aufgenommen. Als Herren über Herren zogen die Neapolitaner — allen voran die Familien Liguori und Cavalieri — die Habsburger vor. Sie kehrten zu den Habsburgern zurück.

Die neuen Herren von *bella Napoli* feierten also lautstark ihre „Eroberung"; die *Fedelissima* empfing den glücklichen Sieger mit Hochrufen, Liedern und Triumphzügen; Castel Nuovo und die Flotte erbebten unter dem Widerhall ihrer Artilleriesalven..., die laut genug donnerten, um selbst den Vesuv aufzuwecken.

Dieser gefährliche Nachbar befand sich damals in einer aktiven Periode. Von 1680 bis 1701 hatten siebzehn Eruptionen — Grollen, Stöße, Flammen, Asche, Lava, riesige Steinschläge — die Stadt erschreckt und die Bevölkerung in die Kirchen getrieben, wo sie Tag und Nacht um Erbarmen flehte.

Am 28. Juli 1707 stimmte das Monstrum in die Feierlichkeiten mit ein, spie Feuer und ließ seine Stimme ertönen. Am Samstag, dem 30. Juli, explodierte sein Krater plötzlich und schleuderte einen gewaltigen Hagel glühender Steine hoch in den Himmel. Sonntag und Montag: Feuer, Grollen, Steinschlag mit ungeheuren Mengen von Asche. Am Dienstag, dem 2. August, zündete man zur Mittagszeit in den Straßen Neapels sogar Fackeln und Laternen an, um nirgends anzustoßen. Die Leute hüstelten, und die Augen brannten im Aschenstaub, der so dicht auf dem Pflaster lag, daß er das Knirschen der Räder und den Hufschlag der Pferde vor den ewigen Kutschen, die aus irgendeinem Grunde ausfahren mußten, erstickte.

Von Schrecken erfaßt, kündigt man für den Abend eine große Versammlung auf der Piazza S. Caterina a Formello (heute Piazza Enrico de Nicola) an, wo bereits in aller Eile ein Altar errichtet wurde. Kardinal Pignatelli habe angesichts des Blitze und feurige Felsen speienden Vesuv die Statue des hl. Januarius, der letzten Hilfe der Neapolitaner, hierher bringen lassen. Doch ist es der lebendige Apostel Neapels, Pater Francesco de Geronimo, der zuerst eintrifft. Er steigt auf die Plattform des *Conservatorio San Onofrio* gegenüber der Kirche S. Caterina; er läutet sein legendäres Glöckchen, und Stille legt sich über den Platz.

— „Neapel, mein liebes Neapel, welche Stunde hat geschlagen?"

Wenn man auch nicht mehr unterscheiden kann, ob es Mittag oder Mitternacht ist, so scheint doch eines klar zu sein: es ist nicht mehr die Stunde der Franco-Spanier und auch nicht die der Deutschen!

— „Ich will dir sagen, welche Stunde es ist", fährt Francesco fort: „es ist die 22. Stunde" (es war tatsächlich zwei Stunden vor dem Abendangelus, der damals das Ende des 24-Stunden-Tages verkündete). „Es ist die 22., also fast die letzte Stunde ... Es ist die Stunde der Reue, der Umkehr ..."

Eine ganze Stunde lang läßt das Feuer seiner Predigt jenes des Vulkans vergessen. Von welchem Wunder wurde es entfacht?

Als der Kardinal mit der Reliquie des hl. Januarius eintrifft, schwillt das Gebet der knienden und reumütigen Menge zu einem lauten Schrei an. Der Krater läßt noch einmal ein schreckliches Grollen hören. Das letzte.

Befand sich die Familie Liguori in der Stadt oder etwas weiter vom Monstrum entfernt in Marianella? Alfons war etwa elf Jahre alt — ein Alter starker Eindrücke und auch bereits entscheidender Reflexionen ... „Alfons, welche Stunde ist es?" Er lebt noch genau 80 Jahre in der Nähe dieses rauchenden und damals oft cholerischen Vesuv. Wie viele Stunden, die es nicht zu verlieren gilt! Ist es dieses schon früh begonnene und täglich neu unternommene Streben nach dem Wesentlichen, das ihn den Vesuv sogar bei seinen Ausbrüchen von 1737, 1760 und 1767 vergessen ließ? Welch schönes und schauriges Thema für einen Missionar! ... Alfons aber spricht nie davon, weder in seinen Büchern noch in seinen Briefen, noch auch in seinen Predigten; nicht einmal in seinen *Neun Predigten zur Zeit göttlicher Strafgerichte* (1758).

Am Mittwoch, dem 3. August 1707, stieg die Sonne über einem beruhigten Vesuv und einer Stadt, deren Straßen und Terrassen zwei Zoll hoch mit Asche bedeckt waren, an einem strahlend blauen Himmel auf[5].

Asche des ausgestandenen Schreckens. Asche der erhörten Buße.

Aber auch die Asche der Madrider Regierung. Denn 1707, also bereits sechs Jahre vor dem Ende dieses traurigen Spanischen Erbfolgekrieges, verliert Madrid die Krone Beider Sizilien für immer, nimmt Österreich Neapel in Besitz. Allerdings residieren Hof und Verwaltung noch einige Zeit in Spanien: Erzherzog Karl — König Karl III. — regiert von Barcelona aus; er blickt nach Westen und sieht sich bereits als „König aller Spanien"; denn seine Befehle zu Händen Giuseppe von Ligouris beginnen: „Carlos, von Gottes Gnaden König von Kastilien, Leon, Aragon, usw..." Doch hat er das Spiel noch nicht gewonnen. Der Krieg geht weiter und vertreibt ihn aus Spanien. Nicht aber aus Italien. So lebt die parthenopäische Stadt seit 1707 und für lange Zeit nach dem Stundenschlag Wiens. Vizekönig Martinitz wird nach Deutschland zurückgerufen, und an seine Stelle tritt General Graf Wirick von Daun. Die spanische Steuerlast wird im ganzen Land von der österreichischen abgelöst.

So wird Alfons vom spanischen Untertan, als der er geboren wurde, 1707 also zum österreichischen Untertan. Für 27 Jahre (1707—1734). 27 Jahre, in denen sein Vater zu den Granden des Königreichs gehört.

Im Juli 1707 ist Giuseppe von Liguori 37 Jahre alt. Das familiäre Nest ist erfüllt vom Geplapper einer Schar kleiner Kinder, deren achtes und letztes, Ercole, noch kein Jahr alt ist. Vier von ihnen wurden geboren, als sich das Königreich im Kriegszustand befand. Aber obschon Giuseppe Offizier und sein Beruf das Kriegshandwerk ist, brauchte sich die Familie zunächst nicht unmittelbar bedroht zu fühlen. Denn bis 1707 lag der Kriegsschauplatz weit entfernt von Beiden Sizilien: in Norditalien, Deutschland, Frankreich, Spanien. Aber nicht auf dem Meer.

Doch blieb sie darum nicht untätig. Die alte Treue der Familien Liguori und Cavalieri zu den spanischen Habsburgern muß sich wohl mit Eifer und Geschicklichkeit auch für die Sache der österreichischen Habsburger gegen die Bourbonen eingesetzt haben. Wie sonst wäre ihre unvermittelte Erhebung auf Kommandoposten zu erklären, wenn sie diese Kriegsjahre in neutraler Zurückgezogenheit verbracht hätten[6]? Giuseppe Cavalieri, Donna Annas Bruder, lebte am Madrider Hof Phililpps V., der ihm das hohe Amt eines Armenanwalts übertragen hatte; aber er zögerte keinen Augenblick, in einem jähen Meinungsumschwung seinen Abschied zu nehmen, was ihm in Neapel unverzüglich einen Sitz im Sacro Real Consiglio und das Portefeuille eines Staatsrats als Kriegsminister einbrachte[7]. Giuseppe von Liguori wiederum steigt rasch und hoch in der Gunst des Vizekönigs von Daun. Am 23. Dezember 1707 wird er zum „Kapitän der spanischen Infanterie, mit interimistischem Oberbefehl über die *Padrona*", das zweite Schiff im königlichen Geschwader, ernannt. (Noch immer „spanisch", weil Erzherzog Karl in seiner Eigenschaft als spanischer Kronprätendent von Barcelona aus regiert). Nach mehr als zwanzig Jahren verläßt also der wackere Giuseppe die *Capitana*; aber dort war er nur Offizier, während er auf der *Padrona* niemandem außer Gott untersteht. Hier regiert er bis 1716[8].

Wir machen uns heute keine Vorstellung mehr von dem Nimbus, der den Inhaber dieses hohen Ranges umgab. In den Jahren um 1700 überquert das stolze Linienschiff – ein Segler nun und kein „Ruderer" mehr – den Atlantik und trotzt allen Stürmen; wie der Vogel ein „Kriechtier" verachtet, so schaut es auf die Galeere herab, die so tief unten im Wasser liegt, daß sie sich nicht den hohen Schlagwellen aussetzen und daher die Küstengewässer oder das Mittelmeer nicht verlassen kann. Bei Windstille oder Gegenwind aber ist es an der Galeere, zu triumphieren und wie ein Pfeil davonzuschnellen, vor allem, wenn sie wie im neapolitanischen Geschwader, ein Dreiruderer mit 400 Ruderern ist. Sie bleibt also einzigartig für den schnellen Transport, die wendige Patrouillenfahrt, die Verfolgung und ... die Flucht. Aber sie flieht nicht, die Tapfere! Sie stürzt sich auf den Feind und wird von ihren Rudern umso leichter vorwärts getragen, als sie nur eine reduzierte Artillerie an Bord hat: zwei kleine Kanonen auf Backbord zur Verteidigung, ein großes Geschütz vorne in der Achse, sowie zwei kleine für eine Salve aus nächster Nähe, um der Angriffsstaffel die Durchfahrt zu öffnen. Denn die Galeerenschlacht ist eine Infanterieschlacht; mit Pistolenfeuer und der blanken Waffe; Mann gegen Mann. Alles hängt vom Wert des Einzelnen ab: Mut, Schnelligkeit, Geschicklichkeit und ritterlicher Eifer. Die Admiräle selbst, und vor allem sie, kreuzen die Schwerter, denn ihnen gilt das erste Interesse. So sind die Galeerenoffiziere durchwegs Ehrenmänner aus den bedeutendsten Familien, und sie sehen die anderen Marineoffiziere von oben herab an[9].

Aber die von Kapitän von Liguori übernommene *Padrona* ist altersschwach und vom Kampf mit den Wellen erschöpft: Galeeren sterben, wie Hunde, nach zwölf Jahren. So setzen die neuen Herren die Schiffswerften in Betrieb. Während man ihm also ein neues Schiff baut, gibt ihm ein Erlaß vom 5. Dezember eine

58

Ausrüstung aus besserem Holz in die Hand. Man hat sie — Schmeichler! — die *Daun* getauft.

Von seinem ersten Unternehmen „in leitender Stellung" auf dem Tyrrhenischen Meer gegen Korsaren und Schmuggler kehrt Don Giuseppe im April 1709 mit einem smyrnischen Schiff samt Besatzung und Schmuggelware im Schlepptau zurück, das er vor der kalabrischen Küste aufgebracht hat. Der Hof weiß es zu würdigen, und mit wachsendem Vertrauen steigt auch die Verantwortung! Ein Erlaß vom 26. November 1709 überträgt dem Kapitän der *Padrona* — so sein Titel — die Leitung eines außerordentlichen Konvois durch kriegerisches Gebiet nach Porto Santo Stefano für die neapolitanischen Garnisonen (die „Presidios") der südlichen Toscana; Infanterietruppen, Munition, Lebensmittel, 6.000 *scudi* für den Kommandanten von Orbetello. Für diesen Auftrag steht nicht nur die Daun, sondern auch „alle anderen Galeeren, eine mit Pulver beladene Tartana (ein kleineres Schiff), sowie die *Prasca*, ein Linienschiff", das an einen Genueser vermietet und mit sechzig Kanonen bewaffnet war, unter Don Giuseppes Kommando. Als er sich der für die Landung vorgesehenen Halbinsel nähert, ist der Isthmus nach Orbetello von Franco-Spaniern besetzt. Don Giuseppe läßt seine gesamte Artillerie vom Meer her angreifen und öffnet sich die Durchfahrt.

Vom „feindlich" besetzten Sizilien aus terrorisieren vier „gut bewaffnete" Dreiruderer die kalabrischen Gewässer und die wichtigsten Staaten Neapels. Auf seiner im September 1711 vom Stapel gelaufenen neuen *Padrona* bricht er mit einer zusätzlichen Galeere, der *S. Elisabetta*, auf, um die Sicherheit der Transporte von Getreide und anderer Erzeugnisse aus dem Adriaraum durch die Meerenge von Messina zu garantieren. Die vier bourbonischen Galeonen wagen nicht, ihn anzugreifen. Mehr noch: als er erfährt, daß Piraten die pontischen Inseln brandschatzen, nimmt er unverzüglich Kurs nach Norden und läßt nur die Angst, die er einflößt, vor Ort. In aller Eile bringt er eine Galeone mit sieben Kanonen und sechzig Korsaren an Bord auf, dann ein Schiff (*saettia*) mit elf Geschützen und hundertdreizehn Männern, führt diese reiche Beute nach Neapel und segelt schon vier Stunden später nach Messina zurück, um dort wieder seinen Wachposten zu übernehmen[10].

Liest man die Berichte und Depeschen jener Zeit, so gewinnt man den Eindruck, es gäbe in Neapel nur einen einzigen fürchterlichen und gefürchteten höheren Marineoffizier: Cavaliere von Liguori. Er verkörpert den Löwen seines Familienwappens: wachsam, stolz, furchtlos und mächtig. Seine Pranke ist stahlhart, schwer und schnell.

Auch Alfons mußte diesen Löwen fürchten. Und doch, welch eindrucksvolles Bild des Vaters! Glücklicherweise aus stets wachsender Ferne. Denn „Karl III., von Gottes Gnaden König von Kastilien, Leon, Aragon und anderen Orten" braucht ihn.

— Nein: es ist Karl VI., deutscher Kaiser und König Beider Sizilien, korrigiert der Tod.

Denn der Mensch denkt und Gott lenkt ... und der Tod macht alles zunichte. 1711 folgte der zweiunddreißigjährige Kaiser Joseph I. seinem Vater Leopold ins Grab nach. Ohne männlichen Erben. Sein Bruder Erzherzog Karl muß also Barcelona verlassen und eilt nach Wien, um sich hier die Kaiserkrone aufs Haupt zu setzen. Der Vertrag von Utrecht (1713) überläßt ihm Neapel und Mailand, während Spanien beim Bourbonen Philipp V. verbleibt. So ist Neapel also mit Ausnahme des bourbonischen Zwischenspiels durch Philipp V., das ebenso kurzlebig war wie sein Standbild (1701–1707), von den spanischen direkt auf die österreichischen Habsburger übergegangen. Befehle und Vizekönige kommen aus dem Norden anstatt vom Westen. Und die parthenopäische Hauptstadt hat noch immer keinen eigenen König. Noch nicht.

Don Giuseppe hat keine Eile: die österreichischen Habsburger haben ihn soeben für weitere fünfundzwanzig Jahre (1709–1734) auf den Höhepunkt der Macht und der Gunsterweise befördert.

7. Via dei Tribunali (1708–1713)

1708 bis 1713, das sind die Universitätsjahre von Alfons, auf dem Hintergrund eines fernen Krieges, unter dem kaum gelockerten Zwang eines nun noch etwas häufiger abwesenden Vaters.

Neapel ist stolz darauf, ein *Studium* — wir sagen heute: eine „Universität" — zu besitzen, das zu den ältesten der Welt zählt: das fünftälteste nach Bologna, Oxford, Valencia und Paris. Kaiser Friedrich II. von Hohenstaufen hatte es 1224 begründet und selbst noch die beiden letzten Jahre (1272–1274) des hervorragendsten Lehrers, der je eine Universitätskanzel zierte, genossen: des Thomas von Aquin, eines Sohnes des Landes.

Um 1600 hatte Domenico Fontana (1543–1607) dieses *Studium* mit einer nüchternen und harmonischen Architektur ausgestattet, die mit der Basilika und der Piazza San Domenico Maggiore eine Einheit bildete. Aber schon 1708 fand Alfons hier bei weitem nicht mehr jene 6.000 Studenten vor, die Carlo Celano als Kind fünfzig Jahre früher erlebt hatte[1]. Als Alfons sich am 25. Oktober für sein erstes Studienjahr inskribierte, war Neapels Universität schon schwerkrank und zu drei Vierteln dem Tode geweiht.

Ein erstes äußeres Zeichen ihres Elends: bei dem gescheiterten Aufstand von 1701 hatte Vizekönig Medina Coeli ihre Gebäude als Kasernen in Anspruch genommen, so daß der Platz mehr von spanischen und später deutschen Flüchen als von lateinischen Syllogismen widerhallte. Die *Studii Publici* hatte man in fünf kleine Räume des Dominikanerklosters gezwängt.

Eine weitere Unbill: der Großalmosenier des Hofes, von dem alles in der Universität abhing — Professoren, Studenten, Programme, Aufsichtsorgane, Recht —, war damals Don Diego Vincenzo Vidania, ein starrköpfiger und unbelehrbarer Aragonese reinsten Blutes, der einer anderen Zeit angehörte und diesen hohen Posten erst 1732 als Hundertjähriger aufgab. Eine erstarrte Mumie der Reaktion.

Diese beiden Fakten machen den Rückgang der Hörerzahlen verständlich und zeigen die Verknöcherung dieser Institution.

Wie war dies möglich? Hat Neapel keine Köpfe mehr, die zum Studium taugen? Mehr denn je, und sie liegen in allen Fiebern eines immensen Wissensdurstes! Aber sie können sich fast nur noch in Salons und Privatakademien artikulieren und informieren. Die Ansuchen des Stadtrates — der *Città* — um Reformen treffen nur auf das „Nein" Vidanias und auf die Indifferenz zunächst des spanischen Königs und dann des Kaisers. Ergebnis: das Leben spielt sich andernorts ab, der Geist weht an anderer Stelle, und das Feuer glimmt in anderen Häusern. Das neapolitanische *Studium* ist nicht viel mehr als eine Verwaltungsstelle für Immatrikulationen und Diplome. Die Adeligen meiden es und besuchen lieber Privatkurse. Die Bürgerlichen, die sich diese nicht leisten können, sehen im *Studium* nur das unumgängliche Instrument zur Erlangung ihres Diploms. So versammeln sich in den Vorlesungen kaum mehr als ein Dutzend Hörer um die Lehrstühle[2].

Welche Lehrstühle? Mathematik, Rhetorik, Griechische Philologie und Logik sind mit jeweils einem Lehrstuhl vertreten. Die Philosophie hat vier und die Theologie fünf Lehrstühle, wobei diesen beiden Fakultäten die Verpflichtung auferlegt ist, nicht von Aristoteles und den scholastischen Positionen abzuweichen. Von den Professoren, die die sechs medizinischen Lehrstühle innehaben, sind drei völlig unbedeutend, zwei von ihnen — Tozzi und Porzio — sind Grandseigneurs, die ihre Kranken heilen, statt zu lehren. Nur einer der medizinischen Lehrstühle funktioniert wirklich; sein Inhaber ist der außerordentliche Professor Nicola Cirillo, der seine Hörer mit den *Aphorismen* des Hippokrates fesselt. Was die Naturwissenschaften betrifft, so haben sie trotz Kopernikus, Galilei, Pascal und Newton nach wie vor nur ein Anrecht auf die Brosamen, die vom Tisch der Mathematik und der „Theoretischen Physik" fallen, von Tischen allerdings, die mit den hervorragenden Professoren Agostino Ariani und Giambattista Balbi besetzt sind. Ist es nicht ein Zeichen der neuen Zeit, daß die Jugend sich gerade zu ihren Vorlesungen drängt[3]?

Zeichen einer neuen Zeit aber ist vor allem der Erfolg des kränkelnden Giambattista Vico, des *maestro Tisicuzzo* (Meister Schwindsucht), wie ihn die Studenten nennen. Es ist ein feuriges Schwert, das in seiner Scheide brennt: ein mächtiger Visionär in einem ausgezehrten Leib. Europa braucht ein Jahrhundert, um in ihm den Begründer der modernen Historiographie zu erkennen; aber eine kleine Elite von Kennern und eine große Gruppe seiner Rhetorikschüler nahmen schon damals das Wetterleuchten wahr, das ihnen den Weg zu diesem brennenden Dornbusch wies. Das Gegenteil hätte in Neapel überrascht: „Neapel. Sonne, Lebensfreude. Schreie, lärmendes Getümmel. In den winkeligen Straßen die quirligste Menge, die man sich vorstellen kann. Eine Lebhaftigkeit, eine Wißbegier ohnegleichen; intensive geistige Regsamkeit. Leidenschaftliche Gespräche, Zusammenkünfte, Salons, in denen Männer, die mit einem umfassenden Wissen spielerisch umzugehen vermögen, alle wissenschaftlichen und philosophischen Fragen aufgreifen; es empfängt alle Lehren des europäischen Denkens, weil es dazu disponiert ist und versteht, sie seinem eigenen Geist anzupassen, in Neapel, dieser urwüchsigen und lärmenden Stadt, die als Symbol von Macht und Vitalität erscheint, wurde am 23. Juni 1668 Giambattista Vico geboren[4]."

Er war — glückliche Fügung — der Sohn eines Buchhändlers. Mit sieben Jahren fiel er von einer hohen Leiter und lag fünf Stunden im Koma. Die Prognose des Arztes: „Entweder er stirbt oder er bleibt sein Leben lang schwachsinnig." Vico wird Jesuitenschüler, ist neun Jahre lang Hauslehrer in nächster Nähe eines Klosters, dessen reiche Bibliothek er verschlingt. Er hat alles gelesen: Aristoteles und die Griechen, Augustinus und Thomas von Aquin, die „neuen Philosophen"

Gassendi und Locke, Descartes und Spinoza, Malebranche und Leibniz, ohne sich ihnen jedoch sklavisch zu unterwerfen. Er ist so wenig konformistisch, daß er der Akademie der *Infuriati* (der Wütenden) beitritt, so prophetisch, daß niemand die schon „hegelianischen" Visionen versteht, die bereits in ihm phosphoreszieren und seine *Scienza Nuova* (1725) ankündigen. Aber bedeutende Männer hören auf ihn und laden ihn ein: der Philosoph Paolo Matteo Doria, und die ersten Juristen des Königreichs: Domenico Aulisio, Gaetano Argento, Nicola und Domenico Caravita, Constantino Grimaldi, Nicola Capasso und Pietro Giannone. Eine Elite von Rechtsgelehrten.

Warum Rechtsgelehrte? Weil die gesamte Bewegung der Aufklärung in Neapel hauptsächlich von Francesco d'Andrea (1625–1698), dem großen und erst kurze Zeit zuvor verstorbenen Rechtsanwalt, ihren Ausgang genommen hatte. Dieser aufgeschlossene und universale Geist durchbrach jede Routine und sprengte alle Grenzen der Literatur, Naturwissenschaft, Philosophie, Geschichte und natürlich in erster Linie seines eigenen Fachgebietes, des Rechts. Daher machte er vor allem in Kreisen der Rechtsanwälte und Juristen Schule. Hier finden wir also bei weitem die meisten Männer, die sich intensiv mit Sprachen, Geschichte, Naturwissenschaften, Literatur, Philosophie und Politik befassen. Unter ihnen zirkulieren Literatur-Zeitungen und ausländische — französische, deutsche und holländische — Bücher. Weit über den Niederungen, in denen die große Schar der Ignoranten und der auf kleinliche und profitorientierte Prozesse beschränkten Juristen schnattert und schwatzt, haben sie eine intellektuelle, wissenschaftliche, dem Ideal der Redlichkeit verpflichtete Bewegung geschaffen. Sie sind die größten Hoffnungen der neapolitanischen Jurisprudenz und Universität[5]. Die menschliche Chance unseres jungen Studenten.

Wir haben noch nichts über die beiden rechtswissenschaftlichen Fakultäten gesagt. Von den dreißig Lehrstühlen der *Studi Pubblici* besetzen sie elf: fünf für kanonisches Recht und sechs für Zivilrecht[6]. Nicht umsonst wird das Recht „die italienische Wissenschaft" genannt. Innerhalb Italiens konnten Rom und Neapel auf ihre Juristenelite stolz, sogar sehr stolz sein. In den *Tribunali* (dem Justizpalast) schlug das Herz Neapels. Das Publikum — einschließlich Frauen — griff mit Wort und Geste ein, um endlos die in den Prozessen aufgeworfenen Fragen zu diskutieren. Ein Atavismus? Raffinement? Streitsucht? Jahrtausendealte Notwendigkeit, ausländische Gesetzessysteme anzuwenden? Oder, positiver betrachtet, die Freude am Spiel, das Vergnügen, die Karten des kompliziertesten Tarocks der Welt zu besitzen und auszuspielen!

Um eine Vorstellung von dem unentwirrbaren Dickicht zu gewinnen, in dem die Gesetze, Verordnungen, Vorschriften und Rechtsprivilegien des Königreichs untereinander verflochten waren, müssen wir uns vergegenwärtigen, daß die parthenopäische Stadt über 2.500 Jahre hinweg nie ganz ihre eigene Herrin war. Elf fremde Dynastien hatten hier einander abgelöst, und eine jede fügte zu den überkommenen Lokalgewohnheiten einige neue Bausteine aus ihrem jeweiligen Gesetzesgefüge hinzu. So entstand aus dem römischen, byzantinischen, lombardischen, schwäbischen, anjou'schen, normannischen, aragonesischen, kastilianischen, österreichischen, feudalen und kirchlichen Recht — elf Gesetzgebungen! — ein kompliziertes Gebilde[7], das noch zusätzlich verwirrt wurde durch regionale und städtische Gesetze. Für Nichtfachleute eine Fallgrube und dem einfachen

Bürger absolut undurchschaubar, war dieses Labyrinth ein Paradies für Freibeuter jeden Zuschnitts, Rechtsanwälte und reiche Klienten, die mit großem Geschick alle Möglichkeiten ausschöpften, um ihren Nächsten zu bestehlen, zu berauben, zu schröpfen und zu ruinieren. Es war aber auch der Triumph der großen Rechtsgelehrten, deren Meisterschaft in ganz Europa bewundert wurde. „Nach der römischen Anwaltschaft gab es in Europa keinen Advokatenstand mehr, der zahlenmäßig stärker, mächtiger, reicher und angesehener gewesen wäre als jener Neapels[8].“

Angesichts der geistigen Fähigkeiten seines Sohnes und seines Arbeitseifers konnte Don Giuseppe von Liguori nichts anderes für ihn planen als diese Laufbahn. So gab er jeden Gedanken auf, ihn als Soldat in die Reihe seiner väterlichen Ahnen einzugliedern und sah ihn bereits in höchsten richterlichen Funktionen Seite an Seite mit seinen Vettern Liguori und Cavalieri glänzen. Francesco d'Andrea hatte in seinen *Avvertimenti ai nipoti* (Warnungen an die Nachkommen) den unmittelbar bevorstehenden Untergang des Adels und den Aufstieg des *medio ceto*, des „dritten Standes" angekündigt. Die Rechtspflege war die breite Straße, die zu leitenden Stellungen und in die Ministerien führte und es dem Bürgertum ermöglichte, den Adel auszuschalten, die Macht an sich zu reißen und Ansehen zu gewinnen[9].

Es war nun Sache der neapolitanischen Cavalieri, diesen Piraten den Weg abzuschneiden. Don Giuseppe beschließt, daß sein Alfons Rechtsanwalt wird[10].

Er muß also die Universität durchlaufen: muß die Aufnahmeprüfung bestehen, sich nach Bezahlung von zwei Carlinos für ein erstes Studienjahr inskribieren und in den Räumlichkeiten der *Studi Pubblici* eifrig die Vorlesungen der Lehrer dieser Fakultät besuchen. So will es das Gesetz, das noch 1703 durch eine *prammatica* — ein Edikt — des Vizekönigs Villena in Erinnerung gerufen wird. Faktisch jedoch sieht es ganz anders aus.

Die Universitäten des Mittelalters bilden eine umfassende und festgefügte organische Einheit von Personen — Lehrern und Schülern —, nicht aber Gebäuden. Der Unterricht fand im allgemeinen in den Wohnungen der Professoren, in Sälen oder Kapellen der Klöster und schließlich in den „Kollegs", d. h. den Wohnheimen für Stipendiaten (Bursen) statt. Die neapolitanischen *Studi* dagegen gaben in den Jahren 1700 auch die Einheit des Ortes vor, obgleich sie für dreißig offizielle Lehrstühle nur lächerliche fünf Säle anboten!

In Wirklichkeit hielten manche Professoren, nicht nur dem Zwang der Gegebenheiten folgend, sondern durchaus zur Zufriedenheit zahlreicher Hörer, öffentliche Vorlesungen in ihren Häusern. Andere, schlecht bezahlt oder geldgierig, gaben lieber Privatstunden und ließen sich von unfähigen Personen vertreten, die ihre Klassen lehrten; im übrigen schafften es einige der Titulare durchaus auch ohne Hilfe, persönlich inkompetent oder langweilig zu sein und damit die Hörer zu vertreiben; ganz zu schweigen von jenen — auch das gab es —, die nur in Jahrbüchern und Rechnungsheften aufschienen.

Nur sieben von dreißig Professoren entsprachen in Zuschnitt und persönlicher Haltung Universitätsniveau; bei ihren Vorlesungen konnte es durchaus vorkommen, daß die Studenten die Säle stürmten und sich handgreiflich um die Plätze stritten. Unter den berühmtesten dieser Doktoren waren — glücklicher Alfons! — vier Juristen: der sechzigjährige Domenico Aulisio (1639–1717), Dekan der

Fakultät für Zivilrecht, den Vico uns als „universalen Kopf in Sprachen und Naturwissenschaften" beschreibt; Nicola Caravita (1647–1717), Rat der Real Camera, Professor für Lehensrecht, der sogar Richter und Rechtsanwälte auf die Beine brachte; Gennaro Cusano und Nicola Capasso (1671–1745) von der Fakultät für kanonisches Recht, die beide über Dekretalen-Recht lasen: zwei Männer, deren Wissen und Denken die Jugend in Scharen anzogen.

Was die anderen Inhaber der juristischen Lehrstühle betrifft, der Friede sei mit ihnen! Wir kennen ihre Namen, ihre Amtsbücher, ihre Bezüge und ... ihre Karenzen. Der *Codex Iustiniani*, die *Institutiones* und deren Glossen, *Bartolo de Sassoferrato* (Kommentator des „Corpus juris civilis"), die *Digesten* antik und neu, für das Zivilrecht – das *Decretum Gratiani* und die *Institutiones* von Lancelloti, für das Kirchenrecht, wurden vor leeren Sälen vorgetragen, wenn diese Herren wirklich einmal geruhten, zu erscheinen. Nachdem sich N. Caravita 1711 mit 65 Jahren von der Lehrtätigkeit zurückgezogen hatte, hielt sein Nachfolger auf dem Lehrstuhl für Lehensrecht, Antonio Capellari, in den beiden Jahren, in denen er Alfons' Professor war, nur eine einzige Vorlesung. Und das für 300 Dukaten jährlich; das war teuer. Ist es da nicht verständlich, daß eifrige, ehrgeizige und hinreichend vermögende Studenten lieber Privatstunden nahmen[12]?

Unser junger Alfons von Liguori überschreitet also nun im Alter von zwölf Jahren die Schwelle dieser seltsamen *Studi Pubblici*. Zunächst einmal muß er durch eine Aufnahmeprüfung vor dem Rhetorikprofessor zum „Bakkalaureus" gekürt werden. Alfons von Liguori vor Giambattista Vico. Zwei schöne Gesichter mit Adlernasen: das des Kindes noch unausgeprägt, ein kleiner, lachender Mund und „hellblaue" Augen (Tannoia), vertrauensvoll und wißbegierig in die Welt schauend; das des vierzigjährigen Mannes durch das Feuer des Fiebers und des Genies prachtvoll geschnitten. Der junge Cartesianer vor dem Anti-Descartes! Aber vielleicht war von Descartes gar nicht die Rede. Hier standen sie sich also gegenüber, die beiden größten italienischen Genies des Jahrhunderts.

Am 18. Oktober, dem Fest des hl. Lukas, hält Vico zum siebtenmal hintereinander in Wahrnehmung seines Amtes vor versammeltem *Studium* die Inaugurationsrede. Dieses für das Studienjahr 1708/1709 verfaßte und berühmt gewordene Manifest: *De nostri temporis studiorum ratione*, „Welche Studien für unsere Zeit?" – weist der Universität eines Vidania die künftigen Wege in der lebendigen Wirklichkeit der Geschichte.

Vico und Alfons werden sich bei den akademischen Zusammenkünften im Haus Caravita häufig sehen. „Begegnen" sie sich auch wirklich? Armer und großer Vico! Er wurde nicht verstanden und kaum gehört; kränkelnd und schüchtern wie er war, redete er vielleicht nicht viel? Außer in seinen Vorlesungen. Aber Alfons hörte keine Rhetorik.

Die Inskriptionen zu den *Studi* fanden zwischen dem Fest des hl. Lukas und Allerheiligen statt und galten für ein halbes Studienjahr[13]. Wir besitzen die Bescheinigung der vorschriftsmäßigen Inskription Alfons' an der Fakultät für Zivilrecht und kanonisches Recht – *della Legge* – von 1708 bis 1712, also für die fünf Jahre, die für das Doktoratsdiplom notwendig waren[14].

Aber Immatrikulationen und der tatsächliche Besuch der Vorlesungen sind zweierlei. Das wissen auch die akademischen Autoritäten, wenn sie vor der Zulassung zum Doktorat ein schriftliches Attest von zwei beeideten Zeugen (*cum juramento*) verlangen, die die ständige Teilnahme des Kandidaten an den Vorlesungen der Professoren in den Räumen der Universität bestätigen. Diese beiden Bestätigungen erhält Alfons am Vortag seines Schlußexamens, ganz den Vorschriften entsprechend beeidet und unterzeichnet am 17. Januar 1713 von ... seinem Vetter Francesco M. Cavalieri und seinem Freund Corrado Capace. Es kommt noch besser! Eine Hand wäscht die andere: am darauffolgenden Tag, am 18. Januar, bestätigt Alfons nun seinerseits „unter Eid" zugunsten eben jenes Vetters Cavalieri, daß sie „fünf Jahre lang gemeinsam in den *Studi Pubblici* bei den öffentlichen Professoren dieser Fedelissima Città Ziviles und Kanonisches Recht studiert haben"; unterzeichnet mit seiner kräftigen und schönen Schrift: „Ich, Don Alfonso de Liguori".[15]

Warum also sollten wir daran zweifeln, daß Alfons die Universitätsveranstaltungen besucht hat?

Aber können wir behaupten, daß er sie alle besucht hat? Und mit Eifer? Wie schon erwähnt, ließen sich die Adeligen dort kaum sehen; viele erschienen nur ein oder zwei Mal, um dann schwören zu können, daß sie gemäß den öffentlichen Vorlesungen studiert hätten. Außerdem bestätigt Pater Tannoia beim apostolischen Heiligsprechungsprozeß Alfons' — ebenfalls unter Eid —, er wisse von dessen Brüdern Ercole und Gaetano, daß der Diener Gottes sein ganzes Studium nicht in öffentlichen Vorlesungen, sondern zuhause mit Privatlehrern betrieb, einschließlich des Studiums des Bürgerlichen und Kanonischen Rechts[16]; er ist kaum weniger formell in seiner *Vita* ...

Zum Höhepunkt dieses hintergründigen Verwirrspiels trägt Pater Liguori selbst bei, wenn er in seiner *Theologia moralis* Bd. III, S. 166 erklärt, die in Neapel (sic) bei den Doktoratsformalitäten „unter Eid" (*cum juramento*) abgegebenen Bestätigungen seien nicht Eidesleistungen an sich, „weil diese Formel hier nicht allgemein als wirklicher Eid gelte".

Eine Lüge aber wäre es allemal, und Anna Cavalieris Sohn hätte mit dieser Unterschrift, die groß und sicher wie der Schwertstreich eines Ritters ist, keine Lüge bestätigt.

Dann wäre also Tannoia, der ebenfalls zweifellos einen Eid geleistet hat, von Alfons' Brüdern getäuscht worden?

Das ist der Schalk der Geschichte, wenn uns mitunter die offiziellsten Dokumente im Dunst des Zweifels und eines scheinbaren Widerspruchs narren!

Aber nur scheinbar. Denn warum sollten wir nicht glauben, daß alle von ihrem Standpunkt aus recht haben? Daß Tannoia sich in seiner präzisen Aussage nicht täuscht: „Alfons hatte (zuhause) zwei qualifizierte und in Neapel sehr angesehene Männer als (Jura-)Professoren".[17] Es folgen, wie nicht anders zu erwarten, der Name Nicola Capassos (1671—1745), jenes Juristen und Dichters, der seinem Schüler, auch nachdem dieser Priester geworden war, eine immer stärker von Bewunderung getragene Freundschaft bewahrte, und der Name des Herzogs von Turitto, Nicola Caravita (1647—1717), der den jungen Mann fast wie einen eigenen Sohn in die Akademie der großen Denker, deren treibende Kraft er selbst war, einführte.

Wie wäre es aber andererseits zu erklären, daß Don Giuseppe gerade 1708 den Borgo dei Vergini, in dem alle seine Kinder getauft worden waren, verließ und mit seiner Familie in die Via dei Tribunali im Stadtviertel „*a l'Anime del Purga-*

torio" übersiedelte, wo er nur dreihundert Meter von den Universitätsgebäuden
entfernt ein Haus von Marco Cafaro gemietet hatte[18]? Doch zweifellos, um seinem Ältesten deren Besuch zu erleichtern.

Also, öffentliche Vorlesungen in den *Studi* zu Füßen der angesehenen Lehrkanzeln von Aulisio, Caravita, Capasso, Cusano und vielleicht noch einiger
anderer; Privatstunden im eigenen oder im Haus der jeweiligen Lehrer, um die
großen akademischen Lücken zu füllen und die langen Semesterferien zu nutzen.
Wenn man den Ehrgeiz des Cavaliere von Liguori und seine stählerne Hand,
sowie den wissensdurstigen Eifer Alfons' und seine Ausdauer bei der Arbeit
kennt, dann wird klar, daß er weder an dem stürmischen und mitunter auch in
blutige Händel ausartenden Treiben der Studenten noch an den endlosen Kartenrunden beteiligt war, bei denen gar mancher seinen Hippokrates oder Justi-
nian vergaß.

Bedeutete ihm das Spiel aber wirklich gar nichts? Wir haben es bereits gesagt:
abgesehen von einer Elite lebte Neapel in einem Klima geschäftigen Nichtstuns.
Müßiggang ist aller Laster Anfang, und das Hauptlaster des neapolitanischen
Müßiggangs war eben die Spielleidenschaft, das Besessensein vom Spiel um Geld.
Das Volk, das zwar nicht lesen und schreiben konnte, aber seine Karten kannte,
frönte überall, in den Tavernen und an den Straßenecken, diesem Laster, das ein-
herging mit Geschrei, Beleidigungen und Flüchen und das nicht selten in blutige
Raufhändel ausartete. Der Adel füllte in noch viel stärkerem Maße die Stunden
seiner Muße mit diesem Laster; keine Zusammenkunft ohne Karten; man verbrachte ganze Nächte damit; es wurde in der Familie, mit den Nachbarn und in
den Spielhäusern, die ungeachtet aller diesbezüglichen Gesetze in großer Zahl in
der Stadt vorhanden waren, gespielt. Das Geld floß reichlich; ganze Familien
wurden ruiniert, andere zerbrachen daran; unauslöschlicher Haß, Racheakte
und Duelle waren oft die Folge. Viele Jugendliche wurden auf diese Art zu Betrü-
gern und Gaunern[19].

Bei Alfons lagen die Dinge nicht so, obwohl auch in der Familie Cavalieri be-
geisterte Spieler waren[20]. „Er war erfüllt mit Fleiß, von Freude am Studium und
Wissensdurst. Und er hatte in seinem Vater einen Führer, der ihn unentwegt
antrieb[21]." Die einzige Entspannung, die dieser ihm zugestand, war eine abend-
liche Kartenrunde beim Magistrat Don Carlo Cito, zu der er und einige junge
Cavalieri mit Baldassare, dem Sohn des Hauses, zusammentrafen. Es war das
Nachbarhaus, nur fünfzig Schritte entfernt in der schmalen Vico S. Nicola e Nilo.
Man zog sich nicht eigens um und nahm auch keine Karosse, um dorthin zu
gelangen; vielleicht gab es auch eine Verbindung im Inneren der beiden Häuser.
So schlüpfte Alfons also jeden Abend flink ins Nachbarhaus, wie der gestrenge
Vater es erlaubt hatte. „Aber nur eine Stunde, nicht mehr!" War Don Giuseppe
zuhause, so vertrug er es nur schlecht, wenn diese Stunde mitunter etwas länger
wurde. Er hatte die Uhr noch schärfer im Blick als sein Sohn.

Eines Abends — kommt der Sohn diesmal später als gewöhnlich oder ist der
Vater nervöser als sonst? — fegt Don Giuseppe die Bücher des Studenten vom
Tisch und legt an ihre Stelle ebensoviele Kartenspiele. Er muß diesen Coup schon
geraume Zeit geplant haben, um über eine solche „Bibliothek" verfügen zu kön-
nen. Endlich kommt der Erwartete. Er betritt das Zimmer, ist verblüfft. Aber der
Vater ist schon da: „Das also ist dein Studium, das sind die Autoren, die dich so

pünktlich sein lassen!" Alfons errötet und sagt kein Wort. Geduld, Selbstbeherr-schung, Respekt vor dem Vater. Die Karten schaut er nun nur noch mit einem Auge an: das andere ist auf die Wand- oder die Sanduhr gerichtet.

Fünf Studienjahre waren nicht viel, um den *Corpus Juris civilis*, das damals in Italien noch immer gültige römische Recht, den mannigfach verschlungenen Knoten des Gewohnheitsrechts und schließlich das Lehensrecht zu inventarisie-ren, denn von einem intensiveren Eindringen kann in dieser kurzen Zeit wohl nicht die Rede sein. Mußte dazu wirklich noch die enorme Mehrbelastung durch den *Corpus Juris canonici* kommen?

Das Kirchenrecht war im zivilrechtlichen wie auch im strafrechtlichen Bereich in allen Fällen anzuwenden, in denen ein Kleriker, ein Mitglied eines Ordens, ein „Bruder" und bis zu einem gewissen Punkt auch jeder Getaufte betroffen war — und wer war damals nicht zumindest getauft? Es beherrschte Glauben und Sitten. Seiner ausschließlichen Jurisdiktion unterstanden Kirchen, Klöster, caritative Erziehungseinrichtungen, Kirchengüter und sogar Verbrecher, die an einem hei-ligen Ort Asyl gefunden hatten. Zur Zeit Alfons' war die Welt so sehr mit kirchli-chen Institutionen und in vielen Bereichen sakralisierten Vollzügen gesättigt, daß man beinahe an nichts rühren konnte, das nicht vom Sakralen gewissermaßen „aufgeladen" war.

Das Kanonische Recht hatte also in fast allen Fällen mitzureden. Es war viel-fach sogar von noch größerer Bedeutung als das Bürgerliche Recht. So besaß die Kirche in Neapel mindestens sieben bedeutende Gerichtshöfe: den des Metro-politan-Offizialats, die der Diözesaninquisition (eine für die Hauptstadt und eine für das Königreich), den des Apostolischen Nuntius im Namen des Heiligen Stuhls, den des Großalmoseniers für die „königlichen Kirchen" und die Universi-tät, den der Apostolischen Administration, der die Fabrica Sancti Petri reprä-sentiert, und den der Hospitaliter vom hl. Anton von Vienne (Dauphiné)[22]. Rechtsanwälte und Richter stießen überall auf kirchliche „Kurien": hier eine Bischöfliche Kurie (drei Gerichtshöfe), dort eine Römische Kurie (zwei Gerichtshöfe), dann wiederum die des Großalmoseniers oder jene des hl. Anton von Vienne. Nimmt es da wunder, daß sich das Recht zu Beginn des Jahrhunderts der Aufklärung, genau wie die Naturwissenschaft, von der Vormundschaft der Kirche befreien wollte? Können wir es den Juristen des Staats und den Regieren-den der Stadt verübeln, daß sie, die immer wieder auf kirchliche Kurien stießen, von einem „antikurialen" Fieber erfaßt und zu „Regalisten", d. h. in dieser Zeit des Königtums, zu Verfechtern einer unabhängigen bürgerlichen Gesellschaft wurden?

Umso mehr, als Italien im Unterschied zu England etwa oder Deutschland durchwegs katholisch war: Hier lebten alle Staaten in der Kirche Christi und, so schloß Rom, also auch unter dem Hirtenstab Petri. Um diese zwar naheliegende, uns aber doch schon fast unbegreifliche Situation zu verstehen, müssen wir die berühmte Bulle *Unam Sanctam* lesen, die Bonifaz VIII. 1302 Philipp dem Schö-nen entgegenschleudert, und in der der universale päpstliche Herrschaftsan-spruch behauptet wird:

„Die Worte des Evangeliums lehren uns: die Macht (Christi) verfügt über zwei Schwerter, das geistliche und das weltliche ... Beide Schwerter hat die Kirche in ihrer Gewalt, das geistliche Schwert und das materielle Schwert. Dieses aber ist für die Kirche zu führen, jenes von ihr. Jenes gehört dem Priester, dieses ist zu führen von der Hand der Könige und Soldaten, aber nur wenn und solange der Priester es will. Das weltliche Schwert aber muß dem geistlichen Schwert und die zeitliche der geistlichen Autorität untergeordnet sein … Dies bestätigt die Wahrheit: es obliegt der geistlichen Macht, die weltliche Macht einzusetzen; sie ist Richterin über sie, wenn sie nicht gut gewesen sein sollte."

Eine Aussage, die uns heute befremdet.

Das Zivilrecht kann seine Autonomie nur durch eine Entsakralisierung der juridischen Ordnung erlangen. Davon sind wir zu Alfons' Zeit allerdings noch weit entfernt: als Kandidat des Doktorats der Rechtswissenschaften muß er zunächst eine Bestätigung über die kirchliche Eheschließung seiner Eltern und sein Taufzeugnis vorlegen[23]. Doch beginnt die legitime Autonomie der weltlichen Gesellschaft schon im Untergrund zu gären. Als Student des Zivilrechts und zwangsläufig auch des kanonischen Rechts hört unser junger Cavaliere in den beiden Fakultäten auch Lehrer, die im Rahmen des überkommenen Respekts doch entschieden antikurial eingestellt sind. Zusammen mit einigen anderen Studenten wird er durch sie in eine eindeutig regalistische Akademie aufgenommen, die um die Gebrüder Caravita entstanden war. Nicola Caravita war erst kurz zuvor durch die Veröffentlichung einer herausfordernden Abhandlung berühmt geworden, die als Frucht dieses literarischen Salons gelten kann: *Nullum jus Romani Pontificis in Regno Neapolitano* (1707), „Der römische Pontifex hat keinerlei Recht im Königreich Neapel". Es war der historische Aufschrei des in Zorn geratenen Antikurialismus.

Doch blieb es nicht beim bloßen Aufschrei. Das von Newton in dieser Epoche entdeckte physikalische Gesetz — „Jede Kraft erzeugt eine gleiche Gegenkraft" — bewahrheitet sich immer wieder, und zwar zumeist auf moralischer und juridischer Ebene. Aus der Tatsache, daß die Kirche gekrönte Häupter und weltliche Mächte unter ihrer Vormundschaft gehalten hat — und in welchem Ausmaß! — leiten nun Juristen und christliche Herrscher aus dem Laienstand ihrerseits das Recht ab, die geistliche Macht der Kirche nach eigenem Gutdünken beugen zu können. Jeder zu seiner Zeit! Diese Umkehrung war zwar ebenso mißbräuchlich, wie es die kirchliche Vormachtstellung gewesen war, aber sie ist doch verständlich: wie sollten wir von Laien erwarten, daß sie weniger Sünder sind als die Priester? Einem unerträglichen Klerikalismus trat also nun ein unerträglicher Antiklerikalismus entgegen. Für den Begründer der Redemptoristen war er in Bernardo Tanucci (1698—1783) verkörpert.

Noch aber ist unser Student erst dabei — *allegramente*, wie wir hoffen —, in das gewaltige Dickicht der Gesetze einzudringen. Seine Führer auf diesem Weg sind Männer, die in Literatur und Theorie der Rechtswissenschaft einen großen Namen haben. Aulisio und Caravita, Cusano und Capasso überlassen ihre Kollegen von der philosophischen und theologischen Fakultät ihren leeren Hirngespinsten und erforschen die geschichtliche Entwicklung der Sitten und Gesetze vor Ort. Sie betreiben positives Recht, wie später positive Theologie betrieben wird. Positiv, das heißt historisch. In ihrer Schule lernt Alfons etwas mehr über den Weg, auf den ihn bereits Descartes gebracht hatte: Unabhängigkeit des Geistes, Abscheu vor ausladenden und nichtssagenden Reden, daneben auch den Sinn für das Konkrete, Einfühlungsvermögen in Situationen, und schließlich die

Sicherheit eines Urteils, das von keiner Schulleidenschaft beeinflußt, sondern in erster Linie von der Liebe zu den Menschen, d. h. letztlich durch den Heiligen Geist geprägt ist.

Es besteht kein Anlaß zur Besorgnis, der Jurist in Alfons habe den Christen in ihm ausgedörrt und ersetzt, wie es bei anderen der Fall ist. Denn während das „Kind" (wir dürfen unseren frühreifen Studenten durchaus noch so bezeichnen) immer tiefer in die Geheimnisse der Gesetze eindringt, „nimmt es zu an Alter und Weisheit vor Gott und den Menschen" (Lk 2,52). Don Buonaccia weilt noch immer im Kreis der Familie und liest in der Hauskapelle täglich die Messe. Außerdem trifft sich der Student jeden Tag mit seiner Mutter zum Gebet. Schließlich und nicht zuletzt verbringt er seine Sonntage (mit Ausnahme des Mittagessens bei den Oratorianern) von der morgendlichen Absolution durch Pater Pagano bis zu den Laudi am Abend in der Innigkeit und Freude der feierlichen Eucharistie und des Oratoriums di S. Giuseppe. Seit 1707 sind ihm in dieser Bruderschaft der Jungen Adeligen auch verantwortungsvolle Aufgaben übertragen: er wird nacheinander Rechnungsführer und Sakristan, Zeremoniar, Berater, Sekretär und schließlich von 1711 bis 1713 „Novizenmeister". Als er in die Kongregation der Doktoren überwechselt (15. August 1715)[24], wird sein Bruder Antonio, der spätere Benediktiner, sein Nachfolger in diesem Amt.

Denn Antonio und Gaetano begleiten ihn ab September 1712 zu den Jungen Adeligen. Sie leben zu Hause unter dem sanften Zwang Buonaccias. Barbara und Anella dagegen weilen nicht mehr im Kreis der Familie: sie wachsen in der Klausur der Franziskanerinnen des Klosters von S. Girolamo auf. Aber Maria Teresa wirbelt mit ihrem munteren Geplapper um ihre Mama herum. Zusammen mit dem Nesthäkchen Ercole bringt sie die Sonne in das Leben des großen Bruders, die sich ihm über dem Studium der *Pandekten* und der *Kommentare* der großen Rechtsgelehrten zu verdunkeln droht.

Ganz auf das Studium ihres Ältesten ausgerichtet, lebt die Familie nun im Herzen der Stadt, in der Via dei Tribunali, fünf Minuten von S. Domenico Maggiore und seinen *Studi* entfernt. Fast an der Türschwelle der Liguoris steht (Nr.39) die Kirche Purgatorio ab Arco, die der Bruderschaft der Armen Seelen gehört und dem Stadtviertel seinen Namen gegeben hat. Fünfzig Schritte weiter (Nr. 44) verschwindet die winzige Pfarrkirche S. Angelo a Segno — heute ein gewöhnliches Lagerhaus — fast gänzlich zwischen zwei riesigen Gebäuden.

Gegenüber beginnt auf der Höhe der Kirche Purgatorio der *Arco*, dessen Lauben sich über hundertfünfzig Meter erstrecken: eine Geschäftsstraße mit alten Arkaden, durch die Alfons einundzwanzig Jahre lang seinen täglichen Weg nimmt. Hier hat sich seit Jahrhunderten so wenig verändert, daß es uns nicht schwerfällt, ihn uns vorzustellen, wie er an den Warentischen und den Menschen vorbeieilt, mitunter auch einmal stehen bleibt und den Geruch der Obstkörbe wahrnimmt, in denen die ganze farbenprächtige Palette der südländischen *frutta* zum Verkauf angeboten wird: Oliven und Trauben, Orangen und Zitronen, Birnen und Äpfel, Pfirsiche und Feigen, Nüsse und Kastanien: Hülsenfrüchte (Erbsen, Bohnen und Fisolen) — „das Fleisch der Armen" —wechseln hier ab mit der *verdura*, dem Kohlgemüse und den Salaten und mit dem kräftigen Rot der Tomaten (die *minestra* des Mezzogiorno muß damals, im 18. Jahrhundert, noch ohne Mais und Kartoffeln auskommen); hier ein Verkaufsstand mit rotmarmoriertem

Fleisch, dort die silbernen Reflexe der Fische und Meeresfrüchte mit ihrem scharfen, salzigen Geruch.

Die Liguoris hatten also einen ständigen und gut beschickten Markt in nächster Nähe. Die für diese Zeit eher seltene Langlebigkeit der Eltern — sie können ihr fünfzigjähriges Hochzeitsjubiläum begehen — und der Mehrzahl ihrer Kinder läßt uns annehmen, daß sie sich richtig ernährten, in einer gesunden Mitte zwischen schädlicher Schlemmerei und kleinlicher Sparsamkeit, die zu Siechtum und Verfall führen.

Am Ende dieses überdachten Marktes befindet sich links das imposante S. Paolo Maggiore der Theatiner. Hier lebten und starben nicht lange vor jener Zeit zwei Heilige: Gaetano von Thiene (†1547) und Andrea Avellino (†1608). Diese geistliche Nachbarschaft läßt unseren jungen Mann nicht gleichgültig. Zwei Schritte weiter erhebt sich rechts S. Lorenzo Maggiore, ein rein gotisches Bauwerk (1270), das der Barockisierung entgangen ist. Daneben das Franziskanerkloster, in dessen großem Kapitelsaal die Ratssitzungen der *Città* stattfinden: Alfons wird hier als Abgeordneter von Portanuova Sitz und Stimme haben.

Weitere fünfzig Meter auf dem schwarzen Pflaster dieser Via dei Tribunali entlang sind schon links die Oratorianer mit Pater Pagano, dem Oratorium und daran anschließend die Via Duomo mit dem Dom. Schließlich läuft die Straße in einiger Entfernung auf das massige Castel Capuano zu: jene *Tribunali*, die dieser Wirbelsäule der Stadt ihren Namen gegeben haben. Sie warten auf den künftigen Rechtsanwalt.

Diese, von den ersten spanischen Vizekönigen fast geradlinig in ost-westlicher Richtung angelegte Straße, in der zwei Karossen nur mit Mühe aneinander vorbeikommen können, ist kaum mehr als einen Kilometer lang. Aber sie wird für fünfzehn Jahre gewissermaßen zum Rückgrat, an dem sich die Nervenzentren Alfons' aufreihen: das Haus seiner Familie, die rechtswissenschaftlichen Fakultäten, die Pfarrkirche, die *Città* oder der Hohe Zentralrat der Stadt, das Oratorium, der Dom (mit dem Seminar an seiner Nordseite und dem Largo Donnaregina, in dem die Gebrüder Caravita Salon halten) und schließlich der Justizpalast.

Nicht zu vergessen am anderen Ende der Straße das kleine Kirchlein S. Maria della Redenzione dei Cattivi (vom Loskauf der Gefangenen), auch Madonna della Mercede (Unsere Liebe Frau von der Barmherzigkeit) genannt. Knappe fünfhundert Meter vom Haus Liguori entfernt, bildet es den Winkel der Via S. Pietro und der Via S. Sebastiano in der Nähe der Porta Alba.

Cattivi — Gefangene — hatte man immer vor Augen, nicht nur an den Rudern der Galeeren, sondern überall im ganzen Königreich. Es waren die zahlreichen „türkischen" Sklaven, unverkennbar durch ihren kahlrasierten Schädel, auf dem man nur ein Haarbüschel hatte stehen lassen. In der Mentalität jener Zeit war ihre Gefangennahme und Verschleppung in ein katholisches Land in zweifacher Hinsicht ein frommes Werk: zum einen verhinderte man damit, daß sie den Christen weiterhin schaden konnten, und zum anderen bot man ihnen damit die Möglichkeit, zum wahren Glauben zu gelangen.

Umgekehrt schmachteten viele Christen, die bei Razzien an den Küsten oder auf See gefangen genommen worden waren, in islamischen Ländern, und für die Seeleute und Küstenbewohner vor allem der Golfinseln bestand, wenn auch nicht mehr ganz so bedrohlich, die Gefahr barbarischer Überfälle nach wie vor. Die

Neapolitaner, deren gutes Herz und religiöse Seele sich genauso ungestüm regten wie der Vesuv, gaben riesige Summen für den „Loskauf" – *redenzione, mercede* – ihrer gefangenen und im Glauben bedrohten Brüder aus[25]. Schenkungen des Königs oder der Fürsten, Subsidien (Hilfsgelder) der Städte und Wohlfahrtseinrichtungen, Predigten und Kollekten der Trinitarier, Mercedarier, Franziskaner, Rekollekten der Jesuiten, Aktivitäten von Bruderschaften, deren Mitglieder ihr regelmäßiges Almosen gaben und im Gottesdienst „den Teller für die Gefangenen" herumgehen ließen: alle diese Gelder flossen auf dem *Monte della Redenzione dei Schiavi* zusammen. Nachdem man die Mittel zusammengelegt hatte, brachten diplomatische Missionen einige Dutzend – manchmal auch an die hundert – „Losgekaufte" nach Neapel zurück.

Hier war aus der großen Hilfsbereitschaft eine Bruderschaft hervorgegangen, die 1549 von Papst Julius II. ihre offizielle Bestätigung erhalten hatte. Sie hatte sich eine eigene Kirche und einen Versammlungsraum unter der Schirmherrschaft der Madonna della Mercede gebaut[26]. Der eifrigste Förderer dieses Unternehmens war Francesco de Geronimo gewesen. Gerade weil er der „Vater" der moslemischen Galeerensträflinge war, ging ihm das Unglück der in Nordafrika gefangenen Christen umso näher. So war er unermüdlich damit befaßt, zu sammeln, seine Freunde „anzupumpen" und sie selbst zum Sammeln von Almosen auszusenden. Der Ausstrahlung dieses heiligen Mannes konnte keiner widerstehen: So stellte er seine ganze Kraft in den Dienst der Bruderschaft della Redenzione. Die Hände voller Geld und das Herz voll des Gebets, so kam er zu ihnen, zu Unserer Lieber Frau von der Barmherzigkeit. Seine eigene Heimstatt, Gesù Nuovo, lag nur wenige Schritte entfernt[27].

An diesem Loskaufunternehmen waren die Seeleute und ihre Familien am stärksten beteiligt, da sie auch am meisten bedroht waren. Es ist also naheliegend, daß Pater de Geronimo mit seiner heiligen Begeisterung zunächst und in erster Linie Don Giuseppe und die Seinen ansteckte. Ist es nicht das Leben auf den Galeeren und das Drama der Sklaven, das – seit 1685 – ihre Lebensschicksale zusammengeführt und ihre Freundschaft geknüpft hat? Für die Liguoris war S. Maria della Mercede also zweifellos schon seit langem ein Ort der Begegnung und des Gebets. Leider sind uns die entsprechenden Archive nicht mehr erhalten[28].

Unsere Liebe Frau von der Barmherzigkeit erwartet sie also nun keine fünf Minuten von ihrem neuen Heim entfernt. Für Alfons ist es das nahegelegenste Heiligtum dieser Jungfrau und Mutter, die er so sehr liebt, daß er ihr Bild stets bei sich trägt. Hier findet er von nun an bis in sein hohes Alter die Dame, „mit der er Umgang pflegt". Wenn er in späteren Jahren nach Neapel zurückkehrt, so versäumt er es – auch als Bischof – nie, zu einer langen Andacht bei ihr einzukehren. „Sie war es", so sagt er eines Tages zum Rektor dieser Kirche, „die mich von der Welt befreit hat."[29]

Das kleine Gedicht, das er ihr eines Tages darbringen wird, mag uns eine Ahnung vermitteln von der Art der Gebete, mit denen ihr junger Kavalier jetzt vor sie hintritt:

Sai che vogl'io,	Kennst Du mein Verlangen
Dolce Maria;	O Maria mild?
Speranza mia,	Du meine Hoffnung,
Ti voglio amar.	Lieben will ich Dich.
Voglio star sempre	Bei Dir verweilen
A te vicina;	Königin mein,
Bella regina,	In Deiner Nähe
Non mi cacciar.	Laß mich immer sein.
E poi tu dimmi	Dann, liebliche Rose,
Vaga mia Rosa	Mutter der Liebe,
Madre amorosa	Laß mich erkennen
Chei vuoi da me;	Wie ich Dir diene.
Più non so darti	Mein Herz nur kann ich bringen
Eccoti il core;	Als Gabe Dir;
Per man d'amore	Aus liebender Hand
Lo dono a te.	Nimm es von mir[30].

8. „In Zeichnen, Malerei und Architektur leistete Alfons Hervorragendes …"

„Don Giuseppe und Donna Anna legten nicht nur Wert darauf, daß ihr Sohn in den schönen Wissenschaften glänzte und ein vollendeter Christ war, sie wollten auch, daß er von jener Kultur geprägt sei, die den vollkommenen Edelmann ausmacht. So gaben sie ihm schon in früher Jugend Hauslehrer zur Seite, die ihn in die Kunst des Zeichnens – ein Lehrer für Malerei, ein zweiter für Architektur – einführten[1]."

Seine Eltern träumten davon, aus Alfons einen „Signore", einen „großen Herrn", zu machen. In ihnen, und vor allem in Giuseppe, entbrannte dieser Ehrgeiz täglich von neuem. Denn in dieser von Prestigedenken und Prahlerei bestimmten Gesellschaft brauchte man eine „Fassade", war eine „Vergoldung" unerläßlich. Man pflegte eine schöne Sprache, eine schillernde Gelehrsamkeit im gesamten Wissensbereich, den die „Philosophie" vermittelte. Noch wichtiger aber war das äußere Erscheinungsbild des Palazzos, in dem man wohnte. Seine mangelnde Wohnlichkeit im Inneren verbarg sich hinter imposanten Dimensionen und dem prunkvollen oder grotesken Glanz des Barock, der sich zur Straßenseite hin entfaltete. Was Präsident De Brosses über den Palazzo Borghese schreibt, galt auch für viele andere Familiensitze:

„Alle diese so weitläufigen, so prächtigen Zimmerfluchten sind letztlich nur für die Fremden da: für die Hausbesitzer selbst sind sie nicht bewohnbar, da sie weder mit kleinen Räumen, noch sanitären Anlagen oder brauchbaren Möbeln ausgestattet sind; aber selbst in den oberen Räumlichkeiten, in denen man wohnt, fehlt es häufig an solchen[2]."

Hinzuzufügen wäre noch: hier gibt es weder Tapeten noch Teppiche, weder Jalousien noch Heizung – man erklärt, Feuer sei ungesund – mit Ausnahme der *scaldini*, kleiner mit Aschenglut gefüllter Fajencetöpfchen, an denen man sich die Hände wärmen konnte. Die vornehmlichste Aufgabe der *casa palazziata* war es, einen fürstlichen Anschein zu erwecken.

Für einen Mann von Stand war es also wichtig, auch von Architektur etwas zu verstehen. So konnte er die Konstruktion, Restaurierung und Verschönerung seiner Häuser und Pavillons fachkundig überwachen. Er konnte also seine „Fassade – sein Aushängeschild – pflegen".

Auch Alfons ging oft mit Lineal und Zeichenstift um. Natürlich bedrohte er nicht den Ruhm eines Vanvitelli. Aber er entwarf selbst die Pläne für seine Klöster und Kirchen und korrigierte mit geschickter Hand die Entwürfe seiner Architekten[3].

Von Tannoia erfahren wir, daß Don Giuseppe ein großer Musikliebhaber war. Aber er erwähnt nicht, ob er – wie wir wohl annehmen dürfen – auch an der Malerei Geschmack fand. Vielleicht liegt es daran, daß alle Italiener gewissermaßen mit dem Pinsel in der Hand auf die Welt kommen, und es daher unnötig ist, diese nationale Begabung als „besonderes Merkmal" anzuführen; doch gilt das gleiche nicht auch für die Musik?

Hier ist es wieder De Brosses, der diese Leidenschaft für alles Gemalte auf der Halbinsel ausmacht:

„Der gesamte Schmuck der Räume besteht aus Gemälden, mit denen die vier Wände von oben bis unten ganz beliebig und mit so kleinen Zwischenräumen bedeckt sind, daß das Auge davon eigentlich ebenso oft ermüdet, als es erfreut ist. Dazu kommt, daß sie für die großenteils alten schwarzen und häßlichen Rahmen fast kein Geld ausgeben und, um eine so große Zahl an Bildern aufhängen zu können, natürlich viel Mittelmäßiges unter das Gute mischen müssen[4]."

Die beiden Großväter Alfons' hatten tatsächlich viel Geld in Gemälde investiert. Don Domenico de Liguori hinterließ bei seinem Tod 1728 etwa zwanzig Bilder, die sich Don Giuseppe aus eigener Autorität alle selbst zuschlug. Seine Schwester Hippolita del Balzo wollte vier davon für sich haben. Sie wird auch ohne sie auskommen! Der Kapitän ließ sie sich auch in einem sechsmonatigen Streit nicht entreißen! Knauserei? Eher Leidenschaft für die Malerei. Eine Leidenschaft, die gewiß auch von seiner Frau geteilt wurde. Denn der Schwiegervater Don Federico Cavalieri bestätigt in einem Inventar von 1704 seinerseits, daß er etwa hundert Gemälde besitzt, die teils von Amateuren, teils aus der Hand großer Meister stammen. Unbeschadet derer, die er zweifellos seinen Enkeln gegeben hatte, als sie in den Ehestand oder … in den Episkopat eintraten. Giacomo nämlich, dem Bischof von Troia und Foggia, tritt er 1723, gleichsam als Stiftung, für eine Gründung der Jesuiten „vier Gemälde von Solimena ab, die er in Foggia besitzt[5]".

Solimena; dieser Schüler Luca Giordanos (1634–1705) war 1676 durch die Hintertür nach Neapel gekommen. Im gleichen Jahr wie der damals erst vierunddreißigjährige Jesuit Francesco de Geronimo. Auch er nach Gesù Nuovo.

Dort restaurierten die guten Patres 1676 die St. Anna-Kapelle. Sie wollten hier eine Aufnahme Mariä in den Himmel malen lassen. Also schrieben sie das Thema zum Wettbewerb aus. Der unter hundert Vorlagen ausgewählte Entwurf stammte von einem Unbekannten, der es nicht gewagt hatte, ihn selbst vorzulegen, aus Angst, sein jugendliches Alter könnte ihn unbesehen ausscheiden lassen. Er war 19 Jahre alt und hieß Francesco Solimena (1657–1747). Während er also nun seine Kapelle ausmalte, kamen die ihm unterlegenen Kollegen immer wieder vorbei, um ihm bei der Arbeit zuzuschauen, nicht ohne eine geheime Eifersucht diesem Kind gegenüber, das aufgebrochen war, sie alle zu überrunden[6].

Was ihm auch gelang. Er wurde von den Jesuiten, dann sehr schnell von ganz Neapel und dem Königreich akzeptiert. Solimena sollte zum letzten großen Repräsentanten des neapolitanischen Barock werden, zu einem der wenigen umfassenden Künstler in der Geschichte der bildenden Kunst. Da die Kunst des Barock in erster Linie Architektur, aber gemalte und geformte Architektur ist, verschmolz er diese drei Dimensionen des Schöpferischen genial in seinem Denken, Wirken und Lehren. Als Architekt, Maler und bildender Künstler hat dieser blendende Magier des Barock seine Eigenart und Bewegung der gesamten parthenopäischen Kunst des *Settecento* eingestiftet, angefangen von der Monumentalarchitektur bis hin zu den Terracottafiguren der Krippen. Und natürlich auch der Malerei: er ist in erster Linie das Haupt der Schule der *Accademia pittorica napoletana*. Zunächst in seiner Eigenschaft als Lehrer von Hunderten von Schülern. Dann aber auch deshalb, weil das Malen *alla Solimenesca* im Süden zum Ehrgeiz des ganzen 18. Jahrhunderts wurde.

Als dieses Jahrhundert anbricht, wird Solimena fünfzig Jahre alt. Seine Schaffenskraft und sein Ruhm stehen nun und noch für lange Zeit auf ihrem Höhepunkt.

Die Frage erübrigt sich, wie Cavaliere von Liguori ihm begegnete. Konnte er sich denn für seinen Erstgeborenen mit einem geringeren als dem Besten zufriedengeben?

Das ist aber noch nicht alles.

Wie wir schon sagten, blieb Solimena jenen Jesuiten verbunden, die ihm seine erste Chance gegeben hatten. Nach seinem berühmten Bild, *Madonna und St. Ignatius* malte er für sie noch das bewegte Fresko *Heliodor wird aus dem Tempel verjagt*, das die Innenseite der Front von Gesú Nuovo ziert. Es legt sich also der Gedanke nahe, daß Francesco de Geronimo seinen Freund Don Giuseppe im Atelier Solimenas einführte.

Immerhin schreibt B. de Dominici 1745 in seinen *Vite de'pittori* folgende erstaunliche Seite:

„Don Giuseppe di Liguori, neapolitanischer Cavaliere, widmete sich ebenso mit großem Talent der Malerei. Er legte Wert darauf, sich der Schule Solimenas anzuschließen. Unter dessen Anleitung schuf er Kopien des Meisters, die nicht ohne Wert sind. Später jedoch wandte er sich von der Ölmalerei ab und widmete sich der Miniatur. Er schuf in diesem Genre zahlreiche beachtenswerte Werke. Auf diesem Gebiet erwarb er sich mit der Zeit eine solche Meisterschaft, daß man ihn den ‚Virtuosen‘ nennt, und sein Name verdient es, der Nachwelt weitergegeben zu werden. Um durch die tausenderlei Angelegenheiten des Hauses nicht gestört zu werden, lebte er meist in Marianella, einem Marktflecken nahe Neapel. Hier malte er trotz seines hohen Alters auch weiterhin seine Miniaturen. Es machte ihm Freude, sie seinen besten Freunden und anderen verdienstvollen Persönlichkeiten zu schenken[7]."

Diese anekdotenhafte Beschreibung wurde mit Engagement und wohl auch einer Spur ... Übertreibung noch zu Lebzeiten des alten Offiziers verfaßt. Er stirbt 1745, im Erscheinungsjahr dieses Buches, zwei Jahre vor Solimena. Ihm öffnet diese Seite zwar nicht die Kolumnen der Kunstenzyklopädien, uns aber gibt sie Einblick in seinen Geschmack und seine Kultur, seinen friedvollen Ruhestand und vor allem in die zeichnerische Ausbildung seines ältesten Sohnes. Alfons wuchs also nicht nur in einem Dekor von Gemälden auf, sondern mitten unter Farbtöpfen und Pinseln. Wie sollten wir da nicht vermuten, daß der Lehrer, den sein Vater ihm für die Malerei und zweifellos auch die Architektur gab, nicht aller Wahrscheinlichkeit nach derselbe war, dessen Kurse er selbst besuchte?

Zu Hause hatte das Kind „Lehrer" — mehrere Lehrer — für das Fach Zeichnen, berichtet der gewissenhafte Tannoia: einen zur Einführung in das künstlerische Zeichnen, einen anderen für Technik und Ästhetik der Entwürfe und Stilrichtungen. Solimena wird nur beigeordnet? Warum nicht, wenn man weiß, daß schon damals das Geld regierte, daß Pater Francesco wahrscheinlich diesen Rat gab und daß die Liguori-Cavalieri auf dem Weg waren, höhergestellte Persönlichkeiten zu werden?

Doch es kommt der Augenblick, da der einzige Ort effizienter Arbeit die Werkstatt des Meisters ist. De Dominici zeigt uns Don Giuseppe, wie er Solimenas Gemälde kopiert. Seine sehr viele Bereiche einbeziehende Schule zog in den Jahren, als Alfons den Kinderschuhen entwuchs, zahlreiche junge Leute an. Er war es, der im 18. Jahrhundert die besten Architekten, Bildhauer und Maler des Königreichs heranbildete. So vor allem die Maler Paolo di Maio (1703—1784) und Francesco De Mura (1696—1782), Zeitgenossen und lebenslange Freunde Alfons'. Diese Freundschaften wurden im Ambiente von Paletten und Staffeleien geknüpft. Zweifellos in der Schule Solimenas[8].

„In Zeichnen, Malerei und Architektur leistete Alfons Hervorragendes", fährt Tannoia fort. „Als er noch unter uns weilte, sahen wir ihn bis in sein hohes Alter aus der Inspiration seiner Frömmigkeit heraus die verschiedensten Bilder vom Jesuskind, vom Gekreuzigten, sowie zahlreiche Madonnen malen. Er ließ sie in Kupfer stechen, um sie unter das Volk zu verteilen und es damit zur Frömmigkeit anzuregen."

Der getreue Berichterstatter eröffnet uns hier eine originelle Spur, die noch wenig erforscht ist und uns zweifellos sehr weit führen könnte.

Genausowenig wie der Vater trägt Alfons seinen Namen in großen Lettern in die Geschichte — ja nicht einmal die regionale Geschichte — der Malerei ein. Aber als guter Schüler Solimenas war er nicht der Mann, der sein Talent vergräbt, ohne es für Gott, für Maria, für die anderen und für sich selbst bis auf den Grund auszuschöpfen. So sagt, singt und ruft er seinen Glauben, seine Liebe und seine Betrachtungen durch Malerei und Zeichnung hinaus, wie er es auch durch Musik und Dichtung, durch Wort und Schrift immer wieder tut. Alle diese Ausdrucksmittel sind ihm noch immer zu wenig, um das Feuer mitzuteilen, das ihn verzehrt.

Wenn wir an den glühenden Eifer des Kindes denken, an seinen Abscheu vor der Sünde und seine Ekstase im Garten von Miradois, dann sind wir nicht allzusehr erstaunt, wenn wir erfahren, daß der dreiundzwanzigjährige Rechtsanwalt eines Tages im Jahr 1719 vor dem Kruzifix den gleichen Schock erlebt, der 1553

Teresa von Ahumada vor dem *Ecce Homo* des Oratoriums von Avila mit seinem bleichen, von klaffenden Wunden zerrissenen Körper erschütterte. Um diese traurige Vision *Jesus am Kreuz* nie mehr zu vergessen, verewigt Alfons ihn auf einem großen Gemälde im Format 1 x 1,50 m, ausgemergelt, in seinem Tod der Liebe, geschunden und blutend. Schon hier wird der Aufschrei dieser von Mitleid angerührten Betroffenheit hörbar, die immer wieder in seinen Schriften durchbricht:

„Meine Seele, erhebe Deine Augen und schau auf den Gekreuzigten. Betrachte das Lamm Gottes, das auf seinem Opferaltar dargebracht wird. Bedenke, daß er der geliebte Sohn des ewigen Vaters ist! Daß er aus Liebe zu Dir gestorben ist. Betrachte seine Arme, die ausgebreitet sind, Dich zu umarmen, sein Haupt, das sich neigt, Dir den Friedenskuß zu geben, seine offene Seite, die Dich an sein Herz ziehen will. Was sagst Du angesichts dieses Gottes, der so grenzenlos liebt? Verdient er es, geliebt zu werden? ... Und er, was sagt er vom Kreuz herab? Dies eine: Geh auf die Suche, mein Kind, ob es jemanden in der Welt gibt, der Dich mehr liebt als ich[9].“

Diesen herzergreifenden Christus ließ Alfons von Amateurmalern für alle Niederlassungen seiner Gemeinschaft und alle Gruppen seiner Missionare, die unterwegs waren, in großem Format reproduzieren; außerdem veranlaßte er seine Vervielfältigung und Verbreitung als Druckbilder[10]. Im Gegensatz zu den schlechten Kopien, die man in einem kräftigen Rot anfertigte und druckte, überrascht das Original in Ciorani durch die Zurückhaltung in der Farbgebung und die friedvolle Zartheit des Antlitzes. Dies ist zwar der qualvolle Tod unter den Schlägen der Sünde, aber in der Vergebung, dem wiedergefundenen Frieden mit Gott, im Heil. Es ist das von Alfons im Alter von dreiundzwanzig Jahren meditierte und auf der Leinwand ausgedrückte Sterben der Liebe, die wir getötet haben. Aber ein Tod aus Liebe, ein siegreicher Tod. Der Tod eines Gottes.

Nachdem er diese unerschütterliche Hoffnung zum Ausdruck gebracht hat, fällt es ihm umso leichter, den irdischen Tod des Hochmütigen mit dem Realismus eines makabren Humors zu behandeln. Später, als er schon Priester und Ordensgründer geworden war, — wir zitieren wieder Tannoia — „malte er in Wasserfarben, ganz in rauchschwarz gehalten, den schon in Verwesung übergegangenen und von Maulwürfen umgebenen Leichnam Alexanders des Großen, um zu zeigen, daß der Mensch als solcher nichts anderes ist als eine der Fäulnis preisgegebene Masse. Unter dieser Darstellung schrieb er zwei Strophen“ aus einem seiner *Canzoni*, deren erste etwa so wiedergegeben werden könnte:

„Sieh hier das Ende der Großen der Welt,
Alle Pracht dieser Erde, die Schönheit verfällt.
Was bleibt vom Gastspiel in irdischem Tand,
Nur Würmer, Staub, Urne und vier Fuß Sand.“

Diese „Predigt“ war für seine Novizen in Ciorani gedacht. Und dies hier für seine Studenten:

„Im Refektorium von Deliceto“, fährt Tannoia fort, „sehen wir (von seiner Hand) ein großes Skelett inmitten von Ratten und angenagten Körpern.“ Über seinem Kopf eine Sanduhr mit der Inschrift: „Deine Stunde ist vorüber“, zu seinen Füßen eine erloschene Lampe, aus der die letzten Rauchwölkchen aufsteigen: „Dein Öl ist verbraucht"; im Hintergrund in großen eindringlichen Lettern: „Der Du dies liest, siehe, was Du selbst eines Tages sein wirst[11]."

Alfons war — inmitten der vielfach nur äußerlichen Geschäftigkeit des Adels — ein klarsichtiger Zeuge des allgemeinen Wettlaufs um Ehren und der allenthalben üblichen Schwindeleien, er konnte so aus nächster Nähe beobachten, daß „der Zauber des Lasters das Gute verdunkelt" (Weisheit 4,12). Die kalte Dusche, die er mit Pinsel und Feder für diese Art der Torheit empfiehlt: ein Besuch auf dem Friedhof:

„Gab es ein glänzenderes Schicksal hier auf Erden als das Alexanders des Großen, als jenes des Cäsar-Augustus? Ihr Ende liegt schon viele Jahrhunderte zurück ... Worauf reduzieren sich letztlich alle Reichtümer dieser Welt? Auf einen Leichenzug, ein Grab, die Verwesung. Der Schatten des Todes umgibt und verdunkelt die höchsten Würden. Glücklich ist also nur der, der auf Erden Gott dient und sich durch diesen liebevollen Dienst die ewige Seligkeit erwirbt[12]."

Weltverachtung des Ordensmannes? Ernüchterung des Greises? Ganz im Gegenteil: es ist die Klarsicht des vom Heiligen Geist erfüllten jungen Mannes. Wenn dieser schöne junge Mann, sofern er nicht in der Karosse fährt, in Begleitung eines Lakaien zu den Geselligkeiten irgendeines vornehmen Salons, etwa bei den Salernos, den Crivellis oder den D'Afflitos gehen muß, ist er kühl elegant und geduldig bereit, seiner Familie und seinen Gastgebern die gebührende Ehre zu erweisen. Aber es fällt ihm nicht leicht. Ist er dann erschöpft wieder nach Hause zurückgekehrt, so kann es durchaus vorkommen, daß er seinem Abscheu freien Lauf läßt. „Mein armer Fonso", sagt dann seine Mutter, „wo sollen wir die Gesellschaft finden, die Dir entspricht[13]?"

Wir gehen gewiß nicht fehl in der Annahme, daß Alfons nach der Rückkehr von solchen Veranstaltungen in seinem Zimmer gelegentlich zum Zeichenstift greift, um seine Nerven zu beruhigen. Dann mag er, ohne Bosheit, das Skelett der schönen Herzogin oder den von seiner Perücke entblößten Schädel eines hohen Staatsbeamten skizziert haben.

Und doch zählt dieser kleine realistische Schauer vor dem Tod für ihn unendlich weniger als die Betrachtung *Jesu am Kreuz*! Es käme ihm nicht in den Sinn, Bilder von *Alexander dem Großen* gravieren und verbreiten zu lassen.

Der Christus von Ciorani ist rechts oben mit den Initialen seines Malers signiert: „A.M.D.L." — Alfonso Maria de Liguori. Er trägt die Jahreszahl 1719.

Zweifellos aus der gleichen Zeit stammt auch die *Madonna di S. Alfonso*. Sie verrät denselben Pinselstrich wie *Jesus am Kreuz*, und die Vision ist auch hier die des Mystikers: umgeben von den zwölf Sternen der Apokalypse ein feingeschnittenes Gesicht von einer Intensität inneren Lebens, die jede Kunst übersteigt. Keine der Madonnen Raphaels regt in solchem Maß zu Schweigen und Gebet an.

So sah der junge Alfons die Frau. So sah er Maria. Die Verzückung dieser Jugendvision verließ ihn sein ganzes Leben nicht mehr. Wahrscheinlich um 1764 schuf sein Freund De Maio auf seine Aufforderung hin eine Krone, ohne jedoch das Original zu übertreffen. Er ersetzte die Sterne durch einen Heiligenschein und fügte zum ursprünglichen Oval, das uns kaum mehr als ein Antlitz zeigt, einen Oberkörper und zwei Hände hinzu. Das Gesicht aber blieb in seiner göttlichen Schönheit dasselbe: *La Madonna di S. Alfonso*.

Ebenfalls in seiner Jugend skizziert der Pinsel des brillanten Rechtsanwaltes eine *Madonna dello Spirito Santo*, deren Fertigstellung er einem anderen Freund, De Mura, überläßt; außerdem malt er eine *Divina Pastora*, eine Madonna mit Kind, deren Ausführung De Maio übernimmt. „Seine Madonna" zeichnet er mit glücklicher Zartheit noch einmal selbst für das Titelblatt seiner *Herrlichkeiten Mariens*. Es bleibt für Alfons ein immer wiederkehrender Traum, mit Feder oder Pinsel auf Papier oder Leinwand seine Bewunderung und seine Liebe für „Mamma Maria" auszudrücken, um selbst daran sein Entzücken zu finden und in anderen ein gleiches Empfinden zu wecken. Gleich einem Wort der Liebe, das nie oft genug gesagt ist.

„Eines Tages", so Tannoia beim apostolischen Prozeß, „— er war damals schon Bischof — gelang ihm ein so schönes, ein so strahlendes Bild Unserer Lieben Frau, daß er es nicht genug betrachten konnte. ‚Sie ist schön!… Sie ist schön!' wiederholte er immer wieder[14]."

Er war in Ekstase.

Alfons' erstes öffentliches Wort über die menschgewordene Liebe, über die Sünde, über die Erlösung ist also sein *Christus am Kreuz*; sein erstes Wort der liebenden Zärtlichkeit des Sohnes über Maria ist seine *Madonna*. Weil er eine starke Vorstellungskraft besitzt, muß seine intensive innere Schau sich auch durch seine Hände äußern und in der Malerei oder Zeichnung ihren Niederschlag finden. Weil er ein Augenmensch ist, wird er von jedem ausdrucksstarken Bild lebhaft berührt; eine Krippe, ein Kruzifix, eine schöne Madonna bewirken in ihm sogleich eine lebendige und glühende Begegnung mit Jesus, mit Maria; ebenso wie ihn auch ein Blick ganz besonders für die Begegnung mit Menschen sensibilisieren kann. *Per innamorarsi*, um sich in einen Kind gewordenen, einen gekreuzigten Gott, in seine Mutter Maria „zu verlieben", hat er also stets eine ergreifende Figur des Jesuskindes in der Krippe, ein realistisches Kruzifix, ein schönes Gemälde der Mutter Gottes in der Nähe. Wir lesen dazu unter anderen das Zeugnis seines bischöflichen Sekretärs, Don Felice Verzella:

„Er hatte immer sein Bild der Mutter vom Guten Rat vor sich, und ich sah und hörte oft, wie er Akte der Liebe, des Vertrauens, usw. und Gebete an sie richtete. Allen, die ihn besuchten, gab er ein Bild der Allerseligsten Jungfrau mit einem Wort, das ihnen seine eigene glühende Liebe einprägen sollte: ‚Dies ist unsere Mama, sie wird uns ins Paradies tragen', sagte er, oder: ‚Sie wird uns in der Todesstunde beistehen', oder: ‚Wir wären arm, wenn wir nicht diese allmächtige Mutter Gottes hätten'[15]!"

Alfons glaubt an diesen heiligenden Anstoß des Sichtbaren, weil er ihn selbst erfährt. Daher ist das erste „Wort" fast aller seiner spirituellen Werke und mehrerer seiner dogmatischen Traktate ein Kupferstich, den er selbst entworfen und gezeichnet hat, um damit den Grundgedanken gleich auf dem Titelblatt zu konkretisieren. So gravierte er mit Herz und Hand als erstes Zeugnis der vollkommenen Liebe zwei Versionen seiner wunderbaren *Madonna* (1750 und 1756) für das Titelblatt seiner *Herrlichkeiten Mariens*: das Meisterwerk des Sohnes, des Stechers, des Cavaliere, inspiriert von seiner Mutter, seiner Dame, und für sie „nach besten Kräften" ausgeführt.

Normalerweise trugen die Stiche den Namen ihres Zeichners, wie heute unsere Briefmarken. Alfons setzte den seinen nie darunter. Aus Bescheidenheit.

Wie er ihn auch auf seinen ersten Schriften wegließ. Wären diese Stiche jedoch von einem anderen, so hätte er aus dem gleichen Grund auf einer Signatur bestanden. Eine solche Namensnennung hätte in diesem Fall aber nicht der Wahrheit entsprochen. Denn die Stiche sind von ihm selbst entworfen und ihre Federzeichnung stammt von seiner Hand. Von siebzehn untersuchten Stichen tragen vier den Namen des Kupferstechers („sculpsit" oder „incidit"), aber nicht ein einziger den des Zeichners (*„delineavit"*). Wie viele weitere, aus dem Glauben und der Feder dieses Kirchenlehrers hervorgegangene Heiligenbildchen mögen auf diese Weise gleichsam als Bilderpredigt unter dem kleinen Volk Neapels kursieren: Warum sollten wir Tannoias Zeugnis nicht in seiner vollen Bedeutung ernst nehmen, wenn er uns berichtet, daß der greise Heilige noch nach seinem Episkopat Bilder von Jesus und Maria zeichnete und in Kupfer stechen ließ, um sie sodann zu verteilen? Welcher Fachmann wird sich einmal um ihre Wiederauffindung bemühen?

Alfons' Stiche auf den Titelseiten seiner Werke sind von einer klaren Symbolik — sie wenden sich an einfache Leute —, von genauer und schöner Zeichnung, von großer Feinheit und von jener Bewegung belebt, die den Barock der Zeit und die Schule Solimenas kennzeichnete. Die Kirche seines *Trionfo della Chiesa* wird dargestellt durch eine Galeere, die sich inmitten tosender Wellen durch den wütenden Sturm kämpft. Man spürt förmlich die genaue Beobachtung ... und die Ergriffenheit des Sohnes[16].

Alfons' Biographen haben diese genau vorgezeichnete Spur kaum ins Auge gefaßt. Manch einer wird ihnen vielleicht recht geben. „Ein Priester, ein Bischof — schlimmer: ein ehemaliger Bischof, der seine Zeit damit vergeudet, mit Pinsel, Farbstiften, Feder und Tusche umzugehen! Dieser Mann kann nicht von großer Bedeutung sein!"

Wer so denkt, übersieht den grundlegenden Zusammenhang zwischen Geist und Leben. Bei Solimena nämlich entwickelt Alfons eine innere Dimension der Menschlichkeit, die ihn befähigt, die Volksseele leichter zu erreichen, sie wie zur Zeit der gotischen Kathedralen durch das Auge aufzurütteln und nicht nur durch Worte, so glühend diese auch sein mögen! Vor allem aber gelangt er zu einer persönlichen Dimension, durch die er sich selbst diesem Volk zugehörig fühlen kann, für das schon das Bild das Sakrament der Gegenwart ist. Es gibt keinen großen Geist, der nicht, sofern er menschlich geblieben ist, den Abbildern jener, die er liebt, große Bedeutung beimißt. Alfons trennt sich weder als Rechtsanwalt noch als Missionar, Bischof und europaweit bekannter Schriftsteller von dem, was für ihn das „Memorial" der mystischen Erfahrung seiner Jugend ist: seinem *Christus am Kreuz* und seiner *Madonna*.

Er reiht sich bescheiden unter die Amateurmaler ein. Aber seine Visionen des Erlösers und seiner Mutter führen ihm den Pinsel so meisterhaft, daß er sogar die Großen überflügelt. Seinen Gemälden und seiner Begeisterung entlehnen seine beiden Malerfreunde, Paolo De Maio und Francesco De Mura, die ihrerseits die neapolitanische Kunst des 18. Jahrhunderts prägen, die Gesichter der Muttergottes und Jesu Christi.

Wie sein Vater, so ist auch Alfons sich seiner Grenzen vor Palette und Staffelei bewußt und fühlt sich daher mehr zu Zeichenstift und Feder hingezogen. Don Giuseppe hat sich auf die Gouache spezialisiert. Alfons wird ein „Virtuose" des

Kupferstichs. „Bis in sein hohes Alter". Mit einer Hand, die nicht zittert. Und wenn er sich durch seine Zeichnungen keinen Namen gemacht hat, so nur deshalb, weil er ihn nicht daruntersetzte.

Genauso wenig, wie er seine musikalischen Kompositionen signiert hat.

9. „Von der Musik bin ich ganz begeistert"

Hätte es keine legendäre hl. Cäcilia ohne Stimme gegeben — sie sang nur „in ihrem Herzen" — und gäbe man den Musikern den zum Patron, der bereits die Moraltheologen und Beichtväter beschützt, so läge darin ein gewisser Humor. Und Stoff zum Nachdenken. Und doch …

Alfons von Liguori, der Amateurmaler, der Zeichner, der sein Handwerk souverän beherrschte, gehört in der Musik zur Klasse der anerkannten Meister. Er trug seinen Namen in die Geschichte der italienischen Musik ein: wir begegnen ihm in den verschiedensten Spezialwerken der Fachliteratur[1]. Mehr noch: seine Gedichte und Melodien sind in die Folklore des sangesfreudigsten Volkes der Welt eingegangen. Von ihm selbst in Herz und Gedächtnis der Masse der Analphabeten eingeprägt, wurden sie nach seinem Tode gesammelt, aufgezeichnet und immer wieder veröffentlicht. Sein *Duetto* für Singstimmen und Streicher, das er mit 60 Jahren komponierte, erschien in London, Wien, Paris und Rom; wir werden darauf noch zurückkommen. Noch heute sind seine Kompositionen auf Schallplatten und in den Programmen der Konzerte präsent; sie sind im Rundfunk zu hören[2] und tauchen unvermutet in irgendeiner Filmmusik auf. Diskret, manchmal ohne „Signatur", genau wie bei den Zeichnungen für seine Kupferstiche, aber doch unverkennbar. Die Kenner … erkennen ihn.

Ein Wunderkind vielleicht?

Zunächst einmal und auf hervorragende Weise, ein Italiener, ein Neapolitaner. „Der neapolitanische Heilige".

Ein französischer Reisender der Jahre um 1770, Abbé Coyer, bemerkte: „Kaum hat man die Alpen überschritten …, da bietet sich einem schon die Musik dar, ohne daß man sie eigentlich gesucht hätte. Die Geige, die Harfe, der Gesang lassen einen auf der Straße stehen bleiben … Je weiter man im Land vordringt, umso vollkommener wird die Musik. Neapel ist ihr Höhepunkt[3]."

Neapel war schon immer für seine Sänger und seinen lyrischen Genius berühmt. „Die Musik", so schreibt La Lande 1765, „ist vor allem der Triumph der Neapolitaner. In diesem Land scheinen die Saiten des Tympanon weicher, harmonischer und klangvoller zu sein als im übrigen Europa; dieses Volk ist ganz Gesang: Gestik, Stimmführung, die Rhythmik der Silben und sogar die Unterhaltung, alles atmet hier Harmonie und Musik. Daher ist Neapel die wichtigste Quelle der italienischen Musik, der großen Komponisten und der berühmtesten Opern[4]."

Alfons kam mitten im goldenen Zeitalter des Belcanto zur Welt. Neapel entwickelt sich bekanntlich um 1700 zu einem Zentrum, von dem aus die auf ihrem Höhepunkt stehende italienische Oper auf ganz Europa ausstrahlt. Weniger bekannt sind Ausmaß und Qualität seiner religiösen Vokalmusik. Ihr unschätzbares „Depot" kam erst um 1930 zutage. Es hatte im *Archivio musicale* von Philipp Neris Oratorium ein verborgenes Dasein gefristet, bis der Musikwissenschaftler Guido Pannain (†1977) bei den „Girolamini" einen Schatz vergessener Partituren entdeckte, die in Anzahl und Qualität so bedeutend waren, daß sie die Geschichte der religiösen Vokalmusik des 16. und 17. Jahrhunderts revolutionierten: Messen, Hymnen, Motetten, Psalmen, Passionen, Responsorien — für drei, vier oder acht Stimmen — gedruckt oder handschriftlich, durch langen Gebrauch schon verschlissen, von bis dahin unbekannten, oder nur durch ihre profane Musik bekannten Komponisten[5].

Warum aber gerade bei den Oratorianern?

In unserem platonisch orientierten Westen wurde der Mensch unter dem Vorwand der Würde und „Spiritualität" entvitalisiert, ausgedörrt; wie eine Pflanze im Herbarium haben wir ihn auf das Denken, die „Vernunft" reduziert. Philipp Neri (1515—1595) aber war nicht bereit, diese Karikatur eines Engels für den Menschen, den Christen und den Heiligen gelten zu lassen. Er hat der inkarnierten Lebensfülle, der leiblichen und stimmlichen Ausdrucksform ihre Rechte wieder zurückgegeben. Er tanzt und singt und möchte, daß seine Brüder „durch das musikalische Konzert zur Kontemplation angeregt werden[6]". War er nicht der Lehrer, Freund und Beichtvater Pierluigi da Palestrinas (1525—1594), der für ihn einige *Laudi* und Motetten schrieb? Lebte er nicht in enger Verbindung mit Tomas Luis de Victoria (1549—1611)? Er war ganz Musik und wollte auch ein singendes Volk Gottes. Das *Oratorio*, das *Oratorio volgare* (d.h. mit italienischem Text) ist in Rom, im Oratorium Philipp Neris entstanden. Es wird im 18. Jahrhundert mit Domenico Scarlatti, Porpora und Pergolesi (drei „Mitschülern" Alfons') und mit Jommelli, Piccini und Paisiello zu einer Besonderheit der neapolitanischen Schule.

1586 wurde in Neapel die erste Oratorianerkommunität außerhalb Roms gegründet. Zu ihren ersten Mitgliedern gehörte ein Arzt, Pater Giovenale Ancina (1545—1604): er war die Beredsamkeit und Musikalität in Person. Bei den Oratorianern in Neapel herrscht sofort dieselbe sangesfreudige Beseeltheit wie in Rom, hier allerdings dem neapolitanischen Temperament gemäß gesteigert. Für die verschiedenen Feiern und Unternehmungen der oratorianischen Bruderschaften sammelt Ancina die Kompositionen großer Meister: er forscht sie aus, regt sie an, adaptiert und druckt sie. Der klingende Wirbelsturm freudigen Glaubens ist entfacht. Er breitet sich aus. Das Oratorium Philipp Neris wird zu einer lebendigen Heimstätte musikalischen Lebens. Bei weitem die bedeutendste in Neapel. Die strahlendste Italiens. Für hundert Jahre und länger.

In diesem Kreis befindet sich unser Alfons. Schon als kleiner Junge, dann als „Bruder" der Kongregation der Jungen Adeligen (1706—1714) und schließlich jener der Doktoren (ab 1715), also von 1700 bis mindestens 1723. Hier verbringt er seine Sonntage und zweifellos auch viele Abende bei den abwechselnd religiösen und weltlichen „Konzerten", deren geistige Väter zwei Heilige waren: Neri und Ancina, der selige Giovenale Ancina.

„Er war noch keine zwölf Jahre alt", sagt Tannoia, „als er das Cembalo bereits meisterhaft spielte. Die Patres ließen von der Bruderschaft der Jungen Adeligen eines Tages ein musikalisches Drama von Bernardo Pasquini (1637—1710) mit dem Titel *S. Alessio* aufführen. Alfons übernahm die Rolle des Cembalo-spielen-den Teufels. Er spielte mit solcher Meisterschaft, daß die Zuhörer ganz hinge-rissen waren[8]."

Doch wußte dieser gleichgültige Adel nicht, daß hinter der angeborenen Vir-tuosität des „kleinen Teufels", hinter der intensiven musikalischen Erziehung durch die Oratorianer auch noch die stählerne Hand des Galeerenkapitäns stand, der, wie wir gleich sehen werden, auch hier seinem Titel Ehre machte!

„Don Giuseppe war ein Musiknarr", schreibt Tannoia weiter. „Daher wollte er, daß auch sein Sohn ein ausgezeichneter Musiker werde." (Beachten wir dieses „auch", das dem Vater eine hohe musikalische Kultur bestätigt.) „Alfons mußte also mit einem Lehrer zuhause drei Stunden täglich üben. Gewöhnlich wohnte der Vater dem Unterricht bei. War er verhindert, so setzte er Schüler und Lehrer an die Arbeit, sperrte die Tür des Unterrichtszimmers ab und ging seiner Beschäf-tigung nach. ‚Narr, der ich war‘, seufzte Alfons eines Tages, als er als alter Mann sein Cembalo betrachtet und sich erinnert, welchen Eifer er darauf verwendet hat. ‚Narr, der ich war, hier so viel Zeit zu verlieren! . . . Aber ich mußte gehor-chen: es war der Wunsch meines Vaters‘."

Wir wissen also, daß das Kind schon in frühester Jugend einen Musiklehrer hatte, mit dem es Don Giuseppe, wenn er nicht zur See fuhr, Tag um Tag drei Stunden lang auf seine „Galeerenbank" fesselte. Glücklicher Galeerensträfling, mögen wir denken, aber in diesem Alter sind drei Stunden eine lange Zeit. Und die verschlossene Tür versperrte den Weg zu Freizeit und Spiel. Wir wissen also, daß das Kind schon mit 12 Jahren ein Virtuose auf dem Cembalo war. (Dieses Instrument begleitet ihn ein ganzes Leben lang und scheint ihn sogar noch in Pagani zu erwarten). Wir wissen aber auch, daß er in seinen Universitätsjahren, nun zweifellos unter einem anderen Lehrer, Harmonielehre und Komposition studierte.

Über diesen Lehrer gab es die verschiedensten Vermutungen. Man sprach von Alessandro Scarlatti (1660–1725), dem angesehenen königlichen Kapellmeister. Doch unterrichtete der Maestro an keinem Konservatorium und hatte außer sei-nem Sohn Domenico (1685–1757) auch keine Privatschüler; erst in seinen drei letzten Lebensjahren ließ er sie als Gefährten seiner Einsamkeit zu. Es wurde sogar behauptet, unser junger Cavaliere sei „gewiß Schüler eines *conservatorio napoletano* gewesen[9]". Doch wenn man weiß, was ein „neapolitanisches Konser-vatorium" damals war, dann kann diese Aussage nur falsch sein. Wahr aber bleibt, daß Alfons' Musikalität neben seinem großen Ingenium sich aus drei Quellen nährte, deren positive Eigenschaften, die damals ihren Höhepunkt erreicht hatten, sich in ihm zu einem wunderbaren Ganzen zusammenfügten: *Napoletano Oratorio* und *Conservatorio* – Neapolitaner im Ambiente des Orato-riums im goldenen Zeitalter der Konservatorien.

Conservatorio, schon das Wort verrät den Ursprung dieser Institution. Es schließt die Vorstellung von Bewahrung und Internierung mit ein, eines geschlos-senen Hauses, aber auch die Absicht, der Gefahr der Prostitution vorzubeugen. Es reichte vom Luxusinternat für die Töchter der Reichen (Adelsfamilien hatten „ihren" Konvent für „ihre" Töchter) über Besserungsanstalten, Greisenasyle und insbesondere Waisenhäuser für die *scugnizzi* – arme Kinder, herumstreunende und hungernde Buben und Mädchen[10] – bis hin zu Besserungsanstalten für reuige

Sünder. Durch die Waisenhäuser aber ging der neapolitanische Begriff *conservatorio* in der Bedeutung Musikschule in die internationale Geschichte und Sprache ein.

In Neapel, dem Paradies der Muse Polyhymnia, war die Musik dem Volk zur zweiten Sprache geworden. So mußten diese Heime zwangsläufig zu „Nachtigallenkäfigen" werden. Im Laufe des 17. Jahrhunderts entwickelten die *conservatori*, in denen in der reichlich vorhandenen Freizeit gern gespielt wurde, allmählich eine immer intensivere und vollständigere Musikausbildung — *canto e suono di tutto* —: die berühmte Stimmbildung (*messa di voce*), der gesamte Reigen der Instrumente, Harmonie- und Kompositionslehre, und sogar das Verfassen von Libretti, die eine reichhaltige Literatur ergaben.

Im Jahr 1700 besitzt Neapel vier Knaben-*conservatori*, die aufgrund der großen Berühmtheit ihrer pädagogischen Methoden und der großen Meister, die aus ihnen vervorgehen, auf dem Gipfel ihres Ruhmes stehen. Der stolze Kapitän von Liguori aber ist meilenweit davon entfernt, seinen Erben Seite an Seite neben „Straßenjungen" sitzen zu lassen. Umso mehr, als die Kinder ins Internat eintreten, noch ehe sie zehn Jahre alt sind, und ihre Eltern, sofern sie solche haben, sich verpflichten müssen, sie mindestens acht Jahre dort zu belassen[11]. Also ganz das Gegenteil von dem, was wir über Alfons' Erziehung wissen.

Doch ist es das Conservatorio dei Poveri di Gesù Cristo, das ihm als Privatlehrer keinen geringeren als seinen Kapellmeister schickt. „Drei Jahre lang unterrichtete der berühmte Gaetano Greco Alfons im Kontrapunkt." Diese wertvolle Auskunft gibt uns ein Zeuge beim Apostolischen Heiligsprechungsprozeß[12].

Gaetano Greco (um 1650–1728), einst selbst Schüler am Conservatorio dei Poveri und seit 1685 sein Kapellmeister, unterrichtete Geige, Kontrapunkt und Kompositionslehre und hinterließ allgemein anerkannte Werke für Gesang, Cembalo und Orgel. Vor allem aber hinterließ er große Musiker: wenige Lehrer haben so viele Schüler zum Rang der Unsterblichkeit geführt wie er: Francesco Durante (1684–1755), Domenico Scarlatti (1685–1757), Nicola Porpora (1686–1768), Leonardo Vinci (1696–1730), Giovanni Battista Pergolesi (1710–1736), um nur die größten zu nennen. Sie waren älter als Alfons, oder seine „Mitschüler". Warum sollten sie nicht auch seine Jugendfreunde gewesen sein, verbunden in der gemeinsamen Liebe zur Musik unter der Ausstrahlung des gemeinsamen Lehrers?

In diesem Klima großer künstlerischer Intensität verkehrte und atmete unser Cembalist und Komponist. Darüberhinaus aber lebte er direkt an der Quelle:

„Konservatorien, Kapellen und Theater waren der Aktionsbereich einer in ganz Europa berühmten Musikschule, die im Bannkreis des Oratoriums stand, das allem musikalischen Wirken der Stadt seinen ‚Stil aufprägte'[13]."

Alfons ließ sein ganzes Leben lang nicht eine der Gaben brach liegen, die der Herr in seinem Garten gesät hatte. Jedes Talent wird aktiv zum Ruhme Gottes eingesetzt. Keines der ihm gegebenen Werkzeuge muß in seinem Kopf oder unter seinen Händen verrosten. Als Fachmann in der Rechtsprechung weist er der Moral neue Wege, auf denen die innige Liebe Gottes der armseligen Menschenliebe begegnet: „mit unvergleichlicher Klarheit und Kraft", so der große protestantische Historiker Harnack (1851–1930), „machte er das Recht zum Verbündeten der christlichen Freiheit"[14], so daß es nicht mehr nur ihr Ankläger war.

Als Schüler Solimenas nimmt ihm erst der Tod den Zeichenstift aus der Hand, mit dem er voller Liebe immer wieder Jesus und Maria gemalt hatte; der Jünger Philipp Neris und Schüler Gaetano Grecos schließlich lebt mit der Musik bis ans Ende seiner Tage.

> „Ich spielte vor ihm allezeit,
> ich spielte auf dem Umkreis seiner Erde,
> und meine Wonne sind die Menschenkinder."
> (Spr 8,30-31)

Auf das Cembalo verzichtete er nur während der 13 Jahre seines Episkopats. „Es war schön, ihm zuzusehen, wie er selbst noch im hohen Alter mit schnellen Strichen seine Komposition zu Papier brachte".[15]

Warum aber gestand er als Priester und Bischof den Klosterfrauen lediglich den gregorianischen Choral zu? Ein Widerspruch? Weit gefehlt! Er wollte nicht zulassen, daß man den Chor der Schwestern mit dem *Teatro S. Carlo* verwechselte.

1760 richtete er ein Schreiben an die Klosterfrauen, in denen seine Erfahrung als „professioneller" Musiker und seine tiefe Kenntnis der religiösen Kreise seiner Zeit gleichermaßen zum Ausdruck kommen:

„Noch ein Wort zu Musik und Gesang. Kirchengesang an sich ist etwas sehr Gutes: er ist Gotteslob. Doch haben in den Klöstern die Eitelkeit und der Dämon höheren Gewinn daran als Gott.

— Wie! werdet Ihr sagen. Was ist denn am Gesang Böses? Um Himmels willen, wo läge hier Böses?

— Zunächst einmal: man verliert Zeit, viel Zeit. Denn die Musik ist eine Kunst, die man beherrschen muß, um Freude an ihr zu haben; andernfalls wirkt sie nur abstoßend ..."

(Was besagen will: Meine Schwestern, wenn Ihr junge Maestros zu Eurer Ausbildung engagiert, wenn Ihr so viel Freude daran findet, daß die Welt in Eure Kapellen kommt, um Eure „Sängerinnen" zu beklatschen, dann verschwendet Ihr zu Eurer Stimmbildung lange Stunden, in denen Ihr Besseres tun könntet.)

Wenn Ihr mich so sprechen hört, dürft Ihr mich aber nicht für einen Feind der Musik halten! Ich bin im Gegenteil von ihr begeistert. Als ich noch in der Welt weilte, widmete ich mich ihr im Übermaß. Ich hätte besser daran getan, mich darum zu bemühen, Gott zu lieben[16]!

10. Rechtsanwalt mit sechzehn Jahren (1713–1723)

Vom Vater in geistige und künstlerische „Zwangsarbeit" gepreßt, soll Alfons nach Auffassung seiner Biographen seine Kindheit und Jugend nur in kleinsten Zügen genossen und keinerlei Freuden gehabt haben. Glauben wir ihnen kein Wort! Seine vom strengen Kapitän so stark eingedämmte Freude am Spiel läßt uns das Gegenteil hoffen. Alfons war jung und er war Neapolitaner und mußte von daher das Leben zweifach lieben.

Doch liebte er es, um es mit Sinn zu erfüllen, und nicht, um es zu vergeuden. Von Kindheit an verspürte er — wohl als Ergebnis seiner Erziehung und des Geistes, in dem er lebte — Abscheu vor jenem klassenbewußten *farniente*, wie es der Adel zur Schau stellte. In diesem Punkt war er kein Cavaliere. Er führte, ganz im Sinn seiner Ahnen der *nobiltà generosa* „ein arbeitsames Leben, wie jeder andere Student, der nicht seinem hohen Rang angehörte[1]“. Dieser Aristokrat, den in späteren Jahren die Sorge um die Armen verzehren wird, übernahm instinktiv auch den Arbeitsrhythmus der Armen.

Zwischen einer „Nonne“ — seiner Mutter — und einem Offizier erfährt Alfons schon früh die Kraft der Regelmäßigkeit. Sein Leben läuft militärisch ab: Glaubensübungen in intensivem Gebet, Geistesübungen in angespannter intellektueller und künstlerischer Tätigkeit und — natürlich nur an freien Tagen — körperliche Ertüchtigung bei ... der Jagd.

Alfons selbst erinnert sich als alter Mann an „seine Jagdleidenschaft“. Nun bedauert er, wieviel Zeit er damals bei diesen Ausflügen in Heide und Sümpfe verlor: „Die Jagd nach Seelen bereitet Gott mehr Freude und gibt dem, der sich darin abmüht, mehr Glück.“ Zumindest mußte er sich keinerlei ökologische Vorwürfe machen: er konnte sich anstellen, wie er wollte, so erzählt er später lachend, seine Schrotflinte garantierte dem glücklichen Rebhuhn, auf das er anlegte, ein sicheres Weiterleben[2]. Seine frühe Kurzsichtigkeit hatte zweifellos auch ihre Vorteile.

Die Jagd ist das Vergnügen des Mannes, heißt es. Die Gesellschaft jener Zeit verlangt vom jungen Adeligen — wie übrigens auch vom Bauern oder Handwerker — schon sehr früh, daß er die Aufgaben der Erwachsenen übernehme. Die Jugendjahre waren damals noch nicht erfunden.

So nimmt Alfons bei Erreichen seines vierzehnten Lebensjahres Besitz von seinem Stuhl im Stadtrat — der *Piazza* — von Portanova. Seine Brüder Antonio, Gaetano und Ercole folgen ihm 1712, 1715 und 1721 im gleichen Alter.

An jenem 5. September 1710 also stellt Don Giuseppe seinen Ältesten stolz den siebzehn Patrizierfamilien vor, die zusammen mit den Liguoris von altersher in der Piazza di Portanova sitzen. Der neugebackene Rat erscheint ganz wie es die Etikette verlangt: Lockenperücke, hochgeschlossener, mit luxuriösen Knöpfen besetzter Rock, dazupassende Samthose, weiße Seidenstrümpfe und hohe Schuhe mit Silberspangen. In der Hand den vom Protokoll vorgeschriebenen Dreizack und Handschuhe, diesen Luxus der besseren Gesellschaft; an der Hüfte schließlich den kleinen Silberdegen — 48 cm lang — als Attribut des Cavaliere[3]. Er wird ihn fortan nur noch ablegen, wenn er zu Bett geht oder die Schwelle des Gerichtssaals überschreitet, zwei Orte, an die man nicht gelangen kann, ohne die „Messer“ im Vorraum zu lassen.

Von 1710 bis 1723 bestätigen die Sitzungsprotokolle die pflichtgetreue Anwesenheit des neuen Stadtrats[4]. Alle Probleme einer Stadtverwaltung werden nun auch die seinen: Steuern — am Anfang war die Steuer! —, Versorgung der Bevölkerung mit Lebensmitteln, Preiskontrolle, Verwaltung des Grundbuchs und notarielle Abwicklung von Käufen und Verkäufen, Pachtverträge und Gemeinderechte, Zuweisung von Kirchenbenefizien aus dem Patronat von Portanova,

Führung des Personenstandsregisters und der Genealogien der Cavalieri, Veranlassung und Verteilung von Sammlungen für den verarmten Adel, Unterhalt und Verwaltung von Straßen, Plätzen, Brunnen und öffentlichen Gebäuden, Überwachung der guten Sitten, Stadtpolizei und Friedensgericht und schließlich Organisation und Finanzierung religiöser oder ziviler Veranstaltungen, die von den Feierlichkeiten für den hl. Kajetan bis zum Empfang des Vizekönigs reichen (wie die Unterlagen zeigen, spendete der Galeerenkapitän für den heiligen Kajetan nur wenig, sehr wenig ...).

Jeder der sechs „Sitze" oder Stadträte von Neapel wählte für die Dauer eines Jahres ein permanentes Komitee von sechs Cavalieri, die als „Abgeordnete" die Belange der Stadt vertraten und Versammlungen einberiefen. Außerdem entsandte er einen Mann seiner Wahl — *eletto* —, der zusammen mit den *eletti* der fünf anderen „Sitze" die Zentralgewalt der Stadt bildete, das „Tribunal von S. Lorenzo", wie man sagte, oder kürzer: die *Città*; die Stadtverwaltung. Die *Città* hatte ihren Sitz im Kapitelsaal der Franziskaner von S. Lorenzo, in der heutigen Nr. 16 der Via dei Tribunali. An den Wänden dieses gewölbten Raums hängen die Bilder der Heiligen, Päpste und Kardinäle des Franziskanerordens, auf die durch je fünf spätgotische Fenster in zwei gotischen Bögen das Licht fällt. Franz von Assisi und Bonaventura haben die in die *Città* Gewählten gewiß nicht zu maßvollen Steuern und jener Uneigennützigkeit inspiriert, die den Vertretern des Magistrats anstünde, in Alfons' Herz aber blieb das Wort dieser Armen nicht ungehört[5].

So dringen also die vielfältigen Aspekte des Lebens eines Volkes in das Bewußtsein des jungen Beamten ein und erfüllen die Gesetzestexte, die er noch auf den Bänken der Universität lernt, mit Fleisch und Blut. Wir stellen ihn uns in den ersten Jahren seines Studiums vor: aufmerksam und zurückhaltend, erstaunt und mitunter auch schockiert. Er lernt die Handhabung der verschiedensten Angelegenheiten, und vor allem die Menschen kennen. Er wird mit dem Elend der Armen und der Knausrigkeit der Reichen bekannt, und auch die Gaunereien der einen wie der anderen bleiben ihm nicht verborgen. Sein „Stand" und seine Kompetenz werden ihm schnell verantwortungsvolle Posten eröffnen. Zunächst aber muß er sein Studium abschließen und das Doktorat erwerben.

Im Januar 1713 ist es soweit.

Die Universität bereitet ihre Studenten auf drei Doktorate vor (Theologie, Rechtswissenschaft und Medizin), besaß aber nicht das Recht, sie auch zu verleihen. Dieses Privileg stand dem Doktorenkollegium einer jeden Disziplin unter dem Vorstand des königlichen Großkanzlers, damals Don Marino Francesco Maria Caracciolo, Fürst von Avellino, zu. Zu den Prüfungen delegierte er einen seiner Vizekanzler, die begehrten Pergamente jedoch verteilte er persönlich. Die Verteidigung der Thesen fand, mit Ausnahme der theologischen, die in der Kirche eines der vier Bettelorden der Stadt durchgeführt wurde, in seinem Palazzo statt[6].

Wie überall, so verkaufte sich die Justiz auch in Neapel gut — oder vielleicht hier sogar noch besser? Vor allem die — mitunter sehr hohen — Aufwendungen für das Diplom des Doktorates der Rechtswissenschaft, wie auch für das ebenfalls sehr begehrte medizinische Doktorat garantierten die Möglichkeit, damit sehr schnell wieder einzubringen, was man in einen simonistischen Handel investiert hatte. Die Theologie bot in dieser Hinsicht weniger Möglichkeiten!... Doch gab Don Giuseppe sein Geld sowieso nicht gerne aus, und Alfons konnte für sein Diplom Besseres bieten als klingende Münze. Wir kennen übrigens die genauen — und strengen — Bedingungen, denen er trotz oder vielleicht gerade wegen seines jugendlichen Alters faktisch unterworfen wurde[7].

Das Gesetz verlangte, daß der Kandidat das zwanzigste Lebensjahr vollendet, fünf Jahre immatrikuliert und zehn Semester an der Universität studiert haben mußte. Doch waren Dispenserteilungen keine Seltenheit. Bei Alfons allerdings handelte es sich um einen Grenzfall. Am 10. Januar 1713 erteilte der Vizekönig Carlo Borromeo Ares im Namen des Erzherzogs „Karl, König von Spanien und römischer Kaiser", „angesichts der Tatsache, daß er das gesamte Programm studiert und alle erforderlichen Immatrikulationen vorgenommen hat", eine Altersdispens von drei Jahren, acht Monaten und einundzwanzig Tagen, sowie eine Dispens für das Studiensemester, das ihm noch fehlte, um sich zum Doktorat anmelden zu können.

Die Prüfung bestand aus zwei Abschnitten.

Eine „Auslese"-Prüfung schied zunächst alle Unfähigen aus, denen man damit eine Blamage in der öffentlichen Prüfung ersparen wollte. Sie fand vor zwei, vom Vorsitzenden des Doktorenkollegiums bestimmten Juristen statt. Dieser Vorsitzende aber war niemand anderer als der berühmte Giuseppe Valletta (1636–1714), ein Schriftsteller von umfassender Bildung, Angelpunkt des aufgeklärten Neapel und des wissenschaftlichen Europa, der in seinem Kopf und seinem Haus die „avantgardistischste" Bibliothek des Königreichs beherbergte[8]. Am 17. Januar 1713 ermächtigte Valletta also die Doktoren Giuseppe Porpora und Giacinto de Caucio, dem „Magnifico D. Alfonso de Liguori" die beiden Punkte — einen kanonischen und einen zivilrechtlichen — vorzulegen, mit denen er sich auseinanderzusetzen hat: er hat vierundzwanzig Stunden Zeit, um seine Darlegungen vorzubereiten und die daran anschließende Verteidigung zu planen. Wir kennen diese *puncta tentativa*, über denen unser Kandidat zweifellos ins Schwitzen geriet: für das Kanonische Recht: „Verheiratete Kleriker" und für das Zivilrecht: „Zweite Ehe". Alfons nahm diese erste Hürde, ohne zu stolpern: „Wir haben ihn in diesem Probeexamen geprüft; die Punkte für sein Hauptexamen können festgelegt werden." Unterzeichnet: Porpora und Valletta, am 18. Januar 1713.

Porpora und der angesehene Valletta sind seine Paten — seine *promotores* — für diesen großen Tag der öffentlichen Verteidigung. Wir befinden uns in den frühen Morgenstunden des 21. Januar. Kälte und Grippe herrschen in der Stadt. Sie mögen einige Anhänger, die in ihren Eishöhlen schlottern oder, tief im Bett vergraben, heißen Kräutertee schlürfen, von der Teilnahme abgehalten haben. Dennoch herrscht reges Leben im Stadtviertel der Anticaglia: Eltern, Freunde, Mitschüler und Juristen strömen zur großen Treppe, die in den Ehrensaal des Palazzo Caracciolo hinaufführt. Dem Kandidaten schwirrt der Kopf von den vier „Gesetzen", die er am Vortag zur Vorbereitung erhalten hat: Versetzung von Klerikern, Religiöse Stiftungen (Kanonisches Recht), und Verträge, Primat von Recht und Billigkeit über den Buchstaben des Gesetzes (Zivilrecht). Welch seltsame Zusammenhänge: Gerade dieser letzte, aus dem Codex Justinianus genommene Punkt läßt ihn später den Prozeß seines Lebens verlieren; und in ihm liegt auch die Grundidee, aus der seine revolutionäre „Moraltheologie" entspringt.

Die Stunde ist da. G. Porpora und der große Valletta stellen ihren Kandidaten vor und bürgen vor dem Vizekanzler Andrea Botteglieri und dem ihm untergeordneten Richterkollegium, das aus vier Pflichtprüfern und einigen Freiwilligen besteht, für ihn. „Die Türen sind geöffnet", die Sitzung ist öffentlich. Alfons von Liguori, sechzehn Jahre alt, schickt sich an, seinen ersten Fall zu gewinnen: sein Doktorat im Kanonischen und Zivilen Recht.

Die Prüfung besteht in einer mündlichen Disputation, die nach der Methode der scholastischen Thesen wie eine Symphonie aufgebaut ist: die europäischen Juristen behielten sie bis ins 19. Jahrhundert bei. Alfons hält über eines der am Vortag angegebenen Gesetze seine „Vorlesung": Einleitung, Verteidigung und Erläuterung des Gesetzestextes — Fragen und Einwände der Prüfer — Antworten, unter Heranziehung subtiler Distinktionen, Widerlegungen und Zugeständnisse — und schließlich die große abschließende Zusammenfassung. Alles natürlich in Latein, der damaligen Sprache der Universität.

„Einmütig und ohne Gegenstimme" wird dieses Kind — Alfons hat noch Aussehen und Wuchs eines Kindes — zum Doktor *in utroque jure* mit der Beurteilung sehr gut: *„summo cum honore maximisque laudibus et admiratione"* erklärt.

Es folgt die übliche Zeremonie. Man bekleidet ihn mit einer Advokatentoga, in der er ganz verschwindet, der kleine Mann. (Gerade diese Toga lieferte ihm später, auf den Erfolg seiner Jugendjahre angesprochen, die willkommene Ablenkung: „Ja, natürlich, sie haben mich in einen großen Mantel gehüllt, in dem sich meine Beine verhedderten!", sagte er, lachte und sprach von etwas anderem ...[9]) Dann nimmt er auf der Doktorenkanzel Platz, vor ihm liegt das geschlossene Buch des *Corpus Juris canonici*, das nun feierlich geöffnet wird. Das gleiche wiederholt sich mit dem *Corpus Juris civilis*; man steckt ihm den goldenen Ring an den Finger, der ihn der Weisheit vermählt; man setzt ihm den Doktor- und Richterhut auf. Feststehende Formeln begleiten die Riten und präzisieren seine Vollmachten: „Lesen, Kommentieren, Interpretieren, von der Lehrkanzel der Rechtswissenschaft unterrichten, öffentlich hier und überall alle anderen Akte, die in der Kompetenz der Doktoren liegen, behandeln und ausüben." Sodann geben ihm seine künftigen „Mitbrüder" den Friedenskuß und flehen den Segen des Vaters, des Sohnes und des Hl. Geistes auf ihn herab.

Abschließend vollzieht unser Neophyt, der „Neugeweihte", noch zwei religiöse Akte. In Gegenwart seiner künftigen Standesgenossen legt er zunächst kniend das katholische Glaubensbekenntnis ab, und zwar in der sogenannten „tridentinischen" Form Pius' IV.[10]. Sodann legt er ein feierliches Bekenntnis zum damals noch nicht definierten Dogma der Unbefleckten Empfängnis ab. An jenem Samstag, dem 21. Januar 1713, spricht Alfons Maria von Liguori also folgenden, zwar offiziellen aber von jedem der Doktoren mit eigener Hand und manchmal sogar mit dem eigenen Blut geschriebenen und unterzeichneten Text:

„Ich, Alfons Maria von Liguori, demütigster Diener Mariens, der immerwährenden Jungfrau und Gottesmutter, liege hier zu Füßen der Göttlichen Majestät in Gegenwart der unaussprechbaren Trinität des einen Gottes, des Vaters, des Sohnes und des Heiligen Geistes, und rufe als Zeugen an alle Bewohner des himmlischen Jerusalems dafür, daß ich getreu im Geiste glaube, wahrhaft im Herzen empfinde und eindeutig mit meinen Lippen bekenne, daß Du, Mutter Gottes und immerwährende Jungfrau, vom allmächtigen Gott eines absolut einmaligen Vorrechtes teilhaftig wurdest: vom ersten Augenblick Deiner Empfängnis an, d. h. der Vereinigung Deines Leibes mit der Seele, bliebst Du von jedem Makel der Erbsünde frei. Öffentlich und privat werde ich diese Lehre bis zum letzten Atemzug meines Lebens vertreten und alle meine Kräfte einsetzen, damit auch die anderen an ihr festhalten und sie lehren. Dies bezeuge, verspreche und gelobe ich. So wahr mir Gott und diese heiligen Evangelien helfen mögen."

Dieser Schwur war keine Geste der Gegenreformation. Er war 1457 aus dem Glauben und religiösen Eifer der Sorbonne heraus entstanden und hatte sich nach und nach vom Norden nach Süden auf 150 Universitäten Europas ausgebreitet. 1618 macht ihn der spanische Vizekönig Pedro Girón, Herzog von Ossuna, auch für die Richter, Barone, Doktoren und Professoren des Königreichs von Neapel verpflichtend[11].

Eine konventionelle Formalität? Für andere zweifellos. Doch wurde dieses Gelübde des Glaubens und der Liebe von niemandem mit freierem Willen und glücklicherem Empfinden abgelegt als von unserem jungen Cavaliere. 37 Jahre später beendete er seine Predigt über die Unbefleckte Empfängnis aus dem Zyklus von neun Predigten für die Marienfeste mit folgenden Sätzen:

„Kommen wir zum Schluß. Ich habe über dieses Thema ausführlicher gesprochen als über die anderen, weil unsere kleine Kongregation der Redemptoristen die Allerseligste Jungfrau eben unter ihrem Titel als Unbefleckt Empfangene zur Hauptpatronin hat."

Den Schwur, den er mit sechzehn Jahren ablegte, wird er später mit folgenden Worten erneuern:

„Unbefleckte Königin, unendlich groß ist meine Freude, Dich mit so großer Reinheit geschmückt zu sehen! Ich danke unserem gemeinsamen Schöpfer jetzt und immerdar, daß er Dich von jedem Makel der Sünde bewahrt hat! Dies glaube ich mit Gewißheit, und um dieses große, dieses einmalige Privileg Deiner unbefleckten Empfängnis zu verteidigen, bin ich bereit und schwöre, auch mein Leben hinzugeben, wenn es verlangt würde[12]."

Am Tage seiner Einkleidung in die viel zu lange Advokatenrobe war der kleine Alfons 16 Jahre, 3 Monate und 25 Tage alt. Das riesige Pergament (60 mal 80 cm), das am darauffolgenden 13. März von Großkanzler Caracciolo durch das königliche Siegel amtlich beglaubigt wird, ermächtigt Doktor von Liguori, sich fortan mit den Angelegenheiten der anderen zu befassen, während er selbst als Minderjähriger noch zwei Jahre warten müßte, um seine eigenen Belange selbst zu betreiben.

„Ganz Neapel wird schon bald von staunender Bewunderung für den neuen Rechtsanwalt erfaßt – ein Jugendlicher, fast noch ein Kind –, der die große Treppe zum Justizpalast, den *Tribunali*, hinaufsteigt, um mit der noch ängstlichen Neugier des Anfängers die Debatten und Urteile der ehrwürdigen Rechtsinstanzen zu verfolgen[13]."

Die königlichen Gerichte, deren Kompetenzen auf nationale Ebene ausgreifen, erfüllen mit ihrem geschäftigen Treiben das Geviert der massiven dreistöckigen Festung des Castel Capuana, auch „Vicaria" genannt, in das die Via dei Tribunali einmündet, die vom Gericht ihren Namen erhalten hat. Zehn Jahre seiner Berufstätigkeit – seiner Jugend! – wird Alfons hier in streitbarer Begegnung mit drei anderen hohen Gerichtshöfen verbringen.

Denn hier haben die beiden obersten ordentlichen Instanzen ihren Sitz: die ältere (1162), von der der Palazzo seinen Namen erhalten hatte, die *Gran Corte della Vicaria*, ist das Appellationsgericht für zivile und strafrechtliche Fragen für das ganze Königreich; die *Real Camera della Sommaria* dagegen befaßt sich mit allen Fällen königlicher Besitzungen und der Finanzen. Der Regent der Vicaria ist von Rechts wegen zugleich auch Gouverneur und Polizeipräfekt der Stadt und ihrer 27 *casali* (Dörfer). „Ein Sitz für meinen Sohn!" — ist dies Don Giuseppes Vorstellung? Nein, durchaus nicht. Es gibt Besseres! Vicaria und Sommaria sind den Räten des *Sacro Real Consiglio di Santa Chiara*, des Tribunals der Tribunale und des Ministerrats untergeordnet und Teil ihres Aufgabenbereichs.

Der Real Consiglio war 1444 gegründet worden, um die an den spanischen König persönlich gerichteten Rekurse zu beurteilen. Er hatte seinen Sitz zunächst im Kloster S. Chiara, dessen Namen er auch beibehielt, nachdem er 1537 in das Castel Capuano, wo sich bereits die Vicaria und die Sommaria befanden, übersiedelt war. Er ist das oberste Appellationsgericht für alle fiskalischen, zivilen oder strafrechtlichen Fälle. Ihm bleiben die großen Fälle vorbehalten: Streitfälle um mehr als 500 Dukaten, Lehensprozesse sowie Streitfälle unter Adeligen. Seine vierundzwanzig „Minister", die in vier Gruppen turnusmäßig Gericht halten („Rotation", *ruota*, Rota), vertreten das höchste Richteramt auf Lebenszeit, überhäuft mit Ehren, Macht, Privilegien und Geld. Vor dem *Real consiglio* zu plädieren, ist der Stolz jedes Rechtsanwalts, hier zu residieren, ist der erstrebte Gipfel seines Aufstiegs. Der eine erreicht ihn durch seine Kompetenz, der andere durch Beziehungen, ein dritter ersteigt ihn über einen Berg von Geld[14].

Die Familie Cavalieri gibt dieses Amt vom Vater zum Sohn weiter: Gestern der Großvater Federico, heute der Onkel Giuseppe, Staatssekretär im Krieg, wo er sich übrigens durch seinen Hochmut äußerst unbeliebt macht, morgen Francesco Maria, der Vetter und Promotionskollege Alfons', der mangels Wissenschaft und Talent das Gewicht seiner Dukaten in die Waagschale legt, wodurch er aber nur noch hochmütiger wird, und zwar in einem solchen Ausmaß, daß er sich sogar seinen Freunden verhaßt macht[15]. Sie gehören nicht zu den liebenswertesten Menschen, — Alfons war ihnen auch nicht sonderlich verbunden — mit Ausnahme Donna Annas, diesem Wunder an Sanftheit, dieser Rose unter Dornen.

Alfons, sein Vetter Francesco, sein Freund Corrado Capace, sein Nachbar Baldassare Cito und einige weitere stehen am Anfang eines traditionsreichen Weges.

„Der junge Adel", so schrieb bereits 1632 ein Reisender aus Paris, „widmet sich den Gesetzen, um zu den Richterstellen und, mit der langen Robe, zu den Ämtern gelangen zu können, die der König verleiht; fast alle wählen den Beruf des Richters oder Prokurators, was in diesem Land dasselbe ist; es ist ein schöner Anblick, wenn sie morgens zur Vicaria gehen, mit ihrer kleinen Doktorsoutane, den Mantel durch den Degen zurückgeschlagen oder sogar mit einer Öffnung versehen, damit der Korb sichtbar wird, der das wesentliche Kennzeichen des richterlichen Cavaliere ist. In der Vicaria ist sowohl das Tragen eines Degens als auch des Dolches verboten, aber sie behalten zumindest das leere Futteral des Dolches bei sich[16]."

„Um Alfons in die Praxis seines Berufes einzuführen", sagt Tannoia, „gibt ihn sein Vater als Praktikant zu einer Berühmtheit jener Zeit, zum Rechtsanwalt Luigi Perrone; nachdem dieser in ein besseres Leben eingegangen war, wechselt

Alfons zu einem angesehenen Rechtsgelehrten, Don Andrea Jovene." Dieser Jovene war Fachmann in allen Fragen: Das Vertrauen Philipps V. hatte ihn auf den Vorsitz der Sommaria berufen, jenes des Kaisers an die Spitze der Vicaria[17]. Es ist offensichtlich, daß Don Giuseppe sich zur Sicherung der Karriere seines Ältesten nur mit dem Besten begnügt.

Der Justizpalast war und ist noch heute ein lärmender und bunt zusammenge-würfelter Ameisenhaufen von niederen Gerichtsbeamten, Kutschern, livrierten Dienern in allen Farben, Profitsuchern jeder Art, sowie der unvermeidlichen Armee der Müßiggänger. In diesen dicken Mauern pulste das größte Unterneh-men des Königreichs. 50.000 Neapolitaner fanden hier Beschäftigung: etwa 15.000 Richter, Rechtsanwälte, Staatsanwälte, Notare, Gerichtsschreiber, Kopi-sten, Gerichtsdiener, Büttel und Boten arbeiteten mit- und gegeneinander; ein ganzes Heer von Zeugen und ... falschen Zeugen – es war dies ein Beruf, gera-dezu eine Industrie! – trafen untereinander Absprachen oder Handelsüberein-kommen; überall lauerten Spitzbuben auf Taschen und Geldbörsen; zahllose Straßenhändler priesen in den Gängen und Vorräumen ihre Waren an; und nicht zuletzt suchte hier ein Schwarm von Bettlern sein tägliches Brot.

Dieser „Palazzo der Rabulistik" mußte die Feder der Reisenden jener Zeit geradezu herausfordern, und zwar in solchem Maß, daß ihre Reisetagebücher oft schon an „Sensationsjournalismus" grenzen: nur was schockiert, wird festgehal-ten, und das Pikante wird noch schärfer gewürzt. Was zum Teufel aber hatte ein ehrenwerter Cavaliere in dieser Galeere zu suchen? ... Glücklicherweise schöpft die Geschichte – ohne vor der pittoresken oder skandalösen Wirklichkeit zurückzuschrecken – auch noch aus anderen Quellen. Davon zeugen die Archive: Im Neapel des beginnenden 18. Jahrhunderts fehlt es an den drei Gerichtshöfen und im Anwaltskollegium, von dem sie beschickt werden, nicht an unwissenden, faulen, käuflichen und verkauften, sowie mit vielen anderen Lastern des menschlichen Elends behafteten Richtern. Wie im Lehrkörper der Fakultäten, so gibt es aber auch hier Männer der Wissenschaft, Arbeit, Weisheit und Integrität. Unter den bedeutendsten und aus veschiedendsten Gründen Alfons nahestehenden sind wir bereits dem angesehenen Valletta und dem Vor-sitzenden Jovene begegnet. Zum Kreis der Männer gehören aber auch der Schrift-steller Costantino Grimaldi und dessen Freund, Präsident Domenico Caravita; die Brüder Alfonso und Francesco Crivelli, die zu dem jungen Mann eine väter-liche Zuneigung fassen; Giacomo Salerno, der Alfons' Cousine Antonia von Liguori, die feinfühlige Malerin von Marianella geheiratet hat; Domenico Bruno, den der junge Mann im Gericht angreift und besiegt; Antonio Maggiocchi (oder Maiocca), der ihm umgekehrt seine erste ... und letzte Niederlage zufügt. Alle diese Männer gehören dem *Real Consiglio* an und waren aus diesem Grund Gegenstand geheimer Nachforschungen, die uns erhalten sind: einstimmig wird ihnen darin Kompetenz und Integrität bestätigt. Im übrigen besaßen in diesem beginnenden *Settecento* die Urteile des Sacro Real Consiglio weit über Italien hin-aus Gültigkeit und wurden an den Gerichtshöfen ganz Europas herangezogen. In den Beiden Sizilien waren sie sehr gewichtig und bestimmten die Rechtsprechung im ganzen Land[18]. Noch ist die Zeit nicht gekommen, da der Nationalökonom Antonio Genovesi (1713–1769) die neapolitanische Justizverwaltung als unver-einbar mit den christlichen Grundsätzen verurteilt[19].

Es ist also nicht absurd oder naiv, im Jahr 1713 in dieses Turnier einzutreten und für die Gerechtigkeit kämpfen zu wollen. Ein Spaßvogel hat einmal gefragt, ob Alfons heilig war, weil er Rechtsanwalt, oder weil er den Gerichten entflohen war. Warum nicht sowohl als auch? Immerhin stellt er sich dem Kampf mit offenen Augen für die Versuchungen des Advokatenamts und dem festen und klaren Blick für seine Pflichten. Davon zeugen die folgenden Zwölf Gebote für den Rechtsanwalt, die er sich, zweifellos mit Unterstützung Pater Paganos, selbst vorgibt. „Er hatte sie immer griffbereit und dachte oft darüber nach:

1. Nie ungerechte Fälle übernehmen: man verliert dabei Gewissen und Ansehen.

2. Eine Sache niemals mit illegalen oder ungerechten Mitteln verteidigen, auch wenn sie gerecht ist.

3. Den Klienten nicht mit überflüssigen Ausgaben belasten; andernfalls sind die Ausgaben vom Rechtsanwalt zurückzuerstatten.

4. Die Interessen der Klienten mit der gleichen Sorgfalt vertreten wie die eigenen.

5. Die Akten studieren, um daraus stichhaltige Argumente zu gewinnen.

6. Verzögerungen und Nachlässigkeit des Rechtsanwalts bringen dem Klienten oft Nachteile; dann ist er verpflichtet, ihn zu entschädigen.

7. Der Rechtsanwalt muß die Hilfe Gottes erflehen; denn Gott ist der erste Beschützer der Gerechtigkeit.

8. Wer mehr Fälle übernimmt, als er mit seinen Talenten, seinen Kräften oder seiner Zeit wirksam verteidigen kann, tut unrecht.

9. Gerechtigkeit und Rechtschaffenheit sind die beiden untrennbaren Gefährten des katholischen Rechtsanwaltes; er muß sie so sorgsam hüten wie seinen Augapfel.

10. Ein Rechtsanwalt, der durch seine eigene Nachlässigkeit einen Fall verliert, hat die Pflicht, allen Schaden wiedergutzumachen, den sein Klient dadurch erlitten hat.

11. Bei der Verteidigung eines Falles nur die Wahrheit sagen und nichts verbergen, den Gegner achten und sich nur auf die Vernunft stützen.

12. Schließlich: die Tugenden, die den Rechtsanwalt ausmachen, sind Wissenschaft, Eifer (*diligenzia*), Wahrhaftigkeit, Treue und Gerechtigkeit[20].“

Keineswegs altmodisch, diese kleine Abhandlung über die Berufsmoral! Und keineswegs auf Untätigkeit ausgerichtet. Nun gab es, so berichtet Tannoia, für Alfons keinerlei Zerstreuung mehr, nicht einmal mehr das Kartenspiel bei Nachbar Cito! An seine Stelle treten die Zusammenkünfte im Hause von Präsident Domenico Caravita.

Wie wir schon sagten, war nicht die von den gesellschaftlichen und politischen Gegebenheiten in ihrer Funktion beeinträchtigte Universität der Schmelztiegel, in dem sich die intellektuelle und politische Elite Neapels läuterte, sondern die etwa zwanzig privaten „Akademien“, an denen die großen Geister, sowie Männer — und Frauen — von Charakter aus dem Priester- und Laienstand ihre Gedanken und Probleme im freien Meinungsaustausch vortrugen. Recht, Politik, Literatur, Philosophie, Wissenschaft, Geschichte, die Hl. Schrift, Theologie, jedes Holz gab dem Feuer dieser Zusammenkünfte, dessen Licht in die Zukunft leuchtete, Nahrung. Wer die Zeit dafür aufbringen konnte, nahm an mehreren dieser „aufgeklärten" Zirkel teil[21].

Unser frischgebackener Rechtsanwalt eilt also täglich begierig zu dem seinen im Largo Donnaregina hinter der Kathedrale. Warum gerade bei den Caravitas? Das Haupt dieser herzoglichen Familie, Don Nicola, war Alfons' hervorragender Professor im Feudalrecht und die von ihm gegründete Akademie außerdem die bestbesuchte der Stadt; nicht zuletzt aber war sein Sohn Don Domenico nach dem Vizekönig der höchste Repräsentant des Königreichs. Hier hatte Luigi Perrone, bei dem Alfons praktiziert, seine Ausbildung erhalten. Hier begegnen einander Gaetano Argento, Costantino Grimaldi, Alessandro Riccardi, G. B. Vico und Pietro Giannone. Große Namen. Große, in ihrem Inneren zerrissene Christen, die gläubige Menschen, aber im selben Maße auch militante Antikurialisten waren.

Der dramatische Kampf, den diese Männer gegen die Übergriffe des Klerus und für die Autonomie des Staates geführt hatten, lag noch gar nicht lange zurück. Ein Kampf für die wahre Freiheit der Kirche gegenüber ihren Reichtümern und ihrer Macht. Schlag um Schlag hatten sie sich zwischen 1707 und 1710 in Schrift und Wort gegen die politische Lehensherrlichkeit des Papstes über Neapel, gegen den Transfer kirchlicher Gelder des Königreichs ins Ausland, gegen die Tote Hand der Kirche, die ein Drittel des nationalen Eigentums der direkten Verfügbarkeit entzog, gegen ein skandalöses Asylrecht, das heilige Stätten zu einem paradiesischen Zufluchtsort für herumziehende Landstreicher und Dirnen werden ließ, gewandt. Schlag um Schlag ließen sich N. Caravita, Riccardi, Argento und Grimaldi von Rom auf den Index setzen und von zwei neapolitanischen Kanonisten, die auf die Mitra warteten (und sie auch erhielten!) die Hölle androhen. Gegen die Anschuldigungen dieser letzteren spitzt der wesentlich jüngere Giannone (1676–1748) seine Feder und verfaßt seine *Istoria civile del Regno di Napoli* (1723) und seinen *Triregno* („Die Tiara"), die ihm Exkommunikation, Exil und schließlich den Tod in einem piemontesischen Gefängnis bringen[23].

Zehn Jahre lang atmet Alfons in den Salons Caravitas diese faszinierende Luft, die über dem mitreißenden Gedankenaustausch und den juristischen Debatten liegt und die bisweilen nach Pulver riecht. Hier hört er über lange Zeit hinweg diese Anfechtung einer von Herrschaftsdenken und Privilegien bestimmten Kirche durch gläubige Katholiken, und das hält ihn sein Leben lang von jeder kurialistischen Versuchung, sie zu verteidigen, fern. Wo aber liegt die rechte Mitte? Am 6. August 1713 überschreitet Kaiser Karl VI. die Grenzen der „legitimen Verteidigung" und greift seinerseits auf das Recht der Kirche über, als er dekretiert, daß alle Erlässe, Breven, Edikte und Bullen Roms im Königreich nur mit dem königlichen *exequatur* gültig seien. Gerade dieser „hunderjährige Krieg" zwischen den Grenzen von Kirche und Staat sollte zu einem der größten Dramen in Alfons' Leben werden.

Noch aber ist dies nicht seine Sorge. Er wird in der Akademie dieser „Alten" zweifellos erst nach den zwei Jahren seiner Praktikantenzeit zum Vollmitglied. Für den Augenblick wird er mehr von den allabendlich von Caravitas Sohn Don Domenico veranstalteten juristischen Wortgefechten in Beschlag genommen.

93

„Dieser weise und gottesfürchtige Mann" (Tannoia *dixit*, und für einen Juristen sind diese Epitheta durchaus nicht selbstverständlich) ist bereits Präsident des Sacro Real Consiglio, obwohl er die 40 noch kaum überschritten hat. Um ihn bildete sich ein Zirkel lernbegieriger junger Leute: die moralische und intellektuelle Elite der jungen Rechtsanwälte. Don Domenico „baut" auf den schwierigsten Artikeln der Gesetzgebung fiktive Prozesse auf, in denen sich die Anwälte gegenübertreten, während er selbst als Richter fungiert und die Punkte verteilt. Er hat selbst große Freude daran, und die Jugend profitiert mehr als beim Kartenspiel[23].

Don Alfons profitiert wirklich davon, und bald heißt es in den Gängen der *Tribunali* und in den Salons der Hauptstadt: er versteht sein Geschäft, dieser neue Rechtsanwalt, er ist fleißig und geschickt und — welch Wunder! — so ehrlich, daß es schon nicht mehr erlaubt ist, wenn man auch ein Spitzbube sein könnte: außerdem ist er durch seine Mutter ein Cavalieri, und die Cavalieri sind seit Generationen Könige im Palazzo; und seit 1707 bestens am Wiener Hof renommiert. Onkel Giuseppe ist Minister. Seine besten Freunde — er hat nur wenige, diese aber sitzen an den richtigen Stellen — Muzio di Maio und Vincenzo di Miro, sind wie er Mitglieder des Sacro Real Consiglio. Miro liebt Alfons wie einen Sohn. Sie sind gemeinsam darum bemüht, ihm eine ausgewählte Klientel zu verschaffen. So ist, wie Tannoia versichert, der junge Rechtsanwalt noch nicht einmal zwanzig Jahre alt, als er bereits zahlreiche Fälle erhält, und schon bald wird man ihm auch wichtigere anvertrauen.

Welche Fälle? Kein Dokument verrät uns etwas darüber. Man hat daraus geschlossen, dieser große Jurist habe sich nur auf die Rolle eines Rechtsbeistands beschränkt und möglicherweise niemals plädiert, nicht einmal für einen von einer Karosse überfahrenen Hund! Einverstanden, aber nur dann, wenn man dasselbe von allen anderen neapolitanischen Rechtsanwälten seiner Zeit behauptet, denn die Staatsarchive hüllen sich bei allen gleichermaßen in Schweigen. In der glücklicherweise erhaltenen Sektion *Giustizia* enthält jeder Akt die Darlegung des Falles, die getroffenen Entscheidungen und die faktischen und rechtlichen Gründe, die sie rechtfertigen; unterzeichnet vom Notar. Der Name des Rechtsanwalts aber bleibt unerwähnt. Die Geschichte gehört den Schreibern und nicht den Rednern. *Verba volant, scripta manent.*

Nein, Tannoia hat nichts erfunden. Er, der fünfzig Jahre lang unermüdlich Zeugen aufsuchte und befragte, bezieht sich nach seinen eigenen Worten auf „die Zeugnisse, die ich aus dem Mund unserer alten Patres gehört habe." Die Redemptoristen Gennaro Sarnelli (1702–1744) und Cesare Sportelli (1701–1750) waren, ehe sie dem Gründer Alfons nachfolgten, seine Kollegen am Gericht von Neapel. Gaspare Cajone (1722–1809) und Celestino de Robertis (1719–1807) waren dort nach ihm Rechtsanwälte und sammelten die noch umgehenden Geschichten, bis auch sie ihm in seine Missionen nachfolgten. Tannoia (1727–1808) kannte Sportelli persönlich und gehörte der Generation der letztgenannten an; sie inspirierten und lasen seine „Memoiren". Nicht zu vergessen Giovanni Mazzini (1704–1792), jener Jugendfreund Alfons', der ebenfalls ein Gefährte der ersten Stunde wurde. Mazzini wirkte nicht im Castel Capuano, sondern war neapolitanischer Seminarist; aber, so versichert Tannoia, „ganz Neapel war eben von der Bedeutung der Fälle verblüfft", die man diesem unvergleichlichen Neuling anvertraute.

Unvergleichlich war er tatsächlich, denn „nach den Berichten dieser alten Patres war er ein in jeder Hinsicht außergewöhnlicher Rechtsanwalt: umfassendes Wissen, klarsichtiger Geist, exakte Darlegungen, größte Aufrichtigkeit, Abscheu vor jeder Art von Rechtskniffen, Ablehnung jedes auch nur im geringsten zweifelhaften Falles; seinen Klienten gegenüber war er äußerst menschlich und uneigennützig; sein Einfluß auf die Herzen war so stark, daß seine Plädoyers die Richter in Bann schlugen und seine Gegner sprachlos machten. Daher wollte jeder seine Interessen in solche Hände legen."

Es gibt also keinen Grund zu bestreiten, was 1834 einer der ersten Biographen des Heiligen, ein durch seine Stellung fachlich kompetenter Mann schreibt: „Aus dem *Katalog der Urteilssprüche* wird ersichtlich, daß Alfons von 1715–1723, in der Zeit also, in der er (nach beendetem Praktikum) den Anwaltsberuf ausübte, nie einen Prozess verloren hat[24]."

Wir aber haben diesen *Katalog der Urteilssprüche* verloren. Doch hat uns die Geschichte folgende, für die Meisterschaft des Prozeßführenden und ... seine zunehmende Abneigung gegen die Verteidigung bezeichnende Episode überliefert. Im Jahr 1720 gewinnt Alfons in einer bedeutenden Familienangelegenheit gegen Domenico Bruno. „Ein berühmter Rechtsanwalt", dieser Don Bruno, der später seinen Sitz im Sacro Real Consiglio haben wird. Die geheimen Berichte kennzeichnen ihn so: „Gelehrt, aufrichtig und pünktlich. War der Stolz des Advokatenkollegiums ... Geschätzt wegen seiner freundlichen Umgangsformen[26]." Nun, der große Bruno wird nach all seiner Mühe und Plage vor einem kapitulieren müssen, der stärker ist als er. Einige Jahre später, als aller Zwist wieder erloschen war, begegnete Domenico Bruno seinem Bezwinger, der mittlerweile zum Priester der *lazzaroni* geworden war. Lachend rief er aus:

— Ach, Don Alfons, Gott vergebe Euch! Hättet Ihr diesen Schritt drei Jahre früher getan, so hätte ich nicht mein Gesicht und diese Trophäe für meine Siegesliste verloren!

Eine Trophäe schöner, klingender Dukaten, wie Rispoli verdeutlicht.

— Ich habe meine Klienten verteidigt, so gut ich konnte, antwortet der Ex-Anwalt. Ohne es Euch an Respekt fehlen zu lassen, wie ich hoffe. Aber glaubt mir, ich hatte schon damals das Gefühl, als strebte ich schon tausend Jahre danach, dem Lärm und den Gefahren des Gerichtssaals zu entfliehen.

— Glücklicher Don Alfons! Ihr habt eine gute Wahl getroffen. Und der alte Mann umarmte den jungen Priester.

Die Atmosphäre von Lob und Erfolg, die Liguori in den *Tribunali* umgab, hat ihn also keineswegs berauscht. Sein Vater hatte im Blick auf opulente Honorare und hohe Verwaltungsämter gewünscht, daß er Rechtsanwalt werde. Er hatte gehorcht — was sollte er mit seinen zwölf Jahren auch gegen diesen Teufel von einem Mann ausrichten? Doch sein Herz konnte sich nie an das oft bösartige Fieber des Palazzo gewöhnen. Was wollte Gott von ihm? Priester? Neapel war voll davon, von besseren und schlechteren ... Noch einer, wozu?

Inzwischen — „Zwischen was, Herr?" — fordert das Leben mit Macht sein Recht. Im Castel Capuano reißt man sich um den Rechtsanwalt, aber auch die Stadt — die *Città* — vergißt nicht, daß er zunächst einmal Cavaliere des Seggio di Portanova ist: sie beeilt sich, ihn heranzuziehen, ehe er ganz von seinen Prozessen in Beschlag genommen wird.

Am 27. September 1717 ist er einundzwanzig Jahre alt geworden. Im Dezember, bei der Mandatserneuerung für 1718, wird unser Jurist, Beamter bei den königlichen Instanzen, zum Beamten am Tribunal von S. Lorenzo. Auf einen zweifachen Titel:

— Die Piazza del Popolo beansprucht ihn als „Sachverständigen für die Pachtverträge im Bereich der Brotversorgung". Jene von Portanova, auf die die Ausübung dieses Amtes turnusmäßig trifft, bestätigt diese Wahl durch eine Abstimmung vom 4. Dezember. Alfons muß nun für die ganze Stadt über zivil- und strafrechtliche Streitfälle entscheiden, die die Versorgung mit Backwaren und die städtischen Bäckereien betreffen.

— Gleichzeitig gibt ihm die Piazza di Montagna am 18. Dezember ihre Stimmen für das Amt des Stadtrichters von Reggio Portulano Maggiore. Findet sich in ihren Mauern kein geeigneter Mann, oder hält sie den Sohn eines Galeerenkommandanten für geeigneter? Jedenfalls fällt ihre Wahl auf Cavaliere von Liguori. Dem Portulano Maggiore oblag die Verwaltung und Überwachung des sozusagen „maritimen" Bereichs der Stadt: Plätze und Straßen entlang des Meers, Häfen, Strände und Grenzgewässer. Der Richter mußte also in allen Fällen Bescheid wissen, die mit Anfechtungen, Übergriffen und Beschädigungen in diesem weiträumigen städtischen Bereich zu tun hatten, vor allem aber mit dem Schmuggel von Salz, Tabak, Schokolade und anderen Nahrungsmitteln, die hier in großer Menge verschoben wurden. In den Jahren um 1930 entdeckte man in den Stadtarchiven von Neapel den Akt der Urteilssprüche unseres Richters. Doch leider ging er im Feuer und Rauch unter, als diese Archive 1946 abbrannten. Das Feuer war schneller als ihre angekündigte Veröffentlichung[27]. Die Archivare haben das Feuer nicht entdeckt, aber das Feuer ist oft findig, wenn es um Archive geht ...

Von den Urteilen des Richters wissen wir also nichts Näheres. Ebensowenig auch davon, was er mit den „Gewinnen, Honoraren und Gebühren" machte, die ihm seine städtischen Funktionen und die gewonnenen Prozesse einbrachten. Welchen Anteil daran hatten die Armen? Welchen der Loskauf von Gefangenen? Oder floß alles in die Geschäfte des Vaters, der genau ab 1715 anfing zu sparen und zu investieren[28], also in jenem Jahr, als Alfons nach Beendigung seiner Praktikantenzeit hauptberuflicher Rechtsanwalt mit vollen Bezügen wird?

In dieser Zeit erreicht Don Giuseppe den Höhepunkt seiner Karriere und seines Ehrgeizes. Ein kaiserliches Dekret vom 27. Juni 1716 versetzt ihn von der Kommandatur der *Padrona* auf die der *Capitana*. Er steigt in den Rang eines Oberstleutnants auf und erhält den höchsten Sold der ganzen aktiven Marine: 55 Dukaten monatlich. So kommt er also wieder auf seine *Capitana*, das Schiff seiner Jugend und nun seines Lebens, zurück. Anderes Holz zwar — es wurde dreimal erneuert —, aber das gleiche Admiralsschiff. Nun untersteht sie seinem Kommando, die Königin der Galeeren. Und häufig auch das ganze kleine Geschwader. Denn der Generalkapitän der Galeeren, der Marquese di Fuencalada, hat nichts von einem Seewolf an sich: er ist ein Mann der Verwaltung, des Hofes und ... des Süßwassers[29].

Ein bitterer Tropfen allerdings trübt die Freude: sein alter Freund durch dreißig Jahre hindurch, der Vater der Galeerensträflinge, wird während der Aufenthalte im Trockendock nicht mehr an Bord kommen. Der hl. Francesco de Geronimo ist am 11. Mai desselben Jahres in Gesù Nuovo verstorben.

— Dieser heilige Jesuit, so mag Don Giuseppe mit einem traurigen Lächeln gedacht haben, hat vorhergesagt, daß mein ältester Sohn Bischof und neunzig Jahre alt wird!... Er hatte zwar die Gabe, Wunder zu wirken, der gute Pater Francesco, aber ganz gewiß nicht die Gabe der Weissagung! Neunzig Jahre alt, mein Fonsito? Das möge Gott geben! Warum nicht auch hundert? Aber Bischof? Davon gibt es 150 im Land, Präsidenten des Sacro Real Consiglio aber gibt es nur einen... Er hat gut angefangen, mein Großer, er kann auch die Nachfolge des Präsidenten Domenico Caravita antreten!

Gott läßt sich nicht in die Karten schauen, Herr Oberst! Domenico Caravita wird hundert Jahre alt werden (1670–1770), und nach ihm erhält Don Baldassare Cito, Alfons' Freund und Nachbar, der Partner seiner Kartenspiele, das höchste Verwaltungsamt. Auch er erreichte dieses hohe Alter, und man befragte den Hundertjährigen, der das Amt des Präsidenten noch immer innehatte, über seinen einstigen Gefährten im Spiel und Studium und im Gerichtssaal:

— Ihr habt fünfzehn Jahre Eurer Jugend mit Mgr. von Liguori verbracht. Erinnert Ihr Euch: in der Zeit, als er noch Rechtsanwalt war, muß ihm wohl irgendwann eine Ausschweifung, irgendeine Leichtfertigkeit passiert sein?...

Der greise Richter sammelt sich, den Kopf tief geneigt. Dann antwortet er in heiliger Ehrfurcht:

— Nein, nein. Er war vollkommen. Nicht eine Geste, nicht eine Haltung, nicht ein Wort, die nicht untadelig waren. Ich würde lästern, ja ich würde einen Heiligen lästern, wollte ich das Gegenteil behaupten[30].

Welches Geheimnis also ruhte in Rechtsanwalt Alfons von Liguori?

11. Schenk was du willst, o Welt, du wirst mich nicht umgarnen (1710–1723)

„Sie war die Tochter von Don Francesco von Liguori und Donna Virginia Raitano, Fürsten von Presiccio... Ihr Name: Donna Teresa. Verschwenderisch ausgestattet mit natürlichen Gaben, die sie der Welt angenehm machten, war sie überdies eine reiche Erbin[1]."

Mit diesen zurückhaltenden, aber suggestiven Worten beschreibt Alfons im Jahr 1781 seine entfernte Cousine Teresina. Entfernt dem Verwandtschaftsgrad nach, aber nahe durch ihr Alter — sie ist 1704 geboren — und vor allem durch die Freundschaft, die ihre beiden Familien verband. Sie waren Nachbarn im Borgo dei Vergini, und auch nachdem die Familie Liguori-Cavalieri in das Viertel del Purgatorio gezogen war, rissen die Kontakte nicht ab.

Was liegt näher, als daß die Eltern für ihre Kinder große Pläne schmieden? Schon sehr früh — noch vor 1710 — hatten Giuseppe und Anna einerseits und Francesco und Virginia anderseits zunächst davon geträumt, dann behutsam und insgeheim davon gesprochen und schließlich beschlossen — aber nur ja leise, damit die Kinder nichts hören! —, daß Alfons und Teresina ein Paar werden sollten. Die beiden arglosen Hauptpersonen dieser Pläne waren damals höchstens dreizehn und fünf Jahre alt. Alfons stand am Anfang seines Rechtsstudiums, und

Teresina spielte im Pensionat der Karmelitinnen vom Hl. Sakrament noch ihre Kleinmädchenspiele. Wann wurde sie eingeweiht? Wann der Knabe? Evoziert er nicht seine eigene Erfahrung, wenn er später seinen Bruder Ercole rügt, der ebenfalls seinen Ältesten Giuseppe vorzeitig verloben will: „Pepporiello ist noch zu klein" — der arme Kleine war gerade dreizehn Jahre alt geworden — „auch das Mädchen ist noch zu klein, als daß man schon daran denken dürfte, die beiden zu verheiraten. Es ist sehr bedenklich, schon jetzt eine Verbindung zu planen, die frühestens in sechs oder sieben Jahren vollzogen werden kann ... Vor allem, kein Wort von dieser Heirat zu Peppo²!" Peppo heiratete dann tatsächlich eine andere, und „sie sollten nicht viele Kinder haben".

Immerhin blieb der 1709 geplante und von den Eltern lange gehegte Wunsch einer Verbindung Alfons-Teresina so stark in der Familientradition und der Überlieferung der Redemptoristen lebendig, daß sich daraus eine legendäre Version entwickelte, der Tannoia Glauben — und langes Leben schenkte. Wir geben sie hier kurz wieder, um sie sodann besser zerstören zu können:

Zu all ihren Vorzügen, Titeln und Dukaten fügt die kleine Prinzessin noch rechts eine Null hinzu, die das Ganze im Wert verzehnfacht: sie ist mit ihren fünf Jahren einzige Tochter! Wie sich Don Giuseppe bemüht! Freundlichkeiten über Freundlichkeiten zwischen den Familien! Die Liebe wächst auf beiden Seiten — bei den Eltern. Denn dieser künftige Jurist ist ebenfalls eine gute Partie ... Bis zu dem Tag, an dem — welches Unglück — Donna Virginia offensichtlich schwanger ist und — über die Beziehungen legt sich herbstlicher Reif — einen Sohn zur Welt bringt, einen verwünschten kleinen Cesare. Adieu Herzogtümer, Dukaten, Heirat! Adieu auch für einen verstörten Giuseppe, der nur noch ... seine Galeere besucht.

Winterliche Kälte hat die Freundschaft einfrieren lassen und die Brücken zwischen den beiden Palazzi abgebrochen.

Gleichgültige Neutralität von seiten Alfons'. Verständnislose Enttäuschung seiner zärtlichen Versprochenen. Irritation der Fürsten von Presiccio, die in ihrem Herrenstolz gekränkt und in ihren Hoffnungen für Teresina getäuscht sind ...

Aber nur für einige Monate. Denn der Erbe stirbt im rechten Augenblick und gibt damit seiner Schwester wieder all ihre „Reize" zurück. — Der Kapitän taucht wieder auf, ganz der alte:

— Wie steht es also mit dieser Heirat?

Der Frühling kehrt zurück, denn die Presiccios, zwar in ihrer eigenen Ehre gekränkt, aber glücklich über die Aussichten ihrer Tochter, verschließen sich dieser neuen Sonne nicht. Doch nun ist es die kleine Blume selbst, die sich hochmütig zurückzieht:

— Sie wollten also nur das Erbe und nicht mich! Adieu Welt! Mein Gatte wird Jesus Christus sein! Sprach's und kehrte in ihren Karmel zurück, wo sie am 30. Oktober 1724 im Alter von zwanzig Jahren im Rufe der Heiligkeit stirbt.

Ein Libretto für eine Opera buffa in drei Akten, würdig eines N. Piccinni! Doch läßt die Geschichte der Fakten, wie sie sich tatsächlich zugetragen haben, keinen Zweifel an der Rolle, die Alfons selbst in dieser Angelegenheit gespielt hat. Sie erweist sich außerdem als weit weniger bösartig für Don Giuseppe und um vieles lieblicher für Teresina ... und Jesus Christus.

In Wirklichkeit[3] hatte Virginia Raiano einen Sohn aus erster Ehe: Vincenzo Bartilotti, und dieser war Fürst von Presiccio, Herzog von Puzzomauro und Alleinerbe der Lehen und des Vermögens seines verstorbenen Vaters und seiner Mutter. Ein Jahr nach deren Verehelichung mit Don Francesco von Liguori wurde unsere Teresa geboren (3. April 1704), dann eine Antonia (1707) und schließlich der berüchtigte Cesare (1711). Mittlerweile war Vincenzo Bartilotti gestorben, nämlich genau im Jahr 1709, und hatte Teresina von Liguori Titel, Güter und Dukaten hinterlassen.

Welche Bedeutung sollte schon die Geburt von Antonia und Cesare haben? Das neapolitanische Erstgeburtsrecht jener Zeit — *maggiorasco semplice* — ist nicht frauenfeindlich: Vincenzos Rechte gehen auf Teresa über und können ihr nicht genommen werden, auch wenn nach ihr noch ein ganzes Regiment von Brüdern geboren würde. In zehn Jahren wird sie eine „vergoldete" Herzogin sein.

Don Giuseppe, dessen Seemannsblick weit auf den Horizont hinausschweift, schifft mit allen Rudern auf das „Kap der guten Hoffnung" zu und „beschließt" mit der väterlichen Autorität jener Zeit die künftige Heirat. Diesen Ausdruck verwenden vier Zeugen beim Apostolischen Prozeß.

Dieselben Zeugen berichten aber auch von Alfons' „beharrlicher Weigerung". Alessio Pollio (1742–1813), der 25 Jahre lang der vertraute Diener des Bischofs war und ihm am nächsten stand, sagte aus, er habe „aus dem Mund des Dieners Gottes selbst" gehört, daß er es war, der seine kleine Verlobte dazu gebracht habe, zu „wählen", sich ebenfalls der größeren Liebe zu weihen[4]. Tatsächlich tritt Teresina von Liguori genau wie Theresia von Lisieux mit 15 Jahren in den Karmel ein, nachdem sie durch einen Akt vom 21. April 1719 zugunsten ihres Bruders Cesare auf ihre Lehen verzichtet hat, „damit er eine Ehe schließen kann, die dem Rang seiner Familie würdig ist[5]."

1719 ist genau das Jahr, in dem der junge, in vollem beruflichem Erfolg stehende Alfons seinem Herzen und seinen Pinseln das bewegende Gemälde seines *Christus am Kreuz* und das Antlitz der reinen Schönheit der „Frau seines Lebens", der *Madonna*, abringt. 42 Jahre später beschreibt P. von Liguori in dreizehn kurzen Kapiteln Leben und Tod der Schwester Theresia von Liguori in: *Einige Bemerkungen über das Leben und den Tod der Dienerin Gottes, Schwester Theresia Maria von Liguori*. Mit zwanzig Jahren und sieben Monaten ist sie 1724 verstorben. An Lungenschwindsucht, wie Theresia von Lisieux. Wie sie in Frieden und Liebe. Nach fünf verzehrenden Jahren in Gebet, Armut und Demut, Gehorsam und Prüfungen, Nächstenliebe und Vereinigung mit Gott. „Ich sehne mich sehr danach zu sterben", sagt sie in ihrem Verlangen, sich ganz dem zu vereinen, den Alfons sie lieben gelehrt hat.

Don Giuseppe aber gab sich nicht geschlagen. Denn Alfons war eine glänzende Partie, um die sich die größten Familien für ihre Töchter bemühten. Die Zeugen beim Apostolischen Prozeß berichten von anderen „vorteilhaften Heiraten", die der Vater beharrlich für seinen Sohn einzufädeln versuchte, während dieser sie mit gleicher Beharrlichkeit ablehnte. Tannoia nennt einen Namen — ohne Vornamen: Die Tochter Don Domenico del Balzos, des Herzogs von Presenzano; doch die Spur erweist sich als falsch: dieser Domenico del Balzo hatte aus einer kurzen ersten Ehe keine Kinder, als er 1720 als Dreißigjähriger Alfons' Schwester Maria Teresa heiratete[6].

Genaueres über diese anderen Anwärterinnen ist uns also nicht bekannt; wir wissen nur, daß sich Alfons zu den Besuchen bei ihnen wie zu Bußübungen führen ließ, um seinem Vater den Verdruß einer kategorischen Verweigerung zu ersparen. Doch kam es auch vor, daß er gelegentlich einen asthmatischen Anfall oder jenen „Katarrh" vorschützte, der ihn neunzig Jahre alt werden ließ: „Ihr seht doch, Vater", wagte er mitunter einzuwenden, „daß ich nicht für die Ehe geschaffen bin."

Das Cembalo, das er zum Entzücken aller spielte, ließ ihn oft die Dornen dieser doppelsinnigen Abende vergessen. Gelegentlich konnte er sogar zur Beseitigung aller Doppeldeutigkeit beitragen. So erzählte er lachend die Begebenheit mit der Sängerin, die sich eines Abends ganz nah, fast Wange an Wange zu ihm stellte: der inspirierte Virtuose wendet den Kopf zur anderen Seite. Das Fräulein eilt nach links: Alfons schaut nach rechts. Die Diva kehrt zur rechten Seite zurück: und er schaut nach links. Das geht solange weiter, bis unsere junge Schönheit es leid ist, bald nach hier, bald nach dort zu laufen, und mit einem wütenden: „Dieser Strohhut! Welche Nesseln haben ihn denn gebissen?" Partitur und Musiker aufgibt. Die Rechtsanwälte hießen wegen des Strohhutes, den sie in der warmen Jahreszeit trugen, im Volksmund *Strohhüte*.

Nimmt es wunder, daß Alfons angesichts seiner so wenig kooperativen Haltung seinen geistlichen Führern Andrea Villani und Giovanni Battista Di Costanzo später über diese Abendveranstaltungen sagen konnte: „Mein Vater führte mich dorthin; es fehlte nicht an Anwärterinnen, die sich um mich bemühten, doch habe ich gottseidank nie eine läßliche Sünde begangen[8]."

Die Sünde ist und bleibt die einzige Angst unseres Cavaliere. Dieses feine Gewissen war die Frucht des Heiligen Geistes, seiner wöchentlichen Beichte bei P. Pagano und der Erziehung durch seine heiligmäßige Mutter. Doch vermittelt ihm die Mutter aus ihrem psychologischen Erbe und ihrer Erziehung her leider auch eine Neigung zur Skrupelhaftigkeit, die dem jungen Priester Jahre heftiger Qual bereiten wird.

In diesem mütterlichen Kontakt der „Unschuld" — nichts ist weniger „unschuldig" als dieses Wort — gibt es ein für uns heute schockierendes Detail, das Tannoia gewissenhaft berichtet:

„Man war besonders berührt von der alles übertreffenden Liebe, die Alfons für die Keuschheit zeigte. Er hielt sie für das kostbarste Kleinod seiner Seele. In seinen Beziehungen, seinen Gesten und Worten war er die Zurückhaltung selbst. Er war selbst für die entferntesten Gefahren unerreichbar, so sehr war er vor ihnen auf der Hut. So preßte er, aus Furcht, im Schlaf eine unkeusche Bewegung zu machen, beim Schlafengehen seine Hände in ein Futteral aus dickem Karton. Dies habe ich von seinem Bruder Gaetano erfahren[9]."

Alfons befreit sich zweifellos schon sehr bald wieder von diesen „Handschellen". Wir aber sind davon peinlich berührt. Weil es uns an Information fehlt.

Schon im 15. Jahrhundert hatte Jean Gerson (1363–1429) aus einer unglücklichen übertriebenen Perspektive heraus versucht, Beichtväter, Eltern und Erzieher auf die sexuellen Praktiken und Verfehlungen der Kinder und Jugendlichen aufmerksam zu machen. Seine Zeitgenossen ließen diesen Vorläufer in der Wüste schreiben und schwätzen. Doch im 17. Jahrhundert kamen seine Ideen wieder an die Oberfläche. Sie bewirkten in den Kollegien und den Familien der Reichen die

Entwicklung einer ängstlichen Pädagogik der „Züchtigkeit": allgegenwärtige Überwachung, Abschirmung der Jugendlichen von Hauspersonal und Straße (unser Fonsito war ein Opfer dieser Taktik), geradezu zwanghaftes Mißtrauen, sowie häufiges Drohen mit „Todsünde" und Höllenstrafe[10]. Diese Asepsis entbehrte nicht einer gewissen Scharfsicht, aber sie war auch nicht ungefährlich, brachte sie doch eine stärkere Sensibilisierung und zugleich ängstliche und faszinierte Fixierung, und damit letztlich eine verstärkte Erotisierung mit sich.

Zu diesem kulturellen Phänomen, das noch die erste Hälfte unseres 20. Jahrhunderts bestimmte und uns daher wohlbekannt ist, kam gerade in den Jahren um 1700 eine heute unvorstellbare Schreckensherrschaft der Mediziner, die von den „fürchterlichen" physischen und mentalen „Folgen" der Masturbation bei Jugendlichen sprachen: Wachstumshemmung, Epilepsie, Impotenz, Hysterie, Schwund des Knochenmarks, Verlust von Intelligenz und Gedächtnis... Eine vorweggenommene Hölle schon auf Erden! Die Hände wurden also zum Todfeind des Kindes und des Jugendlichen, auch im Schlaf. Um sie einzusperren, erfanden und verbreiteten die medizinische Fakultät ... und der Handel eine ganze Palette von „Keuschheitsgürteln": Schachteln, Säckchen, Muffs, Bandagen, Zwangsjacken, Handschuhe mit Metallspitzen (!) und andere „Rettungsapparate". Später kam es sogar noch zu den gleichen chirurgischen Eingriffen, die das heutige Europa — ist die eigene Vergangenheit schon vergessen? — dem schwarzen Kontinent zum Vorwurf macht[11].

Von wann ab schlief unser junger Rechtsanwalt „mit freien Händen"?... Als Mann des Geistes und der rechten Mitte nahm er diese Dinge stillschweigend hin: einerseits spricht er weder in seinen Moraltraktaten noch in seinen Predigten *Über die Unkeuschheit* oder *Die Elternpflichten* jemals über die Masturbation, andererseits bewahrt er seiner Mutter innige Dankbarkeit dafür, daß sie ihn vor der Sünde bewahrt und geschützt hat: „Wenn ich in meiner Jugend nichts Schlechtes getan habe, so verdanke ich dies einzig und allein der Fürsorge meiner Mutter." Diese und ähnliche Worte konnte man immer von ihm hören[12].

Nach ihr bleibt die lebendige Quelle seiner geistigen Kraft unverändert die Gemeinschaft der Oratorianer mit P. Pagano, mit ihrem liturgischen Leben und ihren Bruderschaften. Fast zehn Jahre lang hatte er der Bruderschaft der Jungen Adeligen angehört, „am 15. August 1715 wird er im Alter von 19 Jahren in jene der Doktoren aufgenommen. Diese Bruderschaft war eine Heimstätte glühenden religiösen Eifers und genoß in ganz Neapel hohes Ansehen. Getreu dem Geist und den Methoden ihres Gründers, des hl. Philipp Neri, ließen die Priester des Oratoriums nichts außer acht, um die ‚Brüder' mit dem Geist Jesu Christi zu durchdringen; sie waren bestrebt, sie sowohl zu wahren Freunden Gottes als auch zu brauchbaren Dienern des Staates heranzubilden. Als Kind hatte Alfons bei diesen Patres die Milch der Frömmigkeit in sich aufgenommen; als Erwachsener wollte er nun kräftigere Kost essen."

So kommt er einmal oder öfter in der Woche „regelmäßig in das Zimmer seines Seelenführers P. Tommaso Pagano. Er ist sein Schutzengel. Alfons berichtet ihm von seinen Zweifeln und weicht nie von seinen Ratschlägen ab. Das heißt also, daß sein religiöser Eifer als Erwachsener und Rechtsanwalt keineswegs erlahmt, sondern vielmehr noch zunimmt. Er empfängt häufig die Sakramente, steht den Kranken in den Spitälern bei, vertieft sich oft ins Gebet und findet seine

Freude in der Entsagung der Sinne und Leidenschaften. Nie geht er zum Gericht, ohne vorher der hl. Messe beigewohnt" — Don Buonaccia war noch immer im Haus — „und in der Kirche seine gewohnten Andachten gehalten zu haben. Jede Woche geht er zur Bruderschaft der Doktoren und vernachlässigt keine ihrer Verpflichtungen[13]." Hier findet er auf anderer Ebene das Programm des philippinischen Oratoriums wieder, das ihm von Kindheit an vertraut ist: Gebet und Meditation, Lektüre und Vorträge, Vesper und *laudi*, Freundschaft und Entspannung.

In seiner *Selva* entwirft Pater Liguori später zum Gebrauch bei Missionen eine Predigt für Männer „Über den segensreichen Nutzen der Zugehörigkeit zu einer Bruderschaft". Er leitet sie durch folgenden Text aus dem Buch der Weisheit (7,11) ein: „Alle Güter kamen mir zugleich mit ihr." Diese seine zwanzigjährige Erfahrung und seine unauslöschliche Dankbarkeit finden in den drei Danksagungen des Kongregationisten des Oratoriums ihren Niederschlag: Für das Hören des Wortes Gottes, für den häufigen Empfang der Sakramente, für die kindliche Verehrung der Muttergottes. Und dies sind auch die drei Punkte seiner Exhorte[14].

Die Bruderschaft der Doktoren steht unter dem Patronat der Jungfrau von der Heimsuchung, da sie sich als Werk der Barmherzigkeit den Besuch und die Pflege der Kranken des größten neapolitanischen Spitals, *Santa Maria del Popolo* mit dem düsteren Beinamen „die *Unheilbaren*" zur Aufgabe gemacht hat.

1.300 elende Lager, 1.300 Jammergestalten: Männer und Frauen mit körperlichen und geistigen Gebrechen, die meisten auf immer: die Unheilbaren. Sie sind alle arm, denn die Reichen wurden damals zu Hause gepflegt. Das Spital war das Geschwür einer organisch ungleichen und unbewußt ungerechten Gesellschaft. In unvorstellbarem Gestank, und gegenseitiger Ansteckung ausgesetzt, ging hier der Abschaum der Menschheit zugrunde. „Gefängnisse und Spitäler sind die Kloaken der Gesellschaft", schreibt Galanti. „Sie entehren und degradieren die menschliche Rasse." Die Unheilbaren „sind nichts anderes als ein verpesteter Ort, an dem die Übel sich häufen und mehren"[15].

Die Doktorenbruderschaft von der Heimsuchung unterhält mit ihren Almosen 48 Plätze und kümmert sich um 310 Kranke. Besonders beeindruckt wird unser künftiger Moralist hier vom Anblick der Syphilisopfer[16]. „Mit barmherziger Liebe", so berichtet ein Zeuge, „bediente Alfons in seiner Advokatenrobe die Kranken, machte ihre Betten, tröstete sie und brachte ihnen etwas zu essen[17]."

Die Advokatenrobe mag erstaunen. Doch die Brüder von der Heimsuchung zelebrierten hier gewissermaßen zu Ehren des Schmerzensmannes während der Woche abwechselnd und sonntags gemeinsam ein Opfer der Liebe. Diese Mitglieder der „Rota" der Barmherzigkeit „tagten" ohne Degen und in der Toga wie jene der Justiz im Castel Capuano. Die Gesellschaft des Ancien Régime hatte keinerlei Hemmungen, „einerseits das Schauspiel von Prunk, Vergnügen und Luxus vorzuführen und andererseits sich dem Anblick von Bettlertum, Elend und Leid auszusetzen" (Galanti). Sie hielt sich nicht für verpflichtet, diese gesellschaftlichen Klüfte zu beseitigen, sondern nahm sie als Naturgesetz hin; doch überschritt sie diese in der natürlichsten Weise, ohne daß dabei die eine oder die andere Seite ein Unbehagen verspürte, in einer barocken Annäherung der gegensätzlichsten Gesellschaftsschichten.

„Man lebte in diesem Kontrast; hohe Geburt und Reichtum ging mit tiefstem

Elend einher... Diese Vermischung überraschte trotz ihrer grellen Offenkundigkeit niemanden; sie gehörte zur Vielschichtigkeit der Welt, die als natürliche Gegebenheit hinzunehmen war. Männer oder Frauen vornehmen Standes empfanden keinerlei Hemmungen, in ihren prunkvollen Kleidern die unter ihren Lumpen fast nackten Armen der Gefängnisse, der Spitäler oder der Straßen zu besuchen. Der Gegensatz dieser Extreme brachte weder die einen in Verlegenheit, noch demütigte er die anderen. Noch heute ist etwas von diesem moralischen Klima in Süditalien spürbar[18]."

Was hatte unser Sohn aus gutem Haus, der nur in Kreisen seines eigenen Standes verkehrte und in seinem Studium aufging, bis jetzt von diesem „ungeheuren Abgrund" bemerkt, der in dieser Welt Lazarus und den Reichen trennt? Sein Eintritt in die Kongregation der Heimsuchung gibt unserem eleganten Samariter gewiß zum erstenmal die Gelegenheit, den entblößten und geschundenen Menschen, der sich nicht vom Boden erheben kann, der im Graben, am Rande der Wege, die die Reichen gehen, sein Dasein fristet, aus der Nähe kennenzulernen, ihm länger zu begegnen, ihn mit eigenen Händen zu berühren, und zwar nicht nur episodenhaft, sondern Woche um Woche, durch viele Jahre hindurch. Acht Jahre lang „läßt er sich zu ihm herab in Schaudern und Liebe und im Glauben an Jesu Wort: ‚Was ihr dem Geringsten meiner Brüder getan habt, das habt ihr mir getan'." Dieser Arme, der Gekreuzigte, das ist Christus. „Ich war hungrig... ich war durstig... ich war krank... ich war es!" Ja, Christus ist aus eigenem Willen selbst einer dieser Armen und Leidenden geworden — warum hatte er das nicht schon früher bedacht? Die Liebe Gottes hat sich nicht nur zu den Menschen „herabgelassen": er ist selbst Mensch geworden; er hat den Abstand, der ihn von den Geringen trennt, nicht nur vorübergehend „überschritten": er hat ihn aufgehoben, indem er auf die andere Seite tritt. Die Liebe duldet keinen Abstand.

Alfons, der sich immer wieder der Kontemplation des fleischgewordenen und gekreuzigten Wortes hingibt, konnte die Gesellschaft nicht verändern — das scheint auch gar nicht in seiner Perspektive gelegen zu haben —, aber er erkannte schon bald, daß das Evangelium mit diesem Nebeneinander institutioneller Ungleichheiten und der „Barmherzigkeit" der Reichen gegenüber den Armen nicht in Einklang zu bringen ist. So sollte es nicht lange dauern, bis das erstaunte Neapel miterlebte, wie dieser elegante Edelmann sich in einem endgültigen Entschluß in der Welt der Armen niederließ. Als P. von Liguori 1758 die in einem halben Jahrhundert gereifte Frucht seiner Begegnungen mit Christus — seine große *Weihnachtsnovene* — veröffentlicht, entwickelt er darin folgende Themen: „Das ewige Wort Gottes ist Mensch geworden; er war groß und ist gering geworden; der Herr wurde zum Knecht; der Unschuldige zum Schuldigen; der Mächtige zum Schwachen; der ganz sich selbst gehört, wird ganz der unsere; der Höchste zum Gedemütigten[19]." Alfons wartete nicht vierzig Jahre, um daraus die Konsequenzen zu ziehen.

Den Armen widmet sich unser Rechtsanwalt daneben auch noch in einer Bruderschaft, in der die Liguoris sehr aktiv sind: die Bruderschaft der Heiligen Maria der Barmherzigkeit, *Misericordiella* genannt. Ihr Sitz befindet sich fast gegenüber des Supperortico Lopez, am Borgo dei Vergini, wo sie 1532 vom heiligen Gaetano da Tiene gegründet worden war. Ihre Brüder versammeln sich einmal im Monat, legen ihre Degen ab und ziehen eine weiße Kutte mit roter Mozette an.

Mit dem kleinen Offizium der Allerseligsten Jungfrau beginnt ein langer Vormittag des Gebets, der Predigt und der hl. Eucharistie.

Welche Aufgabe nun hat sich die Bruderschaft der Barmherzigkeit gestellt? Ihre Mitglieder bestatten die Armen des Stadtviertels. In Gruppen von mindestens dreißig begleiten sie die Toten psalmensingend zum Ort ihrer letzten Ruhestätte. Das hauptsächliche und ursprüngliche Werk der *Misericordiella* aber ist ein anderes. Sie unterhält ein Hospiz, das pilgernden oder fremden Priestern mit herrschaftlicher Höflichkeit für drei Tage kostenlose Unterkunft und Verpflegung bietet. Ihre brüderliche Liebe scheut auch nicht davor zurück, den Gästen gegebenenfalls die Füße zu waschen. Neben dem Hospiz nimmt ein Spital arme Priester in Pflege, die von den Herren der Bruderschaft mit Hingabe und Achtung gepflegt werden. Einmal pro Woche schließlich legen diese Adeligen Albe und Mozette an und durchstreifen in Vierergruppen die Stadt, um für ihre Schützlinge zu betteln. Eine harte Probe für ihren Stolz! Alfons spricht nicht über sich selbst, aber er berichtet, daß Gennaro Sarnelli, sein Kollege in den *Tribunali* und späterer Mitbruder in seiner Kongregation, „zugab, daß er bei diesem Betteln für die Armen kreuz und quer durch Neapel solchen Widerwillen empfand, daß er vor Scham zu sterben glaubte[20]."

Ein Teil des auf diese Weise gesammelten Geldes wurde zur Betreuung von Klerikern verwandt, die in den Kerkern des Erzbistums und der Nuntiatur schmachteten. Für diese armen Priester war der letzte Sonntag im Monat ein kleiner Feiertag: dann kamen die Brüder der Misericordiella zu ihnen und brachten für Herz und Magen ein klein wenig Sonne: ein gutes Essen und ein bißchen Freundschaft!

Wer durch ein strenges schriftliches Examen und die Entscheidung der Generalversammlung auserwählt wurde, trat mit 18 Jahren in das Noviziat der Bruderschaft ein. Mehr als zehn Jahre (1714–1726) bettelte Alfons von Liguori in weißer Kutte und roter Mozette Woche für Woche in den Straßen Neapels für die armen Priester, für die schuldig gewordenen Priester; mehr als zehn Jahre lang dient er ihnen mit Hand und Herz. Eine Zeit mannigfacher Erfahrungen, Entdekkungen, vertraulicher Mitteilungen und Freundschaften, die einen Mann prägen müssen. „Jesus ist gestorben, um einen Priester zu schaffen"[21], wird er einst schreiben. Doch noch schreibt er nichts; er hält seine geistliche Betrachtung des aus Liebe gestorbenen Christus auf Leinwand fest.

Am 23. März 1726, vierzehn Tage vor seiner Diakonatsweihe, tritt Alfons aus der Bruderschaft der Heiligen Maria von der Barmherzigkeit aus, da ihm seine sonstigen Aufgaben — Theologie, Katechismus, Mission, Brevier, Predigt — „nicht mehr die volle Mitarbeit erlauben". Aber er nimmt eine Blume mit ins Leben, die erst an seinem Totenbett welkt: das Kleine Offizium der Allerseligsten Jungfrau, das er getreulich bis in den Tod beten wird. Zusätzlich zu dem damals sehr langen Brevier. Dieser große Arbeiter ist in noch höherem Maß auch ein großer Beter[22].

Nachdem Don Alfons mit achtzehn Jahren seine Probezeit beendet hatte, war er für den Vater „ein fertiger Mann". Er hatte ihn an seiner Seite in die *Misericordiella* eingeführt. Nun nahm er ihn auch jedes Jahr zu den Exerzitien bei den Jesuiten der Conocchia oder den Lazaristen des Borgo dei Vergini, ihren früheren Nachbarn, mit. Aber er führte ihn auch ins Theater, zu gesellschaftlichen Empfängen und legte Wert darauf, daß er auf jenen, die er natürlich auch selbst veranstaltete, eine gute Figur machte.

Er war stolz auf ihn. Mit Recht. Angesichts des hohen Ansehens, in dem die Familien Liguori und Cavalieri am kaiserlichen Hof standen, und des glänzenden Starts des jungen Rechtsanwaltes sah man ihn allgemein schon über kurz oder lang im Senat des Königreichs sitzen, im Sacro Real Consiglio di S. Chiara[23].

Alfons aber hielt nach anderen Gipfeln Ausschau. „Er war in den Justizpalast gegangen mit dem Ehrgeiz, hier seinen Weg zu machen und den Ruf eines großen Juristen zu erringen", zugleich aber wollte er wachsen in seinem inneren Leben und der Vertrautheit mit Gott[24]. Christen und Heilige sind überall vonnöten. Doch hatte ihn das Anwaltsamt schon sehr bald enttäuscht; umso schwerer war das Gewicht Gottes geworden. Schon 1714 bei seinen ersten geschlossenen Exerzitien in der Conocchia scheint ihn der absolute Charakter der Liebe angezogen und unwiderstehlich gebunden zu haben. Noch 44 Jahre später spricht er vom damaligen Prediger, dem heiligmäßigen Jesuiten Nicola Maria Boviglione, und dem tiefen Eindruck, den dieser auf ihn gemacht hatte. Jedenfalls datiert aus dieser Zeit seine Idee, sein Entschluß — möglicherweise sein Gelübde —, Theatiner zu werden wie seine beiden Vettern und Nachbarn, die Brüder Domenico und Emmanuele von Liguori, deren apostolische Ausstrahlung in S. Paolo Maggiore und in der Stadt schon beträchtlich war[25].

Hier liegt der Ursprung eines langen Dramas, das sich von 1714 bis 1723 hinzieht: die Zurückweisung all der wunderschönen Heiratspläne, die Don Giuseppe nicht müde wird zu schmieden, die Unmöglichkeit, diesem dominierenden und jähzornigen Vater sein Geheimnis zu enthüllen, das dieser weder verstehen noch ertragen könnte.

Alfons wartete auf die Stunde Gottes. Vorerst unterwirft er sich der freiwillig übernommenen und wohlberechneten Abhängigkeit. Mit einer zurückhaltenden Bescheidenheit, die ihn nur noch liebenswerter macht. Mit einem ängstlichen Respekt, den er nie außer acht läßt; bis auf ein einziges Mal:

An jenem Abend hatten die Liguoris eine glänzende Abendgesellschaft gegeben. Als die Gäste aufbrachen, war einer der Diener nicht auf die Sekunde zur Stelle, um ihnen mit seiner Fackel zu leuchten. Dieser kleine Schönheitsfehler in der Etikette verletzte die Eigenliebe des Kommandanten. Kaum waren die Gäste gegangen, als er sich auf den Lakaien stürzte und ihn sich vornahm. Don Giuseppe machte ein Verbrechen aus diesem lächerlichen Vorfall. Schimpfend und schmähend stapfte er auf und ab und steigerte sich in ein Crescendo nicht endenwollender Vorwürfe. Alfons tat der arme Diener leid. Schließlich konnte er nicht mehr an sich halten:

— Was für eine Affäre! Wenn Ihr einmal anfangt, Vater, findet Ihr kein Ende!

Das Wort war allzu wahr, um erträglich zu sein. Alfons stand in Reichweite der väterlichen Hand: er bekam eine gewaltige Ohrfeige. Die Hand eines Galeerenkapitäns ist nicht die eines kleinen Mädchens, ganz gewiß nicht. Und eine Ohrfeige in Gegenwart eines Dieners für einen der ersten Rechtsanwälte des Königreichs, einen Cavaliere obendrein, welche Beleidigung!... Ohne auch nur ein Wort zu sagen, zog sich Alfons in sein Zimmer zurück.

Beim Abendessen bleibt sein Platz leer. Die Mutter geht ihn rufen; sie tritt in sein Zimmer: Alfons liegt weinend zu Füßen des Kreuzes. Ist er von der erlittenen

Schmach so erschüttert? Von der Brutalität des Vaters? Nein, aber davon, daß er es an Respekt mangeln ließ:

— Ich war im Unrecht, Mutter. Bitte, erreicht, daß er mir verzeiht!

Gemeinsam treten sie vor den jähzornigen Offizier. Der Sohn erschöpft sich in bewegten Entschuldigungen. Nur zu glücklich, aus dieser Angelegenheit vorteilhaft aussteigen zu können, umarmt und segnet ihn der Vater, insgeheim über sich selbst beschämt und von Bewunderung ergriffen: dieser Sohn ist größer als er; es ist für den Cavaliere leichter, die türkischen Galeeren anzugreifen, als seinen Zorn oder seinen Stolz zu beherrschen... Von dieser Zeit an gehen seltener und weniger donnernde Gewitter auf die Diener des Hauses nieder.

Einer von ihnen ist der Sklave Abdallah. Geboren um 1697 auf Rhodos, war er bei einer Piratenjagd gefangengenommen worden und zu den „türkischen" Sklaven gekommen, die im Hause Liguori Dienst taten. Man kann sich vorstellen, daß solche Gefangenen nicht gerade Schutzengel waren: es kam durchaus vor, daß der eine oder andere seinen Herrn tötete. Don Giuseppe hatte daher einen Jungen mit offensichtlich guten Anlagen zum persönlichen Lakai für seinen ältesten Sohn ausgewählt. Ganz geblendet von seiner kostbaren Livree, diente Abdallah seinem jungen Herrn und folgte ihm überall, wohin dieser auch ging: Gerichte, Kirchen, Spitäler.

Eines schönen Tages nun möchte Abdallah Christ werden. Allgemeine Verblüffung: keiner der bei den Liguoris dienenden Moslems hat jemals eine solche Bitte ausgesprochen, „obwohl es gewiß nicht daran lag, daß man sie nicht dazu angehalten hätte; Abdallahs Herr dagegen hatte sich immer gehütet, ihn aufzufordern." Von Fragen bedrängt, erklärt der junge Maure:

— Ich will wegen meines Herrn Christ werden; sie ist gewiß wahr, diese Religion, die ihn fähig macht, mit so großer Tugend, Frömmigkeit und solcher Güte mir gegenüber zu leben.

Hocherfreut läßt Alfons seinen Katechumenen von P. Marcello Mastrillo, einem Oratorianer aus seiner Verwandtschaft, prüfen.

— Es ist durchaus ernst gemeint, ist der Schluß, zu dem Mastrillo gelangt. Gebt ihn mir, und ich werde ihn im Glauben unterweisen.

Überglücklich „gibt" ihm der Rechtsanwalt seinen Sklaven. Soweit es überhaupt an ihm ist, ihn herzugeben, denn P. Mastrillo zahlt an die königliche Galeeren ein Lösegeld. Dieses Detail verdient Beachtung: als höherer Offizier mußte Don Giuseppe die maurischen Gefangenen, die er für sich verwandte, nicht kaufen; er „lieh" sie von der Militärmarine aus.

Bei den Oratorianern wird Abdallah krank. Sein neuer Herr läßt ihn bei den Brüdern des hl. Johannes von Gott pflegen. Eines Nachts ruft und ruft er: er verlangt die Taufe, hier und jetzt. Man schickt nach Mastrillo und dem Vikar der Pfarrei S. Tommaso a Capua. Abdallah wird auf den Namen Josef Maria getauft.

— Nun bist du glücklich, sagt P. Mastrillo. Ruh dich jetzt aus.

— Das ist nicht der rechte Moment, mich auszuruhen, antwortet der Neugetaufte. Ich muß gleich ins Paradies gehen.

Er stirbt tatsächlich binnen einer Stunde, mit einem Lächeln auf seinen Lippen. Sein Taufakt — und der seines Eingangs in den Himmel — trägt das Datum des 20. Juni 1715. Er war ungefähr achtzehn Jahre alt[26].

Alfons war kaum älter. Im Jahr 1715 – das Doktorat besaß er seit 1713 – verteidigte er bereits ein Jahr seine Klienten. Der ganze schöne Eifer des Anfängers hätte wie ein Strohfeuer erlöschen können. Aber nein, er hat der Prüfung der Zeit standgehalten. Der Schock der erfahrenen Wirklichkeit hat die Schärfe seiner ersten Entschlüsse in nichts gemildert. Die tägliche hl. Messe und das betrachtende Gebet, die langen eucharistischen Andachten, seine Liebe zur Muttergottes und der häufige Besuch des Oratoriums haben mehr als fünf Jahre hindurch seine Einstellung ungeschmälert bewahrt. Man könnte glauben, Alfons sei aus anderem Holz geschnitzt gewesen als wir.

Informiert und zuverlässig belehrt uns Tannoia einerseits eines Besseren und beruhigt uns andererseits:

Bis dahin war Alfons vollkommen, zu vollkommen; aber nichts muß der Mensch mehr fürchten als seine eigene Unbeständigkeit... „Als alter Mann gesteht er, daß sich sein Eifer merklich abgekühlt hatte, als er etwa zwanzig Jahre alt war, und daß er damals beinahe seine Seele und Gott verloren hätte. Der Vater nahm ihn immer wieder zu den Salons mit und wollte, daß er häufig ins Theater gehe. Alfons liebte es, sich an Spieltischen zu zerstreuen, und suchte sie oft aus eigenem Antrieb auf. So wurde sein Herz allmählich leichtsinnig; sein Eifer für das Gute flaute ab; das Brot des Gebetes, das einst seine Wonne war, schmeckte schal. Dazu kam der Beifall, der ihm überall entgegenschlug, die Heiratsanträge, die schmeichlerischen Botschaften, die ihm durch Diener übermittelt wurden, die Komplimente der jungen Damen und ihrer Eltern, die natürlich nicht ausblieben. Seinen Leidenschaften wurde auf diese Weise derart geschmeichelt, daß sein Herz sich verwirrte und sein Eifer erlahmte. Aus dieser spirituellen Erkaltung heraus genügt ihm schon das unscheinbarste Motiv, um das eine oder andere seiner Werke der Frömmigkeit zu unterlassen. Er selbst hat es zugegeben: hätte er länger in dieser Lauheit verharrt, dann wäre er gewiß eines Tages tief gefallen[27].“

In der Einleitung zu seinen *Besuchungen des allerheiligsten Altarssakraments* (1745) bekennt Alfons selbst: „Zu meinem Unglück lebte ich bis zum Alter von 26 Jahren in der Welt... Glaubt mir, alles in ihr ist Torheit. Bankette, Theater, Salons, Vergnügungen, das sind die Güter dieser Welt. Aber sie sind nur Dornen und Bitterkeit. Glaubt dem, der es selbst erfahren hat und der darüber weint[28].“

Es ist die aus weitem Abstand empfundene Reue eines Heiligen über sein mondänes Leben, eine Reue, deren lebendiges Feuer alles in Asche gelegt hat. Ein Leben verlorener Zeit – für die Liguoris das Verbrechen schlechthin – gewiß. Ein Leben voll verführerischen Zaubers, zweifellos. Ein Leben der Sünde? Beurteilen wir es durch denjenigen „Dorn“, der ihn am meisten entzückte: das Theater.

Zu jener Zeit ließen die Bischöfe in Italien und anderen Ländern und sogar die Regierungen häufig die „fahrenden Komödianten“ verfolgen, da diese Schauspieler der Marktplätze mit ihren Darbietungen oft der Unzucht Vorschub leisteten. Das große Theater aber war niemals Gegenstand des Bannstrahls der universalen Kirche. Im 17. und 18. Jahrhundert waren es die reformierten Kirchen Frankreichs, die Herren von Port-Royal, der Erzbischof und die Priester von Paris, Bossuet und sein Gefolge, die die Komödianten „exkommunizierten“. Der Rechtsanwalt und spätere Moraltheologe Alfons von Liguori aber weiß nichts von diesen gallikanischen Scharmützeln. Sie finden ihren Weg über das Meer in das Neue Frankreich, nicht aber über die Alpen nach Italien[29].

An jenem Abend des 29. August 1758, an dem er sich wie durch ein Wunder zu einem vertraulichen Gespräch hinreißen ließ, erzählte P. von Liguori also, daß er in seiner Jugend häufig das Theater S. Bartolomeo besuchte. Um begierig die wirbelnden Ballerinas oder die üppigen Primadonnen mit den Augen zu verschlingen? Nein: er war sehr kurzsichtig... und nahm seine Brille ab! Was also? Er war im Theater – die Augen halbgeschlossen, den Blick nach innen gewandt – im wahrsten Sinn des Wortes „ganz Ohr".

Denn das neapolitanische Theater des beginnenden 18. Jahrhunderts, das war die Oper.

Die Oper, die sogar die Dialoge in Gesang übersetzt und Worte, Sätze und die Handlung der alles beherrschenden Musik unterordnet und damit die letzten Bindungen der Szene an das Wahrscheinliche gesprengt hat; die Oper, die das Drama in den Fluten des Orchesters und des Belcanto treiben läßt, auch unter der durchaus akzeptierten Gefahr, es darin zu ertränken.

Die Heimat der Oper war, wie nicht anders zu erwarten, das musikalische Italien. Von Neapel aus nahm sie mit Alessandro Scarlatti und seiner glänzenden Schule ihren Weg in die Welt, und zwar vom Theater S. Bartolomeo aus. Von diesem Mittelpunkt aus hatte die Oper alle italienischen Städte, alle europäischen Hauptstädte erobert.

„Was Europa begeistert aufnahm, war die italienische Oper. Italien, das diesem Genre das Vorbild lieferte, ist die unerschöpfliche Quelle, aus der die Klangwellen fließen; es versorgt ganz Europa nicht nur mit Musik, sondern auch mit ihren Interpreten; es ist die Melodie selbst. So erobern seine Melodramen alle benachbarten Völker. Paris will kämpfen; doch ist das Genie, das es den Italienern entgegenstellt, selbst ein Italiener – Lulli (1632–1687)." Hamburg bleibt der deutschen Musik lange treu, gibt aber schließlich doch nach. Die Welt der Oper ist eine ausschließlich italienische Domäne.

Woher aber rührt diese bevorzugte Behandlung, diese Vorrangstellung? – Die Literatur war nur noch bescheidene Dienerin, der die Musik ihre Gesetze aufzwang. Die Musik verlangte hier eine Arie, dort ein Duett und etwas weiter einen Chor; sie wollte, daß eine bestimmte Anzahl von Versen, ein bestimmter Rhythmus dem Tenor, dem Baß vorbehalten blieben; sie schrieb alles vor, bis hin zum Vokabular, das leichtfüßig und harmonisch zu sein hatte. Vom Schriftsteller verlangte sie nichts weiter als Geschmeidigkeit und Geschicklichkeit: seine Kunst bestand nur noch darin, sich anzupassen, dem Komponisten, dem Dirigenten und der Primadonna zu gehorchen. Hier gewann die italienische Sprache, die reicher, klangvoller, harmonischer und vielfältiger ist als alle anderen Sprachen Europas, das Ansehen wieder zurück, das sie dort verloren hatte, wo es darum ging, Ideen zum Ausdruck zu bringen.

Die italienische Musik, welche Wonne! Welcher Ausbruch aus überkommenen Zwängen! Welch feuriger Reichtum! Welche Überfülle! Welch triumphierende Leichtigkeit! Freigebig und unerschöpflich bot sie einem Publikum, das ohne sie nicht mehr auskommen konnte, was die französische Musik nicht besaß, was keine Musik in irgendeinem Land besaß: Feuer, Witz, Charakter. Ja, den stets ausgeprägten Charakter, ob es sich nun um den Ausdruck der Lebhaftigkeit oder der Zartheit handelte. Sie strebte nicht nach sanfter, gleichförmiger, einheitlicher – ihre Themen entwickelten sich eigentlich nur in den Überleitungen – bedächtiger und logischer Harmonie: sie wagte und riskierte und betörte gerade durch ihre Kühnheit die Seele[30]."

Dies war die einzige Torheit, der sich der Schüler Gaetano Crecos wirklich hingab. Sie bewahrte ihn vor anderen. Als er eines Tages Bernardo Maria Apice, einen jungen Schüler, vor den Gefahren der Welt warnt, entschlüpft ihm folgendes Geständnis:

— Ich habe viele Theater besucht. Doch habe ich dort gottseidank keine Sünde begangen. Ich wollte mich nur an der Musik ergötzen; sie nahm mich ganz gefangen, und ich dachte an nichts anderes[31].

Bald aber wird Gott ihn ganz und gar für sich beanspruchen, und er wird wirklich an nichts anderes mehr denken.

Am Samstagabend, dem 28. März 1722, kommen zur Zeit der ersten Vesper des Palmsonntags etwa vierzig Herren in kleinen Gruppen zu den Missionspriestern — den Lazaristen — auf der Piazza dei Vergini: die Carafas, die Filomarions, die Spinellis, die Ruffos, die drei jungen Brüder Capecelatro: Giuseppe, Carlo und Francesco, „Signore Don Giuseppe von Liguori und Don Alfons, sein Sohn". Sie wollen in Schweigen und nur in Gegenwart Gottes achttägige geschlossene Exerzitien machen. Francesco Capecelatro, Herzog von Casabona, hatte seinen Freund Alfons mitgebracht. War es nur der Wunsch, diese glaubensintensive Zeit mit einem Freund zu teilen, oder die ausgestreckte Hand für einen Bruder, von dem er spürt, daß er strauchelte? Das Leben der Heiligen ist aus bestimmten Gnaden gewebt, die menschliche Namen und Gesichter tragen.

Zu Francesco Capecelatros Namen müssen wir den des Predigers hinzufügen: Pater Vincenzo Cuttica, fünfzig Jahre alt, Superior des Hauses. „Ein Mann, der Gott im Herzen und auf den Lippen trug", sagt Tannoia.

„Die Gnade, die Alfons verfolgte, die ihn nicht loslassen wollte und die nicht aufhörte, an die Pforte seines Herzens zu pochen, sie ließ ihn erkennen, wie weit er von seiner ersten Liebe abgefallen war; es wurde ihm klar, daß die Welt ihn nicht einmal mit den Eicheln des Gleichnisses sättigte; daß seine erste Zuneigung nicht mehr Gott galt, daß er am Heiligen Tisch nur noch ohne Verlangen und gesättigt von anderen Dingen Platz nahm.

Es war der abendliche Regen auf einen ausgetrockneten, aber nicht verbrannten Boden. Sogleich gewannen die Keime der Frömmigkeit, die von den Dornen der Leidenschaft schon erstickt zu werden drohten, neue Kraft. Alfons wird vom Lichte Gottes erfüllt; er weint über seine Verirrung und gelobt Gott in einem festen Entschluß, den Weg zu verlassen, auf den er sich leichtfertig begeben hat. Diese eineinhalb Jahre, die er damals zu Füßen des Gekreuzigten verwünscht und beweint, wird er bis in sein Alter unter Tränen anklagen[32]."

Die Söhne des hl. Vinzenz von Paul, die ihre Exerzitien im Zeichen der sehr positiven Spiritualität der Französischen Schule („Ecole française") hielten — „die Wahrheiten und Ideale unseres Herrn Jesus Christus" —, verzichteten aber auch auf den Trumpf der Angst nicht. P. Cuttica bezog sich in seiner Predigt über die Hölle mit großem Erfolg auf das Bild der *Verdammten Seele*, das noch heute bei den Lazaristen von Neapel zu sehen ist: eine große Darstellung des Crucifixus, Papier auf Leinwand geklebt: An seinem unteren Ende ist es von den beiden feurigen Händen einer Verdammten versengt, die 1711 in Florenz ihrem Geliebten erschienen sein soll. Dieser Stich, im November 1712 von P. Bernardo Giuseppe

Scaramelli nach Neapel gebracht, wurde allen Exerzitienteilnehmern gezeigt. Die Liguoris hatten ihn also bereits bei allen ihren Exerzitien auf der Piazza dei Vergini gesehen. Beeindruckte er unseren Rechtsanwalt tiefer, weil er lau geworden war? Allerdings erwähnte er in den Predigten oder Meditationen über die Hölle, die er uns hinterlassen hat, weder diese Geschichte noch das Bild.

Am Karsamstag, dem 4. April, läuteten die Glocken das *Gloria* über einen neuen Alfons: er hatte der Welt und ihren Eitelkeiten und sogar dem Theater endgültig entsagt; zu Füßen des Kreuzes hatte er gelobt, nur für Gott und sein Heil im Zölibat zu leben; sein „Umgang" sollten nur noch die „Unheilbaren" und das hl. Sakrament sein.

Seine *Geistlichen Gesänge* sind voll der Erinnerungen an diese siegreiche Befreiung. Eine Strophe unter hundert anderen:

> Schenk, was, du willst, o Welt,
> Du wirst mich nicht umgarnen!
> Gib du dem Narrn, was ihm gefällt,
> Laß eitlen Prunk ihn, Sünd', umarmen.
> Mich aber hoffe nicht in deinem Dienst zu sehen,
> Denn andres Gut hat mich umfangen.

Bis zu seinem Tod erklärt Alfons immer wieder, daß diese heiligen Exerzitien von 1722 die größte Barmherzigkeit waren, die Gott ihm in seinem Leben gewährt hat. Seine aktive Dankbarkeit dem Herrn und seinem Freund, dem Cavaliere Capecelatro gegenüber wird nie versiegen[34].

Sechs Monate später, am 21. September 1722, empfängt er in der Begeisterung dieser Exerzitien und gewiß auch in dem Verlangen, sich für die gnadenlosen Kämpfe zu rüsten, die diese unwiderrufliche Entscheidung nach sich ziehen wird, aus den Händen des Bischofs von Acerra, Mgr. Giuseppe Maria Positano, die Firmung. Mit 26 Jahren!

Warum so spät? Die verschiedenen Diözesansynoden sagen nichts über das Alter aus und hatten außerdem zu diesem Sakrament nichts anzumerken. Es war damals üblich, es erst Erwachsenen mit 20, 30 oder ... 60 Jahren zu spenden[35].

Nach seiner Erfahrung und seinen Reflexionen über die *Siege der Märtyrer* ist die Firmung für den Theologen Alfons das Sakrament des Geistes der Stärke: „Stärke der Seele", „Stärke im spirituellen Kampf", „Stärke, mit einer Liebe zu lieben, die stärker ist als der Tod", „Stärke, alles für Gott zu erdulden und alles für den Glauben auf sich zu nehmen[36]".

Die Stärke der Liebe schöpfte Alfons daneben auch überreich aus der Eucharistie: er empfängt mehrmals pro Woche die hl. Kommunion und besucht täglich das Allerheiligste Sakrament des Altars „in jeder Kirche der Stadt, mag sie auch noch so weit von seinem Wohnort entfernt sein, in der am entsprechenden Tag das Vierzigstündige Gebet gehalten wird. Nicht nur für einige Minuten, wie die meisten: er verweilte hier mehrere Stunden täglich, versunken in kontemplativer und glücklicher Vertrautheit mit Gott. Es war ein schöner Anblick, wie er hier, oft in Berufskleidung, dem göttlichen Gastgeber der Altäre seine Aufwartung machte[37]".

War es nur ein Strohfeuer für einige Monate?

„Solange er, zunächst noch in der Welt stehend, dann als Priester, in Neapel wohnte, hielt er tagtäglich seine leidenschaftliche Wache bei der Eucharistie. Auch später war er, sooft er sich in der Hauptstadt aufhielt, stets vor dem ausgesetzten Allerheiligsten anzutreffen. Giovanni Mazzini berichtet, er habe den jungen Rechtsanwalt stundenlang in Ekstase zu Füßen des Allerheiligsten gesehen. Die Augen auf die Monstranz gerichtet und wie von Sinnen, bemerkte er nicht einmal, wenn seine Perücke gelegentlich verrutschte. Die Glut dieses Laien erregte die Bewunderung und ... Verwirrung vieler durchaus eifriger Priester.

— Wer ist dieser Mensch? fragte man sich.

Man kam und kehrte wieder, ihn zu sehen. Man beneidete ihn um seinen religiösen Eifer und ließ sich davon anstecken. Es entstanden heiligmäßige Freundschaften. Unter anderen die mit G. Mazzini, der damals ein achtzehnjähriger Seminarist war[38].

Der Liebende bringt seiner Geliebten Blumen. In seiner ganz nahe gelegenen Pfarrkirche S. Angelo a Segno war der Altar auf seine Kosten stets reich mit Blumen geschmückt.

Wenn einer seiner Frau während der Flitterwochen Blumensträuße bringt, dann ist er jung verheiratet; wenn er ihr aber noch nach dreißigjähriger Ehe Blumen bringt, dann liebt er. „Sein ganzes Leben lang war es Alfons ein Herzensanliegen, seinen Geliebten im Tabernakel mit der ganzen Vielfalt der südländischen Flora zu schmücken. In den Klöstern, in denen er wohnte, besorgte er sich die seltensten Samen und pflückte dann die Blumen eigenhändig, um den Altar damit zu schmücken. Er beneidete diese unschuldigen Kreaturen, weil sie Tag und Nacht bei ihrem Schöpfer weilen durften. Das drückt er auch in einem seiner Geistlichen Gesänge aus"[39]:

Glücklich, ihr Blumen, die Tag und Nacht
Bei meinem Jesus ihr immerdar wacht.
Euer Blühn und Vergehen gilt Ihm allein
In dem ewigen Glück, bei Ihm zu sein.

O könnte an eurer Stelle ich stehn
Müßt nie mehr in die Welt ich gehn.
O höchstes Glück, bei meinem Leben
Zu blühn, zu welken und zu vergehen.

In der Karwoche 1723 machte Alfons vom Palmsonntag, dem 20. März, bis zum österlichen Halleluja wiederum die Exerzitien bei Pater Cuttica. Er erneuert seinen Vorsatz, „nur noch Gott und sein Heil im Sinn zu haben und von Ehe nicht einmal mehr sprechen hören zu wollen". Aus der Logik dieser Entscheidung heraus, die einen Fortbestand des Geschlechts der Liguori durch ihn ausschließt, geht er noch einen großen Schritt weiter: „Er beschließt, zugunsten seines Bruders Ercole auf sein Ältestenrecht zu verzichten. Ohne allerdings seinen Anwaltsberuf aufzugeben[40]."

Erringt er hier aber nicht im Dienste der Gerechtigkeit laufend Erfolge?

12. Verlorener Prozeß oder gewonnene Sache? (1723)

„Am 29. August 1758 nahm unser Vater bei der Abendrekreation die Tatsache, daß er sich auf einen Tag vor 35 Jahren Gott geschenkt hatte[1], zum Anlaß, um uns einige Einzelheiten über dieses Thema zu erzählen... Er vertrat damals bei einem Prozeß, in dem es um etwa 600.000 Dukaten ging, den Herzog von Gravina gegen das Haus Toskana. Da es sich um eine bedeutende Sache handelte, hatte er sie gründlich und sehr lange studiert. Gegenstand des Streitfalls war ein Lehen, bei dem es zu entscheiden galt, ob es alt oder neu sei. Unser Vater behauptete, es sei alt und hatte dies in seinem Plädoyer ausführlich bewiesen. Daraufhin ließ einer der Richter, möglicherweise Maggiocchi, den Überlassungsakt vorlesen: die Klausel *in novum* (als neues Lehen) war hier eindeutig formuliert. Unser Vater hatte aber dieses Dokument oft und oft gelesen... Diese Einzelheiten hat er uns selbst in fast den gleichen Worten berichtet, und ich habe sie eine halbe Stunde danach aufgeschrieben."

Für diese sofort aufgegriffene und exakt festgehaltene vertrauliche Mitteilung müßten wir dem jungen Pater Pasquale Bonassisa eigentlich die „goldene Feder" verleihen. Denn diese aus zweihundertjährigem Schlummer in den Archiven wieder erweckte schlichte Notiz zerstört eine lange Legende über ein Schlüsselereignis in Alfons von Liguoris Schicksal[2].

Mit hintergründiger Bescheidenheit verrät der Gründer der Redemptoristen an jenem Abend des 29. August 1758 nur eben soviel über diese Sache, daß seine Söhne an seiner Dankbarkeit teilhaben und... an seiner beruflichen Meisterschaft zweifeln können. Auf ihrer Suche nach Erklärungen verirren sich Tannoia und die anderen Biographen im Labyrinth der Gesetze der Lombardei und des Anjou. Ihnen zufolge hätte der Anwalt die in ihrer Eindeutigkeit in nichts zu überbietende Hauptakte für die Prozeßführung hundertmal vor Augen gehabt und... doch übersehen. Dieses Papier hätte also genügt, um mit einem Schlag das gewichtige Gebäude eines sehr selbstsicheren Plädoyers zusammenbrechen zu lassen. Nach dieser Niederlage habe Alfons mit dem in diesem Zusammenhang lächerlichen und unpassenden Wort Corneilles den Gerichtssaal für immer verlassen: „Welt, ich kenne dich!" Weitaus angebrachter und eines verantwortungsbewußten Erwachsenen würdiger wären die Worte gewesen: „Alfons, ich kenne Dich! Du bist unverzeihlich leichtsinnig!"

Die „providentielle" Blindheit des großen Rechtsanwalts und die mangelnde Logik seiner Abschlußrede haben mehr als einen Schatten des Zweifels auf diese Szene geworfen. Wie aber ist sie zu erhellen?

Tannoia gibt uns die genauen Daten dieses Prozesses: 1723 — Einsatz: fünf- bis sechshunderttausend Dukaten — Kernfrage des Streits: ein Lehen, von dem es festzustellen galt, ob seine Abtretung „alt" oder „neu" war, schließlich der Name eines der Protagonisten: Großherzog der Toscana. Es fragt sich aber, wer Alfons' Klient war: ein Ruffo? ein Orsini? oder irgendein anderer „Magnat des Königreichs"?

Glücklicherweise fördert ein erfolgreicher Forscher um 1940 aus den Generalarchiven der Redemptoristen die Notiz zutage, die P. Bonassisa am Abend des

29. August 1758 sogleich nach P. von Liguoris Äußerungen niedergeschrieben hatte. Hier wird der Herzog von Gravina, damals Filippo Orsini, als Klient genannt. Das Puzzle war also vollständig. Da es 1723 nicht viele Prozesse des Herzogs von Gravina gegen das Herrscherhaus von Florenz gibt, wird es nun endlich möglich, auf die Auflösung dieses Rätsels zu hoffen, selbst wenn, wie wir nicht vergessen dürfen, die Namen der Rechtsanwälte damals nicht in den Gerichtsakten aufscheinen. Raimondo Telleria kann in den Staatsarchiven von Neapel tatsächlich das fragliche Lehen — Amatrice — identifizieren und findet dort auch die genauen Forderungen der Orsini an die Medici. Oreste Gregorio wiederum forscht in der Staatsarchiven von Florenz und erhellt alle näheren Umstände zu diesem Streitfall, der für unseren Rechtsanwalt zum Prozeß seines Lebens werden sollte, in ihrer vollen Tragweite[3].

Um verstehen zu können, was hier auf dem Spiel stand, müssen wir bis zu Karl V. zurückgehen!

Der große Kaiser verstand sich darauf, seine Gegner zu schröpfen, um sodann seine wackeren Kapitäne zu beschenken. So hatte er 1538 einem gewissen Alessandro Vitelli, ihm „und seinen leiblichen legitimen Erben — Männern und Frauen — für immer" (successoribus ex suo corpore legitime descendentibus... in perpetuum) das Lehen von Amatrice überlassen. Amatrice, am Nordrand der Abruzzen in der heutigen Provinz Rieti gelegen, war damals ein Städtchen von 1.216 Haushalten. Nach Alessandros Tod geht das Lehen auf dessen Sohn Giacomo über, der wiederum zwei Töchter hat: Beatrice und Isabella. Letztere heiratet Ippolito della Rovere, und ihre Urenkelin Vittoria wird mit List und Tücke jene Verwirrung stiften, die Alfons dann aufzulösen versucht.

Zunächst aber erbt natürlich die Ältere, Beatrice Vitelli, Amatrice. Sie hat sich 1586 mit Virginio Orsini di Bracciano vermählt, und Amatrice geht auf ihren Sohn Latino und später ihren Enkel Alessandro über.

1648 allerdings beginnen die Dinge, sich zu verwirren, als eben dieser Alessandro Orsini nach dreizehnjähriger Ehe seine Frau ermordet. Er wird zu dreißig Jahren Gefängnis verurteilt und muß nach verschiedenen Seiten bedeutende Schadenersatzleistungen aufbringen. Um ihn „vollends zu ruinieren" und die Ehre seiner Mutter zu rächen, fordert sein einziger Sohn Felice auf gerichtlichem Weg 245.560 Escudos. Doch schon bald stirbt der arme Junge kinderlos am Wiener Hof, nachdem er zuvor alle seine Güter und Rechte — und damit auch seine Baronie von Amatrice — Kaiser Leopold I. von Habsburg vermacht hat.

„Seine Baronie"? Nein, denn sein verbrecherischer Vater überlebte ihn und nahm nach seiner Entlassung aus dem Gefängnis sein Lehen wieder an sich; dem Kaiser aber blieben nur schwer feststellbare und noch schwerer mit einem realen Wert zu benennende Hypotheken.

Ein erster Prozeß stand in Aussicht.

Und auch schon ein zweiter.

Denn als Alessandro Orsini di Bracciano das Gefängnis verläßt, hat er zwar keinen Erben mehr, dafür aber mehr Schulden denn je. Er schuldet insbesondere seinem Vetter Domenico Orsini, Herzog von Gravina und Solofra, 150.000 Dukaten sowie eine jährliche Rente von 4.000 Dukaten. In einem durch königliche Zustimmung (assenso) bestätigten Notariatsakt von 1688 überläßt er ihm seine Baronie von Amatrice als Pfand und „sichert ihm das Nießrecht zu, ihm und seinen Erben, ohne daß irgendjemand sie hier belangen kann, solange sie nicht alles, was ihnen zusteht, erhalten haben". So nehmen die Orsini di Gravina also in Amatrice den Platz der Orsini di Bracciano ein.

Doch konnten sie sich ihres Besitztums nicht lange erfreuen. Vier Jahre danach, 1692, stirbt Fürst Alessandro Orsini, erschöpft durch seine Jahre, sein Unglück und seine Schulden. Sofort stürzen sich die Gläubiger auf seinen Nachlaß. Aber die Real Camera della Sommaria lauerte schon wie die Spinne im Eck ihres Netzes und vereint nun alle Ansprüche in einem einzigen, indem sie sich zuerst bediente: das Lehen von Amatrice fiel an die (spanische) Krone zurück; die übrigen Güter wurden dem unersättlichen Fiskus in den Rachen geworfen, so daß nicht ein Carlino für die anderen Gläubiger übrigblieb. Denn schließlich waren weder der deutsche Kaiser noch die Orsini di Gravina direkte Nachkommen — *ex suo corpore* — Alessandro Vitellis, des Kapitäns Karls V. . . .

Bei diesem Stand der Dinge nun meldete sich Isabella Vitellis Großenkelin, die Großherzogin der Toskana, Vittoria di Montefeltro della Rovere, Witwe des Großherzogs Ferdinand II. von Medici. Auch sie lauerte auf das hügelige Amatrice mit seinem sonnigen See, denn sie war ja eine direkte Nachfahrin des Kapitäns Karls V. Kaum war ihr armer Vetter Alessandro Orsini im Jahre 1692 verstorben, als sie schon den Juristen Michele Geronimo Cattaneo beauftragte, in Neapel ihr Recht geltend zu machen.

Aber wenn sie es noch nicht gewußt haben sollte, so erfuhr sie schon bald, daß ihr Amatrice auch schwere Belastungen gegenüber dem spanischen Fiskus, dem Kaiser und vor allem den Orsini di Gravina . . . bringen würde.

Doch daran sollte es nicht scheitern. Für ein gekröntes Haupt kann ein anderes gekröntes Haupt durchaus juristische Feinheiten zur Geltung bringen!

— Frau Großherzogin, der einzige Titel, auf den hin Ihr das Lehen von Amatrice fordern könnt, ist die *alte* Überlassung, die Karl V. Eurem Ahnen Alessandro Vitelli zugestand. Aufgrund dieses Blutsrechts, dieses *alten* Rechts, besteht Ihr darauf, es zu fordern. Aber Ihr hättet es gern ohne seine schweren Hypotheken. Serenissima, das ist verständlich; man wird darüber doch keinen Streit beginnen. Zahlt dem Fiskus die Summe von 28.000 Dukaten — was genau dem *alten* Tarif entspricht —, und man wird Euch ein *neues* Recht geben, das frei ist von Alessandro Orsinis Schulden.

Das war eine schreiende, aber offiziell gebilligte Ungerechtigkeit gegen die Familie Orsini di Gravina!

Der königliche Lehensschein, der in den Staatsarchiven von Neapel einzusehen ist, lautet also:

„Am 3. Mai 1693 überläßt der Fiskus der Serenissima Großherzogin von Toskana die Nutzung der Stadt Amatrice als neues Lehen *(in feudum novum)*, mit allen damit verbundenen Rechten und Pflichten unter der Auflage, daß sie den Fiskus von jeglichem Vertreibungsrechtsanspruch und jeder Restitution oder Reklamation anderer Rechtstitel befreit."

Man beachte nebenbei: der Fiskus befürchtet offensichtlich, die Gläubiger von Amatrice könnten sich wieder an ihn wenden, und versucht auf diese Weise, sich ihrer zu entledigen.

Aber nicht doch. Dieser Schwindel wird alsbald durch königlichen *assenso* sanktioniert:

„Am 29. Mai 1693 hat der Vizekönig, Graf von S. Stefano, Francesco von Benavides, die Investitur von Amatrice als *neues Lehen* an Dr. Michele Geronimo Cattaneo zugunsten der Serenissima Großherzogin von Toskana, Vittoria della Rovere, in Abwesenheit überlassen..."

Das am 4. Juni ausgefertigte Überlassungsprivileg verwendet, zweifellos aufgrund eines schlechten Gewissens und um jedem Angriff zuvorzukommen, folgende Klausel:

„Die Güter, Erträge und Rechte wurden selbstverständlich *in novum feudum*, als neues Lehen gegeben."

Auch ein Zusatzdokument kommt noch einmal darauf zurück, gleich dem Verbrecher, der zum Ort seiner Tat zurückkehrt:

„Obwohl die mit der Serenissima... abgeschlossene Transaktion nach der alten Gebühr bezahlt wurde, wurde Amatrice *in feudum novum et juxta feudum novum*, als neues Lehen und nach den für neue Lehen gültigen Gesetzen, verkauft."

Damit standen die Gläubiger des alten Lehens vor einer vierfach verriegelten Tür. Das „Recht" hatte man also verschachert, was aber wurde aus der „Gerechtigkeit"?

Die Familie Orsini di Gravina versuchte zwar eine Offensive, doch bestritt Cattaneo ihre Forderungen, verwickelte sie in das Labyrinth der Gesetze und brachte sie damit zum Schweigen. Vittoria della Rovere wurde also Baronin von Amatrice. Allerdings nur für einige Monate. Bei ihrem Tod am 6. März ging das Lehen an ihren Sohn, den Großherzog Cosimo III. von Medici (1642–1723). Eine faule Sache also, die wie so viele andere bis zum Jüngsten Gericht ruhen wird?... Mitnichten.

1716 wird in Neapel ein langer Prozeß eröffnet. Ein Prozeß um die Baronie von Amatrice, die Kaiser Karl VI. persönlich von Cosimo III. von Medici fordert. Auf welchen Titel? Auf den des Testaments von Felici Orsini, das dieser in Wien zugunsten seines Vaters Leopold I. gemacht hatte.

Hier nun taucht die gleiche Frage auf, die Rechtsanwalt Alfons von Liguori für einen anderen Klienten debattiert: ist das Lehen von Amatrice durch die Überlassung *in feudum novum*, die der Fiskus mit Großherzogin Vittoria ausgehandelt hatte, von seinen früheren Belastungen befreit?

Habsburgs Bevollmächtigter war Josef Sorge, der als Jurist „alle seine Zeitgenossen an Glaubwürdigkeit und Bekanntheit übertraf"[4] und zu unserem Glück ein leidenschaftlicher Schreiber war. Er veröffentlichte zwei *Allegazioni* (Dossiers) und ein *Ristretto* (Zusammenfassung) über den Fall seines kaiserlichen Klienten. Außerdem hinterließ er ein monumentales Werk[5], in dem die Debatte noch einmal aufgerollt wird. Seine Argumentation läßt sich in zwei Aussagen zusammenfassen:

„Ein altes Lehen wird auch dann, wenn es seinem rechtlichen Erben mit königlichem *assenso* überlassen wird, nicht zu einem *neuen*, sondern bleibt *alt*." — Dieser erste Punkt allerdings wurde nicht einstimmig von allen Fachleuten für Feudalrecht anerkannt.

„Ebenfalls *alt* und nicht *neu* ist ein aufgrund einer fiskalischen Transaktion erworbenes Lehen." Denn der Fiskus vergibt keine Lehen; er befreit sie gegen Zahlungen lediglich von eventuell dem Staat gegenüber bestehenden Verpflichtungen. Dies war auch die Meinung der kompetentesten Fachleute.

Die Schlagkraft von Sorges Standpunkt ist offensichtlich.

Gegen ihn hatte der Stellvertreter des Großherzogs, der Marquese Giovanni Battista Cecconi, zwei ausgezeichnete Rechtsanwälte — Ruffo und Camarota — genommen und zu ihrer Unterstützung eine starke Mannschaft beigestellt: Rocca, Jovino, Bruno, D'Onofrio und... an ihrer Spitze Domenico Caravita. Unter so vielen Händen und über so viele Jahre hinweg (1716–1724) mag nicht wenig Geld seinen Besitzer gewechselt haben!

Doch wollen wir diesen kaiserlichen Prozeß vorerst nicht weiter verfolgen. Er interessiert uns momentan nur im Hinblick auf folgende Tatsachen:

— Sorge, ein Star des neapolitanischen Rechts, vertritt den Standpunkt, den auch Alfons verteidigen wird.

— Domenico Caravita, der Präsident des Sacro Real Consiglio, vertritt die Theorie des *neuen* Lehens, ist also nicht auf Alfons' Seite.

Denn Alfons von Liguori tritt in den Kampf ein.

Filippo Orsini di Gravina wurde möglicherweise durch das Aufsehen, das der Prozeß des Kaisers gegen die Medici erregte, auf den Plan gerufen. Immerhin hatte Vittoria della Rovere dieses Lehen, um das nun Wien und Florenz stritten, Filippos Vater, dem Fürsten Domenico Orsini, entrissen. Zwar ist ihm durchaus bewußt, daß er kein Blutsrecht geltend machen kann, da er kein Nachfahre Alessandro Vitellis ist, aber er besitzt die durch königlichen *assenso* bekräftigte Schuldforderung von 1688, in der der Mörder Alessandro Orsini Amatrice zugunsten seines Vaters mit einer Hypothek belastet. 150.000 Dukaten plus 4.000 Dukaten jährlicher Rente plus seit 1692, dem Jahr der Vertreibung, angefallene Zinsen, das ergab zwischen fünf- und sechshunderttausend Dukaten. Der Herzog von Gravina wandte sich also gleichfalls an die Real Camera Della Sommaria, um entweder das Lehen oder die Zahlung dieser enormen Schulden zu erlangen.

In den Staatsarchiven von Florenz ist die Korrespondenz aufbewahrt, in der Cecconi und der Großherzog auf den Präsidenten der Sommaria Mauleone und sogar auf den Vizekönig Kardinal von Althann Druck ausüben („Seine Eminenz wird die beiden gewünschten jungen Bären erhalten!"). Politische Einflußnahme und Schmiergelder sind so alt wie die „Gerechtigkeit" selbst.

1719 kommt die Angelegenheit vor die Sommaria, die den Herzog von Gravina mit leeren Händen wegschickt, da sie offensichtlich Karl VI. nicht zurückweisen will. Zwei Gewichte, zwei Maße... Der Herzog von Gravina appelliert an den Sacro Real Consiglio, den obersten Gerichtshof.

Zusammen mit seinem Stellvertreter Pulchiarelli wählt er Alfons von Liguori zu seinem Rechtsanwalt, der in ihren Augen der beste ist, da er noch nie einen Prozeß verloren hat. Außerdem verbindet die beiden Familien ein solide Freundschaft: seit 1715 erhält Filippo Orsini di Gravina Gaetano von Liguori mit einem Kirchenbenefizium, dessen Patronat er innehat.

Einen ganzen Monat lang geht der Rechtsanwalt dieses umfangreiche Dossier Blatt für Blatt durch, studiert das Feudalrecht der Lombardei und des Anjou und informiert sich genauestens über die einschlägige Rechtsprechung. Zweifellos arbeitet er mit Sorge zusammen, denn sie haben die gleichen Fälle und den gleichen Angriffspunkt: wenn der 1693 widerrechtlich umgedeutete Buchstabe des Gesetzes auch umstritten ist, so läßt die Rechtslage doch keine Ausflucht zu: Niemand kann Amatrice von seinen zu Recht bestehenden Hypotheken befreien.

Alfons erinnert sich gewiß an das erste Prinzip des *Codex Justiniani*, das er in seiner Doktoratsprüfung zu verteidigen hatte: „In allen Dingen stehen Recht und Billigkeit über dem Buchstaben des Gesetzes." Er gelangt also zu einer festen Überzeugung und baut ein so evidentes Plädoyer auf, daß er den Sieg schon in Händen zu halten glaubt.

Die Sache kommt 1723, wahrscheinlich Ende Juli[6], vor Gericht. Ihrer großen Bedeutung wegen muß der Hof aus zwei vollen „Roten" bestehen, also mindestens zehn Richtern. Der hohe Streitwert, der Rang der Kontrahenten, die Schwierigkeit der verwickelten Materie und die Reputation der Anwälte locken Juristen und Fürsten aus ganz Neapel zu diesem „internationalen" Prozeß. Alfons' Kontrahent ist Antonio Maggiocchi, den die geheimen Berichte als „bewandert, ehrlich, . . . unersetzlich, von großer Güte, in der Anwaltschaft hoch geachtet, in der Öffentlichkeit gern gesehen[7]" beschreiben. Es steht also ein interessantes Duell in Aussicht! Außerdem ist allgemein bekannt, wohin die Gunst der Mächtigen neigt und wem diejenige Caravitas gilt. Es liegt also wahrlich genug Spannung in der Luft. Jeder bewundert Alfons' Mut und zittert auch ein wenig um ihn.

Alfons selbst aber zittert nicht. Er glaubt, den Buchstaben des Gesetzes für sich zu haben — was er seinem Freund Caravita auch gleich beweisen wird! —, und er ist sicher, die Billigkeit, die vor allem zählt, auf seiner Seite zu haben. So kommt er also an jenem Morgen *tronfio e pettoruto*, wie Tannoia sagt: „selbstsicher und mit geschwellter Brust" in den Gerichtssaal.

Die Stunde ist da. Dem Brauch entsprechend, legt zunächst ein richterlicher Kommissar die Elemente des Streitfalls dar und betont dessen außerordentliche Bedeutung. Dann erteilt er dem Rechtsanwalt der Orsini das Wort. Alfons spricht stehend[8]. Wir können uns vorstellen, wie er mit Intelligenz und Nachdruck die Verwirrung der Texte und die historischen Fakten heranzieht, um den Gepflogenheiten der Zeit entsprechend das Prinzip darzulegen, das die besten Juristen einmütig vertraten: „Ein *altes* Lehen, das mit der Eigenschaft eines *neuen* ausgestattet wurde, wird deshalb noch kein *neues* Lehen."

Dann mußte er auf die Rechtsverweigerung eingehen, die die Orsini di Gravina als Gläubiger der Hypotheken von Amatrice ihrer Rechte beraubt hatte, da nicht einmal der Herrscher berechtigt ist, unbeteiligten Dritten ihren Anspruch auf Besitz zu nehmen. Außerdem hatte die Großherzogin bei ihrer Investitur im Jahr 1693 die alte Taxe bezahlt. Warum? Eben weil „eine neue Eigenschaft noch kein neues Lehen macht"!

Alfons' lebhafte und kraftvolle Argumentation wird mit beifälligem Murmeln des Publikums aufgenommen. Er hat wieder einmal gewonnen. Was kann Maggiocchi dem noch entgegensetzen?

Maggiocchi erhebt sich. Er macht sich nicht einmal die Mühe eines Plädoyers.
— Kann Herr von Liguori denn nicht lesen? Texte sind Texte . . .

Dann läßt er von einem Gerichtsdiener die Transaktion von 1693 mit ihren Klauseln vorlesen.

Viermal tönen die Worte *in novum feudum* über Alfons und seinen Klienten wie die Schläge der Totenglocke.

Maggiocchi setzt sich. Der Sacro Real Consiglio beugt sich gleichsam den Tatsachen . . .

Das war offensichtlich abgekartetes Spiel, zu dem der Kardinal Vizekönig seinen Segen erteilt hatte. Die Macht hatte das Recht überwältigt, die Billigkeit mit Füßen getreten!

Wie vom Blitz getroffen, bleibt der Anwalt mit den reinen Händen einen Augenblick verwirrt sitzen. Dann erhebt er sich und verläßt rot vor Zorn, zutiefst beschämt für die Robe, die er trägt, und ohne auf die scheinheiligen Trostworte des Präsidenten zu hören, mit gesenktem Kopf Gerichtssaal und Palazzo:

— Welt, ich kenne dich. Adieu, ihr Tribunale!

Wie ein Automat kehrt er — zu Fuß? in der Karosse? merkt er es überhaupt? — nach Hause zurück und schließt sich in sein Zimmer ein, ohne noch jemanden zu sehen. Er erscheint weder zum Mittag- noch zum Abendessen. Man ruft ihn, fleht ihn an, doch zu kommen, aber er reagiert nicht. Die Mutter und das ganze Haus geraten in höchste Aufregung. Der Vater ist abwesend. Als er am nächsten Tag zurückkehrt, findet er den Palazzo in Tränen vor; er läuft zum Zimmer seines Sohnes, ruft, klopft an die Tür, drängt, befiehlt. Vergeblich. Zorn steigt in ihm auf.

— Alfons wird sterben, schluchzt Donna Anna.

— Dann soll er sterben, entgegnete der Offizier außer sich. Am dritten Tag kann Alfons den Rufen seiner Mutter nicht länger widerstehen. Er öffnet. Er läßt sich schließlich eine Melonenschnitte zwischen die Zähne schieben. Diese neapolitanische Köstlichkeit erschien ihm, wie er später eingestand, bitterer als Galle.

Die Sturmböen legten sich, und auf diesem entwurzelten Strandgut vollendete die sanfte Gewalt Gottes ihren Sieg: ein verlorener Prozeß, eine gewonnene Sache. Alfons gab alle Klienten ab und löste seine gesellschaftlichen Beziehungen. Freunde und Verwandte sahen ihn nicht mehr beim gemeinsamen Kartenspiel oder bei glänzenden Cembaloabenden. Seine Zeit gehörte nun der Kirche S. Maria della Mercede, dem Spital der Unheilbaren und seinem Zimmer, wo er sich stundenlang ins Gebet oder das Leben der Heiligen vertiefte. Seine Glückseligkeit fand er vor allem darin, zwei oder drei Stunden jeweils in dem Heiligtum der Stadt zu verweilen, in dem gerade das Allerheiligste ausgesetzt war.

Von einem Tag auf den anderen ließ er sich nicht mehr im Justizpalast sehen. In den ersten Monaten war niemand über seine Abwesenheit erstaunt, nach all dem Aufsehen, das seine Niederlage erregt hatte. Einige Freunde aus der Anwaltschaft mögen sein Gewissensdrama geahnt haben. „Viele Fälle werden", so hatte er einem Kollegen anvertraut, „gerade deswegen verloren, weil die Rechtsanwälte sich um Exaktheit und Ehrlichkeit bemühen. Die Richter können sich über die Fakten täuschen: man wird nie alle ihre Umstände berücksichtigen können, und es bedarf so wenig, sich zu täuschen! Hat man auf diese Weise Unrecht getan, wie soll man es dann je wieder gut machen? Unser Beruf ist voll von Gefahren, und wer sein Heil erlangen will, der muß ihn eigentlich aufgeben." Der Ehrgeiz, mit dem er in diesen Beruf eingetreten war, war im Feuer der Wirklichkeit schnell dahingeschmolzen. Sich in dieser Welt abzurackern, um seine Seele in der anderen aufs Spiel zu setzen, das war ein zu hoher Preis für einen vergänglichen Ruhm. Und für eine vom Zufall abhängige Gerechtigkeit! . . . „Mein Freund", so hatte er eines Tages zu Giuseppe Capecelatro gesagt, „wir üben ein miserables Handwerk aus. Zu mühsam und zu gefährlich. Ein Leben von Verdammten, die einen schlechten Tod riskieren. Ich gebe auf; das ist nicht mein Platz, denn ich will meine Seele retten[9]."

Als er dies sagte, gab er jedoch noch nicht auf. Weil er nicht wußte, was er dann tun sollte? Vielleicht. Vor allem aber aus Angst vor einem Familiendrama. Sein Vater würde es nicht überleben.

Doch war der Donnerschlag des Prozesses Orsini-Medici nur der Vorbote des unvermeidlich gewordenen Gewitters.

— Alfons hat etwas vor, sagen sich angstvoll die Eltern.

Da bietet sich unversehens die Gelegenheit, ihn wieder zur Vernunft zu bringen: gerade zum rechten Zeitpunkt wird eine Angelegenheit fällig, die Don Giuseppe sehr am Herzen liegt.

— Befasse dich gleich morgen damit, sagt er zu seinem Sohn.

— Vater, so die Antwort des Rechtsanwalts, wendet Euch an wen immer Ihr wollt, für mich ist das Gericht abgeschlossene Sache. Ich habe nur noch eine Angelegenheit zu betreuen: meine Seele.

Der Oberst bricht in Tränen aus. Dieses Erdbeben hat also den Ruhm seines Sohnes und das Glück seines Hauses am Boden zerstört!

— Anna beschwichtigt: die Krise wird vorübergehen.

— Nein. Alfons ist ein Dickkopf. Nichts kann ihn dazu bewegen, seine Entscheidung rückgängig zu machen.

Der 29. August raubte dem Vater die letzten Illusionen, sofern er überhaupt noch solche hatte. Es war ein Sonntag. Am Vortag war Kaiserin Isabella, die Gattin Karls VI., zweiunddreißig Jahre alt geworden, und der Vizekönig hatte für dieses Jahr die Belustigungen und Feierlichkeiten auf den Sonntag verlegt[10]. Der Kommandant der *Capitana* war es sich schuldig, der Zeremonie des Handkusses beizuwohnen, und bat seinen Sohn, ihn zu begleiten. Alfons bringt eine vage Entschuldigung vor, aber der Vater, dem bereits der Zorn aufsteigt, gibt nicht nach.

— Was soll ich denn dort? Es ist doch alles nur Eitelkeit.

Giuseppe braust auf:

— Mach, was du willst, und geh, wohin du willst!

Angesichts dieses Zornausbruchs machte Alfons einen Rückzieher:

— Ärgert Euch nicht, Vater, ich komme mit.

— Mach, was du willst, sage ich dir!

Giuseppe läßt ihn stehen, steigt in seine Karosse und fährt nicht in den königlichen Palazzo, sondern vergräbt sich auf seinem Landsitz Marianella in seine Bitterkeit.

Zwischen dem Vater und Gott hin- und hergerissen, verläßt Alfons das Haus und versucht, seinen Schmerz bei seinen armen Unheilbaren zu vergessen. Hier war sein Palazzo, weit weg von der eleganten Welt, von den Fürsten und von Kardinal von Althann, hier erwarteten ihn seine Vizekönige...

Hier nun, während sich seine eigene Wunde beruhigte, als er die ihren pflegte, hier geschah es: Er sah sich plötzlich inmitten eines großen Lichts, das Gebäude schien von unten bis oben zu erbeben, und sein Herz vernahm ganz deutlich eine Stimme:

— Verlaß die Welt und schenk dich mir!

Nach einem Augenblick der Verwirrung fand der Rechtsanwalt zu sich selbst und seinen Kranken zurück. Als er nach Beendigung seines Samariterdienstes das Spital verließ und sich gerade auf der großen Freitreppe befand, schien das ganze Haus von neuem zu wanken, und er vernahm dieselbe Stimme:

— Verlaß die Welt und schenk dich mir!

Alfons bleibt stehen, in seinem Innersten erschüttert:

— Mein Gott, sagt er weinend, ich habe mich Deiner Gnade zu sehr widersetzt. Hier bin ich: mache mit mir, was Du willst...!

Stehenden Fußes eilt er in seine geliebte Kirche vom Loskauf der Gefangenen und wirft sich Unserer Lieben Frau von der Barmherzigkeit zu Füßen. Noch einmal wird er in Licht gehüllt, und eine Kraft erhebt ihn.

— Fahr hin, Welt, mit deinen Eitelkeiten! Dir, Herr, soll mein Leben gehören! Titel und Güter meines Hauses mögen ein Brandopfer für meinen Gott und Maria sein!

Er hat sich erhoben. Mit der Geste eines sich ergebenden Cavaliere entledigt er sich für immer seines Degens mit allem, was er repräsentiert, und legt ihn auf den Altar zu Füßen seiner Herrscherin und ihres göttlichen Kindes nieder[11]. Sie haben gesiegt:

— Ich verspreche, mich zu den Oratorianer-Patres zurückzuziehen!

Dieser 29. August 1723 bleibt für ihn „der Tag seiner Bekehrung". Dieses Marienheiligtum vom „Loskauf der Gefangenen" wird ihm sein ganzes Leben lang, sooft er nach Neapel kommt, ein Ort dankbarer Begegnung bleiben. Wenn er später als Missionar und Bischof in die Hauptstadt zurückkehrte, dann unterließ er es nie, an diesen beiden Polen seines Studenten- und Anwaltslebens zu langem Gebet einzukehren: bei Unserer Lieben Frau von der Barmherzigkeit und, hundert Meter weiter, in der Kapelle der Bruderschaft von der Heimsuchung bei den Oratorianern.

Zu den Oratorianern führt ihn auch sein Weg, als er die kleine Kirche Della Mercede verläßt. Zu Pater Pagano, der seit dem Drama der *Tribunali* fast täglich den inneren Weg seines Beichtkindes mitverfolgen konnte. An diesem Abend taucht er in seinem Zimmer auf, mit rotem Gesicht, verstört und ohne seinen Degen. Was ist geschehen? Man hat ihn, den sonst so Eifrigen, den ganzen Tag nicht in der Bruderschaft der Doktoren gesehen... Hastig erzählt Alfons: das Drama des versäumten Handkusses, die Stimme bei den Unheilbaren, die „Kapitulation" in Della Mercede.

— Hier bin ich, Pater: ich möchte in Eurer Gemeinschaft Priester werden. Sagt sofort „Ja"!

— Nur langsam, mein Sohn! Solche Dinge entscheidet man nicht zwischen Tür und Angel. Ich bitte um mindestens ein Jahr Bedenkzeit, ehe ich eine Antwort geben kann.

— Ein Jahr! Ich will nicht mehr warten. Nicht einen einzigen Tag.

Gott ist groß! mag Pagano denken, als er diesen Büßer hört, den Gottes Gnade durch mehr als zwanzig Jahre hindurch in wunderbarer Weise geformt hat.

— Wenn es so steht, dann wollen wir beide innig zu Jesus und Maria beten.

Alfons kehrt in sein Heim zurück... sein Heim? Nein. In das Heim seiner Eltern. Sein Leib findet hier Tisch und Bett, sein Geist und sein Herz aber verlassen das Oratorium nicht mehr. Im übrigen sieht ihn die Familie drei Tage lang nicht bei Tisch: wie Paulus von Tarsus, der auf dem Weg nach Damaskus zu Boden geschmettert wurde, so will auch er diese Tage in absolutem Fasten verbringen. Drei Tage, in denen ihm seine unermeßliche Freude Speise und Trank ist, im Gegensatz zu den drei Tagen des vergangenen Monats, in denen er in bitterem Gram versunken war. Er schützt dies und jenes vor, um nicht bei Tisch erscheinen zu müssen, und die Mutter tut, als glaubte sie ihm. Der Vater ist noch nicht aus Marianella zurückgekehrt.

Es war ein Fasten der Erleuchtung und des inneren Aufschwungs, allabendlich mit der Besonnenheit eines Pater Pagano konfrontiert.

— Ich möchte unverzüglich alles aufgeben, um unter den Söhnen des hl. Philipp ganz Christus anzugehören!

— Der ganzen Gemeinschaft wäre nichts lieber, als Euch sofort aufzunehmen, doch verlangt die Klugheit, daß wir die Zustimmung Eures Vaters abwarten.

Der Vater kehrt schließlich nach Neapel zurück, und nun beginnt eine Zeit der kalten und warmen Duschen: Szenen der Zärtlichkeit für seinen Alfons, „der ein vielversprechendes Leben verdirbt und das ganze Haus in sein Unglück mitreißt". — Zornausbrüche gegen „den Dickkopf, der offensichtlich den Verstand verloren hat". Es sind bittere Prüfungen für diesen so empfindsamen und feinfühligen Sohn. Aber alle Zärtlichkeit und aller Zorn bewirken nichts weiter, als daß sein Entschluß nur noch fester wird, wie ein Knoten, an dessen beiden Enden man mit aller Gewalt zieht.

Nun hat Don Giuseppe nur noch Gaetano und Ercole — Antonio ist Mönch —, die ihn an den Hof, ins Theater, zu gesellschaftlichen Abendveranstaltungen und in den Rat ihrer Piazza begleiten. Bei den Sitzungen von Portanova behält Alfons auf Lebenszeit das Anwesenheits- und Stimmrecht, doch wird er dort nach dem 10. Juni 1723 dreieinhalb Jahre lang nicht mehr gesehen...[12]

Es wäre besser, wenn er auch im Palazzo der Liguori nicht mehr gesehen würde. Sein Bruch — den er seiner Familie noch nicht einmal eröffnet hat — versetzt den Vater in einen Zustand äußerster Unduldsamkeit:

— Ich bitte Gott, so ruft er eines Tages aus, er möge einen von uns beiden aus dieser Welt nehmen, denn ich kann dich nicht mehr sehen!

— Gott allein erfüllt und liebt uns, sagt sich Alfons. Was will ich von der Welt erwarten, wenn mich mein eigener Vater nicht mehr sehen will?

So entscheidet er sich zum letzten Schritt:

— Vater, ich sehe, daß Ihr meinetwegen leidet. Ich muß es Euch also sagen: ich gehöre nicht mehr dieser Welt an. Ich habe beschlossen — und Gott hat mich dazu bewogen —, in das Oratorium einzutreten. Ich bitte Euch, verargt es mir nicht und gebt mir Euren Segen dazu.

Das hatte Don Giuseppe nicht erwartet. Stöhnend und klagend verschwindet er in seinem Zimmer.

Er will sich nicht in das für ihn Unannehmbare schicken und mobilisiert Verwandte und Freunde, um seinen Sohn zu beeinflussen. Er geht bis zu den Benediktinern von SS. Severino und Sossio, bei denen Antonio von Liguori unter dem Namen Benedetto Maria die Kutte genommen hat. Der Abt des Klosters ist Don Giambattista di Miro, der Bruder Don Vincenzos, der im Sacro Real Consiglio sitzt. Er gibt einen hervorragenden Anwalt... des Teufels ab:

— Mein lieber Don Alfons, dieser Anfall von Melancholie (heute würde er von Nervenzusammenbruch sprechen) wird vorübergehen. Ihr seid der Älteste! Das Recht des „Erstgeborenen" bringt auch Pflichten: es ist Berufung und Verantwortung. Die Talente, mit denen Gott Euch so reich ausgestattet hat, das große Wohlwollen, mit dem der Wiener Hof Eure Familie begünstigt und das zu allen

Hoffnungen — für Euch und Eure Brüder — Anlaß gibt: Denkt doch nicht nur an Euch selbst: verderbt nicht alles für die anderen und für Euch selbst auf angebliche Erleuchtungen Gottes hin, die, wie ich, der Vater Abt, Euch versichere, nur Illusionen des Teufels sind.

Das war Wasser auf die Mühle!

— Ihr sprecht von Berufung. Überzeugt Euch selbst, Ehrwürdigster Vater, wie auch ich überzeugt bin, daß Gott mich außerhalb der Welt, im Dienst der Kirche will. Ich muß dem Ruf Gottes und nicht den Wünschen meines Vaters folgen. So wird es auch geschehen.

„Gott ruft mich, und ich kann mich ihm nicht verschließen". Das ist seine gleichbleibende Antwort auf die guten Apostel, die von allen Seiten auf ihn einreden.

Sein Onkel mütterlicherseits, Mgr. Emilio Cavalieri, hält sich damals aus gesundheitlichen Gründen, sowie zur Erledigung einiger Diözesanangelegenheiten, in Neapel auf[13]. Alfons setzt ihn für seinen Kampf in Bewegung. Die Eltern versuchen, ihn für den ihren zu gewinnen.

— Alfons' Entscheidung ist durchaus richtig! antwortet ihnen Onkel Emilio. Ich habe selbst auf die Welt und mein Erstgeburtsrecht verzichtet, und da wollt Ihr, daß ich zu meinem eigenen und meines Neffen Verderben beitrage?

Die gleiche machtvolle Unterstützung erhält Alfons vom Lazaristen Cuttica — eine Autorität für seinen Vater —, vom Oratorianer Pagano — für seine Mutter die Stimme Gottes selbst —, von Kanonikus Pietro Marco Gizzio, einem Vetter Donna Annas und Diözesanoffizial[14], dessen Wort sowohl in der Kirche als auch innerhalb seiner Familie viel galt.

Don Giuseppe muß sich wohl oder übel erweichen lassen, und man schließt einen Kompromiß: wenn Alfons es sich schon in den Kopf gesetzt hat, Priester zu werden, dann aber nicht bei den Oratorianern, sondern als Diözesanpriester, denn dann kann er im Haus seines Vaters wohnen.

Im Elternhaus lebt bereits ein tonsurierter Kleriker — aber keine Angst, man tonsurierte sehr diskret... die Perücke! Gaetano ist bereits seit acht Jahren „Benefiziat", kann sich aber noch immer nicht für das Seminar entscheiden. Zweifellos hofft Don Giuseppe, daß eine Umkehr seines Ältesten noch nicht ganz im Bereich des Unmöglichen liegt. Vielleicht sieht er ihn aber auch schon als Erzbischof, Kardinal oder Vizekönig. Im letzten Jahrhundert gab es deren immerhin fünf. Aber Alfons akzeptiert diesen Kompromiß in seiner Seele und seinem Gewissen nur als einen ersten Schritt in weitere Fernen...

Nun ist noch der Erzbischof von Neapel zu besuchen. Diesen Posten hat seit zwanzig Jahren der Theatinerkardinal Francesco Antonio Pignatelli, der Neffe des verstorbenen „Papa Pignatelli" Innozenz XII. (1691–1700), inne. Er kennt den Kommandanten der *Capitana* und den hervorragenden Rechtsanwalt gewiß schon lange. Als er den Zweck ihres Besuches erfährt, fällt er aus allen Wolken:

— Wie, Euer Sohn will Priester werden!

— Gäbe Gott, es wäre nicht so, Eminenz! Aber es ist so. Don Alfons ist fest entschlossen.

So legt Alfons von Liguori am 27. Oktober 1723 im Alter von siebenundzwanzig Jahren das Weltkleid ab und zieht freudig die Soutane über, die von der strengen Fraktion des neapolitanischen Klerus getragen wurde.[15].

Während dieses tragischen Sommers 1723 rollte die Real Camera della Sommaria den kaiserlichen Prozeß um Amatrice noch einmal auf. Am 31. August 1723 ließ Cecconi den Hof von Florenz wissen, daß die Sache der Medici zwischen zwei Riffe geraten war: Die Einsetzung durch Karl V. war *in perpetuum*, „für immer", zugunsten ihres Vorfahren und seiner Nachkommenschaft geschehen. Die Serenissima Vittoria hatte sie also durch erbliche Überlassung *(in feudum antiquum)* und nicht durch Überschreibung *(in feudum novum)* erhalten. Daher waren die Medici gerichtlich verpflichtet, die auf der Baronie lastenden Schulden zu bezahlen.

Sieh an! Genau die These Sorges und Karls VI.! Genau der Fall, den zur gleichen Zeit Alfons von Liguori verteidigt — und verloren hatte!...

— Aber nur keine Angst, beruhigt Cecconi. Der Kardinal Vizekönig (immerhin der Vertreter Karls VI., der ja seit 1707 König von Neapel ist!) — der Vizekönig also, wird sich großmütig für den Großherzog einsetzen. Außerdem werden wir uns des Wohlwollens von Marquese Mauleone, des Gerichtspräsidenten der Sommaria, versichern...

Während also Cecconi seine Klienten solcherart darauf vorbereitet, Teilzugeständnisse zu machen, schlägt der von Sorge und einer Kommission hoher neapolitanischer Funktionäre beratene Kaiser dem Großherzog einen Handel vor:

Gebt mir 90.000 Dukaten, und Amatrice ist schuldenfrei.

Florenz antwortet zunächst mit einer klaren Verweigerung und bezeichnet Felice Orsinis Testament zugunsten des Kaisers für null und nichtig. Sorge reitet eine scharfe Gegenattacke, und — man höre und staune: sein Standpunkt setzt sich allmählich durch. Die Rechtsanwälte der Medici werden im Ton zurückhaltender, und die Angelegenheit kommt zu einem „glücklichen" Ende. Wie in einem Kriminalfilm wird auch hier das Geheimnis erst in den „letzten fünf Minuten" enthüllt.

In Wirklichkeit war der einzige entscheidende Prozeß um Amatrice der des Herzogs von Gravina gegen den Großherzog der Toskana gewesen: 600.000 Dukaten war die einzige, natürlich riesige Schuld, die das *alte* Lehen belastete. Der Schuldbrief der Orsini di Gravina stellte einen viel stärker gesicherten Titel dar als das von Karl VI. angesprochene Testament. Der Kaiser, der mit ihm gemeinsame Sache gegen die Medici zu machen schien, hatte in Wirklichkeit höchstes Interesse daran, daß er zuerst verlor und das Feld räumen mußte. Gerechtigkeit hin oder her! Die Anhänger Habsburgs, zuständige Männer oder solche, die sich bei Hof einen Platz erobern wollten, allen voran der Vizekönig, machten sich also kein Gewissen wegen Gravina. Er schien zunächst gegen seinen Herrn und für die Medici zu arbeiten. Doch diente er diesem — zweifellos mit seiner vollen Zustimmung — sehr wirkungsvoll, indem er Gravina abwies. Nachdem Gravina erst durch den Sacro Real Consiglio — das Appellationsgericht, das keine weitere Appellation mehr zuließ, vergessen wir das nicht! — ausgeschaltet war, wurde Amatrice zu einem leichten Fall, der durch die Real Camera della Sommaria zwischen Habsburg und Medici geregelt werden konnte. Er endete schließlich in der vom Kaiser geforderten Transaktion — und die Medici besaßen ein schönes Lehen: Großherzog Gian Castone (1671–1737), der den Thron von Florenz erst vor kurzer Zeit bestiegen hat, bleibt Eigentümer von Amatrice, zahlt aber 90.000 Dukaten an Habsburg. Ein Beweis also, daß die „Neuheit" des Lehens die „alten"

Schulden nicht getilgt hat, wie der große Sorge, und mit ihm Alfons von Liguori, ehemaliger Rechtsanwalt am Gericht von Neapel – mit Nachdruck – behauptet hatten.

Zweiter Teil

„GEH HIN, VERKAUFE, WAS DU HAST, UND FOLGE MIR NACH"

(1723–1732)

Geh hin, verkaufe alles, was du hast,
und gib das Geld den Armen.
Dann komm und folge mir nach.
(Lk 18,22 und Mt 19,21)

13. Die Seminarjahre: Bildung ... und Verbildung? (1723–1726)

Oktober 1723. Das goldene Licht des großartigen neapolitanischen Herbstes legt seine vielgestaltigen Farbenspiele friedvoll über Stadt und Meer. Im funkelnden Wasser des Golfs tanzen Hunderte von Schiffen ein lautloses und buntschillerndes Ballett. Friede ist wieder eingekehrt. Italien und Europa können endlich aufatmen und sich erholen.

Im königlichen Palast vertritt der ungarische Bischof Kardinal Friedrich Michael von Althann den fernen Karl VI., Erzherzog von Österreich und deutschen Kaiser. Ohne das „Narrenstück" seines Sohnes könnte Kommandant von Liguori als getreuer Diener des Hauses Österreich nun beruhigt sein Lebensschiff dem günstigsten Wind der Stunde überlassen: auf gut Glück!

In Rom stirbt Innozenz XIII. Sein Nachfolger auf Petri Stuhl wird am 29. März 1724 unter dem Namen Benedikt XIII. (1724–1730) Kardinal Pietro Francesco Orsini di Gravina, der Onkel des glücklosen Klienten Alfons von Liguoris, Fürst Filippo Orsini.

Auf dem Stuhl des hl. Asprenio sitzt seit 1703 (und noch für lange Zeit) Kardinal Francesco Pignatelli, ein starker und guter Mann, der die Vergangenheit mit beiden Händen segnet und dabei allem Künftigen den Rücken zuwendet: der Säkularisierung von Wissenschaft, Philosophie und Politik, dem ungeduldigen Antikurialismus, der sich gelegentlich schon mit Macht artikuliert[1]. Er wird über zehn Jahre hinweg der Bischof des Seminaristen und dann des neapolitanischen Diözesanpriesters Alfons von Liguori sein.

Die Diözese zählt zu jener Zeit eine halbe Million „Seelen" in 80 Pfarreien, von denen 41 die ländlichen Gemeinden und die Insel Procida, und 39 die verschiedenen Stadtbezirke betreuen[2].

„Die riesige Stadt Neapel ist ein Wald, in dem es nicht schwierig ist, Verbrechen und Verbrecher zu verbergen." Diese Charakterisierung hatte vierzig Jahre zuvor Kardinal Innico Caracciolo (1683) dem hl. Stuhl gegeben. Er bezog sich dabei bedauerlicherweise nur auf die unwürdigen Priester und Priesteramtskandidaten[3], und diese nicht greifbaren und überall ins Auge stechenden Sumpfblüten waren es ja auch, die den Chroniken der Reisenden jener Zeit pikante Einzelheiten lieferten. Nicht anders als heute: „Jeder Gauner kann sein Bild in allen Zeitungen bewundern" (Jacques Brel). So entstand der Mythos vom reichen und unwissenden, faulen und gewalttätigen neapolitanischen Priester, der sich auf Bällen vergnügt und den Röcken nachjagt, vom zynischen Nutznießer des im Volk herrschenden Aberglaubens, der sich in Spelunken herumtreibt und die Kirche meidet.

Dies allerdings ist eine schwere und bösartige Verkennung der komplexen Wirklichkeit, die sich ganz im Gegenteil in hundert Nuancen darbietet:

„Im Bereich der Religion treten die Kontraste, die uns das 18. Jahrhundert zu charakterisieren scheinen, zweifellos am stärksten hervor...

Die Religion durchdringt alle äußeren Manifestationen des öffentlichen Klerus, der in allen italienischen Staaten über den größten Grundbesitz verfügt, der vor allem in rechtlichen Angelegenheiten unglaubliche Privilegien genießt und das Gewissen der Menschen mit starker Hand bestimmt, stellt in allen seinen Rängen, vom höchsten bis zum niedrigsten, eine so ausgreifende Vielzahl von Prototypen, daß er sich jeder Klassifizierung und jeglichem allgemeinen Urteil entzieht. Sein Bogen spannt sich vom wollüstigen Prälaten bis zum wahren Heiligen, vom großen Gelehrten bis zum ungebildeten Vikar, vom ausschweifenden oder faulen Mönch bis zum bewunderungswürdigen Erzieher, vom Beichtvater, der auch die schlimmsten moralischen Schwächen mit Nachsicht bedeckt, bis zum strengen, von jansenistischen Maximen durchdrungenen Prediger. Wir können die Komplexität der verschiedenen Haltungen im Alltag nur andeutungsweise erfassen. Doch gilt es in erster Linie zu bedenken, daß es falsch wäre, den Klerus des 18. Jahrhunderts pauschal nur nach den galanten und herausgeputzten Priestern der Kupferstiche jener Zeit oder nach den gelehrten Redakteuren der Kirchenzeitschriften oder aber den zahllosen päpstlichen Regierungsbeamten zu beurteilen[4]."

Dies gilt für Neapel ganz ohne Zweifel in noch weit stärkerem Maß als für das übrige Italien. Denn eben jener Caracciolo berichtet im gleichen Jahr 1683 nach Rom, „sein Klerus zeichne sich Gott sei Dank durch Gelehrsamkeit und Heiligkeit aus[5]."

So gäbe es in Neapel also zwei Arten von Klerus? — Sagen wir lieber vier: zwei Gruppierungen des Weltklerus, die sich voneinander unterscheiden wie Tag und Nacht, sowie zwei Arten von Ordensklerikern, bei denen die Unterschiede fließend verlaufen[6].

Die Ordensleute, d. h. 4.500 Mönche, Kleriker und Laienbrüder, leben in 104 Klöstern.

Einerseits ist die große Mehrheit der Ordensleute, die in ihren Reichtümern versinkt und zu der vor allem die Mönche zählen, im 18. Jahrhundert in zunehmendem Verfall begriffen und sieht sich aufgrund ihrer offenkundigen Auflösungserscheinungen wachsender Verachtung ausgesetzt.

Andererseits erweist sich ein rundes Dutzend junger oder reformierter, armer und von heiligem Eifer beseelter Orden oder Kongregationen als die beste Hilfe der Bischöfe und Jesu Christi in der Verkündigung des Evangeliums, der Leitung von Laiengruppen, der Seelenführung, sowie der Kinder- und Jugenderziehung. Mit Alfons haben wir ihre herrlichen Früchte bei den Frommen Arbeitern (Emilio Cavalieri, Tommaso Falcoia), den Lazaristen und den Oratorianern verkostet.

Zwischen diesen beiden Extremen situiert sich ein „dritter Stand", der unschlüssig zwischen Gott und dem Mammon, zwischen dem Dienst an den Armen und dem Verlangen, sich die führenden Klassen dienstbar zu machen, steht. Vielleicht war es dieser Ehrgeiz der Theatiner im Wettstreit um Einfluß mit den Jesuiten, der Alfons von seinem ersten Entschluß abgebracht hat, sich im benachbarten Kloster von S. Paolo Maggiore seinen Vettern Domenico und Emmanuele von Liguori anzuschließen.

Ein sehr viel tieferer Graben trennt die beiden Gruppen des neapolitanischen Weltklerus. Wir sprechen hier nur von der Hauptstadt, denn vom ärmeren und oft ungebildeten Provinzklerus, wie Alfons ihn bei seinen Missionen und in seiner Diözese von S. Agata dei Goti antraf, wird noch eigens zu berichten sein.

Bei der Geistlichkeit der Hauptstadt waren die Unterschiede zwischen „Diözesanklerus" und diözesanunabhängigem Klerus größer als etwa die zwischen Jägern und... Wilderern!

Von 1667 bis 1685 stand mit Kardinal Caracciolo ein neuer Karl Borromäus an der Spitze der Kirche von Neapel. Seither wurde der Diözesanklerus sorgfältig ausgewählt, fachkundig unterrichtet und in Liturgie und Katechese ausgebildet. Schon im ersten Jahr seines Episkopats hatte er die „Missionspriester" nach Neapel gerufen, um seine Kandidaten geistig zum Priestertum zu motivieren. Dies war ein entscheidendes Datum in der Diözesangeschichte. Denn diese Söhne des hl. Vinzenz von Paul, die damals noch von einer ursprünglichen Begeisterung beseelt waren und ganz im Bann der großen Ideen der „Französischen Schule" standen, waren unerreicht in der Heranbildung wahrer und beständiger Priester Jesu Christi. So machte die Diözesangeistlichkeit mit ihren fast 2.000 Klerikern, die zu drei Vierteln Priester waren, der Kirche und Gott alle Ehre.

Ein Viertel davon hätte allerdings leicht genügt, um die 504 Kirchen des parthenopäischen Raums zu betreuen. Doch besaß der Erzbischof in seiner Diözese leider nicht das Weihemonopol für den Weltklerus. Er hatte weder die Möglichkeit, den Großalmosenier des Hofes, den Nuntius von Rom und die Bischöfe, die sich in der Hauptstadt niedergelassen hatten, zurückzudrängen, noch konnte er die Hauptstadt von jenem Abschaum der Geistlichkeit abschirmen, der aus dem ganzen Land ins Zentrum drängte.

Der Großalmosenier besaß die bischöfliche Jurisdiktion über Palast, Universität und Armee, sowie über eine Handvoll Kirchen, die der König mit seiner besonderen Verehrung und Großzügigkeit bedachte. Für die „königlichen" Heiligtümer tonsurierte dieser bischöfliche Beamte nicht selten hohle oder verrückte Köpfe, salbte verbrecherische Hände und weihte Wölfe mit reißenden Zähnen, die sich nur verübergehend den Schafspelz umgehängt hatten. Wollte ein Adeliger der Steuerbehörde entkommen, so brauchte er nur seinen Degen abzulegen und ihn fromm mit Soutane und Brevier zu vertauschen; er breitete seine Hände für das Salböl aus und . . . kehrte dann unverzüglich zum Schwert und den Sitten der Haudegen zurück. Aus Gutmütigkeit, Naivität oder Geschäftstüchtigkeit waren die benachbarten oder parasitär in der Großstadt lebenden Bichöfe und auch der Apostolische Nuntius selbst sehr schnell bereit, Ernennungsschreiben, durch die unwürdige Anwärter auf gut dotierte „Sinekuren" und „Sakramentendiebe" sehr leicht ins Heiligtum gelangen konnten, zu unterzeichnen, oder sogar unwürdigen Kandidaten selbst die Hand aufzulegen. Der Sprung über die Mauer war leichter, als durch die enge Pforte der strengen Anforderungen der Diözese zu gehen. Zwar gab es ein kanonisches Recht, doch wäre in dieser Verflechtung konkurrierender Jurisdiktionen sogar noch für den Teufel in Person ein Weihetitel zu finden gewesen!

Wie hoch war nun die Zahl dieser Priester am Rande des „Diözesanklerus", die in diesem, wie Tanucci es nennt, „Priestersumpf" lebten? Niedrig geschätzt 3.000, möglicherweise aber doppelt so hoch, denn allein bei der Pest im Jahre 1656 hatte man in dieser Diözese, die 1.900 Welt- und 2.761 „registrierte" Ordenspriester zählte, wenn die Quellen stimmen, insgesamt 8.000 zu Grabe getragen!

Obwohl Kardinal Caracciolo sowohl in Neapel als auch in Rom immer wieder gegen diese „wilden" Weihen protestierte, war es ihm nicht gelungen, diese stets neu erstehende kirchliche Maffia des „Rand"-Klerus zu vernichten. Auch seine Nachfolger waren keineswegs erfolgreicher. Seinem Diözesanklerus dagegen vermittelte er einen geistlichen und kulturellen Aufschwung, der ihn in den Jahren 1700—1740 gewissermaßen in ein goldenes Zeitalter führte. „Der Geist des neapolitanischen Klerus war damals beispielgebend für das ganze Königreich, um nicht zu sagen, für die ganze Welt." So schrieb P. von Liguori dreißig Jahre später über die Blütezeit seines Seminars[7].

Doch hat Jesus Christus seine Kirche nicht mit vollem Rüstzeug in die Welt geschickt! Das Konzil von Trient schuf durch ein Dekret vom 14. Juli 1563 die Institution der Seminare. Neapels Seminar wurde 1568 gegründet.

Wie alle italienischen Seminare jener Zeit hält es sich an die vom Konzil vorgegebene Formel, die jener der Universitätskollegien entspricht und die Heranbildung der Kleriker ab dem zwölften Lebensjahr bis zum Priestertum in einem einzigen Haus vorsieht.

Im 17. und 18. Jahrhundert beharrte man nach wir vor auf einem archaischen Klassensystem, in dem mit Ausnahme der Kleinsten alle Schüler, also Kinder von zehn bis vierzehn Jahren, Knaben von fünfzehn bis achtzehn Jahren und junge Männer von neunzehn bis fünfundzwanzig Jahren jeweils in einer Klasse zusammengefaßt waren. Auf den Gedanken, sie zu trennen, kam man erst am Ende des 18. Jahrhunderts[8].

Mit Ausnahme der Seminare Frankreichs, in denen sich schon Mitte des 17. Jahrhunderts „Monsieur Vincents" Ideen durchgesetzt hatten: „Ich habe nie gehört, daß auch nur eines der Seminare dieser Art zum Wohle der Kirche erfolgreich war . . . Unsere Herren Prälaten scheinen alle Priester- und Jungmännerseminare zu wünschen." Er selbst hatte um 1645 sein Seminar geteilt und die jungen Gymnasiasten nach Petit-Saint-Lazare übersiedelt[9].

Im Seminar von Neapel umfaßt der von Kardinal Cantelmo Stuart (Regierungszeit 1691–1702), einem außerordentlich gebildeten Mann, festgesetzte Lehrplan also den gesamten Zyklus der Sekundarstufe: Grammatik, Latein, Griechisch, Toskanisch (Italienisch), Philosophie (Logik, Physik), Rhetorik, Geometrie, Arithmetik, Astronomie, sowie die eigentlich kirchlichen Disziplinen: Scholastische und Dogmatische Theologie, Ziviles und Kanonisches Recht, Moraltheologie, Bibelstudium und Hebräisch[10]. Ein höchst ehrgeiziges, aber respektables Programm. Eine aufgeschlossene und lebendige Schule. Im Gegensatz zur theologischen Fakultät der Universität, deren fünf Lehrkanzeln – Dogmatik, Thomismus, Scholastik, Bibelstudium und Moraltheologie –, wie wir bereits gesehen haben, veraltet und schlecht besetzt waren.

Im bischöflichen *Studium* an der Nord-Ost-Seite des Doms leben etwa hundert Interne. Weit zahlreicher sind die Externen, die sich zu den Vorlesungen drängen. Erstere werden spirituell durch die Oratorianer, ihre Nachbarn in der Via Duomo, betreut, letztere durch die Lazaristen des Borgo dei Vergini[11].

Rektor des Seminars ist kein anderer als Donna Annas Vetter Kanonikus Pietro Marco Gizzio (1662–1741). Alfons nennt ihn also nach neapolitanischem Brauch vertraulich seinen „Onkel". Ein Monument, dieser Gizzio! Giuseppe Sparano, sein Mitbruder in den Apostolischen Missionen, stellt ihn in seinen *Memorie* an die Spitze der Reihe jener Männer, die Neapels Kirche unter dem langen Episkopat Francesco Pignatellis (1703–1734) zieren. Genial ist er zwar nicht zu nennen, aber er ist ein Mann des Glaubens, der Stärke und des Herzens. Ein Mann der Armen. 1708 hatte er – ohne Hintergedanken – die Mitra abgelehnt. Er wurde immer wieder zum Jahressuperior der Apostolischen Mission, der Kongregation der Diözesanmissionare des Erzbistums, gewählt. Und weil damals die erste und wichtigste Eigenschaft der Autorität darin bestand..., autoritär zu sein, wurde er zum „ewigen Rektor" des Seminars: vierzig Jahre lang stand er, nur mit Unterbrechung jener sieben Jahre, in denen er als Generalvikar fungierte (1701–1703, 1710–1714), dieser Institution vor[12].

Sein „Neffe" war natürlich extern. Doch waren die Externen jener Zeit strenger gehalten als unsere Internen von heute. Jeden Sonntagmorgen trafen sie sich bei den Lazaristen zu gemeinsamem Gebet, zum Hören des Wortes Gottes und zum Empfang der Sakramente (Alfons traf hier Pater Cuttica wieder, der seinen unvergeßlichen Einkehrtag geleitet hatte). An den Nachmittagen hielten sie in ihren jeweiligen Pfarreien Katechismusunterricht für die Kinder. Die annähernd dreißig außersonntäglichen Feiertage – was in etwa unseren heutigen kirchlichen Feiertagen entspricht – waren mit täglichem Dienst am Altar der eigenen Pfarrei besetzt. Auf jede der heiligen Weihen bereiteten sie sich durch zehntägige geschlossene Exerzitien, ebenfalls bei den Lazaristen, vor. Schließlich und endlich mußten sie sich für eine der drei kirchlichen Gesellschaften der Diözese entscheiden, deren Versammlungen dann einmal wöchentlich zu besuchen waren: die Gesellschaft der *Assunta*, 1611 vom Jesuiten Pavone gegründet; die Gesellschaft von *S. Maria della Purità* des frommen Arbeiters Antonio Torres (1680), oder jene der Propaganda, *Apostolische Missioni* (1646) genannt, von der noch ausführlicher zu berichten sein wird[13].

Diese Säkularkongregationen hatten sich ein dreifaches Ziel gesetzt: die Heranbildung wahrer Gottesmänner und ihre Festigung im religiösen Eifer, ihre ständige Fortbildung durch Vorträge, Übungen in Predigt und Katechese und apologetischen Streitgesprächen, sowie durch die Analyse moralischer Probleme, und nicht zuletzt — ein zahlenmäßig so starker Klerus hatte viel Freizeit — die gemeinsame Abhaltung von Pfarrmissionen[14]. Jede dieser Verbindungen hielt einmal wöchentlich ihre Zusammenkünfte ab. Die Gesellschaft der Apostolischen Mission, für die sich Alfons entschied, trat am Montagnachmittag zusammen.

Dieses lernintensive und umfassende Programm ist eine Seite im konkreten Werdegang unseres Seminaristen. Hinzu kommt für zweieinhalb weitere Jahre seine aktive Teilnahme an den Aufgaben der *Misericordiella* zugunsten ausländischer, kranker oder inhaftierter Priester. Wir besitzen noch heute sein Scholaren- und Ordinandendossier: vierzig Originaldokumente, in denen vier Jahre lang seine „Beharrlichkeit", sein „großer Fleiß" und sein „Eifer" in allen diesen Punkten bestätigt werden. Darunter, gleichsam als Zeichen der Zuneigung und Bewunderung[15], die Unterschrift seines Pfarrers Don Aniello Pacifico, Pater Cutticas und Don Michele de Salones von den Apostolischen Missionen.

Die Zeugnisse des Superiors der Lazaristen, Vincenzo Cuttica, erwecken unsere besondere Aufmerksamkeit, da sie Alfons Jahr und Jahr die Teilnahme an den sonntäglichen Andachten nur „einmal im Monat" bestätigen und nicht, wie es üblich war, jeden Sonntag. Zweifellos hatte man für unseren Ex-Rechtsanwalt eine Sonderregelung getroffen, damit er sich seiner geliebten Bruderschaft der Doktoren, deren Mitglied er lebenslang blieb, nicht entfremden mußte; so blieb er in ständigem Kontakt mit P. Pagano, dem er auch als Beichtkind und Schüler die Treue hielt.

Seine kleine Pfarrei S. Angelo a Segno (500 Seelen)[16] aber mag zunächst erstaunt, dann höchst verwundert beobachtet haben, wie der kleine Prinz, der vor sechzehn Jahren in ihre Mitte gekommen und dann zum großen Rechtsanwalt Liguori geworden war, nun jeden Morgen in ihrem kleinen Kirchlein, fünfhundert Schritt von seinem Haus entfernt, bei der Messe diente und dann — Adieu Perükke, adieu Karosse! — in Soutane und zu Fuß in die... Schule eilte.

Der ihm zugeordnete Lakai folgte ihm noch einige Zeit, da Don Giuseppe dies wünschte, und Alfons es um des lieben Friedens willen duldete. Dann verschwindet auch dieses in seiner jetzigen Situation lächerliche Relikt aus der Vergangenheit, das er wie ein Kreuz auf dem schwarzen Pflaster hinter sich her gezogen hatte, und auf den Straßen war nur noch der ärmste aller Priester zu sehen[17].

Im bischöflichen *Studium* verteilt sich das Pensum der theologischen Disziplinen auf vier Jahre und verbindet sehr geschickt öffentliche Vorlesungen mit Spezialstudien. Das Professorenkollegium ist von hoher intellektueller und seelsorglicher Qualität: Gennaro Maiello, der zum bedeutendsten Generalvikar des Jahrhunderts werden sollte; Gennaro Fortunato, der künftige Bischof von Cassano (1729); Tommaso Faenza, Bartolomeo Cacace und Francesco de Rosa, „Brüder" der Apostolischen Mission; Giacomo Martorelli, ein angesehener Graezist; schließlich und vor allem Giulio Niccolo Torni (1672–1756), die tragende Säule der Kirche von Neapel und der Apostolischen Missionen. Er war der Freund und eifrige Verfechter Vicos, der ihn seinerseits als den Hochgelehrten schlechthin, *il dottisimo*, bezeichnete. Torni war auch der offizielle und wohlwollende Zensor von Vicos *Scienza Nuova*. Alfons von Liguori schreibt später in seinen Werken immer wieder mit liebevollem Respekt: „mein berühmter und hochgelehrter Lehrer Don Giulio Torni[18]".

Über diesen entscheidenen Punkt berichtet Tannoia: „Alfons wählte in Dogmatik und Moral als Professor Kanonikus Don Giulio Torni, den späteren (Titular-) Bischof von Arcadiopolis. Wie seine beachtenswerten Veröffentlichungen zeigen, war er in diesen Fächern der bedeutendste Mann seiner Fakultät. Alfons bewahrte ihm eine besondere Verehrung. Wenn er ihn in seinen theologischen Werken zitiert, so spricht er von ihm nur als von „seinem Lehrer — *suo Maestro*".

Im Seminar wurde der Ex-Anwalt mit allem ihm gebührenden Respekt behandelt. Er widmete sich hier nur den Fächern, die ihm in seiner Ausbildung noch fehlten: Dogmatik, Moral und Bibelstudium, und er konnte sie, unter Anleitung eines Lehrers, dessen Wahl man ihm freigestellt hatte, für sich allein studieren. In Theologie — Dogma und Moral — „nahm er" den besten: Giulio Torni. Dieser hervorragende Gelehrte, dem nach seinen eigenen Worten „der Thomismus auf den Nägeln brannte", führte ihn in jene einzigartige Kathedrale ein, wie sie das Werk des Thomas von Aquin darstellt[19].

Wurde er auf diese Weise Thomist? Hier wäre zunächst einmal festzustellen, daß im Gegensatz zur Aufbruchsstimmung der Renaissance und Aufklärung die scholastische Haarspalterei den Thomismus bis zur Parodie mumifiziert hatte. Diesen Wiederholern *ad mentem Divi Thomae* fehlte gerade jener „Geist des göttlichen Thomas", der sich in einer lebendigen Dynamik und Aufgeschlossenheit für das Neue artikulierte. In einer Welt aber, deren altes Himmelsgewölbe durch die Teleskope von Kopernikus, Kepler und Galilei zusammengebrochen war, bahnte sich das Neue überall seinen Weg. „Satan! Satan!" murmelten die aufgeschreckten Scholastiker... Alfons aber, von seiner Ausbildung her Cartesianer, von Beruf Richter und Rechtsanwalt, fühlt sich wohler in der um 1650 entstandenen theologischen Richtung, die in der hl. Schrift, der Vätertradition und der christlichen Erfahrung wurzelt und die Antonio Genovesi (1713—1769), einen der aufgeklärtesten Priester des Jahrhunderts, dazu motiviert, 1767 die Ablösung der scholastischen Theologie, die er als „barbarisch" zu bezeichnen wagt, durch einen „historischen Katechismus des Christentums", also eine „Heilsgeschichte" zu fordern[20]. Im Bannkreis Tornis jedenfalls wird und bleibt Alfons ein eifriger Leser seines Landsmannes Thomas, ohne sich allerdings dem Thomismus als Denksystem zu verpflichten.

Wir wissen, daß auch der hl. Bonaventura, ein persönlicher Freund des Thomas von Aquin, insgeheim Antithomist war. Er war als Theologe, d.h. als „Gottesmann", von oben durch die Offenbarung, von innen durch den Hl. Geist und von außen durch seine Treue zur Wirklichkeit erleuchtet. Seine inspirierte „Weisheit" macht sich die „guten Dienste" einer „Dienerin" zunutze und drückt sich im Gewand jener Philosophie aus, die ihm seine Bildung vermittelt, nämlich im augustinischen Platonismus. Vier Jahrhunderte später hätte es der Cartesianismus sein können.

Alfons von Liguori, auch er ein Kirchenlehrer, ist zweifellos in höherem Maß Thomist als Bonaventura, steht aber Bonaventura näher als Thomas. Wie seine beiden Vorgänger bleibt aber auch er in erster Linie er selbst und niemandem verpflichtet. Eine solche Isolierung ist der Untergang der Kleinen; sie ist aber die

Stärke der Großen. War denn Thomas etwas anderes als Thomist? Alfons wird Alfonsianer sein, nichts weiter. Mehr als von wirklichkeitsfremder Spekulation wird er von der Begegnung mit Gott, der Einheit mit Jesus Christus, von christlichem Verhalten und der Verkündigung des Heils motiviert und ist doch ein tiefer und kraftvoller Denker, ein gefürchteter Dialektiker und ein Wissenschaftler des theologischen Denkens. Nicht nur in der Moral. Ein Dominikaner, ein Meister der modernen Theologie, schreibt:

„Wir übergehen andere Namen (von Theologen des 18. Jahrhunderts) und schließen mit dem Größten, der zum Kirchenlehrer wurde. Alfons wird zwar vor allem als Moraltheologe zitiert, ist aber auch in allen anderen Fragen eine Autorität nicht nur aufgrund seines Titels als Kirchenlehrer, sondern wegen der außergewöhnlichen Unparteilichkeit seines theologischen Urteils, das in solchem Maß frei ist von jeglicher schulischer oder gruppenspezifischer Bindung, daß es schwerfällt, in diesem Punkt seinesgleichen zu finden, es sei denn Thomas und Bonaventura[21]."

Sein intellektueller Weg ist aus seiner Rechtsanwaltspraxis hervorgegangen und besteht darin, seine eigenen Ideen im stets gewandelten Licht seiner Betrachtungen, seiner Lektüre, seiner Beratungen — und er berät sich oft —, seiner Erfahrung und seines Gebets immer wieder neu zu überdenken. Er wäre zweifellos fähig gewesen, über „Sein und Nichtsein" eines Getreidefeldes oder eines Weizenkorns zu spekulieren, aber wozu diese intellektuellen Spielereien? Er möchte vielmehr gediegene Kost, die auch für die Armen genießbar ist, bereiten; denn: wovon ernährt sich das Volk Gottes? Hier liegt das Ziel seiner Philosophie. Er wird ein „Redemptorist" sein[22]. Auf diesem seinem Weg begegnet er Thomas von Aquin, und sie reichen einander die Hand. „Richtig verstanden, kann der Äquiprobabilismus, Liguoris moraltheologisches System, durchaus als thomistische Lösung gelten[23]."

Zunächst aber ist Alfons nur ein eifriger und vertrauensvoller Schüler Tornis und denkt noch lange nicht so weit! Doch steht er bereits am Anfang seines langen Weges, den er in absoluter Loyalität und jener unglaublichen Arbeitsfähigkeit geht, die wir an ihm schon kennengelernt haben.

Für die Dogmatik gibt ihm sein Lehrer die *Medulla theologica* (Theologisches Mark) des Lazaristen Louis Abelly (1604—1691), Bischof von Rodez, in die Hand. Er war der Lieblingsschüler und Biograph Vinzenz von Pauls. Bevorzugte Torni dieses 1650 und 1651 in zwei Bänden erschienene Handbuch, weil Abelly, wie schon der Titel sagt, tatsächlich das „Mark" der besten Autoren vom hl. Thomas bis hin zum „seligen" Franz von Sales bringt? Oder aber weil er als Erbe der christlichen Güte des „Monsieur Vincent" ein entschiedener Jansenistengegner war? Diese beiden Eigenschaften brachten ihm ein etwas boshaftes Epigramm Boileaues in Gesang IV seines *Lutrin* ein: „Ein jeder nehme den *markig-sanften* Abelly zur Hand."

Die *Medulla* war vor allem äußerst didaktisch. Am 17. Januar 1782 schreibt der 85jährige Alfons an Pater G.B.Di Costanzo: „Weicht in der Theologie nicht von Abelly ab. Mgr. Torni hielt sehr viel von Abelly, weil dieser Autor klar, methodisch und knapp schreibt[24]."

Als guter Pädagoge schätzte der Thomist Torni die cartesianische Methode „klarer und deutlicher Ideen"!

Noch mehr aber schätzte er seine Lehre. Abellys Erfolg war mit Neuauflagen durch zwei Jahrhunderte hindurch so dauerhaft, weil mit seiner *Medulla* den Seminaristen ein streng orthodoxes Handbuch zur Verfügung stand. Er kann sich als einer der wenigen Autoren jener Zeit in Frankreich gegen die Ideen des Gallikanismus durchsetzen: von ihm erfährt Alfons von Liguori, was Unfehlbarkeit des Papstes heißt, sobald dieser als Stellvertreter Christi und Mund der Kirche *ex cathedra* spricht. Er betont im Gegensatz zu den Jansenisten, daß Gott alle Menschen retten will und jedem einzelnen die zur Einhaltung der Gebote hinreichende Gnade *(gratia sufficiens)* gewährt, und nach ihm bedarf es zur Absolution im Bußsakrament nur der unvollkommenen Reue. Gebt also, so fordert Abelly, keine schweren Bußen auf und verweigert einem armen Gewohnheitssünder, sofern er guten Willens ist, die Absolution nicht. Zur Kommunion genügt es, frei von Todsünde zu sein... Die traditionelle Lehre also, wie sie heute selbstverständlich ist.

Abelly war damit zur Zielscheibe der Jansenisten geworden. „Ich wollte", so schreibt Antoine Arnauld 1686, „Abelly, den ich noch nie gelesen hatte, einmal kennenlernen und ließ ihn ausleihen. Er ist ein Vertreter des *Attritionismus*, des *Probabilismus*, sowie ein extremer Verfechter der hinreichenden Gnade, ein schlechter Autor... Und doch wird es schon bald das einzige Buch sein, das in den Seminaren gelesen wird[25]."

Ja, Herr Arnauld, hier sind Sie einmal prophetisch! Und wenn der Theologe Alfons von Liguori einen guten Start hatte und schließlich zum Kirchenlehrer werden konnte, so ist es nicht unbillig, wenn wir betonen, daß er dies dem Lazaristen Abelly und durch seine Vermittlung Vinzenz von Paul verdankt.

Die auf Anregung des damaligen Bischofs von Grenoble und künftigen Kardinals Etienne Le Camus verfaßte und 1676 veröffentlichte *Théologie morale* des Avignoners François Genet (1640–1703) versetzt uns auf einen anderen Planeten. Hier herrschen ein anderer Gott, ein anderes Evangelium, eine andere Kirche. Der Autor und die fünf Bischöfe, die hinter ihm stehen, präsentieren dieses Werk als wirksames Mittel gegen die „laxe Moral". Genet ist Probabiliorist.

Probabiliorist? Auf welche Kategorie von Menschen mag diese seltsame Bezeichnung verweisen? Ein Fachausdruck, mit dem wir uns etwas näher befassen müssen. In der Moraltheologie vertritt der Probabiliorist die Meinung, daß im Falle eines Gewissenszweifels stets dem sichersten Weg, also der „wahrscheinlicheren" (lateinisch: *probabilior*) Auffassung, d. h. in der Praxis, dem Gesetz zu folgen sei. Das Gesetz habe stets den Vorrang vor der Freiheit. Der Probabiliorist ist also ein Rigorist. Mag er sich für sein eigenes Verhalten an diese Auffassung binden, das ist seine Sache. Aber kann ein Beichtvater, ein Handbuch der Moraltheologie, sie anderen aufzwingen?

Genet lehrt in seinem großen siebenbändigen Handbuch die Beichtväter den Probabiliorismus: „Stehen eine weniger wahrscheinliche und eine wahrscheinlichere Meinung gegeneinander, so ist unbedingt die wahrscheinlichere vorzuziehen." Seine Lösungen tragen also den Stempel einer Härte, die ihn unter die strengsten Autoren einreiht.

Gerade deswegen aber wird er ermutigt, protegiert und angeeifert. Ein mutiger Priester — allerdings doch nicht mutig genug, seinen Namen zu nennen — prangert unter dem Pseudonym Jacques Remonde in zwei Bänden mit dem Titel *Re-*

marques (1678) Genets „Jansenismus" an, was ihm jedoch schlecht bekommt. Das Heilige Offizium setzt seine *Remarques* auf den Index und erklärte Genets *Théologie morale* als frei von Irrtum (1679). Kurze Zeit vorher (20. August 1677) hatte Capizucchi, der *Maestro dei Sacri Palazzi*, bereits das Klima im Apostolischen Palast wiedergegeben: „Ausgezeichnet, diese Theologie. Eine gesunde, solide, sichere und zur Verbesserung der Sitten notwendige Lehre." Warum also sollte man diesem unbestechlichen Seelenhirten nicht unverzüglich den Krummstab in die Hand geben? Er ist leider erst 37 Jahre alt! Aber die Jugend ist ein Fehler, der sich von selbst korrigiert. Innozenz XI. ernennt Genet sofort zum Kanonikus am Domstift von Avignon; acht Jahre später (1685) liegt die Mitra von Vaison-la-Romaine für ihn bereit. Schließlich wird ihm die höchste Ehre zuteil, als der große Bossuet „den Genet" für sein Seminar von Meaux vorschreibt, und es ist seine Moraltheologie, die den französischen Klerus bei seiner Versammlung von 1700 inspiriert. Solcherart also war das Klima in Frankreich, in Rom und bald auch in Neapel...

Wir wissen heute, daß Genets Werk in allen seinen Entstehungsphasen der Prüfung Antoine Arnaulds unterstand. Die Jansenisten streuen diesem heiligen Buch daher nur Weihrauch. Hier war der Beichtvater vor allem zur Strenge aufgerufen: Strenge in der Prüfung des Beichtkindes, Strenge in der Erteilung — oder vielmehr der Verweigerung der Absolution! Auf dreißig Seiten wird der Priester motiviert, die Vergebung durch einen Gott zu verweigern, der von den Menschen verlangt, siebzigmal siebenmal zu vergeben! Und daß die Buße nur ja nicht zu knapp ausfalle, ungeachtet dessen, was das Konzil von Trient sagt! Die Vorbedingungen zur Kommunion sind so zahlreich, daß der Gläubige ihr besser gleich fernbleibt. So „darf man einer Person nicht raten, unmittelbar nach einer schweren Sünde zur Kommunion zu gehen, auch wenn diese vollkommen bereut und gebeichtet" und natürlich absolviert ist. Der Sünder hat vielmehr „aufgrund der Achtung, die diesem großen Sakrament gebührt, eine gewisse Zeit Enthaltsamkeit zu üben." Der Fall, in dem Beichtväter auf diese Weise die Kommunion verzögern, wird als durchaus normal angesehen.

Dem Ganzen sind Texte aus den Vätern und den Konzilien beigegeben, doch wurden nur die strengsten Texte ausgewählt. Wie viele andere Zitate wären in denselben Vätern zu finden gewesen, die die seinen wieder entkräftet hätten[26]! (Ohne boshaft sein zu wollen: gilt dies nicht auch ein wenig für unsere *Enchiridia* von heute?)

Ein so „heilsames" Werk mußte zum Wohle der gesamten Christenheit natürlich exportiert werden. So brachte man es in lateinischer Übersetzung (1702–1703) in Paris und viermal in Venedig mit einer Widmung an Papst Clemens XI. heraus. Von mehr als 160 italienischen Regionalkonzilien oder -synoden approbiert, wurde es schon bald in ganz Italien und auch in der Hauptstadt der katholischen Christenheit benutzt[27]. Daher finden wir Genet auch in den Händen Alfons' und der Moraltheologen des Seminars von Neapel.

Die Bedeutung dieser Tatsache kann dem uneingeweihten Leser noch nicht klar sein. Wenn er den Eindruck haben mag, wir hätten uns hier nur in einer Abschweifung gefallen, so müssen wir ihn eines Besseren belehren. Denn wir müssen zuerst das Ausmaß und die Kraft dieser „Ölpest" des Rigorismus ermessen, um die erste moralische Orientierung Alfons', die Gewissenskonflikte, in die sie

ihn treibt, den genialen Handstreich, der ihn zur Zurückweisung dieser Strömung führt, und die Energie, die er sein ganzes Leben lang aufbringen muß, um
sie überall zurückzudrängen, verstehen zu können.

Nun wieder auf unseren Seminaristen bezogen, können wir nicht umhin, eine
schwierige Frage zu stellen: Wie war es möglich, daß der bekannte Antijansenist
Torni, der seinen Schülern in der Dogmatik den segensreichen Abelly vorlegte,
ihnen andererseits in der Moraltheologie den Rigoristen François Genet empfahl?

Alfons schreibt dazu 1765:

„Man muß wissen, daß ich bei meinem Theologiestudium von Anfang an von
Lehrern geleitet wurde, die durchwegs der rigoristischen Lehre anhingen. Das erste moraltheologische Buch, das sie mir in die Hand gaben, war Genet, der füh-
rende Probabiliorist. Ich selbst war lange Zeit ein erbitterter Verfechter des Probabiliorismus[28]."

Dieses vierzig Jahre später veröffentlichte Zeugnis hat sein Gewicht: „Alle seine Ethiklehrer" — jener des Seminars wie auch sein „Moralpräfekt" bei den Apostolischen Missionen —, alle seine Professoren im Seminar waren Rigoristen, und
ihr Schüler folgte ihnen, Genet in der Hand, „erbittert" *e per molto tempo* — für
lange Zeit.

Und Tornis Rolle? Wir können annehmen, daß dieser Anhänger des „sanften
Abelly" nicht zu den strengsten unter den Rigoristen gehörte. Daß er aber einer
war, ist kaum zu bezweifeln. 1762 und dann noch einmal 1765 sagt Mgr. von Liguori mit den gleichen Worten im Singular:

„Es ist wirklich so: als ich mit dem Studium der Moraltheologie begann, wurde
ich durch einen Anhänger der strengsten Lehre eingeführt. So begann auch ich,
mit Nachdruck denselben Standpunkt zu vertreten[29]."

Von Tannoia wissen wir aber, daß sowohl in Moraltheologie als auch in Dogmatik Torni sein Lehrer war.

Hier nun scheinen sich die Dinge vollends zu vewirren. In drei 1749, 1755 und
1762 veröffentlichten verschiedenen lateinischen *Abhandlungen* wiederholt Pater
von Liguori mit den gleichen Worten folgendes Zeugnis über die Zeit nach seinem Seminar und seine „lange rigoristische Periode":

„Später jedoch, als ich mich dem Apostolat der Missionen widmete, wurde
mir bewußt, daß viele sehr weise und rechtschaffene Männer der milden Lehre
folgten, allen voran mein Lehrer, der berühmte und hochgelehrte Don Giulio
Torni[30]."

Die Fakten trügen nicht. Wir müssen hier also die beiden Enden der Kette —
Torni rigoristisch, Torni nachgiebig — in Händen halten, und es gilt nun, die Zwi-
schenglieder zu suchen, die sowohl räumlich als auch zeitlich auseinander liegen.

Räumlich: Auf dem Mont Blanc und in den Straßen von Neapel oder Paris
weht nicht dieselbe Luft. Bischöfe, Professoren und Verfasser von Handbüchern
sind Schreibtischmenschen und leben jenseits der unmittelbaren Seelsorge und
des Daseins der armen Leute in lichter Höhe. Sie sind übrigens pflichtbewußte
Priester; aber da sie mehr Idealisten denn Realisten sind, verkündet ihre „Pflicht"
mehr den Trompetenstoß der Strenge als die Zwischentöne der Güte. In einer
„Christenheit", in der sich niemand der geistlichen Gewalt entziehen kann, steigt
der berauschende Geist der Rechte Gottes und seines Gesetzes schon beim ersten
Glas in den Kopf. Denn verlangt der Herr von seinen Priestern nicht, wie einst

von Johannes dem Täufer, „ihm ein vollkommenes Volk zu bereiten" (Lk 1,17)? Männer wie Vinzenz von Paul und Abelly dagegen bleiben mit ihrer Erfahrung aus den Volksmissionen auf dem Boden der Wirklichkeit. Dieser ständige Kontakt mit dem Leben und den Sündern stellt sie vor die Wahl, entweder ihre Seelsorge aufzugeben, oder den Rigorismus in dieser seiner ersten Fehlentwicklung weit von sich zu weisen.

Vom damaligen Maestro dei Sacri Palazzi, dem Dominikaner Gregorio Selleri, „geformt", zeigt sich Torni in seinen *Notae* zu den *Commentaria* des Estius[31] als allerdings gemäßigter Probabiliorist. Er konnte nicht umhin, es auch in seiner Lehre zu sein, denn wie wir gesehen haben, stand Rom auf Seiten François Genets. Die für das Seminar verpflichtende Lehre, die auch die Apostolischen Missionen (zumindest theoretisch) beherrschte und die von „unzähligen" neapolitanischen Priestern vertreten wurde, war der Probabiliorismus. Schließlich und endlich war Torni „der offizielle Theologe Seiner Eminenz": Es lag also in der Natur der Dinge, daß er die Theologie und Seelsorgepraxis seiner Erzbischöfe teilte, die alle, von Cantelmo bis Spinelli (1691–1754), militante Rigoristen waren.

Doch ließen der unmittelbare Einblick in die Welt der Armen, den er bei seinen Missionen gewann, das „unverbildete"Hören der Frohen Botschaft, die Fragen seines jungen Apostolatsgefährten und schließlich auch das Alter, das ihn nachgiebig machte, Torni von diesen reinen Höhen herabsteigen.

Gerade auf dieser Ebene aber wirkt die Zeit, eine lange Zeit – *molto tempo* – für Alfons und „seinen Lehrer".

„Später", so schreibt Liguori 1749, 1755 und 1762, „später wurde mir bewußt, daß die strenge Lehre nur wenige Lehrer und Schüler hatte, die außerdem alle eher in der Spekulation als im Amt des Beichtvaters anzutreffen waren[33]."

Gerade in der praktischen Seelsorge, „in den Missionen, entdeckt Alfons sehr viele dieser Männer von großer Redlichkeit und Weisheit, die die nachsichtige Lehre praktizierten." Zweifellos nicht ohne Freude und Überraschung fand der Missionar schließlich unter den Gegnern des Probabiliorismus auch denjenigen seiner früheren Lehrer wieder, den er am meisten verehrte, Giulio Torni. Das Leben und seine Erfahrungen bewirken solche Wandlungen …

Alfons' Größe bestand gerade darin, daß er, zunächst als junger probabilioristischer Priester – allerdings um den Preis welcher Ängste! – nie eine Absolution verweigerte[34] und dann ein langes arbeitsreiches und von Kämpfen geprägtes Leben hindurch sich großmütig bemühte, nicht nur in seiner eigenen Kongregation, sondern in der gesamten Kirche den rigoristischen Riesen zu bekämpfen, der unter Mißachtung des Evangeliums die ganze Kirche unter seinem geistigen Terror einer „untragbaren Strenge" niederdrückte. Dieses Urteil gegen Genet stammt von Pater von Liguori[35].

14. Die Seminarjahre: Begegnungen fürs Leben (1723–1726)

Abelly, Genet: ein akzeptiertes, ein abgelehntes Handbuch, in denen sich verschiedene, ja widersprüchliche Strömungen innerhalb der Kirche artikulieren. Über ihnen steht für Alfons wie der lebendige Geist über dem toten Buchstaben Tornis Haltung und Wort; neben ihnen andere, von seinem Lehrer empfohlene Bücher, allen voran Thomas von Aquin, den der Schriftsteller Alfons später immer wieder als Quelle anführen wird[1].

Weit über allen aber steht das Buch des Wortes Gottes, die Bibel. Durch sie begegnet er nun Tag für Tag dem sprechenden Gott. Rispoli schreibt:

„Die Hl. Schrift war für Alfons das Buch schlechthin: sein Schatz, seine Freude. Es verging kein Tag, an dem er nicht ein Kapitel daraus las, meditierte und betrachtend durchdrang[2]."

Dies war seine erste lebendige Begegnung im Seminar: er begnügte sich nicht mit dem kleinen Schluck, der ihm in der Hl. Messe gleich einem Glas Wasser von der Quelle angeboten wurde, sondern warf sich voll und ganz in den Ozean der Hl. Schrift.

„Er suchte Klarheit", fährt Rispoli fort, „durch den Vergleich der gelehrtesten Kommentatoren, um so die genauesten und erhabensten Bedeutungen des göttlichen Wortes zu erfassen", d. h. um zu erkennen, wo Gottes Absichten sich am deutlichsten offenbaren.

Die Generation der großen Exegeten war schon seit einem dreiviertel Jahrhundert tot und blieb es für die Wissenschaft noch lange: erst um 1880 begann die biblische Wüste wieder zu grünen. Doch hatte die Renaissance die Neugier geweckt und wissenschaftliche Arbeiten über Geschichte, Institutionen, Sprachen und Texte des Altertums angeregt. Die Bibel blieb für die Forscher zunächst ein verbotener Bereich, aber schließlich konnte auch sie in ihre Untersuchungen einbezogen werden. Das 17. Jahrhundert begann, ihre kritischen und literarischen Probleme zu begreifen. Linguistische Studien wurden unternommen, und die Zahl der mehrsprachigen Bibelausgaben nahm zu (acht in diesem Jahrhundert). Das Hebräische drang, vor allem in Neapel, mit Selbstverständlichkeit in die Seminare ein.

Doch blieb diese wissenschaftliche Strömung noch ohne nennenswerten Einfluß auf die Exegese. Der Begründer der Bibelkritik, der Oratorianer Richard Simon (1638–1712), starb als einfacher, pflichttreuer und armer Pfarrer unter den Schlägen Bossuets, der Katholiken, der Protestanten und des Index. Zwölf Jahre später, als Alfons ins Seminar eintritt, ist die so notwendige Verbindung zwischen Bibelkritik und Botschaft der Bibel also noch lange nicht vollzogen. Sie gehen parallele Wege, ohne einander wirklich zu begegnen.

So leben sie auch im Diözesan*studium* von Neapel mehr als Freunde denn als Liebende zusammen. Als Grundwerke gab man den Studenten für die Kritik den sehr modernen *Apparatus biblicus* von Bernard Lamy (1640–1715), dem Mitbruder und Freund Richard Simons, und für die Exegese die Kommentare von Wilhelm Van Est, genannt Estius (†1613), Jacques Tirin (†1636) und Giovanni Stefano Menochio (1655) in die Hand[3]. Sie gehören zusammen mit Johannes

Maldonatus (†1583), Robert Bellarmin (†1621) und Cornelius a Lapide (1637), diesen großen Jesuiten, mit denen unser junger Theologe ebenfalls in Treue fürs Leben verbunden bleibt, nicht weniger zur großen Epoche (1550–1650) der durch das Tridentinum initiierten Bibelinterpretation und tauchen immer wieder in seinen Schriften auf. Mit großem Einfühlungsvermögen hatten sie die Methoden der frühen christlichen Exegese wiederbelebt, auf der Suche nach dem literarischen Gehalt und basierend auf dem Studium der patristischen Kommentare.

De Lubac schreibt: „Die frühe christliche Exegese ist etwas sehr Großes. Sie ordnet die ganze Offenbarung um einen konkreten, in Raum und Zeit durch das Kreuz Jesu Christi bestimmten Mittelpunkt. Sie ist in sich schon eine vollständige Dogmatik und Spiritualität in einem und hat sich nicht nur in der Literatur, sondern auch in der Kunst mit wunderbarer Kraft und Fülle artikuliert. Kurz, diese frühe christliche Exegese ist etwas ganz anderes als nur eine frühere Form der Exegese. Sie ist der Raster der christlichen Literatur und Kunst. Sie repräsentiert unter einem ihrer wesentlichen Aspekte das frühe christliche Denken überhaupt. Sie ist die wichtigste Form, in der sich die christliche Synthese lange Zeit darbot. Sie ist zumindest das Werkzeug, das ihren Aufbau ermöglichte, und sie ist heute eine der Möglichkeiten, über die man am leichtesten Zugang zum frühen christlichen Denken findet[4]."

Wurde Liguori in seiner ersten Erkundung dieser Exegese und der Kritik von einem anderen lebendigen Lehrer geleitet als vom Hl. Geist? Es hat nicht den Anschein[5]. Seine *Dogmatischen Schriften* lassen einen Autor erkennen, der sich durch umfangreiche Lektüre die wissenschaftlichen Probleme erschlossen hat, die Kanon und Inspiration der Hl. Schrift, ihre Autoren und ihre Historizität, ihre Originaltexte und sogar die Besonderheiten der hebräischen Sprache stellen[6]. Allerdings im Rahmen der Möglichkeiten einer noch in ihren Anfängen steckenden Wissenschaft. Das Wichtigste für ihn war aber etwas anderes. Als Prediger und Schriftsteller verweist er immer wieder auf die Hl. Schrift als Beweis seiner Behauptungen oder Ausgangspunkt seiner Darlegungen, zitiert aber immer nur die Vulgata: sie ist der traditionelle lateinische Text der Kirche des Westens, der einzige, den das Konzil von Trient für „authentisch" erklärt hat. Alfons vertraut auf die von der Kirche getroffene Wahl. Diese Glaubenshaltung ist bei ihm eine grundlegende christliche Einstellung. Das inspirierte Wort ist uns durch die Tradition der Kirche überliefert; es ist von solchem Gewicht, daß es nur innerhalb der Kirche weitergetragen werden kann.

Alfons' Interpretation zielt also weder auf Neuheit noch auf Gelehrsamkeit. Was er sucht, ist die Wahrheit.

„Die hl. Schrift", so fährt Rispoli fort, „ist für ihn das Buch der Wahrheit und der Gesetze, der Weg der wahren Weisheit und gleichsam der Codex aller unserer Pflichten."

Fünfzehn Jahre Umgang mit der Rechtswissenschaft sind nicht spurlos an ihm vorübergegangen! Wie der Codex einst die Bibel des Juristen war, so wird nun die Bibel zum Codex des künftigen Priesters. Seine Exegese leidet natürlich auch an den Defizienzen seiner Zeit, doch ist sie im allgemeinen nüchterner, klarsichtiger und vor allem der Interpretation der Väter stärker verpflichtet als die seiner Zeitgenossen. Die Väter treffen seiner Auffassung nach im Blick auf die Bibel gültige Entscheidungen. Das II. Vatikanum widerspricht ihm darin nicht. Im Gegenteil:

„Die Braut des fleischgewordenen Wortes, die vom Hl. Geist belehrte Kirche, bemüht sich, ein täglich tieferes Verständnis der hl. Schrift zu erlangen, um ihren Kindern immerdar die Speise des göttlichen Wortes anbieten zu können; so begünstigt sie auch zu Recht das Studium der Heiligen Väter sowohl des Ostens als auch des Westens[7]."

Die Väter, wie übrigens auch die Konzilien, überschnitten sich im Raster des Theologiestudiums jener Zeit (allerdings nur auf zweiter Ebene, nach der hl. Schrift) immer wieder, aber weder Patristik noch Kirchengeschichte standen als eigene Fächer auf dem Lehrplan der Seminare. Die Geschichte war sogar einem Hauch ungerechter Verachtung ausgesetzt, der von jenseits der Alpen herüberblies. „Gibt es etwas Nutzloseres, als sich so lange mit dem zu befassen, was nicht mehr ist?" hatte Bossuet[8] geschrieben, und die Cartesianer waren gegen diese Berichte und Zeugnisse aus der Vergangenheit, weil sie sich nicht vom „ich denke, also bin ich" herleiteten: „Adam verfügte im irdischem Paradies über die vollkommene Wissenschaft... und wußte nichts von Geschichte!"

Alfons aber hatte als geistiger Sohn Philipp Neris und damit in gewisser Weise auch des Baronius an den Sonntagnachmittagen bei den Oratorianern die Annalen der großen christlichen Familie in sich aufgenommen und hat diesem Thema später zwei umfangreiche Werke gewidmet: die *Geschichte der Häresien und ihre Widerlegung* (1772) und *Die Siege der Märtyrer* (1775). Er las und bewunderte den Vater der italienische Geschichte, Ludovico Antonio Muratori (1672–1750)[9], dessen *Rerum italicarum Scriptores* – 28 Bände – genau 1723 zu erscheinen beginnt. Bis sich auch in den Seminaren die Erkenntnis durchsetzt, daß in der gelebten Geschichte des Volkes Gottes viel mehr Theologie steckt als in der ganzen *Summa* des hl. Thomas, nimmt Alfons in seinem verzehrenden Durst nach der Erkenntnis Gottes und der Art und Weise, wie das Evangelium konkret zu leben sei, begierig die Kirchenväter, sowie Leben und Schriften der Heiligen[10] in sich auf. „Die Heiligen sind gelebtes Evangelium", pflegte er zu sagen.

Der Begegnung mit dem Wort Gottes folgen die für sein weiteres Leben wichtigsten Begegnungen, und es entstehen die tiefsten Beziehungen zu Teresa von Avila und Franz von Sales.

Mit Teresa von Avila (1515–1582) und ihrem Schüler Johannes vom Kreuz (1542–1591) hat das stolze Spanien auf dem Höhepunk seines Ehrgeizes und vor allem seines Glaubens der Welt eine spirituelle Schule geschenkt, deren Glanz und Ausstrahlung von keiner anderen jemals erreicht wurde. Hier erweist sich die „Kolonisation" als vorteilhaft, denn zwischen der iberischen und der italienischen Halbinsel besteht ein reger und auch reicher Kulturaustausch: von 1603 bis 1723 erscheinen mindestens vierzehn italienische Ausgaben der Werke Teresas von Ahumada. Italien war also der glückliche Erstgeladene zu diesem Festmahl.

Denn Teresa ist eine der Ersten in der Literatur Kastiliens und kann überdies als die unverbildeste Schriftstellerin bezeichnet werden, die der spanische und vielleicht sogar der christliche Geist hervorgebracht hat. Sie war überzeugt, nur zum Spinnen zu taugen und ließ nur aus Gehorsam vom Rad ab. Ihr Schreiben kommt so natürlich wie der Atem, ohne vorangegangene Nachforschungen. Es ist das reine Ausströmen einer unvergleichlichen Intelligenz und Empfindungskraft. Die Erfahrung ist ihr Meister: indem sie uns auf ihrem eigenen Weg mitnimmt, führt sie uns von der Lauheit zur Tugend, zur Heiligkeit, zur Kontemplation, mitten hinein ins Göttliche. Ihre Intuition entdeckt mit unerhörter Klarsicht die geheimsten Kräfte des Menschen; sie betrachtet und enthüllt die Tiefen Gottes in engster mystischer Verbindung. Dabei verfügt sie über einen soliden und klarsichtigen gesunden Menschenverstand, eine bescheidene und einnehmende Offenheit, bezaubernde und gewinnende Anmut, freudigen und mitreißenden Schwung: die Freude, die aus der Liebe entsteht. Denn sie ist Liebe und nichts anderes; aktive Liebe, die sechzehn Klöster gründet und sich im Eifer für ihren Herrn und die Kirche verzehrt. Sie ist zugleich Johannes am Herzen Jesu und Paulus auf seinen Missionsreisen.

Alfons „begegnet" ihr bei seinem Eintritt ins Seminar und bleibt auf Lebenszeit von ihr hingerissen.

Nicht daß sie dem Kind oder dem Rechtsanwalt von gestern eine Unbekannte gewesen wäre. Er „atmete" die hl. Teresa mit seinem ersten Schrei ein: Donna Anna ist durch die Markgrafen von Avenia spanischer Herkunft; mindestens vier Teresas strahlen im Sternbild der Familie: eine Tante, eine Schwester, eine Nichte und seine Cousine und „Verlobte", die im Karmel vom Allerheiligsten Sakrament freudig dem Himmel entgegeneilte (30. Oktober 1724). Noch aber handelt es sich nur um eine oberflächliche Nachbarschaft.

Zu einem glühenden Anhänger Teresas von Avila wurde er erst, als er in den geistlichen Stand eintrat, und zwar durch den Superior des Seminars, seinen Onkel Gizzio. Nun bindet er sich an sie, bittet sie wie eine große Schwester, wie eine Mutter und ist sehr bemüht, ihr nachzufolgen, daß er wie sie ein Gelübde ablegt, nur noch für Gott und seine größere Ehre zu leben[11]. In der Aszetik und Mystik wird sie zu seiner *maestra*, seiner „Lehrerin des betrachtenden Gebetes"; im Leben — nach der Muttergottes — zu seiner *seconda mamma*. Fortan tragen alle seine Briefe, gleichsam wie ein im Winde flatterndes Banner, das Motto: „Gelobt seien Jesus, Maria, Joseph und Teresa". Diese Glut wird schnell zum großen Feuer: in seinem *Geistlichen Tagebuch — Cose di coscienza —*, das er stets bei sich trägt, hält der junge Priester folgenden erstaunlichen Vertrag eines Sohnes mit „seiner Mutter" fest:

„Seraphische Jungfrau, geliebte Braut des göttlichen Wortes, vor der Allerheiligsten Dreifaltigkeit, meinem Schutzengel und dem gesamten Himmel erwähle ich, Dein unwürdiger, aber von Deiner großen Güte und dem Verlangen, etwas für Dich zu tun, angezogener Diener, Dich heute, nach Maria, zu meiner Mutter, meiner Lehrerin und meiner besonderen Fürsprecherin. Ich nehme mir ernstlich vor, Dir immerdar zu dienen und alles daran zu setzen, daß auch die anderen Dich ehren. Meine seraphische Heilige, ich flehe Dich daher beim Blut, das Dein Bräutigam für mich vergossen hat, an, mich für immer in die Schar Deiner glühenden Diener aufzunehmen. Hilf mir in meinem Beginnen und bitte für mich, daß ich auf dem rechten Pfad der christlichen Vollkommenheit wandeln und damit Deine Tugenden erlangen möge. Steh mir vor allem im Gebet bei; erbitte für mich bei Gott einen Teil jener Gabe, die Du in so reichem Maß besessen hast, damit meine Gedanken, Worte und Werke in der Betrachtung und Liebe des Höchsten Gutes niemals Deinen Blick und den unseres Gottes auch nur im geringsten verletzen. Nimm eine kleine Gabe zum Zeichen meiner Verehrung; steh mir im Leben und besonders in der Stunde meines Todes bei."

Es folgen sieben Verpflichtungen zu Gebet, Anbetung und Buße. Darunter folgender Zweizeiler:

Gelobt sei Jesus, Joseph, Maria und
Sancta Teresa in ihrem Bund[12]!

Alfons ist nicht der Mensch, der seine Versprechen vergißt. Seine Veröffentlichung, die Aufmachung und Umfang eines Buches hat, ist der hl. Teresa von Avila gewidmet: *Die Verehrung der heiligen Theresia: ein Andachtsbüchlein für fromme Christen* (1743). Solange er noch genug Sehkraft besaß, um arbeiten zu können, war sie es, die er — nach der hl. Schrift — am häufigsten las und zitierte. 250 Jahre, bevor sie endlich diesen Titel erhielt, war Teresa von Ahumada die erste Lehrerin dieses Kirchenlehrers.

Der zweite war Franz von Sales (1567–1622), der Teresa von Avila so nahe stand.

Diese Begegnung fand in der Kongregation der Weltgeistlichen der „Propaganda" statt, die allgemeiner unter der Bezeichnung „Apostolische Missionen" bekannt ist und unter der Schirmherrschaft Mariens, der Königin der Apostel, steht.

Sie war 1646 von Sansone Carnevale (1595–1656), einem heiligen Dompfarrer gegründet worden, und schon ihr Name verriet ihr Ziel: *missio ad infideles*, die Entsendung zu den Ungläubigen. Man befaßte sich intensiv mit Theologie im allgemeinen, dann mit Kontroverstheologie, Arabisch, Türkisch, usw. Aber leider hatten die Kriege zwischen Spanien und Portugal die Missionare immer wieder an einer Überfahrt nach Afrika gehindert. So hatte sich seit 1650 der Eifer dieser Elitepriester vorerst auf Pfarrmissionen in Stadt und Land gerichtet. 1668 hatte die Kongregation ihre *Regel* dieser Funktion im Inneren des Landes schließlich angepaßt, ohne allerdings ihre Pläne für die heidnischen und moslemischen Länder ganz aufzugeben.

Sofort nach der Heiligsprechung des Savoyers Franz von Sales — nur 43 Jahre nach seinem Tod — im Jahr 1665 hatten ihn die, wie sie auch genannt wurden, „Weltpriester der Kathedrale" zum „Schutzherrn, Führer und Vorbild ihrer arbeitsreichen Tätigkeit" gewählt. Diese Diözesanpriester ohne Gelübde, ohne Kommunität, die dem Erzbischof als ihrem ersten Oberen unterstanden, hatten sich diesen Bischof, diesen Prediger und Missionar des Weltklerus zum zweiten Patron gewählt; einen Modernen obendrein und einen Mann welchen Formats!

Die „Missionare der Kathedrale" beschränkten sich nicht darauf, sein Fest mit einem *Gloria* und einem guten Tropfen „Lacrimae Christi" zu begehen, sondern beteten während ihrer Missionen einmal wöchentlich gemeinsam das Offizium, verbreiteten seine Lehre, seine Frömmigkeit und... die Schwestern von der Heimsuchung in Neapel und über das ganze Land. Vor allem aber wurde er zu ihrem Lehrmeister im Denken, in der Evangelisation und im Leben[13].

Was bewog Alfons, sich ihrer Schule anzuschließen? Zum einen die günstige Lage ihrer Niederlassung in einer Kapelle, die mit dem Seminar eine Einheit bildete. Das Bild im Altarblatt weihte sie ganz im Geist des hl. Franz von Sales der apostolischen Jungfrau von der Heimsuchung. Zum anderen missionierten hier mindestens sieben, und zwar die bedeutendsten seiner Professoren, allen voran der große Torni und Onkel Gizzio. Schließlich war sie von den drei Kongregationen, die den jungen Praktikanten zur Wahl standen, durch die familiäre, intellektuelle und seelsorgliche „Klasse" ihrer Mitglieder die bemerkenswerteste. Man nannte sie – ohne Ironie – die *Illustrissimi*[14]. Doch war es gewiß nicht dieser Titel, der Alfons anzog – hatte ihm doch die Toga schon weit mehr „Glanz" verliehen, als der Chorrock ihm je verhieß –, sondern die Nähe, die Fähigkeit und die Freundschaft der „Brüder".

Daher wollte er sich auch nicht mit dem vorgeschriebenen vierjährigen Seelsorgepraktikum begnügen, sondern suchte unverzüglich um seine Aufnahme als „Bruder" der Kongregation an, der er dann sein Leben lang blieb. Doch mußte er zunächst ein Jahr lang auf die erste Bedingung seiner Aufnahme warten: tonsurierter Kleriker zu sein.

Zu Beginn des Studienjahres 1724/25 erhält Alfons die Tonsur. Zu diesem Anlaß überschreibt Don Giuseppe seinem Sohn aus den Erträgen seines Besitzes Cardovino in Marianella ein Erbteil für jene vierzig Dukaten jährlich, die vom kanonischen Recht vorgeschrieben sind. Am Quatembersamstag im Herbst, dem 23. September, fallen also bei den allgemeinen Weihen in der Basilika S. Restituta[15] unter der Schere Mgr. Salvatore Miroballos vier schwarze Haarbüschel von Alfons' Haupt. Der Monsignore, Titularerzbischof von Nazaret und demissionierter Prälat von Barletta, unterstützt während der Zeit seiner „Arbeitslosigkeit" Kardinal Pignatelli. So erteilt er auch am darauffolgenden 23. Dezember unserem Ex-Rechtsanwalt die vier niederen Weihen: Ostiariat, Lektorat, Exorzistat und Akkolutat[16].

Sogleich nachdem er die Tonsur erhalten hatte, klopfte Alfons wiederum an die Tür der *Apostoliche Missioni;* nachdem er sich, der Vorschrift entsprechend, der Prüfung durch zwei Kommissionen unterworfen hat, wird er am 27. Oktober 1724 von den 51 anwesenden Mitgliedern einstimmig angenommen. In der Versammlung vom Montag, dem 13. November, wird er als Novize zugelassen: er kniet vor der Muttergottes und dann vor Giovanni Venato, dem Superior jenes Jahres, nieder. Dieser letztere ermahnt ihn zur Treue gegenüber der *Regel*, zur Beharrlichkeit im guten Willen und übergibt ihn den Novizenmeistern. Es sind dies Francesco Zacchetti und ... Pietro Marco Gizzio[17].

War es wiederum Onkel Pietro Marco, der die glückliche Idee hatte, seinen Novizen zu Franz von Sales zu führen, wie er ihn bereits bei Teresa von Avila eingeführt hatte? Ihn und die ganze Kongregation. Denn lebte sie nicht ausdrücklich von seinem Werk, seinem Geist, seinem Vorbild und seinem Gebet? Seine von Giuseppe Fozzi S. J. und Daniello de Nobili übersetzten Schriften erschienen seit 1667 in Venedig in immer neuen Auflagen. Las ihn unser angehender Missionar auch in Französisch, so wie er möglicherweie Teresa in Spanisch las? Eines ist sicher: hier entsteht eine weitere Freundschaft fürs Leben und eine weitere unerschöpfliche Quelle. Ihn, der wie er selbst Adeliger, Rechtsanwalt, Missionar und Bischof war, wählte Alfons als Vorbild und Führer, und nicht den allzu strengen Karl Borromäus. Ist es Zufall, daß er später „Italiens Franz von Sales" genannt wird? Silvio Pellico und später Giovanni Papini ziehen diesen Vergleich, und Celestino Berruti (1804–1872), der Superior der neapolitanischen Redemptoristen, entwickelt eine lange Parallele von auffallender Evidenz.

Alfons' salesianischer Eifer macht ihn aber nicht blind für andere Strömungen. Er schließt sich eng an Johannes vom Kreuz und viele bedeutende Schüler des hl. Ignatius an; sein erster geistlicher Lehrer bleibt aber — nach seiner *madre Teresa* — Franz von Sales. Sie sind schon in den Anfängen seiner Seminarzeit die Paten seiner Heiligkeit und seiner Lehre, und nur sie spricht er in inniger Vertrautheit als *Santa mia! . . . Santo mio! . . .* oder ganz einfach „Teresa" und „Franz" an[18]. Was sucht er im Umgang mit ihnen? Die Kunst, Gott zu lieben, Jesus Christus voll und ganz zu lieben, die „Wissenschaft des Gebets", das Feuer jenes Eifers, der sie einst verzehrte. Was erfleht er von ihrer machtvollen Freundschaft? Daß sie ihn zu beiden Seiten an der Hand nehmen und zum Gipfel der Heiligkeit führen mögen. Nichts geringeres.

In diesem Aufstieg erlebt er, der „Neuling", die Gnade und Freude, mit Gefährten voranzuschreiten, die er bewundern kann. Sie haben ihn an Teresa und Franz „angeseilt", und sie selbst gehen ebenfalls mit entschlossenem Schritt voran. 1748 schreibt er von diesen Säkularkongregationen:

„Diese Brüder sind die Blüte des neapolitanischen Klerus; die ganze katholische Welt ist begeistert von ihrer Gelehrsamkeit und ihrer Tugend[19]."

Wird hier nicht ein klein wenig Übertreibung und Stolz sichtbar? Warum auch nicht? So heilig er auch war — warf der Gründer und Bischof auf die anderen gern einen bewundernden Blick. Es ist dies einer seiner Charakterzüge. Ein Zug wahrer Heiligkeit: Teilnahme am liebenden Blick dessen, der „sah, daß es gut war".

„Gelehrsamkeit und Tugend", schreibt Liguori, und er trennt diese beiden niemals, weder in seinem Leben, noch in seiner Sicht des Priesters. Es gibt nichts Gefährlicheres als einen frommen und dummen Seminaristen: die Frömmigkeit geht vorüber, was bleibt, ist die Dummheit. Die Hl. Schrift setzt Gelehrsamkeit gern gleich mit Weisheit.

Für Alfons wird die Vertiefung der kirchlichen Wissenschaften nun zu einem Teil der Heiligkeit. Wir kennen seine entschlossene Arbeitslust. Seminar und Apostolische Missionen sind ihm noch nicht genug. Da ihm der Salon Caravita nichts mehr bieten kann — Adieu Prozesse! Adieu verräterische Justiz! —, besucht er nun mehrere der theologischen Akademien, die von aufgeklärten Priestern in der Stadt gehalten werden. Er schließt sich den besten an, zweifellos auch jener seines Mitbruders in der Apostolischen Missionen, Don Ciro de Alteriis, die 1723 eröffnet worden war. Ciro de Alteriis hatte sein ehrgeiziges Programm in sieben Arbeitsbereiche aufgeteilt: hl. Schrift, Dogma, Häresien, Konzilien, Kanonisches Recht, Kirchendisziplin und Kirchengeschichte. Beachten wir, daß die . . . Moraltheologie fehlt. In dieser Zeit des aufgeklärten Europa (Noo-Europa hätte Teilhard de Chardin gesagt) erwähnten die Jesuiten im März 1731 gerade seine Akademie in ihrem *Journal de Trévoux* als beispielhaft[20]. Die konventionelle Seite dieser Zirkel war kein Hindernis für menschliche Beziehungen und Freundschaften, die ihrerseits wiederum Arbeit, Information und Gedankenaustausch förderten.

Die Intelligenz entwickelt sich besser in Gemeinschaft; Herz und Seele ebenso. Alfons hatte zu Füßen Unserer Lieben Frau von der Barmherzigkeit geschworen, Oratorianer zu werden. Für ihn waren die Oratorianer in geistlicher Hinsicht gewissermaßen sein erster Lebensquell und Setzteich gewesen. Er blieb natürlich und würde auch zeitlebens Mitglied der Bruderschaft der Doktoren von der Heimsuchung bleiben — sieh an, überall die Jungfrau der Heimsuchung, die Jungfrau der Apostolischen Wanderung! Aber — und das ist kein Widerspruch — seit sie ihm die Aufnahme hatten verweigern müssen, gehörte er zur Freude und zum Nutzen beider Seiten wirklich zur Gruppe der Patres und wurde der Freund eines jeden einzelnen von ihnen. In ihre monumentale Kirche, in der er seit nunmehr fast zwanzig Jahren dem Sonntagsgottesdienst beiwohnte, kam er nun jeden Morgen zur hl. Messe und Kommunion und allabendlich auf seinem Heimweg vom Dienst bei den Unheilbaren zu einer Andacht vor dem Allerheiligsten. Hatte Don Buonaccia diese Welt schon verlassen, war er in den Ruhestand getreten, oder verbrauchte er seine letzte Geduld für Ercole, den Benjamin der Familie Liguori? Wir wissen es nicht. Jedenfalls hatte Alfons, der nun als „Mann der Kirche" und nicht mehr der „Kapelle" ein Fremder im eigenen Haus geworden war, die Hauskapelle verlassen und seine eucharistische und spirituelle Heimstatt in der Gemeinschaft seines Paters Pagano gewählt. Von hier brach er allabendlich zur langen und innigen Nachtwache in diejenige Kirche auf, in der gerade die feierliche Anbetung, das sogenannte „Vierzigstündige Gebet" gehalten wurde[21].

Eines Abends nun, im Herbst 1723, hatte dieses Vierzigstündige Gebet eine — noch eine — Begegnung herbeigeführt, deren unvorhersehbare Tragweite durch ihren burlesken Aspekt ein wenig verdeckt wird.

Wir erinnern uns des achtzehnjährigen Seminaristen Giovanni Mazzini, auch er ein glühender Verehrer des Allerheiligsten Sakraments, der zusammen mit seinen beiden Freunden die ekstatische Hingabe eines jungen Cavaliere nicht genug bewundern konnte. Giuseppe Maria Porpora und Giuseppe Panza, wie Mazzini externe Seminaristen, teilten seine Begeisterung für die eucharistische Frömmigkeit. Die drei Freunde hätten nur zu gerne gewußt, wer dieser vornehme Laie war, der andächtiger betete als zehn Priester zusammen. Doch hatten sie nie gewagt, ihn in seiner Andacht zu stören. Sie hätten ihn ja auch beim Verlassen der Kirche ansprechen können. Aber die Kleriker jener Zeit waren schüchtern und außerdem: wie lange hätten sie warten müssen? Wer war also dieser „ferne Prinz"?

Seit dem letzten Sommer kam er noch früher, versenkte sich noch tiefer in Gott und ging noch später als sonst. Es war, als hätte er keine andere Pflicht mehr als diese Liebeswache bei seinem Herrn. Warum aber trug er seinen Degen nicht mehr?

Gegen Ende Oktober war der schmucke Cavaliere mit der verrutschten Perücke verschwunden. Seinen Platz nahm ein junger, unbekannter „Priester" mit kurzer Soutane und kurzem Haar ein. Er hatte das gleiche Aussehen, die gleiche Unbeweglichkeit, die gleiche Hingabe . . . Sollte es ihr Cavaliere sein? Nicht vorstellbar. Und doch . . .! Sie wollen endlich ihren Seelenfrieden wiederfinden, und so nehmen sie all ihren Mut zusammen, warten, bis er die Kirche verläßt, und sprechen ihn in der Vorhalle höflich an. Mazzini, der Anführer der eifrigen Gruppe, beginnt mutig mit folgendem Dialog, den er uns selbst berichtet:

Verzeiht unsere Neugier, aber Ihr habt verblüffende Ähnlichkeit mit einem Laien, zweifellos einem Cavaliere, den wir immer beim Vierzigstündigen Gebet gesehen haben. Solltet Ihr das sein? Um der Liebe Gottes willen, gebt Euch zu erkennen.

Darauf Alfons mit freundlichem Lächeln und ein wenig verwirrt:

— Gewiß, ich bin es schon.

— Was ist geschehen? Dieser plötzliche Wandel?

– Gott hat ihn gewollt.

– Dürfen wir Euren Namen wissen? Was Ihr gemacht habt? Was geschehen ist?

– Ich bin Alfons von Liguori. Bisher war ich Rechtsanwalt ... („Er ist es also doch!" denken unsere drei Schüchternen und nun Überglücklichen).

... Ich hatte genug Klienten und auch Geld ... Gott hat mir gezeigt, daß alles Eitelkeit ist, außer ihm zu dienen und ihn zu lieben ... Mein Vater ist sehr enttäuscht. Der Arme hat von mir erwartet, daß ich das Glück und den Ruhm seiner Familie mehre. Er ist gegen meine Berufung Sturm gelaufen. Gottlob habe ich es überstanden, und nun bin ich auf dem Weg zum Priestertum ...

– Würdet Ihr erlauben, daß wir diesen Weg gemeinsam gehen? Seid Ihr einverstanden?

Die Freundschaft ist geknüpft. Geknüpft unter der Ausstrahlung des Allerheiligsten.

Unsere vier Beter finden sich allabendlich zu langer Anbetung vor der Monstranz zum Vierzigstündigen Gebet ein. Anschließend besuchen sie die Muttergottes in einem der ihr geweihten Heiligtümer. Unterwegs brennen ihre Herzen wie jene der Jünger von Emmaus. Abend um Abend können sie nicht genug davon bekommen und wollen teilhaben an den Wundern Gottes, der Jungfrau und der Heiligen. So machen sie sich nach ihrem Besuch bei der Muttergottes oft noch einmal auf den Weg und wandern, in mitreißende spirituelle und apostolische Gespräche vertieft, zur Stadt hinaus.

Da die ganze neapolitanische Aristokratie Alfons kennt und bewundert, beneidet man seine neuen Freunde. Der Kreis erweitert sich. Andere Seminaristen und junge Priester schließen sich ihnen an: Domenico Letizia, Vincenzo Mannarini, Luigi Lago, Michele de Alteriis ... Auch Laien kommen. Große geistliche Familien entstehen aus dieser unerwarteten Begegnung in der Vorhalle einer neapolitanischen Kirche[22].

Wenn der Name Liguori gleich einer Sonne seinen Weg um die Welt gemacht hat, so gerade deshalb, weil der Sohn des Kommandanten der Admiralsgaleere Ruhm und Reichtum hinter sich gelassen hat.

Armer Don Giuseppe! Er hätte viel darum gegeben, wenn „sein Abate" so gewesen wäre wie jene mondänen Kleriker, die in seidenen Gewändern „mit kurzem Rock, gepudertem Haar, den Brustlatz mit goldenen Knöpfen besetzt, an den Handgelenken Manschetten und an den Füßen Silberschnallen"[23], wie Alfons sie einmals selbst beschreibt, unter Balkonen, in den Salons und auf der Straße herumstolzierten. Dann hätte er weiter hoffen können, ihn für seine Träume irdischer Größe zurückerobern zu können. Denn der Weg vom Seminar zum Priestertum ist lang genug, um unterwegs seine Meinung noch einmal zu ändern. Wer weiß?

So hatte er auch gehofft, ihn nie in Soutane zu sehen. Er hatte beschlossen, daß Alfons keine tragen würde. Wenn er von ihm verlangt hatte, auch weiterhin im Kreis der Familie zu bleiben, so weniger aus väterlicher Liebe als um ihn damit auch weiterhin unter seiner Aufsicht zu haben. Die Abhängigkeit, in der er seinen Sohn, der immerhin bereits Rechtsanwalt war, hielt, wird aus folgendem Detail ersichtlich: Don Giuseppe hatte sich geweigert, ihm eine Soutane zu beschaffen: im Haus scheint nicht das nötige Geld vorhanden gewesen zu sein, um diese einem Kleriker angemessene Kleidung zu kaufen! ... Ein Gewissensfall für diesen letzteren: sollte er abwarten oder sich über den Willen des Vaters hinwegsetzen? Auf Anraten P. Paganos hatte sich Alfons eine Soutane besorgt. Er brauchte nur in der Kleiderkammer, die damals in keiner Kommunität fehlte, eine alte vom Haken zu nehmen. Die Verstorbenen und die Eitlen überlassen ihre abgelegten Kleider gerne den Armen im Geiste.

So hatte sich Alfons am 23. Oktober 1723 im Palazzo also als einfacher „Priester" vorgestellt. Eine Explosion! Don Giuseppe war mit einem markerschütternden Schrei im wahrsten Sinn des Wortes „in die Luft gegangen" und hatte sich auf ein Bett geworfen, außer sich vor Schmerz und Zorn[24].

Das vorhergesehene Drama. Wer aber hätte gedacht, daß es sich so lange hinziehen und immer schlimmer werden würde?

„Ein ganzes Jahr lang", so berichtet Tannoia, „vermied der Vater jede Begegnung mit ihm. Er konnte es nicht ertragen, das Objekt vor Augen zu haben, das für ihn die Ursache solch unendlicher Bitterkeit war! ... Schließlich — es mußte wohl einmal so kommen — bemerkte er ihn eines Tages von fern in einem der Räume des Palazzo. Er heult auf wie ein verwundetes Tier, schlägt die Hände vor das Gesicht, wendet sich ab und läuft davon. So bleibt es noch lange zwischen Alfons und seinem Vater. Die Mutter — eine Heilige — war überzeugt, daß Gott ihren Alfons wollte, und bemühte sich, den Schmerz des Gatten zu lindern, während sie zugleich dem Sohn nach besten Kräften beistand[25].

Man stelle sich dieses unerträgliche Versteckspiel, den inneren Schmerz und die psychische Belastung dieser Jahre vor! Der Kommandant verschaffte sich gewiß dadurch Ablenkung, daß er nun den „Türken" häufiger und länger jagte[26].

Sein Sohn aber ging ganz in Gebet und Studium auf. Wenn der Vater „vorbeikam", war Alfons im Palazzo Liguori gleichsam abwesend; auch bei den Mahlzeiten. Er mag sich oft gewünscht haben, eine andere Bleibe zu suchen. Aber wo? Sein Vater hatte ihm die Oratorianer verboten, die Missionare der Kathedrale aber waren keine Kommunität. Außerdem war ja auch noch die Mutter da.

„Die Freunde von gestern", so fährt Tannoia fort, „hatten sich voller Abscheu abgewandt. Selbst in Kreisen, in denen ihm einst sein Charme alle Herzen gewonnen hatte, war er nun zum allgemeinen Gespött geworden. Rechtsanwälte und Räte, die ihn einst geliebt und bewundert hatten, behandelten ihn nun als Wetterfahne und Wirrkopf. Don Muzio di Maio, der Vorsitzende der Rota in der Vicaria — einst ein väterlicher Freund — konnte seine Enttäuschung nicht überwinden. Als Alfons ihn eines Tages besuchen wollte, weigerte er sich nicht nur, ihn zu empfangen, sondern ließ ihn wie gemeines Gesindel auf die Straße werfen. Als aber die Zeit gekommen war, da er sterben und vor Gott erscheinen mußte, änderte er seine Meinung. Alfons hatte erfahren, daß es ihm sehr schlecht ging, und eilte an sein Krankenbett. Don Muzio, der ihn sogleich beim Betreten des Zimmers bemerkt hatte, breitete seine Arme aus, erhob sie zum Himmel und rief:

— Ach! Don Alfons, du hast es richtig gesehen! Du bist glücklich!

15. Missionen und Aufgaben (1724–1726)

Im noch mauerumwehrten Neapel des beginnenden 18. Jahrhunderts umschlossen die in ostwestlicher Richtung von der Via Duomo zur Via Toledo verlaufenden Parallelstraßen (Via Anticaglia, Via Tribunali, Via S. Biagio ai Librai) eine vornehmlich aristokratische Welt. Zusammen natürlich mit dem munteren und relativ gesitteten kleinen Volk der Händler und des Dienstpersonals. Weiter unten dagegen, in der Nähe des Meeres und der *Paludi* – der Sümpfe – drängt sich das gemeine Volk in physischem und moralischem Elend.

Hatte der junge Cavaliere von Liguori den Stadtbezirk von Portanova, in dem er dreizehn Jahre lang Sitz und Stimme besaß, gelegentlich in diese Richtung verlassen? War er je von der Vicaria, dem Ort seiner Wortgefechte, die Stadtmauern entlang bis zur Via Lavinaio und zur großen Piazza Mercato hinuntergestiegen? Die bürgerlichen Equipagen wagten sich nicht gern in diese unsicheren Niederungen, jenes so ganz andere Paradies der Gaukler und Zuhälter, das von Ungeziefer und Ratten nur so wimmelte und erfüllt war von Schlägereien und Gelächter, von Liedern und vom Klang der Gitarren und Mandolinen. Der neapolitanische Dichter Luigi Serio reimte im heimischen Dialekt:

> In London stets ein anderer Wind
> als in Neapel weht;
> du wirst dort keinen finden,
> der nicht in Schuhen geht.
> Doch kannst Du sicher gehen,
> Du wirst auch keinen sehen,
> in dessen Augen
> ein frohes Lachen steht[1].

Mittelpunkt dieses Neapels, das lachte, aber oft nur lachte, um nicht zu weinen, war die Piazza Mercato. Sie war das Herzstück des ärmsten und am dichtesten besiedelten Stadtteils mit seinen *fondachi* – kleinen Höfen –, in denen sich bis zu zehn Großfamilien in unbeschreiblich elenden Baracken zusammendrängten, und mit seinem Labyrinth schmaler, lichtloser Gäßchen, die sich lang und feucht wie Gletscherspalten durch sechs bis sieben Stockwerke hohe, vom Moder zerfressene Mauern hinziehen. In diesen Maulwurfgängen mit ihren Schlächtereien, Schmieden, kleinen Läden und Haufen von Unrat ließ sich keine Karosse blicken. Hier schoben höchstens einige Straßenhändler ihre Handkarren unter den Wäschestücken hindurch, die, Gewölben gleich, von einer Straßenseite zur anderen zum Trocknen hingen. Von den nahegelegenen Kais drang über die Festungswälle salzige Meeresluft und reinigte den Gestank dieser *vicolini* ein wenig. Hier wimmelte es von ausgehungerten Müßiggängern, Schiffern, Händlern, Schmugglern und nackten Kindern, und die Straßen hallten wider von lärmenden Spielen und Zänkereien, von den Rufen der Fischhändler, untermalt vom unaufhörlichen Klatschen der Wellen gegen das Ufer.

Zwei Schritte vom Mercato entfernt führen von der Via S. Giovanni a Mare einige Stufen zu einer der am reinsten erhaltenen Kirchen des alten Neapel hinunter. Saint' Eligio Maggiore — hl. Eligius — ist ein großartiges Denkmal unverfälschter Gotik aus der Zeit um 1270, machtvoll und dominierend. Sie bildete seit Jahrhunderten das Herz dieser Welt des Elends, und ihre Chance lag darin, daß ihre Pfarrkinder nicht reich genug waren, um sie mit Rokokoelementen zu vergipsen. Ihre sechs- oder siebentausend Pfarrkinder der Jahre um 1720 gehörten zu den am meisten verachteten und ... gefürchteten Menschen der Hauptstadt. Von hier war 1647 die von Masaniello aufgewühlte Sturmflut von Menschen ausgegangen, die Neapel für kurze Zeit überschwemmte. Wer es vermeiden kann, wage sich also nicht in diesen Dschungel[2].

An jenem Samstagnachmittag des 18. November 1724 sind unter der Leitung Don Giulio Tornis dreiundvierzig „Brüder" und fünf Novizen der Apostolischen Missionen in S. Eligio eingetroffen. Unter ihnen, ergriffen, bewegt und glücklich, auch Alfons von Liguori. Gemeinsam haben sie gebetet: „Komm, Heiliger Geist ..." und sich dann in zwei Gruppen aufgeteilt. Zum Gesang der Lauretanischen Litanei ziehen sie hinter dem Kreuz in verschiedene Richtungen, um mit einer Glocke die armen Leute zusammenzurufen. Hin und wieder macht die kleine, durch manchen Neugierigen schon länger gewordene Prozession an einer Straßenkreuzung halt und stimmt ein Lied an, um die Menschen anzulocken. Alfons hat eine „klangvolle und klare Stimme". Dann richtet der Prediger — Torni in der einen, Gizzio in der anderen Gruppe (bei welcher mag unser Novize sein?) — einen flammenden Appell an das Volk zu kommen, um das Wort Gottes zu hören: das *Sentimento di apertura*, fünf Minuten lang. So zieht jede der beiden Prozessionen weiter, hält von Zeit zu Zeit inne und wird von Platz zu Platz länger. Schließlich — man nahm sich damals noch Zeit — treffen sie in der Kirche vor dem ausgesetzten Allerheiligsten wieder zusammen. Hier folgt nun die *predica grande*, die „große Predigt" zur Eröffnung der Mission.

Laut singend befindet sich Alfons an der Spitze seiner Prozession und ist, gefolgt von einem Geleit von Habenichtsen, unter der hohen, doppelt gegliederten Decke von S. Eligio eingezogen. Es ist seine erste „Mission". Diese Woche vom 18. bis zum 26. November 1724 ist für ihn, für seine künftige Kongregation, für die Kirche, ein entscheidendes Datum und auch schon ein Zeichen Gottes: Er wird zuerst zu den Ärmsten, zu den am meisten Verachteten gesandt, zum gesellschaftlichen und moralischen Abschaum seines Volkes. Weil Gott die Liebe ist, „gehen die Heiligen in die Hölle".

Als einfacher Kleriker darf er weder predigen noch die Beichte abnehmen. Vierzig Priester lösen einander beim anstrengenden Amt des Beichthörens ab. Für den Neuling, der er noch ist, besteht die wichtigste Aufgabe darin, seine Lehrer in der Abfolge der Übungen zu beobachten, die den Tag füllen. Denn in dieser vorindustriellen Zeit unterbrachen die Gläubigen ihre Arbeit wie zu geschlossenen Exerzitien, um „ihre Mission zu machen".

Das *Giornale* oder „Tagebuch" der Gesellschaft verzeichnet die Anwesenheit jedes einzelnen. Alfons nimmt schon im frühen Morgengrauen an der „Meditation" und an der hl. Messe mit ihren „Selbstgesprächen" — von einem Missionar ausführlich vorbereitete Meditations-Akten vor und nach dem Empfang der hl. Kommunion — teil; es folgt die „Morgenpredigt" über die Grundwahrheiten oder die auszutilgenden Laster: dreiviertel Stunden spricht Kanonikus Gizzio garantiert! Jeden Abend nimmt er eine Stunde lang entweder an einer der Prozessionen teil, bei denen die Gläubigen durch die *sentimenti di notte*, die nächtlichen Mahnworte, auf Straßenkreuzungen und Plätzen zusammengerufen werden, oder er beteiligt sich an der geistlichen Betreuung jener, die während dieser Zeit in der Kirche die Geheimnisse des Rosenkranzes meditieren. Danach lauscht er mit der versammelten Gemeinde vor dem ausgesetzten Allerheiligsten eineinviertel Stunden lang der „großen Predigt" des erfahreneren Don Filippo Aveta über die letzten Dinge. Die Abendandacht endet mit einem *Miserere*, gefolgt von einem langen, von der *predica grande* inspirierten Bußakt. Nach dem Segen mit dem Allerheiligsten werden Frauen und Kinder heimgeschickt. Nun geißeln sich die Missionare und Männer guten Willens mit Stricken und Ketten die Schultern — jeder die eigenen! — zur Sühne und als Bitte für sich selbst und alle „armen Sünder".

Ist unser Novize bei seinen ersten Missionen nur ein aufmerksamer Zuhörer? Nein. Wenn er richtig mitmacht, ist er auch schon voll und ganz in die Mission integriert: Leitung von Gesang und Altenbesuche in den Elendsquartieren, einbezogen in deren Schrecken und die verheerende Promiskuität... Aber auch und trotz allem entdeckt er deren Glauben und Hoffnung — z. B. auf den von Schmutz starrenden Wänden, an denen Stiche von Jesus und Maria hängen: die einzige „Lektüre" dieser Analphabeten. Mission der Versöhnung, gemeinsam mit dem „Präfekten des Friedens" bei Menschen, die in verhärteter und blutiger Feindschaft stehen: hier bedarf es eines Heiligen, der zugleich auch Jurist ist, denn nicht selten muß die Einigung vor einem Notar oder Richter herbeigeführt werden. Mission bei den Widerspenstigen, den Verhärteten und Gottlosen, die man in ihren Häusern, ihren Läden, bei ihresgleichen und auf den Straßen sucht, „bis man sie findet und zurückführt", wie das verlorene Schaf. Mission schließlich bei den Kindern: was er in S. Angelo a Segno nur sonntags tut, macht er hier jeden Tag: mit dem Kreuz in der Hand durchstreift er Gäßchen, Plätze und Kais, um sie einzusammeln, ihnen von Jesus Christus zu erzählen und sie auf die Sakramente vorzubereiten.

Gleichzeitig — denn in der Pfarrei S. Eligio fehlt es nicht an Kirchen — evangelisieren andere Novizen andere Kinder, lehren Missionare das Volk den „Großen Katechismus" (von dem die *Regel* will, daß er eindringlich und schlicht, schlicht und noch einmal schlicht vorgebracht werde), hält ein qualifizierter Bruder den Priestern die geistlichen Exerzitien. (Wir dürfen nicht vergessen, daß jede Pfarrei ein ganzes „Regiment" von Klerikern besaß. Hier seien nur die Extreme angeführt: Alfons' Pfarrei S. Angelo a Segno war zwar mit 500 Seelen eine der kleinsten der Diözese, hatte aber bis zu 20 Kleriker in ihrem Dienst, während seine Taufpfarrei im Borgo dei Vergini mit 20.000 Einwohnern gar über 158 verfügte. Dreiviertel dieser Kleriker waren Priester[3].

Das waren also die „großen Manöver" der Mission in S. Eligio Maggiore: eine Woche intensiver christlicher Neubelebung durch Formung im Glauben und Bekehrung des Herzens. Diese Tätigkeit der Dompriester erstreckte sich über mindestens acht, höchstens vierzehn Tage[4].

Die zweite Mission des Novizen, die ein halbes Jahr danach stattfand, dauerte vierzehn Tage, da mit weniger Missionaren — nur sechzehn — ein fast doppelt so großes Arbeitsfeld zu bewältigen war.

Am Samstag, dem 9. Juni 1725, schiffen sich die Apostel unter Leitung ihres

Superiors Pater Giovanni Venato zur 25 km entfernten Insel Procida ein, wo sie von Fischern und Gartenbauern erwartet werden. Auch Gizzio und Torni sind dabei. Da Alfons erst die niederen Weihen hat, erwarten ihn hier die gleichen Aufgaben wie bei seiner ersten Mission, allerdings unter ganz anderen Voraussetzungen: Procida ist ein von Blumen, Weingärten und Früchten bewachsenes Plateau, das sich über den blauesten Wassern erhebt, die man sich vorstellen kann. Seine Bevölkerungsdichte ist mit etwa 11.000 Einwohnern damals die gleiche wie heute. Irdische Paradiese aber verstecken in ihren Gärten die Schlange der Sünde, und es bedarf überall der Erlösung.

In S. Eligio konnte jeder der Brüder ohne Schwierigkeiten zu seinem eigenen Tisch und Bett nach Hause zurückkehren. Hier in Procida macht Alfons zum erstenmal das karge Leben der über Land eingesetzten Missionare mit, das er nun mit wenigen Unterbrechungen bis zu seinem Episkopat fortsetzen wird.

Weltkleriker konnten nur auf den Titel eines Kirchenbenefiziums oder eines von der Familie ausgesetzten Erbgutes geweiht werden. Sie bekommen eine Rente, die in der Diözese Neapel mindestens vierzig Dukaten jährlich beträgt. Damit läß sich leben. „In Neapel und Süditalien konnte ein Handwerker mit Frau und vier Kindern nach allgemeiner Ansicht mit vier Dukaten monatlich gut leben".[5] Alfons persönlich konnte nicht klagen: er besaß in seiner Familie das Recht auf Tisch und Bett, hatte sein Erbgut von vierzig Dukaten jährlich aus den Einkünften des Besitzes Cardovino (oder Carduino) in Marianella[6], seine Pension vom Doktorenkollegium und seinen Anteil aus den Einkünften des Seggio di Portanova. Nach allem, was wir vom Vater wissen, und nach der Geschichte mit seiner ersten Soutane dürfen wir aber annehmen, daß ein Teil dieser Einkünfte von dem Augenblick an in die väterliche Geldkatze wanderte, als Alfons für seine Teilnahme an den Werken der Barmherzigkeit bei den Unheilbaren und den Priestern der Misericordiella honoriert wurde.

Da die Missionare der *Apostoliche Missioni* ihr gesichertes Einkommen hatten, nahmen sie von den christlichen Gemeinden oder den Einzelpersonen, die sie missionierten, weder Geschenke noch Honorare, ja nicht einmal Essen an. Wer gegen diese Regel verstieß, wurde von der Kongregation ausgeschlossen. Die Brüder mieten oder leihen lediglich ein mit allem Nötigen ausgestattetes Haus und zahlen dann selbst einen Dienstboten, der es in Ordnung hält und für sie kocht. Dieses Haus wird für die Dauer der Mission zu ihrem Konvent: ein Ort des Gebetes, des Schweigens, der geteilten Freude und der unerläßlichen Ruhe. Die Kongregation und freiwillige Spenden ihrer Mitglieder finanzieren die Reisen, die Feluke auf dem Meer und die Pferde auf dem Land. Paradoxerweise leben die Brüder, die in Neapel voneinander getrennt sind, während der Zeit ihres apostolischen Wirkens in Gemeinschaft.

Sogar auf Reisen: Die Schiffe oder Wagen werden zu kleinen ambulanten Klöstern nach Art der Teresa von Avila: man betet gemeinsam das Hl. Offizium, liest Stellen aus der hl. Schrift oder ein Kapitel der Kirchengeschichte. Allen voran rollt die Kalesche des Superiors mit dem Kruzifix als Standarte[7].

Bei den *Apostoliche Missioni* dauert das Noviziat mindestens sechs Monate. Als Liguori von Procida zurückkommt, hat er bereits acht Monate hinter sich, aber solange er nicht Subdiakon ist, kann er das Noviziat nicht verlassen. Alfons schreibt in seiner eleganten und festen Handschrift ein Gesuch an Kardinal Pignatelli, das uns erhalten ist: „Hochwürdigste Eminenz! Der Kleriker Alfons von Liguori wendet sich mit folgendem Ansuchen demütig an Eure Eminenz. Er hat im Dezember des abgelaufenen Jahres 1724 die niederen Weihen empfangen und möchte beim Weihetermin im kommenden September zu den hl. Weihen zugelassen werden. Daher bittet er Eure Eminenz inständig, ihn von den drei Monaten dispensieren zu wollen, die ihm zur Erlangung des Subdiakonats noch fehlen. Das Motiv ist sein fortgeschrittenes Alter: er wird dann 29 Jahre alt sein."

Die Dispens wird am 5. August erteilt. Nach Exerzitien bei P. Cuttica wird er am Herbst-Quatembersamstag, dem 22. September 1725, zum Subdiakon geweiht. Die Weihe wird von Mgr. Domenico Invitti in der Basilika S. Restituta erteilt. Invitti ist Neapolitaner, Titularkanonikus der Kathedrale, Erzbischof *in partibus* von Sardia und seit einem Jahr, was wir heute als „Weihbischof" des greisen Kardinals bezeichnen würden[8]. Das feierliche Keuschheitsgelübde des Zölibats, das Alfons nun vor Gott und der Kirche ablegt, ist die öffentliche und freudige Ratifizierung eines privaten Gelöbnisses, das zweifellos aus seinen Exerzitien des Jahres 1714 bei den Jesuiten der Conocchia datiert. Nun ist er durch das Brevier offiziell zum Mann des Gotteslobs und des Gebetes für die Welt geworden, der er schon lange vorher war.

Endlich Subdiakon, kann der Novize jetzt auch unter die „Brüder" aufgenommen werden. Er wird zusammen mit vier anderen durch die Konsulta vom 17. September zugelassen und bei der Generalversammlung vom 1. Oktober in geheimer Wahl einstimmig aufgenommen. Nach Ablegung des katholischen Glaubensbekenntnisses, der Bekräftigung der Unbefleckten Empfängnis Mariens und dem Versprechen, diese zu verkünden (erinnert er sich an ein analoges Gelübde, das er anläßlich seines so weit zurückliegenden Doktorats vor nunmehr fast dreizehn Jahren abgelegt hat?), fügt Alfons nun sein Gelöbnis als „Bruder" an:

„Außerdem bin ich, Alfons Maria von Liguori, ... fest entschlossen, aus allen meinen Kräften mit unserem Herrn Jesus Christus und den Seelsorgern der Kirche zum Heil der Seelen beizutragen, vor allem durch die heiligen Missionen; ich verspreche, den Regeln und den Oberen dieser Kongregation der Apostolischen Missionen, in die ich durch Gottes Gnade aufgenommen wurde, zu gehorchen. Möge Gottes Güte mir in diesem Beginnen Beharrlichkeit bis zum Tode gewähren, Amen."

Zum Gesang des *Ecce quam bonum* (Ps. 133) besiegelt ein inniger Kuß seiner „Brüder" Alfons' vollen Eintritt in ihre Familie.

Don Alfons von Liguori scheint also auf dem Titelblatt des *Giornale* 1725—1726 zum erstenmal unter den 111 lebenden Brüdern der Kongregation (an 106. Stelle) auf. Zu den *Illustrissimi* gehören zwölf Bischöfe, unter ihnen natürlich Kardinal Pignatelli, und als Vizedekan dem Dienstalter nach der 1677 aufgenommene Fürst Orsini di Gravina, der kein geringerer ist als der regierende Papst Benedikt XIII. Bis zu seinem Tod im Jahr 1787 verzeichnet die Jahresausgabe des *Giornale* nun in der Liste der lebenden Brüder den Namen Alfons von Liguori mit dem Datum seiner Aufnahme: 1. Oktober 1725. Eine aktive Zugehörigkeit, die nicht ohne dramatische Entwicklungen bleibt; gegenseitige Liebe vertrauensvoller Zusammenarbeit, deren Innigkeit bis ins hohe Alter dauern wird. „Solange er lebte", sagt Tannoia, „war diese Kongregation für ihn *la diletta Madre*".[9]

1779/80 rückt er aufgrund seines Lebens- und Dienstalters an die Spitze der Liste und behält diese Position acht Jahre lang.

Noch aber ist er der Älteste ... der Jungen. Er hört zu, berät sich, profitiert begierig von der umfassenden Bibliothek der Gesellschaft und aus ihren montäglichen Zusammenkünften. Der Hauptakzent dieser Versammlungen liegt neben der Einführung in das wahre priesterliche Leben einerseits auf seelsorglichen Problemen und bei den Missionen immer wieder auftretenden Gewissensfällen und andererseits auf praktischen Übungen zur Predigt, die gewinnend und gediegen sein soll[10].

Am 10. Dezember aber finden wir ihn doch wieder in einer Kolonne von Kaleschen, die hinter dem Kreuz unter Psalmengesang auf holpriger Straße nach Nordosten ziehen. Denn die Dompriester begrenzen ihr Wirken nicht auf die Diözese der Hauptstadt; das ganze Königreich reißt sich um sie. Mit ihnen trägt unser Subdiakon sein Amt zum erstenmal über die Grenzen seiner Lokalkirche hinaus. Zu welchem Volk Gottes?

Der Weg führt unsere Missionare durch Maddaloni; sie lassen den Monte Taburno, einen kahlen Berg von 1.394 m Höhe, rechts liegen und gelangen schließlich in eine herbere und abgeschlossenere Gegend: umgeben von einer Krone schroffer Berge empfängt sie eine ausladende Senke, bedeckt mit Ackerland und Obstgärten, und mitten darin auf einem Felssockel ein Juwel von einer kleinen Stadt, der Bischofssitz Sant' Agata dei Goti.

Vom 10. bis 25. Dezember verkünden die von Mgr. Gaeta gerufenen Apostel in einer langen Mission der Stadt und ihren *casali* (sieben Pfarreien, 5.000 Seelen, etwa 80 Priester) das Evangelium. Unserem neugebackenen Bruder „wird das Amt anvertraut, die Kinder den Katechismus zu lehren". Später, wenn diese glücklichen Kinder vierzig Jahre und etwas mehr alt geworden sind, werden sie eben diesen Katecheten, der sie jetzt so hingebungsvoll unterrichtet, im Triumph als ihren Bischof einholen.

Nachdem er mit ihnen die Gnade und die Freude der Weihnacht geteilt hat, kehrt er zweifellos nach Neapel zurück, denn am „Montag", dem 7. Januar 1726, ist er wieder dort. Seine Mitbrüder missionieren in den Monaten Januar und Februar einen Großteil seiner späteren Diözese: die Täler von Maddaloni, Frasso, Airola, Moiano, Arpaia ... Namen und Bevölkerungsgruppen, die eines Tages sein Herz und sein Leben erfüllen werden[11]. Momentan aber ist er Seminarist, und seine wichtigste Mission ist das Studium. So kehrt er unverzüglich zu seinen Brüdern zurück, aber auch zu den Andachten der Lazaristen, zu den Kindern seiner Katechismusstunden und zu seinen unglücklichen Brüdern bei den Unheilbaren und in den kirchlichen Gefängnissen, deren Betreuung die Misericordiella übernommen hat.

Aber auch für einen Mann, der so wenig schläft und so flink arbeitet wie Alfons, werden all diese Aufgaben allmählich zu viel. Er ist in erster Linie ein Mann Gottes und war nie der Meinung, daß Arbeiten mit Beten gleichzusetzen wäre. Die eineinhalb Stunden des Hl. Offiziums ersetzen nicht seine persönlichen Gebete und Andachten, die er ganz im Gegenteil noch weiter ausdehnt. Dazu werden schon bald Predigten kommen, zu denen er als Diakon verpflichtet ist. Da er aber nicht überall zugleich sein kann und nicht zum bloßen „Honorar-" oder „abwesenden Bruder" werden will, demissioniert er zwei Wochen vor seiner Diakonenweihe am 23. März 1726 von der Bruderschaft der Misericordiella. Um die ausländischen oder straffällig gewordenen Priester, die er so sehr geliebt und betreut hatte, nicht ganz zu verlassen, vergewissert er sich aber, daß sein Bruder Ercole an seine Stelle tritt.

Mit einer Dispens von sechs Monaten wird er am Samstag, dem 6. April 1726, wiederum durch Mgr. Invitti zum Diakon geweiht. Diesmal am Hauptaltar der Bischofskirche.

Diakon! Welch großer Schritt näher zu Christus, zu seinen Brüdern! Seine neuen Aufgaben? Dienst am Tisch des Wortes und Dienst am Tisch der Eucharistie. Alfons hat uns kein Dokument seiner großen Freude hinterlassen. Aber wir können sie uns vorstellen, wie wir auch die Freude des Kardinals spüren, der ihn unverzüglich als Prediger in alle Kirchen der Hauptstadt entsendet.

Sie alle erwarten den berühmten Rechtsanwalt von gestern. Die Pfarrei von S. Giovanni a Porta wird ihn als erste hören, und zwar anläßlich der vierzigstündigen Anbetung, seiner alten Leidenschaft. Er kommentiert Jesaja 63,19:

> O daß du die Himmel zerrissest und herabstiegest ...
> wie Feuer Reisig entzündet
> Feuer Wasser in Wallung bringt!

Dieses Thema kommt ihm angesichts der Menschwerdung Gottes und seiner eucharistischen Gegenwart noch tausendmal über die Lippen. Man vermeint ihn förmlich zu hören, wenn man die erste Ansprache seiner *Weihnachtsnovene* (1758) liest:

„Ehe das Wort auf die Erde kam, stieg der Ruf des Propheten auf: Wenn du wolltest, mein Gott! Wenn du den Himmel verlassen und zu uns herabsteigen wolltest! Mensch unter Menschen werden! ... Mit welchen Flammen würdest du alle Herzen entzünden! Sogar die Eisigsten würden in deiner Liebe entbrennen. Und in der Tat: welch herrliche göttliche Liebe hat zahlreiche großmütige Seelen nach der Menschwerdung des Gottessohnes entflammt! Seit Jesus Christus in unserer Mitte weilt, wurde Gott in einem Jahrhundert gewiß mehr geliebt als in all der Zeit, die seiner Ankunft vorausging. Wie viele junge Leute, Adelige und sogar Monarchen haben Reichtum, Ehre und Diademe verachtet und sich in die Wüste oder in ein Kloster zurückgezogen, wo sie arm und verachtet lebten, um diesen menschgewordenen Erlöser besser zu lieben! Wie viele Märtyrer sind freudig und lächelnd der Folter und dem Tod entgegengegangen, wie viele Jungfrauen haben die Hand der Großen dieser Welt zurückgewiesen, um für Jesus Christus zu sterben und damit die Liebe eines Gottes, der Mensch geworden und aus Liebe zu ihnen gestorben ist, mit gleicher Liebe zu vergelten!

Trifft dies zu oder nicht? Aber — und dies ist Grund zum Weinen — haben sich alle Menschen anrühren lassen? Haben alle versucht, auf diese so große Liebe zu antworten"[12]?

Es folgt eine Beschreibung der Undankbarkeit der Christen ...

Da in Neapel täglich in einer der Kirchen die feierliche vierzigstündige Anbetung stattfand, wurde Alfons schon bald zu ihrem ständigen Prediger. Er leerte die Kirchen ... der anderen, und man wußte nicht mehr, wo man alle die Leute unterbringen sollte, die sich zu seinen Predigten drängten[13].

Alfons war noch nicht Priester, und so konnte er noch keine Beichte hören oder den Sündern die Absolution erteilen. Doch war die Diözesansynode vom 9. bis 11. Juni auch nicht dazu angetan, ihn diesem Amt, von dem man nicht mehr sagen konnte, ob es nun auf Gerechtigkeit oder Barmherzigkeit basierte, gleichmütig entgegen blicken zu lassen:

„Im Namen des Herrn warnen und bitten wir alle Beichtiger, sich nicht selbst der ewigen Verdammnis für die Sünden anderer auszusetzen, die sie allzu leichtfertig vergeben. So sollten sie jenen die sakramentale Absolution verweigern, oder solange es das Wohl des Büßers erfordert, verzögern, die noch durch die schlechte Gewohnheit der Sünde gebunden, oder bei nächster Gelegenheit vom Rückfall bedroht sind, usw. ...“[14].

Dies waren die zweihundert Jahre alten Weisungen des hl. Karl Borromäus (1538–1584), und François Genet muß in seinem ... Fegfeuer ein wohliger Schauer überlaufen haben: „Nur zu in der Verweigerung der Absolution!“ Unser Diakon aber konnte nur einmal mehr vor seiner Verantwortung von morgen zittern.

Noch aber schenkt er einen Teil seiner Zeit und seines Herzens jenen Sündern, bei denen die Gefahr des Rückfalls und der nächsten Gelegenheit nicht mehr besteht: den zum Tode Verurteilten.

Im April 1519 hatten der genuesische Cavaliere Ettore Vernazza und der Augustiner-Chorherr Don Callisto dei Fornari aus Piacenza in Neapel die *Compagnia di S. Maria succurre miseris* gegründet, auch Bruderschaft der *Bianchi della Giustizia* genannt: „Bianchi“, weil sie ein weißes Gewand und eine weiße Kapuze tragen, „della Giustizia“, weil dieses Werk sich in liebevollem Mitleid jener annimmt, denen die Gesellschaft dadurch „Gerechtigkeit“ widerfahren zu lassen glaubt, daß sie sie mit lautem Geschrei zur Hinrichtung führt. Bis dahin gehörte es in Neapel zum guten Ton, den Verurteilten nicht beizustehen: die pharisäische Verachtung der „anständigen Leute“ tötete sie, noch ehe Beil oder Strick ihren Kopf erreichten.

Seit genau 200 Jahren (1525) hatte die Gesellschaft ihren Sitz in einer Kapelle des kurz zuvor von ihr gegründeten Hospizes der Unheilbaren. Ihre Aufgabe bestand darin, den Verurteilten in den Tagen vor der Exekution geistlichen Beistand zu leisten und sie liebevoll zu betreuen. Wenn ihnen ein Gerichtsbote die Todesnachricht brachte, machten sich vier turnusmäßig abgeordnete Brüder in Begleitung anderer, die sich ihnen anschließen konnten – es mußten mindestens dreizehn sein – auf, und zogen, die sieben Bußpsalmen murmelnd, zur Vicaria. Hier bemühten sie sich liebevoll um den *Afflitto*, den Betrübten, und nahmen ihn auf seinem Weg zum Mercato hinunter in gemeinsamem Gebet in ihrer Mitte. Gesellschaftlich höher stehende Verbrecher erwartete hier das Beil, die kleinen Leute dagegen der Strick: feine Unterschiede! Die christliche Liebe aber, die diese Feinheiten nicht kennt, hieß die Bianchi die hingerichteten Leiber aller mit der gleichen respektvollen Frömmigkeit aufnehmen, sie unter der traurigen und flehenden Psalmodie des *Miserere, De profundis* usw. in Prozession zu ihrer Hauskapelle bei den Unheilbaren bringen, wo sie nach der Feier des Offiziums und der Totenmesse wie Brüder oder wie Kinder bestattet wurden. Es ist eine Tatsache, daß alle diese Unglücklichen unter offensichtlichen Gefühlen der Reue und Hoffnung starben.

Nachdem der Sarg mit geweihter Erde bedeckt und das Kreuz auf den Grab-hügel gepflanzt war, blieb nichts weiter zu tun, als die Schaufeln wieder wegzu-räumen und sich die Hände zu waschen? Weit davon entfernt! Denn oft genug hinterließ der Hingerichtete eine Witwe und Kinder; oder eine Tochter, die für die Hochzeit ausgestattet werden mußte. Die Bianchi übernahmen die Obsorge auch für jene, die in Schande und Elend weinten. Acht Brüder sammelten jeden Samstag in der Stadt, doch mußte ein jeder von ihnen zuerst aus der eigenen Tasche spenden.

Rührselige Neapolitaner! Was macht es denn aus, wenn ihre so ganz südlän-dische Religion sich nicht wie die der Lappen ausdrückt? Wir betrachten uns selbst gerne als reife und abgeklärte Christen, aber hat der leidende Christus, der uns in vielfacher Gestalt umgibt, bei uns die gleiche Chance wie die Kranken, die Sträflinge, die Eingekerkerten, die zum Tode Verurteilten im Neapel jener Zeit? „Ich war hungrig ... Ich war nackt, krank, gefangen ...“ Das ist der Prüfstein der „wahren Religion“. In Neapel gehen die ausufernden Äußerlichkeiten einer Frömmigkeit, die sich in Prozessionen und Liedern artikuliert, Hand in Hand mit der Liebe zum *Afflitto*, mit einer unterschiedslosen Achtung vor allen Menschen.

Die „Verurteilten“ zu ihrer Hinrichtung, zu ihrem Grab und in ihren Himmel zu geleiten, war gewiß eine gute Sache. Noch besser aber war es, einen Kopf zu retten, oder einen Gefangenen von seinen Ketten zu befreien. So waren ältere oder einflußreichere Brüder damit beauftragt, sich um die Befreiung jener Gefan-genen aus den Kerkern der Vicaria oder den Ketten der Zwangsarbeit zu bemü-hen, die von ihren Familien am meisten gebraucht wurden, oder sich am wenigsten hatten zuschulden kommen lassen, eine Aufgabe, die dem einstigen Rechtsanwalt im Castel Capuano und Sohn des Kommandanten der *Capitana* wie auf den Leib geschrieben war ...

Theoretisch sollte die Bruderschaft hundert Mitglieder zählen. Doch wurde diese runde Zahl nur selten erreicht. Es war eine Bruderschaft von Laien, an deren Spitze aber immer ein Priester, der *Padre Governatore*, stand. Ihre ursprüngliche *Regel* erlaubte nur die Aufnahme von höchstens zwölf Klerikern. Doch verscho-ben sich die Proportionen allmählich, so daß die Gesellschaft am Vorabend der Revolution nur noch aus Priestern bestand. Über das Verhältnis Laien-Priester zur Zeit Alfons' ist uns nichts bekannt.

Der *Padre Governatore* des Jahres 1725 ist kein anderer als Alfons' Onkel, Pater M. Gizzio. So darf es uns nicht wundern, wenn der Neffe im Februar und März der Bruderschaft die drei schriftlichen Ansuchen einreicht, die für einen Beitrittswilligen vorgeschrieben waren. Am 15. April, dem zweiten Sonntag nach Ostern, übernimmt er in der *Compagnia di Santa Maria succurre miseris* seine ersten Aufgaben. Wie im Evangelium, so ist auch in Alfons' Leben die Mutter Jesu an allen entscheidenden Wendepunkten gegenwärtig. War es Alfons' Bei-spiel, seine Überzeugungskraft, die in den folgenden Jahren auch seine Freunde und geistlichen Vertrauten, den Jesuiten Domenico Manulio und die Oratorianer Nicola Sicola und Tommaso Pagano dazu bewog, sich der Bruderschaft anzu-schließen?

Bei seiner Zulassung war Liguori erst niederer Kleriker, aber sein Ansehen in der Vicaria und bei den Galeeren war umso höher. Der Diakon und dann der Priester Alfons weilt oft in der Zelle und an der Seite der *giustiziati*.

155

Was heißt „oft"?

Vizekönig Gaspare de Haro y Guzman, Marquese von Carpio (1683–1687) hatte dem Banditentum Einhalt geboten, Morde aber kamen immer noch häufig vor. Doch das Asylrecht entzog sie meist der Bestrafung. In einer Stadt mit 500 Kirchen hatten Meuchelmörder nicht nur den Dolch, um zuzustoßen, sondern auch gleich ein Heiligtum bei der Hand, in dem sie vor Strafe sicher waren! Allerdings riskiert man damals den Galgen nicht nur für Mord. Die Vizekönige des 18. Jahrhunderts verstanden es, den neapolitanischen Pöbel durch die drei F: *Feste, Farina, Forca;* Feste, Brot und Galgen, in Schach zu halten. Wenn ihre Laune es wollte, führten schon Vergehen zum Galgen, die so geringfügig sind, daß sie heute nicht einmal vor die Strafkammer kämen.

In Zahlen ausgedrückt: 1556 bis 1786 sank die Zahl der insgesamt 3.256 von den Bianchi begleiteten Hinrichtungen von durchschnittlich 38 auf 3,6 pro Jahr. Zwischen 1725 und 1735, und vor allem unter Graf von Harrach (1728–1733), der mit harter Hand regierte, stieg sie wieder auf sechs pro Jahr, also jeden zweiten Monat eine Hinrichtung. Wir wissen außerdem, daß Alfons als Priester mindestens bei zwei Hinrichtungen durch den Strang außerhalb von Neapel teilnehmen mußte: im Juni 1727 in Sommana de Caserta und im November 1729 in S. Giorgio a Cremano.

Pater von Liguori war nie sehr gesprächig über dieses düstere Amt, das er acht Jahre lang ausübte. Doch verfaßte er neben einigen einschlägigen Seiten in seinen Pastoralschriften auch einen kleinen Abriß speziell für Priester, die den Verurteilten beistehen, in dem eine bewegende Barmherzigkeit und eine große Erfahrung in diesen tragischen Begegnungen spürbar werden[15].

Die Brüder wußten, daß auch sie selbst zum Tod Verurteilte waren, zurückgestellt auf unbestimmte Zeit. So vergewisserten sie sich gegenseitig des letzten Freundschaftsdienstes der Fürbitten und der Bestattung. Alfons lag daran, Mitglied der Gesellschaft zu bleiben, und er erfüllte seine Aufgaben, so weit es die räumliche Distanz zuließ, bis zum Ende. So schreibt er am 8. Mai 1763, nun bereits Bischof im Ruhestand, an den Sekretär der Bianchi:

„Ich habe den Pater, der das Meßregister führt, gebeten, zwei Messen für unseren verstorbenen Bruder aufzuschreiben; wenn ich mich nicht irre, sind sie bereits gelesen.

Ich glaube, daß Ihr schon bald die Mühe haben werdet, auch die Todesanzeige Eures schlechten Dieners zu verschicken"[16].

Diese Todesanzeige wäre den Bianchi beinahe schon 50 Jahre früher verteilt worden, noch ehe man die Presbyterstola auf den Sarg des jungen Bruders hätte legen können. Überarbeitung und Bußübungen hätten Alfons im Sommer 1725 beinahe getötet.

Die Bußübungen ... wie willkommen ist uns doch die Psychoanalyse, die es uns empfindsamen Menschen von heute ermöglicht, Fasten, Büßergewand und Geißelungen in den unheilvollen Bereich des Masochismus zu verweisen! Die Christen der ersten Jahrhunderte dagegen wollten aus der Begeisterung ihres Glaubens und der Taufe heraus das Leben Christi in der Vereinigung mit seinem Leiden, im Martyrium teilen: Liebe um Liebe bis hin zum Leiden und zum Tod. In ihrer Nachfolge will die christliche Askese nicht nur Selbstüberwindung, sondern vielmehr Zeugnis für die Liebe Christi sein. Sie erstrebt die Übereinstimmung mit seinem Leben und also auch mit dessen Höhepunkt: seinem freiwilligen Leiden und Erlösungstod. Der Erlöser hätte uns auch um einen geringeren Preis loskaufen können, aber wie hätten wir dann die unermeßliche Tiefe seiner Liebe erfahren? Ihm die gleiche Liebe zu erweisen, sich mit dem Gekreuzigten zu vereinen und ihm gleich zu werden, „am eigenen Fleisch ausfüllen, was an den Drangsalen Christi noch fehlt zugunsten seines Leibes, das ist die Kirche" (Kol 1,24), das ist die Mystik, die den Heiligen, der nicht zum Martyrium berufen ist, gegen sich selbst wappnet. Der heilige Petrus Damiani (1007–1072) war der große Initiator dieser Kasteiungen. Der umgängliche Philipp Neri und seine Gefährten geißelten sich dreimal pro Woche. Der sanfte Franz von Sales war Ende 1590 als Student in Padua dem Tode nahe, weil er sich zusätzlich zu harter Arbeit auch noch „Fasten, Geißelungen, das Tragen eines Bußgewandes und Nachtwachen" auferlegte.

Wie wir wissen, hatte Alfons ihn zum Vorbild gewählt, und er war nicht der Mann, der sich mit halben Maßnahmen zufriedengab. Seit seinem Diakonat nun hatte er in Neapel fast täglich gepredigt – und nicht nur einen kleinen *fervino* von zehn Minuten. Dies war der sprichwörtliche Tropfen, der das Glas zum Überlaufen brachte. Tannoia beschreibt uns, wie Alfons während der zwei Jahre, die seinem Zusammenbruch vorangingen, lebte:

„Mit der Veränderung seines Status hatte Alfons auch sein Leben geändert. Solange er Laie war, hatte er sich immer als untadeliger Cavaliere verhalten; als Kleriker aber nahm er eine ganz andere Lebensweise an, die von einem einzigartigen Heroismus geprägt war. Studium, Gebet und Eifer im kirchlichen Dienst waren nun zu seinem Universum geworden. Vor allem aber hatte er begonnen, unbarmherzig seinen Leib zu peinigen. Büßergewand, Fasten und tägliche Martern, Bußgeräte aller Art, Geißelungen bis aufs Blut, er ersparte sich nichts, um so getreu wie möglich in den Fußstapfen des Gekreuzigten zu wandeln. Er konnte nicht noch weniger essen. An den Samstagen beschränkte er sich zu Ehren der Allerseligsten Jungfrau auf Wasser und Brot."

Bei diesem Fasten war er froh, daß er dem Vater bei Tisch nicht begegnete. Der Oberst aber machte sich Sorgen. Denn wenn er ihn auch als Kleriker verachtete, so war er doch dem Sohn, der sein eigen Fleisch und Blut, sein Herz und auch sein Stolz war, in tiefer Liebe zugetan.

„Don Giuseppe", so fährt Tannoia fort, „war über alles Maß betrübt, daß Alfons das Gericht verlassen hatte; noch mehr aber betrübte ihn, daß er sich durch eine so übermäßige Strenge und Belastung täglich neuen Gefahren aussetzte. Am meisten aber litt die Mutter darunter, da sie ihn jeden Tag vor Augen hatte. Sie schwankte zwischen der Freude, daß er sich ganz in den Dienst Gottes gestellt hatte, und der Angst, er könnte darüber sein Leben verlieren. So seufzte und klagte sie bei den Priestern, mit denen ihr Sohn zu tun hatte, ohne Ende. ‚Ich bitte Euch', flehte sie Pater Pagano an, ‚mäßigt seine unvernünftige Überanstrengung. Es lastet zu viel auf ihm! Und haltet ihn von seinen übermäßigen Kasteiungen ab!'

Was seine Eltern befürchtet hatten, blieb nicht aus. Weder der Leib noch der Geist können ein solches Übermaß ertragen. Alfons war erst seit einigen Monaten Diakon, als er krank wurde und dem Tode nahe kam. Eines Nachts glauben ihn die Ärzte verloren. Gegen drei Uhr morgens spendet man ihm die Krankensalbung. Voller Vertrauen auf die Muttergottes bittet der Sterbende, ihm sogleich die

Statue der wundertätigen Madonna zu bringen, die in der Kirche vom Loskauf der Gefangenen verehrt wird. Er drängt. Vor dieser Statue hatte er der Welt entsagt und sich Gott hingegeben. Wie also sollte man ihm diesen Trost verweigern? Man bringt die Statue der Jungfrau von der Barmherzigkeit unverzüglich ins Haus. Nun steht sie vor seinem Bett. Unwiderstehliches Gebet des Sohnes, unterstützt vom drängenden Flehen der Mutter: sogleich fühlt sich Alfons besser und befindet sich außer Lebensgefahr. Aber die Erschütterung war so heftig, daß er drei Monate zur Genesung braucht"[17].

Unsere Liebe Frau von der Barmherzigkeit hat ihn also ein zweitesmal „losgekauft". Sie will, daß er Priester wird. Liguori seinerseits beeilt sich, die verlorene Zeit wieder „loszukaufen". Als er spürt, daß seine Kräfte zurückkehren, schreibt er Ende Oktober an seinen Erzbischof: „Ich bin nun bereits 31 Jahre alt und bitte Eure Eminenz daher inständig, mich von den drei Monaten zu dispensieren, die zu meinem Diakonenjahr noch fehlen." Am 31. Oktober gibt Pignatelli seine Zustimmung für den nächsten Weihetermin im Dezember. Ein letztesmal ordnet Alfons den Akt, den er bei jedem seiner Schritte zum Priestertum vorlegen mußte: Die Bestätigung seiner eifrigen Teilnahme an den sonntäglichen Andachten von P. Cuttica, an den „Montagen" der *Apostoliche Missioni*, den Festoffizien und den wöchentlichen Katechismusstunden von S. Angelo a Segno. Aufgaben, die man nur zu leicht übersieht, weil sie nicht ins Auge fallen, die aber ihren regelmäßigen Beitrag zur Bildung ... und zur Ermüdung leisten, denn sie waren ja zusätzlich zu Gebet, Studium und Missionen zu erfüllen.

Von Missionen ist – mit Ausnahme jener von Allerheiligen in Spirito Santo – im *Giornale* während der neun Monate seines Diakonats weder für ihn noch für sonst jemanden die Rede. Vergeßlichkeit des Sekretärs, Don Francesco de Novellis? Die Chronisten, diese Helden, sind manchmal müde. Außerdem nahm der Schwerkranke und dann der Rekonvaleszent von Mitte Juni ab sechs Monate lang nicht an den Montagveranstaltungen teil. Don Aniello Pacifico, der gute *Rettor Curato* von S. Angelo, notiert ebenfalls, daß sein Katechet „wegen Krankheit dreieinhalb Monate gefehlt hat".

Ein Erdbeben, diese Krankheit. Zusammen mit dem überwältigenden Erfolg der Predigten des Diakons bewirkt sie eine Veränderung im Verhältnis der Familie und der Stadt zum künftigen Priester. Am 2. Dezember nimmt Don Alfons neben seinem Vater und den Brüdern Gaetano und Ercole wieder seinen Platz in der Piazza di Portanova ein. Der Rat der Adeligen ist überrascht und nimmt ihn wärmstens auf. Seit dem 10. Juni 1723, das war vor dem Drama des verlorenen Prozesses, hatte man ihn dort nicht mehr gesehen. Nun aber nimmt er sporadisch immer wieder an den Sitzungen teil, bis er 1732 Neapel verläßt und – auch wenn er Stadtrat ist und es rechtlich gesehen bleibt – seine Meinung oder seine Stimme zu den Angelegenheiten der Stadt nicht mehr abgeben kann. Fast nicht mehr ...[18]. Andere Sorgen, andere Horizonte, andere Höhen rufen den Priester, den Gründer, den Bischof, den Schriftsteller. Er, den seine Kollegen vor drei Jahren als heruntergekommenen Cavaliere hänselten, verläßt nun den Saal, von allen geachtet und bereits von vielen verehrt, in der Soutane, an der Seite des Vaters!

In einer Woche wird er sich mit fünfzehn anderen Diakonen glücklich zu den Söhnen des hl. Vinzenz von Paul zurückziehen, um sich durch zehntägiges Fasten und inniges Gebet auf die Priesterweihe vozubereiten.

16. Ich bin Priester (1727–1728)

Alfons von Liguori wird nicht vom Bischof von Troia, seinem Onkel mütterlicherseits, geweiht. Mgr. Cavalieri ist am 11. August 1726 im Alter von 63 Jahren im Ruf eines strengen, kraftvollen und pflichtbewußten Heiligen verschieden. Er war ein Mann rastloser Arbeit und umfassender Bildung und hatte mit fachkundigem Blick eine Bibliothek von 22.000 Bänden zusammengetragen. Dieser Freund des hl. Paul vom Kreuz (1694–1775), des Gründers der Passionisten, starb in Ungnade bei Benedikt XIII. und bedrängt von einem apostolischen Visitator, der bar jeden Wohlwollens war. Seine letzten Leiden wurden gemildert von seinem Freund und Nachbarn, dem Theatiner Domenico von Liguori, seit 1718 Bischof von Lucera, der ihn auch zur letzten Ruhe bettete[1].

Aber auch nicht dieser Domenico, ein Cousin Alfons', legte ihm am 21. Dezember 1726 am Hauptaltar der Bischofskirche die Hände auf, sondern auch diesmal wieder Mgr. Invitti. Für Neapels Adel, Richterstand und auch das kleine Volk muß dies ein großes Ereignis gewesen sein, denn seit seinem Diakonat „sprach die ganze Hauptstadt nur noch von Alfons' Tugenden und dem apostolischen Geist, der ihn offensichtlich beseelte"[2].

Mehr weiß uns die Geschichte nicht zu berichten. Doch hindert sie uns nicht daran, den inneren Aufruhr dessen nachzufühlen, der einst schreiben wird: „O Priester, Gott konnte dich nicht größer machen. Konnte er dich höher erheben als bis zu diesem Amt, in dem du beauftragt bist, seine höhere Ehre zu vertreten?" und: „Ein Mensch kann keinen erhabeneren und heiligeren Akt vollbringen als die Feier der hl. Messe"[3].

Am darauffolgenden Sonntag konnte die *chiesetta* von S. Angelo a Segno gewiß nicht all die Menschen fassen, die am Ersten hl. Meßopfer des berühmten Rechtsanwalts teilnehmen wollten. Was mag die Mutter empfunden haben? Träumte der Vater von künftigen Kardinalsehren? Erinnerte er sich der Weissagung Francesco de Geronimos? Innerlich erschüttert aber wurde Gaetano, der dritte Sohn der Familie Liguori. Er, der seit elf Jahren mit einer Präbende ausgestattet war, sich aber noch immer nicht hatte zum Priestertum entschließen können, erwacht endlich aus seiner Lethargie und beginnt mit dem Studium und den Katechismusstunden der Seminaristen. Im September 1730 wird er zum Priester geweiht[4].

Antonio, der zweite Sohn der Liguoris, ist bereits Priester. Er hat vor zehn Jahren, am 21. März 1716, im Benediktinerkloster der hll. Severino und Sossio, in dem sich heute das Staatsarchiv befindet, die Profeß abgelegt. Gewiß ist auch er bei der Ersten hl. Messe seines älteren Bruders anwesend. Barbara (Schwester Maria Aloisia) und Annella (Schwester Marianna) dagegen müssen hinter den Gittern von S. Girolamo bleiben. Die „kleine" Teresa Maria ist seit 1720 mit dem Herzog Domenico del Balzo, Baron von Presenzano, verheiratet. Gewiß nahmen auch sie an diesem Fest teil, und natürlich auch Ercole, der Benjamin der Familie, der gerade zwanzig Jahre alt geworden ist. Auf ihm ruhen nun alle Hoffnungen des Geschlechts der Liguori-Cavalieri. Sechs Wochen später, am 7. Februar 1727, verzichtet Alfons vor dem Notar Carlo Palmieri zu Ercoles Gunsten auf das Ältestenrecht, d. h. auf das väterliche Erbe, „da er nun durch Gottes Gnade Priester ist"[5].

Alfons ist Priester. Was nun? Es gibt bereits viel zu viele Priester in der Stadt und im Königreich, und ein altes neapolitanisches Sprichwort sagt: *se vuoi andare all' inferno, fatti prete*, „wenn du in die Hölle kommen willst, dann werde Priester". Doch hat unser Rechtsanwalt seine Kehrtwendung nicht gemacht, um in einem mittelmäßigen Priestertum zu versanden. Wie er sich einst als Jurist seine „Gebote" aufgezeichnet hatte, so legt er nun Verhaltensmaßregeln für den Priester fest, der zu sein er beschlossen hat:

1. Ich bin Priester; meine Würde ist größer als die der Engel: ich werde in höchster, engelsgleicher Reinheit leben.

2. Gott gehorcht meiner Stimme: ich werde der seinen gehorchen, mag sie durch Inspirationen oder durch meine Oberen zu mir sprechen.

3. Die heilige Kirche ehrt mich: ich muß ihr meinerseits durch die Heiligmäßigkeit meines Lebens, meinen Eifer, meine Arbeit und die Würde meines Verhaltens Ehre machen.

4. Ich bringe Christus dem Ewigen Vater dar: also muß ich selbst Jesu Tugenden besitzen und darf dem Heiligen der Heiligen nicht unvorbereitet gegenübertreten.

5. Das christliche Volk betrachtet mich als Diener seiner Versöhnung mit Gott: ich muß also stets in der Liebe und Freundschaft Gottes verbleiben.

6. Der Gerechte will durch mein Vorbild im guten und heiligmäßigen Leben bestärkt werden: so werde ich allezeit allen mit gutem Beispiel vorangehen.

7. Die Sünder erwarten von mir, daß ich sie dem Sündentod entreiße: ich muß mich durch Gebet, durch mein Beispiel, meine Worte und Taten darum bemühen.

8. Ich brauche Kraft und Mut, um die Welt, die Hölle und die Verderbnis des Fleisches zu besiegen: mit Gottes Gnade muß ich kämpfen und siegen.

9. Ich habe die Pflicht, das nötige Wissen zu erwerben, um unsere heilige Religion zu verteidigen und Irrtum und Gottlosigkeit zu überwinden.

10. Furcht vor dem Urteil der Welt und mondäne Freundschaften muß ich als Gebilde der Hölle verabscheuen: solches Verhalten entwürdigt das Priestertum.

11. Ehrgeiz und Gewinnsucht muß ich als eine Pest des Priesterstandes verurteilen; so viele Priester haben durch Ehrgeiz ihren Glauben in Verruf gebracht.

12. Sei stets liebenswürdig, aber nie oberflächlich: also vorsichtig und zurückhaltend, vor allem Frauen gegenüber, aber niemals hochmütig, hart oder herablassend.

13. Sammlung, Eifer, Streben nach Tugend und häufiges Gebet muß mein Hauptanliegen sein, wenn ich Gott gefallen will.

14. Ich muß ausschließlich nach der höheren Ehre Gottes, meiner persönlichen Heiligung und dem Heil meines Nächsten streben, auch wenn es mich mein Leben kosten sollte.

15. Ich bin Priester: ich muß die Tugend Jesu Christi ausstrahlen und sein höchstes und ewiges Priestertum verherrlichen[6].

Der dreißigjährige Neupriester hat hier also mit entschlossenem Federstrich sein inneres Lebensziel aufgezeichnet. Seine Zeitgenossen beschreiben uns die äußeren Züge, sein Erscheinungsbild und seinen Charakter.

Dem Seminaristen Mazzini war ein junger Cavaliere aufgefallen, „von gepflegtem Äußeren, angenehmer Erscheinung, liebenswürdiger Bescheidenheit, an dem alles auf seine adelige Herkunft verwies"[7]. Einschließlich der gefährdeten Lockenperücke. Als Liguori auf seinen Degen, das Zeichen des Edelmannes, verzichtete, legte er auch die Perücke ab. Er trug nun nicht einmal mehr die „langen Haare", die die Bürgerlichen zu einem Knoten im Nacken zusammensteckten, und verbot diese *zazzera* später auch den Angehörigen seines Ordens. Tannoia, der ihm vierzig Jahre lang nahestand, gibt uns folgende Beschreibung:

„Alfons war von mittlerem Wuchs, hatte einen verhältnismäßig großen Kopf und eine kräftige Hautfarbe. Er hatte eine hohe Stirn, hellblaue, sprechende Augen, eine Adlernase und einen kleinen, anmutigen und von Natur aus lächelnden Mund. Seine Haare waren schwarz, sein Bart dicht. Er stutzte ihn mit der Schere und brauchte sich daher nicht zu rasieren. Da er ein Feind langer Haare war, schnitt er sie sich ebenfalls selbst. Er war kurzsichtig und mußte daher eine Brille tragen, die er allerdings abnahm, wenn er predigte oder sich mit Damen unterhielt. Seine Stimme war klangvoll und klar, und sie verließ ihn nie, so groß die Kirche und so lang eine Mission auch sein mochte; er behielt sie in ihrer vollen Schönheit bis in sein hohes Alter. Er war eine imposante Erscheinung, sein Auftreten war würdig, aber von Heiterkeit durchstrahlt. Er, der in seiner Jugend so viele liebenswerte Züge in sich vereinte, behielt auch noch in seinem hohen Alter und seiner Gebrechlichkeit ein liebenswertes Wesen, das ihn allen angenehm machte"[8].

Doch fährt unser Zeuge fort: „Diese Liebenswürdigkeit, diese souveräne Sanftheit, die von allen bewundert wurden, hatte er einem cholerischen Temperament abgerungen." Er war durchaus der Sohn des hitzköpfigen Galeerenkommandanten. Aber auch der Sohn der sanften Donna Anna. Und der Gnade. Und einer langen Zeit der Selbstüberwindung: „Er war immer Herr seiner selbst und hatte seine Seele fest in der Hand. Nie konnte jemand bei ihm das unkontrollierte Aufwallen einer Leidenschaft feststellen."

Wir wir ihn bereits kennen, so bleibt er bis an sein Ende: ein Charakter von der Widerstandskraft eines Diamanten. P. Celestino Berruti schreibt einleitend zu seinem bewundernswerten Werk, das er *Lo spirito di S. Alfonso M. de Liguori* gewidmet hat:

„Über Alfons' Temperament sind sich alle seine Biographen einig. Von Gott mit einem lebhaften, sanguinischen und cholerischen Naturell ausgestattet, war er zugleich aber auch zu spontanem Mitleid und zur Herzensgüte disponiert und ohne Zögern und unter Einsatz aller Kraft und Beharrlichkeit zu den größten Werken bereit. Hatte er einmal einen Entschluß gefaßt, so blieb er dabei, stark und unerschütterlich wie ein Fels inmitten der Brandung: doch entschied er sich nie ohne vorherige gründliche Prüfung, und ohne sich durch demütige Unterwerfung unter die Ansichten kompetenter Ratgeber und durch inständiges Gebet des Willens Gottes zu versichern. So brachte er seine Unternehmungen zu einem guten Ende, ohne sich im geringsten von den Widerständen beeinflussen zu lassen, die ihn von allen Seiten bedrängten. Mitfühlend, geduldig, liebevoll, aber stets derselbe und stark in jeder Prüfung: *Spiritus benignus, stabilis, securus* — menschenfreundlich, beständig, sicher — (Weisheit, 7,23), so war er sein ganzes Leben lang."

Tannoia erklärt: „Streng war er nur sich selbst gegenüber; für die anderen war er voller Zuneigung und Menschlichkeit", und zwar in solchem Maß, daß Mgr.

Falcoia, sein Seelenführer in den 30er Jahren, ihn in einem Brief, in dem er *le sue belle maniere* betont, auffordert, „sein Herz vor gewissen Zärtlichkeiten zu bewahren, in denen eine Bindung vermutet werden könnte, auch wenn sie ausschließlich geistiger Natur wäre"[9].

Dies also ist das physische und moralische Porträt des Priesters, dessen Leben wir verfolgen werden. Fügen wir noch einen weiteren Zug hinzu, der beiden Bereichen zugehört: Aus Achtung vor der Gegenwart Gottes ging er sowohl im heißesten Sommer als auch im kältesten Winter ohne Kopfbedeckung:

— Setzt doch etwas auf, so sagte man ihm manchmal. Ihr werdet krank werden.

Er aber antwortete lachend: ich bin ein Hitzkopf und vertrage keine Kopfbedeckung[10].

Außer der Mitra und dem Priesterkäppchen trug er nie etwas anderes auf dem Kopf als ... das Band, an dem seine Brille befestigt war. Einige Maler haben daraus ein violettes Käppchen gemacht, um der Farbe willen und auch, um durch bischöfliche Attribute daran zu erinnern, daß ihr „Sujet" Bischof war.

So sehr Don Alfons unter dem Bischofsamt leiden wird, so glücklich ist er, Priester zu sein. Denn nun kann er die hl. Eucharistie feiern, endlich! Die einzige unmittelbare Veränderung, die seine Priesterweihe darüber hinaus bringt, ist die Beendigung des Praktikums in der Pfarrei, das er als Seminarist abzuleisten hatte. Sie gibt ihm also mehr Freiheit für das Predigeramt, das er schon als Diakon mit so großem Eifer und Erfolg ausübte. Während der nächsten zwei Jahre erscheint er in S. Angelo a Segno nur noch, wenn er nicht anderweitig durch Missionen im Königreich oder Predigten in der Hauptstadt mit ihren 504 Kirchen beschäftigt ist, d. h. also, außer seiner Frühmesse, nie mehr. Hören wir dazu Tannoia:

„Schon der Diakon hatte keinen einzigen freien Tag, der Priester aber sah sich so vielen Aufgaben gegenüber, daß er kaum noch die Zeit fand, Luft zu holen. Noch war eine Aufgabe nicht beendet, als er schon wieder eine neue übernehmen mußte. Die Pfarrektoren stritten sich um ihn, und jeder wollte ihn für seine Gläubigen haben. Die zahlreichen Bruderschaften rissen sich um ihn für ihre geistlichen Exerzitien oder andere Predigten. Die vielen Frauenklöster — es gab siebenunddreißig in Neapel — waren nicht weniger begierig, ihn zu hören. Die meistfrequentierten und angesehensten Kirchen meldeten sich bei ihm noch vor den anderen an, um die Gewißheit zu haben, ihn vor allem für die feierliche vierzigstündige Anbetung zu gewinnen"[11].

Warum dieser Andrang? Schwärmerei für den großen Rechtsanwalt von gestern? Neugier auf pikante Themen? Glanz und Ausgewogenheit seiner Rede? Die Köstlichkeit neuer Gedanken? ... Eitelkeiten!

„Beseelt vom Geist Gottes", so fährt unser Biograph fort, „predigte Alfons ausschließlich Jesus den Gekreuzigten. Es gab in seiner Rede weder kunstvolle Schnörkel noch eitle Zurschaustellung von Gelehrsamkeit. In einfachen und direkten Worten brachte er das Wesentliche, die Substanz. Darüber hinaus gab seine ganze Erscheinung seinem Apostolat eine einzigartige Profilierung: seine adelige Herkunft schmeichelte den Hochmütigen, seine seltene Begabung und seine natürlichen Fähigkeiten lagen weit über dem Niveau der anderen Prediger. Seine größte Beredsamkeit aber war seine Bescheidenheit, seine innere Sammlung, seine tiefe Demut und seine völlige Verachtung aller gesellschaftlichen

Werte. Noch tiefer beeindruckte sein Büßerleben, das Bewunderung erweckte und die Lauheit der Empfindsamen verurteilte.

Obwohl Alfons' Predigten sich nicht in schönen Gedanken und pompösen und blumigen Redeweisen ergingen, bewegten sie nicht nur das einfache Volk. Gleich dem Manna entsprachen sie jedem Geschmack (Weish 16,20): Intellektuelle wie Ungebildete konnten darin gleichermaßen geistige Nahrung und Freude finden; sie alle gingen innerlich bewegt von dannen; die Gebildeten drängten sich sogar am meisten, um ihn zu hören und sich an seiner Rede zu erbauen. Es war wunderbar anzusehen, wie sich unter seinen Zuhörern Angehörige des Welt- und Ordensklerus, Rechtsanwälte, Prokuratoren, Staatsräte, Damen der Gesellschaft und Cavalieri drängten. Sie alle verließen die Kirche in innerer Bewegung und Sammlung.

Einer der eifrigsten war Nicola Capasso (sein ehemaliger Professor für kanonisches Recht), ein Mann von unglaublicher geistlicher und weltlicher Bildung und gefürchtet wegen seiner satirischen Epigramme. Eines Tages begegnet Alfons diesem alten Freund:

— Don Nicola, ich sehe Euch immer bei meinen Predigten. Brütet Ihr irgendeine Satire gegen mich aus?

— Aber nein, antwortet der Lehrer. Zu Füßen Eurer Kanzel bin ich nicht auf der Suche nach Blumen und Phrasen. Ich höre Euch gern zu, weil Ihr Euch selbst vergeßt und nur Christus den Gekreuzigten verkündet." In jener Zeit führte die durch das Wort Gottes erweckte Zerknirschung den Sünder zum Sakrament der Versöhnung. Der Priester schüttelte den Baum auf der Kanzel und sammelte dann die Früchte im Beichtstuhl ein. „So warteten also tausende von Zuhörern unseres jungen Predigers ungeduldig darauf, ihm ihr Gewissen anvertrauen zu dürfen."

Er aber fühlte sich keineswegs sicher genug, diesem Gericht vorzustehen, von dem man ihn mehr die Erfordernisse der Strenge denn die Sendung der Barmherzigkeit gelehrt hatte. Da er persönlich zu Skrupeln neigte, drängte er sich keineswegs danach, leichte Absolutionen zu erteilen, und noch weniger, sie im Namen der strengen Lehre zu verweigern, wie er es als Seminarist „nachdrücklich verteidigt" hatte. Es bedurfte daher erst eines formellen Befehls, den Kardinal Pignatelli ihm im Namen des Gehorsams, den jeder Priester seinem Bischof am Tag der Weihe gelobt, erteilte, um Alfons in den Beichtstuhl zu bringen. Erst im Dezember 1727 stellte er sich der Synodalkommission für sein „Jurisdiktionsexamen". Nun erteilte der Erzbischof ihm unverzüglich die Erlaubnis, in der ganzen Diözese allen Kategorien von Pönitenten die Beichte abzunehmen[12]. So ging Alfons bangen Herzens in den Beichtstuhl, entschlossen, sowohl die Erfordernisse der strengen Lehre als auch der Liebe Christi zu den Sündern, wie sie das Evangelium zeigt, zu berücksichtigen ...

Es kommt Alfons zugute, daß er aus seinem Anwaltsberuf und seiner Vertrautheit mit Spitälern und Gefängnissen das menschliche Elend schon durch und durch kennengelernt hat. Als Cartesianer der Ausbildung nach und als Mann seiner Zeit — der Aufklärung! — weiß er sich darüber hinaus ungeachtet der Autorität seiner Lehrer verpflichtet, die jeweiligen Gründe selbst abzuwägen. Und schließlich erlebt er den Übergang von der Schultheorie zur lebendigen Wirklichkeit „gleichsam wie durch das Feuer". Es ist etwas anderes, ein Handbuch der

Moraltheologie in Händen zu halten, als mit denselben Händen konkreten Menschen, die Christus bis in den Tod geliebt hat, sein Erlöserblut zu geben oder zu verweigern. Und wenn man im Namen des Probabiliorismus einem Bruder sagen muß: „Tu dies oder lasse jenes unter Androhung der ewigen Höllenstrafe", so fühlt man sich weit weniger sicher, als wenn man in der Neutralität seines Zimmers die Tragweite einer kasuistischen Beweisführung abwägt. Inwieweit war Alfons davon berührt? ... Lassen wir die von Tannoia befragten Zeugen sprechen:

„Der neue Beichtvater wurde von Pönitenten belagert. Aus allen Gesellschafts- und Berufsschichten und aus der ganzen Stadt kamen sie zu ihm (in die Kirche, in der er predigte). Er stellte sich mit beispielloser Bereitschaft in ihren Dienst: Am Morgen war er der erste im Beichtstuhl und verließ ihn am Abend als letzter. Schon jetzt sagte Alfons, was er sein ganzes Leben lang immer wieder betonte: *Dieser Dienst bringt den Seelen die größte Wohltat und dem Arbeiter des Evangeliums die geringste Befriedigung. Denn durch diesen Dienst finden die Sünder mehr als durch jeden anderen ihren sofortigen Frieden mit Gott und wird das Blut Jesu Christi in Überfülle über sie ausgegossen.*

Alfons hatte nichts von jenen Beichtvätern an sich, die ihre Beichtkinder schon barsch und stirnrunzelnd empfangen, um sie dann unter lautem Schelten als der göttlichen Barmherzigkeit nicht würdig wieder fortzuschicken. Er wandte alle Strenge gegen sich selbst an, anderen und vor allem Sündern gegenüber zeigte er dagegen eine unglaubliche Nachsicht und die gewinnendsten Umgangsformen ... *Je tiefer die Seelen im Laster und im Einfluß des Teufels befangen sind*, so war seine Rede, *umso liebevoller muß man sie aufnehmen, um sie den Klauen Satans zu entreißen und in die Arme Jesu Christi zurückzuführen. Wer einfach sagt: ‚Du bist ein Verdammter, ich kann dir die Absolution nicht erteilen', der macht es sich zu leicht, denn er vergißt, daß auch dieser Mensch mit dem Blut Jesu Christi erkauft wurde!* Als alter Mann sagte er einmal, er erinnere sich nicht, jemals einen Sünder ohne Absolution und noch weniger ohne Höflichkeit und Freundlichkeit weggeschickt zu haben.

Nicht, daß er unbesehen alle Sünder ohne Berücksichtigung ihrer jeweiligen Disposition losgesprochen hätte, aber er empfing sie, wie er selbst sagt, mit Liebe, flößte ihnen Vertrauen in das Blut Jesu Christi ein und zeigte ihnen freundlich, wie sie die Gelegenheit zur Sünde meiden und aus der schlechten Gewohnheit herausfinden können; daraufhin gingen sie mit so viel gutem Willen von dannen, daß sie alle reuig und bekehrt zu ihm zurückkehrten." Nun konnte er ihnen die Absolution erteilen. Wir müssen wohl kaum eigens erwähnen, daß der Beichtvater in der Zwischenzeit „durch Gebet und Fasten", Bußkleidung und Geißelungen bis aufs Blut „den Dämon vertrieben" hatte. Davon zu sprechen, hatte François Genet in seiner *Moraltheologie* allerdings vergessen.

Auch darin, daß er sich weigerte, harte Strafen zur Wiedergutmachung aufzuerlegen, war Alfons ein entschieden ungelehriger Schüler:

„Er verstand die sakramentale Buße als Wohltat und nicht als Strafe: *Wir sollten Bußen aufgeben, die gerne angenommen werden, denn dann werden sie auch erfüllt; belasten wir die Menschen doch nicht mit schmerzlichen Übungen, die sie doch nicht ausführen ... Man muß die Sünde verabscheuen und nicht die Buße!*

Und er fügte hinzu: *Die Buße muß heilsam sein.* Was wollte er damit sagen?

Welche Buße gab er selbst auf? Wieder zu ihm zu kommen, zur Beichte und Kommunion zu gehen, beim täglichen Besuch der Messe die Passion oder eine der ewigen Wahrheiten zu meditieren – zu diesem Zweck gab er seinen Beichtkindern ein *libriccino*, ein kleines Büchlein, das er für sie verfaßt hatte, in die Hand –, den allabendlichen Besuch beim Allerheiligsten und der Muttergottes, das Rosenkranzgebet mit der ganzen Familie, sofern es sich um ein Familienoberhaupt handelt. Er riet auch gelegentlich zu Fasten und anderen Entsagungen, ohne sie jedoch jemals verbindlich vorzuschreiben. *Ein reuiger Pönitent wird von selbst dazu gelangen,* sagte er. *Sobald man aber daraus eine Verpflichtung macht, wird er die Buße ganz sein lassen und zu seinen Sünden zurückkehren.* Indem er also Milde zugleich mit Hilfsmitteln anbot, bewog Alfons seine ‚Kranken‘ dazu, die Beichte zu lieben und das Böse zu verabscheuen.‘‘

Dieses *libriccino* von 24 Seiten, das der erfolgreiche Bekehrer seinen schweren Sündern gab, hatte er um 1728 verfaßt; er ließ es unter dem Titel *Massime Eterne* und ohne Angabe des Autors immer wieder nachdrucken. Sie waren das Erstlingswerk eines Schriftstellers, der im Laufe seines Lebens mehr als 110 Schriften verfassen wird. Man könnte es vielleicht für eine unbedeutende Broschüre eines Anfängers halten, doch beweisen allein die posthumen Ausgaben (421 italienische und 753 ausländische), daß es sich hierbei ganz im Gegenteil um eine besonders kluge pastorale Neuerung handelt[13]!

Das kleine Werk enthält sieben Meditationen, die jeweils in drei knappe und aussagestarke Punkte unterteilt sind. Es ist eindeutig auf die Bekämpfung der Sittenlosigkeit ausgerichtet. Mit der Betreuung des Ertrinkenden wird man sich später befassen, wichtig ist zunächst, ihn aus dem Wasser zu ziehen. Alfons empfiehlt zunächst die drei vorbereitenden Akte zur Meditation: Hintreten vor die Gegenwart Gottes, demütige Reue, Bitte um göttliche Erleuchtung, und fährt dann fort:

„Lies die Meditation Schritt für Schritt durch. Verweile nach jedem einzelnen Punkt und erwäge diese Grundsätze für die Ewigkeit. Dann fasse den festen Entschluß, dich von einem bestimmten Laster zu lösen. Zuletzt vollziehe nachstehende Akte.“ Es folgen sorgfältig ausgearbeitete Formeln des Glaubens, der Hoffnung und der vollkommenen Reue.

Die sieben Meditationen zielen ausschließlich darauf, den Sünder aus seiner Verstrickung zu lösen: das Ende des Menschen, die Dringlichkeit, dafür Vorsorge zu treffen, die Todsünde, der Tod, das Jüngste Gericht, die Hölle, die Ewigkeit ihrer Leiden. Kurze, eindringliche und das Wesentliche betreffende Sätze. Jeder Schlag ein Treffer. Man kann sich ihm nicht entziehen. Er ist tödlich. Tödlich für die Sünde.

Man kann sich diesem Teufelskerl nicht entziehen. Man war eigentlich nur gekommen, ihn zu hören: aus Neugier vielleicht oder aus Verzweiflung. Wie leichtsinnig! Man beißt an, hängt schon an der Angel und findet sich in seinem Beichtstuhl wieder, wo er auch das verschlossenste Herz zu öffnen vermag. Einige Worte: ein Strahl der Liebe, der den Verhärteten erweicht – oder ein Donnerschlag, der den im Koma Liegenden erweckt, wie jenen jungen Adeligen, der Pater Tannoia seine Geschichte erzählte:

Er kommt zu Alfons mit einer langen Liste von Ungeheuerlichkeiten und hat sie mit einer Gleichgültigkeit heruntergeleiert, als würde er das Einmaleins aufsagen. Als er schließlich fertig ist, kein Wort der Reue. Der Beichtvater hat anscheinend gleichgültig zugehört. Als dieser ganze Unrat aufgehört hat, sich über ihn zu ergießen, fragt er sanft:

— Sonst hast du nichts zu sagen?

— Nein, nur das, antwortet der Ahnungslose kühl.

— Nur das hast du, ruft Alfons aus ... Aber da fehlt dir ja nur noch der Turban zum Türken! Was hättest du denn sonst noch tun können? Sag, welches Unrecht hat Jesus Christus dir getan?

Das war alles.

Erstarrt und zutiefst betroffen, glaubte unser Freibeuter auf der Stelle sterben zu müssen vor Reue. Er legte sein Geschick in die Hände des Priesters und verließ ihn nicht mehr; sein Leben lang; und seine Heiligkeit war groß. Er hieß Giovanni Olivieri. Wir werden ihm später wieder begegnen[14].

Die *Massime eterne* waren nur der erste Schritt auf einem langen Marsch, auf dem Alfons nicht auf halbem Wege stehen blieb.

„Die Mittel, die er seinen ‚Klienten‘ anbot, um sie zum Gipfel zu führen, waren Meditation, Gebet und Abtötung des Leibes und der Leidenschaften: die Meditation als Spiegel, in dem die eigenen Verstümmelungen sichtbar wurden, die Abtötung als große Schere, um sie abzuschneiden ... Und schließlich das Gebet! Seine Leitmotive: *Wer betet, wird gerettet, wer nicht betet, wird verdammt*, und *Alle, die gerettet wurden, erreichten es durch ihr Gebet; alle, die in Verdammnis fielen, taten es, weil sie nicht gebetet haben.*

Das Hilfsmittel schlechthin aber war die Eucharistie: häufige Kommunion und täglicher Besuch. Der Besuch beim Allerheiligsten! In dem kleinen seelenvollen Buch, das er ihm widmet, bekennt er, dieser Praxis alle Gnaden zu verdanken, die ihm zuteil wurden, als er noch Laie war. *Es tut so gut, zu Füßen des Altars zu weilen und vertraulich mit Jesus in Gestalt der Hostie zu sprechen, ihn um Verzeihung für unsere Gedankenlosigkeit zu bitten, ihm wie ein Freund dem Freund unsere Bedürfnisse vorzutragen, ihn um seine Liebe und die Fülle seiner Gnaden zu bitten!* Solange er in Neapel lebte, beschwor er vor allem seine Beichtkinder, dem Herrn in der jeweiligen Kirche, in der die vierzigstündige Anbetung des Allerheiligsten stattfand, Gesellschaft zu leisten. Es war ein erhebender Anblick, ihn selbst dort stundenlang in Ekstase zu sehen, umgeben vom Kreis derer, die er zur Anbetung anleitete.

Schließlich verlangte er ein kindliches Vertrauen zur Muttergottes. *Wie uns vom Vater durch die Mittlerschaft* Jesu Christi alles Gute kommt, so kommt uns durch die *Vermittlung Mariens alles Gute von Christus.* So verlangte er also von jedem den täglichen Besuch bei der Muttergottes und den täglichen Rosenkranz, die Feier ihrer Novenen, die Kommunion an ihren Festtagen; für ihre Vigilien und die Samstage empfahl er Fasten bei Wasser und Brot, das er auch selbst einhielt."

Eine Lebensführung für eine Elite, so mag der Skeptiker denken. Irrtum!

„Am liebsten hatte Alfons die armen und kleinen Leute im Beichtstuhl, aber er wies auch Personen von Stand, große Damen und Cavalieri, nicht ab. Sein Netz ließ keinen Fisch durch die Maschen. Er wußte, daß diese Personen aufgrund ihrer Stellung durch ihre Autorität und ihr Beispiel auf ihre Untergebenen großen Einfluß zum Guten wie auch zum Schlechten ausüben konnten. Aber er war nie bereit, sie in ihren Häusern aufzusuchen. Er empfing alle in der Kirche; in seinem Beichtstuhl gab es weder Bevorzugungen noch Vorrechte. Es war übrigens keiner unzufrieden: es war nicht zu viel verlangt, inmitten der kleinen Leute lange warten zu müssen, wenn man dann den Vorzug genießen durfte, ihm sein Gewissen anzuvertrauen."

Was ihn selbst betrifft, so neigt sich sein Leben nun immer deutlicher auf die Seite der Kleinen, und aus ihrer Mitte wird er schon bald eine Legion von Heiligen ausheben.

17. Die „Abendkapellen"   (1728–1732)

In diesem Neapel der hundert „Kathedralen" explodiert das religiöse Leben auf der Straße fast mit der gleichen Heftigkeit wie innerhalb der Mauern seiner rund 500 Kirchen. Auf der Straße wird geflucht und gebetet, werden Prozessionen und Predigten gehalten. Ein Priester mit dem Kreuz in der Hand ist auf ein Mäuerchen, eine Plattform, eine aus einem benachbarten Laden herbeigeschaffte Bank gestiegen, und sogleich versammeln sich in respektvoller Erwartung Müßiggänger, Handwerker, Kaufleute, Hausfrauen und Kinder des Viertels um ihn, während hundert Schritte weiter ein Taschenspieler, ein Quacksalber, ein Märchenerzähler oder ein Harlekin ihr Publikum unterhalten. Ein ganzes Heer zerlumpter Kreaturen verlangt nichts weiter, als eine Stunde Vergessen oder die Hoffnung für die Ewigkeit zu erlangen.

Reisende aus Deutschland, England und Frankreich kamen nach bella Napoli – „Neapel sehen und sterben!" –, ließen sich von seiner Schönheit bezaubern und bedankten sich hinterher durch die Veröffentlichung spöttischer Bemerkungen über die Unwissenheit, den Schmutz, die Gaunerei und die abergläubische und marktschreierische Religiosität des neapolitanischen Volkes. Gewiß hatte die Synode von 1726 nicht ohne Grund Gesetze gegen Gotteslästerung, Aberglaube, Magie, Hexerei und Wahrsagerei, gegen den Mißbrauch, der mit Heiligenbildern getrieben wurde, gegen unschickliche Prozessionen nackter Flagellanten, gegen öffentliche Unzucht und ähnliche Exzesse erlassen. Sie hatte mit besonderer Strenge sogar dreiundzwanzig Sünden der Absolution des Erzbischofs vorbehalten, von denen dreizehn mit Exkommunikation bedroht waren[1].

Aber ist nicht gerade das Vorhandensein der Kloaken in einem Haus oder einer Stadt der Beweis dafür, daß nicht alles voller Unrat ist? Die voreiligen Verallgemeinerungen in den Aufzeichnungen unserer reisenden Berichterstatter rühren großteils entweder von ihrer unreflektierten „Überlegenheit" als Freidenker oder ihrem kühlen protestantischen Puritanismus oder schlicht und einfach von ihrem mangelnden Feingefühl her. Noch heute wird die Geschichte jenes Gauklers aus dem Norden erzählt, der meinte, bei diesen „rückständigen" Südländern lange Zeit die Szene beherrschen zu können, und der schon nach 48 Stunden seine Bühne wieder abbauen mußte, weil ihm die *lazzaroni* des Largo del Castello alle seine Tricks perfekt abgeschaut hatten[2]. Armut schändet nicht. Fügen wir hinzu: mangelnde Bildung ist nicht Dummheit, Frömmigkeit nicht Magie, ein sich nach außen manifestierender Glaube nicht Aberglaube und Predigt auf den Straßen nicht Gaukelei.

In Rom hatte Philipp Neri wie einst Jesus und die Apostel, wie Franz von Assisi und Ignatius von Loyola auf Plätzen und an Straßenkreuzungen gepredigt. In Neapel hatte ihn Francesco de Geronimo bis kurz vor seinem Tod (1716) nachgeahmt. Alfons von Liguori griff gemeinsam mit seinen Freunden, dem Jesuiten Francesco Pepe (1684–1759) und dem jungen und berühmten Dominikaner Gregorio Rocco (1700–1782), die Fackel dieser immerwährenden Mission in der Hauptstadt wieder auf. Sie führt ihn fast unverzüglich zu seinem ersten Exodus: zu den *popolani*, den Volksmassen der Armen und Ungebildeten, die in den unvergessenen Elendsquartieren der Pfarrei S. Eligio oder den *bassi* der Patrizierhäuser leiden und sich im lärmenden Gedränge ihrer engen Behausungen trotz allem zum Lachen zwingen.

Denn Neapel kennt nicht nur die Grenze, die die schäbigen Unterkünfte der Armen fernab von den Häusern der Vornehmen ansiedelt. Hier ist die Trennlinie zwischen den Klassen auch eine vertikale Realität: sie verläuft zwischen dem Bewohner des *basso*, der „Höhle" des Erdgeschoßes, und dem Privilegierten, der die oberen Stockwerke der *palazzi*, der Paläste bewohnt. Zu ebener Erde befinden sich die Stallungen und Remisen der Eigentümer, sowie Miet-„Wohnungen", bestehend aus einem einzigen fensterlosen Raum mit einer niedrigen Tür zur Straße oder auf einen kleinen Hof hinaus. In diesen feuchten „Grotten", die die oberen Räumlichkeiten tragen, hat der Mieter, so gut es eben geht, einen kleinen Laden oder eine Werkstatt eingerichtet, oder aber er hat sie, wie in den meisten Fällen, mit zwei unmittelbar auf dem Boden liegenden schäbigen Betten, einem Tisch, einem Ofen und ... seiner ganzen, oft sehr großen Familie gefüllt. Die *lazzari* – die „Lazarusse" – sind also über die ganze Stadt verteilt. In den Häuserblocks am Strand vom Castello bis zum Mercato allerdings sind sie gewissermaßen unter sich. Daneben gibt es noch die zahllosen Stadtstreicher, die nirgends ein „Zuhause" haben.

Hier also beginnt Alfons schon bald, das Feuer der *cappelle serotine*, der „Abendkapellen", zu entfachen.

Man kann einen dreißig Meter hohen Baum nicht in einen Blumentopf pflanzen, und ebensowenig entsteht ein großes Werk auf einem großen Gedanken. Es entwickelt sich vielmehr aus dem Leben heraus, entsteht also nach und nach, wie alles Lebende, das zur Welt kommt: Blume, Baum oder Kind.

Die *Cappelle serotine* nun sind tatsächlich eine neue Pflanze. Sie sind kein Setzling bereits bestehender Gesellschaften oder Bruderschaften, sondern eine eigenständige Schöpfung der Strahlkraft Alfons' und seines Glaubens an den einfachen Menschen. Wir müssen ihre Geschichte offenen Herzens an ihren unverfälschten Quellen nachlesen: das Zeugnis, das Pater Giovanni Mazzini, der von Anfang an mit dabei war, beim apostolischen Prozess von Nocera gibt, der Bericht, den Tannoia aus dem Mund von Teilnehmern zusammengetragen hat, und die *Vita* Gennaro Sarnellis, der an Liguoris Seite am intensivsten mitgewirkt hat[3].

Wir erinnern uns der Handvoll Freunde, die durch ihre gemeinsame Liebe zur Eucharistie und das menschliche und geistliche Ansehen Alfons' in den ersten Monaten seiner Seminarzeit zusammengeführt worden waren: die jungen Kleriker Giovanni Mazzini, Giuseppe Panza und Giuseppe Maria Porpora, zu denen schon bald die Priester Domenico Letizia, Vincenzo Mannarini, Luigi Lago, Michele de Alteriis und andere stießen. Nach ihren langen täglichen Gebeten zu Füßen des Herrn und der Muttergottes setzten sie ihre Nachtwachen in begeisterten Gesprächen über ihre Gotteserfahrungen fort. Sie schlenderten zu einem ruhigen Fleckchen *extra muros*, meist auf die Piazzetta Stella vor der Kirche der Minimenbrüder des hl. Francesco da Paola, etwas oberhalb des heutigen Nationalmuseums, und blieben hier unter freiem Himmel lange, lange beisammen.

Begonnen hatten diese Begegnungen unter den goldenen Blättern des Herbstes 1723. Schon bald war in diesen Neophyten der Heiligkeit der Entschluß gereift, sich einmal im Monat für drei oder vier Tage außerhalb von Neapel gemeinsam in eine „klösterliche" Einsamkeit zurückzuziehen. Ein Landsitz, den Don Domenico Letizia, der Älteste von ihnen, in Arzano, zwei Meilen nördlich der Stadt besaß[4], war zweifellos ihre erste „Wüste". In einem der Räume hatten sie einen Altar errichtet und eine schöne Muttergottesstatue aufgestellt. In dieser Hauskapelle trafen sie zur Feier der sieben Stunden des Offiziums im Chor, zu gemeinsamer Anbetung, zu Rosenkranz und Marienlitanei und nicht zuletzt zur großen sogenannten vierzigstündigen Anbetung zusammen. Die Dokumente schweigen über die Messe, die einzige Zelebration, die die anwesenden Priester nicht gemeinsam erleben konnten: man war damals erst auf halbem Weg zwischen Tridentinum und Vatikanum II! Gemeinsam dagegen und noch häufiger einzeln geißelten sie sich bis aufs Blut. Sie aßen wenig. Eine kleine Statue des Jesuskindes stand dem Tisch im Namen der Armen vor: zu ihren Füßen wurde ein Teller aufgestellt, in den jeder nach eigenem Ermessen von seinem eigenen Teller für die Armen abgab (in Süditalien wird nicht eine gemeinsame Platte serviert, sondern jeder erhält seine eigene, großzügig bemessene Portion vorgesetzt). Nach dem Essen erholten sie sich beim Gesang einiger *canzoni*, um sich dann wieder ins Gebet zu versenken. Seele und Schrittmacher der Gruppe war Liguori: seine mitreißende Persönlichkeit hatte sie zusammengeführt, und ohne daß er sich dessen bewußt wurde, regten sein Beispiel, sein Wort und sein Eifer einen jeden von ihnen zu grenzenloser Selbsthingabe an.

Schon bald aber beschwerten sich die Nachbarn über den Lärm, den diese Eremiten machten. Sie sangen zu viel. Dermaßen lange Gottesdienste waren unerträglich. Also respondierte man auf die Psalmen mit lautem Gegröle; ihr „Lärm" wurde mit noch größerem Lärm beantwortet, so daß unsere Ruhesuchenden schließlich das Haus Letizia aufgaben und Alfons „von seinem Geld"[5] in der Nähe von S. Gennaro *extra moenia* in „seinem" Borgo dei Vergini ein anderes kaufte, das stärker abgeschirmt und auch nicht so weit von der Stadt entfernt war. Hier nahmen sie für die nächsten vier Jahre jeweils einige Tage im Monat ihren Hymnengesang und ihr glühendes religiöses Leben wieder auf und trafen sich danach, wenn sie wieder zu ihrem Studium bzw. ihrem Priesteramt zurückgekehrt waren, allabendlich beim Gebet vor dem Allerheiligsten, der Muttergottes und anschließend zu engagiertem, freudigem Gespräch.

Mittlerweile war Alfons Priester geworden, schon bald gefolgt von Panza und Porpora. Mazzini wird am 22. Mai 1728 geweiht. Andere Priester haben sich ihnen angeschlossen: Gennaro Fatigati, Bartolomeo Capozzi, Giuseppe Sersale[6], Giuseppe Lorio und ein gewisser Pirelli sowie ein gewisser Molitelli, deren Vornamen wir nicht mehr kennen; auch Seminaristen sind zu ihnen gestoßen: Giambattista Fusco, Giambattista Coppola, sowie „zahlreiche Laien", wie Mazzini sagt. Von ihnen sei zunächst nur Gennaro Maria Sarnelli (1702–1744) genannt, da er besonders hervorgehoben zu werden verdient. Er war ebenfalls Rechtsanwalt und hatte sich im Gericht und bei den Unheilbaren dem Cavaliere von Liguori angeschlossen. In seiner Nachfolge trat er im September 1728 in das Seminar und schließlich bei den *Apostoliche Missioni* ein. Zwei Brüder auf Lebenszeit und bis in den Tod, zu denen sich Mazzini als dritter gesellte.

Namen, mag der Leser denken. Zwanzig Namen, die man liest, um sie sogleich wieder zu vergessen ... Im Gegenteil! Aus diesen Steinen der Freundschaft baut sich ein Leben auf. Durch diese gemeinsamen Kräfte entsteht ein Werk.

Hier nun reift ein erstes großes Werk heran, das sich selbst noch nicht erkannt hat; hier ist ein Kind empfangen und bereit, geboren zu werden, dessen Aussehen und Namen noch niemand kennt: die *Cappelle serotine*.

„Als Priester", so berichtet Tannoia, „wirkte Alfons am segensreichsten im Viertel des Mercato und der Via Lavinaio, wo der Abschaum des neapolitanischen Volkes lebte. Er weilte gerne unter dem Gesindel, den sogenannten ,lazzaroni' und den anderen kleinen Leuten, die — an der Grenze zwischen Nichtstun und Gaunerei — denselben Elendsberufen nachgingen. Ihnen gehörte sein Herz mehr als allen anderen, und er ließ es sich angelegen sein, sie durch seine Predigten zu unterweisen und durch die Beichte mit Gott zu versöhnen. Einer erzählte dem anderen von ihm, und so kamen sie schon bald aus der ganzen Stadt und gaben damit dem verzehrenden Feuer dieses Eifers neue Nahrung, das ausschließlich zu dem Zwecke brannte, Seelen zu retten und sie Christus darzubringen. Es kamen Sünder, und es kamen Schurken in großer und immer größerer Zahl ... Und sie kamen immer wieder. Sie entsagten nicht nur der Sünde, sondern fingen tatsächlich an zu beten, zu meditieren, und wollten schon bald nichts anderes mehr, als nur Jesus Christus lieben"[7].

Es dauerte nicht lange, und Alfons war überlastet. Er hatte nicht mehr die Zeit, den Willigen die geistliche Nahrung, nach der sie verlangten, einzeln zu geben. Doch daran sollte es nicht scheitern! Man befand sich gerade in der schönen Jahreszeit: warum also sollte er sie nicht in einem ruhigen Vorort versammeln und gemeinsam unterrichten? Dies konnte allerdings erst bei Einbruch der Nacht, nach der 24. Stunde geschehen, denn der Arbeitstag der Armen war lang. Am Abend? Zur selben Zeit, wie die gewohnten „klerikalen" Zusammenkünfte mit Mazzini, Panza, Porpora und den anderen? Warum nicht? Haben sie nicht den gleichen Gott, den gleichen Christus? Streben sie nicht nach der gleichen christlichen Vollkommenheit? Ist ihre Sendung, die Frohe Botschaft zu verkünden, nicht dieselbe? So fließen also die beiden Bächlein zu einem einzigen Strom zusammen, und im Frühsommer 1728 finden sich beim Klang des Abendangelus Priester, Kleriker und *lazzaroni* vor der Kirche S. Teresa dei Scalzi zur Begegnung mit Alfons ein.

— Was bedeutet dieser Schwarm von Nachtvögeln? fragen schon bald argwöhnisch die guten Unbeschuhten Karmeliten.

Die Gruppe hält es für ratsam, über S. Agnello hinaus zu emigrieren, und läßt sich schließlich auf der angenehmeren und weniger belebten Piazzetta Stella nieder.

So kommt also die erste Gruppe unter den nachsichtigen Fenstern der Minimenväter in „ihr Gebiet" zurück.

Aber nicht für lange ...

Die Kirchenmänner, die hier seit vier Jahren zusammenkamen, waren zwar jung und fröhlich, aber der Definition des Konzils von Trient gemäß doch „ernst und gemäßigt", und daher fast unbemerkt geblieben. Jetzt aber war es eine Volksmasse, die vom Mercato, der Conceria, vom Lavinaio und aus noch größerer Entfernung zusammenströmte. „Und das waren keine Cavalieri, sondern *lazzaroni*, Seifensieder, Maurer, Barbiere, Schreiner, Hafenarbeiter, Lastträger und andere Arbeiter."

Tannoia beschreibt einige von ihnen.

Zunächst einmal Pietro Barbarese. Ein Heiliger von Kindesbeinen an, wie Vincenzo Pino in seiner 1776 veröffentlichten Lebensbeschreibung sagt. Ein Schurke großen Formats, erklärt Tannoia, der Pino gelesen hat. Wie dem auch sei, mit 26 Jahren begann er — ledig, Lehrer der *scugnizzi* des Mercato, bedingungsloser Jünger Christi und Alfons' — die kleinen Gassenbuben der Elendsquartiere den Katechismus zu lehren und sie auf die Sakramente vorzubereiten, wie kein Priester es vermocht hätte[8].

Luca Nardone wiederum war ohne Zweifel ein liederlicher Haudegen, aus der Armee entlassen und vom König von Frankreich persönlich vor dem Galgen bewahrt; ein Verlorener in seinen eigenen und den Augen der Gesellschaft. Eine von Alfons' Predigten bewog ihn zur Umkehr. Mit offenen Armen aufgenommen, von seinen Sünden befreit, von Christus ergriffen, „wurde dieser Galgenstrick zu einem Fangseil der Liebe, der die Seelen zu Jesus Christus hinzog und sie der Hölle entriß". Das Wortspiel stammt von Tannoia, der ihn persönlich kannte.

Wie er auch den Büchertrödler Bartolomeo D'Auria kannte, und Ignazio Chianese, der auf der Brücke della Madalena seine Töpferwaren fertigte und verkaufte — „Heilige! — sowie jenen Giuseppe, der zusammen mit zwei seiner Kameraden Alcantarerbruder wurde, und jenen alten Mehlhändler, den man im Mercato achtungsvoll nur *Giuseppe il Santo* nannte. Außerdem den Viehhirten Bernardino Vitale, den Mehlhändler Pasquale Sorrentino, den Goldschmied Gennaro Comparotolo, Makler im Stadtteil Orefici, den Gärtner Matteo und zwei weitere Giuseppe, einen Schreiner und einen Wagner. Unter ihnen auch einige Spitzbuben: Agnello, der Feuerwerke herstellte, und der Buchdrucker Francesco. Dem Eierhändler Antonio Pennino und jenem Leonardo Cristano, Nardiello genannt, der mit seinem Esel, Kapern und Kastanien verkaufend, durch die Straßen zog und dabei zugleich Sünder für Jesus Christus gewann, werden sogar schon zu ihren Lebzeiten und auch nach ihrem Tod Wunder zugeschrieben.

Soziologen und Seelsorger sprechen heute von „Volks"-Religion. Wenn man in irgendeinem Zusammenhang von einer solchen sprechen kann, dann hier. Aber sie verkaufte sich darum nicht billiger. Wie ging man nun bei diesen Versammlungen vor?

Jeden Abend machte Alfons in bewegenden Worten eine der zentralen Glaubenswahrheiten oder eine christliche Tugend auch für die einfachsten Gemüter verständlich. Dann folgten in abwechslungsreicher Vielfalt die Beiträge der anderen Priester: praxisorientierte Aufmunterungen zu den Grundpflichten, wie Gottes- und Nächstenliebe, Entsagung und Abtötung, Nachfolge des Gekreuzigten; anspornende Berichte aus dem Leben der Heiligen, Vorbereitung zu den kommenden Festen und zu den Sakramenten, und dazwischen immer wieder Gebete, Lieder — „aber nicht zu laut; die Minimenväter hören zu!" — und freier und lebhafter Gedankenaustausch.

Wie wir gleich sehen werden: zu frei, zu lebhaft!

Eines Abends diskutierte man über Fasten und Abtötung. Einem allzu eifrigen Büßer wurde vorgeworfen, er ahme die Mönche Oberägyptens nach, weil er nur von bitteren Kräutern und Wurzeln lebte:

— Er ist ein armer Handwerker und muß schwer arbeiten, um seine Familie zu ernähren!

— Was zu viel ist, ist zu viel, grollte Alfons mit sanftem Vorwurf. Du darfst dich nicht selbst umbringen und mußt dir die Kraft deiner Arme bewahren.

Don Giuseppe Porpora spann den Gedanken lachend weiter:

— Gott will, daß der Mensch ißt. Und wenn man Euch vier Koteletten vorlegt, wohl bekomm's!

Heiterkeit machte sich breit, und ein jeder gab noch seinen Scherz obendrauf.

Die Minimenväter, wachsam wie sie waren, glaubten nun endlich des Rätsels Lösung gefunden zu haben:

— „Koteletten" haben sie gesagt!

— Und „Wohl bekomm's!"

— Das ist gewiß eine Sekte von Wollüstlingen: unter der Leitung von Priestern! Wer weiß, was da alles vor sich geht!

— Vielleicht ein Klub von „Molinisten"?

Der spanische Priester Miguel de Molinos (1628—1696), dessen Schriften vom Alcantarier Giovanni di S. Maria übersetzt und in Neapel akkreditiert wurden, hatte einst behauptet, daß bestimmte amoralische äußere Akte die Seelen der Vollkommenen nicht beflecken: da sie von Gott ergriffen sind, „stehen sie über alledem" ... Damit war allen Orgien Tür und Tor geöffnet, und daher auch der Verdacht:

— Das sind sicher Molinisten ... oder gar Lutheraner!

— Seit der Herrschaft der Österreicher und der Anwesenheit deutscher Truppen sahen diese guten Neapolitaner den Lutheraner überall.

— Der Erzbischof muß sofort benachrichtigt werden!

Der Kardinal seinerseits alarmierte den Regenten der Vicaria, der zugleich Gouverneur der Stadt und Polizeipräfekt ist. Dieser wiederum schickt Gardehauptmann Vincenzo Langelli zur Erkundung aus. Im Schutze der Nacht mischt sich Vincenzo unter die Gruppe und hält Augen und Ohren offen. Wir befinden uns in den ersten Septembertagen des Jahres 1728: Alfons bereitet seine Zuhörer auf das Fest Mariä Geburt vor. Unter Heranziehung vertrauter Symbole spricht er von Wiege, Windeln, Blumen ... Der Hauptmann ist zwar ein guter Polizist, aber von Allegorien hat er keine Ahnung, und so steht sein Urteil bald fest: er geht und macht seinen Bericht: „Manches ist gut, manches ist schlecht, und das ganze ist sehr geheimnisvoll."

Gouverneur und Kardinal beschließen für den nächsten Tag eine Razzia gegen die ganze Bande.

Als Alfons am Vormittag zufällig am Bischofspalais vorbeikommt, hört er ein Gerücht: man plane für diesen Abend die Festnahme einer geheimnisvollen Sekte. „Das ist meine Versammlung", sagt er sich und läßt sogleich allen seinen Anhängern bestellen, an diesem Abend zu Hause zu bleiben. Die am weitesten entfernt wohnen, können aber von seinen Boten nicht mehr rechtzeitig gewarnt werden, und so gehen Barbarese Nardone und einige andere in die Falle: Statt „ihres" Paters erscheinen Polizisten und führen sie, von jeweils zwei Büteln flankiert, zur Polizeiwache der Porta S. Gennaro.

Auf dem Weg dorthin sagt Nardone, nicht sonderlich aufgeregt, zu Barbarese:
— Bruder, die Höflichkeit, die man uns hier erweist, ist wohl nicht nach deinem Geschmack?
— Ganz im Gegenteil, antwortet Pietro. Jesus wurde mit Stricken gebunden; uns führt man recht sanft mit einem bloßen Tuch um den Arm.

Sie werden zunächst vor den kirchlichen Richter geführt.
— Welche Komplotte habt ihr jeden Abend auf der Piazzetta Stella zu schmieden? fragt Kanonikus Giordano streng.
— Da wir nur arme Unwissende sind, Monsignore, lassen wir uns dort von Don Alfons von Liguori und einer Gruppe von Priestern über unsere christlichen Pflichten unterrichten.

Allein durch die Nennung von Alfons' Namen löst sich das Geheimnis in einen Ausbruch ... von Lachen:
— Gott möge Euch verzeihen, lacht der ernsthafte Domherr. Ihr habt das erzbischöfliche Palais und die Vicaria in Alarm versetzt!

Die gleiche Szene beim Gouverneur. Der Luftballon platzt schon beim ersten Wort, und man lacht herzhaft über die Geschichte. Dann möchte der Richter von seinen „Verbrechern" aber hören, was sie denn bei diesen berüchtigten „Koteletten"-Zusammenkünften erleben. In diesem Augenblick geht auf der Straße ein Priester mit dem Viaticum vorbei. Unsere Männer hören die Glöckchen der Ministranten; mit einem Satz drehen sie dem Gouverneur den Rücken zu und eilten mit einem freudigen „Es ist der Herr, es ist der Herr!" auf den Balkon, wo sie sich auf die Knie werfen. Gerührt läßt der Richter sie ihren Herrn begleiten und legt sich halb lachend, halb staunend zur Ruhe.

Alfons aber findet die Gerüchte, die mit den Herbstnebeln schon am frühen Morgen in der Stadt aufsteigen, gar nicht zum Lachen. Er eilt zum Kardinal, erklärt ihm alles und bittet um seine Bestrafung, sollte er etwas falsch gemacht haben.
— Aber nein, wehrt seine Eminenz ab. Glaubt mir, ich bin im Gegenteil sehr erfreut über all das Gute, das hier geschieht. Doch solltet Ihr so große Versammlungen vermeiden. Die Zeiten sind schwierig, und es könnten sich Wölfe in den Schafspelz hüllen und im Schatten Eures Namens Böses tun.

Der Oberhirte teilte die Psychose, die damals seine ganze Herde erfaßt hatte: die Angst vor neuen Sekten und nächtlichen Zusammenkünften. Die Beleuchtung der Plätze und Straßen durch Tausende kleiner, mit Olivenöl gespeister „Oratorien" wird, allerdings erst um 1770, das geniale Werk des „guten Paters" Rocco⁹ sein. Noch kann sich alles im schwachen Licht der Sterne entfalten: Lutheraner oder ... „Kotelettensekte".

Tatsächlich läuft durch ganz Neapel das Gerücht von einer „Kotelettensekte", die bei Einbruch der Nacht auf der Piazzetta Stella ihre Orgien feiert. „Molinisten", präzisieren die Eingeweihten mit einem Abscheu, in dem vielleicht auch niedrige Begierde mitschwingt. Es kommt immer wieder vor, daß Alfons, Mazzini und andere „Brüder" aufgrund des großen Vertrauens, das ihr heiligmäßiges Leben inspiriert, auf der Straße vertraulich angesprochen werden: „Betet, daß Gott uns von diesen neuen Häretikern befreit!"

Dieser burleske Zwischenfall war vom Hl. Geist getragen. Das Verbot der großen Versammlung ist das Ende des Abendmahls und der Anbruch von Pfingsten: die Zerstreuung der Apostel. Alfons hält seine Anhänger aus dem Laienstand nun für ausreichend geschult und beschließt, sie in ihren jeweiligen Stadtvierteln zum Angelpunkt und Organisator zahlreicher kleinerer Gruppen zu machen, in denen sich in der ganzen Stadt die *lazzarelli* und kleinen Leute aus der Umgebung jeweils in Läden und Privathäusern treffen sollen. Er selbst und seine Priester-Mitbrüder wollten bald hier und bald dort weilen, um Verbindung zu schaffen, zu trösten und die Sakramente zu spenden. Das Programm, das er Barbarese vorschlägt, gibt uns eine genaue Vorstellung von seiner Vorgangsweise:

„Barbarese versammelt einige *facchinelli*" — arme Schlucker, denen für wenig Geld harte Arbeit abverlangt wird — „im Laden eines Barbiers gegenüber der Kirche del Carmine. So gut er es vermochte, brachte er diesen Analphabeten einen Lehrsatz des Evangeliums nahe, belehrte sie über eine der Grundwahrheiten des Glaubens, ermahnte sie zur Verehrung des Allerheiligsten und zur Marienfrömmigkeit; abschließend gab er eine viertelstündige praktische Einführung in die Meditation über die letzten Dinge oder das Leiden Jesu Christi[10]. Der Zustrom wurde immer stärker. Als man erkannte, wieviel Gutes hier geschah, schlug der Priester Don Giuseppe Gargano vor, Pietro solle seine Versammlung in die Kapelle der *Berrettari*[11], der Bruderschaft der Bonnetarier, verlegen. So geschah es auch, und zu den gewöhnten Teilnehmern kamen noch etwa 63 junge Leute hinzu."

Luca Nardone errichtete seine Katechetenkanzel und seine Schule des Gebets an anderer Stelle. Ein weiteres Beichtkind von Alfons, der Barbier der Piazza della Pignasecca — nicht weit von der heutigen Redemptoristenkirche entfernt — legte seine Rasierpinsel weg und wurde Theologe und geistlicher Lehrer. Dasselbe geschah auch mit vielen anderen in ganz Neapel. Alfons besuchte diese „Kotelettenversammlungen" — man lachte noch immer darüber —, eiferte die Alten an und bekehrte Neue zur Liebe des Gekreuzigten. „Der Herr fügte täglich ihrer Gemeinschaft die hinzu, die gerettet werden sollten" (Apg 2,47).

So kam eines Sonntagabends ein junger Wollkämmer zu unserem Figaro in die Pignasecca, um sich rasieren zu lassen. Während der Meister einem Kunden den Bart einseift und geschickt das Rasiermesser schweifen läßt, sieht unser Kunde erstaunt, wie einfach Leute hereinkommen, als wären sie hier zuhause und hinter dem „Frisiersalon" verschwinden. Neugierig geworden, geht er ihnen nach und entdeckt zu seiner Überraschung ein Zimmer, in dem sich teils sitzende, teils kniende Menschen drängen. Vor ihnen steht auf einem kleinen, mit Kerzen geschmückten Altar eine Marienstatue.

— Was geht hier vor? fragt er.

— Don Alfons kommt, um uns die Glaubenswahrheiten zu lehren. Und weil er noch nicht da ist, springt der Barbier für ihn ein.

174

Alfons kam nicht. Der Hausherr verstand sich vorzüglich darauf, die Anwesenden in das Evangelium einzuweisen und zum Gebet anzuleiten. Unser junger Mann war gewonnen und wurde ein eifriger Mitstreiter; die Gnade kam über ihn, und schon bald ließ er sich nicht mehr für die Mädchen rasieren, sondern wurde zum Bruder Angiolo bei den Alcantariern von S. Lucia del Monte.

Nicht weniger überrascht war Kanonikus Romano, als er bei einem abendlichen Spaziergang mit einigen Mitbrüdern einen Freund traf, und dieser zu ihm sagte:

– Da Ihr gerade hier spazierengeht, kommt doch mit mir zum Mercato und seht, was Pietro Barbarese dort macht. Ihr werdet es nicht fassen ...

Staunen ergriff ihn, und er teilte seine Bewunderung sofort dem Kardinal mit. Nun war es Mgr. Pignatelli, der es nicht zu fassen vermochte: „Daß Laien so viel Gutes tun!" – und er öffnete ihnen alle öffentlichen Oratorien, Kapellen und Kirchen der Diözese. Die Abendgruppen verließen also Kaffeehäuser und Läden und zogen in die *Cappelle serotine*, die Abendkapellen ein.

Nachdem Alfons solchermaßen von höchster Stelle ermutigt und aller Raumprobleme entledigt ist, erhöht er die Zahl dieser Gruppen unter dem einfachen Volk noch weiter. Und er vermehrt auch die Besuche bei ihnen, unterstützt von seinen Priesterfreunden. An den Wochenenden sind sie fast zu wenig, um alle Beichten abnehmen und überall die hl. Messe feiern zu können.

Denn der Sonntag ist, genau wie in den von Philipp Neri ausgegangenen Bruderschaften, auch für diese kleinen christlichen Gemeinden ganz und gar der „Tag des Herrn". Er beginnt am Morgen mit einer halbstündigen Meditation über die Passion, gefolgt von der lange vorbereiteten und durch Danksagungen ausgedehnten Eucharistiefeier. Es folgen mehrere Messen vor dem ausgesetzten Allerheiligsten, eine Tradition, die sich bis in die Mitte des 20. Jahrhunderts gehalten hat. Man muß ihre Inspiration aus dem Glaubenseifer anerkennen, auch wenn man sie mit gutem Recht als rückständig beurteilt. – Am Nachmittag versammeln sich alle „Brüder" aus der ganzen Stadt in derselben Kirche zu einer langen stillen Anbetung des Herrn und einem Besuch bei der Muttergottes. Daran schließen sich die gesungene Vesper und schließlich der Besuch und Dienst mit Herz und Hand bei den „Herren" der Unheilbaren, der seinen Abschluß in einer geistlichen Ermahnung und dem Segen mit dem Allerheiligsten in allen Krankensälen findet. Nun verbringen alle gemeinsam eine kurze Zeit fröhlicher Entspannung, an schönen Tagen auf dem Land, im Winter im Kreuzgang eines Klosters. Warum nicht auch bei den Minimen der Piazzetta Stella? Beim Klang des Abend angelus schließlich kehrt jede *Cappella* – keine nächtlichen Menschenansammlungen im Freien! – in ihre Kirche zur täglichen heiligen Nachtwache zurück.

Und hier wird gesungen, sagt Tannoia, und es herrscht großer Andrang. „Jede Gruppe umfaßt zwischen 100 und 150 Männer."

Und die Frauen?

„Für die Frauen hatte Alfons eine ähnliche Bewegung der Glaubensschule ins Leben gerufen, wie mir Bruder Angiolo bestätigt", schreibt wiederum Tannoia. „Einer sehr fähigen Person oblag die Leitung. Alfons versäumte nicht, auch diese Gruppen zu besuchen. Doch war das Werk nicht von Dauer."

Denn die *Cappelle* wandten sich nicht an wirtschaftlich und gesellschaftlich unabhängige Menschen, sondern an die „Verlassenen", die jenseits von Kultur und Reichtum standen. Wohl konnten die Männer nach ihrem Arbeitstag kommen, für die Frauen der *bassi* und der untersten Gesellschaftsschichten aber, deren Kinder sehr anfällig für Keuchhusten, Diphterie und andere Kinderkrankheiten waren, war der Tag nie zu Ende. Doch dürfen wir mit Gewißheit annehmen, daß die Bekehrten der „Kapellen" Christus zuallererst in ihr eigenes Heim brachten. Und bedeutete es für die Frauen nicht einen kleinen Winkel des Paradieses, wenn sie nun treue Ehemänner und liebevolle Söhne bekamen, die nicht mehr tranken, spielten und prügelten?

Die *Cappelle* nämlich veränderten das Leben. Sie waren keineswegs Versammlungen von Vaterunsermurmlern, sondern vielmehr eine Bewegung der Bekehrung, der Beharrlichkeit und der Heiligmäßigkeit. Ihre beiden Triebkräfte waren die Meditation und das betrachtende Gebet. Die ursprünglichen Texte zeigen, daß ihre Laienführer in erster Linie Glaubenskatecheten und spirituelle Lehrer waren. Wie wir wissen, spielt die mündliche Rezitation im gesamten asketischen Werk Alfons' praktisch keine Rolle, während das betrachtende Gebet allgegenwärtig ist. Der Besuch beim Allerheiligsten ist betrachtendes Gebet, der meditierte Rosenkranz sollte es ebenfalls sein. Die Geschichte bestätigt uns, daß die *Cappelle* Heilige heranbildeten, während mechanisch gesprochene Gebete nur nutzlose Frömmler hervorbringen.

Diese Gruppen dagegen wurden zu einer Bewegung grundlegender Erziehung, gesellschaftlicher Verbesserung und Gesundung der Sitten: die Armen halfen einander und teilten das Wenige, das sie besaßen; das knappe Familieneinkommen floß nun nicht mehr in Spiel, Schlemmerei, Trinkgelage und Ausschweifung; tausende von Dienstboten, Handwerkern, Arbeitern und Händlern gewannen ein neues Berufsethos; statt zu stehlen, wurde nun gearbeitet; Dolche und Pistolen wurden den Händen ... der Beichtväter anvertraut und durch Rosenkränze und Meditationsbüchlein über die *Grundsätze für die Ewigkeit* oder die Passion Jesu Christi ersetzt[12]. Ja, in diesem 18. Jahrhundert der *illuminazione* brannten echte „Lichter" auf der Ebene der *bassi* von Neapel und seiner schwarzgepflasterten „Gräben". Dank der *Cappelle serotine*.

Offensichtlich als Erwiderung auf die *Memorie istoriche* von G. Sparano, der 1768 die Urheberschaft der Bewegung in schmeichlerischer Absicht dem damals „regierenden" Kardinal A. Sersale zuschrieb, verfaßte Pater Tannoia folgende aufschlußreiche Zeilen:

„Die *Cappelle* waren ausschließlich das Werk Alfons' und seiner Beichtkinder. Es gibt heute (1798) 75, und es ist allgemein bekannt, wieviel Gutes daraus für die Handwerker und kleinen Leute erwächst. Sie haben eifrige Priester als *Assistenten* an ihrer Seite und sind die größte Freude der Erzbischöfe von Neapel. Für die Teilnahme an diesen Versammlungen wird kein Beitrag erhoben, sind keine offiziellen Stellen zu durchlaufen oder Formalitäten irgendwelcher Art zu erfüllen. Die Türe steht jedem offen, und wenn ein lasterhafter Strolch den Weg zu ihnen findet, dann ist die Freude vollkommen."

Die *Cappelle* sind also keineswegs ein Club frommer Bürger, sie sind vielmehr auf die kleinen Leute ausgerichtet, die ihr Leben recht und schlecht von tausenderlei Aufträgen fristen oder jenen Berufen angehören, die die Römer *sordida* nannten.

Außerdem sind sie in erster Linie ein Appell an „Taugenichtse". Ein Ort der

Bekehrung. Sodann ein Ort der Heiligung, aber der Heiligung von Sündern, und schließlich ein Ort des Apostolats, aber des Apostolats bei den Sündern.

Ein drittes Kennzeichen: der Beitritt geschieht ohne feste Verpflichtung. Soziologen, sucht hier nicht nach Registern und Regeln! Als „Institution" — und auch diese unterliegen ständigem Wandel, den Bedürfnissen entsprechend — bestehen nur die Räumlichkeiten und die Verantwortlichen. Die Regeln allerdings kommen später doch, gleichsam wie Erde aufs Feuer geschaufelt ...[13].

Die Verantwortlichen — und dieser Punkt stellt die kühnste Voraussicht dar —, die Verantwortlichen sind Laien. Die *Cappelle* sind zwei Jahrhunderte vor Pius XI. „Apostolat des Milieus durch das Milieu". Die jeweiligen Leiter dieser Bruderschaften sind Arbeiter, Arme, und genauso „schäbig" wie alle anderen. Die Priester sind nur „Assistenten". Alfons weiß, daß auch diesen schlichten Getauften der Heilige Geist innewohnt. Außerdem besitzen nur sie die Erfahrung der Niederungen des Lebens und sprechen deren Sprache, zwei Dinge, die Kommunikation ermöglichen und dem, der weiß, wovon er spricht, die nötige Autorität und Zuständigkeit verleihen; auch und vor allem, wenn er von Sünde und Barmherzigkeit spricht.

Das fünfte Kennzeichen der *Cappelle* schließlich ist, daß sie täglich stattfinden: es sind tägliche Begegnungen einer Gemeinschaft von Nachbarn, die sich wie die charismatischen Bruderschaften um den Herrn scharen.

Diese Gruppen sind also in gewisser Weise Vorläufer unserer Katholischen Aktion, unserer Gebetsgruppen, charismatischen Bruderschaften und der Basisgemeinden Lateinamerikas.

Solange Alfons in Neapel wohnte — noch vier Jahre —, ging er im wahrsten Sinn des Wortes mit Leib und Seele in ihnen auf. P. Rocco sagte später zum Redemptoristen Pietro Paolo Blasucci (1729—1817):

„Euer Don Alfons war mein Freund. In seiner Jugend war er so sehr vom Eifer für das Heil der Sünder ergriffen, daß er die ganze Welt am liebsten mit einem Schlag geheiligt hätte"[14].

Vom gleichen Eifer beseelt war die Gruppe seiner unermüdlichen Priester, deren zentrales Feuer er gleichsam war. Ihre wöchentlichen Einkehrtage in seinem Haus von S. Gennaro *extra moenia* waren Gelegenheiten zum Gedankenaustausch, bei denen der Zusammenhalt gefestigt und die Flamme des Hl. Geistes immer wieder neu entfacht wurde. Der „engagierteste von ihnen war auch hier zweifellos der damals noch nicht einmal tonsurierte Ex-Rechtsanwalt Gennaro Sarnelli, der im Juni 1732, einige Monate vor Liguoris Weggang, zum Priester geweiht wurde".

Auch nach der Gründung seiner Kongregation besuchte Alfons jedesmal, wenn er nach Neapel zurückkam, seine *Cappelle* reihum, und war stets bemüht, ihren Eifer zum Dienst an Gott neu zu beleben und weitere Sünder für Jesus Christus zu gewinnen. Groß war seine Freude vor allem darüber, daß aus einem Werk, das es sich zur Aufgabe gemacht hatte, das Böse zu bekämpfen, zur größeren Ehre Gottes ein noch umfassenderes hervorgegangen war"[15].

Tannoia erwähnt 1798 also 85 Kreise mit etwa 1.000 *cappellisti;* Rispoli zählt 1834 etwa 100, mit jeweils 300 Teilnehmern. 1848 von der Revolution verboten, entfachte sich ihre Glut von neuem, und 1894 gehören ihnen 30.000 „Brüder" an[16].

Mittlerweile hatten die Funken das Feuer weitergetragen und große Brände entfacht. In diesem Zusammenhang werden vor allem — mehr oder weniger berechtigt — die *Christliche Freundschaft* und die *Heilige Familie* genannt.

Weniger berechtigt die *Christliche Freundschaft*. Dieser Geheimbund wird zwischen 1778 und 1780 von dem Schweizer Jesuiten (die Gesellschaft Jesu war 1773 aufgelöst worden) P. Nicolas von Diessbach (1732—1798) in Turin gegründet. Er war ein persönlicher Freund des deutschen Redemptoristen Clemens Maria Hofbauer und hatte auch Alfons von Liguori persönlich kennengelernt. Er war begeisterter Alfonsianer, und auch seine Bewegung ist liguorisch dem Geiste nach. Aber er ist ein Sohn des Liguori der zweiten Periode, des Liguori der Feder: des Moraltheologen, Apologeten und spirituellen Autors (1748—1778). Die *Christliche Freundschaft*, die von Diessbach ins Leben gerufen wurde und in der Folge von Pio Bruno Lanteri (1759—1830) entscheidende Impulse erhielt, mobilisiert eine intellektuelle Elite; der Hebel ihres apostolischen Wirkens ist die Presse, das Buch (Herausgabe, Verbreitung, Übersetzungen); ihr Ziel: sie will den Unglauben und die Irrtümer der Zeit eindämmen, *arginare*, und die rechte Lehre verbreiten. Also etwas ganz anderes als die *Cappelle serotine!* Sie faßte in Italien, der Schweiz, Österreich, Bayern, Frankreich und Polen Fuß und hatte größten Anteil an der Verbreitung der Bücher Alfons von Liguoris[17].

Die Barbarese, Nardone und andere Heilige des Mercato und des Castello hätten sich dagegen in den Anfängen der *Gesellschaft der Heiligen Familie*, die am Pfingstmontag, dem 29. Mai 1844, in Lüttich fast „zufällig" entstand, sofort wiedererkannt. Kapitän Henri Belletable ist ein zum Herrn Bekehrter und Beichtkind des Redemptoristen Victor Dechamps (1810—1883), des späteren Kardinalerzbischofs von Mecheln. Als Ingenieuroffizier, der mit den Kanonengießereien betraut ist, kennt er „das unverdiente Elend der Arbeiter" und ihre fast völlige Verlassenheit in religiösen Fragen aus nächster Nähe. Zusammen mit dem jungen Schneider Charles Joseph Hacken organisiert er in der Werkstatt des Schreiners Gilles Jongen in der Rue des Foulons einmal wöchentlich abendliche Zusammenkünfte, die schon bald auf die ganze Stadt übergreifen. Schon nach kurzer Zeit können die Werkstätten, Läden und kleinen Wohnungen den Zustrom nicht mehr fassen, und man weicht in Kirchen aus. Die Bewegung erfaßt auch andere Städte und schließlich andere Länder. 1900 zählt sie eine halbe Million Mitglieder in 1.600 Kreisen. Auch Frauengemeinschaften sind entstanden. Aber . . .

Aber im Norden geht der Arbeiter nicht in seiner Arbeitskleidung in die Kirche, und in der Kirche überlassen die Kleriker ihm nicht das Wort. *Die Heilige Familie* bleibt also nicht auf der Ebene der Parias, „die sonntags arbeiteten, montags tranken und die ganze Woche fluchten". Sie erhebt sich schließlich zur „Erzbruderschaft", die Privilegien und Vorrechte erhält. Und Statuten: den Panzer Goliaths! Im Jahr 1900 hat sie bereits viel Gutes gewirkt, aber für eine andere Gesellschaftsschicht und nicht für den Arbeiter und die kleinen Leute[18].

Es ist immer wieder die gleiche Geschichte . . . der Kirche: Der Hl. Geist erweckt an der Basis eine Gruppe von Armen für die Armen; und immer gelingt es dieser Gruppe, diese unbequeme Ebene zu verlassen; sie steigt wie eine Seifenblase auf, um schließlich genau wie diese in der Höhe zu zerplatzen. So sterben die Werke Gottes. Und der Geist wird nicht müde, an der Basis jene zu ersetzen, die die Bescheidenen verlassen haben . . . und daran gestorben sind.

Aber es war nicht diese „fatale" Verbürgerlichung, an der die „Abendkapellen" starben, die ... nach China verpflanzt worden waren. Ja, nach China, und zwar noch zu Alfons' Lebzeiten durch chinesische Freunde und Bewunderer, die Schüler eines berühmten Missionars: Pater Matteo Ripa, dem wir nun begegnen werden[19].

18. Im Chinesenkolleg   (1729–1732)

Die *Cappelle serotine* hatten eine grundlegende Veränderung in Alfons' Abende gebracht. Die Pflichten des Tages aber blieben mit Predigt und Beichthören und der Teilnahme an den Volksmissionen der Dommissionare, auf die wir später noch zurückkommen werden, dieselben.

So fließen die Jahre mit ihren großen und kleinen Ereignissen dahin.

Vom Mittag des 17. bis zum Mittag des 18. Oktober 1727 ergoß sich eine gewaltige Überschwemmung über den Borgo dei Vergini. Neapel erlebte von Zeit zu Zeit Wirbelstürme mit sintflutartigen Regenfällen. Dann stürzten reißende Wasser-und Schlammassen von Antignano, Scudillo, Capodimonte und Miradois herab über diesen Vorort. Die *lava dei Vergini* — in Analogie zur Lava des Vesuv so genannt — war sprichwörtlich und gefürchtet: sie konnte Wohnungen beschädigen und sogar Menschenleben fordern. An jenem 17. bis 18. Oktober aber trieb sie es besonders arg: Häuser stürzten ein, und auch der Palazzo Scordovillo, den Don Giuseppe am Supportico Lopez gekauft hatte, wurde erschüttert; im Mauerwerk entstanden Risse, und Schlamm und Steine drangen durch die eingedrückten Türen. Die Mieter der *bassi*, der Taverne, der Läden und der beiden oberen Wohnungen fürchteten, das ganze Haus könnte einstürzen, und ergriffen eilends die Flucht, ohne, wie der Bericht des Eigentümers anführt, „ihre Miete zu bezahlen".

Zwei Tage danach beauftragte der Kommandant der *Capitana*, ehe er mit dem königlichen Geschwader zu den *Presidi* (der neapolitanischen Festung) in die Toskana aufbrach, durch Notariatsakte vom 20. Oktober 1727 seinen Priestersohn Don Alfons von Liguori, diesen verwünschten Palazzo „zum Preis, den er 1717 an Giuseppe Scordovillo gezahlt hatte", zusätzlich der 500 Dukaten, die er in diesen zehn Jahren für Verbesserungen investiert hatte, zu verkaufen. Der Krieger konnte den Geschäftsmann in ihm nicht töten!

Sein Sohn aber war weder das eine noch das andere, und als Immobilienmakler war er wohl bei weitem nicht so überzeugend wie als Prediger. Denn als der Vater von seiner langen Expedition zurückgekehrt ist, verpflichtet er am 24. Januar 1728 einen Unternehmer, seine Gebäude vom Schlamm zu befreien, die Wände zu festigen und alles wieder instand zu setzen. Im Januar 1729 beauftragt er dann in Übereinstimmung mit den Nachbarn die Anlage eines Kanals, der die bedrohlichen Wassermassen künftig ableiten soll. Nachdem die Arbeiten Ende 1730 abgeschlossen sind, kann er in sein Heim einziehen, das nur wenige Schritte von demjenigen entfernt liegt, in dem er dereinst seine ersten Ehejahre verbracht hatte. So kehrt er auch zu S. Maria dei Vergini, der Taufkirche aller seiner Kinder, und zu seinen früheren Nachbarn, den Lazaristen und der Misericordiella zurück. Doch Giuseppe und Anna verlassen die Räumlichkeiten Don Marco Cafaros, die sie zwanzig Jahre lang in der Via Tribunali gemietet hatten, nicht ohne Wehmut. Zwanzig Jahre, in denen sie unter anderem drei Todesfälle zu beklagen hatten.

Zunächst starb am 6. März der Großvater, Don Domenico von Liguori. Seine Witwe, Donna Geronima d'Amico folgte ihm am 26. August. Sie war zwar nicht Don Giuseppes Mutter – Domenico war dreimal verheiratet –, beide zusammen waren aber doch das Großelternpaar gewesen. Da sie in S. Angelo a Segno bestattet wurden, steht außer Zweifel, daß sie in Familiengemeinschaft mit dem Kommandanten gelebt hatten. Wir können uns vorstellen, wie sie als geliebte und liebende Greise in der Familie lebten und von Alfons in ihrem Alter und ihren letzten Tagen unterstützt wurden[1].

Vielleicht wollte der junge Priester in etwa den Großvater ersetzen, als er nach zweijähriger Pause am 15. Juli und 5. Dezember 1728 und am 28. Februar 1729 wieder an den Beratungen der Piazza die Portanova teilnimmt[2].

Mitte Juni des Jahres 1729, am Vorabend seines 33. Geburtstags aber ist er selbst es, der die elterliche Wohnung endgültig verläßt. „Ziehe fort aus deinem Land, aus deiner Verwandtschaft und aus deinem Vaterhaus in das Land, das ich dir zeigen werde" (Gen 12,1). Diese innere Stimme hatte er schon am Tag seiner „Bekehrung" vernommen, doch hatte ihn der Galeerenkapitän gezwungen, seinen Exodus *sine die* zu verschieben. Angesichts des Dramas, das sein Eintritt in den geistlichen Stand für seinen Vater darstellte, hatte Alfons diese „Gefangenschaft" sechs Jahre lang erduldet.

Zuhause lebte er mitten im geschäftigen Treiben der Gesellschaft mit ihren Besuchen, Vorstellungen und unvermeidlichen Plaudereien; darüber hinaus war er auch noch der Neugier der Familie ausgesetzt: sein Gebetsleben, sein Fasten, seine blutbefleckte Wäsche, seine armselige Kleidung brachten ihn selbst und die anderen in Verlegenheit. Wie sehr muß er sich nach jenem geschlossenen Gemeinschaftsleben gesehnt haben, dessen zwei – anscheinend widersprüchliche – Vorteile der Einsamkeit und der Gemeinsamkeit er mit seinen Freunden in ihrer wöchentlichen „Einkehr" verkostete[3]!

Zwischen dem Vater und ihm war Friede eingekehrt. Die Stunde der endgültigen Aussöhnung war bei der Mission gekommen, die zu Allerheiligen manchmal im Dom, meist aber in Spirito Santo abgehalten wurde. An jenem Abend Ende Oktober 1728 also kommt Don Giuseppe vom königlichen Palast zurück und fährt die Via Toledo hinauf. Auf der Höhe von Spirito Santo, dessen Türen weit offen stehen, hört er den Prediger. Es ist die Stimmes seines Sohnes. Er steigt aus der Karosse. Das riesige Gebäude ist bis auf den letzten Platz gefüllt. Der Vater bahnt sich einen Weg durch die Menge, die gebannt dem Prediger lauscht. Er hört zu, ist gepackt, ergriffen. Tränen steigen ihm auf, wenn er bedenkt, daß er diesen Sohn, den Gott so offensichtlich zum Evangelium gerufen hat, so sehr leiden ließ. Zum erstenmal empfindet er Dank in seinem Herzen. In diesem Empfinden kehrt er in die Via Tribunali zurück. Als auch Alfons heimkommt, eilt er ihm entgegen und umarmt ihn unter Tränen:

– Mein Sohn, sagt er mit tränenerstickter Stimme, wie sehr danke ich Euch! Heute abend habt Ihr mich Gott erkennen lassen. Mein Fonsito, ich segne Euch, tausendmal segne ich Euch, weil Ihr einen so heiligen, so gottgefälligen Stand gewählt habt[4]!

Alfons spürte, daß der Vater sich seinem Weggang nun nicht mehr widersetzen könne, so schwer ihm die Einwilligung auch fallen mochte. Die Stunde des Abschieds schien also gekommen, die Stunde der großen Veränderungen: die Großeltern waren nicht mehr da; Gaetano würde im Dezember Diakon sein; Ercole, jetzt reicher Erbe, träumte von Heirat ... Alfons ging; ziemlich unvermittelt, wie es scheint.

Wie Abraham – war er sich dessen bewußt? – „zog er weg, ohne zu wissen, wohin er kommen würde" (Heb 11,8). Denn wenn er nicht, wie er es zuerst gewollt hatte, bei seinen geliebten Oratorianern, sondern in das Chinesenkolleg eintrat, so muß er irgendeinen Plan oder zumindest die Suche nach etwas anderem im Kopf gehabt haben ...

Machen wir uns also mit diesem Chinesenkolleg näher vertraut.

– Guten Tag, mein Freund. Bereitet Euch auf China vor.

Matteo Ripa (1682–1746) wußte noch kaum, daß es China überhaupt gab. Das war 1705.

In Eboli geboren, war der dreiundzwanzigjährige Matteo nach einer Jugend, die so bewegt und stürmisch war wie die Berge seiner Heimat, durch Pater Antonio Torres (1636–1713), den Generaloberen der Frommen Arbeiter – ein Heiliger, ein Mystiker – zum Eintritt ins Seminar motiviert worden. Nach seiner Priesterweihe war Ripa zu dem berühmten Seelenführer gekommen, um ihn zu fragen, was er nun für den Herrn und seine Kirche tun solle. Aber er hatte den Mund noch nicht einmal aufgetan, als Torres ihn schon mit den Worten überfiel:

– Bereitet Euch auf China vor!

– Pater, ich verstehe Euch nicht.

Da erklärte ihm Torres im wesentlichen folgendes:

– Ich komme gerade aus Rom zurück. Dort habe ich erfahren, daß die Chinamission durch Gottes und der Jesuiten Hilfe in vollem Aufschwung begriffen ist. Doch wächst dieses Bäumchen schief und bedarf einer festen und geraden Stütze: einer römischen Stütze. Innozenz XII. hat 1695 eine chinesische Liturgie abgelehnt. Clemens XI. hat erst jüngst den Christen die chinesische Meßfeier verboten (1704). Einer seiner Vertrauten, Mgr. Charles Maillard de Tournon, ist nach China gereist, um seine Entscheidung dort bekanntzumachen und für ihre Einhaltung zu sorgen. Um aber die römische Kirche in China dauerhaft einzupflanzen, bedarf es chinesischer Priester mit guter römischer Ausbildung. Daher verlangt der Papst von mir zwei junge Priester, die für diese Mission geeignet und bereit sind. Dort, mein Kleiner, ist Dein Platz. Geh nach Rom und stelle Dich zur Verfügung. Während Deines Aufenthalts in der Ewigen Stadt wirst Du in meinem Mitbruder Pater Tommaso Falcoia (1663–1743) einen sehr geeigneten Führer erhalten. Er ist Rektor der Frommen Arbeiter und Pfarrer von S. Lorenzo ai Monti. Der Papst möchte auch ihn nach China entsenden. Der Glückliche! Meine Sünden haben mich unwürdig gemacht. Geh, und Gott segne Dich[5]!

Ripa reiste im November 1705 nach Rom, wo er zwei Jahre lang unter der geistlichen Leitung und in Vertrautheit mit Falcoia lebte, der, vom gleichen missionarischen Eifer beseelt, wahrscheinlich 1707 Gott in einem schriftlichen Dokument anflehte, „als Blutmärtyrer sterben zu dürfen, getötet für die Verteidigung seines heiligen Namens, für den Glauben und zur größeren Ehre seines göttlichen Sohnes".

Zu seiner großen Enttäuschung aber konnte Falcoia, dem durch andere Aufgaben im kleinen Käfig des Königreichs von Neapel die Flügel gebunden waren, nie dem Osten und dem Martyrium entgegenfliegen, sondern seinem jungen Freund nur sehnsüchtig nachblicken[6].

Ripa schiffte sich mit dem Lazaristen M. Pedrini und dem Augustiner Guillaume-Fabre Bonjour gegen Ende Oktober 1707 in London ein. Sie haben den päpstlichen Auftrag, Mgr. de Tournon den Kardinalshut zu überbringen, der seinen Eifer in der Durchsetzung der römischen Direktiven belohnen sollte. Nach siebenundzwanzig Monaten ereignisreicher Seefahrt — Ripa sprach oft vom Kap der Guten Hoffnung, wo sie zwischenlandeten, und von der Verlassenheit der Menschen, die dort lebten — gingen sie am 5. Januar 1710 in Macao an Land. Der blutrote Kardinalshut allerdings konnte wohl nur noch den Sarg des armen Tournon zieren, da dieser fünf Monate später starb.

Ripa, ein Mann voller Eifer und großer Fähigkeiten, war während der fünfzehn Jahre, die er in China verbrachte, ein Missionar großen Formats. P. Falcoia unterstützte ihn aus der Ferne durch seine langen und glühenden Briefe. Fluten der Beredsamkeit flossen ... aus seinem Tintenfaß. Wir können der Versuchung nicht widerstehen, aus einem Brief vom 3. August 1715 zu zitieren:

„Mein lieber Don Matteo ... Ihr habt Eltern, Freunde und Vaterland weder verlassen, um einen Europäer nach China zu bringen — dann wärt Ihr nur ein Mensch mehr unter den vielen — noch um exotische Freunde, noch auch um das Wohlwollen des Kaisers zu gewinnen ..., sondern um das Reich Gottes auszubreiten ... Warum aber habt Ihr Euch nach mehr als fünfjähriger Anwesenheit so wenig darum bemüht? Wie kommt es, daß Eure Arbeit noch nicht mindestens das halbe China zu Gott geführt hat? ... Ich sah Euch dieses Land ,wie das Feuer des Blitzes' (Ez 1,14) durcheilen ... Die Jahre vergehen, und Ihr werdet in China den Ruf eines guten europäischen Malers hinterlassen, nicht aber den eines Apostels. Bilder werden von Euch bleiben, nicht aber Menschen nach dem Bilde des Gottessohnes ..."

Ripa hatte sich in Peking tatsächlich durch seine von Solimena und Giordano inspirierten Bilder eingeführt. Wie den Jesuiten die Astronomie, so hatten ihm 1711 seine Uhren den Kaiserpalast geöffnet. Ma Kua-hsien, wie er hier genannt wurde, war in der Hauptstadt schon bald als Kupferstecher bekannt; er konnte den christlichen Glauben ungehindert verbreiten und 1714 sein Seminar gründen. Ein Seminar westlichen Zuschnitts natürlich, mit lateinischen Riten und thomistischer Philosophie und Theologie. Angriffe gegen ihn kamen daher zunächst von ... anderen Missionaren in jenem tragischen „Ritenstreit", in dem die Christianisierung des chinesischen Reichs aufs Spiel gesetzt und verloren wurde. 1715 befiehlt der große Kaiser K'ang-Hsi, dieser so gebildete, aufgeschlossene und tolerante Herrscher, aus Ärger über das beharrliche Unverständnis des Hl. Offiziums dem neuen Legaten Clemens' XI., Mgr. Mezzabarba, China zu verlassen und alle Missionare mitzunehmen, mit Ausnahme der „gelehrten Jesuiten". Mit ihnen behält er auch Ripa und bleibt auch weiterhin sein Mäzen und Beschützer. Als er aber 1722 stirbt, muß Matteo nach Italien zurückkehren. Doch, beharrlich und mutig wie er ist, nimmt er sein Seminar kurzerhand mit.

Für Neapel ist es eine Sensation, als er am 19. November 1724 mit vier chinesischen Schülern und einem Lehrer an Land geht. Türken und Perser, Araber und Äthiopier konnte man an jeder Straßenecke treffen. Die Intellektuellen waren von Konfuzius und dem Reich des Himmels gefangen; aber leibhaftige Chinesen hatte man auf dem Pflaster aus schwarzem Vesuvgestein noch nie gesehen.

Fünf Jahre dauerte das Hin und Her zwischen Rom, Wien und Neapel, fünf Jahre unsteten Wanderlebens für Ripa und seine Chinesen, ehe man ihre Niederlassung erlaubte. Schließlich kauft unser Missionar mit Unterstützung des Präsidenten des Sacro Real Consiglio, Gaetano Argento, und mit finanzieller Hilfe Benedikts XIII. und Karls VI. das auf den Hängen von Capodimonte gelegene Landhaus der Olivetaner samt angrenzender Kirche. Die geräumige Villa Pirozzi trug mit ihrem von üppigen Bäumen bestandenen Garten, ihren beiden Terrassen, die auf die Stadt, den Golf und den Vesuv gerichtet waren, nicht zu Unrecht den Übernamen „das Paradies". Am Ostersonntag, dem 25. April 1729, wird sie also zum Chinesenkolleg, kanonisch zur „Heiligen Familie Jesu Christi".

Die *Regel* der Neugründung, die am 7. April 1732 die päpstliche Approbation erhält, sieht zwei Kategorien von Mitgliedern vor: die *collegiati* und die *congregati*. *Collegiati* sind die Schüler: Chinesen oder Inder. Bis 1750 allerdings sind sie durchwegs Chinesen. Nach einem Probejahr legen sie neben dem Gelübde der Armut und des Gehorsams auch den Eid ab, Priester zu werden, in die Missionen zu gehen und dort ihr Leben lang zu bleiben, und schließlich, stets unter der Autorität ihres Instituts zu wirken. *Congregati*, ohne Gelübde, sind die auf Lebenszeit verpflichteten — *ascritti*, eingetragenen — Priester, Kleriker und Laienbrüder, denen die Leitung des Werks, die Heranbildung der Seminaristen und die Betreuung des Hauses obliegt; sofern möglich, gehen auch sie in die Missionen des Fernen Ostens.

Soweit das Projekt auf dem Papier. In der Praxis aber ruht auch das schönste Schloß immer auf drei oder vier wohlineinandergefügten Steinen. In jenem Frühjahr 1729 hat Ripa vier „Schüler" und zwei oder drei „Verpflichtete", unter denen sich auch ein junger Mann befindet. Da er außerdem häufig verreisen muß, hält er es für unerläßlich, auch ein Heim für neapolitanische Priester oder Kleriker zu eröffnen, durch das die entstehende Gemeinschaft vergrößert, die jungen Chinesen in einen Rahmen eingebunden, der kirchliche Dienst gewährleistet und die Gebäude rentabilisiert werden. Diese „Pensionäre" — *convittori* — leben auf eigene Kosten und müssen bestimmte Aufgaben übernehmen; als Gegenleistung können sie dort gegebenenfalls studieren, auf alle Fälle aber in einer priesterlichen und apostolischen Atmosphäre leben[7].

Einer der allerersten „Pensionäre" war der Ex-Rechtsanwalt Gennaro Sarnelli, ein noch nicht tonsurierter Seminarist. Konnte der stets Kränkelnde wirklich eine Entsendung in die Missionen des Ostens anstreben? Fürs erste wollte er nur vom Getriebe der Welt und von seiner Familie freikommen, um sich in Gebet, Buße und Studium zur Vorbereitung der Heiligen Weihen zu versenken. Er hatte natürlich seine Pension, die eine Mahlzeit pro Tag — und welche Mahlzeit! — einschloß, zu bezahlen und mußte darüberhinaus noch als „freier Lehrer" tätig werden. Unter diesen Bedingungen trat er also am 4. Juni 1729 in das „Paradies" ein, sechs Wochen, nachdem es seine Pforten geöffnet hatte. Und er zog seinen Freund Alfons mit sich, was übrigens gar nicht schwer war.

„Nachdem Alfons sich überzeugt hatte von der Vorzüglichkeit des Werks, den seltenen Fähigkeiten seines Gründers, dem großen Eifer der chinesischen wie auch der neapolitanischen Brüder, der Liebe, die sie alle inmitten von Armut und Entbehrungen Christus entgegenbrachten, beschloß er, sich Ripa anzuschließen, und als „Pensionär" an diesem heiligen Ort teilzuhaben an dem Feuereifer, der allen Anfängen eigen ist. Er mußte nicht zweimal bitten: Ripa wußte, wer hier an seine Pforte pochte und mit welcher Hingabe sich Alfons der Verherrlichung Christi und der Rettung der Seelen widmete. Daher war seine und die Freude seiner Gemeinschaft groß, als Alfons Mitte Juni zu ihnen kam. Groß war aber auch der Schmerz seines Vaters Don Giuseppe angesichts dieses unerwarteten Entschlusses. Ein Schmerz, der umso brennender war, als er Alfons nun nicht mehr als Sohn, sondern als sichtbaren Engel in seinem Haus betrachtete. Doch so sehr ihn dieser Weggang auch betrübte, hatte er doch nicht das Herz, ihm zu widersprechen"[8].

Ripa umreißt in einigen entscheidenden Zeilen seiner *Storia* III, S. 8 die Ziele seines neuen *convittore* noch klarer:

„Unter uns lebte auch Don Alfons von Liguori, ein Priester, der seines Adels — er war Cavaliere dieser Stadt —, noch mehr aber seiner Tugend und seiner missionarischen Fähigkeiten wegen hochgeschätzt war. Er hatte sich uns schon in den ersten Monaten, nachdem ich mich hier mit den Chinesen niedergelassen hatte, als *convittore* angeschlossen ... Er wurde zwar nie in unsere Kongregation aufgenommen, hegte aber den Wunsch, Mitglied zu werden. Er hatte sogar die sehr entschlossene Absicht, das Evangelium in China zu verkünden, wie er mehrmals zu seinem Seelenführer Pater Pagano sagte."

Warum aber verpflichtete er sich nicht als *congregato?*

Er mußte seinen liebenden, seinen jähzornigen Vater, diesen Vesuv schonen; durfte nur einen Schritt nach dem anderen tun.

Aber „sein Plan stand fest", war mit Pater Pagano besprochen und wurde durch die Freundschaft mit den jungen Chinesen, durch Pater Ripas Berichte und die Nachrichten, die mit der seltenen aber ausführlichen Post eintrafen, immer wieder neu angeregt. Unter der Eingangstür des Hauses brauchte er nur die Augen zu erheben, und sein Blick fiel auf das Fresko, das der Gründer dort hatte anbringen lassen: die von einem blutroten Kreuz überragte Weltkugel mit der missionarischen Aussendung durch Christus: Geht hinaus in alle Welt und verkündet allen Menschen die Frohe Botschaft.

Der Direktor oder der Verwalter des *Ospedale Elena d'Aosta,* das seit 1910 im „Paradies" der Chinesen untergebracht ist, führt den Gast freundlich und zuvorkommend in das zur Kirche hin orientierte Arzneimitteldepot im zweiten Stock, das mehr als drei Jahre lang Alfons von Liguoris Zimmer war. Dieser mit sechs Mal acht Metern für seine Zeit eher große und sechs Meter hohe Raum wurde von dem Neuankömmling zweifellos wie ein Himmel auf Erden gewählt, während er vielen wie ein Gefängnis vorgekommen sein mochte. Verschiedenartige Ausblicke verraten verschiedene Vorlieben! Eine große, trügerisch verheißungsvolle Fensteröffnung läßt den Blick schon in nächster Nähe auf drei Mauern stoßen, die gewissermaßen den Weg zu einem taschentuchgroßen Fleckchen Himmel bilden: keinerlei Landschaft, niemals Sonne, nur wenig Licht, das Gefängnis. Doch — welches Glück! — ein *finestrino,* ein Guckfensterchen, ist der

Kirche zugewandt und gibt den Blick direkt auf den Tabernakel und die Statue der Jungfrau von den Märtyrern frei. Für Alfons also wirklich das Paradies.

Er wäre aber tatsächlich beinahe ins Jenseits eingegangen, noch ehe er einen Monat hier verbracht hatte.

Bella Napoli kennt schreckliche Ausbrüche der Naturgewalten: Wenn es nicht gerade der Vesuv ist, dann wüten Tornados oder Stürme. An jenem Mittwoch, dem 13. Juli 1729, findet nach einem drückend schwülen Tag ein großer Galaabend im königlichen Palazzo statt: man begeht den Geburtstag der Gattin des Vizekönigs, Gräfin Harrach, mit einem großen Fest: Vierhundert Lampen erhellen die Terrassen, auf denen sich beim Klang des Orchesters Damen und Herren, Fräuleins und Gecken tummeln. Zwei Stunden nach Einbruch der Dunkelheit entlädt sich über der illustren Gesellschaft ein Gewitter, wie es sogar in Neapel nicht dreimal in einem Jahrhundert vorkommt. Im Toben der Blitze und Donnerschläge reißt der Sturm alle Lampen zu Boden, und die Hoheiten stieben unter sintflutartigem Regen in wildem Entsetzen auseinander. Riesige Hagelkörner prasseln auf Perücken und Haarschmuck. Bäume und Gärten werden von Vomero bis Torre del Greco zerstört.

Zur selben Stunde sind im Chinesenkolleg Matteo Ripa, Liguori, Sarnelli und sieben weitere Mitbrüder im Zimmer des ersteren versammelt. Plötzlich ist der Sturm mit schrecklicher Gewalt über ihnen. Angst erfaßt sie. Der Superior drängt seine Anbefohlenen in Alfons' Zimmer, öffnet das *finestrino* und kniet mit den Gefährten vor dem Allerheiligsten und der Königin der Märtyrer nieder. Er beginnt die Marienlitanei: *Kyrie eleison! . . . Heilige Maria!* Noch sind sie nicht bis zur Mitte gekommen, als ein Blitz mit einem leuchtenden Strahl und solchem Getöse mitten unter ihnen einschlägt, als wäre das Ende der Welt gekommen. Der Feuerpfeil löscht die Lampe und schleudert alle zu Boden. Es folgen einige Augenblicke entsetzlicher Stille: halbtotgeschlagen und geschockt glaubt ein jeder, er allein habe überlebt und fürchtet, bei der ersten Bewegung das ganze Gebäude zum Einsturz zu bringen. Schließlich kommt der Jüngste von ihnen, der vierzehnjährige Saverio Borgia wieder ganz zu sich, und sein Brüllen „erweckt" auch die anderen wieder, die nun in ein wahres Konzert von Seufzern, Schreien und Gebeten ausbrechen. Es folgt eine Viertelstunde völliger Verwirrung, in der keiner daran denkt oder es wagt, „die Situation zu erhellen". Als schließlich der Priester G. B. Di Micco Mut faßt und ein Licht holt, stellt sich heraus, daß außer Pater Ripa, der leblos auf dem Rücken liegt, keiner verletzt ist. Ihn hat der Blitz am Kchlkopf getroffen, und eine fingerbreite rote Brandspur bis zum Knie zeigt, daß er durch seine linke Seite gelaufen ist. Zunächst glauben alle, er sei tot, doch nach einer weiteren Viertelstunde kommt er wieder zu sich, ohne allerdings ein Lebenszeichen geben zu können. Er hört das *De profundis* und die Klagen, empfiehlt seine Seele Gott und erwartet die Absolution und den Tod. Aber es kommt weder das eine noch das andere. In einer verzweifelten Anstrengung gelingt es ihm schließlich zu murmeln:

— Ich bin nicht tot. Bringt mich in mein Bett.

Noch ein Blitzschlag, diesmal der Freude. Von seinem Strohsack aus läßt er seine geliebten Chinesen und Kanonikus Gizzio rufen, der gerade die ersten Exerzitien des Hauses leitet und der ihm — endlich! — die Absolution erteilt. Nun kann er, umgeben von allen seinen Lieben, in Frieden sterben . . .

Doch Ripa genas gottlob wieder sehr rasch, und das Leben in der *Sacra Famiglia di Gesù Cristo* konnte organisiert werden. Wie wir sahen, war Onkel Gizzio ein Freund der ersten Stunde. Sein Neffe Alfons wird hier schon bald die für sein weiteres Leben entscheidende Bekanntschaft mit Pater Tommaso Falcoia machen. Dieser war während der zwei Jahre ihrer römischen Freundschaft Ripas geistlicher Vater gewesen und auch in China sein treuer Korrespondent und gewissermaßen Seelenführer geblieben. So kam er zwischen zwei Missionen häufig bei den *Cinesi*, den „Chinesen" vorbei. Als vormaliger Generalsuperior der Frommen Arbeiter (nach Antonio Torres) war er der Spezialist, der „seinem Sohn", wie ihn Ripa noch immer bezeichnete, in der Organisation einer Gemeinschaft mit Ordenscharakter beraten konnte. Wir gehen gewiß nicht fehl in der Annahme, daß er die erste moralische Autorität des entstehenden Unternehmens war, und es durch seine absolute und bis ins Detail gehende Herrschaft, seine starke missionarische Profilierung und seine von Torres übernommene Spiritualität der Erlösernachfolge prägte[9].

Sarnelli und Liguori waren nicht die einzigen, die aus der Klerikergruppe der *Cappelle serotine* und der monatlichen Einkehrtage in S. Gennaro *extra moenia* „zu den Chinesen überliefen". Ihnen folgten schon bald, und zwar als „Verpflichtete", die Priester Vincenzo Mannarini und Gennaro Fatigati. Sie sind es, die nach der römischen Approbation im Jahre 1732 unter dem Titel eines ersten und zweiten Assistenten des Generaloberen die kanonische Leitung innehaben. Es ist also nicht uninteressant, daß die Grundsteine des Chinesenwerks aus der „Alfons von Liguori-Gruppe" kamen. P. Fatigati (1707–1785) blieb ihm sein Leben lang ein Freund; er wirkte von 1746–1785 in der Nachfolge Pater Ripas. Auch Mannarini wird uns wieder begegnen ...

Alfons' vertrautester Freund aber, der mit ihm in heroischer Selbsthingabe wetteiferte, war Gennaro Sarnelli. Fast zehn Monate lang lebten sie bei den *Cinesi* in enger brüderlicher Gemeinschaft. Bis zum 8. April 1730, als unser Gennaro geradezu ein Opfer der harten Intoleranz Ripas wird und schweren Herzens in den väterlichen Palazzo am Largo del Real Palazzo zurückkehren muß. Der Gründer hätte gewünscht, daß sie beide „Verpflichtete" auf Lebenszeit, also *congregati* würden, und übte immer stärkeren Druck auf sie aus. Da Sarnelli aber nicht nachgab und sich überdies seiner Krankheit wegen die Freiheit bewahrte, kaum an den gemeinschaftlichen Veranstaltungen teilzunehmen, entließ ihn Ripa in fast schändlicher Weise mit der Begründung, er sei exzentrisch, und es mangle ihm an Loyalität. „Ich brauche gesunde Lehrer, keine kranken", war seine Entschuldigung. Eine Art Liebesgram!

Aber diese zehn Monate der „Tischgenossenschaft" von Alfons und Gennaro hatten genügt, um ihre Freundschaft im Feuer des Eifers zusammenzuschweißen. Ohne sich dessen schon bewußt zu sein, prägt ersterer den zweiten so sehr, daß dieser bei den *Cappelle serotine* später in seine Fußstapfen treten kann. Wenn Liguori sich nicht auf Mission befindet, sieht man sie oft gemeinsam das „Paradies" verlassen und zu den „Kapellen" gehen. Tief in der Nacht kehren sie dann zurück, ein jeder umgeben von einer Traube von beichtwilligen Sündern. Gennaro ist noch nicht Priester, und so ist der „Ertrag", den sie beide nach Hause bringen, allein für Alfons bestimmt. Er geht erst zu Bett, nachdem er jedem einzelnen seine Zeit und seine Liebe geschenkt hat, als gäbe es nur ihn allein auf der

Welt. *Escono di notte e portano peccatori:* „Sie gehen nachts aus und bringen Sünder zurück" schreibt zusammenfassend P. Gaspare Caione[10].

Gennaro wird weggeschickt; Alfons darf bleiben, obwohl das Drängen des Gründers bei ihm auf die gleiche Weigerung stieß[11]. Aber Liguori mit seinem lebhaften Verlangen, nach China zu gehen, läß ihm immerhin noch eine starke Hoffnung. Außerdem braucht er ihn vorerst noch dringend. Er hat ihm fast den gesamten Kirchendienst übertragen: Messen, Zeremonien, Predigt und Beichte. Schon bald drängt sich in diesem zu kleinen Kirchenschiff — lassen sich denn 300 Leute hineinzwängen? — eine glückliche Menge, wochentags ebenso wie an Sonn- und Feiertagen.

Vor allem die Beichtkinder lassen ihm kaum Zeit, um eilig und oft lange nach dem Gemeinschaftsmahl — knieend — eine Kleinigkeit zu sich zu nehmen. Sie kommen nicht nur aus den benachbarten Stadtvierteln Fonseca, Vergini und Sanità, sondern sogar vom anderen Ende der Stadt und vor allem aus seinen geliebten Hafenvierteln: Castello, Orefici, Mercato. Abends, nach den täglichen vierzigstündigen Anbetungen, bei denen er in ganz Neapel nach wie vor gewissermaßen der amtliche Prediger ist, folgen nach vielfacher Zeugenaussage noch lange Stunden im Beichtstuhl: Mit dem ihm eigenen Charisma, die Seelen mit wenigen Worten zur Umkehr zu bewegen. Sünder ändern ihr Leben, Kurtisanen werden zu Heiligen, ganze Familien widmen sich mit Eifer den religiösen Pflichten und den Armen, junge Mädchen treten — bis zu fünfzehn gleichzeitig — ins Kloster ein, andere wiederum leben — einer damals durchaus üblichen Praxis entsprechend, die also keineswegs eine Erfindung unserer Zeit ist — zu Hause als Geweihte, als *monache di casa:* Klosterfrauen zu Hause. Tannoia berichtet uns neben anderen von P. Fatigati übernommenen Erinnerungen von einer gewissen Fortunata, einem „geistvollen" Mädchen, das seinen Verlobten verließ, um sich dem Gekreuzigten zu vermählen, oder auch von jener armen Maria, in deren Seele „nicht Gott, sondern nur die Welt" wohnte, und die sich mit der gleichen Hingabe in ihre Liederlichkeit verlor, ihr entsagte und wieder in sie verfiel.

— Maria, sagt ihr eines Tages ihr Beichtvater, nachdem alle Mittel versagt haben. Hast du dich wieder ganz Gott hingegeben?

— Ganz, mein Vater.

— Ganz und von ganzem Herzen?

— Ganz und von ganzem Herzen.

— Dann schneide deine Haare ab und werde Karmelitin[12].

Gennaro Fatigati berichtet Einzelheiten über seine Beobachtung von Bußführungen, mit denen Alfons dieses Erlöseramt „bezahlte". Die Armenspeise, die diese Heilige Familie der Armen miteinander teilte, würzte er mit Myrrhe, Sterndisteln, Absinth oder anderen bitteren Kräutern. Er aß kniend im Refektorium. In seinem Zimmer setzte er sich niemals hin, und in den Schuhen trug er Kieselsteine. Nicht damit zufrieden, ständig Bußkleider und Dornenketten zu tragen, geißelte er sich mehrmals täglich, oft bis aufs Blut. Er schlief auf dem blanken Fußboden oder auf einem Tisch, sofern er sich überhaupt hinlegte ... Denn er durchwachte ganze Nächte am Fensterchen seines Zimmers oder in der Kirche mit seinem Freund im Tabernakel.

Das Vorbild der Heiligen war ihm ein noch stärkerer Stachel als die Eisenspitzen an seinem Körper. Die geistliche Lektüre ihres Lebens bildete stets eine kraftvolle Nahrung, an der sich sein Eifer stärkte. Hier fand er „den Anreiz, nicht weniger zu leisten" als sie. Das Zeugnis seines jungen Freundes Giambattista Coppola, des späteren Pfarrers von S. Maria dei Vergini und Bischofs von Cassano, hat etwas Erschreckendes an sich: „Alfons von Liguoris Bußübungen — ich weiß, wovon ich spreche, übertreffen bei weitem sogar die des hl. Petrus von Alcantara"[13].

Wer diesen Eifer und diese Entbehrungen nur vom Lesen her kennt, mag vielleicht glauben, Gott belohne sie großzügig mit geistigen Freuden und überwältigender Vertrautheit ... Aber man öffne nur die Evangelien des vielgeliebten Sohnes: Wieviele Tabors oder Verklärungen gibt es da? Wohl ergötzt der Herr die begierigen Lippen des Anfängers mit Milch und Honig; doch schon bald dörrt er sie aus, und es folgen die Läuterungen der sengenden Wüste, das Teilhaben an der Todesnot und der Verlassenheit des Gekreuzigten. So behandelt er seine Freunde. „Deshalb hast du so wenige", hat Teresa von Avila, Alfons' *seconda mamma*, einmal zu ihm gesagt. Franz von Sales, ihr Vorbild, fühlte sich eine Zeitlang als der „verdammteste unter den Verdammten". Theresia von Lisieux, die uns zeitlich nähersteht, verbrachte zwei Jahre in einer Verlassenheit, die ihr das Geständnis entriß: „Da ich nicht mehr das Glück habe, den Glauben zu besitzen, zwinge ich mich, statt dessen Werke zu tun", und Bernadette Soubirous wurde „von moralischen Schrecken gepeinigt".

Verlassenheit und moralische Schrecken, eben dies waren die beiden Balken des Kreuzes, das Alfons damals zu tragen hatte. „Da Gott ihm seine gewohnten Tröstungen entzogen hatte, war in diesem Kolleg (der Chinesen) sein Leben von Dürre und Verzweiflung geprägt. Er konnte die Messe nicht mehr in Frömmigkeit feiern; das betrachtende Gebet wurde ihm zur Last: er suchte Gott und konnte ihn nicht finden. Wie P. Fatigati mir (Tannoia) sagte, mußte er ständig gegen den Strom anschwimmen und drückte seinen Zustand folgendermaßen aus: *Ich gehe zu Jesus Christus, und er weist mich zurück; Ich nehme meine Zuflucht zur Muttergottes, und sie hört mich nicht.* In dieser Finsternis handelte er also nur aus dem reinen Glauben heraus, auf der Höhe des Geistes und entschlossen, Gott Freude zu bereiten, auch wenn es für ihn weder Himmel noch Hölle gäbe."

Aber bereitete er denn Gott Freude? Dieser bittere Zweifel war sein Leiden.

In den Anfängen seiner Seminarzeit war er durch das reinigende Feuer des Skrupels hindurchgegangen. „Gleich nach meiner ,Bekehrung'", so vertraute er später seinem Freund, dem Priester Salvatore Tramontano an, „wurde ich von Ängsten und Zweifeln geplagt. Der blinde Gehorsam Pater Pagano gegenüber hat mich aus diesen Ängsten befreit"[14].

Warum setzten sie 1726, zur Zeit seines Diakonats, erneut ein? War es der Einfluß einer rigoristischen Lehrmeinung? Waren es neue Flammen eines Gottes, der nun näher und damit auch fordernder war? Oder die ersten Begegnungen mit der Verantwortung einer gefürchteten Aufgabe?

Von diesem Zeitpunkt, von 1726 an — und das ist gewiß kein Zufall —, hat Alfons in seiner Tasche oder in einer Schublade stets ein kleines Merkbuch (88 Seiten stark, in Pergament gebunden, Format 113 mal 65 mm) zur Hand. Will er ihm eine Notiz anvertrauen, so öffnet er es auf einer beliebigen Seite und trägt mit seiner feinen Handschrift einige kurze Abschnitte im Telegrammstil, oder Namen, Zahlen, unvollendete Sätze, kabbalistische und oft nicht zu Ende geschriebene Worte ein. So kann ein und dieselbe Seite Zeilen enthalten, die in Abständen von fünf oder sechs Jahren geschrieben wurden. Die etwa fünfundsiebzig Daten, die an den verschiedensten Stellen dieses Heftes aufscheinen und die von 1726 bis 1743 reichen, erlauben auch nicht annähernd die zeitliche Einordnung all dieser Fragmente. Nur eine aufmerksame Untersuchung von Inhalt, Tinte und Schrift läßt eine ungefähre Datierung zu. Viele Abschnitte wurden erst später vervollständigt oder überschrieben[15].

Der Inhalt dieses kostbaren Dokuments? Rechnungen, Entwürfe für Predigten, einige Strophen, Namenslisten, liturgische Formeln, von Bischöfen erhaltene Vollmachten, ein Schema der Redemptoristenregel und sogar das Rezept für einen *balsamo simpatico;* vor allem aber, dem Titel, den er selbst diesem geistlichen Tagebuch vorangesetzt hat — *Cose di coscienza* — entsprechend, „Gewissensfragen": persönliche Probleme und von seinen Seelenführern erhaltene Entscheidungen, Entschlüsse, Gebete, Diskussionen von Gewissensfällen, seelsorgliche Anweisungen. Es ist mitunter schwer festzustellen, ob ein bestimmter Abschnitt Alfons selbst betrifft oder ob er eine Notiz des Moraltheologen hinsichtlich seiner Beichtkinder ist. Manche Stellen sind unterstrichen oder in Großbuchstaben geschrieben. Andere wiederum, und zwar nicht wenige, sind und bleiben für uns rätselhaft.

Das Heft beginnt also 1726 mit dem erneuten Auftreten seiner inneren Unruhe. Die Seiten 11 und 12 gehören wahrscheinlich zu den ersten Eintragungen. Sie enthalten eine „Gewissenserforschung" des Diakons hinsichtlich einiger „Verpflichtungen, die er Gott gegenüber eingegangen ist" — *giuramenti fatti.* Sie sind für uns dunkel oder unbedeutend und betreffen Keuschheit, Almosen, Fasten am Samstag, geistliche Lektüre, usw. Auf Seite 12 erwecken drei Eintragungen unsere Aufmerksamkeit:

„7. Der Schwur, bei Versuchungen zu kommunizieren ... wird bis zum ersten darauffolgenden Sonntag ausgedehnt.

8. Der Schwur der Sonntagsbeichte ist auch durch die Beichte während der Woche erfüllt.

9. Hinsichtlich des Schwurs, einem Orden beizutreten, habe ich zum drittenmal Order erhalten, nicht mehr daran zu denken ..."

Er denkt aber doch wieder daran. 1729—30 macht seine neue Orientierung auf ein Säkularinstitut und die Mission des Fernen Ostens hin eine Klarstellung seiner früheren Verpflichtung für das Ordensleben nötig. Wie weit hat er sich verpflichtet? Gelübde oder Schwur? ... Als Moraltheologe und Jurist durchdenkt er seinen Fall auf Seite 13:

„Da zumindest daran gezweifelt werden kann, daß es sich um ein Gelübde handelt, bin ich, wie mir alle rundweg versichern, nicht durch ein solches gebunden. Was den Schwur betrifft: 1) Wahrscheinlich ist (eine Dispens) nicht eingeschränkt, wie Jam. mit La., Sanch., usw. (bestätigt). Daher wurde er von Pagano aufgehoben. 2) Die neue Berufung, — angesichts des Rufs, des aufreibenden Lebens, des Wohls der Seelen, des persönlichen Zwangs, der mich bindet ... ist offensichtlich, daß die Umstände sich geändert haben und es sich um ein höheres Gut handelt. Daher der Entschluß, Paganos Anweisung folgend, nicht mehr an dieses Problem zu denken und keine schriftliche Dispens einzuholen."

Kommen wir zum Jahr 1726 zurück. Die Seiten 15 und 16 enthalten die Auflistung von neun „Geboten", die Pater Pagano für ihn aufgestellt, und die auch Giulio Torni bestätigt hatte.

1. „Ich hatte Anweisung, nichts aus meinem vergangenen Leben zu beichten, sofern ich nicht beschwören konnte, daß es sich um schwere und noch nicht gebeichtete Sünden handelte. Um aber jede Beunruhigung auszuschließen, sowie angesichts der Tatsache, daß meine Beichten stets aufrichtig waren, und ihre materielle Integrität nie auf Kosten des inneren Friedens und der Gesundheit gesucht werden darf, erhielt ich die neue Vorschrift, bei meinen Beichten nie auf die Vergangenheit zurückzukommen.

2. Zum Offizium: mehrmals die Anweisung erhalten (die geistabwesend gesprochenen Teile) nie zu wiederholen ...

Eine Wiederholung wäre Sünde, weil sie gegen die Vorschrift verstoßen und den Skrupeln Tür und Tor öffnen würde, was einzig und allein zur Folge hätte, daß ich das Offizium kaum besser beten würde und auf Kosten des inneren Friedens und der Gesundheit immer ein unruhiges Gewissen hätte.

3. Das Offizium wenn möglich mit einem anderen beten. Wenn dieser Teile ausläßt — (es geht hier um undeutlich ausgesprochene und verschluckte Verse aus den Psalmen) —, dann bist du selbst von läßlicher Sünde frei, sofern kein schwerer Fehler vorliegt. Du sollst nichts ergänzen, wenn er nicht einen entscheidenden Teil des Breviers ausgelassen hat.

4. Am 8. Oktober 1726, Bestätigung des Gebots oder Ratschlags, immer wenn es sich nicht um eine offensichtliche Sünde handelt, über Skrupel hinwegzugehen. Und zu kommunizieren, wenn keine offenkundige Todsünde vorliegt.

5. Befehl, niemanden zu tadeln, der mir nicht unterstellt ist; ich bin nicht durch die Barmherzigkeit dazu verpflichtet ... *Basta*, die Liebe verpflichtet mich nicht *cum tanto incommodo* (wenn sie solche Unannehmlichkeiten nach sich zieht). So Torni und Pagano ...

6. Bei (gehörter) übler Nachrede genügt es nach Thomas vollkommen, ihr weder inneres noch äußeres Wohlgefallen entgegenzubringen.

7. Bei der vierzigstündigen Anbetung soll ich mich täglich zu eineinhalbstündigem Gebet einfinden. Im Winter aber, wenn die *tramontana* (der Nordwind) Staubwolken aufwirbelt oder der *libeccio* (Südwestwind) abwechselnd Regengüsse und Windböen bringt, soll ich in eine benachbarte Kirche gehen, wenn der Ort der vierzigstündigen Anbetung zu weit entfernt ist ...

8. Bei meinen Katarrhanfällen soll ich, wenn ich mich wirklich schlecht fühle, zwei Tage im Bett bleiben, ohne die hl. Messe zu feiern. Das Übel muß aber schwerwiegend sein.

9. Keinerlei correctio fraterna vornehmen."

Weniger skrupulösen Geistern mag diese Angst, Gott zu beleidigen, lächerlich erscheinen. Nicht aber dem, der die Qualen der Liebe kennt. In diesen entscheidenden Jahren 1726 und 1727 geriet der Diakon und Jungpriester durch seine empfindsame Seele an den Rand des Skrupels; seine Lenkbarkeit und die Aufrichtigkeit seiner Liebe aber bewahrten ihn davor, sich darin zu verstricken.

Im Jahr 1728 aber wurde aus dem schlichten Beichtkind ein Beichtvater. Ein Beichtvater wider Willen, aus Gehorsam zu seinem Erzbischof. Wenn nur solche dieses Amt ausübten, die davon nicht berührt werden, so säßen nur Menschen ohne Moral und Narren im Beichtstuhl.

Die Seiten 3, 4 und 19 zeigen, daß der neue Beichtvater Pater Pagano ausführlich darüber befragt hat, welche Fragen er zu stellen und welche er zu unterlassen habe. Auf Seite 16 findet sich folgende Notiz:

„1728 bestätigt Pagano das Gebot, alle Zweifel abzulegen, wenn kein offensichtliches Übel vorliegt, sie auch nicht zu beichten und nicht mehr daran zu denken, wenn es nicht um einen eindeutig schweren Fehler geht. An die Irrtümer, die mir im Beichtstuhl unterlaufen sein mögen, nicht mehr denken: ausdrücklicher Befehl Paganos. Nie versuchen, sie wieder gut zu machen, das wäre schlecht für mich, wie Pagano (sagt).

Im Falle der Ungewißheit sündigt man nicht; denn wenn man sich zuerst vom Zweifel befreien müßte, würde man gar nichts tun. Ziel muß aber selbstverständlich immer sein, den Skrupel zu überwinden und nicht, durch einen (mir) passenden Entschluß zu sündigen. Pagano. Noch einmal: handeln, ohne den Zweifel aufzuheben, und ohne zu diskutieren.

Wichtig: nicht mehr daran denken und sich sagen: es ist Befehl des Beichtvaters. Dies gilt sogar, wenn das Böse evident erscheint, sobald diese Evidenz nicht undiskutierbar ist ...“

Pagano spricht offensichtlich für ein ängstliches Gewissen. Alfons liest die erhaltenen Weisungen immer wieder durch. Auf einigen Seiten — 22, 27, 28 a, 29, 45 — faßt er sie noch einmal zusammen; er hält sich aus Liebe daran.

Denn im Grunde ist es nur die Liebe, die ihn in diese Ängste vor dem bloßen Schatten der Sünde treibt, und sie ist es auch, die ihn wieder davon befreit. Eines seiner Gedichte kommentiert das Wort des hl. Bernhard: „Der Sklave fürchtet die Peitsche, der Diener spekuliert auf seine Entlohnung, der Sohn ehrt seinen Vater. Ich aber bin Gattin, ich liebe es, zu lieben, ich liebe es, geliebt zu werden, und ich liebe die Liebe“:

> Der Gattin Leben ist nichts als Liebe
> Nur liebend dient dem Geliebten sie.
> Sie kennt nicht Furcht, nur das bange Zagen
> In sein Herz nicht genügend Liebe zu tragen.
>
> Wenn Strafe sie fürchtet, so nur allein
> Von ihm, dem Geliebten, getrennt zu sein.
> Ihn lieben schon ist ihr Lohn genug
> Wo Liebe nur ihre Hoffnung trug.

So erstrahlt Alfons auch noch in der sengenden Dürre, die ihn wie eine Weinranke verkrümmt, in dieser reinen Liebe, die sein ganzes Sein erfaßt hat. Paradoxerweise bewahrt er sich gerade durch den Gehorsam seine Freiheit: „Wenn die Pflicht nicht eindeutig ist, so sagt ihm sein Seelenführer immer wieder, besteht deine einzige Verpflichtung darin, das zu tun, was dir selbst gut erscheint, *quel che ti piace*“ (Seiten 20, 28 b, 41, 51).

Steht unser Cartesianer im Begriff, der Vernunft zu entfliehen und sich am Fallschirm des Gehorsams ins Nichts zu stürzen? Ja und nein. Nein, wenn es darum geht, andere anzuleiten, was er schon bald beweisen wird. Ja, wenn es um ihn selbst geht, denn hier ist jeder ebenso blind wie Saulus in Damaskus, ehe Ananias ihm sein Augenlicht zurückgab (Apg 9,8–19). Die Seiten 43–45 aus dem Jahr 1730 „raisonnieren" gerade über diese Theologie des Gehorsams gegenüber dem als Stellvertreter gesehenen Seelenführer. Alfons zitiert hier den hl. Benedikt, den hl. Bernhard und – zweimal – Teresa von Avila. Dann abschließend:

„Pagano, 1. Januar 1730. – (Die Zweifel) überwinden und das tun, was keine offensichtliche Sünde ist, ohne zu zögern, ohne zu diskutieren und ohne nach Gründen zu suchen; nicht mehr daran denken und gehorchen, statt zu räsonnieren; beim ersten Anflug von Zögern nur nach vorne blicken und handeln. *Wer euch hört, der hört mich* (Lk 10,16). *Geh zu Ananias.* So will es Gott für unsere Demut! Und alle (Theologen) sagen es, auch wenn (die vom Gehorsam verlangte Tat) dir schlecht erschiene. Tu das Gegenteil, und schon ist der Skrupel wieder da; es ist genauso schwerwiegend, als würdest du dich freiwillig berauschen: man kann dabei den Kopf verlieren und zu einem Nichtsnutz werden, usw.

Wie willst du dich von Skrupeln freihalten, wenn du zwischen dem Beichtvater, der dir bestätigt: ‚so ist es', und der entgegengesetzten Wahl schwankst, die dir keinerlei Gewißheit bietet? ... Sagst du dies nicht selbst den anderen?"

Genau dies sagte er seinen Beichtkindern im Chinesenkolleg, in der Stadt und im ganzen Königreich. Denn sein Eifer wurde mehr und mehr in Beschlag genommen, mehr und mehr ausgelastet. Das voll ausgefüllte Leben, das er auf diese Weise führte, war das genaue Gegenteil einer zurückgezogenen Existenz, die zum Nährboden von Skrupeln hätte werden können.

Wie aber fand der „Rektor" der Chinesenkirche noch die Kraft und die Zeit, um in ganz Neapel für Klosterfrauen und Bruderschaften die heiligen Exerzitien zu halten, an den Missionen der *Illustrissimi* und sogar – wenn auch nicht mehr so häufig – an deren Montagzusammenkünften teilzunehmen?

„Ich kann mich nicht entsinnen", sagt P. Fatigati zu Tannoia „– und ich spreche als Augenzeuge –, daß Alfons von Liguori, solange er bei uns lebte, jemals auch nur die geringste Zeit vergeudet hätte: entweder predigte er oder er saß im Beichtstuhl oder er betete oder studierte."

Hier rührt der Freund an das Geheimnis einer der größten Stützen von Alfons' unglaublicher Aktivität: er machte um diese Zeit das in der Kirchengeschichte einmalige Gelübde, niemals auch nur eine Minute Zeit zu vergeuden.

Matteo Ripa gedachte, sich dieses Arbeits-„Monstrum" für seine Kongregation zunutze zu machen. „Alfons wollte bis nach China gehen, um unter den Heiden das Licht des Evangeliums zu verbreiten, in der Hoffnung, dort sein Leben für den Glauben hinzugeben. Sein Seelenführer aber sagte ihm, dies sei nicht der Wille des Herrn für ihn"[17]. Diese Aussage Berrutis wird auf Seite 26 des Tagebuchs von Alfons selbst bestätigt (1730–1732?):

„Der Plan, meine Bücher dem Haus der Chinesen zu schenken, bestand nur in meinem Herzen, ohne die feste Absicht, mich auch wirklich dazu zu verpflichten ... Was den Schwur betrifft, zu den Heiden zu gehen, usw. Pagano. Nicht jetzt, da sich die Bedingungen geändert haben."

19. Auf Mission ... jenseits von Eboli (1727–1730)

Missionen: Alfons hatte sich schon bei den wenigen Einsätzen, die er während seines Studiums als Seminarist mitgemacht hatte, verausgabt: Katechismusunterricht für die Kinder, Hausbesuche und geistliche Betreuung[1]. Nach seiner Priesterweihe aber war der einstige Rechtsanwalt schnell zu einem der meistgeachteten und aktivsten Mitglieder der Kongregation der Dompriester geworden. Die Volksmissionen vereinnahmten ihn zusehends: sie forderten seine Zeit, sein Herz und seine Kräfte. Ohne es selbst schon zu wissen, stand er im Begriff, sich von ihnen ganz und auf Lebenszeit mitreißen zu lassen, gleich einem Strom, der ins Meer mündet.

Wir müssen dieses Apostolat also im Geheimnis und der Geschichte der Kirche situieren.

Gehen wir, nicht ohne Motiv, wie sich bald zeigen wird, vom Großen zum Kleinen.

„Nachdem der Herr im Alten Testament Propheten gesandt hatte, um sein Gesetz zu verkünden, schickt er im Neuen seinen eingeborenen Sohn, um das neue Gesetz der Gnade als Vervollkommnung und Erfüllung des alten zu lehren. Paulus sagt: *In dieser Endzeit aber hat Gott zu uns gesprochen durch den Sohn* (Heb 1,2). Weil aber Jesus Christus nur gesandt war, den Juden zu predigen, beauftragte er die Apostel, nach seinem Tod das Evangelium allen Völkern zu verkünden: *Gehet hinaus in die ganze Welt und verkündet das Evangelium allen Geschöpfen* (Mk 16,15). So begann das Evangelium durch die Missionen der Apostel in aller Welt Frucht zu tragen, wie Paulus für seine Zeit bestätigt: *Die Heilsbotschaft trägt in der ganzen Welt Frucht und wächst* (Kol 1,6). Die Apostel wiederum beauftragten ihre Schüler, den Glauben überall dort zu verkünden, wohin sie selbst nicht gekommen waren. So wurden, wie wir aus der Kirchengeschichte wissen, im Laufe der Zeit immer wieder heilige Menschen von den Päpsten und Bischöfen beauftragt, in allen Teilen der Welt das Evangelium zu verkünden."

Aus welchen Dokument des Zweiten Vatikanums stammt dieses Zitat? *Lumen Gentium*, 17? *Ad Gentes*, 5? Schlicht und einfach aus Pater von Liguoris *Schreiben an einen neugewählten Bischof, worin von dem großen geistlichen Nutzen gehandelt wird, der für das Volk aus den heiligen Missionen entspringt.* Es ist eindeutig, daß er sie keineswegs nur für eine Zugabe zur Seelsorge, einen Luxus für christliche Pfarreien hielt, sondern sie, genau wie das Priesteramt, mit der Sendung der Apostel und sogar der Sendung Jesu Christi, des Gesandten und Sendenden, verband. Alfons vereint Heidenmission und christliche Mission zu einem einzigen Geflecht, überspringt zwölf Jahrhunderte und kommt schließlich zu seinem „hier und heute":

„Im 13. Jahrhundert wurden die Brüder des hl. Dominikus und des hl. Franziskus vom Papst nach Griechenland, Armenien, Äthiopien, ins Tartarenland und nach Norwegen gesandt, um dort zu predigen ... Aus jüngster Zeit kennen wir die zahlreichen Bekehrungen, die der hl. Franz Xaver in Ostindien und Japan und der hl. Ludwig Bertrand in Westindien bewirkt haben! Ich brauche nicht die vielen anderen häretischen und ungläubigen Länder aufzuzählen, die durch Missionen bekehrt wurden: es sei hier nur das Chablais genannt, wohin Franz von Sales von seinem Bischof gesandt wurde, und wo er 72.000 Häretiker bekehrte. Ebenso bekannt ist die Tatsache, daß Vinzenz von Paul eine durch den hl. Stuhl approbierte Kongregation von Priestern gründete, die Missionen hielten, wo immer man nach ihnen verlangte; daher ihr Name Missionsväter. Kurzum, wenn irgendwo in der Welt der Glaube eingepflanzt oder die Sitten reformiert wurden, dann geschah dies durch Missionen"[2].

Die Vorgeschichte der Volksmissionen reicht tatsächlich bis in die Anfänge des 13. Jahrhunderts zurück. In dieser Zeit begannen sich Predigten in der Landessprache, wenn auch noch dicht durchwoben von lateinischen Ausdrücken, durchzusetzen. Eine tiefgreifende Bewegung der Rückbesinnung auf das Evangelium und missionarischen Eifers rüttelt die Christenheit auf. 1215 formuliert das IV. Allgemeine Laterankonzil in Kanon 10 folgende Regel: „Der Mensch lebt nicht vom Brot allein. Daher sind die Bischöfe gehalten, Männer zur Verkündigung des Wortes Gottes heranzuziehen, die kraftvoll in Werk und Wort und fähig sind, ersprießliche Predigten zu halten, und die durch ihr Wort und Beispiel die seelsorgliche Gegenwart des Bischofs an alle Orte tragen. Sie sind unmittelbare Mitarbeiter des Bischofs nicht nur in der Predigt, sondern auch im Beichtstuhl, sowie bei der Zuteilung der Buße ... Bischöfe, die diese Pflicht vernachlässigen, werden streng bestraft."

Franz von Assisi und Dominikus von Guzmán waren bei diesem Konzil anwesend. Die „kleinen Brüder" (minori) des einen und die Predigerbrüder des anderen sind ein neuer Typ von Ordensmännern. Sie ziehen sich nicht wie die klassischen Mönche aus der Welt zurück, sondern arbeiten durch ihr Beispiel, durch Predigt und Beichte am Heil des Menschen; die wirtschaftliche Sicherheit, wie sie das Feudalregime den Klöstern zugestand, lehnen sie ab und leben daher vom Betteln. So bilden sie die ersten Missionsorden. Sie evangelisieren in der Ferne die Marokkaner, Guineer, Ägypter, Türken, Mongolen, Tartaren ... — in der Nähe die Häretiker und Schismatiker — und innerhalb der Katholiken jene, deren Glaubensleben in Sünde, Gleichgültigkeit oder Lauheit abgesunken ist.

Mit den Bettelorden wird die außerordentliche Predigt und Beichte zu einer der Institutionen der Seelsorger, die den Charakter eines nur kurzen, aber intensiven Eingriffs, das Ziel einer sittlichen Umkehr, und eine Vorgangsweise aufweist, die durch das apostolische Genie eines Vinzenz Ferrer (1350?—1419), eines Bernhardin von Siena (1380—1444) und eines Johannes Capistran (1386—1456) zusehends verfeinert wurde.

Der größte unter den Großen war der Dominikaner V. Ferrer. Zwanzig Jahre lang durcheilte er als „päpstlicher Legat" Spanien, Frankreich, Norditalien und die Schweiz. Wie der Messias erwartet, wurden er und seine Gefährten von den Städten in Prozession — Stadträte und Klerus an der Spitze — eingeholt. Dieser Sturmwind der Beredsamkeit predigte über die Sünde, die Buße, den Tod, die Hölle und das Jüngste Gericht. Er war unnachgiebig gegenüber dem Bösen, aber so barmherzig gegenüber dem „Schlechten", daß ihm der Inquisitor Eymeric auf den Fersen war, weil er es gewagt hatte, auch für Judas das Heil nicht ganz auszuschließen! An den Abenden fand die Prozession der Büßer und „Flagellanten" statt: barfuß und mit verhüllten Gesichtern geißelten sie die entblößten Schultern mit Stricken und Leibriemen. Ein Passionslied übertönte die klatschenden Geräusche, die wie das Rauschen eines mächtigen Regens klangen. Nach kurzer

Ruhepause nahmen Vinzenz und seine Helfer dann Beichten ab und sangen im Anschluß daran in großer Feierlichkeit die hl. Messe. Nur die Archive der Städte haben diesen flammenden Vorübergang des „Richterengels" festgehalten, aber er suchte auch nach dem verlorenen Schaf, der Herde ohne Hirte in der kleinen Schar derer, die wenig oder gar nicht glaubten. Ob Städter oder Dorfbewohner: er sammelt in zwei oder drei Tagen diese „schmutzige Wäsche" auf, weicht und seift sie ein, schlägt, bleicht und trocknet sie in der strahlenden Sonne der göttlichen Barmherzigkeit.

Diese missionarische Erweckungsbewegung wurde von den Bettelorden drei Jahrhunderte lang in der Vielfalt individueller Inspiration weitergetragen, bis sie im 16. Jahrhundert in der Gegenreformation durch eine neue Strömung „apostolischen Lebens" institutionelle Gestalt und Festigkeit gewinnt: bei den *Regularklerikern*. Sie sind nicht Mönche, sondern Kleriker, die sich zunächst zum Zwecke der Seelsorge inmitten der Welt zusammengeschlossen hatten; sie sind aber auch „Ordensleute", insofern sie die feierlichen Gelübde der Keuschheit, der Armut und des Gehorsams ablegen und in Gemeinschaft leben. Durch die feierlichen Gelübde werden sie zu „bürgerlich Toten", oder — weniger dramatisch ausgedrückt — zu „wirtschaftlich Unmündigen", denn sie verzichten, dem Beispiel der Mönche folgend, auf alle irdischen Güter. Aus der Notwendigkeit, der Dekadenz des christlichen Klerus und Volkes Einhalt zu gebieten, den Irrtümern, in denen der Glaube versinkt, den Weg abzuschneiden und den vernachlässigten Dienst der Predigt und der Sakramentenspendung mit neuer Kraft zu füllen, erwachsen aus dem Wehen des Hl. Geistes gerade in dem Augenblick, als der allgemeine Ruf nach einem Konzil laut wird, die Theatiner (1524), die Barnabiten (1530), die Jesuiten (1539) und ... das Konzil von Trient (1545—1565). Die Regularkleriker geben der Volksmission ihre geschlossene Strategie.

Ihre Pioniere sind die Jesuiten. P. Claudio Aquaviva (1543—1615), ehemaliger Provinzial von Neapel, und von 1581 bis 1615 General der Gesellschaft, zeichnet die großen Richtlinien für die Missionen vor[3]. Der Spanier P. Jerónimo López (1589—1658) lebt und entwickelt die eindringliche und vom Bußgedanken getragene konkrete Methode. Sie findet ihren Weg nach Neapel und wird von P. Paul Segneri dem Älteren (1624—1694) so sehr profiliert, daß sie als „italienische Methode" ihren Weg macht. Die Jesuiten verpflanzen sie in den deutschsprachigen Raum, wo sie sich, dem germanischen Geist und den Lokalbedürfnissen gemäß, schon bald zu einer weniger spektakulären und mehr katechetischen eigenständigen Methode entwickelt.

In Frankreich wird die Volksmission durch die außerordentliche Persönlichkeit des hl. Vinzenz von Paul (1581—1660) dominiert. Hinter ihm stehen seine Lazaristen und schon bald auch die Oratorianer, die Eudisten — sie alle sind Weltgeistliche (ohne Gelübde), die aber in Gemeinschaft leben — sowie die Montfortaner, Ordensleute mit einfachen Gelübden, die ihren Besitz, nicht aber dessen Nutznießung behalten.

Das gemeinsame Ziel aller Missionare aber, seien sie nun Ordensgeistliche, Weltpriester, Kapuziner (1525 gegründet) oder einfache Ordensleute, ist die Verteidigung des Glaubens und eine klare und dauerhafte Erneuerung des Lebens aus der Taufe. Die Spanier und Italiener arbeiten vor allem mit Emotionen, während die Franzosen die aufklärende Unterweisung in den Vordergrund stellen; alle aber führen sie zu Beichte und Sakramentenempfang. Mit der Generalbeichte und dem Jubiläumsablaß bricht der Christ wieder vom Nullpunkt zu einem neuen Leben auf. An erster Stelle steht also bei allen das Wort Gottes, und ihre Predigten befassen sich vor allem mit den ewigen Wahrheiten. So ist für alle das unmittelbare Ziel die Generalbeichte über das ganze vergangene Leben: denn viele Dorfbewohner lebten im Zustand der Sünde, da ihre Dörfer einfach zu klein und die ansässigen Beichtväter viel zu bekannt waren.

In der Dauer der Missionen dagegen gibt es erstaunliche Unterschiede: im allgemeinen sechs Tage in Italien — man beendete sie sonntags, um montags im nächsten Dorf wieder anfangen zu können; vierzehn Tage in Deutschland, zwei bis vier Wochen auf der iberischen Halbinsel und drei Tage bis drei Monate in Frankreich.

Bleiben wir im Königreich Neapel. Hier hatten die Jesuiten schon bald die Schwäche der kurzen Missionen erkannt. Wie aber war die dramatische Intensität ihrer Methode länger als eine Woche aufrechtzuerhalten? So erfand man also geschickte Formeln, um diese Blitzmissionen zu verlängern, ohne sie unnötig zu belasten: eine Art Vormission in der vorangehenden Woche bestand in abendlichen Prozessionen zu Plätzen und stark frequentierten Straßen, wo die Missionare in einigen „kraftvollen und gleichsam vom Himmel geschleuderten Worten" die Mission, die Buße und den vollkommenen Ablaß ankündigten. Nach den sechs Tagen der eigentlichen Mission blieben sie dann noch bis zu einer Woche am Ort, um auf Nachzügler oder solche zu warten, deren Absolution verschoben worden war. Während dieser Nachmission hielten sie für den Klerus und die Ordensfrauen Exerzitien, besuchten Kranke und Gefangene... Der größte dieser Jesuiten aber, Pater Paul Segneri der Ältere, blieb bei den sechs Tagen, begründete aber das System der „zentralen Mission", die das Dekanat und die angrenzenden Pfarreien umfaßte. Die Morgenpredigt wurde in jeder der Satellitenkirchen gehalten; zur Abendandacht dagegen kamen alle ins Zentrum, wo sie für ihre Mühe reichlich belohnt wurden: drei Stunden, wegen des überaus großen Zustroms natürlich unter freiem Himmel. Am darauffolgenden Montag dann begann man in einem anderen größeren Ort, der vom ersten nicht allzu weit entfernt sein sollte, damit auch die Unentschlossenen der vergangenen Woche noch eine Chance hatten, von neuem.

Im Kielwasser der Gesellschaft Jesu widmen sich die besten neapolitanischen *Weltpriester* in kommunitären oder nicht kommunitären Kongregationen, die im 17. Jahrhundert gegründet wurden, und die wir bereits kennengelernt haben, den Missionen.

Die erste war die der *Pii Operai*, der „Frommen Arbeiter", die Carlo Carafa (1561–1633) 1601 in Neapel gegründet hatte. Eine eigenständige Schöpfung, die das Statut des Weltpriesters ohne Gelübde mit allen Ansprüchen des Ordenslebens verband: *Gemeinschaftsleben* mit intensivem Gebet — einschließlich Nachtoffizium —, mit Güterteilung, wirklicher Armut und einer Strenge, die mutige Seelen begeistern konnte. Der erste Bischof, der aus ihren Reihen hervorging, war Pater Emilio Cavalieri, Alfons' Onkel. Tommaso Falcoia ist einer ihrer führenden Köpfe. Zwar beherbergen und betreuen sie in S. Giorgio Maggiore, Via Duomo, zahlreiche Bruderschaften — Priester, Adelige, Doktoren, Studenten, Künstler, Musiker, Kaufleute, Handwerker, Jugendliche —, ihr Hauptziel bleibt aber nach wie vor die Abhaltung mitreißender und kurzer Missionen „in Städten, Dörfern und Weilern".

Auch die drei wichtigsten Kongregationen der *nicht kommunitären Weltpriester*, die sich den Volksmissionen widmen, sind uns bereits begegnet. Wir erinnern uns, daß sich jeder neapolitanische Kleriker während seiner Seminarzeit einer von ihnen als Praktikant anschließen mußte: die Kongregation des Jesuiten gründete Francesco Pavone (1569–1637) 1611 unter dem Namen „Kleriker der *Assunta*" (Himmelfahrt), sie sind auch als „Väter der Konferenz" bekannt und verbreiten sich über Westeuropa bis nach Indien. Sodann die etwas jüngere Kongregation von *S. Maria della Purità*, 1680 vom angesehensten Mitglied der Frommen Arbeiter, Antonio Torres, gegründet. Und schließlich die Kongregation der „Apostolischen Missionen", auch „Domkongregation", oder wegen ihrer ursprünglichen Bestimmung für die heidnischen Länder „Propagandakongregation" genannt. Ihr widmete Alfons mit Hingabe sein Herz und seine Bemühungen[4].

Die *Illustrissimi* des Doms machten ihrem Ruf alle Ehre: sie wurden im gesamten kontinentalen Königreich verlangt. Wir haben unseren jungen Missionar begleitet, als er mit ihnen zu Weihnachten 1725 in S. Agata dei Goti das Evangelium verkündete. Die Hauptstadt und ihr Hinterland aber waren trotz ihrer lebensnotwendigen Wechselbeziehung zwei wirtschaftlich, kulturell und religiös grundverschiedene Wirklichkeiten. Um nur ein für uns bedeutsames Beispiel herauszugreifen: Lediglich die Hauptstadt und die Diözesen des näheren Umkreises — Ischia, Puzzuoli, Aversa und Nola — kamen in den Genuß des von Kardinal Innico Caracciolo begründeten und vom Provinzkonzil von 1699 sanktionierten und aktivierten Aufschwungs, der für Klerus und Gläubige — wie die Priester, so das Volk — eine christliche Renaissance eingeleitet hatte. Auch Benevent und damit S. Agata dei Goti hatten davon profitiert[5]. Jenseits dieses Bereichs aber wird Alfons eine andere Welt entdecken.

Zunächst einmal die Welt des Reisens. Man reise damals in zwei- oder vierrädrigen Postwagen, der „Postkutsche", die ihre Pferde an den jeweiligen Poststationen wechselte.

Die „Illustrissimi" hatten ihren eigenen Zug von Karossen und Pferden. Tiere und Menschen hielten zweifellos von Kloster zu Kloster ihre Rast, denn sie brauchten acht Tage, um von Neapel bis in den letzten Winkel Apuliens zu gelangen. Und auf welchen Straßen, guter Gott! Wenn ein Wagen diesen Weg zweimal hin und zurück gemacht hatte, dann zerfiel er in Stücke. Heiße und staubige Wege, über Jahrhunderte hinweg durch Pferdehufe und Kutschenräder ausgefahren. Häufig waren sie von Orangenbäumen gesäumt, die im Sommer Schatten spendeten und im Winter mit ihren Früchten den lieblichen Anblick goldgefleckten Grüns boten. Hier begegnete man nur selten einer luxuriösen Berline mit livriertem Kutscher, dafür umso häufiger armen Familien, die sich mit ihrem gesamten Hab und Gut auf ächzenden alten Kaleschen zusammendrängten, Landarbeitern auf ihren von großen Ochsen gezogenen Karren, auf deren Deichsel das Bild der Muttergottes genagelt war; einigen Proviantwagen vielleicht, mit einem nervösen Gespann stolzer, mit Schellen versehener Mulis, deren Federn im Winde wippten; schneller waren die berittenen Boten, um deren Kopf nach spanischer Art ein Netz geschlungen war; Esel-, Ziegen- und Hammelherden zogen von Weideplatz zu Weideplatz, dicht zusammengehalten von kläffenden Hunden; dicke Bäuerinnen waren zu Fuß unterwegs, mit Kopftuch oder geflochtenen Zöpfen, einem kurzen Röckchen von kräftiger Farbe, das Korsett mit Bändern in verschiedensten Farben geschnürt und von Ketten rasselnd, auf dem Kopf einen riesigen Korb balancierend, während an ihren Röcken nackte Kinder hingen; unbeschuhte Mönche, die ein widerspenstiges Muli, beladen mit Früchten, Gemüsen oder Getreide, dem Ertrag der Tagessammlung, am Zügel hinter sich her zogen; Bettler mit verkrusteten Füßen; Pilger mit dem Rosenkranz in der Hand; Militärs, die in elenden Karren erbarmungslos durchgerüttelt wurden; Polizeitrupps zu Pferde: Und zwischen allen floß hier im goldenen Schein der Sonne ein tiefer Strom geduldiger und matter Freundlichkeit. Denn ein jeder war dem anderen dankbar, daß er ihn vor der Isolierung bewahrte, die ihn den Straßenräubern ausgesetzt hätte. Man konnte auch auf dem Meer entlang der Küsten reisen, was weniger mühsam, aber mit der Gefahr verbunden war, in einem Kerker der Barbaren zu landen. Im Landesinneren hatten die Invasoren die Flüsse leider versanden lassen: der Volturno und der Ofanto waren nicht mehr schiffbar[6].

Diese erbärmlichen Straßen — soweit überhaupt eine Straße vorhanden war — ließen Alfons schnell erkennen, daß die Apenninen Süditalien in drei vertikale Zonen gliedern, die in ihrer Oberfläche, ihrem Bodenbau und schließlich auch in ihren Bewohnern beträchtliche Unterschiede aufweisen. Im Westen erstreckt sich entlang des Tyrrhenischen Meeres vom Monte Cassino bis zum Golf von Policastro „das glückliche Kampanien" — *Campania felix* — mit Städten (Capua, Caserta, Nola, Nocera dei Pagani, Salerno), „die mit beiden Beinen auf der Erde stehen" und mit subtropischen Kulturen auf Ebenen und Hügeln: Weizen und Hafer, Wein und Oliven, verschiedene und ergiebige Früchte. Gegenüber entfaltet entlang der Adria Apulien um Foggia, Andria, Bari, Taranto und Lecce den Teppich seiner üppigen und vielfältigen Kulturen. Gäbe es nicht die galoppierende Volkszählung und die Habgier der Barone, die Bauern dieser beiden maritimen Zonen hätten ein schönes Leben. Dazwischen aber windet sich genauso breit und länger als die beiden anderen zusammen, das hügelige Band des neapolitanischen Apennin als eine Linie, die links in etwa von Benevent, Avellino und Eboli markiert wird. Es ist Lukanien (heute Basilicata), das im Norden in die Abruzzen, im Süden nach Kalabrien ausläuft. Lukanien mit seiner zerklüfteten Oberfläche, ein verwünschtes Gebiet mit verkarsteten Bergen und grauen, von der Erosion zerfressenen Hügeln, mit sumpfigen und von „schlechter Luft" (*mala aria*) verpesteten Niederungen, mit Städten, die auf kalkigen Bergkuppen sitzen, um der Malaria zu entkommen, mit magerem Boden, der nur wenig Getreide und Hafer, Oliven und Reis erbringt. Lukanien schließlich — an irgend etwas muß der Mensch sich halten können —, das Lukanien der Magie, *magia lucana*. „Christus kam nur bis Eboli", sagt traurig ein altes lokales Sprichwort, das 1945 von Carlo Levi aufgegriffen und ausgeführt wurde:

„Christus ist niemals bis hierher gelangt, ebensowenig wie die Zeit, die individuelle Seele, die Hoffnung oder das Band zwischen Ursache und Wirkung, wie die Vernunft und die Geschichte. Christus ist nicht bis hierher vorgedrungen, genausowenig wie die Römer, die den großen Straßen folgten, aber die Berge und Wälder mieden, oder die Griechen, die am Meer die blühenden Städte Metapont und Sybaris bewohnten. … Fremde kamen in dieses Land nur als Eroberer, als

Feinde oder als gleichgültige Besucher. Die Jahreszeiten wechseln einander im Rhythmus der bäuerlichen Arbeit ab, heute wie dreitausend Jahre vor Christus. Keinerlei menschliche oder göttliche Botschaft hat sich dieser halsstarrigen Armut enthüllt. Wir reden eine andere Sprache: unsere Worte sind hier unverständlich. Die großen Entdecker haben die Grenzen ihrer eigenen Welt nicht verlassen; sie sind die Pfade ihrer eigenen Seele und die Wege von Gut und Böse, Moral und Erlösung gegangen. Christus ist in die unterirdische Hölle der jüdischen Ethik hinabgestiegen, um dort die Pforten der Zeit aufzubrechen und sie in Ewigkeit zu versiegeln. Aber in dieses düstere Land ohne Sünde und ohne Erlösung, wo das Übel nicht moralisch, sondern nur irdisches Leid ist, das ewig an den Dingen haftet, ist Christus niemals herabgestiegen. Christus kam nur bis Eboli"[8].

Jenseits davon aber vegetieren „die Verdammten der Erde" auf Moränen dahin, die auch heute noch nicht besser bewässert oder stärker industrialisiert sind als zur Zeit Alfons' oder Abrahams, und deren einzige Überlebenschance in der ... Auswanderung liegt. 1982 ist der durchschnittliche Lebensstandard des Mezzogiorno noch viermal niedriger als in Norditalien. Welche Zahl soll man für die Basilicata und Kalabrien angeben? ... Kommt Christus nie weiter als bis Eboli?

Und doch war es jenseits von Eboli, wo, genau an dem Tag, als Alfons zum Diakon geweiht wurde (6. April 1726), der spätere Heilige und Redemptorist Gerardo Majella als Sohn dieses Volkes von Schaf- und Ziegenhirten geboren wurde, dieses Volkes von ausgehungerten und zerlumpten Analphabeten, das teilweise in Höhlen — o Bethlehem! — hauste oder nicht selten in niederen, halbverfallenen Gemäuern aus grobbehauenem Stein oder Lehm wohnte, wo die Knaben im Stall schliefen und der Atem des Esels über das Kind blies. Diesen von der Gesellschaft und der Kirche Verlassenen wird sich Alfons' Herz vor allem zuwenden. Noch aber kennt er sie nicht.

Was hätten die satten und „aufgeklärten" Bürger Neapels zu diesen Menschen gesagt, wenn sie schon die Bauern des „glücklichen Kampaniens", die vor den Toren der Hauptstadt ihre schwere Arbeit verrichteten, als „Hottentotten" und — in Anspielung auf das Kolleg von Pater Ripa — als „Chinesen" bezeichneten: „Man sollte doch um Gottes Willen", so schrieb einer von ihnen, „zuerst einmal daran denken, die Bedürfnisse unserer eigenen chinesischen Bauern *ben bene* zu befriedigen ... Kein Volk ist barbarischer und unwissender als das unsere. Und der Grund dafür ist doch nur der, daß es nicht genug geeignete Kleriker gibt, die es lehren und unterweisen könnten"[9].

An Klerikern aber fehlte es in Beiden Sizilien wahrlich nicht. Der Historiker P. Coletta schreibt mit seiner antireligiösen und daher wohl etwas überspitzten Feder:

„Allein im Königreich Neapel gehörten etwa 112.000 Personen dem geistlichen Stand an: 22 Erzbischöfe, 116 Bischöfe, 56.000 Priester, 31.800 Mönche, 23.600 Ordensfrauen. In einem Land mit vier Millionen Einwohnern bedeutete dies ein Verhältnis der Kleriker zum Rest der Bevölkerung von 28 zu 1.000, ein unhaltbarer Zustand für die Moral durch den Zölibat, für die Menschheit durch die überhöhte Zahl, für die Industrie und das Volksvermögen durch den Müßiggang dieser Personen: allein die Stadt Neapel ernährte 16.600"[10].

Für die Hauptstadt hat Colletta allerdings mindestens 3.000 dazu „erfunden". Aber auch so gibt es im Land noch zehnmal zu viel Priester, selbst wenn man die Mönche der reinen Kontemplation überläßt.

Aber welche Priester? In einer von Alfons bestens beurteilten kleinen Schrift seines Freundes Don Giuseppe Iorio (1698–1788) beschreibt dieser „den schrecklichen Verfall auf dem Land und in den Städten, wo dreißig, vierzig, fünfzig, hundert Priester anzutreffen sind, von denen sich nicht einmal jeder zehnte dem geistlichen Leben und dem Studium widmet. Wenn die meisten auch kein Ärgernis geben, so braucht man doch nur die Augen aufzumachen, um festzustellen, daß sie vom Nichtstun oder nur für ihre eigenen materiellen Interessen leben. Wenn sie wirklich einmal irgendein Amt in der Kirche übernehmen, so geschieht auch dies aus Eigennutz und keineswegs zur Erbauung der Gläubigen; ganz zu schweigen von den nicht aufgedeckten Skandalen"[11].

Arme Priester: die meisten von ihnen ohne Berufung, ohne Ausbildung — die kleinen Diözesen hatten keine oder nur sehr schlechte Seminare —, ohne Seelsorge und oft auch ohne Einkommen!

Der massierte Zustrom der nachgeborenen Söhne zum zölibatären Priestertum war eine in Westeuropa weithin praktizierte „natürliche" Methode der Geburtenregelung: Spezifisch für die Beiden Sizilien aber war die prekäre Lage dieser kanonisch unfruchtbaren Männer. Hauptgrund dafür war das weitverbreitete System der *chiese ricettizie*, der „Ertrags"- bzw. Patronatskirchen. Diese Pfarreien waren — Klerus und Gläubige zusammen — auf ökonomischer und juristischer Ebene moralische Personen. Ihre Verweser lebten von einem gemeinsamen Erbgut — Besitz, Zinsen, Steuereinnahmen —, das als ungeteilte Masse verwaltet wurde: dem „Ertrag". „Vorstand" dieser Kirchen war nicht der Bischof, sondern die jeweilige Stadt oder Familie, die ihre Pfründe gestiftet hatte: kanonisch waren sie der jeweiligen Situation gemäß entweder *bürgerlich* oder *familiär*. Da der Bischof nicht die Kasse führte, kontrollierte er weder die Amtsführung — selbstverständlich nicht! — noch die Ernennungen, und hatte praktisch keinerlei Eingriffsmöglichkeit in die Seelsorge. Es ist ja allgemein bekannt, daß allein die wirtschaftliche Macht „befiehlt" ...

Das Personal dieser Pfarreien wurde durch Zuwahl rekrutiert. Die zur Verfügung stehende „Masse" war nicht unbegrenzt, und die meisten dieser Erbgüter ernährten nur eine begrenzte Anzahl von „Hungrigen" — also: *numerus clausus!* Die Überzähligen, gleichviel ob sie aus der Stadt oder der Familie kamen, mußten selbst zusehen, wo sie ihren Lebensunterhalt fanden. Viele Hungrige, wenige Auserwählte. Ersteren blieben nur die dürftigen Honorare für Messen und andere kirchliche Dienste und die Zuflucht zu oft wenig glorreichen Auswegen. Daher auch die Versuchung, eine unqualifizierte „Frömmelei" auszunützen und sogar gewissermaßen als Dorfmagier aus abergläubischen Praktiken Kapital zu schlagen. Das zähe Weiterbestehen eines „magisch-religiösen Synkretismus" in den Landgebieten des Mezzogiorno war also zum Teil durch das wirtschaftliche und soziale System bedingt: der gewährte oder verweigerte „Ertrag" *(ricetta)* bestimmte die gesamte Seelsorge; in beiden Fällen zu deren Nachteil.

Was konnte der Bischof dagegen tun? Er konnte Unwürdigen die Weihe verweigern. Mit welchem „Pendel" aber sollte er die Guten von den Schlechten unterscheiden? Wenn er dabei einfach von den „Abenteurern" hätte absehen und sich ganz auf den Titularklerus hätte verlassen können! Aber im antikurial orientierten 18. Jahrhundert galten die *chiese ricettizie* als „Laiengesellschaften", weil eine „Gemeinde" oder eine Familie ihre Gründung mit Besitz ausgestattet hatte. Sie benahmen sich wie eine Laienkörperschaft, die sich, mit der erzwungenen Zustimmung des Bischofs, ihre Priester selbst gab. Welche administrative und seelsorgliche Gewalt blieb diesem letzteren? Er konnte bitten und ermahnen, die Weihe verweigern, mit Amtsenthebung und Exkommunikation operieren. Für den Oberhirten der Diözese war *Clero ricettizio* gleichbedeutend mit einem streitsüchtigen Klerus, der kaum gewillt war zu gehorchen und der sich ständig gegen die bischöfliche Autorität an den König wandte; — für das Volk beinhaltete dieser Begriff eine Beamtenschaft, die auf ihre Rechte bedacht war und ihr Amt kalkulierte, wie man eine Rente verwaltet. Diese Spezialisierung auf das ökonomische und kanonische Recht macht sie weder erbaulicher noch kompetenter in theologischen Belangen. Im übrigen teilte dieser Klerus, der vom Ort stammte und in lokale oder familiäre Leidenschaften, Interessen und Vorurteile verstrickt war, auch mehr oder weniger die Laster, Spiele und Ballveranstaltungen seines Milieus. Die Bälle! — und hier spricht ein Bischof: „Sie bringen die leichtfertigsten und am wenigsten zurückhaltenden Männer mit den hübschesten und ausgelassensten Frauen zusammen! Und mitten unter ihnen die Kleriker, die noch weniger ausgelastet, noch besser in Form und noch draufgängerischer sind ... Hinterher sitzen sie dann wieder im Beichtstuhl"[12]!

Die guten Bischöfe setzten alle ihre Hoffnungen auf die Missionen. Und die Generalbeichten. Aber welche Aufgabe!

Alfons' erste Mission nach seiner Priesterweihe hatte ihn im Februar 1727 zusammen mit elf Mitbrüdern nach Posillipo an den westlichen Strand Neapels geführt[13]. Posillipo war einer der Aussichtspunkte, zu denen der neapolitanische Adel allabendlich seine Karossen und sein *farniente* lenkte. Alfons war damals noch nicht Beichtvater, und so fand er vielleicht die Zeit, in der Bucht des Golfs das vom Licht der untergehenden Sonne überflutete Ballett der weißen Segler zu beobachten und seinen Blick über den baumbestandenen Klosterberg von Camaldoli zum Vesuv und zum Apennin mit seinen braunroten Schattierungen schweifen zu lassen.

Im Mai dann brechen die Missionare der Propaganda in Gruppen zu jeweils vierzehn ins Hinterland auf. Ihr kleiner Wagentroß zockelt auf der „Königsstraße" nach Südosten in Richtung Nocera dei Pagani, Salerno, Eboli ... und Caggiano. Hier sind sie inmitten des „neapolitanischen China", im Herzen der schroffen Diözese Campagna, einer kleinen, in einer Bergschlucht eingekesselten Bischofsstadt von 3.938 Einwohnern. Ein Seminar ohne Seminaristen, das für Externe aus dem weiteren Siedlungsbereich als gemischte Volksschule dient. Und doch gibt es auch hier wie andernorts einen vollblütigen Klerus; aber er ist ungebildet und faul, dem Spiel, der Trunksucht und den Lastern verfallen und handelt mit Sakramenten und Zaubermitteln. Ihm zur Seite stehen die *frati*, ebenfalls faule und kaum von Wissenschaft und Frömmigkeit angerührte Mönche, die von ihren neapolitanischen Provinzialen ... aus dem Bodensatz des Korbs für diese „zurückgebliebenen" Dörfer ausgesucht wurden. Die Bevölkerung ist dementsprechend: hier traf eine geizige Natur mit der Habgier der Barone zusammen; mager waren der Boden, die Menschen, die Esel und die Ziegen, eine menschliche Herde so unwissend wie die Tiere, denn Katechismusunterricht, Missionen und Predigten fanden nicht den Weg über ihre Berge. Daher nahm nicht der christliche Glaube den ersten Platz ein, sondern eine magische Religiosität, bei der Satan an oberster Stelle stand, gefolgt von der Gottesmutter und dann erst von Gott, in einem Wiederaufleben des Heidentums ihrer Vorfahren[14].

Wurde Alfons für die Bischofsstadt eingeteilt, oder schickte man ihn in eine andere Stadt der Diözese – Caggiano, Pietrafesa, Stariano, Salvia oder S. Angelo Le Fratte? Wir wissen es nicht. Jedenfalls tauchte er hier zum erstenmal, und in einer für ihn erschütternden Weise, in die ihm bis dahin unbekannte Welt der „Verlassenen" ein. Zwei Jahre zuvor hatte S. Agata dei Goti im „glücklichen" Kampanien ihm nicht diesen Schock zu versetzen vermocht. Hier dagegen hat er, der nun Priester, aber noch nicht Beichtvater ist, die Zeit, diese ökonomisch und kulturell Unterentwickelten, diese Vergessenen, die von sich sagen: „Wir sind keine Menschen, wir sind keine Christen: Christus kam nur bis Eboli", zu beobachten, anzuhören und zu versuchen, sie zu begreifen.

Campagna liegt schon auf halbem Weg zur Adria, und so stößt zumindest ein Teil der Missionare bis in das Gebiet von Bari vor. Alfons befindet sich (nach Kuntz) daher am 20. Mai in Terlizzi (6.000 Einwohner) in der Diözese Giovinazzo. Die entsprechenden Seiten des *Giornale* der Apostolischen Missionen sind aus dem Band 1726–1727 verschwunden.

Der folgende Band setzt am 7. Juli 1727 mit der Wahl von Kanonikus Gizzio, dem geliebten Onkel, zum Superior ein. Er wird in den beiden folgenden Jahren wiedergewählt.

Im Herbst 1727 findet die Jahresmission von Neapel in der Kathedrale statt. 56 Brüder sind im Einsatz. Alfons hält die ganze Woche vom 25. Oktober bis zum 3. November die halbstündige Morgenmeditation für das Volk, und zwar, wie die *Regel* es vorschreibt, über die letzten Dinge.

Wenige Tage zuvor hat der Vesuv die Städtchen, die zu seinen Füßen den goldgelben *Lacrimae Christi*-Wein anbauen und trinken, in Schrecken versetzt und verwüstet. Eine Vormission, wie sie sogar die Jesuiten nicht bieten könnten! Während die Bevölkerung nun darauf wartet, daß an den Hängen des unteren Vulkans die Weinstöcke wiederkommen, die ihn mit Reben und Lauben überziehen und sich aus seiner Asche nähren, bringen die Mannschaften der Kathedrale – Alfons gehört zu jeder von ihnen – den am meisten bedrohten Bevölkerungsgruppen Predigt und Absolution: Boscotrecase (3.000 E.) in der letzten Novemberwoche 1727; Pollena (1.200 E.) Anfang Januar 1728 und Resina (das antike Herculaneum; 2.000 E.) ab dem 16. Januar[15].

Benedikt XIII. hat das Jahr 1728 für Italien zum Heiligen Jahr erklärt. In diesem außergewöhnlichen Klima der Bekehrung wirkt Pater von Liguori bei den Januarmissionen zum erstenmal als Missionsbeichtvater. Bei den Missionen vom Februar und April ist er nicht dabei: der Superior, sein Onkel Petro Marco Gizzio, läßt ihn bei den vierzigstündigen Anbetungen, den Einkehrtagen und den *Cappelle,* wo sein Beichtstuhl sofort belagert wird. Alfons verweigerte sich nicht.

„Nie wich er einer Aufgabe aus, in der man auf ihn zählte. Seine Kongregation der Apostolischen Missionen verfügte über eine gutdotierte tägliche Kaplanei, die vom Stifter ausdrücklich für den eifrigsten ihrer Brüder bestimmt war. Obwohl

Alfons noch gar nicht lange Priester war, vielleicht sogar der jüngste dem Weihe-datum nach, schätzte man ihn bereits so hoch ein, daß die *Illustrissimi* nicht zöger-ten, sie ihm zu übergeben"[16].

Diese Stiftung war ein einfaches Benefizium, d. h. ohne Seelsorge. Sie sicherte ihrem Inhaber den Lebensunterhalt unter der Auflage, die tägliche hl. Messe zu lesen oder lesen zu lassen.

Das *Giornale* 1728–1729 ist verloren, und so können wir über Alfons' Missio-nen vom Juli 28 bis Juli 29 nichts berichten. Er war mittlerweile in das Chinesen-kolleg emigriert. Die Allerheiligenmission in Spirito Santo verpflichtet ihn für den Vormittag und gibt ihn abends für seine „Kapellen" frei. Unmittelbar danach wütet eine Epidemie in der großen Stadt. Die Dompriester, „allen voran Alfons"[17], eilen an die Krankenlager und verschieben ihre Missionen auf später.

Das Jahr 1730 beginnt also mit der Hypothek der Überanstrengung der letzten Wochen und der Aussicht auf vermehrte Missionen, da es die Ausfälle wieder einzuholen gilt. Am Samstag, dem 14. Januar, haben die Gläubigen von Spirito Santo in Marano di Napoli (5.000 E.) nur Augen für die abgetragenen Kleider Liguoris: „Schaut nur den zerlumpten Missionar an! Wenn seine Predigten wie seine Soutane sind, dann wehe uns!" Sie werden Gelegenheit genug haben, sich persönlich zu überzeugen, denn auf ihn treffen die Morgenmeditation, der große Katechismus am Nachmittag und Beichten, Beichten ... Eine Mission *fervoro-sissima* in beiden Pfarreien. Sie wird um weitere acht Tage verlängert. War Alfons dafür ausschlaggebend, dessen seelsorgliches Gespür bereits zum Tragen kommt? Damit auch alle Platz finden, organisiert jede der beiden Pfarreien von Marano am Sonntag, dem 29., zwei Abschlußpredigten, aber viermal können die Kirchen die Mengen bei weitem nicht fassen. Es folgen zwei Tage zum Atemho-len, zum Wäschewechseln, und schon wird Alfons wieder eingesetzt, diesmal in der benachbarten Stadt Casoria (4.000 E.) im Norden Neapels. Bei jeder dieser beiden Missionen besteht die Mannschaft aus „zwölf Aposteln".

Am Samstag, dem 22. April, beginnt eine neue Mission auf dem Vorgebirge Capodimonte. „Ein in der Welt vielleicht einmaliger Blick", schreibt Stendhal. In dieser Dekanatskirche erhält Pater von Liguori, der jüngste der dreizehn Missio-nare, die höchste Weihe, die nur anerkannter Kompetenz und Beredsamkeit gegeben wurde: er ist es, der allabendlich die *Predica grande*, die große, einein-viertelstündige Predigt hält; nach nur drei Jahren und vier Monaten Priestertum. Am Sonntag, dem 30., schließt er die Mission und kommt zu seinen Mitbrüdern, die im Kloster dell'Annunziata missionieren: Ordensfrauen, großes Hospiz, Waisenhaus mit Station für verlassene Säuglinge, *conservatorio* für junge Mäd-chen und unverheiratete Frauen, Asyl für Reumütige. Achtzehn Missionare für diese „Stadt". Diese letzte Anstrengung wurde Alfons zu viel.

„Er verausgabte sich so sehr", sagt Tannoia, „daß seine Widerstandskraft erlahmte. Er wurde lungenkrank und bekam Fisteln und andere eitrige Geschwüre. Mehr als einen Monat lang fürchtete man um sein Leben. Wie mir P. Fatigati versichert, kam er nur durch ein offensichtliches Wunder Mariens davon"[18].

Sie erwartete ihn, Unsere Liebe Frau, in ihrer bescheidenen Bergkapelle von S. Maria dei Monti, „Heilige Maria von den Bergen", inmitten der Ziegenweiden oberhalb von Scala.

20. Mission ... in Scala (1730)

Die Ärzte schicken den jungen Mann zur Erholung auf die Anhöhen von Scala
und Ravello. Sein Wagen folgt am Rande der steil abfallenden Klippenwand hoch
über dem durchscheinenden Blau des Meeres dem schmalen Band der Küsten-
straße, die Sorrent mit Salerno verbindet. Sie wird mit ihren Kaps und Miniatur-
fjorden allen Vorstellungen der *divina costiera* gerecht, und gibt dem Auge bei jeder ihrer tausend Windungen neue Ausblicke frei.

„Die Straße ist so schön, daß ich heute morgen nach keinem schöneren Anblick auf der ganzen Welt verlangte. Die heiße Herbheit des Felsens, die freie
Luft, die Gerüche und die Klarheit, alles erfüllte mich mit dem wunderbaren Zauber des Lebens."

In Amalfi mündet die Straße gewissermaßen ins Wasser, und das Gespann
kann den Rekonvaleszenten nicht mehr weitertragen. So muß er die Küste verlassen und zu Fuß oder auf dem Rücken eines Mulis die Anhöhen der Monti Lattari
erklimmen: rechts die Kuppe, von der Ravello über das Meer blickt; links die
Terrassen, auf denen sich Scala, das seinen Namen zurecht trägt, in die Höhe
windet; dazwischen das schmale Tal des Dragone, das sich in beide gräbt.

Einige geruhsame Tage, um sich am schönen Augenblick zu erfreuen und sich
an die drei- bis vierhundert Meter Höhe dieser Terrassen zu gewöhnen, dann
gewinnt der Entdeckergeist die Oberhand:

„Oberhalb von Ravello setzten sich die Berge fort. Riesige Oliven- und Johan-
nisbrotbäume, und in ihrem Schatten Zyklamen; etwas höher zahlreiche Kasta-
nienbäume, kühle Luft, nördliche Flora; weiter unten Zitronenbäume in der Nähe des Meeres: Sie sind in kleinen Pflanzungen, Terrassengärten, die einander fast
gleichen und vom Gefälle des Terrains bestimmt werden, angelegt."

Vor allem die Bergwanderungen hatten es ihm angetan:

„Die frischere Luft, das Faszinierende der Felsen mit ihren Schlupfwinkeln
und Überraschungen, die ungekannte Tiefe der Täler gaben mir Kraft und Freude
und förderten meine innere Triebkraft."

Seine innere Triebkraft zur Kräftigung, aber noch mehr zu einem neuen Wesen. Die innere Triebkraft der Puppe, die sich zum Schmetterling wandelt:

„Ich war also nicht mehr das kränkliche und pedantische Wesen, dem auch
meine frühere starre und restriktive Moral entsprochen hatte. Dies war mehr als
Erholung: Es war ein Wachstum, ein Anfachen neuen Lebens, der Zufluß vol-
leren und wärmeren Blutes, das auch meine Gedanken, einen um den anderen berühren mußte, das sie alle durchdringen, und das die fernsten, empfindsamsten
und geheimsten Fasern meines Seins bewegen und tönen mußte...

Für einen, der von den Schwingen des Todes berührt worden ist, verliert das
einstmals Wichtige jede Bedeutung; andere Dinge, die früher unwichtig schienen
oder nicht einmal wahrgenommen wurden, sind nun in den Vordergrund getreten. Der Berg erworbenen Wissens, der auf unserem Geist lastete, beginnt wie
Schminke abzublättern, und schon tritt an einigen Stellen das nackte Fleisch hervor, das authentische Wesen, das sich dahinter verborgen hatte... Ich lief auf der
steil ansteigenden Straße und schrie, um es in mir wachzurufen: Ein neues Wesen, ein neues Wesen!"

Sind diese Zeilen Alfons' Tagebuch entnommen? Fast hätten wir diesen Eindruck erwecken können. Aber es ist André Gide, der in seinem Roman *Der Immoralist*[1] unter dem durchsichtigen Schleier der erfundenen Handlung berichtet, wie er auf eben diesen felsigen Hängen bei einem Erholungsaufenthalt in den Jahren um 1890 zu neuer Lebensfreude bekehrt wurde und die Geburt eines neuen Wesens in sich miterlebte. Aber es war ein heidnisches Wesen: „der alte Mensch, von dem das Evangelium nichts mehr wissen wollte."

„Um die Wahrheit zu sagen, ich dachte nicht, ich prüfte nicht; ein glückliches Geschick leitete mich. Ich fürchtete, ein zu eiliger Blick könnte das Geheimnis meiner allmählichen Umwandlung zerstören... So gab ich meinen Verstand zwar nicht ganz auf, ließ ihn aber brach liegen und lieferte mich wollüstig mir selbst, den Dingen und dem Ganzen, das mir göttlich erschien, aus... Mein einziges und damals beständiges Bestreben war es, systematisch alles zu verhöhnen oder zu unterdrücken, was ich nur meiner früheren Erziehung und meiner ersten Moral zu verdanken glaubte."

Soweit André Gide. Er spricht außerdem von einer Quelle, die sich in Kaskaden ergoß und „ein tieferes Becken gegraben hatte, in dem sich das reinste Wasser sammelte". In dieses Taufbecken „aus poliertem Fels, in dem auch nicht der kleinste Schmutz zu finden war", war er „ganz hineingetaucht", um hier gleichsam von seiner „früheren starren und restriktiven Moral", die er von seiner Mutter und Camisards Puritanismus übernommen hatte, geheilt und zu neuem Leben wiedergeboren zu werden.

Auch Alfons von Liguori war als vierunddreißigjähriger Mann in diese herrliche Landschaft von Scala und Ravello gekommen, von der es heißt, für ihre Bewohner sei der Eintritt in den Himmel nur ein Tag wie jeder andere; war gekommen, um hier Genesung zu finden. 1730 erlebte auch er, zugleich mit seiner Genesung, das Auftauchen eines neuen Wesens, und vielleicht legte auch er den letzten Rest gewisser Überzeugungen ab, die er in Neapel gewonnen hatte und für die „Bücher, Lehrer und Eltern" in seinem Umkreis bürgten. Wo aber Gide sich nach seiner Erfahrung der Freiheit des Menschen bemüht, „alles abzulegen, was er nur seiner früheren Erziehung und seiner ersten Moral zu verdanken glaubte", da gelangte Liguori im Kontakt mit den Armen und in der Liebe zu ihnen zweifellos zur Intuition einer Moral, die genauso einfach aufzunehmen war wie die Luft ihrer Berge, ohne dabei in Laxismus und Jansenismus zu verfallen.

Geheimnis des Herzens, Geheimnis des Blicks auf dieselbe Umgebung, den gleichen Rahmen... Alfons kapselt sich keineswegs auf „den mit niederem Gras und Moos bedeckten Felsen, fern aller Behausungen" ab, er hat vielmehr nur Augen, Ohren und Zunge für die Bewohner dieser abgeschiedenen Gegend und beschließt, sein Leben ihrer Hilfe zu widmen. Gide dagegen lebt nur im Inneren seiner eigenen Haut oder höchstens an ihrer Oberfläche, mit „meinem reicheren und wärmeren Blut, meinem Leib, der kräftig und braun werden muß, und den ich mit duftender Minze einreiben werde, meinem Durst, den ich mit dem milden oder herben Saft der Zitrone stillen werde, meinem Atmen, meinem Schweiß, meiner Temperatur, meinem Bart, der rasiert wird, meinen Haaren, die ich wachsen lasse... Ich schaute mich an, hager und blaß... ich schaute mich lange an. Ich fand mich fast schön... Mein ganzes Sein floß in meine Haut."

„Dies alles fand mein neues Wesen, das noch nichts zu wirken hat, vor. Ich dachte, daß dieses neue Wesen Taten hervorbringen würde, die mich selbst in Erstaunen versetzen könnten; aber erst später, später, sagte ich mir..."

Das „Göttliche", dem Alfons in diesem Land zwischen Himmel und Erde begegnete, war eindeutig umgekehrter Natur. In der Begegnung mit einer zum Absoluten erhobenen Natur, „dem alten Menschen", bewirkte er in sich selbst ein ungewöhnliches Wachstum des „neuen Menschen", des vom Evangelium geformten Menschen, für den das Herrenwort gilt: „Gott hat mich gesandt, den Armen die Frohe Botschaft zu verkünden." Und ohne eine Minute zu verlieren! Die Armen haben zum Warten keine Zeit.

Die neapolitanische Mission von Annunziata war am 7. Mai 1730 zu Ende gegangen. Alfons war unter dieser großen Anstrengung zusammengebrochen. „Länger als einen Monat", so schreibt Tannoia nach P. Gennaro Fatigatis Zeugnis, „fürchtete man um sein Leben." Sollte dies nur die Übertreibung einer verfälschten Erinnerung sein? Jedenfalls konnte der Kranke zur Kur aufbrechen, obschon die Zurückgebliebenen sich noch immer um ihn ängstigten.

Der Sterbenskranke von gestern braucht dringend Erholung. Die Priester seiner Gruppe von den *Cappelle serotine*, die ihm am nächsten stehen, bewegen ihn dazu und werden ihn auch begleiten. Gewiß drängt auch Ripa, denn er hält viel auf seinen Kaplan im Chinesenkolleg. Gennaro Sarnelli wird in der Zwischenzeit die „Kapellen" betreuen. Wo aber soll Alfons hingehen?

Don Giuseppe Panza stammt aus Amalfi. Er kennt die Einsiedelei S. Nicola, die ihnen hoch über Minori Ruhe, Bergluft und einen herrlichen Blick auf die Bucht von Amalfi bieten kann. Spätestens Mitte Mai besteigen die Freunde einen Segler, der sie nach 60 km Fahrt in Amalfi an Land setzen soll. G. Panza, G. Mazzini, V. Mannarini, G. Iorio und G. Porpora sind fürsorglich um Alfons bemüht[2]. Adieu Neapel! Adieu Vesuv mit deiner Rauchsäule!... Linkerhand taucht in zwei Meilen Entfernung schon bald Castellamare di Stabia mit seiner schwefelhaltigen Bucht auf. („P. Falcoia soll zu ihrem Bischof ernannt worden sein".) Der Glanz Sorrents... und in nächster Nähe das strahlende Capri. Hinreißende Ausblicke. „Aber was ist mit dem Meer los, daß es uns so durchrüttelt?" Nachdem unsere Seefahrer zwischen Capri und der Landzunge von Campanella die Bocca Piccola durchfahren haben, empfängt sie der Golf von Salerno ziemlich übellaunig. Der Sturm ist so heftig, daß er sie leicht gegen die Felsen der Monti Lattari schleudern könnte. Unmöglich, in Amalfi an Land zu gehen: er bläst auch für den kleinen Rest der Segel, die man ihm noch läßt, viel zu stark. So können unsere Reisenden erst 5 km weiter in der geschützter gelegenen Bucht von Minori landen. Gerade über ihnen läge die Einsiedelei S. Nicola, aber als Priester bestehen sie darauf, sich zuerst der Diözesanautorität vorzustellen. Sie erfrischen sich, während das Meer sich wieder beruhigt, und segeln dann zurück nach Amalfi.

Seit dem 9. Jahrhundert Hauptstadt einer blühenden Seerepublik und Rivalin Genuas und Pisas, wäre Amalfi jetzt nur noch der Schatten seiner selbst, wenn diese von Licht und Schönheit überflutete Stadt überhaupt einen Schatten haben könnte. Unsere Urlauber begrüßen also Erzbischof Mgr. Michele Bologna[3]. Während sie miteinander plaudern, kommt Don Matteo Angelo Criscuolo, der Generalvikar von Scala, herein. Sie werden einander vorgestellt. Er informiert sich:

— Was gibt uns die Ehre, Euch in unserer Gegend begrüßen zu dürfen?... Ihr wollt Euch oberhalb von Minori zurückziehen? Aber nicht doch! Kapselt Euch doch nicht in den Wäldern und Felsen von S. Nicola ab. Dort oben werdet Ihr die Messe nur für die Eichhörnchen lesen. Warum geht Ihr nicht nach S. Maria dei Monti? Es liegt oberhalb von Scala: eine Einsiedelei mit genügend Wohnmöglichkeiten; da könnt Ihr bleiben und obendrein noch etwas Guten tun für die vielen armen Ziegenhirten, die ganz verlassen dort oben leben. Ich gebe Euch die Jurisdiktion und alle meine Vollmachten.

Eine Einsiedelei ist so viel wert wie eine andere! „Vor allem", drängt Alfons, „können wir hier diesen armen Bergbewohnern helfen.[4]"

So folgen sie also dem Tal des Dragone, wenden sich dann nach links in Richtung Scala und erklimmen über eine „Treppe" im wahrsten Sinn des Wortes eine Steigung von 45°, über Terrassen von Zitronen- und Rebenpergolas. Die kleine Stadt ist aber erst ein Viertel des Weges; nun folgen sie im Schatten von Hecken und Kastanienbäumen steilen und steinigen Pfaden, die in einer Höhe von 1.080 m zwischen dem Cervigliano (1.204 m) und dem Ceretto (1.306 m) in wunderbare Almwiesen einmünden. Wird Kaplan Carmine Sanmarco auf seinem Posten sein? Die „Muttergottes von den Bergen" jedenfalls erwartet sie in ihrem Kirchlein mit den drei Altären[5]. Und ein steinernes Gebäude mit Obergeschoß bietet ihnen seine fünf oder sechs Räume an. Rundherum eine große, wellige Plattform, bedeckt mit einem Teppich aus tausenderlei Arten feiner Gräser, wie sie nur das Gebirge im Frühjahr zu weben weiß.

Nach guter Nachtruhe ist es die erste Freude unserer Sommerfrischler, das Offizium und die Eucharistie zu feiern und den Herrn in das kleine Heiligtum einzusetzen. Dann geht es an die Erkundung der näheren Umgebung. Diese kleine Kette der Lattariberge, die sich vor dem Tal des Sarno als Vorgebirge zwischen zwei Golfe schiebt, bietet einen überraschenden Ausblick in die am meisten gerühmten Gegenden der Welt.

Alfons' Blick aber sucht nicht so sehr den Apennin oder das Mittelmeer als vielmehr die Menschen. In diesen Bergen nun entdeckt er gleichsam eine lukanische Enklave. „So viele arme Ziegenhirten leben hier verlassen", hatte der Generalvikar gesagt. Waren es „Wanderhirten", die diese Almen von Mai bis Oktober abweideten? Oder „Standhirten", die hier Sommer wie Winter zwischen Weiden und Wäldern ihr Leben fristeten? Von den Ziegen ist ja bekannt, daß sie sogar mit Flechten, trockenem Laub, Rinde und Zweigen ihr Auslangen finden, und jetzt, im Frühjahr, konnten sie sich an würzigen Kräutern berauschen; ihre Besitzer aber litten zwölf Monate im Jahr geistigen Hunger.

„Die Ankunft der Missionare", so berichtet Tannoia, „hatte sich schnell herumgesprochen, und so dauerte es nicht lange, bis Sennen und Ziegenhirten und andere Bewohner dieser Gegend herbeikamen. Man kann sich nicht vorstellen, wie glücklich Alfons über diesen Zulauf war, und er begann mit seinen Gefährten, diese Bauern den Katechismus zu lehren und sie liebevoll zur Beichte zu führen. Ein Hirte erzählte es dem anderen, und so kamen immer mehr aus immer größerer Entfernung. Die Sommerfrische unserer Apostel wandelte sich in eine permanente und fruchtbare Mission.

Dies war die Gelegenheit, bei der Gott Alfons die große geistige Not erkennen ließ, die so viele Seelen erleiden, da sie ohne Sakramente und ohne das Wort Gottes leben müssen und verlassen auf dem Land und in den kleinen Dörfern „verderben". Er selbst erzählte, daß ein Großteil dieser Bauern in völliger Gottvergessenheit lebte; und noch schlimmer: da sie vielfach weitab von jedem Dorf lebten, kannten sie nicht einmals die christlichen Grundwahrheiten; daher mußten viele vor der Zulassung zum Bußsakrament erst in die ersten Anfangsgründe des Glaubens eingeführt werden."

Die erschütternden Entdeckungen, die Alfons jenseits von Eboli gemacht hatte, waren also keine beklagenswerte Ausnahme. Diese Verlassenheit war für die Landbevölkerung die Regel, während die Städte von müßigen Priestern überquollen ...

In Scala sprach es sich schnell herum, daß Alfons von Liguori sich auf seinen Almen aufhielt. Die Notabeln, allen voran der Bischof, wollten ihn sehen und hören. Der berühmte Don Nicola Guerriero (1667–1732) war früher in der Hauptstadt Gründer und Leiter einer Akademie der kirchlichen Wissenschaften gewesen. Als Rechtsanwalt des Erzbistums und der Nuntiatur stand er damals dem blutjungen Rechtsanwalt freundschaftlich nahe[6]. 1718 war er zum Bischof von Scala und Ravello ernannt worden.

Die Diözesen Scala und Ravello waren 987 bzw. 1087 gegründet worden, zu einer Zeit also, da der wirtschaftliche Wohlstand Amalfis eine jede dieser beiden Städte mit fast 40.000 Einwohnern bevölkerte. Allein Scala mit seinen 100 Verteidigungstürmen beherbergte 130 Kirchen, 30 Pfarreien und jeweils 2 Benediktinerinnen- und Benediktinerklöster. Ein sagenhafter und heute unvorstellbarer Glanz! Normannen, Pisaner, Deutsche, Anjouer und Sarazenen einerseits, Erdbeben, Pest und Hungersnöte andererseits, und als Gipfel aller Schrecken schließlich noch Bürgerkriege hatten dieses Eden immer wieder heimgesucht. Vor allem im Juli 1137 brachten die Pisaner drei Tage lang Feuer und Schwert mit einer Zerstörungswut, die – leider! – die Bewunderung des hl. Bernhard fand: „Es ist fast unglaublich", so schrieb er an Kaiser Lothar III., „die Pisaner haben mit einem einzigen Angriff Amalfi, Ravello, Scala und Atrani besiegt, diese reichen und so stark befestigten Zitadellen, die bislang noch für alle Angreifer uneinnehmbar waren.[7]" Schätze und Bewohner wurden als Beute bzw. als Sklaven hinweggeführt ...

Vom einstigen Scala und Ravello waren 1730 nur noch einige kostbare Bauten übrig, inmitten einer – sie wenigstens konnte nicht weggeführt werden – paradiesischen Landschaft. Beide Diözesen zusammen hatten etwa 3.000 „Seelen" und waren 1603 von Clemens XIII. zu einer einzigen verschmolzen worden. Ihre gemeinsamen Einkünfte – 311 Dukaten – machten außerdem den Bischof zum ärmsten des Königreichs, denn er lag damit weit unter dem auf 1.500 Dukaten angesetzten zumutbaren Minimum[8]. Mgr. Guerriero wahrte die Eigenständigkeit der Schwesterkirchen, indem er sich für jede von ihnen einen Generalvikar leistete. Er selbst residierte im bevölkerungsreicheren Ravello, obwohl Scala die ältere von beiden war. Doch hätten die Domherrn von einer Kathedrale zur anderen über das kleine Tal hinweg abwechselnd die liturgischen Verse singen können; denn zu Fuß braucht man nicht einmal eine Viertelstunde, um auf der Straße, die dem Kessel folgt, den der Dragone zwischen die beiden Bergkuppen gegraben hat, von der einen zur anderen zu gelangen[9].

Guerriero und Liguori fielen einander also voller Freude über dieses unverhoffte Wiedersehen, das sie unter so veränderten Bedingungen nach zwölf Jahren wieder zusammenführte — wohin das kanonische Recht doch führen kann! —, in die Arme.

— Predigt doch am nächsten Sonntag im Dom von Scala, sagte der Bischof zu seinem jungen Freund. Es ist die Fronleichnamsoktav.

Dieser 11. Juni wurde für Scala gewissermaßen zur Mission. „Die übergroße Liebe Christi in der Eucharistie und der schnöde Undank der Menschen": Alfons' eucharistische Seele kehrte zu ihrem immer gleichen und doch stets neuen Thema der vierzigstündigen Anbetung zurück. Die Zuhörer brachen in Tränen aus, und ihre Seufzer und Rufe drangen bis zu den Schwestern des *Conservatorio della Concezione* in zweihundert Schritt Entfernung. Die Schwestern verlangten einen Vortrag, und Alfons verweigerte ihn Mgr. Guerriero nicht. Von diesem Kloster hatte er schon gehört: einmal durch Pater Falcoia, der es seit zehn Jahren durch chaotische Wechselfälle des Schicksals begleitete, und zum anderen durch die neapolitanische Intelligenzia, die sich einmal über eine schwärmerische Nonne lustig machte...

Weder der Bischof noch die Schwestern wollten ihn wieder gehen lassen:

— Ihr müßt uns im September die große Kreuznovene predigen, sagte Mgr. Guerriero. Es ist ein wundertätiges Kreuz aus dem 13. Jahrhundert, das in der Krypta der Kathedrale verehrt wird und Gläubige aus den Küsten- und Bergregionen anzieht.

— Und dann haltet Ihr die hl. Exerzitien im Kloster, bitten Schwestern und Bischof gemeinsam.

Alfons sagt zu und steigt eilends wieder nach S. Maria dei Monti hinauf. Aber höchstens für eine Woche, denn schon am Montag, dem 19., ist seine Anwesenheit bei der Apostolischen Mission wieder bezeugt. Hier trifft er Gennaro Sarnelli, der seit vierzehn Tagen als Novize aufgenommen ist. Am 3. Juli nimmt er an den Wahlen teil, bei denen Onkel Gizzio durch Alfons' Lehrer Torni in der Leitung der Kongregation abgelöst wird. Wie Gizzio seit drei Jahren, so wird auch Torni in den darauffolgenden Jahren immer wieder gewählt. Alfons verbringt die Monate Juli und August in Neapel; er widmet sich seinen „Pfarrkindern", seinen „Kapellen" und seinen Beichtkindern. Aber er ist nicht mehr derselbe: er ist nicht mehr ganz aus Scala zurückgekehrt.

„Sein Herz war in S. Maria dei Monti geblieben", schreibt Tannoia. „Er konnte seine Sennen und Ziegenhirten nicht mehr verlassen. Der Gedanke an ihre Verlassenheit trieb ihm die Tränen in die Augen, und er flehte zum Herrn, er möge unter den Söhnen Abrahams einen rufen, der sich des Schicksals dieser Unglücklichen erbarme."

Und wenn kein Würdigerer als er sich erhob, wäre dies dann nicht seine, Alfons von Liguoris Berufung?

Beim Heiligsprechungsprozeß sagten drei Zeugen, und nicht die geringsten — die Patres Andrea Villani, Domenico Corsano und Gaspare Caione — aus, er habe sich bereits in S. Maria dei Monti „mit dem Gedanken getragen, eine Missionskongregation zu gründen, die sich das Heil der Menschen in den kleinen und kleinsten Dörfern des ländlichen Hinterlands, die ohne jede geistliche Betreuung leben mußten, zur Aufgabe machen sollte." Dies hatten die drei nach ihren Aussagen aus seinem eigenen Mund gehört. Nach P. Caiones Aussage war er nach Neapel hinabgestiegen „mit dem *neuen Entschluß*, eine Kongregation von Missionaren zu gründen, die sich ganz der Seelsorge der Verlassensten in den ländlichen Gebieten widmen sollte; er wollte sich darüber mit seinem Beichtvater (damals P. Pagano) besprechen ... Ich habe es auch dem Mund des Dieners Gottes selbst gehört ... und sofort, nach dem ich sein Zimmer verlassen hatte, schriftlich niedergelegt."

Aus diesen eindeutigen Zeugnissen[10] geht hervor, daß sich Alfons bereits im Juni 1730 mit dem Gedanken eines neuen Instituts trug, das er als eine dringende Notwendigkeit für die Kirche und möglicherweise auch als persönliche Pflicht ansah. Sein Herz und Gewissen sprachen die gleiche Sprache: Man kann diese Armen nicht weiterhin in ihrer Verlassenheit belassen. Ist es die Stimme des Geistes Gottes? Bevor er sich über diesen Punkt mit Falcoia oder irgendeinem anderen bespricht, steigt er von Scala zumindest insofern mit „dem neuen Entschluß" herab, als er die Frage seinem geistlichen Vater vorlegen will. Hier stoßen wir, wie P. De Meulemeester schreibt, an die reine Quelle seiner persönlichen Intuition vor:

„Er akzeptierte stets die Vorschläge anderer klarsichtiger Menschen, wie Falcoia, Schwester Crostarosa, Kanonikus Torni, um Lebensprogramm und Wirken seiner Ordensfamilie festzulegen. Doch unterschieden sich diese Vorschläge immer von seinen persönlichen Absichten, da sie nicht, wie er selbst, die Hauptbetonung auf die Seelsorge für jene legten, die am wenigsten geistliche Betreuung hatten. Die ausdrücklichere Erwähnung dieses Apostolats, dem seine Vorliebe galt, kann uns in den aufeinanderfolgenden Texten der Regel gelegentlich sogar als Anhaltspunkt für den mehr oder weniger umfangreichen Anteil Alfons' an ihrer Ausarbeitung dienen.

Die Fassung, die er später dem hl. Stuhl zur Approbation vorlegte und in der er sich stärker von den früher von Falcoia vorgeschlagenen Formulierungen lösen konnte, meißelt in energischen Begriffen seine großen persönlichen Gedanken auf dem Titelblatt der neuen Regel ein: 'Das einzige Ziel des Instituts wird es sein, dem Vorbild unseres Erlösers Jesus Christus folgend, den Armen das Wort Gottes zu verkünden, wie er selbst gesagt hat: *Er hat mich gesandt, den Armen die Frohbotschaft zu bringen* (Lk 4,18). Daher werden sich die Mitglieder dieser Kongregation im Gehorsam gegenüber dem jeweiligen Bischof gänzlich der Aufgabe widmen, den Bewohnern der Landgebiete und Dörfer, insbesondere denen, die der geistliche Hilfe am meisten entbehren, durch Missionen, Unterweisungen ... zu Hilfe zu kommen.[11]"

Mit diesen Gedanken verbringt Alfons also den Sommer 1730 in Neapel. Am Montag, dem 4. September, nimmt er noch an der Versammlung der *Illustrissimi* teil. Am 5. steigt er „mit seinem unzertrennlichen Freund Don Giovanni Mazzini" nach Scala hinauf, um dort vom 6. bis zum 14. September, dem Fest der Kreuzerhöhung, im Dom die versprochene Novene zu predigen. Anschließend muß er im Kloster de la Concezione die geistlichen Exerzitien halten.

P. Falcoia hatte sich den Bitten der Schwestern angeschlossen, Alfons möge diese Exerzitien leiten. Seit 1720, nachdem er mit seinem Mitbruder P. Maurizio Filangieri in den ersten Monaten des Jahres 1719 in Scala eine Mission gehalten hatte, war er der Pater Spiritual dieser gefährdeten Gemeinschaft. Ein kleines *conservatorio*, Asyl für Frauen und junge Mädchen, war hier materiell und moralisch am Ende. Mit Zustimmung von Mgr. Guerriero und des Domkapitels hatten die beiden Frommen Arbeitern sich an seine Wiederherstellung gemacht. Sie hatten sich diese Aufgabe dem jeweiligen Charisma entsprechend aufgeteilt: Filangieri, ein Sproß des Fürstenhauses Arianello, hatte mit seinem Ansehen und zum Teil auch seinem Vermögen Kirche und Baulichkeiten restauriert; Falcoia, der Spiritual der Gruppe, hatte unter Heranziehung von Postulantinnen aus Neapel eine Gemeinschaft der Schwestern von der Heimsuchung gegründet. Der jungen Schar stand als Oberin eine frühere Karmelitin vor, die unter der Obhut von Schwester Serafina di Dio oder di Capri (1621–1699) herangebildet worden war: Caterina Schisano, etwa 55 Jahre alt, mit dem Klosternamen Maria Giuseppe della Croce. Sie war eine gute Seele, aber gewiß kein Kirchenlicht. Vergeblich hatte man in Neapel um eine Affiliation an den Orden gebeten, und um eine Tochter der hl. Chantal zur Leitung der Novizen angesucht: ein Exemplar der Regel und Satzungen war alles, was man bekam. Dennoch hatten die ersten Professen am 28. September 1681 ihre Gelübde abgelegt. Drei Jahre später waren es schon 22 „Schwestern von der Heimsuchung", und es dauerte nicht lange, bis sie die Zahl 30 erreicht hatten[12].

— Schwestern von der Heimsuchung, ohne es wirklich zu sein, stöhnten sie: ohne päpstliche Klausur, ohne feierliche Gelübde, ohne die Privilegien des Ordens...

Glückliche kanonische Freiheit, die auch Gott volle Aktionsfreiheit läßt! Denn in Marigliano bei Nola bereitet er das Stockreis eines neuen Ordens vor: Maria Celeste Crostarosa.

21. Maria Celeste Crostarosa   (1730–1731)

Ein Frühlingsmorgen 1718. Die Karosse Don Giuseppe Crostarosas, Rechtsanwalt am Gericht von Neapel, rollt der Sonne entgegen über den Campo Nolano. Im bläulichen Dunst, der sich zwischen den blühenden Bäumen auflöst, streben vier Damen aus der Hauptstadt dem 20 km entfernten Marigliano zu: Donna Paula Battista Crostarosa mit einer Freundin und zwei ihrer Töchter: die dreißigjährige Ursola und Giulia, die bald 22 wird. Sie wollen Schwester Verdiana di Gesù, die Priorin des Karmel-*conservatorios* von Marigliano, besuchen. Eine gottesfürchtige Frau. Spricht Ursola unterwegs von ihrem Verlangen nach dem Ordensleben? Giulia jedenfalls ist, wie sie in ihrer *Autobiografia* berichtet, schon ganz in Gott verloren: sie sagt nichts und hört nichts; eine andere Sonne bezaubert sie, „sie ist gleichsam in einen Strom der Liebe versunken, der seine Quelle im Himmel hat."

Im Karmel werden sie mit größter Herzlichkeit empfangen; eine heitere Unterhaltung entspinnt sich. Da wendet sich die Priorin unvermittelt an Giulia mit der ungewöhnlichen Frage:

— Worauf wartest du noch, um dich dem Herrn zu schenken? Möchtest du nicht gleich heute bei uns im Kloster bleiben?

Die Antwort kommt ohne Zögern und mit Begeisterung:

— Ich bleibe. Sofort.

— Ich auch, fällt Ursola ein. Wir bleiben beide.

— Wie? protestiert die Mutter. Ohne eurem Vater ein Wort gesagt zu haben? Kommt nicht in Frage.

In der lebhaften Debatte, die nun einsetzt, ist Giulia mit ihrer Führernatur die Wortführerin, unterstützt von Ursola, die zeit ihres Lebens gleichsam Giulias Schatten bleibt. Die beiden Schwestern sind so fest entschlossen und von solcher Überzeugungskraft, daß die Karosse nur mit der Hälfte ihrer Insassen nach Neapel zurückkehrt. Natürlich unter der stillschweigenden Voraussetzung, daß der Vater auch zustimmt.

Der Jurist Crostarosa weiß sehr wohl, daß seine Töchter volljährig sind, und so läßt er ihnen ihre Freiheit. Aber er ist ein wahrer Vater, der sie innig liebt, was er ihnen auch immer wieder in den Prüfungen, die später auf sie zukommen werden, beweist. Nach sechs Monaten nehmen Ursola und Giulia den Habit der Karmelitinnen und beginnen ihr Noviziatsjahr in der Kongregation der „Milderung", die Schwester Serafina di Dio oder di Capri eingeführt hatte[1].

Giulia Crostarosa wurde am 31. Oktober 1696, also 34 Tage nach Alfons von Liguori, im Herzen Neapels geboren. Sie ist das elfte und vorletzte Kind einer Familie, die ganz von Gott durchdrungen ist. Seit ihrem fünften oder sechsten Lebensjahr, so erzählt sie, „spricht der Herr zu ihrem Herzen und macht ihr vertrauliche Mitteilungen; von Zeit zu Zeit ruft er sie in kurzen inneren Worten an und drängt sie, ihn zu lieben."

Als sie zwölf oder dreizehn Jahre alt ist, sagt er zu ihr: „Ich will dein Führer sein. Ich selbst werde dich leiten. Ich allein. Suche keinen anderen. Ich werde dein Lehrer sein."

Nun ist sie also mit 22 Jahren im Karmel von Marigliano. Sie stellt fest, daß sogar Serafina di Capris Milderung schon wieder sehr gemildert ist. Die Gründung ist noch nicht alt (1715), die Schwestern sind jung, man vergnügt sich häufig an den Gittern.

— Wenn Ihr dieser Lockerung nicht Einhalt gebietet, erklärt Giulia der guten Priorin, werde ich in diesem Kloster nie und nimmer die Gelübde ablegen.

Verdiana di Gesù hört auf sie. Sie vertraut ihr sogar nach nur achtmonatigem Noviziat die Pforte, den Turm und das Sprechzimmer an. Gitter und Schlösser knirschten von dieser Zeit an weniger, aber es gab Tränen und Zähneknirschen, und als die Mutter Vikarin darüber nach drei Monaten starb, ging sie in den wohlverdienten Frieden ein.

Am 21. November legt Schwester Candida (das ist Giulias Klostername bei den Karmelitinnen) die Ordensgelübde ab. Sechs Monate später ist sie bereits Novizenmeisterin und überdies mit der Obhut der zwölf „Zöglinge" betraut, zu denen schon bald auch ihre jüngste, 1701 geborene Schwester Giovanna gehört. Die Sorge um die Seelen erweckt ihren Eifer. „Sie verspürt großes Verlangen, ihre Nächsten zu inniger Gottesliebe zu führen". Zuerst ihre Novizen und ihre Schwestern. Schon bald erweiterte der Herr ihre apostolischen Horizonte. Sie berichtet:

„Eines Morgens sagte der Herr nach der hl. Kommunion, bei der ich oft in Ekstase fiel, zu mir: Ich will dich zu Mutter vieler Seelen machen, die ich durch dich retten werde. Unter anderem zeigte er mir eine Ordensgemeinschaft, die ich nicht kannte, und fügte hinzu, ich solle Klöster gründen; mehr aber sagte er nicht darüber. Ich verstand nichts und maß dieser Aufforderung auch keine Bedeutung bei, denn sie schien meine begrenzten Möglichkeiten bei weitem zu übersteigen."

Gottes Zugriff wird immer beherrschender. Sie wird sich jener Taufgemeinschaft mit Christus bewußt, die schließlich zur Identifikation führt und damit die vollkommene christliche Existenz schafft, wie sie Paulus erlebte: „Nicht mehr ich lebe, sondern Christus lebt in mir" (Gal 2,20). Sie schreibt:

„Christus gab mir eine Klarheit des Verstehens, in der ich die Glaubenswahrheit mit durchdringender Einsicht erfaßte. Er zog mich an sich und zeigte mir, wie er selbst lebt und wie er das Leben der gerechten Seele ist. In einer innigen Vereinigung der Liebe schuf mein Jesus durch seine Gnade in meiner Seele eine süße Nachempfindung des ewigen Lebens. Er ließ mich die Worte des Evangeliums verstehen: *Ich bin der Weg und die Wahrheit und das Leben; niemand kommt zum Vater außer durch mich* (Jo 14,6). Er ließ mich das erstaunliche Werk betrachten, daß durch die Vereinigung des Göttlichen mit der menschlichen Natur in ihm vollbracht war; und er zeigte mir, wie die Seelen durch den Glauben und die Gnade seines Heiligen Geistes und die wunderbaren Früchte der guten Werke und Tugenden seines heiligsten Lebens auf Erden *(mentre egli era in terra uomo viatore)* in diese Einheit eingeht.

Da er durch die in ihm vollzogene Vereinigung der göttlichen Person mit der menschlichen Natur Leben geworden ist, lebt er in liebender Vereinigung mit Gott, während er zugleich sein eigenes (irdisches) Leben in all jenen Personen fortsetzt, die er liebt; er ist das Leben ihres Lebens...

Da begriff ich die vollkommene Einheit der Seele mit dem gott-menschlichen Wort... Das Leben, das sind die durch die Gnade... im Menschen selbst gelebten Werke und Tugenden Jesu Christi. Er ,wandelt' in denen, die ihm durch die Liebe und die durch Glauben, heilige Werke und die Gnade des Heiligen Geistes bewirkte Wahrheit in Gott verbunden sind. Und alle jene, die ihm durch Werke, Glauben und die übernatürliche Gnade in Liebe verbunden sind, sind in Christus, dem menschgewordenen Gott, seine eigene Person, die zum Himmel aufsteigt."

Für die junge Klosterfrau, oder vielmehr für ihren göttlichen Lehrmeister, ist die Nachfolge Christi nicht ein bloßes Eintreten in seine Fußstapfen hinter und nach ihm, sondern eine Umwandlung des Seins, bei der er sein Leben in das unsere legt. Christus ist immer und persönlich der *homo viator*, „der werdende Mensch" — oder besser: „der werdende Gott" — in jedem menschlichen Wesen, das sich von ihm ergreifen läßt. Jeder von uns muß für das fleischgewordene Wort „eine Menschheit im Wachstum" sein, die es selbst in Fortführung seiner eigenen Menschheit auf göttliche Weise leben möchte. In uns ist dieses fleischgewordene Wort noch und immer der „werdende Gottmensch" bis ans Ende der Welt, solange es Menschen gibt. Christus nachfolgen, heißt nicht, ihn zu kopieren, sondern vielmehr, ihn noch einmal in uns er selbst sein zu lassen.

Das ist die Lebenslehre, mit der Geist und Leben dieser jungen Karmelitin von Marigliano von ihrem göttlichen Meister durchdrungen werden.

Im Winter 1722 verkünden die Frommen Arbeiter in der kleinen Stadt die Frohe Botschaft. P. Tommaso Falcoia leitet die Mission und hält auch im teresianischen *Conservatorio* die Exerzitien. „Ich brauche nicht mit ihm zusammenzutreffen", sagt sich Schwester Crostarosa, „wir haben ja Don Bartolomeo Cacace, einen heiligmäßigen und klugen Leiter." Don Cacace war einer der Theologie-professoren, die Alfons im Seminar von Neapel kennengelernt hatte.

In der darauffolgenden Nacht aber, als die Schwester gerade beim Gebet war, sprach der Herr zu ihr:

— Du gehst zu diesem Pater und wirst ihm deinen Seelenzustand offenlegen: ich will es. Er wird eines Tages dein Seelenführer sein. Ich offenbare dir seine Seele. Noch in dieser Stunde werde ich ihm die deine enthüllen.

Am folgenden Morgen kommt es zu einer langen Begegnung. Falcoia hat tatsächlich „Erleuchtungen" über sie empfangen.

— Bleibt bei Eurem Seelenführer, sagt er ihr abschließend. Aber schreibt mir in Zukunft: dann werden wir sehen, was der Herr vorhat. Ihr seid auf dem richtigen Weg.

„Der Herr", so fährt Crostarosa fort, „gab mich in die Hände dieses Paters und großen Dieners Gottes, um mich von den kostbaren Früchten des Kreuzes, die ich noch nicht kannte, ‚kosten' zu lassen!"

P. Tommaso sollte sie in den folgenden Tagen noch mehrmals sehen und erzählte ihr von seiner Gründung eines Klosters von der Heimsuchung in Scala. Schließlich wurde die Anweisung, ihm zu schreiben, zu einer formellen Vorschrift im Namen ihres Gehorsamsgelübdes. Man fragt sich, woraus ein Wanderprediger solche Vorrechte ableitete? Aber es war eine providentielle Begegnung.

Denn im darauffolgenden Jahr 1723 wurde die Situation für die Karmelitinnen unhaltbar. Die Herzogin von Marigliano, Isabella Mastrillo[2], „maßte sich solche Macht über das Kloster an, daß sie die armen Schwestern in die schlimmste Drangsal brachte, indem sie alle ihre Güter mit Beschlag belegte und sie sogar ihrer Beichtväter beraubte. Die teuflischen Verfolgungen nahmen kein Ende. Schließlich riet der Bischof von Nola, der diesen Eingriffen einer nicht steuerbaren Übermacht tatenlos zusehen mußte, den Schwestern, ihre Mitgift wieder an sich zu nehmen und ein Kloster ihrer Wahl zu suchen."

Am 16. Oktober 1723 holen also die guten Eltern Crostarosa ihre drei Töchter wieder ab. Als die Priorin Giulia zum Abschied in ihre Arme schließt, sagt sie zu ihr: „Bitte Gott für mich. Du wirst große Dinge zu seiner Ehre tun." Diese heiligmäßige Seele hatte diese Offenbarung vor der ganzen Gemeinschaft in einer ekstatischen Entrückung empfangen. „Ich maß dieser Offenbarung genauso geringe Bedeutung bei wie der ersten, da ich mich dazu für absolut unfähig hielt", war Crostarosas Reaktion.

Don Giuseppe Crostarosa ist der Meinung, daß die Ehre Gottes zunächst einmal die Gesundheit seiner Töchter voraussetzt, und bringt sie für drei Monate zur Erholung nach Portici.

— Gott will Euch bei meinen Schwestern von der Heimsuchung in Scala, schreibt Falcoia.

— Man erwartet Euch alle drei für die Gründung eines Klosters in Tramonti, sagen die Eltern.

Da greift der Herr ein und sagt zu Giulia:

— Es ist mein Wille, daß du nach Scala gehst, daß du dich dort in Demut übst und die geringste aller Schwestern wirst.

— Scala? . . . Ursola schreckt wegen Falcoias bestimmendem Wesen davor zurück; er ist dort der alleinige Spiritual, und alle müssen durch sein Walzwerk hindurch... Giulia aber geht; also muß ihr auch „ihr Schatten" Ursola folgen, und Giovanna schließt sich den älteren Schwestern an. Im Januar 1724 sind sie in Scala, und am 7. Februar nehmen sie den Habit. Giulia ist von nun an zeitlebens Schwester Maria Celeste; Ursola wird Sr. Maria Illuminata und Giovanna Sr. Maria Evangelista.

Im ersten Jahr ihres Noviziats trübt nichts den religiösen Eifer der Schwestern. Maria Celeste, die täglich kommuniziert, hat das Empfinden, immer mehr wie und durch das geweihte Brot selbst in Jesus Christus umgewandelt zu werden. Der Herr schenkt ihr sein göttliches Herz, seinen göttlichen Willen und die Werke und göttlichen Tugenden seines Erdenlebens. „Sie erlebt", wie sie sagte, „eine Auferstehung zu einem neuen Leben, das sich von ihrem ersten grundlegend unterscheidet."

Da kommt es am Tag des Flurumgangs von St. Markus, am 25. April 1725, zu dem Ereignis, das sie fünfundzwanzig Jahre später in ihrer *Autobiografia* (um 1750–1755) selbst berichtet. Lesen wir aber lieber, was sie im September 1730, also zu einem viel früheren Zeitpunkt auf Aufforderung Alfons' hin, der in Scala die Exerzitien hielt, niederschrieb:

„Lieber Pater im Herrn. Ich komme meiner Gehorsamspflicht nach, aufgrund derer Ihr mir befohlen habt, zusammenfassend zu sagen, wie die Angelegenheit des neuen Instituts für mich verlaufen ist. Hier also der Kern, nach bestem Erinnerungsvermögen:

Vor einigen Jahren, am Tag des Flurumgangs, erfaßte mich nach der hl. Kommunion eine innige Liebe zu meinem Jesus, die mein ganzes Sein durchdrang. Gleichzeitig spürte ich, wie meine ganze Seele zu ihm hingezogen wurde; in einer absolut reinen Klarheit zeigte er sich mir in unbeschreiblicher Schönheit; er vereinte mich mit sich durch seine Hände, seine Füße und seine Seite in unausdrückbarem Jubel der Liebe.

Nach diesem kurzen Augenblick gab er mir die Fähigkeit zurück, mich selbst zu sehen, und ich sah in lichtvoller Klarheit, wie sein Finger mit seinem Blut in meinem Herzen schrieb.

Während dies geschah, ließ er mich den ganzen Wert seines Lebens begreifen und gab mir zu verstehen, daß er mir ein neues Institut geben wolle, das die Welt an all das erinnern sollte, was er für die Menschen getan hatte. Zugleich empfing ich in absolut klarer Deutlichkeit das volle und umfassende Wissen von allem, was in der Regel enthalten sein sollte, und er befahl mir, alles in seinem Namen, und wie er mir gezeigt hatte, aufzuzeichnen...

Nachdem mir dies zugestoßen war, war ich ganz durchdrungen von Freude und Verwunderung und blieb den ganzen Vormittag außer mir, unfähig, meine Sinne zu gebrauchen. Erst nach ein paar Stunden kam ich wieder zu mir, war aber noch immer so bestürzt, daß ich viele Tage lang nicht den Mut fand, davon zu erzählen. So behielt ich alles für mich, denn ich wußte weder, was ich von mir selbst halten noch wie ich mich meinem Pater Spiritual eröffnen sollte.

Ich war unruhig, weil ich nicht wußte, ob das Ganze von Gott herrührte oder nicht. Es schien mir natürlich, daß Gott wirklich der Urheber dieser Dinge war; andererseits aber hielt ich es für unvorstellbar, daß Gott ausgerechnet mich in dieser Weise behandelt, während es doch auf der Welt so viele heilige Seelen gibt, denen sich Gott hätte mitteilen können... Um so mehr, als ich nur eine einfache

Novizin dieses Klosters war und den letzten Rang in der Gemeinschaft einnahm.

So verbrachte ich viele Tage, ohne irgendjemandem mein Geheimnis anzuvertrauen. Eines Morgens aber, nach der hl. Kommunion, tadelte mich mein Bräutigam wegen meines Schweigens. Er sagte zu mir: ‚Warum willst du nicht sprechen? Fürchtest du, gedemütigt zu werden? Dann wisse, daß du dich in diesem Schweigen selbst mehr liebst als mich!' Und er bemächtigte sich meines Geistes und vereinigte ihn mit aller Kraft mit dem seinen. Er zeigte mir in einem Augenblick alle Schmähungen, alle Verzweiflung und Verfolgungen, die ich zu erdulden haben werde, und ließ mich erkennen, daß ich der gleichen Kreuzesverlassenheit ausgesetzt sein werde wie er.

Beim Anblick solcher Drangsal, die mir in allen Einzelheiten klar vor Augen geführt wurde, liefen mir kalte Schauer durch den Leib, und meine schwache Natur war gleichsam starr vor Entsetzen; mein Geist aber war stark und in Ergebenheit bereit, mich zu erklären, auch um den Preis, daß alle mich verachten würden. Ich bot also Gott meine Ehre, mein Leben zum Opfer dar und beschloß, mich meinem Pater Spiritual und meinen Oberen zu eröffnen.

In der darauffolgenden Nacht fand ich keine Ruhe, denn die Verbindung mit meinem Bräutigam war nicht abgerissen. Es war, als ob fünfzig Gelehrte auf einmal auf mich einredeten. Meine Seele lauschte in hingerissener Verzückung. Was ich davon in der Ordensregel oder den anderen Schriften, die meinem Führer vorliegen, niedergeschrieben habe, ist noch das wenigste. Ich empfing von meinem Bräutigam sehr große Verheißungen. Ich erwähne sie hier nicht, denn um sie zu nennen, müßte ich auch von anderen geistlichen Dingen sprechen, die mir gewährt wurden.

Er befahl mir, nach der hl. Kommunion die Regel nach seinem Diktat niederzuschreiben. Nachdem er aufgehört hatte, mir zu diktieren, hätte ich keine Silbe mehr hinzufügen können; ich konnte einfach nicht mehr weiterschreiben, nachdem diese Zeit vorbei war."

Das Ziel dieser Regel formuliert sie in ihrer *Autobiografia* folgendermaßen:

„Ich empfing die Intuition einer neuen Ordensgemeinschaft, die der Herr durch mich in der Welt entstehen lassen würde; alle Gesetze und Regeln, die in ihr zu beachten wären, seien die seines eigenen Lebens; ich erblickte gleichsam wie in einem aufgeschlagenen Buch die göttliche Vollkommenheit; alles war im Lamm Gottes selbst vorhanden."

Maria Celeste vertraut sich dem ordentlichen Beichtvater des Klosters, Kanonikus Pietro Romano, und ihrer jungen 23jährigen Novizenmeisterin, Schwester Maria Angela de Vito an. Beide befehlen ihr, die Ordensregel niederzuschreiben. „Du sollst vierzig Tage lang fasten, Buße tun und schweigen", hatte der Herr ihr gesagt. Sechs weitere Schwestern wurden durch unmittelbare innere Offenbarungen in das Geheimnis eingeweiht. Sie fasten mit ihr.

O Wunder! Das Geheimnis sickert nicht zur übrigen Gemeinschaft durch. Nicht einmal — vor allem nicht! — zur Oberin; denn Falcoia, der Schwester Giuseppa Schisano nicht ganz zu Unrecht für einen schlichten und engstirnigen Geist hält, hatte hier bereits Richtlinien festgesetzt. „Er hatte den Schwestern insgeheim befohlen, in ihren ‚Gewissensberichten' an die Oberin nichts von ihrem inneren Zustand zu offenbaren; in dieser Hinsicht wollte er über alles, was in der Seele einer jeden Schwester vor sich ging, auf dem laufenden gehalten werden."

Aber P. Tommaso ist bis nach Ostern in der Ewigen Stadt, wo er den Ablaß des Heiligen Jahres 1725 gewinnen und Geschäftliches erledigen möchte. Da kommt im Juni sein Mitbruder Maurizio Filangieri nach Scala. Er ist der Ordensobere des Klosters, das die beiden Frommen Arbeiter 1720 gemeinsam gegründet haben und er ist nach wie vor auch dessen „zeitlicher Vater"; seit 1722 ist er auch Generaloberer seiner kleinen Kongregation. Angesichts der Bedeutung des Falls und der längeren Abwesenheit des „Paters Spiritual" weist die Novizenmeisterin Maria Celeste an, ihn über alles zu informieren: Offenbarungen und Ordensregeln.

Am Abend noch voller Begeisterung, erwacht Filangieri am nächsten Morgen, nachdem er alles nochmals überschlafen hat, sehr ernüchtert und übergibt das Ganze dem Urteil Falcoias. Die Novizenmeisterin M. Angela erstattet diesem letzteren Bericht. Gelangt das Dokument mit der Post oder durch Filangieri persönlich nach Neapel? Jedenfalls treffen die beiden „Gründer" dort zwischen dem 27. und dem 30. Juni zusammen. P. Maurizio warnt den ihm unterstellten Falcoia zweifellos.

Am 30. Juni antwortet Falcoia im wesentlichen folgendes:
— An M. Celeste: „Ihr seid verrückt und hochmütig; eure Offenbarungen sind nichts weiter als nichtssagende Träume. Verbrennt die Regel, verkehrt bis zum 15. August nicht mit der Gemeinschaft und sprecht nicht mehr von diesen Albernheiten!" — An M. Angela: „Sorgt dafür, daß meine Anweisungen ausgeführt werden, demütigt dieses Mädchen, so gut es geht, und haltet diese ganze Geschichte geheim." Diese Briefe erreichten ihre Adressaten allerdings erst... am 17. August, obwohl sie auf einem sicheren und schnellen Weg abgesandt wurden.

Als die Novizenmeisterin gegen Mitte Juli noch immer keine Antwort hat, schickt sie die Regel direkt an P. Falcoia. Nachdem dieser sie gelesen hat, ändert er seine Meinung: Er nimmt seine Entscheidung zurück und kündigt für September sein Kommen an. „Welche Entscheidungen?", fragen sich die Schwestern.

Falcoia berät sich in der Zwischenzeit mit zahlreichen Theologen. Das Werk kommt von Gott, antworten sie; zu seiner Durchführung allerdings müssen zwei Bedingungen erfüllt werden: es muß an eine der großen approbierten Regeln angeschlossen werden und die einmütige Zustimmung der Schwestern der Heimsuchung erhalten, die ihre Gelübde nach der Regel des hl. Augustinus und den Konstitutionen des hl. Franz von Sales abgelegt haben.

Im September sind die beiden Frommen Arbeiter gemeinsam in Scala. Falcoia spricht viele Male mit den Schwestern. Filangieri hört M. Celeste noch einmal an. Sie sind überzeugt, daß der Plan von Gott kommt, und können ohne Schwierigkeiten auch den Bischof und den Generalvikar überzeugen. Diese geben ihnen folgenden Bescheid: „Ihr seid die Gründer des Klosters; übernehmt auch diese Umwandlung." P. Tommaso ruft das Kapitel zusammen und legt ihm „das Werk des Herrn" dar. Die Priorin und zwei Schwestern widersetzen sich. Da also keine Einstimmigkeit erreicht werden konnte, scheitert das Projekt. P. Maurizio, der in erster Linie auf den Frieden bedacht ist, befiehlt Tannoia, die Sache auf sich beruhen zu lassen und berichtet dies auch Mgr. Guerriero.

Falcoia ruft also die Gemeinschaft noch einmal zusammen: „Von einer neuen Ordensregel und einer neuen Ordensgemeinschaft darf nicht mehr gesprochen werden!" M. Celeste und die sechs Schwestern, die ebenfalls Offenbarungen hatten, nimmt er beiseite und demütigt sie zutiefst. Sie hätten mit ihren Träumereien das Kloster in Unruhe versetzt und sollten eventuellen „Manifestationen" keinerlei Glauben mehr schenken: der Dämon nehme gern die Gestalt eines lichten Engels an. Die Visionärin solle im Garten Unkraut jäten, während die Gemeinschaft ihr Gebet verrichtet, und lieber Handarbeit leisten, als in den Chor zu gehen; sie sei nicht würdig, dort Platz zu nehmen...

Der Novizenmeisterin dagegen trägt Falcoia auf, ihm schriftlich über alles Übernatürliche Bericht zu erstatten, das M. Celeste eventuell zustoßen könnte. Insgeheim bewahrt er ihr also doch seinen Glauben und sein Vertrauen. Sie selbst aber bewahrt bei alledem ihre Gelassenheit. „Vertraue auf mich, und du wirst meine Werke sehen", hatte der Herr zu ihr gesagt.

Filangieri seinerseits hat dieses Kapitel endgültig abgeschlossen.

— Betretet das Kloster nicht mehr, befiehlt er Falcoia, und empfangt keine Briefe; übernehmt dort keinerlei Seelenführung mehr. Ihr seid den Illusionen dieses Beichtkindes aufgesessen.

Ganz Neapel redet darüber: Pater Falcoia — ja, sogar er! — ist einer Visionärin auf den Leim gegangen! Und man spottet, allerdings „mit allem Respekt", denn dieser angesehene Mann genießt auch weiterhin eine hohe Wertschätzung.

Vielleicht will der Generalobere dem Gerede eine Ende setzen, von dem auch seine eigene Kongregation nicht unberührt bleibt. Spürt er, daß Falcoia noch nicht ganz aufgegeben hat? Jedenfalls wird er immer wieder von der Priorin von Scala bedrängt, die ein Wiedererstehen des „neuen Instituts" befürchtet. Es muß endlich zu einem Ende kommen! Im ausgehenden Winter 1726 versammelt Don Maurizio eine große Gruppe von Theologen, deren Meinung schon im voraus mit der seinen übereinstimmt, und lädt dazu auch den Generalvikar von Scala, Don Criscuolo ein. Die „Visionärin" und ihr allzu naiver Seelenführer werden verurteilt. Don Criscuolo erhält den Auftrag, den Schwestern in seinem Namen folgende Anweisungen zu überbringen: „P. Tommaso ist durch Kapitelbeschluß von der geistlichen Leitung des Klosters auszuschließen: ein Substitut wird gesandt. Der aufrührerischen Nonne ist die Tür zu weisen, und die Gemeinschaft hat sich zu verpflichten, nicht mehr von einer Änderung der Regel zu sprechen. Sofern dies alles geschieht, gebe ich Euch mindestens 6.000 Dukaten und sichere darüberhinaus eine jährliche Rente von 500 Dukaten zu. Im Falle einer Weigerung verlasse ich Euer Kloster und verbiete P. Falcoia, nach Scala zurückzukehren: ich bin sein Oberer." Diese drei Ultimaten stoßen in Scala auf ein massives Nein: „Der Pater Superior soll seine Dukaten behalten! Wir behalten M. Celeste und vertrauen auf die Vorsehung."

— Das Kloster wird einen großen Verlust erleiden, murmelt die greise Oberin.

Don Criscuolo mußte sich der Übermacht beugen und wußte nicht so recht, was er dazu sagen sollte. Um nicht ganz geschlagen zurückkehren zu müssen, ließ er die Novizin kommen und sagte ihr vor dem ganzen Kapitel:

— Ihr habt die Gemeinschaft völlig durcheinandergebracht und seid nicht mehr würdig, im Kreis ihrer Mitglieder zu erscheinen. Zieht Euch auf den Speicher zurück und bleibt dort auch während der gemeinschaftlichen Übungen der anderen; nur zu den Mahlzeiten, die Ihr auf dem Boden sitzend mit einem Strick um den Hals einnehmen werdet, könnt Ihr ihn verlassen. Und tut Buße für das Ärgernis, das Ihr gegeben habt!

Armer guter Don Criscuolo! In den darauffolgenden Wochen wird der Herr ihm „durch die Blume" zu verstehen geben, daß er im Unrecht war. Criscuolos Nichte, Schwester M. Maddalena, war ein Jahr nach Ablegung ihrer Gelübde in so schweren Wahnsinn verfallen, daß sie gefesselt werden mußte. Die Schwester der Novizenmeisterin, die bewundernwürdige M. Raffaella de Vito, muß sie seit nunmehr mindestens zwei Jahren Tag und Nacht bewachen. Aus Mitleid mit ihr will der Generalvikar seine Nichte aus dem Kloster entfernen. Aber Raffaella ist nicht damit einverstanden. „Herr", so fleht sie innig, „wenn es Dein Wille ist, unserem Kloster die neue Regel zu geben, dann heile diese arme Nonne von ihrem Wahnsinn". Noch zur selben Stunde erlangt M. Maddalena ihre Ruhe und ihre Vernunft wieder – und schon bald auch Chorgebet, Sakramente und Verantwortung für die Gemeinschaft. Dies geschah Ende April 1726, genau ein Jahr nach der Offenbarung des Werks.

Sogleich wird auch die „Gefangene" vom Speicher ins Gemeinschaftsleben zurückgeführt. Sie hatte alles in Schweigen und Demut über sich ergehen lassen. In diesen zwei Wochen hatte sie Phasen verzehrenden Zweifels, wie auch der offensichtlichen Gegenwart dessen durchlebt, der in ihr sein Erlöserleiden noch einmal durchleben will. „Du bist meine Vielgeliebte", sagt er ihr eines Tages. „Ich lasse dich teilhaben an meiner Herrschaft, die da bringt Kreuz und Ruhm, Frieden und Schmerzen, Ruhe und Betrübnis. Denn so habe auch ich in meinem Erdenleben gelebt."

Nachdem Filangieri von diesem kleinen, starrköpfigen Kloster in breiter Front geschlagen worden war, gedachte er, es nun von hinten anzugreifen. Er wandte sich an Giulias Eltern. „Eure Tochter stürzt den Konvent in Verwirrung. Habt die Güte, sie herauszunehmen." Die Crostarosas aber hatten ein warmes Herz und einen kühlen Kopf. So zogen sie Erkundigungen ein und erfuhren bald, daß Falcoia und fast alle Schwestern hinter ihrer Tochter standen.

Die Gemeinschaft hatte schon bald Gelegenheit, ihre Haltung eindeutig und wirksam zu bekunden. Am 29. Mai, dem Pfingstsonntag des Jahres 1726, war Schwester M. Giuseppas zweites Mandat als Priorin abgelaufen, und am 5. Juni wurde sie durch die junge Novizenmeisterin M. Angela de Vito ersetzt. Die Schwestern hatten über Don Pietro Romanos Vermittlung Falcoia insgeheim um seinen Rat gefragt, und dieser hatte ihren Namen vorgeschlagen. Damit verlor Filangieri seinen letzten Stützpunkt im Kloster. Höchstwahrscheinlich erfuhr er aber schließlich doch vom geheimen Eingreifen seines Untergebenen. Denn er schlug voller Zorn einen sehr scharfen Ton an und spielte seine Autorität voll aus: er untersagte Falcoia ausdrücklich jeden Kontak mit den Schwestern und kündigte an, er selbst werde in der geistlichen Leitung des Klosters P. Tommasos Autorität übernehmen. Damit hätte er alle Fäden in der Hand, und man würde ja sehen, wer dann das letzte Wort habe.

Es war kurz vor Weihnachten 1726. Falcoia war befohlen worden, sich in einem „letzten" Brief von den Schwestern zu verabschieden.

„Gesegnete Töchter im Herrn", schrieb er, „heute erkenne ich klar, daß Gott Euch liebt und sich anschickt, Euch wahrhaft zu heiligen ... Er will alle bis zu diesem Zeitpunkt aufgetretene Unordnung beseitigen, zu der es nicht durch Eure Schuld, sondern durch meine Fahrlässigkeit und Schuld kam. Wisset daher, daß der Pater Superior, der mich, wie ich es verdiene, als wirklichkeitsfremd und unfähig betrachtet, und der Euch als guter Vater im Himmel innig liebt, seinen ganzen Eifer einsetzen will, um Euch vor allen Gefahren zu beschützen und zu eurem Vorteil zu wirken. Er wünscht daher ausdrücklich, daß ich mich nicht mehr mit Eurem Kloster befasse. Er selbst wird diese Aufgabe übernehmen und eine qualifizierte Person aussuchen, die ihm in dieser neuen Sorge, die er auf sich nimmt, weil er Euch liebt, zur Seite steht. (Ihr seht also, wie dankbar Ihr ihm sein müßt!)

Ich aber, der ich Euch stets sehr geliebt und nur Euer Bestes und die höhere Ehre Gottes im Sinn gehabt habe, füge mich, wie sehr meine Eigenliebe davon auch betroffen sein mag. Meinen Frieden werde ich deshalb nicht verlieren. So nehmt auch Ihr in Frieden diese Entscheidung an, als käme sie von Gott ... Und da wir an diesem Weihnachtsfest dem Göttlichen Kinde nichts anzubieten haben, bringen wir uns gegenseitig dar: ich meine Töchter, und Ihr Euren Vater ...

In diesem Brief, der wohl mein letzter sein wird, möchte ich Euch aber von Herzen um zwei Dinge bitten: zum ersten, daß Ihr den Pater, den man Euch zuweisen wird, voll Ergebenheit in den Willen Gottes in Frieden und Freude aufnehmt: gehorcht ihm ohne Zögern als dem Stellvertreter dessen auf Erden, der Euer Bräutigam ist. Zum zweiten, daß Ihr nicht aufhören möget, bei Gott für mich zu bitten ..."

Soweit der öffentliche, offizielle Brief, der möglicherweise Filangieri vorgelegt und der in Scala der Gemeinschaft vorgelesen wurde; er scheint viele schöne Hoffnungen auf lange Zeit zu begraben.

Schwester M. Celeste aber erhielt ein eigenes Briefchen, das in einem ganz anderen Ton gehalten war und keineswegs von Verzicht sprach:

„Geliebte Tochter im Herrn. Ich hoffe sehr, daß der gütige Gott unsere gemeinsamen Feinde zerschmettert, daß sie durch die Macht Gottes vernichtet werden und in dieser schrecklichen Schlacht, die sie begonnen haben, nicht siegen. So werde ich Euch wiedersehen.

Bittet den Herrn, daß er allen jenen Erleuchtung, Licht und Gnade gewähren möge, die ihrer bedürfen, und daß ich nicht aufhöre, das zur größeren Ehre Gottes, zu Eurem und der anderen Wohl zu tun, was ohne Sünde und in der Liebe getan werden kann. Das bedeutet aber nicht, daß ich nicht mehr die Gelegenheit hätte zu kommen, sondern vielmehr, daß es mir nur solange nicht möglich ist, bis die Dinge eine zufriedenstellende Wendung genommen haben ...

Im neugeborenen Kind und in seiner Allerheiligsten Mutter mit ihrem heiligen Gatten Josef werden wir uns an der stets offenen Türe des Stalls von Bethlehem begegnen. Tretet ein und seht, in welchem Abgrund der Demütigung ihr Geist und ihr Herz sich befinden. Mit ihnen vereint, segne ich Euch tausendmal und bleibe in ihnen Euer liebender Vater, Tommaso Falcoia."

Diese Weihnacht 1726 war aber trotz allem ein großes Weihnachtsfest! Am 28. Dezember legen die drei Töchter Crostarosa ihre Gelübde als Schwestern von der Heimsuchung ab. (Giulia wurde *con concordi voti* des Kapitels zugelassen). Acht Tage vorher war in der Kathedrale von Neapel Alfons von Liguori zum Priester geweiht worden. Sie sind beide 31 Jahre alt.

Kurze Zeit darauf kam der von Filangieri als Ersatz für Falcoia ausgewählte „qualifizierte" Pater für zwei Wochen ins Kloster[4]. Er war darauf gefaßt, verstörte Schwestern und einen Konvent in Aufruhr vorzufinden. Vielleicht sogar im Beichtstreik? ... Aber alle kamen sie zu ihm, und er war verblüfft über den Frieden, der in den Seelen und der Gemeinschaft herrschte. Als er aber seine Dienste als ständiger Pater Spiritual anbieten wollte, lehnten die Schwesten sein gütiges Anerbieten dankend ab. „Wir warten, bis es dem Herrn gefällt, daß unser Vater seine Funktion wieder übernehmen kann."

So bleibt M. Celeste also das ganze Jahr 1727 hindurch „ohne Führer ... Es gelingt ihr nur dann und wann, durch die Vermittlung des Hausbeichtvaters an ihren Pater Spiritual zu schreiben. Der Herr ist ihr Führer und ihr Condottiere."

„Eines Morgens fiel sie nach der Kommunion in Verzückung und wurde im Geiste von Licht überflutet. Der Herr sandte ihr einen Engel, der ihr das Herz mit einem Speer durchbohrte, der in das Blut des göttlichen Lammes getaucht war. Durch diese Wunde wurde ihr Herz gestärkt, um alle Widrigkeiten, Beleidigungen und Verachtung und all das zu erdulden, was sie für ein so kühnes Unternehmen zu erleiden haben würde."

Im Frühjahr 1728 kam es zu einer neuen Entwicklung der Dinge. Pater Roberto de Cillis wurde zum General der Frommen Arbeiter gewählt, und Falcoia wurde Generalkonsulator. Damit hatte er seine Handlungsfreiheit wiedergewonnen. Allerdings nur bis zu einem gewissen Punkt. Denn Filangieri blieb Superior von Scala und besaß dort auch noch einige Anhänger. Außerdem hatte er, trotz seiner schroffen Engherzigkeit doch Herz genug, um die armen Schwestern nicht seiner finanziellen Unterstützung zu berauben. Diese großmütige „Gegenwart" verdiente Rücksichtnahme.

Am 27. Februar aber erweist der heilige Mann dem Kloster auf einen Schlag zwei Dienste: er stirbt und hinterläßt seinen Schwestern eine jährliche Rente von 132,24 Dukaten. Ebenfalls im Frühjahr wird bekannt, daß Falcoia trotz seiner 67 Jahre zum Bischof von Castellamare ernannt wird: das bringt ihm zugunsten des „Werks des Herrn" Unabhängigkeit von seiner Kongregation, das Gewicht der Bischofsfunktion und einen Wohnsitz, nur einen Ritt — zwölf Kilometer — von Scala entfernt.

Aber nicht alle Probleme schmelzen dahin wie Schnee in der Sonne. Der Tod des „Gründers" bringt nicht auch automatisch einen Gesinnungswandel der drei „Filangieristinnen" im Kloster der Heimsuchung mit sich. Der Ortsbischof ist nach wie vor Mgr. Guerriero, ein Lehrer des Kirchenrechts, der den Bischof von Castellamare jederzeit auffordern kann, sich auf seine eigene Herde zu beschränken. Außerdem ist er möglicherweise der Unruhen im Kloster längst überdrüssig und nicht bereit zuzulassen, daß nun neuerlich Steine in das ruhig gewordene Wasser geworfen werden.

Da aber taucht der Mann der Vorsehung auf, ein alter Freund Guerrieros, ein Mann Gottes, den ganz Neapel verehrt. Falcoia begegnet ihm zwischen seinen Missionen oft im Chinesenkolleg: Don Alfons von Liguori. Seit seiner Sommerfrische in S. Maria dei Monti im vergangenen Mai-Juni hat er ganz Scala in der Hand; Bischof und Kloster haben ihn sogar gebeten, im September die Exerzitien der Schwestern zu übernehmen. Falcoia fügt als Gründer und geistlicher Leiter seine eigenen „Anweisungen" hinzu und erläutert ihm die Vorkommnisse der Vergangenheit, seine Schwierigkeiten, seine Zweifel und Hoffnungen. Sie haben zwischen dem 19. Juni, an dem Alfons wieder in Neapel ist, und Mitte Juli, wenn der designierte Bischof von Castellamare nach Rom abreisen wird, ausreichend Zeit zu einer persönlichen Begegnung[5].

Von Rom aus schreibt dieser letztere an seine Töchter, die er seit fast vier Jahren nicht mehr gesehen hat: „Ich könnte Euch nicht vor Ende Oktober oder Anfang November besuchen. Doch sende ich Euch für die hl. Exerzitien den Diener Gottes Alfons von Liguori, Priester und Missionar aus Neapel ... Sprecht alle mit ihm genauso frei über Gewissensfragen, wie Ihr es auch mit mir tun würdet."

Alfons kommt also am 5. September abends in Begleitung von Giovanni Mazzini nach Scala. Während er im Dom die Kreuzesnovene abhält, gelten seine Sorge und sein Gebet bereits dem Kloster. Die neapolitanischen Gerüchte haben ihn gegen die „Schwärmerin" eingenommen; andererseits wäre es undenkbar, daß ihn nicht auch Falcoias Empfinden beeindruckt, ja noch stärker beeindruckt hätte als alles Gerede, denn ihm gegenüber empfand er höchste Achtung.

Als bedächtiger Mann läßt er sich nach außen hin nichts anmerken. Bevor er die Exerzitien eröffnet, stellt er mit der äußeren Strenge eines Untersuchungsrichters und der inneren Sensibilität eines Mystikers seine Nachforschungen an. Er hört und befragt zunächst im Sprechzimmer die junge Priorin und ihre Assistentinnen. Am darauffolgenden Tag führt er im Beichtstuhl ein langes Gespräch mit M. Celeste. Sie eröffnet ihm ihr ganzes Leben, mit all seinen Fehlern und Gnaden, Leiden und Erleuchtungen und berichtet vom Werk und der Regel ... Dann empfängt er eine jede der sechs Schwestern, die ebenfalls behaupten, Offenbarungen gehabt zu haben, zu einem persönlichen Gespräch. An den darauffolgenden Tagen können alle anderen frei ihre Meinung sagen, an erster Stelle Schwester M. Giuseppa, „die nun, da sie abgesetzt war, keinen Grund mehr hatte, sich dem Werk des Herrn entgegenzustellen". Die spitze Bemerkung stammt von M. Celeste.

Liguoris Überzeugung stand fest: Das Werk rührte von Gott her, die Täuschung aber lag bei den Spöttern. So versammelt er die Gemeinschaft und erklärt ihr, sie solle sich für den Empfang dieser großen Gnade bereit machen. Den Gegnerinnen aber redet er ins Gewissen, sie hätten den Ruhm Gottes verzögert. Daraufhin äußert sich die abgesetzte Priorin folgendermaßen:

— Da es Gottes Wille ist, will ich mich nicht widersetzen und die erste sein, die akzeptiert.

Nach diesen Worten fielen alle in einem Ausbruch der Freude und Danksagung einander in die Arme. Alfons strahlte.

Mgr. Guerriero vertraute Liguori voll und ganz und gab ihm uneingeschränkte Handlungsfreiheit. Man beschloß, am folgenden Pfingstsonntag, dem 13. Mai 1731, zum neuen Institut überzugehen. Die Wahl dieses Festes kann kein Zufall sein: Geburt der Apostelkirche; Erfüllung der unfruchtbaren Schöpfung mit göttlichem Atem, der Leben aus ihr entstehen läßt; Ausgießung des Geistes über die Jungfrau, damit der vielgeliebte Sohn in einem „auf dem Weg befindlichen Menschen", Jesus — *uomo viatore* —, und dann in einer Vielzahl auf dem Weg befindlicher Frauen und Männer in künftigen Zeiten zum Leben gelange ...

So begannen die Exerzitien, die ganz auf das vorzubereitende Ereignis ausgerichtet waren. Die Predigten hatten ausschließlich das Leben und die Tugenden des Gott-Menschen zum Inhalt.

Ende September sind Liguori und Mazzini wieder in der Hauptstadt. Zwischen Alfons und M. Celeste ist eine starke und tiefe Freundschaft entstanden. Am 4. Oktober schreibt sie ihm:

„Geliebter Pater im Herrn. Ihr seid stets der Gefährte meiner armseligen und kalten Gebete; meine Kommunionen empfange ich in geistiger Einheit mit Euch; und Ihr seid mein Gefährte. Was mir aber noch größere Freude bereitet, ist die Feststellung, daß unsere ganze Gemeinschaft sich Eurer in großer Freude erinnert. Der Herr möge diese Freundschaft, die uns zu seinem Ruhm und seiner Ehre verbindet, auf ewig segnen."

Dort oben also lebt eine Gemeinschaft in glücklichem Eifer und in der Erwartung.

Alfons seinerseits läßt sich wie jeden Herbst mit seinen Brüdern der Apostolischen Missionen evangelisieren. In diesem Jahr hält Superior Giulio Torni vom 12. bis zum 19. Oktober die Priesterexerzitien in der Basilika S. Restituta. Mitten in die Exerzitien hinein erhält Alfons umfangreiche Post aus Scala; mindestens dreizehn Schwestern haben ihm persönlich geschrieben. Er antwortet am 29. Oktober, als die Mission in Spirito Santo in vollem Gange ist. Zunächst wendet er sich an die ganze Gemeinschaft, in einer Vertraulichkeit, die seinen damaligen Seelenzustand in den Tiefen einer inneren Prüfung sehr deutlich werden läßt:

„Gelobt seien Jesus, Joseph, Maria und die hl. Teresa in ihrem Bund.

Am Fest der hl. Teresa, ,meiner' Heiligen, erhielt ich Eure Briefe. Allein der Anblick des Absenders bereitete mir solche Freude, daß es sogar der Überbringer merkte. Ich habe nicht früher geantwortet, weil ich sehr beschäftigt war, vor allem durch die Mission in Neapel, die auch jetzt noch nicht abgeschlossen ist. Ich muß ja auf viele Briefe antworten...

Nun sind schon viele Tage seit meinem Aufenthalt in Scala vergangen, aber meine Erinnerung an Euch ist so lebhaft, als hätte ich Euch erst gestern verlassen... In dieser Erinnerung fühle ich mich ganz Gott verbunden...

Ihr sollt wissen, daß ich bis heute, wie ich Euch bereits angedeutet habe, die Freuden von Scala teuer bezahlt habe und noch bezahle. Derzeit befinde ich mich sogar mitten im ärgsten Sturm. Mitunter sehe ich weder Himmel noch Erde und bin in einer dunklen Höhle eingeschlossen, *im Land der Finsternis, da keine Ordnung, wo, wenn es leuchtet, ist's wie tiefe Nacht* (Hiob 10,22). Der Wille Gottes, unseres höchsten Gutes, geschehe allezeit. Und wenn er mich in die Hölle schickt, so füge ich mich, wenn es zu seiner größeren Ehre geschieht; aber ich flehe Euch an, ihn zu bitten, daß ich ihn nicht kränke, denn das wäre nicht zu seiner höheren Ehre. Im übrigen: Herr, hier bin ich: eine Hölle ist zu wenig für mich.

Pater Falcoia hat mir mit einer Herzlichkeit geschrieben, die mich sehr gefreut hat. Über das Datum seiner Rückkehr hat er nichts gesagt, doch habe ich gehört, daß es der 20. November sein soll.

Geliebte Schwestern in Jesus, laßt nicht nach im eifrigen Gebet für mich. Als Priester, der dazu berufen ist, Seelen zu gewinnen, könnte ich zur größeren Ehre Gottes beitragen. Bittet ihn, daß ich ihm wohlgefällig sein möge. Wenn er mich dann in die Hölle schicken will, so geschehe sein Wille...

Liebt Jesus und liebt vor allem sein bewunderungswürdiges göttliches Herz und seinen Willen. Dann kann es Euch nicht anfechten, ob Ihr auserwählt oder verdammt, verlassen oder verwöhnt, geliebt oder verstoßen seid. Werdet ganz eins mit seinem Willen und sagt dann: *Herr, Deine Freude und Dein Ruhm sind uns genug.* Unser einziges Verlangen sei es, daß Gott in uns seinen vollen Ruhm erlange. Wenn uns dann Trübsal, Verlassenheit, Kreuz, Stürme, Finsternis, Verzweiflung und Höllenqualen heimsuchen: Willkommen alles, was Gott gefällt; denn er ist immer derselbe gute Gott, der es verdient, geliebt zu werden: auf daß er von Jahrhundert zu Jahrhundert stets geliebt und gebenedeit werde!

Laßt uns so sprechen und dann auf ihn vertrauen, um ihm unablässig Freude zu bereiten; denn er will, daß wir auf ihn vertrauen. Ich bitte den Herrn, er möge Euch einen Tag in der Hölle meiner hl. Teresa brennen lassen, wo die Liebe der Scharfrichter der Herzen ist.

> Hoff' und vertraue, mein Herz
> Daß der tosende Sturm
> Stets lenke dein Schiffchen hafenwärts.

Ich bitte Euch, laßt doch in Euren Briefen an mich das *Illustrissime* weg; ich bin kein Bischof.

Don Giovanni (Mazzini) empfiehlt sich Euren Gebeten..."

Es folgen kurze persönliche Antworten an die dreizehn Schwestern. Dann setzt er sich rückhaltlos für die Einführung des neuen Instituts ein und schließt wie folgt:

„Solltet Ihr mir noch vor Weihnachten zu schreiben haben, vor allem insofern es etwas im Zusammenhang mit Mgr. Falcoia oder Euren Angelegenheiten zu berichten gäbe, wäre ich Euch verbunden, wenn Ihr mir Eure Briefe vor Mitte Dezember zukommen lassen würdet. Denn ich habe erfahren, daß wir um diese Zeit zu einer langen, acht Tagereisen von Neapel entfernten Mission aufbrechen..."

Um welche Mission handelt es sich? In Apulien oder in den Abruzzen? Das *Giornale* hat die für die Predigten des Winters 1730/31 vorgesehenen Seiten unbeschrieben gelassen. Sie warten noch immer auf den Chronisten, der sich zu sehr auf sein Gedächtnis und auf die Zeit verlassen hat. Die Aufzeichnungen der wöchentlichen Versammlungen jedenfalls zeigen, daß Alfons bis zum 16. April 1731 abwesend ist.

Nach dieser weit entfernten Mission, bei der er sich wohl bis zur Erschöpfung verausgabt hat, hält er schon Anfang Februar wieder Exerzitien in Amalfi. Dort wird er krank; Mgr. Falcoia, nun seit vier Monaten in Castellamare, schreibt ihm am 24. Februar folgenden Brief:

„Zu meinem großen Bedauern habe ich erfahren, daß Ihr in Amalfi krank geworden seid. Ich hatte daran gedacht, Euch zu besuchen. Man sagt mir aber, daß es Euch nun gottlob wieder gut geht, was mich sehr freut. Nun seid Ihr wieder imstande, den Wagen des Ruhmes Gottes vorwärts zu ziehen. Ich hoffe im gebenedeiten Gott, Daß Ihr den Seelen dieser Klöster viel Gutes erweisen könnt, denn sie bedürfen, wie mir scheint, in hohem Maße der Unterstützung.

Und dann, wenn Ihr nur endlich den Monsignore von Scala in den Angelegenheiten unseres Klosters neutralisieren könntet! Ich habe erfahren, daß er dank Eurer Diplomatie bereits geneigt ist, unseren Schwestern die Umwandlung des Instituts zu gestatten. Doch habe ich den Eindruck, daß er nach seinen Vorstellungen verändern und arrangieren will. Ich bitte Euch, setzt Eure ganze Geschicklichkeit ein, um ihn dazu zu bewegen, daß er mir die Anpassung der Regel und das Ruder dieses Schiffleins überläßt. Denn ich kenne die Probleme des Klosters und der Schwestern ganz genau und erwäge nun schon seit Jahren alle Pro und Contras zu diesem Plan. Ich habe alle Schwierigkeiten, die Seiner Hochwürdigsten Exzellenz in den Sinn kommen könnten, bereits bedacht, diskutiert und bis in alle Einzelheiten geprüft. Er wird die Regel und die Konstitutionen sehen, wenn sie vollständig ausgearbeitet sind; und wenn er dann nichts daran auszusetzen hat, kann er sie in Ruhe billigen; hat er aber irgendeinen Einwand, so könnte er mir die Ehre erweisen, mir dies mitzuteilen; ich werde mich nicht darauf versteifen, Dispositionen beizubehalten, die ihm möglicherweise nicht zusagen. Wir müssen dieses große Unternehmen zur Zufriedenheit und um des Friedens der Schwestern willen zu Ende bringen, wie sie es mit gutem Recht erwarten können. Sie verlangen nichts weiter, als daß die Dinge durch meine Hände gehen, denn ich habe sie so viele Jahre hindurch herbeigeführt und geleitet. Momentan genügt es mir, wenn Seine Exzellenz uns freie Hand läßt. Die Modalitäten können wir später seinen Wünschen anpassen.

Ihr habt also genug Arbeit. Ich brauche Euch nicht eigens zu bitten: dies ist ein Dienst für Gott, Ihr habt den Bischof in der Hand. Ihr seid von Eifer für den Ruhm Gottes beseelt, von Liebe für diese armen Mädchen und von Freundschaft für mich erfüllt. Ich dringe nicht weiter in Euch ...“

Alfons greift nicht ein. Er ist zwar seit kurzer Zeit mit dem Bischof von Castellamare befreundet, aber er ist es noch mehr und schon seit langem mit dem Bischof von Scala, und so kann er Falcoias „Geh weg, laß mich hin“ an Mgr. Guerrieros Adresse nicht billigen. Es stellt sich auch die Frage, wie er über Mgr. Falcoias umgarnenden und diktatorischen Willen dachte: Was würde unter seiner eisernen Hand aus dem religiösen Vorhaben Crostarosas, aus der Freiheit dieser Frauen und aus dem „Werk des Herrn“ werden, dessen Authentizität er persönlich erkannt, und dessen reine und ursprüngliche Quelle er durchschaut hatte? Außerdem hatten ihm sein Seelenführer P. Pagano und sein Oberer Kanonikus Torni untersagt, sich in dieser Angelegenheit zwischen Falcoia und Guerriero zu stellen. Später wird er sich darüber mit M. Celeste aussprechen:

„Als Falcoia mich bat, bei Guerriero für die Approbation Eurer Regel zu intervenieren, sagte ich ihm klipp und klar, er möge mich davon entbinden, da dies Ungehorsam gegenüber meinem Seelenführer bedeutet“[6].

Falcoia, der selbst sehr streng auf den Gehorsam der anderen bedacht war, mußte das verstehen. Doch war die Freundschaft der beiden nun drei Monate lang von einer Kälte belastet, die nur durch Alfons' Bemühungen und den nahenden Sommer wieder vertrieben wurde.

Nachdem Liguori zur Karwoche nach Neapel zurückgekehrt war, erlitt er einen schweren gesundheitlichen Rückfall. Im Chinesenkolleg fürchtet man um sein Leben[7]. In Scala zittert und betet man. In Castellamare zweifellos ebenfalls.

Anfang April sind die Nachrichten wieder gut. M. Celeste schreibt, abwechselnd das Du und das Ihr gebrauchend:

„Verehrter Pater im Herrn und geliebter geistlicher Bruder. Durch einen Brief an unsere Mutter habe ich erfahren, daß Ihr sehr krank wart, und ich hatte Angst. Gottseidank aber habt Ihr uns mitgeteilt, daß es Euch wieder besser geht, und wir sind sehr erleichtert. Als gute Freunde waren wir gleichzeitig krank.

Es tut mir leid, daß Ihr dem Pater (Falcoia) die Verbote, die Euch in Neapel vom Pater (Superior) der Kongregation und Eurem geistlichen Vater auferlegt wurden, mitgeteilt habt ... Ich bin der Meinung, daß dies alles nur eine Prüfung ist, durch die Gott Eure und unsere Geduld erprobt. Denn ich kann nicht glauben, daß Euer Kommen und die Tatsache, daß wir Euch kennengelernt haben, nicht das Werk Gottes sein sollten. Es ist eindeutig, daß Gott sich Eurer bedienen wollte, und ich kann nicht glauben, daß es nur für dieses eine Mal gewesen sein sollte ...

Mein Vater, wie kannst Du nur daran denken, nicht mehr an unseren Schmerzen teilhaben zu wollen? Alle unsere Freunde teilen unsere Schmerzen. Gott weiß, wieviel Falcoia für unsere Sache gelitten hat! Gott schien ihn uns schon so oft nehmen zu wollen[8] und hat ihn uns dann gegen jede menschliche Hoffnung immer wieder gegeben. So bin ich auch in Eurem Fall ohne Sorge. Die Herzen sind in der Hand meines Gottes. Was soll ich fürchten? Er hat mir noch nie etwas verweigert, worum ich ihn ausschließlich um seines Ruhmes und seiner Ehre willen gebeten habe.

Mehr noch: als ich erfuhr, daß Ihr schwerkrank seid, beklagte ich mich im Gebet darüber bitterlich bei meinem Bräutigam, da tröstete er mich und sprach: Niemand wird dir diesen Freund, den ich dir gegeben habe, nehmen können ...

Seien wir also, mein lieber Bruder, fröhlich in dieser Welt, die uns mit Schmerzen kreuzigt. Möge uns auch die ganze Menschheit betrüben, mögen uns Unsicherheit, Zweifel und das Leid unserer eigenen Schwachheit niederschmettern, möge das gegenwärtige Leben schwer auf uns lasten, möge alles menschliche Wissen uns verurteilen: diese Drangsale berühren die ewigen Pläne des unabänderlichen Willens Gottes nicht. Auch wenn unser Leib unter Schwachheiten und Krankheiten zusammenbricht: im Herzen unseres unvergleichlichen Gutes ist dies alles Honig, der auf die Menschen herabfließt, um sie seinem vielgeliebten Sohn ähnlich zu machen ...

Bete für uns: nun, da P. Falcoia kommt, wird das Institut tatsächlich seinen Anfang nehmen, und ich bin mir des großen Dankes bewußt, den wir Gott dafür schulden. Wie werden wir es fertigbringen, ihm all das zu geben, was er von uns erwartet?

Ich höre auf, weil mein Kopf nicht mehr kann. Bete für mich, und verbergen wir uns gemeinsam im Herzen Jesu. In diesem Herzen segne mich. Ich küsse Dir tausendmal die Füße.

Deine demütige Tochter im Herrn, Schwester M. Celeste Crostarosa.

(P.S.) Sage mir, wie es Dir gesundheitlich geht. Ich habe die Statue der hl. Teresa erhalten ..."

Ende April steigt Mgr. Falcoia endlich nach Scala hinauf. Am 2. Mai führt er mit Zustimmung des Lokalbischofs den Vorsitz beim Klosterkapitel. Die Versammlung stimmt einmütig für das neue Institut, den neuen Habit und die neue Regel. Wie vor einem Jahr mit P. von Liguori beschlossen wurde, beging man am Pfingstsonntag, dem 13. Mai 1731, „in unaussprechlicher Freude aller" die Geburt des neuen Instituts durch Messe, Predigt und *Te Deum*.

Alfons war gehorsam in Neapel geblieben, sein Herz aber weilte in Scala und stimmte in die allgemeine Freude mit ein: denn sein Eingreifen im September 1730 bei den Schwestern und bei Mgr. Guerriero hatte ja das Werk des Herrn bis zu diesem Punkt vorangetrieben. Falcoia weiß das und verzeiht ihm schließlich seine Verweigerung weiterer Interventionen, wenn er ihm am 20. Mai 1731 schreibt:

„... Ich war nicht gekränkt. Wenn ich Eure Briefe unbeantwortet ließ, so deshalb, weil ich unpäßlich war... Wozu all die Erklärungen! Der Friede zwischen uns ist auch mit viel geringerem Aufwand schon eingekehrt. Ich umarme Euch herzlich und empfehle mich Eurem Gebet. Ach, könnte ich Euch doch für dieses wichtige Werk im Dienste Gottes zur Verfügung haben! Wir haben das neue Institut in Frieden, Eifer und Freude eingeführt."

Für Alfons also nur zwei lapidare Zeilen der Berichterstattung. Was aber M. Celeste betraf, die ja immerhin die Urheberin dieses großen Ereignisses war, so sollte sie es sich nur ja nicht in den Kopf steigen lassen! Als sie dem Bischof aus Gehorsam von einer ihrer Erleuchtungen berichtet, die sie bei der Danksagung nach der hl. Messe häufig hat, nutzt dieser die Gelegenheit, um hart auf den Nagel ihrer Demut einzuschlagen:

„Ich bin höchst erstaunt über so viele Offenbarungen! Spricht denn Jesus Christus eigentlich ununterbrochen mit Euch, meine Tochter? Ich schenke Euren Geschichten und Erleuchtungen nicht den geringsten Glauben. Damit müßt Ihr Euch abfinden, denn Ihr selbst solltet auch nicht daran glauben. Ich folge anderen Prinzipien als Eurem Geschwätz. Wenn ich mich informiere, was in Eurem Kopf vorgeht, so nur deshalb, um Eure Verirrungen zu verhindern und Euch den Weg vorzuzeichnen. Es segne Euch Jesus Christus..."

Diese Zeilen wurden wahrscheinlich im Frühsommer geschrieben. Gegen Mitte Juli teilt M. Celeste sie Alfons mit:

„Vater und geistlicher Bruder im Herrn... Ich lege Euch einen Brief von Mgr. Falcoia bei. Lest ihn und seht, wie gut er von mir spricht. Keiner kennt mich so wie er. Aber ich habe meinen Gott, was also bleibt mir selbst zu tun? Man mag von mir denken, was immer man will! Neben allem anderen Ärger könnte mich Falcoia noch ganz verwirren, wenn Gott mir nicht beistünde. Aber ich weiß nicht warum, ich kann einfach nicht stehen bleiben, um mich selbst zu betrachten. Ich lasse mich von der Strömung der göttlichen Vorsehung tragen. Ich schicke Euch diesen Brief meines geistlichen Vaters, damit auch Ihr wißt, an welche Wahrheit Ihr Euch zu halten habt, und damit Du Dich durch meine Worte nicht ablenken läßt: sie sind der Wahrheit möglicherweise nicht so nahe wie die meines Leiters.

Was mich bei diesem Pater in der Seele schmerzt, ist, daß er glaubt, ich suchte seine Wertschätzung, und es läge mir daran, ihm von meiner Seele zu berichten, damit er mich für eine Heilige halten möge. Was ich so von ihm erahne, verursacht mir unglaublichen Ekel, und gäbe ich diesem Abscheu nach, so würde ich ihm nie mehr auch nur das geringste schreiben. Ich bemühe mich aber sehr, dieses Gefühl zu überwinden, und bringe ihm alle Liebe entgegen, derer ich fähig bin. Doch schmerzt es mich, daß er, der doch mein Vater ist, mich so schlecht versteht... Unsere neuen Habite sind schon fast alle fertig..."

Und sie lädt ihn dringlich zur Einkleidung ein, die für das Fest der Verklärung vorgesehen ist. Dieser 6. August 1731 wurde tatsächlich gleichsam zur Taufe der aus dem Pfingstgeist geborenen jungen Ordensgemeinschaft. Die schwarze Kutte der Heimsuchung mußte der roten Tunika und dem blauen Mantel derer weichen, die schon bald Redemptoristinnen genannt wurden. Am Gürtel der Rosenkranz Unserer Lieben Frau, auf der Brust das Bild des Heiligsten Erlösers, dessen Namen sie annehmen. Ein Skapulier, blau wie der Mantel, wird nach Falcoias Wunsch noch hinzugefügt.

Zwei wichtige Personen aber fehlen bei dieser „Verklärung": Falcoia ist verhindert, und Liguori hält der Gehorsam zurück. Die Ereignisse von Pfingsten und vom 6. August sind auch in Neapel nicht unbemerkt geblieben. Das Fieber der Pro- und Kontrastimmen ist steil angestiegen. Der stets reaktionsschnelle Bischof von Castellamare hat schon im Juni einen heute verlorenen Verteidigungsbrief geschrieben, der, in der ganzen Stadt verbreitet, in Theologenversammlungen immer wieder gelesen und diskutiert, wirksam dazu beiträgt, die Meinung zugunsten des Werks von Scala zu bilden. Sein überzeugendster Anwalt aber ist nach wie vor Alfons, der keine Gelegenheit ungenutzt läßt, um seine Sicht der Dinge darzulegen. Falcoia würdigt dies in einem Brief aus Scala vom 4. November:

„Diese heiligen Mädchen schwärmen geradezu von Euch... Ich freue mich, zu hören, daß das neue Institut nun günstiger beurteilt wird. Das ist Euer Verdienst, denn Ihr gebt ihm Gewicht. Wie groß wäre Eure Freude, wenn Ihr ihre Fortschritte im Geist der Nachfolge Christi sehen würdet...

Momentan brüte ich über der Regel..."

Die Regel:... Es gab nun zwar eine Ordensgemeinschaft, die einen farbenfrohen Habit trug, aber noch keine schriftlich fixierte Regel. Der Pater Spiritual hatte Crostarosas Text einbehalten und die Kopien, die Schwester M. Angela davon hatte anfertigen lassen, konfisziert. Allerdings waren ihr Geist und ihre Vorschriften unter den Schwestern sehr lebendig, und man ging, man flog mit der Begeisterung großer Aufbrüche voran. M. Celeste erwähnt vor allem den Eifer in der Nachfolge des leidenden Heilands:

„Sie begannen, mit allen ihren Kräften ihrem Bräutigam und Meister nachzueilen. Körperliche Bußübungen und innere Abtötung wollten mit jenen ihres Geliebten am Kreuze in Wettstreit treten. Bußgewänder und ständige Kasteiungen, Anbetung vor dem Allerheiligsten bis tief in die Nacht hinein..."

Liguori wäre gewiß über diesen Eifer vor dem Tabernakel erfreut gewesen, die Kasteiungen aber hätte er nicht gutgeheißen, obschon er selbst sie sich nicht ersparte. Gerade in jenen Tagen schrieb er an andere Klosterfrauen, die ihn um Bußgeräte für ihre Heiligung gebeten hatten:

„Ketten? Bußgewänder? Ich sende Euch einen guten Vorrat an Büchern, die Euch besser als alle Ketten helfen können, heilig zu werden."

Und er sandte ihnen acht Meditationsbücher, elf Werke der Spiritualität und sechs Heiligenleben.

Die Schwestern von Scala hingegen besitzen nicht einmal das Buch ihrer Regeln und Konstitutionen... Sie bitten also Falcoia um eines der Exemplare der von M. Celeste niedergeschriebenen Regel aus seinem Besitz. Die Antwort ist verblüffend oder in höchstem Maß hintergründig:

— Ich brauche sie selbst. Ich behalte sie. Sie soll sie noch einmal schreiben.

— Mein Pater, fleht ihn nun die arme Schwester an... Sie nach so vielen Jahren, nachdem ich sie vom Herrn empfangen habe, noch einmal niederschreiben zu wollen, wäre eine große Anmaßung... Dazu bedürfte es eines offensichtlichen Wunders."

Doch kaum hat Crostarosa diesen Brief abgesandt, als sie ihren Ungehorsam auch schon wieder bedauert. So nimmt sie eines Abends Feder und weißes Papier zur Hand. Vergebens... Sie löscht die Lampe und geht zu Bett. Da hört sie die

Stimme des Herrn: „Du bist müde, ruhe in mir aus." In dieser Ruhe hat sie folgende innere Vision: Das Herz Jesu läßt sein Blut reichlich in sie fließen, während sie in Jubel und Liebe die Regel niederschreibt. Und der Herr sprach zu ihr:

— Vertraust du mir?

— Gewiß, mein Geliebter.

— Meinst du nicht, daß ich dich die Regel noch einmal schreiben lassen kann, und diesmal nicht nur als Entwurf, wie beim erstenmal, sondern in ihrer letzten Vollendung?

Am nächsten Tag flog ihre Feder über das Papier, und die Regel war innerhalb von zwei Stunden niedergeschrieben. Dann verfaßte sie unter intensiver Unterstützung des Herrn die Konstitutionen.

Warum hat Falcoia Gott und sein Beichtkind bis zu diesem Punkt versucht? Suchte er nach einem Gegenbeweis für die göttliche Inspiration des ersten Textes? Oder rechnete er nicht vielmehr mit Divergenzen zwischen den beiden „inspirierten" Regeln, um dann eine dritte, seine eigene, durchzusetzen?

Alfons kommt im Frühjahr und Sommer des Jahres 1731 nicht nach Scala. Abgesehen von der kleinen Mission in Arenula vom 9. bis 16. Juni, widmet er sich ganz seinen Aufgaben in Neapel. Am 24. Juli wählen ihn seine Mitbrüder der Propaganda zum Verantwortlichen für die Priesterexerzitien im Oktober 1732. Er hat also ein Jahr, um sich darauf vorzubereiten.

Doch verbindet ihn ein lebendiger Strom von Gedanken und Briefen mit Scala. Denn Vertrauen, Liebe und Brüderlichkeit wachsen jenseits aller männlichen Domination in einer tiefen Übereinstimmung, die sich aus Heiligkeit und Bereitschaft für die Pläne Gottes nährt.

So schreibt M. Celeste im Sommer an Alfons:

„Als ich eines Morgens nach der Kommunion liebend in meinem Jesus ruhte, erfuhr ich eine innere Erleuchtung und sah *Mamma Maria*...

Mein göttlicher Bräutigam Jesus hat seiner geliebten Mutter alle Seelen dieser Ordensgemeinschaft geschenkt und sie ihr als ihre Lieblingstöchter überlassen; und sie hat sie mit großer Liebe angenommen...

Dann bat ich meine Mutter Maria, mir in folgendem Punkt Klarheit zu schenken: soll ich, da mein Seelenführer mir nach wie vor nicht helfen kann, und ich somit praktisch ohne Führung bin, Euch meine Seele eröffnen oder nicht? Ich hörte, wie sie zu mir sagte: ‚Meine Tochter, ich habe diesen vielgeliebten Sohn nach Scala geschickt, um dich zu trösten und dir zu helfen. Sage ihm alles, was du auf dem Herzen hast und gehorche seinen Worten. Du brauchst seine Hilfe jetzt.' Auf ein ähnliches Gebet, das ich nach der Kommunion an meinen Bräutigam richtete, sagte mir dieser. ‚Ja, meine Braut, in meiner Liebe habe ich dir diesen neuen Vater und Gefährten gegeben; er wird dir wie ein wahrer geistlicher Vater helfen. Stelle dich unter seine Leitung...'".

Crostarosa läßt sich nicht lange bitten. Im September greift sie erneut zur Feder:

„Pater, ich nutze die Erlaubnis, die Gott mir zum Gespräch mit Euch gegeben hat, um Euch über eine Mitteilung zu informieren, die ich häufig nach der Kommunion erhalte. Dies war auch an diesem letzten Sonntag im September der Fall... Ich will formulieren, was mir ohne Worte gesagt wird:

‚Meine Tochter, ... erinnerst du dich nicht daran, wie ich dir dieses Institut gegeben habe? Es war eine Umwandlung deiner selbst in mein Leben... Mein ganzes Leben mit all seinen Taten und Tugenden habe ich so verborgen und geheim gelebt, daß es fast von allen verurteilt und verachtet wurde. Sogar meine Freunde haben an mir gezweifelt. Und so blieb es bis zu meinem letzten Atemzug am Kreuze. Alles war von Verachtung geprägt. Aber gerade durch diese Verachtung habe ich meinem Vater solchen Ruhm erwirkt, wie es durch kein anderes Geschöpf je hätte geschehen können, und ich habe durch sie die wahren Grundlagen für die Kirche, meine Braut, gelegt und das Übel des Hochmuts in der Welt getilgt. Mein Leben war ein in Verachtung und Demütigung verborgener Schatz. Wisse, dies ist auch der Geist Eures Instituts: die Selbstverachtung...'".

Alfons bewahrt M. Celestes Briefe sein ganzes Leben lang auf. Wie alle Dokumente, die er einordnete, versah er sie mit einem kurzen Titel, um sofort ihren Inhalt zu erkennen. So schrieb er auf den oben angeführten Brief: „Mitteilungen. Celeste". Der folgende Brief, von Ende September oder Anfang Oktober trägt die Aufschrift: „Für mich, Don Alfons. Celeste":

„Pater, ich war beim Gebet und bat den Herrn, niemals zuzulassen, daß wir von seiner Liebe getrennt würden. Da ließ er selbst mich Ort und Glorie schauen, die er Dir in der Ewigkeit als Belohnung für Deine Liebe und die Mühsal, die Du für ihn auf Dich genommen hast, bereitet hat. Er hat mir versprochen, daß wir in diesem Leben nie von seiner Liebe getrennt werden.

Eines Morgens hatte ich nach der Kommunion eine bedeutsame Erleuchtung über das Gute und die Gaben des Herrn in Deiner Seele. Der Herr sagte zu mir: ‚Du wirst durch ihn viele Gnaden von mir erlangen; und er wird von meiner Barmherzigkeit viele durch dich erhalten. Das königliche Zeichen, das ich diesem meinem Diener geben werde, damit er weiß, daß ich ihn liebe, ist dies: ich werde diejenigen mit Gnaden überhäufen, die sich unter seine Leitung stellen oder sein Wort hören; die Wirksamkeit seines Amtes sei das Zeichen meiner Liebe... Ich habe ihm die größten Gaben meiner reinen Liebe gegeben... sie führen zum einzigen Ziel, das zählt: Zur Vereinigung mit mir...'".

Das Echo dieses Briefes und anderer vertraulicher Mitteilungen, die Alfons wie Freudenfunken sorgfältig gesammelt hat, finden sich auf Seite 36 seiner *Cose di Coscienza:*

„Spirituell in Gott vereinigt...

Jesus liebt mich, ich folge seinen Schmerzenspfaden; er läßt es mir mitteilen, damit ich dankbarer bin.

Die Jungfrau liebt mich, unter ihren liebsten Söhnen... hat mich (Jesus) ihr anvertraut, damit sie mich bei der Bekehrung der Seelen begleite.

Der Dämon verflucht die Stunde, (in der ich mich) Gott hingegeben habe. Und alles, was ich für dieses Kloster getan habe. Jesus aber segnet alles.

Sie hat meinen Namen im Herzen Jesu eingeschrieben gesehen. Auserwählt.

Und daß Jesus meine Marienverehrung gefällt. Sie hat mich unter Mariens Söhnen erkannt.

Celeste. Mögen wir immer in der Gnade Gottes vereint bleiben."

22. „Die Stadt Neapel Jesus Christus zum Opfer bringen"   (1731–1732)

September 1731, Scala, ein Jahr danach. Vom 6. bis zum 14. hält Pater von Liguori wieder die Novene vom Fest der Kreuzerhöhung. Glückliche Wiederbegegnung mit dem greisen Bischof, mit den Schwestern. Aber er bleibt nicht lange. Denn er hat gelobt, nicht eine Minute zu vergeuden.

Zwei Wochen nach seiner Abreise aber ist er es, der ohne sein Wissen Scala in Aufregung versetzt.

„Eines Abends weilte die bewußte Schwester, die die neue Regel empfangen hatte" — so pflegte M. Celeste sich in ihrer *Autobiografia* häufig selbst zu bezeichnen — „im Refektorium; es war die Vigil von Franz von Assisis Namensfest, der 3. Oktober des Jahres 1731; da zog der Herr einen Augenblick lang den Geist besagter Schwester an sich. Unser Herr Jesus Christus zeigt sich ihr gemeinsam mit dem seraphischen Vater, dem hl. Franziskus, im Licht der Glorie, und auch Pater Alfonso di Liguori war anwesend. Dann sprach der Herr zu bewußter Schwester: Dieser ist auserwählt zum Haupt dieses meines Instituts: er wird der erste Obere der Männerkongregation sein. Und die bewußte Schwester erschaute dieses Werk als schon gegründet und in voller Aktivität. Darüber erfaßte sie solcher Jubel, daß sie keinerlei Nahrung zu sich nehmen konnte. Während des ganzen Mahles blieb Franz von Assisi ihr Tischgenosse; sie sah ihn ‚verwandelt' *(trasformato)* in unseren Herrn Jesus Christus. Weiteres wurde an diesem Abend nicht gesprochen. Besagte Schwester maß dem aber keine große Bedeutung bei und ging darüber hinweg, ohne es glauben zu wollen."

Soweit der nüchterne Bericht Crostarosas. Tannoias Version dieses Ereignisses ist ein höchst interessanter Kommentar über die ursprüngliche Geschichte und Zielsetzung der Redemptoristenkongregation:

„Alfons hatte sein Herz in S. Maria dei Monti zurückgelassen... Er flehte zum Herrn, er möge einen senden, der sich dieser verlassenen Sennen und Ziegenhirten annehme... Gott aber, der Scala erwählt hatte, um hier in Alfons' Herzen den ersten Entwurf seines Werkes zu zeichnen, wollte, daß der Plan auch in Scala verwirklicht würde.

Im *conservatorio* dieser Stadt lebte eine heiligmäßige Klosterfrau, die mit übernatürlichen Gaben ausgestattet war. Sie wußte nichts von dem, was Alfons durch den Kopf ging. Am 3. Oktober 1731 sah sie in Ekstase eine neue Kongregation von Priestern, deren Aufgabe ausschließlich darin bestand, den Millionen Seelen zu helfen, die in zahlreichen Dörfern und weiten Landstrichen verlassen und ohne jede Hilfe lebten. Alfons stand an ihrer Spitze, und eine Stimme sagte zur Schwester: Diesen habe ich zum Haupt dieses Werkes meiner Glorie auserwählt[1]."

Kommen wir zur *Autobiografia* zurück. Crostarosa fährt fort:

„Am darauffolgenden Tag war das Namensfest des heiligen Franziskus, den besagte Schwester sehr verehrte... Sie dachte nicht mehr an den Vorfall des Vorabends. Doch da wurde sie erneut von der Erleuchtung und dem Licht des Herrn erfaßt. Sie begriff, daß die Ordensgemeinschaft durch die Worte des Evangeliums geprägt sein werde: Gehet hinaus in alle Welt und verkündet das Evangelium allen Geschöpfen, denn das Himmelreich ist nahe (Mk 15,15; Mt 3,2 und 4,17)... Ihre Lebensform? Die täglichen geistlichen Übungen der bereits schriftlich fixierten Regel. Die gleiche rot-hellblaue Kleidung." — (Man hat das Bizarre dieses Details etwas übertrieben; zu jener Zeit und in dieser erschienen alle Bruderschaften bei ihren Versammlungen auf ihren Betteltouren durch die Stadt und bei ihren Prozessionen in ihren farbigen Uniformen: weiß, blau, rot). „Die Brüder sollten in apostolischer Armut leben, wie Franz von Assisi, der dem Herrn so unmittelbar nachgefolgt war. Ihr gesamter Besitz sollte zum ‚Depot der Armen' zusammengelegt werden, zu dem auch freiwillige Spenden, nicht als Eigentum, sondern als Besitz der Anderen, gelegt werden sollten... Die Dörfer sollten nicht allzu weit von ihren Niederlassungen entfernt sein, und die Brüder sollten in Zweiergruppen ausziehen, um Buße zu predigen. Wer jedoch zum kontemplativen oder Einsiedlerleben berufen ist, sollte daran nicht gehindert werden; denn die in der Einsamkeit beten, tragen noch mehr als die Prediger zur Bekehrung der Seelen bei. Jeder Konvent sollte mindestens dreizehn Mitglieder haben; die Wahl der jeweiligen Missionen sollte nicht bei den Predigern liegen, sondern der Entscheidung des Oberen unterstehen[2]."

Ehe wir näher auf die „Offenbarungen" von M. Celeste Crostarosa eingehen, muß das Problem ihrer Natur und Authentizität untersucht werden. Waren diese „Visionen" und „Mitteilungen" sensitiv, imaginativ oder spirituell? Oder gar nur Illusion?

Keiner der Biographen Alfons' oder M. Celestes wagte von Illusion zu sprechen. Die Tiefe und Originalität der in den Briefen und den fünfzehn kleinen Schriften übermittelten Botschaft, die wir von dieser völlig ungebildeten Frau (sie hatte praktisch nur das Evangelium gelesen und nie schreiben gelernt) noch besitzen, bezeugen eine spontane Genialität von erstaunlicher Sicherheit und Kohärenz, sowie den offensichtlichen Beistand des Heiligen Geistes. Sie bewahrt außerdem in allen ihren Mißgeschicken eine faszinierende Selbstbeherrschung und Ausgeglichenheit. Was den Inhalt betrifft, so ist allgemein bekannt, daß die glaubwürdigsten Privatoffenbarungen vermischt mit persönlichen und gesellschaftlichen Elementen gegeben werden, die vom Kern gelöst werden müssen, die Substanz der Botschaft aber nicht verändern. Denken wir nur an die Heiligen Brigitte von Schweden, Katharina von Siena oder Margaritha-Maria Alacoque. Diese Botschaft ist übrigens für niemanden verpflichtend; sie kann kein Glaubenssatz sein und bleibt dem Urteil der Kirche unterworfen.

Zurück zu M. Celeste. Ihre langen Verzückungen waren in ihrer Gemeinschaft eine bekannte Tatsache. Sie selbst aber spricht immer nur von inneren Phänomenen. Anfänglich weigert sie sich selbst, daran zu glauben. Außerdem macht sie kein Geheimnis daraus, daß sie in die Ordensregel auch viele Elemente nach eigenem Gutdünken eingeführt hat[3]. Es ist nicht Aufgabe des Historikers, über den göttlichen oder menschlichen Ursprung ihrer „Mitteilungen" zu urteilen. Er verzeichnet sie als objektive Daten und bemüht sich, ihre Tragweite für die kommenden Ereignisse zu ermessen.

Alfons verwirft, wie wir noch sehen werden, den mehrfarbigen Habit, den er lieber den Prälaten überlassen möchte. Er ist außerdem gegen das rein beschauliche Eremiten- oder Klausurleben, das mit dem apostolischen Wirken unvereinbare Stundengebet der Schwestern, die Gemeinschaften von dreizehn Mitgliedern — Christus und die Zwölf —, sowie gegen die Aussendung von Zweiergruppen zu Missionen, die allzunahe der *vita apostolica* entlehnt waren. Alfons betont immer wieder, daß seine Gründung nicht auf diesen außerordentlichen Erleuchtungen beruhe, sondern ausschließlich auf den Grundsätzen des Evangeliums — „Bringt die Frohbotschaft den Armen, jeder Kreatur" — und den Erfordernissen des Gehorsams. So duldet er in der Regel der Redemptoristen keinerlei Anspielung auf Offenbarungen. In seiner *Praxis confessarii* schließlich bezeugt er in Artikel 140 eine solide Skepsis gegenüber Visionären.

Dies hinderte ihn aber nicht daran, die besonderen Erleuchtungen, die M. Celeste über ihn erhalten hatte, sorgfältig in sein geistliches Tagebuch einzutragen und in diese persönlichen Blätter, deren Lektüre nur für Gott und seine Engel bestimmt war, im Februar 1732 auf Seite 56 folgendes zu notieren:

„Gelübde, in einen Orden einzutreten. 1. Dieser Eid wurde zumindest durch die Skrupel (die er mir verursachte) abgeschwächt. 2. Mein derzeitiges Leben ist gleichwertig. 3. Die Umstände haben sich geändert; zumindest den Ausgang des *(Instituts?)* abwarten, zu dem ich durch Offenbarung *(und)* durch meine geistlichen Väter berufen bin, woran ich nun nicht mehr zweifeln kann."

Soviel zur inneren Geschichte Alfons' in den Jahren 1731 bis 1732. Was nun die Gründung der Redemptoristen angeht, so war M. Celestes Botschaft weder ihr auslösender Faktor noch ihre entscheidende Antriebskraft, sondern ganz im Gegenteil ihr Haupthindernis. Allerdings bestimmt sie Zeit und Ort dieser Gründung und beeinflußt ihre Regel und ihren Geist. Und sie hätte sie noch ungleich reicher und glücklicher gekennzeichnet, hätte nicht Falcoia zehn Jahre lang versucht, alles auf sein Maß zurückzudämmen.

Aus Gehorsam teilt also M. Celeste Falcoia ihre Offenbarungen vom 3. und 4. Oktober mit. Der Prälat ist bestürzt. Seit zwanzig Jahren „erwartete" er eine Kongregation von Missionaren, deren Ziel in der Nachfolge der Tugenden Jesu Christi bestehen sollte. Er soll um 1710 zur Zeit seines Aufenthalts in Rom eine übernatürliche Intuition darüber empfangen haben, und man sprach davon als der „Tibervision", der „plötzlichen Vision einer neuen, Männer und Frauen umfassenden Ordensfamilie". Doch sind dies Auswüchse ohne historische Wurzel. Das einzige Dokument, aus dem diese Übertreibung ihren Ursprung nahm, wurde von dem späteren Pater Cesare Sportelli (1701—1750) verfaßt, der einer der ersten Gefährten des Stifters wurde.

Er ist derzeit noch Rechtsanwalt am Gericht von Neapel, wo er Alfons kennengelernt hat. Schon lange waren er und seine Mutter Bewunderer und Beichtkinder Pater Falcoias. Wie seine Mutter, die Klosterfrau geworden war, lebte er seit 1730 in Castellamare als Lieblingsschüler und in gewisser Weise Sekretär des neuen Bischofs. Auf diesen zweifachen Titel hin soll er um 1733 auf einigen Blättern einen Entwurf zu Memoiren über die Ursprünge des Instituts verfaßt haben.

Nach einer Einleitung, deren Überschwenglichkeit uns eher zur vorsichtigen Lektüre des nachfolgenden Textes rät, erklärt er, „er habe aus Mgr. Falcoia nur Andeutungen ‚über sein Geheimnis' herausholen können":

„Als Falcoia sich eines Tages am Ufer des Tiber befand, wurde er von himmlischem Licht erfaßt, das ihm offenbarte, was Gottes Güte für die Kirche verwirklichen wolle. Darob begann er unwillkürlich vor Freude zu zittern, so daß ein Pater, der ihn begleitete, diese göttliche Ahnung erriet.[4]"

Das ist viel und wenig zugleich. Alles andere aber ist freie Erfindung. Die Historiker der zweiten Generation sind im Irrtum, wenn sie — obwohl weder Tannoia noch Landi etwas davon berichten — behaupten, Falcoia habe 1710 in Taranto „versucht", eine Kongregation von dreizehn Priestern zu gründen, die sich der Nachahmung der Tugenden Jesu Christi und dem Apostolat widmen sollten; dieser Versuch sei aber gescheitert. In Wirklichkeit gründeten Falcoia und nach ihm Alfons und die anderen Missionare bei allen ihren großen Missionen solche Bruderschaften. Nachdem Falcoia Taranto verlassen hatte, kümmerte er sich aber nicht weiter um die dort von ihm gegründete Verbindung. Doch war sie keineswegs ein Mißerfolg, sondern bestand bis ins Jahr 1923[5]. Alfons scheint sich allerdings Ende März 1733 in einem Brief an M. Celeste auf diese „Erleuchtung" am Tiber zu beziehen:

„Wie wir wissen, meine Celeste, folgte Falcoia hinsichtlich dieses Instituts nicht nur Deiner Offenbarung, sondern auch der Erleuchtung anderer und vor allem der, die er selbst von Gott erhalten hat, noch ehe er Dich kannte. Daher war er seit so vielen Jahren bemüht, dieses Institut in Rom oder in Neapel zu gründen, und er ließ sich dabei vor allem vom Licht des Evangeliums leiten, das mehr gilt als Deines und seines."

Warum blieben diese Versuche Falcoias gänzlich unbekannt? Er scheint vor allem ein wachsamer Beobachter gewesen zu sein, und so eilte der Bischof von Castellamare, kaum daß er M. Celestes Brief erhalten hatte, nach Scala. Alfons aber weiß davon noch nichts.

Die Priorin M. Angela kann es sich aber nicht versagen, ihm am 25. Oktober folgende rätselhafte Zeilen zu schreiben:

„Unser Pater Falcoia weilt bei uns... Die Schwestern Celeste und Columba hätten Euch über das Euch bekannte Thema etwas zu schreiben" — (*das neue Institut natürlich: es gibt also etwas Neues?*) — „doch haben sie noch nicht die Erlaubnis dazu. Wenn Ihr die Neuigkeit erfahren werdet, laßt Euch nichts anmerken, daß ich schon etwas habe durchblicken lassen... Momentan verhandle ich mit dem Bräutigam und der Muttergottes, damit sie viele gute Arbeiter in den Weinberg der heiligen Kirche senden" (*Aha! „gute Arbeiter"?*).

An eben diesem 25. Oktober beendet Alfons mit Sarnelli, der seit vergangenem Mai Subdiakon ist, die Exerzitien, die sein Mitbruder Giuseppe Iorio dem Klerus der Hauptstadt hält. Die geheimnisvollen Zeilen der Oberin treffen in die unmittelbaren Vorbereitungen der jährlichen Mission Spirito Santo vom 27. Oktober bis zum 4. November.

Diese Frauen: Immer nur Andeutungen und keine konkreten Hinweise!

Aber genau am 4. November ist es Falcoia selbst, der von Scala aus, wo er sich noch immer aufhält, das Rätsel erneut in den Raum stellt:

„Wenn ich, *so Gott will*, nach Neapel komme, werde ich Euch sofort informieren... Ich muß mit Euch über eine äußerst wichtige Angelegenheit sprechen, die Euch, mein Lieber, ebenfalls unmittelbar betrifft...

Derzeit brüte ich über der Regel, von der ich Euch so bald wie möglich eine Abschrift anfertigen lasse. Lest und überdenkt sie und legt sie auch einem dritten vor, der die nötige Kompetenz hat. Denn Monsignore (Guerriero) wünscht, daß sie Euch vorgelegt wird, und Ihr sie nach Eurer Einsicht beurteilt."

Aber Falcoia leidet an einem Nierenstein... und der Überlastung durch sein

Bischofsamt. Die Reise nach Neapel kann also nicht in nächster Zeit stattfinden. Doch die Angelegenheit duldet keinen Aufschub, und so bittet er Mitte November seinen jungen Freund, nach Castellamare zu kommen: wegen einer sehr bedeutenden Angelegenheit, die auch die Ehre Gottes betreffe. Alfons zögert nicht. Mazzini und Mannarini begleiten ihn.

P. Giuseppe Landi (1725–1797) berichtet in seiner handschriftlichen *Istoria* von der Begegnung. Der greise Bischof ist wie immer von der Freundlichkeit, Bescheidenheit, Bereitschaft und dem ansteckenden Eifer dieses Cavaliere im zerschlissenen Habit zutiefst beeindruckt. Ohne ein Wort über M. Celeste zu verlieren, kommt er sofort zur Sache:

— Also. Ich habe die Absicht, in der Kirche ein neues Institut von apostolischen Arbeitern zu errichten, und Ihr werdet der Grundstein dieses Gebäudes sein.

Liguori errötet, dankt und stammelt Entschuldigungen:

— Eure Freundschaft führt Euch auf einen Irrweg, Pater... Ihr schlagt mir ein Abenteuer vor, dessen Ausgang eher negativ denn positiv sein wird. In Neapel, bei den *Cinesi*, den Missionen und Exerzitien dagegen kann ich mit Sicherheit viel Gutes tun, und das nimmt meine Kräfte und meine Zeit voll und ganz in Anspruch. Soll ich denn das Sichere für das Ungewisse aufgeben? Auf jeden Fall müßte ich zuerst viel darüber nachdenken, beten und mich beraten. Ich müßte wissen, was mein Seelenführer P. Pagano dazu sagt...

Falcoia ist von dieser Abhängigkeit nicht sehr begeistert. Das Werk drängt:

— Ich hätte Euch auf der Stelle hierbehalten wollen, um sofort anzufangen. Man kann Gott nicht warten lassen... Aber ich gebe zu, daß Eure Umsicht nicht ohne Vernunft ist. Nein, ganz und gar nicht. Ich verstehe Euch... Ich billige Euer Denken sogar. Es handelt sich hier um ein großes Unternehmen, in dem es um die Ehre Gottes geht. Überdenkt die Sache; beratet Euch; Euer Beichtvater ist *benissimo*. Empfehlen wir uns dem Herrn, um seinen Willen zu erfahren.

Dann deckt er seine Karten auf:

„Ich erwarte vertrauensvoll Eure Antwort. Denn dieser Gedanke kommt weniger von mir als von einer Inspiration des Herrn, die mich schon lange verfolgt. Visionen, die heilige Seelen in jüngster Zeit hatten, skizzieren den Plan dieser Kongregation und drängen auf seine baldige Verwirklichung"[6].

Es gibt also doch Neues in Scala. Zweifellos ist dies „das Geheimnis", das so schwer auf der Oberin lastete und von dem M. Celeste ihm nichts schreiben durfte. Alfons und seine Gefährten steigen nach S. Maria dei Monti, dem hohen Ort der ursprünglichen Gnade, hinauf und wieder herunter nach Scala. Die Schwestern sind beglückt und quartieren die Väter in ihrem Gästehaus — vier Zimmer auf zwei Etagen — in fünfhundert Metern Entfernung in der Via Torricella (Nr. 21) ein. Alfons geht mit Mazzini in die Kirche. In dem kleinen Beichtzimmer, das noch heute rechts vom Chor gezeigt wird, hört er einige Beichten, dann folgt ein langes Gespräch mit M. Celeste. Mazzini betet im Kirchenschiff.

Mit einer Sicherheit, wie sie nur die Aufrichtigkeit gewährt, berichtet Crostarosa von den Offenbarungen des 3. und 4. Oktobers.

— Das Werk des Herrn umfaßt auch eine Männerkongregation... Und Gott will, daß du sie gründest.

Diese Eröffnung verschlägt dem Priester zunächst die Sprache. Hat er nicht selbst die Echtheit der ersten Offenbarungen anerkannt? Fügen sich diese hier nicht nahtlos in den Aufruf ein, der ihn in S. Maria dei Monti in Herz und Gewissen traf? Er sieht seine Sennen und Ziegenhirten wieder vor sich, er hört den Ruf der Verlassenen... Ja, aber die Aufgabe übersteigt menschliches Maß. Nein, nein, er ist so armselig, er kann nicht daran denken. Und außerdem, Visionen?

— Du hältst deine Träumereien für göttliche Manifestationen, Celeste. Deine Phantasie verwirrt dich.

— Verwirrt, verrückt, was immer du willst. Gott aber will dieses Institut und daß du es verwirklichst.

„Je mehr Alfons ihr widersprach", berichtet Tannoia, „umso nachdrücklicher behauptete sie, Gott wünsche von ihm dieses Werk für die Landbewohner und die Verlassensten."

Im Verlauf dieses Gesprächs hatte Mazzini, wohl aus Diskretion, weil die Unterhaltung immer lebhafter wurde, die Kirche verlassen und war zu Mannarini ins Gästehaus zurückgekehrt. Da es abschüssig zur Via Torricella liegt, befindet sich sein Eingang auf der Höhe der beiden Schlafzimmer, von wo eine Treppe zu den beiden tieferliegenden Räumen führt, von denen einer als Speisezimmer dient. Die Zeit verging, man erwartete Alfons zum Essen. Hören wir, was Mazzini beim Heiligsprechungsprozeß berichtet:

„Ich hatte Alfons im Beichtzimmer mit einer Schwester sprechen hören. Nach Beendigung der Beichten hatte er sich in sein Zimmer zurückgezogen. Vincenzo und ich hörten ihn schluchzen. Es war höchste Zeit, sich zu Tisch zu setzen. So übernahm ich es, zu ihm hinaufzugehen.

— Was betrübt Euch so sehr, Alfons? Das Gespräch, das Ihr soeben mit einer Schwester geführt habt? Wenn es nicht das Beichtgeheimnis betrifft, so sagt mir, was vorgeht und wie wir Euch helfen können.

— Schwester M. Celeste hat mir gesagt, ich müsse Neapel verlassen, um hier eine Ordensgemeinschaft ausschließlich für Volksmissionen in den Dörfern und Weilern auf dem Land, die ohne geistlichen Beistand sind, zu gründen. Sie sagt, die Städte und entwickelten Gegenden *(luoghi culti)* hätten kein Bedürfnis dafür, und es sei der Wille Gottes. Aber wie sollte ich vorgehen... Es ist ganz und gar unmöglich: Ihr kennt meine Aufgaben in Neapel: der Missionsdienst, meine anderen seelsorglichen Pflichten...

Und er übertrieb die Unmöglichkeit eines Erfolgs, wandte aber gleichzeitig ein, daß er sich dem göttlichen Willen widersetze, wenn er den Rat dieser Dienerin Gottes nicht befolge. Diese Zweifel setzten ihm so sehr zu, daß ihn schwindelte und er beinahe die Besinnung verlor. Nun versuchte ich, ihn mit vielen Argumenten zu trösten und sagte zu ihm:

— Laß dich nicht unterkriegen, mein Lieber. Wer weiß, wo der Wille Gottes ist? Das will überlegt sein.

Er aber spann seine Gedanken weiter:

— Aber wo sind meine Gefährten?

— Schau her, ich bin der erste... Also, komm nun essen und überlassen wir Gott diese Sorge.

Alfons wurde plötzlich wieder heiter und ging zu Tisch."

Mannarini tat es Mazzini gleich: er würde der dritte im Bunde sein. Man würde demnächst nach Neapel zurückkehren, und dort solle ein jeder das Problem seinem Beichtvater vorlegen, um so den Willen Gottes zu ergründen.

Am Samstag, dem 17. November, sind sie wieder in der Hauptstadt, denn Alfons ist mit 19. bei den *Apostoliche Missioni* anwesend.

— Visionen, Neuerungen, zwei Dinge, denen ich *a priori* mißtraue. Ihr brecht mit Scala und geht Euren gewohnten Pflichten nach!

Das ist P. Paganos erste Reaktion. Die Reaktion eines Weisen. Alfons hat zu gehorchen. Er würde es mit Freuden tun, wenn ihn der Gedanke an diese Verlassenen nicht Tag und Nacht verfolgte.

Genau darauf aber baut Falcoia, wenn er am 24. November erneut einen Anlauf nimmt:

„Der Herr will Euch. Mehr noch, er hat Euch zu einem Grundstein für dieses Gebäude auserwählt. Ich weiß nicht, was Euch motiviert, die Angelegenheit in Frage zu stellen und zu bezweifeln. Sagt Euch nicht Euer Herz dasselbe? Bestärkt Euch nicht der Zustand, in dem es sich befindet, all das mutig auf Euch zu nehmen, was dem irdischen Herzen am meisten widerstrebt, um dem großen Meister nachzufolgen, der uns vorangeht? Können diese Pläne denn von einem anderen als dem Heiligen Geist herrühren? Sie sind den Wünschen des alten Adam so konträr und entsprechen dem neuen, der, um unser Vorbild zu werden, so viel auf sich genommen und gelitten hat, in so hohem Maße. Sprechen wir nicht mehr darüber. Bittet den Herrn, er möge Euch mit seiner Gnade beistehen, und bereitet Euch darauf vor, für seine Liebe jede Prüfung zu erdulden.

Tausend Umarmungen für meinen liebsten Don Matteo (Ripa); bittet ihn, von dem, was er weiß, keinen Gebrauch zu machen."

Ripa ist soeben für acht Monate nach Rom abgereist, ohne irgend etwas zu wissen. Der Skandal bei den *Cinesi* ist groß, als man von Liguoris und Mannarinis Plänen erfährt.

„Geht Euren gewöhnlichen Pflichten nach", hatte Pagano kurz entschieden, und dies bedeutet für Alfons zunächst ein Missionsunternehmen, das für alle Zeiten mit Zeichen und auch schon mit einem ersten Bruch behaftet sein wird.

Am 20. März, dem Dienstag der Karwoche 1731, hat ein Erdbeben das maritime Apulien von S. Severo bis Lecce verwüstet. Allein in Foggia fanden 3.000 Menschen unter den Trümmern den Tod. Ein Priester hatte unter Lebensgefahr die *Icona Vetere*, die „Alte Ikone" der Muttergottes, aus der einstürzenden Kollegialkirche S. Pietro gerettet. Diese uralte Malerei auf Holz, durch die Einwirkungen der Zeit schon schadhaft geworden, ist, mit Ausnahme des Gesichtsovals, das hinter einer Scheibe nur einen schwarzen Schleier freigibt, ganz von einer Silberplatte bedeckt.

Während die Erde weiterbebte und alle kirchlichen Gebäude einstürzten oder beschädigt wurden, hatten die Bewohner von Foggia ihre Madonna auf freiem Feld in einer Holzbaracke „untergebracht". Hier bestürmten sie sie nun mit ihrem Flehen. Am Gründonnerstag, während die Stadt und ihre Umgebung in Blut, Geschrei und Tränen erstickt, erblickte das Volk im Oval der Ikone das lebendige Antlitz der Jungfrau. Das gleiche barmherzige Wunder ereignete sich am Karfreitag. Am 1. April, als die Erdstöße nachgelassen hatten, brachte man die ehrwürdige Ikone in die am wenigsten betroffene Kirche zu den Kapuzinern in S. Giovanni Battista[7].

Um diesem religiösen Volk wieder Mut und Hoffnung zu geben, aber auch, um die Früchte der Bekehrung zu ernten, die durch die Erdstöße gereift waren, hatten die Bischöfe der heimgesuchten Regionen sich an verschiedene Missions-gesellschaften des Königreichs gewandt. So reiste Liguori, nun zum erstenmal als Missionsleiter, mit fünf Mitbrüdern am 1. Dezember 1731 in das acht Tagereisen entfernte Taranto und darüberhinaus in die Ferse des italienischen Stiefels. Sie „missionierten" am ionischen Meer die Diözese Nardò, sodann an der Adria die Diözese Polignano, nicht weit von Bari entfernt. Der Missionsleiter übernahm die große Predigt und trug die schwerste Last dieser zwei Missionsmonate. Dieses südliche Volk übertraf sich in Reuekundgebungen: Frauen fielen bei der *predica grande* in Ohnmacht, Männer schlugen sich die Köpfe auf dem Straßenpflaster und an den Kirchenmauern wund...

Doch dies war noch nicht die Welt der Verlassenen, nach der Alfons hungerte und dürstete.

Gegen Mitte Februar 1732 kehrte die Gruppe nach Neapel zurück. Über Foggia natürlich, um hier die Jungfrau „mit dem lebendigen Gesicht" zu verehren. Mgr. Pietro Faccolli, der Bischof von Troia, weilte gerade in der heimgesuchten Stadt. Er empfing den heiligen Missionar und Neffen seines Vorgängers, Mgr. Cavalieri, mit großer Herzlichkeit und fast zweifacher Verehrung. Ein Domherr der Kollegiatskirche, Don Francesco Garzilli, bestand darauf, die vier Missionare (zwei waren schon nach der Mission von Nardò nach Neapel zurückgekehrt) bei sich aufzunehmen. Der Herr wird es ihm vergelten, denn mit 56 Jahren wird er ein „Sohn Alfons'" und bleibt es noch vierzig Jahre lang. Klerus und Honoratio-ren belagerten den Neffen ihres einstigen Bischofs mit ihren Besuchen. Sie luden ihn ein, sie zwangen ihn, eine Muttergottesnovene zu halten.

— Was wird Don Giulio Torni sagen, von dem ich weder den Auftrag, ge-schweige denn die Erlaubnis dazu habe?

Aber der Ortsbischof, der ebenfalls ein „Bruder" der Propaganda war, ersuch-te ihn persönlich und nahm alle Verantwortung auf sich. Schließlich war es ja für Unsere Liebe Frau und für ein unglückliches Volk... Die Karosse der Mitbrüder fuhr also ohne Liguori ab, und er stieg auf die Kanzel der Kirche S. Giovanni Bat-tista.

Allerdings nur am ersten Abend. Denn es mußten weit mehr Menschen außer-halb der Kirche bleiben, als in ihr Platz fanden. So brachte man die Kanzel an die Kirchentüre und stellte ihr gegenüber die *Icona Vetere* auf. Alle Beichtväter der Stadt reichten nicht aus, um die Flut der Beichtwilligen zu bewältigen. Die Jung-frau tat das ihre dazu, wie Alfons 48 Jahre später als Bischof im Ruhestand den Domherrn von Foggia (zweifellos im Blick auf die Krönung des „Alten Bildes") bestätigt:

„Allen, die diesen Brief lesen, bekunden und bestätigen wir unter Eid die Wahrheit folgender Tatsache:

Als wir uns im Jahr 1732 in Foggia befanden, hielten wir in der Kirche S. Gio-vanni Battista für das Volk eine Reihe von Predigten. Diese Kirche besaß damals ein großes Bild, die sogenannte Alte Ikone, in deren Mitte sich eine ovale, mit ei-nem schwarzen Schleier bedeckte Öffnung befand. An verschiedenen Tagen und zu wiederholten Malen sahen wir außerhalb dieser Öffnung das Antlitz der Aller-seligsten Jungfrau Maria erscheinen. Es ähnelte dem eines dreizehn- bis vierzehn-jährigen Mädchens, war weiß verschleiert und bewegte sich nach rechts und nach links... Dieses hehre Antlitz glich nicht einer Malerei, sondern einem lebendigen

Gesicht, in vollem Relief, fleischfarben, wie das einer jungen Person, die sich nach rechts und links bewegt. Wir waren außerdem nicht die einzigen, die es betrachten konnten; das ganze zur Predigt versammelte Volk sah es ebenfalls. Es empfahl sich unter einem Ausbruch von Rufen und Seufzern innigst der Allerheiligsten Mutter Gottes.

Im Glauben an die Wahrheit des Gesagten haben wir vorliegendes Zeugnis mit unserem Siegel versehen.

Gegeben zu Nocera dei Pagani, am 10. Oktober 1777.

Alfons Maria von Liguori, Bischof"[8].

Der Heilige hat aber aus Bescheidenheit nicht alles gesagt. Als eines Abends die Menge verabschiedet und die Ikone wieder in der Kirche war, stieg der Missionar auf den Altar, um sie sich genauer anzuschauen. Da fiel er unvermittelt in Verzückung und konnte das schönste Antlitz auf Erden und im Himmel in aller Ruhe betrachten. Als er nach einer langen Stunde — außer sich vor Freude und ... Verwirrung — wieder in diese Welt zurückkehrte, löste er die Spannung, indem er das *Meerstern ich dich grüße* anstimmte und mit seiner herrlichen Stimme auch die dreißig anwesenden Priester und Herren mitriß. Am nächsten Tag beauftragte er einen Maler und gab ihm Anweisungen, wie er einen Abglanz der Züge der wunderbaren Jungfrau wiedergeben sollte. Die Überlieferung berichtet, er selbst habe die letzten Pinselstriche geführt. Diese Madonna von Foggia ist noch heute bei den Redemptoristen von Ciorani zu sehen.

Von Foggia aus wollte Alfons dem hl. Michael, einem seiner Taufpatrone, der auf dem nur 50 km entfernten Monte S. Angelo an den Hängen des Gargano verehrt wurde, seine großen Sorgen für die Zukunft vortragen. Die Nacht verbrachte er in Manfredonia, von wo er noch 771 m Höhenunterschied bis zur Basilika S. Michele zu überwinden hatte. Auch Mgr. Marco de Marco wollte ihn unbedingt zu Bußpredigten für sein Volk zurückhalten. Diesmal jedoch war der Missionar beharrlicher als der Erzbischof:

— Ihr müßt mich entschuldigen, Monsignore. Ich kann nicht über mich selbst verfügen. Ich habe nicht die Erlaubnis meines Oberen.

— Aber Ihr habt doch gerade in Foggia gepredigt, und der Himmel ist nicht über Euch eingestürzt.

— Gebe Gott, daß ich bei meiner Rückkehr nach Neapel nicht gemaßregelt werde, weil ich in Foggia zu nachgiebig war!

Am nächsten Morgen erstieg er den Berg, auf dem sich die berühmteste der 800 italienischen Pilgerstätten zum hl. Michael befindet, und feierte dort die hl. Messe mit einer Frömmigkeit, die alle anrührte. Lange verweilte er im Gebet. Er schärfte sein Schwert für einen Kampf, von dem er ahnte, daß er schrecklich sein würde. Im Vergleich dazu würde G. Tornis Gardinenpredigt, die er nach seiner Rückkehr zu erwarten hatte, nur eine sanfte Rüge sein[9].

Am Montag, dem 3. März, notiert das *Giornale* der Illustrissimi: „Der Obere erinnert an das für jeden Bruder gleichermaßen geltende Verbot, ohne seine ausdrückliche Erlaubnis zu predigen." Alle denken an den noch nicht wieder anwesenden Liguori. Am 10. März — der „Übeltäter" sitzt wieder auf seinem Platz — „erneuert Torni die Anweisungen, daß keiner sich erkühnen möge, Predigten ohne seine ausdrückliche Erlaubnis zu halten." Am 17. März derselbe kategorische

Aufruf. Alfons muß sich durchbohrt fühlen. So viel Aufhebens für den so unbedeutenden „Seitensprung" von Foggia? Nein. Torni sieht weiter; er denkt an die Gerüchte über Loslösung und Neugründung. Jeder spürt, daß ein Drama in der Luft liegt.

Das steht außer Zweifel. Und es läßt nicht auf sich warten.

Als Alfons nach drei Monaten aus Apulien zurückkehrte, fand er einen ganz anderen Pagano vor: er hat nachgedacht, er hat gebetet.

— Ihr habt mir ein schwieriges und ungemein heikles Problem aufgegeben. Jetzt sage ich Euch ohne Zögern: Das Werk ist von Gott; es gereicht zur Ehre Jesu Christi und zum sicheren Heil der Seelen. Doch wäre es sinnvoll, noch zwei klügere Männer als mich um Rat zu fragen: Pater Cuttica, den Ihr seit zwanzig Jahren kennt, und Pater Domenico Manulio, einen Jesuiten voll Heiligkeit und Wissen.

Die Schlüsse dieser beiden wichtigen Personen sind eindeutig und gleichlautend: Gott will diese Gründung, die Kirche bedarf ihrer, und Alfons soll sie in Angriff nehmen, ohne weitere Zeit zu verlieren. Dieser Ansicht sind auch andere Gottesmänner, die Liguori konsultiert hat.

Lange nachdenken, sich umfassend beraten und noch mehr beten, um dann zu entscheiden und vom einmal gefaßten Entschluß nicht mehr abzuweichen: das ist sein Grundsatz.

„Alfons war sich des Willens Gottes sicher", sagt Tannoia, „und so gewann er neuen Aufschwung und faßte Mut. Er opferte die Stadt Neapel ganz für Christus, und war bereit, den Rest seiner Tage in Schafställen und Strohhütten zu verbringen und inmitten von Hirten und Dorfbewohnern zu sterben"[10].

Hätten wir der Geschichte von Alfons von Liguori ein Motiv vorausstellen wollen, so wäre es dieser Text von Tannoia gewesen. In jedem großen Leben gibt es einen Kreuzungspunkt, eine Wende, einen Gipfelpunkt, an dem unwiderruflich eine Richtung zum Guten oder zum Schlechten eingeschlagen wird; einen Punkt, an dem es auf eine neue Berufung, auf eine Seinsentscheidung hingeht, die oft unvorhergesehen ist und alles Bisherige in Frage stellt. Dann stirbt ein Leben, das hätte sein können, und ein anderes, das sein wird, entsteht.

„Die Stadt Neapel" ist für Alfons ein gesellschaftliches und kulturelles Milieu, das für ihn nicht ohne Anreiz ist; sie ist „sein Milieu", aus dem er auf der Ebene der Besten hervorgegangen ist, ein Volk, das auch in den ärmeren Schichten reich an guten Priestern ist. Die „Hirten und Dorfbewohner" dagegen sind damals die Welt der wirtschaftlich, kulturell und religiös Unterentwickelten, der „Verlassenen". Sie sind verlassen, weil sie arm sind, während sich bei den Reichen immer einer findet, der um sie herumscharwenzelt.

Wir müssen die Radikalität der hier von Alfons beschlossenen Veränderungen begreifen, um den Ordensgründer, den Schriftsteller und den Moraltheologen Liguori verstehen zu können.

Der neapolitanische Cavaliere vornehmer Abstammung, der vollkommene Intellektuelle, der feinsinnige Künstler, der von den Honoratioren und der geistlichen Elite aufgesuchte Priester, der angesehenste der *Illustrissimi* in der Hauptstadt und den Städten des Königreichs trifft im März 1732 mit fünfunddreißig Jahren und sechs Monaten die Lebensentscheidung, dem „Kontinent" seiner Jugend und seines ersten Mannesalters den Rücken zu kehren. Nicht ohne Erschütterung. „Er bringt die Stadt Neapel Jesus Christus zum Opfer" und schickt sich an, die Taue seines Lebensschiffes zu lösen und den Rest seines Lebens in „China", wo Gott ihn haben will, zu verströmen. Er wechselt seinen „Umgang".

Nun aber wehrt sich ganz Neapel dagegen, ihn zu verlieren. Das Gerücht von seinem Plan und seiner bevorstehenden Abreise nahm von den vertraulichen Mitteilungen, die er bei seinen Beratungen machen mußte, seinen Weg. Die früheren „Gerüchte von Scala", die noch als rote Glut unter der warmen Asche glimmten, bedurften nur eines Lufthauchs, um sich wieder zu entzünden. So erhob sich schon nach wenigen Tagen ein gewaltiger Sturm gegen ihn:

— Er hat den Kopf verloren! Ein Fanatiker! Ein Visionär!...

— Und selbstüberheblich! Der Weihrauch, den man ihm überall streut, ist ihm in den Kopf gestiegen... Und außerdem, Visionen einer Nonne! Die Kirche Gottes ruht nun auf Halluzinationen! Als ob die „Aufklärung" nicht längst das Mittelalter vertrieben hätte!

Seine Mitbrüder von der Propaganda sind die ersten, die diese beißenden Kommentare austauschen. Der bloße Gedanke, daß Liguori, ihr bedeutendstes Mitglied, in solcher Einfalt dahindämmert, treibt ihnen die Schamröte ins Gesicht. Sie kämpfen am erbittertsten gegen ihn.

An ihrer Spitze aber stehen, und das bereitet Alfons den meisten Kummer, sein Lehrer Torni, Oberer des Seminars, und sein Onkel Gizzio, sein Oberer bei den Missionen. „Torni", sagt Tannoia, „hielt ihn tatsächlich für einen Wirrkopf. Verwirrt durch ein Frauenzimmer!... Für Gott und die Seelen verloren... Gizzio konnte sich ebensowenig beruhigen: diese Intelligenz, die nun in Visionen und ähnlichen Abgeschmacktheiten versumpfte! So vermehrten die beiden ihre Bemühungen, ihn von diesem Unternehmen abzubringen. Respektvoll, aber unerschütterlich setzte Alfons die Meinung seines Seelenführers entgegen, was Gizzio wiederum veranlaßte, von bloßen Argumenten zum Angriff überzugehen:

— Nicht Gott ist es, der Euch leitet, sondern die Fantastereien einer Klosterfrau; Ihr solltet ihnen nicht glauben, sondern sie als Illusionen betrachten.

— Ich richte mich nicht nach Visionen, sondern nach dem Evangelium...

— Schön, schön! Aber woher wollt Ihr die Mittel nehmen, um diese Pläne zu verwirklichen?

— Wer auf Gott baut, Herr Onkel, der kann alles hoffen und erhofft alles."

Als der „Erleuchtete" eines Morgens in die Sakristei der Kathedrale kam — diese hehren Orte sind nach allgemeiner Auffassung ja Tempel der Würde —, ging ein Hagel von Beschimpfungen auf ihn nieder, die in beißender Ironie gipfelten:

— Schändliche Vermessenheit! Ihr könntet diese neuen Gründungen und Institute ja gleich in der Kirche errichten!

Alfons erwiderte kein Wort.

Bei weniger explosiven Begegnungen aber versuchte er zweifellos Verständnis für sich zu gewinnen. Wir können uns nicht vorstellen, daß seine brennende und besonnene Überzeugung nicht zu gewissen Augenblicken die Sicherheit seiner Gegner erschüttert hätte. In einer dieser Unterhaltungen sagt Gizzio zu seinem Neffen:

— Ich habe auch einen Seelenführer, dem ich in allem gehorche. Er ist ein Heiliger: Fra Ludovico Fiorillo, ein hingebungsvoller Prediger. Wie, wenn Ihr Euch seiner Meinung unterwerfen würdet? Ich rate Euch überhaupt, Euch seiner Führung anzuvertrauen.

— Ich bestimme meine Führung nicht nach meinem Gutdünken, Onkel, sondern hänge in allem von Pater Pagano ab.

Pietro Marco Gizzio sagte nichts weiter. Doch ist es Pagano selbst, der, als Alfons ihm von diesem Mißtrauen berichtet, den Handschuh aufhebt:

Ich bin einverstanden. Wenn P. Fiorillo sagt, daß Gott dieses Werk will, dann will ich es ebenfalls; sagt er nein, so sage auch ich nein.

Alles schien also wieder in Frage gestellt, und zwar im Sinne Gizzios.

Alfons vermehrte seine Gebete und Bußübungen, damit Gott endlich seinen Willen kundtun möge. Scala bestürmte — nun ebenfalls unruhig geworden — den Herrn in Nachtwachen und Kasteiungen, er möge die Seelenführer des Freundes und Vaters erleuchten.

Fiorillo (+1734) und Liguori kannten einander nur vom Hörensagen. In den ersten Apriltagen aber trafen sie zufällig ausgerechnet beim Oberen des Seminars zusammen.

— Wer seid Ihr denn? fragte Fiorillo.

— Alfons von Liguori.

Ein Lächeln glitt über das Gesicht des ehrwürdigen Dominikaners, und er sprach folgende inspirierte Worte:

— Gott ist nicht zufrieden mit Euch. Er will Euch ganz. Und er erwartet von Euch etwas anderes als das, was Ihr jetzt macht.

Alfons atmete auf; Freude erfüllte sein Herz. Gizzio aber blieb der Mund offen. Man verabredete sich im Kloster von S. Domenico Maggiore.

Hier, in den Kreuzgängen, in denen der Ex-Anwalt als Student einst wandelte, informiert er Fiorillo über alles: sein Gewissensproblem gegenüber den Verlassenen von Lukanien und S. Maria dei Monti, die Erleuchtungen von Scala, das Ja der Patres Pagano, Cuttica und Manulio, die verpflichtende Zusage von Mazzini, Mannarini, Sarnelli, Sportelli, sowie des Beichtvaters von Scala, Pietro Romano, und eines gewissen Silvestro Tosquez, die Beschwörungen des Bischofs von Castellamare, die Ordensregel, die gerade erarbeitet wird...

— Ich bitte um sechs Monate Bedenkzeit, ist das letzte Wort Fiorillos.

— Ein Jahr, wenn Ihr wollt, entgegnet Alfons.

Aber schon in den nächsten Tagen sieht ihn Fiorillo wieder und umarmt ihn voller Freude. Was er ihm damals sagte, hat Alfons auf Seite 65 b seiner *Cose di coscienza* zusammengefaßt:

„Fiorillo: Wenn ich *(in jüngeren Jahren)* diese neue Kongregation gekannt hätte, hätte ich Dir nicht *(nur)* ohne Zögern dazu geraten, sondern wäre ihr selbst beigetreten. Außerdem ist ihre Verwirklichung schon im Gange, und entsprechende Schritte wurden getan. Das Werk. Ich gebe Dich Falcoia zurück. Vertraue auf Gott. Wirf Dich in ihn, wie man einen Stein in den Abgrund wirft, ohne Dich darum zu kümmern, was noch zu tun bleibt, und wie sich die göttliche Vorsehung dazu verhält... Gott erwartet von Dir Mut und ein großmütiges Herz, denn Verfolgungen werden nicht ausbleiben.

Wenn ich *(ein junger)* Priester wäre, würde ich Dir folgen."

Doch verbot Fiorillo Alfons, von seiner Meinung Gebrauch zu machen und ihn noch einmal zu besuchen, mit der Begründung, daß der Klerus ihm nicht verzeihen und sein Apostolat darunter leiden würde. Für den Fall aber, daß man ihm diese erste Intervention zum Vorwurf machen würde:

„Ich werde sagen, ich habe Dich weggeschickt und mich von Dir distanziert. Und schreibe mir.

Beim Jüngsten Gericht werde ich mich dafür verantworten müssen. Gebe Gott, daß dies das einzige Unrecht ist, das Du getan hast!"

Für Pagano und Falcoia gilt diese Geheimhaltung natürlich nicht. Letzterer reagiert am 7. April:

„Treibt die Werke Gottes auch weiterhin voran, ohne zu ermüden, ohne mit dem schon Erreichten zufrieden zu sein, so lange, bis sie endgültig geregelt sind. Es steht außer Frage, daß der Herr von Euch erwartet, diese so bedeutende Angelegenheit zu einem guten Ende zu führen. Ich habe es Euch vorausgesagt und betone es in Übereinstimmung mit P. Fiorillo noch einmal, wennschon ich weder dessen Verstand noch seine Erleuchtung besitze...

Ihr sagt mit Recht, daß weder die apostolische Struktur, noch die Offenbarungen erwähnt werden dürfen; die Schwestern sind darüber informiert, und die Regel ist in diesen Punkten sehr nüchtern... Wir werden uns darüber, wie auch über alles andere, noch einmal unterhalten. Ich habe vor, zu diesem Zweck nach Neapel zu kommen... Daher möchte ich gerne das genaue Datum Eurer Abreise zur Mission wissen... Uneingeschränkte Freude für das heilige Osterfest."

Alfons ist bereits auf Mission, allerdings in der Hauptstadt. Die Fastenzeit verbringt er mit elf Mitbrüdern hauptsächlich im Hospiz von S. *Gennaro extra moenia*, wo er im Frauenkloster, im Damenstift, im Greisenasyl, im Knabeninternat und im *conservatorio* für „gefährdete Jungfrauen" das Evangelium verkündet und die Beichten hört.

Nach Ostern teilen sich vierzehn Missionare vom 26. April bis zum 28. Mai die Diözese Caiazzo bei Capua.

Liguori verbündet sich mit dem Bischof, Mgr. Costantino Vigilante. Er spricht mit ihm über seine Gründerpläne in Scala. „So Gott und der Bischof es wollen", denn Mgr. Guerriero ist vor kurzem gestorben.

— Kommt zu mir, drängt Mgr. Vigilante.

— Schreibt an Mgr. Falcoia, antwortet bescheiden Alfons.

Der Bischof von Caiazzo wird schreiben, und zwei Jahre später kommt es zur Gründung.

Am 28. Mai ist Alfons wieder in der „Löwengrube", zu der die Hauptstadt nun für ihn geworden ist. Er will nur in aller Eile einige Gefährten um sich versammeln und dann wieder entfliehen. Cuttica und Manulio drängen, Pagano bremst und Falcoia, der nicht in Neapel aufgetaucht ist, sucht in Scala nach einer Heimstätte. An Fiorillo, den er ja nicht aufsuchen darf, schreibt Alfons in etwa folgendes: „Ihr laßt mich fallen. Erklärt Euch. Und schickt mir Leute." Am 2. Juni kommt folgende Antwort:

„Ihr meint, ich habe Euch verlassen und die Angelegenheit vergessen, die so sehr zum Ruhme Gottes gereicht. Sie liegt mir mehr denn je am Herzen. Freut Euch und vertraut auf Gott: Er wird Euch in dieser Sache, die ihm so wohlgefällig ist, all seinen Beistand geben. Ich kann Euch keine Mitglieder vorschlagen, sollte mir aber jemand unterkommen, werde ich an Euch denken. Wie gerne würde ich mein Priesterleben noch einmal beginnen, um das Glück zu haben, mich Euch anschließen zu können und Eure Last zu tragen. Laßt Euch von der geringen Zahl der Mitglieder nicht abschrecken: der Herr wird Euch allmählich mehr schicken, und eine Handvoll Guter wiegt viele auf. Ich segne Euch im Namen Jesu und Mariens und umarme Euch mit demütiger Hochachtung herzlich in der Liebe des Herrn"[11].

Das Embargo aber, das seine Meinung geheim hält, hebt der gute Dominikaner nicht auf. Aus Angst, seine Seelsorge in dem wachsenden Mißkredit, der Alfons entgegenschlägt, zu kompromittieren.

Am 12. Juni kann sich Alfons bei einer sechstägigen Reise auf die Insel Procida etwas ablenken. Er hält hier für den Klerus Exerzitien, reformiert eine Bruderschaft der *Turchini* (türkisfarbene Tunika, rote Gürtel, rote Mozette). Aber welche Abwechslung kann ihm schon diese Mission mit seinen... feindlichen Brüdern unter Tornis Leitung bringen? Denn Zorn und Scham der *Illustrissimi* haben nun ihren Höhepunkt erreicht.

— Fanatiker, schleudert ihm eines Tages Gizzio in höchster Erregung entgegen, ganz Neapel ist gegen Euch. Pagano, Fiorillo sind gegen Euch. Ihr habt nur die einfältigen Schwestern mit ihren Wahnvorstellungen auf Eurer Seite. Dreifacher Narr, der Ihr seid, seht Ihr denn nicht, daß Ihr Illusionen und Hirngespinsten nachhängt?

— Ich habe Euch schon einmal gesagt, daß ich mich nicht nach Visionen richte, sondern nach dem Evangelium Jesu Christi und dem Gehorsam meinem Seelenführer gegenüber...

Das Geheimnis, hinter dem sich Fiorillo versteckt hat, muß nun gelüftet werden. Aber der Dominikaner ist soeben zu einer Reise aufgebrochen. Pagano vertrat die Ansicht, man müsse sich über sein Gebot hinwegsetzen und seinen Brief veröffentlichen. Derselben Meinung war auch ein Freund Alfons', Gennaro Fortunato, früherer Professor am Seminar und nunmehriger Bischof von Cassano. Falcoia pflegte seine Nieren auf der Insel Ischia. In einer Blitzreise fuhr Alfons zu ihm und holte seinen Rat ein. Die Antwort war: „Ja, natürlich." Cuttica und Manulio? Der eine sagte ja, der andere nein. Das Ja aber war gewichtiger.

Fiorillos Brief in der einen Tasche, die Kopie in der anderen, begibt sich Liguori also zum Seminar, wo die beiden Oberen wohnen. Er hat den Mund noch nicht aufgemacht, als er bereits mit Vorwürfen überhäuft wird: „... und Ihr habt Pater Fiorillos Billigung nicht erhalten."

— Fiorillos Billigung. Ich habe sie. Bitte, lest.

Betretenes Schweigen der beiden Domherrn. Torni versucht einen Ausbruch:

— Dieses Papier genügt mir nicht. Ich möchte das Original sehen.

— Hier ist es...

Der „Lehrer" streckt die Waffen:

— Dieser Brief genügt, um mich zu beruhigen und die Ehre meiner Kongregation wiederherzustellen.

Gizzio ist verwirrt und bringt kein Wort hervor. Er erkennt schlagartig, was sein Neffe durchgemacht hat. Von nun an verteidigt er ihn im Seminar, bei den Apostolischen Missionen und auch beim Erzbischof.

Kardinal Pignatelli lief Gefahr, durch diese Institutsaffäre jenen Mann zu verlieren, auf dem er die schönsten Hoffnungen seiner Kirche ruhen sah. Daher stimmte auch er zunächst in die allgemeine Verzweiflung und Empörung ein. Nach dem Zeugnis von P. Gaspare Caione machte er sich gegen Alfons die härtesten Worte zu eigen, die in den neapolitanischen Zirkeln umgingen: „hochmütig, verrückt, verblendet, selbstüberheblich". Gizzio schlug ihm vor, Pagano und Fiorillo zu befragen, die von allen respektiert wurden. Ihre Antworten wandelten den Sinn des Erzbischofs. Er bestellt Torni zu sich:

— Ich höre, die Domkongregation will Alfons von Liguori ausschließen. Ich wünsche nicht, daß irgend etwas Derartiges ohne meine Zustimmung geschieht.

Torni war glücklich, Alfons noch mehr. Er eilte, um seiner Eminenz zu danken.

— Mein Sohn, sagt der greise Kardinal liebevoll zu ihm, warum seid Ihr nicht schon früher zu mir gekommen?

Der Druck löst sich auf höchster Ebene: Gizzio, Torni, Pignatelli...

Einen aber entwaffnete Fiorillos Brief nicht: Matteo Ripa. Um den 20. Juli kehrte er nach achtmonatigen Bemühungen mit dem Approbationsbreve für seine Kongregation aus Rom zurück. Er strahlte vor Glück und Hoffnung, und keiner wagte zunächst, ihm seine Gründerfreude zu verderben. Am ersten Tag des feierlichen Inaugurationstriduums (Freitag, 25. Juli) aber verriet ihm Alfons' Bruder, der Priester Don Gaetano von Liguori, arglos sein Unglück. Unglaublich! Schließlich erfuhr Ripa bei seinen Nachfragen die brutale Wahrheit: Alfons wollte ihn gemeinsam mit Mannarini verlassen.

Über diesen letzteren, der immerhin „zugelassen" war, ergeht er sich in seiner *Storia* nicht in Klagen, denn: „Don Vincenzo Mandarino, der in meiner Vertretung die Leitung innehatte, war wegen seines etwas harten Führungsstils von allen schlecht gelitten"[12]. Ripa und sein Konsult — Carmine De Benedictis und Gennaro Fatigati — forderten ihn auf, sich entweder zu unterwerfen oder zu gehen. Mannarini verließ das Haus am 8. August und stieg nach Scala hinauf.

Aber Don Matteo ließ nichts unversucht, um Alfons zu behalten, obschon dieser nur einfacher Pensionär war. Immer wieder versuchte er, ihn zu überzeugen, daß er nur Luftschlössern nachjage, zum Schaden eines vom Heiligen Stuhl approbierten Werkes, das seiner bedürfe; er schlug ihm vor, den Fall vor ein Theologenkollegium zu bringen, dessen Urteil sich Alfons dann unterwerfen sollte. Doch dieser gab nicht nach: „Gott rief ihn an einen anderen Platz."

Letztlich, so schreibt Ripa, der Alfons nicht zürnen konnte, ist dieser Mgr. Falcoia an allem schuld. Dieser Gottesmann schenkte Visionen Glauben! Das mag noch angehen; aber konnte er seinen Orden nicht gründen, ohne den Frieden anderer zu stören? Und er sandte ihm einen Brief voll bitterer Vorwürfe[13], den Falcoia am 29. Juli gelassen beantwortete:

„Es ist nicht Aufgabe der Spirituale, Berufungen zu geben... sie können eine solche lediglich billigen oder verwerfen. Wenn daher die Seele, die auf Gott, den Gebenedeiten, und das göttliche Wort: *Wer Euch hört, der hört mich,* vertraut, sich dieser Regelung unterwirft, dann kann sie darauf bauen, nicht zu irren. Ihr sagt, der Spiritual könne irren, wenn er sein Gutachten gibt? Ich sage, daß Gottes Treue nicht abläßt, denen ihre Erleuchtung zu geben, die sie in die Welt geschickt hat, um anderen Licht zu bringen... Für Euer Werk würde ich tausendmal mein Leben hingeben; Ihr könntet die Mauer dieses Gebäudes mit meinen Knochen errichten... doch geht mir der Wille Gottes über alles... Daher sage ich: Entweder ist dieses Werk (von Scala) von Gott, dann wird es nicht vergehen, ... Oder aber es ist nicht von Gott, dann wird es vergehen, und Ihr werdet Eure Männer wieder zurückbekommen... Wir müssen aus dem Halbdunkel des Dachbodens unserer menschlichen Sicht heraustreten, um das volle Tageslicht, das Licht des Herrn zu schauen ... Ich sage mir: Don Matteo ist ein Mann Gottes ... Ich umarme Euch also!"

Ripa wies die Umarmung zurück, und damit starb unter der Augustsonne eine fast dreißigjährige Freundschaft und Zusammenarbeit.

Alfons dagegen gibt er in seiner *Storia* folgendes wehmütige Geleitwort:

„Am 8. August ging Mannarini, nachdem er aus unserem Kreis ausgeschlossen worden war, und kurze Zeit später, im November, ging auch Don Alfons von Liguori. Obwohl er unserer Kongregation nie angehörte, weilte er von Anfang an als Pensionär bei uns und war allen ein Vorbild. Wie ich bereits sagte, leistete er allein den gesamten Kirchendienst — Predigt und Beichten — und übte dieses Amt mit großem Eifer und Nutzen für die Seelen aus."

Alfons seinerseits blieb stets ein Bewunderer der außergewöhnlichen Persönlichkeit und des missionarischen Eifers Matteo Ripas, dieses großen Dieners der Kirche[14]. Nach anfänglicher und durchaus verständlicher Gegnerschaft stand auch P. Gennaro Fatigati, der dreißig Jahre lang die Nachfolge des verstorbenen Ripa innehatte (1746—1785), zu Liguori und seinen Söhnen in unverbrüchlicher Freundschaft[15].

„Im November ging auch Don Alfons von Liguori", schreibt Ripa. Wir wissen aber von Tannoia, der es offensichtlich von Fatigati hat, daß „Alfons im August die Chinesen verließ und sich zu seiner Familie zurückzog, um seine Angelegenheiten zu ordnen"[16]. (Am 22. August heiratete sein Bruder Ercole seine Cousine Rachele von Liguori). Widerspruch? Nein. Denn Alfons versah zweifellos bis zu seiner Abreise im November auch weiterhin seinen Kirchendienst bei den Chinesen. Vom Supportico Lopez hatte er über die Via Cristallini nur 500 m zu ihrem Haus zu gehen. Daher also Ripas Version: „Im November ging auch Don Alfons".

Denn Liguori ist nicht der Mann, der sich angesichts des Sturmwinds der Gegnerschaft vor seinen Aufgaben drückt. So besucht er von Juni bis November auch weiterhin die Montagversammlungen, obwohl ihn dort die Mehrheit der Mitglieder als Wirrkopf und Überläufer betrachtet.

Überläufer? Lautet nicht das erste Wort der „Sendung": „Gehet"? Die Stunde der großen Loslösungen ist für ihn gekommen: Die Stadt Neapel Jesus Christus zum Opfer bringen...

So war es wohl auch als Abschiedsbesuch zu verstehen, wenn er am 17. September nach dreieinhalbjähriger Abwesenheit noch einmal seinen Sitz in der Piazza di Portanova einnahm. Der „Beamte" in ihm, der er ja noch immer ist, hat es vielleicht so gesehen. Die großen Loslösungen aber müssen andernorts vollzogen werden. Da ist zum einen die Gemeinschaft seiner geliebten Chinesen und zum anderen, schwerwiegender noch, der Auszug aus seiner geistigen Wiege, aus seinem Lebenskreis: die Oratorianer, Pater Pagano.

Wie die Glucke, die einen Adler ausgebrütet hat, werden Pagano und Fiorello von diesem Abenteurer Gottes überflügelt. Sie haben außerdem Angst, von der Zurückweisung, die ihm überall entgegenschlägt, kompromittiert zu werden. Beide raten ihm, sich nun unter die geistliche Führung Falcoias zu stellen. Sie haben Gründe dafür: Er geht nun endgültig aus ihrer Nähe; seine „neue Berufung" ist an Scala gebunden, wo Falcoia seit zwölf Jahren alle Geschehnisse verfolgt; sie erfordert einen erfahrenen Missionar, einen „Ordensmann", der mit der Organisation von Gemeinschaften vertraut ist; außerdem ist er Bischof, und das ist für eine Neugründung eine sehr wichtige Eigenschaft; schließlich und endlich ist er ein allgemein geschätzter und verehrter Mann.

Aber Alfons war mindestens dreißig Jahre lang in kindlicher und vertrauensvoller Verbindung mit seinem Pater Pagano gestanden. Dreißig Jahre gemeinsam durchlebter Freuden und Erschütterungen!... Wird dadurch nicht das ohnehin schon empfindliche Gleichgewicht seines Gewissens gefährdet?

Alfons verbrachte die Novene von Mariä Himmelfahrt betend zu Füßen Unserer Lieben Frau von der Barmherzigkeit in seiner geliebten Kirche vom Loskauf der Gefangenen. Hier wurde ihm eine klare Erleuchtung zuteil. An diesem zweiten großen Wendepunkt seines Lebens war wiederum die „Mutter Jesu da", wie in Kana. In seinem Heftchen notiert er auf Seite 50:

„Ich wähle Falcoia, dem mich Fiorillo und Pagano schließlich zur größeren Ehre Gottes zur Seelenführung anvertraut haben."

Von Ischia, wo er sich noch immer auf Kur befindet, antwortet Falcoia am 24. August auf diese Übergabe, die ihn mit höchster Freude erfüllt:

„Ich habe Euch als meinen Sohn angenommen und bestätige den Vertrag; und ich halte ihn mit jedem Atemzug für bestätigt."

Was sind die Klauseln dieses Vertrags? Die *Cose di coscienza* verraten uns auf den Seiten 63–64 Genaueres:

„Heute, 30. August 1732. Entschluß bekräftigt, ... in allem von Falcoia abzuhängen, der dich bereits als Sohn angenommen hat...

Ja Herr. Keine Zweifel mehr...

Der Übergang unter die Führung Falcoias bedeutet nicht, daß Paganos Vorschriften hinsichtlich *MEINES GEWISSENS* ungültig wären; er hat sie mir das letztemal für mein ganzes Leben als gültig bestätigt. Weder meinerseits, als ich mich unter Falcoias Leitung stellte, noch von Seiten Paganos, als er mich Falcoia übergab, war jemals davon die Rede, Paganos Anweisungen aufzuheben. Wie Pagano das letztemal ausdrücklich erklärt hat, soll Falcoias Seelenführung ausschließlich die künftigen Entscheidungen für meine neue Berufung betreffen."

Jedenfalls ist festzuhalten, daß die Unterwerfung unter Falcoia keine kirchenrechtliche Abhängigkeit bedeutet. Scala hat einen Bischof. Der Bischof von Castellamare übt eine Autorität aus, die von dem- oder denjenigen, die sich aus christlicher Weisheit auf einen „Seelenführer" verlassen wollen, freiwillig gewählt und befolgt wird. *Direttore*, dies ist in der künftigen Kongregation Falcoias Titel und Funktion.

Innerhalb dieser Grenzen ist die Verpflichtung zu verstehen, die Liguori sofort eingeht und die uns die Seite 68 seines Heftchens erhellt:

„Ich gelobe Mgr. Falcoia Gehorsam, aber nur für jene Fälle, in denen er mir ausdrücklich sagt: ich befehle es dir im Namen des heiligen Gehorsams."

Der erste Befehl des neuen Führers findet sich auf Seite 56 c:

„Falcoia: Vorschrift, meine Berufung zum Institut nicht mehr anzuzweifeln und auf keinen mehr zu hören, der das Gegenteil sagt."

Anfang September ist Mgr. Falcoia in Scala. Seit dem 9. Juni unterstehen Scala und Ravello einem neuen Bischof: Antonio Maria Santoro (1681–1741), ein Minimenpater. Am 5. schreibt Falcoia an Alfons:

„Ich habe gestern noch einmal mit Seiner Exzellenz gesprochen. Er vertraut in allem und für alles auf meine Entscheidungen. Wir haben zahlreiche Einzelheiten festgelegt. Er steht unserem Ziel auch weiterhin wohlwollend gegenüber und hält viel auf uns. Ich berichte nicht ausführlicher, da ich sehr viel zu tun habe.

Gebt Euch bei Don Giulio Torni wie einer, der von einem anderen abhängt und nicht über alles informiert ist. Laßt durchblicken, daß ich alles Nötige regle, Euch aber nicht über alles informiere. Soviel zu den Angelegenheiten des Instituts. Denn wenn der Augenblick dazu gekommen ist, braucht Ihr nur zu sagen: Meine Gefährten sind auf dem Weg, ich muß ebenfalls gehen... Auch Jesus Christus *finxit longius ire*. Wir müssen Torni schonen, dürfen uns von ihm aber auch nicht allzusehr unterdrücken lassen...

Ihr könnt nicht vor November nach Scala kommen und das Werk beginnen; dann könnt Ihr gemeinsam mit den anderen kommen. Vorher sind hier noch einige Vorbereitungen zu treffen. Wir müssen für Euch erst ein Heim finden und es einrichten, ehe wir Euch empfangen können. Davon später. Haltet inzwischen unbeschwert die Exerzitien und die heilige Mission..."

Die angesprochenen Exerzitien wurden vom 16.–23. Oktober in S. Restituta für den neapolitanischen Klerus gehalten. Acht volle Tage mit drei Predigten täglich. Statt ein Mißerfolg zu werden, auf den sich ein „übel beleumundeter Priester" hätte gefaßt machen müssen, zogen sie mehr Teilnehmer an als in den vergangenen Jahren. Der Priester kommt oft ins Gerede. Aber gerade das gibt ihm Güte für seine irregeleiteten Brüder. Der greise Kardinal, der schon seit acht Jahren nicht mehr bei diesen Exerzitien war, wollte hier durchaus drei Tage lang den Vorsitz führen. Aus Interesse; noch mehr aber, um sich für Person und Unternehmen des so angefochtenen Stifters zu verbürgen. „Dieser Mann trägt das Zeichen eines Auserwählten Gottes", sagt er eines Tages. „Aus seinem Mund spricht der heilige Geist"[17].

Dann folgt die jährliche Mission in Spirito Santo vom 25. Oktober bis zum 3. November gemeinsam mit 66 Brüdern. Alfons ist bis zum 2. November beteiligt.

Am 22. Oktober jedoch schickt Alfons folgendes Briefchen an Falcoia:

„Mein Vater, habt Erbarmen, schnell, schnell, schnell. Ich sterbe vor Verlangen zu kommen. Ruft mich auf der Stelle und hebt den Befehl, den Ihr mir für Neapel gegeben habt, auf. Don Giovanni Battista (De Donato) ist noch rüstig und brennt (vor Ungeduld). Seht doch, wie verbissen der Böse immer neue Verzögerungen ersinnt. Laßt uns sogleich beginnen, dann werden seine Bemühungen zunichte gemacht, und alles wird gut gehen.

Dies ist der vorletzte Tag der Exerzitien, und ich spreche heute über unsere gute Mutter Maria.

Betet immer für mich, immer, immer; und *presto, presto, presto*, zum Ruhm Jesu und Mariens!"

Dritter Teil

„GEHT VIELMEHR ZU DEN VERLORENEN SCHAFEN"

(1732–1762)

„Wenn einer von euch hundert Schafe
hat und eines davon verliert,
läßt er dann nicht die neunundneunzig in
der Steppe zurück und geht dem verlorenen
nach, bis er es findet?"
(Lk 15,4; Mt 18,12)

23. Das Gelübde des Gründers (Ende 1732)

„1732 war das Jahr, das Gott für die glückliche Geburt unserer Kongregation vor-
herbestimmt hatte. Auf dem Hl. Stuhl saß Papst Clemens XII., und Karl August
VI. regierte im Kaiserreich und im Königreich Neapel. Alfons von Liguori
schwingt sich mit dem Segen der Patres Fiorillo und Pagano auf das Reittier der
armen Leute und verläßt ohne Wissen seiner Eltern und engsten Freunde Neapel
auf einem Esel in Richtung Scala"[1].

Tannoia stellt also die Heraufkunft der Redemptoristen in die Geschichte,
indem er in scharfem Kontrast jenes offensichtlich zum Spott herausfordernde
Faktum hervorhebt, das auf immer ihr Ziel und ihre Geisteshaltung kennzeichnen wird. Die Geburt dieser Ordensgemeinschaft ist zunächst einmal Tod und
Wiedergeburt eines Mannes. Den neapolitanischen Cavaliere gibt es nicht mehr;
ein Armer unter Armen erblickt das Licht der Welt. Das „eklatante" Zeichen dieses Untergangs und dieser Geburt: ein Esel. Der Esel von Bethlehem; der Esel des
Palmsonntags unmittelbar vor dem Erlöserleiden.

Das Pferd war ein edles Tier; es war der Thron der Könige und der Stolz der
„Cavalieri"; die weiße Mauleselin war das Reittier der Päpste. Aber der Esel! ...
„Im ganzen Königreich", so schreibt fünfzig Jahre später Galante, „hält jeder
ärmste Bauer einen Esel. Es ist das Tier der armen Leute."[2] Ein Adeliger aber stieg
nicht auf den *somaro* der Leibeigenen!

Wer aber verläßt an jenem Sonntagnachmittag des 2. November 1732 auf dem

Rücken eines Esels die Stadt und zieht am Ufer des Meeres entlang nach Portici, Castellamare und Scala? Cavaliere Don Alfons von Liguori. Dem Tagebuch der *Apostoliche Missioni* entnehmen wir, daß er noch am Vormittag an den Schlußveranstaltungen der Mission in Spirito Santo teilgenommen hatte. Dann zog er fort, ohne noch einmal im Supportico Lopez Halt zu machen.

Dort erlebt seine Familie nun schon seit Monaten in Schmerz und Beschämung mit, wie er ein Opfer der Bösen und Dummen wird. Außerdem quält sie sein Weggang, von dem sie spürt, daß er bald und endgültig sein wird. Als Alfons sich eines Nachmittags ein wenig ausruhen wollte, kam der Vater ins Zimmer, warf sich auf sein Bett und hielt ihn drei Stunden lang in seinen Armen, drei bittere Stunden, in denen er ihm unter Tränen immer wieder sagte:

— Mein Sohn, warum willst du mich verlassen? ... Nein, das habe ich nicht verdient. Das habe sich nicht von dir erwartet ... Mein Fonso verläßt mich ...

Es war ein langer Todeskampf. „Die grausamste Versuchung meines Lebens", wie er selbst eines Tages eingesteht.[3] Nein, weder Vater noch Mutter, noch sein priesterlicher Bruder Don Gaetano, noch auch Ercole und dessen junge Frau sollten sehen, wie er wegging.

Wer sah ihn eigentlich weggehen? Seine „Flucht" aus Neapel in diesem Aufzug ist ein Bruch fürs Leben; aber sie ist keine Manifestation. Hat er in diesen frühen Nachmittagsstunden die Mittagsruhe ausgenutzt, um unbeobachtet davonzugehen und die Nacht in Castellamare zu verbringen, oder wartete er auf die frühen Morgenstunden des Montags, um an diesem 3. November die Strecke Neapel—Scala auf einmal zurückzulegen? Wir wissen es nicht, und es ist auch nicht von Bedeutung. Was zählt, ist die radikale Kursänderung, die in diesem Esel drastisch symbolisiert ist.

Alfons verläßt „die Stadt". Unwiderruflich. Er wird nicht wie Francesco de Geronimo zum Apostel von Neapel. Neapel bedarf seiner nicht: es hat Priester im Überfluß, gute Priester, für alle Gesellschaftsschichten. Er wird auch nicht, wie Pater Segneri, zum Apostel der Städte des ganzen Königreichs: Kathedralen und Kollegiatskirchen verfügen über einen Kapitularklerus, der eine gute Allgemeinbildung und theologisches, biblisches und sogar juristisches Wissen in sich vereint.[4] Für die Evangelisierung der kleinen und kleinsten Dörfer aber fehlt es an fähigen Leuten. Diesen verlassenen Landgegenden wendet sich Alfons zu.

Die Hauptstadt wird ihn künftig nur noch bei amtlichen Reisen und einigen gelegentlichen Predigten zu Gesicht bekommen. Er bricht mit seiner Gesellschaftsschicht und seiner Kultur; er steigt hinab auf den „Planeten" dieser Armen, die ohne geistlichen Beistand sind. Die Sendung Christi, sagt das II. Vatikanum, bestand zunächst in seiner Inkarnation „in die menschliche Natur, wie sie uns Armen und Elenden zu eigen ist."[5] Alfons inkarniert sich auf immer in den Verlassenen seiner Zeit.

In derselben armseligen Aufmachung sind zwei weitere Adelige, die wir bereits kennen, mit ihm nach Scala unterwegs: seine engen Freunde Rechtsanwalt Cesare Sportelli und der Priester Giovanni Mazzini. Beide wurden ihm für die „Verlassenen" versprochen. Mit Mazzini begleitet ihn das Herz von Neapel; in Sportelli sind ihm die Freundschaft und der Einfluß Falcoias zugesellt. Erwartet sie der Bischof in Castellamare, oder ist er ihnen schon nach Scala vorausgeeilt? Am Abend des 3. November jedenfalls sind sie gemeinsam in der kleinen Stadt im amalfischen Gebirge. Vier weitere „Postulanten" erwarten sie bereits. Um Alfons und Falcoia sind also sechs Männer versammelt; allerdings nur für diesen einen Abend und diese Nacht, denn schon am Dienstag, dem 4., muß Sportelli zur Wahrnehmung seiner Geschäfte wieder nach Neapel zurück.[6]

Denn Don Cesare ist noch nicht völlig von der Welt gelöst. Mit einunddreißig Jahren Jurist und schon Theologe ist er noch Laie und außerdem Generalprokurator des Marquese del Vasto. Damit verdient er seinen Lebensunterhalt. Wenn seine Familie ihm ein Erbteil aussetzen könnte, wäre er bereits Kleriker und bald auch Priester; aber sie ist finanziell ruiniert. So kann er erst geweiht werden, wenn sich für ihn ein Kirchenbenefizium gefunden hat. Bis es soweit ist, pendelt er zwischen seinem Wohnsitz in Neapel und Castellamare, wo seine Mutter Ordensfrau und sein geistlicher Vater Bischof ist, hin und her. Er wird Falcoias großzügiges Geschenk an Liguori und die entstehende Ordensgemeinschaft sein.[7]

Welcher Dämon aber verhindert, daß die beiden Entschlossensten, die Gefährten des Gründers, bei seinem Exodus auf einem Esel, bei ihm bleiben können? Denn auch Giovanni Mazzini, 29 Jahre und seit achtzehn Monaten Priester, muß nach acht Tagen wieder nach Neapel zurück: sein Seelenführer, ein vorsichtiger Jesuit, befiehlt ihm einen Aufschub von drei Jahren; in dieser Zeit wird man sehen, wie sich das „Abenteuer" entwickelt ...

In Scala erwarten sie schon der zweiunddreißigjährige Vincenzo Mannarini und der Theologe und angesehene Prediger Kanonikus Pietro Romano, der auch der ständige Beichtvater der Schwestern von Scala ist; außerdem der mit fünfzig Jahren Älteste der Gruppe, Giovanni Battista De Donato, der einer kurz zuvor in Teano aufgelösten kleinen Missionskongregation vom Allerheiligsten Sakrament entstammte; und schließlich ein weiterer Laie, der aber wie Sportelli bereits dem Priestertum versprochen ist, Don Silvestro Tosquez.

Dieser Adelige aus Troia, wie Sportelli Doktor der Rechte und der Theologie, wie er etwa dreißig Jahre alt, ist Richter an der Vicaria, dem obersten Gerichtshof für Zivil- und Strafrecht und Generaladministrator der königlichen Zollverwaltung. Sein Bruder Francesco ist eine Persönlichkeit am Kaiserhof in Wien. Er selbst steht in enger persönlicher Verbindung mit dem Minimen Antonio Santoro, Bischof von Scala und Ravello. Das sind Vorteile, die nicht zu verachten sind. Und schließlich — welch seltene Verbindung! — ist dieser vermögende Mann, dieser hohe Beamte, auch ein Spiritueller bis hin zum Mystizismus! Anders als der junge Mann des Evangeliums, ist er entschlossen, alles hinzugeben, um Christus nachzufolgen. Nachdem er in diesem Frühjahr 1732 mit Mannarini in Verbindung getreten und zu einer gewissen Vertraulichkeit gelangt war, hatte er ihm von seiner seltsamen Berufung erzählt, der Berufung eines „Gründers": Als er vor acht Jahren in Wien krank darniederlag, habe er „Erleuchtungen" über eine von ihm zu gründende Ordensgemeinschaft erhalten. Nun habe der Herr ihm diese noch einmal zuteil werden und ihn sogar das Ordenskleid schauen lassen. „Ein Institut, das dem Leben Jesu mit seinen Aposteln entspricht".

— Aber dieses Institut schickt der Herr seiner Kirche gerade, sagte Mannarini tief bewegt zu ihm.

— Dann trete ich ein. So viele Jahre sehne ich mich schon danach! war Silvestros spontane Antwort.

Dies geschah am Samstag, dem 31. Mai, dem Vorabend von Pfingsten. Man verliert keine Zeit. Schon in den ersten Junitagen arrangierte Mannarini eine Begegnung mit Liguori und einen Besuch in Castellamare. „Die Neigungen meines ehrenwerten Herrn Tosquez haben mich besonders erbaut", schreibt Falcoia am 6. Juni. Don Silvestro hatte ihn um Erlaubnis gebeten, die Klosterfrauen von Scala besuchen zu dürfen.

— Aber ja doch, hatte der Prälat geantwortet, atmet den Wohlgeruch ihres beispielhaften Lebens ein.

Seine *meravigliosa natural facondia* hat Falcoia geblendet und dann auch die Schwestern überwältigt. Tosquez wiederum war geradezu hingerissen vom Eifer des Klosters und von M. Celestes Offenbarungen.[8]

Alfons dagegen empfand, wie wir Falcoias Briefen entnehmen können, schon bei seiner ersten Begegnung mit diesem Propheten ein gewisses Mißtrauen. Setzte sich der Bischof von Castellamare da nicht einen gefährlichen Konkurrenten ins Kloster? Aber nein, aber nein, war Falcoias Antwort vom 12. September.

„Ihr habt meinen zweiten Brief gewiß erhalten; er wird viele Eurer Befürchtungen zerstreut haben. Heute nun versichere ich Euch, daß Gott ... alles zum Guten leiten wird. Schwester M. Celeste nämlich habe ich in der Hand, das ganze Kloster ist friedlich und eine jede der Schwestern gehorcht mir, wie sie es schon so viele Jahre tun. Etwaige Eigenwilligkeiten Don Silvestros werden sich durch Geduld und das Öl der Liebe allmählich abbauen und mildern. Vertrauen, uneingeschränktes Vertrauen in Gott! ...

Mein Lieber, Ihr solltet einen größeren Geistes- und Seelenfrieden haben und nicht so viel nachdenken und zweifeln. Liebt einen gütigen Gott, der sich um alles sorgt. Celeste hat sich sehr gewandelt und fügt sich nun in Gehorsam. Alle diese Mädchen sind völlig ruhig und ganz ergeben, und das ist gut so: Don Silvestro wird nicht auf fremdes Gebiet übergreifen, und Gott wird alles zum Guten lenken. Ihr werdet es sehen und zufrieden sein. Versöhnt Euch mittlerweile so gut es geht mit Don Silvestro und vereint Euch alle in der innigen Liebe Christi. Aber haltet mich so weit wie möglich auf dem laufenden. Jede Frucht wird einmal reif.

So bitte und befehle ich Euch, alle diese Gedanken, die Euch beunruhigen und quälen, zu verdrängen ... Im übrigen, laßt mich für alles sorgen und bittet Gott, er möge mir mit seinen heiligen Erleuchtungen beistehen."[9]

Im gleichen Brief berichtet Falcoia, daß er sich, allerdings noch ohne Erfolg, bemüht hat, für die Missionare ein Haus und eine Kirche zu finden. „Ich erwarte also Eure Ankunft, dann werden wir weitersehen ..."

Drei Wochen darauf findet die Versammlung vom 3. November in Scala statt. Man siedelt sich provisorisch im räumlich beengten armseligen Gästetrakt des Klosters an. Eine dunkle Kammer und vier Zimmer — von denen eines sogleich zur Hauskapelle bestimmt wird —; Strohlager mit armseligen Decken; einige Terrakottagefäße für Küche und Tisch. In dieser Beschränkung bewegen sich unsere künftigen Apostel mit freiem Geist und freudigem Herzen.[10] Aber auch wenn sie noch so eng zusammenrücken, haben doch nicht alle Platz. So wohnt Don Pietro Romano noch mindestens sechs Monate bei seiner Familie; vielleicht findet auch der eine oder andere der Brüder hier seine vorläufige Bleibe. Der gemeinsame Ort der Zusammenkünfte und der Gründung aber ist der Gästetrakt der Schwestern, in der heutigen Nr. 31 der Via Torricella.

Patres und Schwestern haben sich dem Heil der Verlassenen geweiht, und so liegt es nahe, daß sie den Namen des Heiligsten Erlösers annehmen. Die Gründung des Instituts wird also auf Sonntag, den 9. November, festgesetzt, das Kirchweihfest der Erlöserbasilika, einer Kathedrale der Diözese Rom, „Mutter und Haupt aller Kirchen" (bekannter ist sie unter dem Namen *S. Giovanni in Laterano*, nach ihrem zweiten Patron, dem hl. Johannes). Vom 4. bis zum 9. November durchlebt die Gruppe eine intensive geistliche Vorbereitungszeit.

Alfons führt lange Gespräche mit seinem neuen Seelenführer. Über die künftige Kongregation natürlich, aber in erster Linie doch über sein persönliches Leben. Es ist dies ihre erste Begegnung, seit Falcoia seine Seelenführung übernommen hat. Und Alfons hat ihn nicht stets zur Verfügung wie früher Pagano, von dem ihn nur 500 Meter getrennt hatten. Auf Seite 65 seines Heftchens lesen wir: „6. November 1732. Falcoia: Ich ratifiziere und bestätige unbesehen alle Anweisungen, die Pagano dir gegeben hat; und du kannst dich auf diese Loyalität immer verlassen."

An den drei letzten Tagen, dem 6., 7. und 8. November, versammeln sich die Brüder und Schwestern in der kleinen Klosterkirche zu einem feierlichen eucharistischen Triduum. Diese Klosterkapelle ist nun schon seit zwei Monaten zum Ort lebhafter Emotionen geworden. Die Klosterfrauen pflegten hier jeden Donnerstag vor dem ausgesetzten Allerheiligsten eine lange Anbetung zu halten. Am Donnerstag, dem 11. September, aber hat der Herr die Anwesenden erschüttert. Falcoia, der sich zu diesem Zeitpunkt in Scala aufhielt, erzählt Alfons am darauffolgenden Tag:

„Alle anwesenden Schwestern und der Beichtvater (Pietro Romano) ... sahen in der heiligen Hostie klar und deutlich das Heilige Kreuz: zunächst schwarz mit der strahlenden Gestalt des Gekreuzigten in der Mitte; dann wurde das Kreuz blutrot und schließlich weiß. Sie erblickten außerdem drei rötliche Kugeln, die Marterinstrumente, weiße Wölkchen und andere Einzelheiten. Einige Schwestern weinten in tiefster Erschütterung, andere verließen den Chor, von Ehrfurcht und Angst ergriffen. Aber schließlich waren alle sehr glücklich darüber, denn sie erblickten darin eine Beglaubigung und Bestätigung des Instituts durch Gott, und eine Ankündigung der Leiden, die den Anhängern Jesu Christi nie erspart bleiben. Im Augenblick jedoch wollen wir die Sache nicht an die Öffentlichkeit bringen; behaltet sie für Euch; sie möge Euch ermutigen und Euch helfen, alle Unschlüssigkeit zu überwinden."[11]

Es steht außer Zweifel: „Ermutigungen" des Herrn komplizieren das Leben in besonderer Weise! Wie hätte man sich in Neapel den Mund zerrissen und gelacht, hätte man dort „die letzte Neuigkeit" erfahren!

Diese Phänomene hatten sich an den darauffolgenden Donnerstagen, am 18. und 25. September, wiederholt.

Im Oktober, nichts. Am Donnerstag, dem 6. November aber, sowie an den beiden folgenden Tagen, kam es während des feierlichen Triduums zur Vorbereitung der Gründung der Patres vom Heiligsten Heiland vor den Schwestern, den beiden Bischöfen Santoro und Falcoia, den Mitgliedern des künftigen Instituts und sechs kirchlichen Würdenträgern zu den gleichen Erscheinungen. Alle neuen Zeugen reagierten mit Mißtrauen; aber der Augenschein ist stärker. Dieselben Zeichen zeigen sich am Tag der Aufopferung Mariens, und dann, nach einem schrecklichen Erdbeben, noch einmal am 29. und 30. November und am 1. Dezember.

Nun fühlen sich die beiden Prälaten verpflichtet, den Nuntius in Neapel, Mgr. Raniero Simonetti, zu informieren. Der Staatssekretär Kardinal Antonio Banchieri ordnet eine kanonische Untersuchung an, deren *Acta summaria* Papst Clemens XII. auf Wunsch am 7. Februar 1733 durch Mgr. Santoro zugesandt werden. Wir lesen hier die durchwegs affirmativen Zeugenaussagen von zwei Bischöfen, neunzehn Klosterfrauen, fünf Domherren und schließlich jene von Pater von Liguori und drei seiner Gefährten.[12]

Dann fällt ein langes Schweigen über „den eucharistischen Vorfall" von Scala. Allzuviele „Offenbarungen", die die Erleuchtungen verdunkelten, hatten das Werk des Herrn bereits in Mißkredit gebracht. Der Bericht von Bischof Santoro an das Staatssekretariat erwähnt die Entstehung der Zwillingsinstitute mit keinem Wort. Alfons und seine Söhne bemühen sich, diese kompromittierenden Phänomene vergessen zu machen. Mazzini, der sie gesehen hat, spricht beim Heiligsprechungsprozeß seines Freundes nicht davon. Auch Tannoia, der sie von so vielen Zeugen erfuhr, wollte nichts davon wissen. Damit bewirkte er, daß Alfons' Biographen bis zum Ende des 19. Jahrhunderts über diesen Punkt schwiegen.

Desungeachtet scheint „der Vorfall von Scala" dem Gründer das zentrale Element des Wappens geliefert zu haben, das er um 1743 für seine Kongregation entwarf: auf drei Hügeln das Kreuz, flankiert von der Lanze und dem Schwamm der Passion, und als Wahlspruch: *Copiosa apud eum redemptio* – „Bei ihm ist Erlösung in Fülle"[13].

Redemptio – „Redemptoristen". Noch wissen die sechs Missionare (Alfons von Liguori, Giovanni Mazzini[14], Pietro Romano, Giovanni B. De Donato, Vincenzo Mannarini, Silvestro Tosquez), die sich unter Falcoias Vorsitz an jenem Morgen des 9. November 1732 um den Altar versammeln, nicht, daß dies ihr künftiger Name sein wird. Nach einer langen Meditation singen die sieben die Messe vom Heiligen Geist und das Dank-Tedeum; allerdings nicht im Dom von Scala – was hätten sie auch in diesem großen Kirchenschiff, das 2.000 Personen faßte, gemacht? – sondern in der bescheidenen Hauskapelle des Gästetrakts.[15] Dies war die Geburtsstunde der Kongregation der Väter vom Heiligsten Heiland, deren Name von Rom schon bald umgewandelt wurde in den der Väter vom Allerheiligsten Erlöser.

Es war ein großes Fest für ganz Scala: für den Klerus, den Adel und das Volk. Nun weilte er endlich unter ihnen, dieser Alfons, den sie schon zwei Jahre früher hätten behalten wollen; und mit ihm Missionare nach seinem Bild; oder zumindest nach seiner Schule.

Einer harten Schule der Bußübungen, von denen Tannoia uns eine Anzahl erschreckender Details gibt. Vor allem aber einer Schule des Gebets. Alfons, der zu diesem Zeitpunkt noch frei von Ämtern ist, „verbringt ganze Stunden und mehr" bei der Feier der hl. Messe; er verlängert sie durch Vorbereitung und Danksagung, verweilt in betrachtendem Gebet und Anbetung.[16]

Er braucht viel Gebet, viel Kraft. Das schwerste Kreuz, das Kreuz Christi, ist nicht das selbst gewählte – Bußhemd, Fasten und Geißelungen –, sondern das, mit dem einen jene belasten, von denen man eigentlich nur Hilfe und Freundschaft erhalten sollte ...

In der Woche nach der Gründung kommt die Gruppe der Brüder — Mazzini, der Ärmste, hatte wieder abreisen müssen — zur konstituierenden Versammlung unter der „Leitung" Falcoias zusammen. Der Bischof „hatte die beiden Regeln in den Gästetrakt des Klosters mitgebracht", die M. Celeste in einem Abstand von sechs Jahren niedergeschrieben hatte[17], sowie eine dritte, die seine eigenen Abänderungen enthielt. Der erste — offenbar indiskutable — Plan der Gruppe war es gewesen, nur ein einziges Werk des Herrn zu gründen, das sich in zwei Zweigen unter der einen, Maria Celeste gegebenen Regel, aber mit verschiedenen, noch genauer festzulegenden Verfassungen entfalten sollte. Der erste Wunsch Falcoias aber — dieser war diskutabel — war ein anderer: Ausgehend natürlich von den Fakten der „Seherin", sollte er selbst für beide Zweige der freie und oberste Gesetzgeber sein. Natürlich unter Berücksichtigung von Alfons' Ratschlägen, die er nicht entbehren konnte und wollte; aber durchaus unter Neutralisierung des Ortsbischofs, der doch immerhin selbst Ordensmann war.

Schon bei den ersten Besprechungen zeigen sich radikale Meinungsverschiedenheiten; verhalten in den Versammlungen mit Falcoia, laut und deutlich bei den Gesprächen in Gängen und Zimmern. Die fünf sind sich weder über die Regel noch über die Zielsetzung, noch auch über die Führungsrolle des Bischofs von Castellamare einig. Donato, der Älteste von ihnen, hat ebenfalls eine Regel im Gepäck: die von den Jesuiten inspirierte Regel seiner ehemaligen kleinen Kongregation von Teano; sie soll nun in Scala zu neuem Leben erweckt werden; es sollte kein gemeinsames Chorgebet gehalten werden — nur das nicht! —; außerdem sollte man neben den Missionen auch Schulen unterhalten; daher müsse man sich in größeren Städten und nicht auf dem Land und in den kleinen Dörfern niederlassen. Tosquez und Mannarini sind mit ihm in der Frage der Schulen in den Städten gleicher Meinung, seine Regel aber liegt ihnen nicht im Blut, und so wollen sie jene M. Celestes, allerdings ohne Falcoias Manipulationen. Also keine Übereinstimmung bereits in den großen Linien.

Aber auch im kleinen scheiden sich die Geister. Offizium im Chor oder jeder für sich? Gesungen oder rezitiert? ... wird man auf Wolle oder auf Stroh schlafen? Alfons stimmt für die gesunde Mitte:

— Überlassen wir die Matratzen den Reichen und den Kranken, die Diele und den blanken Erdboden den Armen und den überstrengen Mönchen. Der Strohsack ist genau das Richtige für Menschen, die zur Abtötung gelangen müssen.

Tosquez wird hier nicht widersprechen. Als unbedingter Anhänger M. Celestes ist er für eine wörtliche Nachfolge Christi (rotes Gewand und blauer Mantel!), sowie für das wirtschaftliche System der Kirche von Jerusalem: ein jeder soll seinen ganzen Besitz veräußern und den Erlös dem Superior zu Füßen legen.

Liguori lächelt und versucht zu mäßigen. Dieses Gewand? „In der Öffentlichkeit wäre es eine Maskerade." Der totale Zwangsverkauf? „Es gäbe nicht genug Totengräber, um all die Ananiasfiguren zu bestatten, die in unserer Mitte lügen würden."

„Über dieses Problem des Eigenbesitzes war Alfons mit keinem von ihnen einig. Ohne wirkliche Armut, so sagte er, fehlt alles. Denn dann fehlen der wahre Geist Jesu Christi und das Gemeinschaftsleben. Ohne dieses Gemeinschaftsleben aber, der Mutter und dem Schutzwall der Armut, kann es in der Kongregation keine Heiligkeit geben. Sobald die Begriffe ,mein' und ,dein' bei uns Fuß fassen, wird es zu den schwersten Mißständen kommen: dann wird man nicht mehr für Gott und die Seelengewinnung in die Mission ziehen, sondern zum eigenen Nutzen und Gewinn."[18]

Angesichts so vieler Divergenzen und der Ablehnung, mit der die Mehrheit Falcoias Rolle betrachtet, schlägt Don Silvestro nichts geringeres vor, als die Leitung aus den Händen des Prälats in jene Schwester M. Celestes zu legen.

— Der Herr hat sich ihrer bedient, um sein Werk zu offenbaren. So möge sie auch als Schiedsrichter zwischen den verschiedenen Parteien fungieren.

Falcoia entgegnet ohne Komplex:

— Da ihr untereinander uneins seid, richtet Euch einmütig nach meinen Beschlüssen.[19]

Don Pietro Romano ist ein Mann des Ausgleichs und der Güte. Seit sieben Jahren verfolgt er nun das Werk des Herrn schon gewissermaßen von innen heraus. Als Beichtkind Falcoias und ständiger Beichtvater der Schwestern liebt er sowohl den einen als auch die anderen und hat ihnen zur Zeit der strengen Maßnahmen Filangieris als Briefkasten gedient. Er tritt unbeirrt für den *Direttore* ein.

Wird Alfons von diesem Sturm überrascht? Das Schiff ist noch kaum im Wasser, als es schon ins Schlingern gerät ... Jedenfalls wird der Gründer nicht seekrank. Er bewahrt Ruhe und macht sich Falcoias Leitmotiv zu eigen: *tempus et deus* — auf die Zeit und auf Gott vertrauen. Wichtig ist nun, die Gruppe vor Zersplitterung zu bewahren, um Zeit zu gewinnen, bis die Erleuchtung kommt und bis die „Seelenbrüder", auf die er zählen kann, in Scala eintreffen: Mazzini, Sportelli, vielleicht auch Sarnelli.

Er weicht in keinem Punkt von seiner zentralen Zielgruppe ab: den Verlassenen der Landgebiete. Um aber Brüche zu vermeiden, und angetrieben von Falcoia, widersetzt er sich im Augenblick den Elementarschulen nicht.[20] Alfons weiß als Kind seiner Zeit, daß Volksschulen die Schwestern der Volksmissionen sind, mit denen zusammen sie zu Beginn der Neuzeit im gleichen „gigantischen Bemühen um religiöse Bildung" entstanden sind, von dem M. Jean Delumeau spricht:

„Eine zwingende Behauptung nahm in der Mentalität der christlichen Eliten in folgender Form Gestalt an: die religiöse Unwissenheit ist Ursache der Verdammnis. Über diesen Punkt haben noch Luther und der hl. Vinzenz von Paul, Calvin und der hl. Karl Borromäus gleich gedacht. Das Hauptstreben der Kirche des Westens zielte also von dem Augenblick an, da die beiden konkurrierenden — aber auch solidarischen — Reformen ihr Wirken in der Praxis entwickelten, darauf, die Volksmassen, insbesondere die bis dahin vernachlässigten Bauern, in der Christenlehre zu unterweisen ... Daher diese inneren Missionen, die vom 17. bis zum 20. Jahrhundert das ganze katholische Europa systematisch durchkämmten; daher auch ... die Zunahme der Schulen; daher schließlich die ungeheure Bedeutung des Katechismus, der nun durch den Druck Verbreitung finden konnte."[21]

Als Missionar und Bischof wird Alfons, wie wir noch sehen werden, zu einem begeisterten Verfechter des Katechismus. Warum also nicht auch Volksschulen, sagt er sich, wenn dieses Zugeständnis Donato und seine Anhänger fürs erste beruhigt, wenn damit die erzieherischen Neigungen Falcoias befriedigt, und das Fußfassen, sowie die gesetzliche Anerkennung der Kongregation begünstigt werden? Eine Toleranz der Anfangsjahre, die unverzüglich zu Enttäuschungen führte und schon bald energisch unterdrückt wurde: Kongregationen für Elementarschulen gab es bereits, nicht aber solche für die Missionierung der Landbevölkerung; und außerdem wird, wie Torni gesagt hatte, „bei so vielen Plänen letztlich keiner verwirklicht."

Bei den anderen Meinungsverschiedenheiten tritt Alfons dafür ein, sich in allen umstrittenen Punkten zunächst Falcoias Schiedsspruch zu unterwerfen. Er scheint, zumindest äußerlich, die Auffassung durchgesetzt zu haben, daß das Alter des Prälaten — siebzig Jahre —, seine Erfahrung im gemeinschaftlichen und missionarischen Leben, sowie die Tatsache, daß er außerhalb des Werks stand, ihn zum Moderator vorherbestimmten. Man würde ohnedies bald in der Diözese Caiazzo eine Gründung vornehmen und außerdem: um die Beweglichkeit und Einheit der interdiözesanen Gruppen über die Interessen der Lokalbischöfe hinweg zu gewährleisten, bedürfe es eines Bischofs an der Spitze des Instituts; zumindest jedenfalls, solange man nicht die Approbation des Hl. Stuhls habe.

Eine Woche der Prüfung für jeden einzelnen von ihnen: denn außer Pietro Romano glaubten sich alle fünf zum Gründer berufen, allen voran Falcoia. Am Samstag notiert Liguori auf Seite 66 seiner *Cose di coscienza:*

„Anweisung Falcoias, fest hinter dem Institut zu stehen, was immer ich auch von meinen Gefährten sehen oder hören möge. Auch wenn ich allein bleiben sollte, Gott wird mir helfen. Befehl, die Sache nicht mehr in Frage zu stellen. Heute, 15. November 1732."

Am Sonntag kehrt der Bischof von Castellamare nach Hause zurück. Enttäuscht? Glücklich? Wohl beides. Die Arbeit dieser sechs Tage war keine Schöpfung: aus dem Nichts ist keine Verfassung hervorgegangen. Alles bleibt für ihn noch zu tun, und gerade das gefällt ihm.

In Übereinstimmung mit Alfons hat er Donato zum Lokalsuperior in Scala ernannt: er ist der Älteste, er ist an das Ordensleben gewöhnt; vielleicht ist es aber auch nur eine Art, ihn ruhigzustellen, indem man ihm einen Knochen zum Nagen vorwirft. Alfons jedenfalls ist de facto „Superior maior". Er muß freibleiben für andere Gründungen. Mit ihm allein als dem Verantwortlichen des Werks wird der *Direttore* alle Fragen direkt besprechen. Momentan ist er es, und nicht Donato, der die vorläufige Regelung festlegt.

Kurz nach Falcoias Abreise erhält die entstehende Gemeinschaft in Don Vito Curzio ihren ersten Laienbruder. Dieser Dienstag, der 18. November 1732, muß mit einem Markstein gekennzeichnet werden.

Sechsundzwanzig Jahre alt, gebildet und Kalligraph, Adeliger. Die Vergangenheit eines jähzornigen und gefährlichen Raufbolds: „In der Hand hielt ich statt Kruzifix und Rosenkranz Pistole und Dolch", so wird er später einmal sagen. Er war aus seiner Heimat Acquaviva bei Bari geflohen, um nicht ins Gefängnis geworfen und möglicherweise sogar gehängt zu werden. In Kampanien war er dann Verwalter der Güter des Marquese del Vasto auf der Insel Procida geworden. So hatte er sich dem Generalprokurator des Marquese, Don Cesare Sportelli, angeschlossen, in dessen Haus er bei seinen Aufenthalten in der Hauptstadt wohnte. Das Beispiel und die Gespräche mit dem Rechtsanwalt hatten ihn schließlich umgewandelt.

Eines Morgens nun erwachte er in tiefer Bestürzung:

— Ich hatte einen seltsamen Traum, berichtete er Sportelli. Ich stand am Fuße eines steilen Berges und sah viele Priester, die ihn bestiegen. Ich wollte auch hinauf, doch verlor ich bei jedem Versuch den Boden unter den Füßen und blieb traurig und zornig hinter ihnen zurück. Da erbarmte sich einer dieser Priester meiner, kam auf mich zu und nahm mich bei der Hand: nun stieß ich zur Gruppe vor und stieg mit ihnen auf.

Einige Tage darauf waren unsere beiden jungen Männer bei einem Besuch im Chinesenkolleg zufällig Alfons begegnet. Überraschung bei Vito Curzio:

— Das ist der Priester, der mir neulich im Traum die Hand gereicht hat.

Nun erklärt Sportelli ihm, daß dies der berühmte Missionar Don Alfons von Liguori sei, daß er eine Gruppe von Aposteln zur Evangelisierung der armen Leute um sich schare und daß er, Sportelli, sich ihm anschließen werde ...

— Das ist es, wozu Gott mich ruft, ist Vitos Reaktion. Er nimmt sich nur noch die Zeit, seine Angelegenheiten in Ordnung zu bringen und einige Arme mit seiner Garderobe und seinen Talern zu beglücken, und kommt dann an jenem 18. November in Scala an, mit leeren und verfügbaren Händen, mit einem Herzen, das bereit ist zum Aufstieg zur Heiligkeit. Er kommt als Laienbruder auf Lebenszeit, als „dienender" Bruder, wie man sagen wird.

Es ist gerade Essenszeit; irgendeiner — höchstwahrscheinlich Donato — bittet den feinen Herrn, bei Tisch zu servieren. Widerstand steigt in ihm auf — „Ich sollte bei Tisch bedienen? Dienstbote auf Lebenszeit?" — und schon überlegt er, wie er sich an diesem unverschämten Priester rächen soll, der ihn wie einen Sklaven behandelt hat ... Da aber sieht er, wie Don Alfons, neapolitanischer Cavaliere, sich erhebt, um gemeinsam mit ihm zu servieren. Er ist beschämt:

— Elender, sagt er sich, dieser serviert bei Tisch und du sträubst dich?

Den Gnadenstoß erhält der „alte Mensch" in Curzio und nicht ... Don Giovanni Battista![22]

Mit diesem Bruder — weiß Alfons es schon? — ist seine Kongregation wirklich gegründet: hier steht nun endlich an der Basis ein Granitblock, der nicht weichen noch wanken wird.

Drei oder vier Tage nach Vito Curzios Aufnahme läßt ihn Alfons — mit Mannarini, Romano und Tosquez — in der Obhut Gottes und Pater De Donatos zurück, und begibt sich für drei Wochen nach Neapel.

Tosquez? ... „Der fromme Edelmann", wie M. Celeste ihn nennt, hat keine Zeit verloren. Noch vor der Abreise Falcoias hat er es fertiggebracht, ihm für die Klosterfrauen das Exemplar der „definitiven Regel" (die zweite Redaktion der Schwester), sowie dessen eigene korrigierte und erweiterte Fassung zu entlocken. Mit diesen Dokumenten und einem von den Schwestern verfaßten Memorandum wandte er sich nun an seinen Freund Mgr. Santoro, um von ihm für das Kloster und seine Regel die Approbation zu erbitten, die der verstorbene Mgr. Guerriero nur mündlich erteilt hatte. Am 28. November — was Tosquez in die Hand nimmt, wird zügig vorangetrieben — wendet sich der Bischof von Scala an seinen Kollegen von Castellamare mit folgendem Brief, der diesen im Grunde entzücken muß. Allerdings auch wieder nicht so sehr, daß er ihn blind machte für die darin enthaltene ehrerbietige Ironie:

„Sogleich nach der Abreise Eurer Exzellenz habe ich die Befehle ausgeführt, die Sie mir durch die Anempfehlung Ihrer gesegneten Töchter und der Gruppe Ihrer guten Ordensmänner gegeben haben. Ich habe es mir angelegen sein lassen, mich oft ins Kloster zu begeben, um diese guten Töchter, die alle durch die Abreise ihres Vaters betrübt sind, zu trösten. Im Gehorsam gegenüber Eurer Exzellenz werde ich damit auch fortfahren. Es liegt mir daran, Euch wissen zu lassen, daß Don Silvestro Tosquez in Ausübung der Anweisungen, die Ihr ihrem Beichtvater hinterlassen habt, ihnen die Regel wieder zur Verfügung gestellt hat. Ich habe sie unverzüglich bestätigt und meine Unterschrift unter ihr Memorandum gesetzt; sie machen dem Eifer Eurer Exzellenz wahrlich Ehre. Abschließend erkläre ich meine uneingeschränkte Bereitschaft zur Ausführung Eurer geschätzten Verfügungen und verbleibe von Herzen …"[23]

Große Freude und Danksagung im Kloster und im Gästetrakt. Gemischte Freude allerdings bei den Schwestern, denn „der geistliche Vater hatte der Regel mehrere Ergänzungen angefügt zum großen Mißfallen aller Schwestern". Er hatte die neun Regeln — gegenseitige Liebe, Armut, Keuschheit, Gehorsam, sanfte Bescheidenheit, Entsagung, Sammlung im Schweigen, Anbetung, Selbstentsagung in der Liebe zum Kreuz — durch drei weitere — Glaube, Hoffnung und Gottesliebe — erweitert, um die Zahl zwölf zu erreichen, also eine für jeden Monat. Außerdem hatte er noch ein über dem Habit zu tragendes Skapulier vorgeschrieben[24] …

Zur Stunde aber werden diese Enttäuschungen noch bei weitem von freudiger Heiterkeit überlagert. Davon zeugen folgende Worte, die Celeste im ersten Überschwang an Alfons schrieb, Worte einer Begeisterung, die keine Grenzen kennt, und eines Optimismus, der viel zu überschwenglich ist:

„Unglaublich, diese Wunder des Herrn! Gepriesen sei er immerdar! Ich kann Euch auf diesem Blatt Papier gar nicht alle Gnaden aufzählen, deren der Herr uns durch die Vermittlung seines Dieners Don Silvestro zugunsten unseres Instituts hat teilhaftig werden lassen. Er hat vom Bischof das Maximum dessen erreicht, was dieser tun oder zugestehen konnte. Ich berichte Euch nicht in allen Einzelheiten, was geschehen ist: dazu bräuchte ich ein ganzes Heft, und außerdem geht die Post schon bald ab. Ich sage Euch nur, daß ich mich in ihm schon bei seinem ersten Besuch bei uns nicht getäuscht habe; und nun, da ich ihn persönlich kennengelernt habe, schätze ich ihn noch viel mehr. Ach Ihr, die Ihr glaubtet, ich hätte mich getäuscht, Du hast Dich mit mir getäuscht! Du machst Dir Gedanken, wer Falcoia für das Werk der Ordensgemeinschaft ersetzen oder nicht ersetzen soll. Mach Dir nicht die Mühe, darüber nachzudenken: Gott hat für Dich daran gedacht. Du suchst Ratgeber für die fällige Entscheidung? Wisse, daß dieser Mann Dein Ratgeber sogar für Deine Seele sein wird, ob Du es glaubst oder nicht. Gott hat ihn in Überfülle mit Talenten ausgestattet. Er hätte ihm nicht so viele Gnaden und natürliche Fähigkeiten gegeben, wenn er sie nicht in den Dienst vieler Menschen stellen sollte. Denn für ihn allein hätte die Hälfte genügt, um einen Heiligen aus ihm zu machen! Die Ergebnisse sind übrigens schon sichtbar:

Er ist es, dem der Herr alle Erleuchtungen in Fülle zuteil werden läßt, damit er alle Wege bereite. Es ist nun nicht mehr die Stunde des Zweifelns, es ist vielmehr die Zeit gekommen, mit geneigtem Haupt Dank zu sagen für die grenzenlosen und zahllosen Gaben, die er uns hat zuteil werden lassen.

Wenn Don Silvestro nach Neapel zurückkehrt, werdet Ihr alles genau erfahren. Dankt Gott. Ich schließe in Eile und empfehle Euch dem Herzen Jesu. Celeste."[25]

Um den 22. November ist Alfons tatsächlich wieder in der Hauptstadt. Drei Wochen vorher hatte er sie gewissermaßen als Flüchtling verlassen. Nun, nach vollzogener Gründung, muß er seine Situation gegenüber seinem Bischof, seiner Familie und seiner Kongregation der *Apostoliche Missioni* klären, und zusammen mit über vierzig Brüdern an deren Mission der SS. Annunziata teilnehmen. Warum aber ist er so bald zurückgekehrt? Die Mission beginnt erst am 6. Dezember abends. Jetzt scheint er aus Scala wegzulaufen, wie er vorher von Neapel weggelaufen ist ... Der Grund aber ist der, daß er vor diesem Aufbruch ins Ungewisse sich noch einmal zurückziehen, Paganos Rat hören, und die geistige Nähe Mazzinis und Sportellis spüren will ...

Er ging zu diesem letzteren hinunter[26], wo er natürlich auch Tosquez traf, der ja bei Sportelli seinen neapolitanischen Wohnsitz hatte.

Alfons' Begegnung mit dem Erzbischof ist ein langer Kampf. Pignatelli kann sich nicht bereit finden, diese „Stimme des Heiligen Geistes" zu verlieren, die ihm der jüngste Einkehrtag für Priester in einer erschütternden persönlichen Erfahrung geoffenbart hat. Liguori seinerseits kann es vor seinem Gewissen nicht verantworten, eine Entscheidung, die er auf das Wort von vier Gottesmännern hin und mit der späten, aber herzlichen Zustimmung des Kardinals getroffen hat, in Frage zu stellen. Man vereinbart eine nochmalige Begegnung.

Den Superior der *Illustrissimi* Giulio Torni und seine beiden Assistenten Filippo Aveta und Tommaso Carace bittet er, Mitglied der Kongregation bleiben und ihre Kaplanei auch weiterhin behalten zu dürfen. Die Antwort:

— Eure Abreise nach Scala wurde von der Gesamtheit der Brüder zu schlecht aufgenommen, so daß es schwierig sein wird, Euch nicht aus unserer Gesellschaft zu streichen ...

Aber auch hier kommt es durch Tornis und Gizzios wohlwollendes Eingreifen nicht zum Bruch.

Eine eilige Notiz informiert Falcoia.

Es ist nun spätestens der 24. November. Neapel ist kalt. Weder Falcoias Antwort vom 26. noch Celestes Brief, noch auch Tosquez' Anwesenheit können Alfons das Herz erwärmen. Die Dinge stehen schlecht: die Gemeinschaft von Scala bricht auseinander; der Gedanke, sich von Falcoia zu trennen, liegt in der Luft; seine Stadt, seine geliebte Stadt, setzt alles daran, ihn lahmzulegen. Fern von Scala, fern von Falcoia spricht Alfons in einem der Heiligtümer dieser Hauptstadt, die ihn quält — möglicherweise liegt er zu Füßen unserer Lieben Frau von der Barmherzigkeit —, nun das aus, was man als das „Gelübde des Gründers" bezeichnen muß. Auf Seite 67 seines Büchleins lesen wir:

„Heute, am 28. November 1732 habe ich gelobt, das Institut nicht zu verlassen, sofern nicht Falcoia oder sein Nachfolger in der Führung meiner Seele mir dies ausdrücklich befiehlt."

Aber dieses Institut ist noch kaum konzipiert, und es wird nicht irgendein beliebiges sein. Dem Anruf des Evangeliums entsprechend und im Dialog mit seinen Seelenführern hat Alfons eine präzise Vorstellung davon entwickelt. Nur diesem Unternehmen „verlobt" er sich, und nicht den Regeln von M. Celeste oder Falcoia, oder von wem auch immer. So fügt er hinzu:

„Dieses Gelübde bindet mich nicht in bezug auf die Regeln. Sie festzulegen oder zu verändern, bleibt meiner freien Entscheidung überlassen. Auch behalte ich mir das Recht vor, sie nach freiem Ermessen auszulegen oder andere Klauseln hinzuzufügen. Ferner gelobe ich, die Berufung, in die ich hier engagiert bin, nicht mehr anzuzweifeln." Ein historisches Gelübde von ungeheurem Gewicht. Ein sehr erhellendes Gelübde hinsichtlich seines tiefen Bewußtseins als Gründer und erster Verantwortlicher des Instituts vor Gott und der Welt der Verlassenen. Es ermöglicht uns die rechte Würdigung des großen Anteils an Bescheidenheit im Urteil und freiwilligem Gehorsam und an den Konzessionen um des Friedens willen, die elf Jahre hindurch seine Beziehungen zu dem sehr bestimmenden *Direttore* prägten.

Ging diesem Gelübde eine Beratung mit Pagano oder Fiorillo voraus? Es steht außer Zweifel, daß er mit ihnen zu langen Gesprächen zusammentraf, ebenso wie auch mit Torni und noch einmal mit dem Kardinal. Der Superior der *Apostoliche Missioni*, Offizial der Diözese Neapel und angesehener Missionar, befragte ihn eingehend über die neue Regel.

Nun blieben ihm noch acht Tage bis zur Mission von SS. Annunziata: die Zeit, um die Wunden seiner Familie zu verbinden, um seine Priester- und Laienfreunde der *Cappelle serotine*, und vor allem Sarnelli, der ihm im Herzen und in der Heiligkeit so nahe stand, wiederzusehen. Dann verzeichnet ihn das *Giornale* vom 7. bis zum 12. Dezember allmorgendlich bei der Mission. Zwei Tage vor ihrem Abschluß, am Samstag, dem 13., verschwindet er. Zweifellos hat er es eilig, wieder nach Castellamare und Scala zu kommen. Ein Aufstieg zum Kalvarienberg. Von diesem Kalvaria berichtet er in allen Einzelheiten an Torni, der ihm am 20. Dezember antwortet:

„Bei der Lektüre des Briefes, in dem mir Euer Hochwohlgeboren von den bitteren Qualen berichtet, die Sie von allen Seiten bedrängen, konnte ich die Tränen nicht zurückhalten. Ich höre nicht auf, den Herrn im Vertrauen auf seine Vaterliebe zu bitten, er möge Euch die geistige Kraft geben, mutig all das zu erdulden, was seine weiseste Vorsehung Euch zustoßen läßt. Er möge Euch auch immer tiefere Erleuchtung zuteil werden lassen, damit Ihr seinen göttlichen Willen erkennt. Im übrigen sollt Ihr nicht glauben, ich hegte für Euch auch nur das geringste Gefühl der Feindseligkeit oder Abneigung: Ich würde mich einer grausamen Ungerechtigkeit für schuldig halten. Ich habe Euch gegenüber stets große Zuneigung empfunden, und das hat sich auch jetzt in keiner Weise geändert. Ihr dürft mir glauben, daß ich Euch jetzt mehr denn je liebe. Nehmt also die Freiheit, mir zu schreiben, wann immer und was immer Ihr wollt.

Auch unsere Kongregation betrachtet Euch nach wie vor als einen ihrer geliebtesten Brüder. In der Kaplanei ist alles beim alten, und es wird sich ohne den ausdrücklichen Befehl seiner Eminenz des Erzbischofs auch nichts ändern; er hat es selbst so bestimmt. Lest also weiterhin die Messen für diese Kaplanei, solange Euch keine andere Anweisung zugeht. Und seid versichert, daß sich nichts ändern wird, solange ich Oberer bin und es von mir abhängt.

Was nun das Institut betrifft, so hoffe ich, daß die Dinge den Regeln entsprechend verlaufen, die ich vor Gott glaubte, Euch mitteilen zu müssen, und daß alles vom Hl. Apostolischen Stuhl approbiert wird, damit das Werk gestützt und begründet *supra firmam Petram* (auf Petrus) seine Stabilität finden kann ..."[27]

Die „Stabilität" des Instituts ist an jenem Weihnachten 1732 keine andere als jene des „Stalls" zu Bethlehem.

24. „Auch wenn ich allein bleiben müßte" (Januar—Mai 1733)

Die Diözesanmissionare der verschiedenen neapolitanischen Kongregationen lebten über die ganze Stadt verstreut. Drei- oder viermal jährlich kamen sie zusammen, um für einige Wochen „auf Mission zu gehen". Nach beendeter Mission kehrte ein jeder wieder nach Hause zurück.

Für Alfons und seine Söhne wird es keine „beendete Mission" geben. Sie werden wie die Apostel in einer Gemeinschaft um Christus leben, und diese Gemeinschaft wird sich ohne Unterbrechung zwölf Monate im Jahr auf Mission befinden. Zunächst einmal zu Hause. Sie werden sich außerhalb der städtischen Ballungszentren in Reichweite der Landbevölkerung niederlassen; und ihre Kirchen werden bereits an Ort und Stelle eine immerwährende Mission betreuen.

So weit, so gut! Noch aber hat sich diese junge, am 9. November 1732 zu Scala rechtlich gegründete Kongregation nirgends niedergelassen. Sie „kampiert" provisorisch im Gästetrakt der Schwestern. Noch weiß keiner, wo sie sich verwurzeln und ihr Missionszentrum errichten wird. Sie besitzt kein Kloster und noch weniger eine Kirche.

Aber daran soll es nicht scheitern! Zweihundert Meter von ihrem „Lager" entfernt bietet die große Kathedrale S. Lorenzo ihre geräumigen Kirchenschiffe an. Mit voller Zustimmung des Bischofs und des Klerus entfaltet sich hier die immerwährende Mission. „Alfons führte hier unverzüglich die Morgenbetrachtung für die Gläubigen und die abendliche Besuchung des Altarssakramentes und der Allerseligsten Jungfrau Maria ein. Donnerstags Predigt und Aussetzung des Allerheiligsten. Sonntags strömt die gesamte Landbevölkerung in die Stadt, was sich Alfons zunutze macht, um sie durch Predigt und Katechese zu unterweisen. Er gründet Bruderschaften für Adelige, Arbeiter und Handwerker, für Jungmänner und junge Mädchen, die sich jeweils sonntags zur Unterweisung zusammenfinden. Scala ist auf dem Weg zur Heiligkeit. Mgr. Santoro jubelt." Der Bischof verläßt spontan seinen Palast in Ravello und nimmt in der Residenz des Generalvikars in Scala seinen Wohnsitz.

„Mit seiner Mannschaft ausgezeichneter Missionare übernimmt Alfons auch die benachbarten Städte. Amalfi, Conca, Ravello, Atrani und Minori, sie alle gewinnen aus ihrem Eifer ... Vor allem an den Feiertagen ist Generalmobilmachung. Dann sind sie in großer Zahl zu Fuß in der Küstenregion unterwegs ...

Die Kunde von neuen Missionaren, die Alfons ausdrücklich zur Betreuung der Dörfer und verlassenen Winkel eingesetzt habe, verbreitet sich. Schon bald kommen Anfragen; Bischöfe bitten um Missionen und sogar um eine Gründung in ihrer Diözese. Das ist ein Trost für Alfons, der Gott dafür dankt: Er segnet das Werk; wie aber sollen die Bittsteller zufriedengestellt werden, da es an Missionaren fehlt? Am 29. Dezember 1732 schreibt er an seinen Seelenführer Mgr. Falcoia: *Der Bischof von Caiazzo erwartet uns und zählt schon die Tage; desgleichen der Bischof von Cassano* (Gennaro Fortunato); *man möchte uns auch in der Diözese Salerno haben. Dazu brauchen wir aber gut ausgebildete Leute, und das erfordert Zeit. Vor allem muß Übereinstimmung im Geiste herrschen. Schickt mir so bald wie möglich Sportelli.*"[1]

Übereinstimmung herrscht vorerst zumindest im Eifer. Aber noch kann die Gruppe ihren kleinen Sektor um Amalfi nicht überschreiten.

Hier ist das Vertrauen der Bischöfe in Liguori uneingeschränkt. Auf Seite 57 seines Heftchens notiert er folgende großmütige Laune Mgr. Scorzas ihm gegenüber:

„Der Bischof von Amalfi: ich gebe ihm alle Vollmachten und mache ihn zum Erzbischof von Amalfi. Insbesondere und in erster Linie für Tramonti, ganz nach seinem Belieben."

Ähnlich auch folgender Freibrief von Mgr. Santoro:

„Der Bischof von Ravello: ich kann im Neuen Kloster Beichte hören, predigen und in die Klausur gehen, sooft ich will. Ein für allemal."

Tramonti; dieser Name ist ins Herz der Redemptoristen eingegraben: denn hier hält ihre Kongregation ihre erste Mission. Während die angehenden Missionare unter Alfons' Anleitung fieberhaft ihre Predigten vorbereiten, entflammt Falcoias Eifer. Er schreibt an Alfons:

„Don Silvestro (Tosquez) wird zu Euch kommen. Ich beneide ihn. Ich wäre auch gekommen, um mich am Klima Eurer heiligen Missionen zu erbauen, hielten mich nicht ernstere Pflichten zurück. Seid guten Mutes, und Gott möge Euch segnen! Mit ihm segne ich Eure heiligen und fruchtbaren Strapazen. Ich wäre glücklich, Eure Schuhe zu bürsten und Eure Hemden zu waschen. Ich spreche aus meinem Herzen, das Euch nicht verläßt und das auf allen Euren Wegen mit Euch geht ... Die *Regel* wird eine gute Missionsmethode enthalten[2] ..."

Tramonti („Zwischen den Bergen") ist nicht der Name eines Dorfes oder einer Pfarrei, sondern bezeichnet ein schroffes Tal. „Zwischen den Bergen" steigt es vom Meer zum Chiunzi-Paß in 656 Metern Höhe bis Nocera und Pagani hinauf. Auf seinen Vorsprüngen sitzen zwölf Dörfer und dreizehn Kirchen oder „Pfarreien" (Paterno hat zwei) übereinander; kleine „Pfarreien", die damals insgesamt nur 3.756 Einwohner haben. Das Ganze bildet ein einziges Dekanat. Im Dorf Polvica steht ein Kloster der Minoritenbrüder und in Pocara ein *conservatorio* der Karmeliten. Der Diözesanklerus hat sich hier seit Jahrhunderten in der „Priesterkongregation von Tramonti" konstituiert. Seine Beziehungen zum Ordensklerus sind mehr von wirtschaftlichem Konkurrenzdenken denn von apostolischem Wetteifer bestimmt.

Mitte Januar 1733 brechen also Liguori, Donato und Mannarini zu Fuß nach Ravello und Maiori auf, um sodann das Tal von Tramonti bis zu jenen Hängen hinaufzusteigen, an denen sich zwischen stürzenden Gebirgsbächen das höchstgelegene Dorf Campinola festkrallt. Ein Esel trägt vielleich einige Gepäckstücke. Bruder Vito Curzio ist zweifellos mit dabei: als „Koadjutor" der Priester wird er das Gebet leiten, wird an den Hausbesuchen, den Katechismusstunden und der Betreuung und dem Gespräch mit diesen armen Leuten teilnehmen. Er wird sich um die Küche der Mannschaft — die Ärmsten! — gekümmert haben, denn auf ihren Missionen wohnten die Priester weder bei den jeweiligen Pfarrern noch bei deren Pfarrkindern: sie leihen oder mieten ein Haus, in dem sie auf eigene Kosten in Gemeinschaft leben[4]. Wir wissen nicht, ob der von Falcoia angekündigte Tosquez auch wirklich zum Missionskommando gestoßen ist.

Die erste Redemptoristenmission begann wahrscheinlich mit dem *Carnovale*, der damals in diesem Dorf am 17. Januar, dem Fest des hl. Abtes Antonius, begangen wurde. 1733 fiel er auf einen Samstag. An diesem Abend fanden also in Campinola Prozessionen statt, die das Volk feierlich auf die Gnade der Mission hinwiesen. Eine „Mission, die in den kleinsten Dörfern mindestens vierzehn Tage dauert", wie ein zeitgenössischer Plan aus Alfons' Hand besagt[5]. Hier hatten die Missionare auf jeden Fall die nötige Zeit.

Nach Campinola schließt sich ihnen Pietro Romano für die beiden anderen Pfarreien an, in die sie nacheinander hinabsteigen: Pietre, dann Gete. Alfons greift in diesem letzten Dorf nur wenig ein: er hält im benachbarten Karmel von Pocara Exerzitien und muß dann zum 22. Februar nach Scala zurück, um dort die Fastenpredigten im Dom zu halten.

Fastenpredigten? Das ist genau der Typ von Aufgabe, die Alfons und seine *Regel* den Redemptoristen später verbieten wird. „Um sie nicht von ihrer Berufung zu den Verlassenen abzulenken" ... Aber die Kathedrale von Scala ist im Augenblick die Kirche ihres provisorischen Klosters: wenn er hier die immerwährende Mission will, dann ist gerade die Fastenzeit ihre stärkste Zeit. Eine Zeit der Bekehrung und nicht schöner Worte und praller Klingelbeutel.

Der Erfolg in Tramonti ist so groß, daß Notabeln und Bevölkerung schon nach der zweiten Mission (in Pietre) die neue Kongregation bitten, sich bei ihnen niederzulassen. Warum nicht, da sie noch immer auf der Suche nach einem Kloster und einer eigenen Kirche ist?

„Entmutigt diese Herren nicht", schreibt Falcoia am 12. Februar an Liguori, „aber macht keine Zusagen. Haltet sie zwischen Hoffnung und Zweifel. Dies sind nur die ersten Anfragen. Außerdem fehlen uns noch so viele Leute. Die Pflanze ist noch zu klein, um schon geteilt werden zu können. Ich habe den Brief dieses reizenden Bischofs von Caiazzo (Mgr. Costantino Vigilante) vor mir liegen, und ich werde ihm meinerseits antworten, er möge sich noch ein wenig gedulden; wir seien noch nicht in der Lage, ihn zufriedenstellen zu können. Im gleichen Sinne könnt Ihr Euererseits antworten, es sei Euch nach Ostern möglich, mit ihm persönlich darüber zu sprechen."[6]

Den Prälaten quälen andere Sorgen. Im gleichen Brief erklärt er: „Ich schleppe mein Kreuz hinter mir her, ein Kreuz, das mir von verschiedenen Seiten belastet wird, insbesondere von Don Silvestro: er wendet nun all das gegen mich, was ich ihm in Liebe in die Hand gegeben habe."

Er hatte ihm zuviel in die Hand gegeben. Das ging sogar so weit, daß er sich während der Einkehrtage, die er bei den Klarissinnen von Ravello hielt, von ihm vertreten ließ, weil er für zwei Tage nach Neapel wollte. Im Kloster von Scala, dessen Türen er ihm weit geöffnet hatte, fielen die Aussprüche des Edelmannes wie Orakel. Er behauptete allen Ernstes — und warum auch nicht? —, in den Gewissen lesen zu können, zweifelte an nichts und behandelte die Probleme der Schwestern mit der Sicherheit und Autorität eines Propheten. In der Kirche wurde seine abwechselnd ekstatische und reuige Haltung durch das Chorgitter genau verfolgt und voller Bewunderung kommentiert. Er war reich, und vielleicht füllten seine Dukaten die zu mageren Renten der durch die Schwestern eingebrachten Mitgift und jene Filangieris auf? Man erwartete von ihm nicht unbegründet die päpstliche Approbation. Kurzum, Doktor Tosquez war auf dem besten Weg, der geistliche und zeitliche Vater des Klosters zu werden.

„Don Silvestro wird nicht auf fremdes Gebiet übergreifen", hatte Falcoia geschrieben. Schöne Illusion! Und im gleichen Brief: „Ich habe Schwester Celeste ganz in der Hand." Nicht mehr lange!

Wir wissen, daß Celeste, seit sie sich kennen, den Gottesmann zwar schätzt, aber an ihm hängt ... wie Christus an seinem Kreuz. Seit acht Jahren trägt sie an diesem Kreuz von Station zu Station schwerer. Im November 1732 schließlich wurde sie durch Falcoias Verhalten zu „den Brüdern" darauf genagelt, und dies war das „Es ist vollbracht". Sie berichtet:

„Der Pater Spiritual ging mit ihnen um, wie er es mit den Regeln der Kloster-frauen getan hatte: er begann, ihnen zahlreiche Übungen und mündliche Gebete aufzuerlegen ... und brachte diese Dinge in die Konstitutionen der Männer ein. Daneben noch dies ... und dann jenes ... Nicht alle waren mit diesen Punkten einverstanden, und so kam es zwischen ihnen zu endlosen Diskussionen; und es war ein Kommen und Gehen zwischen Gästetrakt und Kloster, denn sie beklag-ten sich darüber, daß der Pater Spiritual sich an die Spitze der Brüder setzen wolle, und daß jeder von ihm abhinge und sich seiner Sicht der Dinge unterwer-fen müsse. Pater Alfons von Liguori und Don Pietro Romano, seine Beichtkin-der, waren für den Pater Spiritual. Pater Vincenzo Mannarini, Pater Giovanni B. De Donato und der fromme Edelmann waren gegen ihn ... So entstand Zwie-tracht unter ihnen; ihre Beziehungen wurden vergiftet. Es kam zu heftigem Wort-wechsel und gekränktem Schweigen.

Angesichts der Tatsache, daß der Pater Spiritual Unruhe in das Werk brachte und die so notwendige Einheit zwischen den Brüdern zerstörte, wandte sich die Schwester, die die Regeln empfangen hatte, im Gebet an den Herrn. Er gab ihr zu verstehen, daß Mgr. Falcoia nicht mehr ihr geistlicher Vater sei; daß sie sich von ihm trennen müsse: es war nicht sein Wille, daß sie unter seiner Leitung bliebe. Fortan zog sich die Schwester, ohne ihm von dieser Erleuchtung, die ihr zuteil geworden war, zu berichten, in Schweigen zurück und eröffnete diesem Pater ihre Seele nicht mehr. Vom Tag, an dem der Herr ihr das neue Institut geoffen-bart hatte, bis zur jüngsten Spaltung zwischen den Brüdern hatte sie einen inneren Todeskampf durchgemacht."[7]

Dieser Text der *Autobiografia* unterstreicht, daß das entscheidende Motiv für diese Krise in der Unstimmigkeit über das neue Institut der Männer lag. Aber in einem Brief vom 20. April an ihren normalen Beichtvater Don Pietro Romano analysiert M. Celeste außerdem den effektiven Mangel an Führung, in dem sie Falcoias Unsicherheiten stets belassen hatten. Hier das Wesentliche:

„Neben den Erleuchtungen, die der Herr mir über diesen Punkt gab, hatte ich folgende Gründe: Seit ich Mgr. Falcoia über die göttlichen Mitteilungen hinsicht-lich des Instituts berichtete, zeigte er mir gegenüber eine große Unschlüssigkeit. Sein Geist verharrte in Dunkelheit über die Wege, auf denen Gott mich führte, woraus ich schloß, daß er für mich nicht mehr der Kanal des göttlichen Willens war. Außerdem deutete er alles, was ich ihm in der Schlichtheit und Aufrichtig-keit meiner Seele sagte, in einer düsteren Weise, die meinem Denken ganz und gar zuwider lief, und stürzte mich so in einen Abgrund von Sorgen und Kummer. Da er sich nun in meinem Inneren nicht mehr zurechtfand, begriff ich, daß er mir nie jene Ruhe geben konnte, nach der ich mich sehnte. So bat ich ihn um die Erlaubnis, einen anderen Seelenführer zu Rate zu ziehen, vor allem wenn es sich um wichtige Dinge handelte. Das aber verbot er mir strikt. Er schrieb diesen

Wunsch meinem Hochmut zu und sagte mir Dinge, die mich zum Weinen brachten. Einem anderen eröffnete ich mich aber erst, als ich sah, daß mein Seelenführer den von Gott gegebenen Erleuchtungen über das Institut Zweifel und Schwierigkeiten entgegensetzte, die Zwietracht zwischen jene säten, die daran beteiligt sein sollen. Nun glaubte ich, nach reiflicher Erwägung und allein in der Absicht, Gott wohlgefällig zu sein und Ruhe für meine Seele zu finden, mich nach anderen Ratgebern umsehen zu müssen."

In diesem Sinne wandte sich die Schwester insbesondere an Don Giulio Torni, der in Neapel auch bischöflicher Vikar für die Ordensfrauen war.

Ein gefährlicher Graben begann sich also zu Beginn des Jahres 1733 – zunächst noch ohne Aufsehen – zwischen Tosquez und Celeste einerseits und Mgr. Falcoia andererseits aufzutun. Das mochte noch für den ebenso lästigen wie unternehmungslustigen Don Silvestro angehen. In Celeste aber sah Alfons, genau wie in Falcoia, eine Säule des Werks; er hatte ihre göttliche Sendung einst anerkannt und von Bischof Guerriero bestätigen lassen; eine tiefe Freundschaft verband ihn mit dieser gottverbundenen Seele. Zweifellos verstand er die Gründe – teilte er sie nicht sogar selbst ein wenig? –, die die Schwester dem *Direttore* entfremdeten. Aber es war offensichtlich, daß dieser Bruch Falcoias Gegner stärken und das Doppelinstitut ernsthaft erschüttern würde. Bestand ihre gemeinsame Pflicht nicht vielmehr darin, die Opfer auf sich zu nehmen, derer es zur Rettung des Werkes bedurfte? Dazu wollte er Celeste bewegen. Der Punkt, an dem keine Umkehr mehr möglich ist, war seiner Meinung nach noch nicht erreicht. Noch brach in Scala nicht alles zusammen. Aber in Neapel ...

Neapel hatte die Waffen nie gestreckt. Als Torni seinem geliebten Schüler schrieb: „Unsere Kongregation betrachtet Euch weiterhin als einen ihrer geliebtesten Brüder", drückte er nur aus, was er selbst und Kanonikus Gizzio empfanden. In Wirklichkeit hatten die Gründung in Scala, die Seelsorge im amalfischen Küstengebiet und die Erfolge in Tramonti bei den Mitbrüdern der Propaganda ein Feuer wieder mit Macht entfacht, das niemals ganz erloschen war: „Warum hat sich dieser Hochmütige abgesondert?" Von verschiedener Seite wurde eine Abstimmung über Alfons' Ausschluß und damit die Zuweisung der Kaplanei, die nicht zuletzt auch die Existenzgrundlage seiner jungen Gemeinschaft war, an einen anderen gefordert. Torni wandte sich an den Kardinal.

– Das ist die reine Wut, sagte er zu Seiner Eminenz. Nachdem sie ihn beschmutzt haben, wollen sie ihm nun auch noch die Lebensgrundlage entziehen.

Pignatelli war verzweifelt; aber er ging nicht so weit, die Beratung zu verbieten.

– Was immer sie auch beschließen mögen, so beschloß er, macht Euch keine Sorgen. Ich werde dann sehen, was zu tun ist.

Diese „Szene des jüngsten Gerichts" – wie es einer der Zeugen, Don Tommaso Buonacquisto nannte – fand am Montag, dem 23. Februar, statt. Fünfzig Namen scheinen im Sitzungsprotokoll auf. Sarnelli ist nicht dabei. Das *Giornale* verzeichnet die Abwesenheit Gizzios: *Canonico Gizzio scusato*; er hatte sich entschuldigen lassen, um der Exekution seines Neffen nicht beiwohnen zu müssen. Dann berichtet der Sekretär: „Unser Pater Superior hat für unseren Bruder Don Alfons von Liguori in folgender Sache eine geheime Abstimmung angeordnet: soll er aus unserer Kongregation ausgeschlossen werden und soll ihm die Kaplanei entzogen werden, weil er sich ... zugewandt hat?" Seine Feder weiß nicht, wie sie das Ausschlußmotiv formulieren soll — (die Geschichte wird ergänzen: „weil er sich den Verlassenen zugewandt hat") — und weigert sich, das Ergebnis des Urnenganges aufzuzeichnen. Am 28. Februar aber schreibt Torni an den Verurteilten:

„Es wurde einstimmig beschlossen, Euch aus der Kongregation zu streichen und die Kaplanei einem Bruder zu übergeben ...[8]. Diese Abstimmung wurde dem Kardinal mitgeteilt, da er verboten hat, in dieser Anglegenheit irgend etwas ohne seine ausdrückliche Anordnung zu unternehmen ... *Ich bin Superior der Superioren*, sagte mir Seine Eminenz; *ich bin der erste Superior der Kongregation: unter diesem Titel (annuliere ich die Abstimmung über den Ausschluß) und behalte Don Alfons von Liguori bei den Brüdern; er behält damit auch die Kaplanei ...*

Mehr hätte ich nicht tun können, um Euren Interessen zu dienen und Euch die innige Zuneigung zu beweisen, die ich Euch gegenüber stets empfinde ..."

Mit dem Gedanken an Falcoia, der sich nur schwer damit abfinden kann, daß der Domherr zu einem Drittel an der Schaffung der neuen Missionskongregation beteiligt ist, fügt er hinzu:

„Eure Fragen hinsichtlich der Regelung dieser Gemeinschaft beantworte ich nicht, da meine Ratschläge dort sehr schlecht aufgenommen werden. Für Eure Person mögt Ihr mich fragen, was immer Ihr wollt, und ich werde nicht zögern, alles zu tun, um Euch zu entsprechen. In Sachen Eurer Gemeinschaft aber werde ich Euch niemals antworten"[9].

Von den *Illustrissimi* verworfen, sieht der Gründer sich nun durch Falcoias Absolutismus der Erleuchtungen Tornis und M. Celestes beraubt. Er schätzt und liebt Falcoia, aber nicht mehr als Torni und M. Celeste. Er kann und will ihn nicht entbehren, denn das Institut ist noch sehr gefährdet. In diesen Abgründen hält er seine Fastenpredigten in Scala.

Dann kehren die Missionare von Tramonti in den Gästetrakt zurück. Wahrscheinlich am Montag, dem 2. März. Das ist Essig auf eine frische Wunde. Tannoia hat uns Teile von Briefen bewahrt, die Alfons damals an Falcoia richtete:

„Oh mein Vater, wie mühsam ist das Zusammenleben mit Don Vincenzo (Mannarini)! Welche Prüfung seit einigen Tagen! Das kann man nur für Jesus Christus auf sich nehmen ...

Ich danke dem Herrn, der mir die Kraft gibt, inmitten all dieser Stürme auszuharren und nicht zusammenzubrechen. Das also ist der Lohn dafür, daß ich all das erdulde, was jedermann weiß, daß ich mich meiner Familie, meinen Freunden und dem Erzbischof entfremdet habe, weil ich mich von ihnen abwandte, um Gott zu gehorchen! Eure Exzellenz geben mir mit Ihren Worten den Mut, Gott zu vertrauen, auch wenn ich allein im Institut bleiben müßte. Pater, verlaßt mich nicht, denn wenn auch Ihr mich verlassen würdet, wüßte ich nicht, was ich tun sollte. Übrigens: befehlt, und ich werde gehorchen ..."

Und er schließt in einer Geste der Hoffnung wider alle Hoffnung:

„Ich schicke Euch, wie vereinbart, den Entwurf der Regel. Ich füge nur ein einziges Wort hinzu: erbarmt Euch meiner."[10]

Der Boden gibt in der Tat überall nach. Nun ist es das Kloster, das seinem Untergang entgegengeht. Alfons hatte geglaubt, Celeste durch einen strengen Brief unter Falcoias Krummstab zurückführen zu können. Er wurde mit einer

Höflichkeit abgewiesen, die ihn kalt überlief[11]. Auf der anderen Seite wird das Klima im Kloster durch die Machenschaften einer kleinen „Pest", Schwester M. Colomba von den heiligen Wunden – welch treffender Name! –, unerträglich. 25 Jahre, intelligent, läßt sie sich – ob zu Recht oder nicht – für eine Visionärin und Stigmatisierte halten; sie hat das Vertrauen des Pater Spiritual gewonnen, der das Kloster nach seinem Kompaß regiert. Zwischen Tosquez und ihr geht es nun darum, sich gegenseitig auszuschalten. Sie schreibt einen Brief nach dem anderen nach Castellamare: „Don Silvestro entfremdet die Schwestern Eurer Führung. Er will die Gemeinschaft regieren. Er läßt Schwester Celeste auf Wolken schweben, weil zwischen ihnen eine Bindung besteht ... natürlich rein geistig, aber ... Das ist umso gefährlicher, als er nur ein Heuchler ist, der den Heiligen hervorkehrt. Und das ist sicher: Gott hat es mir geoffenbart ..."

Die Einflüsterung verfängt bei Falcoia, verfängt bei Alfons, sie spaltet die Gemeinschaft.

„Das hat uns gerade noch gefehlt", sagt sich Mgr. Santoro. „Spaltungen bei den Patres, Spaltungen bei den Schwestern. Ist dies das ‚Werk des Herrn', dessen Regeln ich arglos approbiert habe?" Auf Ansuchen der Schwestern stattet er ihnen eine kanonische Visite ab, verlangt die Herausgabe des Approbationsdekrets und die Rückkehr zu Habit und Observanz des hl. Franz von Sales. Damit warf er alle in einen Korb: Celeste und Falcoia, Tosquez und Liguori und sogar Colomba mit ihren Anhängern, die eine Lawine ins Rollen gebracht hatten, deren Ausmaß ihre Absichten weit übertraf. Es gibt einen Gott in Israel und einen Bischof in Scala, nicht zwei! ...

Die Schwestern aber würden dabei ihr Gesicht verlieren, von Scala bis Neapel und darüber hinaus ... So bitten sie, ihr Gewand beibehalten und dem folgen zu dürfen, was sie spitzfindig „die vom Pater Spiritual geschriebene Regel" nennen. Das heißt also, die Beibehaltung des *status quo*, die ihnen auch gewährt wird. Man spricht nun also offiziell nicht mehr von der „Regel, die der Herr M. Celeste gegeben hat", sondern von der „Regel des hl. Franz von Sales" oder der „Regel des Mgr. Falcoia". Santoro sieht nur das Schöne, und Tosquez, der bis zum Ende den großen Manager spielt, bringt dem Bischof sein Approbationsdekret zurück, behält das Originalmanuskript von Crostarosas Regel für sich, händigt den Schwestern den von Falcoia umgearbeiteten Text aus und verschwindet endgültig nach Neapel.

M. Celeste aber taucht in eine Nacht ohne Sterne. Selbst das Licht des Herrn ist in ihr erloschen. Sie beginnt zu fürchten, sie habe sich getäuscht. So viele männliche und weibliche „Heilige" verfolgen sie um der höheren Ehre Gottes willen! Man fängt ihre Post ab, die Briefe von Tosquez werden genau durchgelesen. Man entdeckt in jedem Wort ein Verbrechen. Die Verleumdung nimmt zu und dringt bis nach Castellamare. Falcoia reagiert mit immer leidenschaftlicheren Sanktionen. Celeste wird die Kommunion untersagt, das Sprechzimmer, die Post, sowie jeglicher Kontakt mit den Schwestern, auch ihren leiblichen, verboten. Denn die Mehrzahl der Schwestern unterstützt sie nach wie vor. Isoliert in ihrer Zelle, verliert sie den Appetit und wird vom Fieber erfaßt. Zu schwach, um ihr Bett zu verlassen, bleibt sie ohne Beistand, ohne Besuche ... Nicht ganz! Denn von Zeit zu Zeit kommt eine ihrer Anklägerinnen, von der Oberin M. Angela geschickt, und hält ihr eine scheinheilige Ansprache:

— Diesen Edelmann, der die Geistlichen an der Nase herumgeführt hat, hat der Teufel in das Werk des Herrn eingeführt. Ein Lebemann, ein Mondäner, der den Schwestern den Kopf verdreht hat! Glaub mir, meine kleine Schwester: wenn du aus deinem Elend wieder herauskommen willst, mußt du dich wieder unter die Leitung unseres Pater Direktors stellen ... Andernfalls, und das sage ich dir nur vertraulich, wirst du in ein Verließ geworfen und bis zu deinem Tod schwer bestraft werden ...

— Ob dieser Laie gut oder schlecht ist, weiß ich nicht, war M. Celestes Antwort. Aber ich bin durchaus der Meinung, daß er aus dem Kloster entfernt werden muß, allerdings ohne Verleumdung. Was meine Rückkehr unter die Leitung von Mgr. Falcoia betrifft, so kann ich diese mit meinem Gewissen nicht vereinbaren.

Während sich der Bischof von Castellamare vergeblich müht, diesen Halm zu knicken, reist er eigens nach Neapel, um Torni und Tosquez zu besänftigen[12]. Dieser letztere „weigert sich bis zum letzten Abend, ihn zu empfangen, und überhäuft ihn dann am Schluß einer langen Ansprache freundlicherweise mit einem Hagel von Schimpfreden." Das Gespräch mit Torni verlief besser. Aber noch mußte der Großteil der Schwestern überzeugt werden, die, mit Ausnahme M. Colombas und ihres kleinen Anhangs, noch immer Celeste und ihrer Regel anhingen. Noch im Verlauf des März richtet Falcoia eine lange Apologie an sie, in die er geschickt List, guten Glauben und gesunden Menschenverstand einfließen läßt:

„... Die Hauptschwierigkeit rührt daher, daß die neue Regel angeblich vom Erlöser selbst empfangen wurde. Das Problem ist nun: soll die angeblich von ihm empfangene Regel übernommen werden, oder die von mir bearbeitete. Die Frage ist müßig, denn in ihrer Substanz sind sie beide gleich, beide nähren sich aus den Tugenden Jesu Christi: Liebe, Demut, Entsagung, usw.; und beide haben die gleiche Ordnung, die gleiche Substanz, das gleiche Ziel und das gleiche Ergebnis.

... Änderungen wurden nur dort eingebracht, wo die ersten, angeblich empfangenen Regeln nicht mit den zweiten übereinstimmten, die nach meinen, nach Einsicht aller Abschriften der ersten, gegebenen Anweisungen verfaßt wurden... Wenn Ihr sagt: wir wollen die von Jesus Christus gegebene Regel und nicht jene, die Ihr uns gebt, so antworte ich, daß auch ich für Euch die Regel will, die Jesus Christus Euch gibt, und keine andere ...

... Gott hat gezeigt, daß er dieses, der Nachfolge Christi gewidmete Institut will, aber er hat seine Regel nicht klar festgelegt; sie wurde unter der persönlichen Erleuchtung derjenigen verfaßt, die sie geschrieben hat. So dürfen wir nicht erstaunt sein, wenn sich darin aufgrund der Schwäche des menschlichen Geistes Widersprüche finden ...

Wenn ich in die Regel eingegriffen habe, so hätte Euch dies Gewißheit genug geben müssen, daß es so gut war; denn ich war der einzige, der mitten im Geschehen stand. Durch diesen Kanal hat Euch Gott die Gnade zuteil werden lassen, seinen Göttlichen Willen zu erkennen. Von welcher Seite wäre sie Euch sonst gekommen? Wer hätte Euch leiten sollen? Welch andere Möglichkeit hättet Ihr gehabt, Euch zu vergewissern, daß die Offenbarungen nicht nur Illusionen waren? ...

Ich habe eingegriffen, weil nur ich in allem auf dem laufenden war und weil ich glaubte, das schwankende Schiff in jeder Lage wieder festigen zu können. Ich versichere Euch, daß ich glücklich wäre, mich aus dieser Angelegenheit zurückzuziehen; ich habe dies schon öfters erwogen, denn das Mißtrauen, das mir eine von Euch entgegengebracht hat, ließ mich nichts Gutes mehr davon erwarten; sie glaubte, ich wolle mich dem offensichtlichen Willen Gottes widersetzen.

Ich habe die Regel in dieser Weise bearbeitet, weil sie für Euch von entscheidender Bedeutung ist. Anschließend sollte sie dann noch von den höchsten Oberen überprüft werden, deren scharfes Auge jeden Flecken in der Sonne entdeckt; deren Aufgabe es ist zu billigen oder zu mißbilligen, und die schon beim geringsten Zweifel nicht anstehen, ihre Mißbilligung auszusprechen, vor allem wenn es sich um etwas Neues handelt und noch mehr, wenn sie den Eindruck haben, sich in einem Klima von Offenbarungen und Visionen zu befinden.

Ich habe nur das unbedingt Nötige verbessert. In allem anderen bin ich Eurer Spur gefolgt. Wenn ich Euch eine Regel nach meinem Ermessen gegeben hätte, wie ich es schon bei mehreren Gemeinschaften getan habe, müßtet Ihr sie dann nicht auch als von Gottes Hand kommend akzeptieren und verehren und sie genau befolgen, ohne Euer eigenes Urteil voranzustellen, das, um es einmal klar auszudrücken, Euer Hauptfeind ist? Bin ich nicht seit so vielen Jahren Euer Vater? Habe ich Euch nicht unter Seufzern und Tränen großgezogen? ..."[13]

Die Geschichte im Großen und im Kleinen, in Vergangenheit und Gegenwart hat vielfach gezeigt, daß Offenbarungen Illusionen sein können. Es bedarf also der Kontrolle von außen durch einen sicheren Blick. Leider entsteht hier der Eindruck, daß Falcoia im Fall Crostarosa niemals die notwendige Unterscheidung vornehmen konnte oder wollte. Mangel an spiritueller Scharfsicht? Oder männliche und klerikale Herrschsucht, die unfähig ist, sich einer Frau gegenüber zu relativieren und Gott gegenüber zu demütigen? Jedenfalls ist dieser Brief ein weiterer Schritt auf einem unsicheren Weg, den die Schwestern nicht ablehnen, aber auch nicht billigen konnten, und M. Celeste entfernt sich für immer von Falcoia.

Für immer? Der Prälat konnte es nicht glauben. Er meinte vielmehr, die Widerspenstige dadurch unter seine Leitung zurückführen zu können, daß er Alfons' Autorität und Freundschaft ins Spiel brachte. Dieser ließ sich auch nicht lange bitten, da er das Zusammenwirken der beiden Stützmauern des Werks, Crostarosa und Falcoia, für dessen Stabilität als unerläßlich erachtete.

Er kam also in befohlener Mission ins Kloster und hielt dort eine Rede über die Verirrung der Seelen, die sich Illusionen hingeben und so den Weg des Gebetes verlieren. „Er trug ein bißchen stark auf", notiert M. Celeste. Nach dieser Predigt ließ er sie zum Gitter bitten: er habe mit ihr zu sprechen. Sie weigerte sich hinunterzugehen und schützte ihren schlechten Gesundheitszustand vor.

So schrieb er ihr einen Brief im Umfang eines *foglio*, das sind sechzehn Seiten. Einen Text, der schwer zu deuten ist, denn hier plädiert der Rechtsanwalt Liguori für seinen Klienten Falcoia. Der Bischof schreibt gewissermaßen durch Alfons' Feder. Dies geht aus folgenden Anmerkungen des Prälaten hervor: „Schickt mir den Brief an Celeste" (16. März); kurz darauf: „Ich habe den Brief an Celeste noch nicht gelesen; ich werde ihn Euch dann zurückschicken"; und schließlich: „Der Brief an Celeste ist sehr klug. Ich weiß nicht, ob es eine Kopie oder das Original ist. Ich habe ihn gelesen und schicke ihn Euch zurück."[14] Dieser „Umlauf" scheint also nicht in der wünschenswerten Unabhängigkeit geschrieben und

Celeste erst nach dem Imprimatur des *Direttore* ausgehändigt worden zu sein. Ein zweckgebundenes Dokument also, ein erbetener Dienst.

Alfons bestätigt darin seine zentralen Überzeugungen: die Bedeutung eines Leiters und des Gehorsams, die Unentbehrlichkeit Falcoias aufgrund seiner Kompetenz und als Schiedsrichter für die Einheit, die Unabhängigkeit den Offenbarungen gegenüber. (In dieser Hinsicht scheint er sogar echte Zweifel zu hegen.) Aber er kann nicht alles schreiben, was er denkt: über Celeste, über Falcoia, über das Entscheidungsrecht, das er sich hinsichtlich der Regeln vorbehält ... Und was er geschrieben hat, entspricht es tatsächlich voll und ganz seinem Denken? Er möge uns verzeihen, wenn wir der Versuchung nicht widerstehen können, uns diese Frage zu stellen.

Der Leser sollte die wichtigsten Abschnitte dieses entscheidenden Dokumentes kennenlernen.

„Gelobt seien Jesus, Joseph, Maria und Teresa:
Celeste, meine geliebte Schwester in Jesus und Maria ... Lies dieses *foglio* und versenke Dich dann drei Tage lang ins Gebet. Gib Dich dabei einer absoluten Passivität hin, schreibe mir nicht und notiere nichts, was Du mir entgegnen möchtest; danach handle, wie Du willst.

... Unterscheiden wir das Problem Deiner Seele von dem des Instituts.

Sprechen wir zunächst von Deiner Seele: Sage mir, Celeste, warum hast Du Mgr. Falcoia verlassen? Er ist ein Heiliger, ein Erleuchteter, du selbst hast es oft genug gesagt ... und er hat Dich viele Jahre hindurch mit einer Weisheit geleitet, die Dich dazu bewegen müßte, Gott und ihm selbst gesenkten Hauptes zu danken. Was hast Du Schlechtes in ihm entdeckt? In welchen Abgrund soll er Dich geworfen haben? Du hast ihn verlassen: geschah es deshalb, weil es Dir nicht paßte, daß er Dich in Demut und Niedrigkeit hielt? Aber siehst Du denn nicht, meine Schwester, daß er so handeln mußte, um Deinen hochmütigen Geist zu dämpfen und Deine Abhängigkeit von Deinem eigenen Urteil zu durchbrechen? ... War es Don Silvestro, der Dir die Gewißheit gab, Du seiest sicher, wenn Du Dich nur auf Dich selbst stützt? Wenn Dir Falcoia, der Dich stets nur gedemütigt hat, schon suspekt ist, wie viel mehr müßte es Dir das Urteil von Don Silvestro sein, in dessen Augen Du größer bist als die hl. Teresa? ...

Oh, meine Celeste, welche Bresche hat Don Silvestro in Deine Demut geschlagen! ... Celeste von einst, wo bist Du! Wie konnte dieses Unheil geschehen, das mich beim bloßen Gedanken daran schon mit tödlichem Schmerz erfüllt? ... Was ist aus dem bewunderungswürdigen Gehorsam von einst geworden? Was aus jener rührenden Demut, aus der heraus du einst nach der Verachtung und Mißbilligung durch die ganze Welt verlangtest? Den Gehorsam hast Du nun fast ganz abgelegt; und unter dem Vorwand, die höhere Ehre Gottes zu suchen, willst Du nur von allen geschätzt und gebilligt werden. Die höhere Ehre Gottes aber ist keineswegs von der Verteidigung Deines eigenen Falls abhängig. Gott erwartet nur dies: Dich wahrhaft demütig zu sehen. Je demütiger er Dich sieht, umso dringlicher wird er Deinen Fall und den seines Werkes verteidigen ...

Nun zum Institut. Die Regeln, die Du geschrieben hast, bedürfen vieler Erklärungen. Erinnerst Du Dich nicht, was Du mir zu Beginn meiner Besuche im Kloster sagtest: daß Falcoia gut daran tue, das Göttliche vom Menschlichen zu trennen, da es in den Regeln viele Dinge gäbe, die von Dir herrührten? Das gleiche

Eingeständnis hast Du mir hinsichtlich des Männer-Instituts gemacht ... hinzu kommen die zahlreichen Kapitel und Sonderkonstitutionen, die durch die Schulen, Missionen, Studienhäuser, die verschiedenen Übungen, die erlaubten oder untersagten Ämter, die Akademien, die Bruderschaften und viele andere Dinge nötig werden ...

Aber wer kann uns denn jetzt schon diese Erklärungen geben und diese Konstitutionen schaffen? Don Vincenzo (Mannarini) und ich sind in Sachen Kommunität wenig bewandert und ohne Erfahrung. Dazu kommt, daß ich selbst überhaupt nichts davon verstehe. Don Silvestro kennt sich in diesen Dingen noch weniger aus als wir. Don Giovanni Battista (De Donato) ist im Herzen nach wie vor seinen alten Regeln verbunden; er will zum Beispiel um keinen Preis das gemeinsame Offizium, eine so wichtige Sache ... Sollten also wir zusammentreten, um unter Falcoias Ausschluß die Regeln zu erstellen? Aber dann möchte sicher Don Silvestro die Leitung des Ganzen übernehmen. Da er es gewohnt ist, stets der Herr und niemals der Jünger zu sein, würde er sich als unfehlbarer Interpret Deiner vergangenen und künftigen Offenbarungen aufspielen, und Gnade dem, der ihm in diesem Punkt widersprechen würde! Ich weiß aus Erfahrung, daß er immer das letzte Wort haben will ... Sollte es denn in Deiner Absicht liegen, meine Celeste, uns nach Falcoias Ausschaltung blind von den Orakeln Don Silvestros abhängig zu machen, wie Du selbst es bist? Ich würde mich dazu bereit finden, wenn Gott es so wollte, im Augenblick aber fühle ich seine Inspiration nicht. — Kommen wir zum Thema zurück.

Um die Regel des Instituts solide zu erstellen, brauchen wir einen fähigen Mann, denn wir selbst sind es nicht. Dies ist der leichteste und sicherste Weg, den alle religiösen Kongregationen beschritten haben. Es ist auch das Mittel, die Einheit zwischen uns zu bewahren. Andernfalls würden wir uns in endlose Diskussionen über die Berechtigung der verschiedenen Punkte, die jeder einbringen möchte, verlieren, und die Ausarbeitung der Regel käme nie zu einem Ende: Debatten ohne Unterlaß ...

(Du wirst mir sagen:) erinnert Euch Eures gegenwärtigen Superiors (De Donato). — Ich verehre den Pater Superior, und ich weiß, daß ich den bereits festgesetzten Regeln gehorchen muß; aber ich hatte nie die Absicht, mich jenen zu unterwerfen, die Don Giovanni Battista möglicherweise festlegt. Ich gehorche ausschließlich dem, was Mgr. Falcoia einsetzt, der mein Leiter und zweifellos auch der Leiter dieses ganzen Werkes ist. In diesem Zusammenhang möchte ich Dir ein für allemal folgendes sagen, meine Schwester: Wenn ich in das Institut eingetreten bin, so weder um dessen Haupt oder Direktor zu sein, noch um in irgendeiner Sache an erster Stelle zu stehen oder den Menschen zu gefallen, sondern ausschließlich und allein, um Gott zu gehorchen. Und ich hoffe, es niemals mehr zu verlassen, wie sehr man mich auch drängen mag, wie jene Personen von Neapel, die mich unbedingt davon abbringen wollten. Aber Du sollst auch wissen, daß ich mich dabei nicht von Deinen Offenbarungen leiten lasse; ich habe es Dir von Anfang an geschrieben: ich folge einzig und allein dem normalen und sicheren Weg des Gehorsams meinen Führern gegenüber. Alle geistlichen Lehrer stimmen darin überein, und auch die Verheißungen Jesu Christi sagen es: Wer diesem Weg folgt, tut den Willen Gottes. Und diese Verheißung können auch die schönsten Offenbarungen der Welt nicht für sich beanspruchen ...

Ich gehe noch weiter. Es kommt mir bisweilen der Gedanke, alle Deine Offenbarungen könnten von Anfang an durchaus Illusionen gewesen sein, und dieser Gedanke wird mir durch das suggeriert, was ich jetzt von Dir weiß (denn es ist sicher, daß momentan alle Visionen und Erleuchtungen, die Dich in Deiner Starrköpfigkeit bestätigen, reine Illusionen sind, so wie es Dir Falcoia geschrieben hat und wie alle Welt bestätigen würde). Wenn nun dieser Gedanke mich überfällt, weißt Du, was mich dann ermutigt, trotz allem durchzuhalten? Ich vergegenwärtige mir, daß ich mein Verhalten nicht nach Deinen Offenbarungen richte, sondern nach dem Gehorsam meinem geistlichen Vater gegenüber. Auf diese Weise bewege ich mich, auch wenn alle Deine spirituellen Begünstigungen Illusionen gewesen wären, in Sicherheit unter der Regel des Gehorsams, und ich kann mich über meine Berufung nicht täuschen.

Kommen wir zum Thema zurück. Es ist klar, daß für die Schwierigkeiten, die Angelegenheiten und die Umstände, wie sie sich jetzt darbieten, ein Richter gewählt werden muß. Aber Don Vincenzo sagt, es könne jeder gewählt werden, nur nicht Falcoia. — Warum aber, so antworte ich, sollten wir Falcoia ausschließen, um einen anderen zu wählen, wenn wir uns nicht von der Leidenschaft leiten lassen wollen? Für Falcoia sprechen sehr klare und auch übernatürliche Zeichen, die bezeugen, daß Gott ihn mit der Organisation dieses Werks betraut hat. Und um zu erkennen, daß Gott ihm diese Sorge übertragen hat, würde es genügen zu wissen, daß er damals Dein Seelenführer war: Ihm also und keinem anderen steht es zu, Deine Offenbarungen zu kontrollieren und zu erklären ...

Aber auch wenn wir von diesen übernatürlichen Kenntnissen absehen, müssen wir uns auf einen einzigen Richter beziehen, und sei es nur deswegen, weil wir hier die kürzeste und sicherste Möglichkeit sehen, die Regeln festzulegen und die Harmonie zwischen uns zu bewahren. Warum also sollten wir nicht Falcoia wählen? ... Er ist alt, hat Erfahrung, ist erleuchtet, weise, kennt sich in Sachen Gemeinschaft, Missionen und Lehre aus und hat die meiste Übung im Umgang mit der Welt. Man findet nicht leicht jemanden, der in so hohem Maß wie dieser heilige Greis so viele Qualitäten in sich vereint, die zur Leitung dieses Werkes nötig sind ...

Oh Celeste, welcher Halluzination bist Du erlegen und wieviel Schaden hat sie Dir zugefügt! Dahin kommt es, wenn eine gotterleuchtete Seele durch einen Fehler irregeht: es bedarf, und das trifft auf Dich zu, es bedarf fast eines Wunders, um sie wieder dem Licht zuzuführen.

Wir sind nun uneins, wie Du siehst, und Du bist die Ursache für diese Entzweiung. Bedenke, Celeste, durch Deine Starrköpfigkeit bereitest Du den Untergang eines Werkes vor, das nicht von Dir, sondern von Gott ist ... Allerdings würde dies weder Dir noch hundert anderen gelingen, wenn Gott es haben will. Vielleicht hilft uns der Herr, wenn Du in Deiner Starrköpfigkeit beharrst, sogar noch wirkungsvoller? Denn sobald nicht mehr von übernatürlichen Erleuchtungen und Offenbarungen die Rede ist, wird die Approbationsangelegenheit in Rom viel einfacher sein. Wenn Du aber inzwischen die schwere Verantwortung, den Umsturz seines Werkes vorbereitet zu haben, vor Jesu Christi Gericht tragen mußt, was wird dann aus Deiner Seele? Was mich betrifft, sollte ich, wie Ihr sagt, aus dem Institut ausgeschlossen sein." — (Alfons spricht hier von jenen, die sich M. Celestes gegen Falcoia bedienen: Tosquez, Mannarini, Donato; die Autobiographie der Gründerin der Redemptoristinnen läßt nie ein solches Denken erkennen) — „Wenn ich aus dem Institut ausgeschlossen bin, so gebe ich zu, daß ich es verdiene, und füge mich darein, vorausgesetzt, daß ich nicht vom heiligen Gehorsam ausgeschlossen werde. Aber Du sollst wissen, daß es weder Dir noch Don Silvestro zusteht, mich aus dem Institut auszuschließen ... sondern Gott allein. Ich betrachte meine Berufung zum Institut als unanfechtbar, da der Gehorsam sie mir eingegeben hat.

Was aber Dich betrifft, so sehe ich Dich am Rande eines schrecklichen Abgrundes und beklage Dich ernsthaft, wenn Du Deine Augen nicht öffnest. Du gehorchst Falcoia nicht mehr, dem zu gehorchen Du zumindest aufgrund seiner Stellung als allgemeiner Direktor des Hauses verpflichtet bist. Man kann also sagen, daß Du den Gehorsam Deinen wahren Oberen gegenüber verloren hast. Du hast den Frieden verloren. Gib acht, daß Du nicht auch noch Deine Seele verlierst, denn Du bist auf dem Weg dazu. Ich habe von verschiedenen Seiten Novenen für Dich halten lassen, aber Du scheinst sehr verhärtet zu sein, und ich befürchte, daß Gott Dich schließlich verlassen wird ...

Meine liebe Celeste, demütige Dich. Wenn Du es tust, wird der Herr Dir sicher sein Licht schenken ... Falcoia ist ein Heiliger; er ist voller Güte. Bilde Dir nicht ein, er könne Dich nicht leiden. Wenn Du Dich vor ihm demütigst, wirst Du ihm noch lieber werden, als Du es schon bist ...

... Mein Papier ist schon voll, aber ich muß Dir noch zwei Worte sagen. Verzeih mir, meine Celeste, wenn ich zum Schluß noch deutlicher werde. Siehst Du nicht die Zuneigung, die Du für Don Silvestro empfindest, und jene, die er Dir entgegenbringt? ... Es ist nicht Gott allein, den Du in ihm suchst ... Vergiß nicht, daß Du Dich noch mitten im Sumpf befindest. Sei auf der Hut, daß Du nicht Gott verlierst, wenn Du Don Silvestro folgst ...“[15]

Auf diese stürmischen Seiten, die im übrigen mit Zitaten aus Johannes Chrysostomos, Philipp Neri, Teresa von Avila und ... Tommaso Falcoia gespickt sind, antwortet Celeste mit zwei Zeilen, in denen sie Alfons für seine Güte ihr gegenüber dankt. Das ist alles. Hochintelligent und außerdem von oben erleuchtet, hat sie ihre Entscheidung lang ausreifen lassen und diskutiert nun nicht mehr darüber. Wie es auch Alfons an ihrer Stelle machen würde. Im übrigen ist sie viel zu feinfühlig, um nicht bemerkt zu haben, daß dieser letztere zwar in ernsthafter Absicht, aber doch in „überwachter Freiheit“ und unter dem drängenden Bedürfnis, ein Auseinanderbrechen des Werks zu verhindern, schreibt. Dennoch ist dieser Brief für sie ein schrecklicher Schlag. Die *Autobiografia* evoziert gleichsam einen Schiffbruch:

„Da sie sich nun aller menschlicher Hilfe in ihren Ängsten, Zweifeln und Versuchungen des Dämons beraubt sah, warf sie sich ganz in die Arme der göttlichen Vorsehung. Es blieb ihr keine andere Möglichkeit mehr, als im reinen Glauben und in der Dunkelheit zu erwarten, was Gott aus dieser dunklen Schlacht hervorzubringen gedachte, denn sie war nun einer totalen Verlassenheit verfallen, ohne einen Lichtstrahl der Tröstung weder von Gott noch von den Menschen.“

Angesichts dieses Mißerfolgs verliert sogar der unerschrockene Falcoia ein wenig die Nerven. Am Montag, dem 23. März wahrscheinlich[16], begibt er sich nach Neapel, um Torni aufzusuchen und ihm seine Version der Tatsachen zu geben. Er rechtfertigt sich bei den Frommen Arbeitern, spricht hier und dort, überall. Viel zu viel. Wer denn, wenn nicht er, hatte die „Seherin" approbiert? Dadurch verliert er in Neapel seine Glaubwürdigkeit, die er nicht wieder erlangen wird. Und jene, die Alfons verurteilt haben, empören sich oder spotten nun umso mehr.

Falcoia möchte auch nach Scala. Er will die Schwestern, den Bischof und Alfons sehen. Aber er wagt es nicht. So schreibt er an diesen letzteren:

„Ich kann es absolut nicht tun, wenn Monsignore mich nicht ausdrücklich einlädt. Was Euch betrifft, so hütet Eure Zunge so weit wie möglich im Umgang mit ihm ... Wie sollen wir ihm die Geschichte der Regel erklären?

Zugegeben, ich habe Monsignore gesagt, daß ich Don Silvestro als einen guten und tugendhaften Mann schätze. Nun ... beim ersten Hinsehen, wenn man ihn so reden hörte. Er kannte ihn sicher besser als ich. Sagen wir, wir haben uns beide getäuscht ... Wer hätte jemals gedacht, daß ein Laie sich so weit vorwagen würde? Wer konnte vermuten, daß er ein Komplott anzetteln würde, das auf Jahrhunderte hinaus jedem, der davon erfährt, unerhört vorkommen wird? Ich habe mich einer Illusion hingegeben, wenn ich glaubte, daß ein noch junger Mann, ein Laie und so weiter, der als Fremder nach Scala kam, in diesem so angesehenen Kloster nichts anderes wollte, als zu schauen, zu horchen und sich zu erbauen, um sodann wieder nach Hause zurückzukehren. Dies war mein naiver Irrtum. Aber was anderes sollte ich tun, nachdem sein außergewöhnliches und unerhörtes Verhalten mir meine Illusionen zerstreut hatte, als mich zu berichtigen und meinen Irrtum so gut wie möglich zu korrigieren. Gelobt sei Jesus Christus! Dieses Abenteuer hat es möglich gemacht, daß ich nicht sterben werde, ohne erkannt zu haben, wie weit die Winkelzüge der Menschen gehen können ...

... Ich habe mehrfach an Monsignore geschrieben. Allerdings nicht in Sachen unserer Angelegenheiten, auf die einzugehen ich nicht für gut hielt. Vor allem, weil er mich nicht dazu motiviert und es vermieden hat, mit mir darüber zu sprechen. Es wäre an ihm, diesen Meinungsaustausch herbeizuführen, um meine Meinung in diesen sehr ernsten Schwierigkeiten kennenzulernen; dann könnten wir beiden Bischöfe durch Beratungen eine Möglichkeit finden, aus der Zweideutigkeit zahlreicher und ernster Schwierigkeiten herauszufinden, die sich in dieser Angelegenheit ergeben. Umso mehr als er genau weiß, daß nur ich sowohl in den großen Zusammenhängen als auch in Einzelheiten auf dem laufenden bin. Aber er entfremdet sich mir; er tritt nicht nur nicht in Beziehung mit mir, sondern er meidet mich sogar; und er meidet mich nicht nur, sondern stellt sich mir entgegen und tut in allem, was ich tue, das Gegenteil. Er zeigt mir gegenüber sogar Eifersucht, so als wollte ich seine Jurisdiktion usurpieren und den Bischof von Scala spielen (das wurde mir zugetragen). Tatsache aber ist, daß ich mich sogar so weit gedemütigt habe, sein Bote und Diener zu sein. Was ist Eurer Meinung nach zu tun? Was soll ich ihm schreiben? ..."[17]

Jedem seine eigene Wahrheit. In einer zeitlichen Distanz von 250 Jahren und nachdem alle Leiden ausgelöscht sind, kann man lächeln. Aber die Lösung des Dramas war grausam.

Wir schreiben hier nicht die Geschichte der ehrwürdigen Maria Celeste Crostarosa. Daher nur so viel: sie wurde auf Anordnung Falcoias unter Androhung des Ausschlusses von der Gemeinschaft angehalten, folgende Punkte zu beachten: 1. sich zu verpflichten, nicht mehr an Tosquez zu schreiben, 2. eigenhändig die von Falcoia bearbeiteten Regeln zu unterzeichnen, 3. zu geloben, ihn wieder als Spiritual anzunehmen. — Wir dürfen uns hier nicht auf den Geist der Zeit berufen: die Bedingungen 2 und 3 waren damals genauso empörend wie heute. Vor allem Punkt 3 war „gegen jede Gerechtigkeit", wie P. Giorgio Crostarosa, Jesuit und Bruder Celestes, feststellte. ... Mögen Alfons und andere Heilige freiwillig das Gelübde abgelegt haben, ihrem Seelenführer zu gehorchen, das ist eine Sache, daß man aber dieses Gelübde wem auch immer gegen dessen Willen aufzwingt, ist damals wie heute eine unerträgliche Unterdrückung.

Wo waren die „aufrechten" Frauen, die vor sieben Jahren Filangieri mit einem Nein beschieden hatten, um Falcoia zu behalten? Sie hatten sich in eine Meute kuschender Hunde verwandelt. Edelmütig gab M. Celeste vor dem willigen und eingeschüchterten Kapitel ihre Antworten: sie verpflichtete sich, dem Edelmann nicht mehr zu schreiben; sie beachte gern alle Regeln, die die Gemeinschaft übernehmen würde, aber als der Geringsten unter Geringen würde es ihr nicht zustehen, sie zu unterzeichnen; und schließlich, ihr Gewissen verbiete es ihr, sich jemals durch einen Eid zu verpflichten, den Pater Spiritual wieder als Seelenführer anzunehmen. Die Oberin teilte ihr daraufhin im Namen des ganzen Kapitels ihren Ausschluß mit.

Celeste schrieb an Don Giuseppe Crostarosa:

„Liebster Vater, ich teile Euch mit, daß mich die guten Ordensfrauen dieses Klosters aufgrund meines unvollkommenen Lebens entlassen haben; sie wollen, daß ich diesen Konvent verlasse. Gott hat es so gefügt. Ich bitte Euch daher, ein anderes Kloster für mich zu finden, das bereit ist, mich aufzunehmen, solange Gott es will, weil es nicht gut für uns ist, in einem weltlichen Haus zu wohnen. Ich bitte Euch, macht Euch keinen Kummer: Gott wird weiterhelfen. Segnet mich. Ich küsse Euch die Füße."

Mit M. Celeste gehen auch ihre beiden Schwestern, M. Illuminata und M. Evangelista. Wie einst Franz von Assisi ihrer Mitgift und ihres Gewands vom Heiligen Erlöser beraubt, in eine geliehene Kutte gehüllt, die sie den Benediktinerinnen von S. Cataldo wieder zurückgeben müssen, umarmen sie in den frühen Morgenstunden des Pfingstmontags, am 25. Mai 1733, die weinende Gemeinschaft und verlassen in aller Stille das Kloster.

Sie finden in einem *conservatorio* der Dominikanerinnen in Pareti bei Nocera Aufnahme. Hier sucht Tosquez sie auf und übergibt M. Celeste die Originalschrift ihrer Regeln von 1731, und die Zechinen, derer die drei völlig mittellosen Schwestern dringend bedürfen.

Bischof Mgr. Nicola De Dominicis erkennt schon bald die Qualitäten der Neuankömmlinge. Im Namen ihres Gehorsamsgelübdes macht er Celeste zur Oberin, Illuminata zur Vikarin und Evangelista zur Leiterin des Pensionats.

Nachdem Falcoia nun in Scala diese Persönlichkeit, die ihn überragte, losgeworden war, hätte er eigentlich Ruhe geben müssen. Aber nein. Wie ein Adler überwacht er seine Beute aus der Ferne und schreibt 1734 an den Bischof von Nocera, er solle „diese müßigen Vagabunden, die von Kloster zu Kloster irren, aus seiner Diözese vertreiben." Mgr. De Dominicis antwortet schlagfertig und nicht ohne Schärfe: „Der Dämon ist es, der diese guten Schwestern mit Hilfe der Menschen verfolgt." Er dankt seinem Kollegen von Castellamare und versichert ihm, daß seine Erfahrung mit diesen Schwestern „den Verleumdungen, zu deren

Echo er sich mache, genau entgegengesetzt sei. Man erkenne den Baum an seinen Früchten und nicht an den Reden der Lügner."

Eine weitere Aktion, diesmal von der neapolitanischen Inquisition, die zweifellos ebenfalls von Falcoia ins Rollen gebracht worden war, verfolgt Tosquez, endet aber 1737 mit einer Verfahrenseinstellung.

Aber der Arm des Bischofs von Castellamare ist nicht stark genug, um Mgr. Tosquez — denn der „fromme Edelmann" wird schließlich Priester und Prälat — oder M. Celeste, die in Foggia mit ihrer Regel ein Kloster des Heiligsten Erlösers gründet, auf Dauer zu brechen. Daß er sich in Scala Celeste vom Hals geschafft hatte, um ungehindert Gesetze geben und das zu dieser Zeit verschiedentlich anerkannte Prinzip der Einheit in der geistlichen Leitung bewahren zu können, bedeutete einen tödlichen Schlag gegen seine Autorität im Kloster und das Ansehen des Instituts; doch ist es gewiß billig, wenn wir einwenden, daß dieser leidenschaftliche Priester guten Glaubens gehandelt hat. Daß er allerdings Silvestro und Celeste, auch nachdem sie ihm nicht mehr im Wege standen, noch mit einer Art Vernichtungswut verfolgte, ist ein Makel im Gedächtnis an diesen Gottesmann.

Wäre Alfons in den Monaten April und Mai 1733 in Scala gewesen, so hätte er gewiß und möglicherweise wirksam zugunsten jener eingegriffen, mit der ihn nach wie vor eine gegenseitige Verehrung und Freundschaft verband. Aber kurz nach der Rückkehr der Missionare von Tramonti hatte sich das Ende seiner Fastenpredigten in seinen eigenen Todeskampf verwandelt. Einer nach dem anderen waren Donato und Mannarini unter irgendeinem Vorwand nach Neapel abgereist. In Wirklichkeit aber wollten sie zu Tosquez, und zwar in der konkreten Absicht, einige verstreute Mitglieder der in Teano aufgelösten Kongregation um sich zu versammeln und dann eine Niederlassung — warum nicht auch in Tramonti, das sich anbot? — zu suchen und dort das „Institut" nach ihren Vorstellungen und selbstverständlich ohne den *Direttore* zu gründen. Und Liguori? Er würde sich ihnen anschließen oder sich selbst ausmanövrieren ...

War sich Falcoia der Unklugheit bewußt, die er mit der Einsetzung Donatos zum Oberen begangen hatte? Alfons zeigt in einem Brief an Celeste, daß er die Wendung, die die Ereignisse nahmen, durchaus erkannte. Die folgenden verschleierten Sätze, die ihm Tosquez am 20. März schreibt, lassen einiges in dieser Richtung vermuten:

„Euer sehr lieber Brief vom 10. erleichtert mich, weil er mir zeigt, daß Ihr von meiner Liebe zu Euch überzeugt seid ... Ich habe nie behauptet, daß Ihr oder irgend jemand anderer nicht von seinem geistlichen Vater abhinge. Wir suchen alle den Willen Gottes ...

Ihr scheint mir vorzuwerfen, ich hätte den Frieden gestört, in dem Ihr alle vor meiner Ankunft lebtet. Da gäbe es viel über jeden einzelnen und über bestimmte Manöver zu sagen; doch ziehe ich es vor zu schweigen und alles im Kreuz Jesu zu erdulden. Das Ergebnis ist, daß sie nun (aus Scala) weggegangen sind und ihre Freiheit wiedererlangt haben; und ich werde ihnen folgen, wer immer auch der Führer sein mag, den Gott ihnen gibt. Und wenn es Mgr. Falcoia ist, könnte man sich einen besseren Leiter zum Vorbild nehmen?"[18]

Der Leiter ist, wie Tosquez sehr wohl weiß, Mannarini, der am Aschermittwoch alle seine Geschütze vorzeigt.

„Euer Brief", so schreibt er an Alfons, „hat mich sehr beruhigt, da ich bis jetzt keine Antwort hatte. Ich spüre darin einen dringenden Appell, nach Scala zurückzukehren. Es ist mir aber unmöglich, dort Wohnung zu nehmen, ich werde höchstens kurz vorbeikommen, wenn mir der Pater Superior einen Dienst aufträgt oder ich selbst dort zu tun habe. Denn wir sind nun in Teano, alle Brüder einträchtig beisammen; und wir haben beschlossen, uns dort niederzulassen, wo eine Gründung möglich ist. Wir haben Don Silvestro, der auch zu uns gehört, beauftragt, die Errichtung dieser Gründung zu bewerkstelligen. Ich werde also dorthin gehen, wohin mich der Gehorsam gegenüber Pater Superior sendet. Momentan aber hat weder er noch irgendeiner der anderen die Absicht, sich in Scala niederzulassen. Er erwartet Don Silvestros Berichte, um dann zu entscheiden, wohin wir gehen müssen *(Sie werden ... nach Tramonti gehen).*

Wenn Ihr uns nur folgen wolltet, wären unsere Gebete und unser innigster Wunsch, uns nie zu trennen, erfüllt; und wir würden im Frieden Christi leben. Solltet Ihr Euch aber dazu entschließen — was ich nicht glaube —, Euch von uns zu trennen, so wäre dies für uns ein großes Unglück. Doch hoffe ich, daß der Herr und unsere Mutter Maria dies nicht zulassen werden. Die Missionen unterstehen nun dem Superior; sie müssen bei ihm angefordert werden...“[19]

Alfons konnte diesen Dolchstoß mit dem von den Seinen verlassenen Christus des Karfreitags teilen. Zwar blieben ihm noch Vito Curzio und — im Prinzip — Pietro Romano, der noch bei seiner Familie lebte. Auch wußte er, daß Mazzini, Sportelli und Sarnelli seine radikale Entscheidung teilten, aber wann würden sie sich ihm anschließen? Den Tod in der Seele eilte er zu einem kurzen Besuch nach Castellamare. Ebenfalls am Boden zerstört und mit seinen Nerven am Ende, explodierte der Bischof:

— *Et vos vultis abire?* (Jo 6,67) — Wollt auch Ihr weggehen? Merkt Euch, Signore Don Alfons, Gott braucht weder Euch noch überhaupt jemanden. Wenn er will, kann er auch ohne Euch dieses Werk festigen und andere aus ihm hervorgehen lassen.

Unter dieser Dusche war Alfons einen Augenblick lang wie erstarrt. Dann faßte er sich:

— Monsignore, ich bin überzeugt, daß Gott weder meiner Person noch meiner Mitarbeit bedarf. Ich bin es, der ihn und seine Hilfe braucht. Auch wenn ich allein bleiben müßte, gedenke ich doch seinen Willen zu erfüllen. Ich bin nicht aus Neapel weggegangen und habe der Welt entsagt, um hier den Gründer zu spielen, sondern einzig und allein, um den Willen Gottes zu erfüllen und mich seiner höheren Ehre zu widmen.

Der greise Bischof besann sich. Er umarmte ihn:

— Gottvertrauen! Denn Gott wird Eure guten Absichten segnen.[20]

Und Alfons stieg eilends nach Scala hinauf, um dort während des Osterfestes zu predigen. Ostern fiel auf den 5. April.

Tosquez und seine Anhänger hatten Neapel schon bald davon in Kenntnis gesetzt, daß sie sich von Falcoia befreit hatten und nur noch Liguori auf seinem Felsen von Scala ausharrte. Die einen lachten darüber, die anderen waren betrübt; unmögliche Gerüchte kamen auf; Prediger bemächtigten sich dieses aktuellen Falls, um von der Kanzel der „Wahrheit“ herab zu verkünden: Seht, meine Brüder, wohin Hochmut und Anmaßung führen!

— Hier sind die Mächte der Hölle entfesselt, sagte Fiorillo.

— Noch hat Gott das letzte Wort nicht gesprochen, antwortete der Kardinal und bat Kanonikus Torni, Alfons zu einem Besuch bei ihm einzuladen.

In der Osterwoche ist Alfons in Neapel. Mit Torni begibt er sich zum Erzbischof. Pignatelli informiert sich über die unsinnigen und bösartigen Gerüchte, beklagt sie und ist entsetzt darüber. Nun versucht Torni, Alfons zurückzugewinnen:

— Hätte Gott dieses Werk gewollt, so hätte er ihm nicht die Mittel entzogen. Ihr könnt nirgends so viel Gutes tun wie in Neapel. Ihr wollt Euch den Armen widmen: Hier gibt es genug.

— Monsignore, antwortete Alfons, wir müssen doch erkennen, daß alle diese Ereignisse das Werk des Bösen sind. Ich gebe mich nicht schon deshalb geschlagen, weil er sich mir in den Weg gestellt hat. Meine ersten Gefährten haben mich verlassen: es werden andere, ebenso eifrige Priester kommen. Und wenn mir alles und alle fehlen sollten, so werde ich, auch wenn ich allein bleiben müßte, mich dennoch der Hilfe für die vielen verlassenen Seelen in den Landgebieten und Dörfern des Königreichs widmen.

Schweigen. Dann der Kardinal zum Kanonikus:

— Wir sollten Scala jetzt nicht aufgeben. Warten wir, bis Gott seinen Willen kundtut. Ihr aber — zu Alfons gewandt — baut auf Gott und nicht auf die Menschen; er wird Euch helfen.

Pignatellis Wort machte sogleich die Runde in Neapel und setzte dem Geschrei der Verleumder einen Dämpfer auf.

Alfons kehrte nicht sogleich nach Scala zurück. Mutig stellt er sich den Montagen der *Apostoliche Missioni* vom 13., 20. April und 4. Mai. In der Zwischenzeit geht er mit Torni die Probleme der Regel durch, insbesondere die der Armut; dann unternimmt er mit Sportelli die versprochene Reise nach Caiazzo, trifft sich mit Mgr. Vigilante und besichtigt den Wohnsitz, den er ihnen in Villa Liberi anbietet; und schließlich hält er mit seinen Brüdern der Propaganda im Mai eine Mission. Das Scheitern in Kapharnaum — „viele verließen ihn" — hat die Sendung Jesu Christi nicht aufgehalten (Jo 6,60–71). Alfons „folgt auch weiterhin dem Beispiel Jesu Christi." Auch wenn er allein bleiben müßte ...

25. „Diese Steine von Scala" (Juni–Dezember 1733)

April, Mai 1733. Auf seinem Felsvorsprung von Scala ist Vito Curzio im verlassenen Gästetrakt allein. Aber wie das Weizenkorn schon Ähre und Ernte ist, so fühlt sich Vito als Gemeinschaft und Kongregation: bevor er allein zum Gebet, zu Gewissenserforschung oder zur Mahlzeit geht, läutet er die Gemeinschaftsglocke, als wollte er alle zusammenrufen[1]. In dieser Zeit ist Alfons, damals der einzige Priester der Kongregation (Pietro Romano bleibt eine Randfigur), gerade dabei, in der Nähe von Caiazzo die Kirche und das Haus von Villa Liberi im Blick auf eine zweite Gründung zu erkunden. Reine Torheit, in jeder Hinsicht! ... Die Torheit des Frühlings, nach dem Winter wieder Knospen zu treiben. Die österliche Torheit, nach dem Grab wieder das Leben zu erwarten ... Das Leben aber hatte in Villa Liberi soeben seinen ersten Siegesruf ausgestoßen. Ein ganz junger Priester aus dem Ort, Francesco Saverio Rossi, fünfundzwanzig Jahre alt und noch in der ungetrübten Begeisterung seiner Weihe, war durch Alfons' Ausstrahlungskraft gewonnen worden.

— Pater, so sagte er immer wieder zum Missionar, ich biete Euch für diese Gründung alle meine Dienste und mein ganzes Vermögen an.

Alfons betrachtete den jungen reichen Mann und liebte ihn:

— Don Saverio, antwortete er lächelnd, Gott verlangt Euch selbst: Eure Person weit mehr als diese Gründung …

Das war zu viel verlangt! Wohl hatten ihn Alfons' Armut und Heiligkeit, seine Hingabe an die apostolischen Mühen ergriffen. Aber was seine Bewunderung erweckte, war auch sein Schrecken … Eines Morgens nun, beging er … die „Unvorsichtigkeit", Pater von Liguori bei der Messe zu dienen. Christus in seinen Händen, versank Alfons ganz in das Gebet für Saverio. Dieser war erschüttert und konnte die Augen nicht mehr von dem Zelebranten wenden, der vollkommen umgewandelt und fast in Ekstase war. Nachdem die Messe beendet war, „ergab" er sich, von Gott besiegt:

— Pater, ich bin einer der Euren. Nehmt mich an!

— Nur keine übertriebene Begeisterung, Saverio. Man gibt sich heute und nimmt sich morgen wieder zurück.

— Niemals, Pater, ich werde mich nie zurücknehmen.

Gestärkt durch dieses Zeichen Gottes, geht Alfons gemeinsam mit „seinen Mitbrüdern" der Propaganda in seine Mission; dann steigt er wieder nach Scala hinauf. Hier taucht er Ende Mai mitten unter Weinstöcken und Olivenbäumen auf, die voll in Verheißung stehen. Ein lebhaftes Gefühl der Befreiung überkommt ihn: zwar mußte alles wieder neu aufgebaut werden, aber der Platz war geräumt. Nun wird er endlich mit Vito Curzio – ein Herz und eine Seele – im zu weitläufig gewordenen Gästetrakt Gemeinschaft pflegen können.

Die örtlichen Aufgaben nehmen ihn in der Kathedrale wieder voll in Anspruch, und seine geliebte Einsamkeit in der Zelle oder einer nahegelegenen Grotte, vor allem aber vor dem Allerheiligsten umfängt ihn wieder. Wenn er die Messe für das Volk liest, braucht er nie länger als eine halbe Stunde. „Man darf die Zuhörer nicht langweilen", sagt er. Aber wenn er in der kleinen Hauskapelle mit Vito allein ist, dann läßt er seinem Glauben, seinem Herzen freien Lauf. Dann strahlt sein Gesicht vor Freude und überzieht sich nach der Wandlung mit lebhafter Farbe. Der Bruder hat Anweisung, ihn dann am Altar allein zu lassen und seinen Beschäftigungen nachzugehen. Wenn er, oft lange Zeit später, zurückkehrt, lesen sie die Messe zu Ende, und der Pater beginnt mit der Danksagung[2].

Kanonikus P. Romano ist stets der Dritte im Bunde. Zwar lebt er noch bei seiner Familie, aber er nimmt am gemeinsamen Gebet und den Mahlzeiten teil und wechselt im Offizium mit Alfons ab. Er hat auch Teil an den Neuigkeiten … an der gerade erst erfolgten Vertreibung M. Celestes und ihrer Schwestern – mein Gott! dann, und dann …

Dann kam während Liguoris Abwesenheit der Exsuperior des Ortes, Donato, nach Scala, um sich mit Don Emmanuele D'Afflito, dem Erzdiakon der Stadt, zu treffen. Er sprach zu Pietro Romano davon, ihre Gruppe wieder mit jener Alfons' zu vereinen. Wir besitzen Alfons' Reaktion vom 3. Juni an Falcoia[3]:

„... Mein Vater, wenn von Vereinigung die Rede ist, so bedenkt, daß eine solche Don Giulio (Torni) und dem Kardinal selbst sehr mißfallen würde, weil sie (die Überläufer) mit Don Silvestro (Tosquez) eng liiert sind. Außerdem dürft Ihr nicht vergessen, daß Don Giovanni Battista (De Donato) ein Starrkopf ist; er hält stur und steif daran fest, daß seine eigenen Regeln übernommen werden; möglicherweise wird er auch auf den Punkten der Armut und des Offiziums beharren.

Ich war kaum zurückgekehrt, als diese Herren (D'Afflito und Romano) begannen, von der Schule zu sprechen: Wann wird sie eröffnet? Sie haben bereits eine Lokalität dafür vorgesehen: einen an den Gästetrakt anschließenden Saal; und Euer Hochwohlgeboren sei bereits ganz damit einverstanden. Ich habe ihnen geantwortet, sie sollten sich mit Euch ins Benehmen setzen. Soweit ich es verstanden habe, mein Vater, sind sie von diesen Abgängen der letzten Zeit alarmiert. Wenn die Gründung nun nicht zumindest in der Schule und anderen nützlichen Diensten ein wenig Gestalt annimmt, dann brauchen wir ihnen auch nicht mehr mit Belohnung oder irgendwelchen anderen Dingen kommen. Das haben sie mir gesagt. Auch in diesem Punkt habe ich sie an Euer Hochwohlgeboren verwiesen."

Alfons sieht sich von den Ereignissen überrollt und von den Dissidenten, vielleicht auch von Falcoia, aus dem Sattel gehoben. Er selbst will keine Schulen: dafür gibt es schon andere Institute; seine eigene „fixe Idee" dagegen sind die Missionen für die arme Landbevölkerung, um die sich niemand kümmert. Aber Falcoia neigt mehr zu den Grundschulen; ein Gedanke, der in den Jahren um 1730 von den Frommen Arbeitern sehr vorangetrieben wurde; er selbst hat in Castellamare solche Schulen für Mädchen und Jungen gegründet[4].

Wird Alfons also das Unternehmen aufgeben? Alles zerstören, weil er nicht alles retten kann? ...

Sein Gelübde vom vergangenen 28. November — „das Institut nicht ohne Anordnung seines Seelenführers zu verlassen" — hat ihn bereits gegen die bloße Vorstellung einer Desertion gefestigt. Allerdings hatte er diesem Gelübde eine entscheidende Einschränkung hinzugefügt: er behielt sich, was die Regeln betraf, sein Gründerrecht vor: „Das Institut", das waren nicht uneingeschränkt die von Falcoia auferlegten Regeln, sondern jene, die er selbst festsetzen würde[5]. Diese Einschränkung aber könnte ihn, wie er nun erkennt, wieder dazu führen, seine Entscheidung in Frage zu stellen. Das aber darf um keinen Preis geschehen. Immerhin ist er sich Falcoias Eifer sicher genug, um von ihm keine ernsthafte Gegnerschaft gegen seine fundamentale Absicht im Blick auf die Verlassenen zu befürchten. Und außerdem (wagt er es überhaupt zu denken?) machen den siebzigjährigen *Direttore* seine Nierensteine nicht unsterblicher als andere. Alfons beschließt also, sein Gelübde zu erweitern:

„Vater, ich glaube es Euch bereits gesagt zu haben: ich habe gelobt, das Institut nicht ohne Eure Anordnung zu verlassen. Heute möchte ich dieses Gelübde erweitern, um in meinem Gewissen ruhiger sein zu können: gestattet mir das Gelübde, das Institut nicht zu verlassen, welchen Punkt Ihr auch immer als Regel verbindlich macht."

Er war persönlich also so sehr vom Sturm geschüttelt, daß er sich durch ein Gelübde der Beharrlichkeit an das kleine Boot binden möchte.

Dann spricht Alfons von den Missionen. Denn letztlich ist es nur das, worum es ihm geht. Die Pfarreien von Agerola müßten sich jeden Augenblick bei ihm melden. Und er ist allein ... Er braucht Hilfskräfte. Er hat sich in dieser Sache bereits an seinen alten amalfischen Freund Giuseppe Panza gewandt. Er rechnet mit einem jungen und ausgezeichneten Priester von Castellamare, Giuseppe Chierchia, der entschlossen ist, in die Kongregation einzutreten:

„Sagt Chierchia, er solle sich bereit halten, zur Mission zu kommen. Ich werde ihn so bald wie möglich benachrichtigen. Und wenn die Mission nicht stattfindet, Vater, so schickt ihn mir trotzdem im Laufe dieses Monats: damit wir beginnen können, endlich Eure Regeln in Ordnung und Observanz zu praktizieren." — (Falcoia war als ehemaliger Generaloberer der Frommen Arbeiter in seinen Augen „der Experte" für das Gemeinschaftsleben im Orden.)

— „Und ich glaube, in der Hoffnung auf diesen Tag vor Glück zu sterben. Ihr sollt wissen, daß mir diese Steine von Scala mehr Freude geben als alle Wonnen der Welt. Daran erkenne ich, daß der Herr mich gerufen hat, in diesem großen Werk zu dienen ..."

Neben anderem fügt er noch folgendes hinzu:

„Don Pietro (Romano) berichtet Euch gewiß über das Kloster. Was mich betrifft, so hat mir Mgr. (Santoro) die mündliche Anweisung gegeben, mit niemandem mehr darüber zu sprechen, auch nicht mit der Oberin ... Schickt mir Don Cesare (Sportelli) sofort, sofort ..."

Falcoia antwortet an jenem 3. Juni durch den gleichen Boten:

„Ich bin mit der Erweiterung Eures Gelübdes einverstanden, damit Ihr ein ruhigeres Gewissen haben könnt."[6]

Alfons notiert auf Seite 67 seines Büchleins tatsächlich im Anschluß an sein Gelübde vom 28. November 1732: „Zusätzlich Gelübde, das Institut nicht zu verlassen, welche Regel Falcoia auch festlegen mag. Gelübde an Falcoia."

Verstehen wir es richtig. Alfons verzichtet nicht auf das Recht, das er sich am 28. November ausdrücklich vorbehalten hatte: er liefert die Regel nicht an Falcoia aus; er gelobt nicht, alle seine Entscheidungen hinsichtlich der Regel zu akzeptieren. Sein Gelübde besagt vielmehr, daß er dann, wenn Falcoia einen Punkt in die Regel aufnehmen möchte, mit dem er, Alfons, nicht einverstanden wäre, nicht die Türe hinter sich zuwerfen wird, wie es seine Gefährten getan haben und wie auch er in hohem Maß versucht war, es zu tun. Denn durch einen Konflikt dieser Art ist ja erst jüngst bei Leuten, die durchaus guten Willens waren, alles zusammengebrochen; das aber soll nicht mehr vorkommen. Aber auch deshalb, weil er diesen inneren Sturm nicht mehr riskieren will, der ihm genauso wenig wie den anderen erspart geblieben ist. Zugeständnis ist aber nicht gleichbedeutend mit Abtretung. Zeigt sich hier nicht vielmehr sowohl eine elegante Abschirmung gegen einen Machtanspruch, der sich in Kloster und Gästetrakt als verheerend erwiesen hat, als auch ein rührendes Zeichen von Vertrauen und Freundschaft? Für den Bischof von Castellamare jedenfalls ist es ein eklatantes Beispiel von Selbstentsagung zugunsten des Werkes, in den Spuren des gekreuzigten Erlösers. — Das Werk wird Stein um Stein wieder aufgebaut. Im gleichen Brief vom 3. Juni kündigt Falcoia an:

„Gennaro Sarnelli ist hier. Er will in einigen Tagen zu Euch kommen, um sich euch für eine Mission anzuschließen; um dann weiterzusehen und sich zu entscheiden."

Und schließlich die große Neuigkeit: „Don Cesare kommt." Endlich! ...
Er ist nur dem Gewand nach Kleriker, noch nicht tonsuriert, mangels jenes unauffindbaren Patrimoniums. Aber er ist Sportelli, der Wunderbare, der Herzensbruder Alfons' seit den *Tribunali*, freimütig und sanft, optimistisch und fröhlich, von einer unaufdringlich strahlenden Heiligkeit.

Man nimmt also wieder das Offizium im Choral auf, und Liguori und Sportelli, zweifellos auch Romano, wechseln einander ab. Letzterer wird zum Lokaloberen ernannt. Eine diskrete Art, ihn aufzufordern, seine Familie zu verlassen und sich mit Leib und Seele, Hab und Gut der Gemeinschaft anzuschließen. Der Kandidat von Villa Liberi, Don Saverio Rossi, hat den *Direttore* besucht und ihn über die Vorgangsweisen und laufenden Arbeiten zur so sehr ersehnten Gründung unterrichtet.

„Ich habe ihn ermutigt", schreibt Falcoia; „ich glaube, wir werden (aus ihm) das machen, was ich will; denn ich will, was Gott will. Momentan soll Don Saverio dorthin zurückkehren und aktiv die künftige Gründung vorbereiten. Das ist für ihn ein vorweggenommenes Noviziat... Ich hoffe, daß er dann im Herbst zu einem der behauenen Steine dieses Gebäudes werden kann..., das bis zum Himmel reichen soll."

In Scala erwartet man „Peppe" Chierchia, hofft man auf Sarnelli, Mazzini und vielleicht auch Don Tommaso Sasso... Im Blick auf ihre Ankunft und auch auf die zu eröffnende Schule braucht man weniger beengte Räumlichkeiten. Gegen Mitte Juni zieht die kleine Kommunität in das an den Gästetrakt angrenzende Haus. Es gehört Signor Isidoro Battimelli. Die Zahlung der Miete ist durch den Großmut des Arztes und Bruders des Generalvikars Don Vincenzo Criscuolo und zwei seiner Freunde gesichert[7].

Und jetzt die Missionen! Vom 14. bis 28. Juni evangelisiert Alfons zusammen mit drei anderen „Vätern" und natürlich mit Sportelli und Curzio zwei Wochen lang die Nachbarstadt Ravello. Seine drei Priestergefährten sind Sarnelli, wie er ein alterprobter Missionar der Propaganda, Chierchia und wahrscheinlich Sasso. In den ersten Jahren greift er auf Diözesanpriester von erleuchtetem und bewährtem Eifer zurück, und zwar nicht nur aus Mangel an eigenen Kräften, sondern auch in der Absicht, die Erlösung auszubreiten, das Priestertum in seinem Ansehen zu steigern (ist der erste Bekehrte der Mission nicht der Missionar selbst?) und um sie möglicherweise für seine Kongregation zu gewinnen. Ist dies vielleicht auch der Grund, warum er, übrigens auf Anweisung Falcoias, niemals Ordensleute heranzieht? Oder fürchtete man, was wahrscheinlicher ist, sie, die bereits geprägter und weniger geschmeidig waren, könnten sich den neuen Methoden widersetzen und über das einfache Volk hinwegreden?

Mitten in der Mission von Ravello erfährt Alfons vom Tod seines Schwagers Domenico del Balzo, Baron von Presenzano. Seine Schwester Teresa, der kleine Spatz, der das Haus seiner Jugend mit Freude erfüllt hatte, ist also nun mit 28 Jahren kinderlose Witwe[8].

Diese Traurigkeit des liebenden Bruders durchbricht die ungeheure Freude, die er darüber empfindet, nun wieder mit Gennaro Sarnelli, seinem Nacheiferer in Gebet, Buße und christlichem Eifer, zusammen leben und arbeiten zu können. 1752 wird er ihm eine biographische Notiz widmen, in der zu lesen ist: „Ich bin Zeuge: er wollte nur von Gott und dem Guten, das man den Seelen tun könne, sprechen und hören ... mit seinem Herzen, seinem Mund, seiner Feder" – (denn er wird dreiundzwanzig Werke veröffentlichen) – „sein Leben gab nur diesem einen Ausdruck: Ehre Gottes, Willen Gottes."[9]

Die Mission war kaum beendet, als Sarnelli schon wieder zu seinen neapolitanischen Aufgaben zurückkehrte: den *Cappelle serotine*, den armen Kindern, den kranken Galeerensträflingen, den Prostituierten; aber er ist gespalten: sein halbes Herz ist in Scala zurückgeblieben. Und schon bald darauf, am 9. Juli, kündigt er seinem Freund an, P. Manulio, der Jesuitenprovinzial und sein Seelenführer, habe ihm seine Berufung für das Institut schon fast bestätigt. Er müsse in sechs Tagen wieder zu ihm gehen. Aber er warnt Alfons, „nicht aus Demut", wie er schreibt, „sondern in Wahrheit: Ihr werdet einen schlechten Untertan erhalten, der voller Fehler und Mängel und sehr krank ist ... Aber ich hoffe, daß mein Entschluß, der von einem so bedeutenden Mann wie P. Manulio gebilligt wurde, vielen den Mund stopfen und andere dazu bewegen wird, sich uns anzuschließen."[10]

In Neapel kursieren tatsächlich die ausgefallensten Gerüchte über Scala. Sarnelli tritt hier als Verteidiger des Instituts auf. Seine Briefe vom Juli zeigen deutlich dieses anti-alfonsische Klima:

„Man sagt, das Institut liege völlig am Boden, weil es auf den Offenbarungen einer Seherin gründe ...; Euch bleibe nichts anderes übrig, als darauf zu verzichten, da sich alles in Rauch aufgelöst habe. Andernfalls würdet Ihr ewig allein bleiben ...

Momentan sagen in Neapel sogar die Heiligen, die Gründung sei zerbrochen, weil sie sich auf die Visionen einer Frau stützte, die gesündigt hat." – (Die von M. Colomba ausgestreuten Verleumdungen sind zu Gewißheiten geworden!) – „Ich versichere Euch, daß diese Celeste – Gott möge sie zur Heiligen machen! – dem Institut einen fürchterlichen Schlag versetzt hat ...

Doch sagt mir, stimmt es, daß die Schwestern sie verstoßen haben? ... Man erzählt, sie hätten sie ohne Kleid weggeschickt, und die Benediktinerinnen von S. Cataldo hätten ihr aus Barmherzigkeit ein Gewand gegeben. Gebt mir klare Antworten, damit ich sie vorzeigen kann, vor allem an (Giuseppe) Porpora und (Tommaso) Carace, die vollgetränkt mit falschen Vorstellungen sind, und mit ihnen die ganze Stadt ...

Drei Dinge haben Neapel gegen das Institut eingenommen: 1. die Offenbarungen; man hört immer wieder: Offenbarungen und Klosterfrauen, Klosterfrauen und Offenbarungen; 2. der rote Habit" – denn Falcoia hatte tatsächlich die Soutane in rot, Mantel, Hut und Strümpfe in türkis und weiße Sandalen vorgesehen: der Celeste „geoffenbarte" Habit[11]; „3. Eure Absicht, einen Orden zu konstituieren. Aber ich distanziere mich von diesen Behauptungen und stopfe ihnen den Mund, indem ich sage, wir seien eine Kongregation von (apostolischen) Arbeiterpriestern; wir widmeten uns den Seelen der armen und verlassensten Dörfer; und wir wollten Gott jenen näherbringen, die ihn nicht kennen; das sei alles. Darauf haben sie nichts zu entgegnen."

Tatsächlich aber wollte weder die Regierung noch die öffentliche Meinung von neuen Klöstern etwas wissen. Das Königreich und vor allem die Hauptstadt waren bereits übersättigt von diesen oft unnützen Essern, die nicht arbeiteten, und von diesen Bereichen der toten Hand. Alfons kam aus der richtigen Ecke, um das zu wissen und auch zu begreifen: allein im Vorort dei Vergini gab es siebzehn

Männer- und sieben Frauenklöster, sowie sieben „Konservatorien"[12]! Daß er einen neuen Orden ins Leben rufen wollte, bedeutete eine tödliche Anklage gegen ihn. Daher konnte vorerst keine Rede davon sein, die drei Ordensgelübde an die Öffentlichkeit dringen zu lassen.

Sarnelli seinerseits „sieht sich schon mit einem Fuß in diesem heiligen Institut", doch hat er insbesondere mit zwei Schwierigkeiten zu kämpfen:

„Die erste war die Angst, man würde mich in der Schule einsetzen. Es schien mir, daß ich dann mein brennendes Verlangen, Gott viele Seelen zuzuführen, nicht hätte erfüllen können. In den Missionen dagegen hätte ich unendlich viele Kinder unterrichten, ihre Beichte hören und sie zu Gott führen können. Und es geschehen so viele andere gute Dinge in den heiligen Missionen! In einer Schulklasse hätte ich mich nur für dreißig oder vierzig Schüler verbraucht. Schon der bloße Gedanke daran schien mir tödlich.

Die zweite Schwierigkeit bestand darin, daß ich mich hier damit befasse, gefährdete Mädchen an einen sicheren Hort zu bringen. Ich schreibe zu ihrer Verteidigung einen Traktat, in dem ich die tausend Vorurteile darlege, mit denen man sie belastet, indem man ihre Ehre schon verkauft, solange sie noch Kinder sind. Durch meinen Eintritt ins Institut aber würde ich die große Wohltat verhindern, die zumindest durch diese Schrift geschehen kann. Daher möchte ich nach meinem Eintritt auch sehr gerne die Zeit und den Ort haben" — (ja: einen Tisch und einen Stuhl in einer kleinen Zelle, die man in Scala aber noch nicht besaß) —, „um dieses Buch zu vollenden, das so vielen armen Seelen Hilfe bringen kann. Dies aber wäre mir absolut unmöglich, wenn ich in der Schule eingesetzt würde. Umso mehr, als ich noch ein anderes katechetisches Werk in Arbeit habe ... Im übrigen gebe ich mich ganz in die Arme der göttlichen Vorsehung und in die Hände dessen, der im Namen Gottes die Führung innehat ..."

P. Manulio „läßt" ihn schließlich am 14. Juli frei: „Eure Berufung kommt von Gott, sie ist erhaben. Mut. Vertraut auf ihn." Sarnelli bringt seine Angelegenheiten in Ordnung und kündigt sich für Ende August an. Ein Stern in der Nacht. Und ersten Ranges. „Ist dieser Entschluß Don Gennaros nicht wunderbar?", schreibt Falcoia. „Ebenso auch die Billigung durch einen so angesehenen Mann wie seinen Pater Spiritual? Gott, der uns diesen schickt, wird auch die anderen schicken."

Die anderen? Vor allem Peppe Chierchia. „Ein gutes Mitglied. Und unschlagbar, wenn es um den Gehorsam geht", hatte sein Bischof von Castellamare geschrieben. Ein Missionar der rechten Lehre und voller Eifer, aber von geringer Gesundheit, wie es scheint, und viel zu sehr seiner Familie verbunden. Alfons aber weiß, was es bedeutet, wenn die Familie gegen die Berufung steht.

Nun, im Eifer der Mission von Ravello hatte Chierchia versprochen, alles aufzugeben, um sich ihm anzuschließen ... Er hat versprochen, aber vom Rand des Bechers bis zu den Lippen ist es ein weiter Weg! Und nun schleicht er sich in einer evangelischen Pirouette davon:

„Ist das alles, was Du zu sagen hast? antwortet ihm Alfons am 3. Juli. Ist das Deine Dankbarkeit für die Gnaden, die Dir Deine Mutter Maria gewährt hat? Ist das Dein schöner Entschluß, Dich ganz Gott hinzugeben? *Der Geist ist willig, aber das Fleisch ist schwach!* Hab Erbarmen und komm schnell, *presto, presto.* Was sprichst Du von Familie, von Mutter, Brüdern und Verwandten? *Neige dein Ohr, mein Sohn, vergiß dein Volk und das Haus deines Vaters: nach deiner Schönheit verlanget der König* (Ps 45, 11—12). Wer nicht alles für Gott hingibt, der wird Gott überhaupt nicht finden. Schnell: zahlreiche Missionen sind in Aussicht; wir wollen, daß Du sie alle mit uns unternimmst. Deine Mutter ist nun wieder gesund: Auf! Komm nach Scala ..."

Zehn Tage darauf ein neuer Angriff:

„Wir gehen kommenden Monat auf Mission; aber wir erwarten Dich noch vor unserer Abreise in Scala. Du mußt Dir folgendes vergegenwärtigen: es genügt keineswegs, die Missionen als Hilfspriester zu unterstützen; Du mußt Jesus Christus ganz gehören und ihm Haus, Eltern und Heimat opfern. Sonst: Adieu, Heiligkeit, und zwar auf immer. *Wer nicht Vater und Mutter usw. verläßt, der kann nicht mein Jünger sein.* Es ist noch nicht lange her, da spieltest Du den Mutigen: Alles für Gott! und jetzt, was ist daraus geworden? Schnell, komm unverzüglich. Der Herr hat Dir die Freude geschenkt, daß Deine Mutter wieder gesund wurde; erbitte sofort von Monsignore Dein *exeat* und komm. Bring weder Geld noch Kleidung mit: Du wirst bei uns Deinen Lebensunterhalt und Kleider finden. Hier ist man nicht mehr in die Sorgen der Familie, der Nahestehenden oder Fremden verwickelt; man denkt einzig und allein daran, Gott zu lieben und seinen Willen ganz zu erfüllen. Komm schnell; keine Einwände mehr: Gott will Dich nicht als Pfarrvikar, er will Dich im Institut des Heiligen Heilands ... damit Du, von allem befreit, ganz dem Dienst an Gott und den Seelen leben kannst. Die Seelen, sie werden alle von Gott geliebt; nicht nur die von Castellamare; auch jene des ganzen Landes sind der Preis des Blutes Jesu Christi, und vielleicht sind sie die bedürftigsten. Gelobt sei Jesus, Maria, Joseph und Teresa! *Presto, presto, presto.* Antworte mir nicht; Deine Antwort besteht darin, daß du kommst."

Peppe kommt nicht. Am 21. Juli neuerliches Drängen:

„Mein Giuseppe, wann wirst Du kommen, wann? Du gefällst Dir darin, die Dinge hinauszuschieben. Hör auf damit; worauf wartest Du noch? Wir ersehnen Dich, Jesus Christus ruft Dich, unsere Mutter Maria erwartet Dich; und Du, Du sagst nur: *Der Geist ist willig, aber das Fleisch ist schwach* ... Ich antworte Dir: *Wer nicht Mutter, Bruder usw. verläßt, der kann nicht mein Jünger sein...* Komm und finde die Einsamkeit, komm und finde Gott ... Wenn nicht, dann wirst Du nicht heilig werden, nein, zehnmal nein. Gelobt sei Jesus ...!"

Die Berufung ist und bleibt für Alfons der wichtigste Weg des Lebens und der Heiligkeit ...

Aber Chierchia war krank gewesen. Scala, am 11. August:

„Mein lieber Don Giuseppe, wie geht es Dir? Gut natürlich, denn sofort, nachdem ich von Deiner Krankheit erfuhr, ließ ich die Gläubigen von Scala innig zu unserer Mutter Maria beten. Wenn Du nicht ans Bett gefesselt bist, dann komm auf der Stelle: Du wirst hier genesen. Unser lieber Don Gennaro ist entschlossen zu kommen ..."

Peppe aber entscheidet sich noch immer nicht. Am 18. August unternimmt Alfons einen letzten Vorstoß, um spitzfindigen Einwänden zuvorzukommen: Weil er sich von seinem Gewissen her dazu verpflichtet fühlt; sein Herz aber schwingt nun nicht mehr mit: das „mein" und „lieber" sind verschwunden:

„Don Giuseppe, Ich sehe, daß Du immer weniger zu den Unseren gehören möchtest. Hat man je gehört, daß ein Sohn dem vollkommeneren Leben entsagen muß, um seine Mutter zu betreuen, die von Kindern im Laienstand umgeben ist? Aus welchen Gründen? Weil die Mutter nicht mit diesen letzteren zusammenleben möchte! Wenn sie dies verweigert, dann bist Du Deinerseits in keiner Weise verpflichtet, auf ein vollkommeneres Leben zu verzichten, zu dem Gott Dich ruft und in dem Du ihm in vollkommener Entblößung dienen würdest. Also! Genug der Worte: ich sehe, daß alle meine Worte wahrscheinlich durch Deine Schuld verloren sind. Vielleicht müssen wir die Gründung von Caiazzo, die schon feststand, aufgeben: aber wir wollen keine Leute, die gezwungenermaßen kommen. Suche zumindest ein Gespräch mit Don Gennaro Sarnelli. Du hast ihm Dein Wort gegeben; doch sollst Du Dich deswegen nicht verpflichtet fühlen. Doch tue uns den Gefallen, uns bei der Mission zu helfen, die bald eröffnet wird ... Ansonsten magst Du tun, was Du für richtig hältst."

Das Gewissen wachzurütteln, ohne es aber unnötig zu belasten: hier haben wir schon ganz und gar den späteren Seelsorger und Moralisten Liguori.

— Was nicht geht, geht nicht, war die Antwort des „reichen Jünglings". Am 30. August setzt Liguori den Schlußpunkt und distanziert sich von ihm, indem er vom „Du" zum „Ihr" übergeht:

„Was nicht geht, geht nicht! — Ich aber sage Euch: Was man nicht will, geht nicht. Aber Schluß damit! Ich will Euch nicht weiter belästigen, und wir wollen Euch auch nicht bei uns, wenn Ihr nicht aus eigenem Antrieb kommt: wir zwingen niemanden zu uns ... Genug! Verlieren wir kein Wort mehr darüber. Euer Hochwohlgeboren wird es uns hoffentlich nicht übelnehmen, daß wir Ihn als unseren Bruder haben wollten ..."

Die Dringlichkeit der Erlösung, die Glut des Eifers und die Liebe zu Chierchia haben diese Briefe diktiert. Und auch die Angst eines Gründers vor einer Zwangslage. Scala begann mit einer Handvoll Männer und voller Hoffnung. Im Januar 1733, also noch vor der Spaltung, haben sich Falcoia und Liguori Mgr. Vigilante gegenüber zu einer zweiten Gründung verpflichtet. Die Handvoll Männer aber hat sich verflüchtigt und momentan auch die Hoffnungen. Sarnelli steht mitten im Kampf gegen sich selbst, Mazzini wird von seinem Seelenführer zurückgehalten, Sportelli kann nicht geweiht werden. Auch die Hoffnungen sind eben noch nichts weiter als Hoffnungen. Mit Hoffnungen allein kann man nicht bauen, nicht einmal mit Zusicherungen. Man braucht verläßliche Leute an Ort und Stelle.

Aber hier sind sie doch, Don Alfons! Vincenzo Mannarini, der seine neue Kongregation vom Allerheiligsten Sakrament auf die Beine gestellt und mit dynamischen Elementen der früheren Gesellschaft Donatos ausgestattet hat, Mannarini selbst bittet in diesen ersten Augusttagen des Jahres 1733, sich mit dem Werk von Scala vereinigen zu dürfen! Unglaublich, aber wahr ...

Wie ist diese Umkehr nach vier Monaten zu erklären?

Es ist keine Umkehr. Don Vincenzo liebte Alfons. Genug, um ihm zu folgen, als er die Chinesen verließ. Als sie im März aus Scala weggingen, wollten er und seine Gefährten mit Falcoia brechen, nicht aber mit Alfons. Dieser letztere, so dachten sie, würde sich ihnen gewiß anschließen. Alfons' Sanftmut und Diskretion bei den dramatischen Diskussionen im November hatten sie daran gehindert, den Abgrund zu ermessen, der ihre apostolischen Vorstellungen von den seinen trennte. Alfons war ihnen nicht gefolgt. Mannarini konnte sich nicht von ihm trennen. Er kehrte also mit einer größer gewordenen Gruppe zu ihm zurück.

Wir wissen nicht, was Alfons darüber an Falcoia geschrieben hat. Hier die Reaktion dieses letzteren vom 4. August:

„Mit Freude habe ich erfahren, daß sich Don Vincenzo mit Euch vereinigen will. Daß er aber kommt, nein, damit bin ich keineswegs einverstanden. *Absit:* Gott möge uns vor ihm bewahren! Ich danke Gott, dem ich diese Trennung als eine besondere Gunst zuschreibe, daß er die Dinge so gefügt hat. Der Herr möge daher alle jene, die einen anderen Weg eingeschlagen haben, segnen und glücklich machen, er möge ihnen die Gnade gewähren, auf dem Weg, den sie eingeschlagen haben, große Dinge zu tun. Ihr aber, Ihr sollt den Euren weitergehen, im Frieden … Unsere eigenen Wege sind nicht vom Zuschnitt ihrer Genies."

„Die Genies" werden Gymnasien (Literatur, Rhetorik und Philosophie) in Tramonti, Teano, Lucito und Lucera gründen und dort viel Gutes tun[13]. Die Grundschule, die trotz ihres Weggangs aufgrund bereits eingegangener Verpflichtungen in Scala eröffnet wird, bleibt auf dem Niveau des ersten Leseunterrichts im Blick auf den Katechismus. Deshalb interessiert sich Mgr. Falcoia dafür. Mehr als Alfons.

„Mein Bester", schreibt er im August, „ich habe mit Don Vincenzo Criscuolo gesprochen, und Ihr werdet mit der Schule anfangen. Er hat mir gesagt, daß Eure Unterkunft in den Zimmern von Signor Isodoro bereit ist."[14]

Diese Schule wird zu einer Angelegenheit der Stadt. Am 15. August beschließt die Stadtversammlung – die *Università* –, die an jenem Tag aus 58 Bürgern besteht, zu diesem Zweck den Vätern eine Unterstützung zu gewähren:

„Vor fast einem Jahr haben einige Missionsväter, Priester von hervorragender Lebenshaltung und Lehre, unter denen sich auch Don Alfons von Liguori, neapolitanischer Cavaliere, befindet, mit Erlaubnis unseres Bischofs ein Haus in dieser Stadt eröffnet. Sie sind unermüdlich damit befaßt, zu predigen, Beichte zu hören und den Sterbenden beizustehen, und das Gute, das sie mit großem geistlichem Nutzen wirken, ist allgemein bekannt. Da sie aber ihren Lebensunterhalt nur aus dem Almosen und der Barmherzigkeit der Gläubigen bestreiten …, wurde einstimmig beschlossen, die für die Schulmeister ausgesetzten vierzig Dukaten den Patres aus Gefälligkeit ab kommenden September zuzuweisen, umso mehr als diese auch die Güte und Liebe haben werden, die Schule zu übernehmen. Diese Zuwendung geschieht auf den Titel einer Unterstützung, solange die Stadt sie geben will und kann, und ohne jegliche Verpflichtung."[15]

Eine gute Tat zeugt eine andere, und weil sie sich nun schon auf die Sache eingelassen hatten, „richteten diese Herren das Haus der Patres auch gleich ein."

Welches Haus? Das von Isodoro Battimelli, in dem „Sarnelli schließlich voller Eifer eintrifft", muß nicht mehr vorbereitet werden. Aber dort kann die Gemeinschaft nicht zusammen mit der zu eröffnenden Schule Unterkunft finden. Daher handelt es sich zweifellos um die *Casa Anastasio*, in die die junge Gesellschaft Anfang September übersiedelt.

Auf der Höhe eines Weinbergs, der auf die Kathedrale ausläuft und an den Garten des Klosters anschließt, wurde ein isoliertes Gebäude angemietet, hinter dem ein Kastanienwald nach oben steigt. Es gehört der Familie Amendola. Als es dreißig Jahre später (1776) in den Besitz der Familie Anastasio übergeht, erhält es den Namen, den auch Tannoia kannte und den es noch heute trägt: *Casa Anastasio*[16]. Im September 1733 aber wird es zum *Ospizio del SS. Salvatore.*

288

Es ist kein Palast, vor allem nicht für italienische Verhältnisse, wo man weiträumig und schön baut. Aber man ist hier doch weniger beengt und wird in fröhlicher Armut und Heiligkeit leben. Auf einer steinernen Grundfeste, die zwei Keller und zwei *bassi* umschließt, schmiegt sich ein Erdgeschoß mit fünf Räumen gegen den Hang. Es wird im Süden von einer durch einen Säulengang gestützten bedeckten Loggia erweitert, die dem Meer und dem vollen Sonneneinfall zugewandt ist. Im ersten Stock fünf weitere Räume, erweitert durch eine Freiluftterrasse. Zwei dieser Zimmer werden sogleich zu einem Oratorium verbunden, zwei dienen als Küche und Refektorium, eines zweifellos als Sprechzimmer und vielleicht auch als Bibliothek für Arbeit und Zusammenkünfte. Bleiben vier Schlafzimmer, in denen die Betten fast aneinanderstoßen. Der kleinste Kellerraum wird zur „Kirche" umgestaltet. „Dieses Souterrain von 16 palmi^2 (4,22 m^2) sieht eher wie eine Katakombe als eine Kapelle aus", schreibt Tannoia zutreffend, doch wird dieser Kellerraum zu einer bewegenden Reliquie: „Hier verbrachten Alfons und seine Gefährten einen Teil ihrer Nächte im Gebet; oder sogar die ganze Nacht, denn damals gönnten sie sich nur eine kurze Erholung auf dem nackten Fußboden vor dem Allerheiligsten."[17]

Scala, das ist für Alfons und seine Brüder in erster Linie der Tabernakel des *basso* und der herzergreifende Christus in der Hauskapelle, der sie zu Tränen rühren konnte. Aber es ist auch dieser Balkon über dem Meer, ein Adlerhorst zwischen Himmel und Erde — und welch rauher und schöner Erde! Er nährt in Alfons die innere Flamme der Kontemplation und der Liebe. Wo konnte er jene Erfahrung besser als in Scala machen, die er zwanzig Jahre später in seiner Schrift *Über den vertraulichen Verkehr mit Gott* niederlegen wird.

„Ein ruhiges oder vom Sturm aufgewühltes Meer wird Euch an den Unterschied zwischen einer Seele in der Gnade Gottes und einer Seele, die nicht in seiner Gnade steht, erinnern …

Wenn ihr das Land in seiner Fülle, freundliche Gestade, Blumen und Früchte, die Euch durch ihre Schönheit oder ihren Duft entzücken, betrachtet, so sagt: Welch schöne Dinge hat Gott schon hier auf dieser Welt für mich geschaffen! Muß ich ihn da nicht lieben? Und welche Wonnen hält er für mich noch im Paradies bereit!

Ein Fluß, ein kleiner Gebirgsbach, dessen Wasser unaufhaltsam dem Meere zurinnen, soll Euch daran erinnern, daß sich Eure Seele stets nach Gott ausstrecken soll, Eurem einzigen Gut …

Hört Ihr die Vögel singen? Meine Seele, so werdet Ihr sagen, horch, wie diese kleinen Kreaturen ihren Schöpfer loben: und du? Dann sollt auch Ihr ihn durch Akte der Liebe preisen …

Wenn Euer Blick auf dem Meere ruht, so denkt an die Größe und Unermeßlichkeit Gottes …

Wenn Ihr den gestirnten Himmel betrachtet, so ruft mit dem hl. Andreas von Avellino: ‚Eines Tages werde auch ich unter diesen Sternen wandeln!'"[18]

Scala, das ist auch die *grotticella:* fünfzig Schritte vom Gästetrakt entfernt ein von einer nicht allzu tiefen Grotte ausgehöhlter steiler Felsen. Dies war die Wüste, in die sich die Brüder aus ihrer zu beengten Wohnstätte immer wieder flüchteten, um sich hier dem Gebet und der Buße hinzugeben. Dreihundert Meter vom *Ospizio del SS. Salvatore* entfernt, geht jeder diesen ungestümen Weg, keiner aber so intensiv wie Alfons. Von seinem Freund eingeführt, hat Sarnelli bei seinem kurzen Aufenthalt in Scala vor der Mission von Ravello davon gekostet. Er schreibt ihm am 17. Juli aus Neapel: „Auch ich sehne mich nach der *grotticella*, um dem Herrn zu gefallen."

Die *grotticella* war der Gottesberg des jungen Gründers, das Gethsemani glühender Gebete und täglicher Geißelungen, der Horeb seiner Begegnungen mit Gott und der Muttergottes. Der Redemptorist und Neffe des Generalvikars, P. Adeodato Criscuolo (1738—1804) berichtet eine in Scala lebendige Überlieferung, nach der Alfons dort die Heilige Jungfrau geschaut haben soll, und der noch die vertrauliche Mitteilung anzufügen wäre, die Pater G. B. Di Costanzo, Alfons' letzter Beichtvater, am 19. Oktober 1786 empfing und unverzüglich niederschrieb:

„Im Jahr vor seinem Tod fragte ich ihn nach der Beichte, ob er nicht den Wunsch verspüre, im Augenblick des Todes die Heilige Jungfrau zu sehen und sich von ihr unterstützt zu fühlen. Er antwortete:

— Wie sollte die Heilige Jungfrau zu einem armen Sünder wie mir kommen?

— Sie hat sich herabgelassen, viele ihrer Anhänger zu besuchen. Warum sollte sie nicht auch dem erscheinen, der so viel zu ihrer höheren Ehre gepredigt und gearbeitet hat? Ihr habt sie so sehr geliebt, und Ihr liebt sie so sehr. Sie ist voll der Liebe für die, die sie lieben.

Da verklärte sich das Antlitz des Heiligen:

— Hör zu, sagte er. Als ich noch jung war, unterhielt ich mich oft mit der Muttergottes. Sie beriet mich in allen Angelegenheiten der Kongregation.

— Und was hat sie Euch gesagt?

— Viele schöne Dinge ...

— Welche Dinge, Pater?

— *Tante belle cose!* wiederholte er und sagte dann nichts mehr."

Bis in sein hohes Alter konnte man ihn gelegentlich laut seinen Erinnerungen nachhängen hören: „Meine Grotte ... Ach, wie gerne würde ich wieder zu meiner Grotte zurückkehren!"[19]

Aber die *grotticella* hält unsere Missionare nicht zurück. Sie entläßt sie „frisch geladen" wieder zu ihrem Werk. Kaum angekommen, hält Sarnelli die große Kreuznovene, und Mitte September brechen sie alle zur Mission auf.

Man hatte so viel von einer Mission des Plateaus von Agerola (*ager,* „das Feld") in 640 m Meereshöhe gesprochen ... Am Ende aber konnte sie doch nicht stattfinden. Eine lokale Epidemie und eine vorübergehende Abkühlung in den Beziehungen zum Erzbischof von Amalfi machten einen Aufschub nötig. Durch seine spektakulären Spaltungen hatte das Doppelinstitut des Heiligsten Heilands in den Augen von Mgr. Scorza eine Zeitlang sein Gesicht verloren.

„Wenn man Euch an einem Ort zurückweist, so flieht an einen anderen", hatte Jesus zu seinen Aposteln gesagt. Der Theatiner Domenico von Liguori, ehemaliger Bischof von Lucera, war vor kurzem nach Cava dei Tirreni versetzt worden (1730). Er hatte genug Arbeitsplätze für seinen Vetter und dessen Mannschaft. So missionieren sie also von Mitte September bis Mitte Oktober Raito (1.400 E) und dann Benincasa (500 E), jene Balkone, die sich über Vietri sul Mare erheben. Nach zweiwöchiger Rast in Scala widmet man sich schließlich, nachdem die Epidemie von Agerola erloschen und der Zorn des Bischofs verraucht ist, nacheinander drei Pfarreien dieses Dekanats: S. Lazaro (400 E), Campora (500 E) und Bomerano (1.000 E). Die kleinen Bauern, die dort die Erde bearbeiten, sind die Nachbarn der Ziegenhirten von S. Maria dei Monti, denn Agerola ist der linke Flügel des amalfischen Gebirges, das Pendant zu Tramonti, von dem Scala-Ravello es trennt. In Bomerano hält Alfons für die Priester der sechs „Kirchen" von Agerola Exerzitien[20]. Nach eineinhalb Monaten kehren sie wieder nach Scala zurück, um dort das Weihnachtsfest zu feiern.

Man wird sich fragen: was ist aus der ständigen Mission der Kathedrale geworden, als das *Ospizio del SS. Salvatore* leer stand? Pietro Romano war dort geblieben und setzte all seinen Eifer und sein beredtes Wort ein; der Kapitularklerus bot ihm dabei seine qualifizierte Hilfe.

So ging das Jahr 1733 zu Ende. Ein schreckliches Jahr. Das männliche Institut vom Heiligsten Heiland ist nun ein Jahr und fast zwei Monate alt. Die Bilanz? Die bescheidene Gründung hat auf ihrem Felsen Wind und Gezeiten standgehalten. Aber ist sie noch die gleiche?

Am 9. November hatten sich fünf das Wort gegeben, darunter vier Priester: Liguori, Donato, Mannarini, Romano und Tosquez. Zu Weihnachten 1733 sind es immer noch fünf, aber nur drei Priester: Liguori, Romano, Sarnelli, Sportelli und Curzio. Es sind nicht die gleichen: vier gehören der Welt der Herren an. — Nur Romano, der Superior, ist ein Sohn des Volkes —; drei sind ehemalige Rechtsanwälte und kannten sich schon am Gericht und bei den Unheilbaren. Und es sind Männer von anderem Zuschnitt, Heilige mit heroischen Tugenden, Ecksteine; mit Ausnahme von ... ihrem Superior, Pietro Romano, der, übrigens ein ausgezeichneter Priester, durch seine Aufgabe bei den Schwestern daran gehindert war, Missionar im Vollberuf zu sein, und der noch immer mit einem Fuß in seiner Familie stand und so kein „Hingegebener", kein Absoluter Gottes und der Verlassenen werden konnte. In diesen Anfängen aber hielten nur diese Absoluten stand.

Die Bilanz ist also weithin positiv. Zu Beginn des Jahres 1733 war nur Alfons von diesem wirklich stählernen Zuschnitt; als es zu Ende geht, sind sie schon zu viert. Und schon beginnt der Ruhm ihrer Herbstmissionen die öffentliche Meinung in Neapel zu ihren Gunsten zu verändern.

26. „Diese Gegend ist ein Paradies geworden"   (1734—1735)

Etwas steif vom winterlichen Nebel biegen die beiden Missionare von der Straße in die große Allee ein, die zum Dorf Ciorani führt. Vor ihren Augen erstreckt sich eine lange Reihe weißer Häuser entlang bewaldeter Hänge, die schroff vom Monte Salto (958 m) ins Tal abfallen. Über den kleinen Fluß, an dem sich die Häuser aufreihen, gelangen sie auf die Piazza d'Armi und steigen schließlich auf dem Vorplatz des Schlosses ab. Der greise Baron Angelo Sarnelli ist hocherfreut, seinen Sohn Don Gennaro und Pater Alfons von Liguori willkommenheißen zu können

Die beiden Patres vom Heiligsten Heiland haben am Vorabend Scala mit dem Ziel Caiazzo verlassen und geben nun auf der Durchreise diesem kleinen Dorf von 600 Einwohnern im äußersten Norden der Diözese Salerno gewissermaßen ein Angeld ihrer Missionierung und fast das Versprechen einer Gründung.

Hier rühren wir an eines der Dramen dieser ersten Jahre: „Die Patres von Scala" — Anfang dieses Jahres 1734 wagt man eigentlich noch kaum im Plural von ihnen zu sprechen! Und doch verlangt der Bischof von Caiazzo von ihnen seit eineinhalb Jahren eine Gründung; Ciorani seit einem halben Jahr. Wie könnte man Mgr. Vigilante abweisen, dessen bewegender Eifer sogar Steine überzeugen würde? Wie sollte man Gennaro Sarnelli und dessen Bruder Andrea, einen jungen Priester, der sein ganzes Vermögen hingeben will, um in seinem Dorf ein Missionszentrum zu schaffen, mit einem Nein bescheiden? Drei Gründungen mit nur zwei Priestern! ... Da bleibt dem Gründer nur, seine anhänglichen Freundinnen, die Karmelitinnen von Pocara (Tramonti) anzuflehen, sie mögen unablässig beten, daß der Herr Mitglieder sende[1]; und sich vorerst zu zerreißen, um überall gleichzeitig sein zu können.

Vom 3. bis 17. Januar findet also eine richtige Mission für die Baronie von Ciorani statt. Die Landbevölkerung eilt aus allen Dörfern herbei. Es ist ihre erste Mission. Zwar haben neapolitanische Prediger schon in Mercato S. Severino, dem Hauptort des Distrikts, Missionen abgehalten, aber das war für sie zu weit entfernt und auch von der Sprache her zu anspruchsvoll gewesen. Am Sonntag, dem 17. Januar, kehrt nach beendeter Mission ein erleuchtetes und getröstetes Volk zu seinen Feldern und in seine armseligen Hütten zurück[2].

Unsere beiden Missionare wenden sich nun unverzüglich nach Neapel und Caiazzo. Sie machen in der Hauptstadt Station, wo verschiedene Kontakte und Aufgaben rufen. Alfons wohnt bei seinen Eltern im Borgo dei Vergini, denn der Brief vom 22. an die Karmelitinnen von Pocara wurde in der *Casa* geschrieben:

„Meine inniggeliebten Töchter in Jesus Christus, ... vergeßt mich nie in der Kommunion und beim Gebet; denn ich, ich liebe Euch sehr, sehr, in Jesus Christus, und dieses Empfinden währt schon lange: daher kann ich meine Töchter nicht vergessen. Sie wetteifern in der Liebe zu Jesus Christus und unserer Mutter Maria. Ich bitte vor allem, daß die ganze Kommunität für mich eine Novene von neun Ave Maria täglich zu Ehren der Unbefleckten Empfängnis Mariens abhält, für zwei Mitglieder, die ich in meiner Kongregation haben möchte" — (man beachte das „meine Kongregation"; wir denken an Don Giovanni Mazzini, den er vor kurzem wiedergesehen hat, und an Don Saverio Rossi, den er demnächst treffen wird) —, „und damit der Herr einem dritten (zweifellos Peppe Chierchia) Gesundheit schenke, einem guten Missionar, der aber sehr krank und seit langem inaktiv ist.

Ich habe Scala verlassen, das nun in der Obhut meiner Gefährten ist. In wenigen Tagen werde ich aus Neapel zu einer neuen Gründung bei Caiazzo aufbrechen. Also, vergeßt mich nicht. Ich bin schon mit einem Seufzer Eures Herzens zufrieden, der sagt: Mein göttlicher Bräutigam, meine Mutter Maria, macht einen Heiligen aus ihm."[3]

Am selben Tag meldet P. von Liguori dem *Direttore* einige knappe Neuigkeiten, deren Echo uns in der Antwort vom 24. vorliegt. In Neapel hat sich der Wind der öffentlichen Meinung zugunsten Alfons' und seines Unternehmens gedreht.

Mazzinis Seelenführer aber lockert die Fesseln noch immer nicht. „Seltsam", reagiert Falcoia. „Ich würde gern mit Mazzini sprechen. Ihm erklären, daß es Fälle gibt, in denen man seinen Seelenführer wechseln kann. Die hl. Teresa hat den ihren mehr als einmal gewechselt. Ich selbst wäre niemals Frommer Arbeiter geworden, wenn ich den meinen nicht gewechselt hätte ..." Und schon ist er mitten in einer langen Abhandlung, bei der man sich fragt, warum sie nicht acht Monate früher bei M. Celeste Anwendung finden konnte ... Nun stellt sich ein Laienpostulant vor, Don Gennaro Rendina, ein fünfundzwanzigjähriger Neapolitaner mit abgeschlossenem Studium der Humaniora. „Er schreibt mir mit Dringlichkeit, daß er einer der Euren sein möchte. Ihr habt mir von ihm schon erzählt, aber ich weiß nicht mehr, in welchen Worten." Und er bittet ihn, seinem Gedächtnis etwas nachzuhelfen; denn er behält sich die Zulassung der Kandidaten vor. Schließlich wirft er, der selbst ellenlange Briefe schreibt, seinem *diletto mio* vor, seinen Hunger nach Einzelheiten in keiner Weise zu stillen: „Was sagt man (in Neapel) von Don Silvestro, von M. Celeste? ... Ihr schreibt mir nichts über Don Giulio Torni, Don Matteo Ripa und Don Gennaro Sarnelli. Diesmal wart Ihr wirklich zu kurz angebunden."

Die Neugier des Prälaten ging einfach mit ihm durch, während Alfons sich in seiner Post wie in seinem Verhalten stets treu blieb: er antwortet, stellt Fragen, geht auf konkrete Angelegenheiten ein und fügt ein Wort, das ihm frei von Herzen kommt, hinzu. Aber er erzählt nicht, schwatzt nicht. Er ist ein Mann des Schweigens. Und er hat gelobt, nicht eine Minute zu verlieren.

Am 25. Januar nimmt er an der Zusammenkunft seiner „Brüder" der Propaganda teil. Am Samstag, dem 30., eröffnet er mit Sarnelli und zwei Hilfskräften — vielleicht ist der junge Priesterpostulant Saverio Rossi dabei — die Mission in der 50 km nördlich gelegenen Bischofsstadt Caiazzo.

Aber er hat die Hauptstadt mit freudiger Hoffnung im Herzen verlassen. Denn dort hat er junge Leute angetroffen, die nichts sehnlicher wünschen, als sich mit ihm für Christus und die Armen einzusetzen. Während er mit Sarnelli auf dem *somaro* nach Aversa, Capua und Caiazzo unterwegs ist, eilt einer dieser jungen Männer, Don Filippo de Vito, mit einer Botschaft Alfons' nach Castellamare. Die Antwort ist datiert vom 30. Januar, dem Tag, an dem die Mission in Caiazzo eröffnet wurde, und bringt ein Veto des *Direttore*:

„*Caro mio*, Don Filippo de Vito bringt mir Euren Brief ... Für ihn und die anderen, die kommen wollen (hier meine Einwände). Sie möchten ins kirchliche Leben eintreten, doch fehlt ihnen das Patrimonium, das für einen Priester unerläßlich ist. Außerdem können Euch diese jungen Leute noch auf lange Zeit hinaus in keiner Weise unterstützen. Ganz im Gegenteil wird es ihre Ausbildung und ihr Studium nötig machen, Professoren und Lehrer für sie freizustellen; im Augenblick aber habt Ihr nicht so viele Leute für so viele Aufgaben! Kurz, viel Arbeit für wenig Schüler. Diese Bilanz läßt mich an ihrer Berufung zweifeln. Ich würde also nicht das Risiko eingehen, sie schon zu diesem Zeitpunkt aufzunehmen. Zwar würde ich ihnen nicht rundweg absagen, würde mich aber zunächst darum bemühen, die Dinge mit einer kleinen Gruppe zu stabilisieren, bis Gott Euch Mitglieder schickt, die ihre Ausbildung schon abgeschlossen haben und Euch im Haus und bei den Missionen sofort zur Hand gehen können. Außerdem würde ich zunächst den Schwerpunkt auf eine zufriedenstellende Regelung der materiellen Situation legen, um (dann) auch unnütze Esser ernähren zu können. Erst wenn diese gesichert ist, würde ich auch der Jugend die Pforten öffnen. Gebt also diesen jungen Leuten jede Hoffnung, ermutigt sie, ihr Studium außerhalb Eures Hauses fortzusetzen und schon zuhause das Noviziatsleben zu führen, indem sie danach streben, das allerheiligste Leben unseres Herrn nachzuahmen. Danach sollen sie aufgenommen werden. Ihr aber arbeitet in der Zwischenzeit für Jesus Christus und betet inbrünstig, er möge Arbeiter für seine Ernte senden, und fürchtet nichts, denn der Herr ist getreu.

Dieser Don Filippo wird Euch schreiben, worüber wir uns unterhalten haben. Ich erwarte die anderen mit Ungeduld und werde Euch in Briefen mitteilen, was ich von ihnen halte."

Diese Briefe besitzen wir nicht. Ein Beweis dafür, daß die Filippo auferlegte Vertagung *sine die* Wasser auf das lodernde Feuer goß. Die anderen machten die unnütze Reise nach Castellamare erst gar nicht. Was Gennaro Rendina betrifft, so ist der Bischof von Alfons' neuerlichem Bericht über ihn zwar überzeugt, schreibt aber . . . :

„Man müßte erst sehen, welches Studium er gemacht hat. Und ob er die lateinische Sprache gut beherrscht. Aber, mein Lieber, wie sollten wir ihn zum Priester weihen, wenn er kein Patrimonium hat? Er kann nicht auf den Titel der Armut geweiht werden, solange Ihr noch kein Orden seid. Vor derselben unüberwindlichen Schwierigkeit stehen auch die anderen jungen Leute, die kein Erbe haben.

Ihr sagt, man könnte Patrimonien in Caiazzo ermöglichen. Das müßte erst genauer geklärt werden. Aber ich halte die Sache für sehr schwierig, vor allem weil es sich um Kaplaneien handelt: wie sollte man Neunzehnjährigen Zugang dazu verschaffen, die die damit verbundenen Verpflichtungen noch lange nicht erfüllen können? Außerdem müßte man erst warten, bis Plätze frei werden. Und schließlich müßte man, sollte es solche geben, doch zunächst an Don Cesare denken, der ein bewährtes Mitglied, ein Goldstück ist . . ."

Dieser arme Sportelli war in der Tat noch immer erst Kleriker durch Soutane und Chorhemd, wie ein Chorknabe. Man konnte — wie wir uns erinnern — nur dann geweiht werden, wenn man einen gesicherten Lebensunterhalt in Form einer Rente besaß, die „Weihetitel" genannt wurde: dies konnte ein Familienerbteil sein, oder ein Kirchenbenefizium (z. B. eine Kaplanei mit der Verpflichtung, die Messe zu lesen), oder schließlich für „Ordensleute" der „Titel der Armut", auch „Kommunitäts-Tisch" genannt: wer in einen Orden eintrat, erwarb durch sein Armutsgelübde das Recht, sich am gemeinsamen Tisch niederzulassen, der, wie wir wissen, damals sehr reich gedeckt war.

Der „Titel des gemeinsamen Tisches" war der einzige Weg der Armen zum Priestertum. Alfons aber konnte keinen Orden gründen. Denn ihre große Überzahl und die tote Hand, die ihre Güter „einfror", hatte sie der Staatsmacht und den aufgeklärten Reformern verhaßt gemacht.

Aber einfach auf voll ausgebildete und mit einem Erbteil oder Benefizium ausgestattete apostolische Priester warten zu wollen, das war eine Utopie. Denn diese Herren waren, mit einigen heroischen Ausnahmen, durchwegs Söhne angesehener Familien, die im Schoß ihrer Familien vom Nichtstun lebten. Als „vollkommen untätige" Leute waren sie nicht der Samen, der im Garten des Heiligsten Heilands sprießen konnte. Sie verlangten wahrlich nicht danach, den Gürtel enger zu schnallen, Bußkleider zu tragen, den Abschaum der Gesellschaft zu besuchen und sich zusammen mit Liguori und Sarnelli mit Predigt und Beichte zu belasten. Die Familien wiederum hielten an ihren Priestern fest, wie heute eine Pfarrei an ihrem Pfarrer festhält. Die Familie war der geschworene Feind jedes missionarischen Aufbruchs. Alfons wußte davon zu erzählen. Daher hätte er gerne ein Seminar eröffnet, um jungen, unverbrauchten Menschen ihre Chance zu geben. Um den großmütigen Funken einzufangen, der fast nur in diesem Alter aufglüht.

Der *Direttore* aber sagte nein, immer aus den gleichen Gründen: Sie haben keinen Weihetitel, es sind keine Professoren für sie da. Am 11. März schreibt er kategorisch an Alfons: „Priester sind es, was Ihr braucht. Die Novizen ohne Erbteil schlagt Euch aus dem Kopf." Am 12. April: „Die Jungen, die kommen wollen, bestürmen mich mit Briefen und Ansuchen. Aber sie haben keinen Weihetitel. Das ist ein unüberwindbares Hindernis, sofern Gott nicht auf einem anderen Weg dafür sorgt." Auf welchem Weg, Monsignore?... Alfons, Doktor des kanonischen Rechts, war trotzdem dafür, sie in ihrer ersten Begeisterung aufzunehmen, und sich im übrigen bei dem Problem, wie man diese zunächst noch unnützen Esser ernähren sollte, auf die Vorsehung zu verlassen.

– Unklugheit! erwidert am 10. Januar 1735 der einstige Superior der Frommen Arbeiter. Glaubt meiner Erfahrung: Hütet Euch vor Ausnützern:

„Die Aufnahme dieser jungen Leute, die noch so weit vom Priestertum entfernt sind, schon zu diesem Zeitpunkt bedarf reichlicher Überlegung... Ich weiß zu gut, wie man sich in diesem Punkt über die Frommen Arbeiter lustig gemacht hat: man ließ sich formen, bilden und ernähren, um dann fast ohne ein Dankeschön an die Kongregation den Hut zu nehmen."

Die Menschheit bleibt sich doch immer gleich!

Junge Leute aufzunehmen, ist der Wunsch Liguoris, ausgebildete Priester der Falcoias. Letztere aber bleiben auch nicht standhafter als die ersteren. Don Crescenzo Camardelli, ein Priester, der diese heroischen Zeiten kannte und selbst nicht lange durchhalten konnte, berichtet Tannoia mit einem Schuß Übertreibung:

„Überall verbreitete sich das Gerücht eines Instituts, wie man es noch nie gesehen hatte, und noch mehr der Ruhm von Alfons' Heiligkeit. Der Zustrom war groß. Mitglieder kamen in Strömen, aber sie gingen auch wieder in Strömen, da sie die harte Arbeit und die extreme Armut, in der man lebte, nicht ertragen konnten."[4]

Das Ergebnis ist ebenso beeindruckend wie wenig bekannt: solange der *Direttore* lebt, bleibt die Kongregation wie ein Öllämpchen. Als er am 20. April 1743, elfeinhalb Jahre nach der Gründung, stirbt, zählt sie noch immer erst neun Priester und sechs Hilfsbrüder[5].

„Den Jungen die Tür öffnen? Später. Und nicht ohne Erbteil. Mittlerweile arbeitet für Jesus Christus." Alfons ist gerade mitten in der Arbeit in Caiazzo (2.500 E), als ihn diese enttäuschenden Weisungen treffen. Immer noch mit Sarnelli, Rossi und einigen Hilfskräften zieht er dann nach Dragoni (1.600 E), eine aus einzelnen Weilern bestehende Pfarrei. Diesen Schwung ausnützend, hätte Mgr. Vigilante – welch treffender Name – gewollt, daß die Mission bis ans Ende seiner Diözese weitergeführt werde. Aber Sarnelli muß nach Scala zurück, und Alfons muß das zweite Haus des Instituts eröffnen. Nach Abschluß der Mission am Sonntag, dem 28. Februar, legt er zusammen mit Saverio Rossi noch die zwölf Kilometer zurück, die ihn von Villa trennen[6].

Das heutige Villa dei Liberi (Stadt der Freien) hieß damals im Gegenteil Villa degli Schiavi (Stadt der Sklaven). Sie gehörte zum Herrensitz von Formicola, dessen Baron Francesco Carafa Fürst von Columbrano war. Besondere Kennzeichen: schrulliger Oberst mit dichterischen Neigungen, spitzfindig bis zum Wahnsinn, in chronischem Kampf mit seinem Bischof und mit Rom, von der krankhaften Sucht befallen, in den Klöstern und Kirchen alles zu reglementieren. Dieser letztgenannte Zug allerdings war kein besonderes Kennzeichen: er war allen Baronen und Baroninnen eigen. Wir erinnern uns an die Herzogin von Marigliano, und wir werden noch andere kennenlernen.

Die annähernd fünfhundert Einwohner des Ortes teilten sich auf zwei etwa einen Kilometer auseinanderliegende Siedlungen auf: Villa und Schiavi (heute: Liberi). Schiavi hatte die Ehre, die Pfarrkirche zu besitzen, Villa war der zivile Hauptort und beherbergte das Heiligtum der *Annunziata*, der Verkündigung, auch A.G.P. *(Ave Gratia Plena)* genannt. Dieses letztere wird mit der kleinen Kaplanswohnung — drei Zimmer im Erdgeschoß, vier im ersten Stock —, die sich an die linke Flanke der Kirche schmiegt, den Patres zur Verfügung stehen. Der von Rossi und Falcoia mit den Stadtautoritäten und der Rosenkranzbruderschaft ausgehandelte Vertrag enthält wenig Einkünfte, aber viele Aufgaben; unter anderem auch die Schule. Alfons aber denkt bereits an ein Noviziatshaus, ein Exerzitienhaus für Priester, Ordinanden und Laien.

Hinter dem Kirchlein steigt ein felsiger Hügel etwa hundert Meter in die Höhe, gekrönt von einer kleinen Burg. Von diesem „Dach" der Region schweift der Blick über eine weit in der Ferne liegende Krone von Hügeln, die mit Eichen- und Kastanienwäldern bedeckt sind. Hier treffen vier Diözesen aufeinander: Capua, Caiazzo, Caserta und Piedimonte. In der großen Schleife des Volturno, der um den Betrachter einen fernen Kreis beschreibt, erahnt Alfons freudigen Herzens zwischen den Hügeln zahllose Dörfer, in die er gesandt ist. Fern von jedem Wissen um Gott, der sie liebt, leben hier Holzhacker, Köhler, Fuhrleute, Arbeiter, Hirten und Frauen mit ihren Kindern im Elend. In zwei Jahren wird er ihre Namen und Gesichter, ihr Elend und ihre bescheidene Größe kennen: Fondola, Stranolagalli, Treglia, Meragneli, Profeti, Formicola, Sasso, Alvignano, usw. ...

Der Mittelpunkt dieser missionarischen Ausstrahlung aber ist Villa mit seiner näheren Umgebung. Noch heute steht an der Außenwand der Kirche unter den Arkaden, die das Stockwerk der Kapläne tragen, jener Kalvarienberg, den Alfons im März 1734 errichtete, und gibt Zeugnis für die Mission, die seinen Dienst einleitete: fünf Holzkreuze, die an die schmerzhaften Geheimnisse des Rosenkranzes erinnern.

Auch hier kam es, wie in Scala und allen andern Häusern Alfons', sogleich zur immerwährenden Mission: Tägliche Morgenmeditation des Volks und abends Besuchung des Herrn und der Muttergottes. Donnerstags Aussetzung des Allerheiligsten mit Predigt. Samstags Predigt über die Herrlichkeiten Mariens.

Die Herrlichkeiten Mariens, dies wird der Titel des ersten großen spirituellen Werks des künftigen Kirchenlehrers sein. Er wird es 1750 veröffentlichen. Die Quelle dieses Werks aber liegt hier in Villa, im Jahr 1734. Die SS. Annunziata ist die erste Kirche der Kongregation (Scala hat keine und wird auch nie eine haben). *Ave Gratia Plena*, das ist ihr Titel, ihre Anziehungskraft, ihr Geheimnis: Maria voll der Gnade in Überfülle, überfließend von Gnade, die sie verschenkt … Alfons jubelt darüber, und er besucht sie, feiert sie, predigt sie; er taucht ein in ihre Herrlichkeiten, und seine Liebe ist grenzenlos. Er beginnt ein Buch zu ihrem Ruhm. Im Juni 1734 schreibt er davon an den Jesuiten Francesco Pepe, an Mgr. Falcoia[7]; und — beredtes Zusammentreffen — wir lesen auf der Seite 56 seines Heftchens:

„Heute, 29. Juni 1734. Ich habe gelobt, jeden Samstag bei Wasser und Brot zu fasten."

Jeden Samstag, an dem der Gottesmutter gewidmeten Wochentag, nähren sich Alfons und Villa also verzückt von den Herrlichkeiten Mariens.

Am Sonntagvormittag bei den Messen Katechismus für die Erwachsenen auf der Grundlage von Bellarmins *Dottrina cristiana*; am frühen Nachmittag Katechismusunterricht für die Kinder; dann Zusammenkunft und Unterweisung für die Männer der Rosenkranzbruderschaft; bei Einbruch der Nacht die feierliche *funzione*: Predigt und Segen mit dem Allerheiligsten oder gepredigter Kreuzweg. Zu diesen Sonntagen der *Annunziata* strömen die Menschen schon bald aus zwei Meilen Umkreis herbei, und die *chiesina* wird niemals leer.

Die Männer, die nun nicht mehr fluchten, nicht mehr tranken, nicht mehr spielten und nicht mehr bummelten, die Männer forderten einander in den Dörfern gegenseitig auf, gemeinsam zur *Ave Gratia Plena* hinaufzusteigen: „Kommt", sagten sie zueinander, „gehen wir in die Kirche der Patres beten!" Der Zeuge, der diese erstaunlichen Worte berichtet, der Priester Don Giovanni Izzo, fügt hinzu: „Villa degli Schiavi und seine Umgebung, das war ein Paradies auf Erden."[8]

Aber Alfons denkt schon wieder weiter und geht nun daran, Anfang März 1734 nur mit P. Rossi und einem gewissen Bruder Andrea, von dem wir nicht wissen, wer er ist und woher er kommt, in Villa ein Noviziat und ein Exerzitienhaus einzurichten. Zu diesem Zweck hatte er das *Castellino* ins Auge gefaßt, das etwa 100 m von der Kaplanswohnung entfernt auf der Kuppe eines Hügels hinter der Kirche liegt. Man müßte es nur erweitern.

Falcoia bremst: „Um die Gemeinschaft, die Novizen, die Teilnehmer an den Exerzitien jeweils in getrennten Unterkünften unterzubringen, bedarf es eines großen Hauses … Aber Ihr habt weder Platz noch Geld" (11. März). Im übrigen, ein Noviziat, für wen denn? „Filippo de Vito und Gennaro Rendina schreiben mir aus Neapel dringliche Briefe. Sie brennen darauf, sich Euch anzuschließen. Ich werde ihnen antworten, sie sollen sich gedulden. Sie sollen vom Herrn die Gnade erwarten, auf den Titel eines Erbteils, eines Benefiziums oder der Armut geweiht werden zu können" (3. April). „Was die Ordinanden betrifft, so halte ich es zu diesem Zeitpunkt für besser, daß sie ihre Einkehrtage in Caiazzo unter den Augen des Bischofs ableisten. Später, wenn Ihr zahlreicher seid und ein geeigneteres Haus habt, könnte man das Problem noch einmal überdenken" (3. April) …

Dieses „später" ist näher, als Falcoia ahnt. Alfons wird ein wenig nachhelfen. Vielleicht scheinen ihm auch die schwerwiegenden politisch-militärischen Ereignisse dieser Tage eine gute Ausgangslage für günstige Veränderungen zu sein? Diese Ereignisse wurden von Polen ins Rollen gebracht, dessen Erbfolgekrieg

(1733–1738) in ganz Europa, vom Atlantik bis zum Ural, alle Viren der Habgier und des Ehrgeizes wieder aktivierten, die in den großen Herrscherfamilien schlummerten. Im polnischen Thronfolgekrieg standen einander, grob gesprochen, die Franco-Spanier und die Austro-Russen gegenüber. Ausgetragen wurde er auf italienischem Gebiet, denn hier strebte die zweite Frau Philipps V. von Bourbon, die ehrgeizige Elisabetta Farnese, nach Kronen für ihre beiden Söhne Don Carlos und Don Felipe.

Wir erinnern uns: Philipp V., König von Spanien, war 1707 unter den lachenden Augen der Neapolitaner von den Österreichern aus Neapel vertrieben worden... Nun kehrt man zu den alten Verhältnissen zurück. Im Februar 1734 setzt sich der mit 18 Jahren zum Oberkommandanten einer Armee von 36.000 Spaniern ernannte Infant Don Carlos in Richtung Florenz, Rom und Neapel in Bewegung. Die Infanterie von Kaiser Karl VI. schließt sich in Capua ein; seine Kavallerie zieht sich nach Apulien zurück. Die Invasion zu Lande vollzieht sich nur mit den Schüssen des Infanten, eines bereits erfahrenen Jägers, der auf Tauben jeder Art zielt. Zu Wasser werden die vier königlichen Galeeren mit den prophetisch bourbonischen Namen — die *Capitana*, die *Patrona*, die *S. Elisabetta* und der *S. Carlo* — von elf Kriegsschiffen, die sie mit zehn Kanonenschüssen leicht zu Kleinholz machen könnten, überrascht und im Hafen eingeschlossen. Am 25. März, dem Fest Mariä Verkündigung, nützen die stolzen und behenden Galeeren die Windstille aus, die die großen Segelschiffe unbeweglich macht, und bedrängen eines von ihnen, das sich zu weit vorgewagt hat. Aber die spanische Großmut begnügt sich mit dem absichtlich nicht zielgerichteten Grollen einer ihrer Kanonen. Ganz Neapel ist zum Lido hinabgeeilt, wie zu einem Schauspiel. Nach zwei Stunden befiehlt der Vizekönig selbst, dieser „Schikane" ein Ende zu setzen. Die Galeeren entkommen im Schutze der Nacht der Wachsamkeit der Angreifer und gelangen nach Triest[9]. Dieser Widerstand entspricht genau der Art Don Giuseppes von Liguori, des stolzen Kommandanten der *Capitana*.

Am 9. April überreicht die *Città* in Maddaloni dem Infanten die Schlüssel der Hauptstadt. Doch dieser hat keine Eile, sondern läßt die Frucht lieber ausreifen. Am 6. Mai haben sich die fünfhundert Deutschen, die Festungen und Schlösser besetzt hielten, ergeben. In den darauffolgenden Tagen defilieren Adelige und Prälaten im königlichen Palast, um dem Großenkel Ludwigs XIV., Don Carlos von Bourbon, ihre Aufwartung zu machen. Am 10. hält dieser seinen triumphalen Einzug durch die Porta Capuana und über die Via Tribunali, wie sein Vater schon einmal vor dreißig Jahren. Am 15. Mai schließlich erhält er durch einen feierlichen Erlaß Philipps V. die Kronen von Neapel und Palermo. Nach 203 Jahren der Abhängigkeit von Madrid und 27jähriger Abhängigkeit von Wien wird der italienische Süden nun wieder zur unabhängigen Nation mit einem König an Ort und Stelle: Karl VII., der 1759 unter dem Namen Karl III. König von Spanien, in Neapel aber einfach Carlo di Borbone genannt wird.

Jeder Staatsstreich zieht eine brutale und ungerechte Säuberungsaktion nach sich. Eine repressive Junta, die *Giunta dei Secreti*, verfolgte und bestrafte die Anhänger der Habsburger. Don Giuseppe von Liguori wurde seiner Kommandantur enthoben und jeder Pension beraubt.

Doch dürfen wir nicht meinen, er sei nun auf den Strohsack zu liegen gekommen. Er besaß noch immer drei Palazzi — Via Toledo, Supportico Lopez und

Marianella –, ein weiteres großes Haus in Marianella, mehr als zwanzig vermietete *bassi*, verschiedene Ländereien, Gärten, Obstpflanzungen, Wäldchen –, die insgesamt etwa 25 ha ausmachten, und schließlich auch andere üppige Einkünfte[10]. Er hatte für seinen Ältesten bestens vorgesorgt, um ihn damit solid in der Welt zu verankern. Aber er hatte dabei nicht mit der Macht des Evangeliums gerechnet. Am 17. Januar 1761 legte Alfons in einer Rede an die Gemeinschaft über die Tugend des Monats, den Glauben, folgendes Zeugnis ab:

„Eine der wichtigsten Maximen unseres heiligen Glaubens ist das Wort des Evangeliums: *Denn was wird es dem Menschen nützen, wenn er die ganze Welt gewinnt, aber sein Leben verliert?* (Mt 16,25). Dieses Wort hat den hl. Ignatius, den hl. Franz Xaver und viele andere zu Gott geführt. Und um die Wahrheit zu sagen, dieser Gedanke hat auch mich aus der Welt hinausgezogen. Mein Vater zeigte mir alle Vorteile auf, mit denen ich rechnen konnte, ich aber sagte mir, daß alles nur Eitelkeit und schnell zu Ende ist. Diese Überlegungen genügten für meinen Entschluß, die Welt zu verlassen."[11]

Heute gibt ihm sein Vater hundertmal recht. Aus seiner Kajüte auf der *Capitana* nimmt er seine vier Statuen des leidenden Christus mit und nützt die zehn Jahre, die ihm noch geschenkt sind, zur Ausübung seines Hobbys, der Malerei, und dazu, mit Unterstützung seines Sohnes die Kreuzfahrt vorzubereiten, von der es keine Wiederkehr gibt[12].

Wie nahm Alfons die Thronbesteigung des Königs und die Ungnade, in die sein Vater gefallen war, auf? Nicht eine Zeile aus seiner Hand darüber. In einem Brief des Bischofs von Castellamare vom 8. Mai, in dem er auf wunderbare Weise und auf Drängen seines Mitbruders von Caiazzo die Situation von Villa lockert, finden wir den einzigen Hinweis darüber:

„Ich befinde mich in Neapel: die Schicklichkeit zwingt mich, seiner königlichen Hoheit Komplimente zu machen ... Ich gebe Euch meinen Segen für den Bau, für die Einkehrtage, die Ihr denen haltet, die Ihr unterbringen könnt. Ich liebe Mgr. Vigilante so sehr, denn er gibt mir schöne Beispiele des Eifers und der Klugheit ... Meiner Meinung nach wird Euch vorerst eine Kapelle für zwanzig Personen genügen. Denkt eher daran, mehr Zimmer einzurichten ... Für die Fenster würde Papier oder gewachste Leinwand am besten der heiligen Armut entsprechen, die Ihr nach dem Beispiel unseres Herrn und unserer Lieben Frau in Liebe annehmen sollt."

Was Gennaro Rendina betrifft, der darauf drängt, sich ganz hinzugeben, und es nun leid ist, auf ein hypothetisches Patrimonium zu warten: „Er will Laienbruder werden. Ich habe ihn geprüft; er mißfällt mir nicht. Wenn ihr noch einen Bruder braucht, dann könnt ihr diesen nehmen."

Im Mai und Juni wächst der Bau. Alfons ist Architekt; Rossi Buchhalter und Sammler; beide sind sie Arbeiter und das ganze Land, Adelige und schöne Damen inbegriffen, legen Hand an das Werk. „Überall herrschten Heiterkeit und Eifer", sagt Tannoia.

Nun kommt der ausgezeichnete Rendina. Alfons bemüht sich erneut, ihn auf das Priestertum hin zu orientieren. Falcoias recht trockene Antwort vom 2. Juni:

„Die für Rendinas Hinführung zum Priestertum angeführten Gründe überzeugen mich keineswegs. Ich würde sie alle einzeln widerlegen, wenn ich die Zeit dafür hätte. Aber da Ihr so großen Wert darauf legt und Euch darauf versteift, ohne Rücksicht auf Verluste zum Ziel zu gelangen, lasse ich Euch diese Angelegenheit nach Eurem Gutdünken regeln."

Rendina aber nimmt seinen Entschluß, Bruder, Heiliger zu werden, nicht mehr zurück. Zum großen Mißfallen Falcoias vertraut Alfons ihm die Schule an und stellt damit P. Rossi frei für das Kirchenamt, für Missionen und für die Teilnehmer an den Einkehrtagen, die nun in den beiden Stockwerken des *castellino* Aufnahme finden können.

Alfons erwartet hier auch junge Leute, die sich ihm anschließen wollen. Unter anderen Francesco Mezzacapo, einen Seminaristen aus Caserta. Er lädt ihn am 3. Juli durch einen Brief ein, in dem das entstehende Institut und sein Gründer in ihrer transparenten Unverbildetheit erscheinen[13]:

„Mein Sohn, ... Du fragst, wieviel wir in diesem Haus sind. Derzeit erst vier, einschließlich eines Bruders, der sich um unser leibliches Wohl kümmert. Hier ist vor allem P. Saverio Rossi, der Dich kennt. Ein Priester, der wie ein Engel lebt und täglich mit großen Schritten in der Vollkommenheit voranschreitet. Die anderen übrigens genauso; sie verwirren mich: elend wie ich bin, schäme ich mich in ihrer Mitte.

Ich habe gesagt, daß wir momentan zu viert sind, aber bald werden wir zahlreicher sein: die Chancen stehen gut, daß zwei von mehreren Anwärtern bald bei uns sein werden: Einer von ihnen ist ein ausgezeichneter junger Mann aus Caiazzo, Subdiakon, eine Gott ergebene Seele. Er wird dort vom Bischof und allgemein sehr geschätzt. Er wird gewiß einer der unseren werden, denn er ist schon seit langem entschlossen, sich uns anzuschließen, autorisiert von seinem geistlichen Leiter (P. Fiorillo), akzeptiert von uns und von Mgr. Falcoia."

Es handelt sich um Giulio Cesare Marocco, dreiundzwanzig Jahre alt, aus vornehmer Familie, Doktor der Universität Neapel, an der er einer der intelligentesten und geliebtesten Schüler G. B. Vicos war. Er wird um die Weihnachtszeit 1734 in Villa eintreten.[14]

„Der andere Postulant", so fährt Alfons fort, „ist ein Priester, der schon gesagt hat, daß er sich uns anschließen möchte, und der schon jetzt gelegentlich an unserem Ordensleben teilnimmt; aber wir müssen erst noch genau überprüfen, ob seine Berufung echt und stark ist ..."

Dieser Don Giovanni Maria de Masellis, Domherr der Kollegiatskirche von Vaicchio, Diözese Telese, ist ein Mystiker des Allerheiligsten, ein Zug, der Alfons nicht mißfällt. Aber es ist unmöglich, sich in Missionen zu erschöpfen und zugleich die immerwährende Anbetung Tag und Nacht durchzuhalten. In der Korrespondenz Falcoia — Liguori ist von diesem Domherrn oft die Rede. Er wird schließlich doch nicht aufgenommen und tritt ... bei Mannarini ein[15]. Alfons wollte keine Kompromisse. Er kommt darauf zurück:

„Du fragst mich auch, was wir hier vorhaben. Ich antworte Dir, mein Sohn, unsere Ansprüche sind nicht sehr hoch. Wir wollen mit der Hilfe Jesu und Mariens, deren Beistand hier so offensichtlich ist, wahre Heilige werden. In unserem frommen und stillen Häuschen leben wir zurückgezogen in heiliger Einsamkeit. Jeder bemüht sich auf seine Art, Christus zu gefallen. Meistens sind wir im Haus entweder beim betrachtenden Gebet oder beim Studium, oder bei nützlichen oder geistlichen Gesprächen, in denen es nie um die Gesellschaft, die Eltern, die Familie oder das Geschwätz der Außenwelt geht. Wir finden unseren Frieden allein in Jesus Christus, der für alle der wahre Friede ist. Nur sehr selten setzen wir den Fuß vor die Tür, sei es für eine kurze und wohltuende Erholung, sei es für die Betreuung der Bewohner dieser Gegend, die unsere Kirche mit soviel Frömmigkeit und Eifer besuchen. Und wir stellen fest, daß Jesus Christus unsere armseligen Mühen auf wunderbare Weise segnet: Diese Gegend — so kann man zum Ruhme Gottes sagen, *der allein Wunder vollbringt* (Ps 72,18) — ist ein Paradies geworden, weil sich so viele Seelen in unerschöpflichem Eifer dem geistlichen Gebet widmen. Was mich aber am meisten freut, ist eine Männerbruderschaft unter der Schirmherrschaft unserer Lieben Frau vom Rosenkranz: sehen zu dürfen, wie diese armen Leute mit so viel Liebe und in so großer Zahl herbeiströmen und so großen Nutzen daraus ziehen, ist für uns eine tiefe Freude.

Aber das ist noch nicht alles. Wir haben hier ein Haus erhalten, in dem schon elf Zimmer eingerichtet sind, sowie eine kleine Hauskapelle, in der wir die Messe feiern und die anderen Andachten der Gemeinschaft abhalten. Wir verfügen auch über die Kirche, in der alles vorhanden ist, was wir für den Gottesdienst brauchen. Und wir haben einige Einkünfte und die Honorare der zahlreichen dort gestifteten Messen. Die Bevölkerung, die uns sehr liebt, bringt uns außerdem viel Almosen. Der Bischof, Mgr. Vigilante, ist ein heiligmäßiger und gebildeter Prälat, hochgeschätzt in Neapel und in Rom. Du kannst Dir nicht vorstellen, wie sehr er uns liebt; er könnte nicht mehr für uns tun: neben der finanziellen Unterstützung, die er uns gewährt, hat er uns in gewisser Weise sogar die ganze Diözese in die Hand gegeben.

Hauptsächlich aber sind wir für die Abhaltung von Missionen gegründet, und das ist es auch, was wir bis jetzt getan haben. Wir haben schon viele gehalten und mit wunderbarem Erfolg gepredigt, denn unsere Methoden unterscheiden sich von denen der anderen Kongregationen.

Und schließlich sollst Du wissen, daß wir noch ein Haus in Scala haben. Auch dort sind drei Mitbrüder und ein Laienbruder. Wir sind das Institut des Allerheiligsten Heilands, und der Direktor, der diesem Werk vorsteht und uns die Regeln gegeben hat, ist Mgr. Falcoia, der Bischof von Castellamare, ein — wie allgemein bekannt ist — Mann von großer menschlicher und geistlicher Spannweite.

Mehr darüber werde ich Dir, so es Jesus Christus gefällt, mündlich sagen. Empfiehl mich der Jungfrau Maria …"

Mit diesem bewundernden Blick, den Alfons gern auf die Menschen wirft, ist das Bild des Plans, der ihn erfüllt und den er auch mit anderen teilt, vollständig. Im Kloster schweigendes, kontemplatives und arbeitsames Leben, allerdings in unmittelbarer Nachbarschaft einer Kirche in ständiger Mission. Außerhalb: Missionen nach neuen, wirksameren Methoden (wir werden sie später analysieren). Im Kloster wie auch draußen gilt die erste Sorge den „armen Leuten". Um sie oberflächlich in einer Generalbeichte „reinzuwaschen"? Weit mehr: um sie zu einem Leben des Gebets und der Heiligkeit zu führen.

Hier geht Alfons von Liguori weiter als sein Vorbild und Schirmherr Franz von Sales. Der heilige Bischof von Genf hatte im Vorwort zu seiner *Einführung ins fromme Leben* festgestellt, daß die Traktate über das geistliche Leben vor ihm „sich fast ausschließlich an Personen orientierten, die sich weitgehend aus dem Geschehen der Welt zurückgezogen hatten". Seine Absicht sei es nun, die Heiligkeit aus „dieser völligen Zurückgezogenheit" herauszulösen und sie „jene zu lehren, die in den Städten, in den Familien, am Hofe, … draußen, … unter dem Druck irdischer Angelegenheiten leben". Doch richtete sich dieser Appell vermittels der Feder an eine des Lesens kundige, also ausgewählte und vornehme Gesellschaft. Alfons dagegen hat die *povere genti* im Auge, die Analphabeten, die nicht Katechetisierten, die Verlassenen. Zu ihnen, die genau wie alle anderen Töchter und Söhne Gottes und daher zu Unrecht verlassen sind, geht er hinaus. Wie einst die *lazzaroni* der „Kapellen" in Neapel führt er sie nicht nur zur Bekehrung, ja nicht einmal zur schlichten Beharrlichkeit, sondern zur Heiligkeit fürs ganze Leben, einer „wunderbaren" Heiligkeit — so sein eigener Ausdruck —, die durch den täglichen Umgang nicht mit Devotionalien, sondern dem betrachtenden Gebet erreicht wird.

Aber P. von Liguori ist zu bescheiden, um sich selbst als Gründer vorzustellen. In seinem Brief an den jungen F. Mezzacapo versteckt er sich hinter dem *Direttore*, „der uns", sagt er, „die Regeln gegeben hat". In Wirklichkeit waren dies nur Regelungen für die Gemeinschaft, die Alfons nach den Angaben verfaßte, die immer wieder in Falcoias Antwortbriefen aufscheinen. Der sonst so beherrschende Prälat ist sich im übrigen durchaus ihrer nur ergänzenden Rolle bewußt: denn kurze Zeit später, am 28. Juli, schreibt er dem Gründer anläßlich einer Intervention Tornis:

„Bewahrt Euren Frieden und treibt das Werk des Herrn voran. Es wäre nicht sein Werk, wenn es auf Rollen liefe, ohne Gegnerschaft, ohne äußere und innere Kämpfe. Setzt einen Schlußstrich unter diese Probleme und folgt Eurem geraden Weg sowohl hinsichtlich des Werks als auch Euer selbst. Denn Ihr wurdet zum Hauptwerkzeug dieses Gebäudes auserwählt: Ihr müßt seinen Namen unter die Völker, Rassen und heidnischen Nationen tragen."

Die heidnischen Nationen waren, wie wir uns erinnern, das erste Ziel des Pensionärs der Chinesen gewesen. Sie bleiben die geheime Sehnsucht des Missionars von Villa. Sein Horizont reicht sehr viel weiter als der erste Plan, den er soeben F. Mezzacapo dargelegt hat. Jenseits von Eboli und in S. Maria dei Monti hat er Menschen entdeckt, die noch verlassener sind als die *popolani* der Hauptstadt, und er ist hinausgegangen zur Landbevölkerung. In Villa liest er die 1722 in Venedig auf italienisch erschienene *Histoire de l'Église de Japon* des Jesuiten P. Jean Crasset. Bei seinen Reisen nach Neapel begegnet er seinen Freunden, den Patres M. Ripa und G. Fatigati, und „sieht" erschüttert, daß die heidnischen Völker noch verlassener sind als die Hirten des italienischen Südens. Muß, wer ihr Elend kennt, ihnen nicht zu Hilfe eilen? Noch im Juli 1734 schreibt er von diesem seinem Hunger an Mgr. Falcoia und an P. Pagano, einem Hunger, der ihn bis in sein Gewissen hinein quält:

„In Neapel sagte Matteo Ripa, daß es am Kap der Guten Hoffnung auf dem Seeweg nach Indien viele heidnische Völker gibt, denen niemand den Glauben bringt. Ist einer, der ihre Lage kennt, nicht verpflichtet, dorthin zu gehen? …"[16]

Falcoia antwortet ihm am 20. Juli mit folgender prophetischer Vision von der Universalität des Instituts, die gelegentlich in seinen Briefen aufscheint:

„Zweifellos kommt Eure Inspiration, den verlassenen Seelen am Kap der Guten Hoffnung zu helfen, von Gott. Sie ist gut. Aber ich wünsche sie mir, mit seiner Göttlichen Majestät, noch besser, noch umfassender. *Caro mio*, warum wollt Ihr Euch auf diese Seelen beschränken und die zahllosen anderen, die im übrigen Afrika, in Asien, Amerika, in den noch unerforschten Gebieten und zunächst einmal in Europa in ähnlicher Bedürftigkeit sind, fallen lassen? ... Warum, mein Lieber, empfindet Ihr nicht auch für diese Mitleid? Habt Ihr denn nicht das brennende Bedürfnis, ihnen zu Hilfe zu eilen? Das Institut hat kein anderes Ziel ... Was könntet Ihr ganz allein ausrichten? ... Tun wir mit Gottes Hilfe unser Bestes, um unser Institut voranzutreiben, dann werden alle diese Seelen in der Bedürftigkeit Hilfe erhalten ... So werdet Ihr weit besser dazu beitragen, diesen großen, diesen extremen Notständen abzuhelfen, als wenn Ihr jetzt selbst unverzüglich dorthin ginget."

P. Pagano gibt ihm am 4. August eine ähnliche Antwort.

Nun, der Herr möge Arbeiter senden, das ist Alfons' größter Wunsch ...

Endlich trifft in der ersten Oktoberhälfte Giovanni Mazzini ein, Alfons' ältester Freund, der einst gesagt hatte: „Ich werde Dein erster Gefährte sein". Kurz darauf kommt der zweite gemeinsame „Bruder" ihrer eucharistischen Nachtwachen von Neapel und den *Cappelle serotine*, der Priester Michele de Alteriis. Fast gleichzeitig treffen ein Diakon aus Caiazzo, Giulio Cesare Marocco, und drei Laienbrüder aus Amalfi ein: Angelillo, Pietro und Gennaro. Dazu zwei Priester: Crescenzo Camardelli und ein gewisser Don Innocenzo aus Amalfi. Vielleicht auch noch andere ...

Die Truppenbewegungen, die bis zum November andauern, erschweren das Reisen und damit auch die Missionen. Neben einem Einkehrtag für den Klerus von Caiazzo und zwei Missionen im Herbst widmet sich P. von Liguori in den letzten beiden Monaten des Jahres 1734 der Formung seiner zehn Novizen. Durch sein Beispiel mehr noch als durch seine Worte.

Seine lächelnde und mitreißende Güte zwingen ihn erst gar nicht dazu, Unangenehmes in schöne Worte kleiden zu müssen. So hat er Rendina mit folgenden Worten empfangen:

— Wenn du kommst, um hier heilig zu werden, dann tritt durch die Tür und komm herein. So nicht, kannst du gleich wieder nach Neapel zurückfahren ...

Gennaro überschreitet die Schwelle mit entschlossenem Schritt. Andere aber, und zwar die meisten, treten ein, bewundern, halten mehr oder weniger lang aus, und ergreifen die Flucht. Einer von diesen, Don Camardelli, hat Tannoia sein Zeugnis, in dem Staunen und Angst mitschwingen, hinterlassen:

„Alfons aß jeden Tag kniend mit einem großen Stein um den Hals. Seine Nahrung bestand gewöhnlich aus einer *minestra* ohne Fleisch, die mit Speck oder Öl zubereitet war. Wenn er an den Festtagen ein wenig Fleisch hinzufügte, so war dies ein Almosen der Familie Rossi. Fast jeden Abend gab es Brotsuppe, die P. Alfons noch, wie übrigens auch die *minestra*, mit Tausendguldenkraut und anderen bitteren Kräutern versah. Für ihn kein Wein. Zusätzlich zu den mehrmals wöchentlich stattfindenden gemeinsamen Bußübungen geißelte er sich täglich in seinem Zimmer, dessen Wände davon schon ganz mit Blut bespritzt waren. Er belastete sich mit Marterwerkzeugen, so daß er kaum noch gehen konnte; schlief sehr wenig; als Kopfkissen diente ihm ein kleines Stückchen Tuch; der Strohsack war so dünn, daß er praktisch auf dem Fußboden lag.

Groß war seine Demut. Zu Beginn oder am Ende der Mahlzeiten küßte er die Füße der Anwesenden. Er rasierte sich nie, den Bart schnitt er sich mit der Schere zurecht. Seine Soutane war so abgenutzt und geflickt, daß man den ursprünglichen Stoff gar nicht mehr erkennen konnte. Niemals ritt er auf einem Pferd; er ging zu Fuß oder stieg auf einen Esel. Als man ihm eines Tages vorhielt, der *somara* sei für ihn nicht standesgemäß, antwortete er: *„Das ist gut für mich…"*

Im Haus herrschte immer und überall Schweigen. Nur abends kamen P. von Liguori und seine Gefährten für ein Viertelstündchen zusammen: aber auch dann sprachen sie nur über die Ewigkeit, die Gottesliebe, das Leben der Heiligen und den Eifer der Seele. Desgleichen während der Rekreationsstunde nach dem Mittagessen. Das war das Leben, das P. von Liguori und seine Mitbrüder führten. Ihn selbst sah man zusätzlich zum gemeinsamen Gebet, das dreimal täglich stattfand, ständig im Gebet; er unterhielt sich nur, wenn es unbedingt nötig war."

Mehr als von allem anderen war Camardelli vom Schweigen berührt, das der Gründer als unerläßliches Klima jeden geistlichen Lebens erachtete. So schrieb Alfons am 26. August 1734 an Maria Giovanna della Croce, eine Klosterfrau aus Caigliano:

„Ich wünsche, daß Ihr dem Gebet zusätzlich zur gemeinsamen Gebetsstunde eine volle Stunde widmet. Wählt dafür den günstigsten Augenblick, insbesondere die Nacht und die Stunden der größten Einsamkeit: dies ist die Zeit, da Jesus mit seinen Freunden spricht. Das Schweigen sollte fast ununterbrochen sein, mit Ausnahme der Zeit der Rekreation nach dem Mittag- und Abendessen. Außerhalb dieser Zeiten sprecht nur, wenn es nötig ist, immer mit leiser Stimme, und haltet zwei Stunden täglich ein strengeres Schweigen ein. Niemand, der sich dem Gebet hingegeben hat, spricht viel. Die wahrhaft von der Liebe zu Jesus Christus ergriffene Seele möchte sich nur mit Jesus Christus unterhalten, nur ihn sehen und nur ihn hören."[17]

Vor diesem Regime ergriffen die „wackeren Leute" die Flucht. Nur die Heiligen hielten aus. Und genau darauf zählte Alfons: die Grundfeste erfordert andere Steine als die Mauern der Stockwerke. Daher erwartet er sich im Gegensatz zu Falcoia nur wenig von der Ankunft ausgebildeter Priester, die doch weithin in ihrer Familie, ihrem Benefizium, ihrem Müßiggang schon feste Wurzeln geschlagen haben. Er versucht, sie aus diesen Bindungen zu lösen, indem er sie mit sich in die Mission nimmt. Auch ihr Noviziat führt sie bereits an die Orte des unmittelbaren Geschehens: Fondola (570 E), Strangolagalli (350 E). Doch trugen sie fast alle schon die unauslöschlichen Spuren ihres früheren Lebens. Sarnelli, Rossi, Mazzini waren zwar auch schon als fertige Priester gekommen, aber sie kamen als junge Priester, und ihr Priestertum war wie das seine aus einem Bruch und einem Geschenk hervorgegangen. Er braucht unverbrauchte Seelen, von einer Großmut, deren Schärfe noch nicht abgestumpft ist.

Daher wurde er trotz des dringenden Bedarfs an Männern nicht von Mannarinis neuerlichem Angebot versucht.

Tosquez ist eine Persönlichkeit am päpstlichen Hof geworden. Bei einer Audienz im November 1734 berichten er und Mannarini dem Papst vom Eifer P. von Liguoris für die Verlassenen.

— Sagt mir, was ich für ihn tun kann, und es soll geschehen, antwortet Clemens XII.

Mannarini informiert Alfons und fügt hinzu:

„Da Euch das Oberhaupt der Kirche so wohlgesonnen ist, solltet Ihr, wie ich meine, bereit sein, die verstreuten Schafe wieder im Stall zu vereinen. Meine Brüder treten mit derselben Bitte an Euch heran. Solcherart vereint, könnten wir wirksamer zur Ehre Jesu Christi und zum Wohl der Seelen arbeiten."

Liguori ist überrascht von den Dispositionen der Patres vom Heiligen Sakrament; er ist glücklich über die des Papstes. Keineswegs aber möchte er auf die Leiter steigen, die ihm Tosquez anbietet. Davon zeugt seine Antwort, die er vier Monate vorher dem neapolitanischen Priester Don Francesco di Viva auf dessen Frage „Auf wen stützt Ihr Euch?" gegeben hatte:

„Auf Gott. Wurde denn ein großes übernatürliches Unternehmen jemals auf menschliche Mittel gegründet? Welche Stützen, so sagt mir, trugen die Gründungen des hl. Franz, des hl. Johannes vom Kreuz, der hl. Teresa?

Ihr sagt mir, dieser Priester (Mannarini) habe mehr menschliche Hilfsquellen zur Verfügung. Dies ist für uns ein Grund, mehr zu erhoffen als er, denn je größer ein Werk ist, umso mehr läßt es Jesus Christus aus dem Nichts und unter ungünstigen Bedingungen erstehen. Damit in den Augen aller offenbar werde, daß es von Gott und nicht von den Menschen ist. Gab es je ein Werk, das mehr der menschlichen Hilfsmittel entbehrte als die Verkündigung des Evangeliums? ... Nur eines kann das Institut zu Fall bringen: mangelndes Gottvertrauen und Abhängigkeit von menschlichen Mitteln. Die Erfahrung hat uns dies gelehrt: da das Werk sich auf menschliche Hilfsmittel stützen wollte, war es bereits an den Rand des Untergangs geraten."[18]

Alfons zieht also die Dinge in die Länge und antwortet weder mit ja noch mit nein.

Im März 1735 neuerliches Drängen Mannarinis. Diesmal winkt er mit dem Zaunpfahl: er läßt die römische Approbation durchblicken und beruft sich auf das Gottesurteil.

Scharfe Reaktion Falcoias vom 3. April 1735:

„Don Vincenzo Mannarini, *nec nominetur* (man möge seinen Namen nicht mehr aussprechen)! Wenn er zu mir kommt, werde ich ihn zwar anhören und ihm dienlich sein, aber es würde mir nicht einmal im Traum einfallen, ihn aufzunehmen. Er möge seinen eigenen Weg gehen, und Gott möge ihn dabei glücklich machen! Darum bete ich. Aber er hat nichts mehr mit uns zu tun ..."

Der feinfühlige Cembalist Alfons setzte hier zweifellos eine geschicktere Applikatur, der Akkord aber war der gleiche:

„Er zog aus allem, was er von dieser Fusion zu befürchten hatte, und dem wenigen, was er daraus erhoffen konnte, die Bilanz", sagte Tannoia. „Die Schlußfolgerung war eine klare Absage an Mannarini. Sie versprechen viel, sagte er, aber weiß man denn, ob sie ihr Wort auch halten? Die ersten Eindrücke sind unauslöschlich: was man heute verwirft, auf das kommt man morgen wieder zurück. Die schönen Versprechungen sind vergessen, sobald der Eifer erlahmt."

Sein „Nein" war umso entschiedener, als er sich eines Rates entsann, den Kardinal Pignatelli gegeben hatte: „Habt nichts mehr mit ihnen zu tun", hatte er gesagt. „Vor allem nicht mit Tosquez. Er mag ein Heiliger sein, aber er ist extravagant und hat bizarre Vorstellungen."[19]

Der gute Kardinal Francesco Antonio Pignatelli war nach 31 Jahren als neapolitanischer Bischof am 5. Dezember 1734 gestorben. Alfons verlor in ihm einen verläßlichen und guten Freund, den Vater seines Priestertums. Er war ein Mann

Gottes und der Armen. Don Giulio Torni hatte die Ehre und die Aufgabe, die Totenrede zu halten.

Seine Stimme war noch kaum verstummt, als am 15. Dezember der Name des neuen Erzbischofs, Mgr. Giuseppe Spinelli, einundvierzig Jahre alt, bekannt wurde. Er hatte dank seiner Verdienste — zweifellos — und seines Onkels, Kardinal Imperiali, eine Blitzkarriere hinter sich. Mit 27 Jahren zum Internuntius in Brüssel und zum Erzbischof ernannt, war er seit 1731 Sekretär der *Sacra Congregazione dei Vescovi e Regolari*, deren Präfekt sein Onkel war. „Keiner seiner Vorgänger hatte eine Diözese übernommen, die so reich an pastoralen Aktivitäten, uneigennützigen Kräften und soliden Strukturen war."[20] Spinelli, ein eifriger, gebildeter und streng durchgreifender Mann sollte sich dieses Erbes und seiner großen Sendung durchaus würdig erweisen. In der Moral hält er es für richtig, die Lehre des Probabiliorismus zu akzentuieren. Er ist zwar zweieinhalb Jahre älter als Alfons von Liguori, aber es fehlt ihm dessen Erfahrung mit den kleinen Leuten.

Die kleinen Leute und ihre Missionare weit draußen auf dem Land werden kaum von den religiösen und politischen Wellen der Hauptstadt erreicht. Für Alfons geht das Leben weiter. Mitte Dezember hat er Villa unter der Obsorge Mazzinis, Rossis und der anderen gelassen und eröffnet die Weihnachtsnovene in Castellamare. Ein Jahr hat er Falcoia nun nicht mehr gesehen; seit einem Jahr hat er Scala und seine *grotticella* verlassen. Bei ihm ist der Diakon Marocco, der aus Caiazzo und von einer Mutter entfernt werden muß, die sich nicht damit abfinden will, ihn zum Leben erstehen zu lassen. In Scala wird er sich auf das Priestertum vorbereiten; dann, Ende März, wird der brillante Schüler Vicos dort Sportelli ersetzen und den *bambini* das ABC und das Kreuzzeichen beibringen.

Am Samstag, dem 1. Januar 1735, beginnt Liguori zusammen mit Sarnelli und einigen Hilfspriestern ein Unternehmen von vier Missionen an der amalfischen Küste: Praiano (1.000 E), Vettica Maggiore (800 E), Positano (3.750 E) und Cetara (2.500 E). Zwei Monate, in denen man in Scala die Suche nach einer neuen Niederlassung diskutiert. Wohl sicher deshalb, weil man dort eine Kirche hätte bauen müssen? Soll man auf die Hochebene von S. Caterina emigrieren? oder auf die Anhöhe von Minuto? oder aber auf halber Höhe auf den Absatz von Pontone? Briefe gehen zwischen Santoro, Falcoia und Liguori hin und her. Der *Direttore* liebt es, wie wir wissen, zu führen, und allein zu führen. Am 20. Januar schreibt er an Alfons:

„Wenn Ihr noch nicht geantwortet habt, so wäre es mir lieb, wenn Ihr (Ihr und Eure Mitbrüder) Monsignore (Santoro) einstimmig mitteilt, Ihr seid einstimmig bereit, Euch alle mir zu unterwerfen und mit allem einverstanden, was ich unternehmen werde. Dieser uneingeschränkte Gleichklang wird großen Eindruck machen; er wird Euch eine Menge Ärger und viele Fallen ersparen; außerdem wird er Euch zu einer Quelle der Verdienste vor Gott werden."

Natürlich! ... Eine schöne und damals allzusehr verbreitete Theorie, die den Despoten ein göttliches Szepter in die Hand gab, mit dem sie ihre „dienstbaren Kräfte" allen ihren „Dienstbarkeiten" „dienstbar" machen konnten. Doch war dies weder der Geist eines Franz von Sales oder eines Vinzenz von Paul, noch auch jener Alfons von Liguoris. Dieser letztere aber — hier ganz ein Kind seiner Zeit — gehorchte gerne aus Liebe zum Willen Gottes. Allerdings nicht blind. Er ist auch ein Kind der Aufklärung und gibt, soferne er die Wahl hat, der Vernunft und dem Gewissen des je einzelnen die Priorität. Im vorliegenden Fall interessiert ihn die Debatte über Scala weit weniger als seine Missionen um Positano. Aber er reagiert sehr schnell, als der Prälat drei Tage später seine wahren Absichten aufdeckt:

„Mein Plan wäre es, Euch hierher (nach Castellamare) zu bringen. Eine Einsiedelei, sehr reine Luft, eine kleine, sehr stille Kirche, drei Zimmer, sanfte Einsamkeit: das ist S. Cataldo. Ganz in der Nähe die Diözese Vico Equense und viele andere leicht erreichbare Gebiete, die der Missionierung bedürfen. Außerdem nicht die Last der Schule."

In gewohnter Kürze notiert Alfons auf diesem Brief:

1. Keine Einkünfte, und Castellamare ist arm.
2. Keine große Diözese. Vico ist gut bestellt *(coltivato)*.
3. Es gibt dort schon so viele Ordensleute (In Castellamare, einer Diözese von 7.000 Seelen, gab es tatsächlich bereits Dominikaner, Kapuziner, Minoritenbrüder, Minimen, Karmeliten, Jesuiten, Fatebenefratelli, Klarissinnen und Karmelitinnen!
4. Andere bessere Orte. Wenig Seelen."[21]

Diese vier Gründe legt Alfons dem Bischof zweifellos dar. Aber da ist noch ein fünfter, den er nicht ausdrückt: „Falcoia *Direttore*, ja. Falcoia *Direttore* und Bischof, nein!" Hat der Prälat alles verstanden? Jedenfalls insistiert er nicht. „Wir werden später darauf zurückkommen", schließt er seinen Brief vom 30. Januar. Man kam nicht mehr darauf zurück.

Dagegen kommt eine Gründung in Positano ins Gespräch. Alfons selbst verhandelt mit den verantwortlichen Laien über das „Rosenkranzhaus". Falcoia gibt am 12. Februar nach:

„Ich fürchte, es ist nicht gut, sich so zu verzetteln... Scala darf um keinen Preis aufgegeben werden." (Das ist Falcoias Meinung, nicht diejenige Alfons': Scala ist nur schlecht erreichbar.) „Ein solches Gewicht auf so wenige Schultern zu laden, entspricht nicht der üblichen Vorgangsweise. Aber der Glaube an Gott kann Wunder tun. Betet und laßt beten. Und auf diese Gewißheit hin mögt Ihr dieses einemal handeln. Aber dann möchte ich nichts mehr von weiteren Gründungen hören — Anfragen fehlen Euch ja nicht — sofern nicht weitere Arbeiter kommen."

Doch dieser Plan zerbricht... an der Klippe der Schule. Ende Februar schreibt der Gründer an den Erzbischof von Amalfi, Mgr. Sforza:

„Seine Exzellenz haben zweifellos schon vom Wunsch dieser Herren von Positano gehört: sie wollen, daß wir auch die Schule übernehmen. Ein solches Ansinnen hat mich äußerst überrascht, da ihm mehrmalige Absagen meinerseits vorausgingen."[22]

Schließlich setzt Alfons selbst einen Schlußpunkt unter die Verhandlungen.

Nach beendeten Missionen steigt er wieder nach Scala hinauf, um die Fastenpredigten in der Kathedrale zu halten; Sarnelli schickt er nach Villa, um dort zu predigen und Beichte zu hören, Beichte zu hören vom Morgen bis zum Abend — mit Ausnahme der Zeit der Predigten und einer kurzen Atempause bei einer Tasse Kakao —, bis 11 Uhr nachts. Das bedeutet, daß die ganze Region zu seinem Beichtstuhl kam. Es war also, wie Liguori später in der Biographie, die er seinem heiligen Freund widmet, schreiben wird, eine echte Mission[23].

Was er selbst in Scala machte, sagt er uns nicht: nämlich Fastenpredigten in der

Kathedrale und zur gleichen Zeit Einkehrtage in der Pfarrei S. Caterina, dann bei den Benediktinerinnen von S. Cataldo (eben jenen, die den ausgeschlossenen Schwestern Crostarosa drei Gewänder geliehen hatten), und schließlich bei den Klosterfrauen vom Heiligsten Heiland. Welches Geheimnis steckte hinter solch geballter Leistungskraft? Wenig schlafen, sehr wenig essen, lange beten, und nicht eine Minute verlieren. Erst nachdem das Osterfest eingeläutet ist (17. April), kehrt er nach Villa zurück.

Nun steht er bis zum Advent 1735 ganz seinen fünfzehn Novizen zur Verfügung. Die Räumlichkeiten wurden noch einmal erweitert, aber noch immer mußte man zusammenrücken. Giulio Marocco kam als Priester, und nunmehr gefestigt, im Juli zu dieser Gruppe zurück. Es fanden Einkehrtage für Ordinanden, Priester und Laien statt, und in den beengten Räumlichkeiten entwickelte sich ein intensives religiöses Leben: Schweigen, Gebet, Offizium, Ansprachen, Buße und Freude in Gott. Aber es war kein Noviziat im Glashaus: in Dreiergruppen zogen sie mit jeweils einem Priester für drei oder vier Tage in die Dörfer, um dort das Evangelium zu verkünden: Katechismusunterricht, kurze Predigten im Freien, Gebetszusammenkünfte.

Ende September aber kehren die in der Fastenzeit rekrutierten vier jungen Leute wieder zu ihren sanften Gestaden zurück und geben damit Falcoias Einwänden recht. Allerdings triumphiert dieser letztere nicht: Er schreibt am 5. Oktober: „Lieber Sohn, Eure Resignation bedeutet mir mehr Freude als die Ankunft von zehn guten Mitgliedern."

Trotz dieser bitteren Enttäuschung wird Alfons nie so weit „resignieren", daß er seinen Glauben an die Jungen verlöre. Nach Falcoias Tod werden ihm die Jungen recht geben.

Es kommt die *rinfresca*, der Herbst — Liguori zieht seine großen Stiefel an und marschiert mit dem Rucksack auf dem Rücken und dem Rosenkranz in der Hand zu seinen Missionen quer durch die Diözesen Capua, Caserta und vor allem natürlich Caiazzo. Seine Gefährten sind nun alle Patres vom Heiligsten Heiland: Mazzini, Rossi, de Alteriis, Marocco, Camardelli und jener Don Innocenzo, dessen Familiennamen wir nicht kennen. Die „Koadjutoren"-Brüder — welch treffende Bezeichnung! — sind ebenfalls dabei.

1736 aber wird der junge Baum vom Wind seiner Äste beraubt: Marocco kehrt ermüdet zu seiner Klasse in Scala zurück; M. de Alteriis — eine der schönsten Hoffnungen des Instituts — wird von seinem Vater mit Waffengewalt zurückgeholt. Die anderen zeigen sehr schnell, daß die „Berufungen" der Priester nicht widerstandsfähiger sind als jene der Jungen. Von den Brüdern bleibt nur Gennaro Rendina. Doch sind mit Liguori, Mazzini, Rossi und Rendina noch heilige Männer da, die nun die anderen in ihre Mitte nehmen und mit sich reißen.

Mgr. Vigilante dagegen ist glücklich. Villa ist stets gefüllt mit Menschen, die meist unter Alfons' Leitung Einkehrtage halten. Die Missionare lassen diese Diözese, von der er einst geschrieben hatte: „arme Kirchen, armer Klerus, arme Bevölkerung" von einem Ende zum anderen fruchtbar werden. Sakramentenempfang und Gebet haben die christlichen Sitten zum Erblühen gebracht. Handwerker und Landarbeiter der Region von Villa — mehr als 200 sind in der Rosenkranzbruderschaft — sind selbst zu Missionaren geworden: in ihren Dörfern haben sie Missions- und Gebetszentren eröffnet, die uns an die *Cappelle serotine* der Elendsviertel von Neapel erinnern. Am 19. November 1735 bezeugt der Bischof in seinem Fünf-Jahres-Bericht an die Kongregation des Konzils:

„Ich finde keine Worte, um die Werke zu würdigen, die diese Missionare zur Ehre Gottes und für die Seelen nicht nur in der Gegend um Villa, sondern in der ganzen Diözese verwirklichen."[24]

Der Bischof schließt sich damit dem Zeugnis von Don Giovanni Izzo und Alfons selbst an: innerhalb von zwei Jahren „ist diese Gegend zu einem Paradies geworden."

27. In Ciorani, das Mutterhaus ...   (1736–1741)

„Dieses Bäumchen erbringt auf diesem kargen Boden ausgezeichnete Früchte, denn die rechte Hand des göttlichen Familienvaters hat es dorthin gepflanzt ..."

So schrieb Mgr. Falcoia im Februar 1741 an Kardinal Spinelli. Es handelt sich um das Institut des Heiligsten Heilands, das der Kardinal gern in Neapel gehabt hätte. Er hatte sich in diesem Sinne an den Bischof von Castellamare in dessen vermeintlicher Eigenschaft als Oberer des Instituts gewandt. Falcoia aber antwortete, er habe über diese Patres keine juristische, sondern lediglich jene Autorität, die sie ihm aus freiem Willen zuerkennen:

„Ich habe nicht die Vollmacht, die Ihr mir zuschreibt, um dieses Bäumchen zu verpflanzen und zu erhalten. Ich bin nur ein armseliger, verkümmerter und schwankender Stützpfahl. Nur die große Demut dieser Diener Gottes bewegt sie, sich auf mich zu stützen."

Falcoias „Leitung" konnte tatsächlich nur eine Übergangsregierung darstellen. Doch gilt das Balzac'sche Paradoxon nicht nur für Frankreich: „Das Provisorium ist ein Dauerzustand."

„Das Unangenehmste an der Übergangsregierung war ihre lange Dauer", schreibt M. De Meulemeester.

„Als Alfons und seine Gefährten Falcoia 1732 zum *Direttore* ihrer neuen Gesellschaft wählten, war der Prälat 70 Jahre alt. Sie konnten damals nicht ahnen, daß dieser von verschiedenen schweren Krankheiten angegriffene Greis neunzig Jahre alt werden würde, und dachten daher gar nicht daran, einen Endtermin für diese Übergangsregierung festzusetzen. Als sie später feststellten, daß die Kräfte des Prälaten allmählich nachließen und seine Aktivität durch Alter und Krankheit beeinträchtigt wurde, kam ihnen aber wahrscheinlich doch nicht einen Augenblick der Gedanke, ihn zur Niederlegung seines Amtes aufzufordern. Ihre kindliche Liebe zum *Padre*, ihr Feingefühl als *gentiluomi* und ihre Dankbarkeit für die unbestreitbaren Dienste, die er der Kongregation erwiesen hatte, hinderten sie daran. Falcoia selbst hätte einsehen müssen, daß seine Aufgabe eines „Vorläufers", der er sich durchaus bewußt war, nun beendet, und die Stunde gekommen war, die Autorität, auf die der Heilige in so bewunderungswürdiger Selbstverleugnung verzichtet hatte, in Alfons' Hände zurückzulegen. Doch kommt es eben nur selten vor, daß Menschen im Besitz der Autorität — und das gilt auch für Kirchen- und Gottesmänner — erkennen, wann es an der Zeit ist, abzudanken.

Falcoia jedenfalls, der eine gute Prise Freude am Regieren gehabt zu haben scheint, dachte nicht daran, sich zurückzuziehen, und so wurde das Provisorium definitiv.

„Dies war eine irreguläre Situation, eine Regierung mit schlecht definierten Vollmachten. In vielen Fällen waren die Kompetenzen des *Padre* und der Patres, die er an die Spitze der einzelnen Kommunitäten stellte, nicht geklärt. Alfons' freiwilliges bescheidenes Zurücktreten, seine Freude, aller Verantwortung, die seine überängstliche Seele fürchtete, ledig zu sein, erklärt und entschuldigt Falcoias Haltung, die aber desungeachtet schädlich war. Es lag in ihr sogar eine ernsthafte Gefahr für die junge Ordensgemeinschaft. Die Gewohnheit, sich in jeder bedeutenderen Angelegenheit an ihn zu wenden, hätte die Wertschätzung, Gefügigkeit und Bindung unmerklich schwächen können, derer Alfons bedurfte, um seine großen Aufgaben in der Zukunft voll und ganz erfüllen zu können."

Mit einer weniger transzendenzbezogenen und weniger demütigen Persönlichkeit als Alfons hätte dies den Bruch und vielleicht sogar die Katastrophe bedeutet. Wir müssen hier die Ebenen unterscheiden.

Alfons war nur für sein eigenes Gewissen „überängstlich". Seit 1734 nun vertraute er, mit voller Zustimmung Falcoias, seine Gewissensprobleme dem Rektor des Seminars von Caiazzo, Don Silvestro Sangiorgi, an, der einige Zeit mit ihm in Villa und dann in Ciorani lebte[2].

Bei den Missionen aber verfügte er über eine zehnjährige Erfahrung zusätzlich zur Kreativität seiner Jugend. Nie fragt er den *Direttore* über apostolische Methoden um Rat, wie etwa die Ausrichtung der Predigten, die Dauer der Missionen, oder andere seelsorgliche Vorgangsweisen. Hier ist er Fachmann und weiß genau, worauf er hinaus will.

In Sachen des Ordens- und Gemeinschaftslebens dagegen ist er „unwissend und fast ohne Praxis" — *poco pratico e ignorante* —, wie er M. Celeste geschrieben hatte. Er war lediglich Pensionär im Chinesenkolleg gewesen. So wendet er sich also an den Frommen Arbeiter und stellt ihm hundert Fragen. Doch hört diese anfängliche Korrespondenz nach drei Jahren wieder auf. Von den 94 Briefen, die der *Direttore* im Verlauf von elf Jahren an „seinen lieben Sohn" schreibt, stammen 68 aus der Zeit zwischen August 1732 und August 1735. Damit bilden sie die Hauptquelle der Annalen des entstehenden Instituts. Der Prälat greift hier nicht nur in allen Punkten der internen Regelung ein, sondern auch in Fragen der Zulassung von Mitgliedern, der Gründungsverhandlungen, der Übernahme apostolischer Arbeiten und unglücklicherweise auch der Spiritualität, die er der Kongregation aufprägen möchte. Er reagiert hier alle seine Erwartungen ab, die er in den drei Jahren als Generaloberer der Frommen Arbeiter aufgebaut hatte[3]. Im Sommer 1735 aber kommt dieser Briefverkehr unvermittelt zum Stillstand: nur mehr zwei Briefe vom 15. August bis zu Neujahr; nur sieben im Verlauf des Jahres 1736; und insgesamt nur mehr neun, darunter zwei kurze Billets, von 1737 bis 1743, ohne daß sich die beiden Männer auch sonst öfters getroffen hätten.

Gab es Mißhelligkeiten zwischen ihnen? Eine Abkühlung? Keineswegs: die seltenen Briefe der sieben letzten Jahre sind im unverändert gleichen herzlichen Ton gehalten. Oder griff der Prälat mit zunehmendem Alter nicht mehr so häufig zur Feder? Sehen wir einmal in den Jahren 1732/35 von seiner Korrespondenz mit Alfons ab, so hat er an die anderen nie so viel geschrieben wie nach 1735, ins-

310

besondere an die Redemptoristen Marocco, Mazzini und vor allem Sportelli, dem Sohn seines Herzens und seiner Gedanken. Möglicherweise hat er durch sie die Angelegenheiten des Instituts geleitet? Ja und Nein. Die Mehrzahl dieser Briefe berühren die Probleme der Kongregation oder der Häuser nämlich überhaupt nicht, sondern befassen sich mit persönlichen Neuigkeiten und Schwierigkeiten, vor allem mit den Problemen der Heiligkeit, denen er immer eine rührende Aufmerksamkeit zuwandte. Aber er liebt es auch, über Alfons und die jeweiligen Lokaloberen hinweg Entscheidungen zu treffen, als wäre er der unmittelbare Superior eines jeden. Vor allem im Sommer 1739 und einigen andern Perioden, in denen er Sportelli als Sekretär hat. Die verschiedenen Kanäle, derer er sich damals bediente, erklären aber die unvermittelte Abnahme des Briefwechsels Falcoia-Liguori seit 1735 nicht. Sie stellt die Frage im Gegenteil von neuem.

Die Antwort ist die, daß zwischen diesen beiden so starken und so unterschiedlichen Persönlichkeiten die Zusammenarbeit nicht ohne innere Verletzungen auf beiden Seiten ablief. Alfons hat sie, nicht ohne Tugend, allein eingesteckt. Davon zeugt folgender Entschluß, der in einer beim Tod des *Padre* aufgestellten Liste an zweiter Stelle steht: „Immer gut von Mgr. Falcoia sprechen und sich nie über ihn beklagen."[4] Nachdem der Gründer seinerseits schon bald zum Fachmann im Ordensleben geworden war, stellte er nach drei Jahren diese Korrespondenz, die mehr belastend als nutzbringend war, fast ein. Was blieb, war die Dankbarkeit, die Verehrung und die Freundschaft, sowie die Annahme einer bischöflichen Autorität, derer das Institut noch bedurfte, und die zu bestreiten in keiner Weise in Alfons' Absicht lag. Er ist nicht von der Leidenschaft des Befehlens besessen, sondern von jener der Seelen und der Missionen. Und er gibt sich freudigen Herzens hin, um das Evangelium den Armen, den Priestern zu bringen und Hilfskräfte zu mobilisieren, die mit ihm gemeinsam die verlassenen Landgebiete „missionieren" sollen: „Jesu Christi Verkündigung fortführen …"

Was also erwartet alle diese Menschen, Priester und Adelige an ihrer Spitze, die an jenem Sonntagabend, dem 4. März 1736, aus den Tälern zusammengeströmt und von den Bergen herabgestiegen sind, auf der langen Esplanade von Ciorani? Man könnte fast sagen: Jerusalem, das Jesus am Palmsonntag erwartet …

Und da kommt auch schon der noble Zug angeritten: Liguori, Rossi und Rendina auf Eselsrücken, mit einigen armseligen Gepäckstücken auf einem vierten Tier. Aufbrandender Jubel, Musketensalven, Glockengeläut und immer wieder der Ruf: „Der Heilige, der Heilige ist da!" Ein Volk, das sich in ihm nicht getäuscht hat, findet seinen Apostel vom Januar 1734 wieder, und dieses Mal, um ihn zu behalten. Alfons mußte glauben, sie seien verrückt geworden, und versank im Geist unter seinen Esel …

Hinter dem Pfarrer – Don Michele Amabile –, den Priestern und den Missionaren strömt die Menge in die große Pfarrkirche San Nicola. Auf der Kanzel dankt Liguori, kündigt die große Mission an, die seine Brüder und er am kommenden Tag beginnen werden, und die diesmal nicht mehr aufhören wird. Er predigt eine Stunde und länger und entläßt ein glückliches Volk. Baron Sarnelli nimmt die Patres mit ins Schloß. Alfons aber denkt an jene, die nicht kommen konnten und darüber unglücklich sind: Er geht zuerst zu ihnen, segnet und tröstet die Kranken. Erst dann, spät in der Nacht, kommt er in das enge Quartier, das in einem Nebengebäude des Schlosses provisorisch für die Patres gerichtet wurde, zurück und gönnt sich ein wenig Nahrung und Ruhe. Das Redemptoristenhaus von Ciorani hatte zu leben begonnen, und zwar für Jahrhunderte.

Seine Wurzeln lagen in der heiligen Freundschaft, die Alfons und Gennaro Sarnelli seit den *Tribunali*, den *Incurabili*, den *Capelle* und den *Cinesi* verband. Sie lagen aber auch im dynamischen und großmütigen Eifer von Gennaros Bruder, dem jungen Priester Don Andrea Sarnelli, der in Salerno, in Neapel und in Castellamare Himmel und Erde in Bewegung setzte, um diese neuen Missionare bei sich zu Hause etablieren zu können. Als Alfons und Gennaro sich im Januar 1734 nach Villa begeben hatten, waren sie gekommen, um gleichsam eine erste Furche aufzureißen. Der betagte *Direttore* selbst war aufs Pferd gestiegen, um die Örtlichkeiten zu besichtigen (21. März 1735) und sodann Rücksprache mit dem Erzbischof von Salerno, Mgr. Fabrizio di Capua (11. April) zu halten[5]. Durch einen Erlaß vom 12. September hatte die Bischofskurie von Salerno das Haus, die Kirche und zwei Missionare zu ihrer Betreuung freigegeben. Die Zahl der Missionare konnte nur mit der schriftlichen Erlaubnis des Erzbischofs erhöht werden ... Wir müssen das verstehen: es gab bereits allzuviele Klöster, Kirchen und Priester; deshalb geboten auch die wohlwollendsten Bischöfe einer weiteren Vermehrung Einhalt. Doch hatte diese Einschränkung Alfons mit Unruhe erfüllt, bedeutete sie doch, daß die Kommunität und die Mission bereits im Keim erstickt zu werden drohten. Es bedurfte Falcoias ganzen Einsatzes, um die Dinge wieder voranzutreiben. Hier wird deutlich, wie sehr der Gründer der Begegnung mit den Bischöfen, bei denen er Gründungen vornahm, selbst eines Bischofs bedurfte.

Zwei Verträge sollten die materielle Absicherung der Missionare gewährleisten. Einerseits setzte ihnen der Priester Don Andrea Sarnelli auf unbegrenzte Zeit eine Rente von zweihundert Dukaten jährlich von dem Erbteil, in dessen vollem Besitz er bereits war, aus: ein Bauernhof mit Baumbestand in einem Ort mit der Bezeichnung *la Vigna* und einer angrenzenden Kastanienpflanzung[6]. Das war die Grundlage zum Leben. Andererseits gab sein Vater, der greise Baron Don Angelo, „einen schönen Platz mit Gebäuden und Garten für Kloster und Kirche; außerdem Kalk, Holz und sogar das Geld, um mit dem Bau zu beginnen."[7]

Zu Beginn der Fastenzeit 1736 hatte Alfons also in Übereinstimmung mit Mgr. Falcoia seine Leute in drei Gemeinschaften aufgeteilt: in Scala blieben die Patres P. Romano, G. Marocco und Bruder Andrea mit den Novizen. Alfons selbst war mit Pater S. Rossi und Bruder G. Rendina nach Ciorani gekommen. Es waren nur skeletthafte Ansätze von Gruppen, die unmöglich gleichzeitig die permanente Mission an Ort und Stelle und die Missionen in der Umgebung abhalten konnten, und die daher wiederum Hilfspriester einsetzen mußten.

Aber zu keiner dieser Gruppen gehörte Gennaro Sarnelli. Was ist aus Pater Sarnelli geworden?

Von schwacher Gesundheit und übergroßem Eifer, hatte er den Belastungen der Missionen und dem Klima von Scala nicht standgehalten. Außerdem war er nach wie vor von der Idee beseelt, sein großes Unternehmen zu Ende zu führen, nämlich Neapel von den 30-bis 40.000 Prostituierten zu reinigen, die es erniedrigen und „der sichtbare Krebs seines ökonomischen Elends sind"; er möchte diese Mädchen und Frauen retten, die mehr als alle anderen Arme und Verlassene sind. „Die frohe Botschaft den Armen bringen", das war sein immer wiederkehrender Spruch, sein Leben[8]. Alfons war seit acht Jahren ein Herz und eine Seele mit ihm.

Falcoia dagegen fühlt sich wie einst Ripa durch diesen nicht zuzuordnenden Nonkonformisten gestört. Am 3. April 1735 schreibt der *Direttore* an Alfons: „Mein Sohn, ich habe den Charakter und die Gefühle Don Gennaros verstanden; momentan aber müssen wir vieles tolerieren und auf Gott vertrauen. Er hat einen sehr guten Kern, aber er ist nicht gewöhnt, sich nach der Meinung anderer zu richten, oder sein Urteil dem anderer zu unterwerfen. Wir müssen ihn in Geduld so nehmen, wie er ist, und so werden wir ihn nach und nach auf den rechten Weg bringen . . ." Am 9. Mai: „Don Gennaro quillt über von Ideen. Ein Wirbelsturm, der einen schwindeln machen kann." Aber bald darauf (29. Juni): „Don Gennaros Gesundheit ist ruiniert." Und schließlich (15. August): „Don Gennaro geht es sehr schlecht. Ich hatte ihn zur Erholung nach Ciorani geschickt, aber ein Erdbeben hat ihn ernsthaft betroffen; es hat sein Blut in Wallung gebracht und ihm Herzklopfen verursacht. Ganz zu schweigen von dem Schaden, den er sich durch seinen Sprung aus einem Fenster zugezogen hat. Daher möchte er Ärzte in Neapel aufsuchen . . . Warten wir ab, was daraus wird; erst dann werden wir Pläne mit seiner Person machen. Sein Gehorsam ist ja sehr gut, aber sein Eifer, Seelen zu retten, ist zu groß."

Was besagen will, daß Sarnellis Missionspläne die vorgegebenen Wege verlassen, und genau das mag Falcoia nicht. Er gibt aber doch nach, und Sarnelli kehrt nach Neapel zurück. Mit voller Zustimmung Alfons'.

Gemeinsam hatten die beiden Rechtsanwälte bei den *Incurabili* die verheerenden Auswirkungen der venerischen Krankheiten entdeckt; gemeinsam waren sie in den Elendsvierteln der *Cappelle* der Welt der Prostitution und der Hexerei, der verlorenen Mädchen und der verkauften Kinder begegnet. Im Herzen eins mit seinem „Bruder", setzte Liguori Himmel und Erde zu seinem Beistand in Bewegung. Am 17. Mai 1736 ruft er die Karmelitinnen von Pocara auf: „In Neapel ist eine sehr bedeutende Angelegenheit zum Ruhme Gottes im Gange, denn ihr Ziel ist es, viele Sünden zu verhindern. Ich bitte Euch, sie Jesus und Maria sehr, sehr anzuempfehlen."[9] Dann, am 16. Juli, wendet er sich wieder an seinen Vater, Don Giuseppe: „Ich bitte Euch noch einmal, das Unternehmen Don Gennaro Sarnellis zur Absonderung der Prostituierten zu unterstützen. Diese Angelegenheit trägt wahrhaft zur höchsten Ehre Gottes bei."[10]

Falcoia läßt sich schließlich doch überzeugen. Zwei Jahre später wird er in seinem Rundschreiben vom 19. April 1738 sogar alle Mitglieder des Instituts aufrufen, „den Eifer und die Mühen ihres Mitbruders zu unterstützen."

1736 vollendet und veröffentlicht Pater Sarnelli ein Buch über die Ausmaße, Formen, Ursachen und verheerenden Folgen der Prostitution und ihre Gegenmittel, an dem er bereits vor seinem Eintritt in die Kongregation gearbeitet hatte. Seine *Ragioni . . . contro l'insolentito meretricio* gelten auch heute noch als die klarsichtigste und erschöpfendste soziokulturelle Untersuchung dieses Themas im Zeitalter der Aufklärung. Sie war auch die wirksamste, denn ihre realistischen und präzisen Vorschläge wurden unverzüglich von einem König, der guten Willens war, aufgegriffen und in Gesetze gefaßt, die auch zur Anwendung kamen. Die alteingesessenen „Praktikantinnen" wurden — gelegentlich auch *manu militari* — aufgefordert, die Stadt zu verlassen, sie wurden im Osten der Stadtmauern in den Vororten Loreto und S. Antonio zusammengefaßt. Die Zuhälter konnten wählen zwischen fünf Jahren auf der Galeere oder einem anderen Beruf. Für jene Frauen, die dazu bereit waren, wurden Häuser gegründet, in denen sie Zuflucht und den Weg zurück in ein Leben menschlicher und christlicher Würde finden konnten. Sarnelli hörte nicht auf, für ihren Lebensunterhalt, ihre Freiheit, ihre Ehre und ihr Heil zu geben, zu sammeln, zu predigen und zu schreiben. Und doch war er für Ciorani, die Missionen und das Institut nicht verloren. „Das Institut", so schreibt er seinem Freund, „ich widme ihm alle mögliche Liebe und Hingabe. Ich sähe es gern hoch wie die Sterne und groß wie die Welt. Um den Preis meines Blutes."[11]

Zum selben Zeitpunkt, da das Institut des Heiligsten Heilands in Ciorani eine Gründung errichtet, besitzt es also gewissermaßen schon eine vierte Niederlassung in Neapel, für die Alfons sein ganzes Gewicht des Gründers, sein Herz, sein Gebet und seine Freunde einsetzt. Denn hier geht es tatsächlich um das Heil der Verlassenen.

Welch brüderlicher und geheimnisvoller Tausch: in dieser Fastenzeit 1736 bricht Sarnelli auf, um in Alfons' Heimatstadt Neapel gegen die Sünde anzukämpfen, während dieser letztere sich der Baronie Gennaros und der umliegenden Siedlungen widmet.

Noch haben sie keine Kirche und kein Kloster, und so leben Liguori und seine beiden Gefährten für zehn Dukaten jährlich bei Baron Sarnelli. Sehr bescheiden: ein Raum im Souterrain für Küche/Refektorium, zwei Schlafzimmer und ein weiterer Raum, der unverzüglich zum Oratorium umgestaltet wird. Es war gewiß kein schloßherrliches Leben in diesem lauten und zugigen Nebengebäude. Aber Christus ist hier bei ihnen in seiner Eucharistie und seiner Armut. Welch anderes Paradies sollten sie für ihre Tage und Nächte suchen?

Am 5. März 1736 beginnt die Mission. Die Leute steigen von Bracigliano herab und kommen von Siano und S. Severino herauf. Die große Pfarrkirche kann alle diese Menschen nicht mehr aufnehmen. Anschließend wird sie zum Sitz einer immerwährenden Mission wie in Scala, wie in Villa.

Aber ach: der alte Pfarrer Don Michele Amabile wird jeden Morgen durch den Lärm seines kraftstrotzenden Volkes, das zum Gebet mit den Patres herbeieilt, aus seinem Schlaf des Gerechten gerissen. So verlegt man also die Übungen der täglichen *Vita divota* von S. Nicola nach S. Sofia, einer zum Schloß gehörenden Kapelle, bis man eine eigene Kirche gebaut hat.

„Schon bald", so schreibt Tannoia, „glich Ciorani nicht mehr dem, was es früher war, sondern war zu einer strahlenden Christenheit im Aufbruch geworden. Keine Raufereien und Streitigkeiten, keine Flüche und Verwünschungen mehr. Keine schlüpfrigen Worte oder anstößigen Lieder mehr auf den Lippen der Jungen und Mädchen. Häuser und Hügel hallen wider von den *sacre canzoni*, den von Alfons komponierten religiösen Liedern. Man grüßt einander, man grüßt die Patres mit einem freudigen ‚Gelobt sei Jesus und Maria!' Wohin sind die Leute verschwunden, die in den Schenken und am Spieltisch Gott beleidigten? In die Kirche zur Messe oder Beichte, zum Besuch Unseres Herrn oder Unserer Lieben Frau."[12]

Schon Mitte März 1736 erreicht die Missionswelle, die die Baronie aufrüttelt, für eine Zeitspanne von drei Monaten das ganze Hochland der Umgebung: Bracigliano in zwei Kilometern Entfernung und, etwas weiter, Turiello, Serino, Solofra mit allen Dörfern. Ciorani ist nicht weit entfernt, und so können die Leute auch zum Haus der Patres kommen, um hier ihren Eifer von neuem zu beleben.

Außerdem besaß Alfons die Gabe, aus den vielen vorhandenen Priestern die besten auszuwählen und sie dazu zu motivieren, ihm zu helfen und nachzufolgen.

So geht er mit Rossi und vielleicht auch Rendina wie ein Erdbeben der Gnade durch die Lande, rüttelt das Volk auf und hält zugleich für den Klerus und die Ordensleute der jeweiligen Missionsorte Exerzitien. Und immer wieder Beichten, Beichten ... Eine wunderbare Aktivität, die fast unglaublich erscheinen könnte, wenn wir uns nicht vergegenwärtigten, daß dieser vierzigjährige Mann im Vollbesitz seiner physischen Kräfte und aus der Macht seiner strahlenden Heiligkeit wirkt! „Wenn man ihn so arm, so demütig, von so einladender Sanftmut und voll des Geistes Gottes sah, dann ging jeder, auch der Widerstrebendste, in sich und bereute; die Bekehrungen waren ohne Zahl", sagt Tannoia und fügt etwas übertreibend hinzu: „Allein auf ihn kamen hunderte."[13]

Nach Beendigung dieses Unternehmens folgten die vier Sommermonate, in denen sich der Wandermissionar von Juni bis September wieder ins Haus zurückzog, ganz dem gemeinschaftlichen Leben des Gebets, des Schweigens, des Studiums und der Brüderlichkeit hingegeben.

In dieser Zeit begann man auch mit dem Neubau; Architekt: Liguori; Unternehmer: Rossi; Handwerker, Lastenträger, Maurer und Dachdecker: genau wie in Villa fünfzig bis hundert Idealisten, angefangen von Don Andrea, Priestern, Gläubigen, Damen und Herren mit weißen Händen, die Patres selbst natürlich, bis hin zum greisen Pfarrer, sobald er einmal aufgewacht war.

Alfons aber hatte kaum Zeit, sich an seinem Zeichenbrett oder auf der Baustelle aufzuhalten, da er seinen Häusern eine dreifache Lokalmission zuordnete: das Beispiel des Evangeliums durch eine Gemeinschaft von um Jesus Christus versammelten Heiligen; die Anregung der *Vita divota* für die Gläubigen der Umgebung; und die Abhaltung geschlossener Einkehrtage für Ordinanden, Priester und Laien.

Daher begann Alfons Ende Mai 1736, gerade erst von seiner ersten Missionsreise zurückgekehrt, sofort mit der Abhaltung von Exerzitien. Die Märzmission hatte so großen Widerhall gefunden, daß eine große Anzahl von Priestern und, wie man damals sagte, „Standespersonen" allgemeine Einkehrtage wünschte. Da Baron Angelo zu diesem Zeitpunkt in seinem neapolitanischen Stadtpalais residierte, bat ihn Alfons um Überlassung des großen Saals in seinem Schloß, sowie einiger Zimmer für diejenigen der Teilnehmer, die nicht jeden Abend nach Hause zurückkehren konnten[14]. Die Gründung von Ciorani war tatsächlich wie eine große Verheißung Gottes, eine Verheißung, die nicht enttäuschen sollte.

Alfons hätte sich uneingeschränkt freuen können, wenn nicht aus Villa schlechte Nachrichten eingetroffen wären. Dort hatte sich während der Fastenzeit das Noviziat fast geleert. „Wir sind hart geprüft", schrieb er am 18. April an Schwester Giovanna della Croce. „Innerhalb kurzer Zeit haben wir vier, möglicherweise sogar fünf Mitglieder verloren. Sieh selbst, ob wir nicht des Gebets bedürfen. Flehe zu Jesus, er möge uns Leute schicken."

Mitten in den Einkehrtagen des Sommers nun rüttelt ihn eine seltsame Drohung auf: Sie kommt von seinem Vater ... Der betagte Oberst ist zwar bei den Bourbonen in Ungnade gefallen, aber er hat in den oberen Kreisen Neapels doch seinen ganzen Einfluß behalten. Persönlich gebrochen und am Ende seiner Karriere angelangt, überträgt er nun seine eigenen Ambitionen auf den Sohn. Es ist an der Zeit, ihn zum Bischof zu machen ... – Das hat gerade noch gefehlt!

„Mein Vater", antwortete Alfons temperamentvoll am 5. August, „sprecht nicht mehr von einem Bischofssitz, wenn Ihr nicht mein offenes Mißfallen erwecken wollt. Sollte dieser Plan dennoch gelingen, so bin ich entschlossen, sogar die Mitra von Neapel zurückzuweisen, um mich dem großen Werk zu widmen, zu dem Jesus Christus mich gerufen hat. Würde ich es im Stich lassen, so müßte ich mich fast für verdammt halten, denn dann wäre ich dem Anruf gegenüber taub, den mich Gott so deutlich hat hören lassen. Ich bitte Euch also, sprecht nicht mehr davon, weder mit mir noch mit jemandem anderen; umso mehr als es eine der Regeln unseres Instituts ist, auf den Episkopat und alle Würden zu verzichten.

Ich empfehle Euch unablässig unserem Herrn. Möget auch Ihr nicht aufhören, mich zu segnen, damit ich jenem Gott treu bleibe, dem ich alles verdanke ..."

Und er wendet sich wieder seinem Alltag zu: nimmt einer Gruppe von Bäuerinnen die Beichte ab, mischt den Mörtel an der Baustelle oder verkündet bei den Einkehrtagen das Evangelium.

Im Oktober setzen die Wandermissionen wieder ein. Zunächst kehrt man im Herbst 1736 und Winter 1737 zu den Pfarreien der vergangenen Saison zurück, um sie „wiederzubeleben", um dann mit einem halben Dutzend Hilfskräften durch die Diözesen von Cava, Amalfi und Salerno zu ziehen. Den Abschluß dieser Missionen bildet Ende Februar S. Lucia in Cava.

Glückliche Mission von S. Lucia! Alfons bringt davon zwei „Rekruten" mit. Don Carlo Maiorino, beredt und eifrig, der mit ihm die ganze Kampagne mitgemacht hat, löst sich aus dem liebevollen Nest seiner Familie, um ihm nachzufolgen. Und eine zweite Hilfskraft hat er gewonnen: Don Andrea Villani (1706–1792) aus dem Geschlecht der Grafen della Polla. Am 5. April 1788, also acht Monate nach dem Tod des Heiligen, wird er beim Diözesanprozeß von Nocera dei Pagani folgendes bezeugen:

„Es war 1737. Ich war bereits Priester, Beichtvater und Prediger ... Er schrieb mir, ich solle mich ihm in der Mission anschließen, die er in S. Lucia in Cava zu halten habe ... Ich ging hin. Er flößte mir Vertrauen ein. Ich erlebte seine Tugenden und die seiner Gefährten, vor allem aber seinen ungewöhnlichen Eifer ... Er lebte in Ciorani in enger Verbindung mit Don Saverio Rossi, Don Gennaro Sarnelli" – (der oft von Neapel herüberkam) – „und anderen, die bereits verstorben sind, sowie mit P. Giovanni Mazzini, der noch immer im Ruf der Heiligkeit lebt. Zusammen mit Don Carlo Maiorino kam ich zu ihnen in das Häuschen vor dem Palazzo des Barons. Hier hatte man einen kleinen Altar für die religiösen Zeremonien errichtet. Wir lebten in Gemeinschaft unter ungeschriebenen Regeln, aber in der Observanz der strengsten Ordenshäuser."[15]

Umso strenger, da Villani und Maiorino zur Fastenzeit in Ciorani eintraten. Diese intensive Zeit des Gebets und der Buße verbrachte die kleine Missionsgruppe im Haus, um die Hilfskräfte freizustellen, und mit Predigten und vor allem mit Beichten die immerwährende Lokalmission zu beleben, die im Umkreis von dreißig Kilometern ihren Widerhall fand. Unsere beiden „Neuen" gingen dabei gewiß kräftig zur Hand. Im Frühjahr 1737 aber sind sie zur Osterzeit in Villa. Im Prinzip, um dort unter Mazzinis Führung die Novizen zu ersetzen, die in jüngster Zeit ausgetreten waren. In Wirklichkeit aber für ein kurzes und trauriges Abenteuer.

Die ersten Anzeichen der Krise reichten bis 1735 zurück.

Zunächst hatten die wirtschaftlichen Verwalter der Annunziata nach einem Jahr die Auszahlung der den Patres für den Schuldienst zustehenden jährlichen sechs Dukaten verweigert. Alfons hatte sich daraufhin an Mgr. Vigilante gewandt. Die Bischöfe aber konnten, wie wir wissen, nur geistliche Blitze gegen die Laien, denen die Kirchen gehörten, schleudern. Doch Vigilante schleuderte überhaupt nichts; Falcoia entschied, daß die Schule weitergeführt werden sollte; diese Prälaten waren wahrhaft Männer im Sinn des Evangeliums[16]. Aber nichts belastet so sehr wie eine Wohltat, und so herrschte fortan unterschwellig Zwietracht.

Der auslösende Faktor war ein einflußreicher Priester der Baronie Formicola, *un prepotente sacerdote*, wie Tannoia sagt. P. Rossi hatte sich erlaubt, die Komplizen dieses Sünders der Buße zuzuführen. Daraufhin hatte dieser andere Unzufriedene aufgewiegelt, die sich ebenfalls in ihren Gewohnheiten gestört fühlten. Wir haben es bereits gesagt: zu jener Zeit bestand eine der natürlichen und als moralisch anerkannten Methoden der Geburtenkontrolle im „ökonomischen" Eintritt in den Klerikerstand und in die Klöster, was natürlich nicht zwangsläufig auch Charismatiker des Zölibats hervorbrachte …

— Diese Fremden, so verbreiteten unsere Freigeister, essen nur das Brot unserer ortsansässigen Priester. Diese Anprangerer von Unrecht machen ein Geschäft aus der Heiligkeit, um von ihren eigenen Fehlern abzulenken. Die Rasenden wagten es sogar, eine Dirne anzuheuern, die verbreitete, sie habe den ehrwürdigen Patres, allen voran Alfons, fröhliche Nächte bereitet. „Lügt nur munter drauf los", schrieb zu jener Zeit ein gewisser Voltaire, „irgend etwas bleibt immer hängen."

P. von Liguori aber ließ sich dadurch nicht aus der Ruhe bringen, sondern empfahl seinen Brüdern Klugheit, Gebet und Buße. Dann war er, wohl wissend, daß die Werke Gottes die ganze Hölle gegen sich haben, aufgebrochen, um mit Rossi und Rendina Ciorani zu gründen.

Wurden die Elenden durch seine Abreise noch kühner? Sie steckten dem Fürsten von Columbrano eine Börse mit hundert Dukaten zu, damit er das Land vom dunklen Schatten der „Liguorianer" befreie. Nachdem Alfons erfahren hatte, daß der Sturm unmittelbar vor seinem Ausbruch stand, unternahm er einen Vorstoß bei Don Francesco Carafa. Dieser empfing ihn mit folgender charmanten Bemerkung an die Anwesenden:

— Schon wieder einer dieser stinkenden Eremiten!

Nach einem frostigen Gespräch setzte ihn der Signore grob vor die Tür.

Jetzt kannte die Kühnheit der Verschwörer keine Grenzen mehr. Da sie sich der Unterstützung des Fürsten sicher waren, brachten sie ihre Anklagen bis vor die Gerichte der Hauptstadt. Hier kannte man Alfons aber zu gut, um auch nur ein Wort davon zu glauben. Außerdem beeilte sich P. Fiorillo, an höchster Stelle bei seinen Freunden, der Marquesa und dem Marquese von Montealegre, zu intervenieren.

Nun schritt man mit Unterstützung des Barons zur Tat. Am Morgen des 2. Juni 1737 wird der Bruder Sakristan — ist es Andrea oder der junge, vor einem

Jahr durch eine Predigt P. Alfons' gewonnene Francesco Tartaglione? — nach dem Angelusläuten von einem Kommando überfallen, das im Auftrag eines der Ökonomen der Annunziata handelt. Sie entreißen ihm die Schlüssel, verriegeln die Kirche und fordern ihn unter Beleidigungen auf, so schnell wie möglich zu verschwinden, er und seine Mitbrüder. Dann besetzen sie mit Waffengewalt den Kirchturm und zernieren Kirche und Kloster, um das Volk daran zu hindern näherzukommen.

Die Patres fühlen sich nicht mehr sicher. Mazzini rettet seine Gemeinschaft aus der Baronie in die Eremitage von S. Maria del Vignanello; er informiert Falcoia und Alfons eilends durch Briefe und trifft sich mit diesem letzteren in Castellamare.

Der *Direttore* wartet gar nicht erst, bis sie eintreffen, sondern schreibt schon am Morgen des 7. Juni an Mgr. Vigilante, er habe sich „angesichts dieser Lage nicht anders zu helfen gewußt, als den Priestern zu befehlen, Villa zu verlassen." Im Laufe des Tages treffen Liguori und Mazzini bei ihm ein. Auch Cesare Sportelli, der interimistische Sekretär des Monsignore, der nun seit dem 5. Mai endlich Priester ist, erwartet sie hier. Falcoia bleibt bei seinem Entschluß. Noch am selben Abend läßt er Sportelli an Marocco und Andrea schreiben, sie sollen gemeinsam mit Don Silvestro Sangiorgi die materiellen und juristischen Fragen regeln. Außerdem läßt er die Novizen Villani, Maiorino und Tartaglione unverzüglich zu sich kommen. Sie werden von Mazzini erwartet, der sie nach Ciorani bringen soll, wo man für sie einige Zimmer des Barons angemietet hat.

In der Nacht vom 10. Juni schließen und verlassen die Väter Villa. Im ganzen Land beweint man sie, angefangen vom Bischofspalast bis hin zur kleinsten Hütte. Alfons' Schmerz ist tief, aber doch nicht ohne Erleichterung. Denn er schreibt am 12. Juli an Falcoia:

„Außerdem möchte ich Euch sagen, daß man uns in Cava und Vietri drei Gründungen angeboten hat. Ich habe aber diesen Vorschlägen kein allzu offenes Ohr geschenkt, da ich den Wunsch Euer Durchlaucht kenne, lieber vereint zu bleiben, als uns in weiteren Gründungen zu zerstreuen. Wenn Ihr es aber wünscht, mein Vater, so werde ich, sobald ich an diese Orte zurückkomme, die günstigste dieser Gründungen im Gehorsam verwirklichen.

Erlaubt mir aber, mein Vater, Euch zwei Gedanken dazu vorzulegen: Der erste ist der, daß wir künftighin genau überlegen müssen, ehe wir Gründungen, die auf so schwachen Beinen stehen, annehmen. Natürlich können wir sie jederzeit wieder aufgeben; aber nur unter großem Schaden und Mißkredit für das arme Institut. Denn dann wird man wie jetzt bei Caiazzo sagen, wir seien davongejagt worden.

Der zweite, mein Vater, ist eine Bitte. Wir sind erst so wenige; wacht also darüber, daß wir vereint bleiben. Ich tröste mich mit dem Gedanken, daß Jesus die Affaire von Villa zugelassen hat, um uns an einer weiteren Zerstreuung zu hindern; denn er hat uns diese Gründung genommen, so daß wir uns nicht vorwerfen müssen, sie selbst aufgegeben zu haben. Aber Euer Wohlgeboren weiß, und ich habe diese Erfahrung nun auch gemacht, daß dort, wo die Zahl der Mitglieder zu klein ist, die Observanz lau wird, der Eifer abkühlt und sogar die Beharrlichkeit gefährdet ist: mit einem Wort, alles schwindet zur gleichen Zeit. Sobald auch nur eines der Mitglieder vom Chor fernbleiben muß, um eines der Ämter, wie

Predigt, Beichte, usw. auszuüben, die vor allem dort, wo sich nur wenige in die Aufgaben teilen, immer wieder anfallen, ist das gemeinsame Chorgebet nicht mehr gewährleistet; und das kommt oft vor. Außerdem, was ist ein Chor mit so wenigen Teilnehmern? Man kann ihn kaum als solchen bezeichnen, denn der Hebdomadar singt auch die Wechselgesänge und er ist es auch, der die Psalmen intoniert. Auf diese Weise werden wir nie lernen, das Offizium richtig zu vollziehen. Auch die monatlichen Einkehrtage und die Exerzitien sind schwerlich durchzuführen. Ich selbst kann mich nicht daran erinnern, seit ich ganz allein bin, meine Einkehr in vollkommener Einsamkeit gehalten zu haben: es waren unser so wenige, daß ich immer irgendwo eingreifen mußte. Die häuslichen Vorträge sind zwar nützlich, aber wenn man nur zu einer so kleinen Gruppe spricht, dann fallen einem die Arme herunter, und man weiß nicht mehr, was man sagen soll; ganz zu schweigen davon, daß man kaum moralische Anwendungen bringen kann, aus Angst, die wenigen Zuhörer zu verletzen. Schuldkapitel finden nur selten, ja fast nie statt, wiederum aufgrund der zu geringen Zahl; und aus demselben Grund verabsäumt es der Zelator, am Freitag die Mängel, die er bemerkt hat, aufzuzeigen. Sogar die Rekreationen bringen bei so wenigen Leuten und vor allem, wenn dann noch der eine oder andere auch nur die geringste schlechte Laune hat, mehr Langeweile als Erholung. Alle diese Ursachen zusammen bewirken Inobservanz und ein Nachlassen des Eifers. Wir wissen es aus Erfahrung, mein Vater, wir, die wir durch die Gründung von Ciorani das unermeßliche Übel gesehen haben, das eine solche Zerstreuung der Mitglieder bewirkt hat. Sagen wir es, wie es ist, mein Vater: Don Saverio (Rossi), Don Giulio (Marocco) sind nicht mehr, was sie vorher waren, und ich selbst bin wahrscheinlich der erste, der schlimmer und kälter geworden ist als alle anderen. All dies muß in Erwägung gezogen werden, nicht nur um unserer selbst, sondern auch um der Außenstehenden willen: wenn sie wissen, daß wir nur so wenige sind, werden sie sich nur schwer dazu entscheiden, zu uns zu kommen."

Das Problem der Wiedereröffnung von Villa kommt auch später immer wieder zur Sprache, insbesondere im Jahr 1757, als der Gründer am 25. Mai folgende Antwort gibt:

„Unsere Rückkehr nach Villa? Die Sache ist sehr schwierig. Zunächst einmal verfügt Villa nicht über genügend Renten zum Unterhalt von zwölf Priestern. Denn wir wollen keine Minikonvente (conventini). Natürlich haben wir dieses Haus anfangs übernommen. Aber heute ist die Kongregation doch in einer ganz anderen Lage mit ihren bereits fünf Niederlassungen."[17]

Im Juni 1737 ist das Institut also auf nur zwei Kommunitäten, allerdings mit höheren Mitgliederzahlen, reduziert. Sportelli und Maiorino wurden nach Scala geschickt, um dort P. Romano und F. Vito Curzio zur Hand zu gehen, und im Herbst wird auch F. Andrea zu ihnen stoßen. Mazzini, Villani und Frater Francesco Tartaglione kommen nach Ciorani, wo man auch Giulio Marocco und den „Novizen" Silvestro Sangiorgi erwartet, sobald sie ihre „Mission", Villa aufzulösen, beendet haben. Hier lernen sie einen achtzehnjährigen Bruder kennen, der eine Woche vorher wie ein Sonnenstrahl ins Haus gekommen ist: Gioacchino Gaudiello, der leibliche Neffe des guten Pfarrers Don Michele Amabile.

Die Familie Gaudiello wohnt in Bracigliano. Gioacchinos Bruder Don Andrea ist Diakon und schon ein wenig der Vikar seines Onkels, dem er dann im Sommer 1738 als Pfarrer von Ciorani nachfolgt. Die beiden Brüder können also den Gründer Tag um Tag besser kennenlernen. Don Andrea gibt folgende Schilderung:

„Ich war Diakon, als P. Alfons von Liguori mit zwei Gefährten nach Ciorani kam und hier begann, die Strahlen seiner Heiligkeit auszusenden, indem er für die Bevölkerung predigte, bis in den Nachmittag hinein Beichte hörte, die Kranken besuchte und die von einem Unglück Betroffenen tröstete. Er war sanften Herzens, mild gegen alle und schlicht wie ein Kind. Neben vielen anderen Tugenden stand seine unsagbare Marienverehrung: Er wollte Tag und Nacht Mariens Lob verkünden und entflammte durch seine Lieder, seine wunderschönen Muttergottesbilder, die er drucken ließ, und seine Broschüren und Novenen auch das Volk für ihre Verehrung ...“[18]

Seit 1732 druckte und verbreitete Alfons tatsächlich kleine Sammlungen seiner *Canzoncine spirituali* (geistliche Lieder). Um nur jene zur Muttergottes zu erwähnen: Aus diesen Jahren stammen Lieder, die auch heute noch in ganz Italien gesungen werden: *O bella mia Speranza, La più bella Verginella,* und das herrliche Weihnachtslied *Fermarono i cieli:*

> „Die Harmonie des Himmels
> selbst nicht mehr erklang,
> als Maria mit dem Kinde
> ein Wiegenlied sang.“

Aus dieser Zeit stammen auch die berühmten *Gebete zur Allerseligsten Jungfrau Maria für jeden Tag der Woche* und die *Coronelle* zu Ehren der Schmerzen Mariens, des Jesuskindes und der Immakulata.

Diese kleinen Schriften, wie auch die *Grundsätze für die Ewigkeit* sah Don Andrea Gaudiello Alfons an jene verteilen, die lesen konnten; den Analphabeten aber flößte er durch seine Stiche der Madonna, die er ihnen schenkte, Vertrauen, Gebete und Heiligkeit ein[19].

„Sooft ich in sein Zimmer kam“, fährt A. Gaudiello fort, „las oder schrieb er mit dem Bild Mariens vor sich ...

Seinen Eifer für das Allerheiligste Sakrament brauche ich nicht eigens zu erwähnen: er wollte, daß es Tag und Nacht von Betenden umgeben sei. Hierin ging er selbst mit seinen Brüdern allen voran ...

Als ich dann Priester und Beichtvater geworden war, ging ich mit ihm auf Mission. Die erste fand in Forino statt“ (im Januar 1738). „Unsere *minestra* bestand aus Rüben und Kastanien. Er aber kam nicht an den Tisch, ohne sich vorher den Mund mit sehr bitteren Kräutern vergiftet zu haben. Stets war er mit Bußgewändern und Ketten behängt, so daß er nur noch gebeugt und krumm gehen konnte. Seine leicht verständlichen und anziehenden Predigten führten das Volk zu Gottesfurcht und Vollkommenheit. Am liebsten empfing er die Ärmsten und am wenigsten Vorbereiteten zur Beichte. Kurz und offen gesagt, er erschien mir als das Vorbild aller Tugenden, aller Formen der Liebe, vor allem hinsichtlich der Armen.“

Eine machtvolle Welle des Vertrauens löst die anfängliche Zurückhaltung des Erzbischofs von Salerno und die Widerstände eines Teils des Welt- und Ordens-

klerus ab (43 Männerklöster auf 60.000 Einwohner!), der sein Sammel- und Jagd-
gebiet bedroht sah.

— Alfons von Liguori hat nicht der Hunger dazu getrieben, sich aus der Welt
zurückzuziehen, antwortete Mgr. di Capua.

Er stattete ihn mit den umfassendsten Vollmachten zur Predigt und Beichte aus
und gab ihm die Erlaubnis, auch an Sonn- und Feiertagen am Bau weiterzuarbei-
ten. Nun strömten die Maurer aus zwei Meilen im Umkreis herbei, und schon
Ende 1737 waren die provisorische Kirche (das ganze Erdgeschoß), das erste
Stockwerk mit Hauskapelle, Zellen und großem Saal für die Einkehrtage, sowie
ein zweites Stockwerk mit kleineren Zimmern unter Dach. Der plötzliche Tod
des jungen Erzbischofs verzögerte die feierliche Einweihung bis Juni 1738, aber
die immerwährende Mission, die geschlossenen Einkehrtage und natürlich die
Gemeinschaft selbst übersiedelte sogleich in das neue Gebäude. Der Kapitularvikar ernennt Alfons zum Hauptpönitentiar der Diözese. Der neue Erzbischof
Mgr. Casimiro Rossi ratifiziert alle diese Vollmachten mit dem Recht, sie auch an
seine Hilfskräfte zu delegieren[20]. Mgr. Falcoia beginnt bereits zu fürchten, die
Diözese Salerno könnte Alfons ganz für sich in Anspruch nehmen.

Die Furcht ist unbegründet, denn nach der viermonatigen „gemeinschaftlichen
Einsamkeit" hat er seit Anfang Oktober 1737 die Klosterfrauen von Scala, dann
jene von Pocara missioniert, ist nach Castellamare zum *Padre* geeilt und hat
schließlich zusammen mit sechzig „Brüdern" der Propaganda vom 26. Oktober
bis zum 6. November die alljährliche Mission von Neapel in Spirito Santo gehalten. Hier lag das Hauptgewicht sogar auf seinen Schultern: Nämlich die *predica
grande*, die große Abendpredigt. Welche Ehre für den Ausgestoßenen von
gestern!

— Aber hatte Liguori denn nicht auf Neapel verzichtet? ...

Gewiß, und diese seine Entscheidung gilt nach wie vor. Aber die *Apostoliche
Missioni* hatten ihn vor die Entscheidung gestellt: entweder Teilnahme an einigen
Missionen oder Verlust seiner Kaplanei. Selbst ein Heiliger wird nicht auf eine
Rente der Reichen verzichten, wenn er in Namen Gottes ein Haus für die Armen
zu bauen hat. Außerdem verdankt Alfons seinem Lehrer Torni, der ihm ein wert-
voller Ratgeber geblieben ist, zu viel, zu viel auch seinem Onkel Gizzio, der ihm
Teresa von Avila und Franz von Sales nähergebracht hat, um je mit ihnen zu bre-
chen.

Glückliche Mission von Neapel! Ihr Erfolg war so groß, daß sie — welch unerhörtes Ereignis! — drei Tage verlängert werden mußte. „Es wäre ein ganzes Buch
vonnöten", sagt Tannoia, „um all die Bekehrungen aufzuzeichnen, die Gott
damals durch Alfons bewirkte." Die *Illustrissimi* aber fanden mit solcher Begeisterung zu Alfons zurück, daß sie ihn sogar für die Klerikereinkehrtage vom Oktober 1739 behalten wollten. Als er bescheiden ablehnte, nahm der neue Superior,
Kanonikus Francesco Rosa, Zuflucht zu Falcoias Autorität: „Die ganze Kongregation möchte ihn hören", schrieb er. „Was sage ich? Der gesamte Klerus. Denn
er predigt mit unwiderstehlicher Glut und bestärkt das Wort Gottes durch das
Vorbild seines heiligen Lebens."[21]

Nach Neapel trägt Alfons bis Ostern 1738 die Mission in die Diözesen Cava,
Amalfi, Castellamare und vor allem Salerno, wo er insbesondere die Umgebung
von Ciorani betreut. Die Exerzitien für Priester und Ordensfrauen stehen hier mit

gleichem Gewicht auf dem Programm wie die Predigten für das Volk; erstaunliche Bekehrungen auf beiden Seiten; *canzoncine* treten nun anstelle von Flüchen und Schlüpfrigkeiten; Todfeinde von einst suchen einander auf ..., um sich zu umarmen; Diebe laufen ..., um ihr Diebsgut wieder zurückzubringen: Prostituierte wechseln den Beruf, Bräute schneiden sich die Haare; Kneipen schließen, während die Kirchen immer voller werden. Tannoia betont immer wieder, wie wichtig es für Alfons war, daß diese Missionen nicht nur ein Strohfeuer blieben: „Wie gewöhnlich begründete er in diesen Dörfern die Kreuzwegandachten, die gemeinsame Morgenmeditation in der Kirche, den Eifer für die Sakramente, die Verehrung der Muttergottes und den abendlichen Besuch beim Allerheiligsten Altarssakrament."[22]

Gelegentlich geschieht in dieser wunderbaren Monotonie Ungewöhnliches.

So etwa bei jenem Pfarrer, der die Mission fürchtet, wie eine Spinne die Hausfrau. Er geht den Missionaren entgegen und weist sie, noch ehe sie den Fuß auf den Boden gesetzt haben, ab:

— Nicht jetzt. Kommt in soundsovielen Monaten wieder. Darauf Alfons, nach einem Augenblick des Schweigens: Wie Ihr wollt, Herr Pfarrer. Aber dann werdet Ihr nicht mehr in der Lage sein, uns zu empfangen.

Kurze Zeit später starb der noch junge Pfarrer völlig unerwartet.

In Casiri war es eine liebenswertere Prophetie:

— Pater, ich liebe diesen jungen Bauern. Soll ich ihn zum Mann nehmen? fragt Angiola Catalano.

— Vergiß es, meine Tochter. Du wirst dich in Neapel verheiraten. Dein erstes Kind wird ein Junge sein, und er wird Karmelit werden.

„Das war Mama", bezeugt P. Giuseppe Imparato, 57 Jahre, im Jahr 1797[23].

In Maiori lebt eine andere, weniger glückliche Mama. Man hat ihren Sohn ermordet. Von Vergebung will sie nichts hören. Sie bewahrt seine blutdurchtränkten Kleider auf, um ihren Willen zur Rache täglich neu anzustacheln. Bei einer Predigt Alfons' aber kapituliert sie: Durch die ganze Kirche hindurch geht sie zum Kruzifix, um vor seinen Füßen öffentlich ihren Haß und die Kleider ihres armen Kindes niederzulegen[24].

Oder aber in Priati della Cava, wo ein Mann auf die Kanzel springt, dem Prediger die Stricke entreißt, mit denen er sich geißelt, und sich selbst unbarmherzig damit schlägt.

Jede Kirche könnte ihre eigene Geschichte erzählen. Setzen wir die schönste an den Schluß. Vor den Toren von Ciorani, im kleinen Ort Aiello, Februar 1738. Man muß wissen, daß P. von Liguori bei seinen Predigten immer ein Bild oder eine Statue der Muttergottes neben sich aufstellte; so predigten sie gewissermaßen gemeinsam. An diesem Abend spricht er von der Größe und Barmherzigkeit Mariens. Er wirft einen inbrünstigen Blick auf die Madonna; da wird er in Ekstase einige Handbreit über den Predigtstuhl erhoben; ein Lichtstrahl, der vom Antlitz der Jungfrau ausgeht, erhellt sein Gesicht. Tannoia bemerkt: „Diesmal ereignete sich die Begegnung der Mutter mit dem Sohn, wie sie in der Grotte von Scala im Verborgenen schon oft stattgefunden hatte, in aller Öffentlichkeit."

Scala ... Die *grotticella* lag weit oben, die Muttergottes aber war überall. Die Stunde, sich von Scala zu lösen, war gekommen.

Auf einem schmalen und steil abfallenden Band zwischen Meer und Gebirge gelegen, hatte sich die kleine Stadt als wenig zugänglich erwiesen und lag weit von den bevölkerungsreichen Gebieten entfernt. Das genaue Gegenteil war bei Villa und Ciorani der Fall. Außerdem waren die relativ strengen Winter von Scala der Gesundheit der Patres wenig zuträglich. Das *Ospizio del SS. Salvatore* blieb ein provisorischer Wohnsitz ohne Kirche, und die Verhandlungen um eine Niederlassung in Pontone, das zwischen Scala und Amalfi lag, kamen nicht voran. Die hohen Forderungen der Laienpatronatsherren, sowie die Eifersucht einiger Priester, die um ihre Honorare fürchteten, ermunterten die Missionare keineswegs, sich in diesem Boden zu verwurzeln, zumal auch die Feindseligkeit einiger Notabeln offenkundig wurde. Falcoia seinerseits ist persönlich nicht gut auf Mgr. Santoro zu sprechen, enttäuscht darüber, daß die Ordensfrauen weder zum inneren Frieden noch zur erträumten Unterwerfung zurückfinden; und er ist außerdem mit Pietro Romano uneins, der schließlich Ende April 1738 mit dem Institut bricht.

Die Beibehaltung dieses so wenig integrierten Oberen (er hat die Wohnung bei seiner Familie wahrscheinlich nie aufgegeben) über fünf Jahre hinweg, ermöglicht es Falcoia, durch eine direkte Manipulation Maroccos und Sportellis als lokaler Rektor aufzutreten. Das aber war ein Fehler, und es ist bedauerlich, daß Alfons diesen Zustand tolerierte. „Dieses ungewöhnliche und wenig reguläre Superioriat trug dazu bei, die Lage des Hauses von Scala noch mehr zu gefährden und dort ein permanentes Unbehagen zu schaffen", schreibt De Meelemeester[25].

Nachdem Romano gegangen war, kam Mazzini am 16. Mai als Superior in das *Ospizio*. So starb Scala also bei voller Gesundheit.

Neuerliche, exorbitante Ansprüche in Pontone zeigen, daß die Zeit gegen die Gründung arbeitete. Falcoia und Liguori sind einstimmig dafür, es aufzugeben. „Gott will, daß Ihr mit Euren Gefährten Scala tatsächlich verlaßt und Euch nach Ciorani zurückzieht", schreibt Falcoia am 25. August an Mazzini. Am Mittwoch, dem 27., verabschieden sich Mazzini, Villani, Marocco und die Brüder Curzio und Gaudiello in aller Form von den Autoritäten und gehen ohne viel Aufhebens aus Scala weg. Frater Andrea war schon drei Wochen vorher abgezogen worden, und Sportelli befindet sich seit einem Monat in Castellamare als Sekretär von Monsignore und zu einem gewissen Grad als sein offiziöser „Generalvikar" für das Institut des Heiligsten Heilands.

Die kleinen Leute von Scala weinen und sind aufgebracht; aber sie erweisen den Vätern die einzige Ehre, für die sie empfänglich waren: die Treue zum Herrn und zur Muttergottes. Zwei Jahre später beendete dort der Fromme Arbeiter P. Sabbatini seine Mission mit folgender „Heiligsprechung": „Wir hatten in Scala nichts zu tun: wir trafen dort nicht auf eine einzige läßliche Sünde."[26]

Ein Kapitel schließt sich in Alfons' Leben; die Zeit, in die sich ab 1730 die Achse seiner Berufung und seines Instituts einzeichnete: S. Maria dei Monti und seine verlassenen Armen, die *grotticella* seiner Gespräche mit der Muttergottes... „sie sagte mir so viele Dinge, und so schöne! ..."

Wie am ersten Tag ihrer Gründung ist Alfons' Kongregation nun wieder auf ein einziges Haus beschränkt. Die Materialien aus Stroh und Holz sind bei diesem ersten Brand in Rauch aufgegangen. Mit Liguori sind nur sieben Patres — Mazzini, Sportelli, Sarnelli, Rossi, Marocco, Villani und Maiorino — und vier Brüder — Curzio, Rendina, Tartaglione und Gaudiello — unbeschadet aus dem

Feuer hervorgegangen: Gold und Silber (1 Kor 3,12–15). Und die Reinigung ist noch nicht abgeschlossen.

Alfons ist glücklich über alle, die um ihn versammelt sind. Denn nun nimmt das Unbestimmte, wenn auch noch recht bescheiden, Gestalt und Festigkeit an. Umso deutlicher, als der Sommer gekommen ist, und man sich von Juni bis September, da alle Missionen ruhen, zu stiller Einkehr ins Haus zurückziehen und vier Monate lang in kontemplativer, arbeitsamer und brüderlicher Einsamkeit leben kann.

Im Oktober dann schwärmen sie wieder aus. Zwei Patres bleiben zurück, um die immerwährende Mission und die Bruderschaften zu betreuen; die anderen tragen mit Alfons und einer Anzahl von Hilfskräften das Wort und die Vergebung Gottes nach Nocera dei Pagani, Castellamare, Conca dei Marini und Alfani. Nach Weihnachten findet in der Baronie von Giffoni eine zweimonatige Regionalmission statt. Die Patres Villani, Mazzini, Sportelli und Maiorino betreuen die einzelnen Lokalmissionen, unterstützt von Hilfspriestern, die jeweils eine Reihe kleiner Dörfer übernehmen.

Die Fastenzeit 1739 unterbricht diese Regionalmission. Wie jedes Jahr kehren alle in das Kloster zurück, um sich an Leib, Seele und Geist zu erholen, um die Brüderlichkeit in Gedankenaustausch und Gebet neu zu festigen, um geschlossene Einkehrtage, vor allem für Ordinanden –, sie kamen aus Salerno, Nocera, Sarno, Avellino, Nusco, Lettere, Montemarano[27] – zu halten, und schließlich, um die ganze Gegend zur Osterbeichte zu empfangen. Viele dieser Leute unternahmen eine Bußwallfahrt von zwei oder drei Tagen, überglücklich, ihr Gewissen im Herzen des Heiligen zu entlasten.

Er aber „blickte umher und sah, daß die Felder weiß waren, reif zur Ernte" (Jo 4,35), als Ergebnis des Unternehmens 1739/40, bei dem er den Klerus von Neapel missionieren wollte. Er schrieb Brief um Brief, um Hilfskräfte für die kleinen Händler und Kuhhirten des Gebietes um Salerno, für die Hirten und armen Landarbeiter um und jenseits von Eboli zu bekommen.

Zu Sommerbeginn 1740 kommt Mgr. Rossi nach Ciorani. Das also ist das Exerzitienhaus, in dem sich so viele seiner Priester verändert haben. Er erlebt es randvoll mit Laien und Klerikern, alle auf der Suche nach Heiligkeit. Aber es ist doch zu klein, viel zu klein! Ein einziger Flügel mit zwei Stockwerken . . .

— Baut, Pater, sagt er zum Gründer.

Gottes Wille, denkt Alfons, und die Gemeinschaft beschließt den Bau eines Parallelgebäudes mit drei Stockwerken.

— Bauen? macht Rossi, der bekannt war für seine Großmut, seine Zornausbrüche und sein Blutspucken, dann sich selbst den Einwand. Bauen! Die Kasse ist leer . . . Wir besitzen nur noch ein Dutzend *grana*! . . .

Für den Tageslohn eines Arbeiters aber brauchte man zwanzig dieser kleinen Kupfermünzen.

Zwölf *grana*, das ist nicht schlecht, erwidert Alfons. Gott wird unsere Kaution sein. Machen wir es nicht wie die Menschen der Welt, die zuerst das Geld zusammentragen und dann bauen. Bauen wir gleich, und verlassen wir uns auf die Vorsehung[28].

Nun unterstützt auch Saverio das Werk mit seinem Glauben und seiner Mithilfe, der Erzbischof wiederum trägt mit seinen Denaren dazu bei. Ein Rund-

schreiben an seine Priester öffnet diesem Werk, das jetzt von keinem mehr ange-
fochten wird, sowohl die Herzen als auch die Börsen in reichem Maß. Die ganze
Region greift hilfreich ein. Und kommt es doch einmal zu ernsthafteren Engpäs-
sen, so erscheinen Engel mit vollen Händen: eine Dame aus Solofra, ein junger
„Postulant", der dann nie mehr gesehen wurde, und noch viele andere.

Und dann: „hilf dir selbst, so hilft dir Gott" ...

An jenem Morgen des 11. Februar 1741 veranlaßt eine Botschaft Alfons, Ciorani
eilends zu verlassen. (Die ganze Mission 1740/41 fand in der näheren Umgebung
des Hauses statt) ... An diesem Tag herrschte in Neapel, im *Seggio di portanova*
das Fieber der großen Tage. Don Francesco Grimaldi, Marchese delle Pietre, fordert einen Sitz bei den Cavalieri. Dazu braucht er das einstimmige Votum der
Titulare. In ihren prunkvollen Karossen treffen sie, einer nach dem anderen, im
Hof ein; man begrüßt sich und betritt feierlich das Ratszimmer. Da kommt ein
schäbiger Priester mit struppigem Bart auf Eselsrücken zum Portal geritten.
„Zurück" ruft der Torhüter mit aufgepflanzter Hellebarde. Alfons hält lächelnd
an. Acht Jahre hat man ihn an diesem Ort nun schon nicht mehr gesehen. Ein
Gespenst! Don Grimaldi aber hat ihn bemerkt; er erkennt ihn und eilt auf ihn zu.
Er küßt ihm die Hand ... und steckt ihm eine gefüllte Börse zu. Das reicht, um
den Bau zu vollenden. Um diesen Preis, so sagt Alfons später lachend, hätte er
auch einen Köhler gewählt, und er kehrt noch zweimal, am 25. März 1741 und
am 18. August 1742, zurück, um Herzögen, Markgrafen und Grafen seine
Stimme zu geben; die Torhüter wußten wohl inzwischen, wer er war. Dann aber
wurde er im *Seggio di portanova* nie mehr gesehen. Im Sommer 1741 war das
große Exerzitienhaus unter Dach: drei Stockwerke mit Zimmern über der Küche
und einem großen Refektorium. Neben den anderen Gruppen kamen vier- oder
fünfmal jährlich an die hundert Priester gleichzeitig, mitunter sogar mit ihren
Bischöfen persönlich[29].

Aber zur gleichen Zeit, da diese „apostolischen" Mauern in die Höhe wuchsen, lösten sich zwei lebende Steine aus der Kongregation.

Mitte Juni 1740 flieht P. Carlo Maiorino, vom Heimweh überwältigt, eines
Abends heimlich aus dem Haus. Bald darauf kommt ein unter Tränen
geschriebener Brief aus seinem heimatlichen Saragnano: „Ihr Glücklichen! Wie
sehr beweine ich mein Unglück!"[30] Er hatte drei Jahre dem Institut angehört, drei
Jahre glühenden Eifers.

Bei P. Giulio Marocco waren es sechs. Er allerdings löste sich sichtbar ab.
Schon ein Jahr zuvor hatte er unter dem Vorwand seiner geschwächten Gesundheit von Falcoia die Erlaubnis erhalten, bei seinen Eltern im väterlichen Palazzo
von Caiazzo zu leben. Alfons sandte ihm brüderliche Aufrufe. Der letzte, vom 2.
August 1740, läutete gleichsam den Todeskampf ein:

„Mein lieber Don Giulio, ich fürchte, meine Briefe sind Dir nur noch ein
Ärgernis. Aber was soll ich machen? Meine Zuneigung zu einem der ersten Mitglieder dieser kleinen Kongregation zwingt mich zu schreiben...

Eure Berufung wurde von Eurem Bischof und von P. Fiorillo approbiert ...
Ihr hattet Euch bereits so gut von Euren Eltern gelöst. Warum laßt Ihr Euch nun
vom Dämon und vom Fleisch verführen? ... Hier bei uns findet Ihr mehr als Brüder, mehr als eine Mutter. Wir alle sehnen uns nach Euch, obwohl Ihr uns schon
fast aufgegeben habt. Ich bitte Euch um der Liebe der Madonna willen, kehrt zu

uns zurück, sobald Ihr diesen Brief erhalten habt ... Auch wenn Ihr hier nicht arbeiten könnt, werdet Ihr doch alle Liebe finden. Was macht es schon, wenn Ihr nicht eingesetzt werden könnt! Wir nehmen Euch auf, wir sehnen uns nach Euch, weil Ihr unser Gefährte seid und wir nicht wollen, daß Ihr uns verlaßt ..."

Don Giulio kam nicht mehr zurück.

Unbeständigkeit des Menschen! Zwei Eichen, geknickt wie Schilf durch diese Bindung an die Familie, die in ihrem Übermaß im Neapel des 18. Jahrhunderts oft sogar für die besten Berufungen tödlich war. Der unvermittelte Abfall Maiorinos und das unwiderrufliche Weggleiten Maroccos zeigten, daß es festerer Bande bedurfte, um die Gruppe zusammenzuhalten. Noch hatte man keinerlei Gelübde, also keine Bindung des Gewissens; ebensowenig eine uneingeschränkte und endgültige Weihe an Gott, die Gruppe und die Verlassenen. Dieses Nicht-Engagement konnte großmütige Berufungen nicht anziehen und noch weniger die Schwachen halten: Die Brüder vom Heiligsten Heiland blieben „ohne Beruf" im religiösen Sinn des Wortes. Wie übrigens auch die Frommen Arbeiter.

Sollte man sich also durch die öffentlichen Gelübde der Keuschheit, Armut und des Gehorsams binden? Nur das nicht! Denn gerade in diesem Frühjahr 1740 hatten die Regalisten eine Welle von Feindseligkeiten gegen religiöse Einrichtungen ausgelöst. Ein königlicher Erlaß vom 9. April, den am 23. Juli ein Edikt des Marquese Gaetano Brancone, Staatssekretär für kirchliche Angelegenheiten, bekräftigte, forderte die Gouverneure und Bürgermeister der Provinzen inoffiziell auf, jede Gründung von Kirchen oder religiösen Einrichtungen ohne vorherige Erlaubnis des Königs zu unterbinden. Wenn also Alfons und seine Gefährten aufhörten, „Laien" zu sein, dann riskierten sie die Zerstörung des Werkes. Und doch mußte, wie dieser Sohn eines Seemanns sagte, „das von den Winden gepeitschte Schiff gesichert werden."

Er persönlich hatte vor nunmehr fast acht Jahren bereits ein Gelübde der Beharrlichkeit abgelegt: „Heute, am 28. November 1732, habe ich gelobt, das Institut nicht zu verlassen." Er lud seine Freunde zur gleichen Verpflichtung ein.

„Eine geschenkte Frucht ist willkommen", pflegte er ihnen zu sagen; „aber den Baum mitsamt seinen Früchten zu geben, das ist von ganz anderem Wert ... Die *vita apostolica*, die wir gewählt haben, besteht im Grunde in einem feierlichen Abschied vom Vaterhaus, ohne Rückkehr zu Heimat und Familie. Denn solange Fleisch und Blut befehlen, kann es weder Gottesliebe noch Eifer für die Seelen geben. Wir müssen uns Gott mit dem entschlossenen Willen hingeben, von seiner Nachfolge nie mehr abzulassen. Wer zwar den Pflug zur Hand nimmt, sich in seinem Herzen aber das Recht vorbehält, zurückzublicken und Gott und der Kongregation den Rücken zu kehren, sobald es ihm gutdünkt, der taugt nicht zur Arbeit im Reich Gottes."

Alfons' Plan, sich durch ein Gelübde der Beharrlichkeit zu binden, wurde von den anwesenden Mitbrüdern einstimmig gutgeheißen (Sarnelli war durch Kardinal Spinelli und wichtige Angelegenheiten in Neapel festgehalten; Marocco hatte sich nun endgültig in Caiazzo gebunden). Seiner Gewohnheit entsprechend „betete Liguori, holte den Rat der Weisen, insbesondere Mgr. Falcoias, ein", wie Tannoia sagt. (Wir denken natürlich auch an Pagano und Torni. Der verehrte P. Fiorillo war am 20. Dezember 1737 mitten in einer Mission in Avellino gestorben.) „Sein Plan wurde allgemein gebilligt."

Man wählte das Fest der hl. Maria Magdalena zu seiner Verwirklichung. Die drei vorhergehenden Tage waren eine gebetsintensive Zeit des Schweigens, in der spürbar wurde, wie jeder einzelne gleichsam mit der Liebe belehnt wurde. Das Ereignis fand in der kleinen Hauskapelle der Gemeinschaft statt. „Am 21. Juli", so der unmittelbar danach unterzeichnete offizielle Akt, „sprachen die fünf anwesenden Priester und die vier Brüder nach dem Gebet der (ersten) Vesper der hl. Maria Magdalena, Beschützerin (der Kongregation)", eine lange, offensichtlich von Mgr. Falcoia[31] inspirierte, von der Hand Sportellis geschriebene Formel. Hier das Kernstück:

„Ich gelobe in die Hände von Mgr. Falcoia, Bischof von Castellamare und *Direttore* dieser Kongregation, mit der Gnade Gottes und durch die Verdienste des Blutes Jesu Christi bis zum Tode in dieser heiligen Kongregation des Allerheiligsten Heilands zu verbleiben. Ich will dieses Gelübde mit der Verpflichtung und unter der ausdrücklichen Bedingung ablegen, durch keinen andern als den jeweiligen höheren Oberen oder den Papst davon dispensiert werden zu können."

Jeder einzelne unterzeichnete das Dokument und fügte seinem Namen hinzu: „Ich verpflichte mich wie oben." Am 24. wurde es an Falcoia gesandt und kam mit folgender Nachschrift zurück:

„Ich akzeptiere und bestätige die Aufopferung Eures Willens an den Herrn durch das Gelübde der Beharrlichkeit in der Kongregation des Allerheiligsten Heilands. Dieses Gelübde muß hinkünftig nach zweijähriger Probezeit von allen abgelegt werden, die in diese heilige Kongregation aufgenommen werden wollen. Gegeben zu Castellamare, am 24. Juli 1740. — Tommaso Falcoia, Bischof von Castellamare und *Direttore* der Kongregation des Allerheiligsten Heilands."

Falcoia war nicht gekommen, um in diesem Hingabeakt den Vorsitz zu übernehmen: Ciorani gehörte nicht zu seiner Diözese. Da das Institut noch keinen kanonischen Oberen hatte, hätte er es nur im Namen und Auftrag des Erzbischofs von Salerno tun können. Damit aber wäre der Akt zu einer öffentlichen Ordensprofeß, d. h. in den Augen der Zivilgewalt zu einem Delikt geworden. Dieses Gelübde blieb also eine interne Angelegenheit der Kongregation. Man legte es in kindlichem Vertrauen in die Hände des *Direttore* ab. Eine wohlüberlegte Klausel stellte es außerhalb der Reichweite jeglicher Dispens durch einen Bischof oder einen Beichtvater. Innerhalb der Ordensgemeinschaft war diese Verpflichtung öffentlich und unterzeichnet; vor dem Richterstuhl des Gewissens war ihre Bindung ebenso stark wie ein feierlich in die Hand des Papstes abgelegtes Gelübde.

An jenem Abend des 21. Juli 1740 gewann das Werk des Herrn also die volle Festigkeit einer Ordensgemeinschaft. Aus ihm wieder auszutreten, wurde zu einem dramatischen Schritt; in es einzutreten, war nun eine Einschiffung auf Lebenszeit mit gekappten Tauen. Eines jener menschlichen und geistigen Abenteuer, die Zauderer abhalten, aber junge und heilige Menschen reizen.

Warum aber mußte die Freude schon so bald wieder in Tränen erstickt werden? ... Obwohl sich auch Tränen der Freude darein mischten.

Der Benjamin der Neuprofessen, Gioacchino Gaudiello, war im Alter von achtzehn Jahren in Ciorani eingetreten, getragen von dem einen Gedanken: „Ich will ein Heiliger werden, dem verachteten Jesus Christus nachfolgen." Die Älteren sahen mit Bewunderung, wie er lange betete, harte Bußübungen auf sich nahm und sich freudig in den härtesten Arbeiten verausgabte.

— *Gioacchino ce la fa*, sagte Alfons verwundert: Gioacchino geht uns mit seinem Beispiel voran.

Aber ach! Kurze Zeit nach der Ablegung des Gelübdes der Beharrlichkeit kam mit dem Fallen der Blätter auch der Verfall des kleinen Bruders: Fieber und Blutspucken, die Vorzeichen des klassischen Todes in den armen und strengen Klöstern, in denen man wenig aß, viel arbeitete und im Winter fror. Gioacchino erkannte schon bald, daß er der erste in der Reihe der „Redemptoristen" sein würde, die in den Himmel einziehen:

— Ich bin der Fahnenträger, sagte er freudig.

Mehr noch als das Fieber verzehrte ihn die Liebe zum Herrn und zur Muttergottes.

— Nehmt ein Messer, sagte er eines Tages zu P. Mazzini; öffnet meine Brust; nehmt mein Herz heraus und schließt es im Tabernakel beim Allerheiligsten ein.

Der Rosenkranz war ständig in seiner Hand:

— Der Dämon quält mich, aber er vergeudet seine Zeit. Ich vermag alles, ich hoffe alles durch *Mamma Maria*, und unter ihrem Mantel werde ich sterben.

Er starb am 18. April 1741 im Alter von zweiundzwanzig Jahren. Das ganze Land defilierte vor seinem Sarg, um „den Heiligen" zu verehren, ihm die Füße zu küssen, ihn mit Frömmigkeitsgegenständen zu berühren und irgendeine „Reliquie" mit nach Hause zu nehmen ... oder ein Wunder zu erleben, was auch tatsächlich eintrat.

Von den Missionen in den Dörfern um Serino und Solofra zurückgekehrt, verfaßte Alfons dem Bannerträger seiner Söhne folgenden Nachruf:

„Bruder Gioacchino Gaudiello, reich an allen Tugenden und glühend darum bemüht, wie Christus zu leben, entsprach in allen Dingen dem göttlichen Vorbild.

Seine Geduld im Leiden, seine Sanftmut gegen alle Widersacher, sein Gehorsam waren offenkundig. Tag für Tag konnte man in ihm unveränderlich Jesus Christus lebendig erleben.

Nicht auf dem Holz des Kreuzes, aber mit dem Verlangen danach und in der Umarmung des Gekreuzigten ist er der erste von uns allen geworden, der die Krone der Auserwählten erlangte."[32]

28. „Unsere Methoden sind anders"

„Meines Erachtens ist jetzt nicht der Augenblick, neue Orden und Kongregationen zu gründen. Man sollte im Gegenteil zwei Drittel der vorhandenen, die zu nichts nutz sind, auflösen und ihre Renten entweder caritativen Häusern zuführen, die arme Kinder in der Furcht Gottes erziehen und sie in Handwerken unterweisen, die dem Staate nützlich sind, oder Krankenhäuser für mittellose Kranke und Invalide damit unterstützen."

Diese Vorschläge stammen nicht von irgendeinem Antiklerikalen, sondern von Mgr. Celestino Galiano (1681–1753), dem früheren Generalabt der Cölestiner und seit 1732 Großalmosenier und Titularerzbischof von Thessaloniki.

Geschrieben wurden sie in einem Brief vom 6. Juli 1740 an König Karl von Bourbon.

An wen dachte er dabei? Die Ereignisse von Scala hatten die öffentliche Meinung in Neapel zu sehr erschüttert, um unbemerkt an ihm vorbeizugehen. Seit acht Jahren schon verfolgte er sie mit kritischem Auge. Am 16. April 1736 hatte er Tanucci vor den Klosterfrauen einer gewissen Crostarosa, einer „Seherin und sogar Betrügerin" und einigen „einfältigen und schwermütigen Priestern" gewarnt, die sie zur Gründung einer Kongregation getrieben habe. „Diese letzteren", so fügte er hinzu, „befassen sich vor allem mit der Abhaltung von Missionen. Als gäbe es in diesem Königreich nicht schon genug Orden, die sich ganz dieser so heiligen Aufgabe gewidmet haben!"[1]

Der gute Galiani war nur bis Eboli gekommen! Er hatte die Verlassenen der hintersten Winkel des Königreiches nicht gesehen und er wußte auch nicht, daß es gewaltige Unterschiede zwischen Mission und Mission gibt. „Wir haben viele gehalten", schrieb der Gründer, „und mit wunderbaren Erfolgen, denn unsere Methoden sind anders als die der übrigen Kongregationen."

Alfons wird nun fünfundvierzig Jahre alt. Hinter ihm liegen fünfzehn Jahre missionarischer Praxis und Reflexion. Wenn er die Patres vom Heiligsten Heiland gegründet hat, so in der Absicht, ein anderes, bisher tragisch vernachlässigtes Publikum zu erreichen und daher in einigen Punkten neue Wege einzuschlagen.

Die Gründung seines Instituts im Jahr 1732 hat ihn gewissermaßen „auf die eigenen Beine gestellt", denn nun ist er frei in seinen Entscheidungen und in seiner Orientierung. Unmittelbar nach der allererste „Redemptoristen"-Mission in Tramonti hatte er seine eigene *Regelung für die Missionen* entworfen. Im August 1733 schreibt ihm Falcoia: „Es würde mir nicht mißfallen, Euer *Regolamento* für die Missionen kennenzulernen." Dieser Urtext ist verloren. Aber wir besitzen die Fassungen von 1744, 1747, 1749 und 1764, sowie fünf kleinere Schriften, in denen er die Grundideen, die seit den ersten Jahren von Scala, Villa und Ciorani seine gelebte Überzeugung darstellen, nur wieder aufnimmt und vertieft[2].

Im großen missionarischen Triptychon des italienischen 18. Jahrhunderts — S. Leonardo da Porto Maurizio (1676—1751), S. Paolo della Croce (1694—1775), S. Alfons von Liguori (1696—1787) — ist dieser letztere der jüngste, der größte und der persönlichste: nur er hat neue Elemente in die Missionsmethode eingebracht.

Aber er war kein Erneuerer um der Neuerung willen. Denn im wesentlichen bewahrt er, abgesehen von seinem Verzicht auf die Reise in der Karosse zugunsten langer Fußmärsche oder höchstens eines Ritts auf dem Esel, aus seiner langen Lehrzeit bei den *Apostoliche Missioni* den Ablauf des missionarischen Tages, angefangen von der Meditation am Morgen bis hin zur Geißelung für Männer an bestimmten Abenden; ebenso, wie er auch die besonderen Andachten beibehält, zu denen jeweils einer der Patres die verschiedenen Schichten des Gottesvolkes (Klerus, Klosterfrauen, Adelige, Handwerker und Arbeiter, Gefangene) anleitete. Es ist das gemeinsame, durch die Erfahrung herausragender apostolischer Männer auf seinen Höhepunkt geführte Erbe der neapolitanischen Orden und Gesellschaften.

Im Gegensatz zum dramatischen Barock Segneris und seiner Schule[3] waren die *Illustrissimi* in der Zurschaustellung von Bußaktionen sehr nüchtern, und

Alfons blieb auch in diesem Punkt auf der Linie seiner Lehrer, obwohl er sich mehr an das einfache Volk wandte. Man muß ihn und seine missionarische Tradition schon völlig verkennen, wenn man, wie M. Carlo Ginzburg schreiben kann:

„Auf Liguoris Spuren wandelnd, führten die Redemptoristen in neuen Missionsgebieten – der toskanischen Maremma und in Sizilien – das von den Jesuiten begonnene Werk fort, indem sie eine leicht praktizierbare und aufs Äußere bezogene Frömmigkeit verbreiteten, in der der Prunk der Prozessionen und die durch die Predigten bewirkten Emotionen einen wesentlichen Anteil hatten.“[4]

Zum ersten haben die Redemptoristen nie die toskanische Maremma missioniert, und zum zweiten gibt es in der alfonsischen Mission keine Prozession der Erwachsenen. Was es mit der „leicht praktizierbaren und aufs Äußere bezogenen Frömmigkeit“ auf sich hat, werden wir noch sehen. Die „durch die Predigten bewirkten Emotionen“ aber sind kurzlebig, und Alfons hütet sich vor ihnen. Er verankert seine Seelsorge in festerem Boden und warnt seine Missionare ausdrücklich davor, sich auf sie zu verlassen.

Dieses Mißtrauen ist das erste Charakteristikum seines Missionssystems. Im Gegensatz gerade zu Segneri und den Jesuiten, die gleich einem Sturm vorüberbrausen und eine rasche, sehr heftige und auf Buße bedachte Gemütsbewegung hervorrufen, entscheidet er sich für die ruhige, reflektierte Mission, in der die Katechese den Vorrang hat, im reinsten Geist Vinzenz von Pauls. 1744 *(Metodo)* wie auch 1747 *(Regolamento)* verficht er folgende erstaunliche Regel:

„Am Nachmittag Katechismusunterricht (für Erwachsene) . . . Dieser Veranstaltung ist die größte Bedeutung beizumessen, da sie das wichtigste der heiligen Mission ist.“[5]

1760 modifiziert er sein Urteil zugunsten der großen Predigt – „Die *predica grande* ist der wichtigste Teil der Mission“ –, ohne allerdings der Unterweisung ihren Rang zu nehmen: „Der *catechismo grande* ist einer der wichtigsten Teile der Mission.“[6]

Die Mission tritt der Gleichgültigkeit, der Sünde und vielleicht auch der Halsstarrigkeit nicht als Belagerung, sondern als Sturmangriff gegenüber. Doch hält Alfons nichts von einer Überrumpelung durch die Hintertür der Angst, denn dies käme einer Vergewaltigung der Person gleich. Eine törichte Vergewaltigung übrigens, denn es geht ja nicht darum, an einen Ort zu gelangen, sondern dort zu verbleiben. Als Sohn des Jahrhunderts der Aufklärung, geprägt von einer tiefen Achtung vor den Freiheiten, ist das Ziel unseres Missionars der Mensch, der ganze Mensch: Geist und Herz. Er setzt sich das zweifache Ziel: „den Verstand zu überzeugen und den Willen zu gewinnen.“[7]

„Das konkrete Ziel der Missionen“, so schreibt er in seinem *Brief an einen neuen Bischof*, „ist die Bekehrung der Sünder: Unterweisung und Predigten zeigen ihnen das Übel der Sünde, die Bedeutung ihres Heils und die Güte Gottes; dann wandeln sich die Herzen, die Bindungen an die schlechten Gewohnheiten zerreißen, und sie beginnen, als Christen zu leben.“[8]

Also in erster Linie der Verstand: „aufklären“. „Sich dem einfachen Volk der Armen verständlich machen“, ja sogar „Holzköpfen“[9].

Dann den Willen erschüttern. Nicht durch einen emotionalen Sturm, der zu Wehklagen und dann zu pauschalen Geständnissen führt, es sollte vielmehr die endgültige Umkehr bewirkt werden:

„Denn was nützt es den Zuhörern, wenn sie von den christlichen Wahrheiten nur überzeugt werden? Der Nutzen für sie besteht doch hauptsächlich darin, daß sie sich entschließen, ihr Leben zu ändern und sich Gott hinzugeben. Daher hüte sich der Missionsprediger, jene nachzuahmen, die nach beendeter Predigt sogleich zu rufen beginnen: ‚Bittet Gott um Verzeihung! Fleht um Barmherzigkeit!‘; die nach dem Kruzifix, nach Stricken oder Fackeln greifen und nichts weiter beabsichtigen, als die Anwesenden in große Erregung zu versetzen. Es gelingt ihnen damit zwar, Aufsehen zu erregen, aber sie werden kaum Früchte ernten! Denn wer dies will, muß sich darum bemühen, die Grundeinstellung zu verändern und die wahre und tiefe Zerknirschung des Herzens zu erwecken... Wer einen von der Leidenschaft erfaßten Menschen zur Umkehr bewegen will, bedarf dazu der Hand Gottes. Daher muß der Prediger mehr mit seinen Knien als mit seinen Worten predigen.“[10]

Gut; aber nach dem Gebet, sollte man da nicht mit dem „großen Geschütz“ irgendeines bewegenden Spektakels auffahren? Nein. Die neue Grundeinstellung muß aus der Erleuchtung hervorgehen.

„Es ist eine Schwäche, die allen Predigern gemein ist“, bezeugt Tannoia, „daß sie nicht zufrieden sind, ehe das Volk, das sie zur Buße aufrufen, in Wehklagen ausbricht. *In diesem Durcheinander*, so sagte Alfons, *weiß das Volk nicht, was der Prediger sagt, und der Prediger weiß nicht, warum das Volk weint*. Sobald er daher bemerkte, daß sein ergriffenes Publikum zu schreien und zu schluchzen begann, hielt er inne, läutete mit der Glocke und bat um Ruhe. Erst nachdem sich alle wieder beruhigt hatten, nahm er den Faden seiner Rede wieder auf. Denn er wollte, daß die Leute wußten, worüber und warum sie wehklagten.“[11]

Wenn wir den Seelenhirten Alfons genauer betrachten, dann dürfen wir nicht vergessen, daß er von Beruf Rechtsanwalt war — wie übrigens auch Sarnelli und Sportelli — und eine rigorose Sittenlehre vertrat. Sollte der Ex-Rechtsanwalt nun weniger gewissenhaft sein, weil er Priester war? Erinnern wir uns an die skrupelhaften Normen, die er sich selbst vorgegeben, und an die Redegewohnheiten, die er festgelegt hatte: „Studium der Akten, um daraus solide Argumente zu gewinnen ... In der Verteidigung einer Sache nur Wahres sagen ..., sich nur auf die Vernunft stützen.“ Er war aber auch ein Schüler der *Illustrissimi*, die fast nur in den Städten predigten, und deren Intellektualismus und Würde sich nicht zu populären Mitteln herabließen, und so war sein erstes und letztes Wort zu solchen Vorgangsweisen eine Warnung:

„Was die Praxis betrifft, so ist es untersagt, Verwünschungen auszustoßen, sich mit einer Kette oder einem anderen Gegenstand bis aufs Blut zu geißeln, sich an einer Fackel zu verbrennen (1744, 1747), seine Stola, sein Chorhemd oder Asche in die Zuhörer zu werfen ... Keinerlei abgeschmackte und lächerliche Demonstrationen! Man sei im großen und ganzen sehr zurückhaltend mit dieser Art von Argumenten, um nicht zu sagen, man möge ganz auf sie verzichten, vor allem an kultivierten und wichtigen Orten“ (1764).

Doch steht Alfons als Kind seiner Zeit der ausdrucksstarken Vitalität des Barock keineswegs gleichgültig gegenüber. Außerdem wendet er sich ja an das einfache Volk, das nicht lesen kann, und bei dem Anschauungsunterricht an Stelle der Lektüre treten muß. Daher rät, empfiehlt er schon bald, was er von Anfang an selbst praktiziert hat: einige Evokationen für das Auge und konkreten

Anschauungsunterricht, wie etwa: den Kindern am Vortag ihrer Generalbeichte das Bild eines Verdammten zeigen (diese Vorführung dehnte er später auf das ganze Volk aus, und zwar nach der Predigt über die Hölle); gegen Ende der Predigt über den Tod einen Schädel in die Hand nehmen, nicht um damit ein „fiktives Gericht" vorzuführen, sondern zu einer durchaus realen Feststellung („Du warst reich, stolz, jung, schön? ... Und nun? ... Wo sind die Werte, die unvergänglich sind?"); sich an zwei oder drei Abenden nach der Predigt für die Unverbesserlichen unter den Zuhörern „ernsthaft" mit einem Strick (das tut weh, ohne Schaden anzurichten), aber nicht mit Metallplättchen (was nur Lärm macht, ohne weh zu tun) geißeln. Und schließlich an einem der Abende jene weitere Bußübung nur für Männer; der *strascino*, bei der man mit der Zunge den Boden leckte. Eine Abscheulichkeit! Aber weniger abscheulich als das Fluchen, das nach Sarnelli schon bei den geringsten Anläßen überall ertönte: „auf Plätzen, Märkten, in Privathäusern, Herbergen, Spielhäusern, bei Versammlungen, in den Familien, auf dem Feld, auf dem Meer ... weil es ruhig war, weil es nicht ruhig war ..."[12] Sie büßten so für ihre eigenen Flüche und die des ganzen Landes. Es mußte endlich ein Ende gemacht werden mit dieser Manie des Fluchens, es mußte ihr ein demütigender Stoß versetzt, ein Zusammenhang mit einer abstoßenden unvergeßlichen Strafe hergestellt werden. Es mußte auch Schluß gemacht werden mit dem unerbittlichen Haß: notorische Feinde wurden dazu gebracht, sich in aller Öffentlichkeit zu Füßen des Kreuzes zu umarmen. Es lag darin nichts von einem grauenerregenden Spektakel in der Art des großen Schauspielers und Demagogen Paolo Segneri des Älteren. Einige beredte Gesten für ein schlichtes Volk, ja; Zurschaustellungen starker Emotionen, nein ...[13]

Ebensowenig hält Alfons von „eindrucksvollen Predigten".

Schon die erhöhte Kanzel der Kirchen ist nicht nach seinem Geschmack: sie ist zu fern, wie ein Göttersitz, und sie verleitet zu einer langsamen und monotonen Sprechweise — dem *terzo tuono* —, die wie die Stimme eines Gespenstes über den Zuhörern erstarrt. Er zieht einen niederen Predigtstuhl auf gleicher Höhe mit den Köpfen seiner Zuhörer und nicht allzuweit von ihnen entfernt vor, denn dann kann er mit seiner „sanften und klangvollen Stimme" freundschaftlich zu ihnen sprechen, in Reichweite aller Ohren und aller Geister:

„Seine Aussagen waren klar und für jedermann verständlich. Er legte sie in kurzen, knappen Sätzen und nicht in langen Konstruktionen dar. Jeder, auch der einfachste Bauer, die schlichteste Frau, verlor nicht ein Wort davon."[14]

Und was sagte er ihnen?

1768 veröffentlicht Mgr. von Liguori ein *Foglietto*, ein „Blättchen" von achtundzwanzig Seiten, in dem er die fünf wichtigsten Punkte betont, die dem Volk im Verlauf der Mission einzuprägen sind: die Liebe zum Gekreuzigten, die Verehrung für die Muttergottes, die Notwendigkeit des Gebets, das Meiden der Gelegenheit zum Bösen, der Untergang der Seelen, die schlecht beichten[15].

Diese fünf Punkte haben, nebenbei bemerkt, nicht viel zu tun mit einer „leicht praktizierbaren und aufs Äußere bezogenen Frömmigkeit" und noch weniger mit dem neapolitanischen „Devotionismus", der nach Romeo De Maio chrakterisiert ist von der „Furcht vor der göttlichen Strafe, der Hoffnung auf den Beistand der Heiligen und der gläubigen Aufgeschlossenheit für das Außergewöhnliche."[16]

Dieses kleine Werk wendet sich gegen die üblichen Predigtthemen:

„Meist wird bei den Missionen nur über die vier letzten Dinge oder andere furchterregende Themen gesprochen. Aber es ist wenig oder gar nur nebenbei die Rede von der Liebe, die Gott uns schenkt, und unserer Verpflichtung, ihn zu lieben. Es besteht kein Zweifel, daß die Predigt der schrecklichen Wahrheiten nützlich, ja sogar notwendig ist, um die Sünder aufzurütteln; aber wir sollten auch bedenken, daß Bekehrungen, die allein aufgrund der Furcht vor den göttlichen Strafen bewirkt werden, nicht von Dauer sind: Sie halten nur solange an wie die Furcht, und sobald diese sich verflüchtigt hat, wird die durch ihre vergangenen Sünden geschwächte Seele beim ersten Ansturm der Versuchung wieder fallen. Wenn die heilige Liebe Gottes nicht in ein Herz eindringt, dann wird es schwierig sein auszuharren ... Das Hauptbemühen des Missionpredigers muß also dahingehen, seine Zuhörer bei jeder Predigt in heiliger Liebe zu entflammen."

Welche Predigten? Die *Regel* von 1764, Nr. 67, legt dazu eine vom Gründer schon lange ausgearbeitete Grundliste für eine vierzehntägige Mission fest. Die Themen gliedern sich in drei fortschreitende Phasen: — Der Sünder muß sich zunächst seiner Sünden und dessen, worum es geht, bewußt werden; daher ist zu Beginn über den Anruf Gottes, die Heilsnotwendigkeit, die Verzögerung der Bekehrung, die Todsünde zu predigen. — Dann muß er mit den „ewigen Wahrheiten", wie Tod, jüngstes Gericht, Hölle, Ewigkeit, konfrontiert werden. Die Predigten über Gebet, Schirmherrschaft Mariens, Passion (an drei oder vier Abenden der *Vita divota*) und Beharrlichkeit werden ihn schließlich in seinem neuen Entschluß bestätigen.

In seiner *Selva* verlangt Alfons darüberhinaus vor der Reihe der ewigen Wahrheiten eine Predigt über die Beichte; und er gibt weitere Themen für längere Missionen an: Barmherzigkeit Gottes, geistliche und zeitliche Strafen für die Sünde, Vergänglichkeit der zeitlichen Güter und Übel, Zahl der Sünden, d. h. Verlust Gottes, bis in den Tod dauernde Unbußfertigkeit, Ärgernis[17].

Überraschung für die auf dieses Problem Fixierten: in diesen Listen scheint nicht eine Predigt über die Keuschheit oder die ehelichen Pflichten auf. Das ist ein erster Unterschied zu Segneri. Weit wichtiger aber ist der folgende: man widmete eine volle Woche der Beharrlichkeit in der Liebe, und zwar durch Gebet, kindliche Hinwendung zu Maria und vor allem die in der *Vita divota* vertiefte Meditation des Gekreuzigten.

Die *Vita divota*? Hinter diesem Begriff steckt eine historische und seelsorgliche Wirklichkeit, in die uns eine Seite Don Giuseppe de Lucas (1898—1962) einführt, in der er aus seiner Kindheit berichtet, denn dieser Brauch ist über Jahrhunderte hinweg lebendig geblieben:

„Wir brachen am frühen Morgen auf, zu einer Zeit, da nur die Hähne das Morgenrot vorausahnten; schweigend gingen wir mit Großmutter zur Kirche Santa Maria. Dort las der Dekan beim schwachen Licht einer Kerze vor der Messe die Meditationen des hl. Alfons. Die Frauen, in ihre schwarzen Schleier gehüllt, knieten im Kirchenschiff auf dem Boden; die Männer auf beiden Seiten des Chors; und wir, die Kinder, waren bald bei den einen, bald bei den anderen, so wach, wie man es eben bei Nacht sein konnte; alle lauschten diesen Worten, auch die Älteren, die sie schon auswendig kannten. Damals war ich noch nicht zerstreut.

Meine Zerstreutheit begann erst in der Schule."

Kurz vor dem Abendangelus schickte die Glocke der gleichen Kirche ihr Bimmeln ein zweitesmal über das kleine Dorf. (Ich habe es noch im Ohr, im Herzen; und wenn ich dorthin zurückkehre, erkenne ich es schon von ferne mit unendlicher innerer Freude). Und wieder stiegen Mütter, Großmütter, Kinder und alte Leute in kleinen Gruppen zur Kirche hinan. Die Männer arbeiteten bis zum Einbruch der Nacht auf den Feldern. So besuchten wir Tag um Tag mit unerschütterlicher Regelmäßigkeit am Abend das Allerheiligste; wiederum wurden die Texte des hl. Alfons gebetet und seine Lieder gesungen."[18]

Die *Vita divota*, das ist jenes gemeinschaftliche Leben des Gebets in der Kirche, das tagtäglich morgens und abends eine christliche Gemeinde zusammenführt. Sie mußte eine der bleibenden Früchte jeder „Redemptoristen"-Mission sein. Alfons setzte sie in allen seinen Kirchen ein. Und genau um diese tägliche *Vita divota* in Scala, und nicht um eine der Missionsaktivitäten, geht es in bestimmten Briefen Falcoias an Alfons[19].

Denn was immer auch darüber geschrieben wurde, es war Alfons, der die *Vita divota* als intensive Zeit *in* die Mission einbrachte. Die Patres der Propaganda kannten sie nicht. Auch die Jesuiten nicht. Nur die vom Frommen Arbeiter Antonio Torres in Neapel geschaffene Missionskongregation *della Purità* praktiziert einen fernen Anklang daran: die Patres bleiben nach beendeter Mission noch zwei oder drei Tage, um sich auszuruhen, um diesen oder jenen Nachzügler zu erwarten, um aufgeschobene Absolutionen zu erteilen. Um die Bevölkerung noch im religiösen Eifer zu bewahren, halten sie an den Abenden eine Meditation über die Passion[20]. Alfons aber integriert die *Vita divota* in die Mission als Hauptelement der Beharrlichkeit; er widmet ihr drei oder vier Abende, an denen er mit dem ganzen Volk das Leiden Jesu Christi und die Schmerzen seiner Mutter meditiert. Sein erster und vertrautester Schüler, Sarnelli, beschreibt in seinem *Mondo santificato* von 1738 bereits ihre verfeinerte Methode:

„Nach den Predigten über die ewigen Wahrheiten", sagt Tannoia, „folgten drei oder vier Tage der *Vita divota*. Eingangs wurde das Volk über die Methode des betrachtenden Gebets belehrt; es wurde vor allem auf dessen Notwendigkeit und Vorteile hingewiesen. Dann folgte eine halbstündige Meditation über die Passion. Alfons fand dazu so bewegende Worte, daß die Zuhörer weinten. Aber es waren Tränen nicht mehr des Schmerzes, sondern der Liebe. Um das Volk noch empfänglicher für seine Worte zu machen, stellte er in der letzten dieser Meditationen ein großes Bild auf, auf das er den am Kreuz gestorbenen Jesus gemalt hatte, blutüberströmt und mit zerfetzten Gliedern"; es war der Christus seiner inneren Begegnung mit dreiundzwanzig Jahren.

Von dieser Hauptsorge um die Vertiefung und Beharrlichkeit getragen, kann Alfons, wiederum im Gegensatz zu Segneri, gar nicht anders, als den „Faustschlag" — also die kurze Mission — abzulehnen. Die seine dauert mindestens vierzehn — wenn es gar nicht anders geht, auch zehn oder zwölf — Tage in den kleinen Ortschaften, zwanzig bis dreißig in den großen.

Ebenso entschlossen tritt er — auch hier im Widerspruch zu Segneri — gegen die „zentralen" Missionen auf. Er äußert sich dazu an zwanzig Stellen, nirgends aber so klar wie in seinen *Nützlichen praktischen Bemerkungen für Bischöfe* (1745):

„In den Städten sind Missionen nützlich, absolut notwendig aber sind sie in den Dörfern. Dort gibt es wenig Priester bei geringer Bevölkerungsdichte: Viele

Menschen leben im Zustand der Gottlosigkeit, weil sie Angst haben, einem Priester, der sie kennt und ihnen ständig begegnet, alles zu beichten. Wenn diese armen Sünder nicht bei einer Mission die Gelegenheit haben, sich fremden Priestern zu eröffnen, dann werden sie unweigerlich in ihren Sünden beharren und ihrem Untergang entgegengehen ...

Der Bischof muß also alle drei Jahre in jedem Dorf, so klein es auch immer sein mag, eine Mission abhalten lassen. Ich sage das, weil es Missionare gibt, die in Gebieten, in denen mehrere kleine Ortschaften nahe beieinander liegen, die verschiedenen Übungen der Mission in einem zentral gelegenen Ort für alle auf einmal abhalten. Zwar respektiere ich ihren Eifer, alle diese Seelen zur gleichen Zeit heiligen zu wollen, doch billige ich ihr Verhalten nicht und möchte daher die Bischöfe um ihrer Liebe zur Ehre Jesu Christi willen bitten, sich nicht mit solchen Gruppenmissionen zu begnügen. Sie sollten vielmehr dafür sorgen, daß jeder, auch der kleinste Ort, seine eigene, mindestens achttägige Mission bekommt. Denn wir wissen, daß bei einer gemeinsamen Mission für mehrere benachbarte Pfarreien nur diejenigen Gläubigen kommen, die ihrer am wenigsten bedürfen. Die anderen aber, die stärker von Sünden belastet und daher weniger um ihr Heil besorgt sind, gehen unter dem Vorwand, der Weg sei zu weit, oder die Predigt zu spät aus, oder das Wetter sei schlecht usw., nur selten oder gar nicht hin und bleiben also zuhause und in ihrer gleichen Lebensverfassung. Findet die Mission aber in ihrer eigenen Kirche statt, dann sind sie gezwungen, zumindest um ihres Rufes willen hinzugehen, da sie sonst fürchten müßten, als Verdammte zu gelten. Ich spreche aus Erfahrung: Wir kamen an viele Orte, von denen es hieß, sie hätten bereits eine Mission gehabt; aber weil sie in irgendeiner Kirche des Hauptorts stattfand, oder weil sie zu kurz war, fanden wir die Leute ebenso elend vor, als hätte es für sie noch nie eine Mission gegeben.

Das ist der Grund, warum unsere bescheidene Kongregation, wenn sie gerufen wird, Missionen zu halten, sich bemüht, die Veranstaltungen in jedem, auch dem kleinsten Ort, mindestens zehn Tage lang durchzuführen. Wenn aber diese Zeit nicht genügt, um die Beichte aller Gläubigen abzunehmen, verlängern wir die Mission bis zu zwanzig oder sogar dreißig Tagen. Wir müssen uns darüber klar werden, daß die größte Frucht der Missionen nicht im Anhören der Predigten besteht, sondern darin, daß alle bei den Missionaren beichten. Wenn einer bei der Mission nicht sein vergangenes Leben in Ordnung bringt und sein künftiges Verhalten durch die Beichte regelt, dann nützt es ihm wenig, die Predigten gehört zu haben."[22]

„Gott richtet sich immer nach dem verirrten Schaf", hat Charles Péguy einmal geschrieben. Alfons richtet seine Kongregation immer nach dem einfachen Volk und den verlassenen Dörfern aus. Wenn er will, daß seine Häuser „außerhalb der Hauptorte", in denen es von Beichtvätern und Devoten wimmelt, errichtet werden, so deshalb, damit seine Patres ihre Zeit den Verlassenen widmen können und der Dorfbewohner nicht erst kilometerweit gehen muß, um seine Sünden einem anderen Ohr anzuvertrauen als dem des *zio prete*, seines „Onkel Pfarrers".

„Alfons wollte nicht, daß seine Missionen ein Strohfeuer blieben", sagt Tannoia. Daher gründete er in den größeren Orten verschiedene Bruderschaften: für Priester (zur Belebung ihres geistlichen Lebens und zu ihrer ständigen Weiterbildung), für Adelige, für Handwerker und Arbeiter, für junge Mädchen. Aber das taten auch andere Missionare. Was sein eigenstes Siegel trägt — und zwei Jahrhunderte lang ganz Italien bewegt —, ist die immerwährende *Vita divota*: morgendliche Meditation über die Passion, abendlicher Besuch beim Allerheiligsten und der Muttergottes. „Jesus Christus ist die Quelle aller Gnaden", so sagte er, „Maria aber ihr Kanal."[23]

„Von allen Mitteln der Beharrlichkeit lag Alfons der Empfang der Sakramente als das Mittel der Mittel schlechthin am meisten am Herzen. *Beichte und Kommunion*, so sagte er immer wieder, *sind die Quelle alles Guten. Sie dämpfen die Leidenschaften und stärken gegen die Versuchungen. Ohne sie fällt man und rollt auf den Abgrund zu.* Und er drängte zur sonntäglichen und, für die Eifrigen, zwei- oder dreimal wöchentlichen Kommunion ...

Es ist bekannt, sagte er einmal, *daß unsere modernen Seelenführer keine andere Sorge haben, als die Gläubigen von den Sakramenten fernzuhalten. Als ob es, um zu Gott zu gelangen, keinen anderen Weg gäbe als den, der uns von ihm entfernt! ... Ich wünschte, daß gewisse Beichtväter nur die Hälfte der Voraussetzungen, die sie von ihren Beichtkindern verlangen, selbst erfüllten, um die Messe würdig zu feiern.* Und er bestand darauf, daß diese, wie er es bezeichnete, ‚Gottlosigkeit‘ bekämpft wurde."[24]

Daher legte er auch Wert darauf, daß die vier Generalkommunionen der Mission — die der Kinder, der jungen Mädchen, der Frauen und der Männer — einen unvergeßlichen, festlichen Charakter trugen.

Ein großes Fest war auch die Einholung und Inthronisation der Muttergottes. Sie wurde durch das Hauptportal in feierlichem Triumphzug auf den Schultern der Priester zu ihrem Thron geleitet. „Eine Feier, die selbst Steine rühren könnte", schreibt Alfons[25].

Ein paradiesischer Tag schließlich auch die Schlußsegnung der Gläubigen und des Landes mit dem Allerheiligsten, das aus der Kirche getragen und beim Klang aller Glocken dreimal in alle Himmelsrichtungen erhoben wird und so das Zeichen des Heils über das ganze Land schickt. Für das Herz eines Christen sind Gnade und Feier immer eng miteinander verbunden.

Der Abschluß der Mission bedeutete aber nicht ihr Ende. Denn Alfons erfand, wiederum im Blick auf die Beharrlichkeit, die „Nachmission", die *rinnovazione di spirito*. So kehrte einige Zeit, „höchstens vier oder fünf Monate", später eine kleine Gruppe von Missionaren für einige Tage zurück, und „ermunterte die Guten, richtete die Schwachen auf und erntete diese oder jene späte Ähre."[26] Daher legte Alfons so großen Wert darauf, daß die Häuser seines Instituts an leicht zugänglichen Stellen der Diözese, inmitten der bevölkerungsreichen Landgebiete, errichtet wurden; also nicht weit entfernt von den Orten, die sie zu betreuen hatten. Aus dieser seelsorglichen Sicht der Nähe zu den Verlassenen war Scala ein Mißerfolg gewesen; Villa dagegen ein wahres Ereignis, und dort — in Caiazzo, Dragone, usw. — begannen die *rinnovazioni di spirito* in den Jahren 1735—1736. Ciorani tröstete über den Verlust von Villa hinweg, das mindestens 20 km vom Golf von Salerno und den ländlichen Hauptorten, wie Giffoni, Serino, Solofra und Nocera dei Pagani, entfernt war, in denen die „Cioraner"-Patres, wie sie damals genannt wurden, immer wieder wirkten. Für Spinelli, für Benedikt XIV. und mindestens zwei Jahrhunderte lang für die ganze christliche Welt wird diese „Nachmission" zu einem der typischen und hochgeschätzten Züge des Apostolats der Redemptoristen. Die Gnade der Gnaden ist für sie, wie auch für den Gründer, nicht die Bekehrung, sondern die Gnade der Beharrlichkeit.

Im Vorangegangenen wurde nur das hervorgehoben, was Alfons in die missionarische Seelsorge neu eingebracht hat, was also sein Wort an Mezzacapo beinhaltet: „Unsere Methoden sind anders als die der anderen Kongregationen." Wir wollen hier nicht näher auf die Elemente eingehen, die zum gemeinsamen Stammgut aller Missionare gehören und die er bei den *Apostoliche Missioni* gelernt hatte: Unentgeltlichkeit der Missionen, autonome Unterkunft, Gemeinschaft in Gebet und Leben, büßende Enthaltsamkeit in der Nahrung, nächtliche Ermahnungen auf Straßen und Plätzen, Organisation des Tages für das ganze Volk und für Einzelgruppen, Feier der Eucharistie, Marienverehrung (täglich: Marienlitanei und Rosenkranz mit Erläuterungen). Was er zur marianischen Prägung hinzufügt, ist die Gegenwart einer Muttergottesstatue, die Verpflichtung, über ihre machtvolle Barmherzigkeit zu predigen, und die bleibende Inthronisation der Jungfrau für die „Besuchungen" im Rahmen der auf Dauer geschaffenen *Vita divota*.

Die „bekehrenden" Predigten lagen in der Linie Segneris und der anderen, zumindest was die Schrecken betraf. Darüberhinaus verpflichtete Alfons seine Prediger, auch hier über Maria zu sprechen und stets mit dem Hinweis auf die Barmherzigkeit und die Liebe Christi abzuschließen. „Denn", so pflegte er zu sagen: „Gott will, daß wir alle gerettet werden; die ewige Verdammnis ist den Verstockten vorbehalten, und nur diesen."[27]

Absolut eigenständig bei der Bestimmung der Predigtthemen ist er in der Einführung einer Predigt über das Gebet — war nur eine einzige Predigt möglich, so sollte sie vom Gebet handeln —, und allgemein in der letzten Missionswoche, die uneingeschränkt den im Grunde identischen Themen der Beharrlichkeit und der Liebe gewidmet war.

Bleibt, daß seine Predigt, wie jede missionarische Verkündigung des Evangeliums in diesem 18. Jahrhundert, von der Mentalität dieser Zeit geprägt und darüberhinaus von den örtlichen Gegebenheiten beeinflußt ist. Denn Alfons' Wort war im Italien des *Settecento* für eine Christenheit, für eine katholische Bevölkerung bestimmt, der Gott, Glaube und religiöse Praxis selbstverständlich waren, während all das heute die meisten gleichgültig läßt, wenn nicht sogar langweilt, verwirrt oder abstößt.

Alfons begann seine Missionen überdies mitten im Aufbruch der Moderne, der eingeleitet wurde von der Renaissance, und charakterisiert war von „der Entdeckung des Subjekts", des Menschen, seines individuellen Wertes und seiner persönlichen Verantwortung. M. Jean Delumeau weist darauf hin, daß die Kunst des Porträts in der Malerei Mitte des 15. Jahrhunderts einsetzt. Wenn sie Ende des 19. Jahrhunderts mit dem Impressionismus wieder verschwindet, so fällt dies zusammen mit dem Auftauchen der Sozialismen und der Sozialisierung in der Gesellschaft, und im Bereich der Theologie mit den Begriffen des mystischen Leibes, des Volkes Gottes und seiner globalen und österlichen Heilswirklichkeit. Diese paulinischen Dimensionen fehlen der missionarischen Sicht Liguoris und seiner Zeit[28].

Dafür aber gibt es andere. Gleich einem Theaterscheinwerfer beleuchtet die Theologie einer Epoche nur einen Teil der Offenbarung, und nicht immer den gleichen. Ist es denn so schlecht, sich wie Paulus „zu entschließen, bei euch nichts zu wissen außer Jesus Christus, und zwar als den Gekreuzigten" (1 Kor 2,2)? Und besteht das Wesentliche nicht zu jeder Zeit darin, wie Alfons das Apostelwort in die Welt zu tragen: „Denn durch sein Sterben ist er ein für allemal gestorben für die Sünde, sein Leben aber lebt er für Gott. So sollt auch ihr euch als Menschen begreifen, die für die Sünde tot sind, aber für Gott leben in Jesus Christus" (Röm 6,10–11).

29. Im „Exil" vor Neapels Toren (Mai 1741–August 1742)

„Wenn ihr einen Heiligen wollt, dann wählt Gott; wenn ihr einen Politiker wollt, so wählt Aldrovandi; wollt ihr aber einen wackeren Mann, dann stimmt für mich."

Diese launige Bemerkung macht der Erzbischof von Bologna, Kardinal Prospero Lambertini (1675–1758), eines Tages, um seine von der Sommerhitze in einem nicht endenwollenden Konklave erschöpften Kollegen aufzuheitern. Wir befinden uns im August 1740. Und siehe da, dieses als Spaß gemeinte Wort klärt die Gedanken, läutert die Leidenschaften und bringt dem „wackeren Mann" im 255. Wahlgang fünfzig Stimmen: Lambertini folgt unter dem Namen Benedikt XIV. am 17. August Clemens XII. auf Petri Stuhl. Die Tiara krönt den besten Kopf des Heiligen Kollegiums. Benedigt XIV. wird der größte Papst des 18. Jahrhunderts. Der einzige große.

Am 11. November 1740 verkündet er zum Anlaß seiner Thronbesteigung ein allgemeines Jubiläumsjahr und richtet am 3. Dezember eine erste Enzyklika — *Ubi primum* — an alle Bischöfe über ihre drei großen Aufgaben: Auswahl und Ausbildung der Priester, aktiver Aufenthalt in der eigenen Diözese, häufige und wachsame Seelsorgsvisiten. „Lernt Eure Schäflein persönlich kennen und macht Euch mit dem Erscheinungsbild Eurer Herde vertraut... Der Bischof weiß vieles nicht oder erfährt es zu spät, wenn er nicht alle Teile seiner Diözese besucht, um sich selbst überall umzusehen und umzuhören und zu versuchen, überall Hilfe zu bringen."[1]

Dieser Fanfarenstoß ruft auch den Erzbischof von Neapel zu seinen seelsorglichen Aufgaben. Gebildet und voller Unternehmungsgeist, eifrig und unermüdlich, gewissenhaft bis zur Strenge, ehrgeizig für seine Kirche und vielleicht auch für sich selbst[2], war Kardinal Giuseppe Spinelli vier Jahre lang durch die langwierigen vorbereitenden Verhandlungen zum Konkordat, das schließlich am 2. Juni 1741 zwischen Rom und Neapel unterzeichnet wird, von seinen seelsorglichen Aufgaben abgelenkt worden. 1740, also gerade zu dem Zeitpunkt, da Papst Lambertini den Thron Petri besteigt, ist er wieder frei für andere Aufgaben. Die stimulierende Aufforderung Benedikts XIV., die unerwartete Ausrufung des Heiligen Jahres, entreißen ihn der Diplomatie und den Geschäften und konfrontieren ihn unvermittelt mit seinen Aufgaben als Bischof. Nun leitet er, in der Gnade des Jubiläumsjahres und ganz im Sinne von *Ubi primum*, an allen Fronten eine Aktion von langer Dauer — sechs Jahre — und durchgreifender Wirksamkeit ein. Anfang Februar 1741 kündigt er „eine Generalvisite der Diözese: Orte und Personen" an, mobilisiert Apostel für eine Kampagne von Pfarrmissionen zur Vorbereitung des Bischofsbesuchs und verpflichtet die Fastenprediger und Missionare, in allen Kirchen das gemeinsame betrachtende Gebet einzuführen.

Das Herz dieses gigantischen Unternehmens sind — heute als seine Inspiratoren und morgen als seine Organisatoren — zwei Männer, die beide aus seiner Diözese stammen und aktive Mitglieder der Propagandakongregation sind, deren höchster Oberer Spinelli selbst ist: die Patres vom Heiligsten Heiland Alfons von Liguori und Gennaro Sarnelli.

Ist Spinelli mit Alfons schon zusammengetroffen? Wir wissen es nicht. Aber „die öffentliche Meinung hielt diesen für den ersten Missionar des Königreichs. Auf der Kanzel und im Beichtstuhl hatte Gott ihm ein unvergleichliches Charisma verliehen. Darin waren sich alle Bischöfe und Erzbischöfe und sogar die Missionare Neapels und der Provinzen einig."[3] Spinelli wußte also, auf wen er seine Hand legen sollte.

Und wenn er es nicht gewußt hätte, dann wäre er durch Sarnelli informiert worden. Sarnelli, der immer noch krank und immer noch dabei war, die Welt zu erschüttern. Sarnelli, der erste Sohn in Liguoris Herz und Geist. Seit fünf Jahren weilte er nun in der Hauptstadt, um dort Prostitution und Gotteslästerung zu bekämpfen, um bald mit Alfons und den „Cioranisten", bald mit den *Apostoliche Missioni* Missionen zu predigen und zu schreiben, immer wieder zu schreiben... 1738 hat er *Il mondo santificato*, „Die geheiligte Gesellschaft" veröffentlicht, ein Buch, das „von der Meditation und dem Gebet handelt..., um Personen aller Stände in der Übung der *Vita divota* zu helfen und um die gemeinsame Meditation in Kirchen, Gemeinschaften und Familien einzuführen". Dieses Werk, ein kraftvolles Echo des apostolischen Denkens und Vorgehens Alfons', ist allen Bischöfen der Kirche gewidmet und enthält im Anhang ein besonderes Wort an Kardinal Spinelli:

„Eure Eminenz wird diese Aktion unter Einsatz Ihrer ganzen Autorität beschützen und vorantreiben... In Ihrer Diözese gibt es eine Vielzahl sehr eifriger Pfarrer und Missionare, die Ihre Anweisungen kniend und mit offenen Armen entgegennehmen werden... Diese Diözese wird zu einem wahren Heiligtum, weil sie ein Haus des Gebets sein wird. Das Beispiel dieser vorbildlichen Hauptstadt wird sodann die hohe Geistlichkeit der Kirche aneifern; durch das gemeinsame Gebet werden Ihre von den Lastern gereinigten Diözesen in Tugend und Heiligkeit erblühen: es wird *die geheiligte Gesellschaft* entstehen."[4]

Das Erscheinen des *Mondo santificato* und seine Wirkung auf den Erzbischof sind für Neapel und ganz Italien ein historisches seelsorgliches Ereignis.

Das Werk beginnt mit zwanzig Seiten über die Bedeutung der Pfarrmissionen. Nicht jene Furcht einflößenden und flüchtigen Missionen, die nur zu einer erzwungenen „guten" Beichte ohne Morgen führen. Gemeint sind vielmehr Missionen nach alfonsischem Modell: mit Predigten über die Muttergottes und über das Gebet, mit der Einführung der *Vita divota* und der *rinnovazione di spirito*. Dann entwirft Sarnelli, als gelehriger Schüler und mitreißender Lehrer, eine Geschichte der morgens in der Kirche und abends im Kreis der Familie stattfindenden Meditation und liefert gleichzeitig das praktische Handbuch dazu.

Bedauerlicherweise wurden die ursprünglichen Intuitionen Liguoris und Sarnellis gegen Ende des 19. Jahrhunderts aus Bequemlichkeit allmählich zu geistlosem und infantilem Aufsagen von Gebeten pervertiert. Wie die *Cappelle serotine* ist auch die *Vita divota* in ihren Ursprüngen keineswegs eine Abfolge mündlicher Gebete. Alfons, der persönlich von der Liebe zur Muttergottes entflammt ist und täglich seinen kleinen Rosenkranz – nicht den großen Rosenkranz mit fünfzehn Gesätzen[5] – betet, nimmt nicht einmal diesen kleinen Rosenkranz in das Programm der *Vita divota* auf. Denn man kann die Leute nach der Mission nicht noch jeden Morgen oder Abend lange aufhalten. Man muß also wählen, und für Alfons ist das Wichtigste das betrachtende und nicht das gesprochene Gebet. Die alfonsianische *Vita divota* ist also eine tägliche Vergegenwärtigung und Meditation der ewigen Wahrheiten, der Heilsgeschichte, der Liebe Gottes in Jesus Christus; sie ist persönliches Gebet und Vereinigung mit Gott; sie ist Tag um Tag Verinnerlichung des Glaubens, Erwärmung des Herzens und Anregung des Willens, der nur langsam, in Geduld und mit immer neuem Bemühen gewandelt werden kann. Sie ist der regelmäßige Flügelschlag, ohne den selbst ein Adler zu Boden stürzt.

Diejenigen, die in der italienischen Frömmigkeit nur lautstarke Rezitationen und abergläubische Handlungen sahen, mögen uns doch verraten, wohin die 57 Originalauflagen geraten sind, die dieser „Traktat über das stille Gebet" in einem Jahrhundert erlebte, um nur von Sarnellis *Mondo santificato* zu sprechen. Touristen wie De Brosses, Goethe oder Du Paty konnten von ihrem Himmelbett aus, in dem sie bis spät in den Vormittag hinein ruhten, natürlich nicht sehen, wie sich das ungebildete und einfache Volk der Randviertel und Dörfer schon vor Morgengrauen in den Kirchen versammelte, um aus dem Mund des Pfarrers einen Meditationspunkt von Sarnelli oder Liguori zu hören. Denn auch dieser letztere verfaßte ein gutes Dutzend Sammelwerke, die mindestens 1.231 italienische Auflagen erreichten.

Erzbischof Spinelli liebt und verehrt Sarnelli. Er nimmt seinen *Mondo santificato* begeistert auf und gibt ihn seinem Pfarrklerus und seinen Missionaren zum Studium und als Handbuch. Das 1738 erschienene Werk erfährt 1739 eine zweite und 1740 eine dritte Auflage. Zu aufwendig für alle Börsen wird es in Faszikel „zerstückelt" und in der Fastenzeit oder bei Missionen verkauft oder verteilt. Don Gennaro ergänzt es und veröffentlicht kurz nacheinander *Il Mondo riformato* (1739), *Il Cristiano santificato* (1739), *L'Anima illuminata* (1740) und *L'Ecclesiastico santificato* (1742). Torni und die Dommissionare fördern in Neapel und außerhalb der Stadt das gemeinsame betrachtende Gebet. Am 18. Februar 1741 stellt Sarnelli in einem Brief an Liguori eine beredte Bilanz dieser ausufernden Welle auf[7].

Auf diese Weise wurde im dynamischsten Teil des Klerus ein völlig neues Klima geschaffen. Nun ist es an der Zeit, die große Generalmission auszurufen. Von Sarnelli inspiriert, will der Kardinal eine Mission „à la Liguori", und er beschließt autoritär: Alfons wird sie leiten, unterstützt von Don Gennaro und einigen anderen Patres vom Heiligsten Heiland.

„Neben Mitgliedern seines Instituts wird er aus den Missionskongregationen Neapels, einschließlich jener des Erzbistums (die *Apostoliche missioni*), alle Hilfskräfte auswählen, die er braucht. Er selbst aber wird an der Spitze des Unternehmens stehen und es leiten. Denn der eifrige Kardinal wollte damit, wie er selbst erklärte, nicht nur erreichen, daß seine Diözesanen fruchtbarere Missionen mitmachen konnten, sondern auch, daß seine Missionare von Alfons wirksamere Methoden erlernen sollten."[8]

Drei Kilometer südöstlich von Neapel hat Mgr. Spinelli in Barra bei Portici für Liguori und seine Mitbrüder schon ein Haus vorgesehen, von wo aus er alle Unternehmungen leiten wird: Sant'Aniello.

„Alfons aber bringt Entschuldigungen vor. Er macht geltend, die Diözese Neapel sei weit besser betreut als die anderen; in ihren blühenden Kongregationen gebe es zahlreiche ausgezeichnete Missionare. Die Provinzen des Königreichs dagegen litten größten Mangel, und es gebe dort hunderte von Dörfern und sogar bevölkerungsreiche Städte, um die sich niemand kümmere."

Spinelli nimmt diese Weigerung schlecht auf, und so muß Sarnellis Eifer vermitteln: bei Alfons, um seinen Widerstand zu schwächen, beim Kardinal, um seine Ansprüche zu reduzieren. Denn er möchte seinen großen Plan ohne größere Schwierigkeiten verwirklichen: So schreibt er am 18. Februar an Alfons:

„Pater, es ist an der Zeit, diese Diözese und durch sie viele andere Provinzen zu heiligen... Heute morgen hatte ich ein langes Gespräch mit Seiner Eminenz. Der Kardinal ließ sein Bedauern darüber durchblicken, daß Ihr ihn noch nicht aufgesucht habt. Ich habe ihm alles erklärt: die Abhängigkeit von Mgr. Falcoia, die Art des Vorgehens, den Brief, den er ihm schreiben und wie er diesen meines Erachtens nach abfassen muß. Er hat zu allem ja gesagt und ist schon voller Zuversicht und Entschlossenheit... Gelobt sei Gott!... Inspiriert dem Monsignore eine Antwort, die den Kardinal nicht verletzt: er kann Eure heiligen Pläne unterstützen. Seine Eminenz begnügt sich mit Euch und einem einzigen Begleiter ... Stellt keine Bedingungen; kommt, und Ihr werdet angenehm überrascht sein. Ich sage es Euch: kommt im Gehorsam gegenüber Falcoia ...

Wir müssen noch viel beten, damit Gott das Ganze segnet. Nur Mut: ich sehe einen großen offenen Raum für Eure Wünsche und das Institut."[9]

Den Brief des Kardinals an Falcoia bereitet Sarnelli mit Kanonikus Giacomo Fontana, einem Vertrauensmann Spinellis, selbst vor. Dieser Brief vom 24. Februar versteht es, die guten Saiten zum Klingen zu bringen. Der Erzbischof ist untröstlich über die geistliche Verlassenheit der weiträumigen Landgebiete seiner Diözese wie auch des Klerus, der sie betreut. Nun hat er aber mit großer Hoffnung erfahren, daß Don Alfons von Liguori und seine Gefährten sich auf Missionen für diese verlassenen Bevölkerungsgruppen und ihren Klerus spezialisiert haben. „Sie sind freilich nicht viele; aber ich verlange nur Don Alfons und einen Gefährten. Helft mir, ihre Zustimmung für einen Plan zu erlangen, der dem Geist ihrer Berufung so sehr entspricht. Ich erflehe Eure Einwilligung — was sage ich? —, Eure eifrige Unterstützung. Gebt ihnen einen Befehl..."[10]

Dieser Appell Sarnellis und des Kardinals für die Verlassenen der neapolitanischen Randbezirke war leider nicht nur eine „fromme Lüge". Die spirituell unterbetreuten Landgebiete begannen bereits vor den Toren der Hauptstadt. Die Stadt *intra muros* quoll über von Kultorten, die von einem qualifizierten Stadtklerus betreut wurden; in den Vororten dagegen herrschte in dieser Hinsicht unvorstellbarer Mangel, vor allem seit nach der Schleifung der Stadtmauern im Jahre 1740 die Bevölkerung rapide zugenommen hatte. Die von ihrem Wesen her traditionelle Seelsorge wurde durch dieses Anschwellen der Vororte allmählich überfordert[11].

Falcoias Antwort an die Eminenz, die er aus Vico Equense, wo er mit Sportelli zur Erholung weilte, gab, war eine höfliche, aber entschiedene Absage: Diese Patres sind so wenige, mit Arbeit überhäuft und von schlechter Gesundheit! Wollt Ihr diese schwache und noch kaum verwurzelte Pflanze töten? Oder sie aus ihrem ureigensten Boden der armen Seelen und der armen Bischöfe reißen? In Neapel verfügt Ihr über tausende eifrige Arbeiter, um „hundert Gesellschaften zu heiligen" — ein Seitenhieb auf Sarnellis *Mondo santificato*, oder eine Schmeichelei? —. Und außerdem, habe ich denn überhaupt das Recht, den Dienern Gottes, über die ich nur kraft ihrer Demut ein gewisses Maß an Autorität besitze, einen solchen Befehl zu geben? Auf dem Boden hingestreckt, flehe ich Euch demütig an, diese guten Geschöpfe in Ruhe zu lassen[12].

Der kleine Bischof von Castellamare konnte sich beim Kardinalerzbischof von Neapel nicht durchsetzen. Spinelli wollte nichts dergleichen hören, und Falcoia wird noch lange daran laborieren, von ihm nicht beachtet worden zu sein. Zitierte der Erzbischof Alfons zu sich, oder hielt es dieser selbst für angebracht, sich ihm vorzustellen? Jedenfalls machte er sich nach Beendigung der Missionen im Raum Giffoni und Serino und den „Nachmissionen" von Solofra und Umgebung auf den Weg nach Neapel. Wahrscheinlich am 20. März, dem Passionsmontag, stieg er bei seinem Freund und Beichtkind Giovanni Olivieri ab, diesem Ex-Rekordler der Sünde, dem „zum Türken nur noch der Turban gefehlt hatte". Dies blieb nun Alfons' Haus, bis die Redemptoristen eine kleine Erdgeschoßwohnung im Palazzo seines Bruders Ercole erhielten[13].

P. von Liguori geht sofort zum Erzbischof ... und stößt auf eine Mauer.

— Ich bin Euer Oberer, sagt der Kardinal. Ich will, daß man mir gehorcht.

Alfons' Einwände werden ihm unter den Händen zerpflückt:

— Auch meine Diözese hat (außerhalb der Stadt) mehr als hundertzwanzigtausend Seelen, die in zahllosen Dörfern und Weilern zerstreut sind. Außerdem habe ich größere Rechte über Euch als jeder andere Bischof: Ihr seid mein Untertan und mein Diözesan.

Der Pater versucht einen Ausbruch:

— Eminenz, Ihr werden doch die *Illustrissimi* nicht beleidigen wollen. Ihre Kongregation steht über allen anderen. Wollt Ihr nicht sie den Leiter der Mission bestimmen lassen?

— Der Erzbischof bin ich, antwortet Spinelli. Ich bin der Obere der Missionen wie übrigens auch aller Personen meiner Diözese. Wenn die Missionen meine Angelegenheit sind, dann obliegt es auch mir und keinem anderen, die geeigneten Maßnahmen zu treffen. Ihr habt zu gehorchen, und ich möchte kein Wort des Widerspruchs mehr hören.

Die Domkongregation hatte Liguori, wie wir wissen, mehr als verziehen. Die Wahlen vom Juli 1740 hatten seinen geliebten und verehrten Lehrer Giulio Torni wieder an ihre Spitze gestellt. Auch der allerdings schon schwerkranke Onkel Pietro Marco Gizzio — er stirbt am 26. August 1741 — war noch immer eine Autorität.

Der eine wie der andere waren natürlich über diese Entscheidung des Kardinals glücklich und fühlten sich geehrt. Wenn es unter den „Brüdern" doch noch

Mißtrauen gegeben haben sollte, so nur in wenigen Fällen und nicht nach außen hin sichtbar[14].

Alfons benachrichtigt Falcoia und besucht ihn in den folgenden Tagen in Vico Equense[15]. Vorher hat er noch gemeinsam mit dem Kardinal aus den Missionskongregationen der Diözese Neapel zwölf ausgezeichnete Mitarbeiter gewählt. Der erste, Don Matteo Gennaro Testa, wird später Erzbischof von Reggio und dann Großalmosenier; Coppola und Savastano werden Bischöfe; Michele de Alteriis, Bartolomeo Capozzi gehörten zu den eifrigsten Mitgliedern seiner Priestergruppe der Jahre 25—30. Vom Heiligsten Heiland kommen Andrea Villani und natürlich Gennaro Sarnelli. Nach diesen Vorbereitungen kehrt Alfons zu seinen Missionaren im Gebiet von Ciorani zurück und bleibt dort von April bis Anfang Mai.

Am Sonntag, dem 14. Mai 1741, schließlich eröffnet Alfons an der Spitze seiner ganzen Missionarsgruppe in den drei Pfarreien von Afragola (ca. 11.000 E[16]) im Nordosten Neapels die erste Mission einer langen, fünfjährigen Serie. Neben der Generalleitung, die anfänglich wahrscheinlich nicht leicht war, übernimmt Liguori die *predica grande* in der Hauptpfarrei S. Maria d'Ayello (5.650 E); Sarnelli hält dort den Katechismus für das Volk; Testa die Morgenpredigt. Alfons gibt den Priestern der ganzen Stadt Exerzitien[17]. Am 28. wendet sich fast die ganze Gruppe für weitere vierzehn Tage dem Nachbardorf Casalnuova (1.500 E) zu. Dann kommt der 11. Juni und damit die Sommerpause. Alfons zieht sich mit Sarnelli und Villani in das kleine Haus S. Aniello in Barra zurück. Bruder Francesco Tartaglione geht mit ihnen und kümmert sich um die Einkäufe, die Küche, den Pfortendienst, fungiert als Meßdiener und betreut die Kapelle, die niemals leer wird, da sie auch dort predigen und Beichte hören.

Wir kennen den Lebensrhythmus, der von Anfang an praktiziert wurde. Nach einer berühmten Formel, die uns Tannoia überliefert hat, „wollte Alfons, daß seine Missionare draußen Apostel, zu Hause Kartäuser seien". Wörtlich: „Einsiedler" im Haus[18].

Die Fastenzeit und die vier Sommermonate verbrachten sie gemeinsam im Kloster. „In der Fastenzeit waren alle Missionare im Haus, um neue Kräfte für Leib und Seele zu schöpfen. Mitte Oktober brachen sie zur Mission auf; und nach Ostern hielt man Missionen bis Ende Mai, in kühleren Gebieten auch bis Mitte Juni."[19]

Die Sommerpause wurde zu kartäusischem Schweigen, gemeinsamem Gebet (Offizium, drei Gebetszeiten täglich: morgens, nachmittags und abends), Lehrveranstaltungen für Moral, Missionen, Dogma und Bibelstudium, sowie zu persönlichen Beschäftigungen und Gebet genutzt. Die Missionare legten in dieser Zeit aber auch gemeinsam und mit dem Kardinal die Führungslinien fest, die sich aus der Erfahrung der beiden ersten Missionen schon herauskristallisieren ließen. Sie wurden in den von Spinelli am 12. Oktober 1741 veröffentlichten *Anweisungen für die Missionare, die dazu bestimmt sind, die Diözese Neapel zu betreuen,* genauer dargelegt, einem entscheidenden Dokument, dessen Quintessenz sich in folgender, ebenfalls vom Kardinal verfaßten *Regelung* findet, in der allerdings schon beim ersten Durchlesen die Hand Alfons' und Sarnellis erkennbar wird:

„Grundgedanke und Ziel unserer Missionen ist die dauerhafte Verwurzelung aller Frömmigkeitsübungen in den Ortschaften. Die Kleriker haben also in allen

Kirchen die von den Missionaren während der Mission eingeführten Übungen entsprechend dem ihnen vorgegebenen Programm fortzuführen, das heißt:

Die Mission dauert mindestens zwei Wochen, in größeren Orten entsprechend länger. Gegen Ende der Mission ist das Volk drei oder vier Tage lang in die Praxis der *Vita divota*, also Gebet und Meditation, einzuführen. Dies hat vor dem feierlichen Schlußsegen zu geschehen, damit das ganze Volk daran teilnimmt. Denn wenn die Mission mit dem Segen erst einmal abgeschlossen ist, kommen nicht mehr viele Leute.

Außerdem ist in den Kapellen auch der kleinsten Orte, vor allem auf dem Land, eine richtige mehrtägige kleine Mission abzuhalten."

Dann empfiehlt die *Regelung* die Schaffung von Bruderschaften für Kinder und Jugendliche, die Eröffnung von Knaben- und Mädchenschulen; die Abhaltung von Exerzitien für Kleriker und die Einführung eines wöchentlichen moraltheologischen Vortrags für sie; die Ausbildung der Priester für ihre nachmissionarischen Aufgaben, wie die Betreuung des gemeinsamen betrachtenden Gebets, Unterweisung, Katechismusunterricht; und schließlich die Nachmission in allen Pfarreien und Kapellen[20].

Und so geschah es. Don Matteo Testa verfaßte einen ausführlichen Bericht über das ganze Unternehmen. Wir können dort der ganzen Mannschaft in jeder ihrer Aufgaben folgen. Für Afragola und Casalnuovo, wie auch für die folgenden Missionen, erwähnt er die in jeder Pfarrkirche oder Kapelle auf Dauer begründeten Praktiken; und das sind fast überall: gemeinsames betrachtendes Gebet am Morgen; Glockengeläut am Abend, um das Volk zum Besuch beim Allerheiligsten oder zumindest zur gemeinsamen Meditation im Kreis der Familie zu rufen; Einkehrtage für Priester mit Schaffung von Moralkonferenzen; geistliche Übungen zur Vorbereitung auf den Tod; und schließlich die Errichtung der fünf Kreuze der schmerzhaften Geheimnisse der Passion[21].

Aber eine Mission wirkt in erster Linie durch das Vorbild und Leben der Missionare; wie auch das Evangelium zunächst nur Person und Verhalten Jesu Christi war. *„Die Leute sind empfänglicher für das, was sie sehen, als für das, was sie hören"*, sagte Alfons immer wieder. So wurde die ganze Gruppe der Missionare auf die „Ciorani-Diät" gesetzt: *minestra* (Gemüse) und gekochtes Rindfleisch. Verbot ausgefallener Speisen, wie teure Fische, Geflügel, Wild und Backwerk. Man brachte ihnen durchaus solche Dinge, aber er schickte alles wieder zurück, auch wenn — ich zitiere Tannoia — „Domherren oder andere Persönlichkeiten bei Tisch saßen." Es sollte bei den Missionen nicht am Nötigen fehlen, Überfluß aber oder gar Feinschmeckereien konnte er nicht leiden." Doch wollte er als guter Führer auch nicht riskieren, daß seine Gefährten sich bei einem Sturz vom Pferd den Hals brächen, und so „ließ er sie in der Kutsche reisen: sie waren ja nicht gewohnt, zu reiten. Er und die Seinen aber hatten keine andere Equipage als ihre kleinen Esel."

Natürlich beschränkt sich die Nachfolge des Herrn nicht auf Fuhrwerk und Tisch. Aber Alfons weiß genau, daß sie zu den enthüllendsten „äußeren Zeichen" gehören: sie sind die ersten, die ins Auge springen, nach denen man sich erkundigt und die in Kommentaren zum Guten und zum Schlechten durchs ganze Land gehen.

Zum Guten: das waren, seit Afragola, zwei Berufungen von Laienbrüdern:

Leonardo Cicchetti und Romualdo Di Cristoforo, 17 und 20 Jahre alt. Zum Guten, das war auch die unerwartete Ankunft von Don Paolo Cafaro (1707–1753), der, nachdem er kurz zuvor noch Pfarrer von S. Pietro a Sefi in seiner Heimatstadt Cava dei Tirreni gewesen war, eines schönen Sommertages 1741 in S. Aniello von Barra auftauchte. Er verbrachte seine Nächte in der Kirche, den Tag bei Predigt, Beichte, Armenbesuchen und Missionen in weitverstreuten Dörfern, so daß man sich wirklich fragen mußte, wann er denn überhaupt aß und schlief. Seit fünf Jahren Freund und Beichtkind Alfons', vielleicht auch Hilfskraft bei den letzten Missionen, kommt er nun, um zu bleiben. Zornige Reaktionen bei seiner Familie, seinem Bischof, Alfons' Vetter Mgr. Domenico von Liguori. Freude bei Alfons. Er behält Cafaro sofort als Novize und Gefährte in Barra und schickt Villani nach Ciorani, wo es Arbeit im Übermaß gibt und die Patres in schlechter gesundheitlicher Verfassung sind. Sportellis Briefe an Falcoia sind ein kleines medizinisches Wörterbuch!

Die Brüder Romualdo und Leonardo werden aber auch von anderen Novizen empfangen: von den jungen Priestern Benigno Giordano und Gaetano Pepe, sowie dem Diakon Pietro Genovese. Doch nicht alles, was zufließt, ist Gold: die beiden letztgenannten bleiben nur vorübergehend.

Seit Anfang September schon – die ungeheuere Aufgabe drängt – ist P. Cafaro mit Alfons, Testa und Alteriis mit der Nachmission in Afragola beschäftigt. Dann, am Sonntag, dem 10. September, beginnt das große Missionsunternehmen zwischen Neapel und dem Vesuv von neuem: Barra, S. Sebastiano, Boscotrecase, San Giorgio a Cremano, Resina S. Caterina, S. Maria a Pugliano, San Giovanni a Teduccio, Ponticello Pollena mit Missionen und Nachmissionen. Alfons kommt hier in Pfarreien zurück, in denen er vor fünfzehn Jahren seine ersten Erfahrungen gesammelt hatte. Das war im Winter 1727–1728.

Aber dieser Bereich Italiens war mittlerweile vom Forschungsfieber und einem unbändigen Wissensdrang erfaßt worden: König Karl hat auf der Wachteljagd ... Herkulaneum entdeckt. Und dieser Fürst, der keinerlei einschlägige Studien betrieben hat und von dem man sich sogar fragt, ob er überhaupt französisch, spanisch oder italienisch schreiben kann, begeistert sich für die Auferstehung der römischen Welt, und ganz Europa mit ihm. Alfons aber hat nun nicht einmal mehr die Zeit, den Statuen des Herkules oder Cleopatras auch nur einen Blick zu gönnen. Er ist mit anderen Wiederherstellungen befaßt. Und doch zucken der Humanist und Maler in ihm nicht gleichgültig die Schultern. Als man ihm später einen dicken Band mit Stichen aus Herkulaneum schenkt, zerstört er diese Seiten, in denen es von heidnischen Nacktheiten nur so wimmelt, keineswegs, sondern er greift zu Feder und Tusche, bekleidet – zwischen den Zeichnungen einer Madonna und der eines Jesuskindes – die provozierendsten Gestalten und schenkt das Album seiner Gemeinschaft. Die „Renaissance" allerdings, die ihn begeistert, ist in erster Linie die Wiedergeburt des Glaubens und des christlichen Lebens, die *Vita divota*.

Als ihm Ende Juni 1742 die Sommerhitze eine Pause auferlegt, beträgt die aufrechenbare Bilanz der vierzehn Monate für Alfons und seine „Zwölf" siebzehn Missionen mit einer Dauer von vierzehn bis vierzig Tagen für eine Bevölkerung von etwa 40.000 Bewohnern in zwölf verschiedenen Orten. Auffallend ist die hohe Zahl der apostolischen Arbeiter. Aber das ist ein Prinzip Alfons': Er möchte, daß die religiösen Übungen für die verschiedenen Bevölkerungsschichten jeweils getrennt abgehalten werden und die Mission auch in die Kapellen hineingetragen wird; außerdem soll jeder seiner Mitarbeiter, ungeachtet der Belastungen, die der Nachmittag noch bringt, schon am Vormittag sieben Stunden lang Beichte hören, damit sich auch der letzte Bauer ohne Schwierigkeiten und in aller Ruhe ausprechen, sein Gewissen erleichtern und sein Leben in die rechte Bahn bringen kann.

Der Biograph des neapolitanischen Unternehmens, Don Matteo Testa, hat Tannoia folgendes Zeugnis über Alfons hinterlassen:

„Ich gehe nicht auf Einzelheiten ein, da ich sonst nicht nur Seiten, sondern ganze Bände füllen würde. Der Pater brachte in der Diözese Neapel zahllose Ärgernisse und Mißbräuche zum Verschwinden. Man sah keine Unehrerbietigkeit mehr in den Kirchen; die Frauen verzichteten auf jene lockere Kleidung, die den Ruin der Schwachen bedeutete; die jungen Mädchen, die kein Empfinden mehr für die Keuschheit besaßen, fanden zur Sittsamkeit zurück; Kneipen verloren ihre Kundschaft, und im ganzen Land, in allen Dörfern, war nun Schluß mit gewissen Tänzen und Vergnügungen zwischen Männern und Frauen und vor allem zwischen Burschen und Mädchen. Christliche Gesänge traten an die Stelle der schlüpfrigen Lieder, die früher den Mädchen bei der Feldarbeit, vor allem zur Zeit der Weinlese und der Getreideernte, von den Lippen kamen."

Wir müssen nicht eigens darauf hinweisen, daß diese *canzoni* im Text und Musik von Alfons stammen: er verwarf sowohl die Melodie als auch die faulen Worte der schlechten Lieder, gleich zwei Komplizen, von denen der eine den anderen wieder zurückbringen könnte. Von ihm stammen auch die Federzeichnungen — Jesuskind, Christus am Kreuz, Muttergottes, niemals aber Heilige —, die er von Bilderfabrikanten für dieses Analphabetenvolk und die speckigen Mauern der *bassi* in Kupfer stechen ließ.

Das Geheimnis dieser Missionen erwähnt Tannoia immer wieder, auch auf die Gefahr hin zu ermüden: Gebet und Kasteiungen, Fasten und Wachen, Geduld und Güte, harte Arbeit und Armut. *Seguitare l'esempio di Cristo:* das Beispiel Jesu fortsetzen.

Armut! Nachdem die Bauern gehört hatten, wie der „geringste" unter den Missionaren die Eröffnungspredigt zu einer dieser Missionen gehalten hatte, sagten sie erstaunt zueinander: „Wenn schon der Koch so predigt, wie dann erst die anderen?" In seiner Funktion als Oberer genoß Alfons das Privileg, sich, wie in Casalnuovo, autoritär das schlechteste Bett in einem Regen und Wind ausgesetzten Verschlag auszusuchen. In Erniedrigung, Bedrängnis und Mangel denkt er an seinen göttlichen Meister, und es erfaßt ihn eine wilde Lust zu tanzen. Sein berühmtestes Weihnachtslied lautet so:

> *Tu scendi dalle stelle, o Re del Cielo ...*
> „Du steigst von den Sternen herunter, o König
> des Himmels, und kommst in eine Höhle
> bei Kälte und Eis."

Darum sind die Bemühungen des Herrn von Casalnuovo, Herzog Geronimo Cuomo, ihm ein Zimmer in seinem Palazzo aufzudrängen, von vornherein vergeblich.

A propos Herzöge und Paläste: an einem dieser Sommerabende von S. Aniello (1742) schickt die Herzogin von Isola, Donna Maria Caracciolo, die sich gerade in Barra aufhält, nach der Zusammenkunft des Stadtviertels beim Allerheiligsten nach Alfons. Dieser ist mit dem jungen Postulanten Leonardo Cicchetti allein zu Haus.

— Bruder Leonardo, sagt er zu ihm, du kommst mit mir. Und du weichst mir nicht von den Fersen, sofern ich dir nichts anderes sage.

Sie kommen zum Palazzo, wo die Prinzessin sie bereits im Salon erwartet. Sie geht ihnen entgegen; Alfons nimmt seine Brille ab, „um sie nicht zu sehen", wie Leonardo kommentiert. Sie führt ihn in ihr Zimmer. Gehorsam folgt ihnen der kleine Bruder. Alfons postiert ihn an der Türe:

— Setz dich hier hin, gegenüber der offenen Türe.

So wird er zwar nichts hören, aber alles sehen. Was aber sieht er? Alfons gerät über die Bibliothek der Herzogin in Begeisterung, nimmt ein Buch zur Hand und setzt sich auf den Sessel, den sie ihm anbietet. Donna Maria läßt sich ihm gegenüber nieder. Er ist ganz Ohr für seine Gesprächspartnerin, seine Augen aber sind (ohne Brille) dem Buch zugewandt, in dem er mechanisch blättert. Um von Leonardo nicht gehört zu werden, schiebt die Prinzessin ihren Sessel näher zum Pater: Alfons schiebt den seinen zurück. Das gleiche wiederholt sich zweimal, fünfmal ... bis der Priester schließlich im wahrsten Sinn des Wortes mit dem Rücken an der Wand sitzt. Nun wird die Herzogin wohl endlich Auge in Auge mit ihm sprechen können. Mitnichten, Madame! Er dreht seinen Sessel zur Seite und leiht ihr umso besser ... sein Ohr! Nach beendeter Unterredung läßt Donna Maria eine Karosse vorfahren, die ihn mit zwei Pagen als Fackelträgern zurückbringen soll.

— Vielen Dank, Exzellenz: Mein Stock wird mir als Karosse dienen.

Auch die Lakaien schickt Alfons schon nach wenigen Schritten in der Nacht zurück:

— Geht heim, meine Lieben, sagt er zu ihnen. Der Herr wird uns in der Finsternis leiten.

Auch als Bischof war Alfons niemals bereit, ohne Zeugen mit einer Frau zu sprechen. Man mag in unserem Jahrhundert der „kurzen Treue" darüber lachen. Aber er hatte nicht nur die Bescheidenheit, sich für schwach zu halten — welche Lektion für die Prahler! —, sondern auch das Feingefühl, zu denken, daß eine Liebe sich stets ohne Arg und Falsch darbieten müsse. Zweihundert Jahre nach Alfons schildert Carlo Levi, der in einem Dorf Lukaniens lebt, in seinem *Christus kam nur bis Eboli* (1944) die Sitten und Mentalität dieser Bevölkerung folgendermaßen:

„Liebe oder sexuelle Anziehung gilt bei den Bauern als eine Naturgewalt von so starker Kraft, daß kein Wille sich ihr widersetzen kann. Wenn ein Mann und eine Frau in einem Raum allein zusammen sind, so kann nichts sie daran hindern, sich zu umarmen. Weder gegenteilige Vorsätze noch Keuschheit, noch irgendeine andere Schwierigkeit können sie davon abhalten, und wenn die beiden es zufällig nicht tun, so ist es doch so, als hätten sie es getan: denn allein beieinander zu sein, bedeutet, sich der Liebe hingeben ...!

Da es also kein moralisches Hindernis für die Gewalt des Verlangens gibt, schaltet sich die Sitte ein, um seine Erfüllung zu erschweren. Keine Frau darf einen Mann, vor allem wenn dieser nicht verheiratet ist, aufsuchen, es sei denn in Gegenwart anderer, und dieses Verbot ist sehr streng. Es auch nur in der unschuldigsten Art zu durchbrechen, ist bereits Sünde. Die Regel betrifft alle Frauen, denn die Liebe kennt kein Alter.“[22]

Über das Alter der Prinzessin aber verrät uns der gute Leonardo kein Wort. Immerhin sind wir über Alfons' Absichten im klaren. Sollte sich jemand über jene Donna Maria Gedanken machen, so kann er beruhigt sein: die adelige Erbin stand im Begriff, nach Spanien abzureisen und in einem Karmel den Habit der hl. Teresa von Avila anzunehmen. Worüber sonst hätten sie sich also unterhalten, wenn nicht über die Berufung, den Karmel und jene große Teresa, die Alfons seit nunmehr bald zwanzig Jahren *la mia Maestra* nennt? Wetten, daß Alfons, während er mit der Herzogin plauderte, im *Weg der Vollkommenheit* oder im *Inneren Schloß* blätterte! Denn gerade in diesen Sommerwochen 1742 legte er in S. Aniello letzte Hand an sein erstes spirituelles Werk: *Considerazioni sopra le virtù e pregi di S. Teresa di Gesú* (Neuntägige Andacht zu Ehren der hl. Teresa). Es wird 1743 erscheinen, gedruckt auf Kosten seines alten Freundes Don Domenico Letizia und gewidmet ... der Herzogin von Isola, Donna Maria Caracciolo[23].

Diese kleine Schrift von hundert Druckseiten ist die kostbare Votivgabe des Sohnes an sie, die er voller Innigkeit *Santa Teresa mia* nennt. Es läuft Gefahr, unbeachtet zu bleiben, erdrückt von den großen Werken, die ab 1750 erscheinen, und das ist schade: diesen neuen „Betrachtungen“ folgt eine *Breve pratica per la perfezione raccolta dalle dottrine di S. Terese* (Kurze Übung zur Vollkommenheit aus den Lehren der hl. Teresa genommen), in der Alfons' Denken und aszetisches Verhalten bereits voll entwickelt sind. Dieses „bereits“ ist im übrigen durchaus normal: Alfons ist nun sechsundvierzig Jahre alt, also ein „gestandener“ Mann. Sein großes Werk für Ordensfrauen, *La Vera Sposa* (1760), ist nur eine Erweiterung dieser zwanzig Seiten und bewegt sich auf der gleichen Ebene: Sein Meisterwerk, *Pratica di amar Gesú Cristo* (1768) (Übung der Liebe zu Jesus Christus), und seine bewunderungswürdigen *Riflessioni divote* (1773) (Andächtige Betrachtungen) sagen nichts anderes.

Diese *Breve pratica* wird mit der Schlüsselformulierung eröffnet, die im ganzen Buch nur ihre konkrete Entwicklung erfährt:

„Die ganze Vollkommenheit besteht in der praktischen Durchführung folgender Schritte: *Loslösung von den Geschöpfen und Vereinigung mit Gott.* Alles ist schon in der großen Maxime gesagt, die uns Jesus Christus hinterlassen hat: *Wer mein Jünger sein will, der verleugne sich selbst, nehme sein Kreuz auf sich und folge mir nach* (Mt 16,24).“[24]

Diese Lehre ist so alt wie das Evangelium; sie ist zur Gänze aus der *Maestra von Avila* genommen: aber die einfache und schlagkräftige Formel selbst, im Text von seiner Hand unterstrichen, ist alfonsischen Zuschnitts. Sie enthält die endgültige Synthese seiner aszetischen Lehre.

Das ist zunächst der berühmte *distacco*, die Losschälung des Geistes und des Herzens. Diese Losschälung vermag weit besser als die bei den Intellektuellen des 18. Jahrhunderts so angesehene „Reinigung des Geistes“ den ganzen Menschen – Gedanken und Gefühle – den vergänglichen Wirklichkeiten zu entreißen. In uneingeschränkter Bewunderung und Verehrung für die Schöpfung – Menschen und Welt – verachtet sie weder das Glück noch die Schönheit, weder Reichtum noch Größe, wie dies im 13. Jahrhundert Mode war, sondern erkennt darin nur einen Wert in und für Gott.

Losschälung also von Vergnügen, Besitz und Eigenwillen, also den drei von Johannes „aufgespießten" Begierden (Jo 2,15–16). Sie mit gutem Vorbedacht gebrauchen: ja; sie lieben: nein. Wir dürfen uns in der Liebe nicht täuschen. Und er erläutert:

Losschälung von Vergnügen, also von Stimmungen und schlechter Laune; Losschälung von empfindsamen Freundschaften und von der Familie; Losschälung vom Eigenwillen und den Sinnenfreuden (eher ein Buch betrachten als die schöne Herzogin), karges und bitteres Essen, kurz und auf harter Unterlage schlafen, sich mit Bußgewändern und Marterwerkzeugen liebkosen; seinen Mund der Geschwätzigkeit und sein Ohr der üblen Nachrede verschließen. — Losschälung vom Besitz: nur das Notwendige, das Armseligste und das Gewöhnlichste. Und wenn auch das einmal fehlen sollte, so ist dies die vollkommene Freude. — Losschälung von aller Wertschätzung, ohne dabei allerdings Ärgernis zu geben: sie gering schätzen, Lob und Ehren (die Mitra!) fliehen; Anklagen und Verachtung freudig hinnehmen: „Gott um die Gnade bitten, um seiner Liebe willen verachtet zu werden."

Um seiner Liebe willen, genau dies: um sich mit ihm zu vereinen, *unione*. Nur von einer einzigen Furcht erfüllt zu sein: jener der Sünde, die von ihm trennt (daher Alfons' leicht irritierbares Gewissen); nur einen Willen haben, den Willen Gottes. Die Vereinigung unaufhörlich im betrachtenden Gebet entflammen und neu beleben; sie in der Kommunion nähren, im Gebet erflehen; sie bewußt in der Gegenwart leben; sie in den geistlichen Übungen und dem Mitvollzug des Weihnachtsfestes, der Passion, Pfingsten und der Marienfeste (heute würden Ostern und Auferstehung im Vordergrund stehen) neu beleben; sie schließlich in der Nächstenliebe konkretisieren.

Losschälung, Bindung: das ist das „links, rechts", das die modernen Psychologen in jedem Vorwärtsschreiten des Menschen analysieren. Es ist die Weisheit der Hindus, der Weg Buddhas: sich von der Welt zu lösen, in der nichts von Beständigkeit ist, um zur Entdeckung einer Überfülle zu gelangen. Aber welcher Überfülle? Buddha antwortet auf diese Frage nur mit seinem rätselhaften Lächeln. Claude Lévi-Strauss will sich am Ende seiner Reise in den *Traurigen Tropen*, bei der ihn letztendlich alle Gesellschaften gelehrt haben, daß nichts von Sinn erfüllt ist, von allem *„zurücknehmen"* (er selbst hebt dieses Wort hervor), um „in der Betrachtung eines Steins, der schöner ist als alle unsere Werke, im Duft, der dem Kelch einer Lilie entströmt, oder in dem Augenzwinkern, das wir gelegentlich in einem unvermittelten Einverständnis mit einer Katze austauschen", das Wesen des Menschen zu erfassen. Wenn dies angesichts der irdischen Weisheiten der einzige Gegenpart zum freiwilligen *distacco* bleibt, dann ist er ebenso traurig wie die Tropen; denn er tauscht mit fehlgeleiteter Klarsicht nur einen Nicht-Sinn gegen einen anderen aus. Hier wird umso deutlicher der Wahn jener verständlich, die unbedingt noch alles genießen wollen, ehe sie mit allem im Kehricht des universalen Nicht-Sinnes verdämmern.

Bei Teresa von Avila und Alfons von Liguori dagegen ist die Losschälung ein Sprung nach vorne, hin zu ihm, der persönlich die Fülle ist. *Unione*, Vereinigung mit Gott, sagt Alfons. Daher endet seine *Breve pratica* mit folgendem Aphorismus Teresas: „Dein Verlangen sei es, Gott zu schauen; deine Furcht, ihn zu verlieren: deine Freude, alles, was zu ihm führen kann." Dreißig Jahre später kommentiert er:

„Um dazu zu gelangen, Gott von ganzem Herzen zu lieben, bedarf es der Losschälung von allem, was nicht Gott ist und nicht nach Gott strebt ...

Gott von ganzem Herzen lieben, schließt zweierlei mit ein: zum einen den Bruch mit jeder Bindung, die nicht für Gott und nach Gott ist ... zum anderen das stille Gebet, durch das die heilige Liebe in das Herz eindringt. Wenn sich das Herz aber nicht vom Irdischen befreit, kann die Liebe nicht eindringen, da der Platz bereits besetzt ist. Ein von allen Geschöpfen losgelöstes Herz dagegen entbrennt sogleich im Feuer einer göttlichen Liebe, die bei jedem Hauch der Gnade größer wird."[25]

Das ist Heiligkeit: für die Kutscher von Neapel, die Ziegenhirten von Scala, die Ochsentreiber der Weiden von Salerno, wie auch für die „Redemptoristen" oder die Klosterfrauen.

„Und Ihr", so schreibt Alfons an Schwester M. Giovanna della Croce, „verwendet alle, absolut alle Zeit, die Euch zur Verfügung steht, für das Gebet, d. h. dazu, Jesus ohne Unterlaß anzuflehen, er möge Euch gewähren, daß Ihr seinen Willen vollkommen erfüllt und damit ganz ihm gehört. Denn wie schön ist eine Seele, die sich ganz Gott hingegeben hat, die nichts anderes will als Gott, an nichts anderes denkt als an Gott und in allem nichts anderes sucht als Gott!"[26]

Pater Liguori hat hier sein Selbstporträt gezeichnet. Was aber hatte Gott in jenem Sommer 1742 mit ihm selbst vor?

Als Spinelli ihn zwang, die Generalmission zu übernehmen, dachte er bereits weiter. Er träumte von einer Niederlassung des Institutes in S. Aniello von Barra, von der er sich nur Vorteile für seine Diözese erwartete. Alfons aber sah darin nur Nachteile für seine Söhne. Er sagte:

— Wenn die Missionare in Barra einmal verwurzelt sind und ein Stammpublikum von feinen Damen und Edelmännern ihre Beichtstühle belagert, dann versuche doch, ob es dir gelingt, sie wieder herauszureißen und sie in die Dörfer und Berge zu schicken! Dann kann man es schon als einen Glücksfall bezeichnen, wenn sie nicht auf Einladung ihrer Beichtkinder hin den Großteil des Jahres in der Stadt „Ferien" machen!

Der Gründer hatte also dem Erzbischof gedankt und ihm seine Verantwortung vor Augen geführt:

— Euere Eminenz hat in Neapel genügend Arbeiter im Dienst Seiner Diözese, während die anderen Bischöfe großen Mangel leiden. Denn diesen stehen die Missionsgesellschaften von Neapel für die verlassenen Dörfer und Weiler nicht zur Verfügung.

Spinelli verstand, und er sprach nicht mehr von Gründung. Aber schon allein dadurch, daß er dieses Problem aufgeworfen hatte, war in Alfons die Gewissensnot wieder aufgebrochen, die ihm sein erzwungener Aufenthalt in Neapel verursacht hatte. Das von Tannoia überlieferte Zeugnis ist hier zu wichtig, um nicht in die Waagschale geworfen zu werden:

„Alfons sah zwar den großen Nutzen, den die Diözese Neapel aus seinen Missionen zog und S. E. Spinellis Wohlgefallen, das dieser auch immer wieder zum Ausdruck brachte, aber dennoch blieb er nur mit tiefem inneren Schmerz.

Ihm stand unaufhörlich die Not so vieler verlassener Gegenden in anderen Diözesen vor Augen, während der Kardinal das Gute, das er in der Diözese Neapel wirkte, doch auch durch so viele andere Missionare erreichen konnte. Viele Bischöfe aber konnten mangels missionarischer Gesellschaften die Bedürfnisse ihrer Schäflein nicht einmal teilweise stillen. Dieser Gedanke quälte ihn. Und er flehte unter Kasteiungen zu Gott, er möge ihm seinen Willen kundtun."

Am 22. Juni 1742 schrieb er an Sportelli und die Gemeinschaft von Ciorani: „Empfehlt mich alle Jesus Christus, vor allem in der Messe. Sagt dies auch den Mitbrüdern; und betet, Jesus Christus möge mich von Neapel befreien, wenn dies zu seiner höheren Ehre ist.

Der Kardinal ist (von Seelsorgsvisiten) noch nicht zurück. Nach seiner Rückkehr werden wir mit ihm sprechen. Aber mir scheint, er wird nur sehr schwer zu bewegen sein, uns ganz ziehen zu lassen. Doch werden wir ihm, wie gesagt, zumindest die Erlaubnis abringen, kommen und gehen zu können."[27]

Warum aber rennt nun der *Direttore* offene Türen ein, wenn er in einem geharnischten, von Sportelli am 6. Juli in Ciorani verfaßten, aber von Falcoia, den er einige Tage vorher getroffen haben muß, inspirierten, wenn nicht sogar diktierten Brief folgendes schreibt:

„Mein lieber Pater Rektor, wir alle in dieser Kongregation hoffen, bald wieder vereint zu sein. Unser *Direttore* hat inzwischen nach reiflicher Erwägung der Dinge seine Ansichten klar und deutlich dargelegt. Wenn er dies nicht schon früher getan hat, so deshalb, weil er den Willen Gottes deutlich werden lassen wollte.

Erstens leidet er darunter, daß die Kongregation keine Anzeichen zeigt, auf ihr festgelegtes Ziel zuzugehen: sie weicht vom Pfad der Nachfolge Jesu Christi in der Evangelisierung der Armen in den bedürftigsten Diözesen und zum Wohle der verlassensten Seelen ab. Daher stand Monsignore einer Gründung in diesen *casali* niemals wohlwollend gegenüber. Wenn er Euch dennoch dazu ermutigt hat, wenn er Euch sagte, man müsse abwarten, bis der Wille Gottes kund werde, so deshalb, weil er sehen wollte, ob es Euch jemals gelänge, dort irgendeine Gründung zu bewerkstelligen. Er wollte sich nicht vorwerfen müssen, das Gute, das eventuell daraus entstehen hätte können, verhindert zu haben. In diesem Fall aber — (und man reibt sich bei der Lektüre des nachfolgenden Textes die Augen) — hätte man die Gründung dort unten (S. Aniello) von der hiesigen (Ciorani) lösen und den Mitgliedern die Entscheidung überlassen müssen, ob sie Euer Hochwürden folgen oder unter seiner (Falcoias) Führung bleiben wollen, denn eine Gründung in den *casali* von Neapel kann nicht im Geiste unserer Berufung sein."

Wirklich, man muß alles lesen!... Was mußte Alfons bei dieser Ohrfeige empfinden, die ihm Falcoia durch die unschuldige Hand Sportellis gab? Er war ja im Zwang des Gehorsams nach Barra gekommen. Auch war die Gründung keineswegs, wie Falcoia unterstellt, gescheitert, sondern er selbst hatte sich dieser Niederlassung widersetzt. Und gerade jetzt, da er sein weiteres Bleiben zu einer Gewissensfrage gemacht hat, spricht Falcoia von einem Auseinanderbrechen des Instituts mit der Mahnung an seine Mitglieder, „zwischen dir und mir zu wählen"! Und welche Wahl? „Daß die Treulosen dir außerhalb des Geistes der Kongregation und ihrer Berufung nachfolgen." — Aber im weiteren Brief wird klar, daß dies alles nur als böser, flüchtiger Traum zu verstehen war. — Und doch ging es zu weit, diesen bösen Traum zu träumen und ihn gar schriftlich darzulegen. So eitert die tiefe Wunde aus, die seit sechs Jahren zwischen den beiden Männern schwärt und die bereits den Abbruch ihres Briefverkehrs erahnen ließ. Der achtzigjährige Greis verliert immer mehr die Zügel und damit sein kühles Blut. Mitunter wünscht er sogar ein Institut ohne Alfons mit Sportelli als Oberem. Sportelli, seinem Sohn von jeher, der ihm überdies alles verdankt: Ist nicht seine Mutter in Castellamare unter der Leitung des Bischofs Ordensfrau? Ist Falcoia mit ihm nicht bis nach Rom gereist, um seine Priesterweihe durchzusetzen? Der gute Cesare muß sich in der Rolle eines Substituten, die ihm die eiserne Hand des Greises aufzwingt, sehr elend fühlen. Alfons seinerseits, voll des Dankes für ein Institut, das nun mit zehn heiligen Männern endlich gegründet ist, muß sich sagen: *distacco, distacco!* Und möge es Gott gefallen, daß Sportelli an seiner Stelle Superior wird! Er empfindet solche Hochachtung für ihn, daß er am 20. Oktober 1740 gelobt hat, ihm als zweitem geistlichem Seelenführer zu gehorchen, und ihm während langer Perioden seiner Abwesenheit sogar die Leitung des Hauses von Ciorani überträgt[28].

Aber zurück zum Brief vom 6. Juli:

„Zweitens", so fährt „Sekretär Sportelli" fort, „hat Monsignore erklärt, Euer Hochwürden habe sich unverzüglich (aus Barra) zu entfernen, da das Arbeitsjahr im Dienst seiner Eminenz beendet ist . . .

Dies allerdings — drittens —, ohne diesen so vornehmen Herrn und würdigen Kirchenfürsten zu verärgern. Das ist unsere Pflicht. Es sind ihm also in aller Bescheidenheit die Gründe für Eure Rückkehr darzulegen, nämlich . . . es grenze schon an ein Wunder, daß die zahlenmäßig viel zu schwachen Mitglieder, die in Ciorani zurückgeblieben sind, nicht ihren Strapazen erlegen sind . . .; ein Wunder, daß die vernachlässigten Novizen nicht alle weggelaufen sind . . .; es sei höchste Zeit für eine Ruhepause zur Wiederherstellung der angegriffenen Gesundheit der Mitglieder . . ., höchste Zeit auch, die Brüder wieder zu vereinen, um die Kongregation im Gemeinschaftsgeist zu formen . . ., Zeit, die Akademien für die Jugend und die Priester wieder aufzunehmen . . .

Angesichts dieser und anderer in Bescheidenheit vorgetragenen Gründe wird Seine Eminenz Eure Abreise nicht übelnehmen können. Vor allem, da erstklassige Missionare nun Eure Missionsmethoden beobachtet haben; einige haben sie mit Euch praktiziert, und es fehlt nicht an Männern — es gibt deren im Gegenteil sogar sehr viele —, die fähig sind, eine andere, bessere Methode in den Dienst des Kardinals zu stellen . . ."[29]

Das also zu Deiner Methode, Don Alfons!

Drei Tage später, am 9. Juli, kommt Falcoia, diesmal mit eigener Hand, noch einmal darauf zurück:

„Mein lieber Don Alfons, seid versichert, daß Ihr mir so teuer wie mein Augapfel seid . . ." Aber „mit Eurem Institut steht es schlecht" — (man beachte dieses „Eurem") —; „havariert, wie es nun ist, wird es bald Schiffbruch erleiden. Ich sehe keine andere Rettung als die Vereinigung in eurer heiligen und demütigen Liebe . . . Aber ein Rückzug bedarf unendlicher Geschicklichkeit, um Seiner Eminenz nicht zu mißfallen . . ."

Es folgen in anderen Worten die gleichen Argumente, die für den Kardinal geltend zu machen sind. Dann kommt Falcoia auf Sarnelli. Er soll mit Bruder Francesco für die Mission und seine neapolitanischen Werke in S. Aniello bleiben:

„Kommt nicht in Frage! Er muß sich entscheiden zwischen dem Leben eines Einzelgängers oder der Kongregation des Heiligsten Heilands. Einen Bruder bei ihm lassen? Einen ‚Bruder‘ oder einen ‚Diener‘? und ganz allein, auf die Gefahr hin, sich zu verlieren! ... Nein, steht überhaupt nicht zur Debatte!“

Und am 17. Juli an Sportelli:

„Ich verliere über Don Alfons’ Angelegenheiten den Kopf.“

Der Gründer seinerseits verliert ihn nicht. Er setzt den beim Kardinal sehr geschätzten Domherrn Giacomo Fontana zur Verteidigung seiner Sache ein. Lebhafte Reaktion Spinellis:

— Wenn es so ist, dann breche ich die Missionen ab. Fehlt P. von Liguori, dann fehlt alles.

Alfons ist bestürzt: welcher Schaden für die Diözese! Und der Kardinal wird der Kongregation niemals verzeihen.

Fontana unternimmt einen neuerlichen Vorstoß:

— Don Alfons wird zwar sehr fehlen, sagt er zum Erzbischof, das Unternehmen selbst aber wird keinen Schaden nehmen. Don Matteo Testa kann ihn mit seinen Fähigkeiten und seinem Eifer in allem ersetzen und die Gruppe leiten. Dies umso leichter, als die Missionen nun in vollem Gang sind und von P. von Liguori gut vorangetrieben wurden.

— Nun denn, stimmt der Kardinal schließlich zu, allerdings unter der Bedingung, daß wir Sarnelli und nicht Testa als Oberen und Leiter des Werks behalten.

Und so geschah es zur Zufriedenheit Spinellis. Viel flexibler als der *Direttore*, ließ Alfons Sarnelli in S. Aniello zurück, gemeinsam mit Bruder Francesco und dem Kern der Missionarsgruppe. Dort bleibt er bis Ende Mai 1744, einen Monat vor seinem Tod (30. Juni 1744), als Leiter der Missionen und wird dann durch Don Matteo Testa ersetzt. Nachdem die *casali* missioniert waren, ging man zur großen Stadtmission über, die eineinhalb Jahre dauerte und hundertfünfzig Missionare beschäftigte[30].

Am 20. Juli 1742 reitet Alfons mit Villani, der auf der Durchreise ist, auf seinem Esel zum Erzbischof, um sich von ihm zu verabschieden. Spinelli bemerkt ihn in einer Ecke des Vorzimmers; er eilt auf ihn zu, entschuldigt sich heftig, daß er ihn habe warten lassen, zieht ihn an der Hand in sein Zimmer und widmet sich den beiden armen Ordensleuten vor all den Vornehmen, die den Wartesaal füllen. Er erkundigt sich nach den Missionen, dem Zustand der Pfarreien, und fragt, was zum Wohle der Diözese noch zu tun wäre. Er drückt ihm sein lebhaftes Bedauern über die Abreise aus. Der Gründer empfiehlt ihm die Kongregation.

Ehe Alfons Barra verläßt, hält er dort mit Cafaro noch die Nachmission in Form einer Novene zum Fest Mariä Himmelfahrt. Noch ein letztesmal sehen die Hellebardenträger und die Cavalieri des *Seggio di Portanova* seinen Esel, seine Soutane und seinen Bart, als er kommt, um für die Aufnahme der drei Brüder Sambiasi zu stimmen und die runde Summe abzuholen, die ihm für seine Anwesenheit zusteht. Losschälung ist nicht gleichbedeutend mit Verachtung.

„Es würde mir“, so hatte er am 10. August an Sportelli geschrieben, „schwer fallen, mit leeren Händen nach Ciorani zu kommen angesichts der vielen Schulden, die ich dort bereits habe.“[31]

Vor allem sein Herz ist erfüllt mit Freude: sein „Exil“ in Neapel geht dem Ende zu. Er kehrt zu den Verlassensten der Armen zurück.

Dieser lange Dienst beim Kardinal trug aber nicht nur die Früchte einer einzigen Saison. Am 8. September 1745 richtet Benedikt XIV. an die Bischöfe des Königreichs den Brief *Gravissimum Supremi Apostolatus* über die heiligen Missionen. Die Anregung dazu geht von König Karl aus, der ein *motu proprio* von ihm erbittet, „um den Eifer der Bischöfe zur Abhaltung von Missionen anzustacheln". Doch ist offensichtlich, daß dieses Schreiben direkt von Spinelli und indirekt von Liguori und Sarnelli inspiriert ist.

Sein Ausgangspunkt ist eine Feststellung: „Außerhalb Eurer Städte geht die große Mehrheit Eurer Diözesanen, vor allem im Gebirge, ihrer Verdammnis entgegen." In der Folge zeichnet der Papst ein historisches Bild, ganz den Regeln des Genres entsprechend, in dem die großen Missionare — angefangen von den Aposteln bis hin zu ... Giacomo Cavalieri, dem Bischof von Troia und Alfons' Onkel mütterlicherseits — aufscheinen, um schließlich die heiligen Missionen als „die traditionellste, wirksamste und vielleicht sogar einzige Hilfe für das geistliche Elend dieser Sünder darzustellen. Als Erzbischof von Ancona und dann Bologna hat Benedikt XIV., wie er sagt, selbst die wunderbaren Früchte der Missionen mit Händen gegriffen, „vor allem in den entlegensten Dörfern". „Mit Tränen und Verzweiflung fürchtet er", daß „zahllose Seelen", für die die Bischöfe und er selbst sich einst werden verantworten müssen, „nicht einmal die heilsnotwendigen Wahrheiten kennen." Zu ihnen müssen also „ausgebildete Missionare geschickt werden, die das Volk sorgfältig unterweisen". Also die von Alfons vertretene katechetische Mission und nicht ein momentanes Aufpeitschen der Gefühle. Abschließend verlangt der Papst, daß im ganzen Königreich eine umfassende missionarische Tätigkeit eingeleitet werde, deren Leitung er dem Erzbischof von Neapel überträgt[32].

Ein Jahr darauf richtet der Papst am 16. Dezember 1746 einen Brief an die Bischöfe der ganzen Welt, in dem er zum betrachtenden Gebet ermuntert. „Das betrachtende Gebet muß alle und überall gelehrt werden ... auch die Ungebildeten (die Analphabeten). Wir haben erfahren, daß in einigen Diözesen das gemeinsame Gebet eingeführt wurde. Es wäre ausgezeichnet, es in allen und jeder einzelnen einzuführen: das Volk oder die Familie sollte sich jeden Tag beim Klang der Glocke entweder in der Kirche oder im Haus vor einem Heiligenbild zur Meditation versammeln. Daher ersuchen wir Euch, allen Pfarrern zu empfehlen, die Gläubigen beim Klang der Glocke zu versammeln und sie das betrachtende Gebet zu lehren und es wenn möglich künftig gemeinsam abzuhalten."[33]

So hallt also das Wort zweier Heiliger, an „der Spitze" aufgegriffen, bis an die Grenzen des Königreichs und über sie hinaus bis an die Grenzen der christlichen Welt.

30. Liguori oder Falcoia? (1742—1743)

„2. Juni 1741. — Um die Debatten und Kontroversen, die im Königreich Neapel seit Jahrhunderten Laien- und Klerikerkurien in den verschiedensten Fragen entzweien, zu beenden und damit jeglichen Konfliktstoff zwischen Seiner Heiligkeit

Benedikt XIV. und Seiner Majestät Karl, Infant von Spanien und König Beider Sizilien, auszuschalten, wurden folgende Punkte einvernehmlich beschlossen..."

So beginnt das Konkordat von 1741 zwischen Rom und Neapel. Sein Hauptanliegen ist die Einschränkung der exorbitanten Steuerfreiheiten, die für den Grund- und Immobilienbesitz der Kirche und die Geistlichkeit galten. Bis zu diesem Zeitpunkt zur Gänze steuerfrei, wird bereits bestehender kirchlicher Besitz nun mit der halben Steuertaxe, künftiges Kircheneigentum mit der ganzen Taxe belegt. Das Asylrecht wird auf Pfarrkirchen bzw. jene Kirchen beschränkt, die das Allerheiligste beherbergen, allerdings nur noch für unmoralische Handlungen und kleinere Straftaten, nicht aber für Kapitalverbrechen. Zur Eindämmung der unverhältnismäßig starken Zunahme des Klerus können nur noch Scholastiker mit Erbteil oder Benefizium, und zwar erst nach dreijähriger Zugehörigkeit zu einem Seminar oder einer Ordensgemeinschaft geweiht werden. Alle ausländischen Bücher werden einer theologischen und moralischen Zensur unterworfen.

Ein *tribunal misto* soll über die Einhaltung des Konkordats wachen und in Streitfällen entscheiden. Es besteht aus vier Räten, die alle neapolitanischer Nationalität sind: zwei vom Papst ernannte Kleriker, zwei vom König ernannte Beamte. Den Vorsitz hat ein vom Papst aus einer vom König vorgelegten Dreierliste gewählter Prälaten. De facto ist dieser Präsident aber meist der *Capellano Maggiore*, der Großalmosenier, der bereits „Bischof" und Richter der königlichen Kirchen und Kapellen, der Festungen und Schlösser, der Bediensteten und Soldaten Seiner Majestät und schließlich der *Studi Pubblici*, der Universität, ist. Die Machtfülle des Großalmoseniers wächst, zumindest theoretisch, ins Unermeßliche. In der Praxis jedoch hat er als Kreatur des Hofes die größte Mühe, nicht zum ersten Diener des Throns und seiner Minister zu werden[1].

Dieses Konkordat ist eine unter den vielen guten Absichten dieser gutwilligen Regierung, aber auch es bleibt, nicht anders als alle anderen, nur toter Buchstabe. Zunächst jedoch schafft es eine gewisse Entspannung und läßt zumindest auf eine begrenzte Zulassung neuer, bescheidener und gerechtfertigter Gründungen hoffen.

So kann sich in Nocera dei Pagani endlich ein bis zu diesem Zeitpunkt nicht zur Ausführung gelangter Plan entfalten, dessen Wurzeln bis in das Jahr 1738 zurückreichen.

Die heute in zwei aneinandergrenzende Städte — Nocera Inferiore und Pagani — geteilte Siedlung war damals eine einzige Stadt mit dem Namen Nocera dei Pagani; allerdings bildete ihr bedeutenderer Teil, Pagani, eine *universitá*, eine teilweise autonome Volksgemeinschaft. Nocera liegt nur 13 km von Ciorani entfernt.

1738 ließ der rührige Priester Nicola Tipaldi die Patres Liguori, Mazzini und Sportelli in die Pfarrei S. Felice von Pagani kommen, um in der dortigen Corpus Christi-Kirche die Rosenkranznovene abzuhalten. Die Bevölkerung war begeistert und beschloß: „Diese Gottesmänner müssen bei uns wohnen!" Der reiche und betagte Pfarrer von San Felice, Francesco Contaldi, ließ sich überreden, vor seinem Tod sein Vermögen, das er ja doch nicht mitnehmen konnte, zu spenden. Dies hätte zu einer Gründung der „Redemptoristen" führen können[2]. Aber im Jahr 1738 hätten die Regalisten hier sofort die Schaufel des Totengräbers angesetzt. Vor allem, da die kleine Diözese Nocera – 25 km Durchmesser – für ihre 40.000 Seelen mehr als genug Diözesanpriester und nicht weniger als dreizehn Männerklöster hatte: Dominikaner, Olivetaner, Kapuziner, Observanten, Konventualen, Karmeliter, Minimen, Regularkleriker der Frommen Schulen, Augustiner, Basilianer, Benediktiner der Kongregation von Monte Cassino, Zisterzienser und Benediktiner vom Monte Vergine[3]. Diese lange Liste, bei deren Aufzählung einem der Atem ausgeht, ist für uns unvorstellbar, und man kann verstehen, wenn die Regierung rief: „Nur keine Klöster mehr. Schluß damit!" Wir können sicher sein, daß auch Alfons, der überdies gemeinsam mit Giannone in der Schule Nicola Caravitas herangebildet wurde, dem König und Tanucci in dieser Frage recht gab. Aber wer unter all diesen Kuttenträgern befaßte sich mit den verlassenen Armen? Daher sein Entschluß zur Gründung von ... etwas Andersartigem.

Da kam das Konkordat, das den Horizont erhellte ... 1742 begannen langwierige Verhandlungen zwischen Sportelli, Falcoia, Contaldi und Mgr. Nicola De Dominicis, jenem sympathischen Bischof von Nocera, der einst M. Celeste Crostarosa aufgenommen hatte. In der Karwoche machte sich Alfons für drei Tage von S. Aniello frei, um in Corpus Christi zur Vorbereitung des Gründonnerstags zu predigen: in ganz Pagani loderte die Flamme der Begeisterung für eine sofortige Gründung wieder auf.

Sollten sie wirklich in Nocera dei Pagani eine Niederlassung gründen? Alfons war nicht sehr begeistert von einem Haus, das nur zwei Gehstunden von Ciorani entfernt war. Er und seine ganze Gemeinschaft wären viel lieber einem Ruf gefolgt, der aus weiterer Ferne gekommen war, nämlich aus Modugno bei Bari in Apulien, also dem Land der braccianti, der Landarbeiter des Evangeliums, die jeden Morgen auf dem Marktplatz Arbeit und ihr tägliches Brot suchen. „Alle Mitbrüder sind für Modugno", schreibt Sportelli am 3. September an Falcoia, „sofern der heilige Gehorsam so beschließt, denn in diesem Gebiet ist das arme Volk bedürftiger und bar jeder geistlichen Betreuung." Der „heilige Gehorsam" aber entscheidet für Pagani.

Alfons ist „losgeschält" und engagiert sich nicht ernsthaft gegen diese Wahl, und noch weniger in den damit verbundenen Verhandlungen: der Direttore liebt es, die Dinge zu leiten, und er hat in Sportelli einen gehorsamen, willigen und begeisterten Strohmann. Alfons selbst wird beim Winterunternehmen 42/43 ganz von den Missionen um Nocera in Anspruch genommen: Piazza di Pandola, Corbara, S. Lorenzo, S. Maria de Ogliaro, Antesano.

Am 13. Oktober 1742 vermacht Don Francesco Contaldi durch eine von Notar Carlo Pepe bestätigte Akte den Missionaren seinen „Palazzo" mit seinem gesamten Vermögen und behält lediglich 2.575 Dukaten, sowie das Wohnrecht im Haus. Seine Cousine Donna Antonia fügt eine jährliche Rente von 50 Dukaten als Messestipendium hinzu. Anfang November ziehen die Patres Sportelli, Mazzini und Giordano mit Bruder Vito Curzio in die Casa Contaldi; die benachbarte Kirche San Domenico wird ihnen vorläufig zur Verfügung gestellt. Schon bald „strömt neben der Bevölkerung von Pagani täglich eine große Zahl Gläubiger aus San Edigio, Corbara, Angri, San Lorenzo, San Marzano herbei."[4]

Sportelli eilt im Sturmschritt voran. Am 5. November verfügt er bereits über einen Bauplatz, der zu kaufen wäre, doch holt er dazu erst Falcoias oracolo ein.

Nach einer Mission in Gajano schreibt er am 2. Dezember einen weiteren Brief: „Don Alfonso warnt mich: Herzog Brancone hat uns nur die Eröffnung einer Hauskapelle im Haus Contaldi gestattet; wenn wir mit dem Bau beginnen, so sagt er, gefährden wir alles. Ich habe alles eingestellt, um Euer Orakel einzuholen . . . Hier wartet man allgemein ungeduldig darauf, daß wir mit den Arbeiten beginnen, und auch jene, die anfänglich dagegen waren, sagen nun nichts mehr."

Es gab also auch Gegner . . . Das *oracolo* des vorsichtigen Mgr. Falcoia ist zweifellos für einen Aufschub. Um die Dinge wieder in Gang zu bringen, schreibt Alfons im Dezember an den König und appelliert an „seine Frömmigkeit und den glühenden Eifer, der ihn für das Heil seiner geliebten Untertanen beseelt." Seine Majestät aber läßt mit der Antwort auf sich warten. Ist es nur das natürliche Zeichen der Weisheit, das sich wichtige Ämter gerne selbst verordnen? Es ist weit schwerwiegender: Ein Teil der ortsansässigen Priester und Mönche stößt bereits schrille Schreie gegen die neuen Besetzer ihres „Territoriums" aus, und zweifellos agieren sie auch bei Hofe. So steht man also im Februar 1743 tatsächlich vor der Entscheidung, diese totgeborene Gründung wieder aufzugeben.

„Alfons hatte sich in Villa die Finger verbrannt. Angesichts des schlechten Laufs, den die Dinge nun nahmen, erwog er, *den Staub von seinen Füßen zu schütteln,* und Pagani aufzugeben. Da er Gottes Willen ergründen wollte, ging er nach Neapel, um dort den Rat weiser Männer einzuholen. Er legte seine Lage Kanonikus Torni, den frommen Arbeitern, den Lazaristen und anderen dar. Sie alle waren der Meinung, er solle Nocera verlassen. Nun reiste er nach Castellamare, und auch Mgr. Falcoia war angesichts des drohenden Zusammenbruchs derselben Meinung. Doch da fiel sein Blick auf eine Statue des hl. Michael, und in einer plötzlichen inneren Erleuchtung rief er: „Es ist der Teufel! Macht weiter. Gott und der heilige Michael werden Euch beschützen." Dies war auch Mgr. De Dominicis' Ansicht: Diese Gründung mußte als ein Werk Gottes verteidigt werden. „Widmet Haus und Kirche dem hl. Michael", riet Falcoia[5].

Am 6. März wandte sich der Bischof von Nocera also neuerlich an Herzog Brancone, und am 23. übermittelte der mit den kirchlichen Angelegenheiten betraute Minister endlich die königliche Ermächtigung: vom Gouverneur von Nocera verlangte er die Unterstützung der Patres vom Heiligsten Heiland; dem Bischof bestätigte er „die hohe Wertschätzung des Königs für ein so heiliges, mildtätiges und lobenswertes Werk, wie es das Apostolat bei den verlassensten Seelen ist."[6]

Sportelli, der ernannte Obere der künftigen Niederlassung, konnte die seit fünf Monaten erwartete Nachricht nicht in Pagani entgegennehmen. Denn Alfons hatte bei seinem Februar-Besuch in Castellamare bei Falcoia einen gänzlich veränderten, vom Winter gezeichneten *Padre* vorgefunden, der seinem Ende entgegenging, und hatte daher den Sohn seines Herzens, Don Cesare, sowie Bruder Tartaglione zu seinem Krankenlager befohlen. In erster Linie wohl aus Dankbarkeit und Zuneigung, aber auch weil er fürchtete, daß weder Falcoias Domherrn noch auch die Frommen Arbeiter sich um diesen unnachgiebigen Menschen kümmern würden, der „unverträglichen Charakters und widerspenstig war und häufig der Illusion nachhing, seine Gegner den Ideen unterwerfen zu können, die er selbst für richtig hielt, und der sich, reicher an guten Absichten denn am nötigen Taktgefühl, starke Gegner und unangenehme Konflikte eingehandelt hatte."[7]

Von Falcoias Krankenlager aus schrieb Sportelli am 24. März an die Mitbrüder von Ciorani: „Monsignores Zustand ist nach wie vor unverändert ... Er macht gerade sein Testament ... Ich habe ihm Eure Zeilen vorgelesen. Er hat uns alle mit Rührung gesegnet und gesagt, er werde uns nie vergessen."

Tatsächlich legt der Greis am 24. März seinen letzten Willen in die Hände des Notars Francesco De Maio. Er denkt liebevoll an die Schwestern und Patres vom Heiligsten Heiland, allerdings in Formulierungen, deren Besonderheit zu beachten ist:

„Zunächst ... wünscht der Testamentslasser Mgr. Falcoia, daß sein Leib in der ehrwürdigen Kirche der Klosterfrauen vom Hl. Erlöser zu Scala bestattet werde, wo er angesichts der Tatsache, daß er sie aus der Welt genommen und an diesen Ort geführt, während langer Jahre geleitet und mit ihren *Regeln und Statuten* ausgestattet hat, schon lange gewünscht und beschlossen hat, begraben zu werden ...

Gleichermaßen ... befiehlt und ordnet er an, daß das kleine Marienbild, das sich bei ihm befindet, nach seinem Tod den Patres der Kongregation vom Heiligsten Heiland gegeben und zugesprochen werde."[8]

Also kein Wort, mit dem er sich die Redemptoristen „aneignen" würde. Diese Auslassung ist bezeichnend und wenig erfreulich für alle jene, die Falcoia im Namen der historischen Wahrheit zu ihrem Gründer machen wollten. Er ist angesichts der Todes der erste, der diese Ehre nicht für sich beansprucht.

Wenn die Klosterfrauen von Scala die sterblichen Überreste des Prälaten aber doch nie erhielten, so deshalb, weil die Gläubigen von Castellamare eine bewaffnete Wache aufstellten, um deren Überführung zu verhindern. Sportelli mußte sich damit begnügen, ihnen ein Jahr später ... aber lesen wir seinen Brief vom 23. Juni 1744, in dem sein sprichwörtlicher Humor durchblitzt: „Wir senden Mutter M. Angela del Cielo die Tabaksdose seligen Andenkens an unseren *Padre*; ich möchte gerne wissen, mit welchen Gefühlen sie sich ihrer bedient ..."

Das Muttergottesbild aber bringt Sportelli nach Nocera dei Pagani. Am 23. Juli 1787 wird es P. Villani dem Gründer an seinem Sterbebett zeigen lassen. Alfons „küßt es innig, hält es in seinen Händen und betrachtet es einen Augenblick." Später verlegen es die Redemptoristen zeitweilig. Für einen Psychoanalytiker läge hierin sicher ein Phänomen kollektiver Verdrängung.

Aber kehren wir nach Castellamare zum sterbenden *Direttore* zurück. Alfons hat ihm geschrieben. Sportelli antwortete am Dienstag in der Karwoche, am 9. April:

„Mein Pater, heute Vormittag habe ich Monsignore Euren Auftrag, er möge Euch der Muttergottes empfehlen, sobald er sie sehe, übermittelt. Da kamen ihm die Tränen, und er sagte mehrere Male: Meine Mutter!

Ich habe ihm gesagt, daß Ihr Euch eingehend nach seinem Gesundheitszustand erkundigt habt. Er antwortete: Wie geht es denn ihnen? Denn für mich ist es vollbracht: *actum est.*"

Die Muttergottes holte ihren glühenden Diener und Sohn in den Morgenstunden des Ostersamstags, am 20. April 1743, heim. Kurz vor seinem Hinscheiden sammelte er seine letzten Kräfte, wies auf Sportelli und sagte zu Mgr. Agnello degli Anastasi, dem Erzbischof von Sorrent:

— Monsignore, das ist das Werk Gottes. Gott wird es segnen, und es wird wachsen wie Unkraut."[9]

Eine kühne Behauptung des Dominikaners Pio Tommaso Milante, der Falcoia auf dem Bischofsstuhl von Castellamare nachfolgte, führte zu der lange unwiderlegten Annahme, P. von Liguori habe eine Vita des *Direttore* geschrieben, wie er es für Sarnelli, Curzio und Cafaro tat. Aber das stimmt nicht[10]. Alfons „schilderte" nur Personen, mit denen er in vollkommener Übereinstimmung war. Von ihm besitzen wir also kein Bild Mgr. Falcoias: denn für ein so komplexes Unterfangen kann man sich nicht auf einige Einzelzüge beschränken, so schmeichelhaft diese auch sein mögen. Sportelli hat eines entworfen, M. Celeste Crostarosa ein zweites, völlig anderes[11]. Ein Schwert wird anders bewertet von dem, der es führt, als von dem, den seine Klinge durchstößt; und beide Beurteilungen entsprechen gleichermaßen der Wahrheit. Alfons hat auf Seite 68 seiner persönlichen Aufzeichnungen das Bild des Schwertes gewählt und selbst unterstrichen.

„P. Pagano – 28. Oktober 1737 – hat mich zur Gänze Mgr. Falcoia übergeben in allem, was er mir gesagt hat und noch sagen wird. *E' spada provata.*"

„Es ist ein bewährtes Schwert." Er war tatsächlich ein Mann aus einem Guß, rechtschaffen und unbeirrbar, unerschütterlich in Glaube und Hoffnung, Gottes und ... seiner selbst sicher. Ein positiver, kein intuitiver Mensch, also fähig in geschäftlichen Dingen und begierig, sie auch zu handhaben; sein Leitmotiv: laßt mich nur machen. Und er hatte tatsächlich so viel zu tun, daß sich die Briefe in den Stapeln seiner Korrespondenz verloren[12]. Er war widerstandsfähig, hart sich selbst gegenüber, arm und ein Freund der Armen. Für den, der sich unter sein Joch beugte, empfand er mit dem Herzen einer Mutter, aber er wurde zur stählernen Klinge, sobald jemand ihm widerstand. Gehorsam war die erste Tugend, die er von anderen verlangte. Genies und Mystiker wie Crostarosa, Liguori und Sarnelli irritierten diesen, wie Pascal sagen würde, geometrischen und nicht feinsinnigen Geist. Bei ihm mußte man sich den Kategorien der Serie unterordnen und auf die Freiheiten des Geistes verzichten: sich entweder unterwerfen oder den Hut nehmen. So mußte M. Celeste gehen, war Sarnelli in seinen Augen kein „Redemptorist" und Liguori um Haaresbreite keiner mehr, und der greise Bischof wollte ihn zugunsten seines anhänglichen und manipulierbaren Herzenssohnes Sportelli in die hinteren Ränge zurückdrängen. Der treffliche Cesare hat dies gewiß nicht gewollt, aber er hat das falsche Spiel doch gehorsam aus Gewissenspflicht und in der Gewißheit, Alfons' Freundschaft sicher zu sein, wacker mitgespielt. So hatte er sich Ende August 1742 nach Alfons' Rückkehr nach Ciorani beim *Direttore* erkundigt, wer nun „Minister!" und wer „Admonitor" sein sollte. Allerdings lag er keineswegs zwischen Hammer und Amboß: denn einerseits bereitete er dem „Großvater" nur noch die letzten Freuden, und andererseits hatte Liguori zu viel Abstand, um als Amboß zu fungieren. Aber es bleibt die Tatsache, daß Sportelli, dieser schillernde und dynamische Heilige, erst nachdem das Hinscheiden Falcoias ihn vom „Vater" befreit hatte, zu sich selbst finden konnte.

Außer der unendlichen Bürde an Geduld und Demut, die Liguori unter Falcoias „Leitung" auf sich nahm, gab ihm der Bischof auch die überdiözesane Dimension, deren er bedurfte, um sich nicht wie ein Schmetterling im Netz irgendeines kleinen Lokalprälaten zu verfangen; der Fromme Arbeiter in ihm wiederum führte Alfons in das Leben einer Ordensgemeinschaft ein. Allerdings versuchte Falcoia durchaus, dem Institut seine eigene *Regel* und seine Spiritualität aufzuzwingen. Wie weit gelang ihm das? Das Schweigen seines oben angeführten Testaments über dieses Thema scheint das Eingeständnis eines Mißerfolgs von Seiten des Prälaten zu beinhalten; doch ist dieser Punkt in sich zu schwerwiegend, war zu sehr umstritten, als daß wir ihn mit diesem Schweigen übergehen dürften.

Von der christlichen Vollkommenheit hat sich Falcoia keine eigenständige Meinung gebildet, was auch gar nicht notwendig ist. Er übernimmt sie von seinen Lehrern bei den Frommen Arbeitern, die beide angesehene Gottesmänner waren: seinem Novizenmeister P. Ludovico Sabbatini d'Anfora, einem „Nachahmer Unseres Herrn Jesus Christus", und seinem ersten Generalsuperior P. Antonio Torres, „der bestrebt war, sein ganzes Leben dem idealen Vorbild des Lebens Jesu Christi anzugleichen."[13]

Die Nachahmung des Lebens und der Tugenden Jesu Christi ist das Alpha und Omega der falcoia'schen Spiritualität. Und er macht es sich zur Aufgabe, die beiden Institute des Heiligsten Heilands damit zu durchdringen. Seine Korrespondenz ist voll davon. So etwa am 13. März 1736 an den Novizenmeister von Villa, P. Mazzini:

„Gott hat Euch in die Lage versetzt, Euch in den heiligen Tugenden unseres Herrn Jesus Christus zu verwurzeln. Er muß Euer Vorbild sein, und ich möchte, daß ihr die Nachfolge und die Nachahmung der Tugenden und des Lebens unseres Heilands tief, tief, tief in Kopf und Herz dieser gesegneten Söhne senkt. Das ist der ganze Geist des Instituts, und Ihr sollt nach nichts anderem verlangen ..."

Als praktischer und gewissenhafter Mensch findet sich der Fromme Arbeiter Falcoia nun wieder, wie schon einmal, in der Rolle eines Novizenmeisters und setzt in seiner bestimmenden Art sogleich eine Schulmethode durch. M. Celeste hatte „Neun Tugendregeln, abgeleitet aus Jesu Worten im Evangelium" niedergeschrieben. Wie wir uns erinnern, fügte Falcoia zur großen Enttäuschung der Schwestern drei weitere Regeln über die theologischen Tugenden — Glaube, Hoffnung und Liebe — hinzu, um zur Zahl zwölf, also eine für jeden Monat, zu gelangen; und schon war die Methode gefunden.

Die „Redemptoristen", mit Ausnahme der ersten Gruppe, die mit Mannarini nach fünf Monaten ging, lernten weder M. Celestes Text noch dessen Inspiration kennen: Von Anfang an wurden vielmehr die zwölf Tugenden durch Beschluß Falcoias zu „den spirituellen *Regeln*", auf die sich Monat um Monat die Aufmerksamkeit und das Bemühen der Gemeinschaft richten sollte.

Am 17. März 1735 schrieb Falcoia an den Gründer:

„Wendet die spirituellen *Regeln* des Instituts an. Bestimmt die besondere Beachtung jeweils einer Regel pro Monat: laßt sie an die Türe des Refektoriums anschlagen; haltet einmal wöchentlich eine Besprechung darüber, eine vertrauliche Unterredung mit konkreten Hinweisen auf ihre Durchführung; widmet ihnen eine der (drei) Meditationen des Tages ... Ihr könntet auch auf einem Blatt nähere Einzelheiten über die Motive, die Anwendungspunkte, die Früchte und die praktische Durchführung dieser Tugenden, sowie entsprechende Akte und vielleicht ein Stoßgebet für den jeweiligen Monat niederschreiben. Euer wöchentliches Führungsgespräch mit jedem einzelnen soll sich vor allem mit der jeweils zutreffenden Regel befassen und auch die abendliche Gewissenserforschung soll unter dieser Rücksicht gehalten werden."

Also ein und dieselbe Spiritualität für alle: „Leben und Tugenden Jesu Christi nachahmen"; ein und dieselbe Methode: die zwölf Haupttugenden, deren jede einen Monat lang alle in einem symphonischen Zusammenklang aller Gedanken und Bemühungen vereinigt. Manche aber sind nicht bereit, dieses Bild des Orchesters gelten zu lassen, sondern sprechen von Einhämmern und Gleichschritt.

Der entscheidende Punkt dabei: diese „geistlichen *Regeln*", d. h. die Tugenden des Monats, enthielten ebensowenig wie die anderen einen festgelegten Text. Die offiziösen Entwürfe, die Liguori, Falcoia und Torni untereinander zur Begutachtung austauschten, können noch nicht als *Regeln* bezeichnet werden. Sie gelangen auch nicht in die Hände der Mitbrüder.

Wir haben bereits P. Villanis Zeugnis über Ciorani im Jahr 1737 berichtet: „Wir lebten dort in Gemeinschaft mit nicht schriftlich fixierten *Regeln*". Gleichfalls im Heiligsprechungsprozeß kommt er noch einmal darauf zurück und konkretisiert, Alfons habe die schriftlich fixierte *Regel* erst bei der Ablegung der feierlichen Ordensgelübde, also nach Falcoias Tod, vorgelegt[14]. Im übrigen kann nur dieses Fehlen einer geschriebenen *Regel* die etwa zwanzig Briefe erklären, in denen sich Falcoia bemüht, das zu entschuldigen, was er als entscheidende Lücke empfindet: „Die *Regel* wird gemacht ... Sie kommt ... Ich mußte schreiben ... hatte Ärger ... Ich war krank ... Geduld! ... Berücksichtigt meine Grenzen ... *Pazienza*!" Er kündigt an, daß es in der *Regel* dies und jenes geben, und schließlich, daß man sie in seinen Schubladen finden werde. In Wirklichkeit aber kam nichts.

Wirklich nicht? Das wäre zu viel gesagt. 1734 schrieb Alfons an Mezzacapo, daß „der Direktor, der dieses Werk leitet und uns die Regel gegeben hat, Mgr. Falcoia ist". Was ist davon zu halten?

Es wäre kindisch, die in Übereinstimmung mit dem Prälaten erarbeitete Tageseinteilung *(Nota delle ore)*, die auf einem Karton *(tabella)* im Refektorium, in der Sakristei und in der Küche aufgehängt wurde, schon als *Regel* zu bezeichnen. Allerdings liegt doch noch mehr vor, wenngleich man auch hier noch nicht von einer geschriebenen *Regel* sprechen kann. Im November 1732 hat Falcoia als „Ordensexperte" der entstehenden Kongregation in Scala mündlich die ersten Orientierungshilfen für das Ordensleben gegeben. In den drei darauffolgenden Jahren präzisiert er in seinen Briefen an den Gründer – zweifellos häufig in Beantwortung von Fragen Alfons' – sehr sorgfältig etwa 60 Punkte der Regel über Armut und Almosen, Ausbildung der Novizen, Gebets- und Bußleben und vor allem das Verhalten in der Gemeinschaft (Schweigen, Tischlektüre, usw.)[15]. Diese Punkte beeinflussen das Leben und die Tradition der Gruppe dauerhaft, und gerade diese „strenge Ordensobservanz ohne geschriebene Regel" war es, die Villani gefallen hatte. Alfons ordnet sie schon sehr früh in einer vorläufigen Kurzfassung, die er nach Castellamare schickt. Verlorene Mühe! Der Bischof schreibt ihm am 14. September 1733:

„Außerordentliche Mißgeschicke haben mich gehindert, die *Regel* niederzuschreiben. Ich hoffe aber, bald die nötige Zeit zu finden. Geduldet Euch noch so lange und richtet Euch nach dem, was Ihr niedergeschrieben habt und was ich noch nicht einmal lesen konnte; allerdings nur vorläufig und nicht endgültig."

Das Endgültige kam niemals. 1732–1733 erhielt weder der Bischof von Scala eine Regel für die Männer noch der Bischof von Caiazzo eine solche für die Gründung von Villa. Allerdings dürfen wir die Rollen nicht vertauschen: Liguori hatte sie nicht gebeten, in ihren Diözesen ein Ordenshaus zu eröffnen; sie selbst waren es vielmehr gewesen, die ihn angefleht hatten zu kommen, noch ehe das Institut überhaupt gegründet war. Dagegen wurde im September 1735 der bischöflichen Kurie von Salerno eine Kurzfassung der Statuten vorgelegt, weil man sich um die Erlaubnis zu einer Niederlassung in Ciorani bemühte. Ob diese Fassung allerdings ausführlicher war als der „Entwurf der zu beachtenden *Regel*", den Falcoia und Sportelli im Januar 1736 für den Marquese von Montealegre verfaßt hatten, ist schwer zu sagen. Dieses Dokument allerdings wollen wir im vollen Wortlaut wiedergeben:

„Zielsetzung der unter Leitung von Mgr. Falcoia, Bischof von Castellamare, zusammengeschlossenen Priester und anderer (Mitbrüder) mit den Regeln, die ihnen derselbe Monsignore unter dem Titel des Heiligsten Heilands vorgegeben hat.

Bereits vor vier Jahren schlossen sich einige Priester in der Stadt Scala und dann auf Ansuchen des Bischofs von Caiazzo, Mgr. Vigilante, in Villa degli Schiavi und schließlich und endlich in der Baronie von Ciorani, Diözese Salerno, zusammen. An diesen Orten und in ihrer näheren und weiteren Umgebung wirkten sie zur vollen Zufriedenheit der Prälaten und der Bevölkerung, und ihre geistlichen Übungen trugen wesentlich zur Hebung der Moral bei.

Ihr Hauptziel ist es, mit der Gnade Gottes so weit wie möglich das Leben und die hochheiligen Tugenden Unseres Herrn Jesus Christus nachzuahmen, und zwar sowohl zu ihrem eigenen geistlichen Nutzen als auch zum Wohl der Bevölkerung des Königreichs, und hier vor allem der bedürftigsten unter ihnen; damit bieten sie den Bischöfen und den bedürftigen Diözesen eine große Hilfe.

In den obengenannten Häusern leben sie im Gehorsam gegenüber ihrem jeweiligen Oberen in vollkommener Gemeinschaft; sie teilen sich die Aufgaben im Dienst an der Bevölkerung, und zwar in der Schule, im Beichtstuhl, bei Unterweisung und Predigt, bei religiösen Verbindungen, Bruderschaften, usw.

Sie tragen ihre heiligen Missionen in alle Winkel ihrer jeweiligen Diözese, und um das solchermaßen von seiner göttlichen Herrlichkeit bewirkte Gute zu bewahren, kehren einige von ihnen von Zeit zu Zeit an diese Orte zurück, um Beichte zu hören und die Seelen in ihren heiligen Entschlüssen durch Unterweisungen, Predigten, Weisungen und Ratschläge zu bestärken.

Sowohl im Außendienst als auch im Haus sind sie bestrebt, mit der göttlichen Gnade ihre Schritte in die Spuren zu setzen, die unser Erlöser und göttlicher Meister Jesus Christus der Gekreuzigte hinterlassen hat, damit sie sowohl durch ihr Beispiel als auch durch ihr Wort zu Vorbildern des Volkes werden.

Um dieses Ziel zu erreichen, enthält ihre Verfassung folgende zwölf *Regeln*: Glaube, Hoffnung, Gottesliebe, Eintracht und gegenseitige Liebe, Armut, Reinheit des Herzens, Gehorsam, Sanftheit und Demut des Herzens, Abtötung, Sammlung, stilles Gebet, Selbstverleugnung und Liebe zum Kreuz.

Einmal wöchentlich hält ein jeder seinen Einkehrtag, bei dem er sich allein mit Gott über die Angelegenheiten seiner Seele auseinandersetzt, um dann mit größerer Heiligkeit wieder in den Dienst des Nächsten treten zu können.

Wenn sie zu Hause sind, widmen sie einen großen Teil des Tages dem Schweigen, der Sammlung, dem Chorgebet, der Abtötung, dem betrachtenden Gebet dreimal täglich: morgens vor dem Offizium, nachmittags um die Zeit der Vesper und abends nach der Komplet; Gewissenserforschung vor dem Mittagessen und vor der Nachtruhe. Sie halten einander auch Vorträge, in denen entweder eine theologische Frage behandelt wird, oder die Art und Weise zur Debatte steht, wie man immer mehr in der ernsthaften, wahrhaften und positiven Nachahmung der bewundernswürdigen Tugenden seiner göttlichen Majestät voranschreiten kann, oder schließlich die Mittel erwogen werden, durch die in den Seelen noch schönere Früchte zu erreichen und den geistlich unterbetreuten Diözesen und den verlassenen Gegenden noch wirksamer zu helfen wäre.

Die Häuser haben eine begrenzte Anzahl von Mitgliedern, die für ihren Lebensunterhalt niemandem zur Last zu fallen versuchen, sondern von dem leben, was sie aus ihren Familien mitgebracht und dem Superior zu Füßen gelegt haben, wie auch von eventuellen Spenden, die ihnen die Gläubigen in ihrer Frömmigkeit spontan um der Liebe Jesu Christi willen bringen.

Soweit also in Kürze das Wesentliche über das Institut des Allerheiligsten Heilands."[16]

Dieser von P. Fiorillo an Madame von Montealegre übergebene Text landete im Papierkorb des Staatssekretärs für auswärtige Angelegenheiten. Wenn er uns hier interessiert, so zum einen deshalb, weil er uns einen allgemeinen Einblick in das Leben Alfons' und seiner ersten Söhne unter den „Geistlichen *Regeln*" der zwölf Tugenden gibt; — zum anderen, weil er in der Ausgabe 1887–1890 der *Lettere die S. Alfonso M. de Liguori* ohne Titel aufscheint und durch diese falsche Zuordnung von der Verwirrung der Vorstellungen zeugt, die eine ganze Epoche kennzeichnete; — und schließlich und endlich, weil er typisch ist für eine Spiritualität, die Alfons geduldig über sich ergehen ließ, ohne sie sich jemals selbst anzueignen.

Wir haben hier den für Falcoia charakteristischen Ausdruck „Seine göttliche Majestät" zur Bezeichnung Gottes oder Christi beibehalten[17]. Er ist gleichsam eine Signatur, die er übrigens auch Sportelli vermacht. Das Dokument ist von ihm diktiert, die Schrift ist jene Don Cesares. Was aber lesen wir?

Das Institut hat zwei Ziele, die allerdings miteinander verbunden sind: die persönliche Heiligung und das Apostolat bei den Verlassenen: „ihren eigenen geistlichen Nutzen und das Wohl der Bewohner des Königreiches"; „ein Einkehrtag für die Angelegenheiten der eigenen Seele, mehr Kraft (*più avvalorato*), die dann in den Dienst des Nächsten zu stellen ist."; „sich Christus zum Vorbild nehmen, um dann Vorbild des Volks zu sein." Christus hat eine zweifache Rolle: er ist der nachzuahmende Meister ... und der ebenfalls nachzuahmende Erlöser. Denn „ihr Hauptziel ist die Nachahmung des Lebens und der Tugenden unseres Herrn", und vor allem, Monat um Monat, seiner zwölf Haupttugenden. Dies ist übrigens im wesentlichen eine individuelle Aufgabe jedes einzelnen an „seiner eigenen Seele", zu „seinem eigenen Nutzen". Das Apostolat ist also nur ein zweitrangiges Ziel, gewissermaßen als Widerhall der Vollkommenheit, die den Tugenden Jesu Christi abzuschauen ist.

Sind dieser Dualismus, dieser Individualismus zufriedenstellend?

Wir widerstehen der Versuchung nicht, einen anderen, karikierenden Text anzuführen, der den langen Konflikt aufzeigt, dem der ehrwürdige Gennaro Sarnelli ausgesetzt war. Er hat vor mehr als sechs Monaten Scala verlassen und befindet sich nun in Neapel. Am 25. November 1734 schreibt Falcoia an Liguori:

„Don Gennaro wird nachgiebiger werden, im Maße er bessere Einsichten gewinnt. Das ist aus mannigfachen Gründen sicher: es ist besser, das neue Institut, das zu einer Pflanze heranwachsen kann, die ewige Früchte für die Seelen bringt, zu verwurzeln, als sich im Alleingang in dieser Aufgabe (von Neapel) zu verzehren, ohne Samen oder Wurzeln für die Zukunft zu hinterlassen. Und es ist auch besser, im Gehorsam Strohhalme aufzulesen, als aus eigenem Willen und persönlicher Vorliebe die ganze Welt zu heiligen. In diesem findet man sich selbst, in jenem den Willen Gottes, der nicht der Menschen bedarf, um die Seele zu heiligen, und der will, daß alle ihm in allem gehorchen, wie es auch, und in welch hohem Maß, der Vernunft entspricht! Das erste, was er von uns will, ist unsere Heiligung, und die wird nicht auf dem Weg unseres Eigenwillens erreicht. Was nützt es uns denn, die ganze Welt zu heiligen, wenn uns daraus auch nur der eine Schaden erwächst, nach unserem eigenen Willen gehandelt zu haben? *Was nützt es dem Menschen*, usw.? Ich bin sehr glücklich über Eure schöne Gesinnung (des Gehorsams), verurteile aber Don Gennaros Haltung; und doch bedaure ich ihn, denn seine Haltung geht von jenem guten Kern aus, der den Wert einer Seele und den des Blutes kennt, das Jesus Christus vergossen hat, um sie loszukaufen."

Alfons mußte bei dieser Lektüre erbleichen. Aber er hatte sich schon lange eine eiserne Selbstbeherrschung in der Erduldung eines unmöglichen Vaters erworben. Als könnte Gottes Wille ein anderer sein als der, den dieser Sohn, dieses Kreuz und dieses vergossene Blut unüberhörbar verkünden: das Heil, die Heiligung der Welt! Liguori weist die Zweiteilung: Ordensleben, apostolisches Leben; persönliche Vollkommenheit, Heiligung der Welt zurück: „Nachahmung" ja; aber nicht im Sinne einer „Kopie der Tugenden". Die Betrachtung des fleischgewordenen, gesandten, gekreuzigten und eucharistischen Jesus konfrontiert uns nicht mit einem Meister, sondern mit dem Heiland. „Den Heiland" nachzuahmen heißt, ihm nachfolgen, ihn fortführen, sich mit ihm und wie er zu engagieren. Lesen wir, was Alfons schreibt, sobald er frei ist:

„Die Absicht der Priester vom Heiligsten Heiland ist es, sich in Fortführung des Beispiels unseres gemeinsamen Heilands Jesus Christus hauptsächlich ... mit der Hilfe für jene Landgebiete zu befassen, die am meisten der geistlichen Betreuung entbehren ... daher errichten sie ihre Häuser und Kirchen außerhalb größerer Ortschaften mitten in den Diözesen" (*Ristretto* 1747). — „Das einzige Ziel dieser Kongregation besteht in der Fortführung des Beispiels unseres Heilands Jesus Christus durch die Verkündigung des göttlichen Wortes an die Armen, wie er es selbst von sich gesagt hat: *Er hat mich gesandt, damit ich den Armen eine gute Nachricht bringe* (Luk 4,18). Daher widmen sich ihre Mitglieder ausschließlich der Betreuung des auf dem Land und in den ländlichen Siedlungen verstreuten Volkes, insbesondere den in geistlicher Hinsicht Verlassensten von allen ... Sie müssen ihre Häuser also außerhalb der Städte mitten in den Diözesen errichten, um immer so schnell wie möglich zum Dienst in diesen Dörfern verfügbar zu sein ... und um das arme Landvolk bei sich zu empfangen" (Cossali, 1748)[18].

Dem Begriff *imitare* zieht Alfons *seguitare* vor. Nicht „das Leben und die Tugenden Jesu Christi nachahmen"; nicht einmal „den Beispielen Jesu Christi nachfolgen". *Seguitare* bedeutet „fortführen", *esempio* ist ein Singular. Also: „das Beispiel fortführen", im Singular. Wessen Beispiel? „Das des Heilands."

Was wird dann aus den Tugenden des Monats?

Liguori respektiert die erworbenen Traditionen auch nach Falcoias Tod. Er hat zu sehr unter herrschsüchtigen Menschen gelitten, um nun seinerseits zu einem solchen zu werden. Als Oberer widmet er bis zu seinem Episkopat die wöchentliche Ansprache der Tugend des Monats. Seine *Cose di Coscienza* enthalten eine kurze Zusammenfassung mit Rückbesinnung auf die Hauptpunkte der *Regel*: Seine Zuhörer haben aus seinen Gesprächen Seiten von Sentenzen und Bemerkungen zusammengetragen[19]. Er mag sich wohl gedacht haben, daß dieser Rundblick über die großen Tugenden des Evangeliums immer noch besser sei als die Monotonie eines Oberen, der seine Brüder ein ganzes Jahr lang auf die Entsagung oder gar den Gehorsam festlegt. Dies auf kommunitärer, öffentlicher Ebene.

Wenn er aber darauf besteht, Falcoia die Hauptverantwortung für diese *Regel* zuzuordnen, so dürfen wir darin nicht nur Bescheidenheit erblicken. Er besteht nämlich gleichermaßen darauf, sich von Zielsetzungen, die er zwar respektiert, aber niemals für sich selbst übernehmen kann, zu distanzieren. Auf persönlicher Ebene findet sich in seinem ganzen Leben nicht die geringste Beachtung der Methode der Monatstugenden; als Gründer und Generaloberer erwähnt er sie in seinem Rundschreiben an die Mitbrüder mit keinem Wort; als Hagiograph der Heiligsten von ihnen – Sarnelli, Curzio und Cafaro – zeigt er keinerlei Spuren dieser Methode in deren Leben als vollkommene Redemptoristen auf. Beredtes Schweigen.

Als Alfons nach Scala kam, war er vierunddreißig Jahre alt und hatte bereits seine eigene, entwickelte Spiritualität. Er verdankt sie in keinem Punkt Crostarosa oder Falcoia. Mit ersterer fand er sich schlicht und einfach in geistigem Einklang, mit dem letzteren in Mißklang. Seine Nährquellen aber liegen andernorts. Die Gefährten der zweiten Welle, die sich seinem Plan anschlossen, die standhaften unter ihnen, sind Männer um die dreißig und Heilige. Er hat zu großen Respekt vor ihnen, um sie belehren zu wollen. Als charismatischer Stifter einer neuen Ordensgemeinschaft und in der Freiheit, die sich um keine beengende Methode kümmert, geht er unbeirrt einem festen Ziel entgegen, neben dem nichts anderes bestehen kann: das Werk des Heilands bei den sich selbst überlassenen Armen weiterzuführen. Die sich dieses Ziel ebenfalls zu eigen machen, bleiben freiwillig bei ihm. Was er gemeinsam mit ihnen gründet, ist eine Missionsgemeinschaft im Dienst und inmitten der verlassenen Armen. „Denn die Armen habt Ihr immer bei Euch" (Mt 26,11), hat der Herr vorhergesagt und damit eine Gegenwart beschworen, die Dauer suggeriert.

Mgr. Falcoia[20] aber, dessen Aufrichtigkeit absolut und dessen Verdienst unbestreitbar waren, taucht zwangsläufig beim ersten Generalkapitel wieder auf, nie aber in den Rundschreiben der neapolitanischen und römischen Generalobern. Daß er überhaupt in der Geschichte aufscheint, verdankt er nur diesem „lieben Sohn", den er letztlich weder in seiner Größe noch in seiner Heiligkeit erkannt hat.

31. Abendmahl und Pfingsten   (1743—1745)

Scala und seine Grotte waren Alfons' Tabor und Kalvarienberg. Hier steht die Wiege seines Instituts, denn hier ist es geboren, wie die Kirche aus dem Kreuz geboren ist. Sein Abendmahlsaal aber ist in Ciorani: die Patres und Brüder vom Heiligsten Heiland lebten hier von 1738 bis 1743 gemeinsam „mit Maria, der Mutter Jesu, einmütig und beharrlich in Gebet", Buße und Apostolat. Wir können noch heute die Zelle des Gründers sehen: neun Quadratmeter, drei Bretter auf zwei Eisenböcken, ein Tisch aus weißem Holz, zwei Strohstühle; gegenüber eine fensterlose Kammer, in der er sich bis aufs Blut geißelte.

„Die Lorbeerbäume von Nitria und Thebais sahen vielleicht nie Menschen, die so sehr der Betrachtung hingegeben waren wie jene im neuen Haus von Ciorani", schreibt Tannoia. „Man hörte kein überflüssiges Wort; man sah keinen der Mitbrüder ohne Notwendigkeit außerhalb seines Zimmers. Zwischen allen herrschte Demut; jeder von ihnen verlangte nur danach, sich den Wünschen der anderen und vor allem dem Willen Alfons' zu fügen. Keiner beanspruchte dies oder wies jenes zurück; keiner beneidete seinen Bruder; ein jeder war in seiner Stellung glücklich. Da das Allerheiligste in der eigenen Kirche aufbewahrt wurde, widmeten sie ihm Tag und Nacht die meiste Zeit und verweilten in Anbetung vor ihm, allen voran Alfons … Keiner hätte es sich verziehen, wenn er nicht Buße getan und sich abgetötet hätte, solange Alfons gegen sich selbst erbarmungslos vorging"[1].

Auf diese Gruppe senkte sich im Mai 1743 herab, was später als das „redemptoristische Pfingsten"[2] bezeichnet wurde.

Nachdem Mgr. Falcoia die letzten Ehren erwiesen waren, brachte P. Cesare Sportelli aus Castellamare die vom verstorbenen Prälaten entworfenen bzw. ausgeführten Fragmente der *Regel*. Alfons kannte sie natürlich, da er sie bei ihren Begegnungen in Falcoias Amtssitz gelesen und mit ihm besprochen hatte. Unter ihnen befand sich vor allem ein vollkommen ausgearbeiteter Satzungspunkt, der die Wahlmodalitäten für den Generalobern mit einer Zweidrittelmehrheit festlegte[3]. Nun war der Augenblick gekommen, ihn anzuwenden. So berief Alfons in seiner Eigenschaft als erster Stellvertreter des verstorbenen *Direttore* für den 6. Mai eine Generalversammlung der Patres nach Ciorani ein[4].

Die Kongregation bestand erst aus neun Patres — Alfons von Liguori, Cesare Sportelli, Gennaro Sarnelli, Saverio Rossi, Giovanni Mazzini, Andrea Villani, Benigno Giordano, Paolo Cafaro und Pietro Genovese — sowie aus sechs Laienbrüdern: Vito Curzio, Gennaro Rendina, Francesco Tartaglione, Leonardo Cicchetti, Romualdo Di Cristoforo und Gaspare Corvino. Pater Gaetano Pepe scheint trotz seines Gelübdes der Beharrlichkeit vom vorausgegangenen 2. Juli zu diesem Zeitpunkt schon wieder die Freiheit gewählt zu haben.

Am 6., 7. und 8. Mai feierte man in Ciorani für den verehrten *Padre* drei Gottesdienste. Die Gedenkrede wurde gehalten. Von Liguori? Von Sportelli? Wer weiß? Am Morgen des 9. Mai schließlich feierte man in der kleinen Hauskapelle der Gemeinschaft, heute „Kapitelkapelle" genannt, die Messe vom Heiligen Geist. Sie begann mit dem großartigen Ausblick: „Der Geist des Herrn erfüllte die ganze Erde" und endete mit der prophetischen Behauptung: „Sie wurden alle vom Heiligen Geist erfüllt". Abwesend waren Sarnelli, der sich von seiner großen neapolitanischen Mission nicht freimachen konnte, und Pietro Genovese aus unbekannten Gründen. Es tagten also sieben Patres, ihrer geringen Zahl wegen alle wahlberechtigt und wählbar.

In geheimer Wahl wird Sportelli zum Vorsitzenden, und dann Mazzini zum Schriftführer gewählt; Liguori, Giordano und Cafaro sind Skrutatoren. Der Vorsitzende richtet an seine Brüder „eine eindringliche Mahnung", die der Schriftführer folgendermaßen zusammenfaßt: „Wir müssen den Rektor Maior bestimmen. Bei dieser Wahl dürfen wir uns nur von der höheren Ehre Gottes und dem Wohl der Kongregation leiten lassen. Gewiß — (und hier mag der schillernde Sportelli gelächelt haben) — besitzen alle hier anwesenden Patres die geistlichen Qualitäten und das Talent für eine solche Aufgabe; sie alle sind Sterne, aber *auch die Gestirne unterscheiden sich durch ihren Glanz* (1 Kor 15,41)". Damit wollte er, wie P. Claudio Benedetti schreibt, sagen, daß einer unter ihnen heller erstrahlte als die anderen. Und er dachte dabei an Liguori."[5] Man schreitet zur Wahl. Sie ist negativ: keiner erreicht die fünf Stimmen, die zur erforderlichen Zweidrittelmehrheit nötig waren. Zweiter Wahlgang, ... dritter ... ohne Ergebnis. Wir wissen nicht, wie sich die Stimmen verteilten, wieviel dem „Bestplazierten" fehlten, und ob die drei Wahlgänge ähnlich verliefen oder nicht. Sicher aber ist, daß diese „Abstimmung" den Hagiographen später zum Ärgernis wurde. Tannoia, Giattini-Marsella, Rispoli und ihre Epigonen breiten über diese „wenig erbaulichen" Versuche verschämt den Mantel des Schweigens. Hundert Jahre nach Alfons' Tod ist C. Dilgskron der erste, der uns wenigstens Mazzinis Bericht übermittelt. Berthe dagegen verweigert ihn uns noch 1899. Und doch, wie sympathisch sind diese drei vergeblichen Wahlgänge.

Zum einen wußten die Kapitulare von 1743 ja nicht wie wir heute, daß der Gründer dereinst heiliggesprochen und zum Kirchenlehrer erklärt werden würde! Gewiß, sie schätzten ihn als einen großen Heiligen. Aber große Heiligkeit war das Niveau fast der ganzen Gruppe, und sie waren, mit Ausnahme des abwesenden Pietro Genovese, durchwegs ungewöhnliche Persönlichkeiten. Zum anderen hatte Falcoia, der mit Alfons nicht sehr zufrieden war, in letzter Zeit seine „Kreatur" Sportelli in den Vordergrund gestellt, und er hätte auch keine bessere Wahl treffen können: Don Cesare hatte in seiner Funktion als interimistischer Oberer in Ciorani „solche Klugheit, Treue gegenüber der Regel, väterliche Liebe vor allem gegenüber den Kranken an den Tag gelegt, daß ihn alle für das Vorbild eines Rektors hielten."[6] Schließlich erstrebte Alfons, wie uns der Heiligsprechungsprozeß zeigt, das „Superiorat" keineswegs, sondern wurde dazu „durch die Mitbrüder verpflichtet und fast gezwungen". Kurz darauf erinnert er Villani daran, daß er „die Leitung der Kongregation nur aus Gehorsam übernommen habe und nur dieser ihn an sie binde."[7] Wir können uns also durchaus vorstellen, daß er die Kapitulare einzeln angefleht hat, nicht für ihn zu stimmen und es ihm auch gelungen ist, den einen oder den anderen zu erweichen.

Nach diesen drei vergeblichen Wahlgängen unterbricht der Vorsitzende die Sitzung und bittet die Patres, sich auf ihr Zimmer oder in die Kirche zurückzuziehen, um Gott zu bitten, er möge den Mann seiner Wahl offenkundig werden lassen. Nach gut einer Stunde des Gebets kehren die Wahlmänner in die Hauskapelle zurück und schreiten zum vierten Wahlgang, aus dem nun Pater von

Liguori einstimmig, mit Ausnahme seiner eigenen Stimme, als Generaloberer oder, wie man damals sagte, „Rektor Maior" hervorgeht.

Die von Falcoia festgelegte Verfassung sah nun die Zeremonie der Obedienz vor, bei der jeder einzelne die Hand des Gewählten küßte; dann hatte dieser letztere eine Ansprache zu halten, in der er „seinen Wählern danken und darauf hinweisen sollte, wie wenig er eine so schwere Last auf seinen schwachen Schultern verdiene". Dies geschah ganz ohne Zweifel. Schließlich stimmten alle in das vorgesehene *Te Deum* ein. Mit seiner herrlichen Stimme sang es Alfons nicht für seine Wahl, sondern für diese Kongregation, die nun — obwohl nach zehn Jahren noch immer so klein — endlich zu ihrer Autonomie gelangt und den Kinderschuhen entwachsen war.

Der Beweis dafür wurde alsbald geliefert.

Tannoia erklärt:

„Bis zu diesem Zeitpunkt hatten die Mitbrüder ohne bindende Verpflichtung an die monastischen Tugenden in der Kongregation gelebt. Aber wie die Natur sich nach und nach verändert und ihre Früchte zur Reife bringt, so hatte auch Alfons seine Brüder auf ein heiligeres, vollkommeneres Leben vorbereitet. Bislang lebten alle im Geist der Armut und eines blinden Gehorsams; die Unterscheidung zwischen „Dein" und „Mein" war ihnen fremd, ebenso auch jene Ungebundenheit, die den einzelnen zum Gefangenen seiner eigenen Leidenschaften werden läßt. Aber es gab keinerlei Verpflichtung, die ihnen verboten hätte, anders zu leben. Alles kam frei und spontan. Aber da der religiöse Geist in den Ordenshäusern eher dazu tendiert, abzunehmen als zu wachsen, wollte Alfons, wie es schon immer seine Absicht war, eine apostolische, durch und durch heilige Gemeinschaft — *comunità Apostolica* — heranbilden. Daher betonte er seinen Gefährten gegenüber immer wieder den großen Wert einer durch Gelübde besiegelten Darbringung des eigenen Willens und aller irdischen Güter an Gott."[8]

Falcoia, den er zu seiner Zeit um Rat gefragt hatte, war nicht dagegen gewesen. Er hatte sogar von feierlichen Gelübden gesprochen; allerdings in der rein rechtlichen Perspektive des Weihetitels, den sie liefern würden. Da er selbst Mitglied einer Gemeinschaft ohne Gelübde war, maß er dem Ordensgelübde nicht die gleiche Bedeutung bei wie der Gründer. Im Laufe der Jahre kamen außerdem zu seiner angeborenen Trägheit noch die Ohnmacht und der Pessimismus des Alters hinzu, während in der jungen Gemeinschaft das Verlangen, sich persönlich zu verpflichten, immer heftiger wurde. Der Tod des *Direttore* löste schließlich die heilige Ungeduld, die Alfons geschürt hatte. Die erste Amtshandlung des Generaloberen war — mit einmütiger Zustimmung des Kapitels — die unverzügliche Verwirklichung dieser entscheidenden Umwandlung: die Ablegung der drei Ordensgelübde, die aus den „Redemptoristen" Ordensleute im modernen Sinn des Wortes machten.

„Alle Patres und Brüder legten in die Hand des gewählten Oberen die vier Gelübde ab: Gehorsam, Armut, Keuschheit und Beharrlichkeit in der Kongregation. Dann verpflichtete sich der gewählte Rektor Maior in gleicher Weise in die Hände des Kapitels." So heißt es im Protokoll des Schriftführers Mazzini. Die Priester, die bereits durch ihre Weihe gebunden waren, legten das Keuschheitsgelübde nicht ab, sondern sprachen von dem Gelöbnis der „Beharrlichkeit in der

Kongregation des Heiligsten Heilands bis zum Tod" folgende, von der Hand Alfons' geschriebene Formel: „Außerdem gelobe ich die Armut nach der in der *Regel* festgesetzten Art und Weise, mit dem zusätzlichen Gelübde, auf alle Würden, Pfründen und Ämter außerhalb der Kongregation zu verzichten. Schließlich gelobe ich Gehorsam mit dem Zusatzgelübde, auch in die Heidenmissionen zu gehen, wenn der Papst oder der Rektor Maior dieser Kongregation es mir befiehlt."

In diesem zweiten Zusatzgelübde zeigt sich die Seele des Gründers und des jungen Instituts in ihrer universalen Dimension und betont noch einmal ihre Entscheidung für die Verlassensten: China, Kap der Guten Hoffnung … Unglücklicherweise erbat und erhielt Kardinal Spinelli fünf Jahre später — von der römischen Kurie im Blick auf die Approbation der Kongregation befragt — seine Abschaffung durch den Papst. Der Grund? „Die Missionare werden schon durch ihre Arbeit bei unseren Bauern überlastet sein." Ein Geist, der nicht über den Kirchturm, die Diözese oder bestenfalls das nationale Spektrum hinaussah, aber nicht der Geist der „apostolischen Sendung"[9]! Dieser Schnitt verkürzte aber glücklicherweise weder das Ziel des Gründers noch das seiner Söhne. Aber es bleibt doch eine Narbe, die noch heute schmerzt. Schreibtischmenschen, „löscht den Geist nicht aus, verachtet prophetisches Reden nicht" (1 Thes 5,19)!

Durch die Ablegung der Gelübde wurden die Patres vom Heiligsten Heiland theologisch zu dem, was wir heute Ordensleute nennen; juridisch blieben sie Weltpriester mit einfachen Gelübden. Einfache Gelübde, aber öffentlich aufgrund der Tatsache, daß ihre Kongregation durch die Bischöfe von Salerno und Nocera approbiert war. Den Regalisten gegenüber machte die Versammlung deutlich, daß sich in ihrem Verhältnis zum Staat nichts geändert hatte: „Wir sind", so erklärten sie, „kein Orden, sondern eine Priestergemeinschaft wie die Lazaristen und die Frommen Arbeiter."[10]

Jener 9. Mai 1783 ist einer der großen Wendepunkte in Alfons' Leben, und zwar zunächst in seinem persönlichen Leben: der Leiter seines Gewissens weilt nicht mehr in dieser Welt, sein „Vertreter" Sportelli ist Oberer in Pagani; so wählt er also P. Paolo Cafaro, jenes Wunder an Eifer, Gebet und Strenge. Sodann in seinem Leben als Gründer: Jetzt ist er endlich frei, aber von einer Freiheit, die sich mit einem periodisch einzuberufenden Generalkapitel arrangieren muß (während der zehn Jahre unter falcoiascher Leitung hatte nie eine Versammlung von Interessierten, welcher Art sie auch immer sein mochte, auch nur ein Wort zu sagen) — einer Freiheit auch, die einen Initialgedanken und einen eingeschlagenen Weg fortzusetzen hat, die von einer zehnjährigen Tradition getragen sind und im guten wie im weniger guten Sinn das Institut „ausmachen".

Ein 1958 entdecktes Notizbüchlein gibt uns auf neun möglicherweise noch am Abend seiner Wahl niedergeschriebenen Seiten einige Geheimnisse des frisch gewählten Oberen preis[11]. Aufzeichnungen also, die kurze Zeit vor den Veränderungen entstanden, die dieses improvisierte Generalkapitel treffen mußte, ehe seine Teilnehmer wieder zu ihren Missionsgebieten zurückkehrten, die sie für einige Tage verlassen hatten. Auf drei Seiten hat Alfons hier vierunddreißig Punkte über das Ordens- oder Missionarsleben festgehalten, die dann zum Teil auch in den Dekreten der Versammlung aufscheinen. Fünf Punkte beziehen sich auf Postulanten, Novizen und Studenten mit folgendem bezeichnendem Hinweis: „Zunächst einmal ist die Regel, nur Subdiakone zuzulassen, wirklich zu streng". Diese vorrangige Stellung der Fragen um die Zulassung und Ausbildung der Jugend kennzeichnet den Entschluß, zu wachsen, sich zu vermehren, ja sich sehr schnell zu vermehren. Wie die Kirche des Pfingstereignisses. Schließlich gibt uns noch eine Seite Einblick in die persönlichen Entschlüsse des neuen Generaloberen:

„Die *Regel* stets wortwörtlich befolgen und sich nicht davon dispensieren, es sei denn im Interesse der höheren Ehre Gottes.

Stets vorteilhaft von Mgr. Falcoias Belangen sprechen und sich nie über ihn beklagen ...

Gemeinsam mit meinen Ratgebern arbeiten, d. h. im Normalfall ihre Gründe hören und erwägen und in Zweifelsfällen versuchen, mich ihnen so weit wie möglich anzunähern. Nicht aber dann, wenn ich einen zwingenden Gegengrund habe. Anweisung von Don Paolo (Cafaro), 1743."

Diese Verhaltensregeln, die zweifellos von einer Führernatur stammen, beziehen sich auf eine vom *Direttore* vorbereitete Verfassung, die vom Kapitel wieder aufgegriffen wird. Sie macht den Generaloberen zu einem von Ratgebern unabhängigen „Monarchen", da diese nur beratende, nicht aber entscheidende Stimme haben. Allerdings wird dem Rektor Maior empfohlen, sich der Meinung der Mehrheit oder der Besten anzuschließen *(unirsi)*. In diesem Sinne spricht sich das zwölfte aus einer Liste von neunzehn Dekreten, die im Zusammenhang mit den abgelegten Gelübden oder den dabei aufgeworfenen Fragen in aller Eile erlassen wurden, aus. Man betont die Armut: Verbot jeglicher Leibrente und vollkommenes Gemeinschaftsleben. Der Rektor Maior kann keine Häuser autorisieren, die sich nicht außerhalb der Städte und inmitten der Verlassenen befinden. Keine geistliche Betreuung von Klosterfrauen (wer würde sich sonst um die Verlassenen kümmern?). Nie die Predigt über die Allerseligste Jungfrau unterlassen: „die Erfahrung zeigt, daß sie die nützlichste ist." (Es wäre auch erstaunlich gewesen, wenn die Mutter Jesu nicht im Mittelpunkt dieses Abendmahls gestanden hätte.) Es wird ein Novizenmeister bereitgestellt, der sich mit nichts anderem befassen soll (Hier zeigt sich der feste Entschluß, neue Mitglieder zu gewinnen!). Schließlich „halte man sich stets und uneingeschränkt an die durch unseren verstorbenen Pater Direktor Mgr. Falcoia festgesetzten Observanzen" und „wird einer der Patres damit beauftragt, die vom Prälaten hinterlassenen einzelnen *Regeln* und Konstitutionen zusammenzutragen"[12].

Dies ist vor allem Alfons' Arbeit, und zweifellos widmet er ihr den ganzen Sommer. Vorausgesetzt, daß Gott ihm das Leben läßt ... Denn in Messina bricht die Pest aus. Ende Mai kann man die Toten schon nicht mehr zählen. Neapel zittert. In der Tradition des „heroischen Dienstes", der gleichsam eine Art des Martyriums ist, geloben Liguori und Sarnelli, ohne sich im geringsten für Helden zu halten, den Pestkranken beizustehen, wenn die Geißel auch auf Kampanien übergreifen sollte. Woher wissen wir dies? Ganz einfach deshalb, weil sie sich zu Vorkämpfern dessen machen, was in ihren Augen ein normaler Aufruf des Glaubens und der Liebe ist[13]. Doch überschritt die Epidemie die Meerenge nicht.

Die Angst und die Hitze des Sommers 1743 sind kaum vorüber, als die Kapitulare am 10. September in Ciorani zusammenkommen. Sie spüren, wie das Leben zurückkehrt. Sie spüren den nahenden Sturm.

Das Leben, das ist in Pagani am 22. Juli das strahlende Volksfest — St. Magdalena —, an dem Mgr. De Dominicis Generalvikar, umgeben vom Domkapitel, von den Pfarrern aus Nocera und Umgebung, sowie von zahlreichen Priestern und Ordensleuten, den Grundstein zur Kirche und dem Haus der Patres legte; Tag um Tag kamen nun Bürger und Adelige, Bäuerinnen und Damen der Gesellschaft herbei, brachten Material, Dukaten und Edelsteine, und arbeiteten Seite an Seite als Handwerker und Maurer. Der Sturm, das sind die hinterhältigen Überlegungen von etwa zwanzig Priestern und einigen satten Mönchen: „Alle laufen diesen Patres nach ... Wohin werden dann die Spenden gehen?" Nun formiert sich eine wachsende konzentrierte Opposition, die ränkeschmiedend Unterstützung bei den Autoritäten und den Gerichten von Neapel und Rom sucht. Eifer und Haß: die Geschichte Villas wiederholt sich in größerem Maßstab ...

Aber, wie Claudel sagt, „am stärksten ist die Hoffnung", die Hoffnung, die an die Tür pocht. Carmine Fiocchi, 22 Jahre alt, Lizenziat der *Studi* von Neapel, Diakon von Salerno, ist gegen den Widerstand seiner Eltern am Tag der Wahl Alfons' in das Noviziat eingetreten. Ein schönes Geschenk, Pater General! Im August stellt sich Francesco Sanseverino — beste Beziehungen, große Talente, edle Großmut — mit glühendem Eifer und der vollen Zustimmung seiner Eltern vor; aber er ist nicht Subdiakon, und Falcoias Konstitutionen verriegeln ihm die Tür ...

Da ruft Alfons die Kapitulare für den 10. September zusammen. Das bedeutet zunächst, daß die Zeit des Absolutismus vorbei ist: man befragt die Basis — und daß sich der Rektor Maior durch die Beschlüsse des *Padre* und des Kapitels gebunden fühlt. Es heißt aber auch, daß ein größeres und dringendes Problem ansteht. Welches?

War es nötig geworden, die Patres für einen einzigen Tag zusammenzurufen, weil ein Admonitor bestellt, oder ein Verbot ausgesprochen werden mußte — etwa Beanspruchung der Gerichte, Jagd mit Gewehr oder Netz, private Haltung von Tieren, wie Hunden und Vögeln? Die wichtige und dringende Frage lag anderswo. Falcoia hatte den Zugang zum Institut zwischen die Vorbedingung des Subdiakonats und die Altersgrenze von 30 Jahren eingeengt. Die Pforten müssen weiter geöffnet werden. Man beschließt daher, den Rektor Maior zur Dispens vom zweiten Punkt zu ermächtigen und das Zulassungsalter für Jugendliche auf 18 Jahre herabzusetzen, ohne Weihe natürlich. Zwei Tage darauf tritt der zwanzigjährige Ciccio Sanseverino in das Noviziat[14] ein, in dem sich unter der strengen Leitung von P. Cafaro bereits der Priester Paolino Scibelli, der Diakon Carmine Fiocchi und die Subdiakone Bernardo Tortora und Biagio Amarante befinden. Fiocchi und Tortora sind Doktoren des Rechts. Zu ihnen stoßen schon bald der Priester Lorenzo D'Antonio und, an seinem 19. Geburtstag, der Akolyt Nicola Muscarelli (oder Moscariello).

Die Jungen mögen kommen, herbeieilen! Pagani wächst. Die sieben „Kommunen" der Stadt Nocera haben eine Unterstützung von 100 Dukaten beschlossen. Nun ist die Frage, wer diese Prediger an sich reißt: der Bischof für seine Seelsorgsbesuche oder die Pfarrer für ihre Pfarreien.

Angri (5 bis 6.000 Einwohner) vor den Toren Noceras fordert seine Mission. Alfons kommt im November persönlich mit einer schönen Mannschaft. Er wird wie ein Heiliger empfangen. Die Gruppe wohnt bei Don Lorenzo Rossi. Ein jeder versucht, einen Gegenstand zu erhaschen, den P. von Liguori benutzt hat. Er selbst hat keine Ahnung davon, denn er hat wahrlich anderes zu tun, als den Kreislauf des Geschirrs und seiner armseligen Wäsche zu überwachen. Er hat nie erfahren, daß 1741 in Pagani eines seiner Kleidungsstücke den Arm der Mutter Don Tipaldis geheilt hatte; aber das Gerücht hatte sich verbreitet. Don Rossis gutmütige Tochter Teresa faßt Mut und wird ihrerseits aktiv: sie überredet den Laienbruder, ihr ein Paar blutdurchtränkter Socken des Paters zu überlassen. Kostbare Reliquie!

— Nein, sagt ein Missionar zu ihr, ein solcher Kult für einen Lebenden ist nicht gut.

Fügsam und ängstlich, trennt sich Teresa von diesem Gegenstand des „Aberglaubens" und steckt ihn dem ersten Bettler zu, der ihr in den Weg kommt, einem Kranken, dessen Beine durch eine hartnäckige Wassersucht angeschwollen sind. Ein paar Tage später kommt der Habenichts tanzend zurück:

— Fräulein, welche Socken habt Ihr mir da gegeben? Ich hatte sie kaum über die Füße gestreift, als sie nicht mehr geschwollen und plötzlich geheilt waren.

Der Pater und seine Mitbrüder erschöpfen ihre Kräfte bei anderen Heilungen. Die 128 Prostituierten des Ortes — die genaue Angabe der Zahl weist darauf hin, daß sie in einem geschlossenen Haus lebten — wechseln ihren Beruf; gut dreißig junge Mädchen weihen sich dem Herrn[15].

Von Angri aus geht Alfons nach S. Matteo, der Hauptpfarrei Noceras. Wieder mit Sportelli und unter anderen P. Benigno Giordano. Doch dieser letztere stirbt hier, erschöpft von seinem Apostolat, am 21. Januar 1744. Mit 38 Jahren folgt dieser Bannerträger der Patres Gaudiello in die Kongregation des Himmels nach. Der dritte wird der ehrwürdige Gennaro Sarnelli sein. Blutspuckend, verzehrt von Bußübungen, Schreibarbeiten und Predigten, und ausgehöhlt von mystischen Prüfungen stirbt er zweiundvierzigjährig am 30. Juni 1744 in Neapel. Bei ihm weilen Bruder Tartaglione und der Novize Francesco Antonio Romito, die der Gründer in liebevoller Fürsorge gesandt hatte, ihm in seiner letzten Stunde beizustehen. Sarnellis letzte Worte: „Hier bin ich, mein Vater ... Du weißt, daß alles, was ich getan, alles, was ich gedacht habe, zu deiner größeren Ehre geschah. ... Brüder, gebt mir nach meinem Tod die ältesten Kleider, die Ihr finden könnt. Es soll nichts für mich verschwendet werden ... Ich möchte den Rosenkranz beten, wenn ich sterbe."

Junge und auch betagte Mitglieder ersetzen die Verstorbenen: Giacomo Andrea Nola, erster Priester der Kathedrale von Nocera, Paolo Muscati aus Serino: beides Priester, die das vierzigste Lebensjahr bereits überschritten haben. Die Missionen sind es, die missionarische Berufungen erwecken.

Da aber kommt ein unerwarteter Postulant, der nicht aus einer Mission hervorgegangen ist, und der auch die großzügigsten Zulassungsgrenzen überschreitet: Don Giuseppe von Liguori. Der alte Seewolf ist zu Einkehrtagen nach Ciorani gekommen.

„Er hat das Haus noch nicht einmal betreten, als er schon von der Armut des Gebäudes und vor allem von der Ausstrahlung unserer Ordensmänner, dem Schweigen, das hier herrschte, und der überall spürbaren Atmosphäre der Heiligkeit zutiefst angerührt wird. Das genügt, um ihn nur noch an die Ewigkeit denken zu lassen und die Dinge dieser Welt aus seinem Herzen zu verdrängen. Er beneidet seinen Sohn und hört auf, für ihn den Episkopat zu erträumen. Immer wieder schließt er ihn in seine Arme und beglückwünscht ihn. Er bleibt länger, scheint die Abreise zu vergessen. Das Leben der Brüder und die Heiligkeit seines Sohnes scheinen ihm immer erstrebenswerter. So gelangt er zu dem großmütigen Entschluß, mit der Welt zu brechen, um unter der Leitung seines Sohnes als dienender Bruder zu leben. Er teilt Alfons seinen Entschluß mit, und er meint es ernst: er fleht unter Tränen, drängt immer wieder. Alfons freut sich über die Demut des Vaters, aber er überzeugt ihn, daß dies nicht der Wille Gottes sei: Gott will ihn in der Welt, er muß das Kreuz seines eigenen Standes tragen: seine Kinder ... Nach Neapel zurückgekehrt, lebt Don Giuseppe mit der eifrigen Hingabe eines Mönches zwischen Gebet und geistlicher Lektüre, Kirche und Haus: *casa e chiesa* ... „Kauft Euch", so schreibt ihm sein Sohn, „die soeben erschienene Lebensbeschreibung des hl. Aloisius Gonzaga, sowie die Biographie Philipp Neris und, wenn Ihr sie findet, auch die des hl. Pasqualis (Baylon) oder des hl. Petrus von Alcantara. Besorgt Euch außerdem ein kleines Büchlein mit dem Titel *Die ewigen Wahrheiten* von (Carlo Gregorio) Rossignoli und die *Massime eterne* von (Carlo Ambrogio) Catteneo."[16]

Während Alfons diesen rührenden Postulanten abweist, bemüht er sich, einen anderen der Umgarnung von Arcangela und Ippolita zu entreißen. Diese jungen Damen aus Giffoni konzentrieren all ihre Liebe und Sorge auf ihren Bruder — ihren ganzen Stolz! — Nicola Maria Celestino de Robertis: 25 Jahre alt, guter Rechtsanwalt, schönes Erscheinungsbild eines Christen bei der täglichen Messe. Mission — immer wieder die Mission — und Nachmission waren in Giffani gehalten worden. Im Februar 1744 kam Don Celestino zu Einkehrtagen nach Ciorani, und hier spürte er, wie das Eisen Gottes gewissermaßen in sein Fleisch eindrang. Nun entspinnt sich ein reger Briefwechsel, in dem Pater von Liguori ihn unterstützt, ermuntert, drängt:

„Gelobt seien das Allerheiligste Sakrament und Maria Immaculata! — Mein Herr, ich habe von Eurem guten Entschluß gehört ... Wenn es dem Bösen nicht gelingt, einen Menschen ganz von seinem Vorsatz abzubringen, dann versucht er, wenigstens Zeit zu gewinnen. So ist es ihm schon gelungen, wer weiß wie viele der schönsten Berufungen zu zerstören." (15. März) — „Kommt, sobald Ihr frei seid, ohne einen einzigen Augenblick zu verlieren. Ihr seid nicht der erste, den wir als Laien und ohne jede Weihe aufnehmen: es genügt, daß die Bedingungen erfüllt sind und wir Euren festen Entschluß, ganz Gott zu gehören, feststellen. Wir haben vor einigen Tagen sogar mehrere Mitglieder aufgenommen, die ohne Wissen ihrer Familie von zu Hause weggegangen sind. Die Eltern haben im übrigen keinerlei Anspruch, solche Entschlüsse mitgeteilt zu bekommen. Ja, man läuft sogar Gefahr, damit seine Berufung und zugleich auch den Schutz Gottes und das ewige Heil zu verlieren.

Verhärtet Euch also gegen jede empfindsame Zärtlichkeit dieser Art und faßt Mut. Gott ruft Euch nicht auf einen irdischen Posten, sondern auf den höchsten Posten der Heiligkeit ... Nur Mut, und vergegenwärtigt Euch, daß für einen so liebenswerten Gott, einen Gott, der so viel für Eure Seele getan hat, jedes Opfer, und sei es auch das des Lebens, gering ist.

Ich bitte Euch, die wenigen Tage bis zu Eurer Abreise vor dem Allerheiligsten oder in Eurem Zimmer vor dem Kreuz zu verbringen" (7. April)[17].

Alfons evoziert hier die entscheidende Erfahrung, die das Leben des jungen Rechtsanwalts, der er selbst einmal war, in neue Bahnen gelenkt hat. Gerade in diesen Monaten legt er Zeugnis davon ab, wenn er in der Einleitung zu seinen *Besuchungen des Allerheiligsten Altarssakraments und der Allerseligsten Jungfrau Maria* schreibt: „Die Gewohnheit, das Allerheiligste zu besuchen, hat mich — obwohl ich kalt und armselig war — der Welt entrissen, in der ich bedauerlicherweise bis zu meinem 26. Lebensjahr lebte." Die Inschrift „Gelobt sei Jesus und Maria . . ." am Kopf seiner Briefe ersetzt er in den Briefen an Celestino de Robertis, wie auch in fast allen seinen Briefen vom Februar 44 bis April 45 durch: „Gelobt sei das Allerheiligste Sakrament und Maria Immakulata!" Diese beiden Daten umgrenzen die Zeit, in der er während seiner überlasteten Tage Stück um Stück die kleine Schrift verfaßt, die seinen Namen mit der Praxis der Besuchungen beim Allerheiligsten identifiziert.

Und doch war Liguori nicht ihr Initiator, denn diese Anbetung außerhalb der Messe hat sich im Westen seit dem Mittelalter spontan entwickelt. Dieses Wachstum des Glaubens und der Frömmigkeit ist eine unsterbliche Frucht des Geistes, für die auch die zeitgenössische Kirche ihre Autorität einsetzt[18]. Das *theologische Grunddokument für den internationalen eucharistischen Kongreß von Lourdes* (1981) läßt uns mehr an Alfons' Leben als an sein kleines Werk denken:

„Indem wir ihn verehren, ihn, den Gekreuzigten, der sein Leben für die Menschen hingegeben, und den Gott durch die Kraft des Geistes auferweckt hat, *können wir die Liebe Christi verstehen, die alle Erkenntnis übersteigt* (Eph 3,19), und lernen wir, unser Leben für unsere Brüder hinzugeben . . .

Die ganze Liturgie der Eucharistie lädt uns ein zur Anbetung Christi, der durch das Sakramant seiner getreuen und realen Gegenwart mitten unter uns weilt.

Während so viele Menschen nach Techniken suchen, um das Absolute zu erreichen, sind wir eingeladen, diese Nähe Christi, der uns seine Anwesenheit anbietet und um unsere Gastfreundschaft bittet, zu erkennen."

Ist es daher verwunderlich, wenn die Ordensstifter unserer Zeit — gestern Charles de Foucauld, heute Teresa von Calcutta — genau wie Alfons den im Allerheiligsten gegenwärtigen Herrn aufsuchen? Mutter Teresa wurde einmal gefragt:

— Was ist Ihrer Meinung nach das Wesentliche in der Heranbildung von Ordensfrauen heute?

— Am Wichtigsten ist es, so ihre Antwort, den Schwestern eine tiefe und persönliche Liebe zur Eucharistie zu vermitteln, sie dazu zu bringen, Jesus im heiligen Sakrament zu finden; dann werden sie nachher Jesus auch in ihrem Nächsten finden und ihm in den Armen dienen[19].

Der Glaube läßt sich nicht auseinanderdividieren, genausowenig das Leben. So schickte Alfons von Liguori seine Novizen in den Brennenden Dornbusch, dorthin, wo er und seine Gefährten selbst ganz Feuer wurden. Er hatte einige Texte verfaßt, um ihre Meditation und ihr Gebet zu unterstützen. Einer der Teilnehmer an den Einkehrtagen hörte sie und war begeistert. Er wollte sie auf eigene Kosten für die breite Öffentlichkeit drucken lassen und bat den Heiligen, sie doch zu ergänzen, um für jeden Tag des Monats eine „Besuchung" zu haben. Dieser Wohltäter war offensichtlich kein anderer als sein Freund, Beichtkind und Mietherr in Neapel, Giovanni Olivieri[20], der durch die *Capelle* bekehrte „Türke".

Hier nun stoßen wir auf ein Problem der Geschichte der Spiritualität. Sind die einunddreißig Besuchungen, die aus einem Kern, der für die Novizen der Ordensgemeinschaft verfaßt, und Erweiterungen, die 1744 im Blick auf eine Veröffentlichung angefügt wurden, von derselben Prägung? Dazu wurde eine feinsinnige Untersuchung angestellt[21], die uns auf folgende Spuren lenkt:

Die einleitende Serie, die für die Novizen geschrieben wurde — sie leben mit dem Allerheiligsten unter einem Dach (Besuchung 3) — umfaßt die *Besuchungen* 1—15: ihr Aufbau ist klarer und stets derselbe: ein lebendig kommentierter Bibeltext führt rasch zu den Akten, Empfindungen und Gebeten. Diese ersten fünfzehn Texte scheint Alfons vor allem aus seinem eigenen Wissen heraus verfaßt zu haben. Ihre leicht erkennbaren Quellen sind die gleichen, aus denen er in dieser Zeit selber „trinkt": C. A Cattaneo (1645—1705), den er auch dem Vater empfohlen hat; Sarnelli, an dessen Werken er mitarbeitete; vor allem aber seine *Madre Teresa von Avila*, die er fünfmal ausdrücklich zitiert; schließlich die spanischen spirituellen Autoren Juan von Avila, Juan Eusebio Nieremberg, S. Pedro von Alcantara, Balthasar Alvarez. In diesen Besuchungen ist der Autor spontan, ganz er selbst; die Erinnerung inspiriert ihn weit mehr als Bücher oder Notizen. Sie entstammen den Jahren 40—43, in denen er seine *Considerazioni sopra S. Teresa* verfaßt hat.

Die entsprechenden *Besuchungen bei Maria* — kürzer und eindeutig verschieden von denen der zweiten Monatshälfte — sind genauso aufgebaut: ein Bibeltext, fünf bis sechs Zeilen Kommentar; ein schneller Pfeil.

Aber Giovanni Olivieri verlangt noch sechzehn weitere von ihm: „Eine für jeden Tag des Monats". Es ist ein Faktum, daß die zweite Hälfte von anderer, weniger einheitlicher Komposition ist. Die einleitende Erwägung ist weniger lebendig, weniger abgeklärt. Unsere scharfsinnigen Kritiker haben ihnen zwei gut charakterisierte Quellen zugeordnet.

Die *Besuchungen* 16 bis 23 sind — mit Ausnahme von 22 — durchwegs von Jean-Baptiste Saint-Jure (1588—1657) inspiriert: *De la connaissance et de l'amour du Fils de Dieu* (Douai, 1639), Kapitel 10, Abschnitte XVIII, XIX und XX. Saint-Jure vor Augen, wählt Liguori aus, verändert die Reihenfolge, faßt zusammen, läßt hier einiges weg, fügt dort manches hinzu, formt den Diamanten, wie er ihn braucht — strahlende Klarheit —, und faßt ihn in ein Kunstwerk, das fortan seinen Stempel trägt. Diese Kompositionsmethode läßt vermuten, daß es sich hier um zusätzliche Besuchungen handelt, die in einem Stück, und nicht mehr für die Novizen, sondern für „Menschen, die in der Welt stehen" (Besuchung 19) verfaßt sind. Der „Block Saint-Jure" gehört also zu den 1744 entstandenen Besuchungen. Mit Ausnahme der 22., die überraschenderweise keinerlei Verwandtschaft mit Saint-Jure aufweist; sie ist in Inhalt und Aufbau offensichtlich spanisch inspiriert: ein Seitensprung, in dem Alfons wieder ganz er selbst ist.

Es bleibt die Reihe 24 bis 31, in der wieder französischer Einfluß spürbar wird; nun aber nicht mehr ausgehend von Bérulle, sondern eindeutig von Paray-le-Monial. Hier wird das gekränkte, verlassene, gehorsame, durchbohrte, unendlich liebenswerte und liebende Herz besucht, „das die Menschen so sehr geliebt hat". Die 24. Besuchung ist ein Akt der Wiedergutmachung; die 25. eine richtige Herz-Jesu-Litanei. Bei diesen acht Texten denkt man an die Patres Josef von Galliffet (1663—1749): *De l'excellence de la dévotion au Cœur de Jésus Christ* (Lyon 1733, italienische Ausgabe Venedig, 1736) – und Jean Croiset (1656–1738): *La dévotion au Sacré Cœur de N. S. Jésus Christ* (Lyon 1691). Die Einleitung zu den *Besuchungen* und das Eröffnungsgebet sind – wie Vorwörter meistens – erst am Schluß oder fast am Schluß verfaßt worden und tragen die Inspiration von Paray-le-Monial.

Damit schließen die *Besuchungen* an die großen spirituellen Strömungen des 16.–18. Jahrhunderts, und durch sie an das Mittelalter an: eine kleine Symphonie mit drei Sätzen – karmelitanisch, bérullianisch, ignatianisch –, die diese dreifache Tradition mit erstaunlicher Resonanz sammelt, harmonisch zusammenfügt und weitergibt. Dieses kleine Büchlein von 120 Seiten erreichte zu Lebzeiten seines Autors ungefähr 50 italienische, 24 französische, 7 deutsche und 4 flämische Auflagen. Bis heute ist es in 2.017 erfaßten Auflagen in 40 Sprachen erschienen. Hat ein Buch außer der Bibel und der *Nachfolge* jemals mehr erreicht[22]?

Und doch waren die Anfänge bescheiden wie eine Quelle. Wir besitzen kein einziges Exemplar der ersten Ausgabe, so daß wir nicht einmal wissen, ob sie 44 oder 45 erschienen ist. Am 10. August 44 jedenfalls schreibt Alfons an seinen Mitbruder in de *Apostoliche Missioni*, Kanonikus Giuseppe Sparano:

„Ich habe Herrn Kanonikus Torni inständig gebeten, die Durchsicht meines kleinen Büchleins über das Allerheiligste Sakrament und die Allerseligste Jungfrau keinem anderen als Euch anzuvertrauen, da ich bei Euch auf eine schnelle Erledigung rechnen kann. Habt also, bitte, die Güte, alle anderen Arbeiten aufzuschieben und diese sofort in Angriff zu nehmen; denn ein frommer Laie übernimmt die Druckkosten, und ich fürchte, er könnte das dafür bestimmte Geld anderweitig ausgeben, wenn wir uns nicht beeilen. Dann aber könnte es nicht mehr gedruckt werden. Ich glaube, dieses Büchlein ist eine große Hilfe für alle, die ihre Besuchung beim Allerheiligsten Sakrament und der Allerseligsten Jungfrau machen wollen: ich habe noch nichts Vergleichbares gesehen, und das ist der Grund, warum ich es geschrieben habe.

… Die fehlenden *Besuchungen* schicke ich Euch später, denn ich möchte, daß unverzüglich mit dem Druck begonnen wird; so halten wir das Interesse des frommen Laien wach."[23]

Wir spüren förmlich, wie der Pater trotz der Sommerpause von Arbeit und Sorgen verfolgt wird. In Ciorani sind es seine Aufgaben als Oberer, der Ansturm zu den Einkehrtagen und andere schriftliche Arbeiten. In Pagani die zunehmende Bedrohung der jungen Gründung. Hier setzen seine Gegner alle verfügbaren Waffen ein: bösartige Verleumdungen, Fälschung von Dokumenten, Prozesse am Gerichtshof von Neapel, Eingabe um Eingabe – mindestens vier – an den Heiligen Stuhl. Zu allem Unglück stirbt auch noch am 22. August ganz unerwartet sein Beschützer Mgr. De Dominicis. Um Sportelli, der wie ein Löwe kämpft, zu unterstützen, tritt Alfons wieder als Rechtsanwalt auf: er verfaßt lange juridische Memoranden für die *Real Camera*, er schreibt ein kanonistisches Memorandum, das Don Cesare in Rom vorlegen soll, reicht Gesuche an die Räte des neapolitanischen *Sacro Consiglio* ein[24]. So muß das Manuskript der *Besuchungen* zurückstehen, und damit der Mäzen seine Dinare nicht anderweitig ausgibt, schickt Alfons dem Zensor ein noch unvollendetes Werk: „Man möge unverzüglich mit dem Druck beginnen … Die noch fehlenden *Besuchungen* werden nachgereicht." Entstehen sie Ende dieses Sommers 44 in Ciorani, oder müssen sie das

Frühjahr 45 abwarten, um aus der mystischen Einsamkeit von Deliceto zu erblühen?

Denn nun kommt der Herbst und mit ihm die Wiederaufnahme der Missionen. Im November beginnt Alfons in Roccapiemonte zwischen Ciorani und Pagani. Von hier geht es weiter an die Adria — eine zehntägige Reise unter winterlichen Bedingungen —, wo die *braccianti* von Modugno und der Erzbischof von Bari schon zwei Jahre auf ihn warten. Aber Mgr. Muzio Gaeta wird sich noch einen weiteren Monat gedulden müssen. Don Andrea Calvini, ein älterer Herr aus Bracigliano, der an der Mission von Roccapiemonte teilgenommen hat, ist von Pater von Liguori und seinen Mitbrüdern zutiefst beeindruckt. Als früherer Gouverneur von Iliceto beschließt und erreicht er, daß die Patres auf ihrem Weg nach Modugno eine Mission in Iliceto einschieben.

Iliceto (*Ilicetum*, der Eichenwald) — heute Deliceto — liegt, tatsächlich von immergrünen Eichenwäldern flankiert und gekrönt, in 500 Metern Höhe am Osthang des Apennins auf halbem Weg zwischen Ciorani und Modugno (Bari). Es besaß damals ein Kollegiatskapitel, das vom Bischofssitz Bovino abhängig war. Calvinis Freund, Kanonikus Giacomo Casati, nimmt schnell und wirksam Kontakt mit den Autoritäten auf: mit Mgr. Antonio Lucci, dem Domherren von Deliceto, und dem lokalen Grundherrn, dem Fürsten von Castellanata. Sie alle bitten unverzüglich um eine Mission, mit dem Hintergedanken, die Missionare auf einem Hügel in vier Kilometern Entfernung anzusiedeln, auf dem unter dem Eichenwald das jüngst verlassene Kloster von *S. Maria della Consolazione* mit seiner Kirche steht.

Nach dreitägiger Reise in Kälte und Schlamm trifft Alfons mit den Patres Cafaro, Genovese, D'Antonio und dem Studenten Sanseverino am Samstag, dem 11. Dezember, in Deliceto ein. Sie haben ihre Mission kaum begonnen, als man sie geschickt in die gewünschte Richtung lenkt: Schauen wir uns diesen Wallfahrtsort *della Consolazione* doch einmal an! . . . Alfons rümpft die Nase: „Er liegt weit entfernt, direkt an einem Wald . . .“ Alfons' Gesicht hellt sich auf: „Eine entzückende Kirche und, mein Gott, wie schön die Madonna ist!“

— Und die Gegend ist völlig unterbetreut, bemerkt Casati, der genau weiß, an welche Saite er rühren muß.

Von der Höhe des Heiligtums aus konnte man die endlose Ebene Apuliens mit ihren riesigen Weideflächen überblicken. Die Hirten kamen mit ihren Herden vor Wintereinbruch zu Tausenden von den Bergen herab und blieben hier monatelang ohne Priester. Die gleichen Empfindungen wie einst in S. Maria dei Monte stiegen in der Seele des Heiligen auf. Berücksichtigen wir dazu noch die Aussicht, an diesem Ort die Marienverehrung wieder beleben zu können, sowie Alfons' Ängste um die Gründung von Pagani, so wird begreiflich, daß er das Angebot ohne weiteres Zögern annahm. Bereits am 19. Dezember, also kaum acht Tage nach der Eröffnung der Mission, betrachtete er die Gründung als definitiv und schickte folgenden, fast begeisterten Brief an P. Saverio Rossi:

„Danken wir Jesus Christus und der Muttergottes! Sie haben bewirkt, daß die Gründung dieses Hauses innerhalb von acht Tagen abgeschlossen war. Kanonikus Casati hat heute Vormittag die Schenkung zwischen den Lebenden vertraglich festgelegt und uns das Vermögen, das er uns überläßt, übereignet. Der Bischof hat uns das Wohnrecht an diesem Ort zugesagt; das Kapitel, das hier den

Pfarrer vertritt, hat, ebenso wie der Stadtrat, seine Zustimmung gegeben ...

Alle – Bischof, Priester und Laien – haben uns empfangen, als wären wir Engel aus dem Paradies, und sie können Jesus Christus nicht genug über unsere Ankunft danken. Insbesondere Herr Kanonikus Maffei war in höchstem Maß beglückt. Es besteht also die berechtigte Hoffnung, daß uns auch der Fürst bei seiner Rückkehr eine bedeutende jährliche Unterstützung gewähren wird. Ganz zu schweigen von der durchaus begründeten Erwartung auf ein schönes Einkommen von den dreihundert Dukaten jährlich für die Abruzzenmissionen ..."

Sie wurden „wie Engel" empfangen; Engel aber brauchen bekanntlich keine Nahrung. Es besteht zwar „Hoffnung" von seiten des Fürsten, „Erwartung" von seiten der Schenkung Casati, aber, aber ... „Der Spender hat sich im Schenkungsakt das Nießrecht seines gesamten Vermögens vorbehalten; er hat lediglich versprochen, uns 56 Dukaten jährlich für ein Meßstipendium zu geben. Wir werden Maffeis Pfründe und die Einkünfte aus den Ländereien der Madonna haben. Vorläufig wird es hier zweifellos schmal zugehen. Aber Gott wird helfen. *Allegramente!* Wir werden unser ganzes Leben lang immer nur Habenichtse sein."[25]

Aber was macht das schon! Die Kongregation faßt Fuß in einer neuen Diözese, in einer neuen Provinz, la Capitana, am Rande Apuliens, einer der weiträumigsten und verlassensten Gegenden des Königreichs; und die Abruzzen sind in Reichweite.

Daher trägt sich Alfons immer stärker mit dem Gedanken, Pagani, das keine Anzeichen einer friedlichen Lösung zeigt, aufzugeben. Denn er hat den Gerichten ja nicht den Rücken gekehrt, um nun sein Leben mit Plädoyers zu verbringen. Doch Sportelli, auch er einstmals Rechtsanwalt, teilt seine Meinung nicht, und der *Sacro Real Consiglio* fällt am 14. Dezember eine Entscheidung zugunsten der Patres. Ein Zeichen Gottes? ...

Ein Zeichen Gottes jedenfalls war für Deliceto die königliche Bewilligung vom 9. Januar 1745, die der aufrichtige Freund der Patres, Marquese Brancone erwirkt hatte. Wie in Pagani aber war es nur eine Bewilligung für „ein Haus von Weltpriestern" und nicht für ein Kloster. Am Weihnachtsabend zogen Alfons und seine Mitbrüder ein: in einen Stall – eine *porchereccia*, wie Landi schreibt –, in Kälte und Entbehrung. Alfons ins glücklich. Am 28. Dezember schreibt er an Sportelli:

„Hier geht alles weiterhin bestens ... Es leben etwa neunzigtausend, aber großer Gott, in welchem Maß verlassene Seelen in dieser Gegend! Wenn ich die Mission von Modugno ohne Unannehmlichkeiten hätte absagen können, hätte ich es getan, um unverzüglich diese reiche Ernte einzubringen, d. h., mit den Abruzzenmissionen zu beginnen. Aber nach all den Vereinbarungen, die mit dem Erzbischof (von Bari), dem Dekan und dem Klerus (von Modugno) getroffen worden sind, hielt ich es nicht für ratsam, diese Mission wieder abzusagen ...

Ich habe nicht die Absicht, mich in diesem Haus endgültig niederzulassen. So Gott will, werde ich nach Ciorani zurückkehren. Aber ich muß hier wohl einige Zeit bleiben, da es noch unendlich viele und sehr wichtige Dinge zu regeln und zu beschließen gibt.

Ich bediene mich nach wie vor der Hand anderer, um Euch zu schreiben, denn ich liege mit einer Lungenentzündung und Fieber im Bett. Das Gute, das man hier angesichts der gegebenen Umstände tun kann, ist immens; ganz anders als in Nocera und Ciorani. Ich kann Euch nicht alles erzählen, aber wenn Ihr kommt, werdet Ihr, so Gott will, alles sehen. Es handelt sich um eine dringende Notwendigkeit."

Er schickt unverzüglich P. Villani mit einer Gruppe von Missionaren in die Abruzzen. Er selbst bricht am 24. Januar gemeinsam mit fünf Patres nach Modugno auf. Eine Woche auf Reisen. Er schreibt an Brancone: „Außerordentliche Strapazen bei außerordentlicher Arbeit. Wir mußten die Mission um dreißig Tage verlängern und waren Tag und Nacht im Einsatz." Die Niederlassung der Lazaristen von Bari befreit ihn aber von einer Weiterführung des Gründungsprojekts in Modugno, und er ist sehr froh darüber: die Verlassenen sind in der Gegend von Deliceto noch verlassener und die Armen noch ärmer; hier tragen sogar die feinen Damen Kleider, die ebenso geflickt sind wie die seinen.

Am Sonntag *Laetare*, dem 28. März 1745, nimmt der Superior in Anwesenheit des Generalvikars von Bovino, Don Filippo Gentile, offiziell Besitz von der Kirche und dem Haus von *S. Maria della Consolazione*. Er läßt unverzüglich P. Cafaro mit seinen Novizen Nicola Muscarelli und Andrea Nola kommen. Ihnen schließen sich bald unser Rechtsanwalt Celestino de Robertis, ein Priester aus Serino, Don Paolo Muscati, und ein anderer aus Eboli, Don Ignazio Martucci, an: drei „Herren", die die Annehmlichkeiten ihrer Patrizierfamilien verlassen, um „Jesus Christus nachzufolgen". Der Geist von Pfingsten ist nach wie vor lebendig.

In Pagani aber kann der Geist des Bösen nicht sterben. Alfons wird gerufen, erwartet, aber er weigert sich, seine Missionen zu verlassen, begnügt sich damit, an Spinelli und Brancone zu schreiben, und vertraut auf Sportelli und Mazzini. Umso mehr, als sie das Wohlwollen des Hofes, das Urteil der Gerichte und die Unterstützung des neuen Bischofs Mgr. Gerardo Antonio Volpe für sich haben.

Aber er hat nicht mit der rasenden Wut der Bösewichte gerechnet. Sie setzten zwei Pulverfässer unter den Neubau, und dieser wäre zweifellos in die Luft geflogen, hätte nicht einer der Terroristen Angst bekommen und im letzten Augenblick P. Mazzini gewarnt.

Das war zu viel. Es ist besser wegzugehen. Mitte Juni schreibt Liguori in diesem Sinn an Sportelli. Doch dieser nimmt die Verantwortung eines Aufschubs auf sich, um vorher noch einige Freunde in Neapel zu konsultieren. „Das ist nur eine Versuchung", ist ihre Antwort. Alfons beugt sich. Anfang September ernennt er Mazzini zum Rektor von Pagani und stellt damit Don Cesare für die Missionen in Apulien und den Abruzzen frei[26]. Am 24. September verläßt die kleine Gemeinschaft das Haus Contaldi und zieht in den Neubau ein. Der Gründer schreibt im Blick auf die Zukunft an den neuen Superior:

„Gott wird die Kongregation vorwärtstragen, solange sie der Observanz treu bleibt und ihre Mitglieder wahrhaft entschlossen sind, Heilige zu werden; wenn nicht, wird alles in Rauch aufgehen. Durch die Gnade Gottes haben wir bereits drei Häuser und genug Mitglieder, um die Aufgaben des Instituts wahrzunehmen. Entscheidend ist, daß wir Gott treu bleiben und jeder einzelne nach Vollkommenheit strebt. Dann wird die Kongregation vorankommen, werden ihre Mitglieder zunehmen und viele Dinge zur höheren Ehre Gottes geschehen. Andernfalls aber wird Gott uns verlassen, und alles wird zusammenbrechen. Lest diesen Brief bitte allen vor."[27]

P. Sportelli trifft Mitte September in Deliceto ein. Die herbstliche Farbenpracht des nahen Waldes kann ihn aber nicht lange über die Entbehrungen der Gemeinschaft hinwegtäuschen. Solange Casati lebt, hat er das Nießrecht über fast alle Ländereien; Maffei behält seine Einkünfte, König und Fürst sind zwar erfreut, daß die Religion ihnen redliche Untertanen garantiert, denken aber gar nicht daran, ihren Vorteil zu schmälern, indem sie auch nur das geringste für die Missionare tun; die Pilger aber sind ein Volk armer Leute und betteln eher um Almosen, als daß sie selbst ihren Obulus brächten. In einem Dokument aus dieser Zeit schreibt Alfons:

„In den ersten Jahren herrschte in diesem Haus große Armut, da der Stifter (Casati) der Abmachung entsprechend den Patres zu seinen Lebzeiten nur die Summe von fünfzig Dukaten abgab. Es fehlte also an allem, insbesondere an Nahrung. Das Brot war schwarz, aus schlechtem Kleiemehl und voller Spelzen; Fleisch gab es nur höchst selten; gebratene Bohnen dienten als Früchte und zur Herstellung der *minestra*."

Dieses Elend bezahlte der Gründer mit dem fast größten Schmerz seines Lebens. Im Juli schickte er Bruder Curzio nach Troia, damit er dort bei Freunden um Hilfe bitte. Als die Nacht hereinbrach, bat der Bruder in einem Kloster um gastliche Aufnahme. Aber er wurde vor die Tür gesetzt und mußte die Nacht unter freiem Himmel verbringen. Am anderen Morgen wurde er von heftigem Fieber geschüttelt und schleppte sich die dreißig Kilometer nach Deliceto zurück. Er hatte nicht mehr die Kraft, zu seinem Kloster hinaufzusteigen, und so bot ihm ein befreundeter Priester im Ort ein Lager an. Hier blieb er neunundvierzig Tage und erbaute durch seine bewundernswerte Geduld alle, die ihn pflegten oder besuchten. Eines Tages fragte ihn sein Beichtvater, ob er gerne weiterleben möchte.

— Nein, war die Antwort.

— So wollt Ihr also sterben?

— Auch nicht. Ich will nur, was Gott will. Wenn ich aber die Wahl hätte, würde ich lieber sterben, denn dann wäre ich nicht mehr in Gefahr, Gott zu kränken, und könnte ihn im Himmel sehen, wenn er mir die Gnade gewährt, dorthin zu gelangen."

Bevor er die Krankensalbung empfing, fragte man ihn, ob er beichten wolle.

— Nein, sagte er, durch die Gnade des Herrn ist mein Gewissen rein.

Er starb am 18. September 1745 im Alter von neununddreißig Jahren. „Der Heilige ist tot", so lief die Nachricht schnell durch das ganze Städtchen, und man geleitete ihn im Triumphzug nach S. Maria della Consolazione hinauf. Alfons hält den Beerdigungsgottesdienst; er bricht mehrmals in Tränen aus . . .[28] Damit war die neue Gründung allzu teuer bezahlt. Aber mußte sich nicht jedes Haus, gleich einem Altar für die Messe, auf dem Grab eines Heiligen erheben? Gaudiello, Giordano, Curzio . . . Schon kurze Zeit später schreibt Alfons:

„In Deliceto werden nun jedes Jahr mehrere Serien von Einkehrtagen für Ordinanden, Priester, Laien . . . gehalten.

Von hier haben unzählige Missionen für die Landgebiete von Foggia, Ascoli, Melfi . . . Lacedonia, Ricchetta, Monteverde, Carbonara, Trevico, Castello, Cerignola, Canosa und viele andere ihren Ausgang genommen."[29]

So hat die junge Kongregation unter dem Wehen des Pfingstgeistes also ihren Abendmahlsaal verlassen und unvermittelt ihren ersten Schritt hinaus in die Welt getan, gemäß der Botschaft des Evangeliums: „Ihr werdet die Kraft des Heiligen

Geistes empfangen, der auf euch herabkommen wird, und ihr werdet meine Zeugen sein in Jerusalem und in ganz Judäa und Samarien und bis an die Grenzen der Erde" (Apg 1,8).

32. „Geboren zum Wohle aller durch sein Leben, sein Wirken und seine Feder" (1744–1748)

Eine ländliche Zuhörerschaft, bei der fromme Frauen überwiegen, ist etwas anderes als ein anspruchsvolles Publikum von Priestern oder Ordensleuten; und doch waren und sind die *Besuchungen beim Allerheiligsten Altarsakrament* eine mystische Quelle, aus der die einen wie die anderen gleichermaßen gerne trinken. Das ist das Kennzeichen klassischer Werke. Der Autor war im übrigen durchaus fähig, seine Begabungen mit derselben Leichtigkeit in den verschiedensten Richtungen einzusetzen: veröffentlichte er nicht seine, für alle und jeden gedachten und auch mit großer Begeisterung gelesenen *Besuchungen* zwischen einem kleinen Büchlein für Kinder und einem Leitfaden für Bischöfe? „Ein Autor, geboren zum Wohle aller", wie Kanonikus Torni schon bald sagen wird.

Am 7. Februar 1742 hatte Benedikt XIV. in seiner Enzyklika *Etsi minime* die Bischöfe an ihre Pflicht erinnert, den Katechismusunterricht abhalten zu lassen. Als Arbeitsgrundlage empfahl er wärmstens Bellarmins *Dottrina cristiana*, ohne sie allerdings verbindlich vorzuschreiben. Der gewählte und benutzte Text sollte außerdem von einer kurzen, aber vollständigen Formel der Akte des Glaubens, der Hoffnung und der Liebe begleitet sein.

Kardinal Spinelli hatte soeben im Anschluß an die große Mission von Liguori-Sarnelli mit der Pastoralvisite seiner Diözese begonnen. Er war also diesem Thema gegenüber sehr aufgeschlossen. 1743 nun stellte er verärgert fest: „So viele verschiedene Katechismen, so viele Stunden für ihre Auslegung! Und mit welchem Ergebnis? Praktisch Null bei den Kindern, nicht viel mehr bei den Erwachsenen und letztlich keine Auswirkung auf die Moral. Das ist doch wirklich seltsam! Die Art, in der die Christenlehre dargeboten wird, muß also offensichtlich falsch sein!"[1] So hatte er beschlossen, einen einzigen Text, dessen Ausarbeitung er P. von Liguori anvertraut hatte, verbindlich vorzuschreiben. Es war dies gerade zu der Zeit, da Alfons die Leitung der neapolitanischen Missionen Sarnelli übertragen hatte und nach Ciorani zurückkehrte.

Seit zwanzig Jahren ist Alfons bereits aktiver Katechet. Die Kinder von S. Angelo a Segno, die *ragazzi*, und dann die Erwachsenen bei den Missionen der Propaganda, die *popolani* der „Abendkapellen", haben ihn zu einem umsichtigen und erfahrenen Praktiker werden lassen. Außerdem war er zutiefst von der Seelsorge des Katechismus überzeugt: wir erinnern uns, daß er zu jener Zeit bei den Missionen seiner Kongregation dem Katechismus für Erwachsene die erste Rolle zuerkannte.

1744 erschien also, ohne Angabe des Autors, ein *Compendio della Dottrina cristiana:* „Abriß der Christenlehre, gedruckt zu Neapel auf Anweisung seiner Eminenz Kardinal Spinelli." Es war dies die sehr fundierte Arbeit Alfons'. Wir wissen es durch verschiedene Zeugnisse aus der Zeit; er selbst erwähnt dieses Büchlein in einer Liste seiner Werke; doch galt die kleine Schrift für verschollen. Erst 1948 entdeckte R. Telleria in Agrigent das bis heute einzige bekannte Exemplar, eine vom Autor 1758 herausgegebene Neuauflage[2].

Man besitzt also nun den sogenannten „Katechismus Spinelli". Der Kardinal war stolz darauf, und mit Recht. Abgesehen von dem unvermeidlichen „Gott ist reiner Geist, unendlich und vollkommen", findet sich hier nicht eine einzige scholastische Abstraktion. Konkreter, weniger gelehrt als Bellarmins *Breve Dottrina*, ist das alfonsianische *Compendio* mehr seelsorglich orientiert. Mit etwa zwanzig Seiten Umfang ist es ungefähr gleich lang wie erstere und geht wie diese in einem Wechsel von Frage und Antwort vor, verzichtet aber bewußt auf die Aufzählung der sieben Gaben des Heiligen Geistes, der vierzehn Werke der Barmherzigkeit, der sieben Todsünden und der fünfzehn Geheimnisse des Rosenkranzes. Den beiden Sakramenten des täglichen Lebens, der Buße und der Eucharistie, dagegen widmet es jeweils mehr als eine Seite und legt den Akzent auf die Notwendigkeit des Gebetes; es geht nie — auch nicht im Zusammenhang mit der Mariologie — über das Wesentliche hinaus. „Dieser Katechismus war", so schreibt R. De Maio, „ein pädagogischer Fortschritt gegenüber Bellarmin, weil er besser auf die Fähigkeiten der Katecheten zugeschnitten war."

Denn es konnte natürlich nicht die Rede davon sein, dieses *libretto* Kindern und Analphabeten (95% der Bevölkerung) in die Hand zu geben. Sarnelli kündigte es an als „vollständige und gehaltvolle" Zusammenfassung zum Gebrauch für Kleriker und Laienbetreuer in der lebensnahen Katechese, die sie „an Sonn- und Feiertagen" zu halten haben[3]. Wenn diese 133 Antworten einmal gut erklärt, nachgesprochen und mehrmals wiederholt waren, blieben sie ein- für allemal im Gedächtnis haften.

Sie folgen ohne Unterteilung in organischer Verbindung aufeinander: jede Frage bezieht sich auf den Gedanken oder sogar die Worte der voraufgegangenen Antwort. Damit entfaltet sich das Werk in drei Bewegungen. Zunächst die Heilsgeschichte: Gott, Schöpfung, Menschwerdung, Erlösung, Kirche; das *Credo* ist Abschluß und Zusammenfassung dieser *Glaubens*-Lehre. Der zweite Teil erweckt die Aktivität der *Hoffnung:* göttliche Gnade, gute Werke, Gebet; konkreter Ausdruck dieser Haltung sind das *Vater Unser* und das *Ave Maria*. Abschließend wird die *Liebe* in der Achtung vor den Geboten Gottes und der Kirche, im Bewußtsein der eigenen Sünden und der Sakramente gelebt. Also genau das Programm, das vom Konzil von Trient verlangt wurde.

Die letzten Seiten enthalten: Hinweise zur Meßfeier, die von Benedikt XIV. verlangten Akte des Christen, Akte im Tagesablauf (so z. B. folgendes Gebet nach Tisch: „Herr, ich danke dir, daß du deinem Feind Gutes getan hast") und abschließend ein Lied.

Alfons' Gedichte gehören dem lyrischen oder dramatischen Genuß an: sie legen dem Volk seine eigenen betrachtenden und mystischen Erfahrungen in den Mund. Dieses abschließende Lied dagegen ist — in seinem Werk als Genus einmalig — didaktisch wie die Gedichte Julien Maunois oder Grignon de Montforts; es enthält in vier Strophen die gesamte Offenbarung: die Geheimnisse des dreifaltigen Gottes, der Menschwerdung, der Erlösung und der Auferstehung. Da es in keiner der Sammlungen seiner *Canzoncine* enthalten ist, nehmen wir gern die Gelegenheit wahr, es hier vorzustellen:

„Lodi ognun con dolce canto
Padre, Figlio e Spirito-Santo:
Tre Persone e un sol Dio,
Trino ed uno, giusto e pio.

Per salvarci dall'Inferno
S'è fatt'uomo il Verbo Eterno:
Nascer volle dalla pia
Sempre Vergine Maria.

Il Farsi uomo, e poi patire,
Ed in Croce un Dio morire;
Fa bruciar d'ogni uomo il cuore
Il pensare a un tanto Amore.

Questo Dio giusto e verace
Dona a' Buoni eterna pace,
Ma castiga i malviventi
Con eterni e gran tormenti."

Mit süßen Liedern alle preist
Den Vater, Sohn und Heiligen Geist:
Einziger Gott in dreifacher Person
Dreifaltig eins, gerecht und fromm.

Uns zu retten aus finsterem Ort
Ist Mensch geworden das ewige Wort:
Hat Maria zur Mutter erkoren,
Die jungfräulich ihn geboren.

Ist Mensch geworden, um zu leiden
Und am Kreuze hinzuscheiden
Jedes Menschenherz entbrennt,
Wenn es so großer Liebe gedenkt.

Dieser gerechte und wahre Gott
Schenkt den Guten ewigen Trost,
Die Bösen aber gehen ein
In ewige, finstere Höllenpein.

Das *Compendio* endet mit dem Ausruf, der gleichsam das Signum des anonymen Autors ist: *Gelobt seien Jesus, Maria, Josef und Teresa!*

Der Eifer kennt keine Grenzen. Während Alfons seine letzten *Besuchungen beim Allerheiligsten Altarsakrament* erarbeitet und seine *dottrinella* für die Kleinen und Demütigen (1744) druckt, beginnt er bereits mit den etwa hundert Seiten *Nützliche praktische Bemerkungen für Bischöfe, damit sie die ihnen anvertraute Kirche zweckmäßig leiten.*

„Bei seinen Besuchen in den Provinzen", schreibt Tannoia, „beklagte er die Trägheit so vieler Bischöfe, die nur das Vermögen ihrer Kirchen genossen, die Last ihrer bischöflichen Verpflichtungen aber nicht auf sich nahmen. In der Absicht, ihnen behilflich zu sein, in allen den Eifer ihrer Weihe zu erwecken, faßte er in einem kleinen Buch einen Abriß ihrer Verpflichtungen zusammen. Ein winziger Band mit schwerwiegendem Inhalt. Er sandte ihn an alle Bischöfe Italiens"[4].

Wir sollten hier vielleicht eher lesen: „Süditaliens". Denn hier war Alfons beim Episkopat sehr bekannt und geschätzt und konnte sich diese Kühnheit erlauben. Im übrigen handelte er gewiß nicht leichtfertig.

Er wollte diesen Exellenzen keineswegs einen neuen „Bischofsspiegel" vorhalten. Es gab deren schon viele, angefangen von der *Regula pastoralis* Gregors des Großen bis hin zu Giuseppe Crispinos Klassiker *Buon Vescovo* (1682). Aber finden die Bischöfe auch die Zeit, sich darin zu vertiefen? Liguori, der gelobt hat, nicht eine Minute zu verlieren, verachtet die Schwätzer und wortreichen Autoren genauso wie Spekulationen um ihrer selbst willen.

„Es fehlt nicht an Büchern", so schreibt er in seiner Einleitung, „die lang und breit auf die Pflichten der Prälaten in der Leitung ihrer Kirchen eingehen. Doch habe ich in zwanzigjähriger Missionspraxis beobachtet, daß viele dieser Weisungen gar nicht zu den Ohren der Bischöfe vordringen. Daher wollte ich allein zur höheren Ehre Jesu Christi auf diesen wenigen Blättern einige sehr wichtige Überlegungen vorlegen, die ihnen von großem Nutzen sein können. Sie betreffen die Bereiche, die ihre besondere Obsorge verlangen (Seminar, Ordinanden, Priester, Pfarrer, Bischofssitz und Ordensfrauen) und die wirksamsten Mittel zur Heiligung ihrer Diözese (Gebet, gutes Beispiel, Residenzpflicht, Seelsorgsvisite, Volksmissionen, Synode, die Klugheit, sich beraten zu lassen, die Bereitschaft, Audienzen zu geben, der Mut, zu korrigieren). Das war meine einzige Absicht. Daher zwei kurze Kapitel: besonders wichtige Bereiche und Mittel zur Heiligung. Ich erhoffe von Gottes Güte, daß diese wenigen Seiten, wenn sie auch nicht sehr elegant geschrieben sind ... doch zumindest ihrer Kürze wegen gelesen werden und so von Nutzen sind"[5].

An welchen Typ von Bischöfen wandten sich diese *Bemerkungen?* An eine Körperschaft von Seelsorgern, die sehr wenig gemein hatte mit dem Episkopat des Ancien Régime, der damals in Frankreich oder Deutschland Hof hielt. Zum einen war Italien keine staatliche Einheit: hier gab es keine große und alte Monarchie, die einen Hochadel geschaffen hätte. Die Aristokratie war zwar zahlenmäßig stärker als in anderen Ländern, aber sie stieg eher aus dem Handel, dem Bankwesen, oder Verwaltung, der Medizin (die Medici) „auf", als daß sie — hochmütig und in einzelnen Fällen — von einigen sogenannten Halbgöttern „herab"-stieg. Auch war die Mitra keineswegs nur dem Adel vorbehalten. Im übrigen kannte Pater von Liguori nur die Situation im Königreich Neapel. Hier aber waren die Bistümer im allgemeinen arm und ihre Diözesen viel zu klein: 147 damals in Beiden Sizilien. Dies mag auch einer der Gründe sein, warum die Kommende, auch wenn nicht alle Bischöfe an ihrem Bischofssitz residierten, hier glücklicherweise fast unbekannt war. Schließlich waren die Mitglieder des Kollegiums sorgfältig ausgewählt. Der König hatte das Besetzungsrecht für 22 Bistümer; seine Wahl war ernsthaft und außerdem von der Zustimmung Roms abhängig. Der Heilige Stuhl versah die 125 übrigen Sitze und war darin umso wachsamer und aktiver, als das Königreich in seiner unmittelbaren Nachbarschaft lag und die Information leicht war. Die Bischöfe wurden im allgemeinen aus der Elite des neapolitanischen Klerus, der Orden oder Domherrenkapitel ausgewählt. So erreichte man einen guten Durchschnitt, aus dem einige Riesen des Eifers und der Heiligkeit aufragten, wie etwa Costantino Vigilante oder der ehrwürdige Antonio Lucci. Hinzuzufügen wäre noch, daß sie einen Großteil ihrer Zeit und psychischen Kräfte zwangsläufig nicht wie heute in nationalen Kommissionen verbrauchten, sondern in unfruchtbaren Scharmützeln: auf höherer Ebene mit der kleinlichen „Küstermentalität" der königlichen Macht und auf der unteren Ebene mit den Priestern und den Laien-„Herren" der „Patronatskirchen".

Alfons' Kapitel sind daher keine Anklagerede, sondern ein konkretes und anspruchsvolles Programm. Er geht aus von der Feststellung, daß um diese „ehrenwerten" Bischöfe schlechte Kleriker und Gläubige kreisen — sowie von der ebenfalls aus der Erfahrung gewonnenen Überzeugung: Heiligmäßige und eifrige Bischöfe können die Welt verändern. Daher ihre Verantwortung: „Die Mitra liegt als große Last ... auf dem Gewissen."

Hier müssen wir auf einen der Hauptzüge in Alfons' Mentalität und Gewissen eingehen: die Verantwortung liegt ... bei den Verantwortlichen. Wenn er daher bei den Missionen die Notabeln zu eigenen Einkehrtagen einlädt, so keineswegs, um damit ihrer sozialen Stellung zu schmeicheln, sondern vielmehr wegen des Gewichts, das ihren Entscheidungen, ihrem Geist und ihrem Beispiel für die ganze Baronie zukommt. Denn: in den Diözesen „hängt die Heiligung der Bevölkerung von den Bischöfen ab", in den Pfarreien „hängt der Fortschritt oder Untergang der Gläubigen von den Pfarrern ab"; in den Klöstern „sind alle Mißbräuche den Prioren und Beichtvätern zuzuschreiben". In den Seminaren bedarf es zunächst nicht guter Seminaristen, sondern eines „guten Rektors", „guter Professoren" und „reifer, spiritueller und energischer Präfekten".

Die Seminare! „Wie viele treten hier als Engel ein, um schon bald darauf zu Teufeln zu werden!" stöhnte er. Und doch kann „in den Seminaren ein guter Klerus herangebildet werden, und dieser gute Klerus bewirkt in der Folge den Fortschritt der ganzen christlichen Gemeinde".

Zwölf Jahre später (1756) veröffentlicht er eine *Regelung für die zweckmäßige Einrichtung von Seminaren*. „Ich werde sie allen Bischöfen schenken, und ich hoffe, daß sie sie auch lesen, denn sie ist kurz", schreibt er seinem Freund, dem Superior des „städtischen" Seminars von Neapel, Kanonikus Fontana[6]. Diese *Regelung* mit einem Umfang von 43 kleinen Seiten würde uns heute durch die Abriegelung gegen die Außenwelt, eine gewisse Fixierung auf die „Bescheidenheit" und einen Mißbrauch von Überwachung und Korrektur schockieren, wenn auch diese letztere „alfonsianisch", d. h. angemessen, verschwiegen und liebevoll ist. Aber sie ist erstaunlich praxisnah; sie ermöglicht eine feste Handhabung der Kandidatenauswahl, des Studiums und der Frömmigkeit; vor allem aber bewirkt sie eine kopernikanische Revolution: den fünf Seiten, die sich am Schluß mit den Verpflichtungen der Seminaristen befassen, gehen siebzehn über die Pflichten des Bischofs, zehn über die des Rektors, und acht über die des Präfekten voraus. Wenn ein Schüler nicht gut tut, so kann das sein eigener Fehler sein; wenn aber ein Seminar nicht in Ordnung ist, so sind die Kader zur Rechenschaft zu ziehen. Ob ein Mann, ein Priester recht heranwachsen kann, ist, wie bei einer Blume, eine Frage des Klimas und des Bodens. Daher liegt für Alfons die Verantwortung bei ... den Verantwortlichen[7].

Dies ist auch der Grund, warum er sich des ewigen Heils der ersten Verantwortlichen, der Bischöfe, nicht allzu sicher ist. Er zitiert das Wort des Dominikaners Antonio Ghislieri, den man, nachdem er Pius V. geworden war, fragte:

— Warum seid Ihr so bleich und zittert?

— Als Ordensmann hatte ich große Hoffnung, gerettet zu werden; nachdem ich zum Bischof ernannt wurde, begann ich, sehr stark daran zu zweifeln; nun, da ich Papst bin, halte ich es fast für unmöglich! ...

Viele Prälaten bedankten sich. Nicht alle waren begeistert. Der Autor hat uns den Brief des Bischofs Molfetta, Mgr. Fabrizio Salerno, bewahrt, der ihm schreibt:

„Eure große Güte wird Euch stets zu wohlwollendem Mitleid bewegen; denn nach zwanzigjähriger Missionstätigkeit werdet Ihr aus Eurer Erfahrung mit Bischöfen und Gläubigen zweifellos gelernt haben, daß die Theorie zwar einfach, die Praxis aber umso schwieriger ist"[8].

Durch die Blume gesagt, sollte dies wohl heißen: „Wir möchten einmal sehen, wie du dich an unserer Stelle verhalten würdest!" Nun, man wird es sehen, und dann werden wir mit ihm an Ort und Stelle seine *Nützlichen praktischen Bemerkungen für Bischöfe* lesen.

Eine von ihnen müssen wir allerdings jetzt schon anführen, da sie das Amt des Volksmissionars in seinem vollen Umfang erhellt. Alfons zitiert das Konzil von Trient und nennt als „Hauptaufgabe des Bischofs" nicht, der Eucharistie vorzustehen oder Priester zu weihen, sondern „persönlich zu predigen". „Wie?" so schreibt er, „läßt denn die heilige Kirche dem Bischof bei seiner Weihe das Evangeliar nur um der Zeremonie willen auf Haupt und Schultern legen? Das Wort des Bischofs ist doch viel beeindruckender als das der anderen Prediger!" Alfons erkennt also der „eigenen Stimme" des Bischofs eine unübertreffbare Wirkung zu, die aus der sakramentalen Gnade des in erster Linie für das Wort geweihten Apostels resultiert. Gerade dies aber wird zu einer der revolutionären Ansichten des II. Vatikanums[9]. „Revolutionär", weil man die seelsorglichen Texte des Tridentinums tatsächlich zugunsten des eucharistischen Amtes zurückgedrängt hatte.

— Aber der Bischof kann nicht überall persönlich predigen.

Daher muß er durch Volksmissionare seine Gegenwart und seine Stimme vervielfachen.

„Ach Gott", wenden manche ein, „mit diesen Missionen beunruhigt man doch nur die Gewissen! ...

— Beunruhigt die Gewissen? Ist es denn nicht gerade die Aufgabe des Bischofs, Mahnrufer zu den ihm anvertrauten Schäflein zu schicken, die in der Sünde schlafen?"

Diese Theologie des Episkopats, aus der beim IV. Laterankonzil die Pfarrmissionen hervorgingen, prägt in hohem Maß Alfons' Berufung und sein Institut. Er betont immer wieder, daß sie nur unter der Autorität der Bischöfe arbeiten. Unter den zweitausend Briefen des Gründers befindet sich nicht einer, in dem die Mission mit dem Lokalklerus direkt beschlossen und vorbereitet wurde. In dieser Zeit und in diesem Königreich — denn nichts ist gefährlicher als Verallgemeinerungen in der Geschichte! — wurden Missionen zwischen dem Bischof und den Missionsgesellschaften über den Kopf der jeweiligen Pfarrer hinweg und gelegentlich sogar gegen deren Willen beschlossen. Nachdem die Prediger ihren Auftrag erhalten hatten, kamen sie gleichsam als die Stimme des ersten Seelsorgers der Diözese. Daher widmet Alfons in dem Abschnitt über die Mittel, die gewissenhafte Bischöfe einsetzen sollen, vier Seiten dieser *Bemerkungen* den „heiligen Missionen". Wir haben sie im wesentlichen bereits gelesen. Er beschwört hier die Prälaten, sich nicht mit der Abhaltung von Zentralmissionen zufrieden zu geben, und plädiert für die verlassenen Winkel, in denen die Bedürftigsten meist vergessen werden.

Genau zu dem Zeitpunkt, da der Autor den Bischöfen sein Werk zusendet (1745), wird im ganzen Königreich eine autorisierte Stimme hörbar, die dieser Theologie und diesen Missionen große Resonanz verschafft. Am 8. September 1745 erscheint der Brief *Gravissimum*, in dem Benedikt XIV., von Spinelli inspiriert, gerade die Ideen über die verlassenen Bergbewohner, die Pater von Liguori so sehr am Herzen liegen, in großem Rahmen aufgreift. Er spornt die Bischöfe zu Pfarrmissionen an und überträgt dem Kardinal alle Vollmachten zu deren Organisation, zur Auswahl der Prediger und ihrem Einsatz bei den jeweiligen Bischöfen.

Mgr. Faccolli, Cavalieris Nachfolger in Troia, läßt sich nicht lange bitten. Er verlangt für Troia und Foggia von Spinelli unverzüglich Alfons von Liguori und seine Patres vom Heiligsten Heiland. Damit sind die Kampffronten des Oberen, der hier nicht ablehnen will, um eine weitere vermehrt. Um die Diözese Bovino, in der er soeben Deliceto gegründet hat, nicht sich selbst zu überlassen, läßt er die Patres von Ciorani und Pagani hierher kommen, während er selbst im November mit Sportelli, Villani, Cafaro, Scibelli und Tortora in die Bischofsstadt Troia (4.500 E.) zieht.

Die älteren Bewohner dieser Stadt haben seinen Onkel noch gut in Erinnerung. Sie sind nun neugierig, wie sich Mgr. Cavalieris Neffe anstellen wird. Umso mehr, als sie für ihren unnachsichtig kritischen Geist großen Predigern gegenüber bekannt sind. Der Jesuit Santorelli hatte nach seiner dritten Predigt seine Skripten wieder einpacken und den Hut nehmen müssen. Sie vertrieben den ehrwürdigen Don Filippo Aveta der *Apostoliche Missioni* von der Kanzel und fanden sogar an seinem Mitbruder, dem berühmten P. Tommaso Carace, etwas auszusetzen[10]. Der berühmte Liguori möge also nur kommen! . . .

Da kommt in Begleitung von Brüdern, die nicht viel anders aussehen als er selbst, ein Armer, „mit schäbiger, geflickter Soutane, bescheiden, gleichsam in sich gekehrt" und „predigt mit der Glut der Apostel". Der vierundzwanzigjährige Rechtsanwalt Gaspare Caione – noch ein Rechtsanwalt! –, der uns dieses Zeugnis übermittelt, wird von ihm ergriffen, und zwar „unheilbar": er findet seinen Seelenfrieden erst wieder, nachdem er im Jahr 1751 ebenfalls in diese Kongregation eingetreten ist[11].

Wäre die Bevölkerung weniger anspruchsvoll gewesen, so hätte Alfons sie gewiß der Obhut anderer überlassen, um Anfang November nach Marianella zu eilen, wo sein Vater im Sterben lag. So aber schickte er denjenigen an das Sterbebett des Vaters, der während der langen Einkehrtage des Greises in Ciorani sein Vertrauen und seine Freundschaft gewonnen hatte: P. Saverio Rossi. Von seinen beiden anderen Priestersöhnen konnte nur Don Gaetano dem Sterbenden beistehen: der Benediktiner Antonio – Don Benedetto Mària – war am 3. August 1739 im Alter von vierzig Jahren gestorben.

Don Giuseppe von Liguori verschied friedvoll und fromm am Sonntag, dem 14. November 1745, im Alter von 75 Jahren nach 50 Jahren und 6 Monaten Ehe. Donna Anna Cavalieri überlebte ihn, und Alfons stattete ihr bei seiner nächsten Durchreise durch Neapel einen tröstenden Besuch ab. Er selbst ließ in Troia von seinen Mitbrüdern bei den hl. Messen die Fürbitten sprechen und erwirkte das Gebet des gerührten und dankbaren Volkes für seinen Vater[12].

Vom 1. Dezember 1745 bis zu Epiphanie 1746 weilte er in Foggia (15.000 E.), wo er mit elf Missionaren die drei Pfarrkirchen und die Kollegiatskirche der *Icona Vetere*, der Jungfrau mit den sieben Schleiern, betreut. Wir erinnern uns, wie sie sich für dieses geprüfte Volk 1731 als wunderbare Trösterin erwiesen hatte, sowie ihrer „Begegnungen" mit Alfons.

Neben der üblichen Arbeit dieser außergewöhnlichen Missionen, kennzeichnen zwei Wiederbegegnungen diese fünf Wochen für Alfons ganz besonders. Seit März 1738 lebt Schwester Maria Celeste Crostarosa hier in der wiedergefundenen Gewißheit ihrer Sendung und der uneingeschränkten Lebensfülle Christi in ihr und allen Wesen, die sich ihm nicht verschließen! Sie hat hier nach ihren

Regeln ein Kloster vom Heiligsten Heiland gegründet, das bereits eine Anzahl eifriger Frauen beherbergt[13]. Hält Alfons die Einkehrtage, die üblicherweise bei den Missionen für alle Klöster abgehalten wurden, persönlich für sie? Alles läßt darauf schließen. Die Autobiographie der Ehrwürdigen evoziert Begegnungen. Sie spricht vom Pater in Begriffen, in denen sich die Verehrung und Freundschaft, die sie ihm nach wie vor entgegenbringt, spiegeln: sie betont „die Bescheidenheit, die Heiterkeit und Sanftmut, mit der er im Werk des Herrn ausgeharrt hat"[14].

Andere Begegnungen versetzten die ganze Gegend ins Paradies. Tannoia berichtet:

„Alfons predigte in der Kollegiatskirche. Man hatte die hl. Ikone mit den sieben Schleiern über dem Hauptaltar aufgestellt. Als er am Abend die Herrlichkeiten Mariens pries, vermeinte man eher einen Engel, denn einen Menschen zu hören. Als er der Muttergottes die Empfindungen dieses ganzen Volks darzubringen begann, erschien die Jungfrau den Anwesenden mit lebendigem Antlitz; ein Lichtstrahl ging von ihr aus, lief durch die ganze Kirche und erhellte das Gesicht des Predigers. Von Verzückung erfaßt, wurde dieser drei Palmen (80 cm) über die Kanzel erhoben. Als die Menge dies sah, brach sie in laute Freudenrufe aus, die weithin zu hören waren. Menschen strömten herbei. Viertausend Personen und mehr sahen das Wunder: Volk, Priester, Adelige. Unter ihnen auch unser P. Francesco Garzilli, damals Domherr, sowie unser P. Domenico Corsano, damals Priester in Foggia ...

Foggia war eine Stadt, in der das Geld reichlich floß ... Alfons' Kredit öffnete ihm alle Börsen. Große Summen kamen herein, und die karitativen Werke wurden geradezu überschwemmt"[15].

Doch der unumgänglichen Regel gemäß, jedes Geschenk oder Honorar abzulehnen, gelangte nicht ein Carlino davon nach Deliceto hinauf, um dort den Hunger der Novizen zu stillen.

„Die Frucht dieser Mission war weit größer als die der anderen", schreibt Sportelli an Mazzini und berichtet auch über deren „Aufsehen erregende" Ereignisse. Mit keinem Wort aber erwähnt er das größte von allen: die Muttergotteserscheinung und Alfons' lange Verzückung. Denn der Pater Superior hatte noch am gleichen Abend seine Missionare zusammengerufen und ihnen unter Hinweis auf ihr Gehorsamsgelübde verboten, zu seinen Lebzeiten davon zu sprechen[16].

Kanonikus Garzilli und Don Corsano aber gehörten nicht zur Gemeinschaft vom Heiligsten Heiland. Sie sprachen, wie im übrigen auch ganz Foggia, sehr wohl darüber. Die Mission war kaum beendet, als sie dem Gründer ins Noviziat von Deliceto nachfolgten.

Sosehr der Novizenmeister von den 30 Jahren des letzteren entzückt war, so sehr schmollte er über die 55 Jahre des ersteren, der außerdem auch gesundheitlich nicht sehr stabil war und keinerlei Predigterfahrung hatte.

— Laßt Euch nicht vom Anschein täuschen, sagte Liguori zu ihm. Der Herr Kanonikus wird sich wieder erholen und noch viele Jahre leben. Ihr dagegen, mein lieber Don Paolo, werdet schon lange vor ihm gehen ...

Garzilli wird 1786 als fast Hundertjähriger in Pagani sterben, 33 Jahre nach Cafaro.

Und doch glaubte er, seine Gebeine bei Unserer Lieben Frau von der Tröstung lassen zu müssen: aus Kälte, Hunger und Entbehrung. Wir kennen durch Alfons die „Schleckereien“ des Speiseplans. Garzilli gibt uns die näheren Einzelheiten dazu, berichtet von der zerschlissenen Wäsche, den durchscheinenden Bettdekken, den mit Ölpapier bespannten Fenstern, den gespaltenen Mauern und dem Wind, der drinnen nicht weniger blies als draußen, von den undichten Dächern und dem Schnee auf den Betten[17].

Kurze Zeit später trifft der junge Giuseppe Landi ein, der hinzufügt: „Wir gingen fast alle barfuß, weil wir nichts hatten, um unsere Schuhe zu flicken ... Im Winter litten wir sehr, denn Deliceto ist sehr kalt, und der Schnee bleibt bis zu zwei Wochen liegen ... Das Wasser gefror in den Zimmern und im ganzen Haus. Daher ordnete Pater Don Alfons an, Wasser für die Gemeinschaft aufzuwärmen. Er selbst schrieb damals gerade an seiner *Moral* und legte die Hände von Zeit zu Zeit auf ein warmes Eisen, das neben seinem Tisch stand, um sie etwas zu wärmen. Nie aber ging er ans Feuer, unter dem Vorwand, die Hitze bekomme ihm nicht, in Wirklichkeit aber, um sich abzutöten“[18].

Aber Deliceto war nicht der Nordpol: der Winter wich dem Frühling und machte dem Sommer und Herbst mit seinem sonnendurchfluteten Farbenspiel und dem Vogelgezwitscher auf den Weiden und in den Wäldern Platz. Der Hunger, die Not in allen Ecken und das Blutspucken jedoch hielten das ganze Jahr über an. Daher scheinen die „Patienten“, die darüber berichtet haben, mit Ausnahme Alfons’, nur einen ewigen Winter erlebt zu haben. Verzweifelt und ohnmächtig konnte der Rektor Maior „in einem Ton, der auch Steine erweichen mußte“, nur noch sagen: „Meine Patres und Brüder, wozu sind wir auf diesen Berg gekommen, wenn nicht, um für Jesus Christus zu leiden“[19]?

Warum aber bestand er darauf, die Novizen und Studenten hier zu behalten? Weil in dieser Zeit der Gründungen und Bauten die finanzielle Situation überall prekär war und hier wenigstens Einsamkeit herrschte. Außerdem rechnete er von einem Monat auf den anderen damit, daß auch die versprochenen Dukaten endlich auftauchen würden. So sprach er ihnen immer wieder Mut zu: „Vertraut der Vorsehung. Habt doch ein wenig Geduld: der Herr und die Muttergottes werden uns nicht verlassen, wenn wir ihnen treu dienen.“

Tatsächlich überschreibt ihnen Mgr. Lucci im Dezember 1745 die Pfründe der Kapelle von *Olmitello*, die an der Wegkehre fünfhundert Meter vor der *Consolazione* steht. Don Giuseppe hat seinem Sohn 200 Dukaten hinterlassen, zusätzlich zu den 150, die ihm bereits aus seinem jährlichen Erbteil zustehen. Ende Januar 1746 ist Kanonikus Casati, der „Gründer“ von Deliceto, an der Reihe, dieser Welt und ihren Gütern Adieu zu sagen. Er verlangt auf seinem Sterbebett nach P. von Liguori. Am 2. Februar eilt ein Bote in das 15 km entfernte S. Agata di Puglia, wo Alfons ... von seinem Bett aus an der Mission teilnimmt: ein heftiges Fieber hat ihn niedergestreckt. Er ist absolut unfähig zu reiten, und so unternimmt er die Reise in einem Tragstuhl. Der Kranke besucht den Sterbenden und läßt sich dann in sein Kloster zurückbringen. P. Celestino de Robertis bleibt bei dem Todkranken, der außer sich vor Freude ist: P. von Liguori ist gekommen und unter welchen Bedingungen! Noch am gleichen Abend läßt er einen Notar kommen und erweitert sein Testament um einen Zusatz, in dem er der Muttergottes von der Tröstung sein gesamtes Mobiliar, Bargeld, Vieh ... alles, was er innerhalb und außerhalb seines Hauses besitzt, vermacht. Dann verliert er seine Sprache und stirbt am darauffolgenden Tag.

Aber wie es bei Sterbenden oft der Fall ist, haben hunderte von angeblichen Erben oder Gläubigern nicht einmal seinen Tod abgewartet, um vor den Augen des Kanonikus vom Keller bis zum Speicher nach „ihrem Besitz" zu suchen. Was kümmerten sie diese Barfüßler vom Kloster! Alfons aber verließ sein Krankenlager, um diesem Wohltäter in brüderlicher Liebe das Leichenbegräbnis zu halten; er bettete ihn liebevoll zu Füßen des Hauptaltars in der Kirche der Tröstung.

Glücklicherweise — oder war es eher ein Unglück? — hatten die Räuber nicht alles weggetragen: es blieben 900 Dukaten, deren Versteck nur der Haushälterin bekannt war. Doch waren sie schon bald durch die dringendsten Schulden und Reparaturen aufgebraucht. Dieser unselige „Schatz" mit seinen in der Erde angerosteten Geldstücken läßt aber die Fantasie ins Unermeßliche schweifen, und schon bald ist von 800.000 Dukaten die Rede! Das erweckt Eifersucht und führt zu Kränkungen von seiten der königlichen Macht und des gefürchteten Kanonikus Antonio Maffei, der das Lehen von Deliceto verwaltet[20].

Ja, das Geld! Auch in Alfons' Familie lagen die Dinge nicht besser. Als sein Bruder Ercole, der ja immerhin Alfons seinen jetzigen Status verdankte, durch den Tod des Vaters zum Familienoberhaupt geworden war, maßte er sich an, dessen jährliches Erbteil fortan einzubehalten und ihm nur ein für allemal die 200 Dukaten aus dem Testament des Vaters auszuzahlen. Er vertröstete ihn mit dem schönen Versprechen: „Solltet Ihr Euch einmal in einer wirklichen Notlage befinden, werde ich es Euch an Geld nicht mangeln lassen."

„Damit spielt Ihr mir gar zu übel mit", schreibt ihm Alfons im Februar 1746...

„Aber Ihr habt recht: mit mir könnt Ihr so umspringen. Wäret Ihr an Don Gennaro Sarnelli geraten, der seinen Vater gerichtlich belangt hat und sich sein Erbteil auszahlen ließ, — oder an unsere Schwestern Marianna und Maria Luisa, die ebenfalls gegen Vater gerichtlich vorgingen, dann würdet Ihr nicht so mit mir reden...

Wenn Ihr es also nicht auf eine gerichtliche Auseinandersetzung ankommen, oder zumindest mich nicht wie einen Bastard behandeln wollt, so sagt mir doch, mein Bruder, was Ihr mir letztlich als jährliche Rente aussetzen wollt, damit ich mich danach richten kann. Ich bitte Euch um der Liebe der Allerseligsten Jungfrau willen, treibt diesen schlechten Scherz nicht weiter... Wenn Ihr die 200 Dukaten momentan nicht auf der Hand habt, braucht Ihr sie nicht gegen Zinsen zu leihen; regelt vorerst mein jährliches Einkommen; dieser Punkt ist wichtiger, damit wir beide auch weiterhin in Frieden leben können..."

Schon bald beendet er die Debatte selbst und lenkt ein. In seinem Brief vom 22. Februar erklärt er sich bereit, sich vorerst mit 72 Dukaten jährlich zu bescheiden und die restlichen 78 seinem Bruder zinsenlos leihweise zu überlassen. Um aber die Rechte seiner eigenen „Söhne" gegen die Vergeßlichkeit eines kinderlosen Ercole aufrechtzuerhalten, macht er am 5. März folgendes Testament:

„... Ich setze die Allerheiligste Mutter Gottes und meine Mutter Maria und durch sie die Kongregation vom Allerheiligsten Heiland zum Universalerben des gesamten Vermögens ein, das mir zusteht, insbesondere der Rückstände aus der Leibrente von 150 Dukaten jährlich, die mir meine Familie seit Dezember 1745, nach dem Tod meines Vaters, noch schuldet. Ich habe zwar zugestimmt, daß mir mein Bruder Ercole angesichts seiner gegenwärtigen Zwangslage nur 72 Dukaten jährlich ausbezahlt, bis sich seine Situation gebessert hat, aber ich wünsche, daß nach meinem Tod der gesamte Ausstand, der 72 überschreitet, das heißt also, die 78 Dukaten, die damit die jährliche Summe von 150 Dukaten ergeben, an die Kongregation zurückfließt und von ihr eingefordert wird ...“[21].

Woraus ersichtlich wird, daß für Alfons die wahre Armut nicht darin besteht, sich durch den Geiz und die Verschwendungssucht anderer schamlos auszunützen lassen.

Vorerst aber bleibt Deliceto beim harten Brot. Daher ist Alfons auch nicht sehr begeistert von einer Neugründung, die ihm der Erzbischof von Conza im Herzen des neapolitanischen Apennin auf halbem Weg zwischen Deliceto und Nocera dei Pagani vorschlägt.

Mgr. Giuseppe Nicolai, der Erzbischof von Conza, hatte nämlich eines schönen Tages im vergangenen Herbst zwei heiligmäßigen Priestern seiner Diözese, dem Dekan von Contursi, Don Giovanni Rossi, einem ehemaligen Mitglied der Frommen Arbeiter, und Don Francesco Margotta, dem Rektor des Seminars, seine Sorgen geklagt.

— Was Ihr braucht, sagten sie, ist eine Gründung der Missionare von P. von Liguori.

— Der Ort liegt ideal, genau in der Mitte meiner 24 armen Pfarreien: die Kirche von *Materdomini* (Mutter des Herrn) über Caposele. Sie besitzt einige Renten und eine Einsiedelei ... Don Giovanni, so schloß der Prälat, Ihr wart der Sekretär und Biograph von Mgr. Cavalieri, geht also zu seinem Neffen und überredet ihn, nach Caposele zu kommen.

Don Rossi reiste ab und kam im Dezember 1745 zu Alfons in die Mission von Foggia. Der Gründer machte ihm keine großen Hoffnungen. Neue Apostolatsgebiete? Aber wir beginnen doch gerade mit Apulien und den Abruzzen ... Eine vierte Gründung? Nicht jetzt ... Da griff Villani ein:

— Pater, so viele Bevölkerungsgruppen gewinnen bereits aus unseren Missionen; wir würden nichts verlieren, wenn wir uns noch einer weiteren zuwendeten. Vielleicht hält Caposele eine Überraschung für uns bereit?

So kommt es, daß Alfons Mitte Mai 1746 den früheren Domherrn Garzilli nach nur vier Noviziatsmonaten bereits seiner Feuertaufe zuführt. Die Patres Villani, Genovese und de Robertis sind bei ihm. Sie kommen zu „den Quellen des Sele“ (Capo Sele) zu einer Mission; vielleicht auch zu einer Gründung[22].

Als sie in Caposele eintreffen, erfahren sie, daß der Erzbischof gerade auf Pastoralvisite in der benachbarten Pfarrei Calabritto ist. Am Tag nach der Missionseröffnung will Liguori ihm seine Aufwartung machen. So steigt er also nach dem Mittagessen auf einem Waldweg die drei Kilometer nach Calabrito hinauf. Auf dem Dorfplatz das Schloß, daran angebaut eine Kapelle. Der Monsignore und seine Gastgeber, die Familie von Plato, sind noch nicht vom Tisch aufgestanden. Alfons will nicht stören und geht in die Kapelle, um hier sein Brevier fertig zu beten. Da aber kommt der junge Abbate Don Saverio del Plato, um die Hauskapelle abzuschließen. Er sieht ... diese Lumpen, diesen Bart ... Gewiß wieder so ein vagabundierender Priester, der auf Monsignore wartet, um ihm ein Almosen herauszulocken. Oder gar ein Dieb, der darauf lauert, etwas mitgehen zu lassen.

— Mein Herr, sagt er zu ihm, habt die Güte hinauszugehen: ich muß die Türe absperren.

— Geduldet Euch noch ein wenig, bis ich Vesper und Komplet fertig habe.

— Ich sage, Ihr sollt gehen. Erst gestern wurde uns ein Altartuch gestohlen: Meint Ihr, es wäre auch heute eines mitzunehmen?

So betet der Pater sein Offizium auf dem Dorfplatz fertig. Dann geht er ins Schloß und läßt sich melden. Voller Freude eilt der Erzbischof ihm entgegen und überhäuft ihn mit Zeichen seiner Wertschätzung. Der arme Don Saverio — er ist der Sohn des Schloßherrn — traut seinen Augen und Ohren nicht. Dieser „Lump", den er vor die Tür gesetzt hat, ist also der Heilige, der berühmte Missionar, der neapolitanische Cavaliere Alfons von Liguori! Verwirrt und ängstlich weiß er nicht, wo er sich verbergen soll. Aber nicht doch. Alfons grüßt ihn, ohne sich irgend etwas anmerken zu lassen, als hätte er ihn noch nie gesehen, und keiner hätte jemals von diesem Abenteuer erfahren, hätte nicht der junge Priester selbst davon erzählt. Nun war es der Erzbischof — er war ein aufbrausender Charakter —, der einen Wutanfall bekam; aber dann stieg er täglich nach Caposele hinunter, um den heiligen Missionar zu hören.

Auch die eifrigen Befürworter der Gründung waren anwesend: Dekan Rossi, Don Francesco Margotta und Doktor Don Pietro Zoppi, der schon jetzt 30 Dukaten jährlich versprach. „Versprechen, Versprechen!" mag Alfons wohl gedacht haben: denn gerade in dieser Hinsicht brachte ihm ein Bruder, der eigens aus Deliceto herabgeeilt war, traurige Nachricht …

Aber auch in Caposele begann bereits das klassische Szenario der Priester, die sich schon das Brot aus dem Mund gerissen sahen. Am 4. Juni richtet der gesamte Klerus des Marktfleckens an Mgr. Nicolai eine Petition gegen die Gründung. Nun beginnt Alfons sich zu interessieren, Vertrauen zu fassen:

— Ich messe diesem Säbelrasseln große Bedeutung bei, gesteht er P. de Robertis. Ich sehe darin ein Zeichen, daß der Böse fürchtet, zu unterliegen. Das letzte Wort aber wird Gott sprechen.

Noch am selben Tag führt der Erzbischof Alfons zum Kirchlein von Materdomini hinauf, begleitet von Rossi, Margotta, Zoppi und zahlreichen Notabeln, denen die Gründung sehr am Herzen liegt. Unter ihnen befindet sich aber auch Don Salvatore Corona, ein erbitterter Gegner; er hat geschworen, den Standpunkt des Klerus, zu dessen führenden Köpfen er zählt, geltend zu machen. Sie gehen also in die kleine, ganz neue Kirche (die alte war durch das Erdbeben von 1731 zerstört worden). Doch kaum steht Corona vor dem Hochaltar, als er von Krämpfen befallen wird und sein Mund sich wie bei einem Schlaganfall verzieht. Der Unglückliche denkt sofort, daß die Muttergottes ihm hier eine unmißverständliche Lehre erteilen will. Er wendet sich zu ihr und sagt, so gut er es eben vermag:

— Muttergottes, ich verspreche, mich der Gründung nicht mehr zu widersetzen!

Sofort ist der Anfall vorbei, und sein Mund, der auf der Stelle wieder seine alte Form zurückgewinnt, hört nun nicht mehr auf, für die Patres zu plädieren.

Jetzt aber ist es der Erzbischof, der alles in Frage stellt!

— Gründet, sagt er. Wir werden die Patres nach ihrem Werk beurteilen. Dann wird man sehen, wie wir ihren Unterhalt bestreiten …

Alfons aber hatte nun genug von Renten auf Hoffnung, die mit dem Leiden seiner Söhne und der Dezimierung seiner Ordensgemeinschaft bezahlt werden mußten.

— Monsignore, antwortete er daher mit Entschlossenheit, ich bin nicht zu einer Gründung, sondern zu einer Mission im Dienste Eurer Exzellenz gekommen. Meine Aufgabe ist beendet, ich habe hier nichts mehr zu tun.

Als der greise Dekan Rossi sah, daß alles zusammenzubrechen drohte, warf er sich dem Prälaten weinend zu Füßen und flehte ihn an, sich nicht zum Handlanger des Teufels zu machen. Nun ändert sich die Situation: Margotta, Zoppi und das Kapitel der Kirche sollten eine jährliche Rente von 500 Dukaten sichern; Mgr. Nicolai würde eine einmalige Spende von 2.000 einbringen. An diesem Samstag, dem 4. Juni 1746, ist die Gründung von Materdomini beschlossene Sache, und die Mission von Caposele geht in freudiger Apotheose zu Ende.

Von diesem Vorgebirge aus, das 600 m senkrecht über dem Dorf aufsteigt, schweift der Blick nach allen Seiten über gebirgiges, vom Blau seiner Wälder geprägtes Land; aus den nahen Olivengärten sind die Lieder der Bauern zu hören. Ende August predigen Liguori und Sportelli für die Pilger die Patronatsnovene vom 8. September und nehmen damit von dieser Anhöhe Besitz. Dann überläßt Alfons diesen neuen Arbeitsbereich — Apostolat und Bauten — Don Cesare, der einen schwierigen Kampf gegen Armut, Krankheit, den Sturz von Mulis auf schlechten Wegen, und nicht zuletzt gegen einen autoritären und anspruchsvollen Erzbischof zu führen haben wird[23].

Er selbst freut sich, zwischen zwei erschöpfenden Unternehmen in S. Maria della Consolazione zur Einsamkeit der Wälder von Deliceto, dem Ordensleben des „Karthäusers im Haus", zu intensiver Schreibarbeit und zur Entsagung der Ärmsten seiner Kongregation zurückkehren zu können.

In diesem September 1746 wird er fünfzig Jahre alt.

In Deliceto kommt das Geld nach wie vor langsamer, als das Schwarzbrot verschwindet. Der Winter 46/47 ist von sibirischer Strenge. Im Noviziat herrscht allgemeines Blutspucken. Die Patres Nola, Muscati, Martucci konnten ihm nicht standhalten, und die Jungen folgten ihnen. In welcher Zahl? Wir wissen es nicht genau, denn die Listen der ersten Jahre, die erst später nach dem Gedächtnis angefertigt wurden, verschwiegen die Namen jener, die wenigstens eine kurze Zeit ausgehalten und gelitten haben. Tannoia, der sich ebenfalls in Deliceto befand, gibt folgendes Zeugnis:

„Das übergroße Elend, das in diesem Hause herrschte, nahm den Jungen jeden Mut. Sie *blickten zurück* (Lk 9,62) und gaben auf. Da sie sich aber schämten, sich P. Cafaro zu eröffnen, flohen viele heimlich durch die Tür oder sogar durchs Fenster. Alfons schnürte es das Herz zusammen. Er hielt Ciorani für geeigneter und verlegte das Noviziat Anfang Februar 1747 dorthin"[24].

Die Priesternovizen, die ausgehalten hatten, wurden sehr rasch zu den Gelübden zugelassen und den Missionsgruppen angegliedert. Es waren dies Francesco Garzilli, Domenico Corsano, die wir bereits kennen, sowie Domenico Vacca aus Eboli. Der vierte Novize, Lorenzo Fungaroli, ein Neffe des Erzpriesters von Caposele, der noch nicht Priester war, drehte „drei kleine Runden", d. h. legte drei Gelübde ab — und verschwand wieder.

Die fünf Postulanten aber, die weder durch die Tür noch durch das Fenster geflohen waren, brachen am 12. Februar nach Ciorani auf: der Priester Matteo Criscuolo, 28 Jahre, Gerardo Grasso, 27, Giuseppe Landi, 21, Antonio Maria Tannoia, 19, und Bernardo Apice, 18 Jahre. Nur die drei letztgenannten — die jüngsten — blieben. Sie wurden zu großen Redemptoristen; Apice als Missionar; Landi (1725–1797) und vor allem Tannoia (1727–1808), die P. von Liguori lange überlebten, als Archivare, Geschichtsschreiber und Biographen des Gründers und des Instituts.

„Gott segnete diesen Entschluß" (sie nach Ciorani zu verlegen), fährt Tannoia fort. „P. Andrea Villani wurde zum Novizenmeister ernannt. Die Jungen strömten herbei; schon bald waren es zwanzig. Ihr großer Eifer und ihre Beharrlichkeit bereiteten Alfons große Freude. Da er sie im inneren Leben noch mehr festigen wollte, entschied er, daß die Novizen in ihrem Probejahr nicht studieren, sondern sich ganz den Fragen des Glaubens zuwenden sollten, und machte daraus für die Zukunft eine bleibende Regel."

Das milde Klima, der reicher gedeckte Tisch, neue Zellen, dies war für die Novizen eine erste Änderung. Aber schon bald entdeckten sie eine zweite. Cafaro, dieses Wunder an Heiligkeit, war zwar sanft und nachgiebig gegen alle gewesen, hilfsbereit für jeden einzelnen und insbesondere gegenüber den Kranken, aber er war es „aus Liebe", entgegen seinem sich selbst gegenüber strengen und von Natur aus unnachgiebigen Temperament[25]. Villani dagegen „gewann durch seine unvergleichliche Güte die Herzen aller seiner Novizen. Er war weniger ihr Meister als vielmehr ihre zärtliche und liebevolle Mutter ... Er regierte durch Milde. Man muß offen zugeben, daß er durch seine unvergleichliche Güte in der ganzen Kongregation im Ruf noch größerer Heiligkeit stand als Alfons. ... Wenn man ihm etwas vorwerfen konnte, so nur das, seinen Untergebenen gegenüber zu gutmütig zu sein. Das war der einzige Punkt, in dem sich unser heiliger Gründer gelegentlich über ihn beklagte"[26].

Doch nun mußte für dieses Noviziat, in das die Jungen in Scharen eintraten, durch den Aufbau eines Studienhauses eine Zukunft geschaffen werden.

Dieses Problem ist zugegebenermaßen nicht neu. Falcoia hatte in Ermangelung von Lehrern Kandidaten ohne abgeschlossener Ausbildung den Weg versperrt. Aber schon 1735 hatte sich Alfons, der damit nicht einverstanden war, Ausnahmen für einige Anwärter erlaubt, deren Arbeit er irgendwie orientieren und kontrollieren mußte. 1743 schließlich hatte man auch Achtzehnjährigen die Tür geöffnet, und die Versammlung von Ciorani hatte von *studentato*, also Scholastikat, gesprochen. Im September 43 aber befand sich nur ein einziger Priester (Paolino Scibelli) im Noviziat. Carmine Fiocchi, Biagio Amarante und Bernardo Tortora — ein Diakon und zwei Subdiakone — waren erst vor kurzem eingetreten, der junge und brilliante Francesco Sanseverino traf soeben ein. Das Noviziat schloß damals noch einen Teil der intellektuellen Formung[27] ein, und zwar in erster Linie, möglicherweise auch ausschließlich, einen von Alfons gehaltenen Kurs der Moraltheologie. Jedenfalls hatte er 1743 in Ciorani die ungeheure Arbeit begonnen, die fünf Jahre später zur Veröffentlichung der ersten Ausgabe seines Hauptwerks führte, jenes Werks, das ihn zum Kirchenlehrer und zum Schutzherrn der Moraltheologen und Beichtväter der ganzen katholischen Welt gemacht hat.

Nicht, daß er darüber die Dogmatik vernachlässigt hätte. Nach einigen Monaten in Deliceto hatte er Sanseverino nach Pagani geschickt, damit dieser dort seine Gesundheit pflege und sich darauf vorbereite, die Theologie Louis Haberts zu lehren. Doch hat dieser junge Mann, der so voller Verheißungen war — die er andernorts erfüllte — die Kongregation nach einem Jahr krank wieder verlassen. An seiner Stelle bereitete Cafaro den Dogmatikkurs vor und hielt ihn in Deliceto (der heilige Mann stöhnte, daß er seinen „Geist vom betrachtenden Gebet, der Messe und dem Offizium ablenke"[28] ... Danke, Don Paolo!). Alfons aber erklärt zwischen zwei Missionen den Jüngsten seiner Novizen Pourchots *Institutiones philosophicae* und entwickelt das Hauptwerk der Kirche des 18. Jahrhunderts, indem er die Älteren die Moraltheologie lehrt.

Sein Plan ist sehr bescheiden. 1756 antwortet er einem anonymen Zensor:

„Ich habe meine Moraltheologie gewiß nicht in der Absicht drucken lassen, mir einen Namen zu schaffen und Lob einzuheimsen. Es wäre doch töricht von mir, zuerst die Welt zu verlassen, um in einer Kongregation meine Sünden zu beweinen, und dann so viele Jahre größter Anstrengung für nichts und wieder nichts zu vergeuden (denn dieses Werk hat mich zehn Jahre äußerst schwerer und lästiger Mühe gekostet) ... Ich hatte dabei kein anderes Ziel, als Gott zu ehren und den jungen Mitgliedern unseres Instituts zu helfen, deren Aufgabe es ist, neun Monate des Jahres die verlassene Landbevölkerung zu evangelisieren. Für die Missionare, die ihre ganze Zeit im Beichtstuhl verbringen, ist die notwendigste Wissenschaft die Moraltheologie. Ich habe dieses Werk geschrieben, um ihnen in Kürze ihre wichtigsten Lehren darzulegen ... Außerdem schien mir für diese jungen Leute kein anderes Handbuch der Moraltheologie geeignet, da sie durchwegs entweder zu lang oder zu kurz, zu streng oder zu nachgiebig sind"[29].

Wenn Alfons seine Vorlesung also nicht diktieren wollte (was er auch den anderen nie gestattete), dann mußte er wohl oder übel einen Autor heranziehen. Vom „Probabilioristen" Genet, den man ihm vor zwanzig Jahren im Seminar aufgezwungen hatte, hatte er sich schon lange abgewandt. Im Gegensatz dazu wählte er einen „Probabilisten", der seinem Ideal am nächsten kam: Einen Band von 744 Seiten, klar in Aufbau und Sprache, relativ kurz und doch vollständig, von gütigem und gemäßigtem Geist: die *Medulla Theologiae Moralis* („Mark der Moraltheologie") des deutschen Jesuiten Hermann Busenbaum (1600—1668). Dieses Buch brachte eine summarische Darlegung der moralischen Grundsätze und einen, von den ernsthaftesten Autoren vorgeschlagenen Katalog von Lösungen für Gewissensfälle, wie sie im Beichtstuhl auftreten. 1650 in Münster veröffentlicht, war es zum bevorzugten Basistext jener Universitäten und Seminare geworden, die dem rigoristischen Zwang in der zweiten Hälfte des 17. Jahrhunderts widerstanden hatten. Es erreichte von 1650 bis 1770 mehr als zweihundert Auflagen. Kurz, Busenbaum war mehr als jeder andere zum bevorzugten Lehrer jener Schule geworden, die offiziell immer schlechter angesehen war, und in der Alfons sich wiedererkannte. Bescheiden, aber kraftvoll, unternahm Alfons in der alten Tradition der großen Lehrenden den „Kommentar": er erweiterte und korrigierte ihn in oft langen Anmerkungen, die den Band fast auf das dreifache Volumen anschwellen ließen; und weil er damit allen seinen Mitbrüdern und den übrigen Beichtvätern einen Dienst zu erweisen gedachte, gab er ihn, animiert von der Großzügigkeit seines Freundes Olivieri, in Druck. Am 20. September 1748 schreibt er an den Abt des Klosters S. Basilio in Rom, Don Giuseppe Muscari:

„Mein Buch ist noch nicht erschienen ... Ich glaube, es wird sehr nützlich sein. Es ist nicht sehr umfangreich, behandelt aber die wesentlichen Fragen der Moraltheologie, vor allem Dinge, die in der Praxis vorkommen ...

Es hat mich Jahre mühevoller Arbeit gekostet; vor allem am Schluß, fast fünf Jahre hindurch acht, neun und zehn Stunden täglich; der bloße Gedanke daran macht mich erschauern ...“[30].

Das Buch erscheint, natürlich in lateinischer Sprache, Ende 1748 unter dem Haupttitel: „R. P. D. Alfonsi de Ligorio *Adnotationes in Busenbaum;* und dem Untertitel: *Medulla theologiae moralis* von R. P. Hermann Busenbaum, S. J., mit *Anmerkungen* von R. P. Alfons von Liguori ... gedruckt bei Alessio Pellechia mit Erlaubnis der Oberen und auf Kosten Don Giovanni Olivieris.“

Die Oberen, das sind, für den Staat, die *Real Camera di S. Chiara* nach Bewilligung des Großalmoseniers Celestino Galiani, — und für die Kirche, der Generalvikar von Neapel, nach Revision durch ... Mgr. Giulio Torni, Bischof von Arcadiopolis. Er findet für seinen Schüler und Sohn folgendes Wort, in dem das Herz prophetisch ist: „Es muß gesagt werden, daß der Autor zum Wohle aller nicht nur durch sein Leben und sein Handeln, sondern auch durch seine Feder geboren wurde.“

Doch sind diese *Adnotationes in Busenbaum* trotz der ungeheuren Aufgabe, deren Krönung sie bereits darstellen, erst ein Entwurf. In unaufhörlichem Gespräch mit den Menschen, den Büchern, dem Leben und Gott wird der Autor in einer leidenschaftlichen Suche nach der Wahrheit „sein Werk hundertmal überarbeiten“ und uns schließlich nach vielen Reifungsstadien seine *Moraltheologie* schenken, die zu jener der Kirche wird.

33. „Mein Fegfeuer hier in Neapel“   (1747—1748)

1747. Ein vollbesetztes und eifriges Noviziat in Ciorani; eine kleine Gruppe von Studenten in Deliceto, denen es nicht mehr ganz so schlecht geht, seit durch den Weggang der Postulanten weniger Mägen zu füllen sind; eine Missionskongregation in vier Häusern, die auf ihr fünfzehntes Jahr zugeht. Und bereits die Spaltung zwischen zwei Generationen: auf der einen Seite die „Alten“, die noch den *Padre* (Falcoia) gekannt und an den Generalversammlungen von 1743 und 1744 (26. August) teilgenommen haben, bei denen die anstehenden Fragen demokratisch diskutiert und entschieden worden waren — auf der anderen Seite die „Jungen“, die von einigen Wurzeln der Kongregation bereits abgeschnitten sind und — da sie über deren erste Geschichte kaum noch Bescheid wissen — arglos „alles in Frage stellen“, wie es leicht überzeichnet heißt. Es ist an der Zeit, diesem Institut, dessen Lebenskraft sich bestätigt hat und dessen apostolische Originalität von den Bischöfen, vom Hof und sogar von Rom bewundert wird, in Staat und Kirche auch eine rechtliche Basis zu geben. Außerdem machen sich die Feinde der Gründung von Nocera dei Pagani, die ihre Waffen noch immer nicht gestreckt haben, die Tatsache zunutze, daß die Kongregation weder vom König noch vom Papst autorisiert ist. Die Kongregation muß also so schnell wie möglich zu einer gesetzlich anerkannten Existenz gelangen.

Dazu aber muß eine Ordensregel vorgelegt werden.

Zu diesem Zweck hatte der Gründer im Herbst 1746 die vierte Generalversammlung nach Ciorani einberufen, die am 13. Oktober eröffnet, für ihn aber zu einer leidvollen Erfahrung wurde. Eine Lungenentzündung hatte ihn in Deliceto festgehalten, und Cafaro war mit den Stimmberechtigten dieses Hauses bei ihm geblieben. In Ciorani hatten aber einige Hitzköpfe beschlossen, sich nicht aufhalten zu lassen, und hatten früher bereits festgelegte Punkte wieder in Frage gestellt. Alfons wurde von Sekretär Mazzini informiert und teilte dem Rektor des Hauses, Villani, in einem bekümmerten Brief folgenden Entschluß mit:

„Ich bitte Euch vertraulich, all Eure Klugheit einzusetzen, um dieses Kapitel in gutem Einvernehmen aufzulösen. Wir verschieben es auf später ... Es besteht kein Grund zur Unruhe: ich werde es bestimmt einberufen, aber zu einem Zeitpunkt, an dem ich selbst mit allen Stimmberechtigten anwesend sein kann"[1].

Und mit gleicher Tinte an Sportelli, den Vorsitzenden der Versammlung:

„Diese Herren hätten die Themen, die den Rektor Maior betreffen, sehr wohl auch Euch zur Begutachtung vorlegen können, statt sie dem Kapitel zur Gesetzgebung über bereits beschlossene und festgesetzte Dinge vorzuschlagen.

Sie scheinen dem Rektor Maior die Dispensfähigkeit zu entziehen. Das aber ist gegen alle Regeln, denn es gehört zum Wesen der menschlichen Gesetze, Ausnahmen zuzulassen ... Im übrigen hoffe ich, mit der Zeit — und, so der Herr mir beisteht, schon bald — die Regel auf die Füße zu stellen ... Was nun die vorgelegten Fragen betrifft, so sind einige von ihnen so unbedeutend, daß sie nicht im Kapitel entschieden werden müssen, sondern durch einfache Übereinkunft geregelt werden können. Denn allzuviele Erlasse könnten ebenfalls zum Untergang der Kongregation führen"[2].

„Die Regel auf die Füße stellen", das könnte Alfons in Deliceto tun. Aber zweifellos legt er Wert auf Andrea Villanis Mitarbeit und steigt deshalb im April 1747 nach Ciorani hinunter. Seine Aufgabe wurde ihm durch die Wahlversammlung vom 9. Mai 1743 vorgegeben: „Die von Mgr. Falcoia verstreut hinterlassenen Regeln und Konstitutionen zur Gänze zu bewahren und organisch zusammenzufügen." Er scheint damit Ende Mai fertig zu sein. In der 1. Juniwoche finden wir ihn in Neapel. Für wie lange? Wochen? Monate? Er selbst weiß nur, daß er das Unmögliche in Angriff nimmt: die gesetzliche Anerkennung einer Ordensgesellschaft.

In dieser „Unmöglichkeit" dürfen wir keinen Krieg zwischen Religion und Laientum sehen: alles im Königreich ist religiös. Wir dürfen dahinter auch nicht den Kampf der Freidenkerei gegen den Glauben vermuten, noch nicht: „Karl von Bourbon ist ein frommer Fürst, der auch Gefallen an der Ausübung des Christentums und an den kirchlichen Angelegenheiten findet ... Er ist jener Infant Don Carlos, der in der Kirche von Bari im Gewand der Domherren gemeinsam mit dem Kapitel im Chor das Offizium betet, der, demütig in einen groben Sack gekleidet, den Armen in der Pilgerkirche die Füße wäscht, der sie bei Tisch bedient, um einen Ablaß zu gewinnen, der eigenhändig die Figuren und die Krippe modelliert und gestaltet, die zu Neujahr aufgestellt werden, der an die lebendige Heiligkeit des Jesuiten Pepe und des Dominikaners Rocco glaubt"[3]. Nach dem Tod seines Vaters Philipp V. (1746) hat er soeben den Marquese von Montealegre nach Spanien zurückgesandt und versuchte jetzt, sein eigener Premierminister zu sein. Bernardo Tanucci, Minister für Justiz und Auswärtige Angelegenheiten, der nun zu seiner rechten Hand wird, ist ein umgänglicher und selbstloser Mensch, dessen Korrespondenz einen tiefgläubigen Charakter enthüllt. Der mit den kirchlichen Angelegenheiten betraute Staatssekretär Marquese Gaetano Brancone wiederum hat einen Bruder, der Mönch und bald auch Bischof ist; er ist selbst fast ein Ordensmann; seine Beziehungen zu P. von Liguori sind von uneingeschränktem Vertrauen und tiefer Verehrung geprägt; der Pater schickt ihm seine Stiche von der Muttergottes und dem Erlöser, während der Marquese sich immer wieder seinen „heiligen Gebeten" und jenen seiner Gemeinschaft empfiehlt[4].

Aber das 18. Jahrhundert ist das Jahrhundert des Regalismus: die Staaten schütteln das Joch Roms ab, das sie lange Zeit in seiner Vormundschaft gehalten hat. Mehr noch: nun greifen sie auf die geistliche Macht der Kirche über, genau wie diese auf ihre zeitliche Macht übergegriffen hat. Die Sanduhr wird umgedreht, der Marschallstab kehrt zurück. Despotismus gegen Despotismus.

In Neapel zeigt sich dieser Regalismus noch ungestümer als andernorts: aus Reaktion auf die angebliche Vasallenschaft des Königreichs gegenüber dem Heiligen Stuhl und wegen der verheerenden wirtschaftlichen Lage des Landes, die ihre Ursache zum Teil in der starken Zunahme der Kirchen und Klöster hat!

Hat Alfons die Regalisten verstanden? Er war intellektuell bei Nicola Caravita Seite an Seite mit Pietro Giannone aufgewachsen. Wie aber sollte der Frieden aus dem Krieg hervorgehen? Das Konkordat von 1741 hatte keine Verordnung für Kongregationen vorgesehen. Das einzige Gesetz war nach wie vor das geheime Rundschreiben von 1740 an die Gouverneure der Provinzen, das ihnen auferlegte, streng darüber zu wachen, daß ohne die Zustimmung des Königs keine Kirche und kein Kloster gebaut würde.

Das Kloster von Ciorani war zwar älter, aber keineswegs sicher vor rückwirkenden Willkürakten. Die Häuser von Pagani und später Deliceto hatten jeweils 1743 und 1745 einen *dispaccio*, eine königliche „Depesche" erhalten, die ihnen den Bau eines Wohnhauses gestattete „unter der ausdrücklichen Bedingung, daß es nicht die Gestalt eines Klosters hat ... und die dort versammelten Weltpriester in allem dem lokalen Bischof unterstehen". Mit denselben Vorbehalten unterzeichnet die königliche Kammer am 17. Juni 1747 die Ermächtigung zum Bau von Materdomini[5].

Ist unter diesen Umständen ein Ansuchen um die rechtliche Anerkennung einer neuen Ordensgemeinschaft nicht Wahnwitz? Genau das aber ist es, wozu Alfons von Liguori in jenen ersten Junitagen 1747 nach Neapel kommt. Er hat Bruder Francesco Tartaglione mitgebracht, der seit dem Beginn der Verfolgungen gegen seine Gemeinschaft von Pagani Alfons' Beauftragter bei Freunden, bei Brancone und in den Kanzleien ist und wegen seiner Bescheidenheit und Frömmigkeit überall wie ein Lächeln Gottes aufgenommen wird[6]. Die beiden steigen bei dem Freund und Wohltäter Giovanni Olivieri ab, in der Nähe von S. Caterina a Formello und zwei Schritte vom Castel Capuano, dem Justizpalast, entfernt.

P. von Liguori beginnt seine Besuche und Beratungen: bei Pater Pepe, beim Großalmosenier Galiani, bei Kardinal Spinelli. Er kommt zu *amico* Brancone, der ihn ... mit einem Keulenschlag empfängt:

— Ihr wünscht die Autorisierung Eurer Ordensgemeinschaft. Nun, ich meinerseits wünsche, daß Ihr Bischof werdet. In Palermo liegt Mgr. Domenico Rossi im Sterben, und ich habe Euch beim König als seinen Nachfolger vorgeschlagen.

Bischof! ... Und noch dazu in Palermo, der zweiten Hauptstadt Beider Sizilien! ... Alfons glaubt, vor Überraschung und Schreck in Ohnmacht zu fallen. Der Marquese setzt alles daran, mit immer neuen göttlichen und menschlichen Gründen zu überzeugen; Alfons aber will nichts, absolut nichts davon hören. Er kann nur immer wieder flehentlich einwenden:

— Wenn Ihr mich liebt, dann sprecht nicht vom Bistum. Ich habe mein Vaterhaus verlassen. Seither verabscheue ich alle Ehren dieser Welt.

Es ist ein harter Kampf, Mann gegen Mann ..., aber da Alfons nicht nachgibt, muß Brancone schließlich die Waffen strecken:

— Ich gebe Euch mein Wort, daß ich Euch nicht mehr quälen werde[7].

Im übrigen war man ein wenig voreilig gewesen, denn Mgr. Rossi erholte sich wieder. Alfons atmete erleichtert auf und wandte sich „ernsthaften" Dingen zu.

Zunächst einmal mußte er eine Kurzfassung der Regel schreiben, die weder nach Kloster noch nach Ordensleben roch. In Übereinstimmung mit Sportelli — auch er Rechtsanwalt —, der zu diesem Zweck am 22. Juni zu ihm kam, verfaßte er einen möglichst „harmlosen" Text, den er am 4. Juli mit folgender Notiz an Mazzini sandte:

„Schickt diese kleine Schrift unverzüglich zu Don Andrea nach Ciorani, damit er sie mir auf jeden Fall am Freitag durch Angelillo wieder zurücksenden kann. Es ist der Abriß der Regeln, die ich dem König vorlegen möchte, und den ich gemeinsam mit Don Cesare verfaßt habe. Ich möchte, daß Don Andrea ihn durchliest und seine Bemerkungen dazu macht, ehe ich ihn kopieren lasse. Und wenn Ihr selbst ein Auge darauf werfen und allfällige Anmerkungen machen könntet, bevor Ihr ihn an Don Andrea weiterleitet, wäre ich Euch dankbar. Aber schnell; denn diese Seiten müssen unbedingt am Freitag wieder von Ciorani zurücksein ... Wir müssen unsere Gebete verdoppeln.

Ihr werdet feststellen, daß wir es vorgezogen haben, *Schwur* anstelle von *Gelübde* der Beharrlichkeit zu sagen: dies soll die Angst beseitigen, daß wir einen Orden gründen wollen. Im übrigen ist ein Schwur in Wirklichkeit viel bindender als das Gelübde, denn von diesem können die Bischöfe natürlich dispensieren, während sie jenen nicht aufheben können. Mein Fegfeuer hier in Neapel dauert und wird dauern, und ich weiß nicht, wann es zu Ende geht ... Empfehlt mich Jesus und Maria"[8].

Zur gleichen Zeit, als diese diplomatische Kurzfassung erarbeitet wurde, war eine Komplikation aufgetreten, mit der wirklich keiner gerechnet hatte. Sie war mehr als nur ein Sandkorn: geradezu ein Stein im Getriebe der laufenden Verhandlungen.

Wir erinnern uns Vincenzo Mannarinis und der Gruppe der ersten Stunde, die im März 1733 Scala und Liguori verlassen hatten, um unter anderen Perspektiven die Kongregation vom Allerheiligsten Sakrament zu gründen. Da sie Alfons nicht zu sich ziehen konnten, hatten sie 1733, und dann noch einmal 1735 versucht, zu den Patres vom Heiligsten Heiland zurückzukehren. Falcoia hatte sofort die Tür vor ihnen zugeschlagen, Liguori ein weniger brutales, aber entschiedenes „Nein" ausgesprochen. Als Mannarini nun von Liguoris Bemühungen um das königliche *placet* erfuhr, wollte er gewissermaßen auf den fahrenden Wagen aufspringen, um die Fusion zu erzwingen.

Er kam nach Neapel, um den Gründer zu bestürmen; glaubte, ihn umstimmen zu können, wenn er seine Sache direkt in Ciorani vor Villani und den Mitbrüdern des Mutterhauses darlegte.

„Im Namen aller Mitglieder (seiner vier Häuser) verpflichtete er sich, Alfons' Regel uneingeschränkt anzunehmen und ihn als Oberen anzuerkennen.

Doch konnten alle diese Erklärungen Liguori nicht umstimmen. Ihre Aufrichtigkeit rührte ihn zwar, ohne aber seine Überzeugungen in eine andere Richtung zu lenken. Er befürchtete, eine Vereinigung würde der Kongregation vom Allerheiligsten Sakrament nichts bringen, der seinen aber grundlegend schaden. *Wer gewohnt ist, zu besitzen und zu befehlen*, sagte er, *wird sich nur schwer damit abfinden, arm zu sein und gehorchen zu müssen. Heute opfert er ohne Gehorsamsgelübde seinen Willen auf; aber schon morgen und vielleicht noch am gleichen Tag wird es ihm leid tun, ihm entsagt zu haben. Ich bin von der Aufrichtigkeit dieser Versprechen überzeugt, aber sobald das persönliche Engagement einmal abgekühlt ist, wird man wieder zu den alten Gewohnheiten zurückkehren. Und dann könnte diese angenehme Unabhängigkeit auch meine Brüder in Versuchung führen; so laufe ich Gefahr, mitansehen zu müssen, wie unser Institut zusammenbricht, ohne daß die Patres vom Allerheiligsten Sakrament einen Vorteil hätten.“*

Aber Mannarini, der alle Beziehungen spielen ließ, hatte den Großalmosenier für seine Ansichten gewonnen: Durch die Anerkennung nur einer Gemeinschaft gleich zwei zufriedenzustellen und zu fördern, das war zweifellos ein guter Schachzug auf diplomatischer und – warum auch nicht – missionarischer Ebene.

„Alfons saß in der Falle. Widersetzte er sich Galiani, so machte er ihn sich zum Feind; gab er ihm nach, so stiftete er Unordnung und Verwirrung unter den Seinen. Er suchte also den Prälaten auf und legte ihm seine Gründe dar; aber der Monsignore setzte allen seinen Argumenten nur ein *Ich will es* entgegen. Alfons unterwarf sich ihm zwar nicht, aber er verließ ihn in großer Ratlosigkeit. Da er an seiner eigenen Erleuchtung zweifelte, versenkte er sich ins Gebet und beteuerte Gott immer wieder, daß er nur seine Ehre und das Wohl des Werkes im Auge habe.“

Der einstige Rechtsanwalt fand tatsächlich einen möglichen Ausweg. Gemeinsam mit Sportelli und Don Nicola Borgia prüfte er ihn in aller Eile auf seine Chancen und Schwierigkeiten hin. Nun galt es, einerseits seine Mitbrüder und andererseits Don Vincenzo Mannarini darauf vorzubereiten und sie zu überzeugen. Er begann bei seinen Mitbrüdern.

Am Montag, dem 22. Juli, richtete er an Mazzini einen Brief, der für die beiden Gemeinschaften von Pagani und Ciorani bestimmt war (Deliceto war zu weit entfernt und unerreichbar und Materdomini, das am 17. Juni autorisiert worden war, war zwar aktives Missionsgebiet, aber noch keine Niederlassung). Ein entscheidender Brief, in dem alles absichtlich schwarzweiß gezeichnet ist:

„Wäre die Sache nach meinem Willen gelaufen, so wäre es zu glatt gegangen: jetzt aber wird sie nur noch mit vielen Schwierigkeiten und Mühen vorangehen, doch ist sie noch nicht aussichtslos ...

Heute Vormittag hatte ich noch eine Unterredung mit dem Großalmosenier. Er sagte mir immer nur, wir sollten uns mit Mannarini vereinigen und dann gemeinsam zu ihm kommen. Aber ich habe diese Lösung zunächst strikt als unmöglich abgelehnt, da ihr Institut ganz anders ist, Schulen unterhält, sich in Städten niederläßt, usw. Das habe ich immer gesagt und werde ich immer sagen. Dann aber kam mir ein Gedanke, der mich in tausend Unruhen versetzt hat. Ich sagte mir: *Ringen wir dem König diese Anerkennung, von der die Billigung Roms abhängt — die also Voraussetzung für alles ist —, jetzt ab; hinterher, „Deus et dies"* („*Gott und die Zeit"* *werden die Dinge regeln), mögen die Patres vom Allerheiligsten Sakrament dann ihren Angelegenheiten nachgehen und wir den unseren.* Denn ich bin überzeugt, daß der Großalmosenier Mannarini begünstigt und nicht zustimmen würde, wenn man unserem Institut die Anerkennung gäbe, sie seinem Schützling aber verwehrte. Wenn daher beide gemeinsam anerkannt würden, wäre er auch uns gegenüber wohlwollend; wenn nicht, wird er sich gegen uns erklären, und die ganze Sache wird scheitern, weil der König von seinem Rat abhängt.

Das also sind meine Überlegungen: Einerseits ist die Zukunft des Instituts für alle Zeiten gesichert, wenn wir diese Anerkennung erhalten; andererseits aber erhebt sich die Frage, welche Kongregation anerkannt wird: die unsere oder die ihre? Unsere Regel oder die ihre? Das ist die Verwirrung, die es zu lösen gilt, und die Sache erscheint mir sehr schwierig, weil weder wir unser Institut noch sie das ihre ändern wollen.

Setzt Euch zusammen, beratschlagt darüber und denkt nach. Don Cesare wird dann die Güte haben, am Montag oder Dienstag zu mir nach Neapel zu kommen und mir das Ergebnis Eurer Überlegungen zu bringen. Schickt diesen Brief morgen durch Eilboten nach Ciorani mit der Bitte, Euch unverzüglich mitzuteilen, was man dort darüber denkt. Der Fall ist sehr schwierig. Ich schreibe nicht eigens nach Ciorani, um nicht dasselbe noch einmal darlegen zu müssen. Man soll in unseren Häusern jeden Abend und bei der Messe so oft wie möglich für den König beten.

Über den Prozeß (von Pagani) wird er in der kommenden Woche informiert werden"[9].

Die Gemeinschaft von Pagani war zweifellos von Sportelli auf den Geschmack gebracht worden und gab dem Gründer freie Hand. Ciorani dagegen erhebt durch die Feder seines Rektors Villani heftige Einwände gegen die bloße Vorstellung einer Fusion. Der Rektor Maior reagiert in einer Antwort vom 29. Juli sehr heftig:

„Euer Brief hat mich, um die Wahrheit zu sagen, etwas betrübt. Ihr seht doch, mit welcher Vorsicht, mit welchen Zweifeln und unter wie vielen Beratungen ich vorgehe.

Ich habe eigens Don Cesare kommen lassen, und nachdem ich mit P. Amadeo gesprochen und über Don Vincenzos Kommen mit ihm einig war, sind Sportelli und ich überdies noch zu Kanonikus Borgia, einem in diesen Dingen ungewöhnlich gerechten Gottesmann gegangen, um mit ihm das Problem zu diskutieren. Und jetzt, da wir mit ihm und Don Cesare über das Vorgehen für diese Anerkennung übereinstimmen, kommt Euer Brief voller Vorbehalte, Ängste und Skrupel, usw.

Ich weiß, daß diese Skrupel nicht unbegründet sind. Wäre diese Vereinigung wirklich in Frieden und zum Nutzen aller möglich, dann würde sie jeder von uns herbeisehnen und billigen; aber weil wir glauben, daß sie nie so gelingen kann, sagen wir: wenn die Fusion auch scheitert, so ist doch wenigstens die Anerkennung ein Erfolg ...

Ihr habt mir in wenigen Zeilen tausend Fragen gestellt. Aber sie wurden alle schon diskutiert und untersucht ...

Ich sage es Euch ganz klar: Wenn es nicht für Jesus Christus wäre, würde ich alles liegen und stehen lassen und mich in einer Zelle in Ciorani einschließen, ohne mich noch um irgend etwas zu kümmern. Aber das kann ich vor meinem Gewissen nicht verantworten. Ich habe immer geglaubt, Ihr und die anderen würdet mir in diesen Verhandlungen, in denen ich so umsichtig vorgehe, Euer Vertrauen schenken; oder zumindest mir und Don Cesare gemeinsam; wie es auch die Mitbrüder von Pagani tun. Aber Euer Brief hat mich mit seinen Skrupeln, Ängsten und Bedingungen in Sorge und Verwirrung gestürzt: Nun weiß ich nicht mehr, was ich tun soll; denn ich will nicht hinterher Klagen in der Kongregation hören; davon habe ich schon genug.

Sprecht mit Don Cesare und verabredet Euch mit ihm für nächsten Montag. Denn am Montagabend möchte ich auf jeden Fall Eure Antwort auf dem Weg über Pagani erhalten, damit ich weiß, was ich zu tun habe und ob ich zurückstehen muß oder nicht.

Überlegt es gründlich. Denn derzeit stehen die Dinge sehr gut: Brancone ist engagiert, der König wohlgewogen, vor allem seit P. Pepe mit ihm gesprochen hat; der Großalmosenier will uns helfen —; wenn sich diese günstige Konstellation wieder ändert, schwinden auch unsere guten Aussichten. Haltet Ihr es für klug, die Dinge hinauszuzögern? Ich sage Euch vor Jesus Christus, daß diese Angelegenheit nicht mehr zu retten sein wird, wenn wir sie einmal versäumt haben. Ich sage „bedeutende Angelegenheit", weil von ihr der ganze Bestand der Kongregation abhängt. Jede Furcht ist unbedeutend angesichts der Angst vor einer niemals gefestigten Kongregation, die Gefahr läuft, sich aufzulösen, weil ihr die königliche Anerkennung fehlt.

Gerade zu dem Zeitpunkt, da wir geglaubt haben, Gott öffne uns neue Wege, wo sie frei vor uns liegen, sollten wir ihnen den Rücken kehren? Dann erkläre ich mich vor Gott als unschuldig. Der Fehler liegt dann zumindest nicht bei mir.

Ich spreche nicht so, um hier den Gründer oder Despoten zu spielen. Ihr seht ja alle Zweifel, die ich erwäge, alle Ratschläge, die ich einhole, wie ich es stets gemacht habe. Wenn ihr also seht, daß die Dinge mit Umsicht und Klugheit behandelt werden, ist es dann gut, sie zu hintertreiben? Ich glaube nicht.

Tut nun, was Gott Euch eingibt. Ich bitte Jesus Christus, er möge dieses sein Werk nicht aufgrund meiner Sünden zerstören. Laßt weiterhin beten. — Gelobt sei Jesus und Maria.

(P. S.) — Warum bringt Ihr alle diese Fragen über diese Verbindung (mit den Patres vom Allerheiligsten Sakrament) vor, wenn Ihr doch seht, wie sehr ich dagegen bin, daß ich nie zustimmen werde, und zwar sowohl aus den von Euch vorgebrachten Gründen als auch aus anderen, es sei denn, was allerdings moralisch unmöglich ist, sie selbst wollen uns wirklich nachfolgen. Das aber wäre erst möglich nach genauer Untersuchung der Sache und mit Eurer Zustimmung. Doch habe ich Euch das Wesentliche darüber bereits geschrieben. — Gelobt sei Jesus und Maria"[10].

Pater Villani sieht offensichtlich in dem, was sich hier anbahnt, nicht klar. Wir übrigens auch nicht, momentan jedenfalls. Denn Alfons kann sich nicht klar ausdrücken: Wer kann schon voraussagen, wo ein Stückchen Papier schließlich zu Boden fällt! So sagt er ihm also durch rätselhafte und sogar widersprüchliche Äußerungen: „Vertraut doch auf mich! Sportelli wird Euch alles erklären."

Noch ehe aber Sportelli die Antworten der Häuser berichtet hatte, fand sich Alfons jäh vor einem Alptraum. Er hatte das Erzbistum von Palermo vergessen. Der Tod aber hatte Mgr. Rossi nicht vergessen und ihn am 7. Juli geholt. Brancone blieb zwar seinem Versprechen, den Freund nicht mehr vorzuschlagen, treu, der König selbst hatte Alfons aber nicht vergessen.

— Der Papst macht gute Vorschläge, sagte er. Aber ich habe einen besseren. Der Marquese, in seinem Innersten hocherfreut, läßt P. von Liguori rufen, um ihm den Entschluß des Herrschers mitzuteilen. Für Alfons aber ist es ein Schlag aus heiterem Himmel.

— Will man mich zwingen, meinen Gefährten dieses Ärgernis zu geben? Ihre Majestät schien doch dem Missionswerk so große Bedeutung beizumessen: wenn sie mich davon abzieht, wird das Werk zum Unglück der Seelen und des ganzen Königreichs zusammenbrechen. Ich bitte Euch, ihr zu danken, ihr aber darzulegen, welchen Schaden sie damit dem Werk zufügen würde; und auch, daß ich mich durch das Gelübde verpflichtet habe, jegliche Würde abzulehnen.

— Ein Gelübde? Der Papst dispensiert von allem, sagt der König zum Marquese. Gerade die, die nicht Bischof werden wollen, sind dann die besten.

„Nun müssen wir beten und flehen", schreibt Liguori seinem Seelenführer Cafaro: „Ich schlage mich hier mit inneren und äußeren Schwierigkeiten herum. Der König hat beschlossen, mich zum Erzbischof von Palermo zu machen. Aber lieber will ich mich im hintersten Wald vergraben, als eine solche Würde anzunehmen."

Nun läßt er Mitbrüder, Freunde und Klöster für sich beten; kasteit sich grausam, um Gottes Erbarmen zu erlangen; einen Monat lang lebt er in großen Ängsten. Der König und Tanucci nehmen seine Weigerung schlecht auf und geben nicht nach. Dann aber gelingt es Brancone, ihnen seine Gründe verständlich zu machen, und schließlich begreift Karl von Bourbon, daß dieser bescheidene Mann ein Heiliger an der Spitze einer Kongregation von Heiligen ist. Seine erste Schlußfolgerung — leider —: dies ist der Nährboden für gute Bischöfe.

— Das fehlt gerade noch, sagt Alfons, als Brancone ihm davon erzählt: das Missionswerk zerstören, indem dem Ehrgeiz der Weg gebahnt wird! . . . Die Kirchen haben genug Bischöfe. Es ist viel schwerer, Arbeiter zu finden, die bereit sind, sich um das Heil der Seelen, vor allem in den Dörfern, abzurackern . . .

Mittlerweile setzt der Pater in der Juli- und Augustsonne seine endlosen Wege, Bittgänge und neuerlichen Vorstöße fort, um — hier aufgenommen, dort zurückgewiesen, ein drittesmal beleidigt — mit Verwaltungsbeamten Kontakt aufzunehmen, Gegner zu überzeugen, Unterstützung zu erlangen. Er nimmt sich kaum noch Zeit zum Essen und Schlafen.

Ende Juli hat er die Antworten der Häuser über die Fusion mit Mannarini erhalten. Dem Rundschreiben, das er am 1. August an sie richtet, entnehmen wir, daß nun plötzlich die Zustimmung kam. Wirklich seltsam . . . Lesen wir:

„Ich schreibe in Eile nur einen Brief für alle, da ich nicht viel Zeit habe. Ich habe

Eure Briefe und den aus Ciorani erhalten. Bittet nun Jesus Christus, er möge mir Kraft und Erleuchtung geben, denn ich habe den Schlaf, den Appetit, usw. verloren.

Gestern Vormittag hat uns der Großalmosenier zuerst fast gänzlich abgewiesen; dann renkte sich die Sache wieder ein; aber gebe Gott, daß der Bericht nicht gegen uns ausfällt! Die Muttergottes kann dieses Wunder wirken; betet daher weiter und laßt weiter beten. Morgen muß ich noch einmal zu ihm.

Weiters hatte ich heute früh eine heftige Auseinandersetzung mit Mannarini über einen gewissen Punkt, in dem ich mit Bestimmtheit gesprochen habe. Er hat in allem nachgegeben. Doch kann ich dies nicht dem Papier anvertrauen, ganz abgesehen davon, daß ich dazu zehn Blätter bräuchte."

In dieser „heftigen Auseinandersetzung", in der Alfons entschlossen seinen Willen durchsetzt, liegt des Rätsels Lösung. Sie betraf nicht die Integration der Patres vom Allerheiligsten Sakrament, um die ihn Mannarini ja schon seit fünfzehn Jahren bittet. Was aber dann? Hier erraten wir endlich, was der Gründer dem Papier nicht anvertrauen kann. Galianis Haltung läßt keinen Zweifel daran, daß eine Anerkennung ohne die Fusion der beiden Institute unmöglich ist. Also doch Fusion! Aber hat nicht Liguori immer wieder gesagt, daß sie undenkbar sei; daß er ihr nie zustimmen würde? — Eben: genau das ist der „Punkt", in dem Mannarini nach „einer heftigen Auseinandersetzung in allem nachgegeben hat": nach der offiziellen und nur formalen Vereinigung der beiden Kongregationen bleibt in Wirklichkeit eine jede von ihnen autonom: „Die Patres vom Allerheiligsten Sakrament werden ihre Arbeit tun und wir die unsere." Und dann, *Deus et dies!* ... Das aber konnte nicht schriftlich erklärt werden, und darum sandte Alfons Sportelli nach Pagani und Ciorani, damit er dort das Spiel mit der nötigen Diskretion erläutere. So setzt er seinen Brief in optimistischem Ton fort:

„In all diesen Verwirrungen und Schwierigkeiten trösten mich die Neuigkeiten aus dem Noviziat; besonders glücklich bin ich über Don Girolamos Heiterkeit."

(Don Girolamo Ferrara, 31 Jahre, hervorragender Professor der Humaniora im Seminar von Conza, durch eine Predigt Alfons' und seine *Besuchungen beim Allerheiligsten Altarsakrament* „bekehrt", hatte sich den Tränen seines Bruders, den Klagerufen seiner Schwestern und der bewaffneten Verfolgungen durch seine Angehörigen entzogen, um im Juni in das Noviziat einzutreten. Sein Vorgesetzter, Don Francesco Margotta, 48 Jahre, Doktor der Rechte, vormaliger Gouverneur von Andretta, dann Spätberufung, wird den gleichen Weg einschlagen.)

„Don Cesare kann jetzt nach Caposele gehen: Gott segne ihn! Pater Rektor Villani wollte mich durch seine vielen Entschuldigungen in Verlegenheit bringen. Es ist wirklich so: man kann sich aus der Ferne brieflich einfach nicht verständlich machen.

Don Cesare soll den Erzbischof von Conza noch fragen, wie er uns in Rom helfen könnte, und wäre es nur dadurch, daß er den Papst veranlaßt, die Angelegenheit der Anerkennung der Kongregation irgendeinem Kardinal zu übertragen. Denn wenn die Muttergottes uns hilft, uns beim König durchzusetzen, dann müßten wir unverzüglich die nötigen Schritte zur römischen Anerkennung wenigstens einleiten. Empfehlt mich Jesus und Maria"[11].

„Sich beim König durchzusetzen"? Das ist nun keine bloße Utopie mehr; denn die erste Hürde — die Zustimmung des Großalmoseniers — ist fast genommen...

Aber nein. Galiani überlegt; Galiani kommt zu sich. Er hat sich zu weit mitreißen lassen. Zwischen Hammer und Amboß. Er liebt Alfons, aber er steht im Dienst des Staates. Das hatte sein Herz vergessen; sein Gewissen führt ihn zur „Pflicht" zurück. Er, der immer wieder gesagt hat: „Ich will die Vereinigung zur Anerkennung", macht nun eine Kehrtwendung um 180° und erklärt am 21. August plötzlich: „Die Anerkennung ist unmöglich, die Fusion also gegenstandslos." Liguori und Mannarini bitten bis zu fünfmal um eine Audienz . . ., man weist sie ab. Die geschickt geschürte Hoffnung bricht mit einemmal in sich zusammen.

Das darf nicht sein! Alfons kehrt, diesmal allein, zu Mgr. Galiani zurück; es gelingt ihm, vorgelassen zu werden; er spricht und bittet für sein Werk mit solcher Überzeugung, daß der Großalmosenier ihm Hoffnungen auf seine Unterstützung macht. Gleichzeitig versucht Liguori, beim König vorstellig zu werden. Der zuständige Mann für die königlichen Audienzen ist sein Freund Don Bartolomeo Rossi, Bruder des Erzbischofs von Salerno. Schon am nächsten Tag, dem 22. August, als Alfons bei Einbruch der Nacht gerade mit dem Studenten de Robertis, der an Sportellis Stelle getreten war, im Garten von S. Caterina a Formello sein Offizium betete, kam ein *volante* Don Rossis, der ihn noch für denselben Abend zum König bestellte. Zu spät, um eine passende und „korrekte" Soutane auszuleihen und zum Barbier zu gehen. Die Zeit reicht gerade noch, eine Karosse zu mieten und mit Bruder Tartaglione zum Palazzo zu fahren[12]. Vor einem respektvollen und schon bald gerührten König plädiert dieser zerlumpte und mit einigen Scherenschnitten rasierte Priester glühend für die Verlassenen des Königreiches und das arme Werk, das zu ihrem Dienst im Entstehen begriffen ist. Der „Monarch" — die Bezeichnung spottet den Tatsachen — ist gerührt und hätte die Anerkennung gewiß auf der Stelle unterzeichnet, wäre er nicht in allem vom Staatsrat abhängig gewesen. Er wird also auf den Bericht des Großalmoseniers warten.

Galiani schickt noch am selben Tag, dem 22. August, seinen Bericht an den König. Hier gewissermaßen das Kernstück, wie es Tannoia berichtet:

„Da ich Eurer Majestät meine Sicht der Dinge darzulegen habe, muß ich mit untertänigstem Respekt darauf hinweisen, daß sich aus der Sicht des Staates die Gründung einer neuen Kongregation nicht von der Gründung eines neuen Ordens unterscheidet. Die Missionspatres (die Lazaristen) sind beispielweise eine Kongregation von Ordenspriestern und kein Orden wie die Dominikaner oder Franziskaner, sind aber darum nicht weniger schädlich für den Staat, da sie sich genau wie die anderen vermehren und Güter erwerben, die der toten Hand zufallen und damit aus dem Verkehr gezogen sind. Folglich würde die Autorisierung der Errichtung von Kongregationshäusern mit eigenem Superior und eigenen Regeln bedeuten, daß die genannten Häuser durch das königliche *placet* Eurer Majestät und die Anerkennung durch Seine Heiligkeit legale Gemeinschaften bilden könnten, die das Recht hätten, das ihnen bis jetzt noch nicht zusteht, Besitz zu erwerben.

Man kann nicht leugnen, daß Don Liguori und seine Gefährten heute nutzbringend und erfolgreich in der Unterweisung der armen Bauern arbeiten, die in den Dörfern und Landgebieten fernab jeder Zivilisation leben, und daß das Leben dieser Missionare beispielhaft ist; aber Eure Majestät weiß auch, daß alle Orden und Kongregationen von Ordens- und Weltpriestern zu Beginn nützlich und beispielgebend waren, dann aber unmerklich von ihrem ersten Eifer abgewichen und dem Staat zur schweren Last geworden sind, da er ihnen keinen ihrer Vorteile wieder wegnehmen konnte. Die Erfahrung der Vergangenheit, dieser großen Lehrmeisterin der Zukunft, muß uns befürchten lassen, daß es mit der neuen Kongregation von P. Liguori nicht anders gehen, und das fromme und nützliche Werk, dem sich die ersten Gründer mit lobenswertem Eifer gewidmet haben, nach deren Tod versanden wird. Dies war auch bei anderen Kongregationen der Fall, die ebenfalls zur Unterweisung der Landbevölkerung oder der Waisen gegründet wurden, die sich nun aber in den Städten niedergelassen und Werken zugewandt haben, die in keiner Weise dem wichtigsten und einzigen Ziel ihres Instituts entsprechen. Angesichts dieser Tatsachen und der bereits übergroßen Zahl von Klöstern im Königreich, schlage ich, sofern Eure Majestät nicht zu einem anderen Schluß kommt, vor, P. Liguori das königliche *placet* nur mit zahlreichen Einschränkungen zu gewähren ...

Es wurden folgende Häuser errichtet: eines in Ciorani, in der Diözese Salerno, ein weiteres in Pagani in der Diözese Nocera, das dritte in Iliceto, Diözese Bovino, und das vierte in Caposele in der Diözese Conza. Neben diesen vier Häusern bestehen vier andere, die von ähnlichen Missionspriestern mit dem Titel Vom Allerheiligsten Sakrament bewohnt werden, und die sich mit denen von P. Liguori zusammenschließen und unter dem Namen des Allerheiligsten Heilands eine einzige Kongregation bilden wollen.

Wie der höchsten Einsicht Eurer Majestät bekannt ist, leben in einigen Gegenden des Königreichs, wie in Cilento an den Grenzen der Provinz Salerno zu Kalabrien, sowie in einigen Gegenden Kalabriens und der Basilicata, noch halb wilde Bevölkerungsgruppen, die zahlreiche Verbrechen, wie Mord und Raub, begehen. Wenn in diesen Gebieten auf dem Land oder in den Dörfern einige Häuser dieser guten Priester errichtet werden könnten, vorausgesetzt, daß sie ihren jetzigen Geist bewahren, so hätte dies vielleicht den Vorteil, daß sie diese Leute zivilisieren und von den schweren Verbrechen, die dort fast zur Tagesordnung gehören, abhalten könnten.

... Aus diesem Grund könnte der König sein *placet* gewähren, allerdings nur unter folgenden Bedingungen: Die Missionare können ohne die Erlaubnis Eurer Majestät kein neues Haus im Königreich errichten. Jegliche Entfernung vom Ziel ihres Instituts, das in der Unterweisung der Dorfbewohner, Bauern und Hirten liegt, ermächtigt den König und seine erlauchtesten Nachfolger *ipso facto* zur Auflösung der Kongregation, ohne dazu die Erlaubnis des Papstes einzuholen zu müssen, sowie zur Zuweisung ihres Besitzes an fromme und öffentliche Werke nach Wahl des Herrschers. Es ist den Missionaren untersagt, Hinterlassenschaften oder Schenkungen anzunehmen, wenn der Spender arme Verwandte bis zum vierten Grad einschließlich *de jure Ecclesiastico* hat. Die Einkünfte aus dem Besitz eines jeden Hauses dürfen 1.000 Dukaten jährlich nie übersteigen, und der König kann nach eigenem Gutdünken einen Höchstbetrag unter dieser Summe festlegen."

Am darauffolgenden Tag, dem 23. August, verweigerte die *Sacra Real Camera*, offensichtlich mehr erschreckt durch den Ordenspopanz als durch die Räuber des Cilento oder Kalabriens, die Anerkennung. Der „Herrscher" ... gehorchte und dekretierte den *status quo*, allerdings mit der Empfehlung an Brancone: „Sagt

P. von Liguori, er könne auf meine Protektion rechnen. Er soll das Werk Gottes und des Staates mit dem gleichen Eifer weiterführen. Wenn ich ihm in irgendeiner anderen Sache dienen kann, so bin ich gerne dazu bereit."

Der Marquese fand frühestens zwei Tage später den Mut, dem Pater diese Schlappe einzugestehen. Alfons senkte den Kopf und sagte nur: *Fiat voluntas tua* – „Dein Wille geschehe". In der darauffolgenden Nacht aber fand er keinen Schlaf.

Als er am nächsten Tag, dem 27. August, gegen Mittag in seiner geliebten Kirche der Oratorianer die Messe las, wurde er plötzlich von einer Lawine der Verzweiflung mitgerissen: „Die Kongregation wird die Weigerung des Königs nicht überleben: wenn die Feinde von Pagani davon erfahren, werden sie diese Gründung mit einem Stoß vernichten; ihr Untergang wird auch den der anderen Häuser nach sich ziehen ..." Niedergeschmettert von dieser Vision des Untergangs und jeglicher göttlichen Erleuchtung beraubt, eilt er mitten am Nachmittag durch ganz Neapel und kommt schweißgebadet in Brancones Palazzo: er muß, er muß unbedingt mit ihm sprechen, bevor der königliche *dispaccio* veröffentlicht wird ... Es ist erst 16 Uhr und das Wartezimmer noch nicht geöffnet. Erschöpft setzt sich der Pater auf die Stufe der Freitreppe mitten unter die *gentaglia*, die kleinen Leute. Von einem Balkon aus bemerkt ihn der Marchese. Untröstlich und gerührt, läßt er ihn sogleich holen. „Laßt P. von Liguori nie warten, wann immer er auch kommen mag", sagt er seinen Leuten. Alfons steht die Angst schon ins Gesicht geschrieben. Er erklärt: dieser königliche *dispaccio* wird das Signal zum Zusammenbruch der Kongregation und der Missionen für die Armen sein ...

– Aber nein, aber nein, beschwichtigt der Staatssekretär. Ihr habt nichts zu befürchten. Sonderdekrete sichern die Zukunft eines jeden Eurer Häuser und damit auch der Kongregation. Euer Fall ist nicht so aussichtslos, wie Ihr glaubt. Wenn der König alles genau geprüft hat, wird seine Frömmigkeit ihm schon eine Lösung zur Festigung Eures Instituts eingeben.

Alfons aber dachte an den Großalmosenier, an die königliche Kammer, und seine Erregung ließ nicht nach: Da ermahnte Brancone ihn in sanften Worten:

– Seht Ihr denn nicht, daß Ihr durch Euer mangelndes Vertrauen den Eindruck erweckt, den Boden unter den Füßen zu verlieren? *Don Alfonso, Don Alfonso, ci è terra!* Noch habt ihr Boden unter den Füßen!

Der Pater schwieg, faßte sich und gewann seine Gelassenheit zurück. Er ergab sich in Gottes Willen und versank nie mehr in solch düstere Erregung[13]. Aber er ging erschöpft aus diesem dreimonatigen Kampf hervor. Ende August schrieb er, wahrscheinlich an Villani:

„Betet auch weiterhin für die Kongregation und für mich: denn ich sitze in Neapel fest und muß mit diesen Ministern verhandeln, die mir das Leben zur Last werden lassen. Ich bin voller Bitterkeit, und ich kann nicht mehr; am liebsten würde ich davonlaufen, aber ich kann Neapel nicht einmal verlassen, weil ich zum baldmöglichsten Abschluß des Prozesses (von Pagani) beitragen muß.

Der Konsult hat stattgefunden und unsere Angelegenheit wurde im königlichen Rat vorgetragen. Der König glaubte, auf einen Umweg ausweichen zu müssen, der für die Kongregation vielleicht besser ist.

Don Vincenzo (Mannarini) fleht mich auch weiterhin um die geplante Vereinigung an; aber ich weise alle seine Angebote zurück und sage ihm, die Erfahrung habe gezeigt, daß Gott sie nicht wünsche. Es ist übrigens meine feste Meinung, daß diese Vereinigung nie gelingen kann, und ich werde ihr auch nie zustimmen"[14].

Der vom König ersonnene Umweg — „besser" als die rechtliche Fusion mit Mannarini? — war ein *dispaccio* vom 26. August, das den „Gemischten Gerichtshof" anwies, die Rechnungen der frommen Laiengründungen zu überprüfen, um daraus möglicherweise eine jährliche Rente zugunsten P. von Liguoris und der Volksmission einzuheben. Sagen wir es gleich: die Überprüfung zog sich in die Länge, um schließlich negativ zu verlaufen[15]. Wirklich, Karl von Bourbon hatte keinen langen Arm!

Während dieses aufreibenden Sommers hatte aber der Rechtsanwalt Liguori nicht den Apostel in ihm lahmgelegt: seine Freunde Kanonikus Fontana und P. Fatigati luden ihn oft zu Gesprächen mit den Seminaristen und den Schülern des Chinesenkollegs ein. Zahlreiche Klöster baten ihn um geistliche Exerzitien. Sein Freund Giuseppe Porpora erhielt von ihm für seine Pfarrei S. Giovanni Maggiore eine Novene zum Himmelfahrtstag, die, wie Tannoia sagt, „eine richtige Mission wurde".

Eine dieser Einladungen wurde zum Anlaß für ein köstliches und bezeichnendes Ereignis. Alfons blieb ja auf Lebenszeit Mitglied der *Apostoliche Missioni*, deren Superior, Don Nicola Borgia — bald Bischof von Cava, dann Aversa — ihn bat, bei der Versammlung am Montag, dem 21. August, die „Predigt an die Brüder" zu übernehmen. Celestino de Robertis darf ihn begleiten. Alfons braucht nicht lange nach einem Thema zu suchen: Da er sich an Missionare wendet, von denen einige ihren Titel eines *Illustrissimus* sehr ernst nehmen, predigt er ausschließlich über die Verpflichtung, den einfachen Menschen das Brot des Gotteswortes in schlichten Worten darzubieten. Er wettert gegen jene, die nur für sich selbst predigen: Feuerwerke, die nichts als ein wenig Rauch und verbranntes Papier hinterlassen.

— Alle wollen wie der vor drei Jahren verstorbene Kapuzinerpater Bernardo Maria Giacchi sein, der sich für den „neapolitianischen Cicero" hielt. . . . Ich hoffe nur, daß P. Giacchi nicht seine Eitelkeit, das Wort Gottes in kunstvolle Satzperioden zwängen zu wollen, bis zum Jüngsten Tag im Fegfeuer beweinen muß.

Ein leises Raunen geht durch die Reihen der Schönredner. Bemerkt es der Prediger? Er wird zu sehr vom Feuer seiner Rede mitgerissen; außerdem waren schon so viele Sünden an sein Ohr gedrungen, daß er bereits begann, ein wenig taub zu werden. Als sie aber wieder auf der Straße waren, informierte ihn Robertis über die Reaktion, die er hervorgerufen hatte. Alfons war erstaunt . . .

— Aber Pater, Ihr habt das in der Öffentlichkeit gesagt.

— In einer Privatversammlung ist man nicht in der Öffentlichkeit.

Im übrigen ließ ihn Borgia, entzückt und von vielen Brüdern ermutigt, vierzehn Tage darauf wieder kommen. Hier nun die Einleitung zu seiner Predigt von jenem 4. September:

— Wie ich höre, waren einige schockiert von meinen Ausführungen über den schwülstigen Stil gewisser Prediger und vor allem über meinen Ausfall gegen P. Giacchi. Ich hatte überlegt, ob ich es beichten solle. Aber da mir jeder gute Vorsatz fehlt, habe ich davon abgesehen. Und wieder wetterte er gegen jene, die das Wort Gottes mit unechten Blumen umschlingen; dann fächerte er seine Anklagen weiter auf und kam zur Eitelkeit des Priesters, der mondänen Haltung, der raffinierten Kleidung und den Frisuren. Unverbesserlich, dieser Don Alfons, und so sympathisch überzeugend, daß ein jeder unzufrieden ... mit sich selbst von dannen geht[16].

Mitte September 1747 verläßt Alfons diese unerquickliche Hauptstadt. Besiegt? Wir werden sehen. In seinen Augen war es nur ein Zwischenakt, um wieder zu Kräften zu kommen, um die Zeit wirken und Mannarini sich entfernen zu lassen.

Er geht nach Pagani; stößt bis Caposele vor, um die junge Gemeinschaft von Materdomini — Sportelli, Garzilli und Bruder Gaspare Corvino — zu besuchen und den Erzbischof von Conza zu sehen. Um diesem unersättlichen Prälaten zu danken und zu schmeicheln und ihn zum Verbündeten bei seinen Anträgen in Rom zu machen, widmet er ihm seine *Adnotationes in Busenbaum* in einer lateinischen Zueignungsschrift, und hier läßt er genüßlich emphatische Satzperioden ablaufen, die seinen Lehrer Buonaccia entzückt hätten[17].

Dann ist es an der Zeit, die im Vorjahr aufgelöste Versammlung einzuberufen. Es sind schon mehr als vier Jahre vergangen, seit ihn die Versammlung vom 9. Mai 1743 beauftragt hatte, „die von Mgr. verstreut hinterlassenen Regeln und Konstitutionen zur Gänze zu bewahren und organisch zusammenzufügen". Alfons hat sich pflichtgetreu daran gehalten, gab allerdings dem direkten Stil den Vorzug vor der künstlichen Form eines Zwiegesprächs zwischen Gott und dem Ordensmann. Die Stunde ist gekommen, diese Arbeit den Brüdern vorzulegen und mit ihnen den Text festzusetzen, der dem Heiligen Stuhl zur Anerkennung vorgelegt werden soll.

Am Morgen des 17. Oktobers waren in Ciorani neben dem Generaloberen noch weitere sieben Kapitulare anwesend: die Patres Sportelli, Mazzini, Rossi, Villani, Cafaro, Scibelli und Viocchi. In vier Tagen ziehen sie die Prüfung und Verbesserung des von P. von Liguori vorgelegten Plans durch: die zwölf *Regeln und Konstitutionen* bezüglich der Monatstugenden und einen Anhang über die Leitung der Ordensgemeinschaft. Über diesen Komplex wurde am 20. Oktober abgestimmt. Die Redemptoristen werden ihn später als die *Urregel* bezeichnen. Nicht ohne Grund, denn er kodifizierte, was seit fünfzehn Jahren mehr oder weniger ihr tägliches Leben bestimmte. Er ist also ein Zeuge. Aber er war nicht einen Augenblick der in den Gemeinschaften vertretene und vorgelesene Kodex des Ordenslebens der Redemptoristen; er wird nie die Anerkennung durch den Heiligen Stuhl erhalten und außerdem in den folgenden Monaten geändert werden. Ein Zeuge also, nichts weiter. Und doch erkennen sich die alten Redemptoristen darin in hundert Einzelheiten, während die Jungen sich in ihm wie in einem Museum fühlen.

An diesem 20. Oktober wurde auch über die lange „Regelung für die Missionen" abgestimmt, die, mit Ausnahme eines Vorworts von Falcoia, von Alfons stammt. Die Versammlung verfaßte in den folgenden Tagen außerdem zwanzig Dekrete und nahm vierzehn alte wieder auf, die bereits bei den Zusammenkünften von 1743 und 1744 vorgetragen worden waren. Unter anderen — das muß festgehalten werden — den Erlaß Nr. 26, „sich uneingeschränkt und stets an das zu halten, was Falcoia erlassen hat"[18].

Diese Barriere scheint sich nicht gegen Alfons' Dynamik zu richten, denn er wird schon bald einstimmig zum General wiedergewählt. Also gegen die Jungen, die sich zu wenig um die Traditionen kümmern? ... Jedenfalls ermöglicht sie es dem Gründer, sich von Geist und Buchstaben dieser *Regel* zu distanzieren: „Mgr. Falcoia hat sie uns gegeben." Bescheidenheit? Liguori ist weit differenzierter.

Regeln und Versammlungen aber haben nur in der Mission für die Verlassenen ihren Sinn. Die Zeit der Wintermissionen ist wieder gekommen. Alfons bricht mit Sportelli am 26. Oktober auf, um bei den einfachen Bauern der Baronien Siano und Calvanico in der Nähe von Ciorani die herben Enttäuschungen von Neapel und die Bagatellen des Kapitels zu vergessen. Zum Fest der Epiphanie 1748 kehrt er nach Neapel zurück, um noch einmal um die königliche Autorisierung zu kämpfen.

Das Jahr 1748 beginnt mit schweren Sorgen. Für die Anerkennung des Instituts muß alles noch einmal ganz von vorne angefangen werden. In Pagani ist der Streit nicht beigelegt, und die Familie Contaldi will im Gefolge einer Horde von Rasenden sogar Haus und Gelände, das sie gestiftet hat, wieder zurückverlangen. In Ciorani warten nach dem Tod des alten gewissenhaften und anspruchsvollen Barons seine Söhne — mit Ausnahme Don Andreas, des Stifters — nur auf den Tod dieses letzteren, um die Patres wieder zu verjagen und eine Schenkung wieder an sich zu nehmen, die „der Kongregation" (sie hat keine legale Existenz!) gemacht wurde, „um Haus und Kloster der Patres vom Heiligsten Heiland darauf zu erbauen" (strafbares Motiv!); eine Einrichtung außerdem, die das königliche *exequatur* nicht besitzt[19]. Materdomini allerdings ist im Aufbau begriffen, und ganz Caposele setzt seinen Glauben, sein Herz und seine Hände dafür ein. Aber der zuständige Erzbischof, Mgr. Nicolai, ist ein schwieriger Partner. Am 7. Februar schreibt Alfons an P. Francesco Margotta, der zwar schon seit zwei Monaten „Novize im Haus" ist, aber noch immer von seinen eigenen Angelegenheiten und seinem Erzbischof in Calitri zurückgehalten wird:

„Ich bin noch immer in Neapel damit beschäftigt, die Angelegenheiten der Kongregation zu Ende zu bringen. Ich hoffe, sie bald abzuschließen, aber ich habe den Eindruck, als müßte ich noch tausend Jahre warten, bis es so weit ist ...

Der Erzbischof war etwas gegen mich aufgebracht, weil ich ihm P. Cafaro für die Fastenpredigten von Calitri nicht überlassen wollte; aus durchaus berechtigten Gründen. Don Paolo muß während dieser Fastenzeit den Theologiekurs in Deliceto halten, und er kann durch niemanden ersetzt werden, da er selbst ihn verfaßt hat. Außerdem hat Don Paolo keine Predigten für die Fastenzeit: er müßte sich also zuerst in eine große Arbeit stürzen, eine unnütze Arbeit, da Fastenpredigten nicht zum Aufgabenbereich unseres Instituts gehören. Das ist der Hauptgrund: Fastenpredigten zu halten, widerspricht absolut unserem Institut und unseren Regeln, und wenn ich sie jetzt erlauben würde, könnte ich sie später anderen Bischöfen, von denen unsere Häuser abhängen, nicht abschlagen. Monsignore hat uns aber in einem Brief (den wir aufbewahrt haben) versprochen, uns genauso zu behandeln, wie es auch unsere anderen Bischöfe tun, und der Gründungsakt weist ausdrücklich darauf hin, daß wir zu seinen Diensten sind, allerdings dem Tenor unserer Regeln entsprechend.

Was Euch selbst betrifft, so werdet Ihr nie wegkommen, wenn Ihr nicht selbst nachdrücklich mit dem Erzbischof sprecht und ihm sagt, daß Ihr bereits aufgenommen seid, usw. Werft Ihm vor, er stehe Eurer Berufung im Wege. Aber genug davon: Ihr habt genug Urteilsvermögen und Klugheit, um zu wissen, was Ihr sagen müßt. Letztlich können wir ja doch nur geduldig abwarten. Vielleicht leiden wir mehr darunter, auf Euch warten zu müssen, als es Euch schmerzt, nicht kommen zu können. Bittet Jesus Christus, er möge mich bald aus Neapel befreien: mir scheint, ich muß mit diesen lieben Ministern, die mir das Leben vergällen, noch tausend Jahre verhandeln. Ginge es nicht um die Kongregation, so möchte ich nicht einmal mehr ihren Namen hören.

Wenn sich der Erzbischof über mich beschwert, dann tut er es zu Unrecht. Ich glaube, bis jetzt allen seinen Wünschen nachgekommen zu sein, so weit es mir möglich war; und ich habe mich in dieser Hinsicht nicht einmal gescheut, unseren anderen Prälaten zu mißfallen. Gott weiß, was ich alles unternehmen mußte, um gerade jetzt die Patres in seine Diözese zu Missionen und Priesterexerzitien schicken zu können. Was soll ich denn noch tun, um (ihn) zufriedenzustellen? Aber die Regel umstoßen und das Institut schon zu Anfang ruinieren, das kann ich nicht zulassen. Teilt all dies dem Monsignore bei nächster Gelegenheit mit . . .“[20].

P. von Liguori befindet sich also neuerlich – diesmal für vier Monate – in der Hauptstadt; wieder ist Celestino de Robertis zu seiner Unterstützung bei ihm. Diesmal wohnen sie bei Alfons' Mutter und Don Gaetano im Palazzo der Familie am Supportico Lopez (Borgo dei Vergini), der nun dem Bruder Ercole gehört. Ist der Grund der, daß sein Freund Olivieri die Wohnung gewechselt hat? Alfons will hier die Fahnenabzüge seiner *Moraltheologie* korrigieren und das Inhaltsverzeichnis erarbeiten; vor allem aber will er die vor fünf Monaten fehlgeschlagenen Verhandlungen entschlossen wieder aufnehmen.

So gibt es also etwas Neues? Ja und nein. Zunächst einmal wissen wir, daß er bei den Gegnern ein Zeichen der Hoffnung erkennen kann. Zum anderen hat ihm sein Freund Don Matteo Testa versichert, daß Tanucci nicht mehr ganz so unnachgiebig sei; Brancone wiederum hat ihm mitgeteilt, der König sei unzufrieden darüber, daß das Gemischte Gericht keine Rente für die Missionen freimachen wolle. Und schließlich braucht er diese Anerkennung unbedingt, um den neuen Mitgliedern eine weniger gefährdete Zukunft zu sichern und auch, wie er meint, um die Approbation des Papstes erbitten zu können. Alfons übergibt dem Marquese also eine Bittschrift für den König, in der seine Leidenschaft für „das Werk" gepaart ist mit rührender Aufrichtigkeit:

„Der Priester Alfons von Liguori legt Eurer Majestät gemeinsam mit seinen Gefährten, den Missionspriestern vom Heiligsten Heiland, untertänigst folgende Bittschrift vor:

Da Eure Majestät es nicht für gut hielt, die Vereinigung dieser Gesellschaft mit derjenigen der Priester vom Allerheiligsten Sakrament zu einer einzigen Kongregation das königliche *placet* zu gewähren, bitten die Antragsteller Euch, zu geruhen, wenigstens ihre vier Häuser (und nur diese) in den Diözesen Salerno, Nocera, Bovino und Gonza anzuerkennen, damit Eure königliche Autorität einem Werk Unterstützung biete, das, wie Eure Majestät sehr wohl weiß, zugunsten der armen Landbevölkerung gegründet worden ist.

Der Unterzeichnete erklärt, keine neuen Niederlassungen mehr gründen, sondern nur die bereits bestehenden sichern zu wollen. Was den Erwerb des zum Bestand dieser Häuser und zur Aufrechterhaltung des Missionswerks nötigen Grundbesitzes betrifft, so kann Eure Majestät diesen begrenzen und nach eigenem Gutdünken regeln; dieses heilige Werk möge nur von der königlichen Autorität unterstützt werden, dann wird der Bittsteller gerne allen ihm auferlegten Bedingungen zustimmen; denn er will ja nicht, daß die obengenannten Häuser reich werden, sondern lediglich, daß sie über ausreichende Mittel verfügen, um das Werk gerade aufrechtzuerhalten zur Verkündigung der Ehre Gottes und zum Heil Eurer Untertanen.

Falls aber — was Gott nie zulassen möge — die Mitglieder dieser Kongregation ihrem Institut untreu werden und das Werk verfallen sollte, ist der Antragsteller in seinem eigenen und im Namen aller seiner Gefährten einverstanden und bittet Eure Majestät selbst darum, im Einvernehmen mit dem Papst nicht nur das eine oder andere der Häuser des Instituts, sondern die ganze Kongregation aufzulösen und zu verbieten. Der Bittsteller verpflichtet sich außerdem im Namen aller gegenwärtigen und künftigen Mitglieder des Instituts, ihr Verhalten durch keinerlei rechtliche Mittel zu verteidigen und nicht zu widersprechen, sondern sich allen Vorstellungen und Wünschen Eurer Majestät zu unterwerfen. Denn der Unterzeichnete und alle seine Gefährten haben nur den einen Wunsch, mit diesem Werk den Eifer zu befriedigen, der Eure Majestät um das Wohl der verlassenen Landbewohner verzehrt. Außerdem hofft er, daß solche Bedingungen in Zukunft auch Zügel für alle seine Missionare sein werden, um sie anzuspornen, um im Eifer nicht nachzulassen und im selben Geist zu verharren und das Werk fortzusetzen, wie es jetzt geschieht. Der Unterzeichnete dankt im voraus. — Alfons von Liguori"[21].

— Ich werde sie überbringen, sagt Brancone; aber Ihr solltet auch um eine Rente zum Lebensunterhalt Eurer Missionare ansuchen.

Liguori aber sieht darin die Gefahr für ein Ausweichmanöver des Königs.

— Wir brauchen nichts als die Anerkennung. Ich erwarte nichts anderes von seiner höchsten Majestät.

Mitte Januar fesselt ihn ein asthmatischer Anfall drei Wochen ans Bett und bringt ihn an den Rand des Todes. Am 5. Februar feiert er wieder die Messe. Am 18. beginnt er mit Giuseppe Sersale, seinem „Bruder" aus der Propaganda, die Volksmission in seiner Taufpfarrei S. Maria dei Vergini; er hält die *predica grande*, während der künftige Erzbischof von Sorrent den Unterricht übernimmt[22].

Anfang März das gleiche Szenario wie im August: wohlwollende Audienz beim König; Karl übergibt die Bittschrift dem *Real Consiglio;* dieser letztere beendigt die Angelegenheit mit einem entschiedenen „Nein"; die „höchste Majestät" unterwirft sich wie ein Kind.

Während Alfons auf dieses Verdikt wartet, predigt er acht Tage in S. Giovanni Maggiore, acht Tage in Spirito Santo. Und hier entfesselt er in aller Unschuld einen Sturm. Als er vom unmittelbaren Zugang der Ärmsten zum Herrn im Tabernakel spricht, zitiert er einen Gedanken, der ihm von seiner „Lehrmeisterin aus Avila" her vertraut war, und der in seiner zehnten *Besuchung* nachzulesen ist: „Nicht jeder darf mit dem König sprechen; aber man kann immerhin hoffen, durch einen Dritten Kontakt mit ihm zu bekommen." Stand einer der Höflinge auf und verließ protestierend die Kirche? Jedenfalls fand sich einer, der das „Sakrileg" im Palazzo hinterbrachte. Tanucci war sehr erzürnt und sprach sogar davon, den Unverschämten zu verbannen. Das hatte zur Sicherstellung der Anerkennung gerade noch gefehlt! Alfons eilte zum Kardinal, zu Brancone; der Kardinal und Brancone gingen unabhängig voneinander zu Tanucci. Der Minister beruhigte und informierte sich genauer, empfand Hochachtung vor dem Missionar; der Regalist in ihm ließ sich nicht besänftigen: es gab kein königliches *placet* für das Institut.

Vom 28. März bis zum Palmsonntag, dem 8. April, predigt der Pater den Offizieren und abends der Garnisonstruppe von Pizzofalcone. Dann verläßt er das Fegfeuer von Neapel, um Karwoche und Osterfest in Ciorani zu begehen.

Neapel wird ihn Ende Oktober wiedersehen. Er wird dort in drei Kirchen, denen er aus begreiflichen Gründen nicht absagen wollte, Missionen halten: S. Anna di Palazzo, das frühere Stadtlehen der Prostituierten, S. Antonio Abate im Stadtviertel außerhalb der Mauern, in das Sarnelli sie verwiesen hat und — wie könnte er Spinelli nein sagen? — im Dom. Aber sogar dieser letztere war zu klein: alles, was in Neapel Rang und Namen hat, kam schon lange vor der angegebenen Zeit, um noch einen Sitzplatz zu ergattern.

Aber, so bemerkt Tannoia, „Alfons wollte keine Volksmission für die Stadt Neapel halten: sie hatte mehr als genug apostolische Arbeiter. Er wußte sich dazu berufen, den verlassenen Seelen auf dem Land und in den Dörfern Hilfe zu bringen. So trug er Anfang Januar 1749 die Mission in die *casali* der Diözesen Salerno, ... Conza, ... Cava ...“

Aber er hatte nicht umsonst in der Hauptstadt gelitten. Als er sie im Frühjahr 1748 nach der zweiten königlichen Weigerung verließ, brachte er aus dieser religiös abgesicherten Stadt eine große Hoffnung für die verlassene Landbevölkerung mit: Eine unerwartete Begegnung ließ unvermittelt das Ende der Nacht absehen.

34. Die Kongregation des Allerheiligsten Erlösers   (1748–1750)

„Verflucht seien Deine Toten!“ Das war einer der „liebenswürdigen“ Ausdrücke, die sich die apulischen Bauern in der Hitze des Streites an den Kopf warfen. Man erblickte darin „eine schwere Todsünde“, eine so schreckliche Gotteslästerung, daß sich die Bischöfe ihre Absolution vorbehielten.

Alfons, der Ende 1744 nach Deliceto gekommen war, hatte diese Strenge schon sehr bald abgelehnt. Denn eine solche Dramatisierung vermehrte nur die Sünden im irrigen Gewissen dieser kleinen Leute, die, ohne sich viel dabei zu denken, ihre Tiere, den Wind, den Regen, die Trockenheit oder ... die Toten verfluchten; und dieser in sich nichtige Anlaß entfernte sie von den Sakramenten. In Wirklichkeit aber, so dachte der Missionar, ließen sie mit diesen schlechtklingenden Worten nur ihrem Zorn gegen die Umstände oder die Lebenden freien Lauf, nicht aber einer etwaigen Verachtung oder gar einem Haß gegen die Seelen im Fegfeuer oder die Heiligen des Himmels.

Nachdem er eine Anzahl dieser „Gotteslästerer“ befragt hatte, glaubte der Pater, diese Seelsorge des Ärgsten anfechten zu müssen. Einer seiner Freunde, Giuseppe Iorio, hatte eines Tages Gelegenheit, Benedikt XIV. um seine Meinung dazu zu fragen: „Ihr habt Euren Liguori", antwortete der Papst, „diskutiert mit ihm darüber." Alfons legte zu diesem Problem den drei großen Missionskongregationen der Hauptstadt, den Lazaristen und den Frommen Arbeitern ein kleines Memorandum vor. Sie beugten sich einstimmig seinen Gründen. So veröffentlichte er 1746 eine heute verlorene *Abhandlung über die Unart, die Toten zu verfluchen*. Sie erntete viel Beifall, und diese letzlich läßliche Sünde wurde in mehreren Diözesen von der Liste der vorbehaltenen Fälle gestrichen.

Da aber griff 1746 ein hitziger Dominikaner, P. Gesualdo Dandolfo, den einsamen „Laxisten" aus dem Eichenwald von Deliceto an: „Wer bist Du", schrieb er, „der Du aus den Wäldern herauskommst, um den anderen Gesetze vorzuschreiben und Dich als Gelehrten aufzuspielen?" Der Waldmensch mag noch angehen, dachte Alfons, hier aber wurde sein Institut angegriffen. Denn unter dem Vorwand, die *Vita divota* lehre das einfache Volk das betrachtende Gebet und die Besuchung beim Allerheiligsten, warf der Sohn des hl. Dominikus Liguori und seinen Gefährten vor, sie verachteten das mündliche Gebet, den Rosenkranz, das Vaterunser und die Bilderverehrung. Nach ihm waren Alfons und seine Kongregation von Vagabunden eher eine Sekte von Häretikern als eine Gemeinschaft von Volksmissionaren. Außerdem besaß diese angebliche Kongregation ja nicht einmal die Anerkennung Roms.

Alfons glaubte in einer *Expiatio* – einer Richtigstellung – antworten zu müssen, die er als Anhang zu seinen *Adnotationes in Busenbaum* (1748) veröffentlichte[1]. Hinsichtlich der Verfluchung der Toten kann er sich leicht von dem Vorwurf reinwaschen, nicht die Meinung von Augustinus, Thomas von Aquin und Duns Scotus angeführt zu haben: denn diese großen Gelehrten haben dieses „apulische" Problem gar nicht behandelt. Dann kommt er zu den Einzelanklagen und widerlegt sie eine nach der anderen gründlich.

„Meine Gefährten und ich sind bereit, unser Leben für jedes Dogma der Kirche tausendmal hinzugeben. Wir haben nicht gelehrt, das betrachtende Gebet sei zur Erlangung des Heils notwendig, sondern nur, daß es sehr schwierig sei, ohne die Meditation der ewigen Wahrheiten in der Gnade Gottes zu verbleiben. Wir haben mit den größten Theologen gesagt, daß es des Bittgebetes bedürfe, denn alle heilsnotwendigen Gnaden werden uns gewöhnlich durch das Gebet geschenkt. Und wie konnte man uns vorwerfen, das mündliche Gebet, den Rosenkranz und das Vaterunser zu verwerfen, uns, die wir bei allen unseren Missionen mit dem Volk den Rosenkranz beten, mir, der ich gelobt habe, ihn täglich zu beten? Wir weisen lediglich darauf hin, daß das mündliche Gebet ohne Meditation, ohne Aufmerksamkeit, ohne innere Anteilnahme nur geringe Frucht in den Seelen bringt und sie nicht vor der Sünde bewahrt, während der Christ durch das betrachtende Gebet stark genug wird, um nicht zu fallen, oder um sich wieder zu erheben. Was aber die Heiligenbilder betrifft, so ist allgemein bekannt, daß wir immer vor einem Marienbild predigen und daß wir die Gläubigen stets ermahnen, in ihren Kirchen und Häusern vor einem Muttergottesbild zu beten. Aber wir lehren, daß es zwar nützlich sei, vor einem Andachtsbild zu beten, daß es aber noch nützlicher sei, vor dem Allerheiligsten zu beten, da wir uns dort nicht mehr nur vor einem Bild unseres Herrn befinden, sondern vor dem Heiland selbst. Ich sehe nicht, worin diese Vorschläge irrig und, wie unser Zensor behauptet, sogar verwerflich sein sollten."

Bei dieser Anklage der Häresie beruft sich Alfons übrigens auch auf die vier Bischöfe, die in ihren Diözesen die Patres vom Heiligsten Heiland gebilligt und aufgenommen haben. „Gewiß", fügt er hinzu, „wir haben noch nicht die Anerkennung des Heiligen Stuhls. Wir waren zahlenmäßig noch zu wenige, um Anspruch darauf zu erheben. Heute aber, da unsere Gemeinschaft durch den Segen Gottes, den Schutz der Bischöfe und Freunde des göttlichen Ruhms von Tag zu Tag wächst, hoffen wir, daß das Oberhaupt der Kirche schon bald unsere Bittschrift erhören und unsere Wünsche durch die Anerkennung unseres Instituts voll und ganz erfüllen wird."

Ist in diesem Sommer 1748 also eine Bittschrift nach Rom gegangen mit dem Ersuchen um die Approbation der „Kongregation der Vagabunden"? Noch vor kurzem hatte Alfons selbst geschrieben, man könne nicht darum ansuchen, ehe man nicht vom König anerkannt sei. Aber ein Mann in der richtigen Position hatte ihn eines Besseren belehrt. Mgr. Giuseppe Maria Puoti, gestern Bibliothekar von Kardinal Lambertini, heute enger Mitarbeiter Benedikts XIV., weilte Ende Februar 1748 in Neapel. — Verfaßt ein Memorandum, sagte er zum Gründer, und ich selbst werde es dem Papst übergeben.

Benedikt XIV. war zwar kein übermäßiger Freund der Ordensleute, aber er war in erster Linie und uneingeschränkt Seelsorger[2]. Gerade diese missionarische Saite aber schlug die Bittschrift an, die Alfons von Liguori Mgr. Puoti anvertraut hatte:

„Allerheiligster Vater,

Der Priester Alfons von Liguori aus Neapel legt gemeinsam mit seinen Mitbrüdern, den anderen Missionspriestern, die unter dem Titel des Heiligsten Heilands in einer Gemeinschaft zusammengeschlossen sind, in aller Bescheidenheit folgendes Ansuchen vor:

Als Mitglied der Kongregation der apostolischen Missionen, die ihren Sitz in der Kathedrale von Neapel hat, hat der Bittsteller in mehrjähriger Erfahrung bei den Volksmissionen festgestellt, in welch großer Verlassenheit sich das arme Volk in weiten Gebieten dieses Königreiches, und zwar vor allem auf dem Lande, befindet. Daher hat er sich 1732 mit den genannten Priestern, seinen Mitbrüdern, unter der Leitung des verstorbenen Mgr. Falcoia, Bischof von Castellamare, zusammengeschlossen, um sich durch Missionen, Unterweisungen und andere Übungen der armen Landbevölkerung hilfreich anzunehmen. Diese Bauern sind fast ohne geistlichen Beistand und haben oft niemanden, der ihnen die hl. Sakramente spenden und das Wort Gottes verkünden kann. Das geht sogar so weit, daß viele, eben weil es an geistlichen Arbeitern fehlt, ohne Kenntnis auch nur der wichtigsten Glaubensgeheimnisse sterben, denn es gibt nur wenige Priester, die ihre Zeit der geistlichen Betreuung dieser armen Bauern widmen: sie fürchten die Auslagen, die ihnen daraus erstehen könnten, und die zahlreichen Unannehmlichkeiten, die man bei dieser Aufgabe auf sich nehmen muß.

Daher haben die Antragsteller seit damals diese arme Bevölkerung durch Volksmissionen unterstützt und sind durch das Land und die verlassensten Gegenden der sechs Provinzen des Königreiches gezogen. Der Erfolg war überall so groß, daß auch der König davon erfuhr, vor allem von unseren Bemühungen um die zahlreichen Hirten Apuliens. Seine Majestät hat durch mehrere „Depeschen" verlangt, daß diesem Werk, das sie als äußerst nützlich für das Wohl des

ganzen Königreiches empfahl, eine jährliche Rente zu seiner Unterstützung zugewiesen werde.

Außerdem hat der hochwürdigste Erzbischof von Neapel, der seine Kirche
mit so großem Eifer führt, geruht, die Bittsteller aufzufordern, ihm zu helfen, was
sie durch Missionen in den Dörfern seiner Diözese taten.

Dieses Ziel hat die Antragsteller dazu bewogen, mit der kanonischen Anerkennung der Ordinarien und der Zustimmung des Königs in einigen Häusern
oder Einsiedeleien fern jeder Siedlung gemeinsam zu leben. Sie sind in verschiedenen Teilen des Königreiches ansässig geworden: in den Diözesen Salerno,
Bovino, Nocera und zuletzt in der Diözese Conza.

Diese Häuser waren der Mittelpunkt, von dem aus die Antragsteller zu ihren
Missionen aufbrachen, zu denen aber auch die Landbevölkerung von ihren Dörfern, in denen die Mission stattgefunden hatte, leicht gelangen konnte, um wieder
zu beichten und durch Predigten im Glauben gefestigt zu werden.

Außerdem fanden in diesen Häusern mehrmals jährlich geschlossene Exerzitien für Ordinanden, Pfarrer und Priester, die von ihren Bischöfen geschickt werden, aber auch für Laien statt. Das war sowohl für sie selbst als auch für andere ein
großer Segen: denn die Priester, die gewandelt aus diesen Exerzitien hervorgingen, wurden zum Wohl der Bevölkerung würdige Verwalter des Heiligtums.

Alle diese Aktivitäten dauern auch jetzt noch an. Die Leute kommen täglich
zahlreicher und werden immer besser.

Auch der Herr hat dieses Werk reich gesegnet, nicht nur durch die Bekehrung
vieler verlassener Seelen und den religiösen Fortschritt der Gegenden, in denen
die Antragsteller sorgfältig gearbeitet haben, sondern auch durch die steigende
Zahl der Mitglieder, die sich seither ihrer Gemeinschaft angeschlossen haben: sie
sind heute etwa vierzig.

Dies, Allerheiligster Vater, ist der gegenwärtige Stand dieses Werks. Wenn
aber Eure Heiligkeit nicht geruht, ihm seine apostolische Anerkennung zu geben,
kann es nicht glücklich fortgeführt werden. Vor den Füßen Eurer Heiligkeit liegend, flehen der Antragsteller und seine Mitbrüder Sie an, um Ihrer Liebe zum
Ruhme Jesu Christi und um des geistlichen Heiles so vieler armer Landbewohner
willen, die die verlassensten Söhne der Kirche Gottes sind, mit der apostolischen
Anerkennung zu bewilligen, daß die fragliche Gemeinschaft errichtet und mit
dem Titel des Allerheiligsten Heilands als Kongregation von Weltpriestern unter
der Jurisdiktion der Ortsordinarien konstituiert wird, nach dem Vorbild der Missionspatres und der Frommen Arbeiter. Allerdings mit dem einen Unterschied,
daß sie stets außerhalb jeder Ansiedlung und inmitten der bedürftigsten Diözesen
leben müssen, um ausschließlich im Dienst der Landbevölkerung stehen und
ihnen schnellere Hilfe bringen zu können.

Eure Heiligkeit möge auch geruhen, die Regeln zu approbieren, die Ihr rechtzeitig vorgelegt werden: Wir hoffen von Eurer Heiligkeit, die von ungeheurem
Eifer für das Heil der Seelen verzehrt wird, insbesondere (wie die Rundschreiben
an die Bischöfe des Königreichs Neapel zeigen, die sich mit der größtmöglichen
Hilfe für diese Bevölkerungsgruppen durch Volksmissionen befaßten) der Seelen
dieser armen Landbevölkerung, daß Sie durch ihre höchste Autorität ein Werk
festigt, das zur Hilfe für so viele arme Seelen, die ohne jeden geistlichen Beistand
in den Landgebieten dieses so großen Königreichs leben, nicht nur nützlich, son-

dern von größter Notwendigkeit ist. – In großer Dankbarkeit ..."[3].

Noch vor Ende März ist Puoti in Rom und die Bittschrift in den Händen des Papstes. Am 30. liegt das Dokument, versehen mit einer Bemerkung Benedikts XIV., auf dem Schreibtisch der zuständigen heiligen Kongregation, der sogenannten Konzilskongregation. Am selben Tag schickt es ihr Präfekt, Kardinal Antonio Gentili, dem Erzbischof von Neapel, damit er – halten wir dies fest – „zum Ansuchen A. von Liguoris seine Meinung äußere"[4], nichts weiter.

Spinelli ist keineswegs begeistert von Ordensleuten und noch weniger von ihrem Privileg der Exemtion von der bischöflichen Jurisdiktion. Aber wir wissen, daß er für Alfons Zuneigung und Verehrung hegt und dessen originelle Missionsgründung bewundert. Er nimmt sich der Sache an und informiert natürlich auch Liguori, der wegen seiner Vorsprachen beim König noch bis April in Neapel ist. Verlangt er die Regel von ihm? Rom hat ihn nicht ausdrücklich mit deren Beurteilung beauftragt. Jedenfalls bringt sie ihm der Rektor Maior. Nicht die, ausgehend von Falcoias Papieren durch die Oktoberversammlung 1747 festgelegten langen *Regeln und Konstitutionen*, sondern ihr *Ristretto*, ihr „Kondensat", das nur ein Drittel ihres Umfangs hat und von ihm gemeinsam mit Sportelli in Neapel erarbeitet, von Mazzini und Villani durchgesehen und jüngst dem Großalmosenier im Blick auf die königliche Billigung vorgelegt worden war: die aszetisch-mystischen Betrachtungen über jede Monatstugend sind verschwunden; lediglich die ihnen zugeordneten zwölf falcoianischen Konstitutionen wurden, in Kurzfassung, beibehalten. Es sind „die in Neapel geschaffenen Regeln", von denen Villani in seinen Briefen aus Rom spricht[5].

Der Erzbischof vertraute die Überprüfung des Dokuments seinem Kirchenrechtler Carlo Blasco und seinem Theologen Giuseppe Simioli an. Von Landi erfahren wir, daß zumindest eine Arbeitssitzung mit dem Kardinal, Mgr. Giulio Torni und Don Nicola Borgia stattfand. Hierbei wurden zweifellos einige Verbesserungen aus kirchenrechtlicher Sicht vorgeschlagen; Spinelli wollte eine stärkere Betonung der bischöflichen Autorität, aber eine Einschränkung des Fastens. „Wer arbeitet, braucht seine Gesundheit und nicht Buße, die seine Tage verkürzt"[6]. Aber diese kleinen Änderungen konnten nicht ohne die volle Zustimmung des Gründers vorgenommen werden, denn der Erzbischof hatte, wie wir uns erinnern, nicht den Auftrag, Alfons' Text zu revidieren, sondern sollte nur seine Meinung über das Appobationsansuchen für dessen Institut geben[7].

Ein kirchliches Sprichwort sagt: *Roma mora* – „Rom läßt sich Zeit". In diesem Fall war es Neapel, das sich Zeit ließ: von April bis Oktober 1748. War Alfons während dieser sechs Monate oft in Neapel? Am Sonntag, dem 28. Juli, jedenfalls war er hier zur Priesterweihe seines lieben Celestino de Robertis durch Mgr. Torni. Als er dann am nächsten Morgen zusammen mit diesem bei den Oratorianern in der Märtyrerkapelle die Messe feierte, lernte ein gewisser Cavaliere ihn kennen: Einige Besucher haben ihn gebeten, Hostien für ihre Kommunion zu konsekrieren. Nachdem er selbst Leib und Blut Christi zu sich genommen und über die kleine Gruppe – der damaligen Liturgie entsprechend – das *Misereatur* und das *Indulgentiam* gesprochen hat, nimmt Alfons die heilige Patene und wendet sich zu den knienden Gläubigen ... Unser Cavaliere aber ist mit gekreuzten Beinen sitzengeblieben, ohne auch nur eine Beugung des Kopfes anzudeuten. *Ecce Agnus Dei* – „Sehet das Lamm Gottes", sagt innig der Zelebrant ... Er hält einen Augenblick inne und wendet sich dann direkt an den nach wie vor unbeweglichen Mann:

— Bist du ein Krüppel, daß du nicht niederkniest?

Sogleich kommt Bewegung in den Edelmann, er schnaubt beleidigt und geht in die Sakristei, um sich über diesen Priester, der ihn öffentlich zurechtgewiesen hat, zu beschweren. Als er aber erfährt, daß es sich um den berühmten P. von Liguori handelt, schleicht er sich eilends davon.

Robertis, der diese Episode erzählt, erwähnt auch, daß Alfons bis zum 15. August in Neapel geblieben ist[8]. Zweifellos, um mit den Experten des Kardinals, seinen Freunden und Ratgebern — Torni, Borgia, Testa ... Pagano, der noch immer lebt — zusammenzutreffen und den Text des *Ristretto* fertigzustellen.

Dieses zunächst für den Großalmosenier verfaßte *Ristretto* war — wir haben es schon einmal gesagt, aber hier können wir nicht klar genug sein — das „Kondensat" der zwölf Konstitutionen Falcoias, die bei der Versammlung vom 20. Oktober 1747 angenommen worden waren. Mit Ausnahme des ersten Paragraphen — der falcoianischen Idee des Instituts —, den Alfons durch seine eigene Sicht als Gründer ersetzt hatte. In der überarbeiteten und verbesserten Version, die er nun für Rom vorbereitet, bringt er diesen Gedanken noch klarer zum Ausdruck. Vergleichen wir diesen neuen, alfonsischen Text mit dem falcoianischen aus dem Jahr 1747. Dieser letztere begann folgendermaßen:

„Ziel dieses Instituts ist die bestmögliche Nachahmung des allerheiligsten Lebens und der bewunderungswürdigsten Tugenden unseres Herrn Jesus Christus. Das Leben eines jeden einzelnen Mitgliedes muß ihre Kopie sein. So verwirklichen sie in ihrer Person den Plan der Göttlichen Majestät, die in der Welt Fleisch geworden ist, damit wir sie nachahmen können. Dann kann ein jeder für die anderen zum Vorbild werden und mit dem Apostel sagen: *Nehmt mich zum Vorbild, wie ich Christus zum Vorbild nehme* (1 Kor 11,1).

Zu diesem Zweck hier die Regeln, zwölf an der Zahl, gemäß den zwölf christlichen Haupttugenden. Die Mitbrüder werden sich jeder einzelnen in dem ihr zugewiesenen Monat besonders widmen"[9].

Auf der letzten Seite schließlich enthielt die Konstitution über die Leitung immerhin noch den Satz, daß „die Missionen die Hauptbeschäftigung der Kongregation seien". Übrigens stimmte die Versammlung an diesem gleichen 20. Oktober 1747 auch über Alfons Regelung für die Missionen ab.

Das Institut sollte also zwei Arten von Aktivitäten entwickeln: die „persönliche" — nicht gemeinschaftliche — Heiligung „eines jeden einzelnen" durch die Nachahmung der Tugenden Jesu Christi, und eine apostolische Beschäftigung: die Volksmissionen. Das ist reiner Falcoia.

Der in Neapel erarbeitete Text dagegen weist diese Zweipoligkeit zurück. Schon in der ersten Zeile vereinigt Alfons, der Sicht seines *Ristretto* entsprechend, Spiritualität und Aufgabe. Das Institut hat nur ein Ziel:

„Ziel des Institutes ist es, eine Kongregation von Weltpriestern zu bilden, die unter dem Titel des Heiligsten Heilands und unter der Jurisdiktion der Bischöfe in Gemeinschaft leben."

Beachten wir das Losungswort für das königliche *exequatur* — Weltpriester — und das gemeinschaftliche Leben, das bereits die wesentliche Sendung enthält: *die versprengten Kinder Gottes wieder zu sammeln* (Jo 11,52).

Wie aber lebt diese Gemeinschaft zusammen? Lesen wir:

„Einziges Ziel dieser Kongregation ist es, das Beispiel unseres Erlösers Jesus Christus fortzuführen, indem sie den Armen das Evangelium verkündet, wie er es von sich selbst gesagt hat: *Er hat mich gesandt, damit ich den Armen eine gute Nachricht bringe* (Lk 4,18). Daher befassen sich die Mitglieder dieser der Autorität des lokalen Bischofs unterworfenen Kongregation ausschließlich damit, das auf dem Land und in kleinen Ansiedlungen zerstreute Volk und vor allem jene, die in geistlicher Sicht am verlassensten sind, durch Missionen, Unterweisungen, Katechismusunterricht und Sakramentenspenden, vor allem aber dadurch zu betreuen, daß sie mehrmals in die Dörfer zurückkehren, in denen eine Volksmission stattgefunden hat, um dadurch ihre Bewohner in der Beharrlichkeit zu unterstützen"[10].

Dies also ist die Charta des Gründers. Das einzige Ziel des Instituts ist es, das Beispiel des Erlösers fortzusetzen *(seguitare l'esempio)*, „ihn weiterführen"; also Missionsgemeinschaften zu bilden, die sich dort niederlassen, wo die Gegenwart der Kirche am meisten fehlt, um dort mit den und für die geistlich Bedürftigsten zu leben. Religiöses und apostolisches Leben sind ein- und dasselbe: Jesus Christus nachahmen, ja, aber in seiner Eigenschaft als Bringer der Frohbotschaft und als Erlöser; es ermöglichen, daß er sein Leben als Erlöser in Menschen und Gemeinschaften weiterführt, die seine irdische Existenz fortsetzen. Die „Redemptoristen" werden sich nicht der Nachfolge und den Volksmissionen zugleich widmen (Falcoia), sondern persönlich und gemeinschaftlich in der Sendung Jesu Christi stehen (Liguori).

Der von Alfons ausgearbeitete vollständige Text des *Ristretto* wird vom Sekretär des Kardinals, Don Gianfrancesco Cossali, kopiert und beurkundet. Vom Gründer noch einmal durchgesehen, wird er im September Spinelli übergeben, zusammen mit einem Memorandum, das Seiner Eminenz die in Rom vorzubringenden Argumente liefert.

„Man wird gewiß überrascht sein", schreibt er, „daß wir um die Approbation und Bestätigung dieses neuen Instituts durch den Heiligen Stuhl ansuchen, obwohl es in der Kirche bereits eine große Anzahl von Orden, Kongregationen und Instituten gibt. Manch einer wird sogar sagen, man solle, statt neue zu gründen, lieber die alten auflösen oder reformieren. Doch nach genauerer Betrachtung des Zieles dieses Instituts und der Segnungen, mit denen der Herr seine Anfänge begünstigt hat, wird man sich nicht mehr wundern …

Man wendet ein, alle diese Institute seien am Anfang sehr eifrig gewesen, aber dieser Eifer habe sich später verflüchtigt, und mit diesem werde es nicht anders ergehen." Alfons dreht das Argument um, nachdem er darauf hingewiesen hat, daß immerhin „in vielen Instituten der Eifer geblieben ist und noch immer anhält".

„Man antwortet, es sei nicht möglich, die menschlichen Dinge von ihrer Natur zu lösen; es sei diesen, so wie die menschliche Verfaßtheit nun einmal ist, eigen, mit großem Eifer zu beginnen; aber dieser Eifer lasse unaufhörlich nach. Je mehr sich das Wasser von seiner Quelle entfernt, umso mehr verliert es an Reinheit und Klarheit. Aber es ist eine Erfahrungstatsache, daß Gott … beschlossen hat, von Zeit zu Zeit neue Institute ins Leben zu rufen …, die den schwindenden Eifer der alten ablösen sollen. Sie beginnen stets mit großem Edelmut, der gewöhnlich zum

Besten der Ordensleute und der Bevölkerung mehrere Jahrhunderte anhält. Wenn man in einem Weinberg die alten Pflanzen nicht durch neue ersetzt, wird er zweifellos zugrundegehen.

Aber da kommt der Einwand, die Zahl der Orden und Kongregationen sei so stark angewachsen, daß sie nun in keinem Verhältnis mehr zum Bedarf der Bevölkerung stehe.

Ja, wenn es nur so wäre! *Die Ernte ist überreich.* Wer nur ein wenig Einblick in das Gewissen der Menschen hat, weiß, wie selten die wahren Arbeiter sind, die wirklich um das Heil ihres Nächsten bemüht sind, und wieviele Seelen verloren gehen, weil sie keine Hilfe erhalten. Dies gilt vor allem für die Landgebiete, und zwar aus leicht verständlichen Gründen.

Daher haben sich so viele eifrige Priester der Aufgabe der Volksmission zugewandt. Diese Missionen, die in den Städten nützlich sind, erweisen sich in den Dörfern auf dem Land als absolut notwendig. Denn, wo soll man in diesen kleinen Orten gute Priester finden, die das Brot des Wortes Gottes brechen und das unwissende Volk unterweisen? Es gibt hier nur wenige Priester, die überdies alle aus der Gegend stammen: daher kommt es durchaus vor, daß viele Personen aus Scheu, bei einem Bekannten zu beichten, schlechte Beichten ablegen und in Sünde leben. Wenn aber solcherart gefallene Seelen nicht die Möglichkeit erhalten, in einer Volksmission bei fremden Priestern zu beichten, kann man mit moralischer Sicherheit behaupten, daß sie auch weiterhin in der Ungnade Gottes leben und unfehlbar ihrer Verdammnis entgegengehen. Die Erfahrung hat gezeigt, daß gerade diese Bevölkerungsgruppe besonderen Nutzen aus den Missionen zieht; ganze Landstriche wurden bekehrt.

Gebe Gott, so wird man sagen, daß diese schönen Ergebnisse auch von Dauer wären! Dann gäbe es nicht diesen moralischen Verfall, der sogar nach Missionen auftritt, und es gingen nur wenige Seelen verloren. Aber leider erkalten die Leute schon wieder nach kurzer Zeit und fallen in ihren ursprünglichen Zustand zurück; oder gar noch in einen schlimmeren, weil sie in der Mission aufgeklärt worden sind."

Ein schwerwiegender Einwand. Aber Alfons formt gerade ihn zu einem Hauptargument für seine Kongregation um:

„Das Ziel, das sich unser kleines Institut gesetzt hat, ist es, den Früchten der Mission Dauer zu verleihen. Zu diesem Zweck sollen seine Häuser mitten in den Diözesen stehen; dadurch können die armen Leute nicht nur jederzeit kommen, um geistlichen Beistand zu erhalten, sondern es kann ihnen auch durch Unterweisungen, Novenen und andere geistliche Übungen geholfen werden, die die Patres bald in diesem, bald in jenem Ort ihrer jeweiligen Diözese halten ...

Ein weiterer Grund macht diese Hilfe für die Gläubigen sehr wertvoll. In den kleinen Dörfern herrscht Mangel an Beichtvätern, und vielerorts gibt es nicht einmal einen Pfarrer. So empfangen viele die Sakramente der Buße und der Eucharistie nur selten. Wenn sie aber zur Beichte gehen, dann werden viele durch falsche Scham und Scheu dazu geführt, ungültige Beichten abzulegen. Die ambulanten Beichtväter wissen, welch große Hilfe und Erleichterung sie diesen Leuten bringen.

Priester, die in Städten leben, werden gewöhnlich ganz von deren Belangen in Anspruch genommen. Um die Mitglieder dieser Kongregation von diesen Sorgen völlig freizuhalten und ihnen den uneingeschränkten Dienst an der armen Landbevölkerung zu ermöglichen, wurde beschlossen, ihre Wohnstätten stets außerhalb bewohnter Orte zu errichten.

Diese Kongregation übt also durch die Missionierung der Landbevölkerung eine Aufgabe aus, um die sich die anderen Missionskongregationen nicht kümmern. Daher hoffen wir, daß der Heilige Stuhl ihr seine Approbation und Bestätigung bewilligen wird"[11].

Nachdem dieser Akt — *Regel* und Memorandum —, in dem die Ursprünglichkeit des Gründercharismas zum Ausdruck kommt, zusammengestellt ist, unterzeichnet Spinelli am 11. Oktober ein dem Institut und seiner *Regel* gegenüber sehr wohlwollendes *Votum*. Allerdings schlägt er fünf Änderungen vor, von denen uns heute nur noch eine interessiert, nämlich die bedauerliche Abschaffung des Gelübdes der Heidenmission[12].

So ist also nun die erste Hürde glücklich genommen. Wie aber wird es bei den hohen päpstlichen Instanzen sein, die nun durchlaufen werden müssen?

Man beschließt, das Ende der römischen Oktoberferien abzuwarten, um zu verhindern, daß die Angelegenheit im Sand verläuft. Dann aber wird man sie mit Nachdruck betreiben. Gewiß wird Alfons sie verteidigen? Aber davon ist nicht die Rede. Er schützt, nicht ohne Grund, seine Gesundheit vor: „Sie verbot ihm diese lange Reise in der kalten Jahreszeit"[13]. Vielleicht befürchtet er aber auch, es könne ihm eine Mitra auf den Kopf sinken, sobald er sich in Rom zeigt? Er hatte vielmehr an die Patres Margotta und de Robertis gedacht, zwei rechtskundige und vertrauenswürdige Männer; letzterer war nach Sportelli sein Berater und Sekretär in Neapel geworden. Aber Mgr. Nicolai — wieder einmal er — behält Margotta für sich zurück. So gehen Ende Oktober Villani und Tartaglione auf die Reise: Francesco als „Diplomatenbruder" der Kongregation; Don Andrea aus dem Geschlecht der Marquese de Polla, ein feinfühliger und gütiger Mensch, und so voller Begeisterung für das Institut, daß er einst zu seinen Novizen gesagt hatte: „Meine Kinder, lieber tot innerhalb der Kongregation als Papst außerhalb"[14].

Mit dem Dossier von Alfons und dem Kardinal, mit Empfehlungsschreiben der Bischöfe von Salerno und Nocera dei Pagani[15] und mit einigen Exemplaren der soeben aus der Presse von Pellecchia gekommenen *Adnotationes* zur Moraltheologie im Gepäck verlassen unsere beiden Botschafter am 16. Jahrestag der Gründung (Samstag, 9. November) Neapel. Sie treffen am 13. in Rom ein, wo sie von einem Freund Alfons' erwartet werden: Don Giuseppe Muscari.

Muscari, Basilianerpater, 35 Jahre, Magister der Theologie, hat Alfons und die Seinen kennen und bewundern gelernt, als er im Kloster von Materdomini vor den Toren Noceras wohnte[16]. Dieser tüchtige und ehrgeizige Mann ist gewählter Abt von S. Maria del Patirion in Kalabrien, wird aber von seinem Generaloberen, Pater Giuseppe de Pozzo, als Sekretär des Ordens in Rom zurückbehalten. Er ist wendig und einflußreich, kennt die richtigen Türen und Hintertreppen der römischen Kurie. In seinem Innersten aber ist er gespalten zwischen den Abtsehren und dem missionarischen Leben.

Muscari empfängt unsere Reisenden mit offenen Armen; er bringt sie in zwei von seinem Freund Don Giuseppe Rosa, Diakon von Nocera, angebotenen Räumen unter und stellt sich ihnen voll Eifer zur Verfügung. Weitere wertvolle Hilfe finden sie in S. Maria ai Monti bei den Frommen Arbeitern: P. Panzuti, Rektor, P.

Tommaso Sergio, Berater des Hl. Offiziums, P. Francesco Longobardi und ... P. Francesco Sanseverino, dem ehemaligen Novizen und Studenten von Ciorani, Deliceto und Pagani.

Wie Alfons früher Falcoias Briefe geordnet hatte, so bewahrte er jetzt auch die 25 – unterwegs nicht verlorengegangenen – Briefe auf, in denen Villani ihn über diese viermonatigen Verhandlungen auf dem laufenden hält[17]. Es ist die Geschichte der Überraschungen – das teure Leben, die Bürokratie! –, der großen Anstrengungen, Kunstgriffe, Angst- und Freudenausbrüche, die Don Andrea und sein Mitbruder erleben; die Geschichte des Wohlwollens der Eminenzen Antonio Gentili, Domenico Orsini, und vor allem des berichterstattenden Zisterzienserkardinals Besozzi; die Geschichte der Schikanen durch den Substituten für die Breven, einen gewissen Fiore, der versuchte, den abschließenden apostolischen Brief zu fälschen, damit nur die *Regel*, nicht aber das Institut approbiert würde; und schließlich die Geschichte des selbstlosen und wirksamen Einsatzes von P. Sanseverino und Don Muscari.

Bedauerlicherweise hat Villani die Antworten seines Superiors nicht aufbewahrt. Doch haben wir bei der Lektüre seiner Briefe niemals den Eindruck, als habe Alfons ihm einen Rat oder eine Anweisung gegeben: er vertraut ihm ganz und gar und beschränkt sich darauf, zu beten und nach allen Seiten hin zu flehen: „Betet täglich zu Maria für uns, denn nun wird in Rom über unsere Anerkennung verhandelt. Ich befehle es Euch"[18]! In der Zwischenzeit teilt Alfons, wenn er nicht gerade bei einer Mission ist, seine Zeit zwischen Ciorani und Pagani auf. Pagani, wo ihn im Dezember ein Blutdrang in der Lunge festhalten wird. Pagani, wo er endlich freudigen Herzens verweilen kann.

Denn genau zu dem Zeitpunkt, da seine „Bevollmächtigten" nach Neapel und Rom abreisten, wurde in Pagani der gnadenlose Kampf, in dem sich seit fünf Jahren so viel erbitterter Haß und so viel glühende Sympathie gegenüberstanden, beendet. Derselbe Staatsrat, der soeben Alfons' Kongregation die Autorisierung verweigert hatte, entschied im Prozeß von Pagani zu ihren Gunsten. Er wies den Anspruch Contaldis und seiner Schwester zurück, das Haus und die Einkünfte, die sie der Gründung geschenkt hatten, wieder zurückzunehmen. Das „Kloster" selbst war in Begeisterung und Großmut auf einem anderen Grund, den Sportelli erworben hatte, erbaut worden. Um des Friedens willen und trotz seiner Armut hatte Alfons schon lange auf die Schenkung Contaldis verzichten wollen. Doch der Bischof von Nocera, Mgr. Volpe, wollte die Hinterlist und Unverfrorenheit der Verschwörer nicht noch unterstützen und hatte sich stets dagegen ausgesprochen. Nun aber, da sie beschämt und die Patres angesiedelt waren, ließ der Prälat den Dingen ihren Lauf. So zerriß Alfons in Gegenwart Contaldis den Schenkungsakt und ersuchte ihn lediglich, die 900 Dukaten, die er dem Unternehmen noch schuldete, zu zahlen, und zwar nicht auf einen Rechtstitel hin, sondern als Almosen. Eine so unerwartete Selbstlosigkeit entwaffnete auch die Boshaftesten; und nun, da man sich gegenseitig nichts mehr schuldete, trat plötzlich dort Frieden ein, wo die Habgier – immer wieder sie! – den Krieg entfacht hatte[19].

Große Gelegenheiten zeigen große Heilige. Aber es kommt auch vor, daß kleinere Anlässe nicht weniger enthüllend sind und sie uns ebenso bewundernswert erscheinen lassen. In diesem Herbst 1748 begibt sich Liguori mit P. de Robertis nach Sarno, zwei Meilen von Ciorani entfernt. Er muß dort den Priestern predigen und Celestino den Seminaristen. Der Bischof, der sie erwartet, ist der ehemalige Sekretär der *Apostoliche Missioni*, Francesco de Novellis.

„Bei der Ankunft", so berichtet de Robertis, „hielt er seinen feierlichen Einzug seiner Gewohnheit gemäß in geflickter Soutane und einem ebensolchen Mantel, der besser auf den Rücken des ärmsten Bettlers der Welt gepaßt hätte als für einen *pretazzolo* („Pfäfflein") und schon gar nicht für den Generaloberen einer Missionskongregation und geborenen Cavaliere einer neapolitanischen Piazza. Seinen Bart hatte er sich am Morgen der Abreise oder einige Tage vorher mit der Schere selbst nachgeschnitten, aber in ganz ungleichen Stufen, denn er hatte die Furchen nicht von Ost nach West oder von Nord nach Süd gezogen, sondern von Süd nach Ost, so daß schon sein bloßer Anblick Verachtung und Spott herausforderte. Der Bischof befahl ihm rundheraus, ohne auch nur im geringsten sein vorgerücktes Alter, seinen hohen Rang in der Kongregation, seinen Stand als Cavaliere, oder den Ruhm zu berücksichtigen, der dem Diener Gottes vorauseilte, sich aus Gehorsam (man beachte den Ausdruck!) den Bart rasieren zu lassen. Nach diesem unerwarteten und unvorstellbaren Befehl senkte Alfons den Kopf und gehorchte sofort ohne Widerrede. Nachdem der Barbier gekommen ist und Alfons auf einem Sitz Platz genommen hat, kommt Pater Celestino herein. Als er ihn sieht, macht er eine bewundernde Geste, worauf Alfons ihn lange anschaut und dann sagt:

— Ich habe mir den Bart schon zehn Jahre nicht mehr schneiden lassen[20].

Nein, nicht einmal, um beim König vorzusprechen. Karl von Bourbon aber hatte darüber keine Bemerkung fallen lassen. Kleriker sind zweifellos weniger feinfühlig. Es war gewiß besser, wenn Villani in den römischen Vorzimmern erschien.

Dieser gute Villani brachte seine Sendung in einer Zeit zu Ende, die alle, die sich auskannten, erstaunte. Am 18. Januar 1749 unterzeichnete Kardinal Besozzi seinen Bericht an die hl. Konzilskongregation. Einen sehr lobenden Bericht, in dem er, nach Spinelli, die Originalität und Bedeutung der Nachmissionen betonte. Aber das Institut sollte nicht mehr unter dem Titel des Heilandes aufscheinen, um nicht mit den Regularkanonikern dieses Namens, den Salvatorianern, verwechselt zu werden, sondern unter dem des Redemptor: es wird zur „Kongregation vom Allerheiligsten Erlöser" (Allerheiligster", lateinisch *Sanctissimus*, „Erlöser", lateinisch „Redemptor", daher das Siegel: C.Ss.R.). So werden sie also zu „Redemptoristen".

„Die Substanz der Regel bleibt uneingeschränkt erhalten", hatte Villani am 17. Dezember 1748 geschrieben; nur ihre Reihenfolge sei geändert. Das war ein wenig optimistisch ausgedrückt. In Wirklichkeit verschwindet die Struktur der zwölf Tugenden — armer Falcoia! — mit den Kapiteln über die drei Kardinaltugenden. Verwechseln wir nicht die mystische und die kanonische Ordnung! Das missionarische Apostolat rückt auf die erste Ebene vor, und das ist gut so. Man unterscheidet nun drei Abteilungen: I — Volksmissionen und andere Dienste; II — besondere Verpflichtungen: Gelübde der Armut, der Keuschheit, des Gehorsams und der Beharrlichkeit, ein Leben in Gebet und Bescheidenheit, Schweigen und Entsagung, geistlicher und apostolischer Bildung; III — Leitung der Kongregation.

Der auf Lebenszeit gewählte Rektor Maior erhält größere Vollmachten; einige als unreif betrachtete Praktiken werden abgeschafft (z. B. der jährliche Wechsel des Zimmers); gestrichen wird auch, nach Spinellis Wunsch, das Gelübde der Heidenmission. (Obwohl dies nur eine Angelegenheit der Akzentsetzung war, denn das Gehorsamsgelübde kann genügen, aber immerhin ein Akzent). Schließlich wird die wöchentliche Bibelrunde durch die Verpflichtung für jeden einzelnen ersetzt, die heilige Schrift auf seinem Zimmer zu haben.

Bedauerlicherweise fiel man in den vom Gründer verworfenen Dualismus Falcoias zurück:

„Das Ziel des Instituts vom Allerheiligsten Erlöser ist kein anderes, als Weltpriester zu vereinen, die miteinander leben und sich bemühen, die Tugenden und Beispiele unseres Erlösers Jesus Christus nachzuahmen, und zwar vor allem dadurch, daß sie den Armen das Wort Gottes predigen."

Erstes Ziel: Nachahmung der Tugenden Jesu Christi. Die Verkündigung des Evangeliums für die Armen wird zu einer „Spezialisierung" dieser Nachahmung des Erlösers und ist im Kapitel über die Volksmission sogar als ein eigenes Ziel genannt: „Die Hinwendung zu den Volksmissionen ist eines der Hauptziele des Instituts." So sind die Häuser nun nicht mehr deshalb außerhalb der Siedlungen, „um näher bei den Landbewohnern und den armen Leuten leichter zugänglich zu sein", sondern „damit die Redemptoristen weniger zerstreut und in Anspruch genommen, danach streben, diesen Geist zu erlangen" — den Geist der Nachahmung, so nehme ich an —, „der für die Verkünder des Evangeliums und die Seelsorge bei den verlassensten Bevölkerungsgruppen so notwendig ist"[21].

Hier schnurrt die geistige Routine jener Zeit: „Jede Ordensgemeinschaft hat zwei Ziele: die eigene Heiligung und die Heiligung des Volkes, sowie das Wohl der Kirche." „Nein", hatte Liguori gesagt: „keine Mischung zwischen kontemplativem und aktivem Leben, sondern ein *christliches* Leben, wie Paulus es versteht: *Ich lebe ... Christus lebt in mir,* Christus, der Erlöser, wenn ich Redemptorist bin." Es geht um die innere Teilnahme, nicht um äußere Nachahmung. Die erstarrten Bürokraten waren unfähig gewesen, diese einfache und ursprüngliche Sicht, die der Geist erweckt hatte, zu erkennen. Alfons, der über die erlangte Approbation überglücklich war, beugte sich diesem aus der päpstlichen Autorität hervorgegangenen Text; in den Briefen aber, die er an seine Söhne richtet, findet sich nirgends das Wort „Nachahmung".

Nun aber zurück zu den Ereignissen. Wie weit steht es mit der Approbation?

Am 28. Januar 1749 sitzt Villani gerade über einem Brief an den Rektor Maior, in den er seine ganze Enttäuschung einfließen läßt: Besozzis Bericht über die Ordensgemeinschaft und ihre Regel, der von der Konzilskongregation für die Sitzung vom 25. vorgesehen war, konnte in der überfüllten Tagesordnung keinen Platz mehr finden. „Gott kennt meine Sorgen und Ängste, ... und wann wird die nächste Versammlung der Kongregation stattfinden? So laufen die Dinge in Rom, usw., usw." Da kommt ein Bote mit einem Schreiben von Kardinal Orsini herein. Villani liest ... und fällt auf die Knie. Dann schreibt er ganz oben, über seinen Brief „*Gloria Patri!* Wir haben die Anerkennung der (Konzils-)Kongregation. Orsini hat es mir soeben durch einen Diener ausrichten lassen." Dann nimmt er den Faden seines unterbrochenen Berichts wieder auf und erklärt: „Ich fahre nun fort. Orsini hat mir einen Eilboten mit einem Schreiben geschickt, in dem er mir mitteilt, daß die (Konzils-)Kongregation unsere Regel approbiert hat

… Jetzt müssen wir nur noch die Approbation des Papstes abwarten, aber der Herr hat uns die erste gewährt und wird uns auch die zweite nicht versagen." Auf Bitten Orsinis hatte Kardinal Gentili die Angelegenheit in einer Privatsitzung geregelt. Für diese kleinen Redemptoristen hatten sich Ihre Eminenzen Überstunden aufgebürdet. Ihr auf den 25., den Tag der offiziellen Sitzung, vordatierter Bericht vom 27. gab dem Hl. Vater einen für die Anerkennung des Instituts, der Konstitutionen und Regeln der Kongregation vom Allerheiligsten Erlöser, wohlwollenden Bericht[22].

In Ciorani wartet man ungeduldig auf Nachrichten über die von Villani im Brief vom 21. für Samstag den 25. Januar angekündigte Kardinalsitzung. „Augenblicke werden zu Jahrhunderten", bezeugt Tannoia, der anwesend war[23]. Endlich kommt mit der Post ein Brief mit dem Schriftzug Villanis. Bewegt spricht Alfons gewiß in seinem Inneren sein *Amen*, ehe er ihn langsam öffnet. Die Worte am Beginn springen ihm in die Augen: „*Gloria Patri!* Wir haben die Anerkennung der Kongregation." Er wirft sich auf die Knie nieder und dankt Gott aus ganzem Herzen; er läßt die Glocke läuten; versammelt seine Brüder in der Kirche zu einem jubelnden *Te deum*. Dann kommentiert er Psalm 80, Vers 15: „Suche heim deinen Weinstock und schütze ihn, den gepflanzt deine Rechte."

Nun fehlt nur noch das *placet* des Papstes. Am 25. Februar promulgiert Kardinal Domenico Passionei, der Sekretär für die Breven, die apostolischen Briefe *Ad Pastoralis Dignitatis fastigium* Benedikts XIV., die den Orden und die Regel der Kongregation vom Allerheiligsten Erlöser anerkennen. Am 18. ein letzter Brief Villanis: „Am Mittwoch, dem Unserer Lieben Frau und dem hl. Joseph geweihten Tag, habe ich das unterzeichnete und versiegelte Breve erhalten. Erst jetzt können wir sagen, daß unsere Kongregation anerkannt ist. Es ist ausschließlich das Verdienst Jesu, Mariens und Josephs … Morgen Samstag, werden wir, so Gott will, zum Heiligen Vater gehen …"

Alfons' Freude wäre ungetrübt gewesen, wäre er nicht durch Falcoias Willen und die Wahl der Versammlung vom 9. Mai 1743 im Prinzip Rektor Maior auf Lebenszeit gewesen. Während der Verhandlungen in Rom hatte er versucht, sich durch den Hl. Stuhl von diesem Amt befreien zu lassen. Wir wissen es aus Villanis Antwort vom 4. Februar 1749: „Mein Vater, Gott will, daß Ihr dieses Kreuz bis zum Tod tragt. Alles andere wäre gegen Gottes Willen. Dieser armselige Nachen bedarf nun mehr denn je eines guten Steuermanns: Ihr hört doch die Hilferufe. Geduld! Gott wird Euch helfen. Warum sollten wir zweifeln, wenn die Kongregation sein Werk ist? *Padre mio*, faßt Euch ein Herz, verliert den Mut nicht, es ist nun der Augenblick gekommen, sich von Herzen zu freuen. Denn es ist offensichtlich, daß der Herr sich unser ganz besonders annimmt, Ihr werdet es in der Hoffnung selbst erfahren."

Am 7. März verlassen Villani und Tartaglione Rom und fahren nach Loreto, um der Muttergottes zu danken. Dann kehren sie nach Neapel und schließlich nach Pagani zurück. Ein „Römer" wird ihnen bald nachfolgen: der Pater Abt Giuseppe Muscari. Er hat die Verhandlungen so erfolgreich geführt, hat „um der Liebe Jesu Christi willen" so inständig gefleht, aufgenommen zu werden, und sei es nur als Bruder, daß Alfons schließlich auf Drängen Villanis nachgegeben hat. Im Prinzip öffnete er die Pforte seines Hauses nicht für Wankelmütige, die es bereits in anderen Ordensgemeinschaften versucht hatten. Der blendende Muscari aber legt, vom Papst zum Wechsel seiner Ordensfamilie ermächtigt, vom Rektor Maior vom Noviziat befreit, am 1. Juni in Rom in die Hände von Kardinal Orsini, dem Bevollmächtigten Alfons' die Redemptoristengelübde ab. Damit war er auch vom neapolitanischen *exequatur* für die päpstliche Dispens befreit. Er wird im Sommer nach Ciorani kommen. Auch der junge Sanseverino, der ebenfalls an der Ausarbeitung der *Regel* mitgearbeitet hatte, bat, in die Kongregation zurückkehren zu dürfen. In seinem Fall aber glaubte der Obere, nicht nachgeben zu können: „Ich will mich nicht", entgegnete er, „mit den Frommen Arbeitern anlegen". Gewiß fürchtete er auch den Wankelmut in ihm. Aber mitunter zeigen sich erst in der Veränderung Berufungen: Sanseverino wird eines Tages zum Bischof von Alife (1770) und dann zum Erzbischof von Palermo (1776) geweiht[24].

In Neapel verlieh die päpstliche Anerkennung der Ordensgemeinschaft Ansehen, und schon bald kam es zu einem Zustrom ausgezeichneter junger Leute und erstklassiger Priester. Mannarini versuchte noch einmal seine Rückkehr. Bereits am 9. März beglückwünschte er Liguori und sprach wieder von Vereinigung. Die beiden Gründer trafen in Ciorani zusammen. Im Mai erneuerte P. Geronimo Manfredi, Don Vincenzos Stellvertreter, im Namen ihrer vier Häuser die Bitte um Zulassung. Alfons war gerührt und beriet sich mit seinen Mitbrüdern. Doch alle waren für die Ablehnung. Nun brachten Manfredi und andere bedeutende Mitglieder ihre Bitten einzeln vor. Aber Liguori wandte ein: „Wenn ich sie aufnehme, wird ihre Kongregation zusammenbrechen, denn sie wird von eben diesen Patres getragen." Da fand sich Mannarini endlich damit ab, daß das Blatt endgültig gewendet war[25].

Es schien durchaus angemessen, die päpstliche Regel in einem feierlichen Akt mit der ganzen Ordensgemeinschaft zu übernehmen. So berief Liguori für den 1. Oktober 1749 eine Generalversammlung der 34 Patres, die das Institut damals zählte, nach Ciorani ein. Jene Patres, die mit den Brüdern bei Missionen oder in den Häusern unabkömmlich waren, schickten ihre schriftliche Zustimmung zu allen Beschlüssen[26].

Am lebhaftesten wurde die Abwesenheit Sportellis bedauert. Vor zehn Monaten hatte ihn nach erschöpfenden Missionen auf einem langen, einsamen Ritt von Bidaccia nach Ciorani in Schnee und Wind ein Schlaganfall zu Boden geworfen. Das Glück wollte es, daß ... zwei Räuber, die herbeigeeilt waren, um ihn zu berauben, angesichts dieses halbgelähmten Priesters, der hier auf dem Boden lag, von Mitleid ergriffen wurden.

— Was ist los, Pater, haben wir Euch vielleicht erschreckt?

— Meine guten Kinder, stammelte der heilige Spaßvogel, wenn ich ganz am Leben wäre, hätte ich auch ganz Angst, aber da ich halb tot bin, habe ich nur noch halb Angst.

Man hatte ihn nach Ciorani, dann in die Bäder von Ischia und schließlich nach Nocera gebracht, wo er während seiner letzten Monate ungeduldig darauf wartete, zu Gott einzugehen[27].

So fehlt also in diesen großen Tagen an Alfons' Seite der, den Alessandro De Risio „den Erstgeborenen unserer Kongregation" nennt. Der Erstgeborene, gemeinsam mit Mazzini, so fügen wir hinzu, ohne Vito Curzio seligen Angedenkens zu vergessen.

Diese Generalversammlung beginnt mit einer bestürzenden Tatsache: Muscari, der zuletzt Gekommene, kehrt sein Ansehen als Experte und Abt hervor und reißt mit erschreckender Dreistigkeit die Führung an sich; und dies ohne den geringsten Widerstand des Generaloberen, der mit ihm gemeinsame Sache zu machen scheint. Mit lauten und vielen Worten, mit beeindruckender Selbstverständlichkeit erklärt Muscari, die Ordensgemeinschaft werde nun gleichsam neu geboren, und alle Aufgaben müßten durch eine Wahl in der Form der approbierten *Regel* neue Legitimität erhalten. Jeder Obere habe also sein Amt zurückzulegen, einschließlich des Generaloberen, da Benedikt XIV. für die Zukunft nicht ausdrücklich P. von Liguori eingesetzt habe. Nach einer Predigt von Cafaro kniet Alfons nieder, bittet für Nachlässigkeiten während seiner Leitung um Vergebung und legt seine Aufgabe spontan in die Hände der Gemeinschaft zurück. In seinen Fußstapfen demissionieren alle anderen Verantwortlichen „friedlich". Nachdem die Versammlung nun kein Haupt mehr hatte, mußte ein vorläufiger Präsident gewählt werden, der, um die Objektivität der Wahl zu garantieren, keine Chance auf das Generalat haben durfte. „Das Los fiel auf den Jüngsten": P. G. Landi, 24 Jahre.

Am Nachmittag dieses 1. Oktobers findet also die „legitime" Wahl des Generaloberen statt. Schon im ersten Wahlgang wird Liguori gewählt: einstimmig, mit 25 weniger zwei Stimmen: seiner eigenen und — das wird mir niemand ausreden können, auch wenn Sekretär Cafaro nichts darüber sagt — der Stimme Muscaris. Der Wahlgang muß für zwei Personen eine große Enttäuschung gewesen sein: für Alfons und ... den Pater Ex-Abt. Die Zukunft wird zeigen, warum.

Donnerstag, der 2. Oktober, bringt die Regelung einiger Probleme im Modus der Einsetzung des künftigen Kapitels. Am Freitag früh folgt die Wahl des Ratgebers für den Rektor Maior: Villani; des Generalsekretärs: Cafaro — sie sind von Rechts wegen Generalkonsultoren; des Prokurators: Margotta; und dann nacheinander der vier noch fehlenden Konsultoren (es müssen insgesamt sechs sein): Sportelli (ja, der erste, Sportelli der Geliebte, trotz seiner Abwesenheit und seines Schlaganfalls); Rossi, Mazzini und ... Muscari. Dann werden die Stimmberechtigten der einzelnen Häuser gewählt: Tortora, Ferrara, de Robertis und Scibelli; dann die Stellvertreter Sportellis und der Rektoren (die bereits als Generalkonsultoren im Kapitel sind): D'Antonio, Fiocchi, Genovese, Muscarelli und Landi. Diese „sechzehn" bilden das erste reguläre Generalkapitel. Nur dieses wird in Hinkunft tagen. Die Generalversammlung ist aufgelöst.

Ehe die Kapitulare am 8. Oktober wieder auseinandergehen, legen sie noch die Anwendung von etwa 60 Punkten der *Regeln und Konstitutionen* fest. Die Muttergottes, „für die alle, wie die Regel besagt, eine besondere und innige Verehrung zeigen sollen", wird unter dem Titel ihrer Unbefleckten Empfängnis zur Hauptpatronin der Kongregation (10), und alle Priester legen das Gelübde ab, diese Lehre zu verteidigen (18). Das Kapitel erinnert an die *antica nostra costumanza* der Monatstugenden (42). Es setzt die Marksteine des Studiums fest: ein Jahr Humaniora mit Rhetorik; dann die Philosophie nach Pourchot; schließlich — immer die Sorbonne — die Theologie Haberts und Moraltheologie (46). Als Leitfaden für die Theologie wird die Lehre des hl. Thomas empfohlen (17). Wir wissen, daß diese Entscheidungen durch den Rektor Maior, und nicht durch Muscari getroffen wurden. Die Rückkehr zum *Compendium* Haberts (1714) — in Ermangelung eines besseren, da es ein wenig jansenisierend ist — bedeutet, daß P. Cafaro sein Dogmatikhandbuch, das ihn bis in seine Messen und Gebete verfolgte, nicht zu Ende gebracht hat.

Alfons setzte die Beschlüsse in die Tat um. Am 19. Oktober siedelt er die Philosophen und Theologen — rund ein Dutzend — nach Pagani um, wo sie unter der geistlichen Autorität P. Mazzinis dem Unterricht P. Muscaris folgen. Die Studenten des Humaniora bleiben unter der Obhut P. Ferraras in Ciorani. Für die Sicherstellung des Lebensunterhalts der ersteren versprechen der Bischof von Nocera, Mgr. Volpe, Don Domenico Di Maio, Pfarrer von Pagani, Don Tommaso Tortora, Abt von Angri, sowie einige großmütige Familien zu sorgen[28].

Die Ordensgemeinschaft tritt in eine neue Ära ein. Zu Beginn der Versammlung haben alle Professen die Regel Benedikts XIV. anerkannt und ihrer Grundaussage entsprechend die Gelübde der Keuschheit, der Armut und des Gehorsams, sowie das Gelübde und den Eid der Beharrlichkeit erneuert. Die *Regeln und Konstitutionen* waren nun zum erstenmal fixiert, gedruckt und wurden in allen Häusern gelesen; sie bleiben bis zum II. Vatikanischen Konzil der Grundtext für das Gemeinschaftsleben der Redemptoristen der ganzen Welt, die paradoxerweise zweihundert Jahre lang, und auf allen Kontinenten, nach Partikularobservanzen leben, die sich eigentlich auf Statuten der neapolitanischen Provinz hätten beschränken müssen.

Aber was macht das schon? Es ist klar, daß „die Ordensobservanz" für Alfons nicht eine Sache disziplinarischer Kleinigkeiten war, sondern ein allgemeiner Stil gemeinschaftlichen „apostolischen Lebens", geprägt durch Liebe, intensives öffentliches und privates Gebet, völlige Losgelöstheit in der Teilnahme am Elend der Armen und gewissenhafte Arbeit im Dienst ihrer Heiligung, die durch eine Atmosphäre des Schweigens begünstigt und durch den Gehorsam zum selben Ziel hingeführt wird. Es war nicht der Gehorsam gegenüber kleinlichen Vorschriften, sondern das uneingeschränkte, selbstlose „Ja" zum gemeinsamen Werk, der Erlösung. Diese erwachsenen Männer, diese kraftvollen Heiligen, wie es Sarnelli, Cafaro, Margotta, Garzilli und viele andere schon bei ihrem Eintritt waren, hatten keine Anpassungsprobleme: sie entschieden sich nicht für ein Reglement kleinlicher Observanzen, sondern für eine machtvolle Strömung, in die sie sich ohne Rückhalt warfen, um Christus, den Verkünder der Frohbotschaft, an die Armen weiter zu tragen.

Es ist Aufgabe der Kapitel, die für die praktische Anwendung entworfenen Texte den Veränderungen von Zeit und Ort anzupassen. Was aber unveränderlich bleibt, die Quelle, aus der ein jeder trinken und in die er hinabtauchen muß, ist der Gründer, sein Leben, seine Schriften. Insbesondere die drei kleinen Schriften, die er nach der Anerkennung und der Einsetzung des Kapitels für die jungen Redemptoristen verfaßt und 1749 und 1750 in Neapel veröffentlicht: Ratschläge für solche, die von Gott zum Ordensstand berufen sind; Betrachtungen für diejenigen, welche zum Ordensstand berufen sind; Ermutigungen für die Novizen.

Zwar sind auch diese Schriften nicht ohne aktuelle Bezüge — das Elend der Häuser verlangte Helden der Entsagung, die Familien waren der große Feind der Berufungen, usw. —, aber das Charisma des Gründers kommt nirgends sonst deutlicher zum Ausdruck:

„Wer zur Kongregation des Allerheiligsten Erlösers berufen ist, wird nie wahrhaft Jesus Christus weitertragen und wird nie heilig werden, wenn er sich nicht um das bemüht, wozu er berufen ist, und wenn er nicht den Geist der Ordensgemeinschaft besitzt, der darin besteht, die Seelen, und zwar jene Seelen zu retten, die am meisten des geistlichen Beistandes bedürfen, wie etwa die arme Landbevölkerung. Dazu ist auch Jesus Christus in die Welt gekommen, der sagt: Der Geist des Herrn hat mich gesandt, damit ich den Armen eine gute Nachricht bringe (Lk 4,18)"[29].

35. Der Diener Mariens (1750–1756)

Er war geradezu ein Wunderknabe, dieser Alessandro Di Meo. Seine Intelligenz und sein Gedächtnis verblüfften die Professoren im Seminar, seine tollen Streiche aber trieben sie zur Verzweiflung.
— Ich schicke ihn weg, sagte eines Tages sein Bischof von Montemarano: aus ihm wird nie ein Priester, nicht einmal ein guter Christ.
— Wenn Ihr ihn entlaßt, setzt sich der Generalvikar für ihn ein, wird er übel enden, und wir berauben uns eines außergewöhnlichen Talents. Sein Ungestüm wird sich mit den Jahren legen.
Eines Tages kommt P. von Liguori zu einem kurzen Besuch. Als er wieder in den Sattel steigt, läßt es sich Mgr. Innocenzo nicht nehmen, ihm trotz seiner Proteste den Steigbügel zu halten. Diese Szene ist für den ehrgeizigen Alessandro eine Erleuchtung: „Ein Heiliger ist größer als ein Bischof!" — und er tritt in Ciorani ein. Wir befinden uns im Januar 1748.
Er hatte geglaubt, im Noviziat den Frieden zu finden, und steht nun mitten im Krieg. In peitschenden Wellen überfällt ihn die Reue. „Hier bist du fern von deinen Eltern, deinen Freunden, von jeder Freude. Du wirst nie etwas anderes als ein Nichts sein. In der Welt würdest du eine Berühmtheit werden..." Ein grausamer Kampf. Die Allerheiligste Jungfrau, zu der er sich flehentlich um Hilfe wendet, unterstützt ihn ... und verliert. Alessandro schreibt hastig an seine Familie, um seine baldige Rückkehr anzukündigen. Eines schönen Abends: leb wohl, Zelle! Er steigt die Treppe des Noviziats hinunter, wirft im Vorübergehen einen innigen Blick auf das kleine Bild der Schmerzensmutter, das noch heute auf dem Treppenabsatz gezeigt wird:
— Mutter, ich halte es hier nicht mehr aus; aber ich werde dich immer lieben!
— Wenn du gehst, läufst du in dein Verderben ...
Er hat es vernommen; fällt auf die Knie:
— Mutter, ich bleibe. Ich werde dir bis zu meinem letzten Atemzug dienen und dich in alle Ewigkeit lieben[1].
Gerade zu dieser Zeit — 1749 — schrieb der Gründer für seine Redemptoristennovizen die fünfzehnte *Betrachtung für diejenigen, welche zum Ordensstande berufen sind*:
„Die Gottesmutter Maria liebt alle Menschen mit solcher Innigkeit, daß ihr außer Gott niemand in dieser Liebe gleichkommt. Wie sehr muß diese große

Königin daher die Ordensleute lieben, die ihre Freiheit, ihr Leben, ja alles der Liebe Jesu Christi geopfert haben? ... Sie sieht sie häufig zu ihren Füßen, hört ihr inständiges Flehen und ihre Bitten um Gnaden, Gnaden, die ganz mit ihren heiligen Wünschen übereinstimmen: Beharrlichkeit im Dienste Gottes, Standhaftigkeit gegen jede Versuchung, Losschälung von der Welt und liebende Hinwendung zu Gott! Wie könnten wir daher zweifeln, daß sie nicht alle ihre Macht einsetzt und ihre ganze Barmherzigkeit verströmt, um den Ordensleuten und vor allem uns zu helfen, die wir uns in dieser heiligen Kongregation vom Allerheiligsten Erlöser befinden, in der ein besonderes Versprechen abgelegt wird, die jungfräuliche Mutter durch Besuchungen, Fasten am Samstag und besondere Kasteiungen zu ihren Novenen, usw. und nicht zuletzt dadurch zu ehren, daß wir ihre Verehrung durch Predigten überall verbreiten?"

Seit bald zwanzig Jahren predigte Alfons jeden Samstag über die Herrlichkeiten Mariens. Ihre Herrlichkeiten? In erster Linie über ihre Barmherzigkeit. Ist es nicht die Herrlichkeit der Liebe zu lieben? Er nährte also seine Predigt aus Lektüre und Meditationen, denn um sich nicht zu wiederholen, mußten seine Gedanken unerschöpflich sein. 1734 hatte er in Villa mit einem Buch begonnen, in dem er das Beste der theologischen und spirituellen Tradition der Mariologie zusammenfassen wollte[2]. Nach sechzehn Jahren, in denen er wie ein Juwelier vorging, der kostbare Steine sucht, auswählt, bearbeitet und sortiert, erscheinen Anfang Oktober 1750 *Die Herrlichkeiten Mariens*. Sie sind ihrem göttlichen Sohn gewidmet:

„Mein geliebtester Erlöser und Herr Jesus Christus, ... Nimm diese kleine Huldigung meiner Liebe für dich und deine geliebte Mutter an. Schütze dieses Buch: damit seine Leser von Vertrauen und brennender Liebe zu dieser Unbefleckten Jungfrau erfüllt werden, in die du die Hoffnung und Zuflucht aller Erlösten gesetzt hast. Und zur Belohnung dieser bescheidenen Frucht meiner Mühen gewähre mir, ich bitte dich, genausoviel Liebe zu Maria, wie ich sie durch dieses kleine Werk in alle jene ausgießen wollte, die es lesen."

Dann wendet er sich an Maria und bezeugt die Erfahrung seines nun schon langen Lebens – er hat alles durch sie erhalten –, eine Erfahrung, die die zentrale Überzeugung seiner Predigten und dieser Seiten bestimmt hat: Die Muttergottes ist die Mittlerin aller Gnaden:

„Nun wende ich mich an dich, o Maria, meine milde Mutter und Herrscherin. Du weißt, daß ich nach Jesus in Dich alle Hoffnung auf mein ewiges Heil gesetzt habe; denn alles, was gut in mir ist, meine Bekehrung, meine Berufung, die Welt zu verlassen, und alle anderen Gnaden, die ich von Gott erhalten habe, wurden mir, wie ich anerkenne, durch deine Vermittlung gewährt. Du weißt auch, daß ich stets bemüht war, dein Lob öffentlich und privat zu verkünden und daher überall die süße und heilsame Ausübung deiner Verehrung verbreitet habe, damit du so geliebt werdest, wie du es verdienst, sowie auch als Zeichen meiner Dankbarkeit für alle Wohltaten, mit denen du mich überhäuft hast. Ich möchte damit bis zum letzten Atemzug meines Lebens fortfahren; aber mein fortgeschrittenes Alter und meine angegriffene Gesundheit künden mir das Ende meiner Pilgerschaft und meinen Eintritt in die Ewigkeit an: daher wollte ich vor meinem Tod der Welt noch dieses Buch hinterlassen, das an meiner statt fortfahren wird, dich zu loben und die anderen anzuregen, ebenfalls deine Herrlichkeiten und deine überaus große Güte denen gegenüber, die dir dienen, zu verkünden."

In einer „Einleitung" wendet sich der Autor sodann liebevoll an seine Leser —
„Mein lieber Leser und Bruder in Maria, die Verehrung, die mich dazu getrieben
hat, dieses Buch zu schreiben, und die Dich nun zu dessen Lektüre führt, macht
uns beide zu glücklichen Kindern dieser guten Mutter." — Er erklärt seine
Methode: „Ich habe zahllose Bücher über die Herrlichkeiten Mariens genauestens studiert, kleine und große. Aber da sie entweder zu dünn oder zu dick
waren, oder einfach nicht meinen Vorstellungen entsprachen, begann ich, aus
allen mir vorliegenden Autoren die bedeutendsten und inspiriertesten Gedanken
der heiligen Väter und Theologen zu sammeln, um sie in diesem Werk zusammenzufassen."

Er hat hier tatsächlich sechzehn Jahre lang mit der Neugier einer brennenden
Liebe, der Aufrichtigkeit eines Heiligen, der Erfahrung eines Mystikers, dem seel-
sorglichen Empfinden eines außergewöhnlichen Missionars und nicht zuletzt der
Kraft eines Theologen, dem Pius IX. den Titel eines Kirchenlehrers verleihen
wird, die ungeheure Vielfalt der Tradition — Väter und Theologen ja, aber auch
Schriften und Liturgien, Geistliche und Volk Gottes, Altertum, Mittelalter und
Moderne — aufgenommen und durchforscht. Im allgemeinen bezieht er sich auf
Sekundärquellen — Autoren und Sammlungen der vorangegangenen 200 Jahre —,
aber er handhabt sie sehr gewissenhaft, wenn es eine Lehre festzulegen gilt, und
mit der verständigen Freiheit des Herzens, wenn es darum geht, Frömmigkeit
zum Ausdruck zu bringen[3].

„Ich wollte, daß die Gläubigen ohne besondere Mühe und große Anstrengungen diese Seiten lesen können, die sie in der Liebe zu Maria entflammen sollen;
vor allem aber wollte ich den Priestern Material liefern, damit sie in ihren Predigten die Verehrung dieser göttlichen Mutter fördern können."

Es war dies noch die Zeit der dicken Folio-Bände. Schon allein der Umgang
mit ihnen bedeutete für den, der hinterher Wochen brauchte, sie zu lesen, körperliche Anstrengung. Die *Herrlichkeiten* dagegen erschienen in zwei Bänden im
Duodez-Format 12° von jeweils 360 bzw. 408 Seiten und boten damit eine „nicht
lange und nicht teure" Lektüre. Alles ist relativ.

Und hier Absicht und Aufbau des Werks:

„Die Beschreibung weiterer Vorzüge Mariens habe ich anderen Autoren über-
lassen und es vorgezogen, in meinem Büchlein von ihrer großen Barmherzigkeit
und ihrem machtvollen Eingreifen zu sprechen ... Es ist das Thema des *Salve
Regina*, jenes herrlichen und bewegenden Gebets, das die Kirche anerkannt und
... in das Stundengebet eingeführt hat: Ich habe dieses Gebet zunächst Punkt für
Punkt erläutert. Im zweiten Teil werden die Marienverehrer, wie ich hoffe, mit
Freude Lesungen oder Abhandlungen über ihre wichtigsten Feste und ihre
Tugenden finden, und abschließend die bei ihren Dienern üblichsten und von der
Kirche anerkanntesten Frömmigkeitsübungen ..."

Dann verabschiedet Alfons seinen Leser freundlich: „Lebt wohl und mögen
wir uns eines Tages im Paradies wiedersehen!"

„*Le Glorie di Maria* ist das letzte große europäische Buch, das zu Ehren
Mariens geschrieben wurde." Dies ist Don Giuseppe De Lucas (1898–1962)
Meinung, eines Meisters der Geschichte der Spiritualität, des Begründers der *Edi-
zioni di Storia e Letteratura* in Rom und der Zeitschrift *Archivio Italiano per la
Pietà*. Er schreibt:

„Der hl. Alfons hatte keine Angst, die Muttergottes zu lieben. Er liebte sie mit einer Hingabe, einem Ungestüm, einem Feuer, die den Lauen zum Ärgernis wurden. Er hat in unseren Herzen die Schlacht gewonnen, die zuerst die Protestanten und dann die Jansenisten entfesselt hatten. Sowohl die einen wie auch die anderen hatten uns tausend Skrupel und Zweifel eingeflößt, die wir einfach nicht überwinden konnten ... Der hl. Alfons aber mit seiner Gelehrsamkeit eines Theologen, und eines hervorragenden Theologen, mit seiner flammenden und glühenden Seele eines unvergleichlich frommen Menschen, mit seiner Fähigkeit, allgemeinverständlich zu schreiben, hat einen Großteil dieser Zurückhaltung einfach weggefegt und die christliche Seele zu Maria und zu jener glücklichen Freiheit der Liebe zurückgeführt, die unsere Glaubensbrüder im Mittelalter besaßen.

Natürlich glaubten viele angeblich Intellektuelle, die zutiefst von Protestantismus und Jansenismus geprägt waren, in Alfons selbst einen Vorwand für ihre Kritiken zu finden. (G. De Luca denkt an die Schmähschriften von Doellinger und Reusch [1889], Meffert [1901], Heiler [1923] in Deutschland; an die kleinen Pamphlete von Amsterdam [um 1900]: an Meyrick und Littledale in England [1854][4], usw.).

Wie sind sie über dieses wunderbare Buch hergefallen! Sie warfen ihm Übertreibung vor und haben nicht begriffen, daß dieser Eindruck der Übertreibung von der Armut ihrer eigenen Liebe und ihrer eigenen Kälte herrührte. Nicht eine einzige Aussage des Heiligen kann im strengen theologischen Sinn angegriffen werden. Die Übertreibung liegt also nicht in der Lehre. Sie liegt im Ton, antworten unsere Zensoren; und der Ton macht die Musik. — Ganz richtig: Der Ton des Buches ist brennend, seine Flamme unerträglich. Aber es ist das Feuer der Liebe, nicht mehr und nicht weniger. Seit wann aber darf die Liebe von dem beurteilt werden, der nicht liebt"[5]?

Das Volk Gottes aber — schlichte Menschen und Gelehrte — wird sich im Licht und Eifer der *Herrlichkeiten Mariens* wiedererkennen. Sie erreichen „die stärkste Auflage der Marienliteratur aller Zeiten: rund eine Million Auflagen seit 1750"[6].

Die Geburt dieses Buches aber verlief nicht schmerzlos. Am 12. Oktober 1750 schrieb der Autor an Kanonikus Fontana: „Ich sende Euch mein armseliges umstrittenes Buch über die Muttergottes, das nun nach vielen Widrigkeiten und nach vielen Jahren großer Mühe um die Zusammenfassung des Materials endlich erscheint"[7].

Anfechtung? Widrigkeiten? Wir wollen uns nicht in Vermutungen verlieren. Das Manuskript kam im Januar 1750, also gerade zu dem Zeitpunkt, da der berüchtigte Ludovico Antonio Muratori (1672–1750) von der Bühne abtrat, zu den Zensoren und zum Drucker. Die Scharmützel, die die marianischen — oder vielmehr antimarianischen — Stellungnahmen dieses gefürchteten Streithahns seit dreißig Jahren hervorgerufen hatten, entwickelten sich über seinem frischen Grab zum zügellosen Krieg. So forderte P. Francesco Pepe nun, da er nichts mehr zu fürchten hatte, die Krallen des toten Löwen heraus und schleuderte seine Schmähreden gegen ihn. Diese öffentlichen Streitgespräche wurden zum Ärgernis, und der Nuntius zeigte sich darüber in seinen Berichten an das Staatssekretariat beunruhigt. Würde Alfons' Buch nicht Öl auf dieses Feuer gießen? Genug davon! Zweifellos fiel es in die Hände eines kirchlichen Zensors, der genug von diesen Kontroversen hatte, oder sogar — wer weiß? — auf einen Anhänger Muratoris? Jedenfalls dauerte es acht Monate, ehe er sich von diesem Kritiker mit der langen Schere befreien und schließlich seinen Freund, Kanonikus Savastano, als theologischen Zensor erhalten konnte[8]. Glücklicherweise, denn Alfons war der einzige, der fähig war, dem genialen Bibliothekar von Modena vornehm, liebevoll und mit gleichen Waffen gegenüberzutreten. Er führte diese Aufgabe mit dem Respekt und der Zurückhaltung der Starken aus.

Für ihn war Muratori nicht der gefährliche Jansenist, als den ihn einige seiner Gegner und gewisse Biographen Alfons' betrachteten. Er wußte, daß dieser universale Geist, dieser Grandseigneur der Geschichte, ein engagierter und eifriger Priester war. Gerade dieser „Eifer für das Haus Gottes" hatte ihn dazu bewogen, die volkstümliche Religion zu reinigen, die allzu oft zu einem Garten voller Dornen und wilder Kräuter geworden war; will sagen, in der der Aberglaube wucherte. Aber der eifrige Reformator ging in den Rabatten der Mariologie mit zu heftigem Spatenstich vor und riß mit dem Hundsgras auch einige Rosenstöcke aus.

„L. Muratori", so schreibt Alfons 1775, „den ich immer verehrt habe, war fast in ganz Europa berühmt. Aber er hat in einigen Abschnitten seiner Schriften gegenüber der Mutter Gottes nicht jene Frömmigkeit gezeigt, die man von seinen Fähigkeiten erwarten konnte"[9].

Um bei den entscheidenden Punkten zu bleiben: der Zwist bezog sich auf die Unbefleckte Empfängnis und die universale Mittlerschaft Mariens[10].

Damit war Liguori im Herzen seines Glaubens verwundet. Seine unvergleichbare Kenntnis der Tradition hatte ihn paradoxerweise zur Avantgarde der Kirche geführt, und schon 1748 hatte er in seine *Adnotationes in Busenbaum* zwei Abhandlungen eingefügt, in denen er die Unbefleckte Empfängnis der Allerseligsten Jungfrau und die Unfehlbarkeit des Papstes, sofern dieser in Glaubens- oder Sittenfragen *ex Cathedra* spricht, beweist: die beiden Dogmen also, die Pius IX. und das I. Vatikanum später festlegen werden.

Muratori glaubte persönlich an die Unbefleckte Empfängnis der Gottesmutter, hielt dies jedoch nur für eine fromme Meinung, nicht aber für eine Glaubenswahrheit. Das „Blutgelübde", d. h., das Gelübde, gegebenenfalls sein Leben für diesen Glauben hinzugeben, schien ihm daher ungültig, abergläubisch und selbstmörderisch: man gibt sein Leben nicht für eine bloße Meinung hin!

— Aber die Kirche feiert doch nicht ein liturgisches Fest, das auf einer bloßen Meinung beruht. *Lex orandi, lex credendi*: „Ihr offizielles Gebet drückt ihren Glauben aus." Dies ist Liguoris letztes Argument am Ende einer langen Entwicklung, in der er den — trotz einiger offensichtlich falscher Positionen eines hl. Bernhard, eines hl. Bonaventura, eines hl. Albert d. Gr. und eines hl. Thomas — gemeinsamen Glauben des Gottesvolkes seit dem Konzil von Ephesus (431) darlegt.

Für unseren „sehr eifrigen Doktor" ist dieser Glaube an die Immakulata nicht eine liebevoll aus der Krone seiner Mutter gepflückte kostbare Blume. Der Redemptorist Alfons sieht darin ein lebenswichtiges Dogma für die erlöste Welt. Durch die Kraft der heilswirksamen Gnade in Jesus Christus wird diese vollkommene Unschuld als Zeichen und Verheißung aus unserer eigenen Menschheit genommen; es sind Anfänge: die Menschheit taucht immer stärker aus der Sünde auf, und es wird der Tag kommen, da sie, sofern sie sich nicht beharrlich widersetzt, ganz ohne Makel sein wird. Dieser Glaube an die Immakulata ist der licht-volle Gegenpunkt zum Glauben an die Erbsünde, eine Milderung der Düsternis, mit der Protestanten und Jansenisten diesen letzten berücksichtigen zu müssen glaubten: die menschliche Natur ist nicht so verdorben, daß Gott nicht diese Blume völliger Unschuld aus ihr hervorsprießen lassen könnte. Dies ist eine erste Bedeutung des *Spes nostra, salve* – Wir grüßen dich als unsere Hoffnung –, das Alfons auf das Titelblatt seiner *Herrlichkeiten Mariens* gleich unter den ausdrucks-vollen Stich gesetzt hat, den er selbst von ihr, die zugleich die Allerschönste und die Allerbeste ist, gezeichnet hat. Gerade von seiner dogmatischen Sicht der „Erlösung" her hat der Gründer seinen „Redemptoristen" die Immakulata zur Schutzpatronin gegeben[11].

Denn diese Hoffnung ist mehr als ein bloßes Versprechen: sie ist eine aktive Kraft im Herzen der sündigen Welt. Seit ihrem „Ja" zur Menschwerdung, und vor allem seit ihrem Mitleiden am Kalvarienberg ist die Unbefleckte Empfängnis unsere Mutter, unser Leben; ist sie tagtäglich für alle und jeden Mittlerin der Ver-gebung, der Gnade, ja aller Gnaden.

Dies ist der zweite Hauptpunkt, in dem Muratori unnötigerweise das Herz Gottes und die Hoffnung der Menschen einengt. 1747 hatte er unter dem Pseudo-nym Lamindo Pritanio sein Buch *Della regolata Divozione dei Cristiani* veröffent-licht: eine flammende Anklage gegen die Praktiken eines oft irrigen Pietismus. Aber auch hier reißt er in seinen durchaus berechtigten Angriffen gegen das, was er als „indiskrete Frömmigkeit" bezeichnet, gelegentlich Steine aus der Mauer, die er nur reinigen will. Indiskrete Frömmigkeit, schreibt er, ist jene Frömmig-keit, die vergißt, daß „Maria nicht Gott ist" und zu behaupten wagt, „sie befehle im Himmel". Indiskret auch jene Frömmigkeit, die behauptet, daß uns „alle Gna-den, die wir von Gott empfangen, nur durch die Hände Mariens zuteil werden". Indiskret schließlich die Frömmigkeit, die die Bedeutung der vertrauensvollen Hinwendung zur Allerheiligsten Jungfrau so überzeichnet, daß sie behauptet, „ein Diener Mariens könne nicht verdammt werden". Mit Paulus (1 Tim 2,5) gilt: *Einer ist Mittler zwischen Gott und den Menschen, nämlich Christus Jesus*[12].

Alfons erwidert ihm Punkt für Punkt. Streng gesprochen, „kann Maria im Himmel ihrem Sohn zwar nicht befehlen, doch sind ihre Bitten die Bitten einer Mutter". Was den alleinigen Mittler betrifft, so „ist die Vermittlung der Gerech-tigkeit durch das Verdienst etwas anderes als die Vermittlung der Gnade durch Bitten; ist es etwas anderes zu sagen, Gott könne nicht als Gott wolle nicht seine Gnaden ohne das Eingreifen Mariens gewähren". Gnaden der Protektion, der Heiligkeit; aber in erster Linie Gnaden der Barmherzigkeit: „Muß ein Sünder fürchten unterzugehen, wenn sich ihm die Mutter des Richters selbst als Verteidi-ger anbietet? ... Wende dich an Maria, und du wirst gerettet"[13].

In diesem Sinne ist der Titel einer Miterlöserin zu verstehen. In den *Herrlich-keiten* vermeidet ihn Alfons ganz und gar, um nicht Muratoris Galle zu erregen, der Ende 1749, als Alfons das Manuskript vollendet, noch am Leben ist. Später aber verwendet er ihn mehr als zwanzigmal. Unter dem Baum stehend, an dem die Lebensfrucht hängt, wirkt die Neue Eva an der Erlösung mit, wie die Frau zu Anfang zum Fall beigetragen hatte. Unbefleckt „zertritt sie das Haupt der Schlange" und wird „die Lebendige, denn sie ist die Mutter aller Lebendigen" (Gen 3,15 und 20). Diese weltumspannende Mutterrolle kommt in ihrer universalen Mittlerschaft zum Tragen: Maria, die Mutter Gottes, gebiert alle „Glieder Christi", die sie dann als wahre Mutter nährt, pflegt, aufrichtet und „erhebt". Auch und vor allem die zurückgebliebensten, die unglücklichsten, die sündigsten.

Hätte sich Muratori, wäre er noch am Leben gewesen, Alfons' Argumenten gebeugt? Sein Neffe Francesco Soli, und viel später dann noch ein gewisser Abt Leoluca Rolli, glauben, an seiner statt antworten zu müssen. Sie erhalten jeweils 1756 und 1775 eine ebenso maßvolle wie unwiderlegbare *Antwort*.

„Mit den *Herrlichkeiten Mariens*", schreibt Romeo De Maio, „hat Alfons Neapel zum wichtigsten europäischen Mittelpunkt der Gedanken und Diskussionen über das geistliche Leben gemacht.

Von allen Arten der Marienfrömmigkeit besaß ihre Verehrung als Unbefleckte Empfängnis am meisten Strahlkraft und gewann die größte Bedeutung. Mehr noch als volkstümliche oder wissenschaftliche Schriften, ... trugen die Gemälde Solimenas und seiner Schule und vor allem die vierzehn *Mariengedichte* des hl. Alfons zu ihrer Verbreitung und Darstellung bei. Die Verse von *O bella mia speranza, Dolce amor mio, Maria* (1737) sind in aller Munde; während die dreißig Jamben des *Sei pura, sei pia, sei bella, o Maria* (1750) von so leichter und doch feierlicher Schönheit sind, daß wir in heilige Verzückung geraten"[14].

Man hat dem Autor der *Herrlichkeiten* mangelndes kritisches Bewußtsein bei der Auswahl der etwa einhundertdreißig „Beispiele" vorgeworfen, die seine Ausführungen abschließen bzw. in einem Anhang beigefügt sind. Die Verwendung von „Beispielen" war, wie wir uns erinnern, Philipp Neris bevorzugte Vorgangsweise, und er entwickelte sie mit der barocken Überschwenglichkeit seiner Zeit. Malebranche, die Bollandisten, Tillemont, Don Mabillion und seine „Mauristen", ganz zu schweigen von Muratori, hätten sie natürlich einer strengen Auslese unterzogen. Aber dieser Weg der Zukunft war noch zu neu, um bereits allgemein bekannt und für die geistlichen Autoren zwingend zu sein. Alfons seinerseits neigt dazu, an die Echtheit der Beispiele, die er aufgenommen hat, zu glauben:

„Es ist eine Schwäche des Geistes, alles unbesehen anzunehmen; aber ebenso, Wunder zurückzuweisen, die von ernsthaften und frommen Männern bezeugt sind; beweist dies doch entweder mangelnden Glauben — als könne Gott keine Wunder wirken — oder Verwegenheit, da hervorragenden Autoren jede Glaubwürdigkeit abgesprochen wird. Können wir einem Tacitus oder einem Sueton Glauben schenken, ihn aber gelehrten und aufrichtigen christlichen Schriftstellern ohne Tollkühnheit versagen"[15]?

Wenn Alfons aber diese Beispiele, wie übrigens auch die Mehrzahl seiner patristischen Zitate, aus „gelehrten und aufrichtigen christlichen" Autoren des 17. und 18. Jahrhunderts nimmt, so nicht in historischer, sondern in theologischer und spiritueller Absicht. Wollen wir ihm vorwerfen, daß er sie nicht durch das Sieb der modernen Kritik gefiltert hat? Oder wollen wir sie als abgestorbene oder schmucklose Auswüchse verwerfen? Damit würden wir ihre theologische und pastorale Bedeutung verkennen. Denn mag die Erzählung im Evangelium vom barmherzigen Samariter — wie die meisten Kirchenväter zu glauben scheinen — historisch, oder, wie es uns heute selbstverständlich erscheint, nur eine Parabel sein, die Lehre der göttlichen Weisheit bleibt doch die gleiche. Genauso bewahren auch die Erzählungen in den *Herrlichkeiten Mariens,* seien sie nun historisch oder legendär, alle Wahrheit, die Alfons mit der Kirche, die sie überliefert hat, darin las. Keine historische, sondern eine dogmatische Wahrheit. Jene Wahrheit, die die christliche Tradition z. B. im *Wunder des Theophilus,* der durch Maria der Macht des Satans entrissen wurde, durch das ganze Mittelalter hindurch im Theater, in Predigtbüchern, in geistlichen Abhandlungen, in den Fenstern und Reliefs der Kathedralen weitergegeben hat. Diese „goldenen Legenden" über Maria zeigen, auch wenn sie nicht historisch sind — oft aber sind sie es —, wie Parabeln eine Wahrheit, die jeder Kritik trotzt: den gemeinsamen Glauben der Gläubigen, also den Glauben der Kirche an Maria als allmächtige Fürsprecherin in aussichtslosen Fällen[16].

Afons' Liebe zur Jungfrau hat ihn dazu geführt, in seinen *Reden über die sieben Hauptfeste Mariens* damals relativ verbreitete Thesen eifrig zu unterstützen. — War die Unbefleckt Empfangene vom ersten Augenblick an heiliger als alle Menschen und Engel zusammen? Dieses „zusammen" macht einen schwindeln. Es ist gestattet, sich an die Formel zu halten, die Pius IX. in der Bulle *Ineffabilis* verwendet: „Maria voll der Gnaden übertraf von ihrer Empfängnis an selbst die Engel und Seraphine an Heiligkeit." — Hat die Jungfrau diese übernatürlichen Reichtümer mit einem schon bei ihrer Empfängnis voll bewußten Geist erhalten? Im 13. Jahrhundert macht Thomas dieses Privileg zum Erbteil — und zwar zum ausschließlichen Erbteil — Christi. Seit dem 14. Jahrhundert verbreitet sich diese Meinung auch zugunsten Mariens und gewinnt schließlich die Oberhand. In seiner Rede *Von der Geburt Mariens* hebt Alfons die Konvenienzgründe dafür hervor.

In dieser Zeit, in der Ökumenismus und objektive Lektüre der Evangelien die Kirche dazu geführt haben, stärker dem Rechnung zu tragen, daß „Christus in allem mit Ausnahme der Sünde unsere menschlichen Bedingungen gelebt hat", kann man sich vorstellen, daß unser Doctor marianus mit Freude die „Angemessenheit" einer völlig realistischen Sicht der Inkarnation wahrgenommen hätte.

In der Einleitung zur ersten Ausgabe der *Herrlichkeiten Mariens* kündigte P. von Liguori ein zweites Werk an:

„Nach diesem Buch über die *Hoffnung auf Maria* gedenke ich, bald ein weiteres über die *Liebe zu Jesus, ihrem Sohn,* vorzulegen, das Euch vielleicht ebenso wie dieses zusagen wird"[17].

Glücklicherweise besitzen wir einen ersten Entwurf aus der Hand des Paters, der uns in den ersten 70 Seiten eines kleinen Heftchens im Format 10 x 7 cm erhalten ist, das die Fortsetzung seiner *Cose di coscienza* bildet. Der Titel des Plans: *GESÚ — CRISTO deve essere la nostra SPERANZA ED IL nostro AMORE: „Jesus Christus muß unsere Hoffnung und unsere Liebe sein."* Hier seine Gliederung in drei Kapitel: I. Die Liebe des ewigen Vaters, da er uns seinen Sohn schenkt. — II. Von der Hoffnung auf Jesus. — III. Von der Liebe, die uns Jesus in seiner Menschwerdung, seiner Geburt, seinem Leiden, im Allerheiligsten Sakrament entgegenbringt[18].

Diese Themen werden in 239 Texten, die größtenteils aus der Hl. Schrift genommen sind, entwickelt. Die übrigen 72 sind Gedanken der Väter oder geistlicher Autoren, von denen er zwar die Namen, jedoch fast nie die Stellenhinweise angibt: für ihn sind das weniger Zitate als Wahrheiten, die ihn ergriffen haben und die er nun wie Perlen, ganz beliebig mit Bibelworten vermengt, aufgereiht hat. Hier erkennen wir das Geheimnis der literarischen Komposition seiner spirituellen Werke. Aus seiner umfassenden Lektüre, in der die Bibel den ersten Platz einnimmt, zieht er diese „Rosenkränze" von Gedanken, dreht und wendet sie in Betrachtung und Gebet immer wieder, predigt sie in unerschöpflichen Variationen, die er dann rasch in einen Band auszukristallisieren gedenkt: *Jesus Christus lieben.*

Das kleine Werk von etwa hundert Seiten, das 1751 bei Pellecchia erscheint, ist aber nur ein Teil des Plans: *Amore delle anime* – „Liebe der Seelen oder Gedanken über das Leiden Christi". Sechzehn von Gebeten unterbrochene Kapitel, die dem Ablauf der Passion folgen. Der Autor erklärt sich am Schluß in einem „Wort an den Leser":

„Lieber Leser, in meinem Buch von den *Herrlichkeiten Mariens* hatte ich ein weiteres mit dem Titel: *Amore a Gesù Cristo* versprochen. Dann aber hat mir mein Seelenführer (Paolo Cafaro) wegen meiner körperlichen Leiden nicht erlaubt, es zu schreiben. Er gestattete mir gerade noch, diese kurzen *Gedanken* über das Leiden Christi zu veröffentlichen. Ich habe hier die Blume dessen zusammengefaßt, was ich zu diesem Thema gesammelt hatte. Alles andere über die Menschwerdung und die Geburt des Herrn werde ich, sofern ich die Erlaubnis dazu erhalte, in einem kleinen Buch zur Weihnachtsnovene veröffentlichen."

Die *Weihnachtsnovene* („Das Geheimnis der Menschwerdung des Gottessohnes"), ein Band im Format 12° von 570 Seiten wird 1758 erscheinen: Zehn Abhandlungen, begleitet von Betrachtungen für jeden Tag, vom Advent bis zur Oktav von Epiphanie. Hier nimmt sich der Pater die Zeit, seine Gedanken zu entwickeln, sein Herz zu verströmen. 1751 aber beginnt er zunächst mit dem *Leiden Jesu Christi,* auch wenn er sich vorerst nur mit einem *libretto,* einem kleinen Büchlein, zufriedengeben muß – er wird in neun weiteren Veröffentlichungen darauf zurückkommen! – denn: „der Apostel Paulus wollte nichts wissen außer Jesus Christus, und zwar als den Gekreuzigten, d. h. die Liebe, die er uns am Kreuz gezeigt hat (1 Kor 2,2)... Und wahrhaftig, welche Bücher könnten uns besser die Wissenschaft der Heiligen, die die Wissenschaft, Gott zu lieben ist, lehren, als Jesus der Gekreuzigte? Ein großer Diener Gottes, der Kapuzinerbruder Bernardo da Corlione, konnte nicht lesen. Seine Mitbrüder wollten es ihm beibringen. Er fragte sein Kruzifix um Rat. ‚Bücher!' antwortete ihm der Herr am Kreuz, ‚Lesen! Ich bin dein Buch, in dem du stets die Liebe lesen kannst, die ich dir geschenkt habe'. Das ist ja der Hauptpunkt, den der Mensch sein ganzes Leben und die ganze Ewigkeit lang meditieren muß: ein Gott, gestorben aus Liebe zu uns! Welch unerhörter Gedanke"[19]!

Daher zuerst die *Passion.* Dann das Geheimnis der *Weihnacht.* In beiden Werken aber finden wir als Quelle seiner Ausführungen Zitate aus dem kleinen Heftchen. Die Autoren jener Zeit mühen sich nicht mit genauen Quellenangaben ab, und Alfons hat diese Zitate notiert, wie er sie gefunden hat, und verwendet sie auch so. Was macht das schon? Sie sind zu persönlichen Wahrheiten geworden, die längst in seiner Erfahrung Gottes und der Menschen eingeschmolzen sind. So verweisen sie nicht mehr auf einen Autor, sondern vielmehr auf ein köstliches Geheimnis, an dem teilzuhaben Alfons uns einlädt. Müssen wir eigens erwähnen, daß seine dogmatischen und moraltheologischen Darlegungen dagegen einem ganz anderen literarischen Genus angehören? Als standfester Rechtsanwalt ist er um genaue Quellenangaben ebenso bemüht wie um stichhaltige Argumente.

Nun mag der Leser vielleicht denken, Liguori sei müde geworden und habe mit zunehmendem Alter das Kreuz des Volksmissionars mit der Feder des Schriftstellers vertauscht. Keineswegs! In diesem heiligen Jahr der Jahrhundertmitte (römisch 1750, dann weltweit 1751) steht er oft an der Spitze einer Gruppe seiner Missionare mitten im Einsatz. Ein dem König Ende 1752 vorgelegtes offizielles Dokument spricht von 117 Volksmissionen, die die Redemptoristen in den Jahren 1750–1753 in 14 Diözesen abgehalten haben, zusätzlich zu den *ritornate* (Nachmissionen) und den etwa 25 geschlossenen Einkehrtagen für Priester und Laien in ihren eigenen Häusern und in Seminaren[20]. Seit Weihnachten 1749 ist der Obere persönlich im Einsatz in Sarno, Nocera dei Pagani, Melfi, Rionero – dessen Gläubige an den König schreiben, um eine Gründung zu erbitten, die Ahnungslosen! –, in Ripacandida, wo er einen Karmel missioniert, den er, der selbst Buße bis ins Extrem leistete, in seinen Bußübungen mäßigte, und von dem er bewundernd sagt: „Ich hätte nicht gedacht, auf diesem Felsen eine solche Levkoje zu finden"[21].

Er muß wahre Wunder vollbringen, um die Bischöfe zufriedenzustellen, ohne seine Patres umzubringen:

„Ach, welcher Wirrwarr!" schreibt er an P. Margotta. „Der Bischof von S. Angelo dei Lombardi will von P. Cafaro Exerzitien für seinen Klerus; der von Nocera bittet um zwei Missionen während der Fastenzeit. Muttergottes, steh uns bei! Einkehrtage in Ciorani, Einkehrtage in Deliceto. Die Patres sind am Ende ihrer Kräfte."

Ist das ein gültiges Motiv für die Oberen der Häuser, immer irgendwo unterwegs zu sein? Der gleiche P. Francesco, Rektor von Caposele, muß sich zur Ordnung rufen lassen:

„Ihr seid also noch immer in Atella. Diese langen Aufenthalte außerhalb des Klosters gefallen mir gar nicht. Bedenkt, daß Ihr nun Rektor seid ... Wenn der Rektor im Haus fehlt, geht alles schief" (23. Januar 1750). Und kurze Zeit darauf (1. Februar): „Ihr verzettelt Euch; so viele Briefe, Beziehungen, Nebenbeschäftigungen und vor allem so viele Frömmigkeitsübungen, die die Observanz beeinträchtigen und an denen Ihr zu hängen scheint ... Ihr gehört nun zur Kongregation und Ihr seid Superior ... Ihr werdet schon gemerkt haben, daß dort, wo der Obere fehlt, überall Unordnung herrscht ... kümmert Euch also um Euer Haus, die Kirche von Materdomini und die Observanz ... Ich sage das in aller Liebe, weil ich viel von Euch halte. Ihr gehört, wie ich hoffe, zu jenen Redemptoristen, die danach streben, Heilige zu sein, wie Cafaro, Villani, Mazzini, Fiocchi, Ferrara usw., die ihrem eigenen Willen völlig entsagt haben; und Ihr wollt nicht gewissen anderen gleichen, die ich sehr behutsam behandeln muß"[22].

Als er am 16. Mai 1750 wieder von Melfi heraufsteigt, nützt er die Gelegenheit, um Caposele, dessen Mauern nun endlich in die Höhe steigen, eine Kanonische Visitation abzustatten. Aber es fängt schon schlecht an. Das Eingangsportal ist ein wenig verziert und ebenso die Fenstergesimse ...

– Was sollen diese Schnörkel? fragt der Visitator streng. Wir sind arm, und nur das Armselige entspricht uns.

Er zieht sich in sein Zimmer zurück. Nun bringt man ihm die Pläne des von ihm gewählten Architekten, seines Freundes Pietro Cimaforte, und einen Brief dieses letzteren, in dem er erklärt, einfacher sei es wirklich nicht mehr möglich gewesen. Angesichts der Unschuld seiner Mitbrüder bessert sich die Stimmung des Superiors. Allerdings wissen wir nicht, ob er dann dem „Schuldigen" einen Verweis erteilte. Jedenfalls war klar geworden, daß der Gründer eine wirksame, gemeinschaftliche und sichtbare Armut wünschte.

Der Visitator hält sich nicht lange auf. Er regelt in einem Bericht *(recessus)* von zehn Zeilen vier Punkte und „vertraut für alles übrige auf die Klugheit, Frömmigkeit, Beflissenheit und seltenen Fähigkeiten des Oberen" P. Margotta[23]. Dann eilt er nach Ciorani, wohin ihn weit schwerere Sorgen rufen.

Aber nicht das Noviziat beunruhigt ihn. Denn, *„Gloria Patri!* Die Jungen strömen so zahlreich herbei, daß wir nicht mehr wissen, wo wir sie unterbringen sollen"[24]. Es ist vielmehr das nahegelegene „Studentat" in Nocera dei Pagani. 1749 hatte Alfons geglaubt, dort alle Bedingungen geschaffen zu haben, um die religiöse und intellektuelle Entfaltung seiner Studenten zu begünstigen: ein Rektor von 28 Jahren, Carmine Fiocchi, der heiligmäßige P. Mazzini als geistlicher Präfekt und schließlich als Professor der hervorragende und einnehmende Muscari. Der Exbasilianerpater hatte sich anfänglich als der bescheidenste der Ordensmänner und der faszinierendste der Betreuer gezeigt. Aber kaum hatte er die jungen Leute fest in der Hand, da legte er seine Maske plötzlich ab und kehrte seine angebliche Berufung als Reformator, ja sogar als Gründer heraus. Er machte sich über die Ordensgemeinschaft und ihre Bußpraktiken lustig und stellte sich damit gegen Mazzini. Schon bald war die Gruppe der Jungen in zwei Lager gespalten: eines, das dem Neuerer Widerstand leistete, und ein anderes, das dem Propheten uneingeschränkt anhing.

Alfons war nicht der Mann, die Blume der Kongregation unwidersprochen zerstören zu lassen. So hatte er den Professor nach Ciorani befohlen und ihn beauftragt, dort im Dezember (1749) die Einkehrtage zu halten. Cafaro, der mit Villani in einem benachbarten Dorf Mission hielt, würde den Theologiekurs übernehmen. Die Kurse für Geschichte, alte Sprachen und spekulative Philosophie, die alle Muscari gehalten hatte, mußten dann eben ausfallen. Der Ex-Abt hatte sich gesträubt, konnte aber Alfons' ruhige Entschlossenheit nicht beeindrucken:

— Entweder Ihr gehorcht, oder Ihr könnt in Euren Orden zurückkehren.

Schlaflose Nacht innerer Kämpfe für unseren Mann, der seine geheimen Pläne durchkreuzt sieht.

Am nächsten Morgen hatte er erklärt: Ich werde die Exerzitien für die Ordinanden halten und dann gehen.

Große Aufregung in Ciorani, das nichts von der Krise im Scholastikat wußte. Cafaro, Villani, ja sogar der Rektor von Pagani, Fiocchi, und der Student Tannoia hatten sich für den Abt eingesetzt, dem man so viel verdankte. Dieser war ja in sich gegangen und hatte sich gedemütigt ... Gut, gut. Alfons wäre nichts lieber gewesen, als sich getäuscht zu haben. Er hatte ihn wieder nach Pagani zurückgeschickt und ihn sogar an Stelle seines Freundes Mazzini zum Spiritualpräfekt ernannt. Um des Friedens willen hatte er diesen entfernt und für Materdomini bestimmt (Februar 1750)[25]. Aber seine innere Unruhe legte sich nicht. Hatte er damit nicht den guten Hirten weggenommen und die Herde dem Wolf ausgeliefert?

Im Jahr 1750 schien alles gut zu gehen. Nachdem eine Luftröhren- und Lungenentzündung ihn drei Wochen ans Bett gefesselt hatte, und nachdem — endlich! — die *Herrlichkeiten Mariens* veröffentlicht waren, machte sich Alfons auf, um in Spirito Santo von Neapel die *predica grande* — er konnte in diesem Heiligen Jahr die *Apostoliche Missioni*, deren aktives Mitglied er noch immer war, nicht enttäuschen —, und schließlich in der Diözese Salerno die Missionen zu halten. Im Januar 1751 betreut er, an der Spitze von 21 Mitbrüdern, Gragnano (6.000E.) in der Diözese Lettere. Wie bereits im Vorjahr in Sarno, erleben die Missionare auch hier, wie sich zu Füßen der Muttergottes nicht Blumengaben oder schlechte Bücher zu einem Autodafé häufen, sondern Dolche und Pistolen, Bajonette und Stilette[26]. Es kommt der Sommer 1751. Das Abszeß ist ausgereift und bricht in Pagani auf. Unter großer Geheimhaltung bewegt Muscari vier ausgezeichnete, aber naive junge Leuge — Pasquale Adinolfi, Gaetano Spera, Domenico Cacciatore und Domenico Siviglia — dazu, ihm in einen neuen Orden nachzufolgen, der die Mongolei, Paraguay und China missionieren soll! Öffentlich zeigt er nun von neuem gegen die Ordensgemeinschaft seine Krallen und Zähne und bringt damit den Großteil der Studenten auf. Nun war es endlich offenkundig: Diese Fackel der Zwietracht und des schlechten Geistes mußte entfernt werden. Aber Liguori, der zutiefst gütig und ein feinfühliger Psychologe war, fand einen ehrenwerten und schmeichelnden Ausweg:

— Alle Kongregationen eröffnen eine Geschäftsstelle in Rom. Ihr seid durch Eure römischen Beziehungen geradezu dazu geschaffen, diese Niederlassung zu gründen und zu betreuen. Ich ordne Euch P. Bernardo Tortora zu.

Noch einer, dessen Geist Alfons beunruhigte.

Der Exabt begriff, daß er damit von den Studenten entfernt werden sollte. So traf er unverzüglich seine Vorkehrungen, daß auch das Viergespann seiner „Getreuen" nach Rom kam: in ihrem Namen verfaßte er ein für den Papst bestimmtes Memorandum, in dem er den Gründer und die Kongregation belastete, ließ sie unterzeichnen und legte es in seine Schublade. Sie sollten es datieren und nach Rom schicken, sobald er dort angekommen sei: Diese aus abscheulichen Lügen zusammengesetzte Schmähschrift sollte dort seine Abkehr rechtfertigen, seine Gründung beglaubigen und die Dispens von ihren Gelübden erleichtern.

Aber der Herr ist klüger als die Bösewichte. Zufällig lud der Rektor Maior am 12. Oktober alle seine Scholastiker zu einer Wallfahrt in das Heiligtum von Monte Vergine nach Ciorani ein. Der junge Pasquale Adinolfi konnte den Mund nicht halten und deutete an, er werde die Ordensgemeinschaft bald verlassen. Die Sache kam Alfons zu Ohren, der ihn rufen ließ, um ihm in seiner Versuchung beizustehen. Schließlich beichtete ihm der arme Junge das ganze Komplott Muscaris.

— Ah, der Verräter! rief der Gründer aus. Er hat dir gründlich den Kopf verdreht!

Noch am selben Abend rief er die in Ciorani anwesenden Generalkonsultoren zusammen und klärte sie über ein Komplott auf, das nicht weniger und nicht mehr beabsichtigte, als die Kongregation durch üble Verleumdungen zu zerstören, nachdem bereits eine Gruppe Studenten und Laienbrüder verführt wurde. Dann schlug er den unverzüglichen Ausschluß des Exabts vor. Die Verblüffung war so groß, daß die Patres ihren Ohren nicht trauten und lauten Einspruch erhoben. Nach der glücklichen Indiskretion Adinolfis aber wurde die Situation der vier „Muscaristen" unhaltbar. Am nächsten Morgen traten sie nach dem gemeinsamen Gebet vor den Rektor Maior, mit dem Wanderstab in der Hand, dem Mantel über dem Arm und verlangten gebieterisch die Aufhebung ihrer Gelübde. Alles Bitten und Flehen Alfons' und der Mitbrüder war vergeblich:

— Wir wollen gehen!

— Nehmt euch wenigstens drei Tage, um zu überlegen, und entscheidet dann.

— Wir gehen sofort.

Und sie wandten dem Pater und den Mitbrüdern den Rücken und gingen fort, ohne Dispens von ihren Gelübden, mit Drohworten auf den Lippen.

Der Pater General rief sofort einen Krisenrat zusammen. Generalkonsultor Muscari wurde von seinen Kollegen einstimmig aus der Ordensgemeinschaft ausgeschlossen; Alfons schickte eilends P. de Robertis nach Neapel, damit dieser Marquese Brancone vor allen böswilligen Manövern der Aufständischen warne[27]; er schrieb an P. Sanseverino nach Rom, damit der Kardinalpönitentiar informiert werde, und beauftragte schließlich P. Fiocchi, Muscari, „wo immer dieser sich befinde", seinen Ausschluß mitzuteilen.

Der Exabt, der seine bevorstehende Abreise nach Rom vorbereitete, war mit Tortora nach Nocera gegangen, um sich vom Bischof beurlauben zu lassen. Der Rektor suchte sie dort auf. Da er vor Tortora nicht deutlich zu sprechen wagte, sagte er zu Muscari nur:

— Ihr wißt wahrscheinlich, warum vier Studenten die Aufhebung ihrer Gelübde verlangt haben?

— Ich weiß nichts, war Muscaris überraschte Antwort. Zumindest nichts, was ich Euch sagen könnte.

— Wenn Ihr mir nichts sagen könnt, dann rechtfertigt Euch beim Rektor Maior.

— Mit Vergnügen und auf der Stelle, schloß der Elende voll Arroganz.

Er brach sofort nach Ciorani auf, hatte aber nicht die Geistesgegenwart, zuvor noch im Kloster das verleumderische Memorandum zu holen, das man dann in seiner Schublade finden und das seine Treulosigkeit beweisen wird. Da er nun durch den vorzeitigen Abgang seiner vier Opfer erbärmlich bloßgestellt war, hatte er auch nicht mehr den Mut, Alfons gegenüberzutreten; weil er gerade an seinem früheren Basilianerkloster von Materdomini vorbeikam, ging er nicht mehr weiter. Von hier aus schrieb er P. Liguori einen höhnischen Brief, in dem er seine Unschuld in der Affäre der „Flüchtigen" beteuerte, sich beschwerte, daß man ihn des Verrats angeklagt habe, und seine Wäsche und Bücher verlangte. Dieser lange, tragische und befreiende Tag war der 13. Oktober 1751. Wir besitzen die vor Offenheit, Schmerz und Vergebung bebende Antwort des Gründers vom 14. Oktober:

„Mein liebster Pater Don Giuseppe. Zwei Nächte lang konnte ich weder Schlaf noch Ruhe finden, weil ich immerzu an das große Unheil denken mußte, das Ihr dieser armen Kongregation zugefügt habt, die ihr vor Eurem Eintritt so sehr geliebt habt, und die danach so viel Haß in Euch erweckte. Ich wollte es zuerst nicht glauben, daß diese jungen Leute ihre Berufung Euretwegen verloren haben; nachdem ich sie aber gehört habe, und nach den Nachrichten, die ich soeben erhalten habe, kann ich nicht mehr daran zweifeln. Ich möchte nicht auf Einzelheiten eingehen, die Euch nur wehtun können. Ihr wißt, mein Giuseppe, wie sehr ich Euch geliebt und geschätzt habe, noch ehe Ihr zu uns gehört habt; Ihr wißt auch, was ich dann alles unternommen habe, um Euch die armseligen Ehren, die unsere armselige Kongregation geben kann, zukommen zu lassen; ich habe Euch von Anfang an den kostbarsten Schatz der Ordensgemeinschaft, unsere jungen Mitglieder, anvertraut; um Euch jede Unannehmlichkeit zu ersparen, habe ich P. Mazzini, dessen große Tugenden allgemein geschätzt werden, aus Nocera entfernt; und schließlich behielt ich Euch trotz meiner Ängste in Eurem Amt als Lektor und sogar Präfekt und Spiritual bei der Jugend. Ihr werdet sagen, meine Angst sei unbegründet und ich tadele Euch für Nichtigkeiten! Für Nichtigkeiten, die dann zum Ruin dieser vier armen jungen Leute geführt haben, die plötzlich von Engeln zu wahren Furien wurden, als ich sie gestern vormittag mit größter Liebe und Sanftmut und sogar auf meinen Knien liegend anflehte, ihre überstürzte Abreise wenigstens drei Tage zu verschieben; denn gerade diese vier habe ich geliebt, wie meinen Augapfel ... Da wäret selbst Ihr empört gewesen, wenn Ihr gesehen hättet, mit welcher Arroganz sie zu mir und allen sprachen, und welch beleidigende Drohungen sie gegen die Kongregation ausstießen. Sie gingen sogar so weit, mir zu sagen, sie würden mich beim König anklagen, da ich versucht hätte, sie mit Gewalt zurückzuhalten, weil ich nicht bereit war, sie von ihrem Gelübde und Eid zu lösen. Mein Gott, sie haben sich Jesus Christus freiwillig geweiht, und ich hätte sie mit Gewalt zurückgehalten? Warum habe ich sie denn nicht von ihren Gelübden befreit? Weil ich sie liebe und Mitleid mit ihnen habe, und weil ich sehe, daß sie nur durch die Versuchung des Bösen ihre Berufung verlieren!

Aber genug davon. Ich will Euch nicht weiter belästigen, denn ich weiß, daß Euch ein jedes meiner Worte schmerzt. Ich will Euch nur noch sagen, daß weder ich noch die Kongregation eine solche Behandlung durch Euch verdienen. Ich verzeihe Euch und bitte Jesus Christus, Euch zu verzeihen, weil ich Euch nach wie vor schätze und liebe. Wenn Ihr auch jetzt den Fehler, den Ihr begangen habt, und das Unrecht, das ihr der Kongregation und diesen armen jungen Leuten angetan habt, noch nicht einseht, so wird, wie ich hoffe, doch der Tag kommen, an dem die Muttergottes sie Euch verstehen und angemessen beweinen lassen wird.

Man sagt, Ihr habt die Kongregation verraten. Ihr beklagt Euch über dieses Wort wie über eine Beleidigung. Aber ist dieses Wort nicht die Feststellung einer Tatsache, die sogar die Steine bezeugen würden? Ihr habt mir geschrieben, daß ihr der Kongregation keineswegs schaden, sondern vielmehr alles daran setzen wolltet, ihre Interessen zu vertreten. Ich bitte Euch noch einmal: Fügt ihr keinen Schaden zu, um nicht Jesus Christus dadurch zu mißfallen. Ihr wißt, daß wir unser Leben damit verbringen, für Jesus und die armen Seelen zu arbeiten und zu leiden; Ihr wißt es, doch befürchte ich, daß der Böse Euch künftig diesen Namen der Kongregation verachtenswert erscheinen läßt und Euch dazu bringt, uns zu verleumden, um Euer Verhalten zu rechtfertigen. Hört nicht auf diese schlechten Eingebungen, mein lieber Giuseppe!

Das schreibe ich Euch in aller Liebe und mit Tränen in den Augen, da ich immer noch hoffe, daß Eure Beschuldigungen gegen mich und unsere ehrenwerten Patres sich bald verflüchtigen, und Ihr dann unserer Kongregation wieder Eure Liebe von einst entgegenbringen werdet.

Was Eure Bücher und die anderen Gegenstände, die Euch gehören, betrifft, könnt Ihr beruhigt sein, sie werden Euch nachgeschickt. Ach, Don Giuseppe! nicht Euren Besitz, sondern Euch selbst haben wir geliebt und gewünscht; nicht Euren Besitz zu verlieren, beklagen wir in diesem Augenblick, sondern Euch selbst; denn ich sage noch einmal, ich liebe Euch noch immer, und ihr wißt, wie ich Euch geschätzt und geliebt habe . . .“[28].

Armer Muscari! Sein Traum verflüchtigte sich in diesem Fiasco. Und auch seine Bosheit. Sobald er in Rom war, gab er den Unglücklichen, die seine Vorspiegelungen vom Weg abgebracht hatten, kein Lebenszeichen mehr. Wieder in den Orden des hl. Basilius integriert und in die Abtswürde eingesetzt, stellt er sich mit seinen Prälateninsignien in den folgenden 25 Jahren auf allen Kanzeln des Königreiches zur Schau. Aber er respektiert die Kongregation und den Gründer der Redemptoristen. Nachdem er sich vom Papst zum Abt von Grottaferrata auf Lebenszeit hat ernennen lassen, richtet er seine Herrschsucht und sein Intrigantentum gegen seine neapolitanischen Mitbrüder. Alfons hatte es Don Bartolomeo di Marco, dem Abt von Materdomini und künftigen General, vorhergesagt, der nach Muscaris Eskapaden die Höflichkeit besessen hatte, ihm die Entschuldigungen seines Ordens entgegenzubringen:

— Heute sind wir es, die er zum Weinen bringt. Aber es wird der Tag kommen, an dem Ihr weinen werdet.

Am Morgen des 13. Oktober hatte Alfons sofort nach dem erschütternden Weggang die erregten Mitbrüder der niedergeschlagenen Gemeinschaft wieder in die Wirklichkeit zurückgerufen:

— Danken wir Gott und sagen wir der Muttergottes ein Ave. Der Herr hat die Ordensgemeinschaft von einigen abgestorbenen Gliedern befreit.

Am 16. versammelte er seine noch immer unter dem Schock stehenden Söhne in der Kapelle und ermahnte sie, ihre Bande der Liebe mit Jesus Christus und der Kongregation enger zu knüpfen. Dann fiel er auf die Knie und erneuerte sein Gelübde, worauf es auch alle anderen in seine Hand erneuerten. Auch der Flüchtling Gaetano Spera war wieder da, bereits ernüchtert und reumütig zurückgekehrt. Er bat den Pater vor der ganzen Gemeinschaft weinend um Vergebung und erneuerte dann mit tränenerstickter Stimme ebenfalls seine Gelübde. Schließlich stimmte Alfons das *Te deum* an. Sechs Monate später wird auch Siviglia zurückkehren. Adinolfi und Cacciatore wurden gute Weltpriester[29].

Nun mußte der Rektor Maior noch sein zerstörtes Großes Seminar wiederaufbauen. Er verließ Ciorani endgültig und richtete seinen Sitz in Nocera dei Pagani ein; hier sind fortan Kopf und Herz der Kongregation beheimatet. Pater Mazzini wurde wieder in seine Funktion als Spiritualpräfekt eingesetzt. Für den Theologieprofessor hätte man auf P. Cafaro zurückgreifen können oder auf den hervorragenden Giovanni Rizzi, 38 Jahre, früher Rektor des Seminars von Campagna, der seit zwei Monaten Ordensmitglied war. Nein. Alfons wählte den jungen Alessandro Di Meo, den Geretteten der Muttergottes. Nachdem er mit 23 Jahren zum Priester geweiht worden war, hatte ihn Alfons im Dezember 1749 nach Neapel geschickt, damit er dort Griechisch und Hebräisch lerne. Er, der von Kindheit an die Bücher nur so verschlang und alles im Gedächtnis behielt, stand Muscari in der Höhe seiner Intelligenz, im Ausmaß seiner Gelehrsamkeit und der Beherrschung der klassischen und biblischen Sprachen in nichts nach. Alessandro war klein von Wuchs, aber groß in Eifer, Hingabe und Bescheidenheit und besaß die Bewunderung des Gründers. „Sein Genie", sagte er, „gibt mir eine Vorstellung vom Wissen Gottes"[30].

Der Epilog dieser Erschütterungen war das erste Rundschreiben des Gründers an die ganze Kongregation:

„Meine lieben Mitbrüder, Ihr sollt wissen, daß ich nicht traurig bin, wenn ich erfahre, daß Gott einen meiner Brüder in ein anderes Leben gerufen hat. Zwar empfinde ich diese Trennung, weil ich Fleisch bin; aber ich tröste mich damit, daß er in der Kongregation gestorben ist: denn dadurch ist er bereits gerettet. Ich bin auch nicht betrübt, wenn einer wegen seiner eigenen Fehler die Kongregation verläßt; dann tröste ich mich damit, daß sie nun von einem räudigen Schaf befreit ist, das die anderen hätte anstecken können. Auch Verfolgungen können mich nicht erschüttern, sie stärken vielmehr meinen Mut; denn solange wir uns richtig verhalten, wird Gott uns nie verlassen. Was mich aber in Schrecken versetzt, ist, zu erfahren, daß es ein unvollkommenes Mitglied gibt, das wenig gehorcht und die Regeln kaum befolgt.

Ihr wißt, meine Brüder, daß viele, die zu uns gehörten, nun außerhalb der Kongregation stehen; ich weiß nicht, wie sie enden werden, aber ich bin sicher, daß sie stets ein unglückliches Leben führen, daß sie in Unruhe leben und sterben werden, weil sie ihrer Berufung untreu geworden sind. Sie sind weggegangen, um glücklicher zu leben; aber sie werden nicht einen Tag Ruhe haben bei dem Gedanken, daß sie Gott verlassen haben, nur um ihrer Laune zu leben. Sie werden Schwierigkeiten mit dem betrachtenden Gebet haben, da es in ihrem Herzen unaufhörlich das Schuldgefühl, Gott verlassen zu haben, erwecken wird; so werden sie es schließlich sein lassen, und wenn sie einmal das betrachtende Gebet aufgegeben haben, Gott weiß, wo sie dann enden.

Ich bitte Euch, vermeidet sorgfältig die mit offenen Augen begangenen Fehler, vor allem solche, auf die man Euch bereits aufmerksam gemacht hat. Wenn sich einer nach einer Korrektur bessert, ist es nichts; bessert er sich aber nicht, dann tritt der Böse ins Werk und läßt ihn seine Berufung verlieren; er hat sie auf diese Weise schon so vielen geraubt!

Durch Gottes Gnade wirken unsere Missionen überall dort, wohin wir gehen, Wunder, und die Leute sagen, sie hätten noch nie etwas Ähnliches erlebt. Und warum? Weil wir hier den Gehorsam praktizieren, weil wir hier die Armut einhalten, weil wir hier Jesus Christus den Gekreuzigten predigen und ein jeder bemüht ist, die ihm anvertraute Aufgabe voll zu erfüllen. Aber es schnürte mir das Herz zusammen, wenn ich erfuhr, daß der eine oder andere bei der Mission darum bat, irgendeine angesehenere Aufgabe, wie etwa die Predigt oder den Unterricht, übernehmen zu dürfen. Welche Frucht kann man denn von einem Mann erwarten, der aus Hochmut predigt? Diese Anmaßung macht mich schaudern. Wenn dieser Geist des Ehrgeizes einmal in die Kongregation eindringt, dann werden die Volksmissionen nur noch wenig oder überhaupt keine Frucht mehr bringen.

Ich habe auch erfahren, daß einige anfangen, in gezierten Worten zu predigen. Ich sage es hier noch einmal: die Umgangssprache ist es, die unseren Missionen, Novenen und Einkehrtagen ihren Erfolg sichert … Ich bitte Jesus Christus, er möge alle, die die gezierte Rede einführen wollen, empfindlich strafen. Seien wir auf der Hut: es war zweifellos der Hochmut, der viele aus der Kongregation vertrieben hat.

Schenkt bei den Missionen der Ernährung größere Aufmerksamkeit. Wenn unsere Missionen so erbaulich sind, so deshalb, weil wir uns mit dem wenigen begnügen, was uns die Regel erlaubt, wie wir es bis jetzt gehalten haben …

Ich verbiete außerdem den Oberen, den Mitbrüdern zu erlauben, sich gewisse Sonderdinge zum persönlichen Gebrauch zu verschaffen; wenn sie diese Gegenstände aber brauchen, dann soll sie ihnen die Gemeinschaft zur Verfügung stellen. Außerdem verbiete ich, daß einzelne Mitbrüder Geld zu ihrer persönlichen Verfügung haben.

Meine Brüder, verhalten wir uns richtig gegenüber Gott, so wird uns Gott in allen Verfolgungen, die uns die Menschen und Dämonen schicken, beistehen"[31].

Gerade sie blieben nicht aus. „Von außen Widerspruch und Anfeindung, im Innern Angst und Furcht" (2 Kor 7,5).

Alles kam durch eine ganz gewöhnliche Jagdgeschichte ins Rollen[32]. König Karl von Bourbon war nur glücklich, wenn er ein Gewehr in der Hand hielt. Ende Januar 1751 durchstreifte er Wälder und Heide, um das Wildschwein in seinem Reservat von Tremoleto, auf den Ländereien von Deliceto, aus dem Dickicht zu treiben. Er bemerkte die Kirche und das ansehnliche Gebäude der Muttergottes von der Tröstung, die anmutig auf einer Anhöhe stehen.

— Was ist das für ein Schloß, fragte der König einen Mann seines Gefolges.

— Das ist ein Haus der Missionare von P. von Liguori … Sie haben einen guten Fang gemacht: es ist ihnen ein Erbe von nicht weniger als 60.000 Dukaten zugefallen!

— Sie sind also genau wie die anderen: kaum geboren, machen sie schon Erwerbungen!

— Der König ist zornig, die Minister sind zornig. Das Gespenst der toten Hand droht in Deliceto. Und damit auch in Ciorani, Pagani, Caposele … Eine Untersuchung wurde angeordnet. Die ganze Ordensgesellschaft der Redemptoristen zitterte, nur Alfons nicht:

— Der Herr will die Kongregation nicht durch die Gunst der Fürsten, sondern durch Verachtung, Armut, Leid und Verfolgung fördern. Habt ihr je erlebt, daß die Werke Gottes in einer Atmosphäre der Zustimmung entstanden sind? Als der Hl. Ignatius von einem schweren Schlag gegen seine Gesellschaft erfuhr, freute er sich.

Alfons leitete eine Kampagne von Gebeten, Messen, Bußübungen und Almosen ein und fuhr dann nach Neapel, um dem Staatssekretär die Einkünfte seiner Häuser vorzulegen: 300 Dukaten, belastet mit Verpflichtungen in Deliceto; 500 in Ciorani und ebensoviel in Caposele; vier Wände und ein Gärtchen in Pagani. Die Schätzungen der königlichen Kommissare lagen noch niedriger als die Angaben des Superiors. Mit der Untersuchung über das märchenhafte Erbe von Deliceto wurde Don Baldassare Cito, sein Partner der Kartenrunden in ihrer Studentenzeit, beauftragt. Es erwies sich tatsächlich als Märchen: die 60.000 Dukaten schmolzen auf 700 zusammen, und selbst diese waren noch mit schweren Verpflichtungen belastet. Alles in allem betrug allein Tanuccis Gehalt genausoviel wie die Renten aller Redemptoristen zusammengenommen. Soviel Armut und Aufrichtigkeit scheint den König – natürlich nur sehr oberflächlich! – gerührt zu haben, nicht aber Tanucci und den Präsidenten der Real Camera di S. Chiara, Nicola Fragganni, „Papa Nicola" genannt. Wir wollen den Leser nicht mit allen Einzelheiten der Maßnahmen, Eingaben, Abweisungen und Demütigungen belasten, die das Jahr 1752 hindurch das Leben des Gründers in Neapel neuerdings begleiteten, zusätzlich zu Predigten und anstrengenden Missionen. Alfons mußte die Leidenszeit von 1747–1748 noch einmal durchstehen.

Er selbst fügte alledem noch beängstigende Kasteiungen hinzu, damit dieses dem Heil der Verlassenen geweihte Werk leben möge. So kommt er eines Abends in sein eigenes Stadtviertel dei Vergini, von einem Schwarm Gaffer verfolgt, die ihn wegen seines Esels und seines alten Mantels verhöhnen. Er schließt sich sofort in das Zimmer ein, das er bei seinem Bruder Ercole bewohnt. Da er am nächsten Morgen nicht erscheint, bricht man seine Tür auf und findet ihn ohne jedes Lebenszeichen angekleidet auf seinem Bett liegen. Die eilig herbeigerufenen Ärzte entdecken, daß ihn ein fürchterliches Marterhemd fast zerfleischte. Er war vor Schmerz fast gestorben; nun aber glaubte er vor Scham darüber zu sterben, daß er entdeckt worden war.

Am Samstag, dem 23. September, schrieb er von Neapel aus mit tragischer Gelassenheit an einen seiner Patres:

„Ich muß bis Samstag in acht Tagen hier bleiben. Unsere Sache wird am Donnerstag verhandelt. Bitten wir Gott, daß man uns wenigstens unsere Häuser läßt: denn Marquese Brancone hat mir schon vorsichtig nahegelegt, zwei davon aufzugeben. Wenn man uns aber unsere Häuser nicht läßt, müssen wir uns hinsichtlich unserer Einkünfte in den Willen Gottes fügen, denn der Augenblick ist schwierig. Ohne Brancone wären wir jetzt vielleicht schon aufgelöst. Im letzten Rat hat möglicherweise der König am stärksten gegen uns gesprochen. Begnügen wir uns also mit unseren Häusern und der Vorsehung Gottes. Teilt diese Ereignisse den Mitbrüdern mit, soweit Ihr es für klug haltet, damit sie in diesen Tagen eifrig beten, denn noch sind wir nicht außer Gefahr. Heute Vormittag hatte ich ein sehr lebhaftes, klärendes Gespräch mit Brancone, und ich bin erstaunt, daß er unserer Sache noch immer Interesse entgegenbringt"[33].

Erst am 9. Dezember fällt die Entscheidung. Das Dekret gewährt der päpstlichen Approbationsbulle nicht das *exequatur,* sondern schließt im Gegenteil die gesetzliche Anerkennung der Ordensgemeinschaft aus. Allerdings gesteht es den vier Häusern ein schwaches Weiterleben zu, beraubt sie aber gleichzeitig auch noch des Wenigen, was sie besitzen:

1) Seine Majestät untersagt den Missionspriestern, die unter der Leitung des Priesters Don Alfons von Liguori leben, unbewegliche Güter oder irgendwelche Einkünfte gemeinsam zu besitzen oder zu erwerben; aufgrund des Guten, das sie wirken, und da sie nicht betteln, können sie für ihren Unterhalt und zur Weiterführung ihrer Missionen ihre persönlichen Güter und Erbteile behalten.

2) Bereits erworbene Güter müssen von den Bischöfen verwaltet werden, die sich darüber mit dem jeweiligen Gouverneur und Syndikus zu einigen haben.

3) Aus den Einkünften dieses Besitzes haben die Bischöfe jedem Priester und jedem Bruder zwei Carlinos täglich zu zahlen und den Rest an die Armen zu verteilen (zwei Carlino entsprechen dem Tageslohn für einen Arbeiter).

4) Diese Vorschriften sind nur solange gültig, als die Missionare ihr Werk fortsetzen. Wenn sie es aufgeben, sind alle Einkünfte an die Armen zu verteilen.

Nur unter diesen Bedingungen gestattet der König diesen Priestern, gemeinsam als den Bischöfen unterstellte Weltpriester, ausschließlich in den Häusern von Ciorani, Caposele, Iliceto und Nocera zu leben, denn seine Majestät betrachtet diese Häuser nicht als Kollegien oder Klöster[34].

Da Liguori aber gar nichts anderes will, als die Armen zu missionieren, findet er diesen Erlaß „sehr günstig". Er hatte schon die Auflösung befürchtet! Was die Armut betrifft, so hatte er sie, wie Franz von Assisi, aus Liebe angenommen: „Wenn wir arm bleiben, wird uns Gott nicht verlassen, vorausgesetzt, daß wir uns gut verhalten"[35].

Uns aber steigt der Zorn auf, wenn wir daran denken, daß diese panische Angst vor der toten Hand die Apostel der Verlassenen zwang, in Hunger zu leben und an Auszehrung zu sterben, und man zur gleichen Zeit die Steuern, die dem Schweiß dieses Volkes der Armen abgerungen waren, dazu verwendete, Kurtisanen beiderlei Geschlechts zu vergolden und einen zahlenstarken Hof, sowie eine untätige Aristokratie mit prunkvollen Spielereien zu verwöhnen, wie es das Theater S. Carlo und die Paläste von Procida, Capodimonte, Portici und Caserta waren. Für diesen letzteren hatte man sogar einen künstlichen Fluß von fünfzig Kilometern Länge, der mächtige Aquädukte erforderte, geschaffen und hatte die schönsten Säulen der Kathedrale von Ravello requiriert. Zwar errichtete die Regierung auf Betreiben des Dominikaners Gregorio Rocco ein großartiges „Armenhospiz", aber die Rechnung dafür bekamen die Orden[36] vorgelegt, die sie aber — zugegebenermaßen — zahlen konnten.

Alfons schaut nicht neidisch auf die *delizie reali* oder die Klöster mit gesicherten Renten. Aber um seiner Brüder und der Neueintritte willen schickt er sich nicht in die Unsicherheit, die aus der Verweigerung des königlichen *exequatur* folgt. Eines seiner ehemaligen Beichtkinder hat den Karmel von Capua gegründet. Diese Schwester Angiola de Divino Amore hat gute Beziehungen zur Königin Maria Amalia. Vielleicht erreichen die Frauen, was die Männer nicht erlangen konnten! In einem Brief vom 4. Juli 1753 macht er ihr ohne große Illusionen klar, daß er in diesem letzten Versuch auf sie zählt:

„Meine verehrte Mutter, wenn die Königin in Caserta ist, dann vergeßt bitte nicht, was ich Euch in meinem letzten Brief geschrieben habe.

Die ganze Schwierigkeit liegt bei den Erwerbungen. Seine Majestät der König kann in dieser Hinsicht tun, was er will, wir akzeptieren alles. Will der König, daß wir nie auch nur das Geringste besitzen und nur von den Bischöfen Unterstützung erhalten dürfen? Er braucht nur zu befehlen, wir werden gehorchen. Es genügt, daß er uns anerkennt und uns nicht weiterhin im Unklaren läßt. Wenn der König diesen Vorschlag hören würde, dann, glaube ich, würde er nachgeben, weil er dann sähe, daß wir nichts besitzen wollen. Aber wer wird ihm diesen Vorschlag machen? Wenn ich mit ihm sprechen könnte, würde ich es übernehmen, aber der König gewährt keine Audienz. Ich habe versucht, mit ihm zu sprechen, aber es war nicht möglich. Die Königin aber könnte es, wenn sie wollte. Das genügt. Wenn der Augenblick gekommen ist, werde ich Euch wieder bitten, der Königin diesen Vorschlag vorzutragen.

Ich habe die Hoffnung noch nicht aufgegeben, meine verehrte Mutter, daß der Herr sich Eurer Vermittlung bedient, um ein Werk zu festigen, das zur Rettung so vieler armer verlassener Seelen bestimmt ist ... Im übrigen denke ich folgendes und komme immer wieder darauf zurück: der Herr will zweifellos meinen Stolz demütigen, und die Approbation wird nicht vor meinem Tod gegeben werden. Er ist der Herr: er möge tun, wie es ihm gefällt"[37].

Und am 1. November:

„Ich habe Euch bereits gesagt: wir streben nicht nach Reichtum; der König möge uns für unsere vier Häuser zuweisen, was er will; wir sind zufrieden, wenn er jedem von uns 15 *grana* (eineinhalb Carlinos) täglich gibt und uns seine Approbation gewährt: dann wird unsere Kongregation, die, wie allgemein bekannt ist, den Seelen so viel Gutes getan hat, nicht mehr so in der Luft hängen. Denn es geht darum, daß bei den vierzig Missionen, die wir jedes Jahr halten, all-jährlich dreißig- bis vierzigtausend Menschen der Gnade Gottes zugeführt wer-den.

Nachdem nun alles gesagt ist, möge Gott weiterhelfen! Meine und die Hoff-nung meiner Mitbrüder, die ich unter dem Siegel der Verschwiegenheit einge-weiht habe, ruht, es sei noch einmal gesagt, zuerst auf der Muttergottes und dann auf Euer Ehrwürden."

Ehrwürden kann nichts erreichen. Noch am 4. März 1754 schreibt der Pater an sein Beichtkind Luigi Sagliano, der zwischen ihm und der Karmelitin vermit-telt: „Mein lieber Luigi, ich bediene mich einer fremden Hand, um Euch zu schreiben, da ich seit vielen Tagen krank zu Bette liege ... Sobald Ihr erfahrt, daß die Mutter Priorin einen kleinen Erfolg hat, benachrichtigt mich; so nicht, möge sie heilig werden!" Das war seine Art zu sagen: „Geben wir es auf."

Sie „wird heilig" ... Zum drittenmal beginnt im Februar 1756 für Alfons der Kreislauf der Ansuchen und Enttäuschungen. Dann kommt er fünfundzwanzig Jahre lang nicht mehr darauf zurück. Als Anwalt verlor er seine Sache, als Pro-phet aber behielt er recht: die königliche Anerkennung wurde erst sehr viel später und in einem tragischen Mißverständnis gewährt. Er hatte geschrieben: „Meine und meiner Gefährten Hoffnung ruht zuerst auf der Muttergottes." Seine kleine, der Immakulata geweihte Kongregation wird trotz allem gegen Wind und Unwetter überleben. Er pflegt zu sagen: „Ein Diener Mariens wird nie unterge-hen."

36. „Ein großer Streit, in dem es das Für und Wider abzuwägen gilt"   (1752–1762)

Historiker sind zu seriös, um die Vergangenheit aus den Sternen zu lesen. Aber es entbehrt doch nicht eines gewissen Reizes festzustellen, daß Alfons von Liguori am 27. September im Sternzeichen der Waage geboren ist und daß dieser vorneh-me und feinfühlige junge Mann, dieser anspruchsvolle Arbeiter, dieser Virtuose auf dem Cembalo vierzehn Jahre lang ein Mann des Gesetzes und der Gerechtigkeit, ein Mann der Waage war, ehe er in der Moraltheologie für die gesamte Kirche zum Lehrer der rechten Mitte wurde. Als Äquilibrist und Äquiprobabilist — es besteht eine Verwandtschaft der Wörter und Wirklichkeiten — hält er außerdem das Gleichgewicht zwischen Gesetz und Freiheit, Gottes- und Menschenrecht, Autorität und Gewissen, Gnade und Willen. Als einmaliges Faktum in der Kirchengeschichte wird der Heilige Stuhl schließlich feierlich anerkennen, daß er „den sicheren moralischen Weg in der Mitte zwischen Laxismus und Rigorismus vorgezeichnet hat . . ., so daß fast alle Bischöfe, Ordensoberen, Professoren hervorragender theologischer Fakultäten, ehrwürdige Domherrenkapitel und Gelehrte aller Disziplinen gefordert haben, ihn mit dem Titel des Kirchenlehrers zu ehren" (Pius IX., 11. März 1871).

Doch steigt diese Sonne in der Mitte des 18. Jahrhunderts an einem Horizont auf, zu dem die Anhänger der Aufklärung nicht blicken: dem der Niederen. Wie stolz war das unabhängige Neapel von 1750 auf sich selbst, mit seinem neuen Geist, den Pietro Giannone in der regalistischen Politik, Antonio Genovesi auf wirtschaftlichem und sozialem Gebiet, Gaetano Filangieri auf juristischer und institutioneller Ebene erweckt hatten! Sie sind der Ausgangspunkt einer begeisterten Bewegung der Ideen zur Reform des Königreiches, die Tausende von jungen Leuten im Adel, im Bürgertum und sogar im Klerus mitreißt. Das 18. Jahrhundert erscheint als die lebendigste, aufgeschlossenste, dynamischste und künstlerischste Zeit in der gesamten Geschichte Neapels. Allerdings nur in der Stratosphäre intellektueller Eliten und in der in sich kreisenden Konversation schöngeistiger Zirkel. „Neapel verdarb sich am französisch-englischen Aufklärungsdenken den Magen, aber es brachte nicht die geringste Rationalität in den verknöcherten Leib des Landes; es tat nichts, um dem Aberglauben der Massen und der Willkürherrschaft der Barone ein Ende zu setzen[1]." Ganz im Gegenteil, es verbündete sich mit dem Jansenismus gegen Rom und verschärfte damit noch den offiziellen Rigorismus in der Kirche[2].

Alfons von Liguori, in neapolitanischen Palästen geboren und aufgewachsen, zehn Jahre lang mit dieser Intelligenzia in den hohen Sphären der Magistratur und im Zirkel Caravita, den er mit Vico und Giannone besuchte, eng verbunden, empfing die Gnade, die Eitelkeit auch der schönsten und mühevollsten Arbeit zu durchschauen, sofern diese nicht zur Liebe führt.

„Mein Gott! Wohin sind wir gekommen?", schreibt er 1772. „Das ist alles, was die Intellektuellen unseres Jahrhunderts der Aufklärung können! Jahrhundert der Aufklärung, und inzwischen rennen die Seelen in ihr Verderben; Neapel ist verloren: die Leute beichten nicht mehr, hören nicht mehr das Wort Gottes, und jeder Laie fühlt sich als Theologe und paßt die hl. Schrift, die Dogmen und die Moral seinen eigenen Bedürfnissen an[3]."

Die Moraltheologie — da Alfons' Name untrennbar mit der Moral verbunden ist, fragen sich manche, warum er nicht, statt durch Pfade in sie einzudringen, die von der Kasuistik bereits breitgetreten waren, ein Werk voller neuer Gedanken, würdig der Großen der Aufklärung, geschaffen hat?

Schon der bloße Gedanke, zu schreiben, um sich einen Namen unter den Aufklärern zu machen, hätte Alfons hellauf zum Lachen gebracht. Denn er hatte Neapel nicht auf dem Rücken eines Esels verlassen, um zu glänzen; er wollte aufklären, um das Volk der Kleinen anzuspornen; um ihnen zu zeigen, daß Gott gerade sie, die von den anderen nicht geliebt werden, liebt. Wollte er die Feudal-strukturen, die sie erdrückten, zum Wanken bringen? Oder nahm sein Realismus ihm in diesem Punkt jede Illusion? Nicht einmal Tanucci, der gewiß besser plaziert war als er — Staatssekretär, Reichsverweser und dann Premierminister —, ist es in vierzig Jahren gelungen, sie auch nur im geringsten zu erschüttern[4]. Sollte er einen Geniestreich wagen? Diese hochfliegenden Denker und Schriftsteller können nur von Adlern eingeholt und auf ihrer Ebene erkannt werden. Stellen wir uns vor, Alfons hätte in der Moraltheologie eine *Scienza nuova* im Stile Vicos ver-faßt: dann hätte er, wie dieser, hundert Jahre warten müssen, ehe ihn eine Elite begriffen hätte; die Masse der Armen — Priester und Volk — aber wäre unter der Geißel des Rigorismus und der Verzweiflung in tiefster Finsternis geblieben.

Während sich aber die reformatorischen Ansichten bedeutender Regalisten, Juristen und Physiokraten seiner Zeit als unfähig zur Veränderung der italieni-schen Gesellschaft und Wirtschaft erwiesen und außerstande waren, die Erwerbsquellen im Verhältnis zum enormen Bevölkerungszuwachs zu erhöhen, während ihre Leistung nur darin bestand, die Jesuiten zu vertreiben, starb Alfons nicht, ohne in seinem Fachgebiet den ganzen Westen aufgerüttelt zu haben; und fünfzig Jahre nach seinem Tod werden seine Christus- und Marienspiritualität, seine Theologie der Gnade und des Gebets und vor allem seine Moral und Pasto-ral offiziell für die ganze Kirche verbindlich. Ende des 19. Jahrhunderts stellt der große deutsche protestantische Historiker Adolf von Harnack (1851–1930) nicht ohne Unwillen fest:

„In demselben Augenblick, in welchem die Gesellschaft Jesu vernichtet wurde, erweckte Gott dem Probabilismus einen neuen Vorkämpfer und sicherte ihm für die Zukunft einen Triumph, auf den man nach menschlicher Voraussicht nicht hätte rechnen können" — den Stifter der Redemptoristen Alfons Liguori, den ein-flußreichsten römischen Theologen seit den Tagen der Gegenreformation (Als Anmerkung: Liguori und Voltaire sind genaue Zeitgenossen; sie sind die einfluß-reichsten Männer, die Seelenführer bei den romanischen Nationen geworden). „Liguori, der selige (1816), der heilige (1829), der Lehrer der Kirche (1871), ist das wahre Gegenbild zu Luther, und er ist im modernen Katholizismus an die Stelle Augustinus' getreten ... Bleibt Liguori auch hinter den schamlosesten Probabili-sten des 17. Jahrhunderts zurück, so hat er doch ihre Methode völlig akzeptiert und in einer Unzahl von Fragen bis zum Ehebruch, Meineid und Mord, das Ruchlose in das Läßliche zu verwandeln verstanden. Kein Pascal erhob sich im 19. Jahrhundert wider ihn; vielmehr von Jahrzehnt zu Jahrzehnt stieg die Autori-tät Liguoris, des neuen Augustinus, und heute herrscht er in allen Orden, in allen Seminaren, in allen Lehrbüchern[5]."

Diese engagierte Stellungnahme, zu dicht, um die nötigen feineren Unterschei-dungen zu liefern, stammt von einem Meister der Dogmengeschichte. Harnack scheut nicht davor zurück, hier — auch er! — Liguori abzuwägen gegen Luther, dessen genaue Gegenposition Alfons einnimmt; gegen Voltaire, jenen anderen gei-stigen Führer des Jahrhunderts im entgegengesetzten Lager; gegen Augustinus vor allem, den pessimistischen und rigorosen Seelenführer, der durch Alfons' Optimismus und „Laxismus"(?) ersetzt wird. Denn die Waage hat zugunsten des Neapolitaners ausgeschlagen.

Wir stehen hier bereits mitten in der zentralen Heilsfrage, einer Frage, die so alt ist wie das Christentum selbst. Muß in diesem menschlich-göttlichen Zusammenwirken während des kurzen Lebens eines jeden, in dem Gut und Böse gegeneinander stehen, in dem Himmel und Hölle im Spiel sind, die Waage zwischen den beiden Partnern im Gleichgewicht gehalten werden? Was ist Gottes, was des Menschen Anteil? Kann das Problem überhaupt in diesen Begriffen gestellt werden?

Gottes Anteil? Gott ist der Allmächtige. Alles muß von ihm, er aber von niemandem abhängen. Ist es denkbar, daß er vom guten Willen seiner Schöpfung abhängt und von ihr ins Scheitern geführt werden kann? — Was aber ist der Anteil des Menschen? Ist der Mensch nun frei oder nicht? Vermag er selbst zu handeln oder nicht? Ist er am Ende nur ein von Gott manipuliertes Objekt? Das aber wäre für keinen der beiden Teile ehrenhaft. Und was könnten dann guter Wille, Streben, Moralität und Heiligkeit bedeuten?

Zu Beginn des 5. Jahrhunderts bestritt der irische Mönch Pelagius, daß die Menschheit sündhaft sei: die Natur des Menschen ist gut, schön und rein; die menschliche Freiheit ist fähig, aus eigener Kraft das göttliche Gesetz zu beachten; die Gnade, also das Eingreifen Gottes, hat nur die Funktion, diese Freiheit zu leiten und schließlich zu krönen. Augustinus reagiert heftig. Dreißig Jahre lang verficht er gegen die „Pelagianer" die Bedeutung der Gnade; ohne in seinen Formulierungen immer das angemessene Maß einzuhalten. Der Mensch, so sagt er, ist zerrissen; die Erbsünde hat seinen freien Willen gefesselt; er ist unfähig, von sich aus auch nur irgend etwas Gutes zu tun. Aber die Gnade Gottes ist allmächtig; sie ist „wirksam", d. h. sie zeitigt unfehlbar ihre Wirkung, ohne dadurch die menschliche Freiheit aufzuheben. Wie? Geheimnis … Konkret hast du angesichts der Anrufe zum Guten und der Versuchung zum Bösen auf den Waagschalen einerseits deine Begierde zur Sünde, und andererseits den Beistand Gottes zur Tugend; hat die Gnade größeres Gewicht, so bestimmt sie dich zur Tugend; wiegt die Begierde schwerer, so bestimmt sie dich zur Sünde. — Und wie steht es im zweiten Fall mit der Gnade? — Sie wäre an sich „hinreichend"; aber deine Begierde war zu stark. Die „hinreichende Gnade" ist also die, die nicht ins Gewicht fällt; aber durch deine eigene Schuld: warum ist deine Begierde so schwerwiegend? Alles Böse kommt also aus der „schlechten Natur", alles Gute aus der „wirksamen Gnade". Und Augustinus wagt folgendes erschreckende Bekenntnis seines Glaubens:

„Da wir durch die Gnade Jesu Christi katholische Christen sind, wissen wir, daß die Menschen vor ihrer Geburt in ihrem Urstand weder Gutes noch Böses getan haben … Sie kommen in das Elend dieses gegenwärtigen Lebens, weil sie, dem Fleische nach aus Adam hervorgegangen, die Befleckung der Sünde auf sich gezogen haben, die den Tod bringt; von der Strafe des ewigen Todes aber, der durch eine gerechte Verurteilung von einem auf alle überging, können sie nur erlöst werden, wenn sie durch die Gnade in Jesus Christus neugeschaffen werden. Die Gnade Gottes wird Kindern oder Personen im Vernunftalter nicht aufgrund von Verdiensten gewährt … Diese Gnade wird nicht allen Menschen gewährt, und diejenigen, denen sie gegeben wird, erhalten sie nicht nach dem Verdienst ihrer Werke, noch auch nach dem ihres Willens … Vielmehr wird die Gnade durch die ungeschuldete Barmherzigkeit Gottes denen gegeben, denen der Herr sie gewährt. Durch ein gerechtes Urteil Gottes wird sie denen nicht gegeben, denen Gott sie verweigert[6]."

Es gibt also eine „ungeschuldete Vorherbestimmung" gewisser Menschen zum Heil, und zwar durch ein absolutes Dekret der göttlichen Allmacht, das keinen anderen Grund als diese Allmacht selbst hat.

— Und die anderen Menschen? Die Güte Gottes? Seine Gerechtigkeit? Die menschliche Freiheit?

— Neugierige, findet Euch damit ab, nicht alles zu wissen. Ahmt vielmehr den heiligen Thomas von Aquin nach, der in diesem Punkt voll und ganz die Autorität des „Doktors der Gnade", nämlich Augustins, anerkennt.

Nein und abermals nein! sagen Erasmus und die Humanisten der Renaissance: die Natur ist gut — für den vernunftbegabten Menschen hat die Tugend so viele Anziehungspunkte! —; folgt der Natur, und ihr werdet gerettet werden. Luther, ein *Augustiner-Mönch*, gerät darüber in Zorn und verkündet den härtesten Augustinismus; ebenso Calvin. Da kommt das Konzil von Trient: es hält die beiden Enden der Kette: einerseits ist die aktuelle Gnade (Gottes Beistand) zu jedem guten Werk notwendig; andererseits ist der Mensch wahrhaft mit seinem freien Willen ausgestattet. Wie aber verhalten sich Gnade und Freiheit zueinander? Das Konzil wußte darauf keine Antwort und ließ damit die Türe offen für alle Konflikte, sogar zwischen Katholiken. Sie begannen bereits auf dem Konzil.

Hundert Jahre später (1640) erscheint ein dickes Buch: *Augustinus*, das einige Jahre zuvor vom Rektor der Universität Löwen, Cornelius Jansen, genannt Jansenius (man hatte damals die Molière'sche Manie, alle Namen zu latinisieren) verfaßt worden war und die Gnadenlehre bei Augustinus behandelt. Dieser Gelehrte und strenge, mittlerweile als Bischof von Ypern verstorbene Professor war von Heilsangst und der Vorstellung eines furchterregenden und despotischen Gottes verfolgt. So hatte er bei seiner Lektüre des Augustinus, der nun wahrlich keiner weiteren Verdüsterung bedurfte, eine schwarze Brille aufgesetzt und nur die pessimistischen Thesen behalten: der freie Wille existiert nicht wirklich; die „wirksame Gnade" macht alles; Christus ist nicht für alle Menschen gestorben; aus der „verurteilten Masse" der Menschen wählt Gott einige Bevorzugte aus, denen er das ewige Heil gewährt; den anderen aber nicht.

Ein Freund des Jansenismus, der Abt von Saint-Cyran, Duvergier de Haurann, führte dieses düstere und strenge „Christentum" bei seinen Beichtkindern, den Klosterfrauen von Port Royal ein. So wurden die Klosterfrauen und „Einsiedler" von Port-Royal-des Champs zu „Jansenisten", zu Anhängern des Jansenismus.

Mit seiner Theologie eines willkürlichen und mit seinem Heil geizenden Gottes mußte der Jansenismus zwangsläufig die Angst der edlen Seelen, die Zwangsvorstellung vom Gesetz Gottes, die Forderung nach engelsgleicher Reinheit, die Entfernung von den „furchterregenden" Sakramenten, mit einem Wort: den moralischen und seelsorglichen Rigorismus hervorbringen.

„Die Moral des Jansenius ist immer eine Wette zugunsten Gottes. Die durch die Erbsünde verdorbene Vernunft kann weder in der Moral noch im Dogma gültig eingreifen. Alles Unwissen und jeder Irrtum im moralischen Bereich ist zugleich eine Folge der Erbsünde und ein dem Gewissen anzurechnender Fehler. Der einzig mögliche Konflikt ist der, in dem die verdorbene Natur dem Willen

Gottes entgegengesetzt ist. Seine Lösung ist nur zu klar. Daher verwirft der Jansenismus den Probabilismus, diesen „moralischen Pelagianismus", und will einen absoluten Tutiorismus einführen. Das Wort Gottes, wie es sich in der Urkirche konkretisiert hat, in seiner unvermittelten Strenge und ohne Rücksicht auf die jeweiligen Umstände von Zeit und Ort anzuwenden, das ist das Ideal der jansenistischen Moral[7]."

Schon kurz nach seinem Erscheinen rief der *Augustinus* heftige Angriffe der Jesuiten von Löwen und bald auch von allen Seiten hervor. Bischöfe, „Ordensleute" — französische Oratorianer, Dominikaner, Karmeliter — und Universitätsprofessoren dagegen spendeten Beifall. Die wiederholten Verurteilungen des Jansenismus von Rom in den Jahren 1641, 1642, 1653 und vor allem 1713 (Bulle *Unigenitus*) hatten nur den Effekt, den Virus in ganz Europa zu verbreiten, den „antirömischen Komplex" zu aktivieren und neue Konflikte zwischen Katholiken zu entfachen[8].

Bei den Katholiken standen sich tatsächlich zwei Strömungen, zwei „Schulen" gegenüber. Auf der einen Seite die „Thomisten", die in erster Linie die Absolutheit Gottes retten wollten: seine Allmacht, seine Rechte, sein Gesetz; für sie ist Gott alles; verglichen mit ihm ist der Mensch nichts, macht nichts, vermag nichts (der Vergleich an sich ist im Grunde schon unmöglich). Auf der anderen Seite die „Molinisten", die auch die menschliche Person, ihre Vernunft, ihren Willen und ihre Freiheit berücksichtigen möchten. Die erste Schule, logisch in ihrer spekulativen Ordnung, in der thomistischen Tradition, wird von den Dominikanern, und mit ihnen vom hl. Offizium, der Mehrzahl der Bischöfe und Seminare vertreten. Die zweite ist die der Jesuiten, in der Nachfolge des Begründers der „Exerzitien", des hl. Ignatius, und des Theologen Luis de Molina (1535—1600) (nicht zu verwechseln mit Miguel de Molinos, dem wir schon begegnet sind).

Die „Thomisten" sind die Ritter der Souveränität Gottes: nach ihrer Dogmatik wirkt die Gnade alles; nach ihrer Moral ist im Zweifelsfall der wahrscheinlicheren (*probabilior*) Meinung zu folgen und sogar stets die größere Sicherheit (*tutior*), also die Partei des Gesetzes, zu wählen. Sie sind also „Probabilioristen", häufig „Tutioristen", immer aber Rigoristen.

Nach Ansicht der „Molinisten" dagegen ist Gott frei, den Menschen an seiner Souveränität teilhaben zu lassen. Die menschliche Entscheidung wirkt also zusammen mit der Gnade entscheidend am Heil mit. In der Moral kann man, gegen das Gesetz, jeder wahrscheinlichen (*probabilis*) Meinung folgen; sie sind also liberal, „Probabilisten", und werden oft mit dem Vorwurf des Laxismus belegt.

Im 17. Jahrhundert nun hatten sich die Rigoristen nach und nach fast überall durchgesetzt. In Reaktion auf einen Wind der Freizügigkeit, der aus der Renaissance herüberwehte, atmete das offizielle Klima Strenge. Daher der Erfolg des *Augustinus* und dann der *Provinciales* von Blaise Pascal, trotz Index und Autodafé. Die Aufeinanderfolge von Verurteilungen durch die Päpste Alexander VII. (1665—1666) und Innozenz XI. (1679) hatten den Laxismus schließlich gebremst. Als man Molina (1685) und Jeanne Guyon (1695) in den Kerker warf und Fénelon an den Pranger stellte (1699), hatte man damit auch die Freiheit eingekerkert und geschmäht.

Der Probabilismus wäre daran beinahe zugrunde gegangen. Thyrso Gonzales war unter dem Druck Innozenz XI. zum General der Gesellschaft Jesu gewählt worden und sollte den Jesuiten den Probabiliorismus aufzwingen. Glücklicherweise war seine Mühe vergeblich; und der nächste Papst, Alexander VIII., setzte sich dafür ein, daß der Schraubstock, mit dem man jeden Probabilismus zu ersticken gedachte, nicht bis zum Anschlag angezogen wurde (1690).

Die Versammlung des französischen Klerus von 1700 ging noch weiter als Rom und setzte durch die Verurteilung des Probabilismus den Schlußpunkt unter das „Große Jahrhundert". Ohne Abstufung, ohne Signal und ohne in der Welt auch nur die geringste Stimme des Widerspruchs zu erwecken. Ganz im Gegenteil: Bischöfe, Professoren in den Seminaren, Prediger, Beichtväter in und außerhalb Frankreichs glaubten, es geschehe zur höheren Ehre Gottes, wenn man in allem und jedem Sünde sah und sich dem Sünder gegenüber hart zeigte.

So beherrscht also der Rigorismus — ungeachtet des Evangeliums! — das Feld: Um zwei bezeichnende Beispiele zu nennen: die leibliche Verbindung der Gatten wird als Sünde erklärt, sofern sie nicht durch den Willen zur Zeugung von Nachkommen gerechtfertigt oder durch die Forderung des Gatten entschuldigt ist (allerdings hatte auch Franz von Sales' Philotea nichts anderes sagen können). — Zweites Beispiel: das zur Bekehrung der Sünder empfohlene Mittel ist die Verweigerung der Absolution und damit natürlich auch ein Fernhalten von der Kommunion. Medikamente sind außerhalb der Reichweite von Kranken aufzubewahren! Den Gesunden vorzubehalten. Daher folgender Dialog zwischen einem Bischof Südfrankreichs und einem „altmodischen" Pfarrer:

— Monsignore, ich bin verzweifelt: bei mir kommuniziert zu Ostern nur noch ein Mann.

— Das ist immer noch einer zu viel, mein lieber Herr Pfarrer.

Wie wir bereits in Kapitel 13 berichteten, fand und empfing Alfons von Liguori im Seminar und in der Diözese Neapel, sowie bei den *Apostoliche Missioni* diese vor-evangelische Ausbildung, die Denkweise Johannes des Täufers: „Schon ist die Axt an die Wurzel der Bäume gelegt" (Mt 3,10; Lk 3,9). Er hat sie mit seinen persönlichen Gewissensängsten und bald auch mit seinen Ängsten als junger Beichtvater bezahlt.

Schon bald aber erkannte er, daß erfahrene Volksmissionare und Gottesmänner, die auf das Evangelium und die ihnen anvertrauten Personen eingingen, den offiziellen Lehren zuwiderhandelten — die Geschichte wiederholt sich immer wieder —, allerdings nach welchen Kriterien? In der Praxis herrschte Verwirrung.

Im Umgang mit Christus, seinem Evangelium und den armen Sündern, und beruhigt durch den Gehorsam gegenüber Pagano, Torni, Falcoia und Cafaro, gelangte Liguori in der Praxis zu gütigen und optimistischen Überzeugungen. Wir wissen, daß er als Moralprofessor einen Lehrer des Probabilismus, den Jesuiten H. Busenbaum, zur Grundlage seiner Kommentare machte. Nicht, daß er alle seine Lösungen gebilligt hätte: er erweiterte ihn und widersprach ihm durch seine Adnotationes (1748); aber er schätzte seinen Aufbau, seine Methode, seine Prägnanz und Mäßigung[9]. Er hatte sich in seinem Gewissen für den Probabilismus entschieden. So nahm er das damals beste probabilistische Handbuch, da er wohl wußte, daß man Ideen und Dinge nur ausgehend vom Ist-Standpunkt und dem, was besteht, vorantreiben kann.

Glaubte er nach mindestens fünfjähriger, ihm höchst widerwärtiger Arbeit,

454

mit der Veröffentlichung seiner *Adnotationes in Busenbaum* die Moraltheologie abgeschlossen zu haben? Er stand vielmehr erst am Anfang einer Aufgabe, die er mehr als dreißig Jahre lang immer wieder aufnehmen wird.

Im Dezember 1751 schrieb P. von Liguori aus Nocera dei Pagani an Schwester Maria di Gesú, Priorin des Karmels von Ripacandida:

„Zu Euch zu fahren, meine Schwester, ist unmöglich, wenigstens momentan. Solche Reisen sind nichts mehr für meine Gesundheit. Außerdem arbeite ich gerade an einem Werk für Beichtväter und kann es in diesem Jahr keinen Augenblick beiseitelegen. Daher gehe ich nie außer Haus[10]."

Spricht er hier von der Bearbeitung seiner Moraltheologie, die in zwei Bänden erscheinen soll, oder von seiner italienisch abgefaßten *Pastoral — Pratica del Confessore* —, die er dem zweiten Band hinzufügte? Es ist nicht wichtig. Jedenfalls arbeitet er das, was zu seiner *Moraltheologie* wird, um Busenbaum als Kern, noch einmal gründlich durch.

Wir wüßten gerne mehr über das missionarische und intellektuelle Milieu, das die Patres Mazzini, Girolamo Ferrara, Alessandro Di Meo und bald auch schon Gaspare Caione, der junge, bei der Mission von Troia gewonnene Rechtsanwalt, der 1752 Profeß und Priester wurde, in Alfons' Umkreis schufen. Und dann die Scholastiker. Nicht zu vergessen Aniello Ruscigno, 28 Jahre, Profeß am 2. Oktober 1751, der sich im wahrsten Sinne des Wortes umbringt, um alle Quellen zu lesen, Bezugnahmen aufzuspüren, den Index zu erstellen und die Abzüge zu korrigieren, während Alfons alles abwägt und fast alles mit eigener Hand niederschreibt: 1.447 Seiten mit mehr als 70.000 Zitaten aus mehr als 800 Autoren[11].

Eine wahre Enzyklopädie, diese *Moraltheologie*, deren zwei Benedikt XIV. gewidmete Bände bei Giovanni di Simone in Neapel erscheinen; der erste im Herbst 1753, der zweite im Frühjahr 1755 gerade in den Wochen, in denen Aniello Ruscigno, nachdem er auf die Folioblätter der Moraltheologie Blut gespuckt hat, diese Welt an der Vigil von Himmelfahrt (7. Mai 1755) im Alter von 32 Jahren verläßt.

Alfons kommentiert seinen Lehrmeister Franz von Sales folgendermaßen:

„Das Beichtamt ist das wichtigste und das schwierigste von allen. Es ist das wichtigste, weil es das Ziel aller Wissenschaften, nämlich das ewige Heil, beinhaltet; das schwierigste, weil es Kenntnisse aus allen Wissenschaften, allen Funktionen und allen Berufen erfordert; weil es so viele verschiedene Probleme anspricht; weil es die Kenntnis so vieler positiver Gesetze voraussetzt, die in ihrer jeweils richtigen Deutung anzuwenden sind; und schließlich, weil ihre schwierige Anwendung darüberhinaus in der Vielfalt der Fälle zu vollziehen ist, deren Umstände verschiedene Lösungen erfordern.

Manche, die sich rühmen, Gelehrte und ausgezeichnete Theologen zu sein, halten es für unter ihrer Würde, die Moralisten zu lesen, die sie voller Verachtung als „Kasuisten" bezeichnen. Sie behaupten, es genüge, wenn der Beichtvater die allgemeinen Moralprinzipien kennt, um alle besonderen Fälle zu lösen.

Es ist unbestreitbar, daß alle besonderen Fälle im Licht der Grundsätze zu lösen sind. Aber die Schwierigkeit besteht ja gerade darin, in besonderen, in komplexe Umstände verwickelten Fällen, die richtigen allgemeinen Prinzipien anzuwenden. Dazu bedarf es einer großen Debatte der Gründe des Für und Wider. Diese Arbeit aber leisten die Moraltheologen[12]."

Alfons, der weit über der von Pascal verurteilten Kasuistik steht, gibt damit zu verstehen, daß das Ausloten der Wahl zuerst an der Spitze vorzunehmen ist: Welche allgemeinen Grundsätze entsprechen den jeweiligen Fällen? Die Prinzipien der pharisäischen Kasuisten über den Sabbat waren nicht dieselben wie die des Herrn: sie verabsolutierten das Gesetz, er dagegen liebte die Menschen. Auf dieser theologischen und anthropologischen Ebene — der Ebene des Evangeliums — liegt die Neuheit des Moraltheologen Alfons. Und im milden Licht seiner Heiligkeit. Dieser Mensch ist vom Heiligen Geist erfüllt. Hier liegt das Geheimnis seiner Methode.

Denn wir müssen unterscheiden zwischen seiner Methode, die er bereits erworben hatte, als er Busenbaum kommentierte, und seinem System, das seinerseits die Frucht seiner Methode ist und erst 1762 zur Reife gelangt.

Was also ist Liguoris Methode? Er erläutert sie in einer feierlichen Erklärung, die diesen Mann Gottes und Geist der Aufklärung in seiner Größe enthüllt[13]:

„In diesem Buch werde ich es oft nicht allen rechtmachen. Die glühenden Anhänger der Strenge oder der Milde werden mich entweder zu streng oder zu nachgiebig finden. Zu streng, weil ich mich von vielen wichtigen Autoren distanziere. Zu nachgiebig, weil ich viele Meinungen übernommen habe, die für die Freiheit sind."

Liguori bekennt Farbe: Als echter Gelehrter seiner Zeit weist er das Argument der Autoriät zurück: Auf seiner Waagschale beeindrucken die großen Namen der Moral weder durch ihre Titel, noch durch ihre Zahl; sie sind nur so schwer wie ihre Argumente. Außerdem verwirft er als Heiliger, dem die Fähigkeit der Bewunderung gegeben ist und der so viele Heilige in seiner Umgebung zählte, angefangen vom kleinen Volk der *Capelle* bis zu seinen Mitbrüdern, den augustinischen Pessimismus und setzt den verhöhnten Menschen wieder in seine Würde als Partner, den Gott sich gibt, ein. Im folgenden also sein Schwur:

„Ich rufe Gott zum Zeugen an — Gott, dem ich mich zu seiner Ehre und zur Rettung der Seelen geweiht habe —, daß ich nichts aus Leidenschaft geschrieben habe, nichts, um mich den Aussagen dieser oder jener Autoren zu beugen, nichts aus besonderer Neigung zur Strenge oder Milde. In jeder Frage habe ich mich in langem Studium bemüht, die Wahrheit herauszufinden, vor allem in Fällen, die für die Praxis von besonderer Bedeutung sind." Er hat also die Alten und die Modernen studiert und ihre Gründe sorgfältig abgewogen, „wobei er manchmal Tage brauchte, um sich ein Urteil zu bilden. Denn, so sagt er, ich bin den Autoren nicht blind wie ein Schaf gefolgt, sondern habe mich bemüht, die Wahrheit herauszufinden, oder mich ihr zumindest so weit wie möglich anzunähern. Mit allen Kräften habe ich mich stets bemüht, die Vernunft vor die Autorität zu stellen, und wenn die Vernunft mich nicht überzeugte, habe ich nicht gezögert, vielen Autoren zu widersprechen."

Er erwartet bereits den Einwand: „Ihr zitiert aber hauptsächlich die Verfechter einer milden Moral." Seine Antwort:

„Ich habe aber auch die Rigoristen gelesen und war durchaus bereit, meinen Standpunkt aufzugeben, wenn mich ihre Gründe von der Wahrheit ihrer Ansichten überzeugt hätten. Aber wie sollten sie mich überzeugen, wenn ich sah, wie sie sich mühen, ihre Ansichten mehr durch Beleidigungen und Hohn als mit Argumenten zu stützen. Wie hätte ich Leuten uneingeschränkt folgen sollen, die behaupten, ihre Auffassungen entsprächen besser der Wahrheit oder dem Evangelium, nur weil sie strenger sind, und die gegensätzlichen Meinungen oft nur deshalb als falsch und anti-evangelisch zurückweisen, weil sie die Freiheit begünstigen?

Im übrigen ... darf den Menschen nichts unter der Strafe eines schweren Vergehens auferlegt werden, sofern der Grund dafür nicht offensichtlich ist ... und schließlich ist es angesichts der Anfälligkeit der menschlichen Natur nicht immer wahr, daß der schmalste Weg für die Seelen auch der sicherste sei.“

Wäre Alfons etwa so anmaßend, sich selbst für unfehlbar zu halten? Weit davon entfernt: „Ich versichere“, fährt er fort, „daß ich aufmerksam gemacht werden möchte, wenn mir ein Fehler entgangen sein sollte. Ich bin bereit, das Gesagte sofort zurückzunehmen und werde dabei nicht erröten. Ich habe mich auch in dieser Neuauflage nicht geschämt, eine Anzahl von Meinungen zu verwerfen, die ich früher als wahrscheinlich erachtete, die mir aber entweder zu mild oder zu streng erschienen.“

In seiner *Moraltheologie* stellt er tatsächlich eine Liste von 99 Seiten aus seinen *Adnotationes* auf, die er korrigieren zu müssen glaubt. In der sechsten Auflage (1767) schließlich zieht er weitere 23 zurück und in der achten und vorletzten noch einmal drei (1779).

— Aber Pater, wenn Ihr Eure Meinung immer wieder ändert, werdet Ihr Euren Ruf und die Autorität Eurer Bücher aufs Spiel setzen!

— Man kann von mir sagen, was man will. Ich kann irren wie jeder andere und erröte nicht, frühere Ansichten zu widerrufen. Der hl. Augustinus und der hl. Thomas haben es vor mir getan ... Ich erkläre feierlich, daß ich alles, was ich in der Moraltheologie veröffentlicht habe, nicht geschrieben habe, um mir den Ruf eines Gelehrten zu erwerben, sondern ausschließlich um der Ehre Gottes und des Heils der Seelen willen[14].“

Leidenschaftliche Suche nach der Wahrheit, das ist die Grundhaltung Alfons’. Im Angesicht Gottes und im Angesicht Unserer Lieben Frau vom Guten Rat, die auf seinem kleinen Tisch aus weißem Holz steht, und zu der er sich auch in Gegenwart seiner Mitarbeiter oft mit einem Blick, einem Wort der Liebe und Bitte wendet.

Freie und leidenschaftliche Suche nach Wahrheit. Aber nach welcher Wahrheit? Hier liegt das zweite Element der alfonsianischen Methode. Suche nach einer nicht theoretischen, das Wissen befriedigenden Wahrheit, sondern nach der praktischen, zum Handeln brauchbaren Wahrheit. Diese beiden unterscheiden sich genau so wie die Vorbereitung eines akademischen Vortrags über Süditalien und die Organisation und Leitung einer Reise quer durch dieses schöne Land. Seine Methode hat etwas von der Kunst des behandelnden Arztes, des „Praktikers“ an sich. Und er ist der Auffassung, daß es in der Moraltheologie auch gar keine andere geben kann. In dieser Wissenschaft des richtigen Handelns hängen Genauigkeit und Tiefe der Einsicht nicht nur von Schärfe und Höhe des Blicks ab, sondern auch und in gleichem Maße von der Einmaligkeit der Situationen und Personen, und der Erfahrung des jeweils Möglichen und Besten. Tugend ist hierbei noch wichtiger als Wissenschaft. Diese Tugend heißt Klugheit.

Klugheit, d. h. das fortwährende Finden eines richtigen und wahren Verhaltens angesichts momentan einmaliger Umstände, und zwar jenseits aller Patentlösungen. Sie ist die hohe praktische Weisheit, die die Wahrheit des jeweiligen Handelns ausmacht.

Jacques Maritain erklärt in *Die Stufen des Wissens*, daß die mystische Theologie des hl. Johannes vom Kreuz auf diese Weise „praktisch und praxisbezogen" und die Frucht der eigenen Erfahrung der Klugheit war. Er fährt fort:

„Ähnliche Bemerkungen böten sich zum hl. Alfons von Liguori an, dem überragenden Moraltheologen, der nicht nur spekulativ, sondern auch praktisch dachte. Die Lehre dieser Heiligen ist in unseren Augen ein sehr viel reineres Beispiel praktischer und praktizierbarer Moralwissenschaft als gewisse Darlegungen der Kasuistik, denen man nicht nur eine allzu spekulative Vorgangsweise, sondern auch die Tendenz zu einem falschen Verständnis der absolut unreduzierbaren Rolle der Tugend der Klugheit bei der angemessenen Regulierung des menschlichen Tuns vorwerfen kann; denn die Klugheit kann von keiner anderen Wissenschaft ersetzt werden, da nur sie das Akzidentelle unfehlbar zu beurteilen vermag"[15], d. h. jene komplexen unvorhergesehenen Ereignisse, die im Leben immer wieder eintreten.

Benedetto Croce, der sein *Sei-Settecento* Neapels auch in religiöser und kirchlicher Sicht gut kannte, sagte eines Tages zu P. Domenico Capone: „Alfons von Liguori war kein Kasuist. Er war es nicht, weil er sich bei seinen Regeln zur Lösung von Fällen nicht von abstrakten Schemata, sondern von der Eingebung des Konkreten leiten ließ[16]."

Diese große, aus der Wissenschaft, vor allem aber aus dem Geist und dem liebenden Kontakt zu den Mitmenschen geborene Klugheit führt Liguori zur Kühnheit einiger entscheidender Revisionen sogar auf der Ebene des Grundsätzlichen. Die berühmteste — und wie aktuelle! — betrifft das Ziel der Ehe. Alfons hat den Verstand und den Mut, gegen jede Tradition seit Augustinus zu behaupten, die Zeugung sei nicht das erste Ziel der Ehe. „Ihre eigentlichen und wesentlichen Ziele", so schreibt er, „lassen sich auf zwei zurückführen: die gegenseitige Hingabe des Leibes und die Unauflöslichkeit ... Wer sich in der Absicht, keine Kinder zu haben, verheiratet, sündigt zwar schwer, schließt aber dennoch eine gültige Ehe." Und er bittet die Beichtväter, ihre Beichtkinder nicht über die Empfängnisverhütung zu befragen[17].

Die *Methode der Klugheit* genügt gewöhnlich, um das christliche Leben direkt zu erhellen. Es kommt allerdings vor, daß Recht und Pflicht im Zweifel bleiben. Dann ist das Gewissen gleichsam das Gericht, vor dem zwei Verteidiger — Gesetz und Freiheit — miteinander in Streit geraten. Wir verstehen hier das „Gesetz" im weiteren Sinn von Verpflichtung, Pflicht, Wille Gottes. Das Gewissen, das nicht weiß, was es tun soll oder kann, gelangt in diesem Fall durch einen indirekten Weg, ein „Reflexprinzip", aus seiner Unentschlossenheit. Diese Prinzipien sind je nach dem Moralsystem, der theologischen Schule, der man sich anschließt, verschieden: fordender, wenn man Thomist ist, liberaler für einen Molinisten.

Alfons verbannt jeden Schulgeist. In „Gesetzen" zu denken, weil man in der weißen Kutte eines Dominikaners steckt, und den Begriff „Freiheit" für sich in Anspruch zu nehmen, weil man die schwarze Soutane eines Jesuiten trägt, scheint ihm komisch und absurd. Er schließt sich also aus Prinzip keiner Schule an, sondern sucht leidenschaftlich nach der Wahrheit.

Während seine *Methode* der Klugheit als Frucht der Heiligkeit bereits in seinen ersten Arbeitsjahren ausgereift war, suchte er nach dem besten moralischen *System* sehr lange. Er kann „sein eigenständiges System" erst in den Jahren 1761–1762, d. h. im Alter von 66 Jahren festlegen.

Sowohl von den Rigoristen als auch den Laxisten heftig angegriffen, schreibt er etwa fünfzehn Abhandlungen, Streitschriften, Anmerkungen und Hinweise, um sein Denken über diesen Punkt darzulegen, klarzustellen und zu verteidigen. Nach seinem Tod bis herauf zur Mitte des 20. Jahrhunderts wandern ganze Wälder in den Druck der Bücher und Artikel, die kontradiktorisch und nicht immer objektiv darüber dabattieren[18]. Dieser leidenschaftliche Kampf um Liguoris System, das jeder für sich beanspruchen wollte, findet seine Entsprechung nur in der Gleichgültigkeit, in der dieses Problem heute schlummert. Wir werden den Hunderten von Bänden über dieses Thema, die in den Bibliotheken verstauben, daher keinen weiteren hinzufügen. Alfons wäre einverstanden, wenn in der Praxis alles auf die seelsorgliche Klugheit zurückgeführt würde; d. h. wenn das *System* oft der *Methode* weichen muß. Denn er selbst vertritt eine weitreichende Milde, die nur das als Sünde bewertet, was es mit Sicherheit ist, die den gefallenen Sünder zur Verzeihung zuläßt und den Lasterhaften — selbst den Ehebrecher! —, dessen Besserung nicht sicher ist, in seinem guten Glauben beläßt; als geistlicher Arzt dagegen verlangt er, dort dem sichersten Weg zu folgen (Tutiorismus!), wo es darum geht, die Gelegenheit zur Sünde zu meiden. So zeigt er sich gegenüber Verlobten und deren Eltern im Zusammenhang mit vorbereitenden Besuchen zur Hochzeit sehr streng, da im Neapel jener Zeit — und vielleicht auch andernorts! — die Verlobten „die Jugendkohabitation" pflegten[19].

Außerdem prägen Weg und Position P. von Liguoris in der Bestimmung seines Moralsystems sein inneres Leben zutiefst und haben einen starken Widerhall auf die Geschichte des Stifters.

Sein Ausgangspunkt ist uns bekannt: als aufnahmebereiter Seminarist und Verfechter der Ehre Gottes wird er aus dem Probabiliorismus gespeist und erweist sich als eifriger Rigorist. Doch setzt er ein so hohes Maß an Anteilnahme, Eifer, Gebeten und persönlichen Bußübungen ein, um die Verhärteten und Rückfälligen zu „bearbeiten", daß er nie eine Absolution verweigern muß.

Nach einer „langen Zeit" der Praxis wird ihm bewußt, daß der von den Schreibtischintellektuellen gelehrte Rigorismus in der Praxis von bedeutenden Missionaren nicht angewandt wird; daß er theoretisch wenig stichhaltig und praktisch verhängnisvoll ist[20]. So geht er also zur anderen Seite, zum Probabilismus über.

Dieser Wechsel des Lagers geschah nicht an einem Tag und vollzog sich für diese empfindsame Seele um den Preis einer höchst schmerzlichen Gewissenskrise. Manche Seiten seiner persönlichen Aufzeichnungen lassen ein langes Drama erahnen. Aber seine jeweiligen Seelenführer: Pagano, Falcoia und Cafaro, seine Ratgeber und Mitarbeiter: Torni, Iorio, Villani und Muscari, treiben ihn gerade auf den Titel seiner persönlichen Erfahrung gewissermaßen in diese Entscheidung.

In dem durch Inhalt und Daten bezeichnendsten Text seines zweiten Notizbuches (S. 227) finden wir qualvolle Sätze, die uns auf Seite 233 verweisen. Er selbst unterstreicht:

„*Besondere Gehorsamsübungen.* — Am 24. Oktober 1741 sagte mir Mgr. Falcoia, ich solle, wie so viele andere, die Auffassung der Wahrscheinlichkeit vertreten. Außerdem gab mir Don Paolo (Cafaro) die Anweisung, nicht mehr mit Unruhe und innerer Qual daran zu denken. *Heute, den 13. Juli 1748*, habe ich *gelobt, diesen Gehorsam zu üben.*" Einige Jahre später fügt er hinzu: „Außerdem sagte Don Paolo, ich solle den Skrupel, wenn er mich während der Beichte befalle, wie eine Versuchung verjagen. Siehe Muscari S. 233. Gleicher Rat von Villani." Was haben Muscari und die anderen auf dieser Seite 233 gesagt? Folgendes, worin sein eigenes feines Gewissen zum Austragungsort für einen Kampf wird, der stets zum Vorteil der wahrscheinlichen Meinung endet: „Muscari. Ich muß gehorchen, auch wenn der Beichtvater Probabilist ist. Es ist zumindest wahrscheinlicher, daß ich daran gebunden bin. Das Gegenteil ist Versuchung. Also wie eine Versuchung zu verjagen. So sagen auch Andrea Villani und Paolo Cafaro. 18. September 1751. — Außerdem (sagt Muscari), daß ich durch den Gehorsam — im Zweifel gilt immer der Gehorsam — und durch mein Gelübde verpflichtet bin, der wahrscheinlichen Meinung zu folgen, und zwar aus dem reflexen Motiv, daß unsere Meinung zumindest auf Grund dieser *großen Überlegenheit* wahrscheinlicher ist, dies genügt, sie sicher und gewiß zu machen[21]."

Man möge die etwas rätselhaften Zitate verzeihen, aber sie zeigen eindeutig, daß Alfons, wenn er fast dreißig Jahre lang das Prinzip des Probabilismus vertreten hat, dies zwar zum Teil aus Willenskraft und Gehorsam tat, aber doch nicht zu einer friedlichen und sicheren persönlichen Überzeugung gelangte. Als Beichtvater, Verantwortlicher für eine Kongregation von Missionaren und Professor der Moraltheologie wählt, kommentiert und bringt er den besten Probabilisten seiner Zeit heraus (1748) und nimmt sich unmittelbar darauf (1749) die Zeit und die Mühe, sich selbst — gelingt ihm das? — und die anderen von diesem probabilistischen System zu überzeugen, für das sein Seelenführer und die Männer seines Vertrauens jenes zusätzliche Gewicht in die Waagschale werfen, das seiner inneren Überzeugung noch fehlt. Er veröffentlicht eine kraftvolle lateinische *Dissertation* über die Frage: Kann man einer wahrscheinlichen Meinung folgen, wenn eine wahrscheinlichere Meinung vorliegt? Seine Antwort: „*Constat*" — „Das ist offensichtlich", und zwar aus zwei Gründen:

1. „Wer eine wahrscheinliche Meinung für sich hat, handelt mit Klugheit".

2. Ein Gesetz ist nur dann verpflichtend, wenn es sicher ist. „Ist das Gesetz aber zweifelhaft, so herrscht die Freiheit", d. h., dann hat sie Priorität.

Man hat versucht, die Bedeutung dieser *Dissertatio* von 1749 zu schmälern. Sie sei nur ein Aufsatz — zeichne mir den Teufel, um ihn zu sehen! — ohne Autorenangabe und nicht „veröffentlicht"[22]. Aber auf der letzten Seite (47) der ersten Ausgabe, die wir vor uns haben, nennen sowohl der Drucker Pellechia als auch der Revisor Savastano in ihrer Bitte um Druckerlaubnis an Mgr. Torni klar und deutlich Alfons von Liguori. Der Jurist Francesco Antonio Zaccharia, ein Freund und Mitarbeiter Alfons', schreibt in der *Storia letteraria* (VI, 1754), die kleine Schrift habe zum theologischen Ansehen ihres Verfassers beigetragen[23]. Schließlich und endlich schließt das *opperetta* mit einem Missionsaufruf an die jungen Moraltheologen:

„Geht nicht in den Beichtstuhl, ohne vorher unsere (probabilistischen) Autoren gelesen zu haben. Erst dann wählt zwischen Strenge und Milde." Und er fügt folgende Zeilen an, in denen das Echo seines eigenen Kampfes um den inneren Frieden nach dem Geist Christi widerhallt: „Unser größter Trost ist es, daß wir nicht vor dem Richterstuhl der Probabilioristen, sondern vor jenem Christi erscheinen müssen, der nur solche Gesetzesüberschreitungen verurteilt, die wir sicher als solche erkennen[24]."

Die Abhandlungen von 1753 (in Band I seiner *Moraltheologie*) und 1755 nehmen, mit einigen kleinen Abweichungen, dieselbe Lehre und die gleichen Argumente wieder auf, allerdings mit dem bezeichnenden Unterschied, daß er sich in den Formulierungen mehr als Gegner des Probabiliorismus denn als Verfechter des Probabilismus zeigt.

Der Erfolg seiner *Moraltheologie* ist so groß, daß Alfons schon bald nach Erscheinen des 2. Bandes der neapolitanischen Ausgabe (1755) mit dem großen venetianischen Verleger Giuseppe Remondini über eine dritte Auflage verhandelt. Am 15. Februar 1756 schreibt er diesem:

„Ich empfehle Euch noch einmal, die Revisionen meines Buches nicht einem Theologen anzuvertrauen, der (wie derzeit die meisten Dominikaner) die strenge Meinung vertritt; denn ich bin keineswegs dieser Meinung, sondern möchte die rechte Mitte bewahren. Ein Jesuit wäre vorzuziehen; denn diese Patres sind wirklich Meister der Moraltheologie. Die Jesuiten von Neapel haben außerdem mein Werk sogar öffentlich gelobt. Nur von einigen kam der Einwand, ich habe mich in einigen Punkten sehr streng gezeigt. Aber ich wiederhole noch einmal, daß ich die rechte Mitte einhalten wollte[25]."

Am 30. März kommt er aus Neapel, wo er für den Klerus predigt und zugleich ein unmögliches *exequatur* zu erreichen sucht, noch einmal darauf zurück:

„Vorerst erhaltet Ihr nur den ersten Band. Ihr könnt ihn in dem Format drukken, das Euch am besten zusagt. Inzwischen werde ich den zweiten vorbereiten, da ich hier noch wichtige Zusätze machen muß, die ich großteils aus der jüngst von P. Zaccaria herausgebrachten Veröffentlichung des (Moraltheologen) La Croix entlehnt habe.

Ich freue mich zu hören, daß Ihr die Revision einem Jesuitenpater anvertraut; denn ein Dominikanerpater würde, wie derzeit sein ganzer Orden, der Lehre von P. Concina folgen und mir eine Anzahl von Auffassungen, die ich hier vertrete, als zu weitmaschig streichen. Denn ich bin gewöhnlich der Auffassung der Jesuiten und nicht der Dominikaner gefolgt, da die Ansichten der Jesuiten weder lax sind noch streng, sondern in der rechten Mitte liegen. Wenn ich aber eine strenge Auffassung gegen den einen oder anderen Jesuitenautor vertrete, so stütze ich mich dabei fast immer auf die Autorität anderer Autoren dieser Gesellschaft. Außerdem gestehe ich, daß ich von ihnen das wenige gelernt habe, das ich geschrieben habe; denn in Bezug auf die Moral waren und sind sie (wie ich immer sage) die Meister ... So habe ich mich in meinen Entscheidungen danach gerichtet, was mein Gewissen mir als das gerechteste eingab ... Seid also überzeugt, daß ich weder sehr streng noch sehr lax bin.

Laßt diesen Brief bitte den Revisor lesen, damit er weiß, welches System ich angewendet habe: denn ich folgte und folge nicht dem System des Probabiliorismus oder Rigorismus, sondern dem des Probabilismus[26]."

Zehn Tage nach diesem Brief, am 8. April, kehrt Alfons nach Pagani zurück. Er ist kaum dort angekommen, als ihn Fieber und heftige Kopfschmerzen befallen. Bald ist er schwerkrank. Vom Vorabend des Palmsonntags bis zum Ostersamstag, 10.-17. April, steht er zwischen Leben und Tod. Immer wieder sagt er:

– O welche Gnade wäre es, in dieser Karwoche zu sterben!

Er läßt P. Villani kommen, der in S. Angelo a Cupolo ein neues Haus gründet, damit dieser bei seinem Tod die Interimsleitung der Ordensgemeinschaft übernehmen kann.

Man legt ihm einen Brief der Schwestern von Scala vor:

– Ich werde ihn am Tag des Jüngsten Gerichts lesen ...

Dem Krankenpfleger vertraut er:

– Meine *Moraltheologie* ist abgeschlossen: in der Karwoche verlasse ich diese Welt!

– Fangt ein neues Buch an, um noch ein bißchen zu leben.

– Das käme mir gerade recht: noch länger leben, um zu sündigen!

– Alle beten um Eure Genesung, sagt ihm ein Pater.

– Man sollte lieber darum beten, daß der Herr aus mir einen Heiligen macht und ich in seiner Gnade sterbe.

Er wird wieder gesund. Mit der Auferstehung des Herrn verbreitet auch „die seine" Frohsinn im Haus und in Nocera. Doch hat der junge Pater Giuseppe Melchionna, dem wir all diese Alfonsworte verdanken, auch ein entscheidendes Bekenntnis festgehalten:

– Ich habe keine Angst. Nur eines betrübt mich: daß ich „der wahrscheinlichen Meinung" angehangen habe. Doch bindet mich die Anweisung meines Seelenführers und das Gelübde. Muß ich mir deshalb Vorwürfe machen? Um zu sündigen, muß man es wollen. Ich wollte aber keine Sünde begehen; dessen bin ich mir moralisch sicher. Ich bin sicher, daß der Herr mir die Vergangenheit verziehen hat[27].

Eine Wolke hat sich vorgeschoben, die aus seiner inneren Unbefriedigtheit entstanden ist, aber sein *praktisches* Urteil doch nicht verdunkelt hat: Der Beweis: am 30. April diktiert er an Remondini:

„In der Karwoche war ich sterbenskrank; aber der Herr hat mir noch einige Tage auf dieser Welt gewährt. Wenn die Jesuitenpatres mein Werk für gut befinden, so richtet ihnen bitte aus, daß ich das Wenige, das ich von der Moral verstehe (und ich habe mich ihr mehr als dreißig Jahre lang intensiv gewidmet), von ihnen gelernt habe. Gelobt sei Jesus und Maria[28]!"

Zweieinhalb Jahre vergehen, und am 12. Oktober 1758 schreibt er an den Kamaldulenser Don Roberto folgenden bemerkenswerten Brief:

„Es ist erlaubt und mehr als erlaubt (zugunsten der Freiheit) der – soliden und begründeten – wahrscheinlichen Meinung zu folgen und nicht der wahrscheinlicheren, die das Gebot begünstigt ... Der entscheidende Grund dafür ist, daß das Gesetz stets zweifelhaft bleibt[29]."

Durch kleine beharrliche Schritte, die wir hier nicht nachvollziehen können, gelangt Alfons 1762 dazu, „sein System": den *Äquiprobabilismus*, auszuformulieren. Vergegenwärtigen wir uns, daß es sich hier nicht um Situationen handelt, bei denen die Methode der Klugheit eindeutig den Weg weist, sondern vielmehr um die weit selteneren Fälle, in denen das unschlüssige Gewissen nicht weiß, wie es zwischen einer Verpflichtung und der Freiheit entscheiden soll. Alfons stellt folgende drei Regeln auf:

„1. Fall: Wenn die Meinung zugunsten des Gesetzes zweifelsfrei wahrscheinlicher erscheint, sind wir absolut verpflichtet, ihr zu folgen und können die Meinung zugunsten der Freiheit nicht übernehmen" — So verlangen es der Primat der Wahrheit, die Achtung vor Gott und die evangelische Authentizität. Alfons kommt also auf das zurück, was er 1758 Don Roberto geschrieben hatte: er lehnt den reinen Probabilismus ab.

„2. Fall: Wenn die Meinung zugunsten der Freiheit nur wahrscheinlich oder ebenso wahrscheinlich ist wie jene zugunsten des Gesetzes, dann können wir ihr *nicht um ihrer bloßen Wahrscheinlichkeit willen* folgen." — Denn die Klugheit verlangt mehr. Wahrscheinlich? Wahrscheinlich? Was heißt denn das? Eine unverrückbare oder nur eine rein äußere Wahrscheinlichkeit für die Freiheit? Eine Vorstellung, die gerade in Mode ist? Eine sozusagen „im Beruf erworbene Praxis"? Nein, nein. Das Gewissen muß sich aus diesen Sümpfen erheben und sich *persönlich* eine *zweifelsfrei* wahrscheinliche Meinung bilden. Wenn ihm das nicht gelingt, fällt es unter den 3. Fall.

„3. Fall: Wenn gleichermaßen wahrscheinliche Meinungen einander gegenüberstehen ... und die Meinung zugunsten der Freiheit ebenso wahrscheinlich ist wie jene, die für das Gesetz spricht, entsteht ein schwerer Zweifel über die Existenz des Gesetzes ... Dann kann man nicht sagen, das Gesetz sei hinreichend bekannt. Wenn es aber nicht bekannt ist, kann es auch nicht verpflichtend sein. Ein unsicheres Gesetz kann also keine sichere Verpflichtung auferlegen." — Hier finden wir in geläuterter Form das in der *Dissertatio* von 1749 berufene zweite reflexe Prinzip wieder: „Wenn ein Gesetz zweifelhaft ist, herrscht die Freiheit." Liguori betont damit den Wert des Menschen und seiner Freiheit. Gott steht an erster Stelle und ist unbegrenzt frei. Er wollte als sein Gegenüber einen Menschen nach seinem Bildnis, also frei, erschaffen. Der Mensch ist also frei, solange sich nicht in seinem individuellen Gewissen ein bestimmter Wille Gottes eindeutig kundtut. Mit anderen Worten: Gott will im allgemeinen, daß der Mensch, sein Kind, das tue, was ihm „gut" erscheint, mit Ausnahme jener Fälle, wo er selbst ihn auffordert, dies zu tun oder jenes zu lassen. Aber auch dann noch muß er den „Beweis" dafür liefern, daß dieses Gesetz wirklich im strengen Sinn des Wortes „wahrscheinlich" ist. Denn die Freiheit — Gott wollte es so — ist frei; bis zum *Erweis* des Gegenteils.

So setzt der Äquiprobabilismus Alfons' drei Primate frei, die einander nicht nur nicht widersprechen, sondern sich gegenseitig ausgleichen und bestärken: Primat der Wahrheit, d. h. letztlich Gottes; — Primat des persönlichen Gewissens, über das jeder Einzelne gerichtet wird; — Primat der Freiheit, d. h. des Menschen. Kurz, vor der unendlichen Würde der göttlichen Personen steht die ungeheure Würde der menschlichen Person, und auch noch der Geringste ist ebenso viel wert, wie Pascal es formuliert: „Ich habe diesen Blutstropfen für dich vergossen."

Humanismus der Aufklärung, christlicher Personalismus: Alfons gehört seiner Zeit ebenso an wie der unseren[30].

Der Erfolg kommt unerwartet: die *Moraltheologie* findet sofort in ganz Europa Verbreitung. Daher muß bereits bei der dritten Auflage (1757) die Pastoral — *Pratica del Confessore* — ins Lateinische übertragen werden, und wird zur *Praxis Confessarii*. Das immer wieder überarbeitete Monumentalwerk erreicht noch zu Lebzeiten des Autors 9 Auflagen und 73 weitere nach seinem Tod. Da Alfons immer an die Ärmsten dachte — insbesondere an die Pfarrer, die ihr Latein wieder vergessen haben —, verfaßt er eine Zusammenfassung in italienischer Sprache, *Istruzione e pratica per un confessore* (1757): drei Bändchen, die auch außerhalb Italiens verlangt werden: So überträgt er sie gemeinsam mit Ferrara und Caione unter dem Titel *Homo Apostolicus* ins Lateinische. Dies ist zweifellos das vollkommenste, persönlichste Werk des Moraltheologen. Es erreicht 118 Auflagen.

Lassen wir das letzte Wort einem bedeutenden Dominikaner, einem Experten beim II. Vatikanum und Fachmann der Moraltheologie:

„Der damals von den laxistischen Exzessen noch kaum unterschiedene und durch sie kompromittierte Probabilismus war in seinen Anfängen eine schwere Sorge für das Lehramt der Kirche: und er blieb es bis zu dem Tag, da sich mitten aus den Sittenlehren über das Gewissen jenes Monument erhob, das sich *Moraltheologie* des hl. Alfons nennt. Hier entstand in den Wucherungen wahrscheinlicher, mehr oder weniger wahrscheinlicher, sicherer, mehr oder weniger sicherer, einerseits offenkundig rigoristischer, andererseits augenscheinlich laxer Meinungen eine Sammlung wahrhaft sicherer, von allen Extremen gleichermaßen entfernter, sorgfältig durch das Gewissen eines Heiligen abgewogener moralischer Meinungen. Hier wurde der Kirche ein offensichtlicher Dienst erwiesen. Alfons, der mehrmals von den Päpsten, zuletzt noch von seiner Heiligkeit Pius XII., gelobt und empfohlen wurde, bleibt ein Lehrer *omni exceptione major . . .* Kein Theologe hat mehr das Recht, in der Lösung eines konkreten Falles Alfons' Gedanken dazu zu übergehen. Seine Autorität ist so groß, so authentisch bestätigt, daß sie, im Blick auf die obigen Erwägungen, eines jener „Allgemeinprinzipien" bildet, auf das sich jeder Beichtvater berufen kann, um aus zweifelhaften Fragen herauszufinden[31]."

In der üblichen Mentalität sind Moral und Heiligkeit zwei ganz verschiedene Dinge. Nicht aber für den Moraltheologen P. von Liguori. Er gibt sich nicht damit zufrieden, die Klippen der Todsünden nur auf Sicht zu umsegeln. Er hat seinem großen Kommentar zu Busenbaum die *Praxis Confessarii* angefügt, ohne die, wie er selbst schreibt, seine *Moraltheologie* nur „unvollendetes Stückwerk" wäre[32]. Warum? Er geht darauf in Nr. 121 ein:

„Der Beichtvater kann sich nicht damit begnügen, die Laster zu *entwurzeln:* Er ist auch *gesetzt, über die Völker die Tugenden aufzubauen und zu pflanzen* (Jer 1,10.) . . ., die geistlichen Menschen zu bewegen, ganz Gott anzugehören. Eine vollkommene Seele ist dem Herrn angenehmer als tausend mittelmäßige. Wenn der Beichtvater daher sieht, daß ein Beichtkind ohne schwere Sünde lebt, muß er alles daran setzen, sie zur Vollkommenheit der göttlichen Liebe zu führen."

Dann erklärt Alfons, wie der „kluge Beichtvater" seine Beichtkinder in das betrachtende Gebet, die Umwandlung des Herzens, die Fügung in den Willen Gottes und eine großmütige Haltung einführt und fortschreiten läßt. Ein Drittel dieses „Handbuchs für Beichtväter" ist dem schrittweisen Aufstieg zur Heiligkeit gewidmet.

Gleichzeitig, gewissermaßen als Gegengewicht zu seiner großen Theologie, veröffentlicht er inhaltsschwere kleinere Schriften für wenig gebildete und arme Menschen, kleine Moraltraktate über die Vollkommenheit durch die Taufe.

1754, *Die Art und Weise mit Gott zu sprechen*[33]: „Gott liebt Euch? Liebt ihn gleichermaßen ... Er ist immer um Euch ... in Euch ... Er ist am Morgen da, um von Euren Lippen ein Wort der Liebe oder des Vertrauens zu erhalten, um ... die Aufopferung Eures Tages zu empfangen: Tugendakte und gute Werke, die Ihr Euch vornehmt, um ihm zu gefallen, Leiden, die auf Euch zu nehmen Ihr gerne bereit seid um seines Ruhmes und seiner Liebe willen ... In diesem Augenblick nämlich diktiert er Euch seine sanfte Regel: Du sollst Gott Deinen Herrn lieben aus ganzem Herzen ... Erneuert im Lauf des Tages immer wieder Eure Selbsthingabe an Gott: Herr, hier bin ich: Mache mit mir, was dir gut erscheint; laß mich deinen Willen erkennen; denn ich will ihn voll und ganz erfüllen."

Aus dem gleichen Jahr stammen die *Regeln zum richtigen Leben* (1754), die dann zu einer *Lebensordnung für Christen* ausgearbeitet wurden (1759). Sie lassen den Gläubigen durch seine Versuchungen hindurch über die Sakramente, das Gebetsleben bis zu den Tugenden der Demut, der Entsagung, der Nächstenliebe, der Geduld, der Bindung an den Willen Gottes voranschreiten, denn „die ganze Heiligkeit besteht darin, Gott zu lieben, und Gott lieben heißt, seinen Willen zu tun."

Diese *Einförmigkeit des menschlichen Willens mit dem göttlichen* (1755) wird auf den dreißig Seiten einer kostbaren, von den Jesuiten Rodriguez und Saint-Jure inspirierten kleinen Schrift erläutert. Es ist das „ganz für Gott", der Gipfel der christlichen Moral. „Weil derjenige, der Gott seinen Willen hingibt, ihm alles gibt. Denn auch wenn man ihm durch Almosen sein Hab und Gut, durch Geißelungen sein Blut und durch Fasten seine Nahrung gibt, so ist das doch immer nur ein Teil dessen, was man hat; wer ihm aber seinen Willen hingibt, der gibt ihm alles. Dann kann er mit gutem Recht zu Gott sagen: Herr, ich bin arm, aber ich gebe dir alles, was ich habe: mein Wille ist dein, nun habe ich nichts mehr anzubieten."

Ein jedes dieser drei Werke erreichte mehr als 500 Auflagen. Sie bereiten das Meisterwerk der volkstümlichen Moral der Heiligkeit vor: *Die Kunst, Jesus Christus zu lieben* (1768).

Eine Episode aus dieser Zeit illustriert sehr anschaulich diese Moral der Vollkommenheit.

Man hatte auf Drängen von Mgr. Nicolai einen Bruder aufgenommen, der aber dieser bischöflichen Patenschaft wenig Ehre machte. Als er kurz vor dem Ausschluß stand, ergriff er selbst die Initiative und entfloh; dann, welcher Teufel mag ihn dazu getrieben haben, ging er nach Neapel und klagte die Patres von Pagani, Ciorani und Caposele beim königlichen Pächter der Tabakverwaltung an, diese kostbaren Nachtschattengewächse zentnerweise als Schmuggelware zu lagern. Aha! Diese Priester als Händler! Der staatliche Konzessionsinhaber schwor sich, sie in die Falle zu locken: noch am selben Tag sollten unerwartet drei Polizeieinheiten die Häuser durchsuchen. Durch eine Indiskretion konnte ein Freund die Rektoren noch warnen, sie sollten die verbotenen Ballen verschwinden lassen. Sie aber lachten nur darüber und harrten in aller Ruhe der kommenden Dinge. Denn zwar füllte Schnupftabak — ein anerkanntes Heilmittel gegen Migräne und „Gehirnflüssigkeiten" — die Tabaksdosen Alfons' und seiner Mitbrüder, aber es befand sich nicht ein einziges Blatt Tabak unter den Dächern der Redemptoristen. Lediglich einige Pflanzen im Garten von Pagani, wo der Pater Minister von Angst erfaßt wurde und Anweisungen gab, sie sofort auszureißen.

— Aber nicht doch, griff der Rektor Maior ein. Der Denunziant hat zumindest für diesen kleinen Teil die Wahrheit gesagt: wir können ihn nicht guten Gewissens als abgefeimten Lügner hinstellen und riskieren, daß er als Verleumder bestraft wird.

Tatsächlich ergriffen die wütenden Soldaten den Ex-Bruder und wollten ihn ins Gefängnis werfen und für ihre Einsatzkosten zahlen lassen. Alfons erreichte schließlich beim königlichen Pächter, daß der arme Tropf mit einem kleinen Bußgeld davon kam.

Was hätte Pascal zu dieser alfonsischen Kasuistik gesagt[34]?

Mit dieser personalistischen Moral der Verantwortlichkeit, des „aufrechten Menschen", der Heiligkeit für alle, stehen wir bereits mitten in den Problemen der Freiheit und Gnade, der Prädestination einiger oder des Berufenseins aller. Denn Moralsystem und Gnadenlehre sind eng miteinander verbunden, da beide von der Vorstellung abhängen, die man sich von Gott und seiner Großzügigkeit, vom Menschen und seiner Freiheit, von den Beziehungen, die eine hochmütige oder aber großmütige göttliche Liebe zwischen ihnen herstellt, macht.

Wie in hundert anderen Bereichen hatten die „Schulen" beider Seiten auch auf diesen vorrangig von der Erfahrung bestimmten Gebieten den Parcours mit den Friespferden ihrer apriorischen Ideen und ihrer logischen Deduktionen versperrt. Eine Herausforderung für die Offenbarung und die Erfahrung. Bergson geht mit dieser Anmaßung der „Intelligenz" streng ins Gericht, die da behauptet, das Leben, d. h. die Personen, ihre je einmalige Existenz und ihre Beziehungen zu verstehen; das ist Sache der „Intuition", sagt er mit Recht.

Liguori aber ist mit den Evangelien vertraut, in inniger Verbundenheit mit Jesus und Maria, er ist ein Diener der breiten Masse und geht nicht in die Falle der Ideologen der Natürlichen Theologie, die in voller Rüstung dem Gehirn der Philosophen entstiegen ist. Seine Gnadenlehre wie auch sein Moralsystem sind nicht aus Vernunftschlüssen im Abstrakten hervorgegangen, sie entspringen vielmehr seiner langen Vertrautheit mit Gott, dessen Wort und Volk. Nähere Ausführungen dazu gibt er in einem *Kurzen Traktat über das Gebet*; etwa zwanzig, 1757 erschienene Seiten; und ausführlicher in einem sehr bedeutenden spirituellen und dogmatischen Werk: *Das Gebet als ein Hauptmittel, um von Gott alle Gnaden und die ewige Seligkeit zu erlangen* (1759).

Gott ist die Liebe, sagt er mit dem heiligen Johannes. Aus Liebe *schuf er den Menschen nach seinem Bild . . ., und Gott sah, daß es gut war* (Gen 1,26–31). — Aber dann kam die Sünde! — Sie hat weder die Liebe Gottes, noch die Natur des Menschen zerstört. Alfons verbringt sein ganzes Leben damit, die Sünde und ihre verheerenden Auswirkungen auszuloten und zu heilen. Gerade weil sie in keinem Menschen das Bild Gottes ausgelöscht haben und weil Gott über unseren armseligen Sünden steht. Sein Plan der Liebe bleibt unverändert: *Gott will, daß alle Menschen gerettet werden* (1 Tim 2,4). Daher ist *Christus für alle gestorben* (2 Kor 5,14–15), auch für jene, die sich als freie Menschen ihrer Erlösung hartnäckig widesetzen.

Es gibt also für alle Menschen die Gnaden — die Hilfe Gottes —, derer sie zu ihrem Heil bedürfen; da Gott will, daß sie frei sind, müssen die Erwachsenen selbst den Schritt tun, sie zu erbitten. Augustinus, den die Jansenisten schlecht gelesen haben, schreibt: „Gott verlangt nichts Unmögliches; wenn er aber befiehlt, ermuntert er dich, das zu tun, was du kannst, und um das zu bitten, was du nicht vermagst." „Und er hilft, damit du kannst", fügt das Konzil von Trient hinzu. Was du kannst, erklärt Alfons, kannst du nur durch die „wirksame Gnade" des *Herrn, ohne den man nichts vollbringen kann* (Jo 15,5), aber der für den, der aus freiem Willen zustimmt, *das Wollen und das Vollbringen bewirkt* (Phil 2,13). Und was du nicht kannst? Du kannst zumindest ... um die Fähigkeit dazu bitten. Das elementare Gebet, der Aufschrei zu Gott, zu Maria, ist ein leichter Akt. Gäbe Gott nicht immer und allen die „hinreichende Gnade" zu diesem leichten Akt, dann würde er das Unmögliche verlangen, würde die Freiheit lähmen und die christliche Hoffnung zerstören. Dann wäre er nicht mehr unser Vater, sondern ein Tyrann. Er würde sein Wort verleugnen, das da sagt: *Betet allezeit und laßt darin nicht nach* (Lk 18,1), oder: *Bittet, dann wird euch gegeben* (Mt 7,7; Lk 11,9; Jo 16,24)[35].

— Aber sagt Alfons nicht selbst, daß dann, wenn ein gewisses Maß an Sünden überschritten, ein gewisses Maß an Gnade vergeudet wurde, Gott den Verhärteten aufgibt?

— Alfons spricht bei Gott nicht von einem Maß der Gnade; denn Gott ist die Liebe; und „das Maß der Liebe ist die Liebe ohne Maß". Er spricht beim Sünder von einem Übermaß der Sünde und erläutert:

„Ihr habt Euch einen Grund gekauft, den Ihr mit einem Zaun geschützt, mit Liebe bearbeitet und mit großem Aufwand gepflegt habt. Dann aber müßt Ihr feststellen, daß er trotz allem keine Frucht bringt. Was tut Ihr? Ihr entfernt den Zaun und gebt das Gelände auf[36]."

Es ist das Gesetz der Achtung: man bedrängt einen nicht unaufhörlich, der nichts davon hören will. Es ist das Gesetz der Liebe: man setzt seine Werbung nicht fort, wenn man lange Zeit hindurch nicht erhört worden ist. Alfons steht hier in der Linie der hll. Basilius, Hieronymus, Ambrosius, Cyrill von Alexandrien, Chrysostomus, Augustinus und vieler anderer. Wenn einmal eine bestimmte Schwelle der Undankbarkeit überschritten ist, muß man befürchten, daß Gott jede *besondere* und „wirksame" Gnade zurückzieht und sich lediglich auf die Gewährung der nur *allgemeinen* und „hinreichenden" Gnade beschränkt. Aber selbst den Verhärteten gibt er die Gnade, wirksam beten zu können[37].

Nur, wird einer, der sich lange Zeit hindurch den besonderen Gnaden verschließt, für die nur allgemeinen, oder zumindest die des Gebetes empfänglich sein? Wird sich die verrostete Waage, die unter dem Blei nicht nachgibt, unter der Feder senken? Bei wem aber liegt der Fehler[38]?

„Wer betet, wird sicher gerettet, wer nicht betet, ist sicher verdammt." (Das ist der zehnmal geschriebene und tausendemale gepredigte Slogan Alfons'!) „Alle Heiligen wurden durch das Gebet gerettet und geheiligt. Alle Verurteilten sind in die Verdammnis gegangen, weil sie nicht gebetet haben; hätten sie gebetet, so wären sie sicher nicht verloren. Das wird der Gipfel ihrer Verzweiflung sein: daß es so leicht gewesen wäre, sich zu retten, wenn sie zu Gott um Hilfe gefleht hätten, und nun die Zeit dazu unwiederbringbar vorbei ist ... Wer hat jemals zu Gott gerufen, und Gott hätte ihn enttäuscht und seine Gebete nicht erhört[39]?

37. Keine Minute zu verlieren   (1754—1762)

— Pater Lattessa, Ihr habt Anweisung vom Rektor maior, Euch wohlzubefinden und nicht mehr ans Sterben zu denken.

Und alle waren frustriert: Don Angelo, der seine Ungeduld, *aufzubrechen und bei Christus zu sein* (Phil 1,23) bezähmen mußte, und die guten Leute von Caposele, die sich an seinem Bett ablösten und sagten: „Gehen wir, um zu sehen, wie ein Heiliger stirbt[1]."

Drei Jahre später (1754) ist P. Rossi in Ciorani dem Tode nahe. P. Villani liest ihm folgende Zeilen von Alfons vor: „Mein lieber Saverio, ich will, daß Ihr wieder gesund werdet; ich befehle es Euch um der Liebe Jesu und Mariens willen". Rossi küßt das Briefchen, steckt es unter sein Kopfkissen und beeilt sich, wieder gesund zu werden[2].

Bei Paolo Cafaro aber verläuft es anders. Er stirbt im August 1753 in Caposele. Der Pater Minister Giovenale liest ihm den Brief vor, in dem der Generalobere „ihm im Namen des Erlösers die Anweisung erteilt, unverzüglich zu gesunden, wenn dies zur höheren Ehre Gottes ist". Aber der Sterbende, der schon nicht mehr sprechen kann, gibt ihm mit der Hand zu verstehen, daß es nicht zur höheren Ehre Gottes sei, und stirbt am 13. August im Alter von 47 Jahren. Eine Säule der Ordensgemeinschaft ist gefallen; Alfons' Seelenführer; ein Heiliger, dessen Biographie er später (1766) mit der ausdrücklichen Hoffnung veröffentlicht, ihn zur Ehre der Altäre erhoben zu sehen.

Am Himmelfahrtstag schreibt Alfons an P. Margotta, den Prokurator der Kongregation (er hat ihn erst vor kurzem in einem kleinen Appartement des Palazzo Liguori am Supportico Lopez untergebracht):

„Gestern erfuhr ich durch Eilboten, daß Don Paolo am Montag ins Jenseits gegangen ist. Gott hat es so gewollt, daher wollen auch wir es. Wir dürfen nicht betrübt sein über das, was Gott gefallen hat. Don Paolo wird uns vom Himmel aus noch besser helfen.

Kommen wir zu uns: Wenn Bruder Mattia (Fazzano) bald wieder zu Euch zurückkommt, könnt Ihr (bis dahin) Bruder Franco behalten. Aber Don Andrea (Villani), der hier in Pagani gerade auf der Durchreise ist, macht mich darauf aufmerksam, daß Bruder Franco auf lange Sicht für die Jungen gebraucht wird. Seht zu, wie Ihr zurechtkommt.

Für Caposele habe ich bereits einen Rektor ernannt: P. Mazzini, der in drei Tagen abreist. Was Euch betrifft, so leistet gute Arbeit in Neapel.

Don Giovanni Olivieri schreibt mir, es biete sich eine ausgezeichnete Möglichkeit, 10.000 Dukaten zu drei Prozent bei der Tabaksverpachtung anzulegen. Das ist derzeit am vorteilhaftesten und sichersten."

Er führt einen raschen Vergleich mit anderen Möglichkeiten durch und schließt dann:

„*Basta*, wie dem auch sei, ich bin der Auffassung, Ihr solltet die Verpachtung jedem anderen Kauf vorziehen und unverzüglich mit Olivieri sprechen. — Gelobt sei Jesus, Maria, Joseph und Teresa. Bruder Alfons vom Allerheiligsten Erlöser[3]."

Ein Brief von P. von Liguori, typisch für alle anderen. Alles wird knapp ausgesprochen. Cafaro ist nicht mehr: eine schmerzliche Erfahrung für ihn: „Gott hat es gewollt, wir wollen es." Aber Gott will auch, daß Bruder Franco (Fiore?) nach Ciorani zurückkehrt, daß Caposele einen guten Rektor bekommt, daß das Erbgut der Mitbrüder gut angelegt wird. Alles wird in wenigen Worten ausgedrückt, denn dieser Obere besitzt einen klaren und lebhaften Verstand; dieser Schriftsteller verabscheut Abschweifungen; dieser Priester hat gelobt, nicht eine Minute zu verlieren. Alles liegt auf derselben Ebene, weil alles in seinem Leben der Wille Gottes ist. Heute schreibt er in einem zutiefst erschütterten *Amen* Text und Melodie jenes Liedes nieder, das später den hl. Gerardo Majella in Ekstase versetzt:

Il tuo gusto e non il mio
Amo solo in Te, mio Dio.
Voglio solo, o mio Signore,
Ció che vuol la tua Bontá.
Quanto degna sei d'amore
O Divina Volontá!

Dein Wille, Herr, und nicht der meine!
Ich liebe nur in Dir allein;
Nur Deine übergroße Güte
Soll Richtmaß meines Wollens sein:
Dich lieben in Fülle,
O göttlicher Wille!

Cafaro ist tot, vom Eifer verzehrt. Alfons selbst fühlt sich am Ende, als das Gnadenjahr 1754 beginnt. Er antwortet einer Karmelitin aus Ripacandida:
„Werden wir uns in dieser Welt noch einmal sehen? Ich weiß es nicht. Vielleicht, vielleicht auch nicht. Ich bin alt und krank: es ist wenig wahrscheinlich, daß ich noch einmal so lange Reisen unternehme. Ich gehe fast nicht mehr außer Haus, und das Fieber erspart mir seine Heimsuchungen nicht; ich muß mich besser vorbereiten, denn der Tod ist nicht mehr fern; helft mir also, mich für den Tag der Abrechnung vorzubereiten. Betet, bitte, für mich, Jesus Christus möge mich in diesen letzten Tagen meines Lebens erkennen lassen, was ich tun muß, um ihm zu gefallen, und mir die Kraft geben, es zu erfüllen[4]."
Nach den Überanstrengungen des Gnadenjahres 1750–1751 war es für ihn tatsächlich mit den Missionsreisen vorbei. Trotz übermenschlichen Mutes war er zu ermattet daraus hervorgegangen, zu anfällig im Winter, und von schweren und häufigen Krankheiten heimgesucht. Die Jahre 1752–1755 waren großteils von seiner *Moraltheologie* verbraucht worden, deren dritte und vierte Auflage (1757–1760) ihn sehr ermüden und außerdem P. Pasquale Amendolara töten, der fast auf den Tag genau drei Jahre nach Aniello Ruscigno am 1. Mai 1758 mit 35 Jahren ebenfalls an Tuberkulose stirbt[5]. Außerdem hatte Alfons seine wachsende Kongregation, die geliebt, betreut und geleitet werden mußte, und das war für ihn der erste Wille Gottes, die erste Aufgabe seines Herzens.
So hielt er bis zu seiner Erhebung in den Bischofsstand im Jahr 1762 nur noch vier Missionen: Benevent im November–Dezember 1755; Amalfi, im November 1756, wo er bei einer Predigt über die Muttergottes neuerlich vor dem ganzen

Volk und seinem Klerus durch Ekstase der menschlichen Schwerkraft enthoben wird[6]; Salerno im Januar 1758 und Nola im Februar 1759. Aber hier war der Missionar zum erstenmal so „abgespannt und matt, daß seine Stimme den großen Dom nicht ausfüllen kann. Er muß den Predigtstuhl für einige Tage P. Biagio Amarante überlassen[7]."

Es war — so möchte ich sagen — höchste Zeit, daß ein Schlußpunkt gesetzt wurde. Der Erfolg lähmte diesen Mann, dessen Bescheidenheit Gott nicht annehmen wollte. Er las in den Herzen und in der Zukunft; Wunder gingen von seinen Händen aus, die durch die Stimme des Volkes nur noch vergrößert und vervielfältigt wurden. Man zerriß seinen Mantel und stritt sich um die Stückchen; man lauerte auf jeden Gegenstand, der ihm gedient hatte, und betrachtete ihn als Reliquie; konnte man in der Kirche, in der er predigte, keinen Platz mehr finden, so drängte man sich noch draußen, um ihn zu hören.

1755 beging P. Rossi die „Unklugheit", ihn zu bitten, in Ciorani die Exerzitien der Karwoche zu halten. Priester und Laien kamen in so großer Zahl, daß Don Saverio vier Boten auf die Landstraßen schicken mußte, um die Karossen anzuhalten und wieder nachhause zu schicken. Trotzdem waren es immer noch 214 Teilnehmer, und man mußte sie zu viert in den Zimmern unterbringen und auf Strohsäcken in den Gängen schlafen lassen[8]. In Neapel hatte er kurz zuvor bei den Einkehrtagen für Ordinanden im März ... mehr als tausend Zuhörer, und es kam — ja, beim Klerus! — zu zahlreichen spektakulären Bekehrungen[9].

Denn Neapel war nicht mehr Neapel.

1747 war es zum Bruch zwischen dem Königshof und Kardinal Spinelli gekommen. War es eine Ungeschicklichkeit des Erzbischofs, gegen Priester zu inquirieren und einzugreifen, die sich von den rationalistischen Spiegelbildern aus Frankreich und England verführen ließen? Jedenfalls wollte Karl von Bourbon, unter dem Vorwand, jeden Schößling der Inquisition auszureißen, und von seiner regalistischen Umgebung schlecht beraten, dem Kardinal und allen Bischöfen verbieten, in den Glaubensfragen gegen Priester vorzugehen, die sie für ernsthaft ungläubig hielten. In der regalistischen Sicht der Macht war der König auch Beauftragter Gottes, Seelsorger seines Volkes, Beschützer der Kirche und von daher auch damit beauftragt, über die Integrität der Lehre und die Reinheit der Sitten zu wachen ...

Das unerwartete Ergebnis dieses ernsten Konflikts war der psychische Zusammenbruch Spinellis, dessen Eifer eher stolz und ehrgeizig, denn demütig und ausdauernd war. Er hatte seine großen Pastoralbesuche abgebrochen und war in einem Nichtvorhandensein verdämmert. Das war 1747. Anläßlich der Eröffnung des Heiligen Jahres im Dezember 1749 war er nach Rom abgereist und nicht mehr zurückgekehrt. Die Diözese war damit praktisch sieben Jahre (1747–1754) ohne Oberhirten. Alfons konnte ihren raschen Niedergang feststellen. Schließlich entschloß sich Spinelli zu demissionieren, und am 16. Februar 1754 wurde Antonio Sersale sein Nachfolger. Er war ein ehemaliger Mitbruder Liguoris bei den *Apostoliche Missioni* und hatte die Kirche von Brindisi und Taranto geleitet. Böse Zungen behaupteten, er sei ein Kandidat Spinellis gewesen: um durch den Kontrast eines farblosen Mannes seine unbestreitbare Klasse beklagen zu lassen[10].

Alfons schuldet seinem Freund, der nun Erzbischof geworden war, einen Brief:

„Gestattet mir, mein Vater und Herr, Euch schriftlich (denn mein schlechter Gesundheitszustand erlaubt mir keine persönliche Aufwartung) die bescheidenen Glückwünsche dessen vorzubringen, der einst zu Euren Diensten stand, und heute Euer Diözesankind und Sohn ist.

Ich muß Euch nicht eigens versichern, daß meine Freude über die Wahl Eurer im höchsten Maße würdigen Person zur Leitung der Kirche von Neapel sehr groß war. Eure Eminenz wird es sich vorstellen können."

Diese Art der Formulierung gehört zu den Floskeln der Höflichkeit, und der Empfänger wird sie nur dann als bare Münze nehmen, wenn er ein wenig einfältig ist. Wir wissen, daß Alfons Spinellis „Abdankung" lebhaft bedauert hatte. Nichts hat gehalten: nicht einmal die drei großen Kongregationen von Diözesanmissionaren, die das Gerüst des neapolitanischen Klerus bildeten:

„Aber der neapolitanische Klerus ist nicht mehr so, wie Ihr ihn verlassen habt. Ihr werdet einen traurig herabgekommenen Klerus und damit auch sehr herabgekommene Gläubige vorfinden. Besonders der Geist bei den Ordinanden läßt sehr zu wünschen übrig; und was noch bedauerlicher ist, auch die drei Priesterkongregationen, die jahrelang den Eifer des neapolitanischen Klerus aufrecht erhielten, haben ihn nun selbst verloren. Einst würdig, dem ganzen Königreich und sogar der ganzen Welt als Vorbild zu dienen, ist dieser Klerus heute in einem Zustand, über den man weinen möchte."

Welche Abhilfe schlägt der Autor der *Nützlichen Erwägungen für Bischöfe* vor? Persönliche Predigt des Oberhirten mit anschließenden Missionen — Auslese bei den Ordinanden — Heranziehung selbstloser Männer:

„Ich hoffe, Jesus Christus hat Eure Eminenz gewählt, um hier Abhilfe zu schaffen, und ich hoffe, daß die guten Zeiten des hl. Karl Borromäus wiederkehren, der dem Volk von Mailand einst mit unglaublichem Erfolg predigte; und so hoffe ich, daß auch Eure Eminenz dem Volk von Neapel predigt. Denn welch großen Nutzen bringen die Worte des Oberhirten! So hoffe ich also, die Freude zu haben, daß Ihr in Neapel als Oberhirt predigen werdet.

Verzeiht die Kühnheit meiner Sprache; aber es geht mir nur um die höhere Ehre Jesu Christi. Wie segensreich würdet Ihr, Eminenz, wirken, wenn Ihr in verschiedenen Pfarreien Neapels Volksmissionen organisieren und wenigstens in den ersten Jahren selbst an zwei oder drei Orten predigen würdet; und wenn Ihr für den gesamten Klerus Einkehrtage hieltet, bei denen Ihr mit Nachdruck zur Treue im Besuch der Bruderschaften, in der Einhaltung der Regeln und vor allem in der Hinwendung zur Aufgabe der Volksmissionen aufrufen würdet! Denn durch die Volksmissionen verbreitet Neapel die geistlichen Hilfeleistungen über das ganze Königreich.

Den Ordinanden solltet Ihr begreiflich machen, daß sie entweder Zeichen einer echten Berufung geben oder zurücktreten sollten; denn wenn die Kirche ihr Verderben beklagt, so nur deshalb, weil viele ohne Berufung zu den Weihen zugelassen werden. Ihnen muß deutlich gemacht werden, daß Eure Eminenz nur Priesteramtskandidaten mit soliden Garantien zuläßt, und zwar nicht nur in wissenschaftlicher Sicht, das ist nicht das wichtigste, sondern vielmehr im Blick auf ihr Verhalten und ihren kirchlichen Geist, was weit notwendiger ist.

Eminenz, geruht, Don Giuseppe Irio und Don Giovanni Battista Fusco anzuhören. Diese beiden Priester sind wahrhafte Männer Gottes, erfüllt von echtem

Eifer und ohne alles Eigeninteresse: sie werden Euch den wahren Stand der Dinge aufzeigen und Eure Aufmerksamkeit auf viele andere Maßnahmen lenken, die diesen Übeln abhelfen können. Eure Eminenz möge sie zumindest anhören.

Ich werfe mich demütig vor Euren Füßen nieder, erbitte Euren heiligen Segen und verbleibe auf immer ...[11]."

Dieser Apostel der Landgebiete war vielleicht der beste Kenner des „inneren" Neapel. Er mußte sich in den letzten Jahren häufig in der Stadt aufhalten, um Bibliotheken zu besuchen, bei Zensoren und Druckern und vor allem bei den Kanzleien zur Verteidigung seiner Kongregation vorzusprechen. Pater Margotta und Bruder Tartaglione empfingen ihn im *ospizio*, der „Erdgeschoßwohnung", die ihm sein Bruder Ercole am Supportico Lopez zugestanden hatte: „eine kleine unbequeme Wohnung über einem *basso*, der als Schenke diente". Als Ercole, der seine Cousine Rachele von Liguori geheiratet hat, durch diese seinen Vetter Don Domenico von Liguori beerbt, zieht er in den Palazzo dieses letzteren, nicht weit vom Supportico in der Via S. Maria Antesaecula. Unter dasselbe Dach, das sechzig Jahre vorher wahrscheinlich das junge Ehepaar Liguori-Cavalieri aufgenommen hatte. Durch Notariatsakt vom 30. Oktober 1760 wird dort „eine Wohnung unter dem Dach" zum *ospizio* der Redemptoristen und zum Absteigequartier des Rektor Maior[12].

Während dieser geschäftlichen Aufenthalte baten ihn der Erzbischof, Pfarrer, Rektoren von Kirchen und Bruderschaften, Klosterfrauen und Seminarobere immer wieder um Predigten, was auch immer wieder Beichten nach sich zog. Abends erwartete ihn dann zu Hause eine lange Reihe von Cavalieri, Beamten, Priestern, Ordensleuten, Bischöfen und Erzbischöfen, die zu ihm kamen, um ihm ihr Gewissen oder ihre Sorgen anzuvertrauen. Er versagte sich keinem, und die Verehrung wurde immer größer: die hochgestelltesten Persönlichkeiten standen an seiner Türe Schlange, um ihm die Hand zu küssen. Alfons wußte nicht mehr, wo er sich verbergen sollte, und hielt sich einen Zipfel seines Mantels vor das Gesicht, um unerkannt zu bleiben.

Sobald es ihm möglich war, entfloh er all diesen Manifestationen und dieser Hauptstadt, in der er die Libertinage der Sitten und des Geistes aufsteigen fühlte.

— Pater, ich möchte so gern Neapel sehen, sagte eines Tages ein Student zu ihm.

— Und mir, antwortete er, graut, wenn ich nach Neapel muß. Der Wald von Deliceto ist mehr wert als tausend Neapel[13].

Im Augenblick aber hat er nur den Garten von Pagani, wo er noch immer Blumen für das Allerheiligste züchtet und schneidet. „Ich gehe kaum noch außer Haus", hatte er Ende 1753 geschrieben. Zehn Jahre hindurch gilt der jährliche Rhythmus der acht Monate Volksmission, unterbrochen von zwei Aufenthalten im Haus, nicht mehr für ihn. Von 1752 bis 1762 folgen seine Tage mit gleichbleibender Monotonie aufeinander. Aber welche Tage!

Die Regel gestattete sechseinhalb Stunden Schlaf bei Nacht und eine Stunde am Nachmittag[14]. Alfons erlaubt sich nur fünf. Er ist also schon eineinhalb Stunden vor den anderen auf den Beinen; den letzten Schlaf treibt er sich mit einer Bußübung aus den Augen, um dann sogleich in den Chor zu eilen, wo die Gemeinschaft sehr viel später zum gemeinsamen halbstündigen betrachtenden Gebet eintrifft. Nach den Morgenhoren des Stundengebetes — Prim, Terz, Sext und Non —, die mit den Patres ohne Gesang gebetet wurden, kehrte er in sein Zimmerchen im ersten Stock zurück, das, wie alle Zellen, 10 Palmen mal 12, also kaum größer als 2 1/2 mal 3 Meter war. Es folgten fünf Arbeitsstunden: Angelegenheiten der Ordensgemeinschaft, Gespräche mit den Mitbrüdern, selbstgeschriebene oder diktierte Briefe in kurzen, klaren und energischen Abschnitten, in denen er nicht vom Hundertsten ins Tausendste kommt ... und „Gelobt seien Jesus, Maria, Joseph und Teresa!" Außerdem die geistige Arbeit: Bücher, die zu durchforsten oder zu schreiben sind. Auf seinem kleinen weißen Holztisch steht ein großes Kruzifix, auf dessen Sockel er mit seinem eigenen Blut geschrieben hat: „Mein Jesus, alles für dich!", das Bild Unserer Lieben Frau vom Guten Rat und das große Marmorstück, das er sich auf die Stirn legt, wenn die Kopfschmerzen gar zu arg werden. Wenn sich ein aufdringlicher Gast in nutzlosen Reden ergeht, steht der Pater auf, sagt sein berühmtes „*Orsu*! Also! Bittet Gott für mich, und ich werde für Euch beten", und komplimentiert den Schwätzer mit einem freundlichen Lächeln auf den Gang hinaus. Ob allein oder in Gesellschaft, Alfons bleibt sich stets treu: Blicke, Gebete, Worte der Liebe fließen spontan zu Jesus oder Maria, und alle Viertelstunden betet er beim Schlag seiner Uhr ein inniges *Ave Maria*.

Noch hat er die Eucharistie nicht gefeiert, denn darauf möchte er sich lange vorbereiten, er möchte sich die Zeit nehmen, begierig auf sie zu werden, möchte mit all der Arbeit, den Sorgen und Intentionen eines ganzen Vormittags zu ihr kommen. So geht er also gegen Mittag in die Hauskapelle, bereitet sich eine halbe Stunde vor und feiert dann das heilige Meßopfer. Anschließend spricht er, während die Gemeinschaft bereits das Mittagessen einnimmt, kniend und unbeweglich mit leuchtendem Gesicht die Danksagung. Beim „zweiten Tisch", d. h. mit dem Koch und jenen, die ihrer Beschäftigung wegen nicht früher kommen konnten, ißt er schweigend nur eine reichlich mit Aloe, Bitterwurz, Raute oder Absinth — die er abwechselnd nimmt, um sich nicht an ihre Bitterkeit zu gewöhnen — gewürzte *minestra* und einige Früchte, die er salzt, um sich nicht an ihrem Geschmack zu erfreuen. „So verdaue ich sie besser" erklärt er, wenn sich jemand darüber wundert. Mittwochs, Freitags und Samstags nimmt er diesen „Festschmaus" kniend ein. Er trinkt nur Wasser, das er aber zwischen den Mahlzeiten nicht anrührt, so heiß es auch immer sein mag.

Wenn er nicht Geschirr abwäscht, schließt er sich dann in den letzten zwanzig Minuten der Mittagspause den anderen an. Sie sprechen von Gott, den Volksmissionen und der Moral, was aber seine fröhliche, ja spaßhafte Natur nicht daran hindert, die Anwesenden zu erheitern. Nach Villanis Schilderung hatte er „ein paradiesisches Gesicht ..., sanft, fröhlich und freundlich"[15]. Oft setzt er sich ans Cembalo und lehrt seine Mitbrüder eines seiner geistlichen Lieder, das dann später bei den Missionen das Volk entzückt. Nun folgt die Stunde der Mittagsruhe. Er besteht darauf, daß seine Brüder sie um ihrer Gesundheit und Erholung willen einhalten. Er selbst aber schleicht sich mit den Schuhen in der Hand, um ihren Schlaf nicht zu stören — in die Kirche, um allein dem Herrn in seinem Sakrament Gesellschaft zu leisten. Eine für seine Liebe allzu kurze Stunde. Beim Glockenschlag kehrt er in seine Zelle zurück, um sich jeweils eine halbe Stunde lang geistlicher Lektüre und der von der Ordensregel vorgeschriebenen Meditation zu widmen. Sein Zimmernachbar, der Student Luca Michele De Michelis berichtet:

„Eines Tages im September 1759 irrte ich mich während der Zeit des betrachtenden Gebets am Nachmittag in der Tür, öffnete die seine und sah ihn mit glänzendem und strahlendem Gesicht. Mich überkamen Angst und Herzklopfen, und ich zog die Zimmertür zu; aber er fragte mich nicht, was dieses Öffnen und Schließen bedeuten sollte, woraus ich schließe, daß er es nicht bemerkt hat, obwohl ich ihm direkt gegenüberstand."

Nach den Stundengebeten der Vesper und Komplet nimmt die Arbeit in der Zelle den Pater bis zum Abendangelus, eine halbe Stunde nach Sonnenuntergang, in Anspruch. Im Italien des 18. Jahrhunderts ist es dann 24 Uhr. Für ihn und die Gemeinschaft beginnt damit bereits der nächste Tag mit der Meditation und dem Stundengebet der Matutin und der Laudes. Sein Imbiß ist schnell eingenommen: ein Glas Wasser, selten mehr. So gewinnt er eine Stunde für die Arbeit, ehe er mit den anderen zur zwanzigminütigen Rekreation, den Nachtgebeten und dem Rosenkranz geht. An diesen fügt er den Besuch bei der Muttergottes, den Kreuzweg und eine lange Nachtwache in Gebet und Arbeit an. Doch bevor er sich endlich schlafen legt, traktiert er seine Schultern noch mit einem Hagel von Peitschenhieben, zwei- oder dreimal wöchentlich sogar bis aufs Blut. Zieht er, um einigermaßen schlafen zu können, sein mit Spitzen gespicktes härenes Korsett und die mit Nägeln versetzten Kreuze, die ihm als tägliches Skapulier dienen, aus? Angesichts dieser Kreuzigung bei Tag und Nacht kommt einem das Pauluswort in den Sinn: *Was an den Drangsalen Christi noch fehlt, will ich an meinem Fleisch ausfüllen zugunsten seines Leibes, das ist die Kirche"* (Kol 1,24).

Das also ist der Tagesablauf des Rektor Maior. Die Rechnung ist einfach: 10 Stunden Arbeit, 8 Stunden Gebet, 5 Stunden Schlaf, 1 Stunde für Essen und Erholung ... O schreckliche Heiligkeit[16]!

Und doch so sanft und bescheiden. Als Alfons 1761 schwerkrank in Nocera darniederlag, las er geistliche Bücher oder ließ sie sich vorlesen. Diese Anstrengung konnte seinen Zustand nur noch verschlechtern. Der Pfleger, P. Pasquale Caprioli, nahm es auf sich, ihn sanft zu ermahnen:

— Pater, wir müssen gehorchen, wenn Ihr etwas befiehlt. Ich aber bin für die Kranken verantwortlich: in Eurem Zustand schuldet Ihr mir Gehorsam. Ich weiß, daß Ihr gelobt habt, keine Zeit zu verlieren. Aber ich bitte Euch, solange Ihr so krank seid, nicht mehr zu lesen, oder Euch vorlesen zu lassen.

Der Pater General senkte den Kopf, ohne ein Wort zu sagen; und er schaute kein Buch mehr an, bis es ihm wieder erlaubt wurde[17]. Denn er hatte auch gelobt, das Vollkommenste zu vollbringen, und das war für ihn, zu gehorchen.

Dieser Geist der Heiligkeit diktiert dem Stifter am 8. August 1754 einen Aufruf an seine Söhne, der zu einem Markstein ihrer Geschichte wurde[18] und heute noch genauso lebendig ist wie am ersten Tag:

„Ich bitte Euch alle, meine Brüder in Jesus Christus, das *Komm, Heiliger Geist* zu beten, ehe Ihr diesen Brief anhört, und Gott um seine Erleuchtung zu bitten, damit Ihr das, was ich jedem einzelnen von Jesus Christus schreibe, gut versteht und in die Praxis umsetzen könnt.

Die Kongregation, meine Patres und meine Brüder, ist noch nicht einmal zweiundzwanzig Jahre alt und erst seit fünf Jahren durch die heilige Kirche approbiert; sie müßte also zu dieser Stunde noch in ihrem anfänglichen Eifer stehen; sie müßte ihn sogar vermehrt haben. Gewiß, viele verhalten sich gut; andere aber machen keine Fortschritte und sind mutlos. Wo werden diese letzteren enden? Ich weiß es nicht; denn als Gott uns in diese Kongregation berief (vor allem am Anfang), bestimmte er uns, Heilige zu werden und als Heilige das Heil zu erlangen. Wenn aber einer in der Kongregation anders denn als Heiliger gerettet werden will, so weiß ich nicht, ob er es werden wird.

Wenn sich dieser Mangel an Eifer ausbreitet, arme Kongregation! Was wird sie dann in fünfzig Jahren sein? Dann müßten wir weinend ausrufen: Armer Jesus Christus! Wenn nicht einmal ein Bruder unserer Ordensgemeinschaft ihn liebt, der so viele Gnaden und besondere Erleuchtungen empfangen hat, wer wird ihn dann lieben? Mein Gott! Wozu dann die vielen Kommunionen? Wozu sind wir denn in die Kongregation gekommen, was tun wir hier, wenn wir nicht danach trachten, Heilige zu werden? Womit befassen wir uns? Die Welt zu täuschen, die uns alle für Heilige hält; und uns für den Jüngsten Tag auf den Spott jener vorzubereiten, die dann von unserer Unvollkommenheit erfahren werden?

Wir haben nun viele gute Novizen; aber sie und jene, die ihnen folgen, werden noch schlechter handeln als wir, wenn sie unserem Beispiel folgen, und dann wird es nicht mehr lange dauern, bis die Kongregation in schlimmste Lauheit verfällt; denn die Unvollkommenheiten werden zum Ärgernis werden. Wenn es aber dazu käme, wäre es besser, meine Brüder, den Herrn zu bitten, sie sofort zu vernichten.

Ich bin nun schon alt und krank und sehe den Tag des Gerichts herannahen. Ich möchte Euch so nützlich sein, wie ich es vermag, und Gott weiß, wie viel mehr ich jeden einzelnen von Euch liebe als meine eigenen Brüder und meine Mutter. Aber Gott will nicht, daß ich aus Liebe zu einem von Euch (eine Liebe, die dann ungerechtfertigt wäre) mein ewiges Heil aufs Spiel setze. Wir sind alle schwach und begehen Fehler; aber nicht die flüchtigen Fehler betrüben mich, sondern jene, die gewissermaßen Wurzeln schlagen, sowie einige Schwächen, die der ganzen Gemeinschaft schaden. So etwa die Sünden wider Gehorsam, Armut, Demut und Nächstenliebe. Ich hoffe bei Gott, daß ich den Entschluß, den ich vor ihm gefaßt habe, bis zu meinem Tod halte und pünktlich verwirkliche: meine Brüder ohne Menschenfurcht zu korrigieren, wenn ich sehe, daß sie in wichtigen Dingen, die auch andere beeinträchtigen, fehlen. Wie ihr wißt, ist vielleicht meine größte Schwäche eine zu große Nachgiebigkeit; doch hoffe ich, daß Gott mir die Kraft verleiht, diese Unvollkommenen nicht zu ertragen, die sich einfach nicht bessern und ihre Unvollkommenheiten sogar noch rechtfertigen wollen. Ich bitte Euch, die Ihr noch jung seid und die Kongregation später leiten werdet, ertragt niemals einen Unvollkommenen dieses Zuschnitts, der einen begangenen Fehler noch rechtfertigt, statt ihn demütig einzugestehen. Ich versichere Euch, daß ich am Jüngsten Tag vor dem Richterstuhl Jesu Christi jeden Oberen anklagen werde, der, nur um keinem zu mißfallen, verderbliche Fehler geduldet und damit Lauheit in die Kongregation gebracht hat ...

Insbesondere bitte ich einen jeden von Euch, folgende Punkte zu beachten: Ich empfehle zunächst jedem von Euch, seine Berufung sehr hoch zu achten: sie ist, nach der Schöpfung und der Erlösung, die größte Wohltat, die Gott ihm gewähren konnte. Danken wir dem Herrn alle Tage dafür und bangen wir darum, sie zu verlieren ..." Aus zwei Gründen, deren erster aus der Zeit gesehen werden muß: „Ein Priester in der Kongregation rettet in einem Jahr mehr Seelen, als er sein ganzes Leben lang außerhalb der Kongregation retten würde. Im Blick auf den persönlichen Nutzen gilt, daß ein Mitglied der Ordensgemeinschaft durch den Gehorsam in einem Jahr mehr Verdienste erwirbt, als er es in zehn Jahren vermöchte, wenn er in der Welt nach seinen eigenen Launen lebt ...

Achtet auch auf folgendes: Keiner soll glauben, er erschrecke mich, wenn er sagt, daß er gehen will: Durch Gottes Gnade hat die Kongregation nun viele und gute Mitglieder; und wie Ihr seht, kommen jeden Tag neue junge Leute voller Eifer und Talent. Der Name der Kongregation ist im ganzen Königreich und darüberhinaus bekannt, und die Welt glaubt, daß die Kongregation von Hingabe und Eifer für die Vollkommenheit erfüllt ist (gebe Gott, daß dies wenigstens zur Hälfte wahr wäre!). Es bleiben also die Guten, die nach wie vor Missionen und Einkehrtage halten werden. Aber auch wenn wir die Zahl der Missionen vermindern müßten, so wäre es immer noch besser, weniger zahlreich zu sein und den Geist der Regel einzuhalten, als die Kongregation der Lauheit preiszugeben. Diese wenigen Mitglieder, die ihren geraden Weg gehen, werden Gott mehr gefallen als tausend andere, die ein unvollkommenes Leben führen würden ...

Ich bitte jeden von Euch zu gehorchen und sich Anweisungen der Lokaloberen nicht zu widersetzen. Hat ein Mitglied Schwierigkeiten, so kann es diese durchaus vorbringen; doch verpflichte ich es, sich vorher zum Gehorsam bereit zu finden, sollten seine Vorstellungen nicht angenommen werden ..."

Der Gehorsam war für Alfons eine Frage des Willens Gottes, aber in gleichem Maße auch der apostolischen Wirksamkeit. Denn die Erfahrung hatte ihn gelehrt: „Ein von mehreren Steuermännern gelenktes Schiff muß untergehen", und: „Manche taugen auch nicht eine einzige Stunde zum Oberen[19]." Er fährt fort:

„Ich bitte jeden einzelnen von Euch, Jesus Christus unaufhörlich um seine heilige Liebe zu bitten, da sonst alle Entschlüsse wenig nützen. Um diese heilige Liebe zu entfachen, müssen wir unser Herz mit einer lebendigen Flamme für das Leiden Jesu Christi entzünden ... In den Volksmissionen erwecken wir nichts stärker als diese Liebe zu Jesus in seinem Leiden: welche Schande wäre es da am Tag des Gerichts, wenn einer von uns Jesus Christus weniger geliebt hätte als irgendeine arme Frau!

Ich bitte außerdem jeden von Euch, seine Zelle zu lieben und sich während des Tages nicht durch häufiges Umhergehen zu zerstreuen: Geizen wir mit unserer Zeit, verwenden wir sie zum betrachtenden Gebet, zum Besuch beim Allerheiligsten (denn es weilt ja gerade deshalb unter uns, um unseren Besuch zu empfangen); und nutzen wir unsere Zeit, um zu studieren, denn das Studium ist ebenfalls unerläßlich für uns.

In diesem Zusammenhang empfehle ich den Beichtvätern, die Moraltheologie zu studieren und gewissen Auffassungen von Gelehrten nicht blind zu folgen, ohne vorher deren innere Gründe abgewogen zu haben; ich spreche im besonderen von Meinungen, die ich in meinem zweiten Buch nicht mehr als wahrscheinlich anerkannt habe ... Ich behaupte nicht, daß meine Meinungen zwangsläufig übernommen werden müßten, aber ich bitte Euch, mein Buch zu lesen, ehe Ihr sie verwerft, und zu berücksichtigen, um den Preis wie vieler Mühen, Nachforschungen und Untersuchungen ich es geschrieben habe. Dieses Werk, meine Brüder, habe ich weder für die Öffentlichkeit geschrieben noch um damit Lob zu ernten: hätte ich daraus auch nur den geringsten Hauch von Ruhm ziehen wollen, so hätte ich mir diese Arbeit gerne erspart; Gott weiß, wieviel Mühen und Anspannung sie mich gekostet hat. Ich habe dieses Buch nur für Euch geschrieben, meine Brüder; damit unsere Leute sich an eine sichere Lehre halten; damit sie zumindest mit Bedacht vorgehen. Ich gebe zu, daß mir zunächst viele Meinungen seriös erschienen, die ich erst später als unwahrscheinlich erkannte. Daher bitte ich Euch alle — Jugend und Beichtväter — mein Werk zu lesen, denn ich habe es für Euch verfaßt. Dann mag ein jeder so handeln, wie er es vor Gott tun zu müssen glaubt.

Abschließend empfehle ich den derzeitigen und künftigen Oberen die Observanz der Regel. Diese Observanz liegt in ihren Händen . . . Daher dürfen sich die Oberen nicht damit zufriedengeben, die Observanz nur zu predigen, sondern sie müssen auch die ersten sein, die sie einhalten; denn was man sieht, macht einen viel größeren Eindruck als das bloß Gehörte. Ich empfehle den Oberen auch, den ihnen Anvertrauten in Liebe zu begegnen: sie müssen sie in ihren Versuchungen trösten, ihnen in all ihren Aufgaben so weit wie möglich beizustehen suchen und sie fragen, ob sie irgend etwas dazu benötigen . . . Ich empfehle ganz besonders, den Kranken alle Liebe und Aufmerksamkeit zu erweisen, sie zu besuchen, sie so weit wie möglich mit den notwendigen Arzneimitteln zu versorgen, sie zu fragen, ob sie etwas brauchen; und sollte dessen Besorgung aufgrund der Armut nicht möglich sein, sie wenigstens so gut wie möglich zu trösten. Den Oberen empfehle ich außerdem, Zurechtweisungen diskret vorzunehmen, denn öffentliche Verweise fruchten wenig; anders verhält es sich, wenn die Verfehlung in aller Öffentlichkeit geschah, da dann der Verweis auch den anderen nützlich ist. Doch sollte auch in diesem Fall der Betreffende vor einer öffentlichen Rüge zunächst inoffiziell zurechtgewiesen werden."

Nach den Oberen wendet sich Alfons an die übrigen Ordensangehörigen. Ihnen empfiehlt er Demut bei Vergehen, Ruhe bei Mißhelligkeiten, Loslösung von den Eltern (die in jener Zeit die eingeschworenen Feinde auch der sichersten Berufungen waren). Und dann, und dann . . . Ah! Jener Unglückselige, der eines Tages beleidigt zu sagen wagte: *E la mia stima!* Und mein Ruf! Und meine Ehre! Beim Kapitel am darauffolgenden Samstag erregte Alfons sich so sehr über diese „Lästerung"[20], daß ihm fast der Atem ausging. Denn das hatte ihn zutiefst ins Herz getroffen:

„Hütet Euch, in der Kongregation das Wort *meine Ehre* auch nur auszusprechen. Die Ehre, die ein Bruder der Ordensgemeinschaft am höchsten schätzen muß, ist es, den Gehorsam zu lieben, verachtet und gering geschätzt zu werden. Verachtet zu werden wie Jesus Christus, das war das Verlangen der Heiligen. Und wer kein Heiliger werden will, kann nicht in der Kongregation bleiben: Jesus Christus selbst, der diese Kongregation so sehr liebt, wird ihn aus ihr verjagen. Der Herr will nicht, daß die Grundsteine dieses seines Gebäudes schwach sind.

Außerdem empfehle ich die Liebe zur Armut. Alle sollen wissen, daß vor allem Vergehen gegen die beiden Tugenden der Armut und des Gehorsams in der Kongregation nicht geduldet werden und nicht geduldet werden können. Denn wenn die Observanz in diesen beiden Tugenden zusammenbricht, dann bricht der Geist der Gemeinschaft in sich zusammen und stirbt . . .

Seid schließlich versichert, meine Brüder, daß jeder einzelne von Euch nach Gott meine einzige Liebe auf dieser Welt ist und ich nun für jeden einzelnen von

Euch Gott mein Blut und mein Leben aufopfere. Denn Ihr, die Ihr jung seid, könnt mit Eurem Leben wirksam dem Ruhme Gottes dienen; ich aber bin alt und krank und zu nichts mehr zu gebrauchen, wozu also kann mein Leben noch dienen? . . .

Ich komme also zum Schluß, meine Brüder. Bemühen wir uns in diesem Leben, mag es noch lang oder kurz währen . . ., Heilige zu werden und Jesus Christus aus ganzem Herzen zu lieben: er verdient es so sehr, geliebt zu werden, vor allem von uns, die er mehr als andere geliebt hat . . . Bringen wir uns also Jesus Christus unaufhörlich dar, damit er über uns nach seinem Willen verfüge, und bitten wir die Allerseligste Jungfrau ohne Unterlaß, sie möge uns das unschätzbare Gut der Liebe Jesu Christi vermitteln. Dann mag der Böse einen von uns in seiner Berufung versuchen, denn das ist ja das Hauptziel seiner Bemühungen; wenn dieser sich der Mutter der Beharrlichkeit empfiehlt, wird er seine Berufung gewiß nicht verlieren.

Ich segne und umarme Euch alle im Herzen Jesu Christi, damit wir ihn auf dieser Erde zutiefst lieben und ihn dann gemeinsam im Paradies lieben können. Verlieren wir doch nicht die schöne Krone, die ich schon für jeden bereitliegen sehe, der nach der Observanz lebt und in der Kongregation stirbt."

Dieselbe Stimme, der gleiche Mann — „Seid gut! Bildet Heilige heran!" — wird im darauffolgenden Sommer 1755 in folgenden Briefen an den Novizenmeister hörbar[21]:

„Seid in dieser Hitze darauf bedacht, für alle Novizen Frömmigkeitsübungen und geistige Anstrengungen zu reduzieren; laßt sie häufig ins Freie und mäßigt den Gebrauch von Bußinstrumenten."

„Ja, natürlich, gebt N. ein wenig Erholung und Freiheit. Steht ihm bei, denn er ist sehr abgekämpft. Gebt ihm eine Medizin. Milch oder irgend etwas anderes. Sagt ihm von mir, daß es nichts Ernsthaftes sei und er den Mut bewahren solle. Ich segne Euch alle."

„Macht mutig und voller Gottvertrauen weiter; beunruhigt Euch über nichts und quält Euch nicht in der Sorge, ein Novize könne lau werden und weggehen. Helft, so gut Ihr könnt, wenn aber einer Gewohnheitssünden begeht und schlechten Geist zeigt, dann benachrichtigt mich, und ich werde ihn entlassen. Wer bleiben will, der bleibe. (Es bleiben dann eben nur ein paar übrig.) Es wäre gut, wenn nur die blieben, *die alles erdulden und wahre Heilige werden wollen!* Sagt dies Euren Novizen; und auch, daß nur der für die Kongregation geschaffen ist, der von diesem Geiste beseelt ist."

„Wir sind genug. Die Kongregation braucht keinen, der nicht ansprechbar ist."

Jeden Samstagnachmittag leitet der Obere das Sündenkapitel und hält eine Ansprache über die jeweilige Monatstugend, die alle auf das Wesentliche zurückkommen:

„Und wenn wir auch 30 Häuser im Königreich, 50 im Kirchenstaat und 200 in Indien hätten, was nützte uns dies, wenn wir keine Heiligen sind[22]?"

„Unsere Aufgabe ist die gleiche, die Jesus Christus und nach ihm die heiligen Apostel erfüllt haben. Wer nicht den Geist Jesu Christi und den Eifer der Apostel besitzt, ist für diese Aufgabe nicht geeignet."

„Daher verbot er", so Tannoia, „jeden Dienst außerhalb der Kongregation, um keinen von der Aufgabe der Volksmissionen abzulenken. Redemptoristen sollten keine leitenden Posten in Seminaren übernehmen. Seminare, so sagte er, fordern die besten Mitbrüder. Diese aber erwärmen sich dann für das Seminar und verlieren die Liebe zur Kongregation; mit dem Verlust der Berufung aber finden sie Geschmack an den Erleichterungen und ihrer eigenen Freiheit. Auch die geistliche Betreuung von Ordensfrauen jeglicher Art war nicht erlaubt: „Eine Klosterfrau kann die ganze Aktivität eines Priesters auf sich ziehen, wobei noch nicht einmal sicher ist, daß es ihm gelingt, zu ihrer Zufriedenheit zu wirken!"

Priorität für die Verlassensten! „Meine Patres und Brüder, da es die Pflicht unseres Instituts ist, sich den Verlassensten zu widmen, bemühen wir uns also um ein liebevolles Herz und eine besondere Zuneigung für diese Bedürftigen, um die sich keiner annimmt. Wenn wir die Wahl hätten zwischen zwei Missionen, die eine für Neapel und die andere für die Viehhirten von Salerno, und nicht genug Missionare zur Verfügung stünden, um sie gleichzeitig abzuhalten, dann müßten wir auf jeden Fall zuerst zu den Viehhirten von Salerno gehen und Neapel auf später verschieben, denn das ist das Ziel unserer Ordensgemeinschaft."

Erlösung aber wurde nicht durch Rosen bewirkt. „Jesus Christus bei den Verlassenen fortzusetzen", das heißt in der Praxis, sich den Dornen, den Peitschenhieben, der Beschimpfung, dem Leiden auszusetzen. „Die Kreuzesliebe" ist also nicht nur ein zweites Ziel des Instituts; sie ist vielmehr die realistische Verwirklichung dieser Nachfolge Christi zur Erlösung der Verlassenen: „Das Ziel unserer Kongregation ist es, Jesus Christus, dem Gedemütigten, Armen und Verachteten, ähnlich zu werden. Alle unsere Regeln sind darauf hin angelegt, und dies ist unser Hauptzweck. Wer sich das nicht ständig vor Augen hält, wird daher nicht nur niemals in der Heiligkeit Fortschritte machen, sondern unaufhörlich zurückfallen."

Diese „Erlösernachfolge" mußte das Leben der Redemptoristen zusammenbinden. „Alfons wollte", so schreibt wiederum Tannoia, „daß seine Missionare draußen Apostel, zu Hause Kartäuser seien. *Draußen*, so sagte er, *müßt Ihr die anderen zur Heiligkeit führen, drinnen müßt Ihr danach trachten, selbst heilig zu werden*. So gab er allen als letztes Ziel die Nachahmung Jesu Christi, des Oberhauptes der Missionare."

Sowohl im Kloster als auch bei den Missionen. Denn die Heiligung im Kloster — Betrachtung, Studium — geschieht ja immer schon im Blick auf die Mission. Er pflegte zu sagen: „Ihr seid alle Männer des betrachtenden Gebets, da ihr ihm dreimal am Tag obliegt. Bleibt noch die Frage, ob ihr auch ein vollkommenes Leben führt. Es gibt drei Arten von Menschen, die sich dem betrachtenden Gebet widmen: erstere gleichen Mücken, die im Garten von einer Blume zur anderen gaukeln; die zweiten sind wie die spanischen Fliegen, die sich auf eine Rose werfen und von ihr fressen, bis sie gesättigt sind; die dritte Gruppe schließlich gleicht den Bienen, die den Honig saugen und das Wachs aus den Blumen zu ihrem Stock bringen. Wir müssen sein wie die Bienen, denn wir sind in die Kongregation berufen nicht nur, um heilig zu werden, sondern auch, um Heilige unter den Gläubigen zu erwecken."

Aber keiner kann geben, was er nicht besitzt. So war der Rektor Maior im Blick auf das Leben im Haus sehr anspruchsvoll, sofern nicht ein Krankheitsfall berücksichtigt werden mußte. Obwohl er ganz in Gott aufging, bemerkte er, wie Tannoia berichtet, doch, wenn einige Mitbrüder beim Morgengebet fehlten.

Alfons erblickte darin mehr einen Mangel an Mut, denn ein wirkliches Bedürfnis. Eines Tages gab er nach der Meditation dem Bruder Krankenpfleger Anweisungen, den Abwesenden eine Tasse Tee zu bringen und dies stündlich zu wiederholen. Außerdem befahl er den „Kranken", bis zur Ankunft des Arztes im Bett zu bleiben. Der einzige Arzt aber, der kam, war ... das Fasten. Er erwies sich als sehr wirksam und preiswert.

Den wirklich Kranken aber war Alfons wie eine Mutter. Ob Studenten, Brüder oder Patres, er ließ sie ausnahmslos zu den besten Ärzten nach Neapel bringen. Er betrachtete es nicht als verlorene Zeit, sie zu besuchen und eigenhändig die Medizin für sie zuzubereiten. Gerne pflegte er zu fragen:

– Was macht die Gesundheit? Seid Ihr zufrieden in der Kongregation? Braucht Ihr irgend etwas?

Eines Tages bemerkte er, daß P. Margotta mißmutig und offensichtlich von irgend etwas gequält wurde.

– Ihr sagt mir nichts, Don Francesco? Was betrübt Euch?

– Pater, setzt Euch ans Cembalo und singt mir eines Eurer Marienlieder vor.

Sogleich setzte sich der Pater General ans Cembalo und sang mit seiner herrlichen Stimme:

> „Quanto é dolce, o Madre mia
> Il tuo nome di Maria!
> Mi dá pace,
> E tanto piace
> Que'l vorrei sempre cantar.
>
> Wie süß, meine Mutter
> Klingt mir Dein Name: Maria!
> Er gibt mir Frieden
> Und so viel Freude,
> daß ich ihn singen möchte immerdar."

Margotta war wieder heiter, und das war für Alfons wichtiger, als ein Kapitel seiner *Moraltheologie* zu schreiben.

„So fließen unsere kurzen Jahre dahin", sagte der Pater eines Tages, als ob er Hiob 16,22 kommentierte. „Unser Leben eilt seinem Ende entgegen ... Meine Lieben, verlieren wir unsere Zeit nicht; schenken wir dem Herrn ihre kostbaren, wie auch ihre gewöhnlichen Stunden: die großen und die kleinen Dinge. Wozu sind wir in die Kongregation gekommen? Um heilig zu werden. Also, wann beginnen wir damit? Wann? Meine Vielgeliebten, unsere kurzen Jahre vergehen ..."

Zu dieser Kapitelansprache über den Wert der Zeit wurde P. von Liguori möglicherweise durch das fast gleichzeitige Hinscheiden von Menschen inspiriert, die ihm seit langem die liebsten waren: 25. August 1755: Pater Pagano; 14. September: M. Celeste Crostarosa; 28. November: seine Mutter Donna Anna; 12. April 1756: sein Freund und Lehrer, Mgr. Giulio Torni.

Alfons hatte einmal gesagt: „Als mein Vater starb, brachte ich das Opfer, nicht nach Hause zu gehen; wenn es aber mit meiner Mutter einmal zu Ende geht, dann werde ich, sofern nicht ein absolutes Hindernis entgegensteht, nicht den Mut haben, nicht an ihr Lager zu eilen, um ihr in ihren letzten Augenblicken beizustehen[23]." Er war um den 10. November tatsächlich drei Tage bei ihr und spendete ihr selbst die hl. Sakramente. Dann mußte er sie der geistlichen Betreuung seines Bruders Don Gaetano und Frater Tartagliones, der im selben Haus im *ospizio* der Redemptoristen wohnte, überlassen. Er selbst mußte sie mit einem hoffnungsvollen „Auf Wiedersehn bei Gott" verlassen, um am 16. November mit zwanzig Patres und zwei Hilfskräften die große Mission von Benevent zu eröffnen.

Diese Mission war ein Markstein der großen Zeit einer neuen Gründung der Ordensgemeinschaft, diesmal aber außerhalb des Königreichs, im päpstlichen Kirchenstaat. Außerhalb, wie man glaubte, der neapolitanischen Bedrohungen.

Alfons wollte nie ein Haus in Rom. Wenn er im Ordensrat beschlossen hatte, Muscari und Tortora dorthin zu senden, so nur deshalb, um damit unter einem sehr ehrenwerten Vorwand den Ex-Abt zu entfernen, ohne mit ihm brechen oder ihn fortschicken zu müssen. Es kam aber — glücklicherweise — doch zum Bruch, und nachdem der einzige Grund für eine römische „Prokure" weggefallen war, kam sie auch nicht mehr zur Sprache. Auf den Gedanken, im päpstlichen Kirchenstaat ein Haus zu gründen, brachte ihn Ende 1754 Don Nicola Borgia, dieser einmalige Freund der Ordensgemeinschaft und einstige Obere der *Apostoliche Missioni*. Er war 1751 Bischof von Cava dei Tirreni, zwei Meilen von Nocera entfernt, geworden. Das Herzogtum Benevent lag ganz in der Nähe und gehörte als Enklave mitten im Königreich seit sieben Jahrhunderten zum päpstlichen Gebiet. So konnte es im Falle der Aufhebung den Missionaren in unmittelbarer Nähe ihres Seelsorgsgebietes Schutz und Zuflucht bieten.

Den Generalvikar des Benevent, Don Giuseppe Fusco aus Caiazzo, kennt Alfons. Noch ein Freund. Zu ihm schickt er nun Villani und Margotta mit der Bitte, die Dispositionen des Erzbischofs Mgr. Francesco Pacca auszumachen. Sie sind bestens! Der Stifter muß nur den Dingen ihren Lauf lassen und seinen Segen dazu geben. In der Karwoche von 1755 wird Mgr. Giuseppe M. Passante, der junge Bischof von Montemarano, für den Klerus des Benevent predigen. Mgr. Borgia und P. Villani begleiten ihn zu Mgr. Pacca, um die Gründung zu beschleunigen. So gründet P. Villani im Auftrag Liguoris am 6. April 1755 in S. Angelo a Cupolo das erste Redemptoristenhaus außerhalb des Königreichs.

Der kleine Marktflecken mit seinen drei Dörfern — 211 Haushalte, 1.013 Seelen, arme Leute — liegt acht Kilometer außerhalb der Stadt auf einem Hügel in 475 m Höhe herrlich über dem Benevent und dem Tal des Sabato. „Man entdeckt hier gewissermaßen die halbe Welt", schreibt Landi. Unten zieht die Via Appia vorbei, wo sich die Wege nach Apulien, zur Irpinia, nach Kampanien und zum Molise kreuzen. Das schönste aber ist, daß es hier keinen zänkischen Baron gibt: S. Angelo ist ein Lehen der bischöflichen Mensa. — Bis Ihr Kirche und Kloster habt, soll Euch mein „Pavillon" als Haus und die Pfarrkirche als Kirche dienen, beschließt Mgr. Pacca. Außerdem gebe ich Euch 3.000 Dukaten zur Deckung eines Teils der Baukosten.

Liguori stellt dem neuen Rektor sofort P. de Robertis und den Novizenbruder Gennaro Nola zur Seite. Die Arbeiten beginnen im August. Noch vor Ablauf eines Jahres wird die neue Missionarsgemeinschaft schon aus fünf Patres, drei Brüdern und zwei Dienern bestehen. Aber schon jetzt findet in der Pfarrkirche mit der „Besuchung", zu der sich allabendlich „das ganze Kirchenschiff mit Männern und Frauen voll unglaublichen Eifers füllt"[24], die immerwährende Mission statt.

Voller Ungeduld, den berühmten Gründer kennenzulernen und zu verehren, unternimmt Mgr. Pacca die Reise nach Nocera. Die Mission des Benevent von Mitte November bis Mitte Dezember besiegelt ihre seelsorgliche Zusammenarbeit.

Mittlerweile versammelt Alfons in Pagani das durch Beschluß von 1749 um drei Jahre vorverlegte zweite Generalkapitel, an dem 18 Patres teilnehmen.

„Unser Pater Rektor Maior", so schreibt Landi, „ordnete an, daß zunächst die seit sechs Jahren gedruckten und 1749 von Benedikt XIV. und dem gesamten ersten Generalkapitel, sowie der ganzen Kongregation angenommenen Regeln und Konstitutionen laut vorgelesen werden ... nach dieser Lektüre, die Abschnitt um Abschnitt und Kapitel um Kapitel erfolgte, wurde die neue Konstitution vorgelesen, die ein bestimmtes Kapitel der Regel erklärt; dann fragte er alle Anwesenden der Reihe nach, ob jene Regeln und diese vom ersten Kapitel verfaßte Konstitution in Kraft seien und in allen Häusern unserer Kongregation beachtet würden; wo es Schwierigkeiten gab, wurden allfällige Beobachtungen frei dargelegt und anschließend in Fragen, bei denen es unterschiedliche Auffassungen gab, die Lösung durch geheime Wahl herbeigeführt. Doch war unser Pater stets bemüht, uns vor der Wahl zu bitten, jede persönliche Erwägung zugunsten der Ehre Gottes und des Heils der Seelen zurückzustellen.

Im übrigen brachte dieses zweite Kapitel nur wenige neue Dekrete ..., da die Observanz der Regel in der ganzen Kongregation vorbildlich war und der ursprüngliche Geist der Ordensgemeinschaft alle Mitglieder beseelte. Nachdem daher alle Regeln und Konstitutionen vorgelesen wurden ... und einige Anfügungen vorgeschlagen und einstimmig angenommen worden waren, stellte unser Pater Alfons fest, daß das Kapitel nach der Erkenntnis, daß in der Ordensgemeinschaft, insbesondere im Bereich der Armut und des Gehorsams, die vollkommenste Regularität herrschte, seine Mission erfüllt habe ... und im Namen Jesu und Mariens aufgelöst werden könne. Alle stimmten zu und unterzeichneten am 15. Oktober die Akten. Man sang das feierliche *Te deum* ..., und die Kapitelvertreter kehrten in ihre Häuser zurück[25]."

Am nächsten Tag, dem 16. Oktober 1755, verschied in Caposele der heiligmäßige Bruder Gerardo Majella; und der Sakristan, Carmine Santaniello, ließ laut die großen Festtagsglocken läuten.

Das Kapitel hatte im Grunde nur zwei Neuerungen eingeführt, die beide das Noviziat betrafen: es konnte nun Jugendliche schon ab 16 Jahren aufnehmen, und es sollte aus dem von den Exerzitien übervölkerten Ciorani wieder in die Einsamkeit und die Wälder von Deliceto übersiedeln. Der Pater Novizenmeister Tannoia hatte diesen Transfer „durchgesetzt", und zwar trotz des Schreckgespensts des Hungers, das Alfons geltend gemacht hatte. Einen Monat später antwortet Alfons aus dem Benevent, wo er gerade die Volksmission eröffnet hat, auf die ersten Klagelieder:

„Ich habe den Bericht über Euer Elend gelesen und kann mir im Augenblick nicht vorstellen, wie Ihr dort überhaupt leben könnt, ... Ihr habt gesagt: Gehen wir, gehen wir nach Deliceto. — Und jetzt habt Ihr nicht einmal zu essen?"

Der Hunger treibt den Wolf aus dem Wald. Und auch die Novizen. Am 18.

Juli 1756 muß das Noviziat dann doch nach Nocera dei Pagani verlegt werden. Während dieser elf Hungermonate kamen immer wieder Briefe voll Mitleid und mit einigen Dukaten, die Alfons, dem schönen neapolitanischen Sprichwort entsprechend: „Im Haus des Armen gibt es immer ein Stück Brot für einen Hungernden" in anderen Häusern gebettelt hatte ..., die selber nichts hatten.

In Caposele z. B. hatte der „Stadtrat" den Elendslohn von vier *grana*, den die dortige Gemeinschaft vom König pro Mitglied und Tag erhielt — ein Arbeiter bekam damals zehn *grana* — gegen jedes Gesetz mit einer Steuer belegt. Als sich P. Cajone beschweren wollte, wurde er fast mit Hohngelächter abgewiesen. Er berichtet dem Rektor Maior und erhält folgende „rachsüchtige" Antwort:

„Ich erfahre von der reizenden Vorgangsweise der Bevölkerung von Caposele gegen uns. Auf denn, wir müssen uns rächen. Trachtet also jetzt, die Almosen an der Pforte und für alle Bettler ein wenig zu erhöhen. Betreut auch die Bruderschaft, der diese Undankbaren angehören, mit noch größerem Eifer.

Was mir Kummer macht, ist, daß die Ruhestörer die Bruderschaft verlassen und nicht mehr wagen werden, zu Euch zu kommen: dieser geistliche Schaden betrübt mich mehr als der zeitliche! Versucht also, durch gutes Zureden ihr Herz zu gewinnen; verpflichtet sie und laßt sie verpflichten, die Bruderschaft nicht zu verlassen; wenn es sein muß, so laßt sie suchen; aber erwähnt niemals (vor allem nicht in den Predigten) ihre üblen Machenschaften. Während der Novene soll der Prediger immer wieder zum Besuch der Bruderschaft einladen...

Was soll man machen? So ist die Welt! Gelobt seien Jesus, Maria, Joseph und Teresa[26]!"

Ja, so ist die Welt, wankelmütig und vom Herdentrieb bestimmt. Noch gestern hatte dieses Volk nicht genug Arme, um Steine zu schleppen und Materdomini zu erbauen; heute hat es nicht genug Hände, um die Patres zu unterdrücken. Der Tarpejische Felsen liegt nahe beim Kapitol; Karfreitag nicht weit vom Palmsonntag. Und Alfons sagte immer wieder: Vergeltet das Böse mit Gutem. Gebt, gebt.

Caposele gibt also ... und bettelt beim General. Die Antwort:

„Ich habe Euren Brief gelesen. Und ich habe mir gesagt: Diese Geige hat uns zum Fest noch gefehlt; nun ist das Orchester vollständig.

Ihr bittet mich um das Meßhonorar von P. (Pietro Paolo) Petrella. — Erstens ist Petrella nach Deliceto gegangen. Zweitens müßt Ihr wissen, daß P. Saverio (Rossi), als er hierherkam, zunächst lautstark mehr Messen verlangen wollte: denn er hat vierzig Mitbrüder zu ernähren und zweitausend Dukaten Schulden; und was ihm der Weinberg einbringt, muß er dem Baron abgeben. Aber als er das Elend dieses Hauses sah, wagte er nicht mehr zu sprechen. Ihm in Ciorani die Messe von Petrella zu entziehen, kommt aber gar nicht in Frage, umso weniger, als dieser sie bereits hat.

Um Euch aber die Honorare einer anderen Messe zu geben, müßte ich sie dem hiesigen Haus von Pagani entziehen. Doch will ich Euch schildern, in welch schönem Zustand es sich befindet.

Wir müssen hier den Metzgern und anderen Händlern, die ihr Geld verlangen, zweihundert Dukaten Schulden zahlen. P. Mazzini hat daher stets erklärt, er könne nicht garantieren, das Noviziat hier aufrechterhalten zu können: und das, obwohl ich ihm bereits eine zusätzliche Messe gegeben hatte, und diese Messe hatte ich dem Haus in Deliceto, das nur noch eine Ruine ist, weggenommen. Wir werden also, wenn nicht irgendeine sichere Hoffnung auf Beistand auftaucht, das Noviziat von hier wegnehmen müssen.

Wem also, glaubt Ihr, soll ich diese Messe wegnehmen? Ihr tut mir leid, und ich sage, daß Ihr alle Recht habt. Aber es soll mir doch einer sagen, was ich tun soll, um alle zufriedenzustellen. Ich hatte Euch schon gelobt, weil Ihr nichts gesagt habt, und wenn Ihr jetzt sprecht, so ist es, wie ich sehr wohl sehe, die Notwendigkeit, die Euch dazu zwingt; aber wir müssen alle unsere Schwester, die *Geduld, die leibliche Schwester der Armut, umarmen*...

Vom Benevent (d. h. von S. Angelo a Cupolo) habe ich noch keine Briefe. Ich segne Euch alle und bitte Gott, er möge Euch Geduld schenken[27]."

Geduld, Don Alfons! Der „Brief aus dem Benevent" kam.

Auch Villani verlangte Geld, und erhielt am 1. Oktober 1756 folgende Antwort:

„O mein lieber Don Andrea,... Ihr müßt Euch eine Vorstellung aus dem Kopf schlagen, die nie, nie, nie zu verwirklichen sein wird; nämlich, daß ein Haus ein anderes unterhalten kann; denn in welchem Zustand man sie auch immer vermuten mag, sie sind alle wahre Hospitäler, in denen ein Carlino so schnell wieder hinausgeht, wie er hereingekommen ist.

Ich müßte ganze Seiten füllen, um Euch dies voll verständlich zu machen. Wenn man hier nicht insgeheim die Ställe, das Balkenwerk für das obere Stockwerk und anderes gebaut hätte, wären wir nicht in einer solchen Zwangslage. Aber es ist nun einmal geschehen, und ich muß meinen Kummer in mich hineinfressen.

Wenn der Vertrag mit der Meierei in Neapel abgeschlossen ist, hoffe ich, Euch im November durch Grazioli das für die Einkäufe nötige Geld geben zu können..."

Aber Villani bittet ihn auch um Männer.

„Euch eine Verstärkung an Missionaren schicken. *Son guai!* — „Bedaure!" Die Anfragen sind ohne Ende!...

Ich schließe, denn mein Kopf kann nicht mehr. Missionen, Schulden, Aufbruch nach Amalfi, usw. Gelobt seien Jesus, Maria ...[28]."

Dieses *son guai* ist ein Freudenruf: man stelle sich vor! Seit Dezember 1732 träumte er von diesem Kalabrien, in das ihn nun der Bischof von Cassano, Mgr. Gennaro Fortunato, einer seiner Professoren aus der Seminarzeit, gerufen hat. Das Kalabrien der Ärmsten, weil sie „am entferntesten" waren. Im November 1756 also hat Alfons die Freude, eine erste Gruppe für sieben Monate dorthin zu senden: die Patres Lorenzo D'Antonio, Superior Francesco Pentimalli, Pietro Paolo Blasucci, der Bruder des Studenten Domenico, der 1752 starb und als Heiliger verehrt wurde. Von den anderen wissen wir weder die Namen noch ihre Zahl. Aber es ist zu bezweifeln, daß sie jenen „großen Trupp" bildeten, den Tannoia evoziert, denn zur gleichen Zeit wirkten Alfons' Söhne im Benevent, in Lukanien und in Kampanien. Alfons selbst schickte sich an, gemeinsam mit 14 Patres Amalfi zu missionieren. Dieses kalabrische Unternehmen wird ab 1757 noch mehrmals wiederholt. Die missionarische Liebe berührt hier ein neues Volk von Armen, und Alfons jubelt[29].

Da bot sich unvermittelt ein noch viel begehrteres Missionsfeld als Kalabrien an: War es eine Laune Gottes oder *combinazione* der Menschen? — Spinelli, der einst den Redemptoristen das Gelübde, die Heiden zu bekehren, gestrichen hatte, Spinelli war nun Präfekt der hl. Kongregation der Glaubenspropaganda geworden. Nun rief er sie, deren Horizonte er einst zu beschneiden versucht hatte, auf, den asiatischen Nestorianern den vollkommenen katholischen Glauben zu bringen.

In einem Rundschreiben vom 18. Juli richtet Alfons einen feurigen Aufruf an alle Freiwilligen. Die Antwort ist ein begeistertes und fast allgemeines „Ja". 25 Novizen oder Studenten boten sich für diese Mission an.

„Meine Brüder, ich versichere Euch, daß ich Eure Ansuchen mit großer Freude erhalten habe. Mein lebhaftestes Verlangen geht danach, daß viele unserer jungen Leute in die Länder der Heiden gehen, um dort ihr Leben für Jesus Christus hinzugeben; aber ich muß mich auch auf den Eifer und die Beharrlichkeit eines jeden einzelnen verlassen können. Studiert also bitte eifrig (denn Ihr müßt Euer Studium abschließen, weil ihr in Rom vor Eurer Abreise eine Prüfung machen müßt); vor allem aber, sucht Euch immer mit Jesus Christus zu vereinen. Denn wer zu den Heiden geht, ohne fest in der Liebe Jesu Christi verankert und ohne von dem lebhaften Verlangen zu leiden durchdrungen zu sein, der läuft Gefahr, den Glauben und seine Seele zu verlieren[30]."

Doch wurden diese großmütigen Menschen und ihr Gründer jäh aus ihrer Begeisterung gerissen: Rom verlangt von den Missionaren, die Kongregation zu verlassen und sich unter die ausschließliche Führung der Propaganda zu stellen. Damit wäre die Ordensgemeinschaft dezimiert, wären Menschen geopfert worden. Der Plan brach also in sich zusammen, nicht aber das letzte Ziel Alfons' und seiner Söhne. Die unveröffentlichten *Chroniken* von P. Savastano verzeichnen folgende mündliche Tradition: Eines Tages sah P. von Liguori im Hafen von Neapel ein Schiff, das bald nach New Orleans auslaufen sollte. „Auch meine Söhne", sagte er, „werden eines Tages in diese fernen Gegenden kommen".

Kurze Zeit darauf schiffen sie sich nach Sizilien ein. Den Anlaß dazu hatte ein betrügerischer Kleriker gegeben. Dieser Spitzbube nutzte die Verehrung aus, die man Alfons allgemein entgegenbrachte, machte seine Schrift nach und bettelte bei verschiedenen Bischöfen des Königreichs um Geld „für das Missionswerk". Morgens eilte er dann zum Postamt, holte scheinheilig die Post des Paters ab und machte sich eilends mit „hunderten von Dukaten" davon. Glücklicherweise war Bruder Tartaglione eines Morgens vor dem Schurken in der Post, nahm die Briefe des Patres und sandte sie nach Pagani. So entdeckte man den Schwindel und bald auch den Fälscher. Alfons hätte ihn gerichtlich belangen können, aber er begnügte sich damit, in die *„Avvisi"* eine Warnung gegen diesen Hochstapler zu setzen.

Jetzt aber hatte er unvermittelt 20 Dukaten und einen warmherzigen Brief von Mgr. Andrea Lucchesi, dem Bischof von Agrigent (man sagte damals: Girgenti), in den Händen. Die Bindung war geknüpft, die Gründung wurde beschlossen. Eine Gründung? Ja und nein: denn Sizilien gehörte zum Königreich, und der König duldete nur vier Häuser. Daher gab man den Missionaren für die Augen des Staates den Status von Hilfskräften des Bischofs in einem Haus, das dem Bischof gehört.

Für diese „ferne" Mission — damals galt dies wirklich — wählte Alfons unter seinen besten Kräften aus. Vier Patres — Apice, Pentimalli, Caputo und Perrotti, sowie zwei Brüder — Pasquale und Nunzio, unter der Führung des noch nicht einmal 32 jährigen P. Pietro Paolo Blasucci. Am Samstag, dem 19. September, nahmen sie in Pagani bewegt Abschied und erreichten Agrigent erst drei Monate später, am 11. Dezember. Diese stürmische Reise, auf der sie beinahe alle untergegangen wären, auf der Pentimalli starb, gehört zur persönlichen Geschichte Alfons' nur durch die Ängste, die er ausstand, das Gebet, das sie vielleicht rettete, den Schmerz, einen Bruder verloren zu haben, und die Freude, für die Armen einen neuen Mittelpunkt der Erleuchtung und Heiligkeit zu eröffnen[31].

Er selbst aber geht nicht nach Sizilien. Bei der Mission im Benevent steigt er auch nicht nach S. Angelo a Cupolo hinauf. Der Grund dafür war zweifellos die Abtötung seiner „väterlichen" Neugier, Vertrauen in seine Söhne und vor allem, so glauben wir, die Abscheu vor jeglichem Zeitverlust. Bis 1751 hatte er sich in der aktiven Mission verausgabt. Jetzt hat er nicht mehr die Gesundheit noch auch die Kraft dafür. War diese fast vollkommene Aufgabe der Missionen von 1752 bis 1762 schmerzlich für seine apostolische Seele? Im Gegenteil. Wenn er auch nicht ohne Traurigkeit feststellen mußte, daß seine Stimme den Dom von Nola nicht mehr ausfüllte, so entging ihm doch nicht, daß seine Bücher — alle inhaltsschwer und für das Volk — in ganz Italien verbreitet waren und bereits in das übrige Europa übergriffen.

„Er hätte gern die Seelen der ganzen Welt erreicht", schreibt Tannoia. „So gab er verschiedene Werke zum Ruhme Gottes und zum Heil des Nächsten in Druck. Die Stätten, an denen er persönlich arbeitete, waren für seinen Eifer zu eng begrenzt. Daher beseelte ihn der Gedanke: da er seine Stimme nicht bis an die Grenzen der Erde erschallen lassen konnte, wollte er jene, die seine Predigt nicht erreichen konnte, durch seine Schriften erfassen[32]."

Die *Moraltheologie*, die ihn von 50 bis 58 so „aufgefressen" hat, bleibt ein offener und immer sehr aktiver Arbeitsplatz: Neuauflagen, Abhandlungen, Unterweisung seiner künftigen Missionare ... Aber er will auch das, was er den Gläubigen, den Priestern und Ordensfrauen so oft gepredigt hat, in Buchform gießen.

Seine *Vorbereitung zum Tode* (1758) ist keineswegs das „Buch der Angst", als das es die, die es nicht gelesen haben, sehen wollen. Zwar enthält es eine makabre Meditation, eine einzige unter 36: die erste. Doch sind die Kürze des Lebens, der Tod, der Wert der Zeit, die Sünde, das jüngste Gericht und die Hölle Wirklichkeiten, die sich jeder ernsthafte Mensch gern ins Gedächtnis ruft, und es ist sehr schade, daß man heute kaum mehr darüber predigt. Außerdem enthält diese „schriftliche Mission" auch Betrachtungen über den Tod des Gerechten, die Barmherzigkeit Gottes, den Zustand der Gnade, den Himmel, das Gebet, das Vertrauen auf Maria, die Gottesliebe, die Übereinstimmung mit seinem Willen und die Eucharistie. Was fehlt, ist nur das Leiden Jesu Christi. Denn Alfons befaßt sich zu dieser Zeit gerade mit der Vorbereitung seiner *Betrachtungen und Empfindungen über das Leiden Jesu Christi*, die er 1761 veröffentlicht. Er pflegte zu sagen: „Bei den Missionen sind Predigten über das jüngste Gericht, die Hölle usw. gut, um die Leute wachzurütteln und zu erschüttern; Bekehrungen aus Furcht aber sind nicht von Dauer: man vergißt, man zuckt die Schultern, und das ist alles ... Wird man aber durch die Liebe Jesu des Gekreuzigten bekehrt, ist die Bekehrung stärker und dauerhafter. Was die Liebe nicht erreicht, wird die Angst nicht zuwege bringen; sobald man sich aber an Jesus den Gekreuzigten bindet, hat man keine Angst mehr[33]."

486

Tannoia versichert, daß das Erscheinen der *Vorbereitung zum Tode* für das Königreich Neapel tatsächlich so etwas wie eine Generalmission war[34]. Neuere Untersuchungen zeigen, daß etwa ab 1760 P. von Liguoris Bücher in allen Bibliotheken der Priester des Mezzogiorno stehen und die *Vorbereitung* dabei fast nie fehlt. Noch interessanter aber ist es, die Alten zu befragen, denn die besten Archive sind die Menschen. Die Alten sagen mir, daß sich die *Vorbereitung zum Tode* auch in fast allen Familien befand, und nicht nur sie. Man besaß auch die *Besuchungen beim Allerheiligsten Altarssakrament*, *Die Herrlichkeiten Mariens* und *Die Kunst, Jesus zu lieben*. Also den *Apparecchio*, „das Buch der ewigen Wahrheiten", die erschütternden und die wunderbaren, — ein unerläßliches Buch; mit ihm aber auch die Bücher des innigen Gebets (*Besuchungen*), des uneingeschränkten Vertrauens (*Herrlichkeiten*) und der Moral der Liebe (*Pratica di amar G. C.*). Diese vier Bücher zusammen bildeten die „Speisekarte" fast aller christlichen Familien. Im Wettstreit dieser vier erreichte die *Vorbereitung zum Tode* nicht die „Goldmedaille": wir verzeichnen 253 italienische Ausgaben der *Besuchungen beim Allerheiligsten Altarsakrament*, 167 der *Pratica*, 139 der *Vorbereitung* und 125 der *Herrlichkeiten Mariens*. Bei den weltweiten Ausgaben in zahllosen Sprachen ist die *Vorbereitung* mit Abstand die letzte: Die *Besuchungen* erreichen 2.017 Ausgaben; die *Herrlichkeiten* mehr als tausend; die *Pratica* 533; und die *Vorbereitung* 319. Wenn also die Redemptoristen aus ihrem Stifter gelegentlich einen „Terroristen" gemacht haben, so konnte dies nur durch Verrat geschehen.

Die *Vorbereitung zum Tode* war für Gläubige und Priester bestimmt. Diesen letzteren zur Meditation und Predigt. Ausschließlich an die Priester denkt Alfons, wenn er in seiner Selva („Wald") sammelt und ordnet, was er ihnen seit dreißig Jahren predigt: *„Selva", oder Material für geistliche Priesterexerzitien* (1760). Es sind keine Reden, sondern eine Auswahl an Materialien wie ein Wald. „Das getreueste und machtvollste Echo der Tradition in der Moderne", schreibt Kardinal Dechamps. Aber eine, von einem lebendigen und lebensspendenden Denken ausgewählte und geordnete Tradition[35].

Der dritte Teil enthält Alfons' Missionsmethode und eine technische Abhandlung über die Rhetorik in der Seelsorge. Wir werden hier nicht noch einmal darauf eingehen, wie er die Prediger mit blumenreicher, schwülstiger und „flacher" Redeweise verfolgt. Die barocke Eloquenz war nicht mit P. Giacco gestorben, den Alfons bis ans Ende der Welt ins Fegefeuer verbannte. Berühmt wurde die Geschichte des jungen P. Alessandro Di Meo, eines überaus gelehrten Mannes, der eines Samstags den kranken Pater bei der Predigt über die Muttergottes vertreten mußte. Der unglückliche Prediger zog die Geschichte des Altertums heran, sprach von Druiden und Argonauten, Ägyptern und Sibyllen. Alfons, der sich um Unserer Lieben Frau willen trotz seines Fiebers in die Kirche geschleppt hatte, glaubte zunächst, es handle sich nur um eine kurze Abschweifung. Aber als er sah, daß Alessandro nicht mehr damit aufhörte, ließ er ihn durch einen Bruder von der Kanzel herunterholen und erlegte ihm drei Tage Zurückgezogenheit und Messeentzug auf. Di Meo nahm es mit schöner Demut hin; er wurde später einer der größten Missionare der Kongregation, ohne dadurch seine Berufung zum Historiker zu verlieren[36].

Das Kapitel über die Predigt in der *Selva* enthält ein Gebet, das mehr darüber aussagt als seitenlange Zitate:

„Ich bitte meinen frommen Leser, mit mir gemeinsam folgendes Gebet zu sprechen:

Herr Jesus, der du zur Rettung der Seelen dein Leben hingabst, schenke den vielen Priestern, die zahllose Sünder bekehren und die ganze Welt heiligen könnten, wenn sie dein Wort ohne Eitelkeit und schlicht predigen würden, wie du selbst und dein Jünger es verkündet haben, deine Erleuchtung und Liebe. Denn sie verkünden nicht dich, sondern sich selbst: daher ist die Welt voll von Predigern, ohne daß die Seelen aufhörten, die Hölle zu bevölkern. Herr, wende dieses große Verderben ab, das durch die Schuld der Prediger auf deiner Kirche lastet[37].“

Alfons vervollständigt dieses Werk für die Priester durch einen bewundernswürdigen *Brief über die Predigt auf apostolische Weise* (1761) und eine kleine Schrift über *Die Mißhandlung von Messe und Stundengebet* (1769): eine unbarmherzige Zeichnung der Unehrerbietigkeit einer gewissen Schicht von Klerikern und reichhaltige Gedanken zur Vorzüglichkeit und Notwendigkeit des liturgischen Gebets.

Neben den Exerzitien für den Klerus gab es bei jeder Mission auch geistliche Exerzitien für die Klöster und *conservatori* des jeweiligen Orts. Darüberhinaus konnte P. von Liguori bei seinen zahlreichen erzwungenen Aufenthalten in der Hauptstadt alle Klöster von Neapel betreuen. Er wußte also genau Bescheid über die geweihten Jungfrauen und hatte ihnen viel zu sagen.

Alfons hatte nichts gegen die Ehe als solche. Aber er wußte, daß in seiner Zeit und in den Kreisen des neapolitanischen Adels für verheiratete Frauen das Leben enttäuschend und das Heil schwer zu erlangen war.

„Heutzutage (*Alpresente*)“, so schreibt er, „erlangen nur wenige Damen, die in der Welt leben, ihr Heil.“ Und er führt aus: „Heute (*Oggidi*) ist es für verheiratete Frauen schwer, gerettet zu werden: die meisten leben wegen der zahllosen Hausfreunde, die sie zum Bösen treiben, in Sünde[38].“

Daraus geht hervor, daß er hier nur vom Milieu des Adels spricht und durch seine intensive Beichtpraxis besser unterrichtet war als jene Reisenden oder Historiker, die behaupten, der Hausfreund sei in Neapel wenig verbreitet gewesen.

Da Alfons also vom Heil der verheirateten Frauen seiner Zeit nicht sehr überzeugt war, schickte er die Mädchen dutzendweise ins Kloster. Aber nicht jedes beliebige Mädchen und nicht in irgendein Kloster. Denn in seinen Briefen und in dem großen, zweibändigen Werk, das er damals veröffentlicht — *Die wahre Braut Christi oder die heilige Klosterfrau* (1760–1761) —, sieht er den Status der Klosterfrau kaum schmeichelhafter als den der verheirateten Frau:

„Meine Schwester Chiara denkt auf keinen Fall daran, das Kloster zu wechseln … Denn soweit ich informiert bin, sind, mit wenigen Ausnahmen, alle Klöster wie das Eure: geringe Observanz und viel Unruhe und Streitigkeiten“.

Einer Oberin gesteht er: „Mir kommen die Tränen, wenn ich an die vielen Klöster denke, die anfänglich so eifrig waren und dann in Lauheit versunken sind … Sie sind zu reinen Warenlagern (fondachi) degradiert, in denen weder Eifer noch Gottesliebe herrschen. Deshalb werden am Tag des jüngsten Gerichts viele Klosterfrauen verdammt werden, insbesondere jene, die Mißbräuche eingeführt, oder es trotz vorhandener Möglichkeiten unterlassen haben, sie abzuschaffen[39].“

Alfons hat es ausgesprochen: was die Klöster ruinierte, waren die zwangsweise Klaustrierten. Allerdings war er überzeugt, daß es auch zahlreiche echte Berufungen gab. Ihnen widmet er *Die heilige Klosterfrau*, ein durch seinen Kontext heute veraltetes Werk, das aber sehr ausdrucksstark ist und immer wieder aufgelegt wurde, weil es die umfassende Entwicklung seiner teresianischen Spiritualität darstellt, die er zwanzig Jahre früher in seinem kleinen Buch über die Kirchenlehrerin von Avila skizziert hat.

Ein Buch von dieser Dichte zu verfassen, schien ihm viel wichtiger, als sich in ausführlichen Briefen zu verlieren. Seine Briefe aus dieser Zeit sind uns von einem Dutzend Ordensfrauen bewahrt worden. Er sagt ihnen: „Faßt Euch kurz. – Beschränkt Euch auf das Wesentliche. – Hebt meinen Brief auf: ich habe nicht die Zeit, zu antworten – Ich kann Euch nicht aus der Ferne leiten, außerdem habe ich keine freie Minute[40]."

Hatte er denn noch eine freie Minute für seine Ordensmänner? Er schreibt ihnen am 13. August 1758:

„Ich wiederhole, was ich bereits gesagt habe: Wer mir schreiben möchte, soll es in aller Freiheit tun und braucht keineswegs zu befürchten, mir zur Last zu fallen und den Druck meiner Bücher zu behindern. Als Oberer bin ich verpflichtet, auch den Geringsten der Brüder der Kongregation anzuhören und seine Briefe zu lesen; zum Druck aber verpflichtet mich nichts; und wenn ich das eine oder andere Werk drucken will, so kann ich mich damit befassen, nachdem ich alle an mich gerichteten Briefe aufmerksam gelesen und beantwortet habe … Ich erkläre, daß ich mir in diesem Punkt, wenn ich jetzt sofort sterben würde, keinen Vorwurf machen müßte; denn wenn jemand mit mir über Dinge sprechen will, die ihn betreffen, ihn oder die Kongregation, oder mir darüber schreibt, dann lasse ich sofort alles liegen und stehen. Wenn ich nicht eigenhändig antworte, so ist der Grund der, daß ich seit meiner letzten Krankheit wegen meiner Kopfschmerzen nicht mehr schreiben kann; wenn der Betreffende aber unbekannt bleiben möchte, so bin ich darauf bedacht, demjenigen, der nach meinem Diktat schreibt, seinen Namen nicht zu nennen und schreibe die Adresse selbst. Wenn es nötig ist, bemühe ich mich sogar, den Brief nach und nach selbst zu schreiben[41]."

Seine Zeit und sein Herz gehörten in erster Linie den 91 Patres und Studenten, den 40 Brüdern und den 8 oder 10 Novizen, die am 1. Januar 1762 seinem Institut angehörten. Die letzteren sind seine Lieblingskinder. Der erste Brief von 1762 ist an sie gerichtet. An sie und Tausende und Abertausende von Nachfolgern. Ein langer Brief von einem, der gelobt hat, keine Minute zu verlieren:

„Gott weiß, meine geliebten Brüder, wie sehr ich Euch beneide. Hätte ich doch auch das Glück gehabt, mich schon in meiner Jugend in das Haus des Herrn zurückzuziehen und dort, wie Ihr, inmitten frommer junger Leute zu leben, die sich gegenseitig zu immer größerer Gottesliebe aneifern, fern einer verwünschten Welt, in der sich so viele andere verlieren! …

Seid versichert, daß einer, der in der Kongregation stirbt, nicht nur sein Heil erwirkt, sondern sich als Heiliger rettet und im Paradies einen hohen Platz einnehmen wird.

Vereint Euch also in der Liebe immer stärker mit Jesus Christus. Die Liebe ist das goldene Band, das die Seelen an Gott kettet, und zwar mit solcher Kraft, daß sie sich nicht mehr von ihm trennen können …"

Der Pater gibt liebevoll weitere Ratschläge für die Beharrlichkeit in der Berufung. „Wendet Euch vor allem an die Allerseligste Jungfrau, die Mutter der Beharrlichkeit. Wer zur Muttergottes seine Zuflucht nimmt und darin nicht nachläßt, kann seine Berufung niemals verlieren"; und er schließt:

„Ich segne Euch nun im Namen der Heiligen Dreifaltigkeit und vor allem im Namen Jesu Christi, der Euch durch seinen Tod die ungeheure, die unschätzbare Gnade der Berufung erwirkt hat.

Ich segne Euch im Namen der Allerheiligsten Jungfrau, damit sie Euch die Gnade der Beharrlichkeit erlangen möge. Ich bitte Euch, die Muttergottes innig zu lieben, und sie, wenn Ihr heilig werden wollt, unaufhörlich um ihre Hilfe anzuflehen.

Mut, nur Mut! Werdet Heilige und liebt Jesus Christus aus ganzem Herzen, der aus Liebe zu jedem von Euch sein Blut und sein Leben hingegeben hat.

Werdet Heilige und bittet Gott für mich armen alten Mann, der ich dem Tode nah bin und nichts für Gott getan habe. Liebt Ihr, die Ihr bleibt, wenigstens für mich …

Ich umarme Euch im Herzen Jesu Christi und segne Euch noch einmal. Gelobt seien Jesus, Maria, Joseph und Teresa!"

Vierter Teil
„ICH BIN DER GUTE HIRTE"
(1762–1775)

Ich bin der gute Hirt, ich
kenne die Meinen, und die Meinen
kennen mich; und ich
gebe mein Leben hin für die
Schafe. Ich habe noch andere
Schafe, die nicht aus diesem
Stall sind; auch sie muß ich
führen, und sie werden auf
meine Stimme hören.
(Johannes 10,14–16)

38. „Gott vertreibt mich aus der Kongregation" (März–April 1762)

Seit 1756 steht P. von Liguori in ständiger Verbindung mit dem Haus Remondini. Vater und Sohn Remondini, Giuseppe und Giambattista, sind das größte Verlagshaus von Venedig, und Alfons von Liguori ist ihr meistverkaufter Autor. Zwischen 1760 und 1762 aber spricht der greise und müde gewordene Schriftsteller davon, seine Feder zu zerbrechen und scheint seine eigene Totenglocke zu läuten.

15. Juni 1760: „Ich werde nun nichts mehr oder nur noch wenig drucken, denn ich bin alt, und mein Kopf ist schon sehr geschwächt."

4. Juni 1761: „Sollte ich jemals noch andere Werke herausbringen, so werde ich sie Euch natürlich unverzüglich schicken. Aber, mein lieber Freund, ich bin alt, und mein Kopf läßt mich im Stich. So erwarte ich jeden Tag den Tod."

13. Juli 1761: „Ihr erzählt mir von Eurem Plan, eine Gesamtausgabe meiner Werke herauszubringen. Wenn Ihr entschlossen seid, dann gebt mir Nachricht: ich werde sie dann alle revidieren ... Das wird eine Zeit dauern; vor allem da ich alt und bei schlechter Gesundheit bin; fast jedes Jahr befällt mich eine tödliche Krankheit. Daher erwarte ich den Tod jeden Tag."

Dann am 26. März der Donnerschlag: „Ich teile Euch mit, daß der Papst mich hier in unserem Königreich zum Bischof von S. Agata dei Goti ernannt hat. Ich habe sofort abgelehnt und mich darauf berufen, daß ich alt und bei schlechter Gesundheit bin. Aber der Papst hat mir ausdrücklich befohlen, anzunehmen, was Rom und Neapel verblüfft hat[1].“

Am meisten verblüfft war aber doch Alfons selbst, an jenem Morgen des 9. März 1762. Ein livrierter Eilbote ist vor dem Kloster S. Michele von Pagani abgestiegen und hat an der Pforte geläutet. Er kommt von der apostolischen Nuntiatur in Neapel und möchte P. von Liguori sprechen. Für den Bruder Pförtner kein Grund zur Aufregung: Er ist daran gewöhnt, die eindrucksvollsten Persönlichkeiten — Fürsten und Minister, Bischöfe und Erzbischöfe — zum Rektor Maior zu führen, die den Mann persönlich kennenlernen oder um Rat fragen wollen, den das ganze Königreich und sogar Rom als einen Heiligen, von dem übernatürlichen Gaben ausstrahlen, verehrt[2].

Allerdings war ein Besuch von Kardinal Domenico Orsini vor etwa acht Jahren zwei Eingeweihten gut im Gedächtnis geblieben. Vor allem aber Alfons trug seither sein Mal in seinem Fleisch. Wir erinnern uns, daß die Familien Liguori und Orsini eng miteinander verbunden waren. Dieser Domenico war der leibliche Sohn des Herzogs Filippo Orsini di Gravina, dessen Prozeß der Rechtsanwalt Alfons von Liguori 1723 gegen den Großherzog von Toskana geführt hatte. Verheiratet, Familienvater, sehr früh verwitwet, war er 1743 mit 24 Jahren von Benedikt XIV. zum Kardinaldiakon gemacht worden. 1749 hatte er Villani in der Angelegenheit der Anerkennung der Ordensgemeinschaft mit grenzenloser Freundschaft unterstüzt. Um 1754 nun „war er eigens aus Rom gekommen, um Alfons zu sehen“. Unmittelbar nach seiner Abreise war der Pater, ganz gegen seine Gewohnheit, die Treppe zum Speicher hinaufgestiegen. Einem Bruder, der ihm dabei begegnete, hatte er befohlen, nichts davon zu sagen. Dieser aber hatte es insgeheim doch sofort P. Corsano und P. Vacca erzählt. Und diese beiden lauerten auf die Rückkehr des Oberen in seine Zelle. Kaum war er wieder unten, da begegneten sie einander am „Tatort“; und dort entdeckten sie, daß der Fußboden mit Blut getränkt war, als sei hier gerade ein Mord begangen worden. Liguori aber hatte sich einen Monat lang bei der gemeinsamen Meditation hingesetzt. Fortan verließ ihn ein leichtes Hinken nicht mehr: er hatte sich bei dieser Geißelung, die man nicht anders als grausam nennen kann, einen Nerv im Oberschenkel verletzt. Wollte er damals einen Gedanken an eitlen Ruhm züchtigen? Für ein großes Anliegen der Kirche bitten? Das Erbarmen des Himmels erwirken, er möge sein Haupt der Drohung des Episkopats entziehen? Keiner hat jemals etwas darüber erfahren[3].

Aber an diesem 9. März fährt der Blitz auf den armen Pater hernieder. Der Gesandte des Nuntius wird in sein Zimmer geführt und erweist ihm seine feierliche Reverenz:

— Diener Eurer Erlauchtesten Herrlichkeit, sagt er. Ihr seid zum Bischof von S. Agata dei Goti ernannt.

Und er streckt ihm einen versiegelten Brief entgegen.

— Was sagt Ihr da von Bischof? fragt Alfons.

Er nimmt das Schreiben, löst das Siegel und traut seinen Augen nicht. Dieser Brief des päpstlichen Sekretärs Mgr. Andrea Negrone informiert ihn, daß Clemens XIII. ihn zum Bischof von S. Agata dei Goti ernannt hat und ihn nun zur erforderlichen Prüfung nach Rom einlädt. Der Nuntius von Neapel, Mgr. Giuseppe Locatelli, der ihm diese Botschaft übermittelt, drückt seine große Freude darüber aus.

Alfons ist wie vor den Kopf geschlagen. Der Schmerz zerreißt ihm Kopf und Eingeweide. Er sagt kein Wort. P. Giuseppe eilt aus dem Zimmer und erzählt die Neuigkeit seinen Mitbrüdern. In kürzester Zeit ist die ganze Gemeinschaft in seinem Zimmer versammelt und findet Alfons zutiefst erschüttert, sprachlos und mit Tränen in den Augen vor. Allmählich faßt er sich etwas und sagt schließlich:

— Der Papst wollte mir ein Zeichen seiner Wertschätzung geben. Er wird nicht darauf bestehen.

— In Rom werden Absagen ohne Schwierigkeiten akzeptiert, bekräftigt Ferrara. Regt Euch nicht auf.

Alfons schreibt sofort eine Verzichtserklärung an die Adresse von Referendar Negrone. Er dankt dem Heiligen Vater für seine zu große Güte und bittet ihn, als Entschuldigung seine Unfähigkeit, seine 66 Jahre und seinen Gesundheitszustand (ich bin taub und sehe fast nicht mehr, ich hinke, so daß ich nicht durch die Diözese reisen kann, ich fürchte die frische Luft); seine junge und so nützliche Kongregation brauche ihn und außerdem habe er ihm Rahmen der von Benedikt XIV. approbierten Redemptoristenregel „das Gelübde abgelegt, auf alle kirchlichen Würden zu verzichten": Welches Ärgernis für seine Mitbrüder, wenn er diesem Gelübde als erster zuwiderhandeln würde[4]!

Nachdem der Bote des Nuntius, nicht ohne ein großzügiges Trinkgeld, gegangen ist:

— Und nun will ich dieses „Diener Eurer erlauchtesten Herrlichkeit" nicht mehr hören: ich würde sterben dabei.

Dann, erleichtert und fast heiter zu P. Corsano:

— Dieser Scherz hat mich eine Stunde Zeit und vier Dukaten (Trinkgeld) gekostet. Ich würde die Kongregation nicht gegen alle Königreiche des Groß-Türken eintauschen!

Die Diözese S. Agata war nur ein Sandkorn im Vergleich zum ottomanischen Reich, und doch fanden sich sechzig Bewerber für diese Mitra. Nicht nur Kandidaten, die von Herzögen oder großen Damen vorgeschlagen wurden, die für ihre Nachgeborenen einen Thron und den Purpur suchten, sondern auch Bischöfe und Erzbischöfe. Denn dieser Sitz besaß ein dreifaches Ansehen. Er brachte Geld: die bischöfliche Mensa war beachtlich und seine Kirchenpfründen waren, mit der einzigen Ausnahme von Capua, die reichsten dieser Gegend. Er brachte Ansehen: Die Kathedrale Unserer Lieben Frau von der Himmelfahrt in S. Agata hatte, wie die Patriarchenbasiliken, fünf Würdenträger, 26 Domherrn, 14 Kapläne, einen Sakristan und vier Kleriker — einen schönen bischöflichen Hofstaat also. Und außerdem war seine Lage sehr günstig: nur sieben Meilen von der Hauptstadt und dem königlichen Hof entfernt, wo man sich die Zeit vertreiben, intrigieren und glänzen konnte, — und es war Suffragan und Nachbar von Benevent im päpstlichen Kirchenstaat.

Aber nichts von alledem konnte P. von Liguori locken.

Da er Exellenz Spinelli, der nun Präfekt der Propaganda und Bischof von Ostia und Velletri war, verdächtigte, an dieser „unseligen" Ernennung irgendwie beteiligt gewesen zu sein, schrieb er ihm die Gründe für seine Ablehnung und betonte sein Gelübde als Redemptorist:

„Wenn einer aus der Ordensgemeinschaft ein Bistum übernähme, würde ich blutige Tränen darüber vergießen. Welche Schande, wenn ich selbst dafür das Vorbild abgäbe! Und welcher Schlag gegen den Geist der Kongregation! Ich würde mich für verdammt halten. Sollte Gott es dennoch zulassen, daß ich dazu gezwungen werde, so sähe ich darin eine Strafe für meine Sünden und eine Züchtigung meines großen Hochmuts."

Um einen weiteren Verbündeten zu gewinnen, schreibt Alfons im gleichen Sinne an Don Giovanni Bruni, den Sekretär des Kardinals. Nun faßt er wieder etwas Mut.

Zu voreilig. Am nächsten Tag besucht ihn Mgr. Borgia. Er bringt einen vertraulichen Brief Spinellis, aus dem klar hervorgeht, daß der Kardinal in dieser Wahl seine Hand im Spiel hatte. „Clemens XIII.", so sagt er im wesentlichen, „ist von so vielen Antragstellern belagert und will sie alle in den Schatten zurückstellen, indem er einen unanfechtbaren Namen begünstigt. Akzeptiert also jetzt, um ihm aus seiner Verlegenheit zu helfen. Wenn sich dann alle wieder beruhigt haben, könnt Ihr ja ohne weiteres demissionieren oder auch bleiben, ganz wie Ihr wollt."

Die Argumente des allzu subtilen Spinelli sind nicht ganz einsichtig: denn würde Alfons tatsächlich nach kurzer Zeit demissionieren, so wäre das viel zu knapp, als daß sogar eine selektive Pest das Königreich von dieser Meute von Ehrgeizlingen zu befreien vermöchte. Auf solche Tricks fiel der einstige Rechtsanwalt nicht herein, und so versetzte ihn dieser Brief erneut in Unruhe. Nun war jeder irdische Beistand erschöpft, und Alfons wandte sich an Gott. Er mobilisierte die Gebete seiner Söhne, der Bevölkerung von Pagani; er vermehrte seine Bußübungen, fastete strenger, verkürzte seinen Schlaf, um, wie er sagte, „diesen gewaltigen Sturm zu beruhigen."

— Und wenn der Papst Euch befiehlt, sagte Mazzini eines Tages zu ihm.

Der Pater senkte den Kopf:

— Gottes Wille geschehe.

Alfons wurde zwischen Vertrauen und Angst hin und her gerissen, und immer wieder hörten ihn seine Mitbrüder sagen: „Gottes Wille geschehe". Aber die Angst gewann immer mehr an Boden... Mehrmals sagte er zu Ferrara, zu Mazzini:

— Wenn der Bote kommt, dann erspart mir seinen Anblick: er käme mir vor wie der Henker mit dem Beil in der Hand.

Was geschah in Rom? Clemens XIII. nahm diesen Verzicht zunächst schlecht auf. Dann aber bewogen ihn die Freunde des armen Paters zu einer mitleidigeren Haltung. Am Abend des 14. März schließlich schien er entschlossen, sich Alfons' Gründen zu beugen. Aber, kommt Zeit, kommt Rat und bisweilen auch Erleuchtung. Am nächsten Morgen befahl er Mgr. Negrone unvermittelt, die Nomination zu bestätigen. Der Sekretär war erstaunt:

— Hat Eure Heiligkeit nicht gestern abend gesagt, sie wolle P. von Liguori in Frieden lassen?

— Das habe ich zwar gesagt, antwortete Clemens XIII., aber heute Nacht hat mir der Heilige Geist die gegenteilige Entscheidung eingegeben.

Und in einem „päpstlichen" Ton, der keine Widerrede duldete:

— Ich will es!... Er soll ohne Widerrede gehorchen. Ich dispensiere ihn von seinem Gelübde, auf Würden außerhalb seiner Kongregation zu verzichten.

Am Nachmittag des 19. März, dem Fest des hl. Joseph, kommt der „Unglücksbote" wieder nach Nocera. Man hält ihn im Sprechzimmer zurück. Die Generalkonsultoren Mazzini und Ferrara und der Rektor Fabrizio Ciminio nehmen den Brief in Empfang, den Nuntius Locatelli „an den Hochwohlgeborenen und Verehrten Mgr. von Liguori, gewählter Bischof von S. Agata dei Goti" adressiert hatte. Gefolgt von den jungen Patres Adeodato Criscuoli und Giuseppe Paravanto gehen sie zum Pater General. Ihre innere Bewegung ist groß. Aber noch größer ist Alfons' Angst, als er sie eintreten sieht.

— Pater, schlägt Mazzini vor, sagen wir der Muttergottes einen Gruß.

— Ist der Bote des Nuntius gekommen?

— Beten wir zuerst ein *Ave Maria.*

Alfons fällt auf die Knie und spricht sein „Gegrüßet seist du" wie das letzte Gebet eines Verurteilten.

Dann Mazzini:

— Der Papst will, daß Ihr Bischof werdet, Bischof von S. Agata.

— Zeigt die Briefe. Sie lassen vielleicht die Möglichkeit einer Deutung.

— Keine Deutung möglich, schließt Mazzini, nachdem sie sie gelesen haben.

— *Gloria Patri!* sagt nun Alfons und beugt den Kopf. Gott will, daß ich Bischof werde: ich will Bischof sein.

Dann, nach einem Augenblick des Schweigens, zu seinen Mitbrüdern:

— Gott vertreibt mich meiner Sünden wegen aus der Kongregation... Vergeßt mich nicht. Nun müssen wir uns also trennen, nachdem wir uns dreißig Jahre lang in Liebe zugetan waren!

Die Stimme versagt ihm, und seine Augen füllen sich mit Tränen. Um diese unerträgliche Stille zu durchbrechen, schlagen Mazzini und Ferrara vor, seine Freunde sollten in Rom die Motive seiner Verzichterklärung geltend machen. Er aber fällt ihnen ins Wort:

— Nein, hier hört das Deuteln auf. Der Papst verlangt Gehorsam: ich muß gehorchen.

Dann bricht er zusammen und kann fünf oder sechs Stunden lang nicht mehr sprechen. Aber noch am selben Abend bringt er die Kraft auf, für den Nuntius und Mgr. Negrone seine Annahmebriefe zu diktieren. Ihren Inhalt kennen wir leider nur aus einer chiffrierten Botschaft mit dem Datum des darauffolgenden Tages, dem 20. Mai, die Mgr. Locatelli an Staatssekretär Kardinal Ludovico M. Torregiani schickt:

„Nach der päpstlichen Dispens von dem infragestehenden Gelübde und einer neuerlichen Aufforderung an P. Alfons von Liguori, das Bistum S. Agata zu übernehmen, hat sich der Erwählte im Gehorsam gegenüber dem festen Entschluß des Heiligen Vaters entschieden, seine Zustimmung zu geben. Heute abend übermittle ich dem Mgr. Referendar (Negrone) die Antwort und Annahme dieses Ordensmannes."

Während andere krank vor Gram darüber werden, daß sie nicht Bischof sind, wird „dieser Ordensmann" sofort vom Fieber befallen, weil er zusagen mußte. Doch nun ist er, ohne eine Minute zu verlieren, von seinem Bett aus schon ganz

seinem neuen Plan zugewandt: „Gott will mich als Bischof: ich will Bischof sein."
Für seinen Bruder Ercole, der ihm bereits seine großzügige Hilfe anbietet, diktiert
er am 21. folgende Antwort:

„Mein lieber Bruder, ich bin noch völlig benommen von dieser Anweisung des
Papstes, den Episkopat aus Gehorsam anzunehmen; der Gedanke, die Kongregation nach dreißig Jahren verlassen zu müssen, verwirrt mich.

Ich bin Euch übrigens dankbar, daß Ihr mir das nötige Geld leihen wollt. Hättet Ihr nicht zugestimmt, so hatte ich schon daran gedacht, als letzten Ausweg
dem Papst zu schreiben, daß ich weder die Bullen bezahlen noch die vielen anderen unumgänglichen Ausgaben decken könne; und wer weiß, vielleicht hätte
mich diese Unfähigkeit vom Episkopat befreit?

Ich hatte Kardinal Spinelli gebeten, mir zu helfen, diese Last abzuwenden; er
aber hat genau das Gegenteil getan. Was soll ich noch sagen? Ich opfere mich dem
Willen Gottes auf.

Aber rechnet damit, daß die Summe, die ich benötige, recht hoch sein wird.
Ich erwarte dazu von Rom übrigens noch genauere Angaben; aber um alle Ausgaben in Rom und Neapel decken zu können, werden ich wohl 4.000 oder zumindest 3.500 Dukaten brauchen.

Ich werde Euch natürlich die ganze Summe zurückerstatten, zuzüglich der
Zinsen, die man Euch berechnet und die Ihr zahlen müßt; aber Ihr versteht, daß
ich es nicht auf einmal kann. Wenn das Bistum 5.000 Dukaten einbringt, dann
denke ich, kann ich Euch 1.500 im Jahr plus Zinsen zurückzahlen, aber nicht
mehr; denn auf dem Bistum lasten zweifellos viele Renten, und ich werde vor allem am Anfang große Auslagen haben.

Bitte, streckt mir das Geld bald vor, da ich sobald wie möglich nach Rom
abreisen will: ich muß alles nötige Geld für die Bullen und anderen Auslagen bei
mir haben, mein Aufenthalt wird lange dauern, und ich möchte alles abgeschlossen haben, ehe der Papst im Mai Ferien macht.

Für meinen Bischofssitz möchte ich keine großen Ausgaben machen. Für meine Aufenthalte in Neapel genügen mir wohl ein oder zwei Räume in Eurem ersten Stock, wo ich die wenigen Standespersonen empfangen kann, die mich besuchen. Das obere kleine Quartier bleibt dann für meine Mitbrüder; es ist auch weder für mich noch für die Personen geeignet, die mich besuchen wollen."

Nicht daß Alfons sich nicht für sich selbst mit seinem Strohsack in einer Dach-
stube zufriedengegeben hätte. Wenn er aber als Bischof empfängt, kann er seine
Besucher nicht auf den Dachboden führen oder in einer Dienstbotenkammer begrüßen.

Ercole, wie übrigens auch seine Mitbrüder, bemühen sich für ihn um eine Karosse und die Livree der Hausbediensteten. Er zuckt die Schultern:

— Wenn ich diesen Episkopat aus Gehorsam übernommen habe, so muß ich
die heiligen Bischöfe nachahmen. Was sollen Karossen und Livreen? Soll ich als
Hast-Du-mich-schon-gesehen durch Neapel ziehen?

Aber Volpe, Borgia und vor allem Villani, sein Seelenführer seit P. Cafaros
Tod, überzeugen ihn, daß es ohne Karosse nicht geht. Nun denn. Aber er hat seine eigene Vorstellung davon, die er in einem Brief an seinen Bruder darlegt:

„Einverstanden, ich muß einen Wagen kaufen; aber ich will noch ein wenig
warten; denn wenn mein Vorgänger eine hinterlassen hätte, die noch taugt, dann

würde ich sie sicher sehr preisgünstig bekommen. Verschiebt den Kauf der Karosse des Marquese Valva daher noch ein wenig. Ich lasse Informationen einholen, und wenn die Karosse meines Vorgängers nicht mehr brauchbar ist, kaufe ich die des Marquese.

Ich bin in dieser oder der nächsten Woche in Neapel und dann werden wir darüber sprechen ...

Ihr freut Euch über meine Erhebung, und ich kann nur darüber weinen. So muß ich auf meine alten Tage auch noch Bischof werden! Aber der Wille Gottes will mich in meinen letzten Lebensjahren als Märtyrer: er geschehe immer! Ich habe darüber meinen Schlaf und den Appetit eingebüßt; und wenn ich daran denke, daß der Papst mir die Verpflichtung zur Annahme auferlegt hat, er, der nie etwas zwingend vorschreibt, dann bin ich ganz verwirrt.

Ich grüße Donna Rachele und umarme Euch. — Alfons, gewählter Bischof von Sant' Agata."

(P.S.) „Heute, Sonntag, geht es mir nicht gut; am Morgen überfiel mich das Fieber und jetzt, am Abend, ist es noch immer da[5]."

Es verläßt ihn neun Tage nicht mehr und bringt ihn an den Rand des Todes.

Die Diagnose seines Leidens finden wir in den Worten, die ihm die Angst oft in den Sinn und auf die Lippen bringt: „Gerechte Urteile Gottes! Der Herr vertreibt mich wegen meiner Sünden aus der Kongregation." Noch deutlicher, sofern hier eine Steigerung überhaupt möglich ist, liegt sie in seinem zugespitzten Empfinden für die Verantwortlichkeit der „Verantwortlichen", insbesondere der Bischöfe. Siebzehn Jahre früher hatte ihm seine Missionserfahrung bereits *Nützliche Erwägungen für Bischöfe* eingegeben: „Bischöfe sind in großer Gefahr, ihr Heil zu verlieren". Und er fährt mit einem Zitat des heiligen Johannes Chrysostomos fort, der mehr als die Hälfte von ihnen in die Hölle verbannte: „Übertreibt hier der Heilige ein wenig? Ich weiß es nicht." Jetzt wechselt er selbst auf die andere Seite der Schranke über. Gibt ihm die Ausübung des Episkopats mehr Beruhigung? Weit davon entfernt. Nach zehn Jahren „betont und unterzeichnet" er in seinem Buch *Triumph der heiligen Kirche* (1772): „Da ich nun selbst Bischof bin, zittere ich ... Ich möchte mich nicht darüber äußern, ob einer, der nach dem Episkopat strebt, im Zustand der Todsünde ist. Aber ich kann nicht begreifen, daß jemand, der sein Heil erlangen möchte, Bischof werden und sich damit bewußt allen Gefahren der Verdammnis aussetzen will, die das Bischofsamt mit sich bringt[6]."

Seine Nachbarn und Freunde, Mgr. Volpe und Mgr. Borgia, weichen nicht von der Seite des Kranken. Don Ercole eilt mit einem der besten Ärzte der Hauptstadt aus Neapel herbei.

— Wie geht es Euch, Monsignore? fragt der *Professore*.

— Ich bin in Gottes Hand.

Die ganze Wissenschaft des großen Herrn scheitert angesichts dieser Art von Fieber. Gegen Mitte der Woche hält man es für angebracht, dem Sterbenden die letzte Wegzehrung zu reichen. In Neapel und Rom spricht man bereits von seinem Tod. Aber das erschüttert die Entschlossenheit Clemens XIII. nicht im geringsten:

— Wenn er stirbt, sagt er, geben Wir ihm unsern Apostolischen Segen. Aber wenn er durchkommt, wollen Wir ihn in Rom.

In der ganzen Diözese S. Agata bricht die Welle der Freude und des Stolzes, die bei seiner Ernennung aufgebrandet war, in Sorge und Verzweiflung zusammen.

Er aber denkt nur noch an den Himmel:

— In diesem Zimmer, sagt er, soll keiner mehr vom Bischofsamt sprechen, sondern nur noch vom Paradies.

Doch seine unbezwingbare Lebenskraft — Maria hat hier sicher mitgewirkt — gewinnt schnell wieder die Oberhand. Am Freitag dem 26. hat er wieder in dieser Welt Fuß gefaßt, ohne allerdings schon aufstehen zu können. Er stellt sich seiner neuen Situation und gibt Anweisungen an Remondini:

Solltet Ihr mir etwas mitzuteilen haben, so richtet Eure Briefe bitte von April bis Mitte Mai nach Rom. Dann nach Neapel, nicht nach Nocera...

Mein Brief war bereits abgeschlossen, als ich Euren letzten vom 13. März erhielt, in dem Ihr wünscht, daß ich Euch meine korrigierten Werke, die in die Gesamtausgabe meiner spirituellen Bücher aufgenommen werden sollen, sende. Wenn ich in Rom bin (d.h. in zwanzig Tagen) werde ich Euch von dort den ersten und zweiten Band schicken. Den dritten sende ich Euch dann aus Neapel, weil ich zuerst noch einiges kopieren muß[7]."

Ohne also im geringsten auf das Apostolat des Buches zu verzichten, in das er so starkes Vertrauen setzt, eilt er Rom und seiner Kirche entgegen.

— Ich bin hier, sagt er, und wieviele Sünden werden in der Zwischenzeit in der Diözese S. Agata begangen?

Nun, da er die Obsorge für die Seelen hat, fühlt er sich wie Christus in seiner Pein für alle Sünden seines Volkes verantwortlich. Er sehnt sich danach, mitten unter ihnen zu sein, um sie vom Bösen abzuhalten und ihre Sünden zu sühnen. So kündigt er sich also am 27. März mit folgenden nüchternen Worten an den Erzdiakon der Kathedrale, Kapitularvikar Don Francesco Rainone, in seiner Kirche an:

„Ehrwürdigster Herr, durch diesen bescheidenen Brief teile ich Euch mit, daß mich Seine Heiligkeit für diese Kirche von S. Agata erwählt hat. Da ich mich für unfähig hielt, diese Last zu tragen, habe ich abgelehnt. Letztlich mußte ich mich aber doch dem Willen Gottes beugen, da der Heilige Vater meine Bitten nicht erhört, sondern mir vielmehr mit dem Gewicht seiner päpstlichen Autorität befohlen hat, anzunehmen; und zwar in Worten, die keinen Ausweg ließen. So habe ich also angenommen, und dieser Gedanke hat mich in solche Unruhe versetzt, daß ich seit sechs Tagen mit Fieber im Bett liege.

Sobald meine Gesundheit und das Wetter es erlauben, will ich nach Rom aufbrechen. Ich bitte Euch schon jetzt um die Unterstützung durch Eure Gebete und jene der Domherrn und meiner hochgeschätzten Mitbrüder, Klerus und Gläubigen. Ich ersuche Euch, das Inventar des gesamten Nachlasses von Mgr. (Flaminio) Danza seligen Andenkens nach Neapel zu senden. — Habt die Güte, mir dieses Verzeichnis in das Haus von Don Ercole von Liguori, der vis-à-vis vom Palazzo Sanfelice wohnt, zu schicken[8]."

In aller Demut bereitet sich dieser Theologe von europäischem Ansehen auf seine römische Prüfung vor. Im Grunde hofft er sogar, als unfähig beurteilt zu werden.

— Wenn man mich wenigstens bei der Prüfung durchfallen ließe, sagt er zu P. Paravento.

Daher fällt er aus allen Wolken, als Mazzini einmal zu ihm sagt:

498

– Es hätte mich gefreut, wenn Ihr Kardinal geworden wärt; zum Wohl der Kongregation.

– Jesus Maria! Kardinal? Ja, wollt denn auch Ihr mich aus der Kongregation vertreiben?

Die Kongregation, ihr gilt sein Bedauern, sie bleibt seine Hoffnung. Er sagt zu Mgr. Volpe:

– Ich habe das Vertrauen, ja, die Sicherheit, daß Gottes Zorn über mich nach einigen Jahren nachlassen wird: er wird dem Papst eingeben, für S. Agata einen würdigeren Bischof zu suchen, und er wird mich in seiner Barmherzigkeit gnädig zurückschicken, damit ich in diesen Mauern, die ich nun verlassen muß, sterben kann.

Am Ostersamstag, dem 10. April, predigt er, wie jeden Samstag, über die Muttergottes und verabschiedet sich von seinem geliebten Volk von Nocera. Fast alle Anwesenden weinen.

– Seid nicht traurig, sagt er, ich gebe Euch mein Wort, ich werde zurückkehren, um hier zu sterben.

Am nächsten Morgen erwartete ihn der Wagen, der ihn ins Exil bringen sollte, vor der Türe. Keine Karosse, sondern ein zweirädriger Einspänner mit beweglichem Dach, die bescheidene neapolitanische *mantice* (Ohrfeige). Eine Halbkutsche für Landpfarrer mit einem Kutscher ohne Livree. Auf Drängen seiner Freunde Volpe und Borgia, vor allem aber gezwungen durch den Gehorsam gegenüber seinem Seelenführer Villani, hatte Alfons sich rasiert und bereitgefunden, sich von Kopf bis Fuß neu einzukleiden: Soutane und Talar, Mantel und Schuhe. Stiefel mit Eisenschnallen, die er dann für den Rest seiner Tage trug[9]. Der Gründer umarmte und segnete seine Missionare, seine Studenten; er stieg mit Villani, der sich in römischen Kreisen auskannte und deshalb mit ihm reiste, in den Wagen und – Peitsche, Kutscher! – entfernte sich im Mulitrott in Richtung Vesuv. Das war am Ostermorgen 1762.

39. „Wir haben einen Heiligen als Bischof"   (April–Juli 1762)

Die Königin war am 27. August 1758 gestorben. Der König hatte darüber den Verstand verloren, und nichts konnte ihn heilen: weder Farinellis Stimme noch die Milch von Eselinnen, noch Chinarinde oder das Gelee aus Hirschhörnern, ja nicht einmal frische Vipern: der König von Spanien, Ferdinand VI., der Weise, war am 10. August 1759 als Rasender gestorben. Da er keinen direkten Erben hinterließ, fiel die Krone an seinen Halbbruder, den König von Neapel, Karl von Bourbon, nunmehr Karl III. von Spanien. Dieser fromme, aufrichtige und gutartige Fürst besetzte den Thron Beider Sizilien neu und kehrte dann wieder in seine Heimatstadt Madrid zurück. Sein ältester Sohn Filippo war geistig debil und offiziell aus der Erbfolge ausgeschieden. Den zweiten, Don Carlo Antonio (den späteren Karl IV.), hatte er als Erbfolger der spanischen Dynastie mit sich genommen. So hatte er also zugunsten seines dritten Sohnes, Don Ferdinando, auf die

Krone von Neapel verzichtet. Er hatte dieses achtjährige Kind einem Erzieher, dem farblosen Domenico Cattaneo, Fürst von San Nicandro, und einem aus neun Mitgliedern bestehenden Regentschaftsrat anvertraut, dem neben San Nicandro auch Bernardo Tanucci, der Vertrauensmann und Freund Karls III., angehörte.

In diesem Rat, der vorerst die königliche Autorität inkarnierte, war Tanucci nicht allmächtig. Seine Stimme zählte genau wie die der acht anderen nur einfach, und Entscheidungen wurden immer mit der Mehrheit der Stimmen gefällt. Die neun Mitglieder der *Reggenza* bildeten mit Ausnahme des „unabhängigen" Marquese Giovanni Fogliani d'Aragona zwei gleich starke Lager: die traditionalistischen „Nicandristen" und die antiklerikalen und antifeudalen „Tanuccisten". Marquese Tanucci besaß hier nur aufgrund des Gewichtes seiner Vernunft – der Staatsraison – und der Listigkeit seiner Kunstgriffe eine dominierende Stellung.

Absolut verlassen aber konnte er sich auf Nicola Fraggianni, den Präsidenten des *Consiglio di S. Chiara,* sowie auf seine drei Kollegen im Staatssekretariat, die zusammen mit ihm die Regierung bildeten[1]. Brancone gehörte nicht mehr zu dieser letzteren. Dieser Freund Pater von Liguoris war am 9. Mai 1758 verstorben und in der Abteilung für kirchliche Angelegenheiten durch einen noch besseren Freund, Marquese Carlo De Marco ersetzt worden. Auch er ein religiöser Mensch, aufrichtig und aktiv. Obgleich er Tanucci ganz ergeben war, hatte Alfons seine Designation gefreut.

„Dankt dem Herrn", hatte er damals an P. Caione geschrieben, „für den guten Staatssekretär, der soeben ernannt worden ist. Ich erwarte von ihm mehr als von Brancone. Gott hat ihn für uns an diesen Platz setzen lassen[2]."

All diesen feinen Herren und in erster Linie dem Nuntius, dem Kardinal und dem Großalmosenier muß der ernannte Bischof von S. Agata in dieser Osterwoche 1862 seine protokollarischen Besuche abstatten. Ehrentreppen zu prunkvollen Salons, vorbei an Spiegeln und Fauteuils, Verbeugungen und Handküsse, Lockenperücken und gepuderte Frisuren, er stellt sich alledem als ein Mann guter Herkunft, aber er glaubt zu ersticken. Am Mittwoch, dem 14. April, schreibt er an P. Mazzini:

„Empfehlt mich Jesus Christus und laßt für mich beten. Wenn ich diesmal nicht verrückt werde, dann werde ich es nie ... Ich Ärmster! In meiner Jugend habe ich die Welt verlassen, und nun stecke ich auf meine alten Tage wieder mitten drin[3]."

Ohne daß er es ahnt, bezwingen seine Bekanntheit und seine Heiligkeit diese hohen Verwaltungsbeamten. Alle Regenten, Räte und Staatsminister erweisen ihm ausnahms- und rückhaltslos Zeichen des tiefsten Respekts und die ernsthaftesten Beweise ihres Wohlwollens.

— Um der Liebe willen, so fleht der künftige Bischof, bitte ich Euch, mir zu helfen. Damit ich meine Seele nicht dabei verliere.

— Zählt auf uns, antworten sie ihm gerührt. Geht vertrauensvoll voran, wir werden Euch in jeder Weise behilflich sein, und niemand kann uns gegen Euch beeinflussen.

„Und tatsächlich", so versichert Tannoia, „ließ Marquese Tanucci nie eine Gelegenheit ungenützt, Alfons zu begünstigen und hegte stets große Verehrung für ihn[4]."

Neben offiziellen Persönlichkeiten sieht Alfons auch einige Freunde. Allerdings waren mit dem Tod seiner Mutter, Paganos und Tornis die besten hinweggegangen. Auch Olivieri – sein „Türke", der ein Heiliger geworden war – ist am 7. Mai 1759 verstorben. Er hatte den Pater benachrichtigt, und dieser war an sein Krankenlager geeilt und lange bei ihm geblieben.

– Wenn der Kardinal mich gerufen hätte, wäre ich nicht gekommen, sagt er ihm. Jedem anderen als dir hätte ich es verweigert[5].

Nun blieb ihm nur noch P. Gennaro Fatigati, dieser Bruder im Herzen und missionarischen Streben, der im Chinesenkolleg Matteo Ripa als Oberer nachgefolgt war. Als Fatigati zehn Jahre vorher zum Bischof von Cassano ernannt worden war, hatte Alfons ihn eines Morgens besucht und ihn mit der spontanen Übertreibung der Freundschaft angefleht:

– Gennaro, hüte dich, anzunehmen: damit gehst du unweigerlich ins Verderben!

Der Obere der *Heiligen Familie* hatte mehr Glück als Alfons und konnte dem „Anschlag" entgehen. Nun kam er und bemitleidete in einer Begegnung, in der sie mehr schwiegen als redeten, seinen unglücklichen Bruder, dem dieses Kreuz aufgebürdet worden war.

Ercole dagegen erwies sich als würdiger Erbe Don Giuseppes und triumphierte, weil sein Bruder endlich in den Episkopat erhoben wurde. Entgegen Alfons' ausdrücklichem Wunsch kleidete er den Kutscher, für den dieser bereits ein Aschgrau der Buße und Entsagung ausgewählt hatte, in eine auffallend kardinalrote Livree. Alfons, der dieses Zurschaustellen wenig schätzte, sagte zu ihm:

– Ihr werdet einem armen Christen bestimmt keine Tröstung bringen! Ihr wißt nicht, was es heißt, Bischof und Gott gegenüber für die Seelen der anderen verantwortlich zu sein.

Dagegen fand er in einigen befreundeten Klöstern, die so sehr darum gebetet hatten, daß Gott ihm Frieden und Gesundheit geben möge, sein Lächeln und seine Freude am Scherzen wieder. Er flehte um noch mehr Gebete.

– Jetzt gebührt mir die Anrede *Illustrissime*, weil ich Bischof bin, sagte er scherzend zu Schwester Maria Graziano. Ach was! Wenn der Papst mich so verkrüppelt und verunstaltet sieht, wird er sagen: gehe weg von hier, der Episkopat ist nicht für dich! So werde ich mit Schande weggeschickt werden. Betet viel, denn Gott vermag alles.

Aber er mußte sich doch ein Minimum bischöflicher Insignien anschaffen. Er legte einige Carlinos für einen Ring mit einem „Amethyst" aus einfachem gefärbtem Glas an und ließ falsche Steine in ein wertloses Brustkreuz einfügen. Als der Juwelier Domenico Porpora es ihm brachte:

– Welch schweres Kreuz bringt Ihr mir da!

– Wie, schwer?

– Ja, es ist schwer. So schwer, daß es nichts Schwereres gibt.

„Sobald seine Ankunft in der Hauptstadt bekannt wurde", erzählte Tannoia (den wir in diesem Kapitel häufig zitieren), „kamen viele Adelige und Kleriker aus S. Agata zu ihm, um ihm ihre Aufwartung zu machen. Sie waren betroffen von seiner Bescheidenheit und überrascht von der liebenswürdigen Menschlichkeit, die von seiner Person ausging. Dieser Mann war weder distanziert noch hochmütig, sondern voller Herzlichkeit für sie, ein Feind des Prunks, ernsthaft und sanft.

Nach S. Agata zurückgekehrt, sagten sie jedem, der es hören wollten: *wir haben einen Heiligen als Bischof.* Schon bald wußte es die ganze Diözese und wurde von Freude und Ungeduld erfaßt."

Der Pater hielt sich nicht lange mit Visiten und Empfängen auf. Am Osterdienstag, dem 13. April, hatte er an Spinellis Sekretär Don Giovanni Bruni geschrieben:

„Um der Ungewißheit und Verwirrung, in der ich mich befinde, ein Ende zu setzen, habe ich beschlossen, schon in einigen Tagen abzureisen und mich in Velletri Seiner Eminenz zu Füßen zu werfen. Dort werde ich dann den Ratschlägen des Kardinals entsprechend meine Entscheidungen treffen; denn ich habe auch die Absicht, mit der Hilfe des Herrn die Reise zur *Santa Casa* (das Heilige Haus) von Loreto zu unternehmen[6]."

Vor seiner Abreise will der Bischof jedoch noch seine bischöfliche Familie zusammenstellen für den Fall, daß der Papst seine Wahl aufrecht erhalten sollte. Als Diener übernimmt er von seinem Vorgänger den vierundzwanzigjährigen Domenico Antonio Jannella, der die Diözese kennt. P. Ferrara schickt ihm einen ausgezeichneten Priester aus Nusco, den dreiunddreißigjährigen Don Felice Verzella, der in S. Angelo a Cupolo Exerzitien gemacht hatte. Don Felice fand sich umso leichter dazu bereit, als er vor zehn Jahren unmittelbar nach seiner Weihe nach Pagani gekommen war, um dort den Segen und die Ratschläge dessen zu erbitten, von dem alle Welt wie von einem Heiligen sprach. Damals hatte Alfons neben anderen Ratschlägen folgendes zu ihm gesagt:

— Mein Sohn, Gott möge dich davor bewahren, auch nur ein einzigesmal im Zustand der Todsünde zu zelebrieren: du würdest dich daran gewöhnen und vor nichts mehr Respekt haben, und du würdest sicher verdammt werden. Bemühe dich um das Studium und das betrachtende Gebet.

Und er hatte ihm sein kleines Buch der *Grundsätze für die Ewigkeit* gegeben[7].

Seine Missionen in der Diözese Conza schließlich haben Alfons auf die Spur eines siebenundvierzigjährigen Priesters gebracht, „gelehrt, klug, beispielhaft und ein Mann der rechten Mitte": Don Giovanni Nicola Rubini, seit zehn Jahren bereits Generalvikar. Er fordert ihn als Generalvikar für S. Agata an und erhält ihn auch. Das war eine gute Wahl, denn sechs Jahre später schlägt er ihn — übrigens ohne Erfolge — für die Mitra von Sora vor; und schreibt, daß „er in ihm Qualitäten erkennt, die einen guten Bischof abgeben[8]."

Diese beiden Priester, die ihm so wertvoll werden, sollten, nachdem er kanonisch von seinem Stuhl Besitz ergriffen hat, einige Tage vor ihm in S. Agata sein. Der Diener Jannella tritt seinen Dienst sofort an und wird mit nach Rom und Loreto fahren.

Am Montag, dem 19. April, treibt Domenico also, ganz in Rot gekleidet, die beiden Mulis an und kutschiert Liguori und Villani in Richtung der Ewigen Stadt, entlang der Via Appia, die mit Capua, Formia, Terracine und Velletri die römische Geschichte und Literatur durchquert. Die Reise dauert drei Tage mit zwei Unterbrechungen in Herbergen, deren Betten aus drei, über zwei Böcke gelegten Brettern später Goethe seufzen ließen. Nicht anders war Mgr. von Liguoris Bett, das noch heute in Pagani gezeigt wird.

Die friedlichen korsischen Söldner, die die Grenzen zum Kirchenstaat bewachten, mögen wohl über einen Bischof in einem so bescheidenen Gefährt gestaunt haben. Doch war bei einer Frühlingsreise durch das paradiesische Latium ein abdeckbarer Wagen unbestreitbar ein Luxus besonderer Art. Aber was betrachtete unser künftiger Bischof zwischen Brevier und Rosenkranz, zwischen Pagani und S. Agata?

Am Mittwochabend, dem 21. April, hält unser Kabriolett in Velletri. Leider ist Kardinal Spinelli gerade auf Pastoralbesuch in Cisterna. Unsere Reisenden werden im Seminar aufgenommen und warten zwei Tage auf ihn. Am Samstag beschließen sie, nach Cisterna hinauszufahren. Alfons' erste Worte sind ein schmerzlicher Vorwurf.

— Eminenz, Ihr habt mich geprellt!

— Monsignore, seid versichert, daß dies ein Ruf Gottes war, antwortet der Dekan des Heiligen Kollegiums; verlaßt Euch also darauf, daß Gott Euch hilft.

Sie verbringen den Tag gemeinsam. Spinelli möchte diesen Freund, den er bereits verehrt und dessen Absage, und noch mehr dessen Gehorsam, er nun bewundert, gerne länger bei sich behalten. Aber Alfons eilt seiner Aufgabe entgegen. Am nächsten Tag, dem 25., fährt sein bescheidenes Gespann in Rom ein. Er geht geradewegs zur Vatikanbasilika, wo er eine Stunde wie in Ekstase vor der Confessio des hl. Petrus verbringt, er kniet dann lange vor der Statue des Apostelfürsten.

Don Gaetano Buoncompagni, Herzog von Sora, bot ihm für die Zeit seines Aufenthaltes in Rom Wohnung und Karosse an: Er akzeptierte die Karosse, um Zeit zu gewinnen: sein Diener Domenico kannte zwar sein S. Agata sehr gut, aber in Rom hätte er sich tausendmal verirrt. Die Wohnung aber wies Alfons dankend zurück und stieg lieber bei den Frommen Arbeitern in S. Maria ai Monti ab. Hier empfingen ihn der Rektor Michele Massetti und die ganze Gemeinschaft an der Pforte. Auch seinen guten Freund P. Francesco Longobardi und seinen ehemaligen Novizen und Studenten Francesco Sanseverino, der nun Berater der hl. Ritenkongregation geworden war, trifft er wieder. Zwei Monate lebt er gemeinsam mit Villani bei ihnen wie in einem Haus seiner eigenen Ordensgemeinschaft. Mit der einzigen Ausnahme, daß ihm sein magerer Strohsack fehlt. Dafür schläft er umso schlechter. Sein Diener Janella, der sich wunderte, warum sein Bett immer gemacht war, beobachtete ihn durch die Türritzen und sah, wie er kniend schlummerte, bald gegen das Bett gelehnt, bald auf den Fersen kauernd[9].

Nach seiner Pilgerschaft zum hl. Petrus will Alfons so schnell wie möglich dessen Nachfolger seine Aufwartung machen und versuchen, seine Sache zu verteidigen. Aber genau an dem Tag, als er vom Süden her in Rom eintraf, verließ Clemens XIII. die Stadt in Richtung Norden, um die Meeresluft von Civitavecchia zu genießen. „Verlieren wir keine Zeit", sagte sich Liguori „und fahren wir, um die *Santa Casa* von Loreto zu verehren." Diese Expedition war länger als die Reise Neapel-Rom, und die Straßen waren gebirgiger, gewundener und schlechter. Man brauchte vier Tage dazu.

— Ihr seid doch gerade angekommen, wandte Villani ein, häuft nicht Strapazen auf Strapazen.

— Die Mutter wird mir helfen. Wann werde ich denn wieder eine so gute Gelegenheit haben? Angesichts der Freude, dieses Haus zu besuchen, in dem das ewige Wort für mich Mensch geworden ist, zählt nichts.

Vier Jahre früher hatte Alfons in seiner *Weihnachtsnovene* geschrieben:

„O glückliches Haus von Nazaret! Ich grüße und verehre dich! Einst wird die Zeit kommen, da die Größten der Welt dich besuchen werden; und wenn die frommen Pilger dann in deinen armseligen Mauern stehen, werden sie Tränen der Rührung vergießen bei dem Gedanken, daß der König des Himmels hier fast sein ganzes Leben verbracht hat.

In diesem Haus also hat das fleischgewordene Wort seine Kindheit und Jugend verbracht. Und wie lebte es? Arm und von den Menschen verachtet, als einfacher Geselle im Gehorsam gegenüber Maria und Josef. O Gott, welch süße Empfindungen überkommen mich, wenn ich bedenke, daß der Sohn Gottes in diesem armseligen Haus ein dienendes Leben geführt hat! Er schöpft das Wasser, öffnet oder schließt den Laden, kehrt das Haus, sammelt die Hobelspäne für das Feuer auf, oder hilft Joseph eifrig bei der Arbeit. O Wunder! Ein Gott, der kehrt! ein Gott, der als Geselle dient! Gedanken, die uns in Liebe entflammen müßten für einen Erlöser, der solche Erniedrigung auf sich genommen hat, damit wir ihn lieben! Verehren wir alle diese Akte der Handarbeit, die in Jesus nichts geringeres als göttliche Handlungen waren. Verehren wir vor allem das verborgene und von der Welt verkannte Leben, das Jesus Christus in diesem Haus von Nazaret führte. O ihr stolzen Menschen, wie könnt ihr danach verlangen, euch darzustellen und geehrt zu werden, wenn ihr seht, wie euer Gott dreißig Jahre seines Lebens in Armut, Dunkelheit und Vergessenheit verbringt, um uns die Liebe zur Zurückgezogenheit und zum bescheidenen und verborgenen Leben zu lehren[10]?"

Am Mittwoch, dem 28. April, machten sich unsere drei Reisenden – Liguori, Villani und Domenico –, diesmal mit einem angeheuerten *vetturino* (Fuhrknecht), den offiziellen Poststationen folgend, auf den Weg über die antike Via Flaminia in Richtung Civita Castellana, Terni, Spoleto und Macerata[11]. Tannoia hat die Erinnerungen Villanis und Domenico Jannellas gesammelt.

„Diese Reise war, wie auch die vorangegangene von Neapel nach Rom, eine fortwährende Verbindung mit Gott. Schon am frühen Morgen begann die Meditation, gefolgt von den kanonischen Stunden. Dann kam die Besuchung beim Allerheiligsten und der Allerseligsten Jungfrau, Rosenkranz und Litaneien ... dann weitere Gebete für die Seelen im Fegfeuer. In der bis Mittag verbleibenden Zeit sangen wir Lieder oder unterhielten uns über heilige Gedanken. Gegen Mittag bereitete sich Alfons auf die Messe vor, bevor wir an unseren Bestimmungsort kamen. Wenn es dann wieder weiterging, rezitierte er Vesper und Komplet, wie am Morgen gefolgt von Meditation, Besuchung beim Eucharistischen Jesus, Besuchung bei Maria und Rosenkranz. In der Herberge, in der wir die Nacht verbringen sollten, rezitierte er dann Matutin und Laudes des nächsten Tages. Bescheidenheit und Armut waren seine Ausstattung. Soutane und Zimarra unserer Kongregation seine Kleidung. Am Morgen fastete er, und abends nahm er, wie der Armste der Reisenden, sein Mahl am Tisch der Fuhrknechte ein.

Er blieb drei Tage in Loreto, und es ist unvorstellbar, welche Freude er beim Besuch des hl. Hauses empfand. In der *Santa Casa* bemerkte, oder vielmehr meditierte er auch die kleinsten Einzelheiten. Immer wieder sagte er verzückt: *Hier also ist das Wort Gottes Mensch geworden! Hier hielt ihn Maria in ihren Armen!* Einmal bat er Pater Villani, ihn allein zu lassen. Villani ging hinaus, und nun versank der Mann Gottes allein mit Jesus und Maria in eine lange und tiefe Betrachtung ...

504

Diese drei Nächte verbrachte er auf den Knien und ging nicht ins Bett. Sein Diener Jannella berichtet, er habe zu verschiedenen Stunden durch die Türritzen geschaut und ihn immer kniend vorgefunden... Sein Abendessen bestand nur aus Salbeitee, und auch mittags aß er nur sehr wenig. Wenn der Wirt ihn aufforderte, eines seiner Gerichte zu probieren, fand er immer irgendeine Ausrede. Sehenswürdigkeiten jeglicher Art interessierten ihn nicht. Sein Zimmer verließ er nur am Morgen, um die Messe zu feiern, und am Abend zu Besuchungen beim Allerheiligsten und bei Maria. Eine Menge Pilger, denen es am nötigsten fehlte, streckten ihm die Hände entgegen: Er gab jedem ein Almosen. Einer von ihnen war halb nackt: Er gab ihm sein bestes Hemd und eine schöne Summe Geldes.

Schließlich mußten sie das berühmte Heiligtum wieder verlassen, aber man muß sagen, daß Alfons sein Herz zurückließ. Auf dem Rückweg sprach er nur von dem großen Geheimnis, das in diesen heiligen Mauern geschehen ist."

Als unsere Pilger am Samstag, dem 8. Mai, nach Rom zurückkehrten, kündigten Kanonensalven von der Engelsburg die Rückkehr Clemens XIII. an. „Ohne Zeit zu verlieren", wie Tannoia sagt, lag Alfons zweifellos schon am nächsten Vormittag zu seinen Füßen. Der Papst umarmte ihn, hob ihn auf und hieß ihn sich setzen. Doch der Pater warf sich neuerlich auf seine Knie und flehte ihn an, angesichts seiner Gebrechen, seines Alters und seiner Unfähigkeit, nicht Bischof werden zu müssen. Der Heilige Vater war gerührt, aber nicht erschüttert. Er hieß ihn erneut sich setzen und sprach die klassischen, vielgebrauchten Worte, die nicht Glaubenssache sind:

— Der Gehorsam wirkt Wunder. Vertraut auf Gott, und er wird Euch helfen.

Dann unterhielt er sich eineinhalb Stunden lang mit ihm über das Königreich Neapel, seine Kongregation und die Kirche. Während dieses Romaufenthaltes lud ihn Clemens XIII. noch sechs- oder siebenmal zu ausführlichen Gesprächen ein und hielt ihn eines Tages sogar fast drei Stunden fest. Und schon munkelte man in römischen Kreisen: „Mgr. von Liguori wird zum Kardinal ernannt."

Besuche abstatten, Besuche empfangen, Alfons galt in Rom als große Persönlichkeit. Die Eminenzen Orsini, Galli, Antonelli, Spinelli und andere *porporati* kamen sogar mehrmals, um sich mit ihm zu unterhalten. Dreimal empfing er P. Lorenzo Ricci, den Jesuitengeneral, dessen Orden bereits aus Portugal vertrieben (1759) und in ganz Westeuropa, auf den Philippinen und in Südamerika durch den erbitterten Regalismus der Bourbonen und ihrer Minister bedroht war.

Der Mann Gottes wurde aber nicht nur von Besuchern belagert, sondern auch häufig eingeladen. „Er wäre in ganz Rom herumgekommen, wenn er sich an alle Tische gesetzt hätte, an die man ihn einlud. Seine Bescheidenheit" — und auch seine Abtötung — „boten ihm immer Vorwände, um allen liebenswürdig abzusagen. Den Lazaristen gab er folgende Antwort:

— Gebt mein Essen den Armen Jesu Christi, damit mir der Herr in Rom seinen göttlichen Willen zeigen möge."

Er hätte, genau wie allen anderen, auch Kardinal Orsini abgesagt, aber der Edelmann, der ihm die Einladung überbrachte, gab zu bedenken, daß seine Eminenz ein Publikum von großen Herren und Prälaten erwarte, die nur zu seiner Ehre eingeladen worden waren. Alfons schickte sich also an zu gehen, als man ihm sagte:

— Monsignore, in diesem Gewand werdet Ihr wohl kaum zugelassen werden.

Mgr. Matteo Testa (der erst vor kurzem zum Bischof von Reggio Calabria ernannt worden war) kam in Soutane, und der Majordomus des Kardinals forderte ihn auf, in einem kurzen Gewand wiederzukommen.

Auch Priester und Bischöfe mußten in Rom beim Empfang eines Kardinals in Kniehosen und Wams erscheinen. Wir würden heute sagen, in Hose und Jackett. Alfons besaß aber um der Armut willen nur seine Missionarssoutane. So ging er also in den Palast des Kardinals, überwand die Schranken der Dienerschaft und ging auf den Kardinal zu:

— Eminenz, ich komme, wie ich bin. Verzeiht mir, daß ich Euch Schande mache.

— Ich will, daß Ihr mir Schande macht, sagte Orsini mit freundlichem Lächeln und zog ihn mit einer herzlichen Umarmung in seinen Arbeitsraum.

Abgesehen von den vier großen Basiliken und der vatikanischen Bibliothek, wo er die Handschriften des christlichen Altertums sehen und verehren wollte, besuchte Alfons nichts vom Alten Rom. Er wollte so schnell wie möglich sein Gebets- und Arbeitsleben wieder aufnehmen. An seinen Bruder schrieb er:

„Ich habe den Eindruck, als würde ich noch tausend Jahre in Rom aufgehalten, bis ich von all diesen Zeremonien befreit bin! Aber man überhäuft mich mit Freundlichkeiten... Und welche Geldverschwendung! Hier verschlingen einen die Trinkgelder, die man allenthalben austeilen muß, bei lebendigem Leib. Große Zeremonien und große Auslagen."

Allerdings stand noch die Prüfung bevor, dieses höchste „Doktorat", das ihn an ein anderes erinnern mochte, das — welcher Zufall — genau fünfzig Jahre zurücklag. Ein trauriges Jubiläum.

„Kandidat" Liguori spielte das ganz und gar akademische und nur am Rande pastorale Spiel redlich mit, zu dem man ihn hier nötigte. Es fand am Vormittag des 11. Juni im Quirinal vor dem Papst statt, dem zur Seite die Kardinäle Orsini und Antonelli saßen. Der Pater trat mit seiner Wissenschaft... und mit seiner üblichen Migräne an. Drei Prüfer befragten ihn über *Darlehen, Gesetze* und das Problem: *Ist es erlaubt, den Episkopat anzustreben?* Doch da stellte Alfons sich taub und bat den Meister des Heiligen Palastes, den Dominikaner Tommaso Riccini, doch etwas lauter sprechen zu wollen.

— Die schlimmsten Schwerhörigen sind die, die nicht hören wollen, bemerkte der Großpönitentiar, Kardinal Galli, der den Vorsitz des Richterkollegiums führte.

Alle lächelten, nur Alfons nicht.

Nach beendeter Prüfung legte ihm einer der Kardinäle nahe, dem Papst zu danken. Doch Alfons, tauber denn je, reagierte nicht. Der Kardinal insistierte.

— Allerheiligster Vater, sagte Alfons darauf, da Ihr geruht habt, mich zum Bischof zu machen, bittet Gott, daß ich dabei nicht meine Seele verliere.

Am Montag, dem 14. Juni, bestätigte Clemens XIII. P. Alfons von Liguori in einem Konsistorium von 24 Kardinälen als Bischof von S. Agata dei Goti. Am darauffolgenden Sonntag weihte ihn der Präfekt der hl. Konzilskongregation, Kardinal Ferdinando Rossi (der lateinisch unterzeichnete: *de Rubeis*), in der Erlöserkapelle der Kirche S. Maria sopra Minerva zum Bischof. Ihm zur Seite standen der Bischofsvikar von Rom, Domenico Giordani, und der Titularerzbischof von Emeso (heute Homs) in Syrien, Innolenzo Gorgoni[12].

„Das war der traurigste und schmerzlichste Tag seines Lebens. Später vertraute er seinem Beichtvater an, daß es in seinem Leben zwei große schmerzliche Ereignisse gegeben habe: das erste, als sein Vater ihn bei seinem Abschied von der Welt lange an sich drückte; das zweite, als er in Rom wider Willen zum Bischof geweiht wurde.

— Beim ersten mußte ich gegen die Zärtlichkeit eines Vaters ankämpfen, der mich liebte. Beim zweiten war ich niedergeschmettert von der Verpflichtung, das zu übernehmen, was ich nicht wollte, denn ich schreckte vor der Aufgabe und den Urteilen Gottes zurück."

Schon bald wollen ihm Geschäftemacher, die allen neugeweihten Bischöfen auflauerten, suggerieren, Prälaten würden, selbstverständlich gegen Bezahlung, ein Breve erhalten, das ihnen erlaubte, während der Messe ihr Käppchen aufzubehalten, um eine eventuelle Glatze darunter zu verbergen oder Erkältungen vorzubeugen.

— Das fehlte gerade noch, rief er aus. Daß ich für das Recht, Jesus Christus gegenüber unhöflich zu sein, auch noch bezahle!

Er, der trotz seiner heftigen Migräneanfälle aus Achtung vor der Gegenwart Gottes nie den Kopf bedeckte, schützte sich aber in Rom vor der Junisonne, in der er so viel herumlaufen mußte, durch einen breitkrempigen Hut, der nichts Bischöfliches an sich hatte.

Am Tag nach seiner Weihe, dem 21. Juni, verabschiedete sich Mgr. von Liguori vom Papst. Clemens XIII. gab Anweisung, ihm seine Bullen ohne Bezahlung auszufertigen. Er war von Alfons tief beeindruckt und sprach oft von ihm. Einigen Kardinälen sagte er sogar:

— Wenn Mgr. von Liguori einmal stirbt, hat die Kirche Jesu Christi einen Heiligen mehr.

Der neue Bischof verließ am Nachmittag Rom. Er verbrachte die Nacht in Frascati beim Herzog von Sora. Am Abend des 25. schließlich traf unser Gefährt wieder in Neapel ein.

Für den jetzt bestätigten und geweihten Bischof begann nun von neuem die obligate Tour der kirchlichen und zivilen Notabiltäten der Hauptstadt. Von San Nicandro, dem Erzieher des Königs, bis zum Marquese De Marco, Staatssekretär für kirchliche Angelegenheiten, überboten sich alle in Achtung und Wohlwollen für ihn.

— Ich komme in eine etwas verwahrloste Diözese, sagte Liguori zu De Marco. Jeder wird versuchen, sein Verhalten zu rechtfertigen. Gebe Gott, daß es ihnen allen gelingt. Ich aber bitte Euch, die Ehre Gottes und das Wohl der Seele im Auge zu haben.

— Macht Euch keine Sorgen, antwortete De Marco. Wenn Ihr den Arm des Königs braucht, könnt ihr verläßlich mit ihm rechnen.

Dieser Dialog kann uns heute nur noch in Staunen versetzen. Andere Zeiten, andere Sitten. Damals dachte man noch nicht in Begriffen der Trennung von Kirche und Staat, von Unterscheidung zwischen geistlicher und weltlicher Macht. Die Zivilgesellschaft war im Prinzip und dem Recht nach eine christliche Gemeinschaft. Den offiziellen Glauben oder die Sitten zu korrumpieren, war ein noch schwereres Vergehen als Falschmünzerei oder Vergiftung. Der „weltliche Arm" griff also in beiden Bereichen ein. Man wandte die Lehre der *Summa* des hl.

Thomas (2 a 2 ae, qu. 11, A.3) über die Unterdrückung von Häretikern an:

„Die Kirche verurteilt nicht sofort, sondern „nach einer ersten und einer zweiten Vermahnung", wie es der Apostel lehrt. Wenn der Häretiker aber auch noch verstockt bleibt, sorgt die Kirche, da sie nicht mehr auf seine Bekehrung hoffen kann, für das Heil der anderen, indem sie ihn durch ein Exkommunikationsurteil von sich trennt, und übergibt ihn später dem weltlichen Gericht, damit er durch den Tod aus der Welt genommen werde. Der hl. Hieronymus nämlich sagt folgendes: „Das faule Fleisch muß weggeschnitten und das räudige Schaf aus dem Schafstall gejagt werden, damit nicht das ganze Haus, die ganze Masse, der ganze Leib und die ganze Herde leide, verderbt werde, faule und untergehe. Arius war in Alexandrien ein Funke; weil er aber nicht sogleich ausgelöscht wurde, hat seine Flamme die ganze Welt verwüstet."

Daher nimmt der Bischof also bisweilen Zuflucht zum „Arm des Königs"; allerdings nicht ohne zuvor die Möglichkeit der Milde ausgeschöpft zu haben. Und bei Alfons, dessen erste Druckmittel Gebete und Buße waren, waren sie umfassend und wirksam.

Dies erfuhr schon bald ein Priester aus Arienzo in der Diözese S. Agata. Als er durch Neapel kam, beeilte er sich, seinem neuen Oberhirten seine Aufwartung zu machen. Ihm zu Ehren hielt er es für angebracht, sich in gepuderter Lockenperücke und Silberschnallen an den Schuhen, so groß, daß sie das ganze Leder verdeckten, zu präsentieren. Dieser törichte Kopf dauerte den Pater, und er sagte zu ihm in aller Güte:

— Mein Sohn, das sind keine Schnallen für einen Priester; und diese Perücke steht Euch nicht an. Wenn schon Ihr euch so herausputzt, die Ihr den Laien ein Vorbild sein solltet, welche Übertreibungen werden sie sich dann einfallen lassen?

Dieser einfältige Geck aber war guten Willens. Er senkte den Kopf und nahm sich das Gesagte zu Herzen. Und schon lief das Gerücht durch die ganze Diözese, zur Freude der einen und zum Schrecken der anderen: „Wir haben einen Heiligen als Bischof!"

Denn das war keine Selbstverständlichkeit: Bischof war damals nicht gleich Bischof; und alle diese Illustrissimi hatten nicht dieselbe Vorstellung von bischöflicher Vollkommenheit. Drei Jahre vorher hatte Alfons sich nach der Mission von Nola eines Morgens bei Mgr. Gentile, dem Bischof von Cerreto, vorgestellt. Er hatte den Kammerdiener gebeten, P. von Liguori anzumelden. Der Diener aber dachte, dieser schlecht gekleidete „Einsiedler" mit dem Stoppelbart könne ruhig ein Weilchen warten und kehrte seelenruhig das Vorzimmer weiter, als hätte er nichts gehört. Als der Pater ihn nach einer Weile noch einmal ansprach, antwortete er unwirsch: „Gleich! Gleich!" und räumte weiter das Zimmer auf. Schließlich kam er zu der Bank, auf der Alfons, zweifellos ins Gebet versunken, wartete:

— Ihr seht mich doch und wollt nicht einmal aufstehen!

Liguori stand sogleich auf und wartete in einem anderen Eck weiter. Als unser Mann schließlich mit seinem Staubwedeln fertig war, brachte der Missionar seine Bitte erneut vor. Nun ging der Diener, der seinen Namen vergessen hatte, zum Bischof und meldete:

— Da ist ein zerlumpter Priester, der Euch sprechen möchte.

Fragt ihn, wie er heißt und was er will...

— Alfons von Liguori.

Mgr. Gentile war noch im Morgenrock. Bei diesem Namen aber geriet alles in Bewegung:

— Schnell mein Gewand!... meine Schuhe!... meine Perücke... mein Brustkreuz!

Und er eilte, Alfons zu empfangen, während der Diener sich schnell versteckte[13].

P. von Liguori kam nun als Bischof in jenes Neapel zurück, in dem man bereits versuchte, ein Stück seiner armseligen Kleidung als Reliquie zu erhaschen. Während der Woche, die er dort verbringen mußte, wurde er von allen wichtigen Frauenklöstern — es gab damals 41 in der Hauptstadt — zur Feier einer „bischöflichen" Messe eingeladen. Er hatte dort schon so viel gepredigt und Beichte gehört, um seine Aufenthalte in Neapel, zu denen ihn die Angelegenheiten seiner Ordensgemeinschaft verdammten, nutzbringend zu füllen. Außerdem war er für alle diese Klosterfrauen seit zweieinhalb Jahren auch der angesehene Autor der *Monaca Santa* (Heilige Ordensfrau, 1760). „Dieses Werk", schreibt Romeo De Maio, „war ein außerordentliches Ereignis in der Geschichte der strengen Frauenorden nicht nur Neapels, sondern der gesamten Kirche..., außergewöhnlich durch seinen Erfolge und die Begeisterung, die es hervorrief[14]." Dem neuen Bischof blieb nur die Möglichkeit, überall freundlich abzusagen. Eine einzige Ausnahme machte er für die Franziskanerinnen von S. Girolamo: er konnte seinen beiden Schwestern Barbara und Annella (mit den Ordensnamen Maria Luisa und Marianna) diese Freude nicht versagen. Der 2. Juli war den Oratorianern, „seinen Brüdern" aus der Bruderschaft der Doktoren, vorbehalten, die zu Mariä Heimsuchung ihr Patronatsfest begingen.

Am Tag darauf machte sich der Bischof auf den Weg nach Pagani. Früh genug, um dort noch die Predigt über die Jungfrau Maria halten zu können, die ihm so sehr am Herzen lag. Das Volk und seine Mitbrüder hatten ihn nun fast drei Monate nicht mehr gesehen.

Ja, was wurde nun aus seiner Kongregation?

Er war abgereist, ohne für seine Person auch nur die geringste Diposition zu treffen, da er gegen alle Hoffnung doch noch damit gerechnet hatte, der Papst würde ihn in seine Redemptoristenzelle zurückschicken.

Seine Söhne aber waren sich dessen weniger sicher gewesen. Zwar waren sie um der Stärkung und des Ansehen der Ordensgemeinschaft willen zweifellos glücklich, daß ihr Stifter nun Bischof wurde, aber der Gedanke, ihn zu verlieren, bedrückte sie. So hatten sie ohne sein Wissen eine Gegenmaßnahme getroffen. Sofort nach Bekanntwerden seiner Wahl auf den Stuhl von S. Agata hatten die sechs Generalräte — Villani, Margotta, Mazzini, Fiocchi, Ferrara, Caione und D'Antonio (dieser letztere war an die Stelle des unvergleichlichen Betreuers von Ciorani, Saverio Rossi getreten, der 1758 verstorben war)[15] — in den fünf Gemeinschaften eine demokratische Beratung einzuberufen. In geheimer Abstimmung wurde fast überall einmütig beschlossen, folgendes Gesuch an den Heiligen Vater zu richten, das P. Villani überbringen sollte:

„Eure Heiligkeit hat geruht, P. Alfons von Liguori, der in seiner Eigenschaft als Stifter — (beachten wir diesen Titel) — und Hauptstütze unserer Kongregation Rektor Maior auf Lebenszeit war, zum Bischof von S. Agata dei Goti zu wählen... Da seine Führung durch lange Jahre hindurch liebevoll, eifrig und beispielgebend war, erwuchs der Ordensgemeinschaft auf geistlicher und zeitlicher Ebene daraus nur Bestes. Daher haben wir uns *einstimmig ohne Ausnahme* entschlossen, ihn in seinem Amt als Rektor Maior zu bestätigen, zum einen, damit unsere Kongregation unter seiner Führung auch weiterhin wachse, und zum anderen, um ihm einen wohlverdienten Beweis unserer Unterwürfigkeit, Dankbarkeit und Verehrung zu geben. Demnach würde er aus der Ordensgemeinschaft einen Generalvikar auf Lebenszeit auswählen und delegieren, der alle Rechte eines Rektor Maior hätte, ihn aber konsultieren müßte und von ihm in allen bedeutenden Fragen, wie etwa Gründung und Auflösung eines Hauses oder Ausschluß eines Paters, abhinge."

Diesem „im Namen aller Konsultoren und aller Gemeinschaften" an den Papst gerichteten Ansuchen wurde am 25. Mai 1762 von der im Namen des Hl. Vaters handelnden Kongregation der Bischöfe und Ordensleute stattgegeben.

— Nein, nein, sagte Clemens XIII. zu P. Villani, ich will nicht, daß Eurer Kongregation aus dem Weggang Monsignores irgendein Nachteil erwachse. Ich möchte, ganz im Gegenteil, daß sie durch gute Mitglieder gestärkt und bereichert werde, denn ich sehe mit Freuden das Gute, das sie wirkt.

Alfons erfuhr also einige Tage vor seiner Bischofsweihe in Rom, daß er fortan die zweifache Last seiner Diözese und seiner Ordensgemeinschaft zu tragen haben werde. Diese Entscheidung des Papstes, die ihn eigentlich hätte betrüben müssen, gab ihm im Gegenteil seine Heiterkeit zurück, da nun sein brennendster Schmerz wegfiel.

— Ich bleibe in der Kongregation, rief er aus. Gott wollte mich also trotz meiner Sünden nicht aus ihr vertreiben!

Zur Freude der ganzen Ordensgemeinschaft wählte er P. Villani zum Generalvikar[16].

Während der vier Tage, die er (vom 4.–7. Juli) in Pagani verbrachte, um dort liegengebliebene Angelegenheiten zu ordnen, die Übergabe zu regeln und seinen Umzug zu organisieren, verlangte man von ihm, seiner neuen Würde und der Besuche wegen, die er von allen benachbarten Prälaten empfing, zwei größere Räume zu beziehen. Eines Abends kam er mit einer Gruppe von Mitbrüdern an dem Kämmerchen vorbei, das er zehn Jahre lang bewohnt hatte.

— Liebe Zelle, sagte er, du hast mich einst mit Freude erfüllt, heute brichst du mir das Herz.

Da er seine Erschütterung nicht mehr verbergen konnte, zog er sich schnell zurück.

Ein anderes Mal, so erzählt der Student Giuseppe Messina, „kam er in den Rekreationssaal, wo ich mich zufällig aufhielt, und setzte sich ans Cembalo. Ich holte ihm sein *Zwiegespräch zwischen der Seele und Jesus Christus* und das *Salve Regina*. Nachdem er sie gespielt hatte, fragte ich ihn, ob er das Cembalo nach S. Agata mitnehme.

— Was sagst Du?, antwortete er. Ein Bischof hat anderes zu tun! Hörst du nicht schon die Leute reden: Unser Bischof macht Musik! Auf die Frage, was ein Bischof tut, muß die Antwort lauten können: er betet, oder: er empfängt, oder: er hört Beichte, oder: er predigt[17].

Am 5. Juli hatte er die Brüder Francescantonio Romito und Leonardo Cicchetti mit seinem Sekretär und dem Diener Domenico nach S. Agata geschickt, um seine Wohnung einzurichten. Dem letzteren hatte er seine Anweisungen und … seinen Strohsack mitgegeben.

Am Donnerstag, dem 8. Juli frühmorgens, nahm der Pater von seiner weinenden Gemeinschaft Abschied.

— Meine Brüder, sagte er auf der Türschwelle zu ihnen, vergeßt mich nicht in meinem Exil fern von Euch und der Kongregation.

Auf dem Kutschbock sitzt ein kleiner Schuster von 20 Jahren, Alessio Pollio, den Alfons in seinem Borgo dei Vergini gewonnen hatte und der ihn bis zu seinem Tod nicht mehr verlassen wird. Diesmal in Begleitung der Patres Francesco Margotta und Angelo Maione fährt Mgr. von Liguori in Richtung Neapel ab[18].

Der Bischof hatte durch eine Vollmacht an den Kapitularvikar Don Francesco Rainone die Diözesankirche bereits kanonisch in Besitz genommen. Am Sonntagmorgen, dem 11. Juli, verlassen zwei Wägen Neapel und bringen Alfons und Margotta, Ercole und Maione nach S. Agata. Zum Mittagessen werden sie von den Konventualen von Maddaloni, der letzten Stadt der Diözese Caserta, fast an der Grenze zur Diözese S. Agata erwartet. Kirchliche Würdenträger und Notabeln von S. Agata, Arienzo, Frasso, Airola, Durazzano usw. sind in großer Zahl erschienen, um ihren Oberhirten in Maddaloni zu empfangen. Der Bischof von Caserta, Mgr. Gennaro Albertini, ist anwesend, um ihn mit seinem Klerus beim Übertritt auf sein Territorium zu begrüßen. Er begleitet ihn bis zum jüngst von Vanvitelli erbauten königlichen Viadukt. Kanonikus Giuseppe Jermieri, bischöflicher Kanzler von. S. Agata, hält dort den Festzug an.

— Monsignore, sagt er feierlich, wir befinden uns nun in Eurer Diözese. Geruht, uns Euren Segen zu geben.

Um diesen ersten Segen des Bischofs zu empfangen, ist eine große Menschenmenge zusammengekommen; sie setzt sich nun nicht mehr nur aus den Reichen zusammen, die ihn zu Pferd oder in der Karosse von Maddaloni aus eskortiert haben, sondern auch aus armen Leuten, die zu Fuß herbeigeeilt sind. In Valle di Maddaloni, der ersten Pfarrei der Diözese, und in Bagnoli, einem Lehen der bischöflichen Mensa, wird er mit Böllerschüssen und Feuerwerken begrüßt. Aber das wurde wohl bei allen Bischöfen so gehandhabt. Neu und noch nie dagewesen war dagegen, wie Verzella sagt, daß „er seinen Weg nach S. Agata inmitten einer großen Menge Volkes weiterzog: eine Menge, die bei seinem Segen auf die Knie fällt, ihn voll Freude und Bewunderung sieht und ihm, wie Tannoia betont, „wie einem Heiligen" zujubelt.

Und nun S. Agata, dessen mit weißen Platten belegte Straßen einen einzigartigen Gegensatz zum schwarzen Pflaster Neapels bilden. Aber wer bemerkt das schon inmitten all dieser Leute, die aus der Stadt und ihrem Hinterland zusammengeströmt sind und ihm nun zujubeln, die niederknien und das Kreuz schlagen, die ihm unter dem Donnern der Kanonen und beim Klang aller Glocken der Stadt zurufen und singen. Welt- und Ordensklerus und zahlreiche Laien empfangen und beglückwünschen den Prälaten im weiten Hof des Bischofssitzes, wo er aus seiner Kutsche steigt. Dann unterhalten sich seine bischöfliche Familie und die Domherren im Salon des Palastes eine halbe Stunde mit ihm, ehe sich der Zug zum nahegelegenen Dom formiert.

— Halt!, ruft der um die Etikette besorgte Zeremonienmeister. Wartet! Monsignore muß den *galero* mit breitem Band und grünen Eicheln tragen!

— Monsignore hat keinen Hut...

Unerhört! Dieser Episkopat muß aber doch mit einem „gültigen" Zug eröffnet werden... Irgend jemand schlägt vor, den schon leicht angestaubten Hut des verstorbenen Bischofs Mgr. Flaminio Danza von dessen Grab zu holen. Alfons, der sich wohl insgeheim darüber amüsiert, läßt ihn gutmütig gewähren. Nachdem er also furchtlos den *galero* des Verblichenen aufgesetzt hat, schreitet er unter dem Klang aller Glocken im Abendwind hinter dem Kapitel zum *Duomo*. Es wird bald 23 Uhr (18 Uhr für uns). Die drei Kirchenschiffe, die immerhin 3.000 Personen fassen, sind viel zu klein für die Menschenmenge, die sich noch auf dem Platz vor der Kirche und in den angrenzenden Straßen drängt. Die Orgel spielt mit vollem Werk, als Mgr. von Liguori in seiner Mutterkirche einzieht, nachdem ihn der Klerus am Portal empfangen hat. Das Allerheiligste ist feierlich ausgesetzt. Nach einem Kniefall inniger Anbetung übernimmt der Bischof die päpstlichen Insignien und steigt zum Thron hinauf, während der Klerus das *Te deum* anstimmt. Nachdem seine letzten Töne verklungen sind — „Auf Dich, Herr, habe ich gebaut und werde nie zuschanden werden" — steigt der Pater zum rechten Eck des Hauptaltars hinauf. Seine direkte Art der Rede paßt nicht zu den Kanzeln, die wie Adlerhorste hoch über dem Volk sitzen. Eine Stunde lang hält er seine Zuhörer mit seinem von Liebe und Eifer durchglühten Wort gefangen:

„Gott ist es, der mich in diese Diözese S. Agata schickt, und zwar nicht, damit ich mich hier vergnüge und erhole, sondern vielmehr, um Euch unter Mühe und Anstrengung zu helfen, Euer Heil zu erlangen. Ich erkläre hier und heute, daß ich nicht in der Absicht komme, irgend jemanden zu beherrschen, sondern mit dem Willen, der Diener aller zu sein.

Ich wende mich nun an den Klerus und bitte ihn inständig, mir mit allen seinen Kräften zu helfen, die schwere Last zu tragen, die Gott auf meine Schultern geladen hat."

Dann erklärt er die heilige Mission für eröffnet, morgens für den Welt- und Ordensklerus, abends für die Gläubigen.

Als die Menge nach dem Segen mit dem Allerheiligsten den Dom verläßt, sagen sie voller Freude immer wieder: „Wir haben einen heiligen Bichof... Einen lebendigen Heiligen haben wir in S. Agata".

Als Alfons mitten in der Predigt von einem heftigen Hustenanfall geschüttelt wurde, glaubte ein Domherr besonders witzig zu sein, als er seinen Nachbarn ins Ohr flüsterte:

— Meine Herren, bereiten wir uns schon auf den Empfang für den nächsten Bischof vor: beim nächsten Hustenanfall verlieren wir Mgr. Liguori todsicher.

Dieser Scherz kam dem Pater zu Ohren. Lächelnd bemerkte er dazu:

— Dieser Domherr soll nur auf sich selbst aufpassen. Er scheint nicht zu wissen, daß grüne Birnen leichter vom Baum fallen als die reifen. Ich werde noch die Erneuerung des ganzen Kapitels von S. Agata erleben.

Prophetie oder Zufall: der erste Kanonikus, der aus der Welt schied, war unser Witzbold, obschon er noch gar nicht alt war.

Als Monsignore nach der Feier ins bischöfliche Palais zurückgekehrt war, kamen Abgesandte mehrerer Gutsherren der Gegend. Sie brachten ihm als Willkommgruß erlesene Speisen, eine kostbarer als die andere: Gebäcke, ausländische Weine, Liköre. Er zeigte lebhafte Dankbarkeit, verteilte Trinkgelder an die

Laufburschen und wies alles zurück. Don Verzella gab er den Auftrag, in der Stadt das Nötige zum Abendessen einkaufen zu lassen. An den darauffolgenden Tagen ließ er in gleicher Weise auch die Geschenke zurückbringen, die ihm die Dominikaner von S. Maria a Vico und Durazzano, die Konventualen von S. Agata, die Klosterfrauen und der Dekan von Frasso Telesino gesandt hatten und beschied sie mit freundlichen Worten etwa folgender Art:

„Ich habe Euer Geschenk erhalten und danke Euch dafür. Aber seid mir nicht böse, wenn ich es Euch zurückschicke, denn ich wollte von niemandem auch nur das Geringste annehmen. Ich betrachte das Geschenk als gemacht und bitte Euch, es für Euch selbst zu verwenden."

Der arme Domenico Jannella, der das Geschenk eines Klerikers nicht zurückgewiesen hatte, mußte es zurückbringen und wurde dann entlassen[19].

Kurz vor dem Essen an diesem ersten Abend erfährt Monsignore, daß Don Verzella als Maiordomus, dem Anlaß entsprechend, ein Inthronisationsbankett in Auftrag gegeben hat. Vor diesem Fest..., das nun nicht mehr rückgängig zu machen ist, läßt er seinen Sekretär rufen:

— Don Felice, sagt er zu ihm, Gott verzeihe Euch! Was habt Ihr da gemacht? Ich bin nicht hierhergekommen, um eine große Tafel zu halten! Es soll an nichts fehlen, einverstanden, aber bitte kein Überfluß. Sollten wir üppig speisen, wenn so viele Arme Hungers sterben!

Nach dem Abendessen nahm er ihn zur Seite und legte für die Zukunft den Speiseplan für das Mittagessen fest: *Minestra* und Eintopf, mit einem Gang zusätzlich für seine Tischgenossen.

Aber die Überraschungen waren noch nicht zu Ende. Man hatte ihm in einem schönen Zimmer ein herrliches Bett gerichtet. Er ließ Ciccetti rufen.

— Bruder, wo hast du meinen Strohsack hingetan?

— Monsignore, die Domherren haben Euch dieses Bett richten lassen. Ich konnte außerdem kein Stroh finden; man hätte es von sehr weit herholen müssen.

— Besorge auf jeden Fall welches.

Er ließ sofort die Matratzen entfernen, den leeren Bezug seines Strohsackes bringen und legte ihn auf den blanken Fußboden. Und auch dann streckte er sich auf diesem Kreuz erst nach einer — wie man hören konnte — langen und harten Geißelung aus.

Am nächsten Tag machte er in diesem großen Palais die Runde des Besitzers und wies die besten Zimmer seinem Generalvikar Rubini, seinem Sekretär Verzella und seinem Mitbruder Angelo Maione, der bei ihm bleiben sollte, zu. Auch den Garten inspizierte er. Er war ungepflegt, ohne Bäume und Gemüse.

— Bruder Leonardo, Ihr pflanzt mir hier Orangen-, Zitronen- und Mandarinenbäume.

— Nicht jetzt, Monsignore! Wir sind nicht im Februar.

— Tut, wie ich Euch sage.

„Diese Theologen verstehen nichts davon", mag sich Cicchetti wohl gedacht haben; aber er gehorchte. Und auch der Garten gehorchte: von dieser ganzen Pflanzung trocknete in der Sommerhitze nicht eine Wurzel aus. Priester und Gläubige, die darüber gelächelt hatten, mußten sich wieder einmal sagen: „Wir haben in S. Agata wirklich einen Heiligen als Bischof."

40. „Monsignore bringt sich um" (1762–1763)

„Wieviele Seelen hat Eure Diözese Sant' Agata?" Diese Frage stellte sein Nachbar von Caserta, Mgr. Albertini, eines Tages dem neuen Bischof, als sie gemeinsam beim Essen saßen.

— Etwa 40.000, antwortete Liguori.

— Ungefähr gleich viel wie die meine, stellte Albertini fest. Worauf Alfons nachdenklich das Haupt wiegte:

— Lieber Monsignore, da haben wir beide eine Last von 40.000 Zentnern auf den Schultern: Gnade uns, wenn durch unsere Nachlässigkeit auch nur eine einzige dieser Seelen verloren geht![1]

Das Symbol für diese seelsorgliche Last auf seinem Gewissen war für den Prälaten der Monte Taburno, der im Osten seiner Diözese sein Massiv 1.394 Meter über S. Agata erhob.

Seit wann und durch welche Wanderungen die Saticula des Titus Livius zu S. Agata dei Goti geworden war, das war nicht das Problem seines neuen Bischofs. Heute gehört die Stadt zur Provinz Benevent, damals lag sie im Mittelpunkt einer Diözese, die auf zwei Provinzen Anspruch erhob und auch zwei sehr unterschiedliche geographische Zonen umfaßte.

Die Zone Nord mit feuchtem und eher rauhem Klima in der Provinz des Principato Ultra umfaßte mit ihrem Kreis von Bergen, deren kahle Gipfel eine Kette von 700 bis 1.300 Metern Höhe bilden, drei Viertel seines Gebietes. Ihre höchste Erhebung bildet im Osten das Massiv des Taburno. Über Wälder und Weiden fällt dieses Amphitheater in eine Senke gut bewässerter Kulturen ab: Weinberge und Felder, Obsthaine und Gärten. Im Süden dieses Plateaus sitzt dicht zusammengedrängt auf einem felsigen Sockel S. Agata (156 m). Von allen Seiten vereinigen sich Bäche und Wildbäche in die beiden Flüsse Isclero und Martorano, die die Stadt wie ein Burggraben umgeben und sich verbinden, ehe sie gegen Westen durch eine Senke hindurch in den Volturno münden. In dieser Senke liegen die drei Flachlanddörfer: Valle, Dugenta und Bagnoli. Letzteres, das kleinste, hat die Ehre und das Glück, bischöfliche Baronie zu sein: „Es lebt sich gut unter dem Krummstab", vor allem dem des Mgr. von Liguori. Das Innere des „saticularischen" Beckens teilt sich auf drei weitläufige Städte auf, die jeweils Dörfer in den Bergen haben: im Norden auf halber Höhe Frasso Telesino; im Südwesten, am Ende eines kleinen Tals, Durazzano; zwischen den beiden die kleine Hauptstadt S. Agata. Gegenüber den drei Dörfern der Ebene öffnet sich das Ganze im Südosten gegen Moiano durch einen Gebirgspaß, der Airola und die Höhe des Valle Caudina miteinander verbindet.

An der „Rückseite" der Berge, d. h. an ihrer Nordseite, steigen Eichenwälder, hohe und dichte Buchen- und Kastanienwälder, durchsetzt mit einigen Pinien, fast bis zu den Gipfeln hinauf. Auf der „Vorderseite" dagegen erreichen die Trockenkulturen — Weinberge und Olivenhaine — am Grunde kreidehaltiger und von der Sonne ausgeglühter Südseiten nur geringe Höhen.

Dieses Gebirgsbecken bildet mit der Höhe des Valle Caudina (Airola) die 178 km² der heutigen (1982) Diözese S. Agata dei Goti. Es war die Zone Nord der damaligen Diözese von Mgr. von Liguori.

Die Zone Süd dagegen umfaßte nur ein Viertel seiner Diözese, lag aber im „glücklichen Kampanien" und war weit lieblicher. Sie umfaßte das Tal des antiken Suessula, das von einem Teil der Via Appia, die von Rom und Neapel nach Benevent, nach Apulien und in die Abruzzen führt, durchzogen und mit der Außenwelt verbunden war; Suessula (oder Suessola), im Mittelalter eine blühende Stadt, war 879–880 von den Sarazenen in Brand gesteckt und dem Erdboden gleich gemacht worden. Die Überlebenden flohen mit ihrem Bischof, ihren Waffen und ihrem Besitz in das 10 km östlich gelegene Arienzo, wo sie sich niederließen. Neu-Suessula, Arienzo, behielt seinen Bischofssitz bis gegen 1050, nach wie vor unter dem Titel Suessula. Im 18. Jahrhundert war es die bedeutendste Stadt der Diözese und besaß bei seiner Kollegiatskirche S. Andrea einen kleinen Palazzo, der als Zweitsitz des Bischofs diente. Mgr. von Liguori trug den offiziellen Titel „Bischof von S. Agata dei Goti und Suessola, Baron von Bagnoli und Rektor der Kongregation vom Allerheiligsten Erlöser[2]".

Von S. Agata und Airola gelangt man über den „Paß" von Arpaia und Forchia — die brühmten Roche Caudina, wo die Samniter 321 vor unserer Zeitrechnung die Römer demütigten — in das sanfte und fruchtbare Tal von Arienzo (99 m Höhe). Dieses Paradies auf Erden gehört zur *Terra di Lavoro*, dem „Land der mühevollen Arbeit" und des Reichtums, das sich vom Norden Neapels bis zu den „Wonnen von Capua" erstreckt.

Verglichen mit den kahlen und ausgewaschenen Moränen von jenseits von Eboli, ist diese etwa 240 km² große Diözese als ganze gesehen reich. Bäume mit Kernobst jeglicher Art und Zitrusgewächse bringen köstliche Früchte und schützen zugleich die verschiedensten Gemüsekulturen. Pappeln und Ulmen, Eichen und Kastanien liefern reichlich Qualitätsholz. Getreide, Öl und Wein, Hanf und Flachs sind im Überfluß vorhanden. Aber für die großen Familien war der unteilbare Grund stets zu karg; schwer lastete der Grundzins, den die Verwalter für die Barone einhoben; und schließlich lassen die Städte, durch die der Reisende kommt, die in den verborgenen Windungen und auf den Stufen des Gebirges verlorenen Dörfer nur allzu leicht vergessen. Was aber die Wege betrifft, so können sie, mit Ausnahme der Via Appia, dieser „Königin der langen Straße" — *longarum regina viarum* (Statius) —, die das Valle di Suessola durchzieht, in diesem Land, in dem es häufig regnet und das Wasser von überall hervorquillt, nur holprig im Gebirge, oft schlammig und ausgewaschen in der Ebene und wild an den Hängen sein.

Das also ist der geographische und klimatische, der ökonomische und soziale Rahmen, in dem der Bischof mit seinem Volk leben wird. Ein Volk von Bauern und Viehzüchtern, Handwerkern und Händlern, Hirten und Bettlern unter der Oberherrschaft eines Herrn, der nicht zur Diözese gehörte, Don Carlo Carafa, Herzog von Maddaloni.

Wieviele waren es? Bei seiner Ankunft hatte Alfons sie dem Hörensagen nach auf 40.000 geschätzt. Nach genauen Erhebungen reduzierte er diese Zahl in seinem ersten Bericht an den Heiligen Stuhl (1765) aber um ein Viertel.

— Lächerlich! Wird heute ein Seelsorger in einer großen Stadtpfarrei oder ein Missionar weiträumiger Gebiete denken. 30.000 ist heute für einen Pfarrer nur eine Ziffer. In einem „christlichen" Land aber waren das ebensoviele Einzelpersonen. Außerdem hatte man in Süditalien eine ganz andere Vorstellung von der bischöflichen Präsenz als wir heutzutage. Eine Vorstellung, die im übrigen auch von bedeutenden Theologen unserer Zeit wiederentdeckt wird.

Die viereinhalb Millionen Bewohner des Festlandes, teilten sich im Königreich Neapel auf 131 Diözesen, 50 *Prälaturen nullius*, d. h. autonome, und fünf den Bistümern des Kirchenstaates unterstehende Territorien auf. Von diesen 186 Diözesen und Prälaturen hatten 81 weniger als 10.000 Einwohner. Die mittlere Bevölkerungsdichte betrug 27.000 „Seelen" pro Diözesaneinheit. S. Agata dei Goti war also eine wichtige Diözese. „Viel zu schwer für meine Schultern!" dachte Alfons. Hatte er nicht in seinen *Nützlichen Erwägungen für Bischöfe* geschrieben:

„Vor dem Richterstuhl Jesu Christi muß jeder Rechenschaft für seine Seele ablegen; der Bischof aber muß für ebensoviele Seelen geradestehen, wie er Diözesanen hat[3]."

Aber ruhig Blut, Monsignore! Stehen Euch nicht mindestens 400 Kleriker[4], die zu 80% Priester sind, zur Seite? (denn zum Klerus im eigentlichen Sinn des Wortes gehörten ein Dutzend Diakone und etwa fünfzig Subdiakone, Kleriker mit niederen Weihen oder Tonsur; nicht aber die 30 oder 40 „Novizen", d.h. Anwärter ohne Tonsur). Mehr als ein Priester auf hundert Gläubige! Dazu kommen noch dreizehn Männerklöster: Konventualen und Brüder vom hl. Johannes von Gott in S. Agata (5.200 Einwohner); Augustiner, Benediktiner vom Monte Vergine, Dominikaner, Karmeliter und Kapuziner in Arienzo (10.000 E.); Olivetaner, Benediktiner vom Monte Vergine, Dominikaner, Franziskaner in Airola (6.200 E.); in Durazzano (2.000 E.), Dominikaner der lombardischen Provinz; und schließlich Minoriten in Arpaia (600 E.). Von den wichtigeren Städten hatten nur Frasso (2.600 E.) und Valle (1.100 E.) keine eigene Gemeinschaft von „Ordens"-Priestern.

Dieser Überfülle an Ordensmännern jeglichen Habits standen nur vier Frauenklöster gegenüber: In Arienzo Kanonissen von der Verkündigung, sowie ein von Servitenschwestern geleitetes *conservatorio;* in Airola Tertiarschwestern der hl. Elisabeth; in Frasso ein den Karmelitinnen von Serafina di Dio angegliedertes *conservatorio*. In S. Agata, mangels finanzieller Mittel, noch nichts; außerdem hatte die Bischofsstadt einen schlechten Ruf: „Ein Grund mehr, hier ein Kloster oder ein Pensionat zu errichten", denkt Alfons, und dieser Gedanke macht seinen Weg.

Dagegen gab es durchaus genug finanzielle Mittel, um neben dem Kanoniker-„Kollegium" der Kathedrale noch drei weitere dieser Art zu unterhalten: 30 Domherren in Frasso, 20 in Arienzo und 5 in Arpaia. Diese Kirchen waren also „Kollegiatstifte", in denen die Kapitelmitglieder die feierliche Rezitation des Stundengebetes garantierten.

Alfons, der stets an die Verlassenen dachte, hätte viel darum gegeben, diese Priesterkolonien — 80 Priester in S. Agata, ebensoviele in Airola, 120 in Airenzo, usw. — zu dezentralisieren und in jedes Dorf auf dem Land und vor allem in den Bergen einige Seelsorger schicken zu können. Aber wir dürfen nicht vergessen, daß der Klerus sich aus den Familien des Orts für den Dienst im Ort rekrutierte.

Sofern man hier überhaupt von „Dienst" sprechen kann, denn oft ging es nur darum, aus den Renten einer Pfründe zu profitieren, die von der Gemeinde oder einer ortsansässigen Familie geschaffen worden war. Eine bourgoise Grundhaltung aber kann nicht missionarische Entsagung hervorbringen. Dies wird zu ei-

516

nem der schwersten Kämpfe dieses Redemptoristen und Bischofs wider Willen: in entlegenen Dörfern Pfarreien aufzubauen, damit auch dort die Verkündigung des Wortes Gottes, die Eucharistiefeier, die Katechese und die Betreuung der Kranken und Armen gesichert sind. Doch ist er nicht stärker als die kanonischen und wirtschaftlichen Gesetze seiner Zeit: denn diese armen Weiler müßten erst Kirchen bauen, Priester hervorbringen und ihnen eine Pfründe geben. Ebensogut könnte man auch versuchen, den Taburno aus den Angeln zu heben!

„Hinsichtlich des Unterhalts des Bischofs", so schreibt er einmal nach Rom, „muß die Mensa von S. Agata die anderen um nichts beneiden." Sie erbrachte ihm etwa 2.500 Dukaten jährlich, mit der Belastung, einem gewissen Abbate Biagio Fioravanti eine jährliche Rente von 60 römischen Escudos auszuzahlen und für den Unterhalt der Kathedrale und ihrer Sakristei aufzukommen. Damals galten allgemein 1.500 Dukaten, ohne Belastung, als das angemessene Minimum für einen Bischof. Aber dieser Prälat neuen Stils hatte eine geschlossene Hand, wenn es darum ging, etwas anzunehmen, und eine offene Hand, um auszuteilen. Er schickte alle Geschenke zurück und gestattete nicht, daß sein Anteil an den Rechten der Kanzlei eingehoben wurde, dagegen gab er bereitwillig und großmütig Almosen. Ist es da verwunderlich, daß er häufig von Schulden belastet war?

Dabei ist sein bischöflicher Haushalt auf ein Minimum reduziert. Die drei Priester, die bei ihm leben – der Generalvikar Nicola Rubini, der Sekretär Felice Verzella, der zugleich Haushofmeister und Almosenier ist, und P. Angelo Maione –, bestreiten ihren Unterhalt aus ihrem eigenen Patrimonium. Sie bilden zusammen mit Bruder Romito seine Gebets- und Tischgemeinschaft. Der Kanzler Giuseppe Jeremieri wohnt und ißt nicht im bischöflichen Palais. Allerdings hat Alfons noch drei Laien zu versorgen: den Redemptoristen Francescantonio Romito (Unterhaushofmeister, Ökonom, Hilfssekretär, Krankenpfleger), den Hausburschen Alessio Pollio (Hausdiener, Portier, Kutscher, Stallmeister, Begleiter und bei Bedarf Leibwächter des Bischofs) und schließlich den Koch.

Von den Köchen Mgr. von Liguoris wissen wir nur, daß er den ersten zu seinem Kollegen ins Seminar schickte, damit er diesem beibringe, gute Gerichte für die Schüler zu bereiten, und daß er zwei entließ, die sich als Don Juans benahmen. Er wollte keinen unverheirateten Diener mehr und war erst beruhigt, als der gute Alessio Pollio, der sowieso brav war, sich im Oktober 1766 mit Fortunata Leone verheiratete[6].

Mit seiner neuen „Gemeinschaft" verändert Alfons in diesem weitläufigen bischöflichen Palais zwar seinen Lebensrahmen und die Schwerpunkte seiner Interessen, nicht aber seinen Tagesablauf. Zwischen seiner Geißelung am Morgen und der am Abend, die er oft bis aufs Blut treibt, bleibt seine Zeiteinteilung genau dieselbe wie in Pagani. Auch als Bischof bleibt er der Missionsordensmann von gestern. Sogar seine Kleidung zeugt davon: Er trägt bis zu seinem Tod die über der Brust gekreuzte, knopflose Soutane des einfachen neapolitanischen Priesters mit dem weißen, über den Kragen des Gewandes geschlagenen Hemdkragen: er behält auch den Rosenkranz mit fünf Zehnergruppen, den er seinen Söhnen als unterscheidendes Merkmal ihrer Huldigung an Maria mitgegeben hat, am Gürtel. Unter seinem Gewand trägt er aus Liebe zur Muttergottes auch tagsüber den einfachen Rosenkranz, den er sich nachts um den Hals schlingt. Seiner alltäglichen Kleidung hat er nichts weiter hinzugefügt als das Brustkreuz — sein schweres

Kreuz! — und diesen Viergroschenring an seiner Hand, den er aus übergroßer Bescheidenheit niemanden küssen läßt, weder Männer noch Frauen, vor allem die Frauen nicht.

Nach der Meditation und dem gemeinsamen Offfizium beginnen seine langen Arbeitsstunden mit den Audienzen. Zuerst kommen seine Mitarbeiter zur Regelung laufender Angelegenheiten, dann seine Diözesanen, Priester und Gläubige.

„Er hat weder Hausmeister noch Vorzimmer. Seinen Leuten hat er Anweisung gegeben, jeden sofort vorzulassen, auch wenn es eine jämmerliche Gestalt sein sollte. Arme und Reiche werden ohne Unterschied empfangen; es zeigt sich sogar, daß er die kleinen Leute mit größerer Liebe anhört und sich bemüht, sie zufriedenzustellen. Pfarrer, Vikare, Dekane oder Beichtväter brauchen sich weder anzumelden noch zu warten: *Das sind meine Bevorzugten,* sagt er: Sie sollen in *aller Unbefangenheit zu mir kommen.*

Nach beendeter Audienz beginnt er unverzüglich zu komponieren oder zu schreiben… Wenn ihn aber jemand, und sei es auch nur ein Bettler, zu sprechen wünscht, legt er die Feder sofort zur Seite, empfängt ihn, tut für ihn, was er kann, und nimmt dann seine Arbeit wieder auf. In seinem Zimmerchen steht nur sein kleiner Tisch. Hier läßt er sich gleich am Morgen nieder; hier betet er vor dem Kruzifix und Unserer Lieben Frau vom Guten Rat; hier erledigt er die Geschäfte und empfängt seine Besucher… Mit Ausnahme von Frauen, die er vor Zeugen im Salon empfängt… *Bruder Romito ist verschwiegen,* sagt er zu ihrer Beruhigung… Er hat sehr schnell klargemacht, daß er weder Komplimente noch müßige Besuche schätzt: und so suchte man ihn schon bald nur noch aus triftigen Gründen auf. Wenn die Angelegenheit dann geregelt war, verabschiedete er seinen Besucher, sofern dieser nicht von sich aus ging, mit seinem: *Orsú! Also! Verlieren wir keine Zeit!* oder aber: *Empfehlt mich Jesus und Maria.*"

Seinen Rosenkranz und die Marienlitanei, die er einst mit den Mitbrüdern von Pagani gebetet hatte, sprach er in S. Agata vor dem Abendessen gemeinsam mit seinem ganzen bischöflichen Haushalt und den Gästen des Bischofssitzes, welchen Ranges und Standes sie auch immer sein mochten. Er achtete darauf, daß auch alle anwesend waren, ließ die Abwesenden rufen — Erzbischöfe, Herzöge oder Kutscher — und fing erst an, wenn sie alle gekommen waren[7].

Am Nachmittag allerdings gab es etwas Neues im Programm des Paters: Die Mission, die er bereits in der ersten Woche in der Kathedrale hält, brachte, wie überall, auch die immerwährende *Vita divota* mit sich: tägliche Meditation des Volkes am Morgen, Besuchung beim Allerheiligsten und der Gottesmutter am Ende des Tages. Am Abend ging Monsignore also aus, allein oder mit dem Hausburschen Alessio. Das war die Stunde, in der er den Herrn besuchte: den Herrn in seinen Kranken in der ganzen Stadt; dann den Herrn im Allerheiligsten in der Kathedrale mit den Pfarrkindern, die sich beim Klang der Glocke versammelt hatten. Ein Priester setzte das Allerheiligste aus, er selbst kniete ohne Betstuhl auf dem Steinboden an der Ecke des Altars und erhob sich nur, um die Anwesenden an seinen verzehrenden Gefühlen der Anbetung, Dankbarkeit und Liebe, an seinem Gebet und seinen Entschlüssen teilhaben zu lassen. So lehrte er sie seine *canzoncine* zur Eucharistie *(Partendo del mondo l'amante Pastore, O Pane del Cielo, Fiori felice voi)* und zur Jungfrau Maria. Der Bischof vollzog täglich eine halbe Stunde lang persönlich in seiner Kathedrale, was er von jeder Seelsorgergruppe nach den Missionen erwartete. Damit sie nicht nur ein Strohfeuer seien.

Denn alles begann mit dieser Mission vom 11. bis 18. Juli 1762 im *duomo*[8]. Sie war kürzer als die „klassische" alfonsianische Mission, weil in dieser Zeit des Beginns andere Aufgaben drängten und der Pater wußte, daß seine Kräfte nur begrenzt waren; die Erschütterung aber, die sie bewirkte, machte Klerus und Volk den Ton des missionarischen Episkopats, der nun begann, unmißverständlich klar. P. Maione mußte sich mit seinem ganzen jugendlichen Eifer in die Arbeit werfen. P. Margotta wurde mit dem großen Katechismus beauftragt. Von Alfons ausgewählte Domherren hielten die *sentimenti di notte*, diesen abendlichen Mahnrufe auf Plätzen und Straßenkreuzungen, die das Volk zur Teilnahme an der Mission aufrufen sollten. Der Bischof übernahm die Andachten für Priester am Morgen, für Notabeln am Nachmittag, sowie die *predica grande*. Belastung genug, um einen Jungen umzubringen! Dem Klerus erklärte er: „Frühere Vergehen oder Ärgernisse werden nicht in Rechnung gestellt. Jeder soll sich für die Zukunft bekehren und heute auf den Nullpunkt zurückkehren... Ich liebe Euch alle und werde Euch immer lieben." Die Kathedrale konnte die Menge der Gläubigen nicht fassen. Um die Gewissen zu erleichtern, bat er die Priester der Stadt, jetzt keine Beichten zu hören. Liguori berief für diese Aufgabe die besten Pfarrer und Beichtväter aus der Diözese und ließ sie auch bei sich wohnen.

Gegen Mitte der Woche hätte heftiges Zahnweh beinahe die intensive Arbeit des Bischofs gestört. Verzella und die Domherren wollten eilends „il Moretto", eine Kapazität aus der Hauptstadt, holen. Monsignore wollte nichts davon wissen.

— Sind die Zahnreißer dieser Gegend denn nicht ebenso gut wie die von Neapel? Was braucht es dazu mehr, als die Barbiersfaust und die Geduld dessen, den sie traktiert? Ich muß die Bader unserer Diözese nehmen, denn sie hat Gott mir gegeben; also muß ich zu ihnen gehen.

Daraufhin Erzdiakon Raione:

— Es gibt einen in S. Maria a Vico (große Siedlung in der Nähe von Arienzo), aber man muß ihn gleich am Morgen erwischen, denn tagsüber ist er betrunken.

Noch am selben Abend wurde nach „Mastro Nicodemo" geschickt, damit er am nächsten Morgen gleich nüchtern zur Hand sei. Als die Stunde gekommen war, setzte sich Monsignore auf ein Kissen am Boden. Don Felice ging zu ihm, um ihn an den Schultern festzuhalten. Er aber nahm aus dem Schlitz seiner Soutane das kleine Kreuz, das er auf der Brust trug:

— Wozu mich festhalten? Könnte ich denn eine bessere Hilfe haben als den, der so große Schmerzen für mich gelitten hat?

Er kreuzte die Arme über dem Kruzifix und ertrug das Reißen, ohne auch nur einen Laut von sich zu geben!

Diesem Schelm von Verzella aber gelang es, die „Reliquie" an sich zu reißen, und er ließ von Notar Agostino Ciardullo[9] ein von den anwesenden Pfarrern unterzeichnetes Echtheitszertifikat ausstellen.

Alfons hatte jetzt nur noch einen Zahn. So gesund dieser auch war, er störte ihn doch beim Essen und Sprechen. So ließ er ihn zwei Tage später auch noch ausreißen. Der energische Mann mußte dreimal ansetzen. Alfons sagte nur:

— O Gott, wie gut doch dieser gesegnete Zahn gehalten hat!

Dann gab er seinem Zahnreißer 12 Carlinos pro Operation und sagte lächelnd zu ihm:

— Maestro Nicodemo, nun werdet Ihr nichts mehr mit mir zu tun haben und auch kein Geld mehr von mir sehen.

Verzella hat nicht verraten, ob es ihm gelungen ist, auch den letzten Backenzahn seines heiligen Bischofs verschwinden zu lassen, aber er rühmt die spektakulären Früchte der Mission. Dieses Zeugnis eines Nicht-Spezialisten, der so etwas wahrscheinlich zum erstenmal erlebt, ist hochinteressant. Er verzeichnet die gleichen Ereignisse, die allenhalten von den Missionshistoriographen, allen voran Tannoia, betont werden: Ich zitiere ihn: „Zahllose Versöhnungen zwischen erbitterten Feinden, Rückerstattungen großer Summen, Wiederaufnahme des gemeinsamen und friedlichen Lebens vieler zerstrittener oder getrennter Ehepaare, zahlreiche Bekehrungen öffentlicher Sünder und von Frauen mit schlechtem Lebenswandel, die seit Jahren in der Stadt ein Ärgernis waren." Wie man also sieht, nicht Prozessionen, Beichten und Andachtsübungen, sondern Wiederherstellung der menschlichen und christlichen Grundwerte.

Tannoia, der auch hier sehr gut informiert ist, schreibt, daß „Mgr. von Liguori sich bei seiner Ankunft in S. Agata wie der heilige Petrus in Joppe (Apg. 10,9 ff) vor einem Leinentuch befand, das mit allerlei unreinen Tieren gefüllt war, die er bis zur Sättigung „verschlingen" sollte." Das Bild ist stark, aber treffend, vor allem für die Bischofsstadt. Nicht daß Mgr. Danza kein guter Bischof gewesen wäre; aber in 26 Jahren als Bischof macht die Gewohnheit blind für manche Dinge, schafft Bindungen, die lähmen und zu Kompromissen zwingen; und nicht zuletzt verbrauchen zehn Jahre Gicht ebenfalls die Energien eines Menschen, sofern dieser nicht ein Heiliger ist. So führten die beiden Brüder des Erzdiakons und Generalvikars Rainone, Don Giacomo und Don Giuseppe, stadtbekannte Adelige, ein höchst anstößiges Leben. Alfons hatte schon seine Gründe, wenn er mit einem fremden Generalvikar und Sekretär kam und Geschenke zurückwies, von wem auch immer sie kommen mochten. Damit schuf er die Voraussetzungen für eine apostolische Freiheit ohne Kompromisse. Er bedurfte ihrer auch schon in den ersten Wochen.

Denn einige stadtbekannte Sünder boykottierten die Mission und wollten auch weiterhin in aller Öffentlichkeit in Ärgernis leben. Ihnen begegnete ihr neuer Oberhirte zunächst mit Sanftmut, Geduld und wiederholten Ermahnungen und schließlich mit Entschlossenheit und Stärke. Das Konzil von Trient wies in seiner 24. Sitzung die Bischöfe an, im Konkubinat Lebende nach drei Ermahnungen aus der Stadt und der Diözese zu vertreiben und sich dabei nötigenfalls des weltlichen Armes zu bedienen. Nachdem alle Warnungen, Gebete und Bußübungen also nicht fruchteten, hielt sich Mgr. von Liguori an das Konzil von Trient: er rief die Gesetze des Königreichs und seine Richter zu Hilfe[10]. Giacomo Rainone bekehrte sich in spektakulärer Weise und wurde sogar ein eifriger Seelsorgshelfer. Sein Bruder Giuseppe dagegen, der mit Prahlerei und Drohungen reagierte, konnte dem Gefängnis nur durch die Flucht und ein langes Exil entgehen, während seine Konkubine ihre Liberalität einige Monate zwischen vier Wänden büßte. Kanonikus Marco Petti — ein Domherr, der sein zügelloses Leben und seine drei illegitimen Söhne öffentlich zur Schau stellte —, hatte früher in der Diözese im allgemeinen und für den vormaligen Bischof im besonderen das Gesetz gegeben. Er blieb den Aufrufen der Mission und auch Alfons' Rügen gegenüber taub und fiel dann aus allen Wolken, als er mitten auf dem Platz von S. Agata verhaftet und wie jeder andere Neapolitaner, der sich erlaubt hätte, die Frau seines Nächsten zu nehmen, eingesperrt wurde. Am nächsten Tag erhielt er hinter den Riegeln von Montefusco — wo der Gerichtshof der Region tagte — Gesellschaft von einem gewissen Giuseppe de Luca, Kleriker aus Moiano. Dieser war häufiger in Spelunken als in Kirchen anzutreffen und ging lieber mit der Büchse als mit dem Brevier um. Allerdings hätten diese Zerstreuungen noch nicht die berittene Polizei auf den Plan gerufen, hätte er nicht vor zwei Jahren eine Frau ihrem Gatten entführt. Der Bischof schrieb an seinen Pfarrer, Don Tommaso Aceto:

„Gottlob sind diese beiden Verhaftungen geglückt. Sagt und predigt überall unmißverständlich, daß ich es war und kein anderer, der vom König ihre Inhaftierung erlangt hat. Ich möchte, daß bekannt wird, daß ich es gewesen bin."

Diese „Predigt" machte auf gewisse Priester und Adelige einen stärkeren Eindruck als die Predigten der Mission. Bei den Ordensmännern wurden sieben, deren Verhalten ein Ärgernis war, gebeten — pardon: aufgefordert —, die Diözese zu verlassen. Und schließlich war da noch ein junger befreiter Galeerensträfling, der sich in einem fröhlichen Konkubinat von den Rudern erholte. Nach vergeblichen Warnungen sollte er nach Montefusco gebracht werden, verteidigte sich aber mit der Waffe in der Hand und wurde von den Gendarmen getötet. Alfons weinte über diese Seele. Aber gab dennoch Anweisung, seinen Leichnam auf einen Esel zu laden und zwischen vier Fackeln in einen Graben außerhalb der geweihten Erde zu werfen. In Wirklichkeit wurde die Leiche in den Martorano gestürzt.

War es das Empfinden, hier auf größeren Widerstand zu stoßen oder das schärfere Bewußtsein seiner Verantwortung, das dem Missionar von S. Agata ein schreckliches Schauspiel inspirierte, das er seinen Söhnen nie erlaubt hatte? Bei der Predigt über das jüngste Gericht legte sich der Bischof eine schwarze Stola um, nahm eine Fackel in die Hand und verkündete:

— Nun werde ich nicht die reuigen Sünder, sondern die Verstockten verfluchen: die Wucherer, die Lästerer und vor allem jene, die ohne Reue im Konkubinat leben...

Und er begann:

— Alle Verhärteten im Laster des Wuchers werden von Gott verflucht und auch ich verfluche sie im Namen Gottes...

Als sein donnernder Urteilsspruch durch die Kirche hallte, wurde ein stadtbekannter Wucherer so sehr von Schrecken ergriffen, daß ihn das Fieber befiel und einige Tage nicht mehr verließ. Doch beeindruckte diese Wirkung den Bischof keineswegs: er läßt diese Schockbehandlung in fast allen Missionen, die im Verlauf von 13 Jahren in seiner Diözese abgehalten werden, anwenden. Wandel seiner Methode? Wahrscheinlich nicht. Vielmehr Änderungen des Terrains. 1775 empfiehlt er den Redemptoristen bei ihrer Missionierung der Diözese Capua dieses Schauspiel. Als übliche Therapie? Keineswegs. Sondern „für eine besonders korrumpierte Region". Und er fügt hinzu: „wie es die Orte der *Terra di Lavoro* meist sind[11]." Das Tal des Arienzo gehörte ebenfalls dazu; und um zu dem von Tannoia aufgezeichneten strengen Urteil zurückzukommen, die Forche Caudine waren keine so unüberschreitbare Barriere, als daß nicht auch das Becken von S. Agata ausgiebig den Lastern von Capua erlag.

Der Abschlußsonntag (18. Juli 1762) dieser kurzen, aber intensiven Mission war gleichsam eine neue Taufe für die gesamte Bischofsstadt. „Der Bischof", so berichtet Tannoia, hatte vom Papst ein Sonderbreve erhalten, „daß jedem einen vollkommenen Ablaß gewährte. Für Alfons war die Freude vollkommen, als er sah, wie eine riesige Volksmenge, Menschen, die zum Teil seit Jahren nicht einmal mehr wußten, was die hl. Kommunion überhaupt ist, nach der Eucharistie dürstete. Er selbst betete den *fervorino* der Vorbereitung und der Danksagung in so bewegenden Worten, daß die ganze Kathedrale, vom kleinen Mann bis zum würdigen Domherrn, in Tränen war. Es folgte ein allgemeiner Friedenskuß. Mit dieser Mission gewann S. Agata die Heiligkeit zurück. Vor allem gewöhnten sich alle daran, die Sakramente häufiger zu empfangen, es entstand eine einzigartige Marienverehrung, und das Volk strömte fortan jeden Abend in Scharen zur Besuchung des Allerheiligsten und der Muttergottes."

Ein Schatten nur verfinsterte dieses Bild: „Monsignore wird solche Strapazen nicht aushalten."

— Wir haben Gott so sehr gebeten, uns einen guten Bischof zu senden, rief eines Tages Dekan Buonanno aus. Er hat uns erhört. Aber Monsignore bringt sich um!

Und der ehrwürdige Schatzmeister, Don Luca Cacciapuoti, Rektor des Seminars, kann es sich nicht versagen, den Generalvikar folgendermaßen anzusprechen:

— Was macht Ihr denn? Seht Ihr denn nicht, daß Monsignore sein Leben verkürzt? Wenn Ihr wüßtet, wie viele Tränen wir vergossen haben, um ihn zu bekommen! Bremst seinen Eifer: das sind keine Arbeiten für ihn. Sprecht doch bitte mit seinem Beichtvater; er soll ihm Mäßigung auferlegen.

„Monsignore bringt sich um!" Das war der Ruf, der durch ganz S. Agata hallte. Alfons war sehr gerührt, ließ die Leute reden und fuhr fort, über seine Kräfte hinaus zu arbeiten.

Was aber den Beichtvater, den Redemptoristen Angelo Maione betrifft, so war er es, ein junger Mann von 29 Jahren, der nach drei Wochen nicht mehr konnte. Am 2. August schrieb er an P. Gaspare Caione:

„Ihr erwartet Neuigkeiten über unseren Pater. So wißt, daß er von uns, die mit ihm im Hause wohnen, noch mehr Tugendakte verlangt, als er selbst übt. Keine Zeit mehr zum Essen, zum Schlafen oder zum Atemholen. Wir schinden uns den lieben langen Tag und können ihn doch nicht zufriedenstellen. Jeder bewundert seine Ausdauer, seine unendliche Geduld, mit der er Reklamationen und Bittgesuche erträgt, seine große Liebe, mit der er jederzeit auch noch dem letzten kleinen Weiblein Audienz gewährt. Er ist immer bereit, in die Kirche zu gehen, um ihre Beichten zu hören, in den Salon, um mit ihnen zu sprechen; irgendwohin, wo ihn irgend jemand haben möchte. Daneben ist er ein unermüdlicher Prediger. Er entwickelt solchen Eifer, diese zerrüttete Diözese zu ordnen, daß er sich nicht Rast noch Ruhe gönnt. Den einen zitiert er, um sich allein mit ihm zu unterhalten; einen anderen empfiehlt er der Wachsamkeit seines Pfarrers; einem dritten schließlich schreibt er Briefe väterlicher Ermahnung. Keiner entgeht der Verführung seiner Milde und Liebe. Er weist jedes Geschenk ab; so hat er jüngst erst Körbe voll Feigen zurückgeschickt. Seine Almosen sind so großzügig, daß die Renten des Bistums für seinen Unterhalt nicht ausreichen — und Gott weiß, wie anspruchslos er ist! Er hatte sich in den Kopf gesetzt, Wagen, Maultiere und Futter zu verkaufen, um den Erlös den Armen zu geben, und er hätte es auch getan, hätten wir uns nicht alle gemeinsam bemüht, ihn davon abzuhalten. Pater, Ihr könnt Euch die Armut dieser Stadt und der ganzen Diözese nicht vorstellen. Seit daher bekannt geworden ist, daß Monsignore Almosen verteilt, stehen arme Leute aus der ganzen Gegend Schlange bei uns. Außerdem erreichen uns bündelweise Bittschriften, in denen jeder sein Elend schildert. Der Kanonikus vom Domkapitel (Evangelista D'Addio) sagt mir, die Stadt und die ganze Diözese hätten schon ihr Gesicht gewandelt, noch ehe man Alfons persönlich sah, so hoch ist die Vorstellung, die man von ihm hat. So viel also in Kürze."

Ein Brief, aus dem Bewunderung und Uneinigkeit herauszulesen sind; vielleicht auch ein Schuß Ironie oder gar Eifersucht?... Maione ist nicht Alfons' Mann. Im März bittet er P. Villani, ihn zurückzurufen. Und doch hat ihn der Rektor Maior ausgewählt und geschätzt:

„Er gefällt mir", schreibt P. Alfons an Villani. „Er lebt zurückgezogen; er ist erbauend, intrigiert nicht, unterstützt mich mit seinem Rat und leistet mir bei Predigt und Prüfungen gute Dienste. Einen wie ihn werde ich schwerlich wieder finden... Aber er muß guten Willens bleiben; denn wenn er nur widerwillig bleibt, ist es besser, er geht[12]."

Maione geht Ende März und wird nicht ersetzt. Ihre achtmonatige „Tischgenossenschaft" ist das Vorspiel zum bittersten Drama im Leben des Stifters.

Unmittelbar nach diesem Paukenschlag der Mission von S. Agata, die Missionen in der ganzen Diözese einleitet, wendet sich Alfons seinen Priestern zu. „Gute Priester sind der Arm des Bischofs", hat er in seinen *Überlegungen* geschrieben. Aus Rom hatte er am 15. Juni brieflich seine Achtung vor ihren Verdiensten, seinem Wunsch, jedem einzelnen von ihnen ein Freund, und sein Verlangen, ihrer aller Diener zu sein[13], mitgeteilt. Der erste Dienst, den er ihnen nun erweist, ist ein Rundschreiben, in dem er nachdrücklich die Abschaffung dreier Mißstände fordert, die nicht tragbar seien: schlampig gehaltene Messen, „Vetternwirtschaft" und schlechte oder schulmeisterlich gehaltene Predigten:

„Jeder weiß, welch große Ehrfurcht das heilige Meßopfer verdient... So muß auch jeder unserer Priester wissen, daß wir diese Sache mit wacher Aufmerksamkeit verfolgen und genau darauf achten werden, wie die Messen gefeiert werden. Ordenspriester werden hier nicht anders beurteilt als Weltpriester; denn das Konzil von Trient hat die Bischöfe zu seinen apostolischen Gesandten gemacht, um die Feier der Messe zu überwachen... Alle unserer Jurisdiktion unterliegenden Priester seien also darauf hingewiesen, daß sie zu gegebener Zeit von uns sehr streng über die Zeremonien der Messe geprüft werden; vorerst aber teilen wir ihnen mit, daß wir wünschen, daß alle Priester zumindest am Vormittag den langen Habit tragen. Diejenigen aber, die im Chordienst stehen, müssen den langen Habit auch an den Festtagen, an denen sie an der Vesper teilnehmen, tragen; es ist ihnen freigestellt, an ihren freien Tagen einen kurzen, schicklichen Rock zu tragen."

Interessant daran ist, daß bei den Priestern das Tragen der Soutane im wesentlichen auf die eucharistische Feier und die Chorliturgie beschränkt bleibt. Den einfachen „Klerikern" dagegen „befiehlt er, den langen Habit ohne Ausnahme morgens und abends zu tragen", gleichsam als Zwang zur Zurückhaltung und Schutz für die Neulinge während ihrer Bildungsjahre.

„Außerdem", so fährt der Bischof fort, „sollen alle wissen, daß unter unserer Regierung keiner versuchen soll, sich bei uns empfehlen zu lassen, sei es für Weihen, sei es für die Zuweisung von Pfründen; denn das Verdienst jedes einzelnen wird unsere einzige nützliche Empfehlung sein. Alle, die sich Empfehlungen verschaffen, sollen also schon im voraus wissen, daß sie allein durch diese Tatsache sich unwürdig für eine Ordination oder Pfründe gemacht haben.

Wir erinnern die Herrn Dekane und Pfarrer an die Verpflichtung, den Vorschriften des Konzils von Trient gemäß jeden Sonntag und an allen Hochfesten einfach und verständlich, dem Fassungsvermögen ihrer Zuhörer entsprechend, zu predigen. Da ihr Publikum hauptsächlich Landbewohner sind, können ihnen Predigten anspruchsvolleren Stils wenig oder kaum nutzen. Sie richten eher Schaden an, da die Leute, wenn sie das Gesagte nur schwer verstehen können, Abneigung gegen die Predigten entwickeln und versuchen, ihnen so oft wie möglich fern zu bleiben ... Die Erfahrung beweist übrigens, daß Predigten pompösen und aufgeblasenen Stils die Seelen nicht bekehren; der Hauptgrund dafür ist der, daß Gott Gefallsucht nicht segnet ...

Wir sind überzeugt, daß alles, was wir durch diese Ordonanz vorgeschrieben haben, von allen unserer Jurisdiktion unterstehenden Klerikern getreulich ausgeführt wird. Zuwiderhandelnde würden uns zwingen, mit der durch die kanonischen Regeln vorgegebenen Strenge gegen sie vorzugehen ...[14]"

Wir dürfen sicher sein, daß sich der Bischof gut unterrichtet hatte. Er reagiert in klarer, unverbrämter Rede. Vielleicht zu wenig verbrämt, mag mancher „empfindsame" Leser denken. Aber er darf nicht vergessen, daß damals und dort verbrämte Hinweise nur toter Buchstabe blieben. Wenn der liebenswerte und sanfte Liguori aber glaubt, die Feder in die Hand nehmen zu müssen, so nicht, um tote Buchstaben zu zeichnen: er hat gelobt, nie auch nur eine Minute zu vergeuden.

Der bereits in der Praxis stehende Klerus aber bleibt, wie das gebackene Brot, ein für allemal das, was er ist: ausgezeichnet, mittelmäßig oder schlecht. Der neue Bischof kann ihn zwar noch verbessern, aber nicht mehr in den Backtrog oder den Ofen zurücklegen. Der Klerus von morgen dagegen wird im Seminar ausgesucht, geformt, gehärtet und gekocht.

„Der gute Priester wird im Seminar herangebildet; und von guten Priestern hängt der spirituelle Nutzen des ganzen Volkes ab. Ein gut geführtes Seminar sichert die Heiligung der Diözese; andernfalls ist es ihr Ruin. Denn die jungen Leute bringen den guten Geist nicht schon mit, sondern müssen ihn sich hier erst aneignen. Sie kommen von zuhause entweder schon voller Laster oder sind in diesem Alter zumindest bereit, sie alle auf sich zu ziehen. Wie viele treten als Engel ein und werden schon bald zu Teufeln."

Dies war 1745 eine der ersten *Nützlichen Erwägungen für Bischöfe* von Alfons[15]. So nützlich, daß er im November 1756 Mgr. Troiano Caracciolo del Sole, dem Bischof von Nola, zu sagen gewagt hatte:

„Lieber Monsignore, wißt Ihr, daß viele Bischöfe wegen ihres Seminars verdammt werden? Das wird auch bei Euch der Fall sein, wenn Ihr Eure Methode nicht ändert und Euer Seminar nicht von Grund auf reformiert."

Allerdings galt, wie Tannoia berichtet, für diese Aspiranten des Priestertums „weder göttliches noch menschliches Recht". Der Beweis: Nachdem der Vizedirektor Don Nicola Grisci versucht hatte, sich ihren Mißbräuchen entgegenzustellen, hatten sie nicht mehr und nicht weniger geplant, als ihn zu ermorden: ein „Fall", den Alfons weniger mit seinen Predigten als seinen Bußübungen und Gebeten gelöst hatte. Die Messerwetzer waren plötzlich in Panik geraten und geflohen, und viele andere folgten ihnen nach[16]. Wahrscheinlich für diese reuigen Flüchtlinge und noch mehr für ihren Bischof hatte der Pater kurz darauf seine *Regelung für Seminare* (1756) verfaßt und veröffentlicht. Nun als Bischof muß er verwirklichen, was er damals geschrieben hat[17].

Sein erster Besuch, Montag, dem 12. Juli, galt trotz der großen Belastung durch die gerade begonnene Mission seinem Seminar, gleich neben dem bischöflichen Palais. Während er Komplimenten und Begrüßungsgedichten lauschte, stellte er seine Beobachtungen an. Zu viele Schüler, zu wenig Platz: kleine Räume, niedrige Decken, schmale und zu wenige Fenster. Eine Schwitzstube, Paradies für Ungeziefer, Backofen für die Schüler und ihre Lehrer[18]. Er informierte sich über die Schüler, die Professoren, den Geist, das Studium; er holte Ratschläge ein; und dann fielen seine Entscheidungen, schnell und radikal. Er ordnete eine allgemeine Prüfung an, der er persönlich beiwohnte, und ließ dann sofort die Ferien beginnen. Als sie zu Ende gingen, wurden Eltern und Schüler informiert, daß alle, die wieder aufgenommen werden wollten, ein schriftliches Gesuch an den Bischof einzureichen und seine Antwort abzuwarten hätten. Unfähige und nicht Brauchbare erhielten die Aufforderung, zuhause zu bleiben. Die anderen wurden nun nicht mehr in dem Flohnest empfangen, in dem sie gelitten hatten, sondern in zwei Flügeln des bischöflichen Palais', die von den Architekten Pietro und Salvatore Cimafonte provisorisch adaptiert worden waren; das alte Seminar aber wurde abgerissen und durch ein neues, geräumiges und luftiges Haus ersetzt, das noch heute von der Menschlichkeit des Bischofs und seiner Weitsicht zeugt.

Der Rektor, Don Luca Cacciapuoti, war genauso gebrechlich wie die Gebäude. Der Achtzigjährige hielt seit fünfzig Jahren diesen Posten. Zu allem Überfluß sah er auch noch schlecht. Liguori erhob ihn unverzüglich zum Schatzmeister des Kapitels, um ihn aus dem Seminar zu entfernen. Aber damit rief er ein gewaltiges Gezeter aller Domherren und Notabeln von S. Agata hervor:

— Ihr werdet ihn töten, Monsignore! Ein so verdienstvoller Mann! Und trotz seines Alters viel fähiger, als ihr glaubt. Ihr werdet sehen …

Und das hatte, bei Gott, seine Richtigkeit. „Das Alter ist ein Schiffbruch", hat einmal einer geschrieben; Cacciapuoti aber hielt sich erstaunlich gut über Wasser. Alfons beließ ihm also feinfühlig den Titel des Rektors und gab ihm einen Koadjutor zur Seite: Professor Fra Tommaso Maria Caputo, ein Dominikaner voll Weisheit, Wissen und Heiligkeit. Schließlich und endlich ernannte er Priester, exemplarische und vertrauenswürdige Priester, zu Präfekten.

Er wollte keine Externen, diese Klatsch- und Briefchenträger; aber er schuf innerhalb seiner Mauern ein inniges familiäres Leben. Oft kam er mit den Taschen voller *dolci* zu seinen Seminaristen, um sie damit zu erfreuen, und an den Feiertagen schickte er Kuchen. Er wußte, daß der gute Geist in der Küche beginnt und vor allem vom Magen abhängt. Er, der sich mit bitteren Kräutern vergiftete, sagte: „Ich will, daß sie das Wenige, das ihnen vorgesetzt wird, mit Appetit essen", und er beauftragte seinen geschickten Koch, seine Kunst auch dem Küchenmeister des Seminars beizubringen. Oft kam er, um die Gerichte, das Brot und den Wein zu kosten, ob sie auch wohlschmeckend seien. Und er schaffte den, wie er selbst sagte, „groben Mißstand" ab, daß Lehrer und Schüler nach verschiedenen Speisezetteln ernährt wurden. Für ihn war dies eine Frage der Liebe und Achtung.

Die Achtung... Einmal vergaß sich ein Domherr so weit, daß er einen Kleriker für irgendeinen belanglosen Dummenjungenstreich in der Sakristei der Kathedrale ohrfeigte. Der Bischof nahm das sehr schlecht auf:

— Diese Kinder wurden mir von ihren Eltern anvertraut. Ich vertrete Vaterstelle an ihnen. Daher wurde ich und nicht dieser Junge beleidigt.

Er bestellte den Domherrn zu sich, wies ihn zurecht und belegte ihn mit einer Sanktion. Der Seminarist — das war Klugheit und vielleicht auch Gerechtigkeit — erhielt ebenfalls eine kleine Buße.

Alfons überprüfte auch die Buchführung. Die Pensionen wurden zu Beginn des Semesters bezahlt. Er stellte fest, daß Familien, deren Sohn wegen Krankheit oder anderen Gründen lange abwesend war, nichts zurückerstattet erhielten. „Das ist eine offensichtliche Ungerechtigkeit", sagte er. Und verlangte gegen den Widerstand des Verwaltungsrats eine Änderung. Dagegen bewilligte er auf Drängen dieses Rats einen Monat große Ferien in der Familie; nicht allerdings im Jahr 1763, wo sich die Schüler fern von Jagd und Weinernte im Seminar erholten. „Sie verlieren in einem Monat", so stöhnte er, „die Tugend und das Wissen, die sie in einem ganzen Jahr erworben haben." Spaß und Übertreibung natürlich, denn in S. Agata war beides möglich.

Wir erinnern uns, daß man zu jener Zeit in Italien nicht wie in Frankreich Große und Kleine Seminare trennte: Studium und Altersgruppen reichten hier von den Anfängen der Grammatik bis zur Schlußprüfung der Theologie.

Liguori hatte schon vor 30 Jahren festgestellt, daß die meisten Landpfarrer weder Griechisch noch Latein konnten. Als realistischer Bischof einer ländlichen Diözese beschloß er, der ausschließlich die offizielle lateinische Vulgata verwendete, das Griechische zugunsten eines intensiveren Lateinunterrichts zu reduzieren. Er sagte zum Rektor:

— Das Griechische ist sehr gut für die Orientalen. Wir Okzidentalen brauchen Latein. Ich brauche in dieser Diözese gute Beichtväter, die mir helfen, die Seelen all dieser kleinen Dörfer zu betreuen, und keine Gelehrten, die sich oft selbst nicht verstehen.

„Ich brauche gute Beichtväter..." Im Seminar aber waren Vorlesungen in Moraltheologie unbekannt! So führte er sein „Handbuch" ein, eine Zusammenfassung seiner großen Moral *Istruzione e pratica dei confessori*, allerdings in ihrer lateinischen Übersetzung — *Homo apostolicus* —, um damit Lateiner heranzubilden. Er drängt daher seit seiner Wahl zum Bischof Giambattista Remondini:

„Druckt so schnell wie möglich die lateinischen *Istruzione:* wenn ich nach S. Agata komme, werde ich dafür sorgen, daß alle meine Priester und Seminaristen sie kaufen. Nehmt aber gutes Papier, auch wenn der Preis dadurch etwas steigt[19]."

Er verbot den Professoren, ihre Vorlesungen zu diktieren, da er dies für unnötige Anstrengung und Zeitverlust hielt. Wenn Eure Skripten besser sind als die Bücher, dann laßt sie drucken; wenn nicht, so verwendet gute Handbücher.

In der Philosophie ließ er Pourchots *Institutiones* fallen, die er noch in seiner *Regelung* von 1757 empfohlen hatte. Sein Cartesianismus hatte ihn, den Mann der Aufklärung, nicht daran gehindert, seitdem er Priester war, seine eigene Synthese von Moral und Gnade in der Erfahrung zu suchen. Geradeso wie es Vico und Newton auf ihren Fachgebieten machten. So gibt er also, zweifellos vom Dominikaner Caputo, seinem Professor für Philosophie und Theologie beraten, den enzyklopädischen Pourchot zugunsten eines eher nüchternen Handbuchs, der *Philosophia mentis* (1749) des Kapuziners Fortunato da Brescia (Girolamo Ferrari) auf. Sie beschränkt sich in der Linie von Mabillons *Traité des études monastiques* (1691) auf die formale und kritische Logik und die Metaphysik (Sein, Geist, Gott). Außerdem ist sie zwar thomistisch im Vokabular, hat aber, fern aller müßigen Haarspaltereien der Scholastik, den Vorteil, den Schülern die Denk-Kategorien und jene Sprache zu vermitteln, in denen sich die Theologie bis fast hinauf zum II. Vatikanum ausdrückt.

Das Handbuch der Dogmatik aber war jenes *Compendium* von Honoré Tournely, Professor an der Sorbonne, dessen berühmte Vorlesung in 16 Bänden genau zu dem Zeitpunkt erschien (1725 bis 1729), als Alfons zum Priester geweiht wurde. Der Pater teilte zwar seinen Gallikanismus nicht, schätzte aber dieses Werk und vor allem seinen Anti-Jansenismus und seine Gnadenlehre so sehr, daß er eine Ausgabe des *Compendium* bei Remondini besorgte.

Um die Arbeit im Seminar anzuregen und aufzuwerten, führte der Bischof geisteswissenschaftliche Konferenzen und wöchentliche Vorträge über philosophische und theologische Themen ein. Er brachte Domherren und gebildete Laien zu diesen Veranstaltungen und bereicherte sie durch seine lebhafte Teilnahme. Noch mehr am Herzen aber lag ihm die Predigtakademie für die älteren Seminaristen und alle Priester der Stadt. Er kommentierte seine *Rhetorik* (dritter Teil seiner *Selva*) und organisierte praktische Übungen für Predigt, Ermahnung und Katechismus. Sie werden natürlich auf Italienisch abgehalten, d.h. dem Toskanisch der Volkssprache, mit dem ganzen Sprachreichtum, den der neapolitanische Dialekt zusätzlich einbrachte. Alfons hielt nichts vom puristischen Toskanisch der Schriftsteller und der literarischen Salons.

— Ich will nicht, sagte er immer wieder, daß bei der Predigt toskanische Wendungen gebraucht werden. Meine Kinder und vor allem das ungebildete und unwissende Volk sollen das Wort Gottes verstehen.

Schelmisch und ein bißchen boshaft, wie die Jugend nun einmal sein muß, machten sich die Seminaristen gelegentlich einen Spaß daraus, unvermittelt einige gekünstelte Worte einfließen zu lassen, um dann seinen Protest zu erleben. Und prompt kam die Reaktion:

— *Termini toscani, no, no, no!... Oh! L'avete inteso mo?* Wann werdet Ihr das endlich begreifen[20]?

Im Dezember 1756 hatte P. von Liguori seine *Richtlinien für die Seminare* gedruckt, in der fast die Hälfte des Textes genaueste Anweisungen über die Pflichten des Bischofs gibt. In vielen Biographien oder Fachzeitschriften wird sie mit den *Regeln für das Seminar von S. Agata dei Goti* verwechselt, die Alfons für das Haus aufstellte, und die bis 1979 nur handschriftlich vorlagen[21]. Diese Richtlinien für S. Agata sind natürlich gleichen Geistes, aber doch ganz anderen Zuschnitts. Zum einen natürlich kein Wort für den Bischof, denn der Bischof ist er selbst; zum anderen behandeln sie nicht der Reihe nach die verschiedenen Verantwortlichen des Seminars, sondern gliedern sich in drei Kapitel: I. — *Allgemeine Übungen für das ganze Jahr*, mit ausführlicher Berücksichtigung der Meditation (eine halbe Stunde), des Allerheiligsten Sakraments (Messe mit freiwilliger Kommunion, Besuchung) und der Muttergottes (Kleines Offizium, Rosenkranz, Litanei, Besuchungen, Lektüre marianischer Werke); außerdem monatliche und jährliche

Einkehrtage; Verbot von Geißelungen. II. — *Die Tugenden des Seminaristen:* Bescheidenheit, Schweigen, Höflichkeit und Hilfsbereitschaft, Eifer im Studium, zurückgezogenes Leben, Marienfrömmigkeit. III. — *Besondere Pflichten der Verantwortlichen:* Rektor, Generalpräfekt, Sonderpräfekten. — Das Leben im Seminar ist zugleich menschlich und doch voller Eifer, mit acht Stunden Schlaf, vier Erholungspausen täglich und einem freien Tag in der Woche. Verweisen wir zuguterletzt noch auf die Tischlesung (Heiligenviten und Kirchengeschichte), und viele einstige Seminaristen werden sich hier wiedererkennen. Mit der einen Ausnahme, daß sie keinen Mgr. von Liguori hatten, der jeden Samstag kam, um sie in der Liebe zum Herrn, zur Muttergottes, für die Seelen zu entflammen, ehe er zu seiner Predigt über die Muttergottes in den Dom ging.

— Das Seminar ist mein Augapfel, pflegte er zu sagen.

Daher war er auch um nichts in der Welt dazu zu bewegen, Unverbesserliche und solche, die Ärgernis gaben, im Seminar zu behalten. Barone und Bischöfe, Onkel aus dem Domkapitel und Väter, Äbte, alle Fürsprecher stießen hier auf einen unerschütterlichen Felsen. Einer der Professoren des Seminars wollte Alfons für seinen Neffen erpressen und warf seinen Lehrstuhl in die Waagschale: Der Bischof entließ Onkel und Neffen. Sein Gewissen war nicht zu umgarnen.

Als Ersatz für diese unerwünschten Seminaristen begann er nun, aus den Dörfern, in die unter dem Vorwand, nicht daraus zu stammen, kein Priester gehen wollte, arme, aber moralisch einwandfreie und begabte junge Menschen auszuwählen und umsonst im Seminar wohnen und studieren zu lassen. Auf diese Weise gab er Ducenta, Bagnoli, Cancello und vielen anderen Dörfern, die bislang ohne Priester waren, hervorragende Seelsorger. Die Domherren der Verwaltung protestierten.

— Die Seminare sind einzig und allein zur Unterstützung der Diözesen gegründet worden, antwortete der Bischof... Sie müssen die Erziehung der Armen übernehmen, die durch ihr Verhalten und ihre Intelligenz zur Hoffnung Anlaß geben, einmal ihren Dörfern dienen zu können.

Dieses frühzeitige Bewußtsein der Bedürfnisse seiner Diözese zeigt, daß Alfons schon sehr bald eine kurze, aber aufmerksame Reise durch sie unternommen hat. Tannoia erwähnt diese Visite, und Zeugen haben ihm folgendes Wort des Bischofs überbracht, der eilends seine Regierung antreten will und sich überall zu gleicher Zeit verausgabt.

— Warum sollte man, was heute zu bessern ist, auf morgen verschieben? Mißstände müssen sofort beseitigt werden[22]!

Aber diese erste Blitzreise konnte doch nur ein Präludium zur Generalmission für seine ganze Kirche sein. Sogleich nach seiner Ernennung hatte er, noch von Pagani aus, mit den Oberen der wichtigsten Missionsgesellschaften zur Bereitstellung von Missionsgruppen Kontakt aufgenommen: Giuseppe Sparano von den *Apostoliche Missioni*, Giuseppe Pace von den sog. Vätern von der Konferenz oder von P. Pavone, Stefano Longobardi von den Frommen Arbeitern, Pasquale De Matteis von den Jesuiten und mit seinem Vetter Tommaso Cavalieri von den Dominikanern. Für abgelegene Dörfer wandte er sich auch an die Diözesanmissionare von Caserta und Cerreto. Seine Redemptoristen setzt er noch nicht ein, da man sie, zumindest anfänglich, für Spione des Bischofs halten könnte.

Von Mitte November 1762 bis Winterende betreuen Gruppen von zehn bis fünfundzwanzig Missionaren die wichtigsten Zentren und deren Dörfer: Die Frommen Arbeiter wirken in Arienzo, P. Giuseppe Iorio und seine Mitbrüder von der Konferenz zunächst in Airola, dann in Frasso, die Jesuiten in Durazzano, die Dominikaner in S. Maria a Vico, einer großen Nebenstelle von Arienzo an der Via Appia. Er selbst hält sich vom 12. November bis Weihnachten in Arienzo auf, wo er in der Karmeliterkirche Exerzitien für Adelige predigt; als er hier von der Muttergottes spricht, geht ein übernatürliches Licht von ihm aus, das die ganze Kirche erhellt, während er selbst in Ekstase immer wieder sagt:

— Hier ist die Jungfrau, die Euch mit Gnaden überhäuft hat. Bittet. Sie ist bereit, Euch alles zu gewähren.

In S. Maria a Vico ist die Pfarrkirche S. Nicola zu klein. So überläßt ihm sein Freund, der Generalmeister der Dominikaner, P. Boxadors, seine große Kirche. Zusammen mit zehn von ihnen leitet Alfons die Mission und hält jeden Tag die *predica grande*. Eines Abends geißelt er sich so heftig, daß der Prior auf ihn zustürzt und ihm die Stricke aus der Hand reißt. Aus dieser Mission datiert der Entschluß des Bischofs, in S. Maria a Vico eine große Pfarrkirche zu bauen. Zur weihnachtlichen Mitternachtsmette kehrt er nach S. Andrea D'Arienzo zurück. Nachdem er das kostbare Blut genommen hat, sieht ihn das ganze Volk in Ekstase, umstrahlt von einem Licht aus dem Jenseits[23]. Wir dürfen nicht vergessen, daß es Mitternacht war und man damals nur Kerzenlicht kannte.

Diese „Verzückungen" treiben die Verehrung des Volks auf die Spitze. Umso mehr, als bereits Gerüchte über Wunder im Umlauf sind. So hatte im vergangenen September der junge Domherr de Bruno den kranken Bischof in S. Agata besucht. Um nicht nur mit Orangen zu ihm zu kommen, brachte er einige Schnepfen mit, die er gerade gejagt hatte. Sein vier- oder fünfjähriger Neffe begleitet ihn und trägt stolz den Korb, den er dem Kranken wortlos hinhält. Alfons und Bruder Francescantonio schenken ihm Bonbons.

— Wie heißt du denn? fragt der Bischof. Und der Onkel antwortet:

— Er heißt Tommaso. Aber er spricht nicht. Er hat noch nie Papa oder Mama gesagt. Mein Bruder und seine Frau fürchten, er könnte sein Leben lang stumm bleiben.

Alfons hatte an seinem Bett ein Päckchen mit Bildern Unserer Lieben Frau von der Allmacht liegen. Er nahm eines heraus, ließ das Kind nähertreten, machte ihm das Kreuzzeichen auf die Stirn und reichte ihm das Bild zum Kuß.

— Nun, sagte er zu ihm, wie heißt sie?

— Muttergottes, antwortete der Kleine ohne Zögern.

— Seht Ihr, er ist nicht stumm, sagte der Pater. Er ist nur nicht geschwätzig, das ist alles. Also, seid guten Muts und habt keine Angst.

Von diesem Augenblick an sprach Tommaso wie ein Buch. Und man kann sich vorstellen, daß sich nun auch andere Zungen lösten! Denn wer kannte nicht den kleinen Stummen des Dottore Pasquale de Bruno[24]?

„Monsignore bringt sich um", aber er macht, daß Stumme reden.

41. „Gott packt uns durch den Hunger"

Ein Unglück kommt selten allein. Am 31. Oktober 1762 verliert der 55jährige Ercole von Liguori seine Gattin und Cousine Donna Rachele; sie stirbt kinderlos. Doch gibt ihr Tod ihm die Möglichkeit, sich noch einmal zu verheiraten und auf einen Erben zu hoffen. Tatsächlich wird er in dieser Angelegenheit bald aktiv. Am 5. November schreibt ihm sein bischöflicher Bruder:

„Ich bitte Euch, wählt eine Frau, die ein erbauliches Leben führt und nicht ergeizig ist. Ihr seid bereits fortgeschrittenen Alters: wenn sie zu jung ist und immer in Neapel bleiben möchte, um jeden Abend auszugehen, dann wird sie schon bald einen Cicisbeo, wie sie jetzt üblich sind, finden, der sie, den heutigen Gepflogenheiten entsprechend, oft besuchen wird. Dann aber wird sie kaum noch Zeit für Euch haben, und ihr müßtet sie entweder schnell in ein Kloster stecken oder in fortwährender Sorge und, was noch schlimmer ist, in ständigen Gewissensängsten leben. Es ist also besser, sie weniger vornehm und weniger reich zu wählen, als Euch Unannehmlichkeiten zu schaffen...

Was mich betrifft, so geht es mir Gottseidank gut; doch verursacht mir die gesegnete Braut, die mir zugefallen war, großen Kummer[1]."

Unter anderem Kummer mit dem Geld. Ercole hatte dem neuen Bischof im März brüderlich etwa 4.000 Dukaten für seine „Hochzeitsauslagen" mit seiner Kirche von S. Agata geliehen. Aber schon im November fordert er sie wieder zurück, um seine eigene Hochzeit würdig begehen zu können. Er erhält am 12. November folgende Antwort:

„Mit Freude sehe ich die schönen und zahlreichen Heiratsanträge, die man Euch macht; aber ich wiederhole noch einmal, denkt vor allem daran, eine zu wählen, die Euch so wenig Unruhe wie möglich verursacht, vor allem in Zeiten wie diesen, da die Damen gleich mehrere Ehemänner zu haben pflegen. Seid überzeugt: die jungen Frauen fassen eher zu jüngeren Männern Zuneigung als zu Männern im vorgerückten Alter, wie Ihr es seid. Das Verlangen, hofiert zu werden, verdreht ihnen den Kopf...

Kommen wir nun zur Geldfrage: Ihre Lösung wird nicht erfreulich sein. Ihr verlangt Geld von mir, während ich für dieses Jahre von Euch noch zusätzlich etwas leihen wollte. Denn ich hatte hier unerwartet Auslagen von mehr als 400 Dukaten, die ich von dem für den Seminarbau bestimmten Geld genommen habe. Dieser Bau aber ist bereits begonnen..

Ich habe zwar eine gewisse Menge Getreide zu verkaufen; doch findet dieser Verkauf erst Ende Dezember statt, außerdem sagt man mir, daß ich etwas mehr daraus gewinne, wenn ich noch bis März oder sogar Mai damit warte.

Dieses erste Jahr war für mich, was die Ausgaben betrifft, schrecklich; ich mußte die beiden Bischofssitze, den in S. Agata und den in Arienzo, sanieren lassen; dabei ist sowieso nur das Allernötigste, und das sehr schlecht gemacht worden; ich mußte Abgaben an das Kapitel zahlen, dem Nuntius 400 Dukaten...

Ich werde also versuchen, Euch zu geben, was mir möglich ist, wenn ich mein Getreide verkauft habe; um aber derzeit auch nur einen einzigen Carlino aus mir herauszuholen, müßtet Ihr mich ins Gefängnis werfen...

Ich habe volles Verständnis für Euch, da Ihr derzeit noch keine Mitgift, aber eine Menge Auslagen habt. Das Unglück war eben, daß der Episkopat mit der Hochzeit zusammenfiel.

Ich selbst bin auch verheiratet, aber mit einer Gattin, die mir keinen Augenblick Ruhe gönnt.

Ich umarme Euch und erflehe Gottes Hilfe für Euch[2]."

Mit Gottes Hilfe heiratete Don Ercole also am 10. März 1763 die junge und seriöse Donna Marianna Capano Orsini, Prinzessin von Pollica. Sie erwartete von ihrem bischöflichen Schwager ein Geschenk. Er gab ihr ein kleines Muttergottesbild in einem Holzrahmen: der Wert betrug höchstens einige Carlinos.

Verärgert sandte Ercole den *quadretto* zurück.

— Mein Bruder ist gekränkt, sagte Alfons; aber ich habe mehr Grund dazu. Was hat er sich denn erwartet? Ich habe hier so viele Arme, die Hungers sterben, alles mehr oder weniger Bettler, und da sollte ich große Auslagen machen[3]?

Tatsächlich versank das Königreich seit 1759 in Mißwirtschaft. Aber Ercole, der drei Stadtpaläste und zwei Güter in Marianella besaß, merkte davon noch nichts, obwohl er im Rat der *Piazza* von Portanova saß. Auch seine Kollegen, die Minister und die Regenten, spürten noch nichts. Alfons aber, der in der Provinz auf gleicher Ebene mit den Armen lebte, war gemeinsam mit diesen bereits voll davon betroffen.

Während der ganzen erste Hälfte des 18. Jahrhunderts hatte eine langsame wirtschaftliche und soziale Aufwärtsentwicklung zu einem deutlichen Anwachsen der *Land*bevölkerung Neapels geführt. In vielen Regionen hatte die Vergabe von Adels- und Kirchengütern auf Pachtzins zahlreichen Bauern den Zugang zu Besitz ermöglicht und die Vermehrung bearbeiteter Flächen begünstigt. Andererseits schuf die Stabilität, ja sogar Senkung der Lebenshaltungskosten den *braccianti* — Landarbeitern — zufriedenstellende Lebensbedingungen. Beides hatte dazu geführt, daß sich die Handwerker, denen damit eine zahlungskräftige Kundschaft erwachsen war, voll und ganz auf ihr Handwerk spezialisierten und ihren Grund und Boden anderen überlassen konnten.

Doch in den Jahren um 1750 dringt dieses Wachstum in der Landwirtschaft nicht mehr über die Schwelle des Ladens oder der Werkstatt des Handwerkers. Der bebaubare Boden ist erschöpft, während die Zahl der *braccianti* weiterhin steigt. Die handwerkliche Routine aber hat sich weder um Kreativität noch um eine Marktstudie bemüht, die die Nachfrage und damit die Arbeit im Dienst einer rentableren landwirtschaftlichen Produktion gesteigert hätte. Einzig und allein ein Aufbruch des Handwerks zur Manufaktur, das Vorspiel zu industriellem Wachstum, hätte eine Loslösung vom unteilbaren Grund und Boden erlaubt. So aber konnte sich die Situation nur noch verschlimmern, und jeder unvorhergesehene Zwischenfall mußte zwangsläufig in die Katastrophe führen.

1759 bricht die Kurve der landwirtschaftlichen Produktion ein und verbleibt mehrere Jahre lang auf einem Tiefpunkt: Langanhaltende tiefe Temperaturen bringen eine Reihe von Mißernten. Ein unterentwickeltes und außerdem unterverwaltetes Land kann dieser Prüfung nicht standhalten[4].

Nur eine Region, die bedeutende Überschüsse angesammelt und sich einen umfassenden und aktiven Handel erschlossen hätte, könnte hier bestehen. Aber Italien besaß bis 1860 — aus gutem Grund — keinen nationalen Markt, sondern war in viele regionale Märkte aufgespalten, die durch innere Zölle mit übermäßigen Abgaben getrennt, durch Konzessionäre mit großen Taschen ausgebeutet, durch unterschiedliche Regelungen, Unsicherheit und schlechte Straßen gelähmt wurden.

Während die städtischen Autoritäten und die nationalen Regenten noch ruhig speisten und schliefen, schuf sich P. von Liguori einen Ruf als Unglücksprophet. 1761 hatte er bei Exerzitien, die er bei der Misericordiella in seinem Stadtviertel dei Vergini hielt, in drei verschiedenen Predigten ausgerufen: „Gebt acht! Gott kommt uns durch den Hunger bei." Die gleiche Warnung des Bischofs im Juli 1762 bei der Mission von S. Agata: „Meine Kinder, laßt von der Sünde ab: eine große Strafe droht uns; die Geißel des Hungers schwebt über unseren Häuptern." Im Frühjahr 1763 schließlich predigte er beim Pastoralbesuch von Arienzo in der Kollegialkirche S. Andrea und rief eines Abends: „Gott wird uns durch eine solche Hungersnot strafen, daß wir mangels Brot das Gras an den Hecken essen werden." Einige Tage später wird er noch deutlicher: „Im nächsten Jahr wird die große Hungersnot ausbrechen." Prophezeiungen, oder Klarsicht eines Menschen, der auf dem Boden der rauhen Wirklichkeit lebt und mit Herz und Verstand beobachtet; und der weitersieht?

— Was haben wir da für einen Bischof bekommen, murmelt das kleine Volk gereizt, woher kommt dieser Bischof, der nur Hunger und Unglück predigt[5]? Aber das Unglück scheint sich vorerst eher auf Alfons zu stürzen. Im Juni hatte er wieder einen Anfall seines Lungenkatarrhs, der so stark war, daß sogar die Ärzte Angst bekamen. Trotzdem beginnt er am 24. Juli den Pastoralbesuch von Airola, dessen Baron Bartolomeo de Capua, Fürst della Riccia, ihm ganz ergeben ist. Wie schon den Missionaren, so stellt er jetzt auch ihm seinen Palazzo zur Verfügung. Man hat ihm im Zimmer des Fürsten ein herrliches Bett gerichtet. Der Bischof bewundert es und dankt; dann möchte er die Unterkunft seines Generalvikars und schließlich die kleine und nicht sehr bequeme von Alessio Pollio sehen.

— Hier werde ich mich wohl fühlen, sagt der Bischof, denn ich leide an der Lunge; die großen Zimmer haben zu viel Luft und bekommen mir nicht gut...

Was sollte man darauf antworten? Er ließ sich sogar versprechen, bei allen seinen späteren Besuchen ebenfalls in dieser Kammer untergebracht zu werden. Pollio schlief im Bett des Generalvikars, und Don Nicola Rubini stieg in das des Bischofs.

Doch holt sich Alfons hier einen Blutandrang zur Lunge, verstärkt durch ein hartnäckiges und heftiges Asthma. Alle Medizinen helfen nichts, und schon bald glaubt man ihn verloren: Schnell, man muß eine Kapazität aus der Hauptstadt holen!

— Die Ärzte von Airola sind gut genug für mich, entscheidet der Sterbenskranke. Haben sie nicht die gleichen Bücher studiert wie die in Neapel? Mein Leben ist nicht so kostbar!

Er läßt seinen Sekretär Verzella kommen, der seit dem Weggang P. Maiones auch sein Beichtvater ist, und bittet ihn um die letzte Ölung; freudig erwartet er den Tod. In der Zwischenzeit setzt Rubini die Visite der Pfarreien fort, und Alfons empfängt in seinem Bett die Priester und prüft sie über Moral und Meßzeremonien[6]. Er will seine Aufgabe bis ans Ende erfüllen. Bis ans Ende seiner Kräfte. Bis ans Ende seiner Zeit: nicht eine Minute verlieren.

Aber er kommt noch einmal davon. Da er sich aber auch nach seiner Rückkehr nach S. Agata nur sehr langsam erholt, braucht er auf Anweisung der Ärzte und P. Villanis, seines Gewissensführers, eine Luftveränderung – damals das Allheilmittel – und verbringt zwei Erholungsmonate in Pagani. Aber auch dort arbeitet er, unverbesserlich, „acht bis neun Stunden" täglich mit drei seiner Patres an der Überarbeitung des „Gewissens"-Traktats in seiner *Moraltheologie*. Er läßt sich davon so sehr gefangennehmen, daß er die Hungersnot, die er ja für 1763 vorangekündigt hatte, zu vergessen scheint: nachdem der bischöfliche Haushalt und die Armen versorgt sind, läßt er die 600 *tomoli* (55 lt Scheffel) Getreide verkaufen, die ihm die Ernte eingebracht hat. Natürlich hat er Schulden nach allen Seiten hin[7].

Als er am 10. September nach S. Agata zurückkehrt, scheint ihn jedoch der Zug der Bettler schlagartig aufzuschrecken. Eines schönen Morgens ruft er seinen Sekretär und gibt ihm sehr erregt und wie im Fieber Anweisung, große Mengen von Bohnen, Erbsen und anderen trockenen „Gemüses" zu kaufen: Linsen zweifellos und vor allem Mais (die Bauern pflanzten und aßen sehr viel Mais, weil er nicht der Steuer unterlag). Niemand verstand, was er damit im Sinn hatte, und insgeheim lachten alle, angefangen von Don Felice selbst, über diese unerklärliche Schrulle des Monsignore. Er aber bestand darauf, und Verzella füllte in den Monaten September und Oktober die Lager des Bischofssitzes[8]. Woher nimmt er das Geld dafür?

Das Jahr 1763 hatte mit einem sehr milden Winter ohne Regen und Wind begonnen, dem ein kalter, regnerischer und stürmischer Frühling folgte. Überschwemmungen, Erdrutsche... Die Nachricht davon gelangte zwar bis zu den höchsten Regierungsinstanzen, aber es gab damals noch kein Landwirtschaftsministerium, das sich darüber beunruhigt hätte. Die Landgebiete sorgten, so gut es ging, autark für ihre Ernährung; für die Hauptstadt hatte die *Cittá*, d.h. die Deputierten der *Piazze*, dafür zu sorgen. Bereits 1759 brachte dem *Napoletano* eine verheerende Mißernte; aber Sizilien hatte es ausgeglichen. Dieses Mal teilten Beide Sizilien das gleiche traurige Los: wenig und schlechtes Obst, keine Weinernte, wenig Gemüse für die Menschen, wenig Futter für das Vieh.

Die Regentschaft erhielt über das Getreide nur unklare Berichte. So war sie im August noch zuversichtlich, verbot jedoch den Export. Die kleinen Leute der Hauptstadt aber wurden bereits vom Hunger geplagt, während hohe Persönlichkeiten skandalöse Lagerbestände horteten, um damit zu spekulieren. Die Gewählten der *Città* stritten miteinander anstatt zu handeln. Der Regentschaftsrat wartete bis Mitte September, ehe er Getreideimporte aus England vorschlug. Aber es geschah nichts. Ebensowenig im Oktober. Am 3. November schließlich erkannte die Regierung, daß die Ernte mangelhaft war, hielt sie aber noch immer nicht für so schlecht, daß daraus eine Not entstehen müßte. Also warf sie den Landbesitzern und Händlern vor, mit dem Hunger des Volks zu spekulieren. Im Dezember hungern die Provinzen, während Neapel außer Kontrolle gerät. Schon werden Stimmen laut, die fordern, die Regenten und vor allem San Nicandro zu steinigen. In einem Schreiben an König Karl III. von Madrid brandmarkt Tanucci am 20. Dezember „das Schurkentum zahlloser Geizhälse, die das Korn verstecken und die Preise in unwahrscheinliche Höhen treiben".

Zu ihrer Verteidigung und unter dem Druck der Bedrohung aus dem Volk, sandte die Regierung schließlich ihren Agenten Gennaro Pallante aus, der die heimlichen Depots entdecken, das Getreide in die Hauptstadt bringen und die „Ausnützer der Armen" bestrafen und damit beweisen sollte, daß genug Korn vorhanden war.

Pallante zog also, ausgestattet mit Regierungsvollmachten und begleitet von einer starken Eskorte von Kommissaren und Soldaten, zwei Henkern, zwei Galgen und ... einem Beichtvater, aufs Land. Im ersten Dorf auf der Straße nach Aversa ließ er seine Galgen aufstellen und verkündete, gehortetes Getreide sei unter Strafe des Hängens innerhalb von zwei Stunden zu deklarieren. Ebenso ging er auch in Aversa, Capua, Caserta, Maddaloni, Cervinara, Montesarchio und Frasso vor. Also blieben auch Arienzo, Airola und S. Agata von dieser üblen Brandschatzung nicht verschont.

Die Einschüchterung „gelang" ... Es gelang ihr, diesen Orten auch noch das wenige Getreide zu entreißen, das eine überaus schlechte Ernte eingebracht hatte – (Glücklicher Alfons, der das seine verkauft hatte: nun wäre auch ihm nichts mehr geblieben!) –, um schließlich nach einem Monat lediglich 66.062 *tomoli* Getreide in die Hauptstadt zu bringen. Zorn erfaßte die ganze *Terra di Lavoro*. Die Regenten mußten dieses verheerende Unternehmen schleunigst abbrechen und sich schließlich doch über die Grenzen des Landes hinauswenden, um von allen Seiten Getreide anzufordern: Barcelona, Marseille, ja sogar Odessa.

Aber es war schon viel zu spät. In den ersten sechs Monaten des Jahres 1764 verhungerten mehr als 300.000 Menschen. 27.000 Familien verließen das Königreich, um im Kirchenstaat ihr Brot zu finden, einige flohen bis Nordafrika. Im Königreich aber folgten viele Provinzbewohner den Karren, die ihnen das wenige Getreide ihres unfruchtbaren Bodens gewissermaßen noch aus dem Munde rissen, in die Stadt. Dort aber machten sie den Hunger und für lange Zeit auch das Volk der *lazzaroni* noch größer. Schon bald konnte man nicht mehr hundert Schritte auf der Straße gehen, ohne auf einen Sterbenden zu treffen. Im ganzen Land kam es zu dramatischen Plünderungen und Gewaltakten. Aufstand in Neapel, Aufstand in Marianella, Aufstand in Nola... Würde S. Agata verschont bleiben?

Was geschah in S. Agata? Gab es nicht auch hier, wie in der Nachbardiözese Cerreto, fast 3.000 Tote?

Seit November 1763 wurde in den Bäckereien kein Brot mehr verkauft. Arm und Reich wandte sich nun an den Bischof. Im großen Saal des Bischofssitzes defilierten manchmal bis zu 500 Personen täglich, die auf Knien weinend um Brot flehten.

– Gebt, sagte Alfons zu seinen Leuten; jeder soll zufrieden weggehen. Sie bitten nur um das, was ihnen gehört.

Er hatte in seinen *Reflexionen* geschrieben: „Es muß dem Bischof klar sein, daß die Kirche ihn nicht mit Renten versieht, damit er sie nach seinem Gutdünken verwende, sondern damit er die Armen unterstützt", und in seiner *Istruzione e pratica:* Im Falle höchster Not gehört der Besitz allen ... Dann hat der Arme das Recht, ihn vom Reichen zu nehmen[9]."

Liguori stockte seine Vorräte sofort wieder auf, indem er Wohltäter ersuchte, trockene Gemüse und Getreide zu kaufen, auch wenn sie viel kosteten. Sein Bruder Ercole, der damals einer der Abgesandten in der *Città* war, sandte ihm – wer weiß, wie er das zuwege brachte –, ehe Neapel selbst in höchster Not war, noch eine große Ladung, allerdings zu 6 Dukaten für den 55 Ltr-Scheffel (*tomolo*).

Damit die Unterstützung auch wirklich an die wahrhaft Bedürftigen gelangte, organisierte Alfons ein Informations-, Verteiler- und Kontrollsystem, das einer modernen Agentur in nichts nachstand. Die wirklich notleidenden Familien wurden alphabetisch erfaßt und regelmäßig mit trockenen Gemüsen und etwas Geld versorgt und dann auf der Tabelle der „Kunden" abgehakt.

Liguori war schon immer sehr taktvoll gegenüber den armen Notleidenden gewesen, die sich schämten, die Hand aufzuhalten. Er gab den Pfarrern Anweisungen, sie ihm zu nennen. In normalen Zeiten versorgte er sie regelmäßig und unauffällig mit Lebensmitteln, Kleidung und Geld, ganz auf ihre Bedürfnisse abgestimmt. Bruder Romito oblag die Rechnungsführung[10]. Aber auch jetzt, in der Zeit des Hungers, betreute er sie mit dem gleichen Taktgefühl und derselben Verschwiegenheit.

S. Agata litt also weniger als die benachbarten Regionen. Mit Gottes Hilfe zweifellos; aber was hätte Gott ohne die kluge und übermenschliche Liebe des Bischofs vermocht? „Gott braucht Menschen".

Das wußte das Volk genau. Aber, „man kann es nicht allen und seinem Vater recht machen", so hat, glaube ich, La Fontaine geschrieben. Als Alfons eines Tages das Volk aufrief, Gott zu danken, daß niemand Hungers sterben mußte, fiel ihm mitten in der Kathedrale eine wütende Frau ins Wort und warf ihm schreiend vor, er habe ja sein Getreide verkauft! Der Bischof sagte kein Wort, aber es schnürte ihm das Herz zusammen, und Tränen stiegen ihm auf, weil er daran dachte, wieviel Leid doch diesem Aufschrei vorangegangen sein mußte. An seiner Stelle aber empörten sich die Anwesenden, und die Unveschämte machte sich eilends davon, um nicht auf der Stelle eines anderen Todes als den des Hungers zu sterben.

Doch die Vorräte gingen zu Ende. Man mußte nachkaufen, und zwar zu hohen Preisen. Aber auch das Geld war zusammengeschmolzen. Liguori versuchte zu leihen. Vergeblich. Niemand wollte einem asthmatischen alten Mann leihen. der nichts unter der Sonne besaß und der so oft am Rand des Todes stand. Also verkaufte er. Er verkaufte drei sehr wertvolle Schmuckstücke, die er zur Bischofsweihe erhalten hatte: einen Ring seines verstorbenen Cousins Francesco Cavalieri, den Ring seines Onkels, des Bischofs von Troia, und ein goldenes Brustkreuz. Er verkaufte das Tafelsilber des Bischofssitzes und ersetzte es durch Messingbestecke, die Bruder Tartaglione für eineinhalb Carlinos in einem neapolitanischen Laden erwarb. Nur mit Mühe konnte man ihn davon abhalten, sein Chorhemd — der Spitzen wegen — und seine Uhr zu verkaufen. Aber auch den gemeinsamen Anstrengungen des Großvikars, der Domherren und Notabeln gelang es nicht, ihn davon abzuhalten, Don Ercole zu beauftragen, ihm einen guten Käufer für seine Karosse und die Maultiere zu finden.

— Der heilige Petrus war Papst, sagte er, und fuhr nicht in einer Karosse. Ich bin nicht mehr als der heilige Petrus!

Ercole aber sträubte sich. Alfons blieb hart: „Ich bin alt und stehe bereits mit einem Bein im Grab; außerdem habe ich Schulden über Schulden; ich muß zur höheren Ehre Gottes eine Menge Auslagen machen, aber ich sterbe vor Kummer, weil ich es nicht kann, da ich zuerst die Schulden begleichen muß, die ich noch bei Euch und beim Seminar habe. Beunruhigt mich also bitte nicht mehr in der fraglichen Angelegenheit, sonst antworte ich Euch nicht mehr.

Ich hatte gehofft, mein erster Brief würde Euch beruhigen. Ihr wißt doch, daß ich einen nach reiflicher Überlegung getroffenen Entschluß nicht mehr ändere; quält mich also bitte nicht mehr damit.

Wenn Ihr mir nicht den Gefallen tun wollt, bei Gelegenheit einen Käufer für meine Maultiere und meine Karosse zu finden (denn umsonst will ich sie nicht hergeben), dann beauftrage ich einen anderen damit und verkaufe sie schließlich zu jedem Preis, den man mir bietet.

Euer letzter Brief hat mich wirklich betrübt...

(P.S.) Wollt Ihr denn, daß ich mein Seelenheil verliere, wenn ich zusehe, wie die Maultiere fast das ganze Jahr müßig im Stall stehen, der Kutscher im Wirtshaus sitzt, und ich währenddessen den Armen, die um meine Hilfe bitten, mit leeren Händen entgegentrete? Ich fühle mich nicht stark genug, einen solchen Schmerz zu ertragen." Nun ist Ercole, der seinen Bruder verehrte, bereit, Wagen und Gespann zu verkaufen, aber er bringt doch noch ein letztes Argument vor: „Und wenn Ihr nach Neapel kommen müßt?" Alfons nimmt diesen Ball auf, um die Partie zu gewinnen:

„Ich danke Euch, mein lieber Bruder, für die Äpfel, die Ihr mir geschenkt habt... Was die Karosse betrifft, so bin ich glücklich, daß Ihr sie nehmt; bestimmt den Preis ganz nach Eurem Gutdünken.

Im übrigen werde ich kaum nach Neapel fahren. Da müßte mich schon das Unglück einer Aufforderung durch die Regierung treffen; und auch dann würde ich wahrscheinlich meinen Generalvikar oder einen meiner Domherren schikken: denn ich habe schon meine Entschuldigung: ich bin alt und krank und verlasse das Haus nicht mehr."

Er war also durch nichts umzustimmen und schickte seine Karosse und seine Maultiere am 5. Januar 1764 nach Neapel, damit sie dort an den Meistbietenden verkauft würden. Sein Bruder Don Gaetano wollte diese Equipage aber nicht in fremde Hände gelangen lassen und erwarb sie um einen sehr hohen Preis: noch am gleichen Tag schrieb Don Ercole folgende liebevollen Zeilen an den Bischof:

„Ich hatte mich der trügerischen Hoffnung hingegeben, Ihr hättet Eure Meinung geändert. Da Ihr aber darauf besteht, die Karosse zu verkaufen, sollt Ihr wissen, daß sie Euch noch immer gehört. Wenn Ihr wollt, kaufe ich sie auf meine Kosten zurück. Ihr seid und bleibt der absolute Herr meines Hauses, das im übrigen das Eure ist."

Aber auch dieses Geld verschwand schon sehr schnell im Schlund der wachsenden Hungersnot. Tagtäglich berief der Bischof gewissermaßen einen Kriegsrat ein — Adelige, Domherren, Beamte —, um neue Möglichkeiten zu ersinnen, damit die Armen nicht Hungers sterben mußten. Viele verweigerten ihr Geld; aber ebensoviele ließen sich zu großmütigen Spenden bewegen; andere wieder liehen und wußten doch genau, daß sie ihr Geld nie mehr wiedersehen würden. Und wieder konnte der Nährvater eine Woche und noch eine Woche aushalten. Aber der Winter ging nicht zu Ende. Und der Hunger führt zu Zorn und Wahnsinn.

Eines Abends hatte der Bischof bei der Besuchung des Allerheiligsten zu Buße und Bekehrung aufgerufen. Vielleicht tat er es in dieser schweren Zeit zu oft. Als er dann auf den Arm des Sakristans Don Michele D'Apruzzo gestützt, den Dom verließ, schrie ihm eine gewisse Girolama Razzano mit erhobener Faust ins Gesicht:

— Seit deiner Ankunft hast du uns dieses Unglücksjahr so oft vorhergesagt, daß es jetzt gekommen ist! Du bist schuld, daß wir jetzt das Brot zu 7 *grana* den *rotolo* (0,89 kg) essen müssen. Du kannst es dir ja leisten, es zu diesem Prei zu essen...

Alfons sagte kein Wort und segnete die arme Frau. Die Geste des Sakristans aber war weniger sanft: er stieß sie mit einem Faustschlag auf den Rücken nach vorn. Der Pater war darüber erbost und machte ihm heftige Vorwürfe:

— Diese Ärmsten, sagte er; sie verdienen Mitleid. Nicht ihr Herz ist es, das schreit und beleidigt, sondern ihr Hunger.

Michele d'Apruzzo aber erhielt von ihm für diese „Brutalität" und dieses Ärgernis vier Tage Karzer. Alfons hatte geschrieben: „Der Bischof muß mit beispielhafter Sanftmut die Grobheiten seiner Diözesanen ertragen und die Unverschämten, Verleumder und Undankbaren so liebevoll wie möglich behandeln[12]."

„So liebevoll wie möglich..." Konnte er denn in dieser Not, die immer mehr Menschen dem Hunger auslieferte, noch liebevoller sein? Denn nun aßen die hungernden Menschen bereits, wie er es vorhergesagt hatte, das Gras am Wegesrand. Diese ausgemergelten Gestalten dauerten ihn zutiefst. Er hätte am liebsten selbst nichts mehr gegessen, um seinen Kindern zu helfen, und ließ seinen Sekretär kommen:

— *Don Felice mio*, sprach er zu ihm, Ihr seht, daß die Leute Hungers sterben. Daher müssen wir noch mehr sparen, und Ihr, Ihr und das ganze Haus, müßt auch den Hunger erdulden.

Das gleiche sagte er zum Großvikar, und so kam nur noch die *minestra* mit wenig Fleischbrühe auf den Tisch. Er selbst aß nur Brot und *minestra*.

Er rief alle Ordensoberen seiner Diözese zusammen und bat sie, in ihren Klöstern die Mahlzeiten zu kürzen, um die Armen zu speisen.

— Ich muß, antwortete ihm einer, zunächst meine Ordensfamilie ernähren und brauche den Armen nur vom Überfluß zu geben, nicht mehr und nicht weniger.

Diese grausame Gleichgültigkeit durchbohrte dem Pater das Herz. Er sprang von seinem Stuhl auf.

— Ernähren! sagte er scharf, wißt Ihr, was das heißt? Das bedeutet, daß du nur eben so viel ißt, um nicht zu sterben und den Rest den Hungernden gibst. Als du in den Ordensstand eingetreten bist, hast du darum gebeten, ein armes und büßendes Leben führen zu dürfen, und nicht, deinen Wanst zu füllen und dich zu mästen. Glaubst du an das Evangelium oder bist du ein Türke?

Diese Zurechtweisung bekehrte unseren Mann, und die Hungernden seines Orts erlebten eine kleine Freude.

Die Armen hatten an der Pforte des Bischofs noch nie warten müssen. In der fürchterlichen Hungersnot aber klopfte er an ihre Türen, um sich zu vergewissern, daß keiner vergessen wurde, um die Kranken, deren Zahl durch die Not noch gestiegen war, zu besuchen. Er geht durch die ganze Stadt, bringt Hilfe, Lebensmittel und Leckereien, die er bei den Klöstern von Neapel, seinen Beichtkindern und seinen Verwandten erbettelt hat.

Was könnte er noch verkaufen, um seine Kinder zu ernähren?... Ah! Das Silber der bischöflichen Sakristei: Bischofsstab, Becken, Gießbecken, Wachsstockbüchse und einen kostbaren Stein, der die Spange des Chorrocks ziert. Aber ach! Das Kapitel als Verwahrer des Domschatzes ist dagegen.

– Was sollen wir tun, wenden sie ein, wenn Ihr ein Pontifikalamt haltet?

– Dann nehme ich Tongefäße; Silber ist doch nicht vorgeschrieben!

Er möchte diese Gegenstände wenigstens verpfänden. Aber auch das verweigern ihm die Domherren. Er kann nicht über sie hinweghandeln, da er nicht der Eigentümer ist. So geht er mit Tränen in den Augen in seinem Palast auf und ab, in der ganzen Bitterkeit seines Schmerzes. Die ganze Diözese nahm Zuflucht zu ihm, und er ernährte auch seine Baronie von Bagnoli! Jetzt aber hatte er nichts mehr, überhaupt nichts mehr, und spürte doch, wie die Volkswut kochte.

Eine mehr als gerechtfertigte Wut, denn es gab noch immer Getreide; aber die Gutsbesitzer, allen voran der Herzog von Maddaloni, warteten zu seiner Herausgabe einen noch untragbareren Preisanstieg ab. Das Volk aber macht ganz zu Unrecht die Stadträte dafür verantwortlich. So bricht am Sonntag, dem 19. Februar, der Aufstand gegen den Bürgermeister von Domenico Cervo aus. Er ist es, nur er kann es sein, der das Land aushungert! Die Menge rottet sich zusammen, läutet die Glocken und bricht mit Axtschlägen seine Türe auf ... Er selbst kann durch eine Geheimtüre entkommen und findet ... im Bischofssitz Zuflucht. „Auf zum Bischofssitz!" brüllt die wütende Menge und stürmt zum Palais. Der Pater versteckt den Bürgermeister „an dem am wenigsten vornehmen Ort des Palais, dem Abtritt", wie Verzella ausführt, und stellt sich der Wut dieses entfesselten Volks.

– Tötet mich, wenn Ihr Blut wollt, aber laßt den Bürgermeister in Ruhe. Er ist für nichts verantwortlich ...

Ein hungriger Bauch hat keine Ohren, und die Menge heult: „Leben um Leben!"

– Eßt, hasardiert der Bischof. So eßt doch! Und er läßt alle Vorräte, die im Bischofssitz und im Seminar aufzutreiben sind, verteilen. Sofort legt sich der Zorn, und die Äxte sinken. Der Gouverneur gibt erzwungenermaßen 200 Scheffel Getreide des Herzogs von Maddaloni zum Verkauf frei. Da kehrt zunächst wieder Ruhe ein.

Warum aber muß dieser unglückselige Carlo Carafa zur Habsucht auch noch diese Ungeschicklichkeit fügen? Er holt eine Schwadron ins Land, um weiteren Unruhen vorzubeugen. „Sechzig Mäuler mehr", denkt das Volk zornig und kampfbereit. Der Bischof versucht unermüdlich, die Säbelhiebe der einen und die Angriffe mit Mistgabeln der anderen zu verhindern, während er um den unverzüglichen Abzug dieser zur Unzeit gekommenen Streitkräfte verhandelt. Er schreibt: „Ich habe deswegen mehrere schlaflose Nächte hinter mir." Hinterher mußte er die größte Mühe aufwenden, um eine gerichtliche Untersuchung und Repressalien von Seiten Maddalonis, sowie ein Eingreifen der Richter von Montefusco zu verhindern[13].

Am 7. März 1764 legen die ersten Getreideschiffe im Hafen von Neapel an. Ist dies nun das Ende des Alptraums? Für die Provinz ja, für Neapel aber kam durch die vielen Kranken und Toten, was kommen mußte: die Pest. Von Mai bis September sind die Hospitäler mit drei Kranken pro Bett überfüllt, die Gräber fassen die Toten nicht mehr: 50 täglich bei den Unheilbaren. Alfons leidet und bangt für seine Stadt, sein Familie, seine Mitbrüder im kleinen neapolitanischen *ospizio*.

P. Margotta, der Generalprokurator der Ordensgemeinschaft, erliegt ihr am 11. August. Da Alfons ihm nicht selbst beistehen kann, hat er P. Salvatore Galla und dann P. Ferrara zu ihm geschickt.

So begleitete er seine Brüder und Söhne, die zur himmlischen Kongregation eingehen, immer mit Liebe. Dieser unerhört sensible Mann bringt aber seinen eigenen Schmerz nur selten zum Ausdruck: das wäre verlorene Zeit, und außerdem wird seine Traurigkeit von seinem Glauben und seiner Hoffnung aufgefangen. Innerhalb von 18 Monaten mußte er erleben, wie fünf seiner jungen Leute von der Schwindsucht dahingerafft wurden. Anfang April 1764 schreibt er einem von ihnen, Donato Melaccio, der nach einer Predigt Blut gespuckt hatte:

„Mein lieber Sohn, Gott weiß, wie sehr mich die erste Nachricht über Eure Krankheit geschmerzt hat; aber es ist Gottes Wille, und ich schicke mich darein.

Schickt auch Ihr Euch darein und gebt Euch ganz in die Hand Eures guten Gottes, der Euch aus diesem stürmischen Meer der Welt reißen will, um Euch zu retten.

Seid getrost und seid Euch Eures ewigen Heils sicher, da Ihr in der Kongregation sterbt. Wie sehr aber sind jene zu bedauern, die einst zu uns gehörten und dann außerhalb der Kongregation sterben! Wozu ist denn das Leben gut, wenn nicht dazu, uns gut und in der Gnade Gottes sterben zu lassen?

Eures guten Todes aber kann ich Euch versichern, was wollt Ihr noch mehr? Gibt es denn etwas Schöneres, als ein für allemal Schluß zu machen mit der Fähigkeit zu sündigen und der Gefahr, Gott zu verlieren?

Wenn Euch also der Gedanke an den Tod betrübt, dann sollt Ihr Euer Vertrauen und Eure Ergebung in den Willen Gottes wieder neu beleben und Euch sagen: Wenn Gott will, daß ich diese Welt jetzt verlasse, dann ist es das Beste für mich. Wer weiß, ob Ihr nicht wie so viele andere den Kopf verlieren würdet, wenn Ihr gesund würdet, und ob Ihr nicht außerhalb der Kongregation sterben würdet, Gott weiß, in welchem Zustand!

Allegramente! Gott will Euch zu einem Auserwählten machen. Wenn er Euch ins Jenseits ruft, dann vergeßt nicht, mich der Muttergottes zu empfehlen; ich bitte sie jetzt für Euch, und ich werde sie auch nach Eurem Tod bitten, wenn Ihr früher sterben solltet als ich. Aber auch wenn Ihr vor mir in die Ewigkeit eingeht, werde ich Euch bald nachfolgen. So hoffe ich also, daß wir uns bald am Ort des Heils wiedersehen, wo wir Gott lieben werden, ohne fürchten zu müssen, je wieder getrennt zu werden...

Abschließend sende ich Euch meinen tausendfachen Segen. Auf baldiges Wiedersehen im Paradies! Ich segne Euch. Amen, Amen.

Ich umarme und segne Euch noch einmal. Auf Wiedersehen in der glückseligen Ewigkeit!

Gelobt seien Jesus und Maria! – Bruder Alfons vom Allerheiligsten Erlöser, Bischof von S. Agata[14]."

42. Bischof für Sant' Agata dei Goti (1763–1767)

Diesmals packte den bischöflichen Vikar und Junker von Airola, Don Giovanni Manco, donnernder Zorn, und das kam so: er hatte beim Pastoralbesuch seine beiden schönsten Käsestücke ausgesucht und sie für den Monsignore in das Haus des Fürsten von Riccia bringen lassen; der Bote aber war demBischof in den Weg gelaufen, und dieser hatte lächelnd zu ihm gesagt: „Entweder bezahle ich sie dir, oder du nimmst sie wieder mit."

Zornig und voller Vorwürfe kam der gute Dekan zu Alfons. Dieser aber entschuldigte sich:

– Ich kann keine Geschenke annehmen. Mgr. Crispino verbietet uns, auch nur das Geringste anzunehmen.

Don Giovanni war außer sich und schleuderte ihm nun die berüchtigte Verwünschung der Toten entgegen, die schon früher P. von Liguoris Tinte zum Fließen gebracht hatte:

– Verflucht seien die Toten von Mgr. Crispino und dessen, der ihn geweiht hat![1]

Giuseppe Crispino (1639–1721) hatte sich schon vor 40 Jahren seinen Toten in ihrer Ewigkeit zugesellt, aber er hatte ein Buch in dieser Welt zurückgelassen: den Klassiker der Pastoralbesuche. Als Sekretär des heiligen Kardinals Innico Caracciolo in Neapel hatte er in seiner Amtszeit von 1667 bis 1685 von diesem weisen und von seelsorglichem Feingefühl erfüllten Mann sehr viel gelernt. Außerdem hatte er sich stark von den Dekreten seines Freundes, des Dominikaners Pietro Francesco Orsini di Gravina (Ordensname: Vincenzo Maria), der schon sehr jung Bischof von Manfredonia, dann Kardinal von Benevent und schließlich Papst Benedikt XIII. wurde, beeinflussen lassen. Diese beiden großen kirchlichen Würdenträger und natürlich auch Karl Borromäus hatten ihn zu einer langen Abhandlung über den *Buon Vescovo* („Der gute Bischof") inspiriert, die 1682 erschien und 1685 mit einer wohlverdienten Mitra belohnt wurde. Im selben Jahr noch hatte er einen Auszug davon veröffentlicht, den *Trattoto della Visita Pastorale*. Dieser *Crispino* war es, den der Visitator Alfons bei sich hatte und nun vor Don Giovanni Manco auf Seite 108 öffnete, um seinen Zorn zu besänftigen. „Während der heiligen Visitation", stand hier geschrieben, „ist es nicht gestattet, spontane Geschenke anzunehmen, auch wenn es sich dabei um Nahrungsmittel handelt."

Getreu dem Konzil von Trient und seinem *Crispino* visitierte Mgr. von Liguori seine ganze Diözese alle zwei Jahre. Seiner Gesundheit wegen mußte er dazu die schöne Jahreszeit, von Mai bis September, wählen. In den Jahren mit gerader Zahl besuchte er S. Agata, Durazzano und Frasso mit ihren Dörfern, d.h. das gebirgige Amphitheater seines Territoriums, in den Jahren mit ungerader Zahl die Peripherie Süd und West, das heißt die lieblichen Städte und *casali* von Arienzo, Airola und Valle di Maddaloni.

So hatte er also am 21. Mai 1763 mit Kampanien begonnen: Arienzo bis zum 29., dann vom 29. Mai bis 4. Juni Valle, Bagnoli und Dugenta, um schließlich Mitte Juni wieder nach Arienzo zurückzukommen und am 24. Juli in Airola neu zu beginnen. Wir erinnern uns, daß der Bischof in der Kammer des Hausknechts Pollio beim Fürsten von Riccia sterbenskrank geworden war. Damals hatte sein Generalvikar die Visite der Kirchen von Airola und Umgebung allein fortgesetzt und die von Valle zu Ende gebracht, während er selbst, durch den Gehorsam gezwungen, sich zwei Monate in Nocera erholen mußte, wo er „acht bis neun Stunden täglich arbeitete."

1764 widmete sich Monsignore der anderen Hälfte seiner Diözese: dem Bekken, dessen südlicher Hauptort S. Agata ist. Der ganze Mai ist der Stadt, ihren

Kirchen und ihren Dörfern gewidmet. Vom 9. bis 19. Juni sind die „Visitatoren" im Sektor von Durazzano, vom 20. Juni bis 5. Juli im Gebiet von Frasso[2]. Die bischöfliche Equipage ist bescheiden. Die Karosse rollte nur vor der großen Hungersnot bei den Visitationen in der Ebene vom Mai bis Juli 1763. Danach kommt der Bischof auf dem Rücken seines Esels. Sein Gefolge, zu Pferd, Esel oder Maultier, besteht aus dem Großvikar Rubini als Kovisitator und Richter, aus dem Kanzler Jermieri als Notar, einem Domherrn der Kathedrale, dem Bruder Francescantonio Romito als Sekretär und einem Diener für alle. Denn für einen persönlichen Diener hat Monsignore keine Verwendung: auf Reisen wie in S. Agata macht er sein Zimmer und sein Bett selbst.

Auf einem Esel braucht man wenigstens keine Verkehrsunfälle zu befürchten. Im Wagen dagegen... Eben an jenem 20. Juni 1764, als er Durazzano verläßt, um am Abend den Pastoralbesuch in Frasso zu eröffnen, fällt die Kalesche des Generalvikars — sind die Straßen so schlecht, die Maultiere so störrisch, oder ist der Kutscher betrunken? — zweimal um, ehe sie S. Agata erreicht. Rubini steht unversehrt, aber sehr schlechter Laune wieder auf, Monsignore dagegen mit einem Lächeln und einem verrenkten Handgelenk. Domherren und Notabeln versuchen, den Bischof in S. Agata festzuhalten, um ihn zu kurieren. Aber er weigert sich — er wird am Abend in Frasso erwartet — und setzt seinen Weg auf dem Rücken eines Esels fort. Unterwegs hält ihn im Dorf Verroni ein ergebener Freund, der Kaufmann Angelo Cervo, auf und zwingt ihn, hier eine Pause einzulegen. Ein „Knocheneinrichter" wird gerufen und renkt das Gelenk wieder ein. Im Verlauf der Unterhaltung erfährt Alfons, welches Drama sich für Don Cervo und seine Gattin soeben abspielt: im Nebenraum liegt ihr Sohn im Sterben; die Ärzte haben ihn bereits aufgegeben. Der Bischof geht zu ihm und zeichnet ihm das Kreuzzeichen auf die Stirn.

— Verzagt nicht, sagt er zu den Eltern. Euer Junge wird wieder gesund werden.

Sogleich gewinnt das Kind neue Kräfte, neues Leben; und schon nach drei Tagen läuft es wieder herum.

Der Bischof und sein Gefolge kommen nach Frasso, wo sie schon erwartet werden; aber nicht auf diesen Mähren.

— Was soll denn das? ruft eine feine Dame. Monsignore auf einem Esel?

— Den einen die Wagen, den anderen die Rosse, uns aber der Name des Herrn, antwortet heiter der Pater mit einem Zitat aus Psalm 20.

Im Jahr darauf sind es die Domherren, die sich entsetzen, als er bei sengender Mittagshitze in Arpaia ankommt:

— Wie! Bei dieser Hitze reisen! Und noch dazu auf dem Rücken eines Esels!

Da zeigt Monsignore auf einen Geflügelhändler, der gerade schwitzend mit einem großen Korb auf dem Kopf des Weges kommt:

— Schaut diesen armen Mann an, sagt er. Wer von uns beiden ist nun bequemer gekommen, ich auf meinem Tier oder er zu Fuß unter dieser Last?

Aber zurück nach Frasso. Dort beginnt also „im Namen des Herrn" und zur Freude aller die *Santa Visita*. Nur Vikar Rubini hat sich von den Mißgeschicken der Reise noch nicht so recht erholt; er sieht alles schwarz; am nächsten Morgen steht er mit dem linken Fuß auf. Das ganze Haus hallt wider von seinen Klagen:

— Was hat man mir da für ein Zimmer gegeben. Feucht. Mit schlechtschließenden Fenstern, und dies und das...

Es ist Juni! Keiner kann diese Feuchtigkeit und diesen Luftzug ernst nehmen. Welche Laus ist Rubini über die Leber gelaufen?

— Es ist nicht weiter schlimm, sagt der Bischof. Ich werde das schon in Ordnung bringen.

Kaum ist der Vikar in die Kirche gegangen, als Liguori die Betten tauschen läßt und mit seinem unvermeidlichen Strohsack in Rubinis Zimmer zieht. Als dieser zurückkehrt, verliert er kein Wort darüber, und die Visite nimmt friedlich ihren Gang.

Ihr Führer ist der *Crispino,* allerdings vereinfacht à la Liguori. Der Bischof hat vorher die schriftlichen Antworten der Dekane und Pfarrer auf 20 Fragen über die Kirche, ihre Verwaltung, ihr Mobiliar und ihre Einkünfte, über die Prüfung der Örtlichkeiten und den Zustand der Gegenstände, und die jeweiligen vom Bischof oder seinem Vikar getroffenen Entscheidungen erhalten und durchstudiert.

Das Zeremoniell ist überall das gleiche. Nach dem feierlichen Empfang des Oberhirten am Portal der Hauptkirche, der Oboedienz des Klerus, der Predigt für die herbeigeströmten Gläubigen, beginnt die heilige Visitation mit jener des Herrn im Tabernakel und der Pyxen, Ziborien und Kelche („Kauft so schnell wie möglich eine Monstranz zur Anbetung des Allerheiligsten"). Sie wird aufmerksam in der Kirche weitergeführt, das Pflaster oder das Gewölbe werden inspiziert („Diese Spinnennetze! . . . Und noch schlimmer, dieses Gewölbe, das schon vor zwei Jahren einsturzgefährdet war! Wenn hier nicht innerhalb von vier Monaten etwas unternommen wird, werden wir die Einkünfte Eurer Pfründe zu seiner Renovierung beschlagnahmen"). Der Visitator inspiziert den Zustand der Taufkapelle, der heiligen Öle, der Altäre („Wo sind die Kerzenleuchter hingekommen?"), der Beichtstühle („Hier muß ein großes Kruzifix aufgehängt werden . . . Und warum ist dieses Gitter nicht festgemacht?"), der heiligen Gewänder und der Kirchenwäsche („Ins Feuer mit diesen alten Fetzen; und das hier gehört gewaschen!"). Auch die Rechnungen werden überprüft, vor allem das Buch der Meßstiftungen. Alfons, der um das Wohl seiner Priester besorgt ist, läßt einige unbewohnbare Pfarrhäuser sanieren; in sieben Pfarreien erhöht er die Pfründen, die nicht ausreichen, um ihre Priester anständig leben zu lassen[4].

Ist es verwunderlich? Von 1764 an ist der häufigste Befehl der, bei Androhung der Beschlagnahme von Pfründen die bei der vorangegangenen Visite gegebenen Erlässe innerhalb von zwei oder sechs Monaten durchzuführen.

Hier aber handelt es sich nur um Inspektionen von Örtlichkeiten und Gegenständen. Sie bleiben in jeder Kirche oder Kapelle die gleichen. Sie sind notwendig, wie der Leib für den Geist notwendig ist. Von 63 bis 67 beginnt Liguori sie persönlich am ersten Tag in der Hauptkirche der Stadt, in der die Visitation eröffnet wird. Aber er führt sie, mit Ausnahme von Valle im Jahr 63, nur am ersten Tag durch. Dann läßt er in den anderen Kirchen des Städtchens und seiner Dörfer den Generalvikar allein weitermachen. Daher geben uns die beiden Bände der *Santa Visita* zwar eine genaue Vorstellung von der Regelmäßigkeit der Pastoralbesuche, ihren Daten, den täglichen Inspektionen Rubinis und seinen Entscheidungen, den Zustand der Örtlichkeiten, des Mobiliars und der Kleriker; aber sie berichten nichts über das Wirken Mgr. von Liguoris. Denn er widmet sich in dieser Zeit ganz den Personen und ihren geistlichen Bedürfnissen; über dieses Wirken aber schweigen die Berichte. Glücklicherweise hat sich Tannoia, der gelegentlich nach

S. Agata kommt, an Ort und Stelle und ausführlich darüber unterrichtet. Er sagt uns daher sogar mehr über die dreizehn Bischofsjahre seines Oberen und Freundes als über die vorangegangenen 66 Jahre.

Alfons hatte in seinen *Ratschlägen für Bischöfe* geschrieben: „Hauptgegenstand der Pastoralbesuche muß die Reform der Pfarrer sein[15]."

Seine erste Sorge gilt also der Überprüfung der Priester hinsichtlich ihrer Fähigkeit, die Sakramente zu spenden. Er läßt im Vorzimmer seiner Wohnung einen Altar aufstellen und prüft jeden einzelnen über die Zeremonien der Messe. So kann er sehr schnell erkennen, mit wem er es zu tun hat; er übergibt die weniger Geschickten einem Fachmann der Liturgie und entzieht denen, die das Wesentliche verstümmeln, für mehrere Monate das Recht zu zelebrieren. 1758 hatte er eine sehr wichtige kleine Schrift über die *Vorbereitung und Danksagung für Priester bei der Messe* herausgegeben. 1769 veröffentlicht der Bischof „zum nützlichen Gebrauch für die Priester seiner Diözese" eine Abhandlung über *Die Zeremonien der Messe:* eine wissenschaftliche, aber einfach gehaltene Arbeit über die Riten der Eucharistie und eine vom Kreuzesopfer inspirierte „Woche" der Vorbereitungen und Danksagungen. Riten sind wichtig, aber ebenso wichtig ist der Eifer. Denn Alfons war weit davon entfernt, ein engstirniger Paragraphenreiter zu sein. Als P. Ferrara einst bei einem Aufenthalt in S. Agata Villani informierte, sein „Schützling" lasse bei der Messe *Gloria* und *Credo* aus, schrieb er:

„Hinsichtlich des *Gloria* und das *Credo* könnt Ihr P. Ferrara sagen, daß ich nicht gehalten bin, das zu tun, „was sich ziemt". Die Ritenkongregation hat zweifellos an die gedacht, die öffentlich und vor einer Menge zelebrieren. Ich aber zelebriere in meinem Zimmer; ich bin also nicht dazu verpflichtet, da ich ja niemandem Ärgernis geben kann. Wenn ich aber in einer Kirche zelebriere, feiere ich die Messe in der üblichen Weise[6].

Alfons sorgt sich auch um das Wissen und die Gewandtheit der Beichtväter. Um nicht alle einer Prüfung unterziehen zu müssen, was einen Aufstand hervorrufen würde, hat er sich beim Erzdiakon Rainone, beim Domherrn der Kathedrale d' Addio und beim ehrwürdigen Rektor des Seminars, durch dessen Hände sie alle gegangen sind, genau über sie informiert. Er „begutachtet" nur die, bei denen er Unwissenheit vermuten muß. Wir besitzen noch das kleine Notizbuch, das er sich angelegt hat, um nichts Wichtiges zu vergessen: 21 Seiten *Compendio* (Zusammenfassung der Moraltheologie) und 15 Seiten *Examen Confessariorum* (Prüfung der Beichtväter)[7]. Denen, die fast überhaupt nichts wußten — und es gibt ihrer viele —, entzieht er die Vollmacht der Absolution, aber auch hier taucht er, rücksichtsvoll wie immer, die bittere Pille in Zucker. Bei unverbesserlicher Unfähigkeit, wie sie einige Pfarrer zeigten, beschließt er, sie zu Kanonikern zu ernennen, sobald Stühle frei werden, damit sie nicht ihr Gesicht verlieren müssen, stellt ihnen aber in der Zwischenzeit bessere Vikare an die Seite. Nun muß in diesem Punkt noch die Weiterbildung, die sein Vorgänger vernächlässigt hatte, reorganisiert werden. Alfons führt überall die wöchentliche Moralkonferenz wieder ein und legt selbst das Thema für jede Woche des Jahres fest. Eines Tages kommt ihm zu Ohren, daß ein Pfarrer zweimal gefehlt hat. Er läßt ihn rufen, empfängt ihn kühl und tadelt ihn, ohne ihm einen Sitz angeboten zu haben, heftig. „Zwei Dinge", sagt er, „schmerzen mich mehr als alles andere: der Moralkonferenz fernzubleiben und die Marienpredigt am Samstag zu unterlassen[8]."

Im Blick auf die Beichtväter, die gleichermaßen arm an Lateinkenntnissen und an Carlinos waren, hatte Liguori seine große lateinische *Moraltheologie* in drei kleine italienische Bände zusammengefaßt: *Istruzione e Pratica*. Aber auch das war noch zu viel für die Bedürfnisse und Fähigkeiten mancher Seelsorger. So vereinfachte er sie noch einmal und faßte diese Zusammenfassung auf 400 Seiten Oktavformat zusammen: *Der Beichtvater der Landbevölkerung* (1764). Er kündigt dieses Werk Remondini am 26. August 1763 mit folgenden Worten an.

„Ich habe darin eine ausreichende Darstellung aller wichtigen Fragen der Moral in knapper und verständlicher Sprache gegeben. Wer dieses *libretto* kennt, kann in abgelegenen Dörfern gut Beichthören. Zu diesem Zweck habe ich es trotz Zeitknappheit zum Nutzen meiner Diözese geschrieben[9]."

Für Liguori bestand die Zierde eines Priesters in Heiligkeit und theologischem Wissen. Die eitlen, mit Perücke und Bändern geschmückten, mit Gold behängten und von Spitzen umrahmten Kleriker dagegen fanden in ihm einen unbarmherzigen Bilderstürmer.

Die Provinztheater und wandernden Schausteller, die in der zweiten Hälfte des *Settecento* vermehrt auftraten, gaben nicht nur Anlaß zum Lachen, sondern auch für allzugroße Freiheiten. Vor allem die Opera buffa im Dialekt des Volkes, höchst burlesk, mitunter auch genial, war oft sehr gewagt. „Sie flößt", so schreibt Galanti streng, „den Frauen Sinnlichkeit ein, der Jugend Rohheit; sie verdirbt das Volk schon von Jugend auf." Tannucci wirft diesen Theatern vor, immer Unruhen hervorzurufen. „Die teuflisch verführerischen Sängerinnen" ließen Gattinnen und ... Bischöfe zittern. Daher vertrieb der Bischof von S. Agata diese *teatri volanti* aus seiner Diözese und verbot den Priestern unter Strafe der Suspension *a divinis* (d.h. des Verbots, Sakramente zu spenden), sie zu besuchen[10]. Auch Glücksspiele sind ihnen verboten.

Priester, deren Leben durch Trunkenheit oder Ausschweifungen Anlaß zum Ärgernis gibt, zitiert er zu sich und spricht mit ihnen in hoffnungsvoller und verzeihender Güte. Sofern sie willig sind, gilt damit die Vergangenheit nicht mehr, sondern nur noch das „Geh hin und sündige nicht mehr" Jesu bei der Ehebrecherin. In diesem Fall schickt er sie für zehn oder höchstens zwanzig Tage zu Einkehrtagen bei den Lazaristen von Neapel oder in ein Haus seiner Kongregation. „Die heiligen Exerzitien", so sagte er aus seiner Erfahrung heraus, „sind ein Feuer, das auch das rostigste Eisen reinigt und wieder zurechtbiegt[11]." Nur im Falle von Verhärtung verordnet er Verbannung in irgendein weitab gelegenes Kloster und sogar Einkerkerung oder Exil, auch wenn er dann eine Pension aus seiner eigenen Tasche zahlen muß. Denn dem Ärgernis muß auf jeden Fall Einhalt geboten werden.

Handelte es sich um Ordensleute, so begriffen deren Obere sehr schnell, mit wem sie es zu tun hatten: mit einem demütigen und vertrauensvollen Bruder, der von ihnen aber die Ausstrahlung von Eifer, innerer Glut und tätiger Liebe erwartet. Er wendet sich an den jeweiligen Provinzial, wenn nötig, auch an den General; sollte dieser versagen, dann an den König selbst; aber jeder, der Ärgernis gibt, muß gehen. Alfons hat keine Eile; läßt dem Schuldigen Zeit zur Besinnung, den Oberen Zeit zur Warnung. Aber nach vier Jahren der Information, Visitationen und Warnungen vollzieht er 1768 eine echte Reinigung und läßt innerhalb eines Jahres 52 entfernen. Von dieser Zeit an warten die Oberen, wenn einer ihrer Untergebenen sich irgendeine „Leichtfertigkeit" erlaubte, nicht mehr, bis Monsignore den Mund auftut oder zur Feder greift: sie bringen ihn von sich aus, fern der Diözese, zum Schweigen. Und solange Liguori auf dem Bischofsstuhl von S. Agata sitzt, kann von ihrer Rückkehr nicht die Rede sein, so hochgestellt und drohend ihre Fürsprecher auch sein mögen. Der Bruder eines dieser „abgedankten" Ordensmänner kommt eines Tages zu ihm, beleidigt ihn und vergißt sich sogar so weit, ihn mit Fußtritten zu bedrohen.

— *Via mo*, antwortet gelassen der Bischof, *via mo*, nur zu!

Jenen Ordensgemeinschaften aber, die von ihren schlechten Elementen gereinigt sind, wendet sich der Bischof mit umso größerer Liebe zu. Er wählt aus ihren Reihen Beichtväter und Synodalexaminatoren aus, fragt sie um Rat, vertraut ihnen die Betreuung der Ordensfrauen an, macht sie zu Fasten- und Missionspredigern. Vor allem die Kapuziner von Arienzo und die Dominikaner von Durazzano sind ihm ans Herz gewachsen.

Diese letzteren erwiesen ihm bei seiner Visitation ihres Gebiets großzügige Gastfreundschaft. Sie legen — zu seinem großen Kummer — eigens für ihn ihre schönste Tischwäsche auf, denn er und seine Leute essen gemeinsam mit den Mönchen. Ein nach seiner Auffassung viel zu üppiges Essen. Auf seine diesbezügliche Bemerkung antwortet P. Franzolini mit freundschaftlicher Offenheit:

— Monsignore, es steht Euch frei, nichts davon zu nehmen; aber wir und Eure Gefährten kommen an den Tisch, um zu essen.

Dieselbe Szene wiederholt sich an einem Fasttag, als Alfons feststellt, daß das übliche Abendessen bereitet wird:

— Pater Prior, wißt Ihr nicht, daß heute Vigil ist?

— Das weiß ich, Monsignore. Aber zumindest anbieten müssen wir reichlich. Dann mag sich ein jeder nach seinem Gewissen bedienen.

Nachdem der Bischof von den Predigerbrüdern von Durazzano so großmütig aufgenommen worden war, erwies er ihnen seine Dankbarkeit, indem er ihnen Licht für den Geist und den Kultus sandte: für die Patres Exemplare seiner Bücher, und für das Kloster Wachs im Gegenwert der Auslagen, die er ihnen verursacht hat.

Auch die Klosterfrauen, deren Zahl dreimal kleiner war als die der Ordensmänner, entgingen dem Interesse ihres Oberhirten nicht und noch weniger seiner Ausstrahlung. Zwanzig Jahre früher hatte er *An die Bischöfe* geschrieben:

„Die gottgeweihten Jungfrauen sind die edelsten aus der Herde Jesu Christi. Daher muß der Bischof vor allem darüber wachen, daß junge Mädchen nicht den Schleier nehmen, wenn nicht ganz sicher ist, daß sie auch die entsprechende Geisteshaltung und Berufung haben. Denn — und das ist ein Unglück unserer Zeit — die meisten gehen mehr durch den Willen ihrer Eltern und aus ganz anderen Motiven als dem der vollkommenen Hingabe an Gott ins Kloster … Wenn die Bischöfe hier mit ein wenig mehr Aufmerksamkeit und Mut wirken würden, wäre das geistliche Klima ganz anders, ganz anders auch der Drang zur Vollkommenheit! Was nützt der Kirche dieser Zustrom junger Mädchen ohne Berufung zu den Klöstern? Es entstehen dadurch doch nur Menagerien (serragli) von Kläusnerinnen, die dann — wie sich nur zu oft zeigt — in keiner Weise erbaulich leben, unruhig sind und ihr ganzes Leben lang ihren Gemeinschaften und den Bischöfen Sorgen machen[13]."

Der von Alfons verwendete Ausdruck *serraglio* kann sowohl mit „Serail" als auch „Menagerie" übersetzt werden. Wenn er die erste Bedeutung, die uns an Intrigen in orientalischen Harems denken läßt, auch nicht ganz ausschließt, so hat sein Humor doch eher die zweite im Blick: „Ansammlung seltener Tiere zur öffentlichen Ausstellung". Alfons bekämpft die häufigen Besuche am Gitter, die so sehr an das eingesperrte Tier denken lassen, das man bestaunt, „Ich empfehle Euch", so schreibt er an die Schwestern von Frasso, „den Schleier unten zu lassen, wenn Ihr vor Männern erscheint. Das ist erbaulicher als eine Ordensfrau in Ekstase[14]." Dem Chor verbietet er den „figürlichen" Gesang, der sich theatralisch gibt und oft mehr ein Zwitschern für die Zuhörer denn Gotteslob ist. Man halte sich an den gregorianischen Gesang. „Die Kirche ist keine Oper", sagte er, „und die Ordensfrauen sind keine Opernsängerinnen[15]."

So ist der Besuch des Paters in den Klöstern also zweifellos Inspektion, Aufrichtung und gelegentlich auch autoritärer Ausschluß. Aber er ist doch in erster Linie Vermittlung seiner Liebe zu Jesus und Maria in einer tiefen und glühenden Andacht, die er ihnen immer wieder predigt.

Aber woher nahm er noch die Kraft zu alledem? Denn jeder Pastoralbesuch war für die Pfarrei zugleich auch eine kurze und intensive Mission. Er hielt Exerzitien für den Klerus, formierte in S. Agata, Durazzano und Frasso aus den besten Priestern Diözesanmissionarskongregationen — Gemeinschaften der Vervollkommnung, der Bildung und des Apostolats —, wie er sie auch schon bei seinen Missionen geschaffen hatte. Er fand die Zeit, gesondert zu den Notabeln, den jungen Mädchen, den jungen Männern zu sprechen, sie in Bruderschaften zu gruppieren, um sie sodann jeweils einem eifrigen Priester anzuvertrauen, der sie an den Sonn- und Feiertagen um sich versammeln sollte. Nach der Vesper hielt er den Katechismus für die Kinder, um herauszufinden, wieviel sie wußten, um sie auf die Firmung, die er ihnen spenden sollte, vorzubereiten, und auch weil er der Meinung war, der Bischof sollte der erste Katechet seiner Diözese sein. Anschließend betreute er die Besuchung beim Allerheiligsten, zu der er das ganze Volk gerufen hatte; auch hier noch einmal eine glühende Predigt. Dann hielt er die große Abendpredigt. Um die Beständigkeit dieser Blitz-Mission, wie sie sein Besuch darstellte, zu sichern, führte er natürlich überall die Samstagspredigt über die Muttergottes und die tägliche *Vita divota* ein: Morgenmeditation in der Kirche für die kleinen Leute, die nicht lesen und schreiben konnten; abendliche Besuchung beim Herrn und seiner Mutter. Das Geheimnis im Leben Alfons' ist die unerschöpfliche Kraft, die immer wieder aus diesem alten, verbrauchten und asthmatischen Mann aufbrach, der nur eine — und welche! — Mahlzeit am Tag einnahm, wenig und schlecht schlief und sich in Bußübungen entkräftete.

Daneben fand er auch noch die Zeit, sich um die Armen, die Witwen und die gefährdeten Mädchen zu sorgen, beschaffte hier Betten und dort Kleider oder Geld. Alle Kranken empfingen seinen Besuch und oft auch seine Gaben. Kranke Kinder firmte er zuhause. Eines Tages besuchte er ein Kind in Airola:

— Mein kleiner Pasquale, sagte er zu ihm, freue dich: in drei Tagen bist du im Paradies.

Er firmte ihn. Das Kind fühlte sich danach viel besser . . . und starb unerwartet am Abend des dritten Tages[16].

Der Bischof war als Visitator also, wie Christus, in erster Linie Wort Gottes.

Aber wie dieser hatte auch er „die Schaufel in der Hand, um die Spreu vom Weizen zu trennen" (Lk 3,17). Viele seiner Diözesanen gingen nicht einmal mehr an Ostern zur Kommunion. Er bat seine Pfarrer, sie aufzusuchen, lud die Störrischen ein, zu ihm zu kommen oder richtete einen väterlichen Brief an sie. Es war allgemein üblich, daß sich Brautleute nach der Verlobungsfeier dem vorehelichen Verkehr hingaben. Alfons verhängte die Exkommunikation nicht etwa gegen die Turteltauben, sondern gegen die Eltern, die deren ungeduldige Liebe in ihrem Haus duldeten[17]. Den Gotteslästerern ersparte er die Galeeren (zu denen sie das Strafgesetzbuch verurteilte), da er an ihre Seele und ihre Familien dachte; die Unverbesserlichen aber kamen ins Gefängnis.

Ein weiteres schweres Übel: eine Wirtschaftsform, die auf kleinem Grundbesitz aufbaute, konnte nur das Ideal eines einzigen Sohnes anstreben; aber eine Beschränkung oder Verzögerung der Ehen war nicht zugleich auch eine Garantie für die Keuschheit der vielen Unverheirateten. So kam es sogar in den kleinsten Ortschaften immer wieder zur Prostitution, und der Bischof war daher auf der Hut. Er rief diese armen Frauen zu sich, ermahnte, beschwor und bedrohte sie. Wie vielen hat er nicht eine Halbpension ausgesetzt, wenn es die Not war, die sie dazu trieb, sich zu verkaufen? Aber sie mußten sich entscheiden zwischen Besserung und Gefängnis. Häufig erhielten die Gouverneure Briefe wie den folgenden, der von seiner ersten Visitation in Frasso stammt und vom 25. Juli 1764 datiert ist:

„Sehr geehrter Herr! Ich bitte Euch, habt die Güte, dem unerträglichen Ärgernis ein Ende zu setzen, das eine hiesige Frau, namens Sabella Garofono, durch ihren schlechten Lebenswandel gibt. Sie wohnt oberhalb des Schlosses von Ducenta. Ihre Libertinage zieht eine Menge Leute aus der ganzen Umgebung an. Da sie in einem Gebiet wohnt, das Euch untersteht, kann ich nicht die nötigen Maßnahmen ergreifen, um zu verhindern, daß die Leute in ihr Verderben laufen. Daher bitte ich Euch, mein lieber Don Federico (Belluci), ihr durch eine Inhaftierung einen heilsamen Schrecken einzujagen. Wie ihr wißt, ist öffentlichen Frauen der Aufenthalt in kleinen Orten nicht erlaubt[18]."

Das Grundübel aber war die religiöse Unwissenheit. Eines der ersten Anliegen Mgr. von Liguoris war es gewesen, auf fünf kleinen Seiten die wesentlichen Glaubenswahrheiten in leichtverständlicher Weise darzulegen — Breve dottrina christiana (1762) —, und er gab Anweisungen an alle Zelebranten, diese auch in den kleinsten Kapellen bei den Messen an Feiertagen vorzulesen. Seine Visitationen jedoch zeigten, daß die Kleriker den Katechismus für Kinder nur während der Fastenzeit hielten. Unter Androhung strenger Strafen schrieb er daher vor, ihn an allen Sonn- und Feiertagen abzuhalten und jenen Eltern und Hauslehrern, die ihre Kinder einfach nicht schicken wollten, die Absolution zu verweigern[19].

Der missionarische Bischof verließ eine Pfarrei erst dann wieder, wenn er die Mißbräuche abgeschafft und Reformen durchgeführt hatte. Überall wurde er wie ein Heiliger empfangen und hinterließ oft einige, ihm heimlich entwendete Reliquien: Man schnitt die Bänder seiner Mitra und eines Tages sogar ein Stück seines Mantels ab. Man legte sie Kranken auf, und schon bald verbreiteten sich weithin Gerüchte von Heilungen, die bei ihrer Berührung eingetreten sein sollten.

Vergißt dieser Bischof nun, daß er Gründer und Rektor Maior der Redemptoristen ist? Ganz gewiß nicht, aber er hat auch dort einen Generalvikar, dem er vertraut. Nur sind seit dem Kapitel von 1755 mittlerweile neun Jahre vergangen.

So muß er also 1764, kaum daß die Hungersnot und dann die Pastoralbesuche des nördlichen Distrikts vorbei sind, das dritte Generalkapitel einberufen.

„Dieses Kapitel", so schreibt er am 4. Juli aus Frasso an Villani, „muß noch vor Oktober stattfinden. Denn dann kommen die Fröste und für mich der Augenblick, meine Seele Gott zu empfehlen, so schwach bin ich auf der Brust. Ich weiß, was ich vergangenen Winter durchgemacht habe... Betet für mich armen alten Mann, der ich am Ende meiner Kräfte bin und unaufhörlich in diesem dornenreichen und mühsamen Bischofsamt bestehen und kämpfen muß. Und das in S. Agata, wo es zahlreiche und immer wieder neue Übel gibt[20]."

Alfons übertreibt hier nicht. In S. Agata haben Klima und Hungersnot seine Leiden verschlimmert. Nach nur zwei Jahren hat er Bedenken, eine so schwere Kirche noch weiter auf seinen Schultern zu tragen. Da besucht ihn eines Tages sein Diözesane aus Arienzo, Mgr. Antonio Puoti, der mittlerweile Erzbischof von Amalfi geworden ist. Er ist auf dem Weg nach Rom, und Liguori vertraut ihm ein Demissionsschreiben an den Heiligen Vater an. So kann er, wie er glaubt, in dieses Kapitel gehen und wird es nie verlassen.

Wo soll diese Versammlung stattfinden? Villani hat Nocera dei Pagani vorgeschlagen, das seit 12 Jahren Mutterhaus ist. Aber Alfons kennt die Seinen: er fürchtet, einige junge Köpfe könnten so sehr von regalistischen Prinzipien durchdrungen sein, daß sie möglicherweise die Gültigkeit einer Versammlung anfechten, die im Königreich ohne vorherige Erlaubnis durch den König zusammentritt. Daher folgende Zeilen vom 21. Juli:

„Mein lieber Don Andrea, ich bin bereit, zum Kapitel nach Nocera zu kommen, da Nocera, wie Ihr sagt, für die Patres bequemer ist.

Aber ich denke an das, was schon mehr als einmal gesagt wurde: daß es nämlich gut wäre, dieses Kapitel im Kirchenstaat, in S. Angelo a Cupolo, abzuhalten, um dem einen oder anderen Pater jeglichen billigen Vorwand zu nehmen, die Gültigkeit der Abstimmungen und Akte des Kapitels anzufechten.

So sage ich nur dies: Überlegt es Euch gut, trefft gemeinsam eine Entscheidung und teilt mir diese dann mit[21]."

Das Kapitel wird unter Alfons' Vorsitz am 3. September in Nocera eröffnet. Es dauert sechs Wochen, mit meist 20 Teilnehmern. Ihr durchschnittliches Alter beträgt 44 Jahre. Die beiden Jüngsten — Fabrizio Cimino, 30 Jahre, und Francesco De Paola, 28 — verdanken ihre Wahl ihrer starken Persönlichkeit. War es zum Besten? „Ein Fall, der verfolgt werden muß", wie die Journalisten sagen.

Hauptaufgabe des Kapitels war es, *Konstitutionen*, d. h. also, Erlässe zur konkreten Anwendung jenes Grundgesetzes auszuarbeiten und offiziell zu machen, wie es die von Benedikt XIV. approbierte *Regel* darstellte. Die vorangegangenen Versammlungen hatten schon vereinzelte Entscheidungen getroffen. Nun war eine Kompilation vonnöten geworden, um einen Basistext für die Arbeit des Kapitels zu liefern. 1752 war P. Cafaro im Blick auf die Versammlung von 1755 damit beauftragt worden[22]; doch war er 53 verstorben, und der Stifter, dem wenig daran lag, in dieser Kongregation, die ihren unter einem ungeschriebenen Gesetz glühend gelebten Eifer der Observanz bewahrt hatte, die Texte zu vermehren, hatte ihm keinen Nachfolger gegeben. Wir erinnern uns, daß er selbst nach der Versammlung von 47 in Falcoias Texten tiefgreifende Streichungen vorgenommen hatte, ehe er sie dem König und dann Spinelli und dem Heiligen Stuhl vorlegte. Er verabscheute Weitschweifigkeiten ebenso wie Kleinlichkeit. Unvergessen blieb die Geschichte von P. Alessandro Di Meo, der eines Tages so sehr in seine historischen Forschungen vertieft war, daß er darüber Gewissenserforschung und Mittagessen vergaß. Als Alfons zum zweiten Tisch erschien, informierte man ihn. Er rief einen Bruder herbei:

— Bringt doch Don Alessandro bitte eine Tasse Kakao. Er ist bei den Toten in der Bibliothek[23].

Ein „Observant" war für den Gründer ein Redemptorist, der sich ganz dem Herrn und seiner Arbeit hingab. Aber er wünschte auch eine genau eingehaltene Regelmäßigkeit, um die „Wandelsterne" in feste Bahnen zu lenken und die Trägen zu beschäftigen.

Um die Einzeldekrete der vorangegangenen Versammlung zu sammeln, zu ordnen und in Form zu bringen, bediente sich der Gründer der guten Feder dessen, der genau damit beauftragt war, die Jungen in Sitten und Gebräuchen der Ordensgemeinschaft einzuführen: Novizenmeister Antonio Tannoia. Am 11. Mai 1756 hatte er ihn, aufgeschreckt durch erste Anzeichen einer gewissen Gleichgültigkeit, gebeten, sich zu beeilen:

„Vor allem bitte ich Euch, unmittelbar die Konstitutionen in Angriff zu nehmen und ihnen alle verfügbare Zeit zu widmen. Sie müssen in unseren Häusern gelesen werden: sie sind dort kaum bekannt, und manche sagen, sie seien nicht verpflichtend, da sie nicht veröffentlicht seien. Stellt sie, mit Hilfe P. Ferraras, der Anordnung des Kapitels (von 55) entsprechend, so bald wie möglich fertig. Und bewahrt die Originale sorgfältig auf, damit man sie vorzeigen kann, wenn es zu Schwierigkeiten kommen sollte[24]."

Es handelt sich um eine Kompilation, die Alfons in zehn Seiten zusammengefaßt hatte. Tannoia dagegen war weitschweifig und sehr gewissenhaft, wie die drei Bände seiner Memoiren *Della Vita e Istituto del... Liguori* oft sehr glücklich zeigen. Es dauerte bis 1764, ehe er fertig war: Und wo er sich darauf hätte beschränken sollen, die früheren Gebräuche und Entscheidungen in eine bestimmte Ordnung zu setzen, legte er sie auf 200 Seiten im Quart-Format breit und ausführlich dar. Sie gerieten ihm oft zu einem Traktat der Moral oder Spiritualität und zogen eine ganze Wolke von Einzelheiten hinter sich her, die ganz gewiß nicht „mit den Originalen verglichen werden" konnten. Liguori, der sachliche und um das Wesentliche bemühte Jurist, war von dieser Masse von Vorschriften und Kommentaren zweifellos nicht entzückt. Aber gerade als ausgebildeter Jurist respektierte er Generalversammlungen voll und ganz. Das hatte er bereits 43 und 47 gezeigt, als er Texte von Falcoia, die er keineswegs liebte, sammelte und ordnete.

Am 3. September wurde also nach der von P. Villani gesungenen Messe vom Heiligen Geist das Kapitel juridisch unter dem Vorsitz des Monsignore eröffnet. Bereits am Nachmittag stellte einer — wir wissen nicht, wer es war — eine sehr unerwartete Frage: Sind die Generalkonsultoren, die seit der Bischofswahl Alfons' im Amt geblieben waren, „legitimiert", rechtens im Kapitel zu sitzen? Einmütiger Protest der versammelten Kapitulare: selbstverständlich, und dazu bedürfe es keiner Abstimmung. Das traf zweifellos zu; und doch war damit Verdächtigungen und Anmaßungen Tür und Tor geöffnet. Am nächsten Tag wollte „man" das päpstliche Dokument sehen, das den neuen Bischof von S. Agata 1762 als Rektor Maior bestätigt hatte. Es wurde gebracht, „von jedem Einzelnen gelesen und wiedergelesen", zu den *Akten* des Kapitels gelegt, und die „Opposition" erkannte Mgr. von Liguori einstimmig als wahren und legitimen Oberen der Ordensgemeinschaft an. Daraufhin kamen die Konsultoren, die Pulver rochen, „spontan und zur Wahrung von Frieden und Eintracht" überein, zu demissionieren. Sie wurden alle beim ersten Wahlgang mit einer Dreiviertelmehrheit oder mehr wiedergewählt, mit Ausnahme der beiden Ersatzleute für den verstorbenen P. Margotta: Stefano Liguori als Berater und Lorenzo D' Antonio als Generalprokurator. Juristisch und an der Oberfläche waren damit die einleitenden Fragen abgeschlossen: die Versammlung konnte zur Tagesordnung übergehen. Doch hatten Blitze einen anscheinend heiteren Himmel zerrissen: das Kapitel schien stürmisch zu werden. War es dies wirklich?

Wir stehen hier vor einem Rätsel, das umso paradoxer ist, als dieses Kapitel — allerdings unverständlicherweise nur auf die juridisch relevanten Ereignisse beschränkt — *Akten* hinterlassen hat und die beiden Historiographen der Kongregation daran teilnahmen: Giuseppe Landi als Rektor von Ciorani und Antonio Tannoia als Delegierter von Agrigent.

Tannoia geht über dieses große Ereignis mit 8 Zeilen und vier Falschmeldungen hinweg. Im Widerspruch zu den *Akten*, die er nur nochmals durchzulesen hätte brauchen, verlegt er die Eröffnung der Versammlung auf Ende September; er begrenzt ihre Dauer auf einen Monat anstelle der tatsächlichen sechs Wochen; behauptet, Alfons sei ihre Seele gewesen, während er doch zwei Drittel der Zeit gar nicht anwesend war; berichtet nicht eine einzige Einzelheit, er, der sonst so weitschweifig ist, sondern begnügt sich mit der globalen Absegnung: „Alles verlief zur allgemeinen Freude und Zufriedenheit."

Verliert unser guter Tannoia hier seinen Ruf als Historiker? Das wäre ungerecht. Aber hier ist er selbst in die Ereignisse verwickelt, da er der Kompilator eines Schemas war, das weit mehr Anfechtungen hervorrief, als er zugeben möchte. Außerdem schreibt er für eine Veröffentlichung und zu einem Zeitpunkt — 1800 —, da die meisten der Protagonisten noch am Leben sind — Cimino ist Bischof von Oria, De Paola ist Regionalsuperior —, und möchte daher keinen bloßstellen und die Ordensgemeinschaft in den Augen der breiten Öffentlichkeit nicht in ihrem Ansehen schmälern.

Was aber sagen die *Akten*? Daß am 18. September zur Wahl eines Stellvertreters und am 15. Oktober zum Abschluß ein Kapitular fehlt. Und daß beim Abschluß dieser Abwesende der Gründer selbst ist, denn seine Anwesenheit wird nirgends erwähnt, und daß Villani die *Akten* als „Stellvetretender Vorsitzender für den Rektor Maior" unterzeichnet. Zwar scheint auch Alfons' Unterschrift auf, aber man hat ihm das Dokument erst später zur Bestätigung nach S. Agata oder Arienzo gebracht[25].

Denn er hat das Kapitel verlassen und weilt seit Mitte September wieder in seiner Diözese. Wir besitzen nämlich aus der Zeit vom 19. September bis zum 9. Oktober fünf Briefe und eine Verordnung von ihm, die aus Arienzo datiert und von seiner Hand unterzeichnet sind[26]. So unglaublich dies auch scheinen mag, müssen wir doch daraus schließen, daß der Rektor Maior mindestens vom 16. September bis zum Ende des Kapitels, also einen ganzen Monat, abwesend war. Fakten sind Fakten.

So müssen wir also die Lösung des Rätsels in der Storia von P. Landi suchen, die fast 20 Jahre früher (1782) und nicht in der Absicht einer Veröffentlichung geschrieben wurde. Wir lesen in seinem Manuskript:

„Man war der Meinung, daß dieses Kapitel in allgemeinem Frieden ruhig verlaufen und gute und vorteilhafte Entscheidungen für die Kongregation zeitigen würde. Umso mehr, als es unter der Ägide eines Bischofs, Mgr. von Liguori, dem Rektor Maior und Generaloberen stand. Doch gab es nie soviele Veränderungen, und viele Patres waren unterschiedlicher Meinung... Zwar wurden die *Regeln* verlesen, viele neue Konstitutionen erlassen, andere Regelungen eingeführt, aber immer in Zwistigkeit, und zwar in solchem Maß, daß unser Monsignore in den letzten Tagen nicht mehr in diesem Kapitel bleiben wollte." (Landi wagte nicht zu sagen, daß er mindestens seit dem 16. September abwesend war und bestätigt — danke schön! — seine Abwesenheit „in den letzten Tagen". Er fährt fort:) „Er überließ den Vorsitz einem anderen" — Villani —, „und ich kann versichern, daß er Nocera dei Pagani sehr gekränkt verließ und sagte, er werde zu Lebzeiten nie mehr ein Generalkapitel abhalten. Tatsächlich berief er auch keines mehr ein" (zumindest bis 1782, dem Zeitpunkt, da Landi schrieb)"... Dieses Generalkapitel wurde am 15. Oktober 1764 abgeschlossen: alle Stimmberechtigten unterzeichneten seine Akten." Mit Ausnahme natürlich von Alfons, dessen Abwesenheit während „der letzten Tage" Landi ja selbst betont[27].

Wer Landi Übertreibungen vorwerfen will, muß sich die Ungeheuerlichkeit vergegenwärtigen, daß ein Gründer die Leitung einer Versammlung, in der zum erstenmal das Corpus der *Konstitutionen* seiner Ordensgemeinschaft verfaßt wird, aufgibt und sich in seine Diözese zurückzieht. Aus welchem dringenden Anlaß? „Um Pastoralbesuche in Durazzano und Forchia (de Durazzano)" abzuschließen, sagt Telleria. — Die Visitation einiger Dörfer stand in keinem Verhältnis zu dem, was in Nocera, und zwar vor allem für den Gründer, auf dem Spiel stand; außerdem war es kein Jahr mit ungerader Zahl, in denen der Bischof den Sektor von Durazzano zu visitieren pflegte: er wird im Juni 65 visitieren. — Auch die Residenzpflicht kann hier nicht geltend gemacht werden. Denn als der Papst Alfons auf dem Posten des Rektor Maior beließ, anerkannte er ja dessen Pflicht, seine Kraft zwischen seiner Kirche und seiner Ordensgemeinschaft aufzuteilen. Und so gewissenhaft Alfons in diesem Punkt auch war, so hatte er im Sommer 1763 doch nichts dabei gefunden, zwei Erholungsmonate in Pagani zu verbringen.

Tannoia verrät sich übrigens, wenn er seinen acht Zeilen über die Versammlung eine Überlegung vorausschickt, die nur in der Folge dieses stürmischen Kapitels historische Wahrheit besitzt:

„Alfons", so schreibt er, „hatte diese Versammlung stets gefürchtet und hütete sich, sie einzuberufen. Er pflegte zu sagen: Im Kapitel wird auch einer, der sonst den Mund nicht aufmacht und nicht ernst zu nehmen ist, zum Salomon und kann mit einer schwarzen Kugel die halbe Welt zugrunde richten." Immerhin aber war es dieses Kapitel von 1764, das die sehr stark vom neapolitanischen Regionalismus geprägten redemptoristischen Konstitutionen kodifizierte, die dann eine sehr schnell weltweit verbreitete Kongregation für die Dauer von 200 Jahren leiten werden.

Wir schreiben hier weder die Geschichte dieser Versammlung noch jene der

Ordensgemeinschaft. Doch ist „Pagani 64" für Alfons persönlich nicht nur eine dramatische Episode, sondern es zeigt und vertieft auch die ersten Spaltungen, die in den 80er Jahren schließlich zum Bruch führen. War es eine Folge seines „Weggangs" nach S. Agata im Jahr 62? Clemens XIII., Villani und die anderen hatten nicht bedacht, daß man nicht *zwei Herren zugleich dienen* kann, auch wenn man ein Alfons von Liguori ist. Und dieser unerquickliche Dualismus hält weiter an: am 25. September, also mitten im Kapitel, berichtet der Bischof aus Arienzo an Villani:

„Der Papst hat mir geschrieben, ich solle die Diözese nicht verlassen. Wenn ich krank sei, dann solle ich vom Bett aus regieren: das genüge."

Clemens XIII. hatte einen guten Nachrichtendienst. Seine Antwort aber beruhigte den Bischof von S. Agata keineswegs, sondern stellte ihn vor die quälende Entscheidung, entweder seine Aufgabe trotz seiner geschwächten Gesundheit weiterzuführen oder sie aus dem egoistischen Verlangen nach Ruhe und Frieden aufzugeben. Am 1. Februar 1765 legte er dieses Dilemma seinem Seelenführer dar:

„Mein lieber Don Andrea, ich möchte ein ruhiges Gewissen haben... Vor drei Jahren wollte Gott, daß ich Bischof werde, dessen bin ich sicher; um heute meinen Rücktritt einzureichen, muß ich aber (moralisch gesprochen) ebenso sicher sein, daß Gott mich nicht mehr als Bischof will... Ich bin wirklich alt, nächsten September werde ich 69; meine Gesundheit ist schlecht, das stimmt auch, vor allem wegen des Katarrhs, der mich im Winter immer wieder befällt; aber trotzdem glaube ich, nichts von dem zu vernachlässigen, was meine Pflicht hinsichtlich der Prüfung der Beichtväter und Ordinanden verlangt: ihr Wissen, ihre Sitten, alles prüfe ich; was das Wissen betrifft, so tue ich sogar viel mehr als die anderen. Skandale verfolge ich rücksichtslos stets bis in ihre Verzweigungen. Bei der Besetzung von Pfarren und Pfründen, wähle ich immer den Verdienstvollsten aus und schaffe mir dadurch mehr Feinde als Freunde. Im Winter kann ich allerdings weder ausgehen noch meine Pastoralrunden machen; aber im Sommer ziehe ich noch vier oder fünf Monate lang durch meine ganze Diözese. Und wenn ich im Winter das Haus nicht verlasse, so erledige ich doch zumindest die laufenden Angelegenheiten, die Prüfungen und die geheimen Briefe, denn im Kopf bin ich noch immer in Ordnung. Ich kann zwar nicht viel schreiben, aber in den geheimen Angelegenheiten ziehe ich Francescantonio heran, dem ich uneingeschränkt vertraue."

Nicht, daß der Bischof Verzella mißtraut hätte, doch kannte dieser die Adressaten der Briefe.

„Noch ein Wort. Ich weiß aus Erfahrung, daß die Luft von S. Agata im Winter für mich wirklich schädlich ist: das Land ist sehr feucht, und das bischöfliche Palais liegt ungünstig. Um diesem Übel abzuhelfen, hätte ich den Plan, sofern ich nächstes Jahr noch bleiben muß, den Winter in S. Maria a Vico oberhalb von Arienzo zu verbringen, wo es wärmer und trockener ist. Ich möchte den vielen Gewissensqualen, Widerständen und Unstimmigkeiten gerne entkommen; aber ich höre mich sagen: *Wenn du mich liebst, dann weide meine Lämmer,* und es macht nichts, wenn ich an dieser Aufgabe sterbe. Und diese Unschlüssigkeit, ob ich den Willen Gottes tue oder nicht, wenn ich meinen Rücktritt einreiche, ist noch schmerzlicher als die andere[28]."

Das also ist die Bilanz vor seinem Gewissen, die außer für einige Vertrauensmänner, die Villani konsultieren soll, „geheimzuhalten ist". Die wohl erwogene und diskutierte Antwort ist ein uneingeschränktes „Ja" zum Recht auf Demissionierung. Umso mehr, als der Bischof in S. Agata fast am Sterben ist. Er schreibt am 3. April an Remondini:

„Ihr fragt nach meiner Gesundheit. Ich antworte, daß mein übliches Brustleiden mir gerade eine sehr heftige Krise bereitet hat. Hätte nicht ein heftiges Fieber Bronchien und Lungen freigemacht, dann wäre ich jetzt wahrscheinlich schon im Jenseits. Gottseidank habe ich mich von diesem Auswurf befreit, bin nun fieberfrei und, allerdings noch geschwächt, wieder auf den Beinen[29]."

Auf sein Rücktrittsgesuch antwortet der Heilige Vater am 18. Juni, daß „auch wenn er noch kränker würde, allein sein Ansehen, seine Leitung und sein Beispiel genügten." So muß er also nicht seine Aufgabe, sondern alle Skrupel, sie weiterhin zu tragen, beiseitelegen. Das ist „seine unbestreitbare Berufung[30]." Clemens XIII. sagte, daß „schon sein Schatten genüge, um die ganze Diözese zu leiten."

Sein Dreijahresbericht[31] vom 8. Juli 1765 bestätigt kurz darauf den römischen Autoritäten die Wirksamkeit dieses verhauchenden „Schattens".

Er hat nicht ohne Widerstand des Dekans eine zweite Pfarrei an der Peripherie von Frasso, eine weitere in der Stadt und zwei in den Bergen von S. Agata für weit entfernte Dörfer gegründet. In S. Maria a Vico ersetzt er die kleine und baufällige Kirche S. Nicola durch ein schönes und großes Gebäude, das der Bevölkerungszahl entspricht. Was er allerdings nicht erwähnt, ist die liebenswürdige Rede, die unter den Leuten umgeht: „Monsignore baut so groß, weil er zur halben Welt auf einmal predigen können möchte"; ebensowenig spricht er von dem Eifer, den er damit entfacht und zur Fortsetzung der Arbeiten und ihrer Finanzierung motiviert: die Oblatenpatres, die an die Stelle der Dominikaner von S. Maria a Vico getreten sind, bewahren ein dickes Register von Rechnungen auf, in denen von Zeit zu Zeit sein eigenhändig geschriebenes und unterzeichnetes *Bueno visto* („gesehen und gutgeheißen") aufscheint.

Er hat bereits 500 Louisdor in den Bau des Seminars gesteckt; 70 sorgfältig ausgewählte Interne wohnen noch in einem Flügel seines Bischofssitzes. Er setzt das *conservatorio* von S. Maria di Costantinopoli instand, um dort... seine geliebten Klosterfrauen von Scala unterzubringen, die 1750 unter dem Titel des Allerheiligsten Erlösers von Rom approbiert worden waren. „Die ganze Bevölkerung erwartet sie ungeduldig, und sie werden mit einmütiger Freude empfangen werden." Mit zwei Mitschwestern wird Schwester Maria Raffaella della Carità am Sonntag, dem 29. Juni des folgenden Jahres, unter allgemeinem Jubel ihren feierlichen Einzug halten.

Was sagt der Bischof noch? „Abschweifungen, abergläubische Praktiken und magische Bräuche sind in Stadt und Diözese unbekannt. Wenn sie aber doch gelegentlich vorkommen, so eher aus Unwissenheit und Einfältigkeit; es wird eingegriffen, und der Mißbrauch verschwindet."

Das sind die sonnigen Seiten. Aber es gibt auch Schatten.

„Es gibt über die ganze Diözese verstreut noch zahlreiche Bruderschaften, die unter den Namen von Heiligen laufen. Es wäre sinnlos, sie hier einzeln aufzuführen: fast alle stehen unter königlichem Schutz. Zwar dulden sie die Pastoralbesuche, aber in allen anderen Belangen kümmern sie sich gewöhnlich sehr wenig um die Autorität des Bischofs. Da sie viele königliche Vorrechte genießen, sind sie nur mühsam in den Grenzen der Disziplin zu halten. Aber ich habe ihnen dennoch ins Gesicht widerstanden, wenn die Situation es erforderte."

Der Klerus dagegen ist sehr gefügig; doch läßt er hinsichtlich der Sitten und vor allem des systematischen und moraltheologischen Wissens noch zu wünschen übrig. Einkehrtage, Konferenzen, wöchentliche Vorträge in Moraltheologie und Liturgie fördern aber seine Integrität, Frömmigkeit und Kenntnisse. Alfons erinnert daran, daß die regalistische Regierung den Bischöfen verbietet, gegen irgend jemanden in Glaubensfragen vorzugehen und Synodalgesetze zu veröffentlichen. Er hat also weder ein Lehroffizial gegründet noch eine Synode abgehalten, sondern fügt sich ohne großen Widerstand. Er sieht ja, wie das Volk Gottes durch Missionen, den Eifer der Pfarrer, den Geist des Gebets und des betrachtenden Gebets der *Vita divota*, sowie den Katechismusunterricht, in dem „sogar die Kinder zur Praxis des betrachtenden Gebets erzogen werden", allerorts neu auflebt.

Der Bischof verbindet Visitationen und Volksmissionen, wie er es gemeinsam mit Kardinal Spinelli auch in den Vororten Neapels gemacht hatte:

„Ich mache auch jedes Jahr in Begleitung meines Generalvikars persönlich die Pastoralbesuche in jeweils der Hälfte meiner Diözese; dem Konzil von Trient entsprechend wiederhole ich diese heilige Visitation noch vor Ablauf von zwei Jahren; in dieser Seelsorgsaufgabe lasse ich ich mich von Missionaren des Allerheiligsten Erlösers aus meiner Kongregation unterstützen, die schon mehrmals die Frömmigkeit in der Bischofsstadt und vor allem in der übrigen Diözese, die in ihren Sitten weitaus gelehriger ist, stark vorangetrieben haben."

Das Pastoralporträt des Bischofs von S. Agata wäre noch zu ergänzen durch einige Züge voller realistischer Strenge, die sich aus den Ratschlägen ablesen lassen, die er 1772 dem neuen Bischof von Gaeta, Mgr. Carlo Pergamo, gibt:

„Mit den Ordensfrauen? Wappnet euch mit Geduld. Seid entschlossen, keine Neuerungen zuzulassen, die zu Mißbräuchen führen könnten... Ich weiß nicht, ob es zweckmäßig ist, daß der Bischof sie als Beichtkinder übernimmt! Je mehr man ihnen nachgibt, umso anspruchsvoller werden sie..."

„Die Ordinanden? Nur die weihen, die im Seminar wohnen. Und vorher zehnmal hinschauen! Manche kommen vor ihrer Weihe auf Katzenpfoten daher und wenden sich nach der Weihe zum Bösen... Wer eine große Dummheit begangen hat, muß durch Jahre hindurch geprüft werden; und selbst nach allen Prüfungen der Welt werden sie dich noch immer ,zum Narren halten', wie es mir passiert ist.

Die Prüfung muß sehr streng sein: denn wenn sie vor der Priesterweihe nicht studieren, dann schauen sie hinterher kein Buch mehr an. Ich gebe keinem Priester die Approbation, wenn er nicht die ganze Moraltheologie beherrscht...

Diejenigen, die die Beichte hören wollen, sind einer langen und strengen Prüfung zu unterziehen. Ihr werdet in Eurer Diözese viele unwissende Beichtväter finden: sie müssen noch einmal geprüft werden, auch wenn sie Pfarrer sind. Achtet vor allem auf die Mönche, die um die Erlaubnis zum Beichthören ansuchen: denn die Mönche studieren keine Moraltheologie. Ich gebe keinem der Fastenprediger, die in meine Diözese kommen, die Vollmacht zum Beichtehören, wenn er nicht vorher geprüft worden ist; und ich gebe nichts auf alle Vollmachten, die sie mir von anderen Bischöfen vorlegen, da diese den Predigern gewöhnlich unbesehen die Beichtvollmacht erteilen."

Die erste Seelsorgspflicht aber ist die Verkündigung des Wortes Gottes, und zwar durch den Bischof selbst:

„Die größte Wohltat, die ein Bischof seiner Diözese erweisen kann, ist die Abhaltung von Volksmissionen im regelmäßigen Abstand von drei Jahren. Nur bitte ich Euch, schon bei der Ankunft der Missionare auf eines zu achten: Ihr müßt sie bitten, die Mission in allen Dörfern zu halten, so klein sie auch sein mögen. Die Kongregationen halten die Mission meist nur in einem zentral gelegenen Ort und hoffen, daß dort alle Dörfer der Umgebung zusammenkommen. Eine trügerische Hoffnung! Denn es kommen doch nur einige fromme Leute; die Sündenbeladenen aber, also die, die der Mission am meisten bedürfen, gehen nicht hin. Und so bleibt ein Dorf ohne Mission, obwohl eine Mission doch vor allem diejenigen ansprechen soll, deren Gewissen belastet ist. Ich habe in meiner Diözese die Volksmission in allen Dörfern, und wenn sie auch nur 200 Seelen zählten, halten lassen.

Außerdem empfehle ich Euch, darauf bedacht zu sein, persönlich in allen kleinen Orten Eurer Diözese zu predigen. Die Stimme des Oberhirten hat einen ganz anderen Einfluß als die der anderen Prediger ... Versucht also, in allen Dörfern, oder zumindest in den größeren, die große Predigt zu halten; und wenn ihr keine Missionare bekommen könnt, dann ruft die Beichtväter der Diözese, die nicht an den Orten wohnen, die gerade missioniert werden. Vor allem beim Pastoralbesuch könnt Ihr es so halten. Sorgt dafür, daß in jedem Dorf wenigsten drei Predigten gehalten werden.

Es wäre auch gut, wenn Ihr für die Kleriker der wichtigsten Kantone Eurer Diözese geschlossene Einkehrtage hieltet. Zumindest sollt Ihr bei Euren Pastoralbesuchen nicht die dreitägigen Einkehrtage unterlassen[32].“

Als Mgr. von Liguori diese Zeilen schreibt, kann er schon seit fünf Jahren die Pastoralbesuche seiner Diözese nicht mehr durchführen. Die volle Runde hat er nur zweimal gemacht: 63–64 und 65–66. Diesen letzten Winter von Oktober 65 bis Ende Mai 66 verbringt er im milderen Klima seines kleinen Bischofssitzes von Arienzo, der zur Kollegiatskirche S. Andrea gehört, kehrt in den vier Sommermonaten zu den Visitationen der Zone Nord nach S. Agata zurück und geht für den Winter 66–67 ... oder vielmehr – aber weiß er das selbst? – für den Rest seines Episkopats nach Arienzo. Im Mai und Juni 67 leitet er noch die Pastoralbesuche in den Sektoren von Arienzo und Airola, aber er hat nicht mehr die Kraft, bis Valle zu reisen. Pastoralreisen sind für ihn nun nicht mehr möglich. Fortan wird sie sein Vertrauensmann Don Nicola Rubini mit der gleichen Regelmäßigkeit allein durchführen. Der Bischof beschränkt sich darauf, in den Jahren 69, 71 und 73 die wenigen Meter, die ihn von der Kollegiatskirche von Arienzo trennen und auf deren Umkreis er nun beschränkt ist, hinunterzusteigen, um dort die heilige Visitation zu eröffnen.

Ist diese zunehmende Bindung an das Haus, die den Bischof von S. Agata von Jahr zu Jahr mehr an seinen Arbeitstisch, vor das Kruzifix und Unsere Liebe Frau vom Guten Rat, zwischen den Altar seiner Messe und den Strohstuhl fesselt, in dem er jeden, der ihn sprechen will, empfängt, zu bedauern? Nun vergegenwärtigt seine Feder sein Denken und sein Herz der ganzen Diözese auf einmal. Aber auch lange bevor er unbeweglich wurde, hat er dem Schreiben für seine Priester und durch sie für seine Gläubigen viel Zeit gewidmet.

1766 veröffentlicht er für den Gebrauch seines Klerus eine große Meditationssammlung unter dem Titel *Weg des Heils*. Aber dieses Meisterwerk explodiert schon beim ersten Anlauf gewissermaßen über die Grenzen seiner Diözese hinaus. 1766 in Bassano und Neapel erschienen, wird es in weniger als zwei Jahren viermal gedruckt, siebenmal zu Lebzeiten des Autors, nach seinem Tod 35 mal allein Italien. Es erreicht 639 Ausgaben in 44 Sprachen, darunter 304 französische Auflagen.

Der erste Teil des Werks enthält 97 Meditationen über die Grundwahrheiten, die jeweils in drei knappe und einprägsame Punkte gegliedert sind. Alfons rammt hier solide Grundpfähle ein, auf denen die menschliche Unbeständigkeit Halt finden kann. Sind diese Lebensweisheiten nicht auch heute noch gültig? Sie enthalten Gedankengut Pascals ebenso wie das Geheimnis Jesu und die Sanftheit der Jungfrau Maria. Einige Auszüge mögen einen kleinen Einblick geben:

„In den Augen der Menschen gilt es als groß, einen Prozeß zu gewinnen, eine Stellung zu erlangen, Besitz zu erwerben; doch nichts von dem, was früher oder später endigt, verdient die Bezeichnung groß. Alle Güter dieser Welt müssen eines Tages für uns aufhören zu sein: entweder, weil wir sie verlassen, oder weil sie selbst uns verlassen. Groß kann also nur die Frage des Heils bezeichnet werden, von der das ewige Glück oder Unglück abhängt."

„Hat ein Haus irgendeinen Schaden erlitten, wird man es dann nicht schnell reparieren? Was unternimmt man nicht alles, um ein verlorenes Schmuckstück wieder zu finden? Wenn aber die Seele in Gefahr ist, wenn man die Gnade Gottes verliert, kann man dann lachen und schlafen, als ob nichts geschehen wäre?"

„Warum schätzen die Menschen die Zeit am wenigsten? Der eine vergnügt sich fünf, sechs Stunden täglich beim Spiel; der andere liegt einen großen Teil des Tages im Fester und schaut den Passanten auf der Straße zu. Fragt man sie, was sie tun, so lautet die Antwort unweigerlich: ‚Wir vertreiben uns die Zeit'. O verachtete Zeit, dich werden sie am meisten ersehnen, wenn sie im Sterben liegen!"

„Wie kann man an das Geheimnis eines Gottes glauben, der sich aus freiem Willen ohrfeigen, geißeln, mit Dornen krönen läßt und schließliche aus Liebe zu uns starb, ohne ihn wiederzulieben? Angesichts der Undankbarkeit der Menschen ging der hl. Franz von Assisi weinend durch das Land: Die Liebe wird nicht geliebt! Die Liebe wird nicht geliebt!"

„Jesus ist der Mittler der Gerechtigkeit; Maria die Vermittlerin der Gnade. . . . Gott will, daß wir alle Gnaden, die er den Menschen gewähren will, alle, ohne jede Ausnahme, durch die Hand Mariens empfangen. In den Augen Gottes sind die Gebete der Heiligen Bitten von Freunden; die Gebete Mariens aber sind Bitten einer Mutter: Glücklich der, der sich immer vertrauensvoll an diese göttliche Mutter wendet[33]"!

Der zweite Teil des *Wegs des Heils* führt, ebenfalls in eindringlichen und unvergeßlichen Abschnitten, durch das liturgische Kirchenjahr: Advent und Weihnachtszeit, Fastenzeit und Leiden Jesu Christi, Ostern und Novene vom Heiligen Geist, Eucharistie, Feste Mariens und einiger Heiliger. Teil drei und vier entwickeln eine „Lebensregel für jeden Christen", sei er Priester oder Laie, und 38 „Feuerzüge" über die Liebe des Erlösers zu uns.

„Die Buchhändler von Neapel haben meinen *Weg des Heils* schon wieder nachgedruckt", schreibt Alfons am 14. September 1967. „Meiner Meinung nach ist es ein sehr nützliches Buch für alle Personengruppen: Priester, Ordensfrauen und Laien. Ich selbst verwende es ständig und habe es immer zu Hand[34]."

Als geistlicher Betreuer seiner Priester und Gläubigen ist der Bischof, wie wir sagten, der erste Katechet seiner Diözese. In der Linie des hl. Vinzenz von Paul maß Liguori der Lehre ebensoviel Bedeutung bei wie der großen Predigt. 1767 veröffentlicht er seine *Istruzione al popolo* („Die zehn Gebote Gottes, die Gebote der heiligen Kirche und die heiligen Sakramente, leicht faßlich fürs Volk erklärt: eine Anleitung sowohl für Katecheten als auch für fromme Christen zum Selbstunterrichte"). Das ist unverfälschter Liguori: knapp, einfach, präzis, wesentlich. Eine pädagogische Einführung vermittelt uns die Erfahrung des großen Volksmissionars. Remondini ist so begeistert, daß er für den Export auch eine lateinische Übersetzung verlangt. Sie erscheint 1768 in Bassano und zwei Jahre darauf auch in Wien.

Ein solcher Bischof konnte seine Diözese einfach nicht verlassen, obwohl er oft sterbenskrank darniederlag (im Winter 66/67 empfing er zweimal die Sterbesakramente). Das war die Meinung aller, angefangen von Clemens XIII., bis hin... zum Diener Alessio. Eines Tages im Jahr 1767 entdeckte dieser gute Pollio ein nicht datiertes Demissionsschreiben, das Monsignore für den Heiligen Vater vorbereitet hatte. Es war in dem Schrank versteckt, in dem er seine Marterinstrumente aufbewahrte. Alessio las es und sagte sich: „Nein, Monsignore darf uns nicht verlassen!" Er nahm es also an sich und bewahrte es als kostbare Reliquie auf. Monsignore ging nicht im geringsten darauf ein. Und der wackere Alessio legte es ganz stolz beim Seligsprechungsprozeß vor[35].

Ein guter Diener der Kirche, dieser Alessio Pollio! Und nicht nur der Kirche von S. Agata dei Goti...

43. Bischof für die Weltkirche (1762—1774)

Das Kloster S. Marcellino von Neapel beherbergte zwei Kategorien von Benediktinerinnen: die Benediktinerinnen vom Konvent und die Benediktinereremitinnen. Schwester Brianna Carafa erhielt nicht die Erlaubnis, zu den Eremitinnen überzutreten, und glaubt sich daher von Versuchungen geplagt, die mindestens eines Heiligen Antonius in seiner ägyptischen Wüste würdig waren: sie behauptete — man stelle sich nur vor —, Erscheinungen zu sehen und zu hören, die gut und gern Dämonen sein konnten. Am 28. April 1767 diktiert der Bischof von S. Agata aus Arienzo, wo er zu diesem Zeitpunkt residierte, folgende Antwort:

„Lacht, meine Schwester, lacht über diese Erscheinungen und alles andere. Auch wenn es so wäre, können die Dämonen Euch ohne die Zustimmung Gottes überhaupt nichts anhaben... Aber ich bin überzeugt, daß es nicht so ist... Also, lacht über alles: Ihr werdet nie etwas sehen oder hören. Und außerdem, *wer Jesus Christus liebt, fürchtet nichts*" (Alfons selbst unterstreicht diese Worte)...

Ich bin in einem solchen Zustand, daß ich die Eremitinnen bitte, mich dem Herrn zu empfehlen, damit ich eines guten Todes sterbe, wenn es Gott gefällt, mich zu sich zu rufen" (er hatte am Vorabend die Sterbesakramente empfangen)[1].

Alfons, der so oft am Rande des Todes steht, hat keine Angst vor dem Sterben.

Er diktiert diesen Brief im Bewußtsein des nahen Todes, und doch lacht er und fordert zum Lachen auf. Die Maler, die ihn sonst eher sadistisch behandelten und hauptsächlich den durch die Arthrose gekrümmten Achtzigjährigen darstellten, besaßen den sicheren Instinkt, niemals einen Totenkopf auf seinem Tisch abzubilden, wie es damals für heiligmäßige Personen üblich war, sondern das Kruzifix oder die Muttergottes. „Wer Jesus Christus liebt, fürchtet nichts". Und er lacht dem Tod ins Angesicht. Seinem Tod; dem Tod der anderen. Denn kaum ist er wieder in der Lage, transportiert zu werden, da bringt man ihn zu seinem jungen Nachbarn von Caserta, der krank darniederliegt und seit Monaten nach ihm verlangt. Als Alfons ankommt, ist Mgr. Albertini bewußtlos. Der Theatinerbruder an seiner Seite sagt zu ihm:

Mgr. von Liguori ist gekommen.

— Oh! welche Freude! antwortet der Kranke, öffnet die Augen und küßt die Hand, die ihm sein Besucher reicht.

Alfons hat ein Muttergottesbild mitgebracht. Er stellt es auf einen Tisch und zündet zu seinen Seiten zwei Kerzen an. Dann kniet er nieder und beginnt die Marienlitanei. Alle Anwesenden respondieren. Liguori betet still weiter. Inzwischen haben sich vier oder fünf Ärzte, unter ihnen auch Vivenzio Serao und Francesco Dolce aus Neapel zur Beratung in das Nebenzimmer zurückgezogen und tauschen ihre Diagnosen aus. Sie kommen zu einem optimistischen Schluß: der Patient ist erst 52 Jahre alt, und die Krankheit ist nicht tödlich. Der Bischof von S. Agata beendet sein Gebet und erhebt sich. Statt aber nun Gott für die sichere Heilung, die da angekündigt wird, zu danken, beginnt er offen heraus über diese Ankündigung zu lachen und wendet sich an seinen Mitbruder:

— Monsignore, bereitet Euch auf die Ewigkeit vor, denn Ihr gehört schon nicht mehr dieser Welt an. Laßt Euch nicht von den Ärzten ködern.

Dann legt er ihm sein Muttergottesbild in die Hände:

— Empfehlt Euch Maria. Zu den Ärzten aber sagt er:

Jede weitere Mühe ist verschwendet: Monsignore ist verloren.

Dann geht er in die Kapelle und feiert die Messe „für einen Sterbenden". Mgr. Albertini verfällt tatsächlich rasch und stirbt noch in derselben Nacht[2].

Mgr. von Liguori, der fast zwanzig Jahre älter ist, kehrt, wie er an Villani schreibt, von diesem Besuch mit „einem Hüftnervenschmerz" in seine Diözese zurück, „der mich trotz aller Arzneien noch genau so, wenn nicht noch stärker quält. Die Ärzte wissen nicht, was sie davon halten sollen. Daher habe ich beschlossen, Gott wirken zu lassen und mein Leiden solange auf mich zu nehmen, wie er will. In drei Tagen werde ich nach S. Agata gehen, um dort noch in Durazzano den Pastoralbesuch zu halten[3]."

Es wird nicht gehen: sein getreuer „Katarrh" fesselt ihn im Juli neunzehn Tage ans Bett"[4]. Er wird nie mehr gehen. Fortan wird Rubini an seiner Stelle Sakristeien inspizieren und Gewölbe untersuchen. Ihn aber sperrt der Herr ins Zimmer ein, oder doch fast ganz. Denn er will, daß er noch viel weiter gehe ...

Es ist paradox, daß Clemens XIII., der ihn drei Jahre zuvor verpflichtet hat, seine Diözese vom Bett aus zu leiten, am 4. August 1767 auf die Widmung seines Buchs *Glaubenswahrheit* folgendermaßen antwortet: „Wir lieben Dich sehr, verehrter Bruder, weil Du Dich nicht darauf beschränkst, nur Deiner eigenen Kirche zu nützen: Du vergeudest die wenige Zeit, die Dir neben Deinen seelsorglichen

Aufgaben noch bleibt, nicht, sondern widmest Dich Arbeiten, deren Nützlichkeit nicht auf die Grenzen Deiner Diözese beschränkt bleibt, sondern sich auf die ganze Weltkirche erstreckt[5]." Dies ist wirklich ein Priester, ein Bischof, der sich lange vor dem II. Vatikanum in sehr effizienter Weise bewußt geworden ist, daß er durch seine Weihe mit Petrus und den anderen Aposteln, *die Sorge um alle Gemeinden trägt* (2 Kor 11,28).

Diese Sorge um alle Gemeinden hatte ihm seine *Nützlichen Überlegungen für Bischöfe* eingegeben. Der Missionar, der vor nunmehr dreißig Jahren seinen Blick auf China, zum Kap der Guten Hoffnung, gerichtet hatte, hat die Vorhänge zur Welt nie zugezogen. Sein Herz schlägt mit allem, was in der Kirche zum Guten oder zum Schlechten vorgeht. Der franko-englische Deismus, der österreichische Illuminismus, der deutsche Episkopalismus, der europäische Materialismus, der ... „katholische" Jansenismus (insofern er sich zu jener Zeit überall dort frei artikuliert, wo die Jesuiten zum Schweigen gebracht werden) finden sich einem wachsamen Bischof gegenüber, der schnell und präzise antwortet und über jeder Beeinflussung steht.

Sein vordringliches kirchliches Unterfangen ist eine große *Moraltheologie*, die immer auf dem Grat zwischen Laxismus und Rigorismus vorangetrieben werden muß. Den beiden ersten Auflagen 1748 und 1753–55 folgen 1757 bis 1772 bei Remondini in Venedig fünf weitere. Sie werden ständig überarbeitet und durch neue Anweisungen, Abhandlungen und Apologien ergänzt. Denn „ein Moraltheologe mag sich noch so sehr bemühen, in seinen Schriften so weit wie möglich die rechte Mitte einzuhalten, er wird doch immer wieder Kritiker herausfordern[6]."

Die Quelle dieser Kritiken liegt vor allem darin, daß er dieses umfassende Werk ausgehend von Busenbaums *Medulla* aufgebaut hat, also von einem jener Jesuiten, die nun aufgrund der Feindseligkeit konkurrierender Orden, der Eifersucht des Weltklerus, des Hasses der Jansenisten und der familiären Koalition der Bourbonen mit Schmach überhäuft werden. Man verzeiht ihnen nicht ihren Einfluß auf die Mächtigen, ihre Wirkung auf die Jugend, ihr Handeln zugunsten der Unterdrückten und ihre Nachsicht in Fragen der Moral. So steht Alfons also vor einem großen Problem, das er am 12. Juni 1763 seinem Herausgeber und Verleger schildert:

„Busenbaum ist nun praktisch der ganzen Welt verhaßt. Zu meinem Verhängnis habe ich aber gerade diesen teuren Autor, dessen Namen den gleichen Abscheu erweckt wie der Name Luthers, kommentiert. Daher haben mir meine Mitbrüder in der Kongregation geraten, in meiner Moraltheologie Busenbaums Text zu streichen und sie zu meinem ganz persönlichen Werk zu machen. ... Ich bin untröstlich, daß ich Busenbaum zur Grundlage meiner Kommentare gemacht habe: aber wer hätte auch den Sturm voraussehen können, der sich gerade gegen diesen armen Mann erhoben hat?"

Er wird also diesen Autor sowohl aus dem Titel als auch dem Text dieses Werkes entfernen. „Ich fühle mich momentan nicht imstande, es allein zu machen ... Aber ich werde zwei Patres meiner Kongregation heranziehen, und hoffe mit ihrer Hilfe zum Ziel zu kommen ... Wenn Busenbaum nicht mehr aufscheint, wird sich das Werk viel besser verkaufen." Ein unwiderstehliches Argument für jeden Verleger!

Diese Arbeit nimmt der Autor in Angriff, als er im August—September 1763 in Nocera das Bett hüten muß. Aber schon bald erklärt er resigniert:

„Ich bin hierher nach Nocera gekommen, um mich von meiner schweren Krankheit zu erholen. Hier habe ich die vollständige Überarbeitung der Moraltheologie und die Eliminierung aller Elemente Busenbaums angefangen. Aber ich mußte schon bald feststellen, daß für eine solche Überarbeitung des ganzen Werks ... sechs Monate oder auch ein ganzes Jahr nicht genügen würden. Denn ich habe drei Patres mehrere Wochen lang mit dieser Arbeit betraut; ich selbst habe, obwohl ich krank bin, ebenfalls daran gearbeitet; trotzdem konnten wir nicht einmal den Traktat über das Gewissen fertigstellen; wir bräuchten mindestens noch zwanzig Tage dafür.

Daraus schließe ich, daß die Neuordnung und Sichtung aller anderen Traktate (manche sind viel länger als der über das Gewissen) mindestens zwei Jahre in Anspruch nehmen würde ... Andererseits bin ich alt, bei schlechter Gesundheit und mit den Sorgen des Episkopats belastet, die mich nicht zum Atmen kommen lassen. Wenn ich hier ein wenig arbeiten konnte, so deshalb, weil ich mich außerhalb meiner Diözese befinde. Es erscheint mir also unmöglich, Euch das vollendete und ... umgestaltete Werk senden zu können."

Zu diesem Zeitpunkt bereitet sich hinter den Kulissen der Verlagsanstalten ein gelehrter Dominikanermoraltheologe, Vincenzo Patuzzi (1700—1769), auf seinen Auftritt vor. Fest entschlossen, den „Laxismus" zu bekämpfen, verfaßt er 200 Seiten gegen Liguoris *Kurze Abhandlung* von 1762. Wir erinnern uns: Nachdem Alfons endlich zu seinem Moralsystem gefunden hatte, legte er hier seinen „Äquiprobabilismus" mit folgender Grundaussage fest: da der Mensch frei geschaffen ist, kann ein ungenaues Gesetz keine genaue Verpflichtung nach sich ziehen.

Unter dem Schutz eines Pseudonyms – der „Hochwürdige Professor Adelfo Dositeo" – rühmt Patuzzi den „gelehrten" Autor des jüngst erschienenen *Traktats über die künftige Regelung der menschlichen Handlungen* – der niemand anders ist als ... er selbst – und mockiert sich als „italienischer Pascal" über die „vier Blätter" des Bischofs von S. Agata, die ein Gegengewicht zu den dicken und unbesiegbaren Bänden der Rigoristen sein wollen. Wenn diese Seiten wenigstens stichhaltig wären. Aber nein! Liguori versteht weder die Frage noch die Einwände. Versteht er sich denn überhaupt selbst? Und doch, wie selbstsicher gibt er sich! Illusorische Sicherheit, Monsignore! Sträfliche Unwissenheit! Er soll durch einen Widerruf das Ärgernis beseitigen, das er gegeben hat, das er gibt und das er sonst solange geben würde, bis er in die Höllenpein sinkt, *in der der Wurm nicht vergeht und das Feuer nicht erlischt.*

Sein Argument? Vor dem Menschen steht der souveräne Gesetzgeber. Vor unserer Freiheit steht also sein Gesetz. Im Falle des Zweifels zwischen Gesetz und Freiheit ist daher immer der *sicherste* Weg (Tutiorismus), d. h. die Entscheidung für das Gesetz zu wählen. Andernfalls akzeptiert man die Möglichkeit, es einzuschränken. Schreckliche Vorstellung! Hier liegt die Sünde!

Patuzzis Verleger war ... Remondini. Verleger vertreten nicht den Laxismus oder den Rigorismus, sie machen Bücher, Bücher, die sich verkaufen sollen. Der Verleger schickte aber Liguori insgeheim immer wieder Blätter von den Vorabdrucken, die er von Patuzzis Werk anfertigte, so daß dieser erstere seinen Angreifer abwägen, annehmen oder bereits zurückweisen konnte.

„Ich habe versprochen", so hatte Alfons mit Loyalität gesagt, „sofort zu widerrufen, und zwar durch eine öffentliche Schrift, wenn man mir die Richtigkeit der entgegengesetzten Meinung beweisen kann.

Außerdem habe ich zu dieser Frage verschiedene gelehrte und unparteiische Männer aus dem Orden der Patres Patuzzi bzw. (Augustin Lorenzo) Berti zu Rate gezogen, die mir nach unvoreingenommener Lektüre meiner *Abhandlungen* antworteten, daß das hier Gesagte klar sei, ja daß es sich hierbei nicht um eine Meinung, sondern um eine Beweisführung handle; mehr als ein Gelehrter, der zunächst entgegengesetzter Meinung war, hat nach der Lektüre meiner *Abhandlung* seine Ansicht geändert und festgestellt, daß es darauf nichts zu entgegnen gäbe.

Wenn aber der eine oder andere einzig um seiner Antwort willen antworten möchte, dann kann er doch nur nebensächliche Punkte behandeln. Ich möchte aber, wie ich in meiner *Erklärung* gesagt habe, in den Hauptpunkten überzeugt werden; andernfalls kann ich gewiß nicht guten Gewissens widerrufen; und wenn es nötig sein sollte, werde ich eine neue Entgegnung verfassen.

Ich schätze die Patres Patuzzi und Berti sehr, denn sie sind wahrhaft gelehrte Männer; unfehlbar aber sind nur Gott und die Kirche.

Wenn man also behauptet, ich hätte aus Leidenschaft, oder in der Absicht, den Jesuiten zu gefallen, geschrieben, dann wirft man mir eine Ungeheuerlichkeit vor; denn das würde heißen, ich kennte die Wahrheit und beharrte nur um der Jesuiten oder meiner selbst willen auf der Verteidigung einer falschen Meinung.

Wenn ich aber diese Meinung verteidige, so deshalb, weil ich überzeugt bin, daß ich sie von meinem Gewissen her vertreten muß: außerdem bin ich davon überzeugt, daß derjenige kein gutes Gewissen hat, der ein Beichtkind verpflichten will, der sichersten Meinung zu folgen, wenn dieses Beichtkind seine Sünden bekannt hat und die Meinungen überdies gleichermaßen wahrscheinlich sind.

Ich würde sogar denen, die die strenge Auffassung vertreten, nicht ohne Gewissensbisse die Vollmacht zum Beichthören geben. Das ist die Wahrheit, die ich vor Gott bekenne. Im übrigen können meine Widersacher sagen, was sie wollen ..."

Was sie sagen, ist offenkundig „kraftlos"; sogar die *Antwort auf die Kurze Abhandlung von Mgr. von Liguori* (1784). Alfons bleibt immer höflich, läßt gelegentlich sogar ein amüsiertes Lächeln durchschimmern, aber er überläßt ihnen nicht das Terrain. In dieser Debatte geht es zu sehr um das Heil der Seelen. Alfons bleibt also Patuzzi gewissermaßen auf den Fersen und veröffentlicht seine 199 seitige *Apologie* gegen „den hochverehrten Professor, der sich den Namen Adelfo Dositeo gibt" (1764). Dieser entgegnet auf die Entgegnung, was ihm 1765 einen *Appendix* zur *Apologie* einbringt, dessen interessantester Punkt für uns heute folgende feierliche Erklärung ist:

„Meine Widersacher mögen mich gerne der Starrköpfigkeit oder Leidenschaft zeihen. Ich wüßte aber wirklich nicht, woher mir diese Leidenschaft kommen sollte. Ich habe von dieser Welt nichts mehr zu erwarten. Mein hohes Alter und die Krankheiten, die mich immer wieder befallen, künden mir bereits den nahen Tod an. Daher wäre es eine unerhörte Torheit meinerseits, wenn ich, möglicherweise um Beifall zu erhaschen oder mir einen Namen zu machen, darauf bestehen würde, diese meine Meinung zu vertreten. *Was ich geschrieben habe, wurde geschrieben, weil ich vor Gott, der mich bald richten wird, so denke und schwere Skrupel hätte, das Gegenteil zu sagen."*

Das Duell setzte sich in einigen Scharmützeln fort. Noch im Jahr 1765 arbeitet Alfons seine drei letzten Veröffentlichungen in eine „vollendete und strukturierte" Synthese von 360 Seiten *Über den richtigen Gebrauch der wahrscheinlichen Meinung* um. Er stellt ihr eine Widmung an seinen Freund Clemens XIII. voran. Damit gibt Liguori die definitive, erweiterte und durch die Kontroverse schärfer ausgedrückte Formulierung seiner äquiprobabilistischen Position von 1762: Als Sohn und Ebenbild Gottes ist der Mensch frei; angesichts einer zweifelhaften Verpflichtung bleibt seine Freiheit bestehen, weil sie sicher ist; zwingend für ihn ist lediglich der Wille Gottes, den sein persönliches Gewissen ihm als wahrscheinlicher zeigt. In diesem letzten Punkt trennt er sich bereits 1762 von den probabilistischen Jesuiten, mit denen ihn die Rigoristen gleichstellen wollen, damit er mit ihnen untergehe, er selbst und seine Ordensgemeinschaft.

Schon bald wirft in Sizilien ein gewisser Diodato Targianni, Ratgeber des Vizekönigs von Palermo, den Redemptoristen vor, die Jesuitenmoral zu vertreten und allzu schnell die Absolution zu erteilen. In Portugal beginnt die Hexenjagd. Vom 30. Juni 1768 datiert folgender Brief an Remondini:

„Ich habe in den *Avvisi* gelesen, daß in Portugal einem Kleriker der Auftrag gegeben wurde, moraltheologische Schriften zu verbieten, die eine verdorbene Doktrin lehren.

Unter diesen moraltheologischen Schriften mit verdorbener Doktrin verstehen sie alle Moraltheologen der Jesuiten. In Wirklichkeit vertreten aber nicht alle Moraltheologen der Jesuiten eine verbotene Doktrin. Die Bücher von Lugo, Suarez, Laiman, Lessius, Castropalaus und ähnlichen lehren keine verbotene Doktrin ...

Im übrigen ist mein System über den Probabilismus nicht das der Jesuiten; denn ich räume nicht wie Busenbaum, La Croix und praktisch alle Jesuiten ein, daß eine als weniger wahrscheinlich anerkannte Meinung übernommen werden kann.

Ich wollte Euch das sagen, damit Ihr es anderen bei Bedarf mitteilen könnt; umso mehr, als man in Frankreich zwar viele Schriften der Jesuiten, nicht aber die meinen verbrannt hat.

Wer hätte sich je vorstellen können, daß die Jesuiten eines Tages überall als Mörder und Rebellen gelten würden!"

Nach einem weiteren Jahr wird A. v. Liguori an der Reihe sein: Im Herbst 1769 wird seine *Moraltheologie* in Portugal verboten. „Das schmerzt mich sehr ... Aber was kann man machen? *Pazienza!*" Seine Ordensgemeinschaft hat dort noch keine Niederlassungen.

Aber das antijesuitische Fieber geht von den Bourbonen aus, und es steigt, steigt ... Die Gesellschaft Jesu wird nach und nach aus allen von den Bourbonen beherrschten Staaten Europas, Amerikas und Asiens vertrieben. Portugal, das ihnen nicht verzeihen konnte, daß sie die Guarania verteidigt hatten, machte 1759 den Anfang; Frankreich folgte 64; Spanien 67. In Madrid aber regiert Karl III. von Bourbon ..., und er regierte außerdem durch Tanucci die Beiden Sizilien. Sofern es nicht der Regent ist, der dem Katholischen König geschickt die Entscheidung suggeriert, die dieser dann aus sich selbst zu treffen vermeint. Sie schreiben einander jede Woche. Doch ist dies in keiner Weise beruhigender. Denn wir können uns nur schwer vorstellen, wie sehr das Jesuitengespenst die Tage, Nächte und Gebete dieses so widersprüchlichen Mannes heimsucht, der Bernardo Tanucci nun einmal ist. Dieser Oblate der Gesellschaft, der bei einem Jesuiten beichtet, dessen Frau und Tochter bei einem Jesuiten beichten, schreibt am 29. April 1767 an seinen Freund Luigi Viviani della Robbia:

„Glücklich, wer sich, wie Ihr es in der Karwoche gemacht habt, aus der Welt zurückziehen kann zu Gott, dem einzigen Gut, dem einzigen Freund, der sicheren Zuflucht, dem einzigen Licht unseres Geistes. Verachtung des Glücks, Gleichgültigkeit gegenüber allen Ehren" — (leicht zu sagen, wenn man schon alles besitzt!) — „ich habe sie von Ihm, der mein Meister, meine Sicherheit und meine Ruhe ist ..." 14 Zeilen weiter aber münden diese mystischen Zeilen in folgende Verurteilung: „Die Jesuiten, Mörder im Sold Roms, verführerisch, intrigant, Verderber von Moral und Religion, sind die Pest der Staaten. Sie predigen infernalische Maximen gegen die Finanzen der Herrscher, gegen das Hoheitsrecht, gegen den Episkopat, gegen das Evangelium. Sie wurden nach den Attentaten in Portugal, nach den Nachforschungen und Prozessen in Frankreich schließlich auch in Spanien entlarvt[7]."

Am darauffolgenden 20. November zernieren die Truppen bei einbrechender Nacht im ganzen Königreich die Häuser und Einrichtungen des Ordens des hl. Ignatius und schiffen seine Mitglieder in den jeweils naheliegenden Häfen ein.

P. Pietro Paolo Blasucci, der Superior von Agrigent, sieht sich aus diesem Sizilien, in dem die Entscheidungsvollmacht im zivilen wie auch religiösen Bereich in den Händen der Rigoristen liegt, mit seinen Patres bereits wegen laxistischen Probabilismus vertrieben. Zwischen ihm und seinem Oberen entspinnt sich ein langer Briefwechsel. Er möchte gern, daß Alfons sein System ändere, daß er sich offen als Probabiliorist bekenne und sich damit von jeglichem Beigeschmack des jesuitischen Probabilismus befreie. Für den Rektor Maior sind dies aber zwei Bereiche: jener der theologischen Wahrheit, in dem er sich nun festgelegt hat und den er nicht mehr ändern wird; — und jener der Beziehungen zu einem Staat, der in Bereichen unerträglich ist, die ihn nichts angehen und von denen er nichts versteht; hier aber ist er Rechtsanwalt, ist er Diplomat; ist bereit, verbale Konzessionen einzugehen und die Schlauen bis an die Grenzen der Aufrichtigkeit hinters Licht zu führen. Wir haben ihn bereits bei seinen Verhandlungen mit Mannarini um eine fiktive Fusion ihrer beider Kongregationen erlebt. Im November 68 schreibt er also an Blasucci:

„Den Grundsatz, daß ein zweifelhaftes Gesetz nicht verpflichtet, glaube ich durch die Gnade Gottes bis zur Evidenz bewiesen zu haben ... Wenn also die beiden Meinungen gleichermaßen wahrscheinlich sind, ist das Gesetz nicht verpflichtend, da es zweifelhaft ist.

Vor der Veröffentlichung meines Buches *Über den richtigen Gebrauch der wahrscheinlichen Meinung* war dieser Punkt nicht klar; heute aber ist er klar wie der helle Tag, er wird von allen anerkannt, und ihr könnt Euch davon in den Briefen überzeugen, die ich am Ende des Bandes habe abdrucken lassen ...

Was bedeutet es da schon, wenn einige Gelehrte, die gerade in Mode sind, das Gegenteil behaupten? Diese sehen den Kernpunkt der Frage nicht und reden einfach drauflos. P. Patuzzi hat mich in meiner Auffassung nur noch bestärkt: denn von den zahlreichen Antworten, die er mir entgegengestellt hat, berührt nicht eine einzige den Streitpunkt, was sogar seine Freunde zugeben ...“

Soweit zur theologischen Wahrheit. Aber Blasucci wollte ihn doch, um nicht aus Sizilien vertrieben zu werden, als Probabiliorist abstempeln. Der Probabiliorist mochte angehen. Wichtig ist nicht das Etikett, sondern der Inhalt. Im übrigen ist es nicht einmal gelogen:

„Meine eigene Regel erscheint mir sehr klar und sicher: Wenn die Meinung für das Gesetz mit Sicherheit wahrscheinlicher ist, dann sage ich, daß man nicht der weniger wahrscheinlichen Meinung folgen darf, und bin damit nicht Tutiorist, sondern ein echter Probabiliorist ... Darin stehe ich im Gegensatz zum System der Jesuiten“.

Am 5. August 1772 schreibt Alfons wiederum an Blasucci:

„Targianni gehört zu denen, die den Probabilismus tadeln, ohne überhaupt zu wissen, was die Ausdrücke wahrscheinliche, wahrscheinlichere und sehr wahrscheinliche Auffassung bedeuten.

Sagt auch weiterhin, daß ich Probabilist bin, daß wir alle es sind. Das ist die Wahrheit, weil ich behaupte, daß die wahrscheinliche Meinung nicht nur um ihrer Wahrscheinlichkeit willen vertreten werden kann: um richtig zu handeln, bedarf es der moralischen Gewißheit; die Wahrscheinlichkeit alleine ist also keine ausreichende Grundlage zum richtigen Handeln. Obwohl ich dies nicht in denselben Worten geschrieben habe, habe ich es doch in anderen Begriffen dargelegt

Allerdings kann man (wie mir Euer Brief beweist) in Agrigent nicht einmal so sprechen, da man dort den Tutiorismus vertritt. Es tut mir leid, daß dabei die armen Seelen untergehen. O Gott, welch unglückliche Zeit!“

Noch 1773 leert ein gewisser Abbé Magli, Kanonikus von Martina France in der Region Taranto, sein Tintenfaß, um mit seinem Fanatismus Alfons und dessen Institut zu vergiften. Villani fürchtet bereits den Untergang der Kongregation. Alfons aber, für den diese Hetzschrift „voller unhaltbarer Extravaganzen“ ist, fürchtet mehr für den Untergang der Seelen und veröffentlicht 1774 eine *Erklärung seines Systems*.

„Ich erkläre noch einmal, daß ich kein Probabilist bin, daß ich dem Probabilismus nicht anhänge, sondern ihn sogar ablehne (Anm. 1) ... Also Äquiprobabilist? Neuerdings werde ich von einigen den Äquiprobabilisten zugeordnet, die als Freigeister und Sittenlose, als Menschen, die nach ihrem Gutdünken und ohne Gesetz leben wollen, um sich ihren fleischlichen Gelüsten und allen Lastern hinzugeben, dargestellt werden. Und nun behandelt man uns als Manichäer, Epikuräer, Anhänger von Hobbes und Spinoza (Anm. 7) ... Nein! Libertinage und legitime Freiheit, die kein Gesetz bindet, solange es nicht offenkundig ist (Anm. 44), sind zweierlei ... Man wird mich nicht dazu bringen, mein System zu widerrufen, für das ein einziges Argument genügt, um es sicher wie einen Beweis zu machen. Das Argument ist folgendes:

„1. Ein nicht hinreichend bekanntgemachtes Gesetz verpflichtet nicht.

2. Ein zweifelhaftes Gesetz ist nicht hinreichend bekannt gemacht.

3. Also ist ein zweifelhaftes Gesetz nicht verpflichtend“ (Anm. 55).

Dies ist, wenn auch nicht ganz im selben Wortlaut, Alfons' Äquiprobabilismus aus dem Jahr 1762[8].

Armer Kanonikus Magli! Er muß wohl überhaupt nichts über Alfons' apologetische Werke gewußt haben, wenn er ihn und die Äquiprobabilisten unter die Anhänger Hobbes', Spinozas, Epikurs und der anderen einordnete. Zwanzig Jahre beobachtete Liguori bei seinen Reisen nach Neapel nun schon diese Ölpest gottloser Bücher, die die Schaufenster der Via S. Biagio dei Librai überschwemmten. Bereits im Jahr 1753 hatte er an die Karmelitin Maria di Gesù geschrieben: „Betet vor allem für Neapel, wo es nun zahlreiche Atheisten geben soll, die Gott leugnen[9]."

Das einfache Landvolk dagegen, zum größten Teil des Lesens und Schreibens unkundig, neigte eher zum Aber- denn zum Unglauben. Hier vergaß der Pater die Philosophen. Im Februar 1756 aber, während eines erzwungenen Aufenthalts in der Hauptstadt, war sich der Missionar der Landbevölkerung schlagartig der rasch fortschreitenden Verwüstung bewußt geworden, die durch die Literatur von jenseits der Berge und jenseits des Ärmelkanals angerichtet wurde. Aus England, Deutschland, Österreich und vor allem aus Frankreich drangen antichristliche Bücher nach Italien ein und säten hier Naturalismus, Materialismus, Rationalismus, Atheismus und andere „ismen", die sich zwar in ihrer Gestalt unterschieden, im Grunde aber auf das gleiche hinausliefen. Sie überboten sich gegenseitig im Lobpreis der Lebenskraft der Natur, der menschlichen Erfahrung und des menschlichen Geistes, und für sie war jedes übernatürliche Wesen, wie Malraux sagt, „eine Provinz des Imaginären". Alfons hatte Kardinal Sersale eindringlich gewarnt. P. Corsano, der bei diesem neapolitanischen Aufenthalt bei ihm war, berichtet, daß er nach einer durchwachten Nacht am Morgen immer wieder sagte: „Neapel, armes Neapel! Ich weine über dich!" Dann hielt er mit den wichtigsten Pfarrern und Beichtvätern der Stadt eine Konferenz über dieses Eindringen des Unglaubens. „Der Jugend", so sagte er zu ihnen, „müßt Ihr alle Sorgfalt zuwenden. Das Beste und das Schlechteste hängen in der Hauptstadt wie auch in den Provinzen nur von der Jugend ab[10]."

In der christlichen Gesellschaft des 18. Jahrhunderts, in der der Glaube im Prinzip unangefochten war, schien eine Kontroverse, so lebhaft sie auch gegen Protestanten betrieben wurde, gegen die Gottlosen sinnlos. Welches Seminar studierte z. B. in den Jahren 1750 neuere und zeitgenössische Autoren wie Spinoza, Hobbes, Locke, Leibniz, Berkeley, Wolff, Rousseau, Voltaire und Montesquieu? Jedenfalls das der jungen Redemptoristen von Pagani, für die P. von Liguori kurze Auszüge dieser Philosophen, klare und kurze Erwiderungen und kraftvolle Gegenbeweise zusammengefaßt hatte. Um ihnen die Vorlesungen nicht diktieren zu müssen, sowie zur ständigen Weiterbildung des Klerus hatte er 1756 bei Pellechia in Neapel die *Kurze Abhandlung gegen die Irrtümer der Materialisten und Deisten unserer Zeit* drucken lassen. Den Gegenpart dazu liefert er kurz darauf in einem positiven kleinen Werk über *Die Wahrheit des Glaubens, offenkundig gemacht durch die Zeichen der Glaubwürdigkeit (1762)*, einen kleinen Traktat über „Die wahre Religion": heilig in ihrer Lehre, hat sie die Welt erobert; beständig in ihren Dogmen, angekündigt durch die Propheten, wird sie durch Wunder und das Zeugnis der Märtyrer bestätigt.

Gewiß, es sind bereits umfängliche, teure und ausführliche Werke von Grotius, Segneri dem Älteren, Merati, Magalotti, Moniglia, Concina, Genovesi, Gotti, Gerdil … auf dem Markt. Sie waren, in diesem Jahrhundert der Enzyklopädisten, häufig genug Enzyklopädien. Aber wer liest schon diese Foliobände von Gelehrten für Gelehrte? Mit seiner unglaublichen Arbeitsfähigkeit nimmt Alfons aus ihnen das jeweils Wesentliche, den „Saft", wie er selbst sagt; er liest auch Bayle, Voltaire und möglicherweise noch andere, sowie deren Widerlegungen in französischer Sprache. 1773 schickt er seinem venezianischen Herausgeber die 69 Seiten starken *Reflexionen über die Wahrheit der göttlichen Offenbarung*, die vor allem eine Antwort an Voltaire sind, und schreibt dazu:

„Diese kleine Werk gegen die Deisten . . . hat mich sechs Monate harter Arbeit gekostet. Um es zu verfassen, habe ich viele französische und italienische Bücher durchforstet. Ich glaube, daß es ein für unsere Zeit sehr nützliches Werk ist[11]."

Sein von ihm selbst geschaffener Stil, in dem er es schon seit langem zur Meisterschaft gebracht hat, ist gerade jene Schreibweise, die alle großen Geister zurückweisen, deren uneingestandenes und möglicherweise auch unbewußtes Ziel es ist, vor ihresgleichen zu glänzen. Alfons dagegen erklärt, getreu der Entscheidung seines Lebens in der Einleitung zu seiner *Kurzen Abhandlung* von 1756, er habe auf diesen Seiten die wesentlichsten Dinge in wenigen Worten dargelegt und auf einfachste Art erklärt, damit alle sie verstehen können.

Als er 1762 Bischof wird, beschränkt sich der apostolische Missionar Alfons nicht auf die engen Grenzen seiner Diözese. Ganz im Gegenteil. Da er sich seiner universalen Verantwortung als Seelsorger und Glaubenslehrer bewußt ist, steigt er nun mehr denn je auf die Zinnen der Kirche, um dem Angriff des Unglaubens entgegenzutreten. Er schreibt an bestimmte Buchhandlungen in Neapel, um sie an ihre Pflichten zu erinnern. Wir besitzen von ihm einen Brief vom 16. August 1765 an seinen Freund Don Giuseppe Pappacoda, Fürst von Centola und (antitanuccistisches) Mitglied des Regentschaftsrates:

„Habt die Geduld, Exzellenz, diesen Brief ganz durchzulesen. Es geht hier keineswegs um meine persönlichen Interessen, sondern ausschließlich um die Ehre Gottes und des Glaubens.

Das Unheil, das der französische Buchhändler Gravier, der in der Straße S. Chiara wohnt, Neapel zufügt, ist zu groß. Er läßt aus seiner Heimat fortwährend vom Atheismus infizierte Bücher kommen, die dort schamlos und unaufhörlich erscheinen und deren Veröffentlichung die Bischöfe von Frankreich zu bitteren Klagen bewegt; dann verkauft er sie in Neapel an jedermann.

Von der Hauptstadt verbreitet sich die Pest dieser Bücher und verseucht alle Diözesen des Königreichs. Der Schaden wird durch den fortwährenden Verkauf solcher Werke von Tag zu Tag größer. Umso mehr, als sich nach der heute in Neapel gängigen Maxime keiner mehr verpflichtet glaubt, eine Erlaubnis zur Lektüre eines verbotenen Buches einholen zu müssen. Wie ich erfahren habe, hat besagter Buchhändler erst jüngst wieder eine ganze Ladung dieser verpesteten Bücher erhalten. Auf meine Vorsprache bei S. E. dem Kardinalerzbischof erhielt ich lediglich die Antwort, man bedaure dieses Unglück.

Ihr, verehrtester Fürst, könnt mit Eurer Autorität und Eurem Eifer diesem großen Übel abhelfen. Es lag mir daran, Eurer Exzellenz zu schreiben, weil ich weiß, wie eifrig Ihr seid und wie sehr Ihr die Ehre Gottes liebt. Frankreich ist zwar die Quelle dieser Bücher, aber in Frankreich läßt sie der Hof wenigstens gerichtlich verfolgen und verbrennen. In Neapel dagegen verkauft sie der Buchhändler ungehindert an jeden Passanten. Warum sollte man nicht im Laden und Haus dieses Buchhändlers von Zeit zu Zeit eine Durchsuchung halten lassen und wenn man diese schlechten Bücher bei ihm findet, sie nicht erbarmungslos verbrennen?

Verzeiht die Offenheit meiner Rede. Aber diese verwünschten Bücher zerstören den Glauben im ganzen Königreich ... Möge Eure Frömmigkeit diesem Mißstand abhelfen können[12]!"

Mgr. von Liguori hatte Freunde bei Hof. Jean Gravier, dieser große Verbreiter der Werke von Giannone, ebenfalls. Der König und sein Regent waren geneigt, ihm zu vergeben, daß er aus dem Atheismus Kapital schlug. Das war zweifellos auch der Grund, warum Kardinal Sersale, durch Spinellis Mißerfolg gewarnt, es vorzog, sich auf ein bloßes „Bedauern" zu beschränken. Es ist nicht sicher, ob „Monsieur Gravier" beunruhigt war. Und doch hatte Alfons, wie Tannoia berichtet, „dem Premierminister Marquese Tanucci zu wiederholten Malen den großen Schaden dargelegt, der den Seelen und dem Staat aus dem Eindringen gottloser Bücher in das Königreich erwuchs, und der weise und fromme Regent hatte in dieser Sache unverzüglich entsprechende Maßnahmen ergriffen. Die Einfuhr solcher Werke wurde immer wieder unter strengsten Strafen verboten und diejenigen, die diese Vorschriften übertraten und es wagten, diese Bücher einzuführen und öffentlich zu verkaufen, wurden bestraft[13]."

Mit welcher Kompetenz aber wurde der Schlag geführt und nach welchen Kriterien? Nicht nach jenen Liguoris, soviel steht fest! Außerdem hatte der Schmuggel schon immer seine Kanäle für Handel und Vertrieb!

Doch kann der Bischof von S. Agata zumindest gegen die Ungläubigen mit gleichen Waffen kämpfen: auch er hat eine Feder und Verleger. Er hört nie auf, wachsam zu sein, zu lesen und die von Collins, Toland, Tindall, Saint Evremont usw. gebrauchten Gifte zu analysieren. Denn seine Jagdliste erweitert sich. Zu seinen bereits veröffentlichten beiden kleinen Werken fügt er Kapitel um Kapitel hinzu, die er seinen Seminaristen durch P. Caputo erläutern und diktieren läßt[14].

Diktieren? Das widerspricht doch allen seinen Grundsätzen: „Wenn Eure Vorlesung besser ist als das Handbuch, dann druckt sie". Das tut er denn auch im Jahr 1767. Er hat seine beiden kleinen vorhergegangenen Traktate mit mehr als doppeltem Umfang herausgebracht und sie zu dem gemacht, was sein Denkmal einer vollständigen Apologetik werden sollte:

Die Wahrheit des Glaubens: 1. Glaube an Gott und die Unsterblichkeit, gegen die Materialisten; 2. Christlicher Glaube, gegen die Deisten; 3. Katholischer Glaube, gegen die nichtchristlichen Glaubenden und die „Reformierten". Wenn er in diesem dritten Teil alle nichtkatholischen Gläubigen (Juden, Muselmanen, Reformierte) als Erben des Glaubens Abrahams zusammenfaßt, ist er sehr modern. Er legt hier außerdem in drei vollen Kapiteln die Fortdauer des Petrusamtes in der Kirche und die Unfehlbarkeit des Papstes, sofern dieser ein Dogma *ex cathedra*, d. h. als Sprachrohr der unfehlbaren Kirche definiert, dar.

Dieses Buch hat ihn, wie er selbst sagt, Blutstropfen gekostet. Und nun läßt sowohl die kirchliche als auch die königliche Approbation auf sich warten. In diesen Zeiten des strengen Regalismus ist es fast genauso mühsam, sein Werk approbiert zu bekommen, wie es zu verfassen. Der Hof, der sich geweigert hat, Jean Gravier die Flügel zu stutzen, kann ihm seine Seiten von Anfang bis Ende beschneiden. „Ich fürchte", so schreibt er an Remondini, „daß der dritte Teil meines Werkes mir von Seiten der neapolitanischen Zensoren Schwierigkeiten bringen könnte, da er zwei Kapitel enthält, in denen ich die Superiorität des Papstes über die Konzilien und seine Unfehlbarkeit in allen Glaubensdefinitionen verteidige. Bei den französischen Maximen aber, die heutzutage in Mode sind, könnte mir der eine oder andere Freund ihrer Anhänger sehr wohl widersprechen ...

Unglückliche Zeit, in der wir nicht einmal mehr unseren gemeinsamen Vater und Stellvertreter Jesu Christi verteidigen können. Gott erbarme sich unser[15]!"

Aber nein, die beiden Revisoren ergehen sich umso mehr in Lobreden, als sie ihn lange haben warten lassen; außerdem antwortet Clemens XIII. in einem begeisterten Breve auf die Widmung an ihn.

Vier Jahre zuvor hatte ein deutscher Bischof, Nikolaus von Hontheim, unter dem Pseudonym Febronius, eine fünfbändige Abhandlung veröffentlicht, die schon bald Berühmtheit erlangte: *De statu praesenti Ecclesiae*. Es gab zweifellos Grund, gegen den römischen Monarchismus zu reagieren, um wieder die bischöfliche Kollegialität zurück zu gewinnen. Das II. Vatikanum hat uns auf diesen Weg geleitet. Febronius aber ging dabei zweifellos zu weit. Er erhob die Bischöfe und Könige noch über den Papst. Das war Honig für die Regalisten! Dieses Werk, das aus dem Lateinischen ins Deutsche, Französische, Portugiesische und Italienische übersetzt wurde, kommt dem „antirömischen Komplex" der Jansenisten der Halbinsel gerade recht.

Einer aber wacht in Arienzo. Unter dem etwas bissigen Pseudonym Honorio de Honoriis (damit seine Ordensgemeinschaft nicht von Tanucci vernichtet werde) und in lateinischer Sprache (damit er auch jenseits der Alpen gelesen werden kann) „zahlt" es ihm Alfons „heim" und geht mit ihm auf den 161 Seiten seiner *Vindiciae* (1768) — ohne Beleidigung — von der ersten bis zur letzten Zeile Schlag um Schlag hart ins Gericht. Wir wissen nicht, ob dieses Büchlein erfolgreich war. Aber es ist uns bekannt, daß *La supremazia del Pontefice Romano vendicata dagli attacchi di Giustino Febronio* zweifellos das beim I. Vatikanischen Konzil meistgelesene Werk war.

„Das Konzil", das war zu Alfons' Zeiten seit zwei Jahrhunderten das Konzil von Trient. Angesichts der protestantischen Anfechtungen war es zu einer fast vollständigen Neuformulierung der christlichen Dogmen gelangt. Es gab zwei *Geschichten* dieses Konzils: jene von Pietro Soave (1619), Pseudonym von Paolo Sarpi (1552—1623), eines venetianischen Serviten, offiziellen Theologen und Kirchenrechtlers, gut bezahlt von der Serenissima, also anti-römisch, bösartig, sehr schlecht informiert, — und jene des Jesuitenkardinals Pietro Sforza Pallavicini (1607—1667) als Erwiderung auf die erstere: zwei Foliobände, erschienen in den Jahren 1656 und 1657. Für Liguori braut erstere ein hintergründig wirksames Gift, und ist letztere ein Ozean, in dem der Leser ertrinkt. Er aber möchte die tridentinische Lehre seinen Priestern und seinem Volk in Kopf und Leben schreiben.

1764 machte er sich ans Werk. Schon bald aber lenkte ihn die Dringlichkeit der unmittelbaren apologetischen Kämpfe ab. Doch nachdem er mit Febronius abgerechnet hatte, wandte er sich sofort wieder diesem *Dogmatischen Werk gegen die sogenannten reformierten Häretiker* (1769) zu. Es ist wahrhaft apologetisch, und zwar im gleichen Sinn wie das Konzil selbst es gegenüber den Reformatoren war; apologetisch auch in seinen Zurechtweisungen Paolo Sarpis. Vor allem aber ist es neben seinem Handbuch der Moraltheologie (*Homo Apostolicus*) ein Handbuch der Dogmatik, das auf der Grundlage der Konzilsdefinitionen aufbaut. die allein den Glauben und die Hoffnung tragen. Er fügte also zwei *Erörterungen* an: die eine über die Unfehlbarkeit der Kirche, die andere über die Gnade und das Gebet. In dieser letzteren legt er sechs Gnadentheorien dar – die thomistische, molinistische, usw. –, die er verwirft, und belegt seine eigene mit der hl. Schrift, den Vätern, den Theologen und ... dem gesunden Menschenverstand:

„Gott will, daß alle Menschen gerettet werden" (1 Tim 2,4). Wenn diese hinreichende Gnade zum Gebet nicht gegeben würde, wie könnten dann die Prediger zum Gebet aufrufen? Dann könnte ihnen das Volk ja mit gutem Recht erwidern: „Predigt das, was Ihr uns hier sagt, Gott, und er soll danach handeln!"; es könnte zu Gott sagen: „Deine Gebote – warum gibst du sie uns? Es ist an dir, zu handeln: du weißt genau, daß wir nicht einmal die Gnade haben, die Hilfe von dir zu erbitten, derer wir bedürfen, wenn wir nach deinem Willen handeln wollen[16]."

Das ist Alfons' leidenschaftliches Leitmotiv: „So viele Menschen gehen in ihr Verderben, und es ist doch so leicht, gerettet zu werden ... Betet! Betet! Betet!"

Woher aber nimmt dieser Bischof neben seinen vielen anderen Verpflichtungen noch die Zeit, so viel zu schreiben? Er gibt am 13. März 1769 dem Frommen Arbeiter Stefano Longobardi die Antwort:

„Ich lasse gerade ein sehr nützliches Werk drucken: eine Zusammenfassung der *Geschichte des Konzils von Trient* von Kardinal Pallavicini. Wie konfus er doch ist! Der Kamaldulenser Morelli hat bereits einen Abriß davon veröffentlicht, aber er hat dieses Wirrwarr nur kondensiert. Im übrigen sprechen Pallavicini und Morelli von allen Ereignissen ... des Konzils, während ich mich auf die dort definierten dogmatischen Glaubensfragen beschränke. Mein Werk enthält also eine gute Dogmatik ... Eine Anzahl Blätter sind bereits gedruckt ...

Die üblichen Schmerzen zwingen mich noch immer, das Bett zu hüten; aber ich bin fieberfrei und habe einen klaren Kopf; so habe ich also nun mehr Zeit, die eine oder andere Schrift zum Ruhme Gottes und zum Vorteil der Kirche zu verfassen. Es wird heute sehr wenig zur Unterstützung der Kirche gedruckt im Vergleich zu dem, was zu ihrem Umsturz gedruckt wird[17]."

Diesen *Opera dommatica* gaben die Zensoren – Don Giulio Selvaggi für den Erzbischof und Kanonikus Giuseppe Simioli für den König –, ein uneingeschränktes und lobendes Placet, das am 2. September 1769 von der Real Camera bestätigt wird. Tanucci erfährt davon. Ungeachtet seiner Freundschaft mit Simioli, kannte er doch Liguoris Einfluß zu genau, um ihn nicht zu fürchten. Umso mehr als man sich über die Identität dieses Honorio de Honoriis, der den Papst gegen Febronius gerechtfertigt hatte, an höchster Stelle doch einige Fragen gestellt hatte. Irgendjemandem gelang es, das geheime *dispaccio* Tanuccis an seinen Vertrauensmann, Cavaliere Francesco Vargas Maciucca, zu kopieren und dem Nuntius zu übersenden:

„Da Mgr. von Liguori in höchstem Maß verdächtig ist, ein Anhänger der Jesuitensekte zu sein, und daher ein jedes seiner Bücher von falschen Ideen, die dem wahren Geist der Kirche und der königlichen Souveränität zuwiderlaufen, infiziert sein kann, wünscht der König, daß Ihr ein von Liguori jüngst verfaßtes Buch über das Konzil von Trient mit wachsamer Aufmerksamkeit überprüft ..., daß Ihr hierzu Eure Meinung sagt und Euch mittlerweile geschickt arrangiert, um Veröffentlichung und Verkauf zu verhindern oder zu verzögern. Ich übermittle Euch diesen Befehl im Namen des Königs zur Ausführung – Procida, am 17. September 1769. – Bernardo Tanucci[18]."

Aber nein, der Hof hat nichts gegen die Theologie des Bischofs einzuwenden, und so erschien der Band 1769 mit einer Widmung an den neuen Papst, den Franziskaner Ganganelli, jetzt Clemens XIV.

Die gleiche fragwürdige Komödie einer machtbesessenen Instanz wurde gegen die *Kurzen Sonntagspredigten* inszeniert. Gedruckt im März 1771, wurde ihnen erst sieben Monate später das Veröffentlichungsrecht zugesprochen: man wirft dem Autor vor, in beleidigender Weise auf die Regierung anzuspielen.

„Im Sturm muß man sich mit dem Wind beugen", schreibt der Pater an Remondini. „Um dieses Buch herauszubringen, mußte ich ganz Neapel aufrütteln, und habe so viele Briefe und Berichte geschrieben, daß ich einen ganzen Band damit füllen könnte." Und als Postskriptum: „Jetzt habe ich wieder Schwierigkeiten mit meiner *Geschichte der Häresien*. Hier gibt es keine Lösung: wer druckt, muß sich mit Geduld wappnen, wenn er dabei nicht untergehen will[19]."

Diese *Geschichte der Häresien und ihre Widerlegung*, die auch den Titel *Triumph der Kirche* trägt, erscheint in drei Bänden mit einer Gesamtseitenzahl von 1.000 zunächst in Neapel bei Paci (1772) und dann in Bassano bei Remondini (1773). Der Pater arbeitet seit 1770 an diesem Mammutunternehmen. Er schreibt am 20. April an Remondini:

„Dieses Werk wird einmalig unter seinesgleichen sein … Aber ich brauche Zeit und Gesundheit, denn die Lektüre so vieler Bücher, deren Kenntnis unerläßlich ist, insbesondere aller anerkannten modernen Autoren, mit ernsthaften Kritiken, erfordert viel Arbeit.

Viele Autoren, wie etwa Natale Allessandro, Fleury, Orsi, Hermant, Baronio, Pagi, usw. sprechen ausführlich über Häresien, aber an verschiedenen Stellen … im Zusammenhang mit der Entwicklung jeder einzelnen in verschiedenen Jahrhunderten. Meine Absicht aber und auch meine Mühe ist es, die Ursprünge und Entwicklungen einer jeden Häresie in einem einzigen Kapitel zusammenzufassen. Ich finde keinen Autor, der dies bis jetzt unternommen hätte, mit Ausnahme von Autoren einiger kleiner Bücher, wie Berti, Van Ranst, Danes, usw.; aber sie haben das Thema nur sehr rudimentär und oberflächlich bearbeitet. Daher behaupte ich, daß mein Werk (wenn ich es überhaupt vollenden kann, denn der Tod wartet bereits auf mich) einmalig in seiner Art wird. Aber, möge Gott walten! Eine weitere Schwierigkeit ist die, daß ich in dieser Zeit mit größter Umsicht schreiben muß, damit das Buch nicht verboten wird. Ihr versteht schon, was ich meine."

Dann widmet Alfons, der die Gewohnheit hat, den Stier, allerdings mit der Geschmeidigkeit eines Toreros, bei den Hörnern zu packen, den *Triumph der Kirche* … nun, raten Sie … nein, Sie werden nicht darauf kommen: „Bernardo Tanucci, Ritter des königlichen Ordens des hl. Januarius, erster Staatssekretär, usw."

„Exzellenz", schreibt er, „vor der Veröffentlichung vorliegender „*Geschichte der Häresien*" wüßte ich keinen Geeigneteren als Eure Exzellenz, dem sie zu widmen wäre. In Übereinstimmung mit Eurem erhabensten Herrscher, dem Ihr stets mit Euren Ratschlägen zur Seite steht, habt Ihr die Interessen unserer heiligen Religion unermüdlich gegen die Ungläubigen und die von ihnen in ihren zahllosen Schriften verbreiteten Irrtümer verteidigt. Jeder kennt die hervorragenden Fähigkeiten, die Euch auszeichnen: Eure tiefreichende Kenntnis der wahren

Jurisprudenz und der rechten Art und Weise, einen Staat zum Besten zu regieren, Eure Gewandtheit in allen Wissenschaften, die den wahrhaft Gebildeten ausmachen; und vor allem die Integrität, die Ihr in Eurem Amt des Ersten Ministers des Königs, unseres Herrschers, bewiesen habt, eine bedeutende Aufgabe, bei der Eure Entscheidungen niemals von Personen, Eigeninteressen oder Menschenfurcht beeinflußt worden sind. Allgemein bekannt sind schließlich auch alle die anderen Titel, die Eure Exzellenz empfehlen; sie haben Euch jetzt und für alle Zeiten bei allen gegenwärtigen und künftigen Nationen des höchsten Lobes würdig gemacht. Ein ewiges Gedenken wird insbesondere dem bewunderungswürdigen Eifer sicher sein, den Ihr unaufhörlich an den Tag gelegt habt, um unsere heiligste Religion im ganzen Königreich und insbesondere in dieser Hauptstadt, die ihren Titel *Fedelissima* mit so großem Stolz trägt, vor jedem Angriff zu bewahren. Ihr habt diesen Eifer bewiesen, als Ihr mit lebhaftester Anteilnahme und unter schwersten Strafen die Einfuhr von Büchern verboten habt, die von Irrtümern gegen den Glauben infiziert sind, und indem Ihr jene bestraft habt, die in Mißachtung dieser heiligen Gesetze diese verderblichen Schriften in die Stadt brachten und hier verkauften. Alle diese Motive (wobei ich die anderen schweigend übergehe, um Euch nicht zur Last zu fallen und Eure Bescheidenheit nicht allzusehr herauszufordern), alle diese Motive also, verbunden mit der Verehrung, die ich Eurer Person entgegenbringe, haben mich bewogen, Euch dieses Buch zu widmen. Eure Exzellenz werden, wie ich hoffe, in Ihrer Güte meine Widmung anzunehmen geruhen und Werk und Autor gegen jene schützen, die sich zusammentun, um diese Arbeit aus Haß gegenüber unserem heiligen Glauben zu verunglimpfen.

So bitte ich also den Herrn, er möge Eurer Exzellenz noch viele Jahre schenken und Euch mit seinem geistlichen und zeitlichen Segen überhäufen; zum Lohn für Eure Verdienste und zum Wohl und Segen für das ganze Königreich.“

Diese zweifellos äußerst unerwartete Widmung beglückte die Lobredner Tanuccis und freute die Verleumder Liguoris („elender Opportunist“, oder „abgehalfterter Greis“); seine Biographen aber hatten ihre Last mit ihr. Und doch ist sie keineswegs eine Verirrung, sondern liegt genau in Alfons’ Linie.

Liguori und Tanucci sind zwei große Männer; ein jeder anerkennt durchaus die Größe des anderen. Tanucci verehrt Alfons sogar als einen Heiligen, aber er weiß auch, daß ein Heiliger „gefährlich“ ist, vor allem wenn er Einfluß hat. Die Autorität des Bischofs von S. Agata aber ist bedeutend.

Tanucci gehört außerdem zu jener Familie von Regalisten und Antikurialisten, die einen lebendigen Glauben mit einem ebenso verbissenen Antiklerikalismus verbinden. Er ist nicht für die Säkularisierung der Gesellschaft und noch weniger des einzelnen Gewissens; aber er reagiert auf den zeitlichen Imperialismus der Kirche, in der Überzeugung, daß die königliche Macht göttliche Vollmacht über diese besitze. Er gehört mit Nicola Caravita, Costantino Grimaldi, Nicola Capasso, Nicola Fragianni und Antonio Genovesi zur Kategorie jener ernsthaften Katholiken, in deren Kreis Alfons aufwuchs und intellektuell „atmete“. Dieser letztere billigt zwar nicht ihren absoluten Herrschaftsanspruch und ihre Übertreibungen, kann sie aber doch von innen heraus verstehen. Er weiß, daß die Kirche Fehler begangen hat und noch begeht: daß ihr Reich nicht von dieser Welt ist. Wie sie, sieht auch er die Kirche in erster Linie als arme Dienerin. Nur möchte er, daß sie die geistliche Unabhängigkeit dieser Kirche stärker achteten; und daß sie „intelligenter" wären: daß es ihnen gelänge, die trägen Mönche, die nur gut essen und nichts leisten, aufzurütteln, erfolgreiche Ordensgemeinschaften dagegen, die sich in Armut aufreiben, zu ermutigen.

Daher beglückwünscht er den Regenten nicht zur Vertreibung der Jesuiten. Er übergeht, was ihm mißfällt, mit Schweigen und sagt nichts Unwahres, wenn er ihn in dieser hohlen Hyperbel, wie sie im literarischen Genre des Widmungsschreibens verankert ist, preist.

Aber muß er Tanucci wirklich ein Buch, mußte er ihm dieses Buch widmen? Hier liegt der Kern der Frage. Die Antwort springt ins Auge. Alfons ist der spitzfindige Advokat von einst geblieben. Hier muß ein Sache gewonnen werden: die eines Werkes, das nur geringe Chancen hat, vor den Augen des Regierungszensors Gnade zu finden, der ein Anhänger des Jansenius und Quesnels ist, die darin sehr schlecht wegkommen. Geschickt wie ein Teufel wirft Liguori sein Werk also kühn in die Arme des Herrn der Zensoren und beglückwünscht ihn vor allem — die Hälfte seines Briefes hindurch — dazu, daß er schlechte Bücher bekämpfe!

Der Rechtsanwalt gewinnt seine Sache. Nach einigen Schikanen verfaßt Simoli schließlich am 2. April 1772 einen günstigen Spruch, den er allerdings mit einer bitteren Prise würzt, die Liguori gar nicht gefällt: der Autor habe „weniger kritische als vielmehr gelehrte und fromme Autoren herangezogen."

„Damit wirft er mir vor", schreibt Alfons, „die Fakten ganz nach Belieben herangezogen und je nach Bedarf verwendet zu haben", und er schließt mit seinen immer wiederkehrenden Worten: „Nichts zu machen: wer drucken will, muß bereit sein, daran zugrunde zu gehen. Wenn ich zu meinem eigenen und nicht zum Ruhme Gottes gedruckt hätte, dann könnte ich nur verzweifeln."

Heute lesen wir die Namen dieser stolzen Prüfer nicht ohne Lächeln, denn sie wären unweigerlich in Vergessenheit geraten, stünden sie nicht im Zusammenhang mit dem Namen Alfons von Liguori, des Kirchenlehrers für die Moral und den Glauben.

Jedes wirksame apologetische Werk steht im Zwiegespräch mit seiner Zeit. Es ist datiert. Also altert es rasch. Auch Mgr. von Liguoris Werk entgeht diesem Gesetz nicht.

In seiner Bilanz über die neapolitanische Apologetik des 18. Jahrhunderts hebt Romeo de Maio allerdings folgende drei Punkte hervor: „Nur Alfons' Abhandlungen fanden europaweit Beachtung" (sie wurden tatsächlich in jeder der fünf anderen großen Sprachen Westeuropas mehrfach herausgegeben). „Er hatte erfaßt, daß es bei diesem Angriff wesentlich darum ging, daß die politische Faszination des Deismus den christlichen Geist ausdörrte." Und schließlich ersetzte dieser Sproß aus altem Adel „die Kraft der Argumente nicht durch Plattitüden — Sarkasmen, Beleidigungen, Anschuldigungen —, wie es die anderen Apologeten häufig taten[20]."

Ein nach wie vor aktuelles Beispiel. Ebenso wie auch das der bischöflichen Wachsamkeit in jeder Hinsicht; und dieser Stimme, die weder durch die Staatsgewalt noch durch das Alter, noch durch Krankheit — schon wollte ich schreiben: noch durch den Tod — daran gehindert werden konnte, sich für Barmherzigkeit und Wahrheit zu erheben.

44. „Die Fehler unserer Mitbrüder ängstigen mich mehr als alle Verfolgungen" (1766–1768)

Über dieser Schilderung Mgr. von Liguoris als engagiertem Kämpfer an den Fronten der Moral und Apologetik dürfen wir aber doch nicht vergessen, daß er zugleich auch Generaloberer von sechs Häusern ist, in denen etwa achtzig Volksmissionare leben und das Evangelium verkünden. Nur achtzig, nach fünfunddreißig Jahren? …

Wir müssen uns vergegenwärtigen, daß die Ordensgemeinschaft für diese unsere Welt nur zwei Garantien bot: das tägliche Elend und eine ungesicherte Zukunft. Dennoch gab es zahlreiche Eintritte, aber auch zahlreiche Todesfälle und Austritte. Ach, diese sentimentale Bindung an das Nest der Familie! Außerdem machten ihnen Karl III. und Tanucci trotz des Konkordats von 1741 und vor allem seit der Regentschaft der Kirche Beider Sizilien das Leben schwer: Konfiszierung von Nachlaß und beweglichen Gütern aller Bischöfe, Äbte und sonstigen Benefizianten nach deren Tod; Umwidmung der Einkünfte aus vakanten Bistümern für öffentliche Arbeiten; Aufhebung von 38 Klöstern; Reduktion und sodann Abschaffung des Kirchenzehnten; Verbot jedweder Ausweitung von Gütern der toten Hand; Beschränkung der Kleriker auf zehn, dann auf fünf pro hundert Einwohner, Welt- und Ordensklerus zusammengenommen; keine Zulassung zu den Orden ohne persönliches Erbgut. Und dann diese unglaubliche Anmaßung: Jede Bulle, jeder Brief des Papstes gilt als null und nichtig im Königreich, sofern er nicht das königliche *Exequatur* besitzt.

Angesichts solcher Maßnahmen fühlten die Minister und Mitglieder des Regentschaftsrats, die durchwegs sehr fromm waren, ihre Seelen bereits im Feuer der Hölle schmoren; aber sie wußten auch, daß all diese Erlässe die Zustimmung Karls III. hatten und wagten nicht, sich zu widersetzen. Um daher sowohl dem königlichen als auch dem päpstlichen oder göttlichen Bannstrahl zu entgehen, ließen sie Tanucci freie Hand; solle er sich doch allein in den Zustand der Todsünde versetzen[1]!

Es grenzt also schon an ein Wunder, wenn Liguoris Kongregation noch immer bestand. Ein Wunder, das seine Ursache zunächst in der einzigartigen Verehrung hatte, die ihm Tanucci und die hohen Verwaltungsbeamten entgegenbrachten. Ein Wunder, von dem er, der Stifter, wußte, das es anhalten werde, sofern man nicht nach Quantität auf Kosten der Qualität strebte.

„Jesus Christus braucht nicht viele Anhänger", so hatte er seinen Söhnen am 27. August 1765 geschrieben, „sondern Anhänger, die Heilige werden wollen. Es genügt, wenn nur zehn bleiben, die Gott wirklich lieben.

Es wäre zu arg, wenn wir Gott das Wohlwollen, das er der Ordensgemeinschaft zeigt, mit Undankbarkeit vergelten würden. Oder wollen wir wie viele andere werden, die für die Kirche eher ein Ärgernis, denn erbaulich sind?

Ich habe P. Villani darauf hingewiesen, daß seine Führung viel zu schwach und zu nachgiebig ist. Daher verlange ich, daß mir wichtige Dinge gemeldet werden.

Wenn Ihr also feststellt, daß einer besonders schweren Unregelmäßigkeit nicht Einhalt geboten wird, obwohl man sie P. Villani gemeldet hatte, dann bitte ich Euch, sie mir selbst anzuzeigen: ich werde dann schon Mittel und Wege finden, sie abzustellen. Gott erhält mir mein Leben nur noch dafür[2]."

Diese Aussagen in einem Rundschreiben, das P. Villani als erster zu lesen bekam, zeigen die Freundschaft und Klarheit der Beziehung zwischen dem Rektor Maior und seinem Vikar. Sie betonen aber zugleich auch die schwache Seite dieses Dualismus. „Ein Haus mit zwei Eingängen ist ein schlecht bewachtes Haus", schreibt Lope de Vega. Grenzgänger, die in einem Land enttäuscht oder schuldig geworden sind, brauchten nur einen Schritt zu tun, um in einem anderen Freude oder Zuflucht zu finden.

Alfons ließ Don Andrea übrigens größte Selbständigkeit in der alltäglichen Führungsarbeit. Er schickt den Bruder eines kranken Redemptoristen zu Villani zurück:

„Erinnert Euch an das, was ich Euch bereits geschrieben habe: ich mische mich nicht in die Leitung der Kongregation ein, und noch weniger in die Führung der Mitbrüder. Es wäre unklug von mir, aus der Ferne Dinge zu entscheiden, deren nähere Umstände ich weder sehe noch kenne ... Ich kann Euch aber versichern, daß man sich bei uns sehr um die Kranken kümmert und wenn nötig, auch keine Ausgaben scheut."

Die Korrespondenz des Bischofs bezeugt diese Zurückhaltung. Er greift nur innerhalb seiner eigenen Diözese in die Regelung der Volksmission ein. Außerhalb dieses Bereichs spricht er sein Machtwort für Bauten, Gründungen, Zulassungen, Ernennungen von Rektoren, Bestrafungen von Schuldigen, aber nicht mehr. Er ist mitunter sogar noch nachsichtiger als der gute Villani.

So ist etwa der junge P. Giuseppe Melchionna, obschon ein Neffe des hervorragenden P. Ferrara, leichtfertig und querköpfig. Einen Aufenthalt in Neapel aus Familiengründen dehnt er ohne jede Begründung auf Monate aus. Schließlich schickt Villani ihm den ausdrücklichen Befehl, nach Pagani zurückzukehren. Der Verantwortungslose antwortet mit einem unverschämten Brief. Nun verlangt der Vikar den Ausschluß des flüchtigen Schafes; Onkel Ferrara setzt sich für ihn ein. Alfons gewinnt bei Villani Zeit: „Ich möchte gern wissen, was die Konsultoren dazu sagen ... Persönlich bin ich nicht dafür, daß man einen wegjagt, der wirklich bereut." Er zeigt Melchionna gegenüber sowohl Nachsicht als auch Autorität:

„Mein Giuseppe, wie ich höre, weilt Ihr noch immer in Neapel ... Ich bitte Euch, nicht noch mehr Sakrilege zu begehen. Ich befehle Euch, aus Gehorsam in eines unserer Häuser zurückzukehren. Ich weiß, daß Ihr beim P. Vikar um Vergebung gebeten habt. Schreibt bitte noch einen Brief, in dem Ihr Euch noch einmal unterwerft" ... Villani beruhigt sich und verlangt nun nicht mehr den Ausschluß, sondern nur noch ein weiteres Jahr Noviziat. „Das ist zuviel!" protestiert Ferrara. —

„Überlaßt das mir", antwortet ihm Alfons:

„Ich habe Euren Brief gelesen und bitte Euch, geduldig zu sein, wenn ich die Frage nicht sogleich lösen kann. Schonen wir die Ziege und auch den Kohl.

Bewahrt mir dieses Geheimnis: Ihr müßt nicht fürchten, daß ich P. Melchionna die Wiederholung seines Noviziatsjahres als Buße auferlege. Andererseits kann ich aber P. Andrea in diesem Punkt nicht widersprechen: denn dann würde er seine Demission einreichen mit der Begründung, daß ich ihn in die Rolle eines schwachen Oberen drängte …

Versuchen wir, Zeit zu gewinnen, dann wird es an mir sein, die Buße zu verringern und die Sache angemessen zu regeln.

Bewahrt dieses Geheimnis: denn ich möchte nicht, daß P. Andrea meine Absicht schon jetzt erfährt …

P. Mazzini und P. Margotta werden wahrscheinlich für Strenge plädieren. Aber lassen wir Gott wirken; wenn wir nur Zeit gewinnen, dann wird sich alles hoffentlich einrenken, ohne daß irgend jemand verletzt wird."

In wichtigen Dingen hat Alfons immer die Hand am Ruder, aber mit Geschicklichkeit, Geduld und Güte, wie in diesem Fall, in dem seine Vorgangsweise und seine Intuition einen noch etwas unausgegorenen jungen Mann für ein vierzigjähriges Missionsleben erhalten.

Villani aber hält er so wenig für einen „schwachen Oberen", daß er ihm folgendes Rundschreiben unterbreitet:

„Habt die Güte, diesen offiziellen Brief zu lesen, den ich an alle Häuser schicke. Wenn Ihr damit einverstanden seid, so laßt Abschriften anfertigen und verschickt sie. Wenn Ihr aber meint, es sollte noch etwas weggelassen oder hinzugefügt werden, so schreibt es mir, und ich werde sagen: *Amen*."

Dies war aber keineswegs ein *Amen* der Abdankung, wie folgender Ordnungsruf beweist:

„Ich war nie der Meinung, daß Ihr in der fraglichen Angelegenheit mir gegenüber doppelzüngig gewesen sein könntet, noch auch, daß Ihr dachtet, die Sache mißfiele mir. Was mir aber mißfallen hat, ist dies, daß so schwerwiegende Entscheidungen getroffen werden, ohne mir auch nur ein Wort davon zu sagen. Ähnliches ist, wie man mir sagt, schon mehrmals vorgekommen. Was geschehen ist, ist geschehen, aber in Zukunft muß mit größerer Umsicht vorgegangen werden."

Der Pater bleibt natürlich mit jedem, der ihm schreiben will, in persönlicher Beziehung; insbesondere mit den Rektoren. Aber er will damit einen bestimmten Geist einflößen und nicht Maßnahmen setzen, die in Villanis Kompetenzbereich fallen. So rät er P. Caione, dem Rektor von Caposele: „Ich ersuche Euch, mit großer Milde zu regieren. Einer Milde, die natürlich mit jener Kraft verbunden sein muß, die keine Mißbräuche zuläßt, denn diese schaden uns mehr als alle Verfolgungen. Wenn ihr aber berichtigt, dann immer zuerst im persönlichen Gespräch und in vollkommenster Liebe; und behandelt alle umgänglich und höflich. Das empfehle ich Euch dringend."

Die größten Sorgen des Rektor Maior aber kamen nicht von seinen Söhnen, obschon er gewisse Fälle von Ungehorsam mit Sorge betrachtete. Sie rühren von der unglaublichen Bosheit der Menschen her: Am 12. Oktober 1766 verschickt er folgendes kurze Rundschreiben:

„Nun, meine lieben Brüder, sucht uns der Herr durch viele Bedrängnisse und Drohungen heim; unsere Feinde wollen die Kongregation zerstören. Wir wissen nicht, wie das noch enden wird.

Die Observanz liegt im Argen und Gott züchtigt uns.

Erhoffen wir von der göttlichen Barmherzigkeit, daß sie den Untergang der Ordensgemeinschaft nicht zuläßt; an uns aber ist es, beruhigend zu wirken. Beten wir und vermeiden wir Fehler, vor allem gegen den Gehorsam, um deretwillen wir die letzten Züchtigungen verdient hätten.

Es wurde unter anderem festgestellt, daß die Kongregation von diesen Prüfungen bedrängt ist, seit das samstägliche Fasten nicht mehr eingehalten wird.

Bemühen wir uns daher, inmitten dieses Sturmes den Schutz Mariens zu erlangen und nehmen wir in allen Häusern das gemeinschaftliche Fasten an den Samstagen wieder auf. Die Muttergottes wird uns vor dem völligen Untergang, der uns von seiten übelwollender Menschen droht, zu bewahren wissen.

Damit umarme und segne ich Euch alle in Jesus Christus. — Bruder Alfons Maria vom Allerheiligsten Erlöser.“

Was geht hier vor? „Unsere Feinde wollen die Kongregation vernichten.“ Welche Feinde? Tanucci? Der Staatssekretär für Auswärtige Angelegenheiten, den königlichen Haushalt, die königlichen Paläste und Domänen liebte zwar keine der Ordensgemeinschaften, aber er war den Missionaren vom Allerheiligsten Erlöser nicht feindlich gesonnen, wie aus folgender, bereits weiter zurückliegender Episode hervorgeht, die gerade die Superintendenz der königlichen Domänen betraf.

Von den zwölf Jagdreservaten, in denen sich Karl von Bourbon tummelte, war eines der wichtigsten das Gebiet von Tremoletto, das an den Grund angrenzte, den Kanonikus Casati den Redemptoristen von Deliceto vermacht hatte. Eine schlechte Nachbarschaft für die Ordensleute: die Damhirsche, Rehe und Wildschweine Seiner Majestät verwüsteten mit königlicher Ungeniertheit die Kulturen der angrenzenden Gebiete. Die Brüder und die Bauern arbeiteten und säten; das Wild des Königs erntete. Es nahm den Eigentümern und deren Pächtern buchstäblich das Brot vom Munde weg, sodaß schon keiner mehr diese gefährdeten Grundstücke pachten wollte. Im Juli 1755 hatte man in aller Eile die Novizen nach Pagani zurückschicken müssen, weil sie in Deliceto vor Hunger starben. Mußte sich die Gemeinschaft vor dieser Staatsraison, wie sie die Jagd Seiner Majestät darstellte, also beugen? Wie und bei wem konnte man sich über die Ehre, das Wildbret des Palastes zu mästen, beschweren? Die Volksmissionare hatten geschwiegen und zwölf Jahre lang Hunger und Elend erduldet, bis Alfons schließlich 1757 den Rektor ermächtigte, höherenorts zu klagen. Nach einer amtlichen Schätzung hatte der Staat schließlich 470 Dukaten für die vergangenen Schäden ausgeworfen und sich verpflichtet, hinkünftig 25 Dukaten jährlich zu zahlen. Tanucci, keineswegs von Liebe zu den Ordensleuten getragen, hatte versucht, diese „Wiedergutmachung“ zu hintertreiben. Aber der Pater Ökonom, Gerardo Gisone, hatte sich so gut verteidigt ..., daß Alfons fast Tanuccis Partei ergriffen hätte! „Hinsichtlich dieser gesegneten Gebiete“, schrieb er am 27. Februar 59, „möchte ich keine Gewissensbisse haben müssen ... Basta[3].“

Nein, die Feinde der Redemptoristen waren weder die Wildschweine noch die Minister Seiner Majestät. Ganz im Gegenteil. Am 5. April 1763 gab der Rektor Maior folgende Information an Villani:

„Bei einem Besuch P. Caiones beim Fürsten von Ardore kamen sie auf das Dekret zugunsten Delicetos zu sprechen. Der Fürst sagte schließlich, er habe die Ordensgemeinschaft unterstützt; was er getan habe, sei nichts weiter als recht und billig, und die Mitglieder des Regentschaftsrates wüßten sehr wohl über die großen Verdienste der Kongregation im Königreich, einschließlich Siziliens,

576

Bescheid (die Regenten wissen also bereits, daß wir auch in Sizilien sitzen: darüber bin ich sehr glücklich). Der Fürst sagte weiters, der gesamte Rat schätze die Ordensgemeinschaft sehr hoch[4]."

Sein erbittertster Feind dagegen war eine reiche und bedeutende Persönlichkeit, Don Francesco Antonio Maffei, Generalintendant von Don Mattia Miroballo, Fürst von Castellaneta, Grundherr von Deliceto. Nachdem sein Vater, Giuseppe Maffei, kurz nach der Ankunft der Patres 1745 in jungen Jahren gestorben war, hatte der Bruder des Verstorbenen, Kanonikus Antonio Maffei, die Gemeindeverwaltung übernommen. Er war ein gefürchteter Diktator und hatte dem Volk, dem Klerus, den Volksmissionaren, dem Bischof, dem heiligmäßigen Mgr. Antonio Lucci und sogar Rom sein Gesetz aufgezwungen. Er und sein Neffe Francesco Antonio hatten Liguori und seinen Mitbrüdern nicht verziehen, daß sie gegenüber dem ehrwürdigen Bischof von Bovino nicht ihre Partei ergriffen hatten[5]. Das gleiche Drama spielte sich 1756 mit dem Neffen ab, der ebenfalls zum Ortstyrannen geworden ist. Er hat die Bevölkerung gegen sich aufgebracht und wird schließlich verschiedener Vergehen beim König angeklagt. Die Patres von S. Maria della Consolazione werden von jeder der beiden Parteien aufgefordert, gegen die andere auszusagen. Alfons befiehlt ihnen, die Neutralität zu wahren. Denn einerseits hält er es für schwierig, Maffei zu verteidigen, ohne das Recht zu verletzen, andererseits aber schreibt er, „wenn wir Maffei gegen uns haben, ist dieses Haus verloren[6]."

Sie werden ihn gegen sich haben. Maffei beginnt damit, daß er ihnen das Brennholzrecht streitig macht: sie frieren im Winter und müssen die Kirchenbänke verheizen, um überhaupt kochen zu können. Dann bringt er den Ortsklerus gegen sie auf: man verbietet ihnen Krankenbesuche und Katechismusunterricht in der Pfarrei. Von den hemmungslosen Verleumdungen irregeführt, stellt sich der treffliche Fürst von Castellaneta, der einst inständig um Zulassung zur Ordensgemeinschaft gefleht hatte, nun hinter seinen Verwalter und verschreibt sich mit ihm dem Untergang dieses Hauses und der Kongregation. Es sollte ein zwanzigjähriger Krieg werden. Die absonderlichsten Anschuldigungen prasseln auf die Redemptoristen nieder: Geldscheffler, Grundaufkäufer, Ruhmsüchtige, unerhörte Verschwender, schamlose Ausbeuter, Helfershelfer der Revolution gegen die Grundherren ... O ja, diese neuen Jesuiten bedrohen die Krone! ... Die Wellen dieser Verleumdungen überfluten die Schreibtische und Gerichte der Hauptstadt[7].

1766 begab sich P. Tannoia nach Arienzo, um dem Rektor Maior die düstere Lage zu schildern. Dieser war davon geradezu niedergeschmettert, vernichtet. „Unterwerfen wir uns" so sagte er, „dem gerechten Urteil Gottes. Die Prüfung ist gefährlicher, als Ihr Euch vorstellen könnt. Wenn Maffei gegen uns ist, dann armes Haus! Ich kenne seinen Charakter und weiß, wie viel Mgr. Lucci unter ihm zu leiden hatte. Gott schütze Euch!" Er forderte alle Gemeinschaften zu Fasten und öffentlichem Gebet sowohl für die Kongregation, als auch für ihre Verleumder auf. „Ihr sollt alles schweigend und in Liebe erdulden", sagt er. „Unternehmt nichts gegen sie, nicht einmal zur Verteidigung. Unsere Waffen der Verteidigung seien Gebet, Observanz, Liebe und Wohlwollen gegenüber unseren Feinden".

Glücklicherweise war, wie wir uns erinnern, Carlo De Marco Staatssekretär für Justiz und kirchliche Angelegenheiten. Er war zwar, genau wie Kanonikus

Simioli, ein antirömischer Jansenist, aber er wußte die von Alfons und seinen Missionaren gelebten und gepredigten evangelischen Werte durchaus zu schätzen[8]; und er kannte Maffeis verrückte Bissigkeiten und die Galle, die er Mgr. Lucci eingeträufelt hatte. „Nicht damit zufrieden, diesen Diener Gottes gequält zu haben", sagte er, „greift er jetzt auch diesen an." De Marco ließ sich also keineswegs erschüttern und blieb ein Verbündeter der Patres.

Fünf Männer des Gesetzes arbeiten gegen sie. Für sie standen die Wahrheit, die Gerechtigkeit und ein großer Rechtsanwalt, Gaetano Celano. Doch mußte sich dieser letztere nicht einmal mehr die Mühe eines Plädoyers machen, denn eine Untersuchung hatte schon bald gezeigt, daß sich die Erwerbungen und Bauten dieser „Geldscheffler" von Deliceto auf ein Gewehr, einen Bottich, einige Hundert Fuß Weinberg und ... fünf Bienenkörbe beschränkten: die Bienen waren, nach seinen Novizen, die unschuldige Liebe von P. Tannoia[9]. Die *Camera della Sommaria* war „erschüttert" von soviel Lärm um nichts. Durch Spruch vom 1. Januar 1767 ließ dieses Hohe Gericht für Finanzfragen der Gemeinschaft einstimmig die Rechte zurückgeben, die jeder Bürger von Deliceto besaß. Unmittelbares Ergebnis: Patres und Brüder können wieder heizen und kochen; Maffei und seine Meute verkriechen sich mit eingezogenem Schwanz in ihrem Winkel. Aber sie schwören umso haßerfüllter, daß sie sie vernichten werden. Unter Umgehung der *Sommaria* wendet sich der kleine Tyrann direkt an die *Real Camera*, das Oberste Gericht; er läßt den Patres die Verwaltung ihrer Güter entziehen, um sie sodann nicht einem durch den Bischof gewählten Verwalter zu übergeben — was dem königlichen Dekret von 1752 entsprochen hätte —, sondern einem durch Maffei zu bestimmenden Ökonom. Maffei belegt das Geld mit Beschlag; nun kann er die Gemeinschaft beherrschen und aushungern. „Laßt nicht nach in den Gebeten", schreibt Alfons, „Mein ganzes Vertrauen ruht in Gott."

Und in der Tat bedurfte es der ganzen Kraft und Liebe Gottes, denn Maffei hatte sich mit Sarnelli, dem anderen Feind der Kongregation, zusammengetan, und gemeinsam wollten sie Deliceto, Ciorani und das ganze Institut zu Fall bringen.

Unergründliches Geheimnis der Familien! Der alte Baron Angelo Sarnelli hatte den Grund zur Errichtung des Kloster von Ciorani gegeben; sein Priestersohn Don Andrea hatte sein persönliches Erbe vermacht — das Landgut mit dem Namen *La Vigna* —, um ihm das Bestehen zu ermöglichen; Gennaro war der Freund und heilige Gefährte Alfons' gewesen; der Erstgeborene Nicola dagegen liierte sich mit dem dritten der Brüder, Domenico, um aufzubegehren: „Wartet nur, bis der alte Herr tot ist, dann werden wir die Sache mit den Patres von Ciorani schon regeln[10]."

Trotz aller juristischen Vorsichtsmaßnahmen, die der Ex-Rechtsanwalt von Liguori und Don Andrea wiederholt getroffen hatten, begann Don Nicola beim Tod dieses letzteren im Jahr 1755 den Krieg und verlangte die Rückerstattung aller von den Patres „usurpierten" Güter.

Alfons war sich seines Rechts zwar sicher, aber er mochte keine Prozesse, die nur Geld verschlingen und Haß säen, und so schlug er eine gütliche Einigung vor: „Wir zahlen Euch in Jahresraten eine Summe von 1.000 Dukaten unter der Bedingung, daß Ihr durch einen notariellen Akt auf jeglichen Anspruch auf den Besitz der Kongregation verzichtet."

Sarnelli akzeptierte und unterzeichnete. Nachdem er innerhalb von vier Jahren 800 Dukaten erhalten hatte, wollte er bei der letzten Zahlung von dem Übereinkommen nichts mehr wissen und strengte einen Prozeß vor der *Real Camera* an, in dem er das Erbe des Vaters und des Bruders einforderte.

Dies war der unerwartete Schlag, der den Stifter nach der Mission von Nola im Februar und März 1759 nach Neapel geführt hatte. Ein Kampf auf Leben und Tod, der wegen der gemeinsamen Anstrengungen Maffeis und Sarnellis ebenfalls zwanzig Jahre dauern sollte. Sie warfen ihrer beider Bosheit und Anklagen zusammen und wollten vor allem auf die Illegalität des Instituts klagen.

1766 nun war die Gelegenheit günstig: die Flutwelle, die schließlich die Jesuiten mit sich riß, war im Steigen; ein leichter Anstoß mit der Schulter würde also genügen, um auch die Redemptoristen mitzureißen. Maffei und Sarnelli bereiten sich also zum Angriff vor. Daher der Aufruf des Gründers an seine Söhne vom 12. Oktober 1766: „Unsere Feinde wollen die Kongregation zerstören ... Versichern wir uns des Schutzes Mariens."

Das Jahr 1767 war nicht mehr weit. Ferdinand IV. wurde im Januar mit sechzehn Jahren volljährig. Doch an der Spitze des Landes blieb offensichtlich alles beim alten. Die vier Staatssekretäre behielten ihre Ministerportefeuilles; der Regentschaftsrat nannte sich nun Staatsrat, bestand aber nach wie vor aus den gleichen Figuren, die vom gleichen Spieler, Bernardo Tanucci, bewegt wurden. Der König, ein kräftig gebauter Lebemann und Jäger, interessierte sich auch jetzt nicht stärker für die Staatsgeschäfte. Er wurde lediglich zum wichtigsten Stein auf dem Schachbrett. Ihn mußte man in der Hand haben, was Tanucci nicht schwer fiel. Und mehr denn je konnte er jetzt die Autorität Karls III. hervorkehren.

Nach Portugal und Frankreich vertreibt Karl III. am 2. April 1767 die Jesuiten aus allen seinen Staaten Spaniens und der Neuen Welt.

„Ihr werdet die unselige Neuigkeit schon gehört haben", schreibt Alfons an Villani, „die Jesuiten wurden aus allen spanischen Staaten vertrieben. Wie viele arme Indianer sind nun verlassen[11]!"

Der Pater ist wegen seiner Freunde, der Jesuiten, erschüttert, aber mehr noch denkt er an die Verlassenen. Sie sind der heilige Wahn seines Lebens. Fürchtet er auch für die Beiden Sizilien und sein eigenes Institut? Zweifellos, aber das Leben geht weiter. Am 20. Juni schickt er seinem Vikar ein Rundschreiben mit der Liste der neuen Rektoren und bittet ihn, diesen einige Ratschläge zu erteilen:

„Sie sollen keine großen Ausgaben für teure Bücher machen, sondern eher daran denken, die Mitbrüder in punkto Essen besser zu versorgen ... Sie sollen ihre Untergebenen mit Milde behandeln, sie nur insgeheim und in aller Freundschaft zurechtweisen ... *Milde und Kraft*: wird in einem Fall ohne besonderen Grund eine Dispens gewährt, so kann sie den anderen schwerlich verweigert werden; damit wird die Observanz geschwächt:"

Der Gründer hat geschrieben: „ohne besonderen Grund". Denn in seinem Denken ist die *Regel* auch dazu da, daß man sich notfalls und mit gutem Vorbedacht auch von ihr dispensieren kann. So verlangt er entschieden, daß die sechs Generalkonsultoren im gleichen Haus wie der Rektor Maior leben (d. h. zu diesem Zeitpunkt dem seines Vikars). Dagegen aber steht folgendes Rundschreiben vom 22. Juni 67:

„Meine lieben Brüder, ich teile Euch die für das kommende Triennat gewählten Rektoren mit: P. Mazzini für Nocera, P. Gaiano für Ciorani, P. Caione für Caposele, P. (Stefano) Liguori für Deliceto und P. de Paola für S. Angelo a Cupolo. Unter ihnen sind vier Konsultoren, aber die derzeitigen Umstände haben ihre Ernennung erfordert.

Seien wir mit Jesus Christus vereint, meine Brüder: die Verfolgungen, die wir derzeit erdulden, bringen uns in große Gefahr. Nur die Hand des Herrn kann uns ohne Schaden für die Kongregation daraus retten. Aber wenn wir uns nicht gut benehmen, wird uns Jesus Christus verlassen.

Ich empfehle Euch daher, den Gekreuzigten zu betrachten und so wenig wie möglich mit Personen zu verkehren, die nicht zur Gemeinschaft gehören; andernfalls verlieren wir den Geist und die Orientierung.

Außerdem empfehle ich Euch, im allgemeinen Euer Elternhaus zu meiden. Ihr habt in letzter Zeit so viele Beispiele von Mitbrüdern gesehen, die dort ihre Berufung verloren haben, und Gott weiß, wo sie enden werden.

Im Allgemeinen empfehle ich Euch die Liebe zur Armut und Bescheidenheit. Diese Tugenden sind, wie ich zu meinem Leidwesen erfahre, in der Kongregation im Sinken begriffen.

Seien wir wachsam, denn in diesen Zeiten laufen wir Gefahr, in unsere Familien zurückgeschickt zu werden, und das wäre die größte Strafe, die Gott uns auferlegen könnte."

Diese Drohung der Auflösung war nur allzu ernst. Nach der Ausweisung der Jesuiten aus allen spanischen Besitzungen waren nun die Beiden Sizilien an der Reihe. Karl III. und Tanucci hatten Schwierigkeiten, sich darüber einig zu werden. Maffei und Sarnelli lauerten bereits auf diesen Augenblick, um auch „ihre Patres" zu erledigen. Sie beschlossen, den bei der *Sommaria* verlorenen Prozeß nun erneut vor der *Real Camera* durchzufechten. Vor allem Maffei betrachtete dies als Ehrensache und sparte nicht an Bestechungsgeldern und Verleumdungen.

Die Begegnung vor diesem Höchsten Gerichtshof, an dem der einstige brillante Rechtsanwalt von Liguori vor nunmehr 45 Jahren den Prozeß seines Lebens verloren hat, steht also unmittelbar bevor. Villani zittert und bangt, daß er nicht auch noch diesen verlieren möge, er und seine Ordensgemeinschaft mit ihm. Vor allem, weil die Verteidigung unvorbereitet ist: Minister Carlo De Marco ist nicht benachrichtigt worden, Gaetano Celanos Plädoyer ist nicht fertig ... und das Urteil ist schon für den Samstag, den 11. April, festgesetzt.

Villani eilt nach Arienzo, um Alfons zu informieren. Dieser verfaßt ein Memorandum für Tanucci und De Marco und bittet sie in beigelegten Briefen, den Prozeß verschieben zu lassen. Don Felice Verzella bringt sie unverzüglich nach Caserta, wo der Hof zu diesem Zeitpunkt residiert. Es ist höchste Zeit: 10. April, Vorabend des Urteils. Als Don Felice im Palast ankommt, sind die Audienzen bereits beendet; der fromme Premierminister begibt sich in die Kapelle. Zwischen Tür und Angel hört er, daß Mgr. von Liguoris Sekretär da sei. Er bleibt sofort stehen, liest den Brief ...

— Sagt Monsignore, es wird alles Nötige geschehen. Bringt das Memorandum in mein Sekretariat.

De Marco erkundigt sich nach der Gesundheit von Monsignore, öffnet Brief und Memorandum. Als er erfährt, daß Tanucci das gleiche Schreiben erhalten hat:

— Das ärgert mich.

Dennoch gelangen sie schnell zur Übereinstimmung: Verzella ist noch nicht wieder in Arienzo zurück, als De Marco bereits Order an die *Real Camera* gegeben hat, den Prozeß zu vertagen; gleichzeitig schickt er, um Monsignore eine Freude zu machen, einen berittenen Boten mit folgender Botschaft zu ihm: „Der Prozeß ist aufgeschoben. Stets zu Euren Diensten[12]."

Dieser Aufschub mußte schnell genutzt werden. Villani und die Patres flehten Alfons an, sich persönlich nach Neapel zu begeben. „Wozu?", antwortet er, „ich bin nicht gefahren, sondern habe, was viel wirksamer ist, an den Präsidenten geschrieben. Wenn er mir nach diesem Brief nicht wohl will, dann helfen auch hundert Besuche in Neapel nichts[13]."

Er hatte tatsächlich an den Präsidenten des Hohen Gerichtshofes geschrieben, der kein anderer war als sein einstiger Freund und Nachbar der Via dei Tribunali, der Partner seiner leidenschaftlichen Kartenspiele: Marquese Baldassare Cito. Nach Gott selbst konnte er keinen wohlwollenderen und besser plazierten Freund haben. Aber von Villani gedrängt, und um nicht den Anschein zu erwecken, das Schicksal der Seinen interessiere ihn nicht, machte er sich trotz Fieber und eines neuerlichen Anfalls von Asthma in Begleitung seines Sekretärs auf den Weg. Nun kehrte er in diese Hauptstadt, die er an einem Novembertag im Jahr 1732 auf dem Rücken eines Esels verlassen hatte, in einer Karosse zurück. Einer Karosse, die er von seinem Diözesan Don Marcello Mazzone geliehen hatte. Es war Mitte Juli.

Dies sollte, so dachte er — und die Ereignisse werden ihm recht geben — seine letzte Reise nach Neapel sein.

Ercole hatte für seinen bischöflichen Bruder ein schönes und vornehmes Zimmer richten lassen. „Mein Sekretär ist dort besser untergebracht als ich", entschied Alfons, machte die Vorrechte eines Kranken geltend und ordnete sich das schlechteste Zimmer des Palastes zu; einen Raum, in dem man alte Rahmen und sonstigen Kram aufbewahrte. Hier also empfängt er abends die Flut von Besuchern, die nach Bekanntwerden seiner Ankunft in Neapel sogleich aufgewühlt wird: Domherren und Ordensleute, große Damen und kleines Volk. Die Reichen gehen erbaut von ihm; die Armen fühlen sich hier viel wohler als in Rokokotäfelung und Louis XV.-Sesseln. Die *lazzaroni* der „Abendkapellen" kommen in Gruppen und setzen sich, da es keine Stühle gibt, auf dem Boden rund um einen Alfons, der weit glücklicher ist, als wenn er den König selbst empfinge[14].

Sein erster Besuch noch am Nachmittag des Ankunftstages (16. Juli) galt dem Kardinal. Sersale umarmte ihn, hielt ihn lange fest und sagte schließlich: „Monsignore, ich gebe Euch alle meine Vollmachten. Während Eures Aufenthaltes seid Ihr der Erzbischof von Neapel."

Sein Tagesablauf fand bald einen Rhythmus, in dem der seelsorgliche Eifer mit seinen geschäftlichen Verpflichtungen Schritt hielt: Morgens Messe, Predigt und geistliche Betreuung in einem der Klöster (man riß sich um ihn); nachmittags Vorsprachen für seine Kongregation; abends Empfang von Besuchern bis tief in die Nacht hinein; dazwischen Teilnahme am Gebetsleben der Stadt in einer der Kirchen. Dort kniete er mitten unter dem Volk in einer Bank oder auf dem Pflaster und wollte nichts von Betstuhl, Kissen und Ehrenplatz wissen. Ganz in Gott versunken, hörte er nicht, wie sich mancher „Mann von Welt" über seine Armut und Bescheidenheit erregte: „Was für ein komischer Bischof! Eine Schande für seinen Stand!" oder: „Verflucht seien die Toten des Papstes! Schaut, welche Bischöfe er uns gibt!" Sah er auch die nicht, die ihm die Hand küßten oder ein Stück von seiner Kleidung abschnitten?

Einen Vortrag widmete er dem Seminar, einen dem Chinesenkolleg und einen den Missionaren des P. Pavone, die ihn zum Ehrenmitglied gewählt hatten. Hier sprach er mit überfließendem Herzen über den religiösen Eifer, die apostolische Predigt, die Liebe zu Jesus und das Vertrauen zu Maria. Er wurde in die meisten der 41 Klöster der Hauptstadt eingeladen.

Immer wieder aber kehrte er in das *Conservatorio della Monaca di Legno* zurück, das „Kloster der Holzschwestern". Erinnerte dieser seltsame Name an eine Nonne, die möglicherweise schöne Holzstatuen geschnitzt hatte? Jetzt jedenfalls war es ein Vipernknoten oder ein Korb voller Krabben, und die Nonnen wurden in ihren Unstimmigkeiten und Streitereien sogar handgreiflich und schlugen aufeinander ein wie der Bildhauer auf seinen Stichel. Sie hatten weder vor der Oberin noch vor dem Rektor, Mgr. Targianni (dem Bruder von Diodato Targianni, dem antijesuitischen „Probabilioristen" von Palermo) Respekt. Don Giuseppe Iorio hatte nichts ausrichten können und beschloß in letzter Verzweiflung mit dem Rektor, den Bischof von S. Agata kommen zu lassen. Wo Iorios Beredsamkeit und Targiannis autoritäres Verhalten nichts erreicht hatten, gelangte Alfons mit Milde zum Ziel: Friede und Freundschaft kehrten dauerhaft zu den feindlichen Schwestern zurück. Die am wenigsten erwartete Bekehrung war aber die . . . des Rektors. Er hatte geglaubt, durch sein energisches Vorgehen ohne Fingerspitzengefühl auskommen zu können. Mgr. von Liguori „bearbeitete" ihn noch mehr als die Gemeinschaft; und er konnte ihm schließlich begreiflich machen, daß es keine andere Autorität als die der Liebe gibt. Targianni war ihm dafür dankbar, und kam eines Abends, es ihm ausdrücklich zu sagen[15].

Alfons geht gern in die Klöster der Adeligen; ebenso gerne auch in die Gemeinschaften der Bürgerlichen; am liebsten aber sind ihm die Klöster der Bekehrten, wie die *Monaca di Legno*, die Zuflucht von S. Chiara, oder jene von S. Raffaele. Doch nimmt er nicht jede Einladung wiederzukommen an, wie etwa jene der Schwestern von S. Giovannello, die sich daraufhin an Fatigati wenden.

„Don Gennaro", antwortet Alfons unzufrieden. „Ich mag S. Giovanni (den hl. Johannes), aber nicht S. Giovannello. Ich habe dort eine ganze Stunde Zeit verloren, und das werfe ich mir nun vor."

Keineswegs als verlorene Zeit empfindet er es aber, wenn er die Kranken besucht. Ihnen gilt in jedem Kloster seine erste Sorge. Stets in Begleitung eines Priesters, ist er glücklich, ihnen Trost zu bringen.

Das weiß auch Schwester M. Concetta Ronchi, die in S. Margheritella schon seit langem bettlägrig ist. Die Äbtissin läßt ihre Bitte an Monsignore übermitteln:

— Sie verlangt dringend nach Euch. Wenn Ihr bereit seid, werden wir den Kardinal um Erlaubnis bitten.

— Eine Erlaubnis ist nicht nötig, antwortet Alfons. Morgen gehe ich zu ihr und lese die Messe für sie.

Am nächsten Tag geht er direkt in die Kirche, sieht dort ohne Staunen den Leichnam der Verstorbenen aufgebahrt und liest in der Tat die Messe für sie. Sie war gegen jede Erwartung in der Nacht gestorben.

So kommt es immer wieder zu Aussagen, die von einem ganz anderen Blick

582

zeugen, als dem seiner schlechten Augen, und die dann von den Tatsachen bestätigt werden: „Nein, die kleine Herzogin von Bovino wird nicht heiraten: Gott
wird sie von der Welt lösen und an sich ziehen". Die kleine Prinzessin Zurlo
dagegen träumt von nichts anderem als vom klösterlichen Leben. „Nein, sie wird
nicht Klosterfrau; sie wird in die Welt zurückkehren und eine gute Christin sein."
In S. Girolamo besteht seine Schwester Marianna von Liguori in ihrer übermäßigen Skrupelhaftigkeit darauf, die Anweisungen ihres Seelenführers nicht zu befolgen: „Meine arme Schwester, Ihr werdet im Wahnsinn sterben", sagt ihr traurig
der Mann Gottes. Uns so geschah es auch.

Auch Don Ercole erlebt in seiner zweiten Ehe nicht nur Freude. Er, der schon
so lange auf einen Erben wartete, mußte erleben, wie die Prinzessin von Pollica
ihre erste Hoffnung auf Mutterfreuden verlor. Als sie dann ein zweitesmal guter
Hoffnung war, gingen sie nach Arienzo zu Alfons, damit er sie segne:

— Fonso, betet, daß es ein Junge wird.

— Es wird ein Mädchen, hatte Fonso erwidert und Donna Marianna ein Muttergottesbild gegeben; und ich möchte, daß Ihr es Maria Teresa nennt[16].

Die zweite Prüfung des Ehepaares: die junge Frau quälten schwere Skrupel. Im
Herbst war sie mit ihrem Gatten nach Airola gekommen, um ihrem bischöflichen
Schwager ihre Ängste anzuvertrauen; Ercole dagegen wollte ihn bitten, daß
Maria Teresa ein Brüderchen bekommen möge. Beim Aufbruch hatte er gefleht:

— Fonso mio, segnet Donna Marianna, damit sie mir einen Sohn schenkt.

Diesmal lächelt Alfons und sagt zum Priester Don Pietro Truppi:

— Hört nur, was mein Bruder von mir verlangt! Welche Vorstellung hat er
denn von meinen bischöflichen Vollmachten?

Ercole hatte gedrängt, und so hatte der Bischof seine Schwägerin gesegnet und
hinzugefügt:

— Seid guten Mutes, Gott wird Euch sicher Freude bereiten.

Und er hatte der künftigen Mutter ... zwei Bilder des hl. Aloisius Gonzaga
gegeben. Im April 66 brachte sie Zwillinge zur Welt: Carlo Maria und Giuseppe
Maria. Zur Krönung der Freude war ihr Onkel Alfons Taufpate, am Taufbecken
von Marianella durch Don Antonio Fusco vertreten.

Am 5. August 1767, gerade in der Zeit, als Alfons in Neapel weilt, kommt ein
dritter Junge zur Welt. Diesmal bringt man den bischöflichen Onkel nach Marianella, und er selbst spendet dem Kind die Taufe und gibt ihm den Namen: Alfons
Maria.

Das Glück scheint dem Ehepaar Liguori also voll zu lächeln. Aber ach! auf dieser Welt lächelt es, wie die Sonne, immer nur zwischen zwei Wolken. Im Jahr 66
hatte die junge Mutter so schwere Depressionen gehabt, daß man sie ständig
überwachen mußte, damit sie sich nicht aus dem Fenster stürzte. Zwei Jahre später verfällt sie dem Wahnsinn. Im Herbst 69 holt sich Ercole Mut bei seinem Bruder in Arienzo. Er bringt seine vier quicklebendigen Kinder mit.

— Fonso mio, könnt Ihr Eure beiden Patenkinder unterscheiden: das ist Carlo
und das Giuseppe. Seht doch, wie anmutig sie sind.

Der greise Onkel betrachtet sie liebevoll; dann wendet er sich ernst an Ercole:

— Wenn Ihr einen von ihnen verlieren würdet, würde Euch das sehr schmerzen?

— Was sagt Ihr da? erwidert zutiefst erschrocken der Vater. Monsignore formt ein schwaches Lächeln und sagt nichts mehr. Aber am 6. Februar 1770 wird in Marianella für Carlo ein kleiner weißer Fichtensarg gezimmert.

Gramgebeugt kehrt Ercole allein nach Arienzo zurück, um bei seinem Bruder Trost zu suchen.

— Fonso, sprecht nicht, fleht er ihn an: sobald Ihr den Mund öffnet, vernichtet ihr ein Haus!

— Nicht doch! antwortet Alfons. Seid ohne Sorge: Ihr werdet erleben, wie die beiden Buben, die Euch bleiben, heranwachsen.

Sie wachsen tatsächlich heran, gemeinsam mit ihrer älteren Schwester Teresita, begleitet vom Gebet und der Fürsorge ihres Onkels. Er verfaßt für sie ein kleines, ihrem Alter angepaßtes Andachtsbüchlein. „Er wollte sie makellos machen", sagt Tannoia. „Er legte Wert darauf, ihnen das Sakrament der Firmung zu spenden, nachdem er selbst sie darauf vorbereitet hatte."

Wenn Ercole seinen Bruder als einen Wunderheiligen betrachtet, so war dies nicht bloßer Familienstolz. Er teilt hier nur die allgemeine Überzeugung der Stadt und des Königreichs. Für die Menschen aller Zeiten ist nichts größer als die Heiligkeit. Eines Morgens füllte alles, was in Neapel Rang und Namen hatte, die Kirche des Adeligenklosters *S. Maria dei Miracoli*. Eine Tochter aus guter Familie sollte den Schleier nehmen. Mgr. von Liguori sollte zelebrieren. Bischöfe und geladene Gäste betraten die Kirche, es kam der Nuntius, kam der Kardinal . . . keiner rührte sich vom Platz; höchstens hier und dort eine kleine Neigung einer Perücke. Da erscheint Alfons, entkräftet, bescheiden und mit struppigem Bart: Fürsten und Cavalieri drängen sich zu ihm, um ihm die Hand zu küssen.

Kanonikus Mezzacara, Oberer der Apostolischen Missionen, bat ihn um die Himmelfahrtsnovene für die Mitbrüder und den Klerus der Hauptstadt. Alfons lehnte unter Hinweis auf sein Alter, seine Gebrechen und die Schwierigkeiten des Prozesses, den er auf dem Hals hatte, ab. Er setzte sogar dem Drängen Seiner Eminenz, der ihm die Wünsche des Klerus vorbrachte, ein Nein entgegen. Da zog Kanonikus Mezzacara ein anderes Register:

— Ihr seid Mitglied unserer Kongregation, Monsignore, und ich bin ihr Oberer. Ich befehle Euch, zu gehorchen.

— Darauf habe ich nichts zu entgegnen, sagte Liguori und senkte den Kopf. Aber Ihr wißt, daß ich weder meine Bücher, noch meine Aufzeichnungen bei mir habe; daß ich ganz von den geschäftlichen Angelegenheiten, die mich nach Neapel geführt haben, in Beschlag genommen bin und nicht die Zeit habe, mich vorzubereiten. Ihr müßt Euch also mit dem zufrieden geben, was Gott mir in den Mund legt.

Und ob man sich damit zufrieden gab! In der Basilika S. Restituta (in Wirklichkeit eine große Seitenkapelle, die sich gegenüber der Kapelle vom Schatz des hl. Januarius auf die Flanke der Kathedrale zu öffnet) wurden die Einkehrtage und Novenen für den Klerus abgehalten. Aber neben Priestern und Ordensleuten strömten auch Adelige und das Volk herbei. Der Kardinal fehlte nicht einen einzigen Abend. Die Menge füllte die Basilika, quoll in den *Duomo* über und füllte über die drei Kirchenschiffe hinweg auch noch die S. Januarius-Kapelle. Die Stimme des Predigers war bis in den letzten Winkel verständlich. Verzella spricht von einem Wunder. Damen und Edelmänner nahmen ihre Plätze schon Stunden vorher ein.

Alfons konnte die Kirche nur duch eine Geheimtür verlassen. Jeder versuchte, an ihn heranzukommen, um sich zu seinen Füßen niederzuwerfen und sich segnen zu lassen. Die Mutigsten machten sich das Gedränge zunutze, um Stücke aus seiner Soutane oder seinem Mantel abzuschneiden. Der zudringlichste von allen, der künftige Bischof von Gaeta, Don Carlo Bergamo, damals noch von Avvocata, stibitzte sein Barrett und schob ihm ein ähnliches unter; er versuchte sogar, ihm ein Stück des Redemptoristenrosenkranzes zu entreißen, den Alfons stets an seinem Gürtel trug.

Dieser habgierige Don Bergamo lud ihn ein, vor der Bruderschaft der Kutscher, Lakaien und Dienstboten zu predigen. Für diese einfachen Leute ließ sich Alfons nicht lange bitten. Und noch weniger für seine Begegnung mit Pietro Barbarese und den früheren Gefährten der *Cappelle serotine* in den verschiedensten Elendsquartieren. Ein Wiedersehen, verbunden mit der Freude, zu erfahren, wie junge Nachwuchskräfte die Zukunft sicherten.

Doch der Stifter war geschäftlich in Neapel. In seiner „Luxusaufmachung", die er sich anläßlich seiner Weihe in Rom gekauft hatte — Schuhe mit Eisenschnallen, die mittlerweile verrostet waren, ein Hut für drei Carlinos gegen die Sommerhitze —, ging er mit Don Verzella oder P. Carmine Fiocchi zu Fuß. Gelegentlich benutzte er auch seine bescheidene Karosse von S. Agata, die er einst seinem Bruder Don Gaetano verkauft hatte. Wie in seiner Diözese, zog er seine violette Soutane auch jetzt nur an, wenn er ein Pontifikalamt hielt. Zu seinen täglichen Vorsprachen in Palästen und Kanzleien ging er in seiner abgenützten und geflickten Redemptoristenkleidung und trug als Zeichen der bischöflichen Würde lediglich sein kleines Brustkreuz und jenen Ring mit dem Stein aus gefärbtem Glas, von dem er scherzhaft sagte: „Was Ihr nicht wißt, ist, daß ich meine beste Karaffe zerschlagen habe, um diesen Ring zu schmücken!"

Wenn diese Bescheidenheit ihm auch oft den Spott der Bediensteten einbrachte, die die Leute nur nach dem Trinkgeld einschätzen, so wurde er von den Größten doch mit offen gezeigter Verehrung empfangen. Der Fürst della Riccia, der Minister De Marco, der Marquese Cavalcanti, der Fürst von S. Nicandro, der Präsident Cito und andere Persönlichkeiten empfingen ihn, als wäre Gott in ihm gegenwärtig, und unterhielten sich lange mit ihm. Das erregte Aufsehen. Villani hatte richtig gesehen: Alfons brauchte nur in Neapel zu erscheinen, und der Prozess war bereits gewonnen. Sarnelli fühlte sich erdrückt; Maffei und seine Maffia waren wütend, mußten aber doch leiser treten. Nun hätten sie viel dafür gegeben, wenn die Angelegenheit eingestellt worden wäre. Als Rechtsanwalt, der mehr von seinem Beruf verstand als sie alle, hatte Alfons zwei lange Memoranden für den König verfaßt, in denen er Sarnelli und Maffei Punkt für Punkt widerlegte, und er fügte dazu noch Verteidigungspunkte für Celano[17].

Die Ankläger, die ihrer Sache noch gestern so sicher gewesen waren, dachten heute nur noch daran, Zeit zu gewinnen. Alfons dagegen wollte die Sache schnellstens zu Ende bringen. „Wenn es nicht um die Drangsale ginge, die die Kongregation erdulden muß, die soviel zur Ehre Gottes und zum Heil der Seelen wirkt, dann wäre es eine Todsünde, noch länger hier zu bleiben." Sein Drängen erreichte also, daß der Verhandlungstermin für den 11. September festgesetzt wurde —.

Doch fast hätte der Bischof diesen Tag nicht mehr erlebt. Eines Nachmittags, so berichtet Verzella, fuhr er gemeinsam mit seinem Rechtsanwalt Celano im Wagen zu Herzog Pirelli, einem Mitglied der *Real Camera*, um diesem seinen Standpunkt darzulegen. Gerade als er in den Hof einfahren wollte, kam einer der Rechtsanwälte der Gegenpartei, der zum gleichen Zweck dagewesen war, aus dem Hof heraus. Sein Kutscher wollte nicht stehenbleiben. Mgr. von Liguori, der dem seinen Anweisungen gegeben hatte, den anderen stets die Vorfahrt zu lassen, befahl ihm, zurückzufahren. Das Unglück aber wollte es, daß im selben Augenblick die Karosse des Großalmoseniers, Mgr. Matteo Testa, des Freunds und Mitarbeiters bei der Mission von Neapel in den Jahren 41—42, im Galopp heranpreschte. Die Achse seines Wagens stieß heftig auf den hinteren Teil von Liguoris Wagen und stieß diesen um. Der Kutscher wurde schwer verletzt. Celano rappelte sich mit blutender Stirn auf. Nur Monsignore ging ohne Schaden hervor, wenn man vom Verlust seines Hutes und seines Stockes absieht, die ihm Diebe oder Reliquienjäger bei dieser Gelegenheit entwendeten. Rat Pirelli eilte in den Hof, brachte die „Verunglückten" fürsorglich in das Haus, und während man sie nach allen Regeln der Kunst verarztete, ließ er zwei Wagen anspannen, um sie nach Hause zu bringen.

„Ganz Neapel war von diesem Unfall entsetzt", fügt Verzella hinzu. Tannoia sieht darin einen Anschlag des Teufels. Ein Anschlag, der jedenfalls mißglückt war. Am Vorabend des Prozesses machte Alfons mit Don Felice einen letzten Besuch bei Präsident Cito. Die Räte der königlichen Kammer, wie auch Maffei und seine Rechtsanwälte, waren vollständig versammelt. Aber kaum hatte man Monsignore angemeldet, als der Marquese die ganze Gesellschaft verließ, ihm entgegeneilte und ihn zu einem langen vertraulichen Gespräch in einen Salon führte. Eine Stunde . . . eineinhalb Stunden. Die vornehmen Herren verloren die Geduld: „Wenn er Mgr. von Liguori so lange Audienz gibt, hätte er einen Anschlag machen und die Sitzung absagen sollen." Viele gingen schließlich wieder weg. Die wenigen, die geblieben waren, sahen, wie Don Baldassare Cito eine Fackel anzünden ließ, um den Bischof bis zu seinem Wagen zu geleiten, und sich seinem Gebet empfahl.

Am nächsten Vormittag, dem 11. September, wurde die Sache vor der *Real Camera* behandelt. Zahlreiche Freunde und Neugierige drängten sich bereits im Castel Capuano. Celano saß auf seiner Bank. Auf die Rechtsanwälte der klagenden Parteien aber wartete man vergebens. Keiner war mehr bereit gewesen, gegen die Redemptoristen zu plädieren. Schließlich kam nur ein armseliger *pagliettazzo*, der erklärte, er habe nicht den Mut, gegen einen Bischof aufzutreten, dessen Heiligkeit man in ganz Neapel verkünde.

Weit davon entfernt, zu triumphieren, bedauerte Alfons dieses Davonschleichen, das keine definitive Lösung brachte.

Nun machte er die Runde bei seinen Freunden, um ihnen zu danken und sich zu verabschieden. Am 19. September kam er noch einmal zu Unserer Lieben Frau vom Loskauf der Gefangenen: „*Madonna mia*, auf Wiedersehen im Paradies; denn in Neapel werden wir uns nicht mehr wiedersehen." Und er brach nach Arienzo auf.

Drei Tage zuvor hatte Tanucci eine „*Junta der Mißstände*" gründen lassen, die aus fünfzehn ihm treu ergebenen Mitgliedern bestand und deren Vorsitz er sich selbst vorbehalten hatte. Die erste große Handlung dieser Junta in einer Geheimsitzung vom 25. Oktober war der Beschluß, die Jesuiten aufzuheben; der erste historische Akt Ferdinands IV. war die Unterzeichnung eines entsprechenden Dekrets. Dasselbe tat sein Vetter gleichen Namens, Ferdinand, Herzog von Parma. Er wurde aber von seinem Lehnsherrn Clemens XIII. zusammen mit den Fürsten und seinen Ministern (30. Januar 1768) exkommuniziert. Daraufhin verlangten die bourbonischen Höfe, die durch den Familienbund von 1761 gebunden waren, vom Papst die Zurücknahme dieses Verdikts. Als dieser sich weigert, überfallen die Neapolitaner Benevent und Ponte-Corvo (April 1768), während Ludwig XV. Avignon und das Comtat-Venaissin besetzt (Juni). Dadurch fällt die Zufluchtsstätte der Redemptoristen in S. Angelo a Cupolo Tanucci in die Hände; dieses Haus ist damit die fünfte Gemeinschaft in einem Königreich, das offiziell nur vier toleriert, und damit wird sein Geschick gefährdeter als das der anderen.

Den Höfen von Frankreich, Spanien und Neapel, die die völlige und unwiderrufliche Zerstörung der Gesellschaft Jesu fordern, muß Clemens XIII. nicht mehr antworten: er stirbt am 2. Februar 1769. Aus einem langen intrigenreichen und stürmischen Konklave, bei dem die Vernichtung der Jesuiten auf dem Spiel steht, geht der schwache Franziskanerkardinal Giovanni Ganganelli als Clemens XIV. hervor.

In diesem Zusammenhang schreibt der Stifter sehr hellsichtig an P. Caione:
„Die Fehler unserer Mitbrüder ängstigen mich mehr als alle Verfolgungen. Diese sind übrigens noch nicht zu Ende, und wenn wir fortfahren, Fehler zu begehen, dann wird der Herr uns verlassen, und wir werden erleben, wie die Kongregation, die Häuser und alles übrige sich in Rauch auflösen ...

(P.S.) Ihr wißt zweifellos, daß ich mehrere Monate in Neapel war. Gottlob habe ich unsere Angelegenheiten gut hinterlassen; aber der Sturm war heftig, und er hat sich noch nicht ganz gelegt. Laßt also bitte die montäglichen Bußübungen fortsetzen; behaltet auch das Fasten am Samstag bei, das wir der Muttergottes als Dank für ihre siegreiche Hilfe in den gegenwärtigen Verfolgungen für immer versprochen haben[18]."

Alfons fürchtet eigentlich nur die Sünde, die Lauheit. Er ist sich Gottes und der Gottesmutter sicher und hat nie Villanis Panik geteilt. Am 18. Juli 1768 schreibt er ihm:
„Es ist gut, daß wir unsere Angelegenheiten voll und ganz in die Hände Gottes legen; aber ich kann Eure übergroße Angst nicht verstehen, da unsere Häuser im Königreich ja alle durch Erlaß der Katholischen Majestät errichtet wurden. Was Maffeis Anschuldigungen betrifft, so ist bekannt, daß es nur Albernheiten sind; umso mehr, als nun, da Benevent zum Machtbereich des Königs gehört, die Eifersucht, die man uns von dieser Seite her entgegenbringen konnte, grundlos geworden ist.

Alles, was wir fürchten müssen, ist die Auflösung des Hauses in Benevent, aber nur dieses einen.

Auch wenn man uns wegen des Werks der *Scolopi* aus dem Haus in Sizilien vertreiben will, so haben wir ja jetzt das Haus der *Bibliothek*, das uns bestimmt bleiben wird ... Diese Bibliothek war für uns eine wahre Gnade Gottes, da sie uns die Sicherheit gibt, daß unsere Patres nicht aus Agrigent vertrieben werden."

Die Scolopi beanspruchten tatsächlich das Haus, in dem Mgr. Lucchesi die Redemptoristen zunächst untergebracht hatte. Aber das war kein Unglück. Die

Bruderschaft von S. Maria dell' Itria hatte ihnen ihre Kirche angeboten, und der Bischof wies ihnen Betreuung, Wohnung und Einkünfte der öffentlichen Bibliothek zu, die er geschaffen und überdies mit einer jährlichen Pension von 100 Unzen, d. h. 600 Dukaten ausgestattet hatte.

Die tüchtige sizilianische Gruppe wirkte über Agrigent hinaus auch in den Diözesen Messina, Cefalu und Palermo, und auch die Bischöfe von Syrakus und Mazzara forderten sie an. Alles lief bestens. Zu gut. Dieses Gedeihen beunruhigte Mgr. von Liguori. „Wenn die Werke Gottes nicht vom Wind geschüttelt werden", pflegte er zu sagen, „schlagen sie keine Wurzeln"[19], wie die Eichen.

Es gab in Palermo zwar die probabilioristischen Vorstöße des Rats Diodato Targianni, aber der Vizekönig Herzog Giovanni Fogiani d'Aragona war ein freimütiger Anhänger von Alfons.

Nur keine Bange, Monsignore: der Sturm bleibt nicht aus! Im Oktober 1768 stirbt Mgr. Lucchesi, ohne ein Testament zu hinterlassen. Entfernte Erben wollen den Patres ihre Lebensgrundlage nehmen. P. Pietro Paolo Blasucci informierte den Gründer und spricht von Rückkehr auf den Kontinent. Alfons ist seit vier Monaten von der Krankheit, die ihn fortan nicht mehr verlassen sollte, niedergestreckt. Am 6. November diktiert er folgende Antwort:

„Ich habe Euren Unglücksbrief erhalten. Ich drückte mich schlecht aus: nichts, was Gott zuläßt, ist unglücklich. Er will uns prüfen; er sei ewig gelobt! Ich habe Euch schon von den Briefen geschrieben, die ich in Palermo an die Herrn der Junta geschickt habe. In Neapel wird nach Rücksprache mit zuständigen Leuten getan, was möglich ist, denn die Zeiten sind stürmisch.

Um was ich Euch vor allem bitte, ist, das Vertrauen in Jesus Christus nicht zu verlieren.

Wenn man Euch aus dem Haus vertreibt, dann könnt Ihr ja versuchen, ein anderes zu mieten, das groß genug ist, Euch alle aufzunehmen. Gebt nicht so schnell auf, wir müssen solange bleiben, als Gott uns nicht zu verstehen gibt, daß er uns nicht mehr in Agrigent will. Auch wenn Ihr nun weniger Missionen haltet, werdet Ihr doch noch ein wenig Brot zum Leben haben. So werden wir es halten, bis klar ist, was die Abgeordneten und der neue Bischof unternehmen, und vor allem, was Gott bestimmt.

Ich bin sicher, daß Gott nicht will, daß dieses Haus untergeht; lassen wir diesen Sturm vorübergehen, wer weiß, was der Herr dann tut? Wenden wir uns alle immer stärker dem betrachtenden Gebet zu und legen wir uns in die Hände Gottes, indem wir im voraus all das freudig annehmen, was er zulassen wird.

Ich bin nach wie vor vom Kopf bis zu den Füßen lahm; aber ich bin's zufrieden, und ich lobe Gott und danke ihm, daß er mir Frieden und Ergebung gewährt[20]."

Ein großer Schrecken also, der sich aber bald wieder legte. Auf dem Kontinent dagegen flammte die Glut von neuem auf. Maffei und Sarnelli hatten die Schlacht, von der sie wußten, daß sie sie verlieren würden, nur verweigert, um später auf günstigerem Terrain anzugreifen. Ihre wichtigsten Anklagen richteten sich nun gegen das Institut selbst: seine *Regel* mache es zu einer echten Kongregation – die Patres schwelgten in verborgenen Reichtümern – die vom hl. Stuhl erhaltenen *Privilegien* seien eine Mißachtung der Rechte des Königs und der Bischöfe. Dieses Amalgam enthielt gefährlichen Zündstoff: das Delikt, eine Kongregation zu sein.

In den Häusern herrschte helle Aufregung. Alfons aber blieb ruhig. Er betet und läßt beten. Um die Entwicklung der Dinge zu verfolgen, schickt er als persönlichen Vertreter P. Angelo Maione nach Neapel. Er gibt Ratschläge, verfaßt wiederum Denkschriften und Briefe an den König. Seine Hauptsorge aber ist und bleibt die Treue seiner Söhne. Ihnen schreibt er am 30. September 1770:

„Nicht diese Anklagen sind es, die mich ängstigen, weil ich weiß, daß wir hier schuldlos sind. Was mir Angst macht, ist der geringe Eifer, der derzeit im Verhalten einiger unserer Brüder sichtbar wird.

Man liebt die Armut nicht. Als ob unsere Häuser die Einkünfte der Kartäuser hätten! Es ist ja schon ein Wunder der göttlichen Vorsehung, daß jeder von uns ein Stück Brot hat, um satt zu werden; ihr kennt das Elend eines jeden unserer Häuser sehr gut. Der Gehorsam liegt im argen, die Liebe wird vernachlässigt; wie ich höre, murren manche bald über diesen, bald über jenen.

Jeder möge also in sich gehen und versuchen, sich zu bessern. Wem aber die Kongregation und die Observanz nicht gefällt, der gehe mit Gott. Ich bin sehr zufrieden, daß uns manche Brüder verlassen haben; denn räudige Schafe stecken die anderen an. Es macht überhaupt nichts, wenn wir nur wenige bleiben; Gott will nicht, daß wir zahlreich, *sondern, daß wir gut und heilig sind.*"

Während all dieser schrecklichen Jahre, in denen der Fall von der *Real Camera* zum Regierungsausschuß für Mißbräuche, schließlich zu einer gefürchteten Untersuchungskommission ging, um letztlich wieder zur *Real Camera* zurückzukehren, lassen sich die Briefe des Stifters in folgendem Pauluswort zusammenfassen: „Ist Gott für uns, wer ist dann gegen uns?" (Röm 8,31).

Unser Leser wird uns dankbar sein, wenn wir ihn nicht von einem Richterspruch zum anderen schleppen. Die Verbissenheit, mit der die Meute Maffei-Sarnelli über Jahre hinweg kämpft, hat etwas Unerträgliches an sich. Alfons aber muß zusätzlich zur Last seiner Krankheit diesen Kampf, diesen Todeskampf tragen, bei dem die Evangelisierung der Armen auf dem Spiel steht.

1772 nun steht Sizilien neuerlich mitten im Sturm. Der neue Bischof von Agrigent, Mgr. Antonio Lanza, der ganz auf der Seite Blasuccis und der Patres steht, entfernt Professor Giuseppe Cannella aus seinem Seminar, da sich dieser darauf versteift, alle Irrtümer von Baius, Jansenius, Quesnel und Febronius zusammen zu lehren. „Dieser Schlag kommt von Blasucci und den Liguorianern", denkt Cannella. „Ich werde sie zu Fall bringen!" Mgr. Lucchesis Erben strengen einen Prozeß gegen Mgr. Lanza an; Cannella eilt nach Palermo, um den Vizekönig und die Junta aufzuhetzen. Die Affaire wird auch in Neapel bekannt. Blasucci eilt herbei, um sich dort zu verteidigen. Vergebens. Am 12. September 72 unterzeichnet Tanucci im Namen des Königs ein Dekret, das die Patres aus Agrigent vertreiben soll. Wurde dieses *dispaccio* öffentlich bekannt gemacht? Wir wissen es nicht. Jedenfalls gelangte es nicht zur Durchführung. Aber als geschickter Diplomat löst der Rektor Maior das Haus in Agrigent auf, um den Druck zu vermindern, und ruft seine Missionare auf den Kontinent zurück. Die Patres schiffen sich bei Nacht und Nebel ein. Und doch stehen viele Menschen am Ufer, bitten um ihren Segen und verfluchen jene, die sie vertrieben haben. „Ihr werdet zurückkommen", schwört Bischof Lanza, „und wenn ich mein Brustkreuz und meine Mitra für Euch und dieses Missionswerk verkaufen müßte." Es ist Juli 1773.

Der strategische Rückzug glückt über alle Erwartung hinaus, denn alle Gesellschaftsschichten und der gesamte Klerus Agrigents bestürmen den König mit Bitten um Rückkehr der Patres. Sie durchbrechen den riesigen Wall des Verschweigens. De Marco veröffentlicht am 3. Dezember 1774 ein entsprechendes Dekret. Blasucci und seine Gemeinschaft besteigen im April 1775 wieder ein Schiff nach Sizilien, und ganz Agrigent bereitet ihnen, mit dem Bischof an der Spitze, einen triumphalen Empfang.

Noch bedeutet dieses Licht nicht das Ende der Nacht, aber es ist immerhin ein Zeichen Gottes und der Muttergottes, das auf Alfons und die Seinen strahlt. Es ist ein Blitz, der ihre Feinde einen Augenblick lang blendet. Es waren so viele inständige Bitten aus Sizilien und Arienzo gekommen, daß der Gründer am 29. Juli 74 ein langes beruhigtes Rundschreiben an seine Brüder gesandt hatte, in dem er unter anderem sagt: „Geliebteste Brüder, ich bin sicher, daß Jesus Christus unsere kleine Gemeinde mit größter Liebe betrachtet und sie wie einen Augapfel hütet: denn wir sehen hoffnungsvoll, daß er uns inmitten so vieler Verfolgungen mehr denn je zu Werkzeugen seines Ruhmes macht, da er über die vielen Orte, die wir evangelisieren, überreiche Gnaden ausgießt.

Ich werde es nicht mehr erleben, denn mein Tod ist nahe; aber ich bin fest überzeugt, daß unsere kleine Herde mit der Zeit unaufhörlich zunehmen wird, nicht an Reichtümern und Ehren, sondern darin, daß wir die Ehre Gottes verbreiten und durch unsere Werke erreichen, daß Jesus Christus von den Menschen besser erkannt und mehr geliebt wird.

Wir dürfen mit Recht hoffen, daß einst der Tag kommen wird, an dem wir alle in der ewigen Wohnung, aus der wir nicht mehr vertrieben werden, vereint sind; dort werden Millionen von Menschen, die durch unseren Dienst die göttliche Gnade erlangt haben, unser Glück mit uns teilen; sie werden dann Gott, den sie eine Zeitlang nicht geliebt haben, in alle Ewigkeit lieben, und ihr Heil wird uns ewig Ehre und Freude bringen: muß uns nicht schon allein dieser Gedanke unaufhörlich anspornen, Jesus Christus zu lieben und uns mit allen Kräften dafür einzusetzen, daß auch andere ihn lieben? ...

Lassen wir nicht ab, uns immer wieder der göttlichen Mutter zu empfehlen, denn Gott gewährt uns die Ehre und das Glück, den Ruhm dieser hehren Königin überall zu verkünden. Dies erfreut mich besonders, und ich hege die feste Hoffnung, daß diese gute Mutter nicht nachläßt, sich eines jeden von uns in besonderem Maß anzunehmen und uns die Gnade, Heilige zu werden, erwirkt."

45. „Man hat mir den Monte Taburno von den Schultern genommen" (1768—1775)

Im Februar 1770 hatte Don Ercole von Liguori für seinen kleinen Carlo in der Kirche Largo Montecalvario so prunkvolle Beisetzungsfeierlichkeiten organisiert, daß man in ganz Neapel davon sprach. Ein Klatschkolumnist hatte auf der Jagd nach Schlagzeilen in diesem Zusammenhang den Namen Mgr. von Liguoris gehört und geglaubt, der Verstorbene sei der Bischof von S. Agata. Eine sensationelle Schlagzeile für sein Blatt! An Ort und Stelle war man zu genau informiert, als daß diese Nachricht verfangen konnte, aber außerhalb von Neapel machte sie ihren Weg. Die Domherren von Lucca feierten einen feierlichen Gottesdienst für diesen Prälaten, „der so große Verdienste für die Kirche und ganz Europa hatte". Alfons diktiert Don Verzella einen Brief, in dem er ihnen für ihre Aufmerksamkeit dankt.

Das Gerücht dieses Todesfalles hielt sich lange, wie ein Manuskript von Nachrufen aus der Hand Mgr. Andrea Lazzaris beweist, das sich heute in der Vatikanischen Bibliothek befindet, und in dem dieser noch ein Jahr danach schreibt:

„Neapel, 22. Januar 1771. Mgr. Don Alfons von Liguori, Bischof von S. Agata dei Goti, neapolitanischer Patrizier, Gründer vieler Bruderschaften und Vertreter der reinen Lehre, ist in den ewigen Frieden eingegangen. Seine Werke zeichnen sich durch jene Frömmigkeit und einmalige Tugend aus, die ihn leitete. Ein einziges würde genügen, um ihn unsterblich zu machen. Die Einkünfte seines Bistums verwendete er ausschließlich für die Armen und den Kirchenbau. Er wollte nie in der Karosse reisen, war von Eifer für die Ehre Gottes erfüllt und ein außergewöhnlicher Prälat. Er wird bald auf den Altären verehrt werden[1]."

Mgr. von Liguoris Tod wäre übrigens nicht überraschend gekommen. Zum Asthma seiner Jugend waren im Laufe seines Lebens noch Malaria und jene chronische Bronchitis gekommen, deren Anfälle sein Leben so oft in Gefahr brachten. Von 1750 bis 1779 finden wir in seinen Briefen 73 kleine Gesundheitsberichte, in denen neben dem *astma* auch immer wieder *febbre terzana* und *catarro* oder *flussione di petto* aufschienen. Bis zum März 1768. Hier nun stellt sich eine neue Krankheit ein, die für jeden anderen einem Todesurteil gleichkäme.

„Seit zwei Wochen", so schreibt er am 1. Juni 1768 an Remondini, „macht mich der Herr durch innere Schmerzen arbeitsunfähig, die mich halb ins Grab gebracht haben." Und am selben Tag an Villani: „Ich leide nach wie vor an meinen inneren Schmerzen so sehr, daß ich fast umkomme. Der Schmerz scheint sich über dem Sitzbein festsetzen zu wollen. Gott, der ihn mir schickt, sei immerdar gelobt[2]!" Am 25. Juni an Schwester Brianna Carafa: „Seit zwei Wochen liege ich mit Blasenpflastern im Bett, ohne die Messe zu lesen. Aber ich bin zufrieden, da Gott es so will." Alle Medikamente scheinen den Schmerz aber nur noch zu vermehren, und die Doktoren Pasquale Calcabale, Salvatore Mauro und Nicola Ferrano sind am Ende ihrer Mittel und Ideen.

Doch im Juli sinkt das Fieber, und der Ischiasnerv beruhigt sich ein wenig. Der Bischof ist wieder auf den Beinen. Er nimmt die Meßfeier wieder auf. Der Boden von Arienzo bricht unter der Sommerhitze auf. Den Hirten dauert sein Volk: gemeinsam mit drei Missionaren predigt er in der Kirche Assunta eine große Bußwoche. Schon am ersten Tag verspricht er Regen. „Aber wie können wir Wasser erwarten, wenn wir nicht aufhören zu sündigen?" In einer übermenschlichen Anstrengung hält er acht Tage lang jeden Abend eine Predigt. Am 26. Juli, dem Fest der hl. Anna, läßt ein beglückender Regen das Tal von Suessola wieder ergrünen. Alfons aber ist gebrochen. Seit der zweiten Augustwoche ist er wieder ans Bett gefesselt, vom Fieber verzehrt und von Magen-Darm-Schmerzen und einem allgemeinen Rheumatismus gequält, die ihm jeden Schlaf rauben. Der Diener Alessandro hört ihn immer wieder sagen: „Mein Gott, geh mit deinem Diener nicht ins Gericht; gewähre ihm deine Barmherzigkeit", oder: „Herr, wenn dies dein Wille ist, dann ist es auch der meine."

Man erwägt, die großen Ärzte der Hauptstadt heranzuziehen.

— Meint Ihr denn, sagt er, die Ärzte aus Neapel könnten Wunder wirken oder sie hätten andere Bücher studiert? Ich bin in der Hand Gottes und der Ärzte, die mich behandeln, gut aufgehoben!

Jegliche Hoffnung, ihn zu behalten, scheint verloren. Am 26. August bereitet er sich mit Gedanken der Liebe und des Vertrauens, die er früher verfaßt hat, und die er nun denen, die bei ihm sind, anvertraut, damit sie ihn während seins Todeskampfes daran erinnern, auf die Sterbesakramente vor. Es handelt sich hierbei zweifellos um die *Empfindungen für Sterbende,* die auf den Seiten 107 und 108 seines zweiten Notizbuchs zusammengefaßt sind. Hier lesen wir den Aufschrei der Ungeduld: „Laß mich sterben, Herr, damit ich dich endlich sehen kann!" und jene letzte Zeile, die bereits Begegnung ist: „Maria, unser Leben, unsere Süßigkeit und unsere Hoffnung, sei gegrüßt!" Nachdem der Bischof die Sakramente empfangen hat, teilt er die 423 Dukaten, die er soeben aus der bischöflichen Mensa erhalten hat, testamentarisch auf in Messen, die für ihn in S. Agata und Arienzo zu lesen sind, Almosen für die Armen und eine Gratifikation für alle, die in seinen Diensten stehen; er verlangt, daß sein Leib in die Kathedrale von S. Agata gebracht werde. Domherren, Stadtväter und das Volk der Bischofsstadt bereiten für ihn ein so großartiges Begräbnis vor, wie für noch keinen ihrer Bischöfe ...

Aber Monsignore stirbt nicht. Das Fieber fällt, aber der allgemeine Rheumatismus krümmt ihn wie eine Weinrebe: Lendenarthrose und vor allem Genickarthrose, die ihm den Kopf auf die Brust drückt. Schon bald war er nur noch ein Leidensbündel, von der deformierenden Arthritis zusammengekrümmt. Man setzte ihn in einen Lehnstuhl. Von hinten betrachtet, glaubte man einen Menschen ohne Kopf vor sich zu haben; von vorne konnte man nicht sein Gesicht, sondern nur seinen Schädel sehen. Am 6. November diktiert er: „Ich bin nach wie vor von Kopf bis Fuß verkrüppelt *(cionco).* Ich bin zufrieden und lobe Gott. Ich danke ihm, daß er mir Frieden und Leiden gibt." *Cionco* — gebrochen, gewunden — das ist das Wort, mit dem er den Zustand charakterisiert, der ihn bis zu seinem Tod nicht mehr verlassen wird: *un povero cionco,* ein armer Krüppel.

Immer wieder hörte man ihn sagen: „Herr, ich danke dir, daß du mich teilhaben läßt an den Leiden, die du in deinen Nerven erduldet hast, als sie dich ans Kreuz schlugen.

— Mein Jesus, ich will soviel und solange leiden, wie du es willst; gib mir nur die Geduld dazu." Oder aber im Gedanken an seinen baldigen Tod: „Wie schön ist es, am Kreuz zu sterben! — Ein Armer, der Gott liebt, stirbt glücklicher als alle Reichen der Welt. Eine Stunde Leiden ist mehr wert als alle Schätze der Erde." Von Schlaflosigkeit gequält: „Ich möchte gern ein wenig schlafen, aber Gott will es nicht; dann will ich es auch nicht." Müssen wir noch betonen, daß Alfons sich, wie Christus, in seinem Todeskampf nicht einem grausamen Willen Gottes gegenüber sah, sondern einem faktischen Zustand, von dem Gott „wollte", daß er in Geduld und Ergebung angenommen wird? „Vater, nicht mein, sondern Dein Wille soll geschehen" (Lk 22,42).

Dieser neue Hiob war so geduldig und verschwiegen, daß seine Umgebung nicht aus ihrer Gewohnheit gerissen wurde und nicht bemerkte, daß seine Krankheit eine fürchterliche Wendung nahm ... Villani war gekommen und hatte verlangt, einen Spezialisten aus Neapel beizuziehen. Als Don Francesco Dolce mit einem gewissen Doktor Pesce das Zimmer betrat, stellten sie Leichengeruch fest. Sie traten zum Kranken und entdeckten eine große, eiternde Wunde, die das bärtige Kinn in die Brust gegraben hatten. Wundbrand drohte. Dolce ließ den Kranken in seinem Bett auf eine Matratze legen. Er verordnete lauwarme Bäder für die Arthrose und ich weiß nicht welches Medikament, das dieses schreckliche Geschwür in einigen Monaten heilte. Was den Pater betrifft, so praktizierte er stets, was er gelegentlich nicht ohne Humor ausdrücke: „Laßt uns den Ärzten gehorchen und dann sterben!" So vertraute er eines Tages Doktor Ferraro an: „Ich bin doch schon ein alter Mann. Was kann ich noch erhoffen und was erwarten? Ich gehorche nur, um Euren und Gottes Willen zu erfüllen."

Diese Intervention der neapolitanischen Größen muß im Oktober 1768 stattgefunden haben. Die weitere Entwicklung des Patienten erhellt aus kleinen Schlaglichtern in seinen Briefen, die er diktiert und die er manchmal nicht einmal mehr selbst unterschreiben kann: „Ich bin lahm und habe überall Schmerzen. Ich kann nicht nur die Messe nicht lesen, sondern ich kann mich auch nicht bewegen" (8. Dezember 68). – „Ich hüte noch immer das Bett mit meinen Schmerzen, aber ohne Fieber und mit klarem Kopf" (18. März 69) – „Ich tue auch weiterhin den Willen Gottes in meinem Bett, und nun habe ich zusätzlich zu meinem gewohnten Elend noch eine Brustfellentzündung, die mich mit Husten quält" (16. April).

– „Es geht mir Gottlob etwas besser, und ich hoffe, daß mir der Frühling gut tun wird" (27. April). Es ist kaum zu fassen, aber mit Ausnahme der Messe hatte sich auch jetzt am Tagesablauf des Bischofs nichts geändert, von der Morgenmeditation bis hin zum abendlichen Rosenkranz mit seiner bischöflichen Familie. Er empfing und hörte seine Besucher an, hielt Rat, diktierte, ließ sich vorlesen, regelte die Volksmissionen, verfolgte die laufenden Angelegenheiten. Eines Tages sagte Don Verzella zu ihm:

— Überlaßt doch in Eurem Zustand diese Dinge dem Generalvikar.

— Der Bischof bin ich, antwortete Alfons. Gott hat mich zum Bischof gemacht, und so ist es in erster Linie meine Aufgabe, mich darum zu kümmern.

Der Frühling kam, und die Schmerzen ließen nach. Die Ärzte verordneten morgens und abends eine Ausfahrt in der Karosse. Da aber wurde Alfons' Gehorsam taub und bockig. Er tat, als habe er nichts gehört. Dann, auf das Drängen dieser Herren und seiner Umgebung: „Wozu soll diese Ausfahrt gut sein? Ich fühle mich gut, so wie ich bin, und ich leide nicht. Das Geld, das ich für den Wagen und die Pferde ausgeben würde, muß ich zur Unterstützung meiner Armen verwenden. Bruder Romito fand eine Lösung: er erwarb einen armseligen Wagen und zwei entsprechende Gäule. Von denen der eine „die Krankheit hatte, daß er den Kopf verdrehte, dann plötzlich niedersank und erst wieder aufstand, nachdem man ihn kurz an den Ohren gezogen hatte". Das Ganze kostete 113 Dukaten. „Ihr hättet sparen können", mäkelte Alfons, „wenn ihr ein schlechteres Gespann gekauft hättet. So soll man wenigstens die Tiere nach meinen Verhältnissen behandeln: mehr Stroh als Hafer."

Damit beginnt also die Kur der Ausfahrten: anfänglich zweimal täglich, dann nur noch einmal gegen Abend. Der Kranke geht einige Schritte, gestützt auf den Arm eines anderen. Zwei Männer sind nötig, um ihn in den Wagen zu heben. Aber — welches Glück! — auf diese Weise kann er wieder seine Kranken besuchen. Diese brechen manchmal in Tränen aus, wenn sie sehen, wie hier einer, der noch kränker ist als sie selbst, zur Tür hereinkommt. Anschließend fährt er aufs flache Land hinaus. Nach einem *Ave* zur Jungfrau, einem Gebet zu den Schutzheiligen und einem *De profundis* für die Armen Seelen im Fegfeuer liest der Gefährte dem Monsignore vor. Der Kutscher holpert natürlich über alle Steine des schlechten Wegs, der in das drei Kilometer entfernte S. Maria a Vico führt. Der einzige, der sich nicht darüber beschwert, ist der Kranke, obwohl ihm jeder Stoß Qualen bereitet. Die Ankunft in S. Maria trifft mit der Abendbesuchung beim Allerheiligsten und der Muttergottes zusammen, bei der der Pater eine Ansprache hält, die umso rührender ist, als man sein unerbittlich zum Boden gebeugtes Gesicht nicht mehr sehen kann. Nach dem Verlassen der Kirche sitzt Alfons kaum wieder in der Karosse, als die Lektüre schon wieder beginnt und bis zum Palast von Arienzo dauert. Die Landbewohner scherzen gutmütig: „Alter Bischof, alter Kutscher, alte Karosse und alte Gäule."

Die Mahlzeit, die der „alte Bischof" nun zwischen zwei Audienzen in seinem Zimmer einnimmt, geht nicht ohne Schwierigkeiten vor sich, vor allem beim Trinken. Man schlägt ihm ein Rohr aus Silber vor. Kommt nicht in Frage! Aus Holz. Holz bekommt Risse. Aus Eisen. Eisen rostet. Schließlich kauft Don Felice doch ein Silberrohr und erklärt ihm, es sei aus venezianischem Zinn. Venezianisches Zinn mag angehen!

Am 8. August 1769 schreibt der Kranke an P. Blasucci:

„Ich habe keine Kopfschmerzen mehr; aber ich kann nur gestützt auf andere gehen, denn meine Beine tragen mich nicht mehr. Schon seit einem Jahr lese ich die Messe nicht mehr, da mir der Rheumatismus den Kopf dermaßen gebeugt hat, daß ich den Hals nicht mehr heben kann, um das Kostbare Blut zu trinken; man gibt mir keine Hoffnung, daß ich jemals wieder zelebrieren kann. Ich habe zahllose Medikamente und Bäder genommen, aber mein Hals bleibt immer gleich gekrümmt. Gott will es so, ich will es auch.

Ich bin entschlossen, von meinem Bischofsamt zu demissionieren und inmitten der Meinen in meiner Kongregation zu sterben. Ich bin nur noch unschlüssig über das Wie und Wann; aber es wird bald so weit sein. Haltet diese Sache aber noch geheim, denn ich möchte nicht, daß jemand, auch keiner aus der Kongregation, darum weiß[3]."

Vorerst aber läßt der Bischof in seiner Diözese nichts unerledigt. Unmittelbar vor seiner Krankheit hat er im April 1768 dem Heiligen Stuhl seinen zweiten Dreijahresbericht geschickt; den dritten verfaßt er im September 1771. Der eine wie der andere ist kurz und bündig und bezieht sich auf den Bericht vom Juli 1765. Es wird hier ungebrochene Pflichterfüllung und Wachsamkeit spürbar. Drei dominierende Bereiche treten in beiden hervor: das Kloster der Redemptoristinnen von S. Agata, das er mit großen Kosten erweitert und mit väterlicher Liebe ausgestattet hat und dessen Klosterfrauen zur Erbauung und Freude der ganzen Stadt gereichen. Das Seminar, das er aus Geldmangel noch nicht fertigstellen konnte, und seine Ordinanden, die er mit größter Sorgfalt auswählt (aber, so sagt uns Verzella, mit so großer Liebenswürdigkeit, daß auch jene, die er abweist, zufrieden weggehen[4]); schließlich die verlassenen Bergwinkel, die er trotz der leider oft erfolgreichen Opposition der Pfarrer, die weder ihr Territorium noch ihre Einkünfte teilen wollen, mit Kirchen und Priestern ausstatten will[5].

Nichts hat sich in der Diözese und im kleinen Palais von Arienzo geändert, so sehr beherrscht und vergißt sich dieser Kranke. „Diese unbegrenzte Geduld und Selbstbeherrschung, dieser Eifer und diese Wachsamkeit für die Diözese und die Ehre Gottes, die Gleichgültigkeit den eigenen Leiden gegenüber und die Liebe zum Kreuz erregten Bewunderung", bezeugt später Generalvikar Rubini. Die von Gebet und Arbeit bestimmten Tage liefen im gleichen Rhythmus wie früher weiter. „Ein Rhythmus, der für mich mit meinen dreiunddreißig Jahren schon erschöpfend war", sagt P. Fabio De Bonopane, der zwei Monate mit Alfons verbrachte. „Monsignore dagegen ist stets frisch, unternehmungslustig und ohne die geringste Schonung seiner selbst[6]."

Es fehlt ihm nur die Messe. „Gott will, daß ich die Messe nicht lese, also will ich die Messe nicht lesen", vertraut er eines Tages seinem Freund, dem neapolitanischen Priester Don Salvatore Tramontano, an. Insgeheim aber leidet er darunter. Am 26. August 1769 vertraut er seinen Schmerz schließlich dem Augustinerprior P. Marcorio an:

— Ich kann die Riten nicht mitvollziehen. Wie soll ich das Kostbare Blut nehmen?

— Aber Monsignore, in Eurem Zustand seid Ihr nur zu den wichtigsten Riten verpflichtet, ruft der Pater aus (der gewiß — wie wir — erstaunt war, daß man ihm dies nicht schon früher gesagt hatte), und wenn Ihr auf einem Stuhl sitzt, könnt Ihr mit einem Halm leicht aus dem Kelch trinken.

Nun, da sein Gewissen befreit ist, empfindet Alfons überschwengliche Freude. Am nächsten Tag, einem Sonntag, kehrt er, nach fast einjähriger Unterbrechung, fast täglich zum Altar zurück. Jeden Mittag kommt er nun ekstatisch, aber auch erschöpft vom Tisch des Herrn, mit strahlendem Gesicht, den Leib in Schweiß gebadet.

Während dieser Zeit verbreiten Männer, die auf seine Nachfolge spekulieren, in Neapel das Gerücht, seine Diözese sei verwahrlost. Don Tramontano informiert ihn in aller Freundschaft. Die Antwort am 30. September kann den Freund durchaus beruhigen.

„Meiner Diözese kann ich nicht noch mehr Fürsorge entgegenbringen. Ich schlafe nicht; ich vernachlässige nichts, verschiebe nichts; wann immer eine notwendige Maßnahme getroffen werden muß, sei es eine Strafe oder eine Ermahnung, dann versuche ich, sie so schnell wie möglich zu erledigen.

Den Unzufriedenen wird man den Mund nie stopfen können.

Momentan sind neun meiner Priester im Exil. Abgesehen von den Kanzleiangelegenheiten, in denen ich von zwei Generalvikaren, einer in Arienzo, der andere (der Erzdiakon Rainone) in S. Agata, abhänge, gehen alle amtlichen Dinge durch meine Hände; aber trotzdem wächst immer wieder neues Unkraut nach, kaum daß ich das alte ausgerissen habe.

Ich bitte Euch, Jesus Christus zu bitten, er möge mir Erleuchtung und Kraft gewähren, damit ich seinen Willen tun kann, vor allem in der Frage der Resignation von meinem Bischofsamt.

Ich habe diese Frage vor einigen Tagen mit meinem Seelenführer P. Villani besprochen, und wir haben beschlossen, daß ich dem Papst alles über meine Gesundheit, mein Alter, meine Regierung schriftlich vorlegen werde. Dann wird es von seiner Entscheidung abhängen, ob ich demissioniere oder, so lahm wie ich bin, weiterhin an der Spitze meiner Diözese bleibe.

Ich danke Gott, daß ich jeden Morgen die Messe lesen kann, obgleich Gott weiß, welche Mühe es mich kostet!...[7]"

In diesem schrecklichen Jahr 1769 wollte Liguori die Demission nicht früher einreichen, da der Nachfolger, den Clemens XIII. bestimmt hatte, möglicherweise das königliche *Exequatur* nicht erhalten hätte und seine Kirche dann ohne Bischof gewesen wäre. Als aber der von den Bourbonen wohlgelittene Clemens XIV. gewählt war, schrieb Alfons sogleich und vertraute diesen Brief seinem Freund Kardinal Giuseppe M. Castelli an. Der Papst jedoch übergab seiner Eminenz ein für Alfons sehr schmeichelhaftes, aber negatives Antwortschreiben: „Es genügt mir, wenn er das Bistum vom Bett aus regiert. Ein Gebet von ihm ist wirksamer, als wenn er hundert Jahre lang durch seine Diözese reisen würde."

Von Mitleid für ihren leidenden Pater ergriffen, drängten aber seine Redemptoristensöhne nun gemeinsam mit den ihm verbundenen Bischöfen und Priestern darauf, daß er auf seiner Demissionierung bestehe.

— Nein, war seine Antwort. Die Stimme des Papstes ist für mich Gottes Stimme. Und ich sterbe zufrieden, wenn ich durch Gottes Willen unter der Last des Episkopats sterbe.

Eines Tages, als man ihn wieder drängte, brachte er mit seiner Antwort alle zum Lachen:

— Das ist ein dickköpfiger Mönch *(capo tosto)*. Wenn ich die Demissionierung einreiche, wird er sie nicht annehmen. Geduld, warten wir auf seinen Nachfolger. Der Krüppel Alfons ist neun Jahre älter als Ganganelli...[8]

Ein Dickkopf, das war er selbst. Hatte nicht sein Vater Don Giuseppe schon vor fünfzig Jahren gesagt: *Alfonso è capo tosto*? Alter, Krankheit und Leiden hätten jeden anderen als ihn dazu gebracht, die Last seiner bischöflichen Pflichten abzuwerfen. Er aber verharrte bis zum Ende unveränderlich im gleichen Maß an Entschlossenheit, Geduld und Arbeit.

Einst kommt ein wichtiger Herr zu ihm und bittet ihn um die Weihe eines Klerikers. Eine volle Stunde redet er ihn an, ehe ihm Spucke und Argumente ausgehen. Der Bischof, der ihm die ganze Zeit schweigend zugehört hat, antwortet schließlich mit ruhiger Entschlossenheit:

— Habt Ihr sonst noch etwas zu sagen?... ich kann Euch nur sagen, daß Ihr zu einem Toten gesprochen habt, und da ein Toter nicht antworten kann, kann ich Euch keine Antwort geben[9].

In der Kollegiatskirche von Arienzo ist ein Domherrenstuhl frei. Vor dem Tabernakel entscheidet sich Liguori für den würdigsten. Einer der Verdienste dieses Priesters besteht darin, daß er nicht intrigiert hat, um die Pfründe zu erhalten. Noch nicht. Denn da kommt er eines schönen Tages mit einem Empfehlungsschreiben von Don Giovanni Battista Filomarino, Fürst della Rocca, an. „Ich hatte beschlossen, euch das Kanonikat zu übertragen", sagt der Bischof, „aber nachdem Ihr mir diesen Brief gebracht habt, kann ich es Euch nicht mehr geben. *Indignus quia petisti* (Diese Tatsache allein macht euch unwürdig)". Dem Fürsten antwortet er, er möge ihm verzeihen, daß er ihm nicht zu Gefallen sein könne, daß er aber mit einem solchen Beispiel Tür und Tor für protegierte Pfründenvergabe öffnen würde, was ein Skandal wäre[10]. Tannoia führt zehn Beispiele dieser Art an, Fälle, in denen Alfons seinen besten Freunden, wie dem Fürsten de la Riccia und sogar dem König, eine höfliche Absage erteilt.

Wer Karriere machen wollte, mußte also eindeutig eine andere Leiter besteigen. Ein Priester, der einen Funktionärsposten in der Diözese innehatte – vergessen wir nicht, daß die meisten ihr Gehalt aus einem Benefizium *sine cura*, einer „Sinekure" bezogen –, glaubte sich in der Person seines Bruders beleidigt, tauchte bei Monsignore auf und überschüttete ihn mit Beleidigungen. „Siehst du denn nicht", sagte er ihm neben anderen Liebenswürdigkeiten, „daß du unfähig bist, deine Aufgabe zu erfüllen? Du wärest besser in Ciorani geblieben und hättest dort deine Sünden beweint, als daß du hier den Bischof von S. Agata spielst!" Alfons antwortete nur mit einem freundlichen Lächeln. „Enthebt ihn seiner Funktion", verlangte der Generalvikar. Er aber stellte sich taub, behandelte den zornigen Mann mit großer Herzlichkeit und … ernannte ihn zum Domherrn[11].

Einem Dorfbewohner, den er wegen seines anstößigen Verhaltens zur Ordnung hatte rufen müssen, konnte er aber doch nicht den Purpur umhängen. Dieser war, als er die bischöfliche Karosse vorbeifahren sah, auf die Straße gelaufen und hatte ihr alles entgegengeschrien, was er an Schimpfwörtern kannte.

– Dieser Flegel muß exemplarisch bestraft werden, verlangte Rubini.

– Keineswegs, das verbiete ich Euch strikt, sagte der Bischof.

Don Nicola aber setzte sich über dieses Verbot hinweg, ging zum Gouverneur, und noch am selben Abend war der Rüpel hinter Gittern. Große Erregung beim Pater, als er am nächsten Morgen davon erfuhr. Er verlangte, diesen Unglückseligen unverzüglich freizulassen. Der Gouverneur aber hatte keine Eile. Am Abend zitierte Alfons, der die Angelegenheit verfolgt hatte, Rubini und teilte ihm in scharfen Worten seine Verärgerung mit.

– Aber Monsignore, das verlangt doch die Würde Eures Standes.

– Welchen Standes. … Wenn einer um meiner Eigenliebe willen eingekerkert wird!

Und er beruhigte sich erst wieder, nachdem der Mann freigelassen war.

Diese scheinbare Unempfindlichkeit gegenüber Beleidigungen, die Tannoia über ganze Kapitel hinweg mit Beispielen belegt, war keineswegs durch ein apathisches Temperament bedingt. Alfons war vielmehr von aufbrausender und jähzorniger Natur: ein explosiver Mensch. Aber er hatte sich von Jugend an Jesus, der „sanftmütig und demütig von Herzen" (Mt 11,29) ist, zum Vorbild genommen.

Eines Tages, als er sich wieder von einem Landpfarrer hatte beleidigen lassen, sagte Erzdiakon Raione zu ihm:

– Monsignore, das ist nicht auszuhalten. Ihr laßt Eure Würde in den Schmutz ziehen.

– Mein lieber Kanonikus, ich habe vierzig Jahre schwer daran gearbeitet, ein wenig Geduld zu erwerben, und Ihr wollt, daß ich sie mit einem Schlag wieder verliere?

P. Caputo, Superior des Seminars, legte ihm nahe, man müsse die Frechen aus Gründen des guten Beispiels bestrafen.

– Das Gesetz Gottes, antwortete Alfons, Ihr kennt es.

– Allerdings, entgegnete der Dominikaner, Gott verlangt es, daß wir Böses mit Gutem vergelten; aber er gebietet auch, daß die Untergebenen ihre Vorgesetzten achten. Läßt man sie ungestraft, so ermutigt man sie nur noch.

Da aber fiel ihm Monsignore ins Wort:

— Schluß damit . . . Ich habe beschlossen, immer das Vollkommenere zu tun.

— Es steht mir nicht zu, erwiderte Tommaso Caputo, zu entscheiden, ob Don Alfons von Liguori als Privatperson auf seinen Ruf verzichten kann oder nicht: Ihr seid der Herr in Israel, und ich respektiere Eure Ansicht. Aber als Bischof besteht das Vollkommenere darin, die Würde Eures Standes zu verteidigen.

„Er widersprach mir nicht", berichtete Caputo, „schien aber nicht überzeugt zu sein. Ich weiß, daß auch andere mehrmals so zu ihm gesprochen haben. Er aber hielt es immer für das Beste, bei persönlichen Angriffen zu schweigen, geduldig zu sein und sich nicht zu rechtfertigen. Ich habe bei ihm stets diese Entschlossenheit zum Vollkommeneren festgestellt, obwohl ich damals noch nicht wußte, daß er ein diesbezügliches Gelübde abgelegt hatte."

Aber Geduld ist nicht gleich Schwachheit. Der „Dickkopf" schweigt, wie Christus, bei allen Beleidigungen, wenn es Angriffe gegen seine eigene Person sind; sobald aber die Ehre Gottes auf dem Spiel steht, sobald Ärgernis droht, zeigt er die gleiche lebhafte Reaktion wie in den ersten Monaten seines Episkopats.

Da kommt eine „Abenteurerin" in seine Diözese. Der Bischof erfährt schon bald davon, und er geht nicht zu Tisch, ehe er nicht Verfügungen getroffen hat, um sie unschädlich zu machen. „Solche Dinge dulden keinen Aufschub", sagt er zu Rubini: „hier handelt es sich um eine Gottesbeleidigung, und wir müssen alles andere zurückstellen, um die Sünde zu verhindern."

Kommissar Biagio Sanseverino wendet ein, daß diese Frauen dann eben weiterziehen ohne seine Ermahnungen und Almosen, daß sie dann aber ihre eigene und die Seele der anderen noch schneller verderben. „Jeder muß über seine eigene Herde wachen", antwortet der Bischof. „Wenn sie überall gestraft und vertrieben werden, . . . müssen sie schließlich doch die Augen öffnen und der Sünde entsagen."

Aber er wacht nicht nur über die Frauen, sondern auch über die Männer und seine Priester. Am 23. Februar 1775 diktiert er folgendes Schreiben für Don Liborio Carpora, Dekan von S. Maria a Vico:

„Der Priester D.N. hat mich um etwas Zeit ersucht, um die Bäume auf seinem Besitz zu beschneiden. Ich habe ihm zehn Tage eingeräumt. Nun aber erfahre ich, daß er täglich in das Haus seiner Freundin geht. Habt die Güte, ihm mitzuteilen und verständlich zu machen, daß er S. Maria a Vico sofort zu verlassen hat, und ich ihn andernfalls unverzüglich ins Gefängnis werfen lasse[12]."

Nebenbei bemerkt, die bischöflichen und auch die übrigen Gefängnise waren nicht sehr sicher. Am 10. Juli 1770 schreibt Mgr. von Liguori dem König, daß ein Observantiner aus Arpaia, Fra Giuseppe da Napoli, angeklagt des Mordes an seinem Oberen — nicht mehr und nicht weniger —, seiner Obhut anvertraut sei. Da er seines eigenen Gefängnisses nicht sicher war, hielt er es für besser, ihn in den lokalen Karzer zu überweisen. Die dort Verwahrten jedoch zettelten einen Aufstand an, brachen die Mauer ein und entflohen[13].

Alfons' energische Wachsamkeit beschränkte sich nicht nur auf die Sitten. „Ich erfahre soeben", schreibt er am 4. November 1772 an die Dekane, Pfarrer und Priester seiner Diözese, „daß einige von Euch . . . den Katechismus für Kinder und Unwissende an den Sonn- und Feiertagen nicht halten. . . . Um diese Unregelmäßigkeit unverzüglich einzustellen, befehle ich allen, unter Androhung der Suspenisio *a divinis,* diesen Katechismusunterricht nach der Vesper abzuhalten... Ich befehle den Dekanen, Pfarrern und Priestern unter derselben Strafe auch, ... an allen Sonn- und Feiertagen dem Volk das Wort Gottes zu predigen und das Evangelium in verständlicher und für sie faßbarer Weise auszulegen. Dies ist eine der strengen Verpflichtungen eines Seelsorgers... Diese Anweisungen treten mit kommendem Sonntag, dem 8. November, in Kraft[14]."

Zwar sind Päpste in diesem Punkt nicht unfehlbar, aber sie lagen durchaus richtig in der Annahme, daß Mgr. von Liguori seine Diözese von seinem Bett oder Sessel aus besser leitete als viele junge und gesunde Prälaten.

Nun mag der Leser vielleicht denken, daß der Bischof 1768 mit dem zweifachen „Bruch" seiner Wirbelsäule zwar noch das Ruder seiner Diözese fest in der Hand hielt, der Schriftsteller aber seine Feder weglegen mußte. Dann hätte er sein Werk mit dem gekrönt, was zusammen mit seinen *Herrlichkeiten Mariens* sein geistliches Meisterwerk bleibt: *Übung der Liebe zu Jesus Christus,* dessen letzte Blätter bei Paci in Neapel gerade erschienen waren. Remondini übernahm es noch im selben Jahr in Bassano. Das war der Ausgangspunkt für einen der größten Bucherfolge des 18. Jahrhunderts. Bis jetzt gibt es 167 italienische und 253 französische Auflagen. Das Werk ist nicht nur in 19 europäische Sprachen übersetzt, sondern auch ins Arabische, Armenische, Chinesische, Singalesische, Vietnamesische usw. Ein schöner Abschluß also für den großen Moraltheologen und Beichtvater...

Aber nein, da würden wir diesen „Dickkopf" schlecht kennen und vergessen, daß sein Gelübde, keine Minute zu verlieren, bis zum Schluß gilt. Neben seinen kleineren Werken über die Messe, die Moral, die Gnade, die Missionen, die Berufung, die Offenbarung, veröffentlicht Alfons 1769 seine *Opera dommatica,* 1771 *Kurze Sonntagspredigten,* 1772 seinen Tanucci gewidmeten *Triumph der hl. Kirche* und die siebente „durchgesehene, verbesserte und erweiterte" Auflage seiner großen *Moraltheologie;* 1773 *Erwägungen,* dann *Meditationen über die Leiden Jesu Christi* und schließlich einen Band *Sichere Erkennungszeichen der heiligen Gottesliebe in uns,* in dem sich der Frieden eines Mannes ankündigt, der schon an die Pforte der Ewigkeit pocht.

Am 20. August 1772 hat er an Remondini geschrieben:

„Mit Freude habe ich gehört, daß mein *Triumph der hl. Kirche* in Euren Händen ist. Dieses Werk hat mich jahrelange Mühen gekostet, und es ist mein letztes, denn langatmige Werke sind nichts für mich. Nächsten Monat werde ich schon 77 Jahre; meine Gesundheit ist ruiniert; die Beine tragen micht nicht mehr; so bin ich entweder im Bett oder auf einem Stuhl; und mein Kopf ist auch nicht mehr so zuverlässig wie früher. Daher bin ich entschlossen, keinerlei wissenschaftliche Arbeit mehr anzufangen. Ich werde nur noch über Themen der Frömmigkeit schreiben. So habe ich ausgezeichnetes Material gefunden und verfasse derzeit ein Büchlein über die *Passion,* dem ich noch einige kleinere spirituelle Schriften anfügen werde[15]."

Na also! Der nicht zu bremsende Bischof macht sich an eine Popularisierung der Wissenschaft. Seiner Zeit weit voraus, ist er sich bewußt, daß das Latein dem Gebet vieler Priester und Gläubigen hinderlich ist. Die *Vulgata* der hl. Schrift ist für ihn kein Fetisch, obwohl er sich immer an sie hält, weil sie durch das Konzil von Trient gesichert ist. Am 27. Mai 73 informiert und lockt er seinen Herausgeber:

„Ich habe bereits ein weiteres schönes, sehr nützliches und zweifellos gut ver-
käufliches Werk für alle Priester und Ordensleute begonnen. Es ist die *Übersetzung aller Psalmen* des Breviers in die Volksansprache mit Anmerkungen zu den
schwierigen Abschnitten. Wenn Gott mich lang genug leben läßt, um es fertigzustellen, dann wird es, wie ich hoffe, für alle jene ein sehr nützliches Werk, die zum
Brevier verpflichtet sind."

Aber welches Werk! „Es kostet mich so große Mühe, daß mir die Lust vergeht,
noch mehr zu drucken. Daher brauche ich auch noch sehr lange, bis es fertig ist"
(2. Dezember 1773).

Zehn Monate später, am 28. September 1774: „Ich übersende Euch meine
Übersetzung der Psalmen... Ich habe darüber fast den Kopf verloren, so mühsam
war die Lektüre der vielen Kommentatoren" — mehr als 40 —, „die die verschiedensten Meinungen vertraten."

Alfons widmet dieses Werk dem Papst. Dem Gesetz dieses literarischen Genus
entsprechend, beweihräuchert er ihn reichlich; er lobt insbesondere seine „groß-
artige Klugheit", die Gegensätze, die die Kirche gespalten haben, zu mäßigen. J.
Angot des Rotours zeigt sich in seinem *St. Alphonse de Liguori* darüber „ein wenig
überrascht, auch wenn es in einer Widmung steht[16]". Denn am 21. Juli 1773 hatte
der unglückselige Clemens XIV. — ein eher schwacher denn starker Charakter —
dem Drängen der europäischen Höfe und der Jansenisten nachgegeben und das
Breve *Dominus ac Redemptor* unterzeichnet, das am darauffolgenden 16. August
veröffentlicht wurde. Mit einem Federstrich hebt er die Gesellschaft Jesu auf und
stürzt damit eine der stärksten Säulen der Kirche. Zur Belohnung erhält er Avignon und Benevent zurück. Die Opferung und die darauffolgende Jagd bringen
für niemanden Frieden, vor allem nicht für den armen Ganganelli, und sie stürzen
Alfons in die bitterste Verzweiflung, so daß er in der zweiten Auflage (1777) diese
Widmung streicht.

Der Bischof von S. Agata hatte die Auflösung der Gesellschaft wie ein schweres Unglück für die ganze Kirche befürchtet. „Alles nur Intrige der Jansenisten
und einer Gesellschaft von Ungläubigen. Wenn sie die Vernichtung der Gesellschaft Jesu erreichen, dann haben sie nichts mehr zu befürchten. Sobald diese Festung gefallen ist, welche Umwälzung wird dann die Kirche und mit ihr der Staat
durchmachen? Wenn die Jesuiten vernichtet sind, werden sie Papst und Kirche
angreifen. Die Jansenisten haben nicht nur die Gesellschaft, sondern auch die
Kirche und den Staat im Visier[17]."

Das Breve *Dominus ac Redemptor* war für Alfons ein fürchterlicher Schlag. Als
er davon erfuhr, schwieg er einen Augenblick, um dann nur die schlichten Worte
zu sagen: „Wille des Papstes, Gottes Wille", und er behielt seinen tiefen Schmerz
für sich. Als Rubini und einige andere eines Tages in seiner Gegenwart Clemens
XIV. kritisierten: „Armer Papst! Was könnte er unter so schwierigen Umständen
tun? Alle Kronen hatten sich verbunden, um ihm diese Aufhebung abzuringen.
Was bleibt da anderes, als schweigend die Urteile Gottes zu bewundern und still
zu halten? Aber ich sage, wenn auch nur ein einziger Jesuit übrigbleibt, ist er fähig,
die Gesellschaft wieder aufzubauen." Immer wieder sagte und schrieb er: „Betet
für den Papst".

„Diese Auflösung wird mich umbringen", hatte Clemens XIV. gesagt. Tatsächlich verdämmerte er in einer Erschöpfung, die der Verzweiflung nahekam.

Am 21. September läßt sich Alfons nach der Feier der hl. Messe zu seinem Stuhl führen, ohne die übliche Danksagung zu sprechen. Er erschien matt, rührt sich nicht, spricht kein Wort. Der Tag vergeht; dann die Nacht. Unruhe erfaßt das ganze bischöfliche Haus. Er wirkt wie weggetreten, abwesend, wie in Ekstase. Am Morgen des nächsten Tages zwischen sieben und acht Uhr ertönt plötzlich das Glöcklein. Der ganze Bischofspalast eilt herbei.

— Wieso denn so viele? fragt Monsignore. Was ist los?

— Was los ist? Das ist nun schon der zweite Tag, daß Ihr nicht sprecht, nicht eßt, kein Lebenszeichen mehr von Euch gebt!

— Das stimmt, antwortet Alfons. Ich war beim Papst, um ihm beizustehen; er ist soeben gestorben.

Alle hätten am liebsten gelacht. Einige Tage später aber erfuhr man, daß Clemens XIV. am 22. September zu genau dieser Stunde verstorben war.

Soweit die Fakten in Arienzo. In Rom aber sah keiner Mgr. Liguori am Lager des Papstes; nur P. Marzoni, der General seines Franziskanerordens, stand ihm bis zum letzten Atemzug bei. Man kann also nicht von „Bilokation" sprechen, wie es J. Crètineau-Joly in seinem Werk *Clèment XIV et les Jésuites* tut: „Rom hat gesprochen; diese Bilokation ist eine historische Tatsache[18]." Rom hat nicht gesprochen. Der Seligsprechungsprozeß anerkennt nur einen „geistlichen Beistand". Pastor stellt es in seiner *Geschichte der Päpste* richtig dar, wenn er von „rein geistiger Gegenwart" spricht.

Nach dem Tod Clemens XIV. erbat Kardinal Castelli von seinem heiligen Freund in Arienzo einen Brief, der dem Konklave in der Wahl des Nachfolgers helfen sollte. Alfons war über diesen Wunsch sehr verwirrt, versagte sich ihm aber nicht. Wurden seine Seiten beim Konklave, das schließlich Pius VI. wählt, gelesen? Wir wissen es nicht. Aber sie sind uns als wichtiges Zeugnis für Alfons von Liguoris Sicht der Weltkirche in dieser leidvollen Zeit erhalten:

„Man will meine Meinung zu den derzeitigen Fragen der Kirche und zur Wahl eines neuen Papstes wissen; aber welchen Rat kann man von einem armen Ignoranten wie mir erwarten, einem Mann, dessen Erleuchtungen so beschränkt sind?

Ich sage nur: wir müssen beten, inständig beten; denn alle Gesellschaftsschichten sind ohne Ausnahme in eine solche Lauheit, in eine solche Unordnung gefallen, daß keine Wissenschaft, keine menschliche Klugheit Abhilfe schaffen kann: hier bedarf es des allmächtigen Armes Gottes.

Unter den Bischöfen sind nur wenige, die von wahrem Eifer für das Heil der Seelen geleitet werden.

Die Ordensgemeinschaften sind fast alle, ja alle, lau geworden; denn in der allgemeinen Unordnung, die heute herrscht, sind auch Observanz und Gehorsam in den Orden verloren gegangen.

Beim Weltklerus stehen die Dinge noch schlimmer. Daher ist eine Generalreform bei allen Klerikern dringend nötig. Nur dann kann der erschreckenden Sittenverderbnis Einhalt geboten werden, die bei den Weltpriestern herrscht.

Daher müssen wir Jesus Christus bitten, er möge seiner Kirche einen Führer geben, der weniger durch Gelehrsamkeit und menschliche Klugheit als durch seine Hingabe und seinen Eifer für die Ehre Gottes auffällt, einen Mann, der über aller Parteilichkeit und Menschenfurcht steht; denn wenn der gewählte Papst zu unserem Unglück nicht ausschließlich die Ehre Gottes sucht, dann wird der Herr ihm kaum beistehen, und beim derzeitigen Stand der Dinge wird alles nur noch schlimmer werden.

Gebet ist also das einzige Mittel gegen so große Übelstände, damit Gott eingreift und selbst unsere Wunden schließt...

Außerdem: Auch ich möchte, genau wie Ihr, daß die vielen heute herrschenden Mißstände abgeschafft werden; zu diesem Thema kommen mir sogar tausend Gedanken, die ich gern allen mitteilen möchte; aber in Anbetracht meiner Armseligkeit habe ich nicht den Mut, sie öffentlich auszusprechen, denn ich will nicht den Eindruck erwecken, die Welt reformieren zu wollen. In aller Vertraulichkeit möchte ich Euch aber meine Wünsche mitteilen, um mich zu erleichtern.

Ich möchte erstens, daß der künftige Papst als Kardinäle (denn derzeit sind viele zu bestellen) unter den Vorgeschlagenen diejenigen auswählt, die am gelehrtesten und für das Wohl der Kirche am eifrigsten sind. Er müßte sogar in seinem ersten Schreiben, in dem er den Fürsten seine Erhebung ankündigt, diese sogleich darauf hinweisen, daß sie ihm für die Kardinalswürde nur Männer von untadeliger Frömmigkeit und Lehre vorschlagen dürfen. Dem sollte der Hinweis folgen, daß er es sonst nicht mit seinem Gewissen vereinbaren könne, ihre Wahl zu ratifizieren.

Ich möchte zum anderen, daß er sich nachdrücklich weigert, denen Benefizien zuzuweisen, die bereits ausreichend mit kirchlichen Gütern ausgestattet sind und ohne Schwierigkeiten standesgemäß leben können. In diesem Punkt müßte er jeder Intrige mit souveräner Energie entgegenwirken.

Außerdem müßte meiner Meinung nach der Luxus bei den Prälaten verboten und für alle (da sich sonst nie etwas ändern wird) das Personal zahlenmäßig festgesetzt werden, das sie in jedem Bereich in ihren Diensten haben dürfen: so viele Kämmerer und nicht mehr; so viele Diener und so viele Pferde und nicht mehr. Damit könnte man den Häretikern den Wind aus den Segeln nehmen.

Außerdem wäre größere Strenge in der Pfründenvergabe angebracht, und sie sollten nur solchen Leuten gegeben werden, die der Kirche gedient haben.

In der Wahl der Bischöfe (von denen der Gottesdienst und das Heil der Seelen hauptsächlich abhängen) müßte man außergewöhnlich umsichtig vorgehen und sich von verschiedenen Seiten her informieren, ob die Kandidaten neben untadeligen Sitten auch über die zur Leitung der Diözese nötige Bildung verfügen. Auch bei Bischöfen, die bereits in Amt und Würden sind, müßten die Metropoliten und auch andere verpflichtet werden, diejenigen anzuzeigen, die sich zu wenig um ihre Herde kümmern.

Meiner Meinung nach müßte auch deutlich klargestellt werden, daß nachlässige Bischöfe, die ihre Pflicht entweder aufgrund von Abwesenheit oder durch zu viele Bedienstete, oder aber durch überflüssige Ausgaben für Möbel, Mahlzeiten, usw. nicht erfüllen, suspendiert oder zeitweise durch apostolische Vikare ersetzt werden. Hier sollte von Zeit zu Zeit, sofern dies nötig ist, ein Beispiel gesetzt werden. Eine Lehre dieser Art würde alle nachlässigen Prälaten verpflichten, sich zu ändern.

Ich möchte auch, daß der künftige Papst in der Gewährung gewisser Begünstigungen, die die Disziplin schwächen, sehr zurückhaltend ist. So etwa die Erlaubnis für die Klosterfrauen, aus ihrer Klausur zu gehen, wenn sie diese Erlaubnis nur aus dem Verlangen, die Neuigkeiten der Welt zu sehen, wünschen. Auf derselben Ebene sehe ich die Leichtigkeit, mit der den Ordensmännern die Säkularisierung gewährt wird. Diese Art von Begünstigungen ziehen tausend Unannehmlichkeiten nach sich.

Vor allem aber möchte ich, daß der Papst alle Ordensleute ohne Ausnahme zu ihrer ursprünglichen Observanz zurückführt, zumindest in den wichtigsten Punkten.

Doch will ich Eure Geduld nicht weiter beanspruchen. Wir können den Herrn nur bitten, uns einen Hirten zu geben, der von seinem Geist erfüllt und imstande ist, die Reformen, die ich Euch hier skizziert habe, zur höheren Ehre Jesu Christi durchzuführen[19]."

Alfons hatte seine Tinte vergebens verbraucht. Denn der mondäne, egoistische und schwache Papst, der am 15. Februar aus dem 165. Wahlgang dieses politisierten Konklaves hervorging, war das genaue Gegenbild dieses Portraits.

Im November 1774 trägt sich der Bischof zum fünftenmal mit dem Gedanken, seinen Episkopat aufzugeben. Er spricht mit seinem Seelenführer darüber und richtet wenige Wochen nach der Wahl Pius VI. ein Ansuchen an diesen, in dem er folgendes überzeugende Bild entwirft (Wir stellen fest, daß nun noch eine Tachycardie die Liste seiner Leiden verlängert hat):

„Allerheiligste Vater, ich erlaube mir, Eurer Heiligkeit darzulegen, daß ich im bereits fortgeschrittenen Alter von 66 Jahren Bischof von S. Agata dei Gòti im Königreich Neapel wurde und die Bürde des Episkopats mit Gottes Hilfe dreizehn Jahre lang tragen konnte; nun aber sehe ich mich außerstande, sie noch länger zu tragen.

Ich habe ein sehr hohes Alter erreicht, denn im September werde ich 80 Jahre. Aber mein Alter ist nicht das einzige Hindernis; ich habe darüberhinaus zahlreiche Krankheiten, die mich schon bald in den Tod führen werden. Ich leide an einer Brustkrankheit, die mich mehr als einmal an den Rand des Todes gebracht hat; ich leide unter Herzflattern, und auch das hat mich schon mehr als einmal ans Grab gebracht; und schließlich leide ich derzeit an einer Schwäche im Kopf, die mir oft den Gebrauch meiner Fähigkeiten zu rauben scheint.

Zusätzlich zu alledem werde ich noch von verschieden gefährlichen Anfällen heimgesucht, gegen die ich Aderlässe, Zugpflaster und andere Mittel einsetzen muß. So habe ich im Verlauf meines Episkopats viermal die heilige Wegzehrung und zweimal die Krankensalbung erhalten.

Zu all diesen Krankheiten kommen noch andere, die mich an der Erfüllung meiner seelsorglichen Pflichten hindern.

Vor allem mein Gehör ist schwach geworden: ein großer Nachteil für meine Untergebenen, wenn sie sich vertraulich mit mir unterhalten wollen, aber laut sprechen müssen, damit ich sie höre.

Meine Lähmung ist so weit fortgeschritten, daß ich keine Zeile mehr schreiben, ja kaum noch meine Unterschrift geben kann; diese ist ohnehin fast unleserlich geworden.

Ich bin so verkrüppelt, daß ich keine Schritt mehr tun kann und für die geringste Bewegung zwei Personen zur Unterstützung brauche.

Mein Leben verbringe ich auf meinem Bett oder auf einem Sessel liegend.

Ich kann weder Audienzen halten noch predigen; und, was noch schwerwiegender ist, Pastoralbesuche sind mir unmöglich geworden, worunter meine Diözese eindeutig leidet.

Da die Dinge so liegen und ich bereits dem Tode nahe bin, glaube ich, Allerheiligster Vater, eine Pflicht zu erfüllen, wenn ich Euch anflehe, meine Demission anzunehmen, die ich hiermit einreiche, da ich in meinem Zustand weder die Aufgaben meines Amtes erfüllen noch meine Herde leiten kann..."

Alfons will sein Volk bis zum Ende lieben. Im September 1774 hat er Ordensmänner — Dominikaner, Redemptoristen, usw. — mobilisiert, um eine letzte Generalmission seiner ganzen Diözese durchzuführen. Er läßt die Erde nicht brachliegen. Wer kann denn wissen, welches Schicksal der Papst seiner Eingabe bereitet?

Von Kardinal Castelli wurde sie unterstützt, von Mgr. Guido Calcagnini dagegen, dem ehemaligen Nuntius von Neapel, der die Strahlkraft dieses unbezwingbaren „Krüppels" aus der Nähe miterlebt hatte, bekämpft. Pius VI. zögert. Unterdessen kommen zwei Redemptoristen, die Patres Luigi Capuano und Cipriano Rastelli auf ihrem Heimweg von der Volksmission in den Abruzzen durch Rom und erbitten den Segen des neuen Papstes. Dieser erkundigt sich nach dem Gesundheitszustand des Stifters.

— Allerheiligster Vater, antworten sie, er sieht erbarmungswürdig aus. Er ist taub, fast blind und von so vielen Krankheiten befallen, daß er nur noch ein Wrack ist.

— Da hört Ihr es, sagt Pius VI. zu Mgr. Calcagnini. Wenn es sich so verhält, kann man ihn nicht mehr quälen.

Die Demission wurde durch ein Schreiben vom 9. Mai 1775 angenommen. Der Bischof war voller Freude, die allerdings schon bald durch Unruhe getrübt wurde. Am 13. Mai empfiehlt er Villani:

„Es gibt sehr viele Anwärter auf die Nachfolge, und ich fürchte, von irgendeinem Mylord ersetzt zu werden; in diesem Fall müssen wir alle Mühen, die wir uns gegeben haben, als verloren betrachten. Ich bitte Jesus Christus, er möge sich meiner Diözese erbarmen."

Die Nachricht vom bevorstehenden Weggang Alfons' verbreitete sich wie eine Welle der Traurigkeit. „Das ist eine Strafe Gottes", sagte Erzdiakon Raione. „Weil wir unseren Bischof nicht genügend geschätzt haben." Der Dekan von Frasso, der ihm das Leben nun wirklich nicht leicht gemacht hatte: „Sein Name allein würde schon genügen, um die Diözese zu leiten." Die Pfarrer: „Wo werden wir nun einen stets offenen Geldbeutel finden, der das Böse verhindert und den Unglücklichen Linderung schafft?"

Die Armen waren wirklich verzweifelt. Reumütige Frauen, Mädchen ohne finanzielle Mittel, eine große Zahl mittelloser Familien, denen er regelmäßig Hilfe zukommen ließ. Sie alle waren untröstlich. Die Kranken und Gefangenen stöhnten: „Wir werden Mgr. von Liguori nicht mehr haben, um uns zu trösten. Wer wird uns nun gegen die Gläubiger und Richter verteidigen...? Monsignore konnte alles, weil er ein Heiliger war und bei allen als solcher galt." Der Redemptorist P. Angelo Gaudini traf einen armen Dorfbewohner, der untröstlich zu ihm sagte: „Wenn wir in die Berge zogen, dann konnten wir unsere Kinder in Monsignores Palast lassen und sicher sein, daß sie ernährt wurden. An wen sollen wir uns jetzt, da er weggeht, wenden?" Dieser letzte Zug eines Bischofs des 18. Jahrhunderts ist ein erstaunlicher, ein bewegender Höhepunkt seelsorglicher Liebe und demütigen Dienstes.

Am 17. Juli wurde Mgr. von Liguoris Demission im Konsistorium offiziell angenommen.

— Ihr scheint Euch aufzurichten, Monsignore, sagte einer scherzend zu ihm.

— Man hat mir ja auch den Monte Taburno von den Schultern genommen!

Doch war seine Freude durch die Sorge um die Zukunft seines Diözese gemäßigt. Kanonikus Pietro Ferrara hatte ihm gesagt, sein wahrscheinlicher Nachfolger werde Mgr. Onofrio Rossi, der Bischof von Ischia. „Mgr. Rossi?", hatte Alfons in jäher Erregung ausgerufen. „Mein Gott! Ich will nach Rom schreiben, daß man mich bis zur Ankunft des neuen Bischofs noch hier läßt. Meine arme Kirche! Wie lange mußt du verwitwet und ohne Seelsorger bleiben!" Sein Brief ging unverzüglich ab. Doch stand das Recht gegen diese Regelung, denn Mgr. Rossi war bereits zum Bischof von S. Agata ernannt. Bis er schließlich den Fuß in seine Diözese setzen konnte, mußte er vier Jahre auf seine Bullen und ein *exequatur* warten, das der Hof beharrlich verweigerte. Als er es dann 1779 endlich erhielt, war er selbst es, der seine Kirche im Stich ließ, weil er in Neapel verwurzelt war[20].

Alfons verabschiedete sich von allen Ordensgemeinschaften in Arienzo. Er konnte nicht bis S. Agata gehen: die Forche Caudine konnten nicht im Wagen überquert werden. Schwester M. Raffaella, die Oberin der Redemptoristinnen, schrieb ihm einen liebevollen Brief, in dem sie ihn bat, sein Herz seinen Töchtern von S. Agata zu vermachen. „Ich habe Mutter Raffaella immer für eine vernünftige Frau gehalten, aber jetzt hat sie den Verstand verloren", sagte Alfons. „Die Seele ist es doch, die wichtig ist. Meinen Leib mag man den Hunden vorwerfen." Und er schickt ihnen das Holzkreuz aus dem Speisezimmer, das er beim Kommen und Gehen zu küssen pflegte.

Am Morgen des 27. Juli steigt er, während Andenkenräuber seinen Palast und sogar sein Zimmer plündern, mit Villani in Gegenwart zahlreicher weinender Menschen in den Wagen: Klerus, Notabeln und arme Leute. Er weint mit ihnen, segnet sie und fährt ab. Alles, was er mit sich nimmt, sind sein Strohsack und sein Krankenstuhl. Domherren, Priester und Adelige fühlen sich verpflichtet, ihn zu begleiten: er fleht sie an, es sein zu lassen. In Cancello schickt er die letzten Beharrlichen fort: „Eure Gegenwart macht meinen Schmerz nur noch größer." Mittags macht er im Seminar von Nola Rast für die Messe und das Mittagsmahl. Ein Blinder, Michele Menichino Brancia, bittet um seinen Segen: er erhält ihn und kann wieder sehen.

Der Empfang in Nocera ist triumphal. Kleriker, Notabeln und die ganze Bevölkerung sind auf den Beinen. „*Gloria Patri*... Wie leicht ist mein Kreuz geworden!" Das sind seine ersten Worte. Dann wirft er sich vor dem Allerheiligsten nieder. „Mein Gott! Ich danke dir, daß du mich von dieser großen Last befreit hast. Mein Jesus, ich konnte nicht mehr!" Diese Worte, die von seiner nächsten Umgebung gehört wurden, gehen in dem jubilierenden *Te deum* unter, das die Gemeinde anstimmt.

Fünfter Teil
„WOHIN DU NICHT WILLST"
(1778–1787)

*„Wenn du aber alt geworden bist,
wirst du deine Hände ausstrecken, und
ein anderer wird dich gürten und dich
führen, wohin du nicht willst."
Das aber sagte er, um anzudeuten,
durch welchen Tod er Gott
verherrlichen würde.
(Jo 21, 18–19)*

46. „Ich bin in Nocera und fühle mich im Paradies"   (1775–1778)

Was man doch noch alles lesen kann!...

„Der heilige Alfons studierte die Rechtswissenschaften und war mit sechzehn Jahren Doktor der Rechte. Der junge Doktor kennt alle seine Handbücher" (Es gab keine Handbücher) „und schreibt sich am Gericht von Neapel ein. Er entdeckt, daß die Rechtswissenschaft zwar für das Plädoyer sehr wünschenswert, aber doch nicht genug ist! Man braucht auch stählerne Nerven! Schon in seinem ersten Plädoyer ... irrt sich Rechtsanwalt Liguori, spricht undeutlich, bringt die Einzelheiten und Problemstellungen des Falles durcheinander. Entmutigt gibt er Robe und Gerichtssaal auf ..."

Wenn sich hier einer undeutlich ausdrückt und irrt, dann doch wohl der Autor dieser Zeilen. Lesen wir weiter:

„Er bereitet sich auf das Priestertum vor. Der glänzende Aristokrat geht zu den Geringsten ... Er sammelt Jünger, die sich unter dem Namen Redemptoristen um ihn scharen.

Der heilige Alfons muß seine so verheißungsvolle Kongregation schon bald verlassen." („Bald"? ... In Wirklichkeit genau 30 Jahre nach der Gründung!) „Er wird auf einen Bischofsstuhl in Kampanien berufen ... Dieser Episkopat ist für ihn eine außerordentliche Gnade der Reifung." (Es war auch höchste Zeit! Denn er wird mit 66 Jahren Bischof.) „Er erfährt die Gnade der Ablehnung, denn nachdem es ihm gelungen ist, sein Bischofsamt abzulegen, und er selbstverständlich wieder an die Türe der Kongregation, die er gegründet hat, klopft, verleugnet ihn seine Ordensfamilie, weist ihn zurück und will nichts mehr von ihm wissen. Er steht ‚außerhalb der Mauern‘. Nach dieser bitteren Demütigung erreicht der hl. Alfons noch ein hohes Alter. Er verteidigt sich nicht, sondern nimmt stillschweigend zur Kenntnis, daß man ihm die Tür vor der Nase zugeschlagen hat".

Das ist in einem liturgischen Werk zu lesen, das im Jahr ... 1980 geschrieben und veröffentlicht wurde!

Wir sähen keinerlei Anlaß, diesen grotesken und verleumderischen Roman anzuführen, wenn er nicht ein flagrantes und brandneues Beispiel für die Unwissenheit der Christen hinsichtlich der Heiligen im allgemeinen und Alfons' im besonderen wäre. Man befrage nur einen beliebigen Katholiken — einen Laien, Seminaristen oder Priester — über Alfons von Liguori, und er wird drei Dinge von ihm wissen: daß er Rigorist war, die Gabe der Bilokation besaß und von seinen Söhnen aus seiner Kongregation vertrieben wurde. Unser Autor trägt hier noch dicker auf: die Redemptoristen schlagen ihm die Tür vor der Nase zu und zwingen ihn damit, außerhalb der Mauern zu leben und zu sterben!

In Wirklichkeit haben seine Mitbrüder dem, der niemals aufgehört hat, ihr Rektor Maior zu sein, durchaus innerhalb der Mauern ein schönes Zimmer mit Schnitzwerk und bemalter Täfelung vorbereitet. Das Zimmer für Galabesuche. Der Gründer aber war darüber enttäuscht und sagte mit Nachdruck:

— Könnt Ihr Euch mich inmitten dieses Bühnenhimmels vorstellen? Ich will in meine alte Zelle zurück.

— Unmöglich, gibt man vor: sie ist schon von Pater Villani besetzt.

Schließlich räumt er ein, daß er angesichts seiner Krankheiten und seiner Bischofswürde ein Schlafzimmer und ein Arbeits- und Empfangszimmer braucht, in dem ein Altar für seine Messe errichtet werden soll. Er ist also bereits zwei gewöhnliche Zellen im zweiten Stock zu beziehen. Als er eintritt, ruft er aus: „Wie viel glücklicher bin ich hier als im Palast von Arienzo!" Schon am nächsten Tag schreibt er an einen seiner Patres: „Durch Gottes Gnade bin ich bereits in Nocera, von diesem anstrengenden Karren abgespannt, und jetzt fühle ich mich wie im Paradies[1]."

Nun machen der Bischof von Nocera, Mgr. Benito Maria Sanfelice, Prälaten, Ordensobere und Notabeln der ganzen Umgebung ihre Aufwartung bei ihm.

Mit ihm waren natürlich auch der Redemptoristenbruder Francesco Romito, der auch jetzt sein Amt eines Lektors, Sekretärs, Krankenpflegers und Verwalters weiterführte, und auch der getreue Alessio Pollio aus Arienzo zurückgekehrt. Dieser letztere war 1770 mit 28 Jahren Witwer geworden und hatte zwei kleine Töchter, für die er, vor allem durch die Großzügigkeit seines Herrn, einen Pflegeplatz und dann eine Aussteuer fand. Die eine wurde Redemptoristin, die andere heiratete. Nachdem Alessio also frei war, folgte er seinem Bischof nach Pagani, wo er schließlich Redemptoristenbruder wurde. So bleibt er für Monsignore der treu ergebene Laufbursche, Kutscher und „Kammerdiener", dem er vertraut und den der große Kranke immer weniger entbehren kann. Eine seiner rührenden Aufgaben besteht darin, die von ihren Müttern herbeigebrachten Kinder im Vestibül zu übernehmen und sie zu Alfons hinaufzubringen. Dieser segnete auf diese Weise mehr als tausend, indem er die Hand sanft auf ihren Kopf legt und sie heilt.

Eine weitere Aufgabe Alessios besteht darin, Alfons zu stützen und dann seinen Rollstuhl von Station zu Station des Kreuzwegs zu schieben, den er tagtäglich auf dem Flur seines Stockwerks betet, in den ersten Jahren stehend, dann sitzend und oft laut meditierend, wie er es auch vor dem Allerheiligsten tat. Dieser Umgang scheint Bruder Pollios einziges Noviziat gewesen zu sein. Aber wer hatte je einen solchen Meister[2]?

Was Romito betrifft, so wurde er zunehmend zur zweiten Krücke von Monsignore. Wir machen uns keine Vorstellung von der Bürde, die auf dem Sekretär dieses Arbeits-„Ungeheuers" lastete, das keine Müdigkeit aufhalten konnte. Verzella, der 1772 den Gehorsam hatte verweigern müssen, um seine Gesundheit pflegen zu können, berichtet, daß sich zur Zeit des Episkopats die größten Gelehrten an Mgr. von Liguori wandten, um sich bei der Abfassung ihrer Bücher allgemein- oder moraltheologische Ratschläge von ihm zu holen. Solche Briefe kamen aus Sizilien, aus Mantua, Lucca, Venedig, Rom und seinen Staaten, aus Bologna, Ferrara, usw. Andere wiederum baten um geistlichen Rat oder legten einen Gewissensfall dar. Unter den von Verzella angeführten ständigen Korrespondenten waren 10 Fürsten, darunter drei Staatsräte, 17 Bischöfe, 13 Kardinäle; Priester, Ordensmänner, Klosterfrauen, Barone aus allen Provinzen des Königreichs; aber auch einfache Leute, wie jener Korporal aus Camerino, dem der Bischof mehr Aufmerksamkeit entgegenzubringen schien als allen anderen[3]. Die etwa zweitausend Briefe, die uns von Alfons geblieben sind, sind nur ein kleiner unbedeutender Teil derer, die er wirklich geschrieben oder diktiert hat.

Umso mehr, als nach seiner Rückkehr nach Nocera die ganze, an den Generaloberen gerichtete Post, die während seines Episkopats zu drei Vierteln auf dem Schreibtisch des Vikars gelandet war, sich nun auf dem seinen häuft. Er ist zwar vom Monte Taburno befreit, aber nun fällt das Gewicht seines Instituts voll und ganz auf seine Schultern. Nach sechsmonatiger Erfahrung vertraut er P. Maione mit einer gewissen Enttäuschung an:

„Ich hatte gehofft, in Nocera Erleichterung zu finden; was aber habe ich gefunden? Dornen ohne Ende, die mich nicht zur Ruhe kommen lassen. Gott sei immerdar gepriesen!

Mein Kopf ist in erbärmlichstem Zustand, und ich muß immer ein feuchtes Tuch zur Hand haben, um Schwindelanfälle oder Geistesabwesenheit zu vermeiden, so viele Briefe habe ich zu schreiben.

Ihr werdet mir sagen, es wäre besser, keine Briefe mehr zu schreiben. Aber was kann ich machen? Ich bin Oberer. Wäre ich es nicht, dann würde ich all dies anderen überlassen; da ich es aber bin, müßte ich mir Vorwürfe machen, die Erleuchtungen, die Gott mir gibt, nicht mitzuteilen; denn Gott gewährt den Oberen gewisse Erleuchtungen, die er anderen nicht gibt; aus dieser Überzeugung heraus schreibe ich so viele Briefe[4]."

Mußte der Gründer aber unbedingt Oberer bleiben?

Als er vor dreizehn Jahren gegen seinen Willen zum Bischof ernannt worden war, hatte sich Liguori „seiner Sünden wegen aus seiner Kongregation vertrieben" gefühlt. Damals war nicht er es gewesen, der beide Aufgaben zusammen behalten wollte, sondern vielmehr die Generalkonsultoren und die Gemeinschaften. Hätte man ihn damals vom Institut freigestellt, so wäre Villani zum Rektor Maior gewählt worden. Don Andrea war die Güte selbst; ein Gutteil seiner jungen Mitbrüder hatte unter ihm das Noviziat abgeleistet; „er leitete sein Haus mit solcher Milde, daß man ihn in der ganzen Kongregation für noch heiliger hielt als Alfons[5]." Ihn also hatte sich dieser letztere zum Stellvertreter genommen. Aber wer hatte bis jetzt das Institut vor den Klauen Maffeis und Sarnellis gerettet, wenn nicht das persönliche Ansehen des Gründers?

Dreizehn Jahre waren verstrichen. 1775 war Villani 69 Jahre alt; Alfons war zehn Jahre älter und mit der uns bekannten Last an Krankheiten beladen. Doch scheint sich die Frage einer Demissionierung des auf Lebenszeit gewählten Generaloberen nicht gestellt zu haben. Die damals europäische Dimension des früheren Bischofs von S. Agata ist ebensowenig vergessen wie die Tatsache, daß er in Neapel für seine bedrohten Mitbrüder nach wir vor ein unvergleichlicher Blitzableiter ist. Die Jungen dagegen traten, was ganz natürlich ist, groß auf. Man hatte es bereits im Kapitel von 1764 gespürt. Die jüngste Generation kannte ja Alfons fast nur noch dem Namen nach. Im übrigen fühlte sich dieser vielleicht durch die Tatsache in seinem Gewissen angesprochen, daß der allzu gute Villani in den dreizehn Jahren seiner Abwesenheit die Schrauben locker werden, die Disziplin hatte aufweichen lassen. Zeugnis dafür ist jener bezeichnende Anpfiff, den der Rektor und Bienenzüchter von Deliceto, unser Biograph Tannoia, im Juni 1773 von Liguori erhielt, weil er einem Befehl Villanis nicht nachgekommen war:

„Mein lieber P. Antonio, Ihr wißt, daß ich Euch schätze; heute jedoch muß ich ein klares Wort mit Euch sprechen. Es wurde Euch vorgeworfen, den Anweisungen des Superiors wenig Folge zu leisten, und dies enthüllt mir einen der Hauptgründe, warum die Kongregation derzeit so sehr heimgesucht wird: weil die Rektoren die ersten sind, die nicht gehorchen wollen.

Ich bin durch Vollmacht des Papstes und des Königs Leiter der Kongregation: ich möchte in Hinkunft den Stil ändern; ich möchte, daß man mir gehorcht; und daß jeder, der will, gehen kann. Wer bleiben will, der bleibe. Gott braucht nicht viele, und er liebt nur die Guten und Gehorsamen.

Schickt also Fr. Antonio Maria Oliva um jeden Preis unverzüglich nach S. Angelo a Cupolo und hütet Euch, den Bischof, der derzeit bei Euch weilt, einzuschalten. Sollte dieser aber von sich aus seinen Einfluß geltend machen wollen, um den Bruder zurückzuhalten, dann setzt Euch dafür ein, daß er diesen Plan aufgibt.

Antwortet mir ja nicht, es sei Euch nicht gelungen; denn wenn Ihr den Bruder nicht schickt, habt Ihr mir Rechenschaft abzulegen, und es wird Euch leid tun; aber ich hoffe, daß Ihr mir diesen Schmerz nicht antut.

Richtet den Patres Eures Hauses aus, sie sollen auf den Gehorsam achten. Ich werde im übrigen über dieses Thema bald an alle Häuser schreiben.

Ich bin entschlossen, jeden zu entlassen, der den Gehorsam verweigert, und sei es mein leiblicher Bruder. Und daß keiner auf die Idee kommt, um die Unterstützung des Hofs zu bitten: der König, der mich zum Direktor ernannt hat und der mir sehr gewogen ist, wird mehr auf mich hören als auf irgendeinen anderen; sagt das allen Euren Patres.

Ich segne Euch und das ganze Haus. — Bruder Alfons Maria[6]."

Drei Monate darauf war das in ungewohnter Schärfe abgefaßte angekündigte Rundschreiben gefolgt. Dort war unter anderem zu lesen:

„Es mißfällt mir sehr, wenn ich erfahre, daß einer unserer Jungen ein Leben führt, daß nicht der für einen evangelischen Arbeiter nötigen Vollkommenheit entspricht. Aber viel tiefer und schmerzlicher trifft es mich, wenn auch einer der älteren Patres und Brüder, einer, der unserer Gemeinschaft schon lange angehört und für die Jüngeren und Neuen ein Spiegel der Erbauung und Tugend sein müßte, sich wenig aus dem den Oberen schuldigen Gehorsam macht.

Dieser heilige Gehorsam, diese Unterwerfung unter die Oberen, die Statthalter Gottes auf Erden sind, habe ich euch immer wieder mündlich und schriftlich anempfohlen. Denn davon hängen die rechte Ordnung, die Ehre Gottes, der Erfolg der Mission und auch der innere Frieden ab; wer pünktlich gehorcht, ist sicher, in allem den Willen Gottes zu tun, einen Willen, der die alleinige Quelle des wahren Friedens ist. Und doch hat der Böse in Vergangenheit und Gegenwart einige von uns dazu verleitet, den Gehorsam gering zu achten: daher leben sie in Schwierigkeiten und ziehen auch ihre Mitbrüder und Oberen mit hinein. All dies unter lügnerischen Vorwänden, die der Feind des Heils ihnen als die Wirkung, als die Ergebnisse eines ernsthaften Eifers, eines lobenswerten Reformgeistes, einer wahren Liebe zur Gerechtigkeit und Wahrheit darstellt.

Unerhört! Einige von uns sprechen von Reform und Eifer, aber sie denken gar nicht daran, sich selbst und ihr eigenes Leben zuerst zu reformieren, in dem viel mehr als in jedem anderen zu ändern wäre!...

Meine geliebten Brüder und Söhne in Jesus Christus, versteht mich gut: Gott will Euren Gehorsam und Eure ehrfürchtige Unterwerfung unter Eure Oberen mehr als hundert Opfer oder tausend andere auffällige Werke für seine Ehre.

Gott will, daß wir arm und mit unserer Armut zufrieden sind; und wir müssen ihm danken, wenn wir durch seine Barmherzigkeit ein Stück Brot auf dem Tisch haben und er es uns nicht am Nötigsten fehlen läßt. Wer nicht bereit ist, mit uns Armen ein in Essen und Kleidung armes Leben zu führen, kann unsere Kongregation ohne weiteres verlassen und zuhause leben, wie er will: ich bin bereit, ihm die Erlaubnis dazu zu geben: denn Gott will in seinem Haus keine unzufriedenen Diener, die ihm gezwungenermaßen und unter ständigem Murren dienen...

In meinem hohen Alter bewahrt Gott mir das Leben nur noch, um die Mißstände zu bekämpfen, die das Werk der Volksmissionen erschüttern können; und ich bin entschlossen, sie um jeden Preis zu bekämpfen. Es ängstigt mich nicht, wenn uns der größte Teil verläßt. Wer bleibt, der bleibt. Gott braucht nicht viele; *wenige, aber gute* Helfer genügen ihm. Diese wenigen werden mehr Gutes wirken als alle Unvollkommenen, Hochmütigen und Ungehorsamen zusammen...

Mit dem Gehorsam gegenüber den Oberen empfehle ich auch die Liebe zu Jesus Christus, die Verehrung seines heiligen Leidens, das betrachtende Gebet, die geistlichen Übungen und den gewohnten Einkehrtag. Wer Jesus Christus liebt, gehorcht, ist mit allem zufrieden und bleibt immer im Frieden[7]."

Diese Äußerungen zeigen klar, was Alfons unter Gehorsam und Observanz versteht: Abtötung des Individualismus und bedingungslose Selbsthingabe an das gemeinsame Werk der Volksmission. Sie machen in diesem Punkt das Bedürfnis einer Straffung sichtbar, wozu sein Gewissen als Gründer sich verpflichtet fühlt: „Gott erhält mir mein Leben nur, damit ich Mißstände bekämpfe, die dem Werk der Volksmission schaden können."

Alfons ist also ohne die geringste Absicht einer Demission nach Nocera dei Pagani zurückgekehrt, ganz im Gegenteil. Er will auch den normalen Ablauf des

Ordenslebens wieder aufnehmen. Doch sein Seelenführer Villani verbietet ihm, sich in den Chor und ins Refektorium schleifen zu lassen, und sein Arzt Donato Antonio Pignatori verordnet zweimal täglich eine Ausfahrt im Wagen. Ansonsten aber hat er sein friedvolles und unumstößliches Gebets- und Arbeitsleben im Gleichklang mit der Gemeinschaft wieder aufgenommen. Bruder Romito ist dreimal täglich der Gefährte seines betrachtenden Gebets und seiner geistlichen Lektüre; er dient, nun morgens, bei der hl. Messe, die für Alfons Kreuz und Liebe zugleich ist. Dann folgt die Arbeit bis zur Ausfahrt um die Mittagszeit mit Alessio auf dem Kutschbock. Glückliche Ausfahrten am Morgen und am Abend: sie enden in der Kirche, wo der Pater lange, manchmal Stunden, in glühendem Gebet verweilt. Im März 1775 hatte er, noch in Arienzo, von Pius VI. die Erlaubnis erbeten und erhalten, seiner Kopfschmerzen wegen das Brevier durch andere, von seinem Beichtvater auszuwählende Gebete zu ersetzen. Nun meditiert er oft anstelle des kanonischen Stundengebets langsam die fünfzehn Geheimnisse des Rosenkranzes. Arbeitsreiche Stunden folgen, unterbrochen von jenen glühenden *Ave Maria*, die er bei jedem Viertelstundenschlag der Uhr betet. Beim *Angelus*läuten wirft er sich auf die Knie und kann nicht mehr aufstehen. Oft denkt er nicht einmal daran, verloren wie er ist in die Betrachtung des Geheimnisses der Menschwerdung. Dann muß man ihn in den Arm nehmen und wieder auf seinen Stuhl heben, damit er die einzige Mahlzeit seines Tages beendet. Als er zu taub geworden ist, um den Glockenschlag hören zu können, bittet er, ihn aufmerksam zu machen. Zwar muß er an den Tagen, an denen sein Kopf allzusehr schmerzt, sein Brevier auslassen, aber er kennt das Kleine Marien-Offizium auswendig, das er von Jugend an niemals ausgelassen hat. Dieser große Arbeiter hält bis ans Ende seine acht Stunden täglichen Gebets ein[8].

Je tauber Alfons wurde, um so lauter mußten seine Lektoren und Mitarbeiter schreien, ohne daß er sich dessen bewußt wurde. Seine eigene Stimme blieb bis zum Ende schön und klangvoll; ein großes Kirchenschiff aber hätte sie nun nicht mehr füllen können. Außerdem war das Stehen für seine zum Boden gekrümmte Wirbelsäule eine Qual: und doch ließ ihn seine Leidenschaft für die Verkündigung all das vergessen.

„Durch die Verkündigung und nur durch sie", sagte er gerne, „unternahm Jesus Christus die Bekehrung der Menschen; wir müssen sie also auch durch die Verkündigung fortsetzen. Alles hängt davon ab, Christus den Gekreuzigten zu predigen."

„Wenn er eingeladen wurde, zu predigen, so war das die Einladung zu einem Fest", fährt Tannoia fort. „Er nahm sie mit sichtlicher Freude an. Oft sagte er: *Aus dem Wort Gottes zieht man immer Nutzen. Nichts sabotiert die Hölle so sehr wie die Predigt*[9]."

Alfons schleppte sich also mit Unterstützung Romitos und Pollios freudig zum wöchentlichen Kapitel, um dort die Gemeinschaft zum Eifer für die Seelen und die Ausübung der Tugenden anzueifern. Er ließ sich von ihnen auch jeden Samstag auf die Kanzel der kleinen Kirche S. Michele schleppen, in der sich mehr als 300 Menschen zusammendrängten, und predigte dort über die Herrlichkeiten und die Barmherzigkeit Mariens. Den Priestern oder den Klöstern von Nocera, die ihn immer wieder erbaten, willfahrte er stets ohne Zögern.

Im Kreuzgang vom Carminello heilte er sogar zwei „bösartige Tumore": die skandalöse Vertraulichkeit, der sich zwei Schwestern hingaben, und einen Brustkrebs, der die Priorin quälte. Die Ärzte hatten sie bereits aufgegeben, als sie den Pater bat, ihr die Heilung zu erwirken. „Auch wenn sich deine Krankheit verschlimmert, mach dir keine Sorgen. Gib dich in Gottes Hand und umschlinge das Kreuz. So bist du Jesus Christus wohlgefällig, und dein Schmerz wird nachlassen." Nach S. Michele zurückgekehrt, läßt er ihr ein Fläschchen reinen Wassers bringen, mit der Bitte, damit die kranke Stelle zu waschen. Diese verschwindet schon bei den ersten Waschungen.

Die Ausfahrten in einem von zwei abgerackerten Tieren gezogenen, abgetakelten Wagen erschienen dem greisen Bischof als überflüssiger Luxus. Er fand sich dazu nur aus Gehorsam bereit. Zwar bezog er 800 Dukaten jährlich aus der Mensa von S. Agata, dazu seine Pension vom Doktorenkolleg, Ausschüttungen vom *Seggio* von Portanova und nach wie vor sein Familienerbteil. Aber all dies gehörte in seinen Augen den Armen, „seinen privilegierten Freunden", wie Tannoia sagt. Bruder Romito hatte Anweisungen, allen Bettlern etwas zu geben und die regelmäßige Versorgung einer Anzahl von unerkannten Armen zu sichern[10].

Bei seiner Freigiebigkeit vergaß der Generalobere aber auch nicht seine Häuser im Kirchenstaat, die wie durch Zauber entstanden, aber in der Entsagung von Bethlehem lebten.

Von 1772 bis 1773 wirkten die acht Redemptoristen von Sant' Angelo a Cupolo weit über das Enklave von Benevent hinaus intensiv in den päpstlichen Staaten. Leiter der Gruppe war der junge, eifrige und intelligente P. Francesco De Paola. Der greise Bischof von Veroli, Mgr. Giovanni Battista Jacobini, wollte, daß sie sich in seiner Diözese niederließen; ein Priester aus Avignon, großmütig und wunderlich wie seine Heimat, die Provence, bot den Patres die kleine Kirche und das Haus an, das er sich hatte bauen lassen, um die etwa 100 Bewohner des Hügels von Scifelli zu betreuen. Mit Zustimmung Alfons' waren am 25. April 1773 die offiziellen Dokumente zwischen ihm und P. Villani unterzeichnet worden. Dieser letztere war dann zum damals noch in Arienzo residierenden Rektor Maior geeilt, um ihm Bericht zu erstatten.

Aber leider! Einige der Älteren teilten die Freude des Gründers nicht. Aus Nocera schrieb der ehrwürdige Mazzini an Tannoia, den Novizenmeister von Deliceto:

„Ich denke wie Ihr: die in der Diözese Veroli angebotene Gründung sollten wir nicht annehmen. Zum einen aus dem Grund, den Ihr anführt" (Sie hatten Bedenken wegen der Persönlichkeit De Paolas); „zum anderen, weil es uns an Mitgliedern für eine Gründung in der Nähe von Rom fehlt. Aber weder Mgr., unser Vater, noch der P. Vikar, noch die anderen Konsultoren haben meinem ‚Bellen' Gehör geschenkt[11]."

Ganz im Gegenteil: Alfons blickte nach Norden, zum Kirchenstaat, zu den Alpen... Für den Augenblick hatte seine Kongregation damit wieder einen ersten Zufluchtsort außerhalb des Königreichs, für den Fall der Gefahr. Einen Stall von Bethlehem, was die Kleinheit und Armut betrifft; aber war nicht Christus selbst unter solchen Bedingungen geboren worden?

Und dieser P. De Paola, der Geld verschwendet!

„Ich habe Euch erst vor kurzem zwei Unzen (12 Dukaten) nach Veroli geschickt und sende Euch heute durch P. Blasucci wieder vier; mit diesem Geld dürft Ihr aber nur die lebensnotwendigsten Dinge kaufen, und ich verbiete, auch nur das kleinste Buch anzuschaffen. Denn wie ich erfahre, leiden Eure Patres von Veroli (Scifelli) große Not. Ich habe diese 100 Dukaten unter unsäglichen Mühen von (Don Benedetto) Grazioli bekommen und habe gehofft, damit Veroli das Auskommen für den kommenden Winter zu sichern. Zu meinem großen Kummer habe ich aber gehört, daß das Geld zum Kauf von Büchern verwendet wurde. Bücher kaufen, wenn man nichts zum Essen hat! Das ist mir völlig unbegreiflich.

Wenn Ihr diese Bücher zurückschicken könnt, dann versucht es, auch wenn sich dabei ein kleiner Verlust ergibt. Denn ich möchte unbedingt, daß alles, was Ihr erhaltet, zum Kauf von Brot verwendet wird: Ihr habt bestimmt zu wenig.

Sollten die Bücher nicht zurückgeschickt werden können, dann setzt in Übereinstimmung mit P. Blasucci die Vorsichtsmaßnahmen fest, die zu treffen sind, damit nicht bekannt wird, daß wir Geld aus dem Königreich schicken[12]."

Geld über die Grenzen des Königreichs hinauszuschicken, war ein Verbrechen, auch wenn es nur dazu bestimmt war, Neapolitaner vor dem Hungertod zu retten. Trotzdem drängte Alfons auf die Gründung weiterer Häuser außerhalb der Beiden Sizilien, denn Scifelli war bei weitem nicht ausreichend. Mit Alfons' lebhafter Ermutigung suchte man also nicht weit entfernt in Ceprano, dann in Torrice. Aber überall fehlten die Einnahmen, und damit hätte man Elend über Elend angehäuft. Dann starb Clemens XIV., und sein Nachfolger konnte neue Gründungen in seinen Staaten erlauben[13].

Ungeduldig, dynamisch und nicht ganz ohne Ehrgeiz träumte Francesco De Paola davon, dem Institut durch seine Einpflanzung in der Ewigen Stadt Ewigkeit zu verleihen. In den ersten Monaten 1774 hatte er dem Gründer seine Ansichten dargelegt.

„Ich habe Euren langen Brief gelesen", hatte Alfons geantwortet, „und ich billige die Gründe, die Ihr für eine Gründung in Rom anführt, keineswegs; meine Antwort steht in allen Punkten fest. Aber wozu Zeit verlieren, wenn wir doch klar sehen, daß Gott diese Gründung nicht will?

Hört doch auf zu sagen, daß nach meinem Tode alles zu Ende sei! Ich sage, daß die Kongregation nicht mein, sondern Gottes Werk ist. Er hat sie nun 42 Jahre aufrechterhalten, er wird sie auch weiter bewahren.

Warum sollte sie der König von Neapel auflösen? Sie schadet keinem; alle Bischöfe begrüßen sie; sie besitzt keinerlei eigenes Einkommen, und, was noch wichtiger ist, der König wünscht (so wörtlich im Dekret Seiner katholischen Majestät), *daß diese Gemeinschaft nicht nur zu Lebzeiten Alfons von Liguoris bestehe, sondern immer, vorausgesetzt, daß die Missionare nicht ihren ursprünglichen Eifer verlieren.*

Die Frage unseres Weiterbestehens hängt daher zunächst von Gott und dann von unserem eigenen Verhalten ab. Wir müssen also nur eines tun: mit Gott vereint leben, unsere Regel beachten, mildtätig allen gegenüber, und mit unserem Elend zufrieden und vor allem demütig sein; denn schon der geringste Hochmut kann uns zu Fall bringen, wie er die Jesuiten zu Fall gebracht hat.

In diesem Zusammenhang bitte ich Euch, solange Ihr in diesem Haus die Aufgabe des Superiors wahrnehmt, demütig und höflich gegenüber allen zu sein, insbesondere bei der Volksmission, und den Mitbrüdern gegenüber die größte Liebe zu zeigen. Denn sie leben mitten im Elend, fern von Neapel, fern von ihren Verwandten; daher müßt Ihr gerade ihnen gegenüber besonders barmherzig sein[14]."

Der Gedanke einer Gründung in Rom aber hatte seinen Weg gemacht. Mgr. Vincenzo Macedonio, Sekretär bei den *memoriali* und Freund Mgr. Jacobinis, hatte dem Papst und seiner Umgebung davon erzählt. Am 25. August 1774 informierte Liguori den Rektor von Scifelli:

„Heute morgen erhielt ich einen Brief von P. Vikar, in dem er mir schreibt, Mgr. Macedonio habe Rechtsanwalt Terragnoli gesagt, daß uns der Papst in Rom die Kirche *Gesú* anvertrauen wollte, aber von seiner Umgebung wieder davon abgebracht wurde.

Gloria Patri! Was sollten wir in Rom machen? Dann wäre unser Hauptziel verloren, dann Addio Kongregation! Dann würden wir alle zu Höflingen werden.

Aber danken wir Gott für die gute Meinung, die der Papst von uns hat. Es wäre vielleicht günstig, wenn der Bischof von Veroli jetzt bei Mgr. Macedonio ein wenig auf den Abschluß der Angelegenheit drängen würde."

Noch am selben Tag entwickelte er seine Gedanken in einem Antwortschreiben an P. Villani:

„Ich freue mich über die Nachrichten von Mgr. Macedonio, weil sie das Wohlwollen des Papstes uns gegenüber zeigen. Aber danken wir Gott und den Ratgebern des Papstes, daß das fragliche Projekt nicht zur Durchführung gelangt.

Wenn der Papst darauf bestanden hätte, hätte ich ihm in energischen Worten geschrieben, er solle seinen Entschluß ändern, auch wenn ich damit die ganze Kongregation gegen mich aufgebracht hätte.

Was sollten wir in Rom? Das wäre der Untergang der Kongregation; denn sobald die Volksmission vernachlässigt und das Institut von seinem Ziel abgelenkt wird, hört die Kongregation auf zu existieren. Was bliebe, wäre ein zweiköpfiges Monstrum, und wozu wäre das gut?

In Rom können tausend andere das tun, was wir dort machen würden; aber was würde aus unserem Werk?

Unsere Kongregation ist für die Berge und Dörfer geschaffen. Sobald wir unter Prälaten, Cavalieri, Damen und Höflingen sind, Adieu Volksmissionen, Adieu Landgebiete; dann würden wir selbst zu Höflingen. Ich bete zu Jesus Christus, daß er uns vor solchem Unglück bewahrt."

Zu Rom sagte Mgr. von Liguori also nein, aber die päpstlichen Staaten waren nach wie vor sein dringendes Missionsziel. Denn die Neapolitaner hatten, zufriedengestellt durch die Aufhebung der Jesuiten Benevent evakuiert und damit S. Angelo a Cupolo wieder freigemacht: so hatte man also zwei Zufluchtshäuser für den Fall einer Vertreibung aus dem Königreich. Aber eben nur zwei. Und schon schien der Sturm auszubrechen. Der Schwerpunkt des Instituts mußte also entschlossen über die Grenzen des Königreichs hinausgetragen werden. Am 30. Mai 1776 legte der Pater seine Gedanken einem seiner Vertrauten, P. Caione, schonungslos dar:

„Mein lieber Pater, die Häuser in Neapel helfen uns wenig, oder überhaupt nicht, die Kongregation einzupflanzen. Sie bilden keineswegs eine einzige Körperschaft, und nur die Hostie hält sie zusammen. Momentan müssen wir uns bemühen, diese Gründung aufrechtzuerhalten, aber sagen wir es rundheraus: wenn die Kongregation sich nicht außerhalb des Königreichs Neapel stabilisiert, wird sie nie zu einer echten Kongregation...

Ich selbst stehe am Ende meines Lebens, und es bleibt mir nur noch eine kurze Zeit. Ihr aber, die Ihr bleibt, müßt danach trachten, sie zu stabilisieren."

Unmittelbar nach diesem Brief halten die Patres De Paola, Caione, Cimino und Costanzo vom 1. bis zum 20. Juni in Frosinone (8.000 E.), der wichtigsten Siedlung der Diözese Veroli, eine umwälzende Volksmission. „Eine solche Mission haben wir noch nie erlebt", sagen die Leute. „Die Patres müssen bei uns bleiben." Auf dem Hügel vor den Toren der Stadt haben die Augustiner Kapelle und Eremitage Unserer Lieben Frau von den Gnaden (Madonna delle Grazie) verlassen. Am 22. Juni schreiben die Autoritäten der Stadt an Liguori, um ihm den Ort und Baumaterial anzubieten. Alfons' Freude erreicht ihren Höhepunkt. Bereits im Sommer empfängt die Muttergottes *delle Grazie* die Redemptoristengemeinschaft, mit De Paola als Rektor und Blasucci als Visitator der neuen Häuser. Zwei päpstliche Breve dotieren — karg — und approbieren — begeistert — die Gründung und die Ordensgemeinschaft.

Nun aber steigt die Attraktivität Roms wieder, und der Gründer ändert seine Sicht. Ende Oktober 1776 antwortet er Blasucci:

„Ich danke Gott immerdar, daß er Euch nach Frosinone geführt hat; denn sonst würden unsere Mitbrüder in ihrem Eifer die Kongregation sofort aufwiegeln, daß sie ihre Zurückhaltung aufgibt und ein Haus in Rom gründet.

Uns in Rom niederzulassen, erscheint mir derzeit und noch lange nicht dringlich: ich will die Gründe, die mich dazu führen, nicht weiter ausführen. Wenn die Zeit gekommen ist, werde ich sie nennen...

Es ist jetzt nicht der Augenblick für Euch, nach Rom zu gehen, das ist sicher; mit der Zeit aber wird es nötig werden...

Der Herr Rechtsanwalt Buonpiani rät uns also, nach Rom zu gehen, um das frühere Exerzitienhaus der Jesuiten zu übernehmen. Ich bin ihm zutiefst dankbar für das Wohlwollen, das er uns entgegenbringt, und werde ihm dies nie vergessen, sagt ihm das. Aber ich meine, wir sollten dafür einen geeigneteren Zeitpunkt abwarten; denn wir sind in Rom nicht genug bekannt, und dieser Anspruch auf das Exerzitienhaus könnte uns als Arroganz ausgelegt werden, umso mehr, als zweifellos schon mehr als eine der in Rom ansässigen Kongregationen auf dieses Haus spekuliert.

Daher bin ich derzeit der Meinung, daß wir momentan ausschließlich danach trachten sollten, die beiden Häuser, die wir in der Diözese Veroli haben und hier vor allem das von Frosinone, zu stabilisieren. Erst wenn das erreicht ist, können wir weiter sehen, denn das Hauptziel unserer Ordensgemeinschaft ist es ja nicht, die wichtigen und angesehenen Städte, sondern die kleinen Dörfer auf dem Land, die am meisten der geistlichen Hilfe bedürfen, zu evangelisieren.

Wenn uns Gott dann eines Tages wissen läßt, daß er uns in Rom haben will, werden wir ihm gehorchen."

Momentan bietet sich eine vierte Niederlassung in den päpstlichen Staaten an, wiederum in Benevent. Der neue Erzbischof Kardinal Francesco Maria Banditi offeriert Liguori in seiner Bischofsstadt das Gebäude und die Kirche, die die Jesuiten verlassen mußten. Der Pater lehnt ab: er will keine Niederlassung in der Stadt, vor allem da es in Benevent die stattliche Anzahl von sechzehn Männerklöstern, sowie zahlreiche Kleriker gibt; zweifellos widerstrebt es ihm auch, sich wie ein Kuckuck in das Nest der aufgelösten Gesellschaft zu setzen. Der Kardinal gibt zu bedenken, daß sie von hier aus in die Landgebiete ausstrahlen und das Haus von S. Angelo auf seinem Tabor auf geschlossene Exerzitien spezialisieren könnten. Außerdem sind die ökonomischen Verhältnisse — auch ohne die Einsichten von Karl Marx — zwingend: Alfons mußte die Einkünfte von Benevent annehmen, um seine hungernden Häuser in Scifelli und Frosinone zu ernähren. Im Winter 76–77 beugt sich der Rektor Maior den Gründen des Kardinals und seiner Berater. Am 2. Januar 1777 informiert er De Paola:

„Kardinal Banditi hat uns geschrieben, daß er von den 700 Dukaten, die er jährlich von Benevent nach Rom geschickt hat, um unter anderem den Unterhalt der portugiesischen Jesuiten zu bestreiten, weiterhin 400 schicken wird ... Die restlichen 300 Dukaten will er uns zuwenden, mit dem Versprechen, uns die restlichen 400 beim Erlöschen der Leibrente der Portugiesen ebenfalls zu geben.

Dieses Angebot konnten wir nicht zurückweisen; daher haben wir, d.h. P. Cimino, P. Majone, P. Vikar, P. Mazzini und ich, es in gemeinsamer Zustimmung angenommen. So haben wir, wenn schon unsere Häuser im Königreich wenig Einnahmen haben, wenigstens ein Haus, das sich mit der Zeit selbst tragen kann ...

Nun zu etwas anderem. In Neapel hat die neue Regierung einen der schärfsten Erlasse über die Weihe von Klerikern herausgebracht. Es darf künftig keiner mehr die Weihe erhalten, wenn es an seinem Geburtsort mehr als 100 Priester gibt, wenn in seiner Familie zwei Brüder oder zwei Onkel Priester sind, wenn das Erbteil der anderen Brüder und Onkel unter dem des jungen Mannes liegt, der in den heiligen Stand eintreten will. Durch diese Auflagen können wir nun viele empfehlenswerte junge Leute, die um ihre Zulassung bei uns angesucht haben, nicht mehr aufnehmen. Die Frommen Arbeiter stehen vor den gleichen Hindernissen und können zu ihrem großen Bedauern keine neuen Mitglieder aufnehmen.

Mir ist ein Gedanke gekommen, und ich möchte gern wissen, ob Ihr ihn nicht dem Bischof von Veroli mitteilen könntet. Sprecht doch bei erster Gelegenheit mit ihm darüber und berichtet mir das Ergebnis Eurer Unterhaltung: dann könnte ich meine Disposition treffen.

Ihr müßt nämlich wissen, daß wir hier die größten Schwierigkeiten haben, unsere Patres in die Romagna zu schicken; man muß sie erst bitten und betteln; manche wollen überhaupt nicht gehen, weil keiner von Mama weg will.

Nun möchte ich gerne wissen, ob der Bischof von Veroli sie nicht als seine Diözesanen übernehmen oder einer der Kirchen von Veroli, Frosinone oder Scifelli zuweisen könnte, damit er sie dann weihen kann? Dann würden wir durch eine einzige Reise zwei ausgezeichnete Ziele erreichen: wir würden diese Mitbrüder von Neapel lösen und sie in der Romagna weihen lassen. Andernfalls weigern sich unsere neapolitanischen Bischöfe, erschreckt wie sie sind, sie zu weihen."

Die neapolitanische Politik tendiert eindeutig darauf, das Institut zu ersticken. Das Angebot von Benevent kam also wie eine ganz besondere Gnade. Eine Gnade war es auch, daß P. Caione verfügbar war und zum Oberen ernannt werden konnte. Man hatte den früheren Rektor von Caposele nach Scifelli schicken müssen . . ., denn er wurde als Erzbischof von Conza verlangt. Don Gaspare Caione, Doktor des bürgerlichen und römischen Rechts, ein sehr gebildeter Mensch, Dichter, großer Volksmissionar, reich an Glauben und Erfahrung, würde nach niemandem Sehnsucht aufkommen lassen, nicht einmal — pardon! — nach den Jesuiten. Am 6. Juni, dem Herz-Jesu-Fest, nahmen Alfons' Söhne also Kirche und Konvent *Gesú* in Benevent in Besitz, wo sie die Nachfolge . . . der Bataillone Ferdinands IV. antraten.

Blasucci, der nachdrücklich vom Bischof und vom Volk Agrigents verlangt wurde, verließ den Kirchenstaat und kehrte nach Sizilien zurück. Caione war schon für seine Nachfolge als Visitator der Häuser von Scifelli und Frosinone bestimmt. Doch Don Pietro Paola setzt sich dafür ein, diesen Vertrauensposten seinem jungen Vetter De Paola zu überlassen, und Alfons schenkte ihm Vertrauen, obwohl er ihn erst jüngst hatte zur Ordnung rufen müssen.

Die *Regel* verbot Fastenpredigten, da diese nur in den Städten und mit pompöser Rhetorik gehalten wurden. Die Freunde De Paola und Criscuoli aber sahen sich bereits in Rom. Sie wollten sich einen Namen machen und hatten für 1777 Fastenpredigten übernommen. Criscuoli, Rektor von Scifelli, erhielt am 14. Januar folgenden Brief:

„Mein lieber Diodato, ich habe erfahren, daß Ihr die Fastenpredigten von Isola in der Diözese Sora, und P. De Paola die von Atina in der Diözese Aquino übernommen habt. Ich bedaure, daß keiner von Euch mir das vorher mitgeteilt hat.

Ich weiß, daß Euch diese Predigten nicht durch unsere Mitbrüder vermittelt, sondern von den Stadträten angeboten worden sind. Trotzdem wünsche ich nicht, daß Ihr oder irgendein anderer unserer Gemeinschaft Fastenpredigten hält, vor allem nicht im Königreich: denn unsere Regel verbietet es, und es könnte für apostolische Arbeiter, die sich darauf spezialisiert haben, Anlaß zur Eifersucht geben.

Versucht also um jeden Preis, Euch zu entschuldigen: Ihr beim Monsignore von Sora, P. De Paola beim Bischof von Aquino; sagt ihnen, daß ich es Euch verbiete und möchte, daß unsere Regel eingehalten wird.

Ich wünsche, daß Ihr Euch ausschließlich den Volksmissionen widmet. Gott will von uns Volksmissionen, nicht Fastenpredigten. Gehorcht, wie sehr Euch die Stadträte und Bischöfe auch drängen mögen."

De Paola gibt nicht nach: sein Haus ist arm, und Fastenpredigten sind gut bezahlt. Aber für den Pater General ist Wirtschaftlichkeit nicht alles.

„Richtig", antwortet er, „die Zwangslage, in der wir uns befinden, würde wohl einen Vorwand für diese Fastenpredigten liefern. Aber ich will eine mit so großem Nachruck von unserem Pater Falcoia festgesetzte Regel nicht antasten. Außerdem gibt es sehr stichhaltige Gründe dagegen.

Lassen wir Gott wirken. Er, für den wir uns abmühen, wird es uns nie an einem Stück Brot fehlen lassen."

Francesco De Paola mußte also gehorchen, obwohl er in sich die Berufung zum Befehlen fühlte. Ein kleines Ereignis, das bereits 20 Jahre zurücklag, hatte dem Gründer das wahre Gesicht des damals jungen Studenten gezeigt. Im Sommer 1756 hatte Alfons seine *Pratica del confessare* ins Lateinische übersetzt, und sich dabei von Caione, Ferrara und De Paola helfen lassen. Am 14. Januar 1757 nun schrieb er an Caione:

„Mein lieber Gaspare, vielen Dank für Deine Arbeit. Sie gefällt mir sehr gut, weil du meinen einfachen Stil beibehalten hast. Ich hatte Bruder De Paola beauftragt, das Kapitel über den *Beistand für Sterbende* zu übersetzen, aber er hat sich in den Kopf gesetzt, große Literatur zu schreiben und dabei sogar meine Ideen verfälscht. So muß ich noch einmal von vorne anfangen[15].“

Alfons' gesamte Korrespondenz mit Francesco De Paola läßt den Geist der Unabhängigkeit des Visitators der „Romagna" spüren. Der Superior muß um Information betteln, immer mit der gleichen Geduld. Bis zum 19. Februar 1779, wo er ärgerlich wird:

„Ich werde nur sehr oberflächlich über die Angelegenheit von Frosinone informiert, nichts wird mir gründlich erklärt. Erst heute Abend erhalte ich durch P. Ficocelli eine neue Nachricht darüber, daß die Übereinkunft durch den Bischof von Veroli herbeigeführt wird. Wie aber lautet diese Übereinkunft? Wie ist Monsignore verblieben? Über all das kein Wort, Eurer alten Gewohnheit gemäß, so daß ich jetzt auch nicht klarer sehe als vorher.

Laßt mich nur machen, sagt Ihr am Schluß Eures Briefes. Ich habe Euch nie am Handeln gehindert, aber ich habe auch noch nie gehört, daß die Angelegenheiten der Kongregation behandelt werden, ohne daß man mich vorher um meine Meinung fragt.

Gottseidank bin ich noch nicht tot und habe noch nicht den Verstand verloren. Ich war Rechtsanwalt, ich war Bischof: und hatte mit ähnlichen Angelegenheiten schon oft zu tun. Jetzt bin ich Rektor Maior: warum sollte man mich nicht um Rat fragen?

Schreibt mir doch bitte, was vorgeht, was und mit wem verhandelt wird. Als Bischof und Rechtsanwalt habe ich zahllose Ratschläge erteilt, und heute sollte ich, nach Euch, zu allem unfähig geworden sein.

Aber genug davon: ich möchte künftig über alles informiert werden, was in Sachen der Kirche von Frosinone geschieht[16].“ Pierre de la Gorge hat einmal geschrieben, „der Greis verbringt seine alten Tage gern in Ehre und Ruhe". In dieser Hinsicht hatte unser Achtzigjähriger nichts von einem Greis an sich. Denn Scifelli und Frosinone machten ihm große Sorgen. Im Oktober 1776, als Blasucci dort Visitator war, hatte er ihm geschrieben:

„Ich stelle mir unsere Kongregation wie einen Nachen auf hoher See vor, von allen Seiten von den Winden gepeitscht; und ich warte darauf, daß Gott uns erkennen läßt, wohin er ihn lenken und wo er ihn zur Ruhe bringen will. Wenn er will, daß er untergeht, dann sage ich jetzt und immerdar: *Gepriesen sei sein heiliger Wille in Ewigkeit.*

Aber ich bin sehr glücklich, Euch da zu wissen, wo Ihr nun seid, Ihr, der Ihr diese beiden Häuser leitet. Wäret ihr nicht dort, dann hätte ich weit weniger Vertrauen...

Ich komme zum Ende und werde nicht aufhören, Gott zu bitten, er möge Euch Geduld und Erleuchtung gewähren, um sein Werk zu einem guten Ende zu bringen, wenn er es will.

Ich sehe sehr wohl, daß die Anfänge schwach sind; aber wenn Gott will, dann läßt er auch aus schwachen Anfängen große Werke hervorgehen, und ich hoffe, daß es sich mit dem Beistand der allerheiligsten Jungfrau Maria auch bei diesen Häusern so verhalten wird...

(P.S.) P. Maione hatte mir geschrieben, er wolle mich am Montag besuchen; die Tage sind aber vergangen, und er ist nicht erschienen. Vielleicht hat ihn ein neuer Zwischenfall beim Prozeß in Schwierigkeiten gebracht. Der kleine Nachen wird wohl wieder in einen Sturm geraten. Gott befohlen!"

47. Bis zum letzten Tropfen ... seiner Tinte (1775—1785)

Fünfzehn Jahre. Das Alter großer Träume und oft auch endgültiger Entscheidungen, das Alter, in dem Daniele Comboni sich 1846 als Student am Institut Mazza von Verona fragt, was er aus seinem Leben machen soll. Da drückt ihm irgend jemand die *Vittorie dei Martiri* eines Autors in die Hand, der seit sieben Jahren heiliggesprochen ist, Alfons von Liguori. Der zweite Teil ist der damals noch neueren Geschichte (1597—1633) der Märtyrer in Japan gewidmet. Sie nimmt ihn gefangen, reißt ihn mit und führt ihn zu dem Entschluß: er wird nach Japan gehen; wird diese Kirche aus ihrer Asche erheben; und sein höchstes Glück bestünde darin, dort auch sein Blut für Jesus Christus zu vergießen. Gerade zu dieser Zeit kommt ein Missionar durch Verona, der Hilfskräfte für die Missionierung Khartoums sucht. Also auf in den Sudan! So wird Daniele Comboni (1831—1881) mit seinen beiden Missionsinstituten zum Apostel Zentralafrikas[1].

Diesen Bericht über *Die Siege der Martyrer* hatte Alfons in Arienzo begonnen. In einem Brief vom 3. November 1774 an Remondini, in dem er diesem für fünf Bände des *Lebens der Philosophen* dankt und um das „Werk Mgr. Fénelons gegen Jansenius" bittet, fügt er hinzu:

„Ich hoffe, Ihr habt meine *Übersetzung der Psalmen* bereits erhalten. Hier wurde sie sehr gern gelesen.

Um die wenigen Augenblicke, die mir noch zum Leben bleiben, nicht in Müßiggang zu vergeuden, habe ich eine Erbauungsschrift mit dem Titel *Die Siege der Martyrer* begonnen. Ich schöpfe dabei aus den berühmtesten Autoren, die darüber geschrieben haben[2]."

Am 9. Februar 1775: „Eurem liebenswerten Brief entnehme ich, daß Ihr sofort nach Erscheinen ein Exemplar meines von mir selbst durchgesehenen und verbesserten Buches über *Die Martyrer* haben, und mir auf Eure Kosten den sechsten Band der *Philosophen* senden wollt, wofür ich Euch von ganzem Herzen danke.

Was mein Werk über die Martyrer betrifft, so stehe ich kurz vor dem Abschluß. Sobald es fertig ist, werde ich es gewiß nicht erscheinen lassen, ohne Euch vorher zu informieren und das gewünschte Exemplar zuzusenden.

Ich gedenke, demnächst noch mehr Hefte dieses Werkes abzuschließen, um sie aber mit der Sorgfalt zu drucken, die ich dafür aufwende, bedarf es noch einiger Zeit; vor allem, weil ich in meinem fortgeschrittenen Alter von 79 Jahren ständig von schweren und heftigen Krankheiten und vor allem von Herzflattern befallen werde, die mir jede Stunde den Tod bringen können. Ich kann mich nur wenig oder überhaupt nicht anstrengen, und manchmal glaube ich schon, mein Leben zu beenden."

Aber nein. Er beendet nur seinen Episkopat, nicht aber das Leben. Am 8. September kündigt er von Nocera aus an:

„Ich habe *Die Siege der Martyrer* fertiggestellt. Der erste Band handelt von Martyrern verschiedener Länder; der zweite ist den Martyrern in Japan gewidmet, und ich habe viele andere kleine Schriften beigefügt, die für verschiedene Gruppen sehr nützlich sein werden...

Ich habe schon vor langer Zeit ein weiteres, viel sorgfältiger ausgeführtes und sehr nützliches kleines Werk begonnen: über *Die wunderbare Leitung Gottes im Erlösungswerke des Menschengeschlechts durch Jesus Christus*. Dieses kleine Werk enthält alle Prophetien, Bilder, Zeichen und Opfer, die der Ankunft Jesu Christi vorangegangen sind; dieser erste Teil ist bereits gedruckt.

Der zweite Teil handelt von Jesus Christus, der Bekehrung der Heiden, der Zerstörung Jerusalems und Judäas, den Fortschritten des Glaubens, der Zerschlagung der Häresien, dem unseligen Tod verschiedener Verfolger der Kirche.

Das Werk besteht nur aus zwei Bändchen, enthält aber viele Dinge, und ich hoffe, daß es vom Publikum gut aufgenommen wird." Er widmet es Papst Pius VI. Diese „Abhandlung über die Universalgeschichte" führt uns weit von den Pfaden ab, die Liguori gewöhnlich beschreitet. Dennoch bleiben wir im Herzen des Geheimnisses Christi und der Kirche, das er zum Mittelpunkt der Geschichte macht. Es ist eine Art positiver Apologetik: ein großes biblisches Fresko der Stadt Gottes. Wohlwollen gegenüber den Reformatoren allerdings darf man darin nicht suchen.

Wird Alfons sich nun endlich Ruhe gönnen? Keine Rede davon. Er will sein wie jener Knecht im Evangelium, den der Herr mitten in der Arbeit überrascht.

„Ich lebe nun im Ruhestand", schreibt er am 12. Februar 1776 wiederum an Remondini, „und ich kann nicht untätig bleiben. Daher habe ich ein umfangreicheres Werk über das Gericht des einzelnen und das Weltgericht, das Fegfeuer, den Antichrist, die Auferstehung, die Vorzeichen zum Ende der Welt, die Wiederkehr Jesu Christi als Richter, den Zustand der Verdammten und der Seligen nach dem Gericht und den Zustand der Welt nach dem Jüngsten Gericht begonnen.

Es ist ein großes Werk, und ich gehe ganz darin auf, ausgestreckt auf einem Sessel; ich muß dazu tausend Bücher lesen, weil das Werk nur aus Theologie und Hl. Schrift besteht. Es wird aber, mit Ausnahme der Texte der Hl. Schrift und der Väter, ganz in der Volkssprache geschrieben sein. Ich habe schöne Bücher zur Hand; aber ich brauche dazu Zeit und Gesundheit, und erwarte doch von Tag zu Tag den Tod...

Ich schätze, daß das Ganze nicht mehr als zwei oder drei Bände ergeben wird, da ich das Material kondensiere und Längen nicht leiden kann, denn sie ermüden nur, und kein Mensch liest sie. Heutzutage wollen die Leser kurze und substantielle Bücher. Meinen bisherigen Abhandlungen nach zu urteilen, die in wenigen Zeilen viel Material bringen und alles mit jener Klarheit darlegen, die, wie man mir sagt, allgemein in meinen Büchern geschätzt wird, wird auch, wie ich hoffe, dieses Werk so ausfallen.

Ich habe übrigens nur ein Ziel: die Ehre Gottes, und ich verfasse dieses Werk zum Wohl der Seelen, denn es enthält nichts, das uns nicht unser letztes Ziel, die ewige Glückseligkeit oder das ewige Elend, vor Augen führt."

Tatsächlich sind diese *Neun theologischen Abhandlungen in Bezug auf das ewige Leben* in einem Band von 250 Seiten ein Traktat über die Eschatologie, der in Alfons' *Dogmatik* fehlte.

Er wurde Anlaß zu einem bezeichnenden und heute unvorstellbaren Vorfall zwischen dem Autor und seinem kirchlichen Revisor, Kanonikus Salvatore Ruggieri. Es ging um das Thema der ungetauft verstorbenen Kinder. Müssen sie eine physische Strafe und die ewige Verdammnis, d.h. das bewußte Erleiden der ewigen Gottesferne erdulden? Alfons zitiert hierzu den hl. Thomas: weder das eine noch das andere. Dann fügt er in aller Objektivität und im Geiste dieses 18. Jahrhunderts des triumphierenden Augustinus hinzu: „Augustinus behauptet nachdrücklich das genaue Gegenteil", und nach ihm Gregor der Große, Prudentius von Troyes, Isidor, Bernhard, Fulgentius, Albert der Große und unter den Modernen: Lorenzo Berti, Kardinal Enrico Noris, Florent Conry und viele andere[3].

Kanonikus Ruggieri aber erklärte von der Höhe seines Jansenismus herab rundweg, „die Meinung des hl. Thomas könne nicht gelten" und Mgr. von Liguori habe für Augustinus Partei zu ergreifen. Aber Alfons weigert sich ungeachtet der gängigen Meinung, die noch 1794 vom Lehramt Pius VI.[4] verkündet wird, seinen Text zu ändern. Für ihn geht es hier um das wahre Gesicht eines guten und gerechten Gottes. Seine ganze Indignation vibriert förmlich im folgenden dringenden Schreiben vom 15. Juli 1776 an Kanonikus Simioli:

„Ich habe Euch bereits dreimal über diese Lehre des hl. Thomas geschrieben, die der Revisor in meinem Buch ablehnt und die er nicht gelten lassen will.

Ich wiederhole noch einmal, daß ich mich weder nach ihm richten noch von ihm abhängen will: Ich will vom Erzbischof abhängen und werde das tun, was der Erzbischof von mir verlangt.

Ich habe erfahren, daß diese Lehre des hl. Thomas im Thomaskolleg in Neapel öffentlich gelehrt wird; der Herr Revisor aber erklärt sie für inakzeptabel. Schluß damit: ich tue das, was der Bischof mir empfiehlt. Hätte ich das alles vorher gewußt, dann hätte ich das Werk vielleicht besser gar nicht drucken lassen, als es diesem Revisor, der den hl. Thomas angreift, zur Prüfung zu geben: die Dominikaner können es nicht fassen! Was für ein Schöngeist: *die Meinung des hl. Thomas kann nicht gelten!* Wer sagt denn das? Die heilige Kirche? Die heilige Kirche gewiß nicht, denn sie ehrt die Lehre des hl. Thomas. Seid also so gut und erspart mir die Korrektur, die dieser Revisor an meinem Werk anbringen will, denn ich will einzig und allein vom Erzbischof abhängen.

Es ist mir um all die Zeit leid, die ich damit verloren habe. Die Besprechung des Buches ist bereits im Palast aufgetaucht; nun warte ich auf die Reaktion des Erzbischofs: ob er mir einen anderen Revisor gibt, ob er die Lehre des hl. Thomas gelten lassen will oder nicht. Ich werde tun, was er mir sagt. Geduld[5]!"

Dann, am 22. Juli, wendet sich Liguori an den Zensor selbst:

„Kommen wir zur Frage der Kinder. Ich hatte geschrieben: *Der hl. Augustinus verteidigt nachdrücklich das genaue Gegenteil;* Ihr habt meine Worte geändert und gesagt: *beweist es stichhaltig...* Wenn Ihr mir aber in den Mund legt, Augustinus beweise das Gegenteil, dann würde ich damit Thomas angreifen und behaupten, die Auffassung des hl. Thomas sei offensichtlich falsch; Ihr legt mir damit eine grobe Lüge in den Mund, weil ich dann nämlich genau das Gegenteil von dem sagen würde, was ich denke: ehe ich aber eine Lüge sage, möchte ich lieber meinen

Kopf verlieren. Daher habe ich Don Benedetto Cervone gebeten, die Abschwächung der Aussage: *beweist es stichhaltig* zu erreichen. Man könnte sagen: *Augustinus hält für sicher, betrachtet es als außer Zweifel* usw. Ich bitte Euch, mich nicht zu einer Lüge zu zwingen. Wie kann ich sagen, *der hl. Augustinus beweise es,* wenn ich nicht zu der Überzeugung gelangen kann, daß Thomas eine falsche Ansicht vertritt? Ich bitte Euch, ich flehe Euch an, mich nicht länger zu beunruhigen. Dieser Schmerz bedrängt mich nun schon seit zwei Monaten; ich bitte Euch, macht mir die Freude, ihn zu beenden."

Der Zensor des Königs, Don Cervone, setzt es durch, daß an Alfons' Text nichts geändert wird. Als er kurze Zeit später zum Bischof von Aquila ernannt wird, erhält er von dem greisen Schriftsteller folgende Zeilen: „Euer Hochwohlgeboren treten in einen Stand ein, der es unmöglich macht, auch weiterhin mein Revisor zu sein, und dies gerade in dem Augenblick, da ich meinerseits einen Zustand erreiche, der mich unfähig macht, noch mehr zu veröffentlichen." Genau zum selben Zeitpunkt übrigens, Anfang 1777, vertraut er P. De Paola an: „Ich fühle mich so elend, daß ich weder lesen noch schreiben kann: ständige Kopfschmerzen. Ich habe jede Art von Eifer aufgegeben[6]."

Diese *Theologischen Abhandlungen in Bezug auf das ewige Leben* sind tatsächlich das letzte Buch dieses unermüdlichen Schreibers; sein Eifer und sein Mut inspirierten ihn darüber hinaus noch zu einigen kleineren Abhandlungen — ein Dutzend seit seiner Rückkehr nach Pagani —, die er gleichzeitig mit seinen großen Werken oder dazwischen zum Druck bringt.

1775 veröffentlichte er vierzig von Condren-Quesnel inspirierte Seiten über *Das Opfer Jesu Christi.* Er will damit die Gläubigen dazu bringen, alle Gesten, alle Worte des Priesters, einschließlich des Kanons, zu verstehen, um an ihnen teilhaben zu können. Diese Sorge um eine mitfeiernde Gemeinde war vor dem II. Vatikanum höchst selten.

Weitere vierzig Seiten entstehen im Jahr 1777 über die *Treue der Untertanen.* Zwölf Jahre vor der Revolution spürt der Halbblinde von Nocera die Throne und Altäre wanken. Er sieht, wie die Monarchen Kirche und Glauben erschüttern und damit den Ast ansägen, auf dem sie selber sitzen. Wer Gott nicht fürchtet, fürchtet auch den Staat nicht. Er schickt einen Alarmruf an die Fürsten und führt als Beispiel Konstantin, den hl. Ludwig, den hl. Stefan, den hl. Ethelbert, Ludwig XIV. und Karl Emanuel von Savoyen in seinem „Bekehrungswerk" für das Chablais an. Er hat in seiner Feinfühligkeit also die Beispiele breit aufgefächert. In seiner Schlußfolgerung schließlich setzt er sich von seinen Helden ab und rühmt — ist das möglich? — die Religionsfreiheit, dieses „Delirium", das Gregor XVI. *(Mirari vos,* 1832) und Pius IX. *(Syllabus,* 1864) später verurteilen:

„Es geht nicht an", schreibt er, „Gewalt zu gebrauchen, um seine Untertanen zur Übernahme der wahren Religion zu zwingen. Gewalt war das Mittel der Tyrannen, die die Menschen zwangen, etwas zu glauben, das sie nicht glauben sollten, weil es Götzendienst war. Gott *nullum ad se trahit invitum* (Gott zwingt keinen, zu ihm zu kommen). Er will von uns freien und nicht gezwungenen Herzens verehrt werden."

Nun aber läßt der erste der Redemptoristen die schöne Gelegenheit nicht aus, seine Antiphon laut zu wiederholen:

„Eifrige Fürsten", so hakt er ein, „besitzen passendere und wirksamere Mittel, um ihre Völker ohne Gewalt zum wahren Glauben zu führen. Wenn es aber gar keine andere Möglichkeit gibt, dann sollen sie gute Volksmissionare in ihre Staaten rufen, die durch ihre heiligen Unterweisungen und Predigten die Irrtümer aufklären und die rechte Lehre und den rechten Weg des Heils bekannt machen. So haben es auch die Fürsten, von denen bereits die Rede war, und viele andere gemacht.

Zwar sind die Missionen Sache der Bischöfe. Aber die Erfahrung zeigt, daß der Eifer eines heiligen und klugen Fürsten manchmal wertvoller ist als tausend Bischöfe und ebenso viele Missionen und Missionare[7]."

Nun mußte die kleine Schrift noch ihren Adressaten zugeführt werden, die diesmal keineswegs die gewohnten Leser dieses „Lehrers der Armen" waren. Zwei Dinge waren vonnöten: es mußte auch französisch erscheinen, das damals die Sprache der europäischen Höfe war, und es mußte den gekrönten Häuptern in die Hände gelangen. Schon im folgenden Jahr wurde die Broschüre ins Französische übersetzt und veröffentlicht, wahrscheinlich durch die Bemühungen des Lütticher Domherrn Henri Hennequin, eines glühenden Anhängers Alfons', der diesem vielleicht in Rom begegnet war. Er übernahm es, sie an alle Höfe Europas zu schicken. In Rom wiederum verteilte sie Kardinal Castelli an alle Botschafter und Minister der ausländischen Mächte, die sie ihren jeweiligen Herren übermitteln sollten. Wie verfügen über keine der Antworten dieser Majestäten an den Autor, weil, wie Tannoia sagt, Alfons in seiner Bescheidenheit diese Art von Korrespondenz gewöhnlich vernichtete[8]. Zwar hat *La fedeltà dei Vassalli* den Lauf der Geschichte nicht verändert, aber sie bezeugt doch einen universalen Eifer des greisen Bischofs, den nichts einzuschläfern vermochte.

Diese Wachsamkeit läßt ihn auch die anti-voltaire'schen Veröffentlichungen des französischen Ex-Jesuiten Claude-Francois Nonnotte (1711–1793) mit Aufmerksamkeit verfolgen. Im März 1778 schreibt er ihm von seiner Begeisterung und beginnt damit eine Korrespondenz, der mindestens fünfzehn weitere Briefe folgen und die bis 1785 andauert. Sie schrieben einander auf Lateinisch: das ist damals die Sprache der Gelehrten, wie Französisch jene der Diplomaten ist. Anfang Mai 1778 geht in Neapel das Gerücht um, Voltaire habe sich bekehrt. Alfons jubelt. Er nimmt eilends seine Feder und sein Latein wieder auf und wendet sich an Voltaire selbst:

„...Mein Herz war betrübt, und ich habe sogar Tränen vergossen", so schreibt er ihm, „mitansehen zu müssen, wie Du das wahrhaft große Talent, mit dem Gott Dich ausgestattet hat, Jahre hindurch so schlecht gebraucht hast. Obwohl ich der Armseligste von allen bin, habe ich mein Gebet unzählige Male zu Gott erhoben, damit der Vater der Barmherzigkeit Dich ganz zu seiner Liebe hinziehe und Du den Irrtümern abschwörst, die Dich gefangenhalten.

Was ich mehr als alles andere gewünscht habe, ist gewährt, und es wird (ich spreche frei heraus) der Kirche von größerem Nutzen sein, als ich weiß nicht wie viel unermüdliche Arbeit von hundert Missionsgesellschaften.

Da aber diese allgemeine Freude ungetrübt, und die Ernsthaftigkeit Deiner Umkehr auch nicht dem kleinsten Zweifel ausgesetzt sein soll, möchte ich gerne, daß Du in einer Schrift Rechenschaft über die Irrtümer und Trugschlüsse abgibst und damit die Pfeile jenes Schriftstellers (Jean-Jacques Rousseau) zurückschleuderst, der erst jüngst gewagt hat, zum großen Schaden für das Heil so vieler armer junger Leute, die aus Liebe zur Freiheit ihre Seele und Gott verleugnet haben, die Dogmen unseres Glaubens anzugreifen.

Ich weiß, daß Du schlechte Augen hast, aber schon die kleinste von Dir diktierte Schrift würde für die ganze Welt genügen, vor allem im Blick auf jene, die das, was wir von Dir wissen, mit Gewalt als Heuchelei hinstellen wollen[9]."

Nein, es war nicht Heuchelei. Aber leider eine Falschmeldung. Traurig legte Alfons seinen Brief beiseite, und Voltaire starb noch im selben Monat.

In eben diesen Maiwochen des Jahres 1778 redigierte Liguori die letzte kleine Broschüre, die er in Druck gab. Ist es Zufall, wenn es *Einige Erinnerungen für die Klosterfrauen aus dem Orden des allerheiligsten Erlösers zu S. Agata und Scala* sind? Das Wichtigste des Ordenslebens in 44 Ratschlägen. Ist es Zufall, wenn Punk 41, der am sorgfältigsten von allen ausgearbeitet ist, die Sorge um die „armen Sünder, die fern von Gott leben", behandelt? Nein, gewiß nicht, denn als der Gründer zehn Exemplare davon nach S. Agata schickte, legte er folgende Worte, datiert vom 5. Juni, bei:

„Ich bitte Euch, dieses Büchlein mehrmals jährlich durchzulesen; zumindest soll es jede von Euch dann wieder lesen, wenn sie ihren persönlichen Einkehrtag hält.

Ich empfehle Euch allen besonders, die Erinnerung von S. 21, Nr. 41 in die Praxis umzusetzen; sie enthält den Rat, für die Sünder und vor allem für die Ungläubigen und die anderen Unglückseligen zu beten, die von der Kirche getrennt leben. Eine Ordensfrau, die nicht für die Sünder betet, beweist, daß sie nur eine geringe Liebe zu Jesus Christus hat. Wer ihn aber liebt, möchte, daß er von allen geliebt wird. Ich empfehle Euch also die Sünder...

Betet auch für mich, damit mir Jesus Christus einen guten Tod schenke; denn mich quälen grausame Ängste, und ich zittere beim Gedanken an die Rechenschaft, die ich Jesus Christus bald abzulegen habe...

Ich segne eine jede von Euch einzeln..."[10]

Den Schwestern von Scala brachte Alfons ebensoviel Zurückhaltung wie Liebe entgegen: er war dort oben nicht zu Hause. Aber sobald er Bischof geworden war, war das einzige von ihm gegründete Kloster das der Redemptoristinnen von S. Agata; und er liebte sie wie seine Töchter. Für sie also ist die letzte Veröffentlichung einer Feder, die ihrem Autor schon aus der Hand gleitet. Und im Mittelpunkt dieses Testaments: „die armen Sünder, die fern von Gott leben." Alfons' ganzes Leben und sein ganzes Werk stehen unter dem Zeichen dieser letzten Empfehlung: „Redemptoristin", Redemptorist sein — das gleiche Wort und doch weit mehr als ein Wort — bedeutet Fortführung des Lebens des Erlösers.

Nun veröffentlicht er nichts mehr, sondern widmet sich nur noch der 8. Auflage seiner *Theologia Moralis*, die er durch Aktuelles ergänzt und von jeglichem falschverstandenen Probabilismus reinigt. Anläßlich ihres Erscheinens im Oktober 1779 schreibt er an Remondini:

„Mit unsagbarer Freude habe ich sechs Exemplare meiner neuen Moraltheologie erhalten... Diese letzte Ausgabe läßt mich zufrieden sterben, hätte ich aber diese Neuauflage nicht mehr erlebt, wäre ich in Kummer gestorben[11]." Die 9. Auflage erscheint 1785 praktisch unverändert, allerdings nun nicht mehr in dem schweren Folio-Format, sondern endlich im Quart-Format, das der Autor schon so lange gewünscht hatte.

Diese große lateinisch verfaßte *Moraltheologie* von Mgr. von Liguori und ihre Kurzfassung *Homo apostolicus* sind zu Lebzeiten des Autors nicht nur in den zehn Staaten von Italien bekannt, sondern auch in Spanien, Portugal (wo diese Bücher sogar verurteilt werden); in Deutschland, Frankreich, Belgien, Österreich, Polen, Serbien und Bosnien; in Nord- und Südamerika, Indien und sogar in China.

Es hat sich eingebürgert, mit der *Bibliographie* von P. Maurice De Meulemeester zu sagen, daß Alfons 111 Werke veröffentlicht hat. Allerdings reicht diese Zählung vom kleinen, fünfseitigen Anhang hinauf zu den Quart-Bänden von 1.500 Seiten. Aber allein die kritische Ausgabe seiner *Aszetischen Werke*, deren Veröffentlichung derzeit im Gange oder in Ruhestellung(?) ist, umfaßt 18 Quart-Bände zu jeweils 400 bis 500 Seiten. Ist Alfons also ein weitschweifiger Schriftsteller, reich genug, um auf eigene Kosten zu drucken? Ganz im Gegenteil: ein Mann, der sich kurz faßt und stets verschuldet ist. Und dennoch einer der großen Erfolgs-autoren der Geschichte. Er hat bis heute etwa 20.000 Auflagen in mindestens 70 Sprachen erreicht. Shakespeare, der mehr als eine lange Generation vor ihm leb-te, ist zwar in 77 Sprachen übersetzt, hatte 1961 aber erst 10.602 Auflagen[12].

Wir wissen, daß Liguori zu seinen Lebzeiten 53 Verleger hatte. Die bei weitem bedeutendsten waren die Remondini in Venedig und Bassano: Giovanni Battista (1713–1773) und sein Sohn Giuseppe (1747–1811). Mit 18 Druckerpressen und mehr als tausend Arbeitern konnten sie mit ganz Europa, insbesondere Paris und Augsburg konkurrieren[13]. Alfons kam durch die 3. Auflage seiner *Moraltheologie* im Jahr 1757 zu ihnen und ruhte nicht, ehe sie nicht auch seine spirituellen Werke übernommen hatten, denn Venedig war die Kanzel, von der aus er zur ganzen Welt predigen konnte: es war nach Antwerpen das größte Buchzentrum der Welt. Und die Remondini fanden das Geschäft so gut, daß sie ihm schrieben: „Wann immer Ihr auch nur eine Seite zu drucken habt, schickt sie uns[14]."

Aber Venedig war weit von Neapel, und der Weg auf dem Land (Rom) oder dem Meer (Manfredonia) lang und unsicher. Seine Manuskripte durften keiner Gefahr ausgesetzt werden. So ließ Alfons also ein Werk, wenn es fertiggestellt war, in Neapel in gerade so vielen Exemplaren drucken, daß der Setzer beim Ver-kauf auf seine Rechnung kam; dann korrigierte er diesen gedruckten Text sorgfäl-tig, ließ seine Korrekturen gewöhnlich kopieren und schickte das fertige Werk dann an Remondini. „Verwendet gutes Papier, auch wenn der Preis dadurch et-was höher wird", flehte unser Autor oft Auflagen in 2–3.000 Exemplaren (mehr war beim Handdruck nicht möglich) folgten aufeinander. Aber auch die Neapoli-taner druckten zum großen Ärger Remondinis und ohne Rücksicht auf Alfons die nicht überarbeiteten oder von Fehlern durchsetzten Werke weiter. Andere Herausgeber in Turin, Mailand, Florenz, Rom, Benevent und Syrakus bemäch-tigten sich eines „Liguori" und schlugen Profit daraus. Das 1710 von Königin Anna Stuart erfundene *Copyright* war noch nicht bis in die Länder der Sonne vor-gedrungen. Erst die Revolution schuf auf dem Kontinent ein gültiges Statut für Autoren und deren Rechte. Bis dahin ließ der Herausgeber einen Schriftsteller, der noch in seinen Anfängen stand, alle Risiken selbst bezahlen; dem in seinem Handwerk bereits erfahrenen Schriftsteller dankte er durch einige Belegexempla-re; und der Galeerenarbeiter der Feder mußte sich noch glücklich schätzen, wenn er hin und wieder von seinesgleichen gelesen wurde: 50 Leser für ein ernsthaftes Buch, 500 für ein angenehmes Buch, sagte Voltaire[15].

Seinem Charisma für das Volk und seinem Gott getreu, sucht Alfons ein anderes Publikum und die Ehre eines anderen. Er weigert sich standhaft, Remondini, der ihn immer wieder darum ersucht, ein Portrait für die Titelseite seines Werks zu geben, wie es bei anderen wichtigen Autoren üblich ist. „Das wäre eine schöne Schande!" sagte er. „Und diese ägyptische Mumie gäbe eine seltsame Reklame für das Buch ab!" Don Verzella muß schließlich ein Loch in die Tür des Speisezimmers bohren und während der Mahlzeiten von Monsignore einen Maler davor postieren[16].

So wissenschaftlich und stichhaltig seine moralischen und theologischen Darlegungen auch sind, den wissenschaftlichen Apparat reduziert er auf ein Minimum. So veröffentlicht er 1759 eine *Abhandlung über das Verbot von Büchern* (De justa prohibitione et abolitione librorum nocuae lectionis) durch die Autorität der Kirche. Tanucci, für den allein der König Autorität besitzt, verdammt den königlichen Revisor ins Exil, den Drucker auf die Galeeren und das kleine Werk ins Feuer, Liguori gelingt es, ihn zu beruhigen, und das Werk wird ein schöner Verkaufserfolg. Aber das ist wieder eine andere Geschichte. P. Alessandro Di Meo hatte zu dieser Arbeit alle möglichen wissenschaftlichen Fußnoten beigetragen... die Alfons nicht veröffentlichte. Man machte ihm dies zum Vorwurf. „Wollt Ihr denn", so seine Antwort, „daß ich in der Welt als Gelehrter gelte[17]?"

Hier wird klar und deutlich eine bewußte Entscheidung getroffen, die gleiche Entscheidung, die im Jahr 1732 der hochgeborene und gebildete Cavaliere getroffen hatte, als er Neapel auf dem Rücken eines Esels verließ, um sich dem bescheidenen Volk der Armen anzuschließen. Durch einen Einsatz des Denkens und Ausdrucks, zu dem die „aufgeklärten" Männer unfähig waren, gelang es ihm, sich in einem so schlichten Italienisch auszudrücken, daß sich auch die Ziegenhirten des Südens darin zurechtfinden konnten. Erst sehr spät greift er zur Feder.

Aber zu welcher Feder? Ein Neapolitaner, P. Francesco Chiovaro, drückt es so aus:

„Der Druck ist für Alfons genau wie Musik, Malerei und Dichtung ein Mittel, das Evangelium unter den Armen zu verbreiten. Hätte Alfons nicht die Presse zur Verbreitung seiner Schriften gehabt, dann hätte er wohl keines seiner gemeinverständlichen Werke unternommen, eine Gattung, in der er unbestreitbar Meister ist. Er schreibt ohne literarischen Ehrgeiz, und hat, wie er selbst sagt, nur das eine Ziel, das Echo seiner Worte zu vervielfachen, um so viele Menschen wie möglich zu erreichen. Nicht auf der Ebene einer *Elite:* er will ein „Lehrer" der Masse sein; er schreibt für den Mann von der Straße. Paradoxerweise wird gerade diese Geringachtung der literarischen Gesetze zur Grundlage seines Erfolgs: in seinen Büchern findet man die beste religiöse Prosa des 18. Jahrhunderts in Italien.

Natürlich hat er es sich nie träumen lassen, daß er eines Tages Kirchenlehrer würde! Das interessierte ihn auch nicht, denn er hielt sich selbst für einen einfachen Katecheten. Der Schulmeister erwartet nicht, Doktor *honoris causa* der Sorbonne oder des Collège de France zu werden. Als ihm viel früher als jedem anderen Kirchenlehrer die Ehre dieses Titels zugesprochen wurde, da wird der gute Heilige in seinem Himmel gewiß der erste gewesen sein, der die Sache überspielt hat.

Der Titel, der ihm offiziell diese Ehre einbrachte, war seine *Moraltheologie.* Ein Werk, das nicht direkt für das einfache Volk, aber auch nicht für die Professoren oder spitzfindigen Erforscher von Gewissensfällen bestimmt war. Er schrieb sie als Handbuch für Beichtväter – zunächst für seine Mitbrüder –, die es sich, fern von den Diskussionen der theologischen Schulen, zur Aufgabe gemacht haben, die Grundsätze des Evangeliums in die Herzen dieses Volkes zu tragen. Dann aber erging es ihm wie allen Versuchen, eine kulturelle Mode von außen her zu wandeln: die Spezialisten der Moral bemächtigen sich seines Werkes und entfachten eine Polemik, die auch den Autor mit einbezog und die nach seinem Tod noch lebhafter wurde.

Den – wenn auch nicht offiziellen – Titel eines Lehrers des Volkes Gottes dagegen erwarb sich Alfons durch *Die Herrlichkeiten Mariens, Die Besuchungen beim Allerheiligsten Altarssakrament, Die Grundsätze für die Ewigkeit, Die Vorbereitung zum Tode, Die Übung der Liebe zu Jesus Christus, Das Gebet, das große Mittel zur Erlangung der ewigen Seligkeit,* um nur die bedeutendsten und bekanntesten zu nennen. Er verstand es, die religiösen Bedürfnisse des Volkes zu erraten und ihm im Ton des populären Glaubens und Empfindens zu antworten[18]."

Zu diesem Zweck mußte er sich eine Schriftsprache schaffen.

Das italienische Volk des 18. und 19. Jahrhunderts sprach nicht italienisch. Es sprach piemontesisch oder lombardisch, venetianisch oder die Sprache der Romagna, neapolitanisch oder kalabresisch. Italien hatte zwar eine literarische Sprache – das Toskanische –, die von den Intellektuellen verstanden, von ihnen und für sie geschrieben wurde, die Italiener aber sprachen alle ihren jeweiligen Dialekt. „Das Toskanische", sagte Ugo Foscole (1778–1827), „ist für die Italiener eine Fremdsprache, eine Schriftsprache, die man nicht sprechen kann."

Die Hauptursache lag darin, daß dieses Toskanisch zur Zeit der Renaissance im langen und steif-feierlichen lateinischen Satzbau nach Ciceronianischen Maßstäben geformt wurde. Die Lebhaftigkeit des italienischen Geistes, wie sie sich in den Dialekten entfaltet, war hier in Ketten gelegt. Gennaro Sarnelli, Gabriele D'Annunzio (1863–1938), Benedetto Croce (1866–1952), wie auch viele unserer Zeitgenossen, die nur in römischer Toga schreiben können, sind gerade deshalb „langweilig und oft unerträglich[19]".

Alfons stieß bei den Plädoyers seiner Jugend am Gericht von Neapel zweifellos in dasselbe feierliche Horn. Er wäre sonst vor seinesgleichen erbärmlich dagestanden und für seine Klienten verheerend gewesen. Doch ließ er diesen Stil in den Hallen des Justizpalastes zurück, sprach bei den *Cappelle serotine* neapolitanisch und schuf – man beachte dieses Wort –, schuf ein lebhaftes und volkstümliches Schrifttoskanisch. Kein vulgäres und inkorrektes Italienisch (1750 verfaßte er für seine Studenten eine kleine italienische Grammatik in neun Kapiteln: *Avertimenti per la lingua toscana*[20]). Ganz im Gegenteil: ein Italienisch, das „klassisch" geworden ist, und das auch das Volk von heute noch sehr gut versteht. Denn Alfons hatte das Gespür, aus der damals noch in der Entwicklung begriffenen Sprache die einfachsten Wörter, die angenehmsten Formen auszuwählen: Wörter und Formen, die gerade aufgrund der Gesetze der Sprachentwicklung bleiben.

Aber wer wird dieses Volkstoskanisch, das er spricht und schreibt, das er für die von der Kultur „Verlassenen" und nicht für die Schriftsteller schreibt, wer aus diesem Volk von Analphabeten wird es lesen? Es wird gelesen, denn noch zu seinen Lebzeiten kommt es zu zahlreichen Ausgaben und Übersetzungen.

Zunächst einmal die vielen, viel zu vielen Priester, Klosterfrauen, Ordensmänner; sie sind keine „großen Geister", also lesen sie Liguori. Sie lesen ihn allein, sie lesen ihn in der Gemeinschaft; oder in der Kirche zur *Vita divota*, die sie dort, wo eine Volksmission stattgefunden hat, jeden Morgen und Abend abhalten. Das Volk hört also die *Besuchungen*, die *Herrlichkeiten Mariens*, die *Betrachtungen über die Passion*. Es hört Liguori, findet Geschmack an ihm, bringt ihn in seine Spinnstuben. In diesen Spinnstuben, die im Winter zum täglichen Leben der Adeligen, Bürger und Bauern gehören, wird erzählt, wird vorgelesen. Während die Frauen spinnen oder nähen, die Männer ihre Pfeife schmauchen oder ein Werkzeug reparieren, liest ein Mann oder eine Frau im Schein einer Kerze oder nur im Licht des Kaminfeuers für alle vor. Es ist nicht immer nur der Almanach oder ein Buch über Gartenbau, Küche oder Gesundheit; oft sind es auch Katechismen, Berichte aus dem Evangelium, Heiligenleben, Bücher, die den Glauben und das Gebet stärken. Auch im ärmsten Viertel, im kleinsten Dorf findet sich immer ein Vorleser: der Pfarrer, der „Onkel Priester" (welche Familie hätte nicht den ihren?), der Kantor der Pfarrgemeinde, der heimgekehrte Soldat, die Frau, die das *conservatorio* besucht hat. Wichtig ist nur, daß der Text schlicht ist und Einzelheiten enthält, die sich der Zuhörer merkt, die er nachspricht, so daß er selbst zum Erzähler wird[21].

Noch stärker prägen sich dem Volksgedächtnis die ungefähr 50 *Canzoncine* ein, die der Missionar der kleinen Leute über ein halbes Jahrhundert hinweg dichtet und komponiert. Wir müssen nicht versuchen, ihn zu würdigen, indem wir ihn mit Dante oder Metastasio vergleichen. Denn er ist auch hier ganz er selbst: ein Mystiker, der den Aufschwung seines Glaubens und seiner Liebe mit dem ganz einfachen Volk der Landgebiete und der Elendsquartiere teilt. Die Musikalität der Worte, der Rhythmus der Strophen, die Süße der Melodien, das Feuer der Empfindungen versagen sich jeder Übersetzung. Man muß sie sprechen, muß sie auf italienisch oder neapolitanisch singen. Im Übrigen hat ihm „die Jury" ihre Stimme gegeben: die Stimme eines Volkes, das Liguori singt.

Mgr. Mario Palladino schrieb zu Beginn unseres Jahrhunderts: „Nur Alfons von Liguori hat Italien das Volkslied in seiner Vollkommenheit gegeben. Noch heute, nach hundertfünfzig Jahren, klingen seine Lieder durch unsere Täler und über unsere Berge und haben wie jede Dichtung die Frische ihrer Jugend behalten. Wie viele Dichter haben seit dieser Zeit inmitten unserer literarischen Umwandlungen die Volksdichtung versucht! Sie wurden einen Augenblick lang gerühmt, dann hat sie das Volk wieder vergessen, während Alfons, sein wahrer, sein sanfter Dichter, in seinem Gedächtnis bleibt[22]."

So lebendig, daß er zum Atem dieses Volkes geworden ist. Kein Weihnachten, ohne daß in den Kirchen und über den Äther sein *Tu scendi dalle stelle, o Re del Cielo* ertönt, das er eines Abends in Nola komponierte. „Ohne dieses Hirtenlied des hl. Alfons ist Weihnachten nicht Weihnachten", wird einst Giuseppe Verdi nach der Weihnachtszeit 1890 im Palazzo Doria von Genf sagen[23].

48. „Wille des Papstes, Gottes Wille!" (1777–1781)

Die Zugeständnisse Clemens XIV. hatten den Hunger der Regalisten nur noch angestachelt. Mit Pius VI. war Tanucci daher mehr und mehr nach seinem Belieben umgesprungen und hatte im Namen seiner Marionette von einem König in allen kirchlichen Belangen unverfrorene Gesetze erlassen. 1775 mußten die Neapolitaner es hinnehmen, daß er ihnen die Reise zum Jubiläumsablaß nach Rom untersagte. Ferdinand IV. hatte ganz einfach den Besuch der römischen Basiliken durch den der Basiliken von Neapel ersetzt. Der neue Erzbischof Serafino Filangieri, dessen Ernennung Liguori nichts Gutes zu verheißen schien[1], hatte sich als schändlich höfisch und regalistisch erwiesen: er hatte aus seinem Titel das Attribut eines Bischof „durch die Gnade des apostolischen Stuhls" rundweg gestrichen. Auf die Weigerung des Papstes, ihn zum Kardinal zu ernennen, hatte Tanucci geantwortet, der König lasse es sich nicht nehmen, einigen hohen Würdenträgern des Königreichs den Purpur zu verleihen. Man war auf dem Weg zu einer Nationalkirche, deren Bischöfe von der staatlichen Macht ernannt und damit nur deren willige Instrumente werden sollten; einer von Rom abgeschnittenen Kirche vor allem, deren Ansprüche auf die Souveränität man — und hier nicht ohne Grund — verabscheute.

In diesem Klima kam es 1776 zum Vorfall der *chinea*. Seit Jahrhunderten war es üblich, daß Neapels Botschafter beim Heiligen Stuhl dem Papst alljährlich am Fest der Apostel Petrus und Paulus zum Zeichen des Vasallentums 7.000 Golddukaten auszahlte. Er brachte sie auf einem weißen Zelter, der *chinea*, feierlich nach Sankt Peter. Die Neapolitaner empfanden gegen diesen Tribut verständlicherweise wachsende Abneigung, auch wenn sie ihn — welche Ironie! — dem Stellvertreter dessen zahlten, der da gesagt hat: „Mein Reich ist nicht von dieser Welt".

Als Fürst Colonna, der Botschafter Ferdinands IV., sich am 29. Juni mit großem Pomp zur Präsentation des Zelters in den Vatikan begab, entstand im Gefolge zwischen seinen Pagen und denen des Gouverneurs von Rom ein Streit um den Vorrang. Tanucci machte diesen Lakaienstreit zu einer Staatsaffaire und ließ dem Papst im Namen des Königs schreiben: „Die Erfahrung hat gezeigt, daß ein Akt der reinen Verehrung, wie die Präsentation des Zelters, zur Quelle des Ärgernisses und einer Gelegenheit der Unordnung werden kann. Der König hat nach reiflicher Überlegung entschieden, daß die Zeremonie in Zukunft nicht mehr stattfinden wird... Vernunft, Überlegung, Menschlichkeit, Gerechtigkeit und eine weise Voraussicht haben dem König diesen Entschluß diktiert, da die Form dieser Ehrerbietung ausschließlich von seinem souveränen Willen, der Inspiration seiner Frömmigkeit und seiner religiösen Herablassung abhängt."

„Die Inspiration seiner Frömmigkeit" ließ ihn die *chinea* noch einmal im Jahr 1777 darbieten, „aber lediglich als Zeugnis der Verehrung für den Apostelfürsten": Dies war, trotz der Proteste, die Pius VI. Jahr um Jahr vorbrachte, auch das allerletztemal[2]. So herrschte also zwischen Rom und Neapel zehn Jahre und länger ein Klima des Kriegs, ein Klima, das man nie aus den Augen verlieren darf, wenn man die unerwarteten Ereignisse, die Alfons' letzte Jahre so schmerzlich bestimmen sollten, verstehen will.

Durch diesen spektakulären Bruch glaubte Tanucci wohl, seine Unabsetzbarkeit gefestigt zu haben! ... Aber er hatte nicht mit Maria-Karoline gerechnet. Die Königin war eine Tochter Maria Theresias von Österreich und Schwester Josephs II., des „Sakristans", und der unglücklichen Marie-Antoinette. Sie konnte weder diesen Tölpel Ferdinand IV. noch diesen alten Potentaten Tanucci lieben. Sie liebte, genau wie ihre Mutter, eher die Macht. Die Kaiserin hatte im Heiratsvertrag ihrer Tochter ausbedungen, daß die junge Königin mit beschließender Stimme zu den Sitzungen des Staatsrates zugelassen werden müsse, sobald sie der Krone von Neapel einen Erben geschenkt habe. 1775 wurde ein Kronprinz geboren. Maria-Karoline überzeugte ihren königlichen Gatten, daß nun die Vormundschaft des Papa — des Königs von Spanien — lange genug gedauert habe. Nun wollte Österreich an die Reihe kommen. Am Samstag, dem 25. Oktober 1776, verabschiedete Ferdinand den greisen Tanucci, der den Bourbonen 49 Jahre lang gedient hatte, und ersetzte ihn unter dem Einfluß Josephs II. durch seinen Botschafter in Wien, den Marquese della Sambuca, Beccadelli Bologna.

Mgr. von Liguori mußte sich über diesen Wandel an höchster Stelle freuen. Wir haben den erbarmungslosen Prozeß Maffei-Sarnelli, der noch immer gegen ihn und sein Institut in der Luft hing, nicht vergessen, und die Lage hatte sich in den letzten beiden Jahren außerordentlich verschlechtert. Durch ein Dekret vom 13. Oktober 1775 hatte Tanucci drei Kommissare beauftragt, Untersuchungen und Nachforschungen in dieser alten Angelegenheit anzustellen. An ihre Spitze hatte er den Finanzrechtsanwalt der Junta der Mißstände, Ferdinando de Leon, einen agressiven und offenen Agnostiker gestellt, der nichts lieber tat, als Mönche, Jesuiten und Redemptoristen zu vernichten[3].

Hinterlistig und wirksam ließ F. de Leon die Lokalklagen von Maffei und Sarnelli fallen und konzentrierte seinen Bericht auf Hauptanklagepunkte, für die es kein Pardon gab: die Patres haben im Widerspruch zum königlichen Erlaß von 1752 Besitz erworben; sie bilden eine Kongregation, da sie Lokalobere, Novizen und Studenten haben; sie partizipieren an den Vollmachten und Privilegien anderer Ordensgemeinschaften; sie haben in den päpstliche Staaten Häuser gegründet, um die Schätze des Königreichs zu exportieren; vor allem aber, und das wiegt am schwersten, sind sie Nachfahren der Jesuiten, da sie dieselbe autoritäre Leitung und dieselbe lockere Moral haben.

Außerdem, „in einem Land, das bereits 75.000 Priester und Ordensleute hat, brauchen wir keine neuen Kongregationen und neue Berufungen" ... Die scheinbare Nützlichkeit der Unterweisung armer Dorfbewohner? Alles Schlechte hat einmal gut angefangen. Hat man je eine Sekte auf der Welt gesehen, die sich nicht unter schönem Anschein dargestellt hätte? Allmählich aber kommen dann Fanatismus, Ehrgeiz ...

„Eure Majestät mögen versichert sein", schließt der Rechtsanwalt in seinem Bericht: „daß ohne starke und wirksame Abhilfe auch diese neue Kongregation wachsen wird. Die anderen haben sich inmitten von Anfechtungen erhoben; diese wird sich in derselben Weise ausbreiten. Sie werden günstigere Zeiten abwarten, und dann wird die gegenwärtige Kontroverse den Ruhmestaten ihres Instituts zugezählt werden! Und mein Name, der sonst nur verdient, in Dunkelheit zu versinken, wird im *Leben Don Alfons von Liguoris* gemeinsam mit jenen in die Geschichte eingehen, von denen es dann heißen wird, der Dämon habe sie gegen seine Kongregation erweckt, wie er es immer gegen die Werke Gottes tut[4]."

Ja, lieber Ferdinando de Leon, wir halten uns an die Verabredung!

Um diesem Dossier größere Chancen zu geben, hatte es der Premierminister im Januar 1776 der *Real Camera* entzogen und der Junta der Mißbräuche übertragen, diesem Ausnahmegericht, das er selbst geschaffen hatte und in dem er den Vorsitz führte. Das war bereits eine Disqualifikation, ja fast eine Verurteilung.

„Wir haben heute Morgen schöne Neuigkeiten erfahren", schreibt Alfons an P. Angelo Maione, seinen persönlichen Vertreter in Neapel. „Ich sage *schöne:* damit wir uns dem Willen Gottes anheimstellen können.

Sollten sich diese Nachrichten als richtig erweisen, dann bleibt uns keine Hoffnung mehr als Gott. Aber Gott ist mächtiger als Tanucci und all die anderen[5]."

Wir wissen, daß neun Monate später ein kleiner Nasenstüber von Maria-Karoline den Koloss zu Boden stürzte. Auf Bitten Alfons' und befreundeter Bischöfe brachte der Marquese della Sambuca den Prozess Maffei-Sarnelli schon bald (am 7. März 1777) wieder an die *Real Camera* und zu deren Präsidenten Baldassare Cito zurück.

An diesen alten Studien- und Spielgefährten also, an diesen Höchsten Gerichtshof, an dem er ausgezeichnete Freunde hat, möglicherweise sogar an Carlo De Marco persönlich, richtete Alfons ein vertrauliches Memorandum, in dem er F. de Leons Anschuldigungen zurückweist:

„Man behauptet, die Tatsache, daß wir in unseren Häusern Obere und Verantwortliche haben, liefe dem *dispaccio* von 1752 zuwider ... Wie sollte das vom König erlaubte Zusammenleben möglich sein ohne Unterwerfung? Auch Arbeiter, auch Schafe brauchen einen, der sie leitet. Nennt sie Rektoren, Prioren oder wie immer Ihr wollt, es ist einfach nötig, daß sich Menschen, die gemeinsam leben, jenen unterordnen, die das Werk und seine Mitglieder führen. Andernfalls wird die Gemeinschaft zu einer Gruppe von Taugenichtsen, die den ganzen Tag untereinander uneins sind; denn dann will jeder tun, was ihm gefällt, und die anderen in seinem Sinn bestimmen. Vor allem bei den Missionen würde das ein schönes Durcheinander und ein Ärgernis für die Bauern werden.

Man wirft uns vor, ein Noviziat und Studentat zu unterhalten. Noch einmal, nennt diese Ausbildungsstätten, wie Ihr wollt. Müssen wir denn zur Aufrechterhaltung des Werks der Volksmissionen nicht die Mitglieder, die ausfallen, durch neue ersetzen? In dem genannten Dekret heißt es, der König wünsche, daß das Werk in seinem ersten Eifer beharre. Wie aber soll das geschehen, wenn nicht neue Mitglieder an die Stelle der Verstorbenen oder derer treten, die unsere Gemeinschaft wieder verlassen? ...

Bereits ausgebildete Mitglieder und Priester nehmen? Woher sollen wir denn solche fertigen Missionare nehmen? ... Sie sind wohl versorgt und haben keine Lust, unser armseliges Leben zu teilen. Vor allem dann, wenn sie nicht mehr ganz jung sind. Wer will schon bei all den Reisen durch Berge und Einsamkeit, in Regen und Schnee und in der Gefahr, dabei umzukommen, Leben und Gesundheit riskieren? ... Wenn wir die Jungen wegschicken müssen, die sich uns anschließen wollen, dann können wir das Werk nicht mehr in seinem ersten Eifer erhalten, sondern zerstören es[6]."

Stammt dieses undatierte „Plädoyer" aus dem Jahr 1777 oder 1778? Es macht langsam seinen Weg, und am 12. April 1779 konnte der Pater an Maione schreiben:

„Mein lieber P. Angelo, jetzt scheint mir die Sache auf dem rechten Weg zu sein. Überlassen wir sie Jesus Christus, denn er hat in unseren Verfolgungen schon Wunder gewirkt, wie Ihr sehr gut wißt. Ich bin sicher, daß er nicht dulden wird, daß sein Werk zugrunde geht, ein Werk, das den armen Sündern zu so großem Segen gereicht. Aus Kalabrien, Apulien, der Basilicata, der Diözese Benevent, aus Sizilien und dem römischen Kampanien erhalte ich immer wieder Briefe über die Arbeit unserer Patres und das Gute, das sie wirken, Briefe, über die ich zutiefst gerührt bin. Gott sei dafür in alle Ewigkeit gelobt!

Ich glaube nun, daß es gut wäre, den Großalmosenier zu informieren. Dann weiß er, worum es geht, wenn eine Anordnung erlassen wird; aber handelt in diesem Fall ganz nach Eurem eigenen Gutdünken...

Gesundheitlich geht es mir schlechter, aber ich versichere Euch, daß ich nur zu glücklich sterben werde, wenn mich Jesus Christus und die Muttergottes noch erleben lassen, daß die Ruhe unserer Häuser endlich gesichert ist[7].“

Alfons erwartete also eine günstige Regelung. Tatsächlich veröffentlichte Carlo De Marco am 21. August 1779 im Namen des Königs ein *dispaccio,* das die Nützlichkeit des Missionswerks formell anerkannte, die Existenz der vier Häuser von Ciorani, Nocera, Deliceto und Caposele autorisierte, die Ernennung von Oberen billigte und die Aufnahme von Nachwuchskräften zur Heranbildung für die Aufgabe des Instituts gestattete. Damit war die Anklagerede von Leons Anwalt zunichte gemacht. Natürlich war von den Gelübden nicht die Rede. Doch war dieses Dekret im Verhältnis zum Erlaß von 1752 ein großer Sprung nach vorne und zugleich eine Hoffnung, Schritt um Schritt weiterzugelangen. „Und wenn der Großherzog der Toskana persönlich hierher gekommen wäre“, sagte Leons Anwalt voller Zorn immer wieder, „hätte er dem Hof nicht das abringen können, was diese vier Pfaffen erreicht haben[8]!“

„*Gloria Patri et Filio et Spiritui Sancto!*“ schreibt Liguori zwei Tage später an Maione. „P. Cimino hat mir das Dekret ganz langsam vorgelesen. Ich werde drei Dankmessen lesen.

Danken wir also von ganzem Herzen Jesus Christus und der Jungfrau Maria, der ich diese Sache ganz besonders anempfohlen hatte.

Ich danke Herrn De Marco, dem Großalmosenier und auch Euch, der Ihr Euch so sehr dafür eingesetzt habt, daß diese wichtige Verhandlung zum Erfolg geführt hat...“

Gesundheitlich geht es mir schlechter; aber ich versichere Euch, daß ich nur zu glücklich sterben werde, wenn mich Jesus Christus und die Muttergottes noch erleben lassen, daß die Ruhe unserer Häuser endlich gesichert ist[9].“ In dieser aufkeimenden Hoffnung richtete der Stifter an seine Söhne gleichsam sein geistliches Vermächtnis:

„Mein fortgeschrittenes Alter und mehr noch die ständigen Krankheiten, die mich unaufhörlich quälen, bringen mich zu der Überzeugung, ... daß dies, meine geliebten Patres und Brüder, meine letzten Empfehlungen an Euch sind.

Gewiß, ich habe allen Grund, mich zu freuen, denn wie man mir sagt, blühen in unseren Häusern Observanz und Regelmäßigkeit, und jeder einzelne verfolgt das Ziel, dessentwegen der Herr ihn in das Institut hat eintreten lassen. Aber es ist zu meinem großen Schmerz leider auch wahr, daß sich verschiedene Regelwidrigkeiten in die Kongregation eingeschlichen haben, vor allem was die Missionen betrifft. Hier muß daher um jeden Preis Abhilfe geschaffen werden."

Er erinnert in diesem Zusammenhang an die Einfachheit der Nahrung und das betrachtende Gebet, „denn der apostolische Arbeiter muß zunächst einmal über sich selbst im klaren sein, ehe er den anderen Klarheit bringen kann; und wenn er die Flamme der Gottesliebe im Herzen anderer entfachen will, muß er zuerst selbst die Glut in sich tragen."

„Vor allem dürfen wir von den Gemeinden nie, niemals (und dieser Punkt ist außerordentlich wichtig) Spesen, Geschenke oder Geld annehmen. Damit würden die Missionen verabscheuungswürdig, und wir liefen Gefahr, die Wertschätzung der Missionen, die die einzige Daseinsberechtigung des Instituts unseres Allerheiligsten Erlösers sind, zu zerstören oder zumindest zu schwächen…"

Es folgen einige Punkte über die innere Observanz, und dann:

„Diese Empfehlungen hat mir meine Zuneigung zu Euch eingegeben, und ich möchte, daß sie sorgfältig beachtet werden. Darum bin ich fest entschlossen, solange es Gott zuläßt, alljährlich einen Visitator zu schicken, der an meiner Stelle alle Häuser besucht…"

Alles in diesem Rundschreiben ist von der Hoffnung auf eine gefestigte Zukunft getragen.

Es kommt noch besser: am 22. Oktober beauftragt Premierminister della Sambuca Mgr. von Liguori und seine Missionare, im Königreich die *Crociata* zu predigen. Es ging darum, die Kriegsflotte gegen die „Türken" zu stärken, die die neapolitanischen und sizilianischen Küsten heimsuchten, brandschatzten, die Menschen töteten und Christen nach Tunis, Algerien oder Tripoli verschleppten. Della Sambuca wollte lieber freiwillige Spenden lockermachen als die Steuern erhöhen. Er erreichte vom Papst, was Maria-Karoline noch nicht zu gewähren wagte: eine Kreuzzugsbulle, die jenen spirituelle Vorteile zugestand, die für die Werften Ihrer Majestät ihre Börse erleichterten. Mgr. Filangieri wurde zum Generalkommissar des „Kreuzzugs" ernannt. Im Februar 1778 ließ er einen Hirtenbrief verlesen, der die öffentliche Meinung aufrütteln sollte. Aber keiner griff sonderlich tief ins Portemonnaie… Da entsann sich die Regierung jener Redemptoristen, denen sie gerade gleichsam ein zweites Leben zugestanden hatte.

In Alfons Adern floß das Blut des Galeerenkapitäns. Vor allem aber sah er hier die einmalige Gelegenheit, endlich zur vollen Anerkennung zu gelangen. So ließ er also ein vom 8. November 1779 datiertes pompöses Rundschreiben drucken, das folgendermaßen begann:

„Alfons Maria von Liguori, durch Gottes und des apostolischen Heiligen Stuhls Gnaden Bischof und Rektor Maior der Missionspriester der Kongregation vom Allerheiligsten Erlöser.

Mit größter und unaussprechlicher Freude unseres Herzens haben wir mit der Post ein hochachtbares königliches *dispaccio*, ausgestellt vom Ersten Staatssekretariat, erhalten, in dem die königliche Majestät geruht, uns ausdrücklich aufzutragen, mit Euer aller Eifer, meine Mitbrüder, das große Werk der *S. Crociata* durchzuführen und zu unterstützen, das von Seiner Majestät dieses Königreichs aus den in diesem *dispaccio* genannten Gründen gewünscht wird, das wir Euch als Richtschnur zur Kenntnis bringen. Es hat folgenden Inhalt: ‚Monsignore. —

Da der König die unablässigen Mühen Eurer Missionare vom Allerheiligsten Erlöser zur Unterweisung des Volks und seiner Hinführung zur wahren Frömmigkeit und Religion, sowie den heiligen Eifer, mit dem sie überall die Prinzipien der gesunden Moral verbreiten, um gute Bürger und Christen heranzuformen, kennt, hat Seine Majestät beschlossen, das Werk der *Crociata*, das ausschließlich zum Heil der Seelen aller Gläubigen und zum größeren Nutzen des Staates unternommen wird, in seiner Planung und Durchführung dem Eifer besagter Missionare anzuvertrauen: sie wünscht daher, daß Euer Hochwohlgeboren in seiner Eigenschaft als Gründer und Rektor Maior derselben ihnen im Namen des Königs ausdrücklich Anweisungen gibt, überall dort, wo sie Missionen abhalten, so oft wie möglich die Ablässe und anderen in der Bulle aufgeführten Gnaden zu erklären. Gleichzeitig sollen sie den treuen Vasallen Ihrer Majestät darlegen, wie dringend unsere Marine einer Unterstützung bedarf, um die fortwährenden Angriffe der Mohammedaner zurückzuschlagen, die der Religion und dem Staat beträchtlichen Schaden zufügen…'"

Man beachte die Ausdrücke „heiliger Eifer" und „gesunde Moral", die der Premierminister hier verwendet, und den Begriff „Kongregation", den Alfons zu verwenden wagt. Der Wind hatte sich offensichtlich gedreht!

Seit 1777 hatten Alfons' Rechtsanwälte und einige Mitbrüder diesen Wandel festgestellt. Ohne gleich ein *exequatur* für die von Benedikt XIV. anerkannte *Regel* zu erhoffen — dagegen stand das politische Klima zwischen Rom und Neapel —, hielten sie doch die Zeit für gekommen, den König um „eine innere Regelung" zu bitten, die der 1752 von Karl von Bourbon festgelegten äußeren Regel entsprechen sollte. Es ging natürlich keineswegs darum, die kanonischen *Regeln und Konstitutionen* anzutasten, es sollte für die Kongregation lediglich eine rechtliche Grundordnung geschaffen werden. Der *Cappellano maggiore* Mgr. Matteo Testa war ebenfalls dieser Meinung und gab Anlaß zur Hoffnung. Der Jurist Liguori, der den Zivilstatus eines Werkes durchaus von seinem Ordensstatus zu unterscheiden wußte, setzte sich intensiv dafür ein. Er beauftragte insgeheim die beiden Generalkonsultoren Angelo Maione und Fabrizio Cimino mit der Sache. Auf Gerüchte, die seine Absichten entstellt wiedergaben, antwortete er am 4. September 1779 entschieden an P. Barolomeo Corrado:

„Ich habe gehört, daß einige argwöhnen, ich wolle neue, von den alten verschiedene Regeln einführen.

Wie konnte nur jemand so etwas von mir annehmen, der ich doch immer eifersüchtig über der Einhaltung dieser Regel gewacht habe? Ich habe die Kongregation stets nach ihren Vorschriften geleitet und werde bis zum letzten Atemzug mit allen meinen Kräften darüber wachen, daß die Regel auch nicht im kleinsten Detail verändert wird."

Das ist klar und deutlich. Doch läßt der Generalsuperior die rein formalen Verhandlungen unerwähnt — er mußte es auch —, die dem Institut endlich die gesetzliche Anerkennung bringen sollten. Er erklärt sich 1780 in einem langen, nicht datierten Memorandum an Pius VI. darüber: „Allerheiligster Vater, hier die Tatsachen, wie sie sich zugetragen haben…

Wir hatten das königliche *exequatur* für das apostolische Breve, das unsere Regel approbierte, noch immer nicht. Angesichts der Angriffe Baron Sarnellis und des Finanzvertreters Leons konnten wir nur durch eine königliche Zustimmung, die uns die gleiche Garantie wie das *exequatur* gewährte, der Aufhebung entgehen. Die Dinge lagen günstig, da Seine Majestät die Oberen und anderen Amtsträger zur inneren Leitung der Häuser gebilligt hatte. Man erklärte mir, es sei notwendig, dem König die von Benedikt XIV. approbierte Regel in ihrer Substanz, allerdings dem Inhalt der königlichen Dekrete von 1752 und 1779 entsprechend modifiziert und der Rechtssprechung des Königreichs angepaßt, vorzulegen. Das war die Meinung unserer Rechtsanwälte und meiner Berater. Man gab mir außerdem zu verstehen, daß hierüber strengste Geheimhaltung nötig sei, wenn man eine so entscheidende Verhandlung nicht kompromittieren und zum Scheitern verurteilen wolle.

Daher beauftragte ich einen meiner Konsultoren, P. Angelo Maione, der wegen des Prozesses Maffei-Sarnelli in Neapel lebte, diese Sache zu einem guten Ende zu führen; die Verhandlungen begannen. Ich selbst hatte in Nocera zu meiner Unterstützung einen weiteren Konsultor, P. Fabrizio Cimino, in dessen Treue ich vollstes Vertrauen hatte. Meine Mitbrüder hatten Wind von diesen Verhandlungen bekommen, und so wollte man in fast allen Häusern des Königreichs wissen, welche Regel nun dem König vorgelegt würde. Ich war willens, sie zufriedenzustellen: hatten sie nicht das Recht, in einer so heiklen Angelegenheit, die alle betraf, auf dem laufenden zu sein? Doch hielt mich die Sorge, die mir meine beiden Konsultoren eingaben, davor zurück. Sie sagten, daß damit eine für den gesamten Corpus des Instituts unerläßliche Verhandlung für alle Zeiten verdorben würde; Baron Sarnelli könnte davon hören und ein Rekurs seinerseits würde alles ins Stocken bringen[10]."

Die Zweideutigkeit der Situation wird in folgendem neuerlichen Dementi Alfons' vom 15. Dezember an P. Corrado spürbar:

„Ich habe Euren Brief erhalten und Wort für Wort durchdacht. Ich nehme doch an, daß Ihr nicht glaubt, ich wolle Euch enttäuschen oder eine Lüge aussprechen, oder aber, daß ich meinen Verstand schon so weit verloren habe, daß ich auch nur die geringste Änderung der Regel zulassen würde. Mehr sage ich nicht. Wenn man sich dann weigert, mir noch zu glauben, was kann ich machen? Ich werde es auf die Liste meiner Sünden setzen.

Alle diese Gerüchte bereiten mir großen Kummer, denn ich sehe klar, daß der Dämon es ist, der sie verbreitet, um uns zu beunruhigen. Ich wiederhole: ich bestätige Euch bei meinem Gewissen, daß nichts gegen die Regel oder die Observanz der Kongregation geschieht. Wenn Ihr mir nicht glauben wollt, *pazienza*[11]!"

Die Angelegenheit war in guten Händen: Der Großalmosenier Mgr. Testa wußte, wie weit man den Regalisten nachgeben mußte, und ihm lag daran, die Angelegenheit seines alten Freundes Liguori zum Erfolg zu führen. Maione hatte keinen anderen Wunsch. So verfaßten sie fürs erste ein völlig neues Pseudo-*Regolamento*. Die vier Gelübde wurden ersetzt durch einen Eid der Keuschheit und des Gehorsams. Von Armut und Gemeinschaftsleben war nicht mehr die Rede. Anstelle von Gelübde und Eid der Beharrlichkeit stand nun die Aussage, daß die Mitglieder das Institut jederzeit nach ihrem Belieben wieder verlassen konnten. Die äußere Leitung der Kongregation war den Bischöfen zugewiesen. Der Rektor Maior behielt nur noch die Leitung *ad intra*, und seine ohnehin stark reduzierten Vollmachten gingen großteils an seine Konsultoren über. Die alle neun Jahre abzuhaltenden Generalkapitel blieben unerwähnt; viele andere Vorschriften von geringerer Bedeutung schienen nicht mehr auf. Um dem *Regolamento* wirklich einen zivilen Anstrich zu geben, wurde erklärt, die Kongregation verdanke ihre Existenz den königlichen Dekreten von 1752 und 1779. Sie waren dem Text beigefügt und sollten unverletzlich von allen eingehalten werden. Die Regel Benedikts XIV. war also durch eine königliche Anordnung ersetzt worden.

Alfons war ein zu subtiler Jurist, um darin einen gravierenden Nachteil zu erblicken. Handelt es sich hier denn nicht nur um ein Dokument, das die Kongregation dem Staat gegenüber situierte? 1777 hatte er in einem Memorandum an die *Real Camera* geschrieben, „das königliche Dekret von 1762 sei der Grundstein des Instituts"[12]. Unter intelligenten Menschen mußte man sich doch verstehen! Er hätte aber bestimmt abgelehnt, daß diese für das zivile Forum bestimmten Aussagen den praktischen Ausschluß der von Benedikt XIV. approbierten grundlegenden religiösen Dispositionen bedeuten könnten. Der Text mußte ihm jedenfalls noch einmal vorgelegt werden, ehe er an die Regierung ging. Ende September 1779 kam Maione auch nach Pagani, um dem Rektor Maior den Plan vorzulegen. Aber...

Aber Mgr. von Liguori war 83 Jahre alt; seine schwachen Augen erschwerten ihm jede Lektüre; seine Taubheit hinderte ihn, lange Berichte anzuhören. Maiones Manuskript war sehr klein geschrieben und voll von Korrekturen. Der Greis versuchte zu lesen, mußte aber schon nach wenigen Zeilen aufgeben. Man mag Papst oder Heiliger sein, das Alter ist unvereinbar mit der Ausübung von Verantwortung. Alfons leitete das Schriftstück an seinen Seelenführer und Generalvikar P. Villani weiter.

Villani, 73 Jahre, war der Mann der Umarbeitung der Regel. Er hatte die Änderungen durch die römische Kurie im Jahr 1749 ohne Herzinfarkt überstanden und hatte auch angesichts jener des neapolitanischen Regalismus das gleiche stabile Herz. Umso mehr, als „dieses *Regolamento* für ihn nur eine Formalität darstellte, die keine Gewissensverpflichtung beinhaltete"[13]. Allerdings war er von der Nichtnennung der Gelübde überrascht; doch sagte ihm Maione nicht unbegründet: „Der König duldet keine Gelübde, weil sie uns zu halben Ordensleuten machen. Wir haben das Gesetz nicht zu geben, sondern es vom Großkaplan entgegenzunehmen. Wenn die Regel in ihrer Substanz approbiert wird, kommt es nicht auf Einzelheiten an." Villani beruhigte also den Gründer — „alles ist in Ordnung" —, und Maione fuhr mit einer Blankounterschrift des Oberen in die Hauptstadt zurück.

Da es nun nach den Normen des Staatsrats verfaßt war, erhielt das *Regolamento interiore della Congregazione del SS. Redentore* ohne Schwierigkeiten dessen einstimmige Approbation. Sie datiert vom 22. Jänner 1780. Nach vierzigjähriger Verweigerung erhielt die Kongregation nun also einen Rechtsstatus im Königreich; die Horde Maffei — Sarnelli — de Leon hatte schon verloren, noch ehe sie zur Verteidigung kam; die Zukunft der Volksmissionen war gesichert. Testa und Maione konnten stolz sein und waren es zweifellos auch. Und sie waren gewiß auch glücklich für Alfons und sein Institut.

Die Mitbrüder aber waren von fiebernder Unruhe ergriffen. Sie schrieben an Maione, an Liguori. Dieser hatte Tannoia zu sich gerufen...

In Neapel wanderte das *Regolamento* den ganzen Februar lang vom Staatsrat zur *Camera di S. Chiara* und von dort zu dem Amt für Kirchliche Angelegenheiten, zu Carlo De Marco. Endlich, am 1. März, übergab der Großalmosenier Maione ein offizielles Exemplar für Mgr. von Liguori mit folgendem Brief: „Teilt in Eurer Eigenschaft als Gründer und Rektor Maior der Kongregation, allen und jedem einzelnen, in meinem Namen mit, daß dieses Regolamento für alle Zeiten ohne jede Änderung in seinem vollen Wortlaut zu gelten hat..."

Maione war feinfühlig genug, einen Sturm vorauszusehen. Statt sein „Meisterwerk" unverzüglich stolz nach Pagani zu bringen, wartete er auf eine günstige Gelegenheit. Sie bot sich ihm in der Person des Rektors von Benevent, Gaspare Caione, Generalkonsultor, der nach Salerno reiste, um dort Priesterexerzitien zu halten.

Pagani, 8. März 1780, früher Nachmittag. P. Caione kommt als Überbringer des so lange erwarteten Dokuments für Alfons. Die einen werden aus dem Schlaf gerissen, die anderen aus dem Gebet, aber schon in wenigen Minuten sind alle Mitbrüder bei P. Villani, dem Rektor des Hauses und Generalvikar, versammelt. Sollen sie nun gemeinsam zu Monsignore gehen? Er ist heute zu krank. Aber sie wagen doch nicht, das Siegel ohne ihn zu erbrechen. Als die Patres am Abend kurze Erholungsaugenblicke bei ihm verbringen, sagt er voller Heiterkeit:

— Am Karfreitag erneuern wir unsere Annahme der Regel; auch wir werden Jesus Christus dieses Opfer bringen.

— Wir werden es, erhält er zur Antwort, nachdem wir das *Regolamento* gelesen und gewürdigt haben...

Begreift er? Es hat nicht den Anschein, und keiner wagt, die Sache voranzutreiben. Aber sobald sie wieder aus seinem Zimmer sind, drängen sie den Generalvikar so lange, bis er den versiegelten Umschlag öffnet. Sie reißen sich die Blätter gegenseitig aus den Händen und lesen in Gruppen begierig deren Inhalt. Erstaunen, Unmut, Zorn. In der Nacht werden die Seiten kopiert. Noch vor Tagesanbruch wecken sie Alfons und legen ihm das Massaker vor, dem die Regel anheimgefallen ist; sie fordern Rechenschaft von ihm.

— Das ist nicht möglich!... Das ist doch nicht möglich! stöhnt Alfons immer wieder, als er die verhängnisvollen Seiten überfliegt. Zu Villani gewandt:

— Don Andrea, von Euch hätte ich diesen Betrug nicht erwartet. Dann an die ganze Gemeinschaft:

— Ich verdiente, am Schwanz eines Pferdes geschleift zu werden. Als Oberer hätte ich es durchlesen müssen... Aber schon die Lektüre eines kleinen Abschnittes bereitet mir große Schwierigkeiten...

Dann erhebt er die Augen zum Kreuz:

— Mein Jesus Christus, ich habe mich auf meinen Beichtvater verlassen. Wenn ich ihm nicht vertrauen konnte, wem dann?

Er bricht in Tränen aus und stößt immer wieder hervor: „Ich bin betrogen worden! Ich bin betrogen worden". Und: „O Herr, strafe doch nicht die Unschuldigen, sondern den Schuldigen, der dein Werk verdorben hat." Mit dem Schuldigen meint er natürlich sich selbst, und das raubt ihm Appetit und Schlaf. Schon fürchtet man, ihn zu verlieren.

Zwei Tage später ruft er P. Corrado aus Ciorani zu Hilfe.

„Ich laufe Gefahr, wahnsinnig zu werden. Ich finde das neue Regolamento, das P. Maione verfaßt hat, gänzlich im Widerspruch zu meiner Auffassung.

Hier sind alle Jungen im Aufruhr.

Ich bitte Euch, laßt alles liegen und stehen und kommt zu mir, wenn Ihr nicht wollt, daß ich den Verstand verliere und an einem Schlaganfall sterbe[14]."

Als erstes läßt der Rektor Maior durch Notariatsakt vom 13. März P. Maione alle Vollmachten entziehen und auf P. Corrado übertragen. Diesen letzteren schickt er unverzüglich mit einer Bittschrift für den König und Briefen für Mgr. Testa und den Marquese De Marco nach Neapel:

„Mein lieber Don Bartolomeo, Ihr seht schon, daß unsere Kongregation vor ihrem Untergang steht; tut also, was in Eurer Macht steht, um ihr zu helfen.

Ich übergebe Euch beiliegende Bittschrift an den Marquese De Marco und füge einen Brief für diesen Herrn an: bringt ihn unbedingt selbst hin und informiert ihn über alles. Ihr müßt unverblümt sprechen, da P. Maione sonst unter der Hand weiterwirkt.

Laßt ihn wissen, daß P. Maione die Vollmachten der Konsultoren erweitern wollte, weil er selbst Konsultor ist; daß er die Vollmachten des Rektor Maior in zahlreichen Punkten aufgehoben hat, sodaß mich meine Mitbrüder jetzt, da sie mich solcherart mißachtet sehen, kaum noch respektieren.

Ihr müßt an einem der nächsten Tage, und zwar so bald wie möglich, mit dem Marquese sprechen und ihm sagen, daß ich nicht den Verstand verloren habe, wie P. Maione ihm vielleicht einreden möchte. Ich habe meinen Verstand durchaus noch, aber dieser Pater bringt es noch fertig, daß ich ihn verliere."

Vor Carlo De Marco hat Alfons nichts zu verbergen, obwohl dieser genauso regalistisch gesonnen ist wie Maria-Karoline oder Joseph II.: Er hat in ihm einen wahren Freund, der tut, was er kann. Um diese Seite der Freundschaft zum Klingen zu bringen, dramatisiert er die Respektlosigkeit, die ihm hinkünftig zu schaffen machen wird.

Dann versucht der Gründer, seine Söhne zusammenzurufen, und wie immer in schlechten Tagen, den Himmel auf seine Seite zu ziehen. Am 16. März schreibt er also an den Rektor von Ciorani, P. Diodato Criscuoli:

„Ich wundere mich, daß ich bei all den Erschütterungen in der Kongregation keinen Blutsturz bekommen habe.

Als P. Maione merkte, daß weder ich noch irgendjemand in der Ordensgemeinschaft etwas vom *neuen Regolamento* wissen wollte, das nicht vom König, sondern von ebendiesem P. Maione verfaßt ist, wollte er beim König rekurieren, damit dieser die unverzügliche Entlassung eines jeden anordne, der dieses Regolamento nicht akzeptiert.

Gottlob habe ich rechtzeitig von diesem sauberen Plan erfahren. So habe ich P. Maione sofort alle Vollmachten, die ich ihm selbst übertragen hatte, entzogen und P. Corrado geschrieben, er solle den Brand, den Pater Maione bei dieser Gelegenheit entfachen wird, löschen: ich hoffe, daß dieses große Feuer in sich zusammenbricht.

Vorerst bitte ich Euch und die anderen, nach Ciorani zurückzukehren, sofern ihr nicht gerade eine neue Mission begonnen habt; wenn Ihr aber eine begonnen habt, dann kommt sofort, wenn sie beendet ist.

Beginnt eine Novene von neun *Ave* und *Gloria* zu Ehren der Madonna, damit die Muttergottes alles Unglück fernhält. Ich verliere keine Zeit, um Abhilfe zu schaffen; aber die Muttergottes ist es, die wirken muß.

Laßt auch andere beten, aber sagt nichts von den Schwierigkeiten, die die Kongregation aufwühlen; und kommt, sobald Ihr könnt, zu mir nach Nocera. Momentan ist es nicht nötig, daß die anderen Euch begleiten. Bittet Jesus Christus, er möge mir Ergebung gewähren."

Eine komplexe Persönlichkeit, dieser Don Angelo Maione. Er hat Ehrgeiz. Zumindest — und warum auch nicht? — den Ehrgeiz, erfolgreich zu sein. Möglicherweise teilt er auch die Mentalität der Regalisten, was angesichts der politischen Ideologien jener Zeit bei Vertretern der Kirche sehr häufig war. Dazu kommt eine gewisse Allergie gegen die Autorität der anderen: wir erinnern uns, daß Don Angelo nicht mit Monsignore in S. Agata bleiben wollte. Außerdem war diese Autorität jetzt 80, 83, 85 Jahre alt . . . mit einem Generalvikar, der nur zehn Jahre jünger war . . . Und doch hatte Alfons Pater Maione stets sein Vertrauen bewahrt. Was spielte sich nun zwischen den beiden ab? Am Ostermontag, dem 20. März, schreibt ihm Alfons:

"Hingestreckt zu den Füßen Jesu Christi schreibe ich Euch dies.

Ich bitte Euch, in diesen Tagen, in denen Jesus Christus aus Liebe zu uns sein Leben hingegeben hat, dasselbe zu tun.

Mein Don Angelo, vergessen wir alles Vergangene und schieben wir alles, was vorgefallen ist, beiseite.

Ich bitte Euch, in Euer Haus von Ciorani zurückzukehren; und wenn Euch dieses Haus nicht zusagt, dann wählt, welches Ihr wollt.

Seid versichert, daß ich Euch jetzt noch genauso liebe wie früher: Ihr werdet es erleben. Ihr bleibt nach wie vor Konsultor und gebt Eure Meinung in allen wichtigen Belangen der Kongregation ab.

Was Eure Ehre betrifft, überlaßt sie nur mir; es wird meine ständige Sorge sein, sie bei allen Mitbrüdern und Fremden zu verteidigen.

Beruhigen wir uns also, darum bitte ich Euch um der Wunden Jesu Christi willen.

Ich habe Euch nur dies zu sagen: sucht Rat beim Allerheiligsten Altarssakrament und antwortet dann, wenn es Euch zusagt.

Ich segne Euch. Möge Jesus Christus Euch mit seiner heiligen Liebe erfüllen und Euch die Gnade schenken, ihm ganz zu gehören, wie er es möchte!"

Die Sache war die, daß Maione die Kongregation in ein Dilemma gebracht hatte, das durch die Zwistigkeit zwischen Rom und Neapel unlösbar war: entweder wies sie das *Regolamento* zurück und fiel damit unter den Bannstrahl Neapels, oder sie akzeptierte es und fiel dadurch unter jenen Roms. Im ersten Fall bedeutete dies die Aufhebung der neapolitanischen Häuser; im zweiten riskierte man den Bruch mit den Häusern im Kirchenstaat.

Der Gründer lehnte die Alternative ab und wollte in einer Zusammenkunft gemeinsam mit den Abgeordneten aller Häuser einen dritten Weg suchen. Er berief sie für den 12. Mai nach Pagani ein. Denn Eile war geboten: in Neapel war Maione, der für seinen Superior und Vater kein Ohr mehr hatte, schon dabei, "jene aus der Kongregation ausschließen zu lassen, die sein *Regolamento* nicht akzeptierten"; im Kirchenstaat wiederum hatte bereits ein anderer die Geschicke der Kongregation des Nordens in die Hand genommen und stellte sich als Retter dar.

Von P. Francesco De Paola, dem Rektor von Frosinone und Visitator der beiden Häuser der "Romagna", war bereits die Rede. Wir erinnern uns an seinen

Geist der Unabhängigkeit, und wir haben auch nicht vergessen, daß er mehr nach Rom als nach Nocera schaute, dessen alte Garde, die mit Villani und Mazzini und einem achtzigjährigen Rektor Maior noch immer die gleiche war, ihn nicht gerade begeisterte. Vielleicht litt er auch ein klein wenig unter Verfolgungswahn, denn in einem bitteren Brief vom 2. Januar 1780 beklagte er sich bei P. Villani, daß die Konsultoren ihn kritisierten; dann ersuchte er den offiziellen Admonitor, den Monsignore an eine Regel zu erinnern, die nicht weniger ehrwürdig als alle anderen sei: nämlich die Einberufung eines Kapitels alle 9 Jahre; er habe bereits daran gedacht, sich in dieser Frage an den Papst zu wenden[15].

Eine solche Taktlosigkeit war unvorstellbar! Und doch führte sie ein kleiner intriganter Zuträger, P. Cipriano Rastelli, schon bald herbei. Er wäre an jenem 12. Januar 1780 besser bei einer Mission gewesen, statt aus Pagani folgenden dummen bösartigen Brief an P. De Paola zu schreiben: „Die Konsultoren zetteln unter größter Geheimhaltung wichtige Dinge an, die den Lebensnerv der Interessen eines jeden von uns betreffen. Maione und Cimino haben sich mit Monsignore und seinem Winkelkonzil in den Kopf gesetzt, die Regel vom König approbieren zu lassen. Da dies schwierig sein dürfte, wollen sie alles, was dem königlichen Dekret (von 1779) zuwiderläuft, streichen. So sollen die Gelübde und andere wesentliche Dinge wegfallen. Alle diese Dinge liegen ausschließlich in Maiones Händen..., und als man Monsignore Liguori bat, auch die anderen Patres beizuziehen, wollte er nichts davon wissen und hatte sogar die Stirn zu sagen, daß nur der in der Kongregation bleibe, der diese Regelung beherzige und annehme, die anderen aber gehen könnten. Was aber am meisten Anlaß zu Befürchtungen gibt, ist, daß diese beiden Konsultoren ihren Despotismus fortzusetzen gedenken und Monsignore vielleicht dazu bewegen wollen, zugunsten des einen von ihnen von seinem Amt zurückzutreten. Wenn ich recht verstanden habe, läge das Ziel des Vorgehens darin, Monsignore einen Nachfolger zu geben, um, wie sie sagen, die Zukunft der Kongregation zu sichern." Rastelli, der Reine, beendet seinen Brief mit der bösartigen Bemerkung gegen diese beiden Konsultoren, daß sie, die selbst weder Regel, noch Armut, noch Gemeinschaftsleben kennen, das ganze Haus ihrem Despotismus unterworfen haben!

Diese Seite reißt De Paola aus seinem Zögern. Am 23. Februar, also noch bevor der König das *Regolamento* gegengezeichnet hat, schickt er an Abt Don Filippo Zuccari, den Rechtsanwalt und Prosekretär der hl. Kongregation der Bischöfe und Ordensleute, einen Bericht mit einer Kopie von Rastellis Brief. In einem kurzen chronologischen Überblick erklärte er ihm, das Institut sei seit der Ernennung von Mgr. von Liguori zum Bischof ohne legitimen Rektor Maior: denn einerseits hätten sich die Gemeinschaften und nicht ein reguläres Kapitel dafür ausgesprochen, ihn als Rektor Maior beizubehalten, und andererseits sei die päpstliche Verordnung, die sein Mandat verlängert habe, im Jahr 1764 einem „aus verschiedenen Gründen, die aufzuführen, zu langatmig wäre", selbst unvollständigen Kapitel zur Akzeptierung vorgelegt worden. Seither seien nun fast 18 Jahre vergangen, und es haben in der Zwischenzeit keine weiteren Kapitel stattgefunden. Der 84jährige Mgr. von Liguori ersuche nun den König, seinen Nachfolger zu wählen. Dies aber komme einer Zerstörung der Regel, einer Veränderung der Kongregation gleich. Hier stellt De Paolo die Frage, ob man ein Generalkapitel ... zumindest für die Häuser im Kirchenstaat einberufen sollte. Oder aber ob man diese letzteren von jenen des Königreichs trennen solle, damit sie ihren eigenen Oberen wählen können.

Zuccari ist jedoch nicht bereit, dieses Spiel mitzumachen und den Akt an den Kardinalpräfekten weiterzuleiten. So bringt einer von De Paolas Untertanen, P. Isidoro Leggio, nach dem Erscheinen des *Regolamento* die Angelegenheit Ende April vor den Heiligen Stuhl.

Am Pfingstmontag, dem 15. Mai, wird die Versammlung in Pagani eröffnet. Ihre Debatten ziehen sich bis zum 26. Juni hin. Alfons selbst, taub und krank, erscheint wenig bei den Zusammenkünften. Er kann ja doch immer wieder nur dasselbe sagen, was er am 12. April am P. Leggio geschrieben hat. Er hat viel nachgedacht und gebetet: Nach seinem schmerzlichen Ausruf — „Man hat mich getäuscht!" — fand er zu einer realistisch abgeklärten Haltung. Die Gelübde wurden geopfert? Man kann sie in den Gehorsamseid, der nach wie vor bleibt, einbringen, und in ihm läßt sich das ganze Leben zusammenfassen. Die „interne Haltung" (darauf kommt er dreimal zurück) kann und muß unverändert bleiben. Daher hatte er Leggio und seinen Mitbrüdern von Frosinone geschrieben:

„Haltet Euch strikt an die alte Regel, die nicht von mir, sondern vom heiligen Monsignore Falcoia verfaßt wurde und durch die sich die Kongregation bis heute erhalten hat...

Zwar werden einige Dinge geändert, um nicht gegen die Rechte des Königs zu verstoßen, was aber die innere Haltung angeht, hoffe ich, daß nach wie vor die gleichen Grundsätze beachtet werden...

Bleibt also gelassen! Alle Regeln des Papstes, wie z.B. die Gelübde beizubehalten, sind nicht möglich, denn der König duldet keine Gelübde; wenn aber der Gehorsamseid abgelegt wird, dann genügt das, um die alte Regel hinsichtlich der internen Belange aufrechtzuerhalten, ohne dadurch die Rechte des Königs anzutasten.

Ich möchte eine Kongregation des Allerheiligsten Erlösers und nicht zwei. Wir haben zwar aus Gehorsam dem König gegenüber einige Dinge verändert, aber wichtig ist nur, daß die interne Struktur der Kongregation die gleiche wie vorher bleibt[16]."

Von diesen Sitzungen, von diesen Leiden ist uns keine einzige offizielle *Akte*, kein unparteiischer Bericht erhalten geblieben. Die sechzehn Teilnehmer (zwei für jedes Haus, abzüglich Agrigent, das zu weit entfernt war) erstellten eine Liste „untragbarer" Änderungen. Am 26. Mai reisten die Patres Corrado und Fabio De Bonopane nach Neapel, um mit den Regierungsinstanzen darüber zu verhandeln. Drei Wochen verlorener Mühen! Am 26. Juni akzeptierten die Vertreter des Königreichs das Regolamento *sub conditione:* „unter Vorbehalt", den sie nicht genau festlegten. Die gleichen Männer stimmten für einen neuen Generalrat: einige „Harte" wollten alle „Verantwortlichen" entfernen, d.h. Villani, Maione und Cimino. Alfons, der sich als der erste Verantwortliche fühlte, wollte den Schlag für die anderen mildern und legte sein Amt als Rektor Maior nieder. Er wurde — unter welchen Bedingungen wissen wir nicht — wiedergewählt; Villani ebenso; Generalvikar aber wurde Corrado. Abgesehen von Villani war der gesamte Generalrat erneuert worden; Blasucci gehörte dazu, nicht aber sein Vetter De Paola. Die „Päpstlichen" hatten sich der Wahl enthalten.

Qualvolle Wochen für den Gründer. Sogar seine Neutralität wurde ihm von

allen vorgeworfen. „Ihr habt die Kongregation gegründet, Ihr habt sie zerstört."
Er aber bewahrte Stillschweigen, wie Christus bei allen Schmähungen. Manchmal sagte er nur: „Das ist die Frucht meiner Sünden."

Nach der Zusammenkunft von Pagani wollten mehrere Patres auf päpstliches
Gebiet überwechseln. P. Sossio Lupoli floh mit seinen zwölf Studenten, deren
Präfekt er war, in den Kirchenstaat. Der hervorragende, aber schon betagte P.
Caione, Rektor von Benevent, erregte sich eines Tages über „die Gruppen der
Jungen", die den General nun unterstützten. Es wurde schon bald klar, daß die
Versammlung von Pagani nur das Unvermeidliche deutlich gemacht hatte: den
Bruch.

P. De Paola trug aktiv zu seiner Beschleunigung bei: am 25. Juni, dann wieder
am 4. Juli machte er den Vorschlag, ... bat er die heilige Kongregation „mit Tränen in den Augen", den vier Häusern des Kirchenstaats einen autonomen Vorstand zu geben.

Und, so dachte er, wenn sich auch Sizilien anschloß, dann wäre man bereits zu
fünft! An diesem 4. Juli schreibt also Francesco De Paola in diesem Sinne an den
Rektor von Agrigent, seinen „Bruder" Pietro Paolo Blasucci (ihr Mütter sind
Schwestern). Die Antwort aber, die er am 30. Juli erhielt, wirkte wie eine kalte
Dusche:

„Mein lieber Bruder! Ich habe Euren Brief vom 4. Juli erhalten. Euer Bericht
sagt mir nichts Neues. Ich verstehe nicht, warum Ihr im Namen Eurer Häuser
Bittschriften an Seine Heiligkeit zugunsten der Regel Benedikts XIV. senden
mußtet, die die Annahme des königlichen Regolamento verhindern sollen. Die
königliche Regelung betrifft nur die vier Häuser des Königreichs. Der König hat
nie daran gedacht, außerhalb seines Reichs Gesetze zu erlassen, und er kann es
auch nicht. Die Häuser des Kirchenstaates sind und werden den durch Seine Heiligkeit festgelegten Regeln immer untertan sein. Euer Rekurs hat also nur dazu gedient, unsere Kongregation in Rom als degeneriert in Verruf zu bringen und die
Häuser des Kirchenstaats als kranke Körperschaft darzustellen. Außerdem zieht
ihr in sehr unkluger Weie den Zorn des Königs auf Euch, der früher oder später
von der durch Seine Heiligkeit erteilten Order erfahren und vom Heiligen Stuhl
die Zerstörung Eurer Häuser erreichen wird, da er gewiß nicht bereit ist, in der
näheren Umgebung seines Reichs Ordensleute zu dulden, die ihm feindlich gesonnen sind ...

Es mißfällt mir, daß Euer Name in der Geschichte des Schismas, das ihr vorbereitet, aufscheinen wird, wie der des Donatus oder Jeroboam. Setzt Euch nicht an
die Spitze von vier schlecht beratenen Oberen und gebt der Welt nicht das
schreckliche Ärgernis, Euch dem Gehorsam gegenüber Mgr. von Liguori zu entziehen, dieses heiligen Greises, der vom Papst auf Lebenszeit zum Rektor Maior
der päpstlichen Häuser nach der Regel Benedikts XIV. und im Sinne des Königs
für dieselbe Zeitdauer zum Direktor der Häuser des Königreichs eingesetzt
wurde[17]."

De Paola schert sich nicht darum. Rom informiert sich insgeheim in Benevent,
in Veroli. Es leitet durch den Internuntius von Neapel, Mgr. Severino Servanti,
eine Untersuchung in Pagani ein. Sehr verärgert durch diese neuerliche Anmaßung des Königs und schlecht unterrichtet über Alfons' Gesundheitszustand, hatte die Kurie keine günstige Meinung von ihm. Pius VI. sagte selbst: „Ich weiß, daß

Alfons ein Heiliger und dem Heiligen Stuhl treu ergeben ist. In dieser Angelegenheit aber hat er es nicht gezeigt."

Während De Paola und Leggio die römischen Ämter aufhetzen, antwortete Alfons am 24. August dem Kardinalpräfekten Francesco Carafa, er werde ihm angesichts seiner 85 Jahre und seiner Krankheiten an seiner Stelle nach der heißen Jahreszeit zwei Patres schicken, um die Wahrheit ins volle Licht zu setzen. „Ich hätte nicht erwartet", fügt er hinzu, „in meinem Alter von den Meinen derart behandelt zu werden[18]."

Nun überstürzen sich die Dinge. Ohne den Ausgang der Untersuchung abzuwarten, brachte die hl. Kongregation am 22. September ein vorläufiges Dekret heraus, das den Häusern des Königreichs Neapel die Indulte und Privilegien entzog, die der Kongregation des Allerheiligsten Erlösers gewährt worden waren, und erklärten, sie seien als dieser niemals zugehörig gewesen zu betrachten; die Niederlassungen der päpstlichen Staaten sollten einen eigenen Präsidenten erhalten. Am 25. September folgte die Ernennung De Paolas auf diesen Posten. Genau an diesem Tag trafen die beiden von Alfons gesandten Patres in Rom ein: Antonio Tannoia und Salvatore Gallo. Gerade rechtzeitig, um die verheerende Neuigkeit zu erfahren und nach Pagani zu berichten.

— Ich will, was Gott will, sagte Alfons; mir genügt seine Gnade. Der Papst will es so: Gott sei gelobt!

Im Verlauf des Tages aber überfiel ihn eine schreckliche Versuchung der Verzweiflung. Er sagte weinend: Meiner Sünden wegen läßt Gott die Kongregation im Stich. Der Dämon will mich in Verzweiflung stürzen. Helft mir, daß ich Gott nicht beleidige." Als er seinen Frieden wiedergefunden hatte, wandte er sich freudig zum Kreuz und zur Madonna: „Mutter Gottes, ich danke dir. Du hast mir geholfen. Steh mir bei, meine Mutter. Jesus, meine Hoffnung, ich werde nie zuschanden werden." Fortan hatte er für jeden, der bei ihm über die Situation klagte, nur noch eine Antwort: „Wille des Papstes, Gottes Wille."

Er will auch dem Willen des Präsidenten gehorchen und innerhalb der Kongregation sterben. So beschließt er, seine letzten Tage als einfaches Mitglied im Haus von Benevent zu verbringen.

— Aber die Klöster des Königreichs, die die Regel bewahren, gehören noch zur Kongregation, sagte Villani zu ihm.

— Wie dem auch sei, der Papst anerkennt sie nicht mehr als Häuser des Instituts, antwortete der Greis.

— Dann geht also nach Benevent! Aber das wird so großes Aufsehen erregen, daß Ihr damit die Spannung zwischen Papst und König noch verstärkt.

Alfons spricht nicht mehr davon. Bei erster Gelegenheit aber, am 8. Oktober, schreibt er an De Paola:

„Mein lieber Francesco ... ich freue mich, daß Ihr nun unter der Gewalt des Papstes steht und man Euch zum Oberen ernannt hat. Ich freue mich auch über die Mission von Velletri. Alles ist gut, und Ihr müßt alles so weiter laufen lassen, da es der Wille des Papstes ist. Der Papst hielt mich wohl für schuldig, weil ich das Regolamento des Königs akzeptiert habe; aber vielleicht könnt Ihr ihm durch eine befreundete Person mitteilen, daß wir Gefahr liefen, alles zu verlieren, wenn ich das Regolamento nicht angenommen hätte? Wenn der Papst das wüßte, würde er mich sicher nicht verurteilen.

Ich hoffe, ihm zu gegebener Zeit alles darlegen und von ihm die Gnade erbitten zu können, die ich wünsche; denn ich habe die Liebe nicht vergessen, die er mir Unwürdigem entgegengebracht hat, und ich hoffe, als getreuer Diener seiner Heiligkeit und der Kirche zu leben und zu sterben.

Ich ersuche Euch, irgend jemanden zu finden, der mir diesen Dienst beim Papst erweist; denn ich selbst kann ihm derzeit nicht schreiben und muß mich in all den Unruhen, in die ich verwickelt war, dem Willen Gottes ergeben.

Ihr alle, die Ihr dort lebt, vergeßt nicht, bei der Messe um einen guten Tod für mich zu bitten, denn ich bin nicht weit davon entfernt.

Jeden einzelnen von Euch habe ich sehr geliebt. Der Herr hat diese Trennung gewollt: sein heiliger Wille sei immer gepriesen!

Wenn Ihr mir von Zeit zu Zeit schreiben und über Eure Erfolge berichten könntet, wäre ich sehr glücklich. Jesus und Maria mögen Euch alle segnen! Und betet für mich[19]."

Alfons lädt De Paola nach Pagani ein, doch dieser kommt nicht. Er schreibt dem Papst und versucht, ihm die unmögliche Situation verständlich zu machen. Am 24. Februar 1781 ringt er dem König für seine Mitglieder die Erlaubnis ab, den Eiden der Keuschheit und des Gehorsams die der Armut und der Beharrlichkeit hinzuzufügen; und das ist bereits ein Schritt zur Wiedervereinigung[20]. Aber leider hat er keine fähigen Männer um sich: Villani ist alt, Corrado fehlt es an Einfühlungsvermögen, Tannoia an Persönlichkeit, Blasucci ist in Sizilien...

Die Situation sinkt in Unentschlossenheit ab. P. De Paola, der versprochen hatte, für die Wiedervereinigung zu arbeiten, wird ungeduldig und verlangt von der hl. Kongregation, dem Provisorium ein Ende zu machen. Leggio, jetzt Prokurator der Häuser im Kirchenstaat, besteht auf der Aufrechterhaltung der Beschlüsse vom 22. September 1780. Er gewinnt seine Sache am 24. August 1781, als die hl. Kongregation die endgültige Beibehaltung des Dekrets von 1780 beschließt. Das Institut ist in zwei Teile gespalten; die Mitbrüder des Königreichs gehören nicht mehr zur Kongregation vom Allerheiligsten Erlöser. Der Gründer ist auch unter den letzteren.

Pius VI. persönlich erklärt Mgr. von Liguoris Gesandten, daß politische Motive eine andere Lösung unmöglich gemacht haben: Rom konnte sich diese Gelegenheit, dem König und der Königin von Neapel einen Schlag zu versetzen, nicht entgehen lassen.

Der Schlag traf Alfons. Seine einzige Reaktion: „Seit sechs Monaten bete ich nur um dies eine: Herr, ich will, was du willst."

49. „Hier bin ich, mein Gott!"   (1781–1787)

Seit Mitte Dezember ist in Nocera dei Pagani nicht ein einziger Regentropfen gefallen. Der greise Bischof erlebt bei seinen täglichen Ausfahrten die Verzweiflung dieses Volks der Armen. Am Sonntag, dem 16. Mai 1779, läßt er sich auf die Kanzel tragen und predigt der Pfarrei von Pagani Buße. Am Montag fleht er in seiner Kapelle zu Unserer Lieben Frau von der Gnade. Hier erklärt er nach einem

Augenblick des Schweigens den um ihn Versammelten plötzlich: „Nur Mut! Empfehlt Euch weiterhin der Muttergottes, beichtet und kommuniziert in dieser Woche, und am Sonntag werden wir Regen bekommen." Man kann sich denken, daß sich eine solche Neuigkeit mit Windeseile im ganzen Land verbreitete und Hoffnung aufkam! . . . Aber nichts geschah. Das war nicht die Weissagung eines Pfarrers, der gesehen hat, daß sein Barometer gesunken ist: der Himmel bleibt bis Sonntagabend bleiern. „Diesmal wird unser Monsignore aber seinen Ruf verlieren", murmeln einige. Plötzlich, zwei Stunden vor dem Abendangelus, bedeckt sich der Himmel innerhalb eines Augenblicks, und das ganze Land singt unter einem sintflutartigen Regenfall. Acht Tage später erfährt sogar Abbé Nonotte in Paris davon!

Zehn Wochen darauf ist es der Vesuv, der die Gegend in Angst und Schrecken versetzt. Er bricht am 29. Juli aus, speit eine hohe Flamme und ergießt seine Lava nach Norden in Richtung Somma und Ottaviano. Am 8. August wendet sie ihren Lauf und bedroht das nur zwanzig Kilometer entfernte Pagani. Gegen 9 Uhr Abends wird der Anblick gespenstisch. P. Corsano läuft zu Alfons' Zelle. Gestützt auf Romito und Pollio, schleppt sich Monsignore zum Fenster am Ende des Flurs, von dem aus man den Vulkan sehen kann. „Jesus!", ruft er entsetzt. Er schlägt ein großes Kreuz, und der Vesuv sinkt in seinem Krater zusammen[1].

Nicht so leicht fiel es Liguori, ein päpstliches Urteil zu beschwören. Die Staatsraison, die ihre Schläge weder bedenkt noch abwägt, hatte härter zugeschlagen, als man erwarten konnte. Die Mitbrüder der neapolitanischen Häuser „waren" — wägen wir die Worte — „zu betrachten, als seien sie niemals Mitglieder der Kongregation des Allerheiligsten Erlösers gewesen." Jetzt wagten Maione und Cimino nicht mehr, „nach Hause" zurückzukehren; ersterer starb 1787 vor der Zeit; letzterer wird zum Bischof von Oria ernannt, kommt aber 1818 nach Pagani zurück, um dort als „Oblate" inmitten seiner Brüder seine Tage zu beenden. Was De Paola und Leggio betrifft, so wollten sie zwar Präsidentschaft und Trennung, hatten aber nie die Vernichtung des neapolitanischen Zweigs gewünscht. Sie hatten nicht bedacht, daß ein einmal entfachter Brand nicht mehr lenkbar ist.

Für den armen Gründer war dies gewissermaßen ein Gnadenstoß. „Seit etwa zwei Jahren", so schreibt Tannoia, „war Monsignore am Ende seiner Kräfte; dieser Bruch des Instituts war gleichsam sein Todesurteil. Vorher trug er die natürliche Last der Jahre auf einem ausgemergelten und gekreuzigten Leib, nachher fiel er in Agonie und war kein Mensch mehr. Er aß wenig und schlief noch weniger; sein Überleben in all diesen Bitterkeiten erschien allen wie ein Wunder." Er mußte trotz seines diesbezüglichen Gelübdes darauf verzichten, an den Samstagen über die Muttergottes zu predigen. Im November 1780 hielt er seine letzte Ansprache an die Gemeinschaft, in der er über die Wirksamkeit des Gebets, seine große Nützlichkeit, seine unerläßliche Notwendigkeit sprach. Alle waren von der Wärme und Ausführlichkeit seiner Rede angerührt. Es war gleichsam sein Vermächtnis an seine Söhne[2]."

Er bekam ein Magengeschwür. Nachdem er so viel Blut gespuckt hatte, daß er fast daran gestorben wäre, kam er langsam wieder zu sich, und man hörte ihn murmeln: „Wie? Sind wir nicht die Kongregation des Allerheiligsten Erlösers. Haben wir nicht die Regel von Papst Benedikt XIV. empfangen? Wenn wir die Regel des Papstes beachten, warum gehören wir dann nicht zur Kongregation?"

So stieg sein tiefer Schmerz in Augenblicken des Halbbewußtseins auf, dann aber schloß er, wieder bei vollem Bewußtsein:

— Man zweifelt vielleicht, daß wir die Regel beachtet haben und beachten, die uns Papst Benedikt XIV. gegeben hat, und wir müssen vielleicht deshalb draußen stehen? Gott will es so, Geduld!

— Aber nein, vertreibt diese düsteren Gedanken, sagen ihm darauf die Mitbrüder, wir sind echte Redemptoristen.

Daraufhin beruhigte er sich offensichtlich und verfiel in Schweigen. Niemals hörte man ihn in seinen Augenblicken des Halbbewußtseins oder seiner Krankheitsdelirien auch nur die geringste Klage gegen den Heiligen Stuhl oder gegen irgend jemanden äußern[3].

Ganz im Gegenteil. Er leidet zwar unter der päpstlichen Ungnade und Tatsache, daß er durch den Willen Roms als einer „zu betrachten sei, der nie zur Kongregation gehört habe", die er selbst gegründet hat, aber er ist ganz glücklich über die unerhört rasche Ausdehnung, die sie der Gunst Pius VI. und dem Unternehmungsgeist der Patres De Paola und Leggio verdankt. Am 23. November 1781 schreibt er an den Pater „Präsident":

„Gestern, am 22., habe ich zu meiner großen Freude Euren Brief vom 14. erhalten, in dem ich die große Neuigkeit von den beiden Gründungen von Foligno und Gubbio und der Errichtung einer Herberge in Rom erfahre. Ich habe mich darüber sehr gefreut ...

Sehr gefreut auch über den Eintritt der fünfzehn Novizen: Ihr werdet sie für Missionen dieser neuen Häuser brauchen ...

Ich danke Euch für das allabendliche *Ave Maria:* erbittet mir damit vor allem einen guten Tod.

Auch danke ich Gott, daß er sich meiner bedient hat, um all das Gute einzuleiten, das dann durch Euch und vor allem durch den Papst geschehen ist, den Gott durch so viele Werke seines Ruhmes trösten wollte.

Ich höre mit Freude, daß Ihr bald auszieht, um für die neuen Häuser von Foligno und Gubbio Missionen zu halten.

Gott, so hoffe ich, wird sich Eurer zur weiteren Mehrung seines Ruhmes bedienen, darum werde ich den Herrn natürlich bitten.

Ich füge noch einige sehr wichtige Dinge hinzu und ersuche Euch, sie den Mitbrüdern nahezulegen.

Empfehlt Ihnen, über das Gebet zu predigen, über das ich ein Buch geschrieben habe. Gott will Gnaden gewähren, aber er will darum gebeten werden: wer nicht betet, erhält sie nicht.

Empfehlt allen, die ihr Heil erlangen wollen, die Marienverehrung.

Wacht darüber, daß jeden Samstag die Marienpredigt gehalten wird und diese Predigt auch bei allen Missionen stattfindet ...

Euer Euch liebender und Euch verpflichteter (und hier wagt er zum letztenmal in seinem Leben zu unterzeichnen): Alfons Maria vom Allerheiligsten Erlöser[4]."

Sechs Monate später informiert der Präsident der Redemptoristen den Gründer über die Fortschritte der Kongregation und versichert ihm — makabre Freundlichkeit —, daß bei seinem Tod jeder Pater des Kirchenstaates die neun für den Rektor Maior vorgesehenen Messen halten wird.

„Ich danke Euch und Euren Mitbrüdern", antwortet er am 21. Juni 1782, „daß

Ihr meiner gedenkt; Ihr könnt versichert sein, daß auch ich Euch nicht vergesse.

Schon jetzt danke ich Euch herzlich, Euch und allen Euren Mitbrüdern, für die gute Absicht, nach meinem Tod Messen für mich zu lesen.

Schreibt mir, wenn es möglich ist, wieder einige Zeilen, denn Eure Briefe trösten mich.

Ich freue mich über Scifellis Noviziat mit seinen zweiundzwanzig jungen Leuten.

Ich bete zu Gott, er möge sie immer mehr in seiner Liebe entflammen.

Unaufhörlich danke ich Gott dafür, daß er Euren Häusern wachsendes Wohlergehen gewährt und mich demütig sterben läßt: ein Zeichen, daß er mir meine Sünden vergeben will ...

Bittet Gott, er möge mich im Vertrauen auf seine Passion sterben lassen.

Die Jungen, die mich begleiten, trösten mich durch ihren Eifer.

Noch einmal bitte ich Euch, mich Jesus und Maria zu befehlen, und ich werde dasselbe unablässig für Euch alle tun, damit er Euch mit seiner Liebe erfüllen möge.

Und damit umarme ich Euch und alle Eure Mitbrüder von ganzem Herzen — Alfons Maria."

Die Kongregation scheint tatsächlich zu explodieren: 1782 bildet Scifelli 21 Novizen aus; vier weitere Häuser kommen bald zu den vier bereits bestehenden hinzu: Spello (Diözese Foligno) im Jahr 1781; Gubbio 1782, S. Giuliano in Rom 1783 und Cisterna 1785. 1783 erreicht Präsident De Paola vom Heiligen Stuhl seine Ernennung zum Generaloberen auf Lebenszeit; das Kloster S. Giuliano bei Santa Maria Maggiore in Rom wird ihm zur Residenz zugewiesen.

Doch war dieser strahlende Aufbruch nur ein Strohfeuer. De Paolas autoritärer Führungsstil, vor dem Alfons den Rektor von Frosinone schon früher gewarnt hatte, brachte ihn schon bald in Verruf. Die durch seinen Bevollmächtigten Leggio schon gereizte römische Kurie fand seine Gesuche unpassend: feierliche Gelübde, Ernennung des Bevollmächtigten und der Konsultoren auf Lebenszeit, usw.: sein hohes Ansehen schmolz dahin[5]. Außerdem kam es zu einem finanziellen Debakel: die Novizen und Studenten ohne Patrimonium hatten keinen geringeren Appetit als die anderen; und die neuen Gründungen forderten Geld, während schon Scifelli und Frosinone nicht genug besaßen.

1785 bittet P. De Paola die Hl. Kongregation der Bischöfe und Ordensleute um Erlaubnis, für den Oktober ein Generalkapitel einzuberufen. Kein Wahlkapitel, wie er betont (er ist ja Oberer auf Lebenszeit und will seinen hohen Stand behalten), sondern ein Kapitel, das *nur* — er selbst unterstreicht das Wort — die Observanz regeln will. Unklug! „Es hat ein Wahlkapitel zu sein", antwortet die Hl. Kongregation. Am 19. Oktober erhielt Francesco De Paola beim ersten Wahlgang nur 13 Stimmen von 20; 13 von 20 beim zweiten. Es schien klar, daß sieben Wähler entschlossen waren, ihn nicht durchkommen zu lassen. Daraufhin legte der Generalprokurator Isodoro Leggio einen päpstlichen Erlaß vom 7. Oktober vor, demzufolge diese Wahl bereits mit absoluter Mehrheit legitim und kanonisch war; man hatte mit dem zweiten Wahlgang nur versucht, die von der Regel verlangte Zweidrittelmehrheit zu erreichen. Dann gingen sie, das *Te deum* zu singen, aber es ist doch pikant festzustellen, daß der für Liguori in diesem Punkt so strenge De Paola selbst nicht der Regel gemäß gewählt wurde. Sein Kurs in der

Ordensgemeinschaft war offensichtlich im Fallen begriffen. Er fiel auch in Rom, denn die Approbationsverordnung über das Kapitel vom 14. September 1787 weist alle Kapitelbeschlüsse, die der Regel Benedikts XIV. zuwiderliefen, pauschal zurück, so vor allem die mittleren und höheren Schulen[6]. Armer De Paola!

Und noch viel ärmerer Alfons! Seine eigene Missionsschule lag nun mit Schülern und Professoren jenseits der Grenze, und so mußte er wieder ganz von vorne anfangen. Zwar kamen glücklicherweise junge Leute, nicht aber Lehrer. Schließlich fand sich P. Giovanni Battista Di Costanzo im Gegensatz zu manch anderen bereit, mit 38 Jahren die Missionen zu verlassen, um in Deliceto „Lektor" der Philosophie, dann der Theologie zu werden[7]. Deliceto der Hunger, Ciorani das Elend: „Nun gehen alle Häuser in die Brüche", seufzt der Pater. „O Herr, Dein Wille geschehe, komme, was kommen mag[8]!"

Am 17. Oktober 1780 gelangte der — verständnisvolle und wohlwollende — Bericht Mgr. Servantis über das *Regolamento* an die Hl. Kongregation der Bischöfe und Ordensleute. Drei Wochen *nach* dem Dekret, durch das sie den neapolitanischen Teil des Instituts vernichtet hatte. Doch verhinderte dieser Bericht nicht die Bestätigung des Unglücksdekrets am 24. August 1781. Aber verstärkt durch die Briefe zahlreicher Bischöfe, trug er zweifellos dazu bei, daß die Hl. Kongregation am 4. April 1783 „Mgr. von Liguori auf Lebenszeit und jedem seiner Missionare, der jetzt und künftig an seiner Aufgabe teilnimmt, die Ablässe und geistlichen Gnaden ... der Priester der Kongregation des Allerheiligsten Erlösers, die im Kirchenstaat existiert", zurückgab[9]. Alfons hatte einen Indult „für seine Missionare" erbeten; die römischen Juristen aber waren sehr darauf bedacht, ihn Alfons und seinen Missionaren „individuell" *(singularis)* zu gewähren, um ja nicht eine „Körperschaft" anzuerkennen. Mit dieser Rückgabe der Privilegien aber begann das apostolische Wirken wieder mit neuem Schwung.

Sechs Tage später, am 10. April, unterzeichnete der Premierminister das Urteil der *Real Camera,* das Baron Sarnelli in allen seinen Ansprüchen und Anklagen abwies. Die Annahme des *Regolamentos* war es, die dieses Damoklesschwert, das zwanzig Jahre lang über den vier neapolitanischen Häusern gehangen hatte, nun endlich zum alten Eisen geworfen hatte.

Der Eifer der 130 vor allem jugendlichen Teilnehmer an den Exerzitien dieser Karwoche in Paganis Mauern sang für Alfons und seine „keuchende" Ordensgemeinschaft die Verheißungen der Auferstehung[10]."

Alfons selbst aber dachte nur noch ans Sterben. Und doch war er übervoll der Hoffnung. Immer wieder sagte er: „Bleibt Gott treu, dann wird auch Gott der Kongregation treu bleiben; die Dinge kommen nach meinem Tod wieder ins Lot." Eines Tages sagte er zu P. Giuseppe Cardone: „Ich habe gehofft, noch zu erleben, daß sich die Dinge einrenken; ich habe die Muttergottes immer wieder darum gebeten und bitte sie darum; aber es ist nicht Gottes Wille. Die Dinge werden sich einrenken, aber erst nach meinem Tod[11]."

Im Bewußtsein seiner Ohnmacht und um schädliche Erschütterungen nach seinem Tod zu vermeiden, entschließt er sich, sein Amt abzugeben. Mit königlicher Ermächtigung — das *Regolamento* verpflichtet — beruft er ein Generalkapitel ein. Am 28. Juni 1783 schreibt er den Rektoren der vier Häuser des Königreichs und dem Rektor von Agrigent:

„Da ich mich aufgrund meiner Hinfälligkeit und der körperlichen Gebrechen, an denen ich leide, außerstande sehe, die Kongregation zu leiten, habe ich daran gedacht, mir einen Stellvertreter wählen zu lassen, der mir nach meinem Tod im Amt des Rektor Maior nachfolgen und zu meinen Lebzeiten mit meiner Autorität ausgestattet sein soll. Außerdem habe ich gedacht, gleichzeitig die Assistenten, den Prokurator der Kongregation und die anderen Amtsträger, d. h. die Rektoren der Häuser, wählen zu lassen.

In diesem Sinne habe ich Seiner Majestät meinen Entschluß mitgeteilt, den er durch Sein königliches Dispaccio zu billigen geruht hat, und ich habe angeordnet daß die Assistenten, der Generalprokurator und die anderen Amtsträger von der ganzen Kongregation gewählt werden und daß jedes Haus dazu drei seiner Priester delegiert. Nach dieser Wahl soll mein Stellvertreter gemäß dem Abschnitt im Regolamento gewählt werden, der die Wahl des Rektor Maior nach dem Tod seines Vorgängers behandelt[12]."

Dieses Kapitel fand vom 4. bis 16. August 1783 in Ciorani in vertrauensvollem Frieden statt: die Mission geht weiter. Pietro Paolo Blasucci, der einzige Vertreter Siziliens, fungierte als Sekretär. Im elften Wahlgang wurde P. Andrea Villani mit 11 von 15 Stimmen zu Alfons' Stellvertreter mit Recht auf Nachfolge gewählt[13]. Am 30. August teilt der Gründer im letzten von ihm unterzeichneten Rundschreiben die Ergebnisse dieser Wahl mit. Dieses Rundschreiben allein würde genügen, uns, sofern dies überhaupt nötig wäre, seine persönliche und die Bindung des gesamten neapolitanischen Zweigs an die Regel Benedikts XIV. zu beweisen:

„Geliebte Patres und Brüder in Jesus Christus. Gott hat sich in seiner unendlichen Barmherzigkeit herabgelassen, unser Generalkapitel, das mit Zustimmung der königlichen Majestät in unserem Haus in Ciorani abgehalten wurde und das zu meiner großen Freude in vollkommenem Frieden und ruhig, zur Zufriedenheit aller abgeordneten Patres, verlaufen ist, zu segnen und bereits zu einem guten Ende zu führen. Daher hoffe ich, daß in allen unseren Häusern die gefaßten Beschlüsse mit gleicher Freude aufgenommen werden. Sie werden ersichtlich aus der authentischen Kopie der Akten des Kapitels, die an jedes Haus gesandt wird und die ich Euch nach gemeinsamer Lektüre im Archiv aufzubewahren bitte."

Das Kapitel hatte keinen anderen Auftrag, als Wahlen abzuhalten. Dennoch hat es den Rektor Maior und seinen Stellvertreter beauftragt, einige notwendige Vorschriften zu erlassen:

„1. Hinsichtlich der Missionen beauftragen wir die Missionsleiter und die Lokalrektoren, aufmerksam das Verhalten der Missionare zu überwachen und zu prüfen, ob die alten, dafür festgelegten und praktizierten Gebräuche genau eingehalten werden; d. h. also, ob die Missionare mit jener Wissenschaftlichkeit, Klarheit, Ernsthaftigkeit und Wohlanständigkeit predigen und Katechismusunterricht halten, die der Kanzel Jesu Christi gebühren; ob sie nicht nach eigenem Gutdünken einer besonderen Kirche den Vorzug vor einer anderen geben; ob sie nicht ohne ausdrückliche Erlaubnis des Missionsleiters die ihnen zugewiesene Aufgabe verlassen; ob sie im Beichtstuhl erbaulich und zurückhaltend mit Personen anderen Geschlechts sind; ob sie ohne Erlaubnis Besuche bei weltlichen Personen machen; ob sie durch Bescheidenheit, Demut und Geduld, zu der sie ihre Aufgabe so stark verpflichtet, das Volk erbauen oder im Gegenteil durch ihr Verhalten Ärgernis geben; ob sie sich in die Kirche oder das Haus zurückziehen, um sich ihrer Aufgabe zu widmen, oder sich erlauben, spazieren zu gehen und andernorts Zerstreuung zu suchen; ob zwischen ihnen Liebe, Unterordnung und heilige Harmonie herrschen; und vor allem, ob sie jede Aufgabe, die ihnen vom Missionsleiter zugewiesen wird, gehorsam und ohne Widerrede annehmen.

Wir wünschen und befehlen außerdem, daß zur Zeit der Mission vor allem auf Mäßigung im Essen geachtet wird. Kostspielige Gerichte wie Brathühner, Vögel, exquisite Fische, feine Fleischarten, süße Kuchen und alle Arten von Schleckereien, all dies ist während einer Mission verboten; sollten dergleichen Dinge, von wem auch immer, angeboten werden, so wünschen wir, daß sie großmütig abgelehnt werden.

Darüberhinaus verordnen wir zur Zeit der Mission, dem Regolamento wie auch dem alten Gebrauch entsprechend, täglich eine halbe Stunde gemeinsame, Meditation; im Winter am Vormittag, im Sommer am Nachmittag.

Desgleichen soll keiner versäumen, nach der Messe mindestens eine Viertelstunde der Danksagung zu widmen und dieses schreckliche Geheimnis mit der von der Kirche verlangten Sammlung und Gewissenhaftigkeit zu begehen ...

2. Wir machen es den Lokalrektoren zur Gewissensverpflichtung, keinerlei Neuerung und keinerlei Mißbrauch einreißen zu lassen, die die heilige Armut und das Gemeinschaftsleben, die wir vor Gott geschworen haben, auch nur im geringsten verletzen könnten; sollte sich aber doch etwas dergleichen eingeschlichen haben, so sollen sie es sogleich auszumerzen trachten ... Kraft der heiligen Armut und des vollkommenen Gemeinschaftslebens untersagen wir allen Mitgliedern, auch nur den kleinsten Teil der Einkünfte, Gaben oder Geschenke, die sie aus einer Arbeit oder einer Beschäftigung erhalten haben, für sich zu verwenden, unter welchem Titel sie die Gabe auch immer erhalten haben mögen, und sei es auch der des besonderen Wohlwollens. Wir wünschen vielmehr, daß alles der Gemeinschaft zufließe und insgesamt in die Hände des jeweiligen Superiors gegeben werde, bei dem die Patres wohnen und von dem sie ausreichend Nahrung und all das erhalten, was sie zu ihrem angemessenen Unterhalt brauchen ..."

Man beachte den Ton. Die acht anderen Vorschriften zielen einzig und allein auf die Aufrechterhaltung der alten Observanz. Wohl wissend, daß dieser Text sowohl in Neapel als auch in Rom an höherer Stelle gelesen und genau überprüft wird, versteht es die Schlußpassage, dem Kaiser zu geben, was des Kaisers, und Gott, was Gottes ist:

„Um die Pflicht unseres Amtes zu erfüllen und unser Gewissen zu entlasten, empfehlen wir generell und wünschen, daß zum einen unser internes Regolamento mit größter Gewissenhaftigkeit beachtet werde und zum anderen in allen unseren Häusern alle früheren Gebräuche einheitlich beachtet werden, die bis zum heutigen Tag sowohl in unseren Häusern als auch bei Missionen so lobenswert praktiziert wurden. Und wir verbieten den Oberen, auch nur die geringste Lockerung, den geringsten Mißbrauch zu dulden.

Schließlich widerrufen und annullieren wir jegliche Dispens oder Erlaubnis, die durch uns oder unseren Vikar, sei es allen gemeinsam, sei es einem einzelnen gewährt wurde; sollte dem etwas entgegenstehen, so ist dies meinem Stellvertreter mitzuteilen, damit dieser die Frage prüfe, die angeführten Motive vor Gott abwäge und, wenn es ihm nötig erscheint, die entsprechende Erlaubnis erteile.

Wir wünschen, daß dieses Rundschreiben zu Beginn eines jeden Monats im

Refektorium verlesen wird, damit es im Gedächtnis bleibe und niemand für eventuelle Überschreitungen eine Entschuldigung hat.

Empfehlt uns Jesus Christus und der allerseligsten Jungfrau und betet für das Wohlergehen unseres Instituts. Wir segnen Euch und verbleiben. — Bruder Afons Maria, Rektor Maior[14]."

Er schreibt im Plural, gemeinsam mit Villani, unterzeichnet aber allein. Aber es war eine Demission in die Hand seines Stellvertreters, um an nichts anderes mehr zu denken als an die Begegnung mit Gott.

Don Ercole von Liguori war am 8. September 1780 in Marianella plötzlich gestorben. Auf Anraten ihres Onkels, aber nach reiflicher Überlegung, trat seine älteste Tochter, Maria Teresa, in das Kloster von S. Marcellino ein, wo sie am 2. Juli 1783 die Gelübde ablegte. Am 11. diktiert Alfons für sie folgende Zeilen:

„Die Nachricht von Eurer Profeß hat mir unendliche Freude bereitet, denn nun könnt Ihr zu Jesus Christus sagen: Herr, jetzt gehöre ich Euch ganz und gar. Nur müßt Ihr eifersüchtig über die Regungen Eures Herzens und die Observanz der abgelegten Gelübde wachen. Der Weg von der Zelle zum Himmel ist ziemlich sicher, aber man kann auch von der Zelle in die Hölle gelangen. Das Verdienst liegt nicht darin, in Jerusalem zu leben, sondern dort gut zu leben. Ich kann Euch nur Jesus Christus empfehlen, und ich verspreche Euch, es aus ganzem Herzen zu tun. Ich segne Euch im Namen Jesu Christi und der heiligsten Jungfrau und bleibe Euer ...[15]."

Alfons' Schwestern Barbara und Marianna lebten bis in ihr hohes Alter im Klarissinenkloster S. Geronimo. Sein priesterlicher Bruder Don Gaetano starb am 4. Oktober 1784 im Haus der Eltern im Stadtviertel dei Vergini.

Alfons selbst feierte seine letzte Messe am 25. November 1785. „Jesus Christus will nicht mehr, daß ich zelebriere. Sein Wille geschehe immerdar." Umso mehr sehnte er sich aber nach der Eucharistie. „Gebt mir Jesus Christus", flehte er oft. Er verbrachte halbe Tage vor dem Tabernakel. „Hier ist das Allerheiligste", sagte er zu seinem Diener Alessio. „Hier empfängt man die heilige Kommunion. Wie schön! Zwei Lampen brennen Tag und Nacht vor dem Allerheiligsten. Hier wird das Allerheiligste ausgesetzt. Wie lange können wir vor Ihm bleiben?" Und beim Weggehen: „Wann besuchen wir das Allerheiligste wieder[16]?"

Mehr denn je war nun, nach Gott, Maria zu seiner ersten Liebe geworden. Er ließ sich das Leben seiner Lieblingsheiligen vorlesen: Teresa von Jesus, Gregor von Nazianz, Franz von Sales, Joseph Calasanza, der wie er die Leiden eines Gründers durchgemacht hatte; vor allem aber, vor allem genoß er Schriften über Maria.

— Lest mir irgend etwas über Maria vor, bittet er den Bruder eines Tages.

Francescantonio Romito nimmt ein Buch und liest. Alfons lauscht, ist begeistert und ruft schließlich:

— Wie schön das ist. Was ist das für ein Buch? Wer hat diese schönen Seiten geschrieben?

— Aber sie sind von Euch, Monsignore. Es sind Eure *Herrlichkeiten Mariens*.

— Mein Jesus, sagt Alfons, nun tief bewegt, ich danke dir, daß du mich über deine Mutter schreiben ließest!

Der Bruder notierte Ereignis und Datum. Es war der 25. Oktober 1784[17].

In seiner Jugend hatte Alfons gelobt, täglich den Rosenkranz zu beten. Als er das Alter erreicht hatte, in dem das Gedächtnis, man könnte sagen aus Platzmangel, praktisch nichts mehr aufnimmt, fragte er oft:

— Habe ich heute schon meinen Rosenkranz gebetet?

— Gewiß, antwortete ihm Romito eines Tages etwas ungeduldig. Warum zweifelt ihr denn immer daran?

Darauf der Greis äußerst ruhig:

— Wenn ich wegen des Rosenkranzes nicht sicher bin, solltet Ihr mir nicht widersprechen, denn mein Seelenheil und meine ewige Bestimmung gehen mir über alles: und wenn ich über den Rosenkranz unsicher bin, dann ist das ein Zeichen, daß ich auch über mein Heil unsicher bin.

— Dann machen wir es doch so, entgegnete Alessio Pollio: Alle Ave Maria, die ihr bei Eurem Rosenkranz zu viel betet, opfert Ihr für meine Seele auf.

— Ich wünschte, Ihr wäret still, antwortete Monsignore ernst, denn das sind häßliche und nutzlose Worte, die Ihr vor Gott zu verantworten haben werdet[18].

Eine der großen Freuden des Paters war es, sich mit den Missionaren nach ihrer Rückkehr von den Missionen zu unterhalten. Dann kam er nachdrücklich auf die seelsorglichen Ideen zurück, die sein Leben und seinen Kampf geleitet hatten. „Armes Blut Jesu Christi, (von den Jansenisten) mit Füßen getreten und mißhandelt... Mit einem Kuß hat Judas Jesus Christus verraten; mit dem Friedenskuß verraten auch sie Christus und die Seelen... Ich weiß, daß nicht einmal die Engel würdig sind, zu kommunizieren, aber Christus lädt den Menschen dazu ein, um seine Not zu lindern. Aus diesem Sakrament kommt alles Gute, und ohne seine Hilfe ist alles zerstört." Er ließ seinem Ärger über Beichtväter, die die Seelen zurückweisen, freien Lauf. „Je tiefer die Sünder im Bösen stecken", sagte er, „umso mehr muß man sie lieben. Jesus Christus hat nicht anders gehandelt... Wer die Absolution Monate und Monate verschiebt, der steht den Sündern nicht bei, sondern stürzt sie endgültig ins Verderben... Unsere Aufgabe ist es, ihnen zu helfen und die beste Hilfe ist die Spendung der Sakramente[19]."

Man lese oder singe nur einmal die circa 50 *canzoncine*, die Liguori für die Mission verfaßt hat, und man wird nicht ein einziges erschreckendes Lied finden. Er kennt den „rächenden Gott" nicht, ja nicht einmal den liturgischen „Gott, den Herrn" oder die „Göttliche Majestät" der Spanier und Falcoias. Mit vertrauter Zärtlichkeit, die in sich selbst schon eine ganze Theologie ist, richtet er sich an den „guten Gott", den „lieben Jesus", den „liebevollen Erlöser", an Maria, *la bella mia Speranza.*

Gott aber ließ es zu, daß Mgr. von Liguori in seinen letzten Jahren durch das Feuer der härtesten geistlichen Prüfungen hindurch mußte. Als hätten ihn 22 Jahre Krankheit und 24 Jahre Verfolgung noch nicht genug gereinigt, machte er in den Jahren 84–85 die unendliche Verlassenheit Christi am Kreuz durch. „Wer weiß", sagte er weinend, „ob ich überhaupt in der Gnade Gottes stehe und gerettet werde." Dann, zum Kreuz gewandt: „Mein Jesus, laß nicht zu, daß ich verdammt werde... Herr, schick mich nicht in die Hölle, denn in der Hölle gibt es keine Liebe."

— Wie geht es Euch? fragte ihn eines Tages ein Besucher.

— Ich stehe unter der Peitsche der Gerechtigkeit Gottes.

Es waren Versuchungen gegen den Glauben, auf die er antwortete: „Mein Gott, ich glaube und ich will als Sohn der hl. Kirche leben und sterben." Skrupel drangen ungehindert und schrecklich auf das Feld eines Gewissens ein, das der Greis nicht mehr beherrschen konnte; nur der Gehorsam vermochte ihm in dieser Situation noch einen höchst gefährdeten Frieden zu vermitteln und konnte ihm die Kommunion ermöglichen. Noch schlimmer quälten ihn sinnliche Erregungen, die ihm Seufzer entrissen und ihn in die Furcht versetzten, Gott zu beleidigen. Professor Gennaro Goglia, Assistent von Gastone Lambertini am Institut für Anatomie an der Universität Neapel, hat 1951–1952 gemeinsam mit diesem Alfons' Skelett wissenschaftlich untersucht und erklärte diese Schwierigkeiten durch eine starke Verformung der Lendenwirbel, die eine aufreizende Wirkung auf jene Zentren ausübten, die die Enervierung der Genitalorgane bewirken. „Nun bin ich 88 Jahre alt", sagte er eines Tages weinend zu P. Criscuoli, „und das Feuer meiner Jugend ist noch immer nicht erloschen." Eines Tages besuchte ihn ein Pfarrer:

– Monsignore, Ihr seht melancholisch aus: Ihr, der Ihr stets heiter wart!

– Heiter! antwortete Alfons, ich leide Höllenqualen[20].

Wir stehen hier also vor einem klinisch erklärten physiologischen Faktum. Schwieriger ist es schon, die von seinem ersten Biographen berichteten Dämonenerscheinungen, die ihn gegen den Glauben, die Hoffnung oder die Demut versuchen wollten, von den Alpträumen eines dahinsiechenden Greises zu unterscheiden.

Wohl aber gibt es in diesen Monaten des inneren Kalvarienerlebnisses Zeugen für seine Ekstasen, und man sah sich gezwungen, ihn endgültig von der Kirche fernzuhalten, um die Anwesenden nicht durch seine mystischen Verzückungen zu irritieren.

Es wurde einmal gefragt, warum Liguori keinen Traktat über die Mystik verfaßt hat.

Zunächst einmal war seine von der Aufklärung geprägt Zeit nicht dazu angetan, ihn dazu zu ermutigen. Außerdem hatte ihn seine persönliche Erfahrung mit den Seelen sehr mißtrauisch gegen geistliche und geistige Krankheiten gemacht, die nur allzu leicht als passive Einigung mit Gott mißverstanden werden. Schließlich und endlich konnte ihn die mißtrauische Kirche, die seine „Freunde" Fénélon und Petrucci verurteilt hatte, eigentlich nur zum Schweigen anregen[21]. Aber man muß neben den didaktischen Kapiteln seiner Pastoralwerke – *Praxis Confessarii, Homo apostolicus* –, in die seine innere Erfahrung eingeflossen ist, auch seine langen Gedichte lesen, in denen der Mystiker sich selbst entflieht, und „im einsamen und dunklen Wald" der letzten Brücke zur intuitiven Begegnung der Liebe vordringt. Von diesen *Canzoncine*, in denen Alfons mehr lebte und leben ließ, als daß er lehrte, hat der große Dichter Salvatore Di Giacomo (1860–1938) einmal gesagt: „Das sind meine Gebetbücher[22]."

Aber dieses Elitepublikum hat der Schriftsteller Alfons niemals gesucht. Wie sein Lehrer Franz von Sales die Heiligkeit in die Salons und an den Hof tragen wollte, so schrieb und predigte Alfons getreu seiner Entscheidung für die Welt der kleinen Leute in der Absicht, die Heiligkeit den *lazzaroni* und den Hirten zu erschließen. Eine seiner letzten Freuden war es, als der neapolitanische Architekt Giuseppe Mauro ihm auf seine Frage nach dem Besuch der *Capelle serotine* antwortete:

– Aber ja, und Ihr könnt Euch nicht vorstellen, wie viel Gutes hier geschieht und wie viele kleine Leute kommen: hier gibt es sogar Heilige unter den Kutschern.

— Heilige Kutscher in Neapel, antwortete Alfons, von Glück überwältigt, *Gloria Patri* ... Ihr habt es gehört, Don Giuseppe: heilige Kutscher in Neapel[23]!

Am 16. Juli 1787 ließ ein heftiger Anfall von Ruhr, gefolgt von hohem Fieber, das nahe Ende des Monsignore ahnen. Er sprach ein Bekenntnis der Hoffnung, das er am 21. Oktober 1785 geschrieben hatte: „Ich bin sicher in Jesu Hand und glaube, daß ich durch die großen Verdienste Jesu Christi und Mariens gerettet werde; so hoffe ich, ihnen bald im Paradies danken zu können." Und eines Tages: „Herr, du weißt genau, daß alles, was ich gedacht, gesagt, getan und geschrieben habe, für die Seelen und zu deiner Ehre war."

Am 23. Juli sagte er in einem seiner wenigen wachen Augenblicke: „Hier bin ich, mein Gott", dann gegen Abend: „Komm, mein Jesus." Wie oft hatte er gerufen: „Mein Jesus, ich habe den Eindruck, daß ich noch tausend Jahre auf das Glück warten muß, dich im Himmel zu sehen!"

Am 27., gegen sieben Uhr früh, glaubte man ihn schon verloren. Man gab ihm die Absolution und begann mit den Sterbegebeten. Er kam wieder zu sich: „Ich bin am Ende". Der Arzt bat ihn um seinen Segen. Da öffnete er die Augen und sprach mit klarer Stimme: „Der Herr segne dich." Romito und Pollio warfen sich zu seinen Füßen:

— Segnet uns, Pater.

— *Dominus noster Jesus Christus vos benedicat.*

— Segnet alle Häuser und alle Mitglieder der Kongregation.

— Ja, sagte Monsignore und segnete sie. Alle weinten; jeder ging zu ihm und küßte ihm die Hand.

— Segnet auch die Häuser des Kirchenstaates, sagte Bruder Romito.

Er segnete sie zweimal. Dann, eine halbe Stunde später, öffnete er plötzlich die Augen und sagte mit lauter Stimme: „Ich segne die Häuser des Kirchenstaates." Man bat ihn, auch die Diözese und die Klosterfrauen von S. Agata und Scala zu segnen; er machte die Segensgeste. Dann unvermittelt: „Ich segne den König, alle Generäle, die Fürsten, die Minister und alle Juristen, die Recht sprechen."

Am 28. gab man ihm ein Bild der Muttergottes. Monsignore betrachtete sie, seine Lippen bewegten sich, und er öffnete seine Arme in einer Opfergeste.

Am 29: „Gebt mir die Muttergottes". Er nahm sie in seine Hände und betete. Dann begann das Todesröcheln und verließ ihn nicht mehr.

Am 30. zeigte man ihm ein Kruzifix, und er gab zu verstehen, daß er es in seinen Händen halten wolle; er drückte es liebevoll und versuchte dreimal, es zu küssen.

In seinen *Gebeten zur Gottesmutter für jeden Wochentag* hatte Alfons geschrieben: „O meine Königin, verzeih meine Kühnheit: wenn ich dereinst mein Leben lassen werde, dann komm und tröste mich mit deiner Gegenwart. Diese Gnade, die du so vielen deiner Diener gewährt hast, wünsche und erhoffe auch ich ... O Maria, ich erwarte dich, versage mir diesen Trost nicht[24]." Am 31., gegen 6 Uhr abends, während er das Muttergottesbild in seinen Händen hielt, begann sein Geist plötzlich zu strahlen und sich zu beleben; er sprach ganz leise und lächelte der Muttergottes zu. Eine Stunde später fand die gleiche „Begegnung" in Anwesenheit von drei anderen Patres noch einmal statt.

Am nächsten Tag, dem 1. August, trafen wie durch ein Wunder die Brüder aus allen Häusern ein. Man gab Alfons von Zeit zu Zeit ein Kreuz, das er liebevoll an sich drückte, ohne zu wissen, daß es jeweils ein anderes war. Gegen Mittag legte man ihm wieder seine geliebte Muttergottes in die Hände. Und nun, beim Klang des Angelus, entschlief er ohne die geringste Zuckung, ohne einen schmerzhaften Seufzer, inmitten seiner weinenden und betenden Söhne, mit seinem Bild der Muttergottes in den Händen, sanft im Herrn[25]. Er war 90 Jahre, 10 Monate und einen Tag alt. Er hatte, wenn wir nicht irren, 98 Söhne in den Beiden Sizilien und 85 (fast durchwegs Neapolitaner) im Kirchenstaat[26].

Auch Fernando de Leon war gestorben, in seiner Badewanne; Kommissar von Sarnelli in seinem Wagen; und Maffei, ich weiß nicht wo. Dieser letztere hatte ein Witwe, sechs Kinder und 30.000 Dukaten Schulden hinterlassen. Ein Schwarm von Gläubigern hatte sich auf die arme Familie gestürzt, sodaß sie völlig mittellos dastand. „Tut alles, was möglich ist, um Maffeis Kindern zu helfen, tut alles", hatte Alfons einst an Tannoia geschrieben[27].

Aber die Spaltung des Instituts bestand nach wie vor. Doch der Gründer hatte das Ende vorhergesagt, dessen Anfänge er sogar noch miterleben konnte: man tauschte zwischen den beiden Zweigen je nach Bedarf der Seelsorge Missionare aus; die Fürbitten für jeden Verstorbenen wurden in der ganzen alfonsischen Familie gesprochen; von Kardinal Banditi begünstigt, fanden 1786 und 1787 Konferenzen zwischen den Abgesandten der beiden Zweige in Benevent statt. Alfons wurde von fast allen als Stifter und Vater verehrt, und sein Tod brachte die Herzen einander näher und erweckte Reuegefühle. Aber noch immer bestand das *Regolamento*.

Blasucci und seine Patres in Sizilien hatten sich ihm entzogen. Das *Regolamento* war nämlich nur für die vier Häuser des Königreichs Neapel rechtskräftig, sie aber gehörten unter dem gleichen König und der gleichen Regierung zu einem anderen Königreich, dem sizilianischen, und waren überdies kein Haus, sondern nur eine Gruppe von Wandermissionaren, die beim Bischof von Agrigent das Gastrecht genossen. Dennoch war der feinfühlige Diplomat Blasucci 1783 persönlich zum Kapitel von Ciorani gekommen, einerseits aus Verehrung für Alfons und andererseits, um mit den neapolitanischen Häusern nicht zu brechen. Villani war ungeschickt genug, auch von den Mitbrüdern in Sizilien die Annahme des *Regolamento* zu fordern. Blasucci reagierte nicht und verstand es, durch ausweichende Antworten Zeit zu gewinnen. Als Villani 1786 nach einer neuerlichen Weigerung erklärte, die Sizilianer seien nunmehr aus der Ordensgemeinschaft ausgeschlossen, erreichte Blasucci vom Heiligen Stuhl für sich und seine Gemeinschaft den Anschluß an die von De Paola geleitete Kongregation. Er wurde wieder Redemptorist, vermied es aber, in Pagani davon zu erzählen, um den offiziellen Bruch nicht noch zu verschärfen.

Im September 1788 verbot Ferdinand IV. allen Ordensangehörigen im Königreich die Abhängigkeit von ausländischen Oberen und die Teilnahme an Kapiteln außerhalb des Königreichs. Der Grund? Sie sollten sich nur an die Regeln halten, die sie *bei ihrer Profeß* akzeptiert hatten. Durch eine köstliche Ironie erhielten die Sizilianer auf diese Weise von einer Regierung, die nicht wußte, was sie damit tat, ein Dekret, datiert vom 17. April 1790, das sie zur Regel Benedikts XIV. zurückführte. Die Neapolitaner taten es Blasucci gleich und erhielten am

9. Oktober 1790 dieselbe Anweisung. Das *Regolamento* war damit erloschen. Pius VI. erlaubte die Einberufung eines Generalkapitels zur Wiedervereinigung. P. Leggio war einer der eifrigsten Verfechter der Vereinigung. Und P. Pietro Paolo Blasucci wurde von allen Söhnen Alfons' zum Rektor Maior gewählt[28].

Der Gründer hatte eines Tages prophezeit: „Seid versichert, die Kongregation wird sich bis zum Tag des jüngsten Gerichts halten, denn sie ist nicht mein, sondern Gottes Werk. Solange ich lebe, wird sie in Dunkelheit und Demütigung dahinvegetieren, aber nach meinem Tod wird sie ihre Flügel entfalten und sich vor allem nach Norden hin ausbreiten[29].“

Im Oktober 1784 hatten sich zwei Männer aus dem Norden im ersten Kloster vorgestellt, dessen *Angelus*läuten sie hörten. So traten *Clemens-Maria Hofbauer* und *Thaddäus Hübl* bei den Redemptoristen von S. Giuliano in Rom ein.

Als die Neapolitaner von der Aufnahme dieser beiden Deutschen ins Noviziat und ihrem glühenden Verlangen, in ihr Vaterland zurückzukehren und in Wien ein Haus des Allerheiligsten Erlösers zu gründen, hörten, glaubten sie, ihre Brüder im Kirchenstaat hätten den Kopf verloren. Sie lachten über dieses deutsche Haus und waren daher ganz erstaunt, daß Alfons mit seinem prophetischen Geist anders dachte. „Als man ihn über den frommen Plan dieser Fremden informierte“, sagt Tannoia, „war er höchst erfreut.“ Und plötzlich, als hätten sich die Schleier gehoben, die uns die Zukunft verbergen, verkündete er die Pläne Gottes: „Gott wird durch die beiden seinen Ruhm in diesen Ländern verbreiten. Seit die Jesuiten nicht mehr da sind, sind diese Länder halb verlassen. Doch werden dort die Missionen anders sein als die unseren. Inmitten von Lutheranern und Calvinisten ist die Katechese nützlicher als Predigten. Man wird zunächst das *Credo* beten lassen müssen, um dann das Volk dazu zu bringen, von seinen Sünden abzulassen. Diese guten Priester können sehr viel Gutes tun, aber sie bedürfen größerer Erleuchtung.“ Dann riß ihn sein Eifer mit sich fort, und er fügte hinzu: „Ich werde ihnen schreiben“; Doch fiel ihm sogleich ein, daß er ja nicht ihr Oberer war: „Gott will nicht, daß ich mich einmische. Mein Gott, demütige mich immer mehr und laß alles zu deiner größeren Ehre geschehen[30].“

Zur größeren Ehre Gottes und auch zur Ehre ihres Stifters wirken die Redemptoristenmissionare heute (1982) in ganz Europa, in Nord- und Südamerika, in Ozeanien, in sieben Ländern Afrikas und in Südasien von Bagdad bis Tokio.

Acht Monate nach dem Tod Alfons von Liguoris wurde auf Drängen des Volkes und des Klerus der Informationsprozess zu seiner Heiligsprechung eingeleitet. Pius VI. hatte von der Zehnjahresfrist, die erforderlich war, damit die Sache nach Rom kommen konnte, dispensiert. Einleitend warf der Glaubenspromotor, auch Advokat des Teufels genannt, ein, man könne nicht daran denken, diesen Schuldigen des *Regolamento*, der vom Papst von seiner Kongregation entfernt worden war, zur Ehre der Altäre zu erheben. Aber Pius VI. selbst unterzeichnete das Dekret, das Schweigen über diese unselige Geschichte legte. Am 7. Mai 1807 erscheint das Dekret über den heroischen Grad der Tugenden Alfons'. Aber der Heilige Vater wird aus Rom hinweggenommen, und alles verzögert sich zehn Jahre …

Schon bald jedoch öffnet in S. Maria dei Vergini jemand andächtig das Taufregister des Jahres 1696 auf Seite 127. Eine Hand schreibt an den Rand der Taufeintragung Alfons' von Liguori: „Seliggesprochen im September 1816"; dann eine weitere: „Heiliggesprochen am 26. Mai 1839", und schließlich eine dritte: „Zum Kirchenlehrer erklärt am 23. März 1871". Es bleibt kein Raum mehr, um hinzuzufügen: „Zum Patron der Beichtväter und Moraltheologen erklärt am 26. April 1950."

1952 schrieb Don Giuseppe De Luca, dieser große Kenner der Geschichte der Spiritualität:

„In diesem Jahrhundert (der Aufklärung) ist Alfons von Liguori eindeutig der Neapolitaner, dessen Denken am höchsten steht. Er steht auf gleicher Ebene mit G. B. Vico, zumindest für den, der die Höhe des Denkens nicht nur auf die Philosophie beschränkt. In der Geschichte der Kirche ist er die umfassendste Intelligenz nach 1500, wie der heilige Thomas es nach 1000 war ...

Lassen wir dies und alles andere, was noch zum Ruhm des hl. Alfons zu sagen wäre, und erinnern wir uns, daß er uns Priestern, uns Gläubigen einige Bücher geschenkt hat, die zum Kostbarsten für unsere Seele gehören. Er war es, der die Worte der Teresa von Avila und des Juan de la Cruz allen, sogar den Analphabeten, in den Mund gelegt hat. Er hat dem Volk die erhabensten Worte in den schlichtesten Formeln, die ekstatischsten Empfindungen im alltäglichsten Vokabular nahegebracht.

Er hat in schlichten Menschen das Herz von Heiligen, von großen Heiligen, geschaffen[31]."

Bildlegenden

Bild 1: Der hl. Alfons im Jahr der Ordensgründung (1732). Unbekannter Maler aus dem 18. Jh., Museo Alfonsiano in Pagani.

Bild 2: Der Gekreuzigte. Gemalt vom hl. Alfons um 1719 – Ciorani.

Bild 3: Die Madonna des hl. Alfons. Übermalt von Di Maio. Museo Alfonsiano, Pagani.

Bild 4: Der Glaube. Stich des hl. Alfons aus seinem Buch „Die Wahrheit des Glaubens", Napoli 1767.

Bild 5: Notenschrift des hl. Alfons, Probe aus einem Duett („tra un'anima e Gesù").

Bild 6: Die katholische Kirche. Stich des hl. Alfons aus seinem Buch „Der Triumph der Kirche", Napoli 1772.

Bild 7: Der hl. Alfons als Bischof von Sant' Agata dei Goti (um 1767). Unbekannter Maler aus dem 18. Jh., Museo Alfonsiano in Pagani.

Bild 8: Der hl. Alfons kurz vor seiner Amtsniederlegung (um 1775). Unbekannter Maler aus dem 18. Jh., Museo Alfonsiano in Pagani.

R. P. D. ALPHOUSU.

DE LIGORIO CLAM.

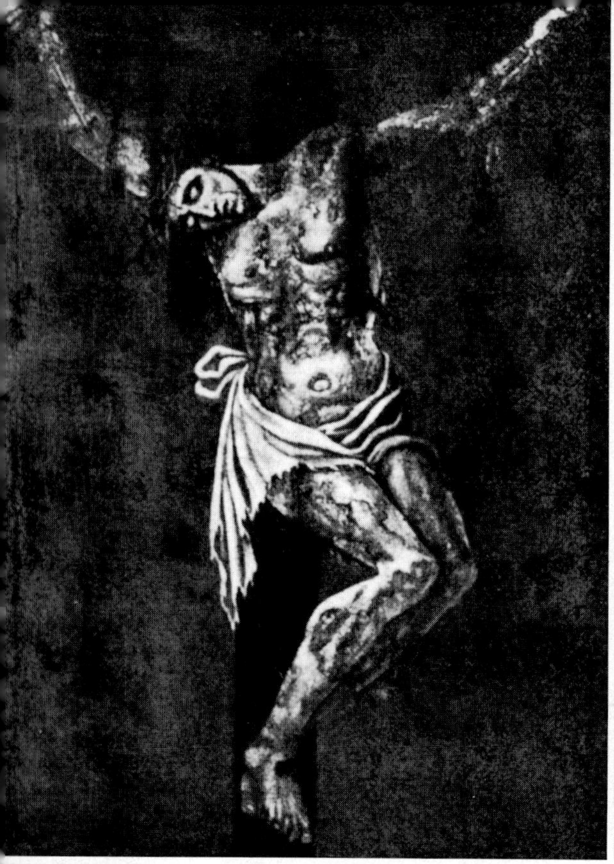

Nimium vexata ploro

Anmerkungen

Erster Teil

Kapitel 1

[1] L. von PASTOR, *Storia dei Papi*, vol. XVI, part. III, S. 296.

[2] SH *(Spicilegium historicum C. SS. R.)* 25 (1977), S. 76; J. DELUMEAU, *L'Italie de Botticelli à Bonaparte*, S. 295–297.

[3] G. M. GALANTI, *Nuova descrizione geografica e politica delle Sicilie*, L. IV. c. IV. § 2.

[4] DELUMEAU, *op. cit.*, S. 181–182, 195.

[5] SH 7 (1959), S. 229.

[6] V. A. GIATTINI (D. A. Marsella), *Vita del Beato A. M. de Liguori*, P. I, c. 1, p. 3; *Summarium (Beatificationis et Canonizationis summarium super virtutibus)*, S. 54–58.

Kapitel 2

[1] SH (1953), S. 114 ff; 5 (1957), S. 122–123.

[2] B. CROCE, *Storia del regno di Napoli*, S. 113J; R. BOUVIER er A. LAFFARGUE, *La vie napolitaine au XVIIIe siècle*, S. 38.

[3] *Contributi (S. Alfonso de Liguori. Contributi bio-bibliographici)*, S. 19–22, 36.

[4] P. GIANNONE, *Histoire civile du royaume de Naples*, L. XX, c. 4.

[5] *Contributi*, S. 23, 41.

[6] *Ebda.* S. 22; SH 13 (1965), S. 102–104.

[7] SH 7 (1959), S. 229 ff.

[8] *Contributi*, S. 23.

[9] *Ebda.* S. 33; SH 13 (1965), S. 102–104.

[10] ASDN, *Visite Pastorali*, A. Pignatelli, II, f. 199; *Contributi*, S. 24–26, 30–35.

[11] SH 7 (1959), S. 231 ff.

[12] R. TELLERIA, *San Alfonso Maria de Ligorio*, Bd. I, S. 12, Anm. 44.

[13] SH 7 (1959), S. 231, Anm. 9; *Contributi*, S. 24.

[14] R. DE MAIO, *Società e vita religiosa a Napoli nell'età moderna (1656–1799)*, S. 56, 59, 63, 145.

[15] *Ebda.* S. 108–109.

[16] TELLERIA, *op. cit.*, I, S. 6; SH 2 (1954), S. 283, Anm. 12.

[17] DE MAIO, *op. cit.*, S. 25–26.

[18] Giuseppe GALASSO, „Napoli nel Viceregno spagnolo 1696–1707", in *Storia di Napoli*, VII, S. 68–85; Luciano OSBAT, *L'Inquisizione a Napoli. Il processo agli ateisti 1688–1697*, S. 149 ff, 192, 200, etc. D. VIZZARI, *E. Cavalieri da inquisitore napoletano a vescovo di Troia*, Napoli, 1976.

[19] SH 7 (1959), S. 250–251.

[20] SH 2 (1954), S. 283–284; *Analecta C. SS. R.*, 11 (1932), S. 45–46.

[21] SH 5 (1957), S. 241.

Kapitel 3

[1] BOUVIER-LAFFARGUE, *op. cit.*, S. 18–20; DE MAIO, *op. cit.*, S. 191; F. M. D'ARIA, *Un restauratore sociale*, S. 417.

[2] SH 13 (1965), S. 98–132; 20 (1972), S. 325 ff.

[3] DE MAIO, *op. cit.*, jS. 108–109.

[4] TANNOIA, *Della vita ed istituto del V. Servo di Dio Alfonso Maria Liguori*, Bd. II, S. 204.

[5] *Contributi*, S. 36–40; SH 4 (1956), S. 7–24; 6 (1958), S. 276.

[6] DE MAIO, *op. cit.*, S. 105–124.

[7] SH 4 (1956), S. 19–20.

[8] GALANTI, *op. cit.*, L. IV, s. IV, § XIII, 3.

[9] SH 5 (1957), S. 239–241; 6 (1958), S. 255 ff; 7 (1959), S. 253; 13 (1965), S. 107–110, 124–129.

[10] *Analecta* 31 (1960), S. 290–291; SH 9 j(1961), S. 83 ff.

[11] *Lettere di S. Alfonso M. de Liguori*, I. S. 113.

[12] DE MAIO, *op. cit.*, S. 134.

[13] Zitiert von DELUMEAU, *op. cit.*, S. 11 und 182; cf. CROCE, *op. cit.*, S. 109—111.

[14] GALANTI, *op. cit.*, L. I, c. VIII, § VI.

[15] TANNOIA, *op. cit.*, Bd. I, S. 13.

[16] J. BACH, *Histoire de saint Francois de Geronimo*, S. 224—227; GALASSO, *loro cit.*, S. 218—220, 225—226.

[17] TELLERIA, *op. cit.*, I, S. 11—12 und Anm. 44; Ph. ERLANGER, *Philippe V d'Espagne*, Paris 1978, S. 62. Da die Prinzessin das Meer, das Ungeziefer und den „Duft" der Galeerensklaven nicht ertrug, ging sie in der Provence an Land und setzte ihre Reise auf dem Landweg fort.

[18] SH 7 (1959), S. 232, Anm. 10; TELLERIA, *op. cit.*, I, S. 12.

[19] ERLANGER, *op. cit.*, S. 76—82.

Kapitel 4

[1] BOUVIER-LAFFARGUE, *op. cit.*, S. 33—48.

[2] Maurice LENGELLÉ, *L'esclavage*, coll. „Que sais-je", Anm. 667, PUF, Paris 1867, S. 41.

[3] ERLANGER, *op. cit.*, S. 73; *Encyclopaedia universalis*, 6, S. 449.

[4] SH 7 (1959), S. 241, Anm. 45.

[5] TANNOIA, *op. cit.*, I. S. 13.

[6] *Asprenas* 13 (1966), S. 170—205; 14 (1967), S. 295—313.

[7] BACH, *op. cit.*, S. 55—58, 109—117; D'ARIA, *op. cit.*, S. 619—632; *Summarium introductionis causae* (Servi Dei Fr. de Geronimo) S. 33, 51, 91, 98—99.

[8] Idem *Summarium*, S. 53; BACH, *op. cit.*, S. 117—188; SH 7 (1959), S. 238.

[9] SH 6 (1958), S. 477—478.

[10] Jos van USSEL, *Histoire de la répression sexuelle*, traduit de l'allemand (1970), Laffont, Paris 1972, S. 83—84.

[11] TANNOIA, I, S. 4; BACH, *op. cit.*, S. 194—195; *Summarium (S. D. Alfonsi de Liguori)*, S. 56—58, 61.

[12] TANNOIA, I, S. 3.

[13] Idem *Summarium*, S. 176.

[14] TANNOIA, I, S. 4—5.

[15] L. PONNELLE u. L. BORDET, *Saint Philippe Néri*, Bloud et Gay, Paris 1928, S. 399—404.

[16] *La vera Sposa di Gesù Christo*, Kap. VIII § 2, 6: *Opere ascetiche*, XIV, S. 285.

[17] DE MAIO, *op. cit.*, S. 108, 114.

[18] *Ebda.*, S. 125.

[19] *Ebda.*, S. 56, 59, 63, 145 Anm. 106; CROCE, *I teatri de Napoli*, S. 112.

[20] SH 4 (1956), S. 469—473.

[21] A. CAPECELATRO, *Vie de S. Alphonse-Marie de Liguori*, Bd. I, L. I, Kap. I.

[22] TELLERIA, I, S. 13.

[23] TANNOIA, I, S. 5—6.

[24] *Ebda.*, S. 5.

[25] *Ebda.*, S. 7.

[26] *Ebda.*, S. 5—6.

[27] *S. Alfonso* 33 (1962), S. 35; TELLERIA, I., S. 14. Anm. 53.

[28] SH 7 (1959), S. 234.

[29] *Summarium*, S. 54.

[30] TANNOIA, I, S. 7.

[31] SH 7 (1959), S. 238.

[32] *Contributi*, S. 34—35.

[33] SH 7 (1959), S. 239—242.

[34] *Ebda.*, S. 240.

[35] TELLERIA, I, S. 14. Anm. 55.

[36] *Analecta* 31 (1959), S. 307—312.

[37] TANNOIA, I, S. 5—6.

[38] PONNELLE u. BORDET, *op. cit.*, S. 123 ff; A. CAPECELATRO, *Vie de S. Philippe Néri*, trad. Bézin, 2 vol., Paris 1889. L. II. c. 12.

[39] TELLERIA, I, S. 15; *Analecta* 31 (1959), S. 311—312; SH 23 (1975), S. 473—474.

[40] TANNOIA, I, S. 6–7.

Kapitel 5

[1] *Contributi*, S. 113. Sur Don Buonaccia, vgl. SH 12 (1964), S. 205–208.
[2] M. VAUSSARD, *La vie quotidienne en Italie au XVIII⁵ siècle*, S. 121–127; DE MAIO, *op. cit.*, S. 104–105, 111–112.
[3] *Sermoni compendiati*, XXXVI, 10: Ed. Marietti, Bd. III, S. 510.
[4] TANNOIA, I, S. 7; TELLERIA, I, S. 13 Anm. 49.
[5] VAUSSARD, *op. cit.*, S. 121–123.
[6] *Contributi*, S. 121.
[7] TANNOIA, I, S. 5–6.
[8] *Contributi*, S. 116. In den Tribunali (Justizpalast) von Neapel kam es im 17. Jh. auch vor, daß die Verhandlungen auf Spanisch geführt wurden: GIANNONE, *Historie civile du royaume de Naples*, L. 38, c. 4.
[9] GIATTINI, *op. cit.*, P. I, c. II. S. 14; TELLERIA, I, S. 13.
[10] TANNOIA, I. S. 7–8.
[11] Vgl. Francois de DAINVILLE, *L'éducation des Jésuites (XVI⁵–XVIII⁵ siècles)*, Editions de Minuit, Paris 1978. Ausführlicher: Georges GUSDORF, *Les sciences humaines et la pensée occidentale*, 7 vols., Payot, Paris 1966–1976.
[12] DELUMEAU, *op. cit.*, S. 335.
[13] *S. Alfonso* 13 (1942), S. 17–20.
[14] O. GREGORIO, *S. Alfonso grammatico*, Materdomini 1938, S. 8.
[15] DAINVILLE, *op. cit.*, S. 228.
[16] *Sermoni compendiati*, XXXVI, 8; vgl. *Istruzione al popolo*, P. I, c. IV, 19; Marietti, III, S. 509 u. IX, S. 933.
[17] DAINVILLE, *op. cit.*, S. 173 ff.
[18] P. L. RISPOLI, *Vita del B. Alfonso M. de Liguori*, P. I, c. II, S. 12. 13.
[19] GIATTINI, *op. cit.*, P. I, c. II, S. 14.
[20] DAINVILLE, *op. cit.*, S. 194 ff.
[21] R. MOUSNIER u. E. LABROUSSE, *Le XVIII⁵ siècle*, S. 158–159; SH 24 (1976), S. 11 Anm. 44.
[22] *Lettere*, III, S. 439.
[23] Vgl. DAINVILLE, *op. cit.*, S. 323 ff.
[24] SH 7 (1959), S. 241 Anm. 44.
[25] CROCE, *Storia del regno di Napoli*, S. 145–149, 151; *Contributi*, S. 111–166; R. BAYON, *Como escribio Alfonso de Ligorio*, S. 51–55.
[26] *Opere dommatiche*, Marietti VIII, S. 458, 550, 559, 565–566, 773, etc.
[27] *Ebda.*, S. 662, 18.
[28] *Ebda.*, S. 557, 13; vgl. BAYON, *op. cit.*, S. 53–54.
[29] *Acta Capitulorum generalium*, S. 17, 46.
[30] Edm. PURCHOTIUS, *Institutio philosophica ...*, ed. 2, Parisiis 1700, Bd. III, S. 31–32.
[31] *Lettere*, I. S. 377–378.
[32] Seit der 3. Ausg. hat der Titel den plural, 1711: *Institutiones philosophicae ...*
[33] BAYON, *op. cit.*, S. 53.
[34] Vgl. H. GOUHIER, *La pensée religieuse de Descartes*, Vrin, Paris 1924; A. VALENSIN, *Regards*, I, Aubier, Paris 1955, S. 179 ff.

Kapitel 6

[1] Siehe oben S. 36–39.
[2] P. COLLETTA, *Histoire du royaume de Naples*, L. I, c. I, VI.
[3] G. CONIGLIO, *I vicere spagnoli di Napoli*, Napoli 1967, S. 352–353.
[4] COLLETTA, *loco cit.*
[5] D'ARIA, *op. cit.*, S. 457–462; BACH, *op. cit.*, S. 260–263.
[6] *S. Alfonso* 30 (1959), S. 29.
[7] ASN, Sezione Giustizia, Pandetta Nuova 4a/107–18, fol. 166; vgl. fol. 200–201; SH 7 (1959), S. 250–251.
[8] SH 7 (1959), S. 232, 244–245. Die Ernennung ist – Auftrag und Gehalt – ab September 1707

wirksam; der Vizekönig informiert Erzherzog Karl am 3. März 1708 darüber und bittet um eine entsprechende Bestätigung durch Patenbriefe; „Carlos, König von Kastilien, usw. ...." unterzeichnet sie am 29. Jänner 1709 in Barcelona.

[9] Roland MOUSNIER, *Les XVI et XVIIᵉ siècles* (Band IV de l'*Histoire générale des civilisations*), 5ᵉ éd. PUF, Paris 1967, S. 143—144.

[10] SH 7 (1959), S. 231—251; *S. Alfonso* 30 (1959), S. 54—55.

Kapitel 7

[1] Zitiert von TELLERIA, I, S. 24 Anm. 8.

[2] F. NICOLINI zitiert von TELLERIA, I, S. 24 Anm. 10.

[3] Giuseppe RICUPERATI, „Napoli e i Vicere austriaci 1707—1734" in *Storia di Napoli*, VII, S. 374—381; Biagio DE GIOVANNI, „La vita intellettuale a Napoli fra la metà del' 600 e la restaurazione del regno", *ebda.*, VI, S. 457—459.

[4] Paul HAZARD, *La crise de la conscience européenne (1680—1715)*, Paris 1935, Band II, S. 245.

[5] GIANNONE, *op. cit.*, L. XXXVIII, c. 4; B. CROCE, *op. cit.*, S. 146—149.

[6] TELLERIA, *op. cit.*, I, S. 29.

[7] COLLETTA, *op. cit.*, L. I, c. I, XII.

[8] MANNA zitiert von A. FREDA in *Contributi*, S. 98.

[9] DE GIOVANNI, *loco cit.*, S. 438—440.

[10] TANNOIA, I, S. 9.

[11] *Encyclopaedia universalis*, X, S. 725.

[12] Zu den voraufgegangenen Seiten, vgl. *Contributi*, S. 91—96, 104—108, 134—137; TELLERIA, I, S. 29—31; RICUPERATI, *loco cit.*, S. 374—381; DI GIOVANNI, *loco cit.*, S. 457—459; BOUVIER-LAFFARGUE, *op. cit.*, S. 83—84.

[13] TELLERIA, I, S. 24; RICUPERATI, *loco cit.*, S. 378—380.

[14] *Contributi*, S. 87—88.

[15] *S. Alfonso* 8 (1937), S. 214—215; *Contributi*, S. 89 u. 95.

[16] *Summarium*, S. 69.

[17] TANNOIA, I, S. 99.

[18] *Contributi*, S. 73—75, 95; SH 20 (1972), S. 325—326.

[19] A. CAPECELATRO, *Vie du Père Rocco*, Desclée De Brouwer 1887, S. 85—89, 113—120; G. M. GALANTI, *op. cit.*, L. I, Kap. VII, § VIII; DE MAIO, *op. cit.*, S. 127.

[20] G. ROSSI, *Della vita di Mons. Don JE. G. Cavalieri*, Napoli 1741, S. 11.

[21] TANNOIA, I, S. 9.

[22] DE MAIO, *op. cit.*, S. 35—39.

[23] *Contributi*, S. 90; TELLERIA, I, S. 36.

[24] *Analecta* 31 (1959), S. 307—312.

[25] CROCE, *op. cit.*, S. 131; DE MAIO, *op. cit.*, S. 135.

[26] Carlo CELANO, *Delle notizie ... della città di Napoli*, Napoli 1692, Giornata seconda.

[27] D'ARIA, *op. cit.*, S. 619.

[28] SH 7 (1959), S. 238—239.

[29] TANNOIA, I, S. 26.

[30] GREGORIO, *Canzoniere alfonsiano*, S. 264.

Kapitel 8

[1] TANNOIA, I, S. 8.

[2] Zitiert von VAUSSARD, *op. cit.*, S. 36.

[3] TANNOIA, *ebda.*

[4] Zitiert von VAUSSARD, *ebda.*

[5] SH 14 (1966),S. 395; *Analecta* 32 (1969), S. 290—293. Don Ercole, der jüngste Bruder Alfons', der Erbe der Pinakotheken der Liguori und der Cavalieri und ihres Sinns für die Malerei, wird selber 1780 ein „Museum" von ungefähr 250 Bildern hinterlassen.

[6] BACH, *op. cit.*, S. 584—585.

[7] Zitiert von D. CAPONE, C. SS. R., *Il volto di Sant'Alfonso.* S. 4.

[8] *Enciclopedia cattolica*, 12 vol, Vaticano 1949—1954: art. „Solimena"; CAPONE, *op. cit.*, S. 5.

[9] *Via della salute: Opere ascetiche* X, S. 214—215.

[10] *Summarium*, S. 263, 265, etc.

[11] Vgl. CAPONE, *op. cit.*, S. 6.
[12] *Via della salute: ebda.*, S. 34–35.
[13] Zitiert von CAPONE, *op. cit.*, S. 54.
[14] CAPONE, *op. cit.*, S. 111–122, 129–145.
[15] *Summarium*, S. 296 und *passim.*
[16] CAPONE, *op. cit.*, S. 120–128.

Kapitel 9

[1] Zum Beispiel, *Dizionario dei Musicisti*, Milano, 1937; C. BELLAIGUE, *Portraits et Silhouettes de Musiciens*, Paris, 1896.
[2] SH 17 (1969), S. 158–159.
[3] Zitiert von VAUSSARD, *op. cit.*, S. 183–184.
[4] Zitiert von BOUVIER-LAFFARGUES, *op. cit.*, S. 89.
[5] Guido PANNAIN, „La musica a Napoli dal'500 al tutto il'700", in *Storia di Napoli*, VIII, S. 725 ff.
[6] Konstitutionen *De Oratorio*, I.
[7] Roland de CANDE, *Histoire universelle de la musique*, 2 vol., Seuil, Paris 1978, Band I, S. 487–490.
[8] TANNOIA, I, S. 8. Vgl. Paolo SATURNO, *Un musicista sconosciuto del'700 apoletano, S. Alfonso de Liguori*, ronéoté, Pagani 1977.
[9] Vgl. *S. Alfonso*, 31 (1960), S. 83.
[10] GALANTI, *op. cit.*, L. IV, c. IV, § 1; DE MAIO, *op. cit.*, S. 58, 129 u. 137; PANNAIN, *loco cit.*, S. 752; über die „Konservatorien", siehe das ganze Kap. V, S. 745 ff.
[11] BOUVIER-LAFFARGUES, *op. cit.*, S. 92.
[12] SH 7 (1959), S. 241, Anm. 44.
[13] PANNAIN, *loco cit.*, S. 784.
[14] Zitiert von J. L. JANSEN, *Testimonia de S. Alfonso de Liguori*, S. 94.
[15] TANNOIA, I, S. 9.
[16] *La vera Sposa di Gesù Cristo*, s. XXIII, VIII: *Opere ascetiche* XV, S. 378–379; vgl. *lettere* I, S. 124.

Kapitel 10

[1] TANNOIA, I, S. 9.
[2] TANNOIA, I, S. 10.
[3] TELLERIA, I, S. 43; Adelaïde CIRILLO MASTROCINQUE, „Moda e costume" in *Storia di Napoli*, VI, S. 774–785.
[4] Man bemühe sich nicht, diese Register, die Pater Orest Gregorio (vgl. *S. Alfonso* 6 (1935), S. 202–207; *Contributi*, S. 41–48) aufstellte, im Archivio di Stato oder im Archivio municipale ausfindig zu machen: sie sind bei den Bränden 1943 und 1946 verschwunden.
[5] Aurelio ROMANO, *La Città e il Commune di Napoli*, Notizie storiche 1131–1904, Napoli, 1909, S. 26, 36–42, 83; Michelangelo SCHIPA, *il regno di Napoli al tempo di Carlo di Borbone*, Bd. I, S. 29–33; *Contributi*, S. 42–45; *S. Alfonso* 6 (1935), S. 202–207; TELLERIA, I, S. 45–58.
[6] TELLERIA, I, S. 36.
[7] *S. Alfonso* 8 (1937), S. 210–216; *Contributi*, S. 87–91; TELLERIA, I, S. 36–40; und vor allem SH I (1953), S. 61–66.
[8] Vgl. CROCE, *op. cit.*, S. 145–146.
[9] *Summarium*, S. 72, § 87.
[10] Es ist dem *Kodex des kanonischen Rechts* von 1917 vorangestellt.
[11] SH 3 (1955), S. 199–201; vgl. *Dictionnaire de catholique*, Paris, art. „Immaculée Conception", col. 1126 ff.
[12] *Le Glorie di Maria: Opere ascetiche* VII, S. 32, 42.
[13] TANNOIA, I, S. 11.
[14] GALANTI, *op. cit.*, Bd. I, S. 240 ff; SCHIPA, *op. cit.*, Bd. I, S. 54 ff; TELLERIA, I, S. 54–55.
[15] ASN, Sezione Giustizia, Pandetta Nuova 4a/107–18, fol. 22 ff, 166, 200–201, 172.
[16] J. J. BOUCHARD, zitiert von J. ANGOT DES ROTOURS, *St. Alphonse de Liguori*, S. 22.
[17] TANNOIA, I, S. 11; TELLERIA, I, S. 53.
[18] ASN, *ebda.*,j fol. 22–48; TELLERIA, I, S. 53; GALANTI, *ebda.* S. 245–246.

[19] Zitiert von DE MAIO, *op. cit.*, S. 336.
[20] RISPOLI, *Vita del B. Alfonso M. de Liguori*, S. 16.
[21] DE MAIO, *op. cit.*, S. 69–73.
[22] DE GIOVANNI, *loco cit.*, S. 403 ff, 465 ff; *Contributi*, S. 139–142; CROCE, *Bibliografia Vichiana*, Napoli 1948, Bd. II, S. 903; DE MAIO, *op. cit.*, S. 88–95, 131–132.
[23] TANNOIA, I, S. 11; TELLERIA, I, S. 53.
[24] RISPOLI, *op. cit.*, S. 19.
[25] TANNOIA, I, S. 30; RISPOLI, *op. cit.*, S. 19–20; *S. Alfonso* 37 (1966), S. 5–7.
[26] ASN, *ebda.*, Nr. 14.
[27] *S. Alfonso* 6 (1935), S. 202–207; *Contributi*. S. 41–42; TELLERIA, I, S. 45–47.
[28] Siehe S. 31–33.
[29] SH 7 (1959), S. 231–233, 245–246; *S. Alfonso* 30 (1959), S. 54–56.
[30] TANNOIA, I, S. 9–10, 18–19; *Summarium*, S. 71.

Kapitel 11

[1] *Vita e morte della Suor Teresa M. de Liguori*. Ed. Marietti, IV, S. 669.
[2] *Lettere*, II, S. 504.
[3] *Contributi*, S. 48–58, korrigiert und ergänzt durch SH 6 (1958), S. 264–270; 7 (1959), S. 214–215.
[4] *Summarium*, S. 60, 61, 62, 66.
[5] ASN, Manoscritti 230, Nr. 5133. Dieses Dokument nimmt Tellerias Hypothese – SH 6 (1958), S. 268 – einer „Verlobung" zwischen Alfons und der zweiten Tochter des Ehepaares Liguori-Raitano, Antonia, jede Wahrscheinlichkeit: sie war nicht die Erbin. Einstimmige Zeugnisse wie für Teresa (vgl. *Summarium*, supra) gibt es für Antonia nicht.
[6] TANNOIA, I, S. 14, 20–21; SH 6 (1958), S. 270; *S. Alfonso* 23 (1962), S. 113–116.
[7] *Summarium*, S. 64, § 33.
[8] TANNOIA, I, S. 20; *Summarium*, S. 62, § 22.
[9] TANNOIA, I, S. 13.
[10] Philippe ARIES, *L'enfant et la vie familiale sous l'Ancien Régime*, Seuil, Paris 1973, S. 146–166.
[11] Jos van USSEL, *Histoire de la répression sexuelle*, S. 198–231, aus dem Deutschen übersetzt.
[12] TANNOIA, I, S. 7.
[13] TANNOIA, I, S. 12.
[14] *Selva di materie predicabili*, P. III, c. VIII, § 2: Marietti, III, S. 266–267. Vgl. *Le Glorie di Maria*, P. IV, IV, ossequio 7: *opere ascetiche*, VII, S. 344–348.
[15] GALANTI, *op. cit.*, L. IV, c. IV, VIII.
[16] TELLERIA, I, S. 67; S. ALFONSO, *Sermoni compendiati*, XLV, 10: Marietti, III, S. 553.
[17] TANNOIA, I, S. 12–13.
[18] ARIES, *op. cit.*, S. 315–316.
[19] *Novena del Santo Natale: Opere ascetiche*, IV.
[20] *Riproduzione di tutte le opere del S. di Dio D. Gennaro Sarnelli*, Napoli 1848, Bd. I, S. 29.
[21] *Selva ...*, P. I, c. I, 4, *ebda.* S. 8.
[22] *Contributi*, S. 58–64; TELLERIA, I, S. 67–68.
[23] TANNOIA, I, S. 14.
[24] TANNOIA, I, S. 12.
[25] TANNOIA, I, S. 12–13; TELLERIA, I, S. 62–63.
[26] TANNOIA, I, S. 13–14; *Summarium*, S. 69, § 64; *Contributi*, S. 48, Anm. 2; TELLERIA, I, S. 69–70.
[27] TANNOIA, I, S. 16.
[28] *Opere ascetiche*, IV, S. 296–297.
[29] Ch. URBAIN et E. LEVESQUE, *L'Eglise et le Théâtre*, Grasset, Paris 1930: Einleitung S. 8–65. Vgl. J. LAFLAMME et R. TOURANGEAU, *L'Eglise et le théâtre au Québec*, Montréal 1979.
[30] P. HAZARD, *op. cit.*, Bd. II, S. 206–207.
[31] TANNOIA, I, S. 18.
[32] TANNOIA, I, S. 17.
[33] GREGORIO, *Canzoniere alfonsiano*, S. 299, 3. Strophe.
[34] TANNOIA, I, s. 17–18; *Summarium*, S. 70, § 72; TELLERIA, I, S. 81–83j; AGR, XXVII, 33.

[35] ASDN; apostolischer Prozeß: *Responsio ad animadversiones*, S. 19.

[36] *Instruzione al popolo*, P. II, c. III, 6: Marietti, IX, S. 954; *Instruzione e pratica pei confessori (Homo apostolicus)*, c. XIV, 53: ebda. S. 326; *Novena dello Spirito Santo*, IV: *Opere ascetiche*, I, S. 256; SH 4 (1956), S. 274.

[37] TANNOIA, I, S. 19.

[38] *Summarium*, S. 70–71, 72–73.

[39] TANNOIA, I, S. 19; GREGORIO, *op. cit.*, S. 235.

[40] TANNOIA, I, S. 19–20.

Kapitel 12

[1] Dieses „gestern" ist ein Irrtum in Alfons' Erinnerung. Vgl. unten Anm. 10.

[2] F. KUNTZ, *Commentaria de vita D. Alphonsi*, VI, S. 73; AGR, XXVII, 33.

[3] TELLERIA, I, S. 88–90; O. GREGORIO in *Archivio storico per le Provincie napoletane*, Nuova serie 34 (1953–1954), S. 181–203, und *Asprenas* 7 (1960), S. 117–121.

[4] TRASCHINI, *Dizionario biografico universale*, Firenze 1840, vol. V, S. 135. Zitiert von O. Gregorio, *loco cit.*

[5] *Jurisprudentia forensis*, Napoli 1740–1744, 11 Bände. Le débat d'Amatrice y est traité au tome V, *De feudis*. – Vgl. L. GIUSTINIANI, *Memorie istoriche degli scrittori legali del Regno di Napoli*, Napoli 1788, Bd. 3: „G. Sorge".

[6] *Contributi*, S. 46.

[7] ASN, Sezione Giustizia, Pandetta Nuova 4a/107–18.

[8] GALANTI, L. I, c. IV; Bd. 1, S. 244–245.

[9] RISPOLI, *op. cit.*, S. 19.

[10] In den Wirren dieses Tages ist Alfons diese Einzelheit entfallen. das Ereignis bleibt in seinem Gedächtnis mit dem Geburtstag der Königin, dem 28. August, verbunden. Vgl. TELLERIA, I, S. 91, Anm. 19; SH 7 (1959), S. 241. Er führt auch seine Brüder und seine Biographen in diesen kleinen datumsmäßigen Irrtum.

[11] Der *spadino*, der heute in S. Maria della Mercede zu sehen ist, ist nur eine Nachbildung dessen, den A. von Liguori dort niederlegte. Das Original wurde leider verkauft, um die Silberkrone, die die Statue schmückt, zu erwerben. Vgl. *S. Alfonso* 4 (1933), S. 72.

[12] *S. Alfonso* 6 (1935), S. 204–205.

[13] SH 14 (1966), S. 385–386.

[14] *Analecta* 11 (1932), S. 45–46; *Contributi*, S. 29.

[15] Zu diesem ganzen Kapitel vgl. Tannoia, I, S. 21–29.

Zweiter Teil

Kapitel 13

[1] DE MAIO, *op. cit.*, S. 27–28, 200–202.

[2] DE MAIO, *op. cit.*, S. 40, 240; vgl. SH 25 (1977), S. 79, Anm. 25; *Per la storia sociale e religiosa del Mezzogziorno d'Italia*, a cura di Giuseppe GALASSO e Carla RUSSO, Guida Editori, Bd. I, Napoli 1980, S. 241–242.

[3] Zitiert von DE MAIO, *op. cit.*, S. 44.

[4] VAUSSARD, *op. cit.*, S. 81.

[5] Zitiert von DE MATIO, *op. cit.*, S. 103.

[6] DE MAIO, *op. cit.*, S. 16, 44, 105–115, 156, 183, 223, 288. Sieheoben S. 48–49.

[7] *Lettere*, I, S. 253. Vgl. DE MAIO, *op. cit.*, S. 16, 18, 22–23, 43–48, 65–66, 340–346.

[8] P. ARIÈS, *op. cit.*, S. 197.

[9] Antoine DEGTERT, *Histoire des Séminaires français jusqu'à la Révolution*, 2 Bände, Paris 1912, Bd. II, S. 457–458, 463–464.

[10] G. SPARANO, *Memorie istoriche per illustrare gli atti della santa Napoletana Chiesa*, Ii, S. 271; DE MAIO, *op. cit.*, S. 25, 48.

[11] SPARANO, *op. cit.*, S. 313; TELLERIA, I, S. 101; DE MAIO, *op. cit.*, S. 43 ff, 222, 244 ff.

[12] SPARANO, *op. cit.*, II, S. 296–297. Vgl. DE MAIO, *op. cit.*, S. 223, 247.

[13] SPARANO, *op. cit.*, II, S. 264.

[14] DE MAIO, *op. cit.*, S. 52, 64–65; GALASSO-RUSSO, *op. cit.*, S. 264–266.

[15] ASDN, *Sacri Patrimoni* Nr. 9324.

[16] L. C. VALENTINI, in GALASSO-RUSSO, *op. cit.*, S. 318.

[17] TANNOIA, I, S. 31–32.

[18] In den offiziellen Papieren findet sich die Schreibweise Torno; im Leben und für Alfons hieß er Torni; so bleibt er auch auf unseren Seiten, die ja dem Leben nahestehen sollen, Torni, wie er es für Alfons war. Über Torni und diesen Lehrkörper siehe *Contributi*, S. 168 ff; TELLERIA, I, S. 102–104; DE MAIO, *op. cit.*, S. 12, 181, 206, 322–323.

[19] TANNOIA, I, S. 31–32; *Contributi*, S. 168–171.

[20] *Contributi*, S. 123 ff, 132–133; DE MAIO, *op. cit.*, S. 289–292.

[21] Francisco MARIN-SOLA, *L'évolution homogène du Dogme catholique*, Fribourg 1924, Bd. II, S. 195.

[22] Vgl. D. CAPONE in *Contributi*, S. 167–181.

[23] A.-D. SERTILLANGES, o. p., *La Philosophie moralede saint Thomas d'Aquin*, Neuauflage, Aubier, Paris 1942, S. 401.

[24] *Lettere*, II, S. 623, Vgl. DEGERT, *op. cit.*, II, S. 190–193.

[25] Zitiert von DEGERT, *op. cit.*, II, S. 227.

[26] *Ebda.*, S. 227–231.

[27] Vgl. J. GUERBER, s. j. *Le ralliement du clergé français à la morale liguorienne*, S. 44–52.

[28] *Risposta apologetica ad una lettera d'un religioso ...*, Corbetta, Monza, 1831; *Apologie e confutazioni*, vol I, S. 111–112.

[29] *Dell'uso moderato dell'opione probabile*, Corbetta, Monza, 1831, S. 425 u. 283. Die *Breve dissertazione*, auf deren Titelblatt die Jahreszahl 1762 aufscheint, wurde in Wirklichkeit erst 1763 gedruckt.

[30] *Dissertatio scholastico-moralis pro usu moderato opinionis probabilis*, in *Dissertationes quatuor*, Marietti, Torino, 1829, S. 69–70; vgl. S. 231–232, 345–346.

[31] *Contributi*, S. 171–172, Anmerkung.

[32] SPARANO, *op. cit.*, II, S. 241–243, 315; DE MAIO, *op. cit.*, S. 26, 73–76, 79–83, 102, 208, 224, 227–230.

[33] Siehe oben, Anmerkung 30.

[34] TANNOIA, I, S. 39.

[35] *Theologia moralis*, éd. Gaudé, Bd. II, S. 468, 470.

Kapitel 14

[1] *Theologia moralis* (Gaudé), I, S. LVI; *Monitum* der 7. Auflage, 1772–1773, § 2.

[2] RISPOLI, *op. cit.*, S. 30–31.

[3] Vgl. TELLERIA, I, S. 102–103.

[4] Henri de LUBAC, *Exégèse médiévale*, 1. Teil, Bd. I, Aubier, Paris, 1959, S. 16–17.

[5] Der berühmte Alessio Simmaco Mazzocchi (1684–1771) wurde ihm zu Unrecht als Lehrer zugeschrieben. Dieser doziert von 1712 bis 1735 am Seminar von Capua, seiner Heimatstadt, und wird dort Dekan des Kapitels. Erst 1735 läßt er sich in Neapel nieder, taucht kurz als „Sternschnuppe" im Seminar auf und erleuchtet den biblischen Lehrstuhl der Universität mit seiner „abgrundtiefen" Wissenschaft. Vgl. SPARANO, *op. cit.*, II, S. 300, 339–340; TELLERIA, I, S. 103; Paolo PIETRAFESA in der *Rivista di Letteratura e di Storia ecclesiastica*, Napoli 1971, fasc. IV, S. 16, n. 20; DE MAIO, *op. cit.*, S. 293–294.

[6] Vgl. den Index der *Opera dogmatica*, lateinische Ausgabe von A. Walter, Bd. II, S. 789: „Scriptura Sacra"; und Gérard RONDELEZ, *S. Alphonse exégète*, 25 S. maschinengeschrieben.

[7] *Constitution sur la Révélation divine*, 23.

[8] *Traité de la Concupiscence*, Paris, 1742. Kap. VIII, S. 49.

[9] Vgl. *Lettera ad un religioso amico*, 3: Marietti, III, S. 299.

[10] RISPOLI, *op. cit.*, S. 31; TANNOIA, I, S. 23.

[11] TANNOIA, I, S. 184 (faussement paginée 176).

[12] AGR, SAM (Manuscrits de S. Alfonso) VI, 10. Vgl. SH 23 (1975)j, S. 241–245; V. PEREZ DE GAMARRA, *El discipulo mas illustre de la Escuela ascética espanola, S. Alfonso M. de Ligorio*, Madrid 1924.

[13] SPARANO, *op. cit.*, I, S. 1–47; II, S. 120 ff. Vgl. *Campania sacra* 2 (1971), S. 165–210.

[14] Vgl. DE MAIO, *op. cit.*, S. 11, 38, 52, 56, etc.; SH 8 (1960), S. 393 ff.

[15] Die Basilika S. Restituta ist eine große Seitenkapelle links in der Kathedrale. An diesem Altar wurden 29 Jahre vorher Alfons' Eltern an einem Frühlingsmorgen getraut.

[16] ASDN, *Sacri Patrimoni*, Nr. 9324. Vgl. SH 10 (1962), S. 326–329.

[17] ASDN, *Apostoliche Missioni*, „Giornali", vol. 1924–1925 (36), fol. 3–7, 11, 31 und 122. Die Ausübung der Ämter für ein Jahr geht jeweils von Juli bis Juli; ebenso natürlich auch die *Giornali*. Sie sind unsere Quelle für die Missionen, die Alfons von 1724 bis 1732 gehalten hat. Vgl. aussi SH 8 (1960), S. 393–452.

[18] *Lettere*, I, S. 1, 7; *Novene e meditazioni*, P. II: Marietti: S. 444 etc., 471. Vgl. C. KEUSCH, *La dottrina spirituale de S. Alfonso M. de Liguori*, S. 83–84; *Opere jascetiche, Introduzione generale*, S. 182–184; C. BERRUTI, *Lo spirito di S. Alfonso*, S. 11–14, 300–301.

[19] *Medulla theologiae moralis*, Napoli 1748, Sp. 1030, vgl. SH 8 (1960), S. 410.

[20] TANNOIA, I, S. 32. Tannoia fügt sie der bei Don Nicola Guerriero gehaltenen Akademie bei, was jedoch ein Anachronismus ist: „dieser aufgeklärte und gelehrte Mann" war seit 1718 Bischof von Scala und Ravello. Aber der junge Rechtsanwalt Alfons wird zu einer Zeit mit ihm Freundschaft geschlossen haben, da dieser Lehrer des Kirchenrechts noch Rechtsanwalt der erzbischöflichen Kurie und Rechtsanwalt der Armen bei der Nuntiatur war. Vgl. TELLERIA, I, S. 136.

[21] RISPOLI, *op. cit.*, S. 27–28.

[22] Zeugnis von Mazzini persönlich: *Summarium*, S. 93–96.

[23] *Selva*, P. II, istr. II, 9: Marietti, III, S. 103.

[24] GIATTINI, *op. cit.*, S. 35; *Summarium*, S. 74–75, 80, 89.

[25] TANNOIA, I, S. 29–30.

[26] Vgl. SH 14 (1966), S. 393–394.

Kapitel 15

[1] Zitiert von CROCE, *Storia del regno di Napoli*, S. 29.

[2] Vgl. F. NICOLINI, *La giovinezza di G. B. Vico*, S. 27; D'ARIA, *op. cit.*, S. 178–183, 416–417; DE MAIO, S. 98.

[3] Vgl. VALENTINI, *loco cit.*, S. 318.

[4] Vgl. *Regulae Clericorum saecularium Congregationis Apostolicarum Missionum sub Patrocinio S. Mariae Reginae Apostolorum*, Napoli 1777, S. 115–119, 148–157. Diese, 1646 aufgestellten und von den „Brüdern" 1688 an die inneren Missionen angepaßten *Regeln* wurden am 25. April 1689 von Karl A. Pignatelli anerkannt. Unveränderte Neuauflage 1777.

[5] Lalande, zitiert von VAUSSARD, *op. cit.*, S. 220, Lalande schrieb 1765–66, unmittelbar nachdem die im neapolitanischen 18. Jh. sehr stabilen Lebenshaltungskosten durch die Hungersnot von 1764 etwas gestiegen waren. Vgl. R. ROMANO, *Prezzi, salari e servizi a Napoli nel secolo XVIII*, Milano 1965, S. 140.

[6] Vgl. *Contributi*, S. 26; SH 10 (1962), S. 334–336.

[7] *Regulae*, S. 142–147; GALASSO-RUSSO, *op. cit.*, S. 449, Anm. 35.

[8] Zu den offiziellen Dokumenten der drei Weihen von Alfons und für seinen Patrimoniatstitel vgl. *S. Alfonso* 4 (1933), S. 96–97 und SH 10 (1962), S. 329–336.

[9] TANNOIA, I, S. 33.

[10] *Regulae*, S. 99–101.

[11] KUNTZ, *Annales*, I, S. 89; *Giornale des Ap. Miss.* 1725–1726. Diese Mission ist dem Spürsinn von SH 8 (1960) entgangen, zweifellos, weil sie in den nichtgebunden Blättern des *Giornale* verloren gegangen ist. — Die Biographen dagegen erwähnen eine Mission in Caserta vor der Priesterweihe Alfons'. Das *Giornale* weiß nichts davon. Mit Recht, denn der einzige Zeuge beim apostolischen Prozeß von S. Agata wäre damals erst ... drei Jahre alt gewesen! Diese Mission stiftet offenkundig Verwirrung. Vgl. *Summarium*, S. 25 und 92.

[12] *Opere ascetiche*, IV, S. 21.

[13] TANNOIA, I, S. 34.

[14] *Sanodus diocesana 1726*, „De poenitentia", XVIII, zitiert von TELLERIA, I, S. 114.

[15] Vgl. BIBLIOTECA NAZIONALE DI NAPOLI, MS XV, E. 5; Ernesto PONTIERI in *Campania Sacra* 3 (1972), S. 1–16; dem Artikel folgt der 1525 nachgedruckte vollständige Text der *Capituli et Constituzioni... de Bianchi (sic)*; die Gründung der Bianchi della Giustizia im Jahr 1430 wurde irrtümlich dem hl. Giacomo della Marca zugeschrieben, der damals in Ungarn lebte. Vgl. auch GALANTI, L, IV, c. IV, Bd. III, S. 174; I, S. 109–110; VAUSSARD, *op. cit.*, S. 139–144; CROCE,

Storia ..., S. 131–132; DE MAIO, op. cit., S. 130–132.
[16] *Lettere*, II, S. 639.
[17] TANNOIA, I, S. 32, 34–35.
[18] Vgl. *S. Alfonso* 6 (1935), S. 204–205; *Contributi*, S. 46–47.

Kapitel 16

[1] *S. Alfonso* 11 (1940), S. 32; SH 14 (1966), S. 374–401.
[2] TANNOIA, I, S. 35.
[3] *Opere*, Marietti, III, S. 813 und 832.
[4] Vgl. *Contributi*, S. 72; ASDN, *Sacri Patrimoni* Nr. 1420.
[5] SH 5 (1957), S. 237–250.
[6] RISPOLI, op. cit., S. 35–36.
[7] *Summarium*, S. 72.
[8] TANNOIA, III, S. 200–201.
[9] Tommaso FALCOIA, *Lettere a S. Alfonso de Liguori, Ripa, Sportelli*; Crostarosa, S. 265.
[10] C. BERRUTTI, *Lo spirito di S. Alfonso M. de Liguori*, S. 124 und 288.
[11] Zu diesem Zitat und den folgenden: TANNOIA, I, s. 35–43.
[12] Vgl. GIATTINI, op. cit., S. 51; RISPOLI, op. cit., S. 37; TELLERIA, I, S. 120.
[13] Vgl. M. de MEULEMEESTER, *Bibliographie générale des écrivains rédemptoristes*, I, S. 47–50, 335–348, und III, S. 205–224; für die *Massime Eterne*, vgl. *Opere ascetiche*, IX, Don Bosco übernimmt sie später fast unverändert für sein *Giovane provveduto*.
[14] Vgl. SH 13 (1965), S. 207–217.

Kapitel 17

[1] PIGNATELLI, *Synodus diocesana*, S. 14 ff, 28 ff, 134.
[2] CROCE, *Uomini e cose della vecchia Italia*, Serie 2, S. 112–116.
[3] *Summarium*, S. 93–96; TANNOIA, I, S. 38, 40–41, 43–50; R. GIOVINE, *Vita di D. Gennaro Sarnelli*, I, S. 87–93, 97, 136–140. — G. Sparano, Alfons' Mitbruder bei den *Apostoliche Missioni* wird ihm nie verzeihen, daß er eine andere Kongregation gegründet hat: in seinen *Memorie istoriche* übergeht er ihn nicht ohne Böswilligkeit. So schreibt er den Ursprung der *Cappelle* Kardinal Sersale von den *Apostoliche Missioni* zu, der seit 1754 Erzbischof von Neapel war.
[4] TANNOIA ordnet das Haus dem Herrn von Alteriis zu; Mazzini, der zur Gruppe gehörte, Don Letizia. Wir wissen aber, daß dieser letztere in Anzano einen Garten mit dazugehörigem Haus besaß. Vgl. *Summarium*, S. 95 und TELLERIA, I, S. 138, Anm. 17.
[5] Mazzini in *Summarium*, S. 96; GIATTINI, op. cit., S. 56; RISPOLI, op. cit., S. 40.
[6] Er wird Erzbischof von Sorrent. Nicht zu verwechseln mit Antonio Sersale, Erzbischof von Neapel (1754).
[7] TANNOIA, I, S. 40.
[8] *S. Alfonso* 12 (1941), S. 167 ff, 181 ff; TANNOIA, I, S. 40, 47; TELLERIA, I, S. 124, Anm. 24.
[9] CAPECELATRO, *Vie du P. Rocco*, S. 157–177, 199 und Anmerkung.
[10] TANNOIA, I, S. 47, Contestant DE MEULEMEESTER, *Bibliographie* ... I, S. 185, P. Gregorio sieht hier eine Anspielung auf eine kleinere Schrift Alfons', *La Via del Paradiso*, die seiner Ansicht nach nicht verloren, sondern in die Werke Sarnellis integriert ist (*S. Alfonso* 6 (1935), S. 92 ff, 177 ff). Alfons hat zweifellos eine *Via del Paradiso* veröffentlicht, aber die Herausgeber der *Opere ascetiche* behaupten in der „Introduzione generale", S. 13, sie sei verschwunden.
[11] *Barrettari* vermutet TELLERIA, I, S. 125. Warum? Wir halten uns an TANNOIA, S. 47 (gegen seine S. 49) und an GIOVINE, op. cit., I, S. 139. Diese Kapelle von S. Maria della Purità wurde bei den letzten Bombardierungen von 1943 zerstört.
[12] GIOVINE, op. cit., I, S. 138–139.
[13] DE MAIO, op. cit., S. 277, Anm. 51.
[14] P. P. BLASUCCI, *Orazione recitata ... nei solenni funerali di Mgr. D. Alfonso de Liguori*, S. 57; AGR 100, 59.
[15] TANNOIA, I, S. 48.
[16] SH 25 (1977), S. 99.
[17] SH, *ebda.*, GUERBER, op. cit., S. 173–180; Léon CRISTIANI, *Un prétre redouté de Napoléon, P. Bruno Lanteri*, Nice, 1956, S. 21 ff. 46–51, 75. Aber wie konnte Cristiani die Aktion Lanteris zur Verbreitung des Werks und vor allem der alfonsischen Moral ignorieren?

[18] O. LEJEUNE, *L'archiconfreørie de la Sainte-Famille établie à Liége, son histoire et ses fruits*, Desclée De Brouwer, 1894; DE MEULEMEESTER, *Influences ascétiques de S. A. de Liguori en Belgique*, Esschen, 1922, S. 42–48; M. BECQUE, *Le cardinal Dechamps*, Louvain, 1956, Bd. II, S. 75–76.

[19] A. M. SANTONICOLA, *Sant'Alfonso e l'azione cattolica*, S. 74; SH 6 (1958), S. 313–314.

Kapitel 18

[1] Vgl. Sh 13 (1965), S. 119–112, 133–138; 20 (1972), S. 325; 9 (1961), S. 83–108.

[2] *Contributi*, S. 47.

[3] RISPOLI, *op. cit.*, S. 40; TANNOIA, I, S. 50.

[4] Ich neige eher dazu, diese Szene nicht 1729 (vgl. KUNTZ, *Annales*, III, 163) zu datieren, sondern 1728, da sie sich während einer Mission in Spirito Santo abspielte (TANNOIA, I, S. 37), als Alfons noch bei seiner Familie wohnte. 1727 aber fand die Mission im Dom statt, und im Oktober 1729 lebte unser Prediger bereits im Chinesenkolleg. Leider kann uns das *Giornale* der *Apostoliche Missioni* zur Amtsausübung 1728–1729 nichts über diese Mission vom Oktober 1728 sagen: es ist verloren. Aber Alfons selbst verbindet in seinen vertraulichen Mitteilungen vom 29. August 1758 das Ereignis mit einer „Mission in Spirito Santo": AGR, XXVII, 33.

[5] P. Falcoia lebt von 1689 bis 1694 in S. Balbina, Rom (damals nimmt er seinen aus Neapel vertriebenen jungen Mitbruder, Alfons' Onkel, Emilio Cavalieri auf), und dann noch einmal von 1697 bis 1704; von 1704 bis 1708 ist er Rektor und Pfarrer in S. Lorenzo; dann pendelt er bis zu seiner Wahl als Generaloberer zwischen beiden Häusern (1713) hin und her. Vgl. GREGORIO, *Mons. Tommaso Falcoia*, S. 72–73, 93–95, 333–335.

[6] Vgl. M. RIPA, *Storia della fondazione della Congregazione e del Collegio dei Cinesi*, III, S. 9; FALCOIA, *Lettere*, S. 32–33; GREGORIO, *op. cit.*, S. 93–95.

[7] Vgl. SPARANO, *op. cit.*, II, S. 302–305; *Bullarium romanum*. Augustae Taurinorum, 1872, XXIV, S. 124–180; RIPA, *op. cit.*, II, S. 402–404; GIOVINE, *op. cit.*, I, S. 93–98. – Ripa zählt Sarnelli zu Unrecht zu den *congregati*: mangelndes Gedächtnis oder Selbstrechtfertigung, weil er ihn so behandelt hat, wie wir noch sehen werden?

[8] TANNOIA, I, S. 51. – Sarnellis Initiative, bestätigt von GIOVINE, *Loco cit.*, S. 95 und P. Cajone (*ebda.*), wird von TANNOIA im Prozeß von S. Agata, III, 1058, und von Alfons selbst bestätigt: AGR, XXVII, 33.

[9] Vgl. RIPA, *op. cit.*, II, S. 402–407; *S. Alfonso* 11 (1940), S. 209; GREGORIO, *op. cit.*, S. 117–127; FALCOIA, *Lettere*, S. 48–68, 96–106.

[10] GIOVINE, *op. cit.*, jS. 97; vgl. SH 6 (1958), S. 309–316; 11 (19633), S. 245 ff; 23 (1975), S. 3 ff.

[11] Vertrauliche Mitteilung Alfons' an diesem Abend des 29. August 1758: AGR, XXVII, 33.

[12] RIPA, *op. cit.*, S. 8; TANNOIA, I, S. 53–55. – Für die folgenden Seiten, *ebda.*, S. 51–53, 55–56.

[13] TANNOIA, I, S. 23, 37, 52, etc. Und auf seinem Totenbett: III, 163, 176.

[14] Vgl. TELLERIA, I, S. 91.

[15] Dieses Heft befindet sich in AGR, SAM VI 10. Ersterer, P. Fabriciano Ferrero, hat es in einer wichtigen Untersuchung in SH 21 (1973), S. 198–258 genau studiert. – Ein zweites geistliches Tagebuch Alfons' setzt dieses in den 50er Jahren fort.

[16] GREGORIO, *Canzoniere alfonsiano*, S. 286.

[17] BERRUTI, *op. cit.*, S. 90.

Kapitel 19

[1] Vgl. weiter unten, 15.

[2] *Opere*, Marietti, III, 327.

[3] Vgl. *Institutum Societatis Jesu*, 2 vol., Prag 1757, II, S. 322–324.

[4] Einen Überblick über die Geschichte der Volksmissionen geben Marius VAN DELFT, *La mission proissiale*, S. 25–93; SH 22 (1974), S. 313–348; Eugenio DOS SANTOS, in *Histoire vécue du peuple chrétien*, unter Leitung von J. DELUMEAU, Privat, Toulouse, 1979, Bd. I, S. 431–455.

[5] DE MAIO, *op. cit.*, S. 97–98.

[6] Vgl. F. VALSECCHI, *L'Italia nel Seicento e nel Settecento*, S. 410–414, 826; GALANTI, *op. cit.*, passim.

[7] Vgl. Ernesto DE MARTINO, *Sud e magia*, Milano 1959, S. 120 ff; G. DE ROSA, *Vescovi, popolo e magia nel Sud*, S. 7–92.

[8] Carlo LEVI, *Le Christ s'est arrêté à Eboli*, Gallimard, Paris, 1948, S. 10.

[9] GALASSO-RUSSO, *op. cit.*, S. XXIV, Anm. 32, 33; Vgl. VAUSSARD, *op. cit.*, S. 31–32; VALSECCHI, *op. cit.*, S. 44.

[10] COLLETTA, *Histoire du royaume de Naples* (1734–1825), L. I, c. I, XVII.

[11] Zitiert von C. RUSSO, *Società Chiesa e vita religiosa nell'„Ancien Régime"*, S. 444, Anm. 2. – Über G. Iorio, vgl. *ebda.* S. 465, und *Campania Sacra*, 4 (1973), S. 270–290.

[12] Vgl. RUSSO, *op. cit.*, S. 427–498; GALASSO-RUSSO, *op. cit.*, S. XXV.

[13] Vgl. Anmerkung 17 von Kap. 14. Ergänzende Angaben in KUNTZ, *Annales*, I, S. 113–165.

[14] Vgl. RUSSO, *op. cit.*, S. 435–436, 448–498.

[15] Die auf diesen Seiten gegebenen annähernden Bevölkerungszahlen stammen aus den Jahren um 1720. Vgl. GALASSO-RUSSO, *op. cit.*, S. 8–12. Im Verlauf des 18. Jhs. nahm die Bevölkerung des Königreichs Neapel um 46% zu: vgl. J. DELUMEAU, *L'Italie...*, S. 296; P. VILLANI, *Mezzogiorno tra riforme e rivoluzione*, S. 11.

[16] TANNOIA, I, S. 36–17.

[17] *Ebda.* S. 56.

[18] *Ebda.* S. 56.

Kapitel 20

[1] *L'immoraliste*, Paris, 1902, P. I, VI u. VII.

[2] Vgl. TANNOIA, I, S. 61–62; *Summarium*, S. 117, 125; *Analecta* 3 (1924), s. 217.

[3] Vgl. SH 8 (1960), S. 427, Anm. 43.

[4] TANNOIA, I, S. 62. Für den Rest des Kapitels, *ebda.* S. 62–63.

[5] SH 3 (1955), S. 136–137; GREGORIO, *Mons. T. Falcoia*, S. 142.

[6] Vgl. TELLERIA, I, S. 136.

[7] *Patrologia Latina*, 182, Anm. 146, Sp. 295.

[8] Mario ROSA, *Riformatori e ribelli nel '700 religioso italiano*, Bari, 1969, S. 130.

[9] Vgl. *Analecta* 9 (1930), S. 314–315; *Enciclopedia italiana*, Roma, 1929–1961, „Ravello"; G. IMPERATO, *Scala*; *S. Alfonso* 14 (1943), S. 53–54, 69–70.

[10] DE MEULEMEESTER, *Origines de la Congrégation du Très-Saint-Rédemteur*, I, S. 22–26.

[11] *Ebda.*, S. 25. Leider weicht De Meulemeester in seiner Übersetzung der Regel vom italienischen Originaltext ab, den er selbst als Anmerkung anführt. Wir geben hier daher eine genaue Übersetzung. *Seguitare l'esempio* heißt nicht, „die Beispiele nachahmen", sondern „das Beispiel fortführen", d. h. das Leben und Werk Jesu fortführen. Das ist weit mehr als nur eine Nuance!

[12] GREGORIA, *op. cit.*, S. 133–143.

Kapitel 21

[1] Für dieses und das folgende Kapitel sind folgende Quellen heranzuziehen: Familie Crostarosa: *Analecta* 34 (1962), S. 58–61, 222–225; Maria Celeste Crostarosa: das meisterhafte Werk von S. MAJORANO; *L'imitazione per la memoria del Salvatore*; B. D'ORAZIO, *La V. e Sr. Maria Celeste Crostarosa*: das ist ihre kritiklos dargestellte und herausgegebene *Autobiografia*; SH 5 (1957), S. 407–415; 12 (1964), S. 79–128; 14 (1966), S. 338–373; – die *Relazione*, die Schwester M. Raffaella unmittelbar nach den Ereignissen niedergeschrieben hat: *Analecta* 3 (1924), S. 256–268 und 4 (1925), S. 35–46; – Korrespondenz zwischen Alfons, usw. und den Schwestern von Scala: SH 23 (1975), S. 14–35; *Analecta* 4 (1925), S. 223–235; 5 (1926), S. 43–46, 51, 116–121; 6 (1927), S. 45–60; – S. ALFONSO, *Lettere*, I, S. 1–14; – FALCOIA, *Lettere*, S. 68–113; GREGORIO, *Mons. T. Falcoia*, S. 131–250. Auf Französisch eine wenig genaue Darstellung: J. FAVRE, *Une grande mystique au XVIIIᵉ siècle, la Vénérable M.-C. Crostarosa*, Paris et St. Etienne, 1931.

[2] Müssen wir daran erinnern, daß Alfons' Großmutter väterlicherweits, Andreana, aus der Familie der Mastrillo in Nola stammte, der Stadt, in der Don Giuseppe von Liguori geboren wurde?

[3] Das IV. Laterankonzil (1215) hatte jede neue „Ordensgründung" (religio) verboten. Eine Gründung mußte sich also auf eine der vier alten Ordensregeln des hl. Basilius, des hl. Augustinus, des hl. Benedikt oder des hl. Franziskus von Assisi berufen. Dazu kamen im 13. Jh. noch die Regeln der Trinitarier und der Karmeliter. Vgl. *Histoire du Droit et des Institutions de l'Eglise en Occident* unter Leitung von G. LE BRAS und J. GAUDEMENT, Band X, *Les religieux*, von J. HOURLIER, Paris, Cujas, 1974, S. 32.

[4] M. Celeste erinnert sich nicht mehr genau und datiert die Ankunft dieses Beichtvaters in die Zeit der alten Priorin (*Autobiografia*, S. 164), während Falcoias Ablöse erst zu Weihnachten 1726,

also sechs Monate nach der Wahl M. Angelas, beschlossen und bekanntgemacht wurde.

[5] Der König konnte unter Bedingung der Zustimmung des Papstes 22 Bischofssitze des Königreichs besetzen; zu diesen gehörten auch Lanciano (Abruzzen) und Castellamare, die damals vakant waren. Es wurde geschrieben und immer wieder behauptet, Falcoia habe das Erzbistum Lanciano zurückgewiesen. In Wirklichkeit ernannte der König ihn für Lanciano. Das erfuhr er durch Indiskretion und wies nichts zurück. Aber Rom zog es vor, ihn für ein kleineres Bistum zu präkonisieren, das er auch nicht ablehnte. Vgl. GREGORIO, *Mons. T. Falcoia*, S. 253–259.

[6] Berühmter Brief vom März 1733, zu finden in: *Lettere*, I, S. 27. – Kein Dokument ermöglicht die Feststellung, ob Pagano dem entgegensteht, was Alfons bei den Einkehrtagen vom September 1730 in Scala predigt. Demnach hätte Alfons also gehorcht.

[7] RIPA, *op. cit.*, II, S. 452.

[8] Durch mehrere schwere Krankheiten und das Verbot Filangieris.

Kapitel 22

[1] TANNOIA, I, S. 63–64.

[2] *Autobiografia*, S. 186–188. Für die Hauptquellen dieses Kapitels siehe Anm. 1 des vorhergehenden. Außerdem die Zeugenaussagen beim Heiligsprechungsprozeß: *Summarium*, S. 98–128, oder *Analecta* 3 (1924), sowie DE MEULEMEESTER, *Origines de la Congrégation du T. S. Rédempteur*, I, S. 27–43.

[3] S. ALFONSO, *Lettere*, I, S. 24.

[4] *Analecta* 3 (1924), S. 214–215: SH 5 (1957), S. 232–233.

[5] Vgl. GREGORIO, *Mons. T. Falcoia*, S. 102–116.

[6] G. LANDI, *Istoria della Congregazione del SS. Redentore*, ms, I, S. 7–8. Abgedruckt in *Analecta* 6 (1927), S. 118–121.

[7] Vgl. TELLERIA, I, S. 161–162: SH 8 (1960), S. 432, Anm. 49a.

[8] *Lettere*, II, S. 456–457. – SH 22 (1974), S. 249–254.

[9] Vgl. TANNOIA, I, S. 57–61. Für die Jahre 1730–1732 läßt die an sich schon komplizierte Chronologie bei Tannoia sehr zu wünschen übrig. Für die Substanz und die innere Triebkraft der Ereignisse bleibt er aber der unvergleichliche Memoirenschreiber.

[10] TANNOIA, I, S. 66. – Für diese Episode und die Folge dieses Kapitels siehe TANNOIA, S. 65–76.

[11] Text in Tannoias Zeugenaussage: *Analecta* 3 (1924), S. 74–75; Original in AGR, SAM, III. 419.

[12] RIPA, *op. cit.*, II, S. 452.

[13] RIPA, *op. cit.*, III, S. 8–14. Vgl. die persönliche Aufzeichnung Alfons' vom 29. August 1758: AGR XXVII. 33. – sowie FALCOIAs Briefe an Ripa: *Lettere*, S. 96, 101, 105.

[14] Vgl. *Lettere*, II, S. 430–432.

[15] Die Kongregation wird durch ein Gesetzesdekret vom 27. Dezember 1888 aufgehoben. Während der 156 Jahre ihres Bestehens hatte sie 191 Mitglieder und bildete 106 chinesische Priester und 67 aus den türkischen Ländern aus. Vgl. SH 6)1958), S. 310. Anm. 2.

[16] TANNOIA, I, S. 82.

[17] TANNOIA, I, S. 74–75; SH 7 (1959), S. 436–437.

Dritter Teil

Kapitel 23

[1] TANNOIA, I, S. 81.

[2] GALANTI, *op. cit.*, L. V, c. I, § III, 2; Bd. II, S. 231.

[3] TANNOIA, I, S.. 82.

[4] Entsprechend den Nachforschungen von Professor Gabriele de Rosa, dem ich sehr herzlich danke.

[5] *Ad Gentes*, 3.

[6] KUNTZ, *Annales*, II, S. 68.

[7] Vgl. FALCOIA, *Lettere*, S. 107.

[8] *Analecta* 3 (1924), S. 217—220; 5 (1926), S. 111—114. Über Tosquez, vgl. *Analecta* 5 (1926), s. 109—120; GREGORIO, *op. cit.*, S. 97—98, 216—236.

[9] FALCOIA, *Lettere*, S. 109, 112—113.

[10] TANNOIA, I, S. 82—83.

[11] Der gleiche Brief, S. 111—112.

[12] SH 1 (1953), S. 67—82; DE MEULEMEESTER, *op. cit.*, S. 45—64.

[13] Vgl. FALCOIA, *Lettere*, S. 104; *Analecta* 8 (1929), S. 238—240.

[14] KUNTZ, *op. cit.*, II, S. 73—74.

[15] Über diesen Punkt stimmen die Zeugen bei den Informationsprozessen überein, und Tannoia selbst beim Prozeß von S. Agata: vgl. *Summarium*, S. 104, 106, 107, 108, 113, 116 und DE MEULE-MEESTER, *op. cit.*, I, S. 43.

[16] TANNOIA, I, S. 84.

[17] M. C. CROSTAROSA, *Autobiografia*, S. 203.

[18] TANNOIA, I, S. 90—91.

[19] CROSTAROSA, *op. cit.*, S. 205—206; KUNTZ, *op. cit.*, II, S. 76—77.

[20] Vgl. KUNTZ, *ebda.*; DE MEULEMEESTER, *op. cit.*, S. 177—192; SH 10 (1962), S. 196—197.

[21] *Lecon inaugurale au Collège de France*, 13. Februar 1975 aufgenommen in *Le christianisme va-t-il mourir?*, Hachette, Paris, 1977, S. 195—196. Vgl. Gabriele de Rosa in RUSSO, *op. cit.*, S. 481—482.

[22] Vgl. KUNTZ, *op. cit.*, II, S. 20—22, 79—81; *Analecta* 3 (1924), S. 76—77; TELLERIA, I, S. 201, Anm. 53.

[23] GREGORIO, *op. cit.*, S. 178—179.

[24] CROSTAROSA, *op. cit.*, S. 202—204.

[25] *Analecta* 5 (1926), S. 120—121.

[26] Vgl. FALCOIA, *Lettere*, S. 113—114.

[27] SH 10 (1962), S. 198—199.

Kapitel 24

[1] TANNOIA, I, S. 84—85. Vgl. TELLERIA, I, S. 203.

[2] FALCOIA, *Lettere*, S. 121—122. Vgl. TANNOIA, I, S. 85.

[3] *Parrocchie*, „Pfarreien": dieses Wort verwendet der Erzbischof von Amalfi, Agostino Scorza, in seinem Bericht vom 24. November 1732 an die S. C. des Konzils. Doch war die „Pfarrei", wie sie das Konzil (von Trient) sehr genau definiert, bis dahin weder in die Strukturen noch auch in das Vokabular der Umgangssprache des Mezzogiorno eingegangen. Das Wort *parrocchia* wurde damals sehr selten, in einem schlecht definierten und auf jeden Fall nicht tridentinischen Sinn verwendet. Man sprach eher von *chiese*, „Kirchen". Die *chiese arcipretali* oder *chiese matrici* waren selten und standen einem weiten Territorium vor. Sehr zahlreich dagegen waren die *chiese curate*, die *rettorie curate*, d. h. die Kirchen, die sich um die Seelen zu kümmern hatten; eben das, was wir heute als Pfarreien bezeichnen. In diesem Sinn waren die *chiese ricettizzie* fast durchwegs *chiese curate*. Vgl. Antonio CESTARO, in *La parrochia nel Mezzogiorno dal medioevo all'età moderna*, Napoli, 1980, S. 165—177.

[4] Siehe Kapitel 15.

[5] SH 16 (1968), S. 437.

[6] FALCOIA, *ebda.*, S. 126; vgl. S. 127—128. Über Tramonti und seine Missionen: DE MEULE-MEESTER, *ebda.*, S. 123—124; SH 10 (1962), S. 179—217; *Campania sacra* 4 (1973), S. 277, Anm. 1.

[7] CROSTAROSA, *op. cit.*, S. 205—206. Vgl. SH 23 (1975), S. 35—37. — Zum Drama, das sich hier um M. Celeste entspinnt und auf den folgenden Seiten zusammenfassen, verweisen wir auf: ihre *Autobiografia*, S. 205—257; MAJORANO, *op. cit.*, S. 76—95; GREGORIO, *op. cit.*, S. 216—236; *Analecta* 6 (1927), S. 45—60; 31 (1959), S. 266—274.

[8] Mit Stimmeneinheit der Generalversammlung und nicht der bloßen *Riforma* oder reduzierten Versammlung, ungeachtet der Aussagen in SH 8 (1960), S. 438—439. Denn Don Buonacquisto, der ein Zeuge der Wahl war (TANNOIA, I, S. 88), war bei der Versammlung anwesend, nicht aber Mitglied der *Riforma*: vgl. ASDN, *Apostoliche Missioni*, vol. 1732—1733, fol. 32ds v.

[9] SH 10 (1962), s. 210—211; vgl. TANNOIA, I, S. 87—89.

[10] *Lettere*, I, S. 15—16; vgl. TANNOIA, I, S. 92.

[11] *Lettere*, I, S. 16—19.

[12] FALCOIA, *Lettere*, S. 142 und 129—130.

[13] *Ebda.*, S. 132—140. Vgl. GREGORIO, *op. cit.*, S. 167—187.

[14] FALCOIA, *ebda.*, S. 131, 142, 145.

[15] S. ALFONSO, *Lettere*, I, S. 20—32.

[16] *Ebda.*, S. 131.

[17] *Ebda.*, S. 143—145.

[18] SH (1962), s. 211—212.

[19] *Ebda.*, S. 212—213.

[20] Zu diesen und den folgenden Zitaten vgl. TANNOIA, I, S. 94—96.

[21] FALCOIA, *Lettere*, S. 148—152.

Kapitel 25

[1] TANNOIA, I, S. 96. Für das Folgende vgl. S. 96—99.

[2] BERRUTI, *Lo spirito di S. Alfonso*, S. 136.

[3] SH 19 (1971), S. 242—244.

[4] DE MAIO, *op. cit.*, S. 278; GREGORIO, *op. cit.*, S. 277—278; vgl. FALCOIA, *Lettere*, S. 216, 251; *Analecta* 11 (1952), S. 238.

[5] Vgl. oben Kapitel 23.

[6] FALCOIA, *Lettere*, S. 154. Für dieses Kapitel und das folgende (Jahre 1733—1735) bilden (mit TANNOIA) die 56 Briefe Falcoias an Liguori, *ebda.*, S. 153—293, das Grunddokument. Diese 130 Seiten sind das praktisch zweimal wöchentliche Echo des *Direttore* auf die Fragen und Situationen des Gründers, dessen Briefe dagegen uns — mit Ausnahme des Briefs vom 3. Juni 1733 — nicht erhalten sind. Wir verweisen hier ein für allemal darauf.

[7] Vgl. den Brief, in dem Falcoia vom *passaggio alla casa contigua* (S. 158) spricht; einen weiteren Brief (S. 169) und eine noch nicht veröffentlichte Untersuchung — *Scala: Ospizio, Casa Anastasio* — von P. Domenico Capone, der sie mir liebenswürdigerweise zur Verfügung gestellt hat. Aus einem Mietvertragsregister hat er folgendes entnommen: *Il signor Isodoro Battimelli sopra una casa, quale al presente s'abita dal signor D. Alfonso ed altri reverendi padri; e per si pagano dalli signori Vincenzo Criscuolo, Andrea Folcone e Matteo Romano.* Die Untersuchung anderer Dokumente führte ihn dazu, *le stanze del Signor Isodoro* (Falcoia) links vom Gästetrakt zu situieren.

[8] TELLERIA, I, S. 73; II, S. 699.

[9] *Vita del Servo di Dio D. Gennaro M. Sarnelli*, veröffentlicht an der Spitze der 14 Bände der *Opere* de Sarnelli, Neapel 1748—1751, Band I, S. 17 und 20.

[10] Zu diesem Brief Sarnellis und den folgenden: DE MEULEMEESTER, *Origines de la C. SS. R.*, I, S. 267—277.

[11] *Analecta* 5 (1926), S. 233.

[12] C. CELANO, *Della notizie ... di Napoli*, S. 6.

[13] Vgl. SH 12 (1964), S. 321—355.

[14] *Analecta* II (1932), S. 238; FALCOIA, *Lettere*, S. 169. Dieser Brief fehlt in der von GREGORIO veröffentlichten Sammlung.

[15] *Ebda.*, 9 (1930), S. 312—313.

[16] *Abda.*, S. 288.

[17] TANNOIA, I, s. 97. *Analecta* 21 (1949), S. 100.

[18] *Opere ascetiche*, I, S. 329—331.

[19] *Summarium*, S. 28. Vgl. TANNOIA, I, S. 97.

[20] SH 10 (1962), S. 205, Anm. 51. In der Liste der Missionen deformiert Alfons die Namen von zwei Dörfern.

Kapitel 26

[1] Vgl. SH 10 (1962), S. 204—207.

[2] GIOVINE, *Vita del Servo di Dio Gennaro Sarnelli*, I, S. 190.

[3] SH 10 (1962), S. 206.

[4] TANNOIA, I, S. 101—102. Das detaillierte Zeugnis von Don Camardelli folgt später.

[5] Vgl. DE MEULEMEESTER, *op. cit.*, S. 107—117.

[6] Zur Gründung der Villa vgl. TELLERIA, I, S. 227—234, 241—243.

[7] Candido ROMANO, *Della Opere di S. Alfonso M. de Liguori*, S. 44 ff und Anm. 1; FALCOIA, *Lettere*, S. 221.

[8] *Summarium*, S. 451—452.

[9] Vgl. R. AJELLO in *Storia della marina militare delle Due Sicilie (1734—1860)*, Milano, 1978,

S. 7–9.

[10] Vgl. SH 5 (1957), S. 250 ff.

[11] KUNTZ, *Commentaria*, VI, S. 237.

[12] SH 7 (1959), S. 242–243.

[13] Dieser wichtige Brief wurde veröffentlicht in *S. Alfonso* 22 (1951), S. 13–15.

[14] Vgl. SH 22 (1974), S. 147–164.

[15] Vgl. C. SPORTELLI, *Epistolae*, S. 22.

[16] S. ALFONSO, *Lettere*, I, S. 40.

[17] *Ebda.*, S. 42–43.

[18] *Ebda.*, S. 38–39.

[19] TANNOIA, I, S. 107; vgl. S. 102. Tannoias Chronologie ist durch Falcoias datierte Briefe zu berichtigen.

[20] DE MAIO, *op. cit.*, S. 206.

[21] *Analecta* 12 (1933), S. 101; vgl. GREGORIO, *Mons. T. Falcoia*, S. 266–267.

[22] S. ALFONSO, *Lettere*, I, S. 45–46. Vgl. DE MEULEMEESTER, *op. cit.*, I, S. 97, 190–192, 278–282.

[23] Vgl. *Opere di G. Sarnelli*, I, S. 25.

[24] Zitiert von TELLERIA, I, S. 243, vgl. TANNOIA, I, S. 113–114.

Kapitel 27

[1] DE MEULEMEESTER, *op. cit.*, II, S. 26–27. Er schreibt Falcoia im November 1732 „achtundsechzig" Jahre zu. Aber er ist am 13. März 1663 geboren, und so fehlten ihm nur noch vier Monate zu seinem siebzigsten Geburtstag.

[2] AGR. *Cose di coscienza*, S. 41; TELLERIA, I, S. 327.

[3] Vgl. Bruno PELLEGRINO in *Divista di storia della Chiesa in Italia* 30 (1976), S. 451–488; DE MEULEMEESTER, *op. cit.*, I, S. 68–82, dessen Aussagen jedoch differenziert werden müssen.

[4] SH 6 (1958), S. 349.

[5] Vgl. FALCOIA, *Lettere*, S. 260, 266, 270. – Zu diesem ganzen Kapitel vgl. TANNOIA, I, S. 103–124 und TELLERIA, I, S. 260–295. Tannoia verlegt die Ankunft der Patres in Ciorani irrtümlich um zehn Monate vor, was seine Chronologie der Missionen der folgenden Jahre verfälscht: vgl. Carl DILGSKRON, *Leben des hl. Alfonsus de Liguori*, I, S. 157–162.

[6] Vgl. *Analecta* 19 (1940), S. 69; FALCOIA, *op. cit.*, S. 291.

[7] S. ALFONSO, *Lettere*, I, S. 55. Diese zweite Schenkung wird erst am 23. Oktober 1737 registriert: vgl. SH 21 (1973), s. 301–310. Für die erste vgl. DE MEULEMEESTER, *op. cit.*, I, S. 102–105 und 284–290.

[8] Alfons sebst sagt das in seiner Biographie: SARNELLI, *Opere*, I, S. 24.

[9] SH 10 (1962), S. 207.

[10] S. ALFONSO, *Lettere*, I, S. 54. Alle weiteren in diesem Kapitel zitierten Briefe Alfons' sind unter dem jeweils angegebenen Datum diesem Band entnommen.

[11] Zitiert von GIOVINE, *op. cit.*, S. 249. Für Sarnelli und die Prostitution vgl. *Dizzionario delle leggi*, III, „Meretrici", S. 55–57; GIOVINE, S. 225–235; A. DE SPIRITO in *Ricerche di storia sociale e religiosa*. Nuova serie 13 (1978), I, S. 31–70.

[12] TANNOIA, I, S. 105–106.

[13] *Ebda.*, S. 104 und 108.

[14] Das Schloß, das von den beiden letzten Nachfahren Sarnellis 1922 zu einem Kloster der Schwestern der Heimsuchung umgewidmet wurde, stürzte zusammen mit seiner Kirche S. Sofia beim Erdbeben vom 23. November 1980 ein und begrub drei Schwestern unter sich.

[15] *Summarium*, S. 34–35.

[16] S. ALFONSO, *Lettere*, I, S. 46; FALCOIA, *Lettere*, S. 291.

[17] Zur Aufhebung der Villa neben TANNOIA und TELLERIA auch FALCOIA, *FLettere*, S. 333–337; SPORTELLI, *Epistolae*, S. 24–26; DE MEULEMEESTER, *op. cit.*, I, S. 112–117, 292–293.

[18] *S. Alfonso* 6 (1935), S. 305.

[19] Vgl. DE MEULEMEESTER, *op. cit.*, I, S. 173–174 und *Bibliographie*, I, S. 50–53; GREGORIO, *Canzioniere alfonsiano*, S. 18–20.

[20] Vgl. SPORTELLI, *op. cit.*, S. 27–28: AGR. *sCose di coscienza*, S. 81–82.

[21] Vgl. SH 8 (1960), S. 440–444; FALCOIA, *op. cit.*, S.351.

[22] TANNOIA, I, S. 121, vgl. S. 112, 116, 122, 126, 127 etc.

[23] *Summarium*, S. 7 und 677.

[24] Bei TANNOIA (I, S. 113) findet sich die Einzelheit der Kleidung nicht; sie wurde von Alfons selbst berichtet: vgl. DE MEULEMEESTER, *Origines*, I, S. 296. Gleiche Referenz für die folgende Tatsache.

[25] *Origines*, I, s. 119.

[26] TANNOIA, I, S. 119. Vgl. S. ALFONSO, *Lettere*, I, S. 85; FALCOIA, *op. cit.*, S. 320, 325, 384, 386; SPORTELLI, *op. cit.*, S. 28–30; DE MEULEMEESTER, *op. cit.*, I, S. 117–121, 293–294.

[27] SH 21 (1973), S. 306.

[28] TANNOIA, I, S. 145–146. Aber diese Fakten stammen von 1740 und nicht 1743.

[29] TANNOIA, I, S. 145–147; *Contributi*, S. 47; SH 21 (1973), S. 306.

[30] TANNOIA, I, S. 134. Für das Ende dieses Kapitels vgl. S. 133–136; TELLERIA, I, S. 291–294; DE MEULEMEESTER, *op. cit.*, I, S. 251–264.

[31] Die Formel „Leben und Tugenden Jesu Christi nachahmen, das ... das Hauptziel dieses heiligen Instituts ist", ist reiner Falcoia und entspricht nicht der zentralen Sicht des Gründers. Wir werden darauf zurückkommen.

[32] TANNOIA, *Vite dei Padri A. Di Meo ed A. Latessa e dei Fratelli G. Gaudiello e F. Tartaglione*, S. 86–102.

Kapitel 28

[1] Die beiden Zitate gibt M. Gabriele de Rosa in *Società, Chiesa e vita religiosa nell'Ancien Régime*, a cura di C. RUSSO, S. 456–457, Anm. 16.

[2] *Metodo per le missioni* (1744) in S. ALFONSO, *Lettere*, III, S. 535–545; *Regolamento* (1747) in *Analecta* I (1922), S. 171–178, 206–212, 255–263 und 8 (1929), S. 242–249; *Regola* (1749) in SH 16 (1968), S. 414–416; *Constituzioni* (1764) in *Codex Regularum et Constitutionum C. SS. R.*, S. 36–38. Die fünf kleineren Schriften von sehr verschiedener Länge, sind *Ezercizi di missione* (1760), das den 3. Teil der *Selva* bildet, *Lettera ad un Religioso amico* (1761) *Foglietto ... di cinque punti* (1768), *Lettera ad un Vescovo novello* (1771) et *Avertimenti ai predicatori* (1778). In den Ausgaben der Gesammelten Werke sind sie der *Selva* zugeordnet. Französisch: DUJARDIN, XIV. Italienisch: Marietti III. Für die Zitate beziehen wir uns also nur auf die Seiten dieses Bandes. – Vgl. auch TANNOIA, I, S. 304–328, und die ausgezeichnete Arbeit von Petro Aloysio MAZZONI, *Le missioni popolari nel pensiero di S. Alfonso M. de Liguori.*

[3] Vgl. SH 22 (1974), S. 324–346.

[4] In C. RUSSO, *op. cit.*, S. 442.

[5] S. ALFONSO, *Lettere*, III, S. 539; *Analecta* I (1922), S. 210, 16.

[6] *Opere*, Marietti, III, S. 227 und 219.

[7] *Ebda.*, S. 237.

[8] *Ebda.*, S. 326.

[9] *Ebda.*, S. 300 und 326.

[10] *Ebda.*, I, S. 236.

[11] TANNOIA, I, S. 306.

[12] G. SARNELLI, *Tuttele opere*, XII, S. 64.

[13] S. ALFONSO, *Lettere*, III, S. 540–541; *Analecta* I (1922), S. 211 (18), 255 (20); *Opere*, Marietti, III, S. 260–262.

[14] TANNOIA, I, S. 305; vgl. S. 306.

[15] *Opere*, Marietti, III, S. 288 ff.

[16] DE MAIO, *op. cit.*, S. 117.

[17] *Opere, ebda.*, S. 253.

[18] G. DE LUCA, *Sant'Alfonso il mio maestro di vita cristiana*, S. 59–60.

[19] FALCOIA, *Lettere*, S. 121 und 175.

[20] Vgl. Filippo DE MURA, *Il Missionario istruito*, II, S. 275–285; *Revue d'ascétique et de mystique*, 25 (1949), S. 457–464.

[21] SARNELLI, *Tutte le opere*, I, S. 60–69.

[22] *Opere*, Marietti, III, S. 874–875.
[23] Vgl. TANNOIA, I, S. 308 à 315, *passim.*
[24] *Ebda.*, S. 315 und 332.
[25] S. ALFONSO, *Lettere*, II, S. 336.
[26] TANNOIA, I, S. 317. – Vgl. *Codex Regularum*, Anm. 147–148, S. 88; DE MEULE-MEESTER, *op. cit.*, I, S. 141; SH 15 (1967), S. 126–133.
[27] Zitiert von TANNOIA, I, S. 306.
[28] Vgl. Paul HITZ, C. SS. R., *L'annonce missionarie de l'Evangile*, S. 137–170.

Kapitel 29

[1] BENEDICTI XIV, *Bullarium*, Prati, 1845, I, S. 1 ff und 5 ff.
[2] DE MAIO, *op. cit.*, S. 203.
[3] TANNOIA, I, S. 305.
[4] SARNELLI, *Opere*, II, S. 372–374.
[5] *Summarium*, S. 300, 303, Vgl. BERRUTI, *op. cit.*, S. 150.
[6] DE MEULEMEESTER, *Bibliographie*, II, S. 374.
[7] DE MEULEMEESTER, *Origines*, II, S. 227–229, vgl. I, S. 174–175; GIOVINE, *op. cit.*, S. 255–262.
[8] TANNOIA, I, S. 125. – Für den Rest dieses Kapitels siehe die S. 125–133 und 136–138.
[9] In DE MEULEMEESTER, *Origines*, II, S. 228.
[10] *Ebda.*, S. 229–230.
[11] DE MAIO, *op. cit.*, S. 191–192.
[12] FALCOIA, *Lettere*, S. 418–423.
[13] Vgl. SH 13 (1965), S. 207–217.
[14] Tannoia (I, S. 125) berichtet von einem (anonymen) Oberen der *Apostoliche Missioni* die Forderung, den Oberen der Mission von Neapel zu ernennen. Das kann aber nur die Entstellung der Erinnerungen eines Zeugen sein: der Obere war wieder Torni. Aber das Schweigen des *Illustrissimo* G. Sparano über Alfons' persönliche Rolle (*Memorie istoriche*, II, S. 320 ff, 326 ff) läßt vermuten, daß einige Mitbrüder Alfons gegenüber mißtrauisch waren. Dieses Schweigen ist eine Rechtsverweigerung und ein Vergehen gekränkter Parteilichkeit.
[15] Vgl. SPORTELLI, *Epistolae*, S. 54–55.
[16] Wir geben die beim Pastoralbesuch Spinellis nach der Mission 1742 erhobenen Zahlen. Vgl. GALASSO-RUSSO, *Per la storia sociale del Mezzogiorno d'Italia.* I, S. 10 ff.
[17] Für die ganze neapolitanische Mission Alfons' und seiner Mitbrüder siehe den Bericht von Matteo Testa in DE MEULEMEESTER, *ebda.*, II, S. 230–235.
[18] TANNOIA, I, S. 334.
[19] *Ebda.*, S. 322.
[20] SH 25 (1977), S. 11–112. Vgl. S. 88–89.
[21] Siehe unten Anm. 17.
[22] Trad. J. Modigliani, Paris, Gallimard, coll. folio, S. 112.
[23] Vgl. *Summarium*, S. 531; BERRUTI, *op. cit.*, S. 55–56; SPORTELLI, *Epistolae*, S. 226. Die französische Ausgabe DUJARDIN, VIII, S. 407–500 hat leider, wie so oft, auch den Titel dieser kleinen Schrift verändert.
[24] *Opere*, Marietti, II, S. 460.
[25] *Riflessioni divote: Opere*, Marietti, II, S. 309.
[26] *Lettere*, I, S. 57–58.
[27] *Ebda.*, S. 82.
[28] Vgl. *Cose di coscienza*, S. 47; Claudio BENEDETTI, *Poszioni e articoli per i Processi ardinari del S. d. D. Cesare Sportelli*, Nr. 45, 47, 48, 53.
[29] SPORTELLI, *Epistolae*, S. 68–70; FALCOIA, *Lettere*, S. 433–435.
[30] GIOVINE, *op. cit.*, I, S. 315–316.
[31] Vgl. *Summarium*, S. 551; *Contributi*, S. 47; CAARO, *Epistolae*, S. 13.
[32] BENEDICTI XIV, *Bullarium*, I, S. 567–570; SH 27 (1979), S. 280–286.
[33] BENEDICTI XIV, *ebda.*, II, S. 150–151.

Kapitel 30

[1] Vgl. A. MERCATI, *Raccolta di concordati*, Roma, 1919, S. 338–364; GALANTI, *op. cit.*, I, S. 320–323.

[2] Vgl. *Summarium*, S. 18–20; TANNOIA, I, S. 123, 127–128; DE MEULEMEESTER, *Origines*, II, S. 67–81.

[3] TELLERIA, I, S. 347.

[4] TANNOIA, I, S. 142.

[5] TANNOIA, I, S. 149—150. Vgl. GREGORIO, *Mons. T. Falcoia*, S. 24, Anm. 44.

[6] *Analecta* 31 (1959), S. 35–39; SH 20 (1972), S. 367.

[7] GREGORIO, *op. cit.*, S. 297.

[8] *Analecta*, 29 (1957), S. 109–115; SH 12 (1964), S. 384–388. Vgl. GREGORIO, *op. cit.*, S. 302–305; TANNOIA, III, S. 188.

[9] TANNOIA, I, S. 141.

[10] Vgl. SH 1 (1953), S. 223–229.

[11] GREGORIO, *op. cit.*, S. 307, 314–316. Vgl. SH 9 (1961), S. 459.

[12] Vgl. FALCOIA, *Lettere*, S. 276, 278, etc.

[13] GREGORIO, *op. cit.*, S. 19–20, 317–319. Vgl. Bruno PELLEGRINO in *Rivista di Storia della Chiesa in Italia*, Roma, 30 (1976), S. 451–488.

[14] *Summarium*, S. 35, 124.

[15] Ich danke P. Sabatino Majorano, der mir brüderlich das Ergebnis seiner Analyse der 450 Seiten der Korrespondenz Falcoias mitgeteilt hat.

[16] S. ALFONSO, *Lettere*, I, S. 48–50; SH 25 (1977), S. 283, Anm. 10.

[17] In seinen Briefen verwendet Falcoia die Initialen S. D. M. *(Sua Divina Maestà)*. Wir haben meistens mit „Gott" übersetzt.

[18] SH 16 (1968), S. 385, 400.

[19] SH 9 (1961), S. 444–475. Vgl. SH 2 (1954), S. 107–124, 369–388.

[20] Durch seinen Onkel, Mgr. Giacomo Cavalieri, und seinen Seelenführer Tommaso Falcoia stehen die Frommen Arbeiter in engen verwandtschaftlichen Beziehungen zu Liguori und den Redemptoristen. Mit Ausnahme von vier Niederlassungen gehen sie nie über Kampanien hinaus und erreichen nie die Grenze von hundert. 1943 hatten sie nur noch ein einziges Mitglied, P. Pasquale Ossorio, Generaloberer und letzter Bruder. Das ergab nicht wenig Besitz in der Obhut eines Greises, der umso bedrohter war, als über Italien dichter Bombenhagel fiel. Glücklicherweise fusionierte der Heilige Stuhl die *Pii Operai* mit den 1930 von Don Gaetano Mauro (1888–1969) gegründeten *Catechisti rurali*. Seit dem 28. Juni 1943 bestehen die *Pii Operai Catechisti rurali* noch immer in S. Nicola alla Carità, in Neapel. Ihre brüderliche Aufnahme wird mir unvergeßlich bleiben.

Kapitel 31

[1] TANNOIA, I, S. 118–119.

[2] Das Wort stammt von P. Domenico Capone. Vgl. *S. Alfonso* 6 (1935), S. 296.

[3] Vgl. *Analecta*, die Jahre 1726–1730, insbesondere 6 (1927), S. 235–247; 8 (1929), S. 175–18; SH 16 (1968), S. 318–348.

[4] Protokoll dieser Versammlung: *Analecta* 1 (1922), S. 87–90. Vgl. DE MEULEMEESTER, *Origines*, II, S. 28–37.

[5] BENEDETTI, *op. cit.*, Nr. 58. Vgl. TELLERIA, I, S. 319–320; DE MEULEMEESTER, *op. cit.*, II, S. 35.

[6] BENEDETTI, *op. cit.*, Nr. 45.

[7] *Summarium*, S. 111; S. ALFONSO, *Lettere*, I, S. 119.

[8] TANNOIA, I, S. 133.

[9] *Documenta miscellanea*, S. 77. – Über diese Gelübde vgl. *Summarium*, S. 113, 124; *Analecta* 1 (1922), S. 42–49; DE MEULEMEESTER, *op. cit.*, II, S. 39–50, 236–239; SH 19 (1971), S. 280–303; 22 (1974), S. 79.

[10] Mit dem Unterschied, daß die Lazaristen nur Privatgelübde hatten und die Frommen Arbeiter überhaupt keine.

[11] SH 6 (1958), S. 345–352.

[12] DE MEULEMEESTER, *op. cit.*, II, S. 240–242.

[13] *Summarium*, S. 450; Asprenas 8 (1961), S. 252–258.

[14] DE MEULEMEESTER, *op. cit.*, II, S. 242–243; KUNTZ, *Commentaria* II, S. 209.

[15] TANNOIA, I, S. 143.

[16] TANNOIA, I, S. 146 bis et ter (diese zwei Seiten sind irrtümlich, wie die vorhergehenden mit S. 145–146 numeriert); S. ALFONSO, *Lettere*, I, S. 86.

[17] S. ALFONSO, *Lettere*, I, S. 89–93. Vgl. SH 15 (1967), S. 79 ff.

[18] Vgl. PAUL VI, Enzyklika *Mysterium fidei* (1965) Nr. 66; Instruction *Eucharisticum mysterium* (1967), Nr. 50; JOHANNES PAUL II, Enzyklika *Redemptor Hominis* (1979), Nr. 20; *Lettre aux évêques pour le Jeudi Saint 1980*, Nr. 3.

[19] Edouard LE JOLY, *Mère Teresa et les missionaires de la charité*, aus dem Englischen übersetzt (1977), Paris, Seuil, 1979, S. 152.

[20] SH 4 (1956), S. 177–184; 13 (1965), S. 212–213.

[21] *Contribution à l'histoire de la visite au Saint Sacrement d'après les sources du livre des „Visites" de S. Alphonse de Liguori*, durch eine Gruppe Forscher um P. François BOURDEAU un P. Henri LECOMTE. Mein Dank gilt P. Bourdeau für die Beschaffung dieses Manuskripts. Vgl. auch S. ALFONSO, *Opere ascetiche*, Introduzione generale, S. 187–190.

[22] Vgl. *Acta Dotoratus*, Summarium additionale, Romae, 1870, S. 530–531; DE MEULE-MEESTER, *Bibliographie*, I, S. 56–61 und 202 ff; für die sieben italienischen Ausgaben von 1938 bis 1980 direkte Auskünfte durch Edizioni Paoline, für deren Gefälligkeit ich danke.

[23] S. ALFONSO, *Lettere*, I, S. 95–96.

[24] SH 25 (1977), S. 289–299; DE MEULEMEESTER, *Origines*, II, S. 247–251; S. ALFONSO, *Lettere*, I, S. 86–89, 96–98.

[25] S. ALFONSO, *Lettere*, I, S. 99–101. Weiter: S. 103–104 und SH 5 (1957), S. 277–311; 12 (1964), S. 227–230; DE MEULEMEESTER, *op. cit.*, II, S. 255.

[26] TANNOIA, I, S. 163–169; SPORTELLI, *Epistolae*, S. 105–110; DE MEULEMEESTER, *op. cit.*, I, S. 86–90.

[27] S. ALFONSO, *Lettere*, I, S. 108.

[28] S. ALFONSO, *Brevi notizie della vita e morte di Fr. Vito Curzio*, S, 30–31; TANNOIA, I, S. 162–163.

[29] SH (1957), S. 298–299.

Kapitel 32

[1] Zitiert von DE MAIO, *op. cit.*, S. 266.

[2] Das *Compendio* ist in SH 4 (1956), S. 258–279 vorgestellt und veröffentlicht. Vgl. *Analecta* 22 (1950), S. 14–19; *Catéchèse*, Paris, I, (1960–1961), S. 127–136; DE MAIO, *op. cit.*, S. 267–269.

[3] *L'Ecclesiastico santificato: Opere*, VII, 76–77.

[4] TANNOIA, I, S. 185.

[5] *Opere*, Marietti, III, S. 865.

[6] S. ALFONSO, *Lettere*, I, S. 366. Spinelli schuf neben dem alten Semiar, das die Bezeichnung *urbano* erhielt, noch ein weiteres, *diocesano*, für die Kleriker der neapolitanischen Landgebiete (1744) und verfaßte 165 Seiten *Regole*. Vgl. DE MAIO, *op. cit.*, S. 244–252.

[7] SH 27 (1979), S. 14–51. Ich danke P. Gerardo Pepe, der mir brüderlich seine bemerkenswerte, 1977 im Antonianum vorgelegte Denkschrift zur Verfügung gestellt hat.

[8] Zitiert von TANNOIA, I, S. 185; vgl. SH 27 (1979), S. 18, Anm. 18.

[9] *Charge pastorale des Evêques*, 12.

[10] SPORTELLI, *Epistolae*, S. 118.

[11] *Summarium*, S. 9.

[12] SH 15 (1967), S. 110; TELLERIA, I, S. 381 und 71.

[13] Vgl. MAJORANO, *op. cit.*, S. 91–99.

[14] CROSTAROSA, *Autobiografia*, S. 259–260. Vgl. TANNOIA, I, S. 171; S. ALFONSO, *Lettere*, I, S. 125.

[15] TANNOIA, I, S. 172–173; *Summarium*, S. 291, 294, 299.

[16] SPORTELLI, *op. cit.*, S. 121; TELLERIA, I, S. 384.

[17] Zitiert von TANNOIA, I, S. 161–162.

[18] Giuseppe LANDI, *Istoria della Congregazione del SS. Redentore*, I, S. 223.

[19] SH 5 (1957), S. 300; 15 (1967), S. 111, Nr. 24. Vgl. CAFARO, *Epistolae*, S. 19.

[20] LANDI, *op. cit.*, I, S. 224–225; SPORTELLI, *op. cit.*, S. 124; TANNOIA, I, S. 174; TELLERIA, I, S. 395–396.

[21] S. ALFONSO, *Lettere*, I, S. 113–11j4, 116; *S. Alfonso* 13 (1942), S. 71–73. Vgl. SH 5 (1957), S. 273.

[22] TELLERIA, I, S. 409–418; TANNOIA, I, S. 175–179.

[23] Vgl. SPORTELLI, *op. cit.*, S. 138–141; DE MEULEMEESTER, *Origines*, II, S. 265–268; SH 5 (1957), S. 230–232; 12 (1964), S. 232; 13 (1965), S. 14–15; S. ALFONSO, *Lettere*, I, S. 139; BENEDETTI, *op. cit.*, Nr. 65.

[24] TANNOIA, I, S. 183.

[25] *Opere*, Marietti, IV, S. 665–666.

[26] Alessandro DE RISIO, *Croniche della C. SS. R.*, S. 158 und 159–160.

[27] AGR. *Catalogo* I, fol 3 v.

[28] *Epistolae*, S. 17.

[29] *Risposta a un'anonimo* (1756), Anfang.

[30] *S. Alfonso* (12 (1941), S. 198–200. – Vgl. Artikel des P. F. FERRERO: SH 23 (1975), S. 293–365.

Kapitel 33

[1] S. ALFONSO, *Lettere*, I, S. 118–120.

[2] *Ebda.*, S. 121.

[3] COLLETTA, *Histoire du royaume de Naples*, L. I, XXXII, S. 82.

[4] Vgl. SH 20 (1972), S. 349–372.

[5] DE MEULEMEESTER, *op. cit.*, II, S. 259; TELLERIA, I, S. 416.

[6] TANNOIA, I, S. 187. Für das ganze Kapitel: *ebda.*, S. 187–209. Vgl. SPORTELLI, *Epistolae*, S. 147–149.

[8] S. ALFONSO, *Lettere*, I, S. 131–132.

[9] *Ebda.*, S. 133–135.

[10] SH 12 (1964), S. 234–236. Vgl. S. ALFONSO, *Lettere*, I, S. 132–133.

[11] S. ALFONSO, *Lettere*, I, S. 137–138. – Für den stürmischen Exodus von P. Ferrara vgl. *ebda.*, S. 127–131; SH 15 (1967), S. 104.

[12] SH 15 (1967), S. 109, Nr. 13. Robertis irrt sich aber im Jahr – übrigens nicht das einzige Mal. – Die Audienz fand am 22. August 1747 statt und nicht 48.

[13] TANNOIA, I, S. 193–194; SH 15 (1967), S. 111, Nr. 21.

[14] S. ALFONSO, *Lettere*, I, S. 138.

[15] DE MEULEMEESTER, *op. cit.*, II, S. 178–179, 272.

[16] Vgl. TANNOIA, I, S. 198–199; SH 8 (1960), S. 446; 15 (1967), S. 106–107.

[17] Vgl. S. ALFONSO, *Lettere*, III, S. 3–9.

[18] Diese Texte in *Documeta miscellanea* (Regola di Conza), S. 11–80; *Analecta* 1 (1922), S. 127–139, 171 ff, 206 ff, 255 ff.

[19] Vgl. S. ALFONSO, *Lettere*, I, S. 142–144; DE MEULEMEESTER, *Origines*, I, S. 285.

[20] S. ALFONSO, *Lettere*, I, S. 144–146. Vgl. *ebda.*, S. 140.

[21] *Ebda.*, S. 147–149.

[22] SH 8 61960), S. 446.

Kapitel 34

[1] TANNOIA, I, S. 185–186; DE MEULEMEESTER, *Bibliographie*, I, S. 61–62; A. de LIGORIO, *Adnotationes in Busenbaum*, Kol. 1029–1032.

[2] SH 27 (1979), S. 287–290.

[3] S. ALFONSO, *Lettere*, I, S. 149–151; SH 17 (1969), S. 215–223.

[4] TELLERIA, I, S. 445, Nr. 16.

[5] Man lese dieses *Ristretto* in SH 16 (1968), S. 385–399.

[6] Zitiert von TANNOIA, I, S. 209.

[7] SH 16 (1968), S. 284–285.

[8] SH 15 (1967), S. 105–106, 108 Nr. 8.

[9] *Documenta miscellanea*, S. 11, oder SH 16 (1968), S. 349.

[10] *Documenta*, S. 58–59; SH 16, S. 400.

[11] S. ALFONSO, *Lettere*, I, S. 154–157.

[12] *Documenta*, S. 75–78.

[13] *S. Alfonso* 12 (1941), S. 199.

[14] DE RISIO, *Croniche*, S. 156.

[15] SH 21 (1973), S. 284–291.

[16] Vgl. DE MEULEMEESTER, *Origines*, II, S. 292; *S. Alfonso* 12 (1941), S. 196–200, 211–213.

[17] Wiedergegeben in DE MEULEMEESTER, *op. cit.*, S. 274–315.

[18] S. ALFONSO, *Lettere*, I, S. 158.

[19] TANNOIA, I, S. 205–206. Vgl. SH 12 (1964), S. 237–238.

[20] SH 15 (1967), S. 107.

[21] SH 16 (1968), S. 413–414. – Ich danke P. S. Majorano, dessen genaue Analyse der Geschichte und des Inhalts dieser Texte mir von größtem Nutzen war.

[22] Vgl. DE MEULEMEESTER, *op. cit.*, S. 274. – Die „klassische" Übersetzung der Biographen – „Die Kongregation ist anerkannt" – ist widersinnig.

[23] TANNOIA, I, S. 214–215. Er datiert die Szene nach der päpstlichen Approbation. Hier ist es offensichtlich, daß ihn die Erinnerung trügt.

[24] S. ALFONSO, *Lettere*, I, S. 163; TANNOIA, I, S. 216–217.

[25] TANNOIA, I, S. 217.

[26] Vgl. TANNOIA, I, S. 217–219; LANDI in DE MEULEMEESTER, *op. cit.*, S. 316–323; *Acta Capitulorum*, S. 3–23.

[27] BENEDETTI, *Posizioni e articoli per … P. Cesare Sportelli*, Nr. 68.

[28] TANNOIA, I, S. 218–219.

[29] *Opere*, Marietti, IV, S. 429–430.

Kapitel 35

[1] TANNOIA, *Vite dei Padri D. A. Di Meo, etc.*, S. 3–9; DE RISIO, Croniche, S. 233–237; KUNTZ, III, S. 236 ff.

[2] BERRUTI, *op. cit.*, S. 151; Candido M. ROMANO, *Delle opere di S. Alfonso M. de Liguori*, S. 44, Nr. 1.

[3] Vgl. *Opere ascetiche*, „Introduzione generale", S. 190–202.

[4] Vgl. Clément DILLENSCHNEIDER, *La mariologie de S. Alphonse de Liguori*, I, S. 273–282.

[5] Giuseppe DE LUCA, *Sant'Alfonso il mio maestro di vita cristiana*, S. 84 und 126–127.

[6] René LAURENTIN, *Court traité sur la Vierge Marie*. 5. Aufl. Paris, 1967, S. 84. – DE MEULE-MEESTER, *Bibliographie*, I und III; *Asprenas* 10 (1963), S. 225. Dazu kommen zehn weitere neuere italienische Auflagen und eine französische Übersetzung (Favre, 1945). Nicht berücksichtigt sind die Teilausgaben und die zweifellos zahlreichen Auflagen, von denen wir kein Exemplar mehr besitzen.

[7] S. ALFONSO, *Lettere*, I, S. 177.

[8] TELLERIA, I, S. 544; D. CAPONE in *Pietas alfonsiana erga Matrem gloriosam Mariam*, S. 16–19.

[9] *Opere ascetiche*, VIII, S. 501.

[10] Vgl. DILLENSCHNEIDER, *op. cit.*, I, S. 68–78; Giuseppe CACCIATORE, *S. Alfonso de Liguori e il giansenismo*, S. 518 ff, SH 3 (1955), S. 107–124.

[11] Vgl. Francesco CHIOVARO in *S. Alfonso*, 25 (1954), S. 18 ff und 49 f.

[12] *Della regolata Divozione dei Cristiani*. Trattato di LAMINDO PRITANIO, Kap. XXII.

[13] *Le Glorie di Maria*, Kap. 5 und 6. Für die Zitate vgl. *Opere ascetiche*, VI, S. 203, 160–161, 238.

[14] *Op. cit.*, S. 367–377. – Vgl. SH 3 (1955), S. 182–195.

[15] *Opere ascetiche*, VII, S. 359. Zu den Quellen der *Glorie* und vor allem der „Beispiele" vgl. den Band der „Introduzione generale", S. 190–202, 285–290.

[16] Vgl. Paul HITZ in *Pietas alfonsiana*, S. 94–97; DILLENSCHNEIDER, *op. cit.*, II, S. 42–47.

[17] Vgl. *Opere ascetiche*, VI, S. 19 Nr. 19.

[18] AGR, SAM, VI 9a. – Vgl. *Opere ascetiche*, „Introduzione generale", S. 307–318.

[19] *Opere ascetiche*, V, S. 15, 8.

[20] *Analecta* 20 (1948), S. 190–192.

[21] TANNOIA, I, S. 219–222.

[22] S. ALFONSO, *Lettere*, I, S. 169, 170, 172–173.

[23] *Ebda.*, S. 177; BERRUTI, *op. cit.*, S. 50.

[24] S. ALFONSO, *Lettere*, I, S. 172.

[25] Zu diesem Bericht vgl. TANNOIA, I, S. 225–229, der Augenzeuge war; aber Cafaros Briefe (S. 34 und 37) korrigieren seine Daten. Vgl. auch KUNTZ, IV, S. 167–175.

[26] TANNOIA, I, S. 220, 239. Vgl. SH 8 (1960), S. 446–447.

[27] Dieser wichtige Brief in *Contributi*, S. 241–243.

[28] S. ALFONSO, *Lettere*, I, S. 184–187.

[29] TELLERIA, I, S. 497; *S. Alfonso* 12 (1941), S. 198 ff, 211 ff; 13 (1942), S. 4 ff.

[30] TANNOIA, *Vite dei Padri . . .*, S. 9–13; SH 15 (1967), S. 113–115. – Vgl. DE MAIO, *op. cit.*, S. 302, 319–320.

[31] S. ALFONSO, *Lettere*, I, S. 188–190.

[32] Vgl. TANNOIA, I, S. 237–244; SH 20 (1982), S. 369–372.

[33] S. ALFONSO, *Lettere*, I, S. 204–205.

[34] *Analecta* 19 (1940), S. 65–68.

[35] S. ALFONSO, *Lettere*, I, S. 207–208.

[36] DE MAIO, *op. cit.*, S. 369–372.

[37] Zum Ende dieses Kapitels: S. ALFONSO, *Letter, Lettere*, I, S. 218–219, 240, 247, 350; TANNOIA, I, S. 271; *S. Alfonso* 20 (1949), S. 38.

Kapitel 36

[1] Gabriele DE ROSA, *Vescovi, popolo e magia nel Sud*, S. 92.

[2] Vgl. CACCIATORE, *op. cit.*, S. 177–222.

[3] *Lettere*, III, S. 407.

[4] Rosa MINCUZZI, *Lettere di Bernardo Tanucci a Carlo III di Borbone (1759–1776)*, Roma, 1969: Prefazione, S. 14–18.

[5] *Lehrbuch der Dogmengeschichte*, Freiburg i. B. und Leipzig, 1894–1897, Band III, S. 677–678.

[6] Zitiert von Henri MARROU, *Saint Augustin et l'augustienisme*, Paris, P. U. F., 1955, S. 92.

[7] *Studia moralia* 9 (1971), S. 35–36.

[8] Vgl. Louis COGNET, *Le Jansénisme*, Paris, P. U. F., 1961 („Que sais-je?"); DELUMEAU, *Le catholicisme entre Luther et Voltaire*, Paris, P. U. F., 1971, S. 135–191.

[9] *Lettere*, III, S. 177–178, 333, 396, 459.

[10] *Ebda.*, I, S. 190–191.

[11] *Ebda.*, III, S. 420; SH 17 (1969), S. 373–380; Léonard GAUDE, Vorwort seiner Ausgabe der *Theologia Moralis*, S. XXIV.

[12] *Pratica del Confessore*, 17: Marietti IX, S. 789. In der von ihm gemeinsam mit den Patres Ferrara und Caione angefertigten lateinischen Übersetzung: *Praxis Confessarii*: (éd. Gaudé), IV, S. 536.

[13] *Theologia Moralis* (éd. Gaudé), II, S. 52–54.

[14] *Theologia Moralis* (Gaudé), I, S. LV, LVII–LIX; *Dichiarazione del sistema che tiene l'autore* (1774), 50; TANNOIA, I, S. 247.

[15] S. 893. – Vgl. S. 622–627, 878.

[16] *L'Osservatore romano*, 29-3-1981, S. 7.

[17] *Theologia Moralis*, (Gaudé), IV, S. 61 und 551.

[18] SH 8 (1960), S. 138–172 nennt von 1791 bis 1951 327 Titel. Die Artikel „Probabilismus" in den großen *Wörterbüchern* DTC und DAFC sind tendenziös. Eine genaue Analyse der Entwicklung Alfons' in seinen Schriften bringt: *Studia moralia* 1, 2 und 3 (1963-4-5).

[19] Vgl. *Theologia moralis*, I, S. 62–63; IV, S. 548, 550; *Studia moralia* 3 (1965), S. 147–149.

[20] *Dissertation* aus 1749, Ende. – Über die lange innere Suche Alfons' vgl. CACCIATORE, *op. cit.*, S. 373–412; SH 21 (1973), S. 232–258.

[21] AGR, SAM VI 9a. – Vgl. KUNTZ, IV, S. 154 und CACCIATORE, *op. cit.*, S. 379, ihre Transkriptionen sind jedoch nicht fehlerfrei.

[22] Auguste BERTHE, *Saint Alphonse de Liguori*, 1, S. 482, Nr. 1; Félix DELERUE, *Le système moral de S. Alphonse de Liguori*, S. 37–40.

[23] Vgl. TELLERIA, I, S. 557.

[24] *Dissertationes quatuor*, Marietti, Troino, 1829, S. 68 und 70.

[25] *Lettere*, III, S. 20.

[26] *Ebda.*, S. 23–24.

[27] Anmerkungen von P. Melchionna in AGR XXVII 8. – Vgl. BERTHE, *op. cit.*, S. 538–541; TELLERIA, I, S. 650–651.

[28] *Lettere*, III, S. 27.

[29] Brief in DELERUE, *op. cit.*, S. 39 und *Studia moralia* 1 j(1963) S. 280–281, Anm.

[30] *Theologiea Moralis*, I, S. 25; *Studia moralia* 9 (1971), S. 46–50; *Asprenas* 19 (1972), S. 147–168.

[31] Michel LABOURDETTE, *Revue thomiste* 58 (1950), S. 230.

[32] *Lettere*, III, S. 40. – Vgl. *Studia moralia* 9 (1971), S. 127–148.

[33] Da Alfons aus Bescheidenheit im Titel dieser Broschüre betont, sie sei „einer kleinen französischen Schrift entnommen", schreibt SOMMERVOGEL II, S. 51, der übrigens im Artikel „Boutauld" des *Dictionnaire de Spiritualité* abgedruckt ist, daß „der hl. Alfons von Liguori diese kleine Schrift ins Italienische übersetzt" habe. Weit gefehlt! Die *Méthode pour converser avec Dieu* des Jesuiten Michel Bourtauld (Paris 1684), die 1723 in den Index kam, wurde 1735 in italienischer Sprache veröffentlicht. Alfons übernimmt aber nur für die Hälfte seines Textes (Nr. 15 bis 27, also ca. 15 Seiten – Boutauld hat 80 –) die Vorgangsweise und oft auch die Worte des Jesuiten, vermeidet aber dessen verschwommenen Mystizismus dadurch, daß er Boutaulds begrenzten Horizont sprengt und seine engstirnige Orthodoxie und seine unreifen Ansichten erweitert. Der *Combattimento spirituale* des Theatiners Lorenzo Scupoli (Venedig 1589), Kap. 31–33, inspiriert ihm eine Entwicklung, die Alfons in sehr persönlicher Weise – er durchlebt hier noch einmal Scala – kondensiert und transponiert (Nr. 31–35).

[34] BERRUTI, *op. cit.*, S. 39–40.

[35] Vgl. *Studia moralia* 9 (1971), S. 50–57; CACCIATORE, *op. cit.*, S. 223–300.

[36] *Opere ascetiche*, IX, S. 222. Vgl. S. 167 ff, 387–388.

[37] *Ebda.*, II, S. 167, 170.

[38] Vgl. *L'Ami du Clergé* 40 (1923), S. 87–95, 347–352.

[39] *Opere ascetiche*, II, S. 183. Vgl. S. 171, 194, 199 etc.

Kapitel 37

[1] TANNOIA, *Vite dei Padri . . .*, S. 77–78.

[2] S. ALFONSO, *Lettere*, I, S. 251–252 und Nr. 2.

[3] *Ebda.*, S. 224; *Nel Secondo Centenario dalla nascita di S. Alfonso M. de Liguori*, S. 64. – Vgl. TANNOIA, I, S. 250–251.

[4] *Lettere*, I, S. 243.

[5] LANDI, *op. cit.*, S. 200–201.

[6] *Summarium*, S. 288–289d, 307. Nur Tannoia I, S. 284 bringt die Tatsache mit der Himmelfahrtsnovene 1758, die gleichsam zur Nachmission wird, in Verbindung.

[7] TANNOIA, I, S. 292.

[8] *Ebda.*, S. 261; *Summarium*, S. 709.

[9] TANNOIA, I, S. 266–267.

[10] TELLERIA, I, S. 506–507; DE MAIO, *op. cit.*, S. 206–211, 217–220.

[11] *Lettere*, I, S. 252–254.

[12] SH 13 (1965), S. 112–120.

[13] TANNOIA, I, S. 267–268, 302–303; KUNTZ, VI, S. 238.

[14] *Acta capitulorum generalium*, S. 18, Nr. 47.

[15] *Summarium*, S. 381.

[16] BERRUTI, *op. cit.*, S. 26–29, 84–85, 87, 125, 281–285; *Summarium*, S. 349–350.

[17] KUNTZ, VI, S. 324.

[18] *Lettere*, I, S. 256–265.

[19] TANNOIA, I, S. 318–319.

[20] *Ebda.*, S. 335.

[21] *Lettere*, I, S. 290–291. Diese Briefe sind an P. Carmine Picone gerichtet, der an Stelle des kranken P. Tannoia tritt.

[22] Zu diesem und den folgenden Alfons-„Worten" vgl. in folgender Reihenfolge: BERRUTI, *op. cit.*, S. 23; TANNOIA, I, S. 317, 339; SH 9 (1961), S. 449, Nr. 15; *ebda.*, S. 456, Nr. 65; TANNOIA, I, S. 334; BERRUTI, S. 292; TANNOIA, S. 349; BERRUTI, S. 180–182; SH 9 (1961), S. 472, Nr. 98.

[23] *S. Alfonso* 8 (1937), S. 51.

[24] SH 3 (1955), S. 391–406; – Vgl. *Lettere*, I, S. 283–287; II, S. 37; KUNTZ, V, S. 257–265; LANDI, II, S. 172–174.

[25] LANDI, *op. cit.*, II, S. 183–189. Die *Akten* dieses Kapitels sind uns nicht erhalten.

[26] *Lettere*, I, S. 304; *Summarium*, S. 401.

[27] *Lettere*, I, S. 356–357.

[28] *Ebda.*, S. 360–361.

[29] SH 27 (1979), S. 299–318; TANNOIA, I, S. 272–273.

[30] *Lettere*, I, S. 395, 404. – Vgl. TELLERIA, I, S. 617–620; *S. Alfonso* 23 (1952), S. 167–170.

[31] SH 5 (1957), S. 70 ff; TELLERIA, I, S. 621–630; LANDI, *op. cit.*, II, S. 195.

[32] TANNOIA, I, S. 292.

[33] *Summarium*, S. 270.

[34] TANNOIA, I, S. 285.

[35] Vgl. DE MEULEMEESTER, *Bibliographie*, I, S. 109–110.

[36] TANNOIA, *Vite dei Padri ...*, S. 12–13.

[37] *Opere*, Marietti, III, S. 242.

[38] *Lettere*, II, S. 448 und 568.

[39] *Lettere*, I, S. 559, II, S. 488. – Vgl. I, S. 159.

[40] *Lettere*, I, S. 385, 450, 370, 384, 182, 208, etc.

[41] *Lettere*, I, S. 400–401.

Vierter Teil

Kapitel 38

[1] *Lettere*, III, S. 114–115, 124, 131, 150.

[2] *Summarium*, S. 708–109.

[3] *Ebda.*, S. 632; TELLERIA, I, S. 864–865.

[4] Zu diesem Bericht vgl. TANNOIA, II, S. 4–12; SH 9 (1961), S. 288–289 (Dokumente S. 269–280); *Summarium*, S. 134–135, 144–145, 150–151; TELLERIA, II, S. 8–19.

[5] *Lettere*, I, S. 469–470.

[6] *Opere*, Marietti, III, S. 877 und VIII, S. 106.

[7] *Lettere*, III, S. 150–151.

[8] SH 25 (1977), S. 309.

[9] *Summarium*, S. 544–545, 539, 642.

Kapitel 39

[1] MINCUZZI, *op. cit.*, S. 15–18; Enrica VIVIANI DELLA ROBBIA, *Bernardo Tanucci ed il suo più importante carteggio*, Florenz, 1942, I, S. 96–107.

[2] *Contributi*, S. 249.

[3] *Lettere*, I, S. 471.

[4] SH 9 (1961), S. 380, Nr. 10 und TANNOIA, II, S. 12 und 13. – Zu diesem Kapitel vgl. TANNOIA, II, S. 13–20, den ich oft zitiere, und TELLERIA, II, S. 19–65.

[5] SH 13 (1965), S. 214, Nr. 25.

[6] *S. Alfonso* 4 (1933), S. 262.

[7] *Summarium*, S. 20–21, 32; SH 9 (1961), S. 373–378.

[8] *Lettere*, II, S. 59.

[9] *Summarium*, S. 642–643; vgl. auch 387–388 und TANNOIA, II, S. 17. – Der Diener Jannella berichtet in seiner Aussage beim apostolischen Prozeß von einem Wunder, bei dem an einem Freitag durch ein Kreuzzeichen Alfons' ein Huhn in einen Fisch (Meeräsche) verwandelt wurde. Villani, der dabeigewesen sein müßte, erwähnt nichts davon; Tannoia ebensowenig. Ich richte mich nach dem Schweigen Villanis: vgl. *Summarium*, S. 702–703; BERRUTI, *op. cit.*, S. 333–334.

[10] *Opere ascetiche*, IV, S. 238–239.

[11] Vgl. SH 9 (1961), S. 556–569.

[12] Dokumente: SH 9 (1961), S. 285–288; 25 (1977), S. 310–312.

[13] TANNOIA, I, S. 276.

[14] *Op. cit.*, S. 355.

[15] Vgl. SH 2 (1954), S. 14–15.

[16] TANNOIA, II, S. 21; SH 9 (1961), S. 282–283; *Summarium* 134; TELLERIA, II, S. 40.

[17] KUNTZ, VI, S. 413.

[18] Summarium, S. 4, 129–130. Zum Einzug Alfons' in seine Diözese vgl. die Zeugnisse von Romito und Verzella: SH 9 (1961), S. 387–388, sowie das des Seminaristen G. di Lucia: SH 27 (1979), S. 69–70, die alle drei Augenzeugen waren; und natürlich Tannoia.

[19] *Lettere*, I, S. 473; *Summarium*, S. 32.

Kapitel 40

[1] TANNOIA, II, S. 326.

[2] SH 9 (1961), S. 547–555; 22 (1974), S. 141–144; vgl. Nicolo LETTIERI, *Storia di Suessola e di Arienzo*, Neapel 1772, Neuauflage von D. Francesco Perrotta, Neapel, Ediz. Dehoniane, 1979.

[3] *Opere*, Marietti, III, S. 865.

[4] Die Zahl 351, die gelegentlich aufscheint, ist zugleich zu schwach und zu genau. Sie ist dem ersten *Dreijahresbericht* des Bischofs an den Heiligen Stuhl (1765) in seiner Ausgabe der *Lettere* III, S. 615 entnommen: zu genau ist sie, weil Liguori hier zweimal das Wort *circiter* (ungefähr) verwendet, und zu schwach, weil der Setzer hier unachtsam war und die 50 Kleriker von Frasso übersehen hat. Zu dieser Zahl und den folgenden vgl. den kritischen und vollständigen Text dieses Dokuments: SH 17 (1969), S. 191–204. Siehe, von Jahr zu Jahr, die Nomenklatur des Klerus zu Zeit Mgr. von Liguoris in AVS, *Santa Visita*, vol 21, fol. 165–167, 183, 435–440; vol. 22, fol. 51–53, 149–151, 417.

[5] Vgl. SH 9 (1961), S. 383, 395–396; 17 (1969), S. 192; Mario ROSA, *Riformatori e ribelli nel '700 religioso italiano*, Bari, 1969, S. 130, 160–163; S. ALFONSO, *Lettere*, I, S. 508.

[6] TANNOIA, II, S. 35–36; SH 10 (1962), S. 256–268.

[7] TANNOIA, II, S. 30–35; SH 9 (1961), S. 393–395; *Summarium*, S. 350–351. Im Gegensatz zu Tannoia bestätigen die Zeugen, die tagtäglich mit Alfons lebten – Verzella und Romito –, daß er die Messe auch weiterhin gegen Mittag feierte.

[8] Zu dieser Mission und ihren Verlängerungen vgl. SH 9 (1961), S. 388–392; TANNOIA, II, S. 36–44.

[9] Und nicht Zerdullo. Vgl. *Lettere*, I, S. 529; SH 11 (1963), S. 108.

[10] *Dizionario delle Leggi*, I, S. 245.

[11] *Lettere*, II, S. 336–337. – Mons. Flaminio Danza „konnte wegen seiner Gebrechlichkeit der Leitung seiner Diözese nicht obliegen ... der Klerus wurde lau, ebenso das Volk"; SH 6 (1958) S. 311, Anm. 7.

[12] *Lettere*, I, S. 501.

[13] SH 25 (1977), S. 311.

[14] *Lettere*, III, S. 551–554. – Vgl. S. 601.

[15] *Opere*, Marietti, III, S. 865.

[16] TANNOIA, I, S. 275.

[17] Die folgenden Aussagen über das Seminar stützen sich auf die *Notizie* von Don Giovanni Battista di Lucia, der dort unter Mgr. von Liguori Schüler, Professor und dann Vizerektor war: SH 27 (1979), S. 70–73 und 76–80; von Sekretär Verzella: SH 9 (1961), S. 400–404; und von TANNOIA, II, S. 45–55.

[18] Vgl. dazu, was Mgr. Danza 1741 darüber sagt: SH 17 (1969), S. 65: „ungeeignetes Gebäude entgegen allen Gesetzen der Architektur gebaut".

[19] *Lettere*, III, S. 151, 153, 156 etc.

[20] *Processus Ordin. S. Agathae*, IV, fol. 1894–1897. Vgl. *Summarium*, S. 454.

[21] *Regole per lo Seminario di S. Agata dei Goti*: SH 27 (1979), S. 52–63, vgl. das von Liguori 1756 veröffentlichte *Regolamento*: ebda., S. 34–51.

[22] TANNOIA, II, S. 45. Auch aus Verzellas Zeugnis geht eindeutig hervor, daß gleich nach Alfons' Ankunft, noch vor den Missionsunternehmen, ein „Seelsorgs"-Besuch stattfand, der in den Bänden der *santa Visita* nicht aufscheint: SH 9 (1961), S. 396–397, 405. Er scheint aber rückblickend verschiedentlich mit den ersten „kanonischen" Visitationen von 1763–1764 verwechselt worden zu

sein.

²³ Zu diesen Missionen: TANNOIA, II, S. 85–87; *Summarium*, S. 299–300, 307–308.

²⁴ *Ebda.*, S. 705–706.

Kapitel 41

¹ *Lettere*, I, S. 477.

² *Ebda.*, S. 477–479.

³ TANNOIA, II, S. 75–78.

⁴ Vgl. Gerard DELILLE, *Croissance d'une société rurale, Montesarchio et la Vallée Caudine aux XVIIᵉ siècles*, S 165–222; Rosario VILLARI, *Mezzogiorno e contadini nell'età moderna*, Laterza, Bari, 1977, S. 5–53.

⁵ TANNOIA, II, S. 92.

⁶ *Ebda.*, S. 63–64, 69–70. – Der Visitationsbericht von Airola fehlt in den Bänden 21 und 22 der *Santa Visita*, zweifellos aufgrund der Aufregung, die die tödliche Krankheit des Bischofs bewirkte.

⁷ *Lettere*, III, S. 173, 176–177, 185; *Contributi*, S. 244; SH 9 (1961), S. 421, Nr. 201.

⁸ Über diese Tatsache und die Folge des Kapitels: SH 9 (1961), S. 421–422; TANNOIA, II, S. 93–100; Franco VENTURI in *Rivista storica italiana* 85 (1973), S. 394–409.

⁹ *Opere*, Marietti, III, S. 872; III, S. 184, 186.

¹⁰ TANNOIA, II, S. 354.

¹¹ *Lettere*, I, S. 510–512; SH 9 (1961), S. 318–319.

¹² *Riflessioni utili ai vescovi* in *Opere*, Marietti, S. 871–872.

¹³ *Lettere*, I, S. 515–516, 519–520, 524, 527; SH 11 (1963), S. 120; TELLERIA, II, S. 127–133; E. VIVIANI, *Bernardo Tanucci*, II, S. 73–81.

¹⁴ *Lettere*, I, S. 513–514. – Vgl. BERTHE, *op. cit.*, II, S. 168–171.

Kapitel 42

¹ TANNOIA, II, S. 74–75. – Für die folgenden Seiten über die Pastoralbesuche stütze ich mich hauptsächlich auf TANNOIA II, S. 56–75, sowie auf die handschriftlichen Berichte AVS, *Santa Visita*, Bd. 22 und 21 (sic), die ohne Rücksicht auf die Chronologie frei nach Fantasie gebunden und durchnumeriert sind. Ich halte mich an die richtigen Seitenangaben, die, möglicherweise von Professor Eugenio Massa, der damals eine Veröffentlichung plante, mit Bleistift eingetragen wurden. Einige Seiten fehlen. Zum Teil wurden ganze Berichte verloren oder ausgelassen (Airola 1763, Arienzo 1765, S. Agata 1766). Der Bericht über Frasso 1766 wurde in SH 15 (1967), S. 197–207 veröffentlicht. Vgl. auch SH 9 (1961), S. 396–400, 521–524. – Eine Zusammenfassung dieser beiden Bände in den Heiligsprechungsakten (1806): *Summarium additionale*, Num. 3, S. 2–7.

² AVS, *Santa Visita*, 22, fol. 511, 467, 443 für 1763; fol. 387, 297, 395, 249, für 1764. Vgl. S. ALFONSO, *Lettere*, I, S. 451.

³ Dieser Fragebogen: SH 9 (1961), S. 521–524.

⁴ Originaldekrete: AVS, *Santa Visita*, 22, fol. 357–370.

⁵ *Opere*, Marietti, III, S. 873.

⁶ SH 10 (1962), S. 14.

⁷ AGR, SAM, 9a, S. 115–152, (zahlreiche weiße Seiten eingebunden) und 163–179. Vgl. S. 141 das Wort *Esame*. Das sind Entwürfe der beiden Fragebögen, die er 1764 veröffentlichte.

⁸ SH 9 (1961), S. 397 (95, 96); TANNOIA, II, S. 65.

⁹ *Lettere*, III, S. 179.

¹⁰ GALANTI, *op. cit.*, I, S. 362–363; B. CROCE, *I teatri di Napoli*, Bari, 1947, S. 258–263; TANNOIA, II, S. 321–322.

¹¹ TANNOIA, II, S. 171. – Vgl. S. 286–293.

¹² *Ebda.*, S. 293–297; SH 9 (1961), S. 382–383; BERRUTI, *op. cit.*, S. 240–241.

¹³ *Riflessioni utili ai Vescovi*, *Opere*, Marietti, III, S. 870.

¹⁴ *Lettere*, I, S. 536.

¹⁵ TANNOIA, II, S. 175.

¹⁶ *Ebda.*, S. 424.

¹⁷ SH 9 (1961), S. 312–313; 522, Nr. 48. – Vgl. *Dizionario delle Leggi*, IV, S. 210–211.

¹⁸ *Lettere*, I, S. 541–542, 475, 497, 519; II, S. 7, 140. – Vgl. DELILLE, *op. cit.*, S. 164–165; TANNOIA, II, S. 306–314; SH 12 (1964), S. 266.

[19] *Lettere*, III, S. 555, 654, 665.
[20] TANNOIA, II, S. 101–102. – Zu diesem Generalkapitel von 1764 vgl. LANDI, *op. cit.*, II, S. 254–260; DILGSKRON, II, S. 159–160; TELLERIA, II, S. 240–246; SH 1 (1953), S. 122–168; *Acta integra Capitulorum generalium* S. 27–27 (datiert und berichtet nur die juristischen Ereignisse).
[21] *Lettere*, I, S. 540.
[22] CAFARO, *Epistolae*, S. 57.
[23] Dieser Zug wurde mir vor 15 Jahren von zwei Berufshistorikern, den Patres Louis Vereecke und Francesco Chiovaro berichtet.
[24] *Lettere*, I, S. 336–337.
[25] So KUNTZ, VII, S. 222; TELLERIA, II, S. 245.
[26] Vgl. *Lettere*, III, S. 218–223; TANNOIA, II, S. 101–102 (Tannoia, der diesen Brief vom 25. September an Villani zitiert, konnte das Kapitel nicht früher beginnen lassen); SH 9 (1961), S. 321 und 513, Nr. 40.
[27] Das Originalexemplar der *Akten* ist verloren. Von den 24 Kopien, die wir noch besitzen, stammt die älteste – offizielle – von Notar Antonio Grossi und wurde am 8. Oktober 1765 beendet und in Pagani aufbewahrt.
[28] *Lettere*, I, S. 556–558. – Vgl. TANNOIA, II, S. 133–138.
[29] *Lettere*, III, S. 242.
[30] SH 9 (1961), S. 367–368. Der Demissionsbrief, den Tannoia S. 136 anführt, stammt aus dem Winter 66–67. Vgl. *Lettere*, I, S. 621.
[31] *Lettere*, III, S. 602–622.
[32] *Ebda.*, S. 650–652.
[33] *Opere ascetiche*, X, S. 7, 48, 38, 46–47, 26–27.
[34] *Lettere*, III, S. 308. – Vgl. TANNOIA, II, S. 211.
[35] *Lettere*, I, S. 621; SH 9 (1961), S. 325–329; 10 (1961), S. 262.

Kapitel 43

[1] *Lettere*, II, S. 13–14.
[2] SH 9 (1961), S. 435.
[3] *Lettere*, II, S. 79.
[4] *Ebda.*
[5] TANNOIA, II, S. 191.
[6] Zu diesem Zitat Alfons' und den folgenden vgl. *Lettere*, III, S. 130, 167–168, 170, 176–177, 205–206, 261, 333–334, 358, 343–344, 421–422, 459.
[7] VIVIANI DELLA ROBBIA, *op. cit.*, II, S. 119.
[8] Unabhängig davon, was im DTC, III, Sp. 105–707, Art. „Concina" steht: R. Coulon, der isolierte Sätze herausgreift, scheint den historischen Kontext, in dem sich Alfons' Feinfühligkeit entwickelt, ja nicht einmal die Substanz seiner Erklärungen zu kennen. Über diese Debatte vgl. DELERUE, *op. cit.*, S. 50–57; *Studia moralia*, II, S. 89–155; III, S. 82–101.
[9] *Lettere*, I, S. 213–214.
[10] TANNOIA, I, S. 268.
[11] *Lettere*, III, S. 439.
[12] *Lettere*, I, S. 574–575; *Summarium,*, S. 229.
[13] TANNOIA, II, S. 270. – Vgl. TELLERIA, II, s. 329.
[14] *Summarium*, III, S. 290–291.
[15] *Lettere*, III, S. 290–291.
[16] *Opere*, Marietti, VIII, S. 889–890.
[17] *Lettere*, III, S. 346–347.
[18] SH 11 (1963), S. 149.
[19] Zu diesem und den folgenden Alfonszitaten vgl. *Lettere*, III, S. 387, 380–381, 400–401, 309–400 – vgl. SH 11 (1963), S. 151–165.
[20] Über Kanonikus Giuseppe Simiolis Jansenismus vgl. CACCIATORE, *op. cit.*, S. 192–197; DE MAIO, *op. cit.*, S. 83, 185, 208, 247–248, etc.
[21] DE MAIO, *op. cit.*, S. 312. – Vgl. *Dictionnaire apologétique de la Foi catholique* (A. d'Alès), Art. „Apologétique", Sp. 211–214; *Contributi*, S. 183–238. Diese dogmatischen Schriften wurden vom holländischen Redemptoristen Aloys WALTER in Lateinische übersetzt und in einer kritischen

Ausgabe herausgebracht: *S. Alphonsi de Liguori Opera dogmatica*, 2 Bde, Quarto-Format mit 1500 Seiten, Rom 1903.

Kapitel 44

[1] Vgl. COLLETTA, *op. cit.*, L. II, Kap. 1, II, S. 165–170.

[2] Dieses Zitat und die folgenden: *Lettere*, I, S. 577, 568, 522–523; II, 121, 26, 24; I, 612.

[3] *Ebda.*, I, S. 414. Vgl. TELLERIA, I, S. 684.

[4] *Lettere*, I, S. 401–402.

[5] TELLERIA, I, S. 401–402.

[6] *Lettere*, I, S. 371; II, S. 75.

[7] Über diese Anschuldigungen und Alfons' Reaktionen vgl. TANNOIA, II, S. 183–189.

[8] Vgl. DE MAIO, *op. cit.*, S. 327.

[9] 1798–1801 veröffentlicht Tannoia bei Morelli, Neapel, drei Bände einer *Abhandlung über die Bienen.*

[10] *Lettere*, I, S. 147. – Vgl. *ebda.*, 142–144; SH 21 (1973), S. 308–309; 11 (1963), S. 129–133; TELLERIA, II, S. 261–267.

[11] Dieses und die folgenden Zitate: *Lettere*, II, S. 12, 18, 19–20.

[12] SH 9 (1961), S. 414.

[13] *Lettere*, II, S. 24–25.

[14] Über diesen Aufenthalt in Neapel vgl. SH 9 (1961), S. 414–421; TANNOIA, II, S. 195–208.

[15] Vgl. *Campania sacra* 3 (1972), S. 197 ff; *Summarium*, S. 149; SH 9 (1961), S. 417 (187).

[16] Über diese Sequenz „Ercole": TELLERIA, II, S. 152–155, 270. Vgl. Tannoia, II, S. 244–246.

[17] *Lettere*, II, 27–40, 42–47; SH 9 (1961), S. 329–334. Zum Prozeß vgl. *ebda.*, S. 419–421; TANNOIA, II, S. 193–198; sowie S. 383.

[18] Dieses und die folgenden Zitate: *Lettere*, III, S. 49, 84.

[19] TANNOIA, II, S. 223.

[20] Dieses und die folgenden Zitate: *Lettere*, II, S. 92, 155–156, 287. – Über diese Verfolgungen vgl. TANNOIA, II, S. 222–227, 255–262, 402–407; SH 10 (1962), S. 241–255; 19 (1971), S. 257–279.

Kapitel 45

[1] Vgl. SH 9 (1961), S. 384–385; TANNOIA, II, S. 231–232; TELLERIA, II, S. 154–155. – Verzella und Tannoia waren der Meinung, der kleine Tote sei Alfons Maria, dessen Vorname den Irrtum noch verständlicher machte. Die Pfarregister jedoch verzeichnen den Tod seines Bruders Carlo.

[2] Zu diesen und den folgenden Zitaten Alfons' vgl. SH 6 (1958), S. 65 ff, und ihren Kontext der *Lettere*. Über Alfons' Krankheit siehe dieses ganze Faszikel, sowie SH 12 (1964), S. 209–213 und 9 (1961), S. 424–427; TANNOIA, II, S. 212–221, 228–234; TELLERIA, II, S. 249–263.

[3] *Lettere*, III, S. 350–351.

[4] SH 9 (1961), S. 383 (29); vgl. S. 413 (172).

[5] Diese Berichte beim S. C. des Konzils: *Lettere*, III, S. 632 und 643; SH 17 (1969), S. 206–214.

[6] Zitiert von TANNOIA, II, S. 234.

[7] *Lettere*, II, S. 263.

[8] TANNOIA, II, S. 263.

[9] *Summarium*, S. 593–594.

[10] SH 9 (1961), S. 410–411.

[11] TANNOIA, II, S. 336 und für das Folgende 337, 338, 170, 312, 309.

[12] *Lettere*, II, S. 325–326.

[13] SH 29 (1977), s. 313–314.

[14] *Ebda.*, S. 314–316.

[15] Dieses und die folgenden Zitate: *Lettere*, III, S. 427–428, 446, 460, 466.

[16] S. 118, Anm.

[17] Zu dieser Episode und ihren Zitaten: TANNOIA, II, S. 281 ff.

[18] Liège, 1847, S. 286j – *Catholicisme*, II, Sp. 64; SH 18 (1970), S. 93–106.

[19] Dieses und die folgenden Zitate: *Lettere*, II, S. 306–310, 341–342, 345; vgl. auch S. 191, 198. Zu den Ereignissen vgl. TANNOIA, II, S. 392–424 und III, S. 1–4.

[20] SH 18 (1970), S. 3; vgl. MINCUZZI, *op. cit.*, S. 978. Nach dem Tod des armen Mgr. Rossi (1784) blieb S. Agata noch bis 1792 ohne Bischof.

Fünfter Teil

Kapitel 46

[1] TANNOIA, III, S. 4. Zu diesem ganzen Kapitel vgl. *ebda.*, S. 4—12.

[2] SH 11 (1963), S. 123—124; 10 (1962), S. 263—266. — Vgl. *Lettere*, II, S. 556—557; 656.

[3] SH 9 (1961), S. 435—436.

[4] *Lettere*, II, S. 366.

[5] DE RISIO, *Croniche*, S. 159.

[6] *Lettere*, II, S. 230—231.

[7] *Ebda.*, S. 233—236.

[8] *Summarium*, S. 285, 297—298, 341—343, 351—353; BERRUTI, *op. cit.*, S. 18—19, 132—133; *Lettere*, II, S. 327—328.

[9] TANNOIA, II, S. 82—84.

[10] *Summarium*, S. 464—466. — Vgl. SH 18 (1979), S. 5, Anm. 112.

[11] KUNTZ, VIII, S. 346. Über diese Gründungen vgl. TELLERIA, II, S. 566—580.

[12] *Lettere*, II, S. 246—247.

[13] Vgl. TELLERIA, II, S. 469—481; *Lettere*, II, S. 227 ff, 263—300, 324, 373.

[14] Dieses und die folgenden Zitate: *Lettere*, II, S. 269—271, 291, 292, 372, 378—379, 385—387, 408—409, 410—411. Die „Romagne" umfaßte für Alfons den gesamten Kirchenstaat mit Ausnahme Benevents.

[15] SH 12 (1964), S. 250.

[16] *Lettere*, II, S. 494—495, 382 und 384.

Kapitel 47

[1] *S. Alfonso* 29 (1958), S. 9; Jean MAUZAIZE, *Un apôtre de l'Afrique au XIXe siécle*, Bologna, 1980.

[2] Dieses und die folgenden Zitate: *Lettere*, III, S. 467, 471—472, 472—473, 476—477.

[3] *Dissertazione*, VI, Nr. 36—38; Marietti, VIII, S. 1054—1055.

[4] DENZINGER, *Enchiridion*, Nr. 1526.

[5] *Lettere*, III, S. 479; ferner 481—482. Vgl. SH 11 (1963), S. 9—10.

[6] TANNOIA, III, S. 24, 88; *Lettere*, II, S. 408.

[7] *Opere*, Marietti, II, S. 514.

[8] TANNOIA, III, 47; vgl. S. 236. Über diese letzten kleinen Schriften Alfons' vgl. DE MEULE-MEESTER, *Bibliographie*, I, S. 162—179.

[9] *Lettere*, II, S. 482, vgl. S. 473—476; SH (1976), S. 3—15; TANNOIA, III, S. 49—55.

[10] *Lettere*, II, S. 488. — Vgl. *Opere*, Marietti, IV, S. 384—389.

[11] *Lettere*, III, S. 530 — vgl. *Studia moralia*, III, S. 122.

[12] Die Berechnung hat Raymond J. MILLER in *Osservatore Romano* 5—6 November 1962 ausgehend von DE MEULEMEESTER, *op. cit.*, III (1939), S. 3, erstellt.

[13] *Enciclopedia italiana*: „Remondini"; *Opere ascetiche*, Allg. Einf. S. 61—71.

[14] TANNOIA, III, S. 88.

[15] SH 2 (1954), S. 453—460; BERRUTI, *op. cit.*, S. 47. Vgl. Robert ESCARPIT, *La révolution du livre*, 2. Aufl. Unesco et Puf, Paris, 1969; Lucien FEBVRE und Henri Jean MARTIN, *L'apparition du livre*, Albin Michel, Paris, 1971.

[16] SH 9 (1961), S. 385 (38); *Lettere*, III, S. 142.

[17] BERRUTI, *op. cit.*, S. 257; TANNOIA, III, S. 142.

[17] BERRUTI, *op. cit.*, S. 257; TANNOIA, I, S. 293.

[18] In *Mission Chrétienne* 174 (1973), S. 3—4.

[19] Vgl. *Encyclopédia Universalis*, IX, S. 269—271.

[20] Wiedergegeben in *Opere ascetiche*, Allgemeine Einführung, S. 105—115. — Vgl. GREGORIO, *S. Alfonso grammatico*.

[21] Vgl. Robert MANDROU, *De la culture populaire aux XVIIe et XVIIIe siècles*, Stock, Paris, 1964,

692

S. 18–21, 36–41, 77–97; Albert SOBOUL, *La crise de l'Ancien Régime*, Artaud, Paris, 1970, S. 180–181.

[22] *Sant'Alfonso poeta*, 3 rist., Caserta 1917, S. 48.

[23] *S. Alfonso* 28 (1957), S. 153.

Kapitel 48

[1] *Lettere*, II, S. 364.

[2] BOUVIER – LAFFARGUE, *op. cit.*, S. 217–218; PASTOR, *op. cit.*, Bd. XVI, Teil III, S. 86–97.

[3] Vgl. DE MAIO, *op. cit.*, S. 328.

[4] TANNOIA, III, S. 29–34.

[5] *Lettere*, II, S. 362. – Vgl. S. 395–399.

[6] SH 25 (1977), S. 304–306.

[7] *Lettere*, II, S. 496–497.

[8] Text des Dekrets in *Lettere*, II, S. 502–503. Zu diesem Kapitel vgl. TELLERIA, II, S. 581–653; DE MEULEMEESTER, *Histoire sommaire de la Congrégation*, S. 86–102; TANNOIA, III, S. 35–39, 57–69, 93–132. Dieser letztere ist in dem Drama, das sich abspielt, selbst aktiv beteiligt, und so fehlt es ihm an psychologischem und historischem Abstand für ein abgeklärtes Urteil. Außerdem fürchtet er die Heiligsprechung seines seligen Vaters zu kompromittieren.

[9] Dieses und die folgenden Zitate: *Lettere*, II, S. 502–503, 498–500, 512–513, 505–506.

[10] SH 14 (1966), S. 223 und 231. Es ist nicht bekannt, ob dieses Memorandum zum Papst gelangte.

[11] *Lettere*, S. 518–519.

[12] SH 15 (1967), S. 217.

[13] O. GREGORIO in SH 14 (1966), S. 51.

[14] *Lettere*, II, 524, 524–525, 527–529, 538.

[15] Dieser und die folgenden Briefe: KUNTZ, X, S. 72, 75, 76–78. Kuntz ist hier das zugrundeliegende Dokument.

[16] *Lettere*, II, S. 534–536.

[17] KUNTZ, X, S. 140–142.

[18] SH 11 (1963), jS. 283–284.

[19] *Lettere*, II, S. 557–559.

[20] SH 11 (1963), S. 295–299.

Kapitel 49

[1] TANNOIA, III, S. 59–60, 168; TELLERIA, II, S. 601–603.

[2] TANNOIA, III, S. 156 und 150.

[3] *Ebda.*, S. 136.

[4] *Lettere*, II, S. 619–620, 627.

[5] KUNTZ, XI, S. 25–28.

[6] *Acta Capitulorum generalium*, S. 51–81. – Vgl. SH 18 (1970), S. 250–312.

[7] *Lettere*, II, S. 620, 623.

[8] TANNOIA, III, S. 148.

[9] *Documenta authentica Facultatum*, S. 37. – Vgl. TANNOIA, III, S. 137–142.

[10] TELLERIA, II, S. 692–693; KUNTZ, X, S. 452.

[11] TANNOIA, III, S. 144.

[12] *Lettere*, II, S. 640–641.

[13] Die Akten dieses Kapitels: *Analecta* 2 (1933), Er gab Anweisung, eine Gruppe von Patres mit der Verfassung eines Kommentars zum *Regolamento* zu betrauen. Dieser Kommentar: SH 8 (1960), S. 3–39; 14 (1966), S. 48–92.

[14] *Lettere*, II, S. 644–651.

[15] *Lettere*, II, S. 642, vgl. S. 567, 582, etc.

[16] TANNOIA, III, S. 157; BERRUTI, *op. cit.*, S. 133.

[17] *Pietas alfonsiana*, S. 70.

[18] BERRUTI, *op. cit.*, S. 150.

[19] TANNOIA, III, S. 152–153.

[20] TANNOIA, III, S. 159–161; SH 6 (1958), S. 76.

[21] Vgl. SH 1 (1953), S. 169—197.

[22] Zitiert von GREGORIO, *Monsignore si diverte* ..., S. 235.

[23] TANNOIA, III, S. 168. Für das folgende, S. 170—201. Vgl. SH 235 (1977), S. 308; BERRUTI, *op. cit.*, S. 119—120.

[24] *Opere ascetiche*, VII, S. 479.

[25] Der Stich der Muttergottes, mit der Alfons sprach, dieser Stich, den er bei seinem Tod in den Händen hielt, wird von den Redemptoristenpatres in Paris, 170, Boulevard du Montparnasse, pietätvoll aufbewahrt.

[26] KUNTZ, XI, S. 324.

[27] *Summarium*, S. 433; TELLERIA, I, S. 403.

[28] DE MEULEMEESTER, *Histoire sommaire*, S. 98—102.

[29] *S. Alfonso* 4 j(1933), S. 200.

[30] TANNOIA, III, S. 148.

[31] DE LUCA, *S. Alfonso il mio maestro*, S. 131.

Bibliographie

(Es werden nur die Werke genannt, die in dieser Arbeit direkt verwendet wurden.)

Acta concessionis tituli Doctoris S. Alphonsi M. de Ligorio, Romae, 1871.
Acta integra Capitulorum generalium C.Ss.R., Romae, 1899.
ALFONSO DE LIGUORI, *Lettere di S.A.M.d.L.* hg. von F. Kuntz und Fr. Pitocchi, 3 Bde, Roma, 1887–1890.
— *Opera dogmatica,* trad. latine et éd. critique de Aloys WALTER, 2 Bde, Romae, 1903.
— *Opere ascetiche,* Roma 1935–1968, »Introduzione generale« und 10 Bde erschienen.
— *Theologia moralis,* (kritische Ausgabe L. GAUDE) 4 Bde, Romae, 1905–1912.
ANGOT DES ROTOURS (Baron J.), *St. Alphonse de Liguori,* Paris 1903.
Archives générales des Rédemptoristes, Rome.
Archivio di Stato, Neapel. [Der kostbarste Teil des Archivs, zu Beginn des Krieges in der Nähe von Nola in Sicherheit gebracht, wurde 1943 auf Befehl eines feindlichen Offiziers verbrannt. Der Rest ist 1972 neu geordnet worden. Die „*Sezione Giustizia*" ist erhalten.]
Archivio municipale von Neapel. 1946 zum Großteil Opfer eines Brandes geworden.
Archivio Postulazione generale der Jesuiten in Rom: *Summarium introductionis causae V. S. D. Francisci de Geronimo,* Romae, 1729.
Archivio della Provincia napoletana C.Ss.R., Pagani.
Archivio storico diocesano Napoli.
Archivio vescovile Santagatense (Bischöfliches Archiv S. Agata dei Goti).
BACH (Julien, s.j.), *Histoire de S. François de Geronimo, s.j. Missionaire de Naples,* Metz–Paris, 1867.
BAYON (Rodrigo, c.ss.r.), *Como escribio Alfonso de Ligorio,* Madrid, 1940.
BENEDETTI (Claudio), *Posizioni e articoli per processi ordinarri su la fama di santità del Servo di Dio P. Cesare Sportelli ... Paolo Cafaro ... Domenico Blasucci,* Roma, 1893.
BERRUTI (Celestino, c.ss.r.), *Lo spirito di S. Alfonso M. de Liguori,* 3a ed., Prato, 1896.
— *Metodo pratico degli esercizi di Missione per uso della C.Ss.R.,* Napoli, 1856.
BERTHE (Auguste, c.ss.r.), *S. Alphonse de Liguori,* 2 Bde, Paris, 1900.
BOGAERTS (J.), *S. Alphonse de Liguori musicien,* Paris, 1899.
BOUVIER (René) et LAFFARGUE (André), *La vie napolitaine au XVIIIᵉ siècle,* Paris, 1956.
CACCIATORE (Giuseppe), *S. Alfonso de Liguori e il giansenismo,* Firenze, 1944.
— *La spiritualità di S. A. de L.* in *Le scuole cattoliche di spririrtualità,* Milano, 1943.
CAFARO (V. S. D. Pauli, c.ss.r.), *Epistolae,* Roma, 1934.
CAPECELATRO (Card. Alphonse), *Vie de S. A. M. de L.,* traduite par LE

MONNIER, 2 tomes, Desclée De Brouwer, 1893.

− *Vie du Père Rocco, o.p.*, trad. par A. ANDRÉ, Desclée De Brouwer, 1887.

CAPONE (Domenico, c.ss.r.), *Il volto di S. Alfonso*, Roma, 1954.

CELANO (Carlo),*Il volto di S. Alfonso*, Roma, 1954.

CELANO (Carlo), *Delle notizie … della città di Napoli*, 5 tomi, Napoli, 1692.

CENTENARIO *(Nel secondo) dalla nascita di S. A. M. de L.*, Roma, 1896.

CHAUNU (Pierre), *La civilisation de l'Europe des Lumières*, Paris, 1971.

Codex Regularum et Constitutionum C.Ss.R., Roma, 1896.

COLLETA (Général Pietro), *Histoire du rayaume de Naples (1734−1835)*, trad. LEFEBVRE, 4 tomes, Paris, 1835.

Contributi: voir GREGORIO, CAPONE, FREDA, TOGLIA.

CRISPINO (Giuseppe), *Il buon Vescovo*, Roma, 1682. Extrait: *Trattato della Visita pastorale*, Roma, 1695.

CROCE (Benedetto), *Uomini et cose della vecchia Italia*, seconda serie, terza ed., Laterza, Bari, 1956.

− *I teatri di Napoli*, 4a ed., Bari, 1947.

−*Storia del regno di Napoli*, Bari, 1972.

D'ARIA (F. M., s.j.), *Un restauratore sociale* (S. Fr. de Geronimo), vol. primo, Roma 1943.

DECHAMPS (Car. Victor-Auguste), *S. Alphonse de Liguori considéré dans sa vie, se vertus et sa doctrine spirituelle*, Malines, 1840.

DELERUE (Félix, c.ss.r.), *Le systéme moral de S. A. de L.*, St-Etienne, 1929.

DE LUCA (Don Giuseppe) *Sant'Alfonso, il mio maestro di vita cristiana*, a cura di Oreste GREGORIO, Alba, 1963.

DELILLE (Gérard), *Croissance d'une société rurale, Montesarchio et la Vallée Caudine aux XVIIe et XVIIIe siècles*, Napoli, 1973.

DELUMEAU (Jean), *Le Catholicisme entre Luther et Voltaire*, P.U.F., Paris, 1971.

− *L'Italie de Bottecelli à Bonaparte*, A. Colin, Paris, 1974.

− *La peur en Occident* (XIVe−XVIIIe siècles), Fayard, Paris, 1978.

DE MAIO (Romeo), *Società e vita religiosa a Napoli nell'età moderna* (1656−1799). Napoli 1971.

DE MEULEMEESTER (Maurice, c.ss.r.) *Bibliographie générale des écrivains rédemptoristes*, 3 tomes, La Haye-Louvain, 1933−1939.

− *Histoire sommaire de la Congrégation du T. S. Rédempteur*, 2e éd., Louvain, 1958.

− *Origines de la Congrégation du T. S. Rédempteur*, 2 séries, Louvain 1953 et 1957.

DE MURA (Filippo), *Il Missionario istruito*, 2 vol., Napoli, 1728.

DE RISIO (Alessandro, c.ss.r.), *Croniche della Congregazione del SS. Redentore*, Palermo, 1858.

DE ROSA (Gabriele), *Vescovi, popolo et magia nel Sud*, Napoli, 1971.

- *Chiesa et religione popolare nel Mezzogiorno*, sec. ed., Bari, 1979.

DI COSTE (A cura del P. Antonio), *Le Melodie di S. Alfonso M. de Liguori*, Roma, 1932.

DILGSKRON (Carl, c.ss.r.), *Leben des heiligen Bischofs und Kirchenlehrers A. M. de L.*, 2 vol., Regensburg − New York − Cincinnati, 1887.

DILLENSCHNEIDER (Clément, c.ss.r.), *La mariologie de S. A. de Liguori*, 2 Bde, Fribourg − Paderborn − Paris, 1931 et 1934.

Dictionnaire de Théologie Catholique, Paris 1890–1948.
Dictionnaire de Spriritualité, Paris 1932 –.
Dizionario delle Leggi del Regno di Napoli, 4 tomi, Napoli, 1788.
Documenta authentica facultatum et gratiarum spiritualium quas Congregationi SS. Redemptoris S. Sedes concessit, Ratisbonae, 1903.
Documenta miscellanea ad Regulam et spiritum Congregationis nostrae illustrandum, Romae, 1904.
D'ORAZIO (Benedetto, c.ss.r.), *La Ven. Madre Sr Maria Celeste Crostarosa, Autobiografia*, (Casamari, 1965).
DUDEL (Erwin), *Un abogado de Napoles*, Madrid; aus dem Deutschen übersetzt, 1963. Deutsche Ausgabe: „Anwalt Gottes und der Menschen". Bonn, Hofbauer-Verlag 1963.
Enciclopedia Cattolica, Città de Vaticano, 1948–1954.
Enciclopedia italiana di scienze, lettere ed arti, Roma 1929–1949.
Encyclopaedia universalis, Paris, 1968–1975.
Encyclopédie »Catholicisme«, Paris, 1948.
FALCOIA (Mgr. Tommaso), *Lettere a S. Alfonso de Liguori, Ripa, Sportelli, Crostarosa*, a cura di Oreste GREGORIO, Roma, 1963.
FAVRE (Jean), *La Vénérable Marie-Céleste Crostarosa*, Paris, St-Etienne, 1931.
GALANTI (Giuseppe Maria), *Della descrizione geografica e politica delle Sicilie*, 4 tomi, Napoli, 1789–1790. Réédité à Naples en 1969.
– *Napoli e Contorni*, 2 tomi, Napoli, 1829.
GALASSO (Giuseppe) e RUSSO (Carla), *Per la storia sociale e religiosa del Mezzogiorno d'Italia*, vol. 1, Napoli 1980.
GAUDE (Léonard, c.ss.r.), *De morali systemate S. A. M. de L.*, Romae, 1894.
GETTO (Giovanni), *Sant' Alfonso de Liguori*, Milano, 1945.
GIANNONE (Pietro), *Histoire civile du Royaume de Naples*, trad. de l'italien, 4 vol., La Haye, 1742.
GIATTINI (Vincenzo Antonio, c.ss.r.), *Vita del Beato Alfonso M. de Liguori* (dedicata dal Padre). L'auteur est D. Domenico Antonio MARSELLA, Monza, 1819.
GIOVINE (Raimondo), *Vita del gran servo di Dio D. Gennaro M. Sarnelli*, 2 vol., Napoli, 1858.
GODTS (F. X, c.ss.r.), *L'Apôtre moderne du T.S. Sacrement: S. Alphonse, Docteur de l'Eglise*, Bruxelles, Paris, Rome, … 1905.
GOUSSET (Thomas), *Justification de la Théologie morale de S. A. de L.*, Besançon, 1832.
GREGORIO (Oreste), CAPONE (Domenico), FREDA (Ambrogio), TOGLIA (Vincenzo), *Sant' Alfonso de Liguori, Contributi bio-bibliografici*, Morcelliana, Brescia, 1940. Dieses Werk, noch im Buchhandel erhältlich, ist besonders wertvoll, weil die Archive, denen es entnommen ist, 1943 und 1946 fast zur Gänze durch Brand vernichtet wurden. Wir zitieren es unter dem Namen *Contributi*.
GREGORIO (Oreste), *Canzoniere alfonsiano. Studio critico col testo*, Angri, 1933.
– *Sant' Alfonso grammatico*, Materdomini, 1938.
– *La biblioteca teologica di S. Alfonso*, Pagani, 1941.
– *Mons. Tommaso Falcoia, 1663–1743*, Roma, 1955.

— *Monsignore si diverte* ..., Modena, 1962.

GRIMALDI (Gregorio e Ginesio), *Istoria delle leggi e magistrati del regno di Napoli*, 12 Bde, Napoli, 1774.

GUERBER (Jean, s.j.), *Le ralliement du clergé français à la morale liguorienne, l'Abbé Gousset et ses précurseurs (1785–1832)*, Rome, 1973.

HAZARD (Paul), *La crise de la conscience européenne (1680–1715)*, 3 Bde, Paris, 1935.

HIDALGO (José Fidel, c.ss.r.), *Doctrina alfonsiana acerca de la action de la gracia actual eficaz y suficiente*, Turin, 1955.

HITZ (Paul, c.ss.r.), *L'annonce missionnaire de l'Evangile*, Paris, 1954.

Informatio, animadversiones, responsio super virtutibus, Romae, 1806.

JÁNSEN (J.-L., c.ss.r.), *Testimonia de S. Alphonso de Ligorio*, Gulpen, 1928.

JEANCARD (Jacques), *Vie du Bx A.-M. de Liguori*, 3. Aufl., Lyon, Paris, 1855.

KEUSCH (Charles, c.ss.r.), *La dottrina spirituale di S. A. M. de Liguori*, traduit de l'allemand par Giacomo Di FABIO, Milano, 1931.

— *La Spiritualité de S. A. de Liguori*, extrait des *Cahiers Thomistes*, avril 1929.

KEUSCH-GARRIGOU LAGRANGE, *La spiritualité de S. A.*, Suppl. à *La vie spirituelle*, juin 1927.

KUNTZ (Frédéric, c.ss.r.), *Annales SS. Redemptoris*, 3 Bände Manuskripte über die Zeit von 1666 bis 1739.

— *Commentaria de vita D. Alphonsi et de rebus Congregationis, SS. R.*, Manuskripte, Bde I–XI (1735–1787).

LANDI (Giuseppe, c.ss.r.), *Istoria della Congregazione del SS. R.*, 2 tomes manuscrits de 1782.

LANTERI (Bruno), *Réflexions sur la sainteté et la doctrine du Bx Liguori*, Lyon, Paris, 1923.

LIÉVIN (Germain, c.ss.r.), *La route vers Dieu*, Jalons d'une spiritualité alphonsienne, Fribourg-Paris, 1963.

MAJORANO (Sabbatino, c.ss.r.), *L'imitazione per la memoria del Salvatore*. Il messagio spirituale di Suor M. C. Crostarosa, Romae, 1978.

MANNING (Card. Henry), *La confiance en Dieu et la mission de S. Alphonse*, Paris, 1862.

MAZZONI (Petro Aloysio), *Le missioni popolari nel pensiero di S. A. M. de L.*, Padova, 1961.

MEIBERG (Antonius, c.ss.r.), *Historiae missionis paroecialis lineamenta*, Rom-Roermond, 1953, 1955.

MINCUZZI (a cura di Rosa), *Lettere di Bernardo Tanucci a Carlo III di Borbone (1759–1776)*, Roma, 1969.

MINERVINO (Francesco, c.ss.r.), *Catalogo dei Redentoristi d'Italia 1732–1841*, Romae, 1978.

MOUSNIER (Roland) et LABROUSSE (Ernest), *Le XVIIIᵉ siècle*, Bd V der »Histoire générale des civilisations«, PUF, 5. Auflage, Paris, 1967.

NICOLINI (Fausto), *La giovinezza di G. B. Vico*, Bari, 1932.

PALLADINO (Mgr Mario), *Sant' Alfonso poeta*, 3a ed., Caserta, 1917.

PASTOR (Ludwig von), *Storia dei Papi*, versione italiana di Pio CENSI, vol. XIV, XV et XVI, Roma, 1932–1933.

Pietas alfonsiana erga Matrem gloriosam Mariam, Relatio actorum in C.SS.R. sectione Marialis Congressus 1950 Romae habiti, Lovanii, 1951.

POURRAT (Pierre), *La spiritualité chrétienne*, IV, Paris, 1928.

RIPA (Matteo), *Storia della fondazione della Congregazione e del Collegio dei Cinesi*, posthum hg. in 3 Bden, Napoli, 1832.

RISPOLI (Pier Luigi, c.ss.r.), *Vita del B. A. M. de Liguori*, Napoli, 1834.

ROMANO (Aurelio), *La Città e il Commune di Napoli*. Notizie storiche 1131–1904, Napoli, 1909.

ROMANO (Candido M.), *Delle Opere di S. A. M. de Liguori*, Saggio storico, Roma, 1896.

ROMANO (Ruggiero), *Prezzi, salari e servizi a Napoli nel secolo XVIII*, Milano, 1965.

ROSSI (Giovanni), *Della vita di Mons. Emilio G. Cavalieri*, Napoli, 1741.

RUSSO (a cura di Carla), *Società, Chiesa e vita religiosa nell' »Ancien Régime«*, Napoli, 1976.

SARNELLI (Gennaro M.), *Riproduzione di tutte le Opere*, 14 Bde, Napoli, 1848–1851.

SATURNO (Paolo, c.ss.r.), *Un musicista sconosciuto del' 700 napoletano, S. Alfonso de Liguori*, Pagani, 1977.

SCHIPA (Michelangelo), *Il regno di Napoli al tempo di Carlo Borbone*, 2 Bde, 2. Aufl., Milano-Roma-Napoli, 1923.

SOMMERVOGEL (Carlos, s.j.), *Bibliothèque de la Compagnie de Jésus*, nouv. éd., 11 Bde, Burxelles-Paris, 1890–1932.

SPARANO (Giuseppe), *Memorie istoriche per illustrare gli atti della Santa Napoletana Chiesa*, 2 Bde, Napoli, 1768.

SPORTELLI (Ven. S. D. Caesaris, c.ss.r.), *Epistolae*, Romae, 1937.

Storia di Napoli sous la direction de Ernesto PONTIERI, 10 Bde, Napoli, 1967–1971–.

STRAZZULLO (Franco), *Edilizia e urbanistica a Napoli dal' 500 al' 700*, Napoli, 1968.

Summarium super virtutibus, Romae, 1906.

TANNOIA (Antonia Maria, c.ss.r.), *Della vita ed istituto del Ven. S. di D. Alfonso M. Liguori*, 3 Bde, Napoli, 1798–1802. Nur die neapolitanischen Ausgaben sind gut. Die von Turin sind überarbeitet.

– *Vite dei Padri D. Alessandro Di Meo, e D. Angelo Lattessa, e dei Fr. G. Gaudiello e Fr. Tartaglione*, Napoli, 1812.

TELLERIA (Raimundo, c.ss.r.), *San Alfonso Maria de Ligorio*, 2 vol., Madrid, 1950. [*Tannoia*, der Chronist des Lebens des hl. Alfons, dessen Augenzeuge er durch 40 Jahre war, und *Telleria*, der große Forscher aus unserer Zeit, sind die zwei Quellen, auf die ich ständig verweise.]

VALSECCHI (Franco), *L'Italia nel Seicento et nel Settecento*, Torino, 1967.

VAN BIERVLIET (Albert, c.ss.r.), *La Liturgie dans la Piété Alphonsienne*, Eschen (Belgique), 1925.

VAN DELFT (Marius, c.ss.r.), *La mission paroissiale, pratique et théorie*, aus dem Niederländischen übersetzt, Lethielleux, Paris, 1964.

VAUSSARD (Maurice), *La vie quotidienne en Italie au XVIIIᵉ siècle*, Paris, 1959.

VICO (Giambattista), *Vie de Giambattista Vico écrite par lui-même*, présentation, traduction et notes par Alain PONS, Paris, 1981.

VILLANI (Pasquale), *Mezzogiorno tra riforme e rivoluzione*, Bari, 1974.
VILLARI (Rosario), *Mezzogiorno e contadini nell' età moderna*, Bari, 1977.
VILLECOURT (Card. Clément), *Vie et Institut de S. A.-M. de Liguori*, 4 Bde,
Tournai-Paris-Leipzig, 1863—1864.
VIVIANI DELLA ROBBIA (Enrica), *B. Tanucci ed il suo piu importante cartegio*:
vol. 1: Biografia; vol. 2: Le lettere, Firenze, 1942.

DIE WICHTIGSTEN ZEITSCHRIFTEN

Analecta Congregationis SS. Redemptoris, Romae, 1922—1967
Asprenas, Zeitschrift des neapolitanischen Klerus, Neapel, 1954 ff
Campania sacra, Studi e documenti, Neapel, 1970 ff
S. Alfonso, Monatszeitschrift der Basilika des hl. Alfons, Pagani 1930—1968
Spicilegium Historicum Congregationis SS. Redemptoris, Romae, 1953 ff
Studia moralia, wissenschaftliche Zeitschrift der Academia alfonsiana, Rom 1963 ff

ABKÜRZUNGEN

AGR   Generalarchiv der Redemptoristen in Rom
ASDN   Archivio storico diocesano Napoli
ASN   Archivio di Stato Napoli
AVS   Archivio Vescovile die Sant'Agata
DTC   Dictionnaire de Théologie catholique
SH   Spicilegium Historicum Congregationis SS. Redemptoris